《电动汽车工程手册》卷目

总主编 孙逢春（北京理工大学，中国工程院院士）

第一卷	纯电动汽车整车设计
主编	北京理工大学 林 程
主审	北京汽车集团有限公司 林 逸
第二卷	混合动力电动汽车整车设计
主编	北京理工大学 何洪文
主审	清华大学 张俊智
第三卷	燃料电池电动汽车设计
主编	同济大学 章 桐
主审	清华大学 李 骏（中国工程院院士）
第四卷	动力蓄电池
主编	中国电子科技集团公司第十八研究所 肖成伟
主审	中国科学院上海微系统与信息技术研究所 夏保佳
第五卷	驱动电机与电力电子
主编	上海电驱动股份有限公司 贡 俊
主审	中国科学院电工研究所 温旭辉
第六卷	智能网联
主编	清华大学 李克强
主审	清华大学 李 骏（中国工程院院士）
第七卷	基础设施
主编	北京交通大学 张维戈
主审	中国科学院电工研究所 王丽芳
第八卷	测试评价
主编	中国汽车工程研究院股份有限公司 周 舟
主审	湖南大学 刘敬平
第九卷	运用与管理
主编	北京理工大学 王震坡
主审	北京航空航天大学 王云鹏
第十卷	标准与法规
主编	中国汽车技术研究中心有限公司 吴志新
主审	比亚迪汽车工业有限公司 廉玉波

谨以此书献给

为中国电动汽车事业
砥砺奋进的电动汽车人！

……

HANDBOOK OF ELECTRIC VEHICLE

总主编 孙逢春 **主编** 肖成伟 **副主编** 任丽彬 王松蕊 **主审** 夏保佳

Volume 4

第四卷

电动汽车工程手册

动力蓄电池

本卷涵盖了电动汽车采用的相关动力蓄电池体系，从电池的基础知识、铅酸蓄电池、金属氢化物镍蓄电池、锂离子蓄电池、超级电容器和新体系电池等方面进行了系统的介绍。其中铅酸蓄电池在微混合和低速车领域应用广泛，金属氢化物镍蓄电池在混合动力领域应用广泛，锂离子蓄电池在混合动力、插电式混合动力和纯电动领域均有广泛应用，超级电容器在公共交通领域实现了应用，新体系电池在纯电动领域开展了示范验证。

由于锂离子蓄电池在电动汽车中应用广泛，所受关注度高，是当前研发和产业化的热点，因此在本书内容中所占比例最大。

本卷旨在梳理电动汽车现有技术成果、推进电动汽车产业链全面发展，不仅可以为高等院校、汽车研究机构和企业工程技术人才培养提供非常有价值的教材和参考资料，而且可以直接服务于电动汽车产业的自主创新。希望本手册能够对深入推进供给侧结构性改革、提高我国电动汽车产业研发自主创新能力、提升自主品牌零部件和整车企业的竞争力、培育新动能做出贡献。

图书在版编目（CIP）数据

电动汽车工程手册．第四卷，动力蓄电池 / 肖成伟主编．—北京：机械工业出版社，2019.11

ISBN 978-7-111-64018-9

Ⅰ．①电…　Ⅱ．①肖…　Ⅲ．①电动汽车—汽车工程—技术手册
Ⅳ．① U469.72-62

中国版本图书馆 CIP 数据核字（2019）第 227727 号

机械工业出版社（北京市百万庄大街 22 号　邮政编码 100037）
策划编辑：何士娟　责任编辑：何士娟　孙　鹏　赵海青
责任校对：刘雅娜　责任印制：张　博
北京铭成印刷有限公司印刷
2019 年 12 月第 1 版第 1 次印刷
184mm×260mm · 41.5 印张 · 3 插页 · 972 千字
0 001—3 000 册
标准书号：ISBN 978-7-111-64018-9
定价：358.00 元

电话服务	网络服务
客服电话：010-88361066	机　工　官　网：www.cmpbook.com
010-88379833	机　工　官　博：weibo.com/cmp1952
010-68326294	金　　书　　网：www.golden-book.com
封底无防伪标均为盗版	机工教育服务网：www.cmpedu.com

《电动汽车工程手册》指导委员会

《电动汽车工程手册》编撰委员会

（按姓氏笔画排序）

《电动汽车工程手册》出版委员会

出版人： 李　奇

指导组： 郭　锐　朱长福　范兴国　王霄飞　牛新国　杨民强
韩雪清　郑　丹　张祖凤　王　廷　彭晓婷　崔占军
孙　翠　田淑华　赵海青　施　红

编审组：（按姓氏笔画排序）
丁　锋　王　荣　王　婕　王建霞　王海霞　孔　艳
母云红　刘　静　汤　枫　安桂芳　孙　鹏　杜凡如
李　军　连景岩　时　静　何士娟　张周鹏　张俊红
张淑谦　张翠翠　陈文龙　林春泉　孟　阳　赵　帅
赵　璇　赵　慧　赵晓峰　郝建伟　侯　颖　徐　霆
徐明煜　崔滋恩　鹿　征　章承林　董一波　曾　红
谢　元　魏　莹

生产组：（按姓氏笔画排序）
王　延　石　冉　付方敏　刘雅娜　闫玥红　纪　敬
杜雨霏　李　杉　李　婷　连美冬　宋　安　张　征
张　博　张　薇　陈　越　陈立辉　郑　婕　贾立萍
陶　湛　梁　静　蔡健伟　潘　蕊

营销组： 苗　强　牟小仪　黄吉安　李双雷　张　萍　张彩峰
张敦鸿　邵　邵　危井振　张全加　齐保镇　贾贯中
孙　翔　于　洋　陈远新　葛　龙　张　奕　邓晗男
甄　冲　谭智慧　陈末予　刘佳佳　梁　露　董春晖
郑　晨

序

《电动汽车工程手册》正式和广大读者见面了。这是对我国新能源科技与工程领域的一个贡献，也是我国新能源汽车产业的一项重大基础性建设。

从顶层上看，中国汽车产业发展战略一定要与国家的能源战略相契合。国家的能源战略很明确，就是立足国情，多元替代。2009 年，我国将新能源汽车上升为国家战略，在全球率先启动了产业化进程。2014 年，发展新能源汽车被认为是迈向汽车强国的必由之路，这更进一步坚定了相关企业的信心，汽车产业总体由燃油汽车的跟踪追赶转向新能源汽车的“换道先行”。

近几年来，我国新能源汽车技术快速发展，整体素质和实力有所增强，产品的质量和水平有较大提高，产品的门类和品种有了较快的发展，为我国社会主义现代化建设做出了应有的贡献。但是也应当看到，与国民经济蓬勃发展的需要和国际先进水平相比，我国电动汽车技术还存在着一定差距。在我国社会主义市场经济体制逐渐建立和完善的进程中，在世界范围新技术革命步伐加快的过程中，我国电动汽车工业既有机遇，又有挑战。为此，电动汽车工业发展必须真正调整到依靠科技进步和提高劳动者素质的轨道上来，要下大力气掌握和追踪新技术，开发和应用新技术，改造传统工艺，发展新兴产业，不断增强电动汽车工业在国内外两个市场的竞争能力。只有这样，才能更好地完成党和人民赋予我们的发展民族汽车工业的历史重任。

《电动汽车工程手册》正是为完成这个历史任务而诞生的。它梳理了电动汽车产业多年发展的知识积累，凝结了我国电动汽车产业近 20 年来自主研究的重要成果，对于总结电动汽车现有技术成果、强化关键共性技术、引领技术发展方向有重要意义；另外，它涉及的内容全面，对于推进电动汽车产业链全面发展、加快国家基础体系建设具有重要意义，对于发展新能源汽车的国家战略、加快新能源汽车的推广应用、有效缓解能源和环境压力、促进汽车产业转型升级也将起到重要的参考作用，具有非常重要的出版价值。

这部手册的编写与审稿队伍，由国内千余名有专长、有经验的学者和专家所组成。手册扼要地总结了电动汽车各个关键细分领域的科学技术成就，同时也吸收了国外的成熟经验。聚沙成塔，集腋成裘。名为手册，实为巨著。

读书不易，写书颇难，写工具书更难。为了编好这部“立足全局，勾画全貌，反映共性，突出重点”的手册，从技术全面性、知识完整性、分卷协调性的角度出发，编者们做了很大努力，从无到有，诸事草创，困难重重，艰辛备尝。值此手册出版之际，我谨向各参编单位、各审稿单位和出版印刷单位，向数以千计的全体编写、审稿人员，向遍及全国的为手册提供资料和其他便利条件的单位和同志们，表示衷心的感谢。

“大道行于百年，权宜利于一时”。《电动汽车工程手册》是积累、扩充和传播知识的工具，是新能源汽车科技领域的一项宏远工程。唯有以渊博的科学技术知识作为基础，才能不断创新。它既可供从事技术工作的各类人员在工程实践中查阅使用，也可供企事业单位从事相关管理工作的人员参考使用。读者可以从中了解相关专业领域的国内领先科技和国际先进科技，了解和把握技术动向，以便能科学、准确地做出决策和规划，使我们的工作更具系统性、预见性和创造性，更好地为汽车工业的持续、快速、健康发展服务。

实践是检验真理的唯一标准。在我国，这类工具书的编撰和出版工作刚刚开始，现在是从无到有，将来是精益求精。我们将严肃认真地听取广大读者的意见和建议，以作为评价和改进这部手册的主要依据。在新的长征途中，希望我们全体的中国汽车人勠力同心，再接再厉，去完成时代赋予我们的光荣使命。

付于武

前　言

2014 年 5 月 24 日，习近平总书记在上海汽车集团考察时指出："发展新能源汽车是我国从汽车大国迈向汽车强国的必由之路。"他的重要讲话为我国汽车工业的发展指明了前进和发展方向。2010 年，国家把新能源汽车列入七大战略性新兴产业之一；2015 年，节能与新能源汽车列入《中国制造 2025》十大重点支持领域之一。

保障我国能源安全、实现节能和环保、促进汽车产业技术革命及产业转型升级，是发展新能源汽车的国家战略和大势所趋。以新能源汽车为基础的智能网联汽车，将会在生产环节以及整个消费环节、服务环节取得全面发展。

经过国家四个"五年计划"的科技攻关，特别是通过 2008 年北京奥运会、2010 年上海世博会，我国新能源汽车行业取得了四大标志性成果：一是新能源汽车产业规模和产销量全球第一，并占有全球 50% 以上市场份额，技术水平处于国际先进行列；二是充电基础设施规模全球第一；三是动力蓄电池、电机、电控等核心关键技术产品产销量全球第一；四是构建了全球领先的新能源汽车安全运行监管平台技术和标准体系。

目前，我国新能源汽车产业基本掌握了整车技术和关键零部件技术，有了一定的技术积累，进入了成长期。

成长中的中国新能源汽车，对知识的需求极度渴望。在完全开放的全球市场中，技术竞争压力越来越大，中国汽车企业亟须解决电动汽车核心关键技术。加快新能源汽车持续创新，推进中国汽车产业技术转型升级，是中国科技发展的重大战略需求。

我国新能源汽车发展了 20 多年，是到了一个该总结、该展望的时刻了。

《电动汽车工程手册》是一部系统概括电动汽车各专业主要技术内容的大型工具书，总结了三种电驱动车辆——纯电动汽车、混合动力电动汽车和燃料电池电动汽车相关的技术成果和知识链。

《电动汽车工程手册》的编写初衷，是响应国家建设制造强国的发展战略目标要求，系统地、完整地梳理我国电动汽车这 20 多年来的知识体系，对电动汽车各个关键细分领域专题技术路线进行深入剖析，总结电动汽车现有技术成果，强化关键共性技术，引领技术发展方向，希望能够从供给侧的角度推进电动汽车产业链全面发展。

根据国家电动汽车重大专项部署，依据我国科技开发和产业化"三纵三横"布局，《电动汽车工程手册》规划了 10 卷：《纯电动汽车整车设计》《混合动力电动汽车整车设计》《燃料电池电动汽车设计》《动力蓄电池》《驱动电机与电力电子》《智能网联》《基础设施》《测试评价》《运用与管理》和《标准与法规》。其中，前三卷为整车卷，第四卷和第五卷为关键技术卷，第六卷到第十卷涉及三种整车共同的基础建设和相关产业链。手册内容广泛，卷帙浩繁，各卷的内容又相互渗透，互为补充，构成了一个纵横交错的知识体系。

从2016年开始，《电动汽车工程手册》编撰委员会盛情邀请在智能网联新能源汽车研究开发和产业化领域积极进取、攻坚克难和卓有建树的相关单位和专家，积极参与《电动汽车工程手册》的编撰工作。这套手册的编撰是一个从无到有的大工程，三年来，在千余位专家学者的共同努力下，书稿终成。

本手册集成产、学、研各方力量和智慧，实属来之不易。在这里，衷心地感谢《纯电动汽车整车设计》林程主编 / 林逸主审、《混合动力电动汽车整车设计》何洪文主编 / 张俊智主审、《燃料电池电动汽车设计》章桐主编 / 李骏主审、《动力蓄电池》肖成伟主编 / 夏保佳主审、《驱动电机与电力电子》贡俊主编 / 温旭辉主审、《智能网联》李克强主编 / 李骏主审、《基础设施》张维戈主编 / 王丽芳主审、《测试评价》周舟主编 / 刘敬平主审、《运用与管理》王震坡主编 / 王云鹏主审、《标准与法规》吴志新主编 / 廉玉波主审；感谢北汽新能源、宁德时代、福田汽车、广汽新能源、宇通客车、比亚迪汽车、中国一汽、东风汽车、上汽集团、长安新能源、奇瑞新能源等知名企业的技术总监和技术专家；感谢清华大学、北京理工大学、北京航空航天大学、北京交通大学、同济大学、吉林大学、南开大学、天津大学、重庆大学、湖南大学等院校的教授和老师；感谢中国电子科技集团公司第十八研究所、中国科学院电工研究所、中国科学院理化技术研究所、中国汽车技术研究中心有限公司、中国汽车工程研究院股份有限公司等研发机构的工程师。

《电动汽车工程手册》还是一个新生儿，希望大家能够不断地对之修正补充完善，使之始终伴随并助力中国电动汽车产业的健康成长。

手册终于和大家见面了，但在总体编排和一些具体问题的处理上仍有些不尽如人意之处，欢迎广大读者批评指正，并请将意见和建议发到邮箱 evhandbook@163.com。感谢大家的支持！

本卷编写与审稿人员

主编：肖成伟　副主编：任丽彬　王松蕊　主审：夏保佳

<table>
<tr><th>章号</th><th>章名</th><th colspan="2">编写人员</th><th>审稿人员</th></tr>
<tr><td>第 1 章</td><td>基础知识</td><td colspan="2">中国电子科技集团公司第十八研究所：肖成伟，任丽彬，王松蕊</td><td>中国科学院上海微系统与信息技术研究所：夏保佳；
比亚迪汽车工业有限公司：熊永，宋淦</td></tr>
<tr><td rowspan="8">第 2 章</td><td rowspan="8">锂离子蓄电池</td><td>2.1 节</td><td>天津力神电池股份有限公司：苏金然</td><td rowspan="8">中国科学院上海微系统与信息技术研究所：夏保佳；
北京理工大学：吴川，王欣然；
天津理工大学：张联齐；
天津市捷威动力工业有限公司：曹俊义；
世源科技工程有限公司：李强；
天津力神电池股份有限公司：李伟；
中国科学院物理研究所：王兆翔；
中国电子科技集团公司第十八研究所：肖成伟，任丽彬，王松蕊；
北京新能源汽车股份有限公司：代康伟，盛军，贾宏涛；
比亚迪汽车工业有限公司：凌和平，熊永，刁义伟，陈斯良，宋淦</td></tr>
<tr><td>2.2 节</td><td>北京大学：夏定国；
北京化工大学：徐斌；
中国科学院理化技术研究所：吴大勇；
哈尔滨工业大学：袁国辉；
天津巴莫科技有限责任公司：徐宁，伏萍萍，宋英杰，马倩倩；
天津贝特瑞新能源科技有限公司：苗艳丽；
深圳贝特瑞新能源材料股份有限公司：黄友元；
天津金牛电源材料有限责任公司：赵庆云，张丽红；
北京天奈科技有限公司：杨智伟；
中国化学与物理电源作业协会动力应用电池分会：周波；
天津力神电池股份有限公司：周江</td></tr>
<tr><td>2.3 节</td><td>北京航空航天大学：杨世春，华旸；
荣盛盟固利新能源科技有限公司：吴宁宁，孙影；
比亚迪汽车工业有限公司：孙华军，屈丽辉；
无锡联动天翼科技有限公司：蒋萌</td></tr>
<tr><td>2.4 节</td><td>深圳吉阳智能科技有限公司：阳如坤；
深圳市赢合科技股份有限公司：李尤娜</td></tr>
<tr><td>2.5 节</td><td>中国汽车技术研究中心有限公司：王芳，林春景，樊彬</td></tr>
<tr><td>2.6 节</td><td>东莞新能源科技有限公司：陈朝阳；
世源科技工程有限公司：李强</td></tr>
<tr><td>2.7 节</td><td>哈尔滨工业大学：袁国辉</td></tr>
<tr><td>2.8 节</td><td>中国有色金属工业协会锂业分会：李冰心，罗宁川，刘磊；
北京赛德美资源再利用研究院有限公司：赵小勇</td></tr>
</table>

（续）

章号	章名	编写人员	审稿人员
第3章	超级电容器	中国超级电容产业联盟：高波，郑鑫； 天津工业大学：时志强； 中国人民解放军军事科学院防化研究院：曹高萍，张浩； 清华大学：骞伟中； 上海奥威科技开发有限公司：安仲勋，吴明霞，夏恒恒； 麦克斯威科技有限公司：李毅山； 宁波中车新能源科技有限公司：乔志军，阮殿波，于学文； 中国第一汽车股份有限公司新能源开发院：荣常如； 天津普兰能源科技有限公司：随东，王茂范； 中车青岛四方车辆研究所有限公司：杨宇，张亚伟，周道亮； 山东欧铂新材料有限公司：赵永彬	北京化工大学：徐斌； 比亚迪汽车工业有限公司：刁义伟，闫磊，田果，石明川，谢朝
第4章	阀控式铅酸蓄电池（动力型）	天能电池集团股份有限公司：方明学，赵海敏； 哈尔滨工业大学：戴长松，王殿龙	—
第5章	金属氢化物镍蓄电池	中山中炬森莱高技术有限公司：段秋生； 鞍山鑫普新材料有限公司：王常春； 北京浩运金能科技有限公司：张沛龙； 厦门钨业股份有限公司：林振； 燕山大学：韩树民； 金驰能源材料有限公司：周春仙； 爱蓝天高新技术材料（大连）有限公司：刘云志； 常德力元新材料有限责任公司：欧阳青； 内蒙古稀奥科镍氢动力电池有限公司：皇甫益； 天津科威恩科技有限公司：田新军； 包头稀土研究院：闫宏伟	天津大学：单忠强； 南开大学：高学平
第6章	新体系电池	南开大学：高学平； 南昌大学：张泽	中国科学院物理研究所：王兆翔； 北京理工大学：陈人杰

本卷前言

严峻的能源安全及环境挑战使交通能源动力转型成为全球共识，汽车产业迎来了动力系统电动化的时代，世界主要发达国家和主流汽车企业均制定了动力系统电动化的战略和规划。而动力蓄电池作为汽车电动化最为核心的零部件，已成为目前研究及产业化的焦点和热点，有力地支撑了新能源汽车产业的快速发展。

在国家政策的强力支持下，我国动力蓄电池产业的发展尤以锂离子动力蓄电池最为显著。目前我国形成了全球最为完善的动力蓄电池产业链体系，涵盖电池材料（正极、负极、隔膜和电解液四大主材）、电池、生产装备、梯级利用及资源回收、测试评价及基础研究，形成了以京津冀、长三角、珠三角以及中原四大主要区域为中心的动力蓄电池研发及产业化聚集区，形成了动力蓄电池产业的良好布局。

本卷涵盖了电动汽车采用的相关动力蓄电池体系，从电池的基础知识、锂离子蓄电池、超级电容器、阀控式铅酸蓄电池（动力型）、金属氢化物镍蓄电池、新体系电池等方面进行了系统的介绍。其中铅酸蓄电池在微混合和低速车领域应用广泛，金属氢化物镍蓄电池在混合动力领域应用广泛，锂离子蓄电池在混合动力、插电式混合动力和纯电动领域均应用广泛，超级电容器在公共交通领域实现了应用，新体系电池在纯电动领域开展了示范验证。由于锂离子蓄电池在电动汽车中应用广泛，所受关注度高，是当前研发和产业化的热点，因此在本卷内容中所占比例最大。

本卷由中国电子科技集团公司第十八研究所的肖成伟研究员提出总体框架，其中基础知识章节由中国电子科技集团公司第十八研究所的任丽彬高工负责，锂离子蓄电池章节由中国电子科技集团公司第十八研究所的肖成伟研究员负责，超级电容器章节由中国超级电容产业联盟的高波秘书长负责，阀控式铅酸蓄电池章节由哈尔滨工业大学的戴长松教授负责，金属氢化物镍蓄电池章节由中山中炬森莱高技术有限公司原总工程师段秋生负责，新体系电池章节由南开大学的高学平教授负责。

本卷在编写过程中，得到了中国电子科技集团公司第十八研究所王松蕊研究员和任丽彬高工的大力协助，她们进行了资料的汇总与整理工作，在此对她们的辛勤工作表示衷心的感谢。

希望本卷能够使读者对动力蓄电池有较深入的了解，并起到较好的借鉴和指导作用。

受编者知识水平所限，本书难免会存在瑕疵或错误，请广大读者提出宝贵的修改意见和建议。

编　者

目　录

第2章

锂离子蓄电池

第3章 超级电容器

第5章 金属氢化物镍蓄电池

第 6 章 新体系电池

第1章 基础知识

1.1 发展历程

1.1.1 电池的定义

电池是一种通过电化学反应直接输出电能的装置，其两个特有的电极 / 电解质界面上分别进行电化学氧化（失去电子）和电化学还原（得到电子）反应。由此将活性材料内储存的化学能直接转换成电能。

电池又可称为电化学电（能）源或化学电源。人们常说的蓄电池则是在上述电化学反应装置中，通过放电过程的反向来充电实现两个电极反应物的复原，重新将输入的电能转变为化学能储存起来。因此，蓄电池是一种典型的化学能与电能可逆储存与转换的装置。

事实上，电池（含蓄电池）只有在接通负载或接入外电源时，放电或充电方可进行，该过程包含着电子与活性材料的分离或结合，以及通过外电路从一种电极材料转移到另一种电极材料的过程，分别对应着电池的放电反应或充电反应。对于蓄电池而言，放电反应与充电反应是可逆的，充电时活性材料恢复到其初始状态，重新储备了化学能。与电池中的反应不同，非电化学氧化还原反应，如金属的生锈或氢与氧的燃烧反应等，直接发生了电子的转移，则仅产生热效应，即活性材料内储存的化学能直接转换为热能。与燃油机或热机发电不同，电池将化学能转换成电能时，可以避开热力学第二定律中卡诺循环的限制，因此具有更高的能量转换效率。

电池由于具有能量转换效率高、携带和使用方便、安全可靠等特点，在科学技术、国防军事、航空航天、日常生活等领域得到了广泛的应用。

1.1.2 电池的发展史[1-3]

公元前 248~ 公元前 226 年，两河流域（指伊拉克幼发拉底河与底格里斯河之间地区）的波斯人使用外形像陶瓶的古代化学电池，即巴格达（原型）电池（图 1-1）。它由铜管、铁棒和粘土陶器组成，只要向陶瓶内倒入一些酸或碱性水，便可以发出电来。后来伏打发明的世界第一个电池，就是在这些古电池的基础上发明的。

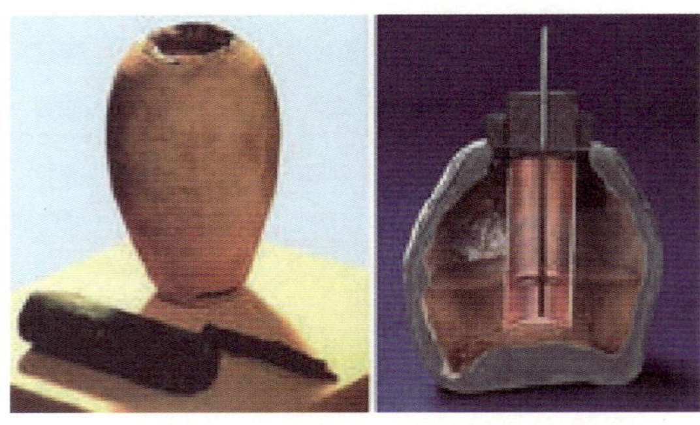

图 1-1 巴格达（原型）电池

1800 年，意大利物理学家伏打（Alessandro Volta）发明了用不同的金属片（锌板和银板）夹浸透盐水的湿纸组成的"电堆"，即现今所谓的"伏打电堆"（图 1-2）。这是电池的雏形。在直流电机发明以前，这种电池是唯一能提供恒稳电流的电源。

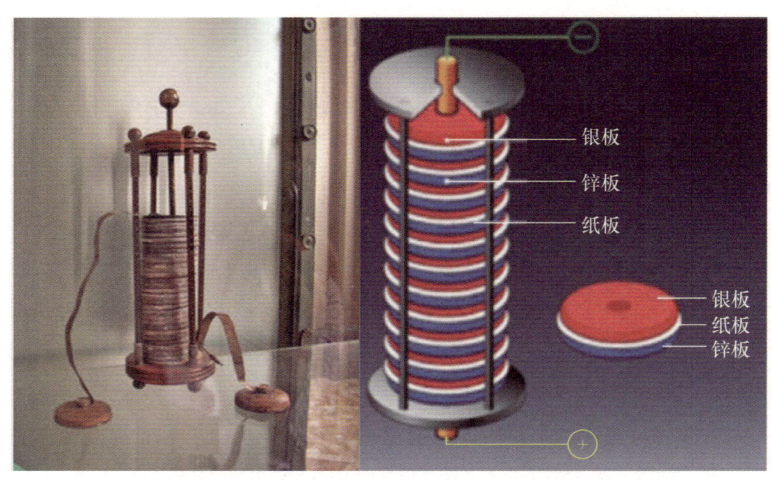

图 1-2 意大利物理学家伏打研发的伏打电堆及其示意图

1836 年，英国人丹尼尔（John Daniell）对伏打电堆进行了改良，它使用稀硫酸作为电解液，解决了电池极化的问题，制造出第一个不极化、能保持稳定电流的锌铜电池，又称"丹尼尔电池"（图 1-3）。

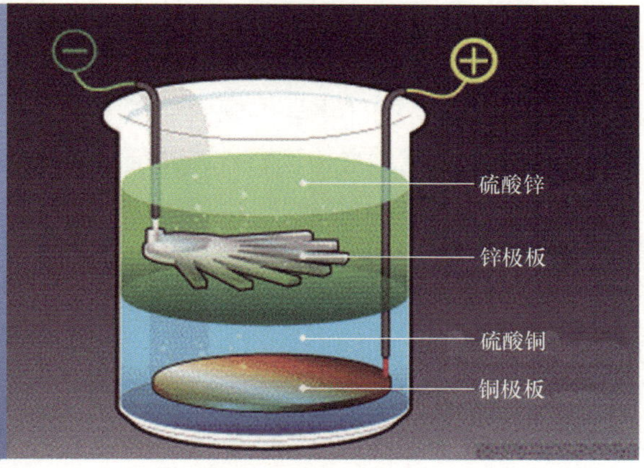

图 1-3 “丹尼尔电池”及其原理示意图

1842 年，英国学者格罗夫（W.R.Grove）发明了氢 - 氧燃料电池。

1859 年，法国科学家普兰特（Gaston Plante）发明了采用铅做电极、反复充放电使铅箔形成活性物质、以稀硫酸为电解质的铅酸蓄电池。

1860 年，法国的雷克兰士（George-Lionel Leclanche）发明了世界广泛使用的电池（碳锌电池）的前身——“湿电池”（图 1-4）。直到 1880 年，“湿电池”才被改进的“干电池”取代。

图 1-4 雷克兰士发明的“湿电池”

1868 年，法国工程师勒克朗谢（Leclanché）研制成功以 NH_4Cl 为电解液的 $Zn\text{-}MnO_2$ 电池，又称“勒克朗谢电池”，并于 1876 年采用树脂做黏结剂改进原电池。

1883 年，克拉克（Clarke）发明了碱性锌氧化银电池。

1887 年，英国人赫勒森（Wilhelm Hellesen）发明了最早的干电池。相对于液体电池而言，干电池的电解液为糊状，不易溢漏，便于携带，因此获得了广泛应用。

1889 年，瑞典人尤格涅尔（Waldmar Jungner）发明了二次 Zn-Ag 电池。

1899 年，瑞典人尤格涅尔（Waldmar Jungner）发明了 Cd-Ni 碱性蓄电池。

1900 年，瑞典人尤格涅尔（Waldmar Jungner）研制成功了碱性 $Zn\text{-}MnO_2$ 电池。

1901 年，瑞典人尤格涅尔（Waldmar Jungner）与美国人爱迪生（Thomas Edison）合作发明了 Fe-Ni 碱性蓄电池。

1910 年，可充电的 Fe-Ni 碱性蓄电池商业化生产。

1911 年，我国建厂生产干电池和铅酸蓄电池（上海交通部电池厂）。

1934 年，德国人施勒希特（Schlecht）和阿克曼（Akermann）发明 Cd-Ni 电池烧结极板。

1947 年，法国人诺依曼（Neumann）开发出密封 Cd-Ni 蓄电池。

1958 年，我国在原机电部电材局化学电源研究室的基础上组建了第一个物理与化学电源专业研究所——原一机部化学电源研究所（中国电子科技集团公司第十八研究所前身）。

1960 年，美国太空总署（NASA）决定用碱性燃料电池作为其太空计划的电源。

同年，美国 Union Carbide 公司开始商业化生产碱性原电池。

同年，我国西安庆华厂等三个厂家开始合作研发碱性原电池。

1970 年，美国 EC 公司开始制造小型密封铅酸蓄电池，这是最早的商业用阀控式铅酸蓄电池。

1975 年，GatesRutter 公司获得了密封铅酸蓄电池的发明专利，成为今天阀控式密封铅酸蓄电池（Valve Regulated Lead Acid Battery，VRLA）的电池原型。

1976 年，荷兰飞利浦（Philips）公司发明 $LaNi_5$ 储氢合金，进而 MH-Ni 蓄电池诞生。

1979 年，美国 GNB 公司开始大规模生产大容量吸液式密封免维护铅酸蓄电池。

1980 年，美国古迪纳夫（Goodenough）等提出了以氧化钴锂为正极材料的锂充电电池，这是锂离子蓄电池（以下简称锂离子蓄电池）的雏形。

紧接着，M.Lazzari 等人提出以嵌基化合物作为锂二次电池的负极材料，并提出了“摇椅式电池”，即锂离子蓄电池的概念。

20 世纪 80 年代，美国埃克森（Exxon）公司和加拿大 Moli 公司研制成功了以金属锂片为负极、以 TiS_2 和 MoS_2 等嵌基化合物为正极的锂二次电池，大大推动了锂二次电池的研究和发展。

1983 年，我国南开大学率先在国内研究 MH-Ni 电池。

1985 年，日本索尼（SONY）公司发现碳材料可以作为锂离子蓄电池的负极材料。

1987 年，我国改进镉镍电池工艺，采用发泡镍，大幅提升了电池容量。

同年，我国开始商业化生产锂原电池。

同年，奥本（Auburn）等人研发出了 $Mo/LiPF_6$-$PC/LiCoO_2$ 型锂离子电池，使锂离子二次电池的研究取得了巨大的进步。

1990 年，日本索尼公司开发出了以石墨为负极材料、$LiCoO_2$ 为正极材料、$LiPF_6$（EC+DEC）为电解液的新一代实用型锂离子蓄电池，成为锂离子蓄电池发展史上的一个里程碑。

同年，美国通用公司（GM）提出了燃料电池概念汽车（Impact）。

同年，我国镍氢蓄电池开始商业化生产。

1991 年，日本索尼公司开始商业化生产锂离子蓄电池。

1995 年，美国贝尔通信研究所（Bellcore）首先采用 PVDF 工艺制造聚合物锂离子蓄电池（PLIB）。

同年，日本索尼公司率先研制出 100A · h 锂离子动力蓄电池，并在日产公司的电动汽车上试用，引起了广泛关注。

2000 年，我国锂离子蓄电池成功实现商业化生产。

2006 年，日本索尼公司召回其生产的近 1000 万只锂离子单体蓄电池，这是第一次大规模锂离子蓄电池召回事件，也引发了人们对锂离子蓄电池安全性的普遍关注。

电池发展主要大事件如图 1-5 所示。

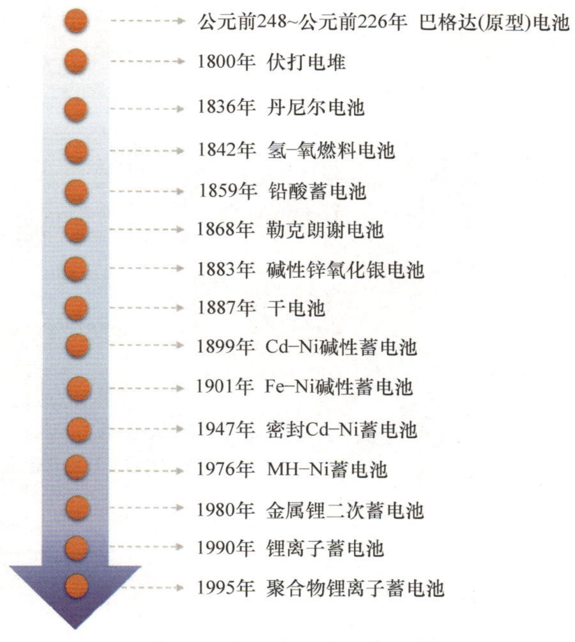

图 1-5 电池发展主要大事件

自 1859 年普兰特（G. Plante）研制成功铅酸蓄电池以来，电池经历了近 160 年的发展历史，现已形成独立完整的科技与工业体系。小到电子表、CD 唱机、移动电话、照相机、摄影机、各种遥控器、儿童玩具等，大到医院、宾馆、超市、电话交换机等场合的应急电源，拖船、拖车、铲车、电动汽车、风力发电站用电池，以及人造卫星、宇宙飞船、火箭、飞机、导弹、潜艇和鱼雷等军用电池，还有可以满足各种特殊要求的专用电池等。全世界已有 1000 多种不同系列和型号规格的电池产品，它们与百姓的日常生活息息相关。电池已经成为人类社会发展必不可少的便捷能源。

1.1.3 电池的分类

电池可以有多种分类方法，表现出电池类型、化学材料体系、结构、形状、性能特征以及应用等的多样性。但最常见的是按照工作性质和贮存方式进行分类，一般分为原电池、蓄电池、贮备电池和燃料电池四大类。电池的分类如图 1-6 所示。

1.1.3.1 原电池

1. 概述

原电池又称一次电池，这种电池是直接使用且只能做一次性使用的电池。在放电时，活性物质被不断消耗，直到电池反应不能再进行、电池停止工作为止。在通常情况下，原电池不是设计用于再充电的，电池经过连续放电或者间歇放电后，不能用充电的方法使正、负极的活性物质恢复到初始状态，即反应是不可逆的，正、负两极上的活性物质只能被放电一次，电池放电终止就应该放弃。

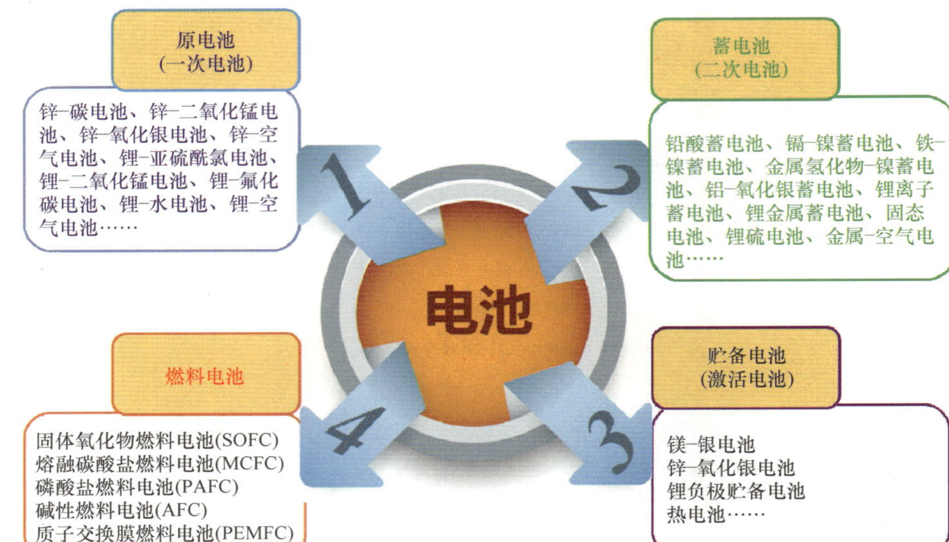

图 1-6　电池的分类

在实际应用中需要尽量避免对原电池再充电，因为这可能会有危险。原电池在设计制造时是严实密封的，没有设计任何可使充电时产生的气体溢出的部件。充电时一旦有气体产生，就可能造成电池漏液、开裂或爆炸，严重时会引发人身伤害、设备损坏等。

2. 特点及应用

原电池的优点是体积小，使用起来简单方便（买来就可直接使用），操作过程无需维护，可靠性高，成本低，自放电率低，从而有极长的贮存寿命，同时在低到中等放电倍率下放电时比能量高；不足之处是其放电电流不大。

原电池特别适用于便携式电器、电子器具或装置，如作为手电筒、各类电动玩具与家用电器的遥控器、各类电子钟表、各类数字式计量仪表（水、电、煤气计量仪表等）、各类小型照相机与摄录像机、小型视听装置、小型电子医疗器具、铁路信号系统、各类监测器具（如轮胎压力自动监测）和各类型记忆存储器的电源或备用电源，也适用于无市电供给的各种应用场合。

特别要指出的是，原电池也是诸多现代军事武器装备的必备电源，如野战通信电台电源，各种水雷、地雷以及声呐、浮标、救生、夜视装置等的电源。大容量原电池也用作内河或海上的航标灯电源、重大灾难事故的应急电源等。

3. 常见种类

当今，实用原电池有两种单体蓄电池电压系列，即 1.5V 单体蓄电池系列和 3V 单体蓄电池系列。它们分别对应了以金属为负极的单体蓄电池系列和以金属锂为负极的单体蓄电池系列。常见的原电池主要有锌 - 碳电池、锌 - 二氧化锰电池、锌 - 氧化银电池、锌 - 空气电池，以及锂 - 亚硫酰氯电池、锂 - 二氧化锰电池、锂 - 氟化碳电池、锂 - 水电池、锂 - 空气电池等。

不同系列原电池产品的形状、尺寸也是多元化的，但基本上都是按照国际化标准来生产的。也就是说，如果用电器具中的电池放电终止，那么在世界任何地方都可买到相同型号或相同规格的替换产品。

1.1.3.2 蓄电池

1. 概述

蓄电池又称二次电池。这种电池工作时，在正、负两极上进行的反应均为可逆反应，因此在放电之后可以用与放电电流方向相反的电流通过电池，通过再充电的方法使电池两极上的活性物质恢复到初始状态，从而获得再生放电的能力，再投入放电使用。这种充电和放电可以反复多次，循环使用，因此蓄电池是一种电能贮存装置，又可以称为储能电池或者可充电电池。

2. 特点及应用

蓄电池除了可再充电外，还常常具有功率密度高、放电率高、放电曲线平滑和低温性能好等特点。但是，一般传统蓄电池体系的比能量通常都低于原电池，荷电保持能力也比多数原电池差。由此，蓄电池作为储能应用时，常常接在充电回路中，不断补充自放电所损失的容量。某些称为“机械再充电方式的电池”，是通过更换放完电或报废了的电极使其达到“再充电”，通常是采用一个新金属负极更换已耗尽的金属负极，一些金属 - 空气电池就是这类电池的代表。

相比原电池，循环使用是蓄电池的最大优势，因此循环寿命就成为蓄电池的一个重要参数。循环寿命的长短与具体电池体系的反应可逆性、使用环境条件以及充放电制度等直接关联。其中，充电与充电参数的控制等对循环寿命的影响都将是首先需要从原理上予以确认和阐明的。

蓄电池具有广泛的用途，如作为能量储存装置使用。在这种使用中，通常把它接在主电源上，主电源在向负载供电的同时，也对蓄电池充电（或单独充电）。一旦需要使用时，该蓄电池就立即向负载供电。作为这类电池使用的例子到处可见，如车、船发动机的起动电源、卫星或宇航飞行器的辅助电源、各类应急系统（包括不间断电源）的备用电源以及各类电动汽车以及电力系统负荷调节所用的固定式能量储存系统等。蓄电池基本上可以像原电池那样使用，不同之处是在使用之后不必丢掉，可以通过再充电继续使用。目前，市场上诸多蓄电池产品都是以这种方式应用在便携式用电器具或装置、电动工具和替代原电池的诸多使用场合，由此可以大大降低使用成本（因为蓄电池可再充电而不是被更换）。它也应用在需要功率输出超出原电池能力的场合。

近年来在能源制约、环保压力的大背景下，蓄电池作为纯电动和混合动力电动汽车的动力蓄电池引起了全球的广泛重视和关注。

3. 常见种类

常见的蓄电池主要有铅酸蓄电池、镉 - 镍电池、铁 - 镍电池、金属氢化物 - 镍电池、铝 - 氧化银电池、锂离子蓄电池、锂金属二次电池等。近年来，为了满足不断增长的新应用领域对电能源的迫切需求，人们研发了许多新的电池体系，如固态电池、锂硫电池、金属 - 空气电池等。

1.1.3.3 贮备电池

1. 概述

贮备电池又称激活电池，它是一种使用前需要进行激活方可应用的原电池。这种电池的电解质（一般由酸碱盐的水溶液或无机盐在有机或无机溶剂中的溶液构成）与正负极在贮存期间不直接接触，分开放置；或者"电解质（固体盐类）"在未使用前不具有离子导电性，电池处于非活化状态，因此这种电池未激活前无电池电压，完全不能工作。

一旦需要投入使用，贮备电池就借助动力源作用于电解质，激活电池进入工作状态。只要将电池中分隔开的液体电解质充满装有正负极的容器，或使原先不具备离子导电性的"电解质"转化成高离子导电状态的实用电解质（如将固体类盐加热至融化成液体状态），电池立刻显示电压，马上可以投入使用。

2. 特点及应用

贮备电池的激活时间往往是贮备电池特有的基本参数，按照应用的要求不同，贮备电池的激活时间可以快至分钟级、秒级甚至毫秒级，也可慢至小时级以上。另一个特有参数则是贮备时间。贮备电池最大的特点是电解质被分开放置，电池中的自放电或化学衰变反应基本上被阻止，电池在使用前处于惰性状态，因此一般能贮存几年甚至十几年。

这种电池一般用来满足贮存时间极长或贮存环境比较恶劣的要求，而按同样性能进行设计的普通电池则满足不了这样的贮存要求。

目前贮备电池主要用作武器装备电源，用于需要在相当短的时间内提供高功率电源的场合，如炮弹引信电源、导弹控制与引信电源、火箭控制与点火电源以及电动鱼雷的动力电源等。

3. 常见种类

常见的贮备电池主要有镁-银电池、锌-氧化银电池、锂负极贮备电池以及热电池等。

1.1.3.4 燃料电池[4]

1. 概述

燃料电池是将燃料（包括纯氢/富氢燃料或含氢化合物）与氧化剂（纯氧或空气中的氧）的反应化学能直接转换成电能的一种特殊原电池。在该类电池反应中，燃料是正极电化学反应的活性物质，而氧是负极电化学反应的活性物质。同时，它们的反应产物都不能通过充电再生。显然，燃料电池和普通原电池的工作原理并无区别，明显不同之处在于，普通原电池的反应物质分别储存在电池内部的两个电极中；而燃料电池中既不储存燃料，也不储存氧化剂。只是在使用电池时，从电池外部连续将燃料和氧化剂分别按需求的量与速度提供至正、负电极/电解质的反应界面位置，就可以形成电极反应，输出电能。在燃料电池中，只要从外部源源不断供应燃料和氧化剂，同时内部电极/电解质界面及其他成分不发生变化，电池就能连续不断地放电，向负载输出直流电能。

由以上工作原理还可以看出，燃料电池的正负电极仅是提供一个界面电化学反应的场所，其本身完全不参与反应，因此该类电极的组成材料本身应该是化学惰性的，在电池反应过程中不会损耗。事实上，对这类电极材料的要求很高，特别需要它具有催化特性，以增强燃料与氧化剂作为活性反应物的电化学氧化和电化学还原速度。与燃料的燃烧反应不同，燃料电池中的电化学反应过程可以避开卡诺循环的限制，因此能够获得较高的能量转换效率。

燃料电池中的负极活性物质或燃料通常是气体或液体材料（普通电池中的负极通常是固态），如氢气、甲烷、天然气、碳氢化合物、甲醇、乙二醇、有机胺和有机肼等，这些燃料直接供应到燃料电池的负极。以上这些物质与热发动机使用的传统燃料基本类似，因此人们十分形象地称这种发电装置为“燃料电池”。

2. 特点及应用

燃料电池使用氢、碳或化石燃料发电，因此与传统的热发动机相比，它具有更高的效率和较少的污染，对环境友好，此外还具有较高的质量比能量和能量密度等特点。小型燃料电池可以应用于笔记本电脑、手机、数码相机、便携式电源、远程设备、野外电源等；大中型燃料电池在空间可应用于太空飞船、航天飞机、无人机等，在地面上可应用于电动汽车、分散式或现场发电机等。近些年来，由于新能源汽车的迅速发展和燃料电池技术的进步，使得人们对燃料电池在电动汽车和其他新的应用领域产生了浓厚的兴趣。

3. 常见种类

根据燃料和氧化剂的复合形式、电解质类型、工作温度、应用场合等，燃料动力蓄电池系统可以分为多种类型。如根据电解质类型的不同，燃料电池可以分为固体氧化物燃料电池（SOFC）、熔融碳酸盐燃料电池（MCFC）、磷酸盐燃料电池（PAFC）、碱性燃料电池（AFC）和质子交换膜燃料电池（PEMFC）。

然而必须指出，上述分类方法并不是绝对的，并不意味着某一种电池体系只能属于原电池、蓄电池、贮备电池或燃料电池中的一种。因为某一种电池体系可以根据需要和用途设计制备成不同类型的电池，比如锌-氧化银电池可以设计成原电池，也可以设计成蓄电池或贮备电池。

1.1.4 动力蓄电池的发展背景

1.1.4.1 动力蓄电池的发展意义

近年来，随着全球能源危机和环保压力的日益严峻，新能源汽车的发展势不可挡。新能源汽车已成为各国政府和汽车产业重点布局的战略方向，并已进入全球规模化发展的新阶段。目前在国际上，混合动力电动汽车已实现商业化，插电式混合动力电动汽车、纯电动汽车和燃料电池汽车也处于应用推广及示范阶段。

国际能源署对各种汽车未来的预测如图 1-7 所示。

我国通过政策的引导和扶持，已成为全球最大的新能源汽车市场。2011~2018 年，我国新能源汽车销量从不足 5000 辆发展到 125.6 万辆，占全球的 53%，已超过日本和美国，连续四年居世界首位；保有量从 1 万辆提升到大约 300 万辆。“中国制造 2025”中将节能与新能源汽车列为重点发展的十大领域之一，发展新能源汽车已正式上升为国家战略。《节能与新能源汽车产业发展规划（2012—2020 年）》提出，到 2020 年，我国新能源汽车市场保有量达到 500 万辆，生产能力和销量均达到 200 万辆；到 2025 年，新能源汽车产销量占汽车产销量 20% 以上。我国新能源汽车销量趋势如图 1-8 所示。

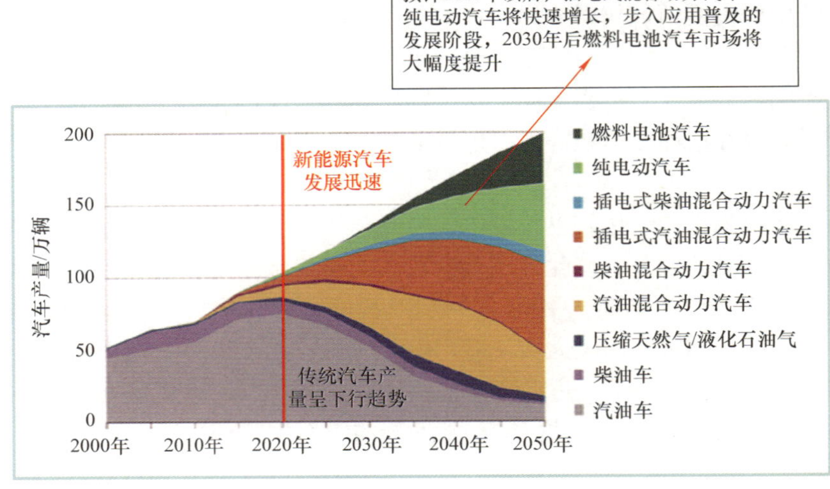

图 1-7　国际能源署对各种汽车未来的预测

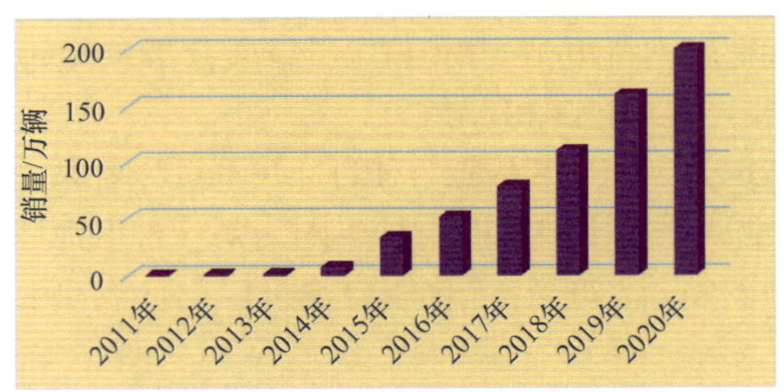

图 1-8　我国新能源汽车销量趋势

动力蓄电池是电动汽车的心脏，是电动汽车产业发展的关键，其性能直接影响电动汽车的市场应用和消费者的接受度，因此成为各国在电动汽车领域战略布局的重点。美、日、德等国家均制定了车用动力蓄电池发展的国家规划，对动力蓄电池的研发进行大力支持，以推动动力蓄电池技术的快速发展和市场推广应用。

1.1.4.2　各国动力蓄电池发展规划

1. 美国

美国发布的“电动汽车无处不在大挑战”（EV everywhere grand challenge）动力蓄电池发展规划（图 1-9），重点支持插电式混合动力汽车用锂离子蓄电池技术的研发，2022 年实现动力蓄电池系统质量能量密度 250W · h/kg、体积能量密度 400W · h/L、质量功率密度 2000W/kg、成本 125 美元 /kW · h 的目标，以实现纯电驱动汽车的性能提升和成本降低。

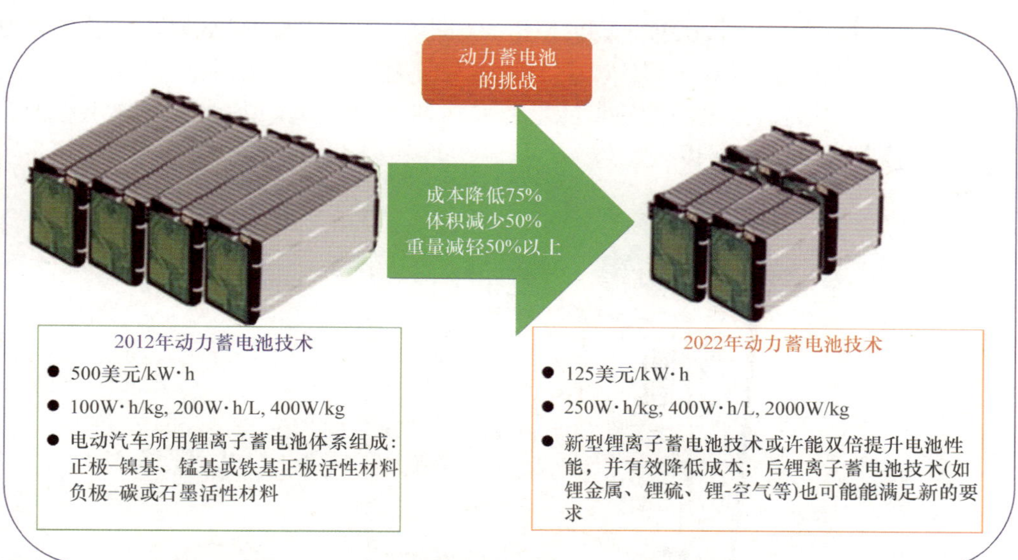

图 1-9 美国“电动汽车无处不在大挑战”的动力蓄电池发展规划

2. 日本

日本经济产业省下属的新能源与工业技术开发组织（New Energy and Industrial Technology Development Organization，NEDO）在 2013 年发布的“二次电池技术路线图 2013”（Battery RM 2013）中提出，日本电动汽车用二次电池以质量能量密度、质量功率密度、成本和寿命等指标作为研发的方向，2020 年纯电动汽车用动力蓄电池系统的质量能量密度达到 250W · h/kg，质量功率密度达到 1500W/kg，成本达到 2 万日元 /kW · h 以内的目标；插电式混合动力汽车用动力蓄电池系统的质量能量密度达到 200W · h/kg，质量功率密度达到 2500W/kg，成本达到 2 万日元 /kW · h 左右的目标。日本 NEDO 动力蓄电池发展规划如图 1-10 所示。

3. 德国

德国发布的“国家电驱动平台计划（2014—2020）”提出在材料开发及电池单体技术、创新性电池设计技术、安全性评估及测试、电池寿命的建模与分析、大规模生产工艺技术五个方面开展研发工作，2020 年动力蓄电池系统的质量能量密度达到 130W · h/kg，价格达到 250~300 欧元 /kW · h 的目标，以低成本、高能量密度的动力蓄电池产业推动电动汽车市场的快速发展。

4. 中国

我国发布的《节能与新能源汽车产业发展规划（2012—2020）》重点支持动力蓄电池的产业化和电池模块的标准化，2020 年动力蓄电池模块的质量能量密度达到 300W · h/kg 以上，成本降至 1.5 元 /W · h 以下。我国动力蓄电池发展规划如图 1-11 所示。

同时我国“十三五”设置了“新能源汽车重点研发专项（2016—2020）”，从动力蓄电池新材料新体系、高质量能量密度锂离子蓄电池、大功率长寿命电池、动力蓄电池系统、高质量能量密度二次电池和测试评估六方面支持动力蓄电池的技术研发。产业化的锂离子蓄电池的质量能量密度达到 300W · h/kg 以上，成本降至 0.8 元 /W · h 以下；动力蓄电池系统质量能量密度达到 200W · h/kg 以上，循环寿命达到 1200 次以上，成本降至 1.2 元 /W · h 以下；新型锂离子蓄电池的质量能量密度达到 400W · h/kg 以上，新体系电池的质量能量密度达到 500W · h/kg 以上。

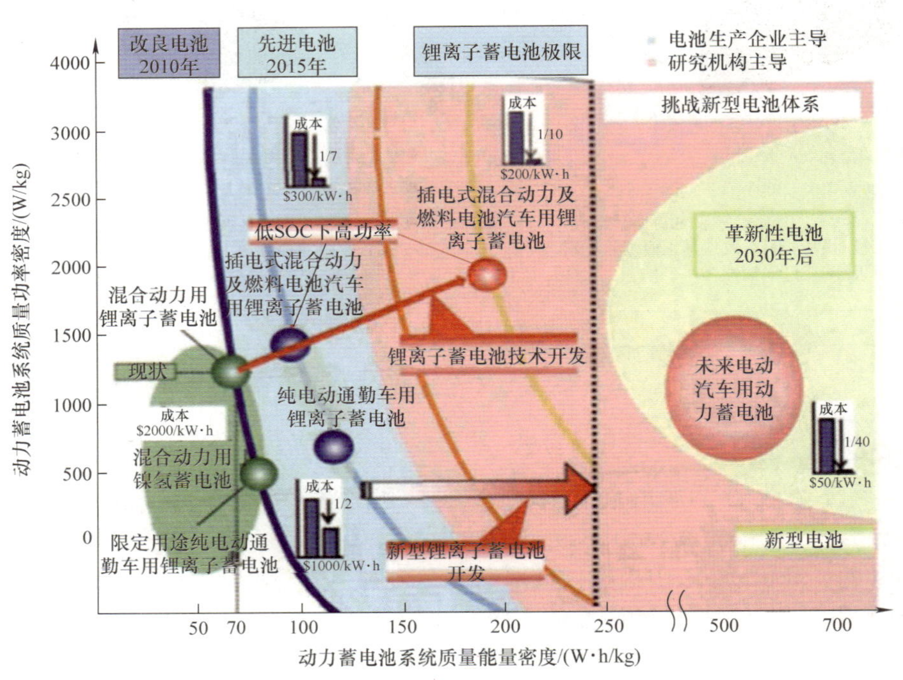

图 1-10　日本 NEDO 动力蓄电池发展规划

在“中国制造 2025”中提出的动力蓄电池发展目标，到 2020 年，单体蓄电池质量能量密度达到 300W · h/kg 以上，成本降至 1 元 /W · h，系统成本降至 1.3 元 /W · h；到 2025 年，单体蓄电池质量能量密度达到 400W · h/kg 以上，成本降至 0.8 元 /W · h，系统成本降至 1 元 /W · h；到 2030 年，电池蓄单体质量能量密度达到 500W · h/kg 以上，成本降至 0.6 元 /W · h，系统成本降至 0.8 元 /W · h。

在“节能与新能源汽车技术路线图”中提出我国动力蓄电池未来发展大致分为三个阶段[5]：

① 到 2020 年，动力蓄电池技术提升阶段。新型锂离子电池实现产业化。能量型锂离子单体蓄电池的质量能量密度达到 350W · h/kg，能量功率兼顾型动力单体蓄电池的质量能量密度达到 200W · h/kg。动力蓄电池实现智能化制造，产品性能、质量大幅度提升，成本显著降低，纯电动汽车的经济性与传统汽油车基本相当，插电式混合动力汽车步入普及应用阶段。

② 到 2025 年，动力蓄电池产业发展阶段。新体系电池技术取得显著进展。动力蓄电池产业发展与国际先进水平接轨，形成两三家具有较强国际竞争力的大型动力蓄电池公

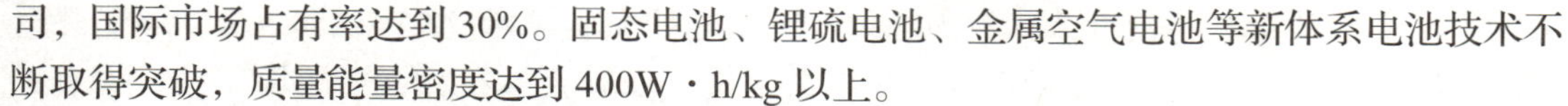

司，国际市场占有率达到 30%。固态电池、锂硫电池、金属空气电池等新体系电池技术不断取得突破，质量能量密度达到 400W · h/kg 以上。

③ 到 2030 年，动力蓄电池产业成熟阶段。新体系电池实现实用化，单体蓄电池的质量能量密度达到 500W · h/kg 以上，成本进一步下降；动力蓄电池技术及产业发展处于国际领先水平。

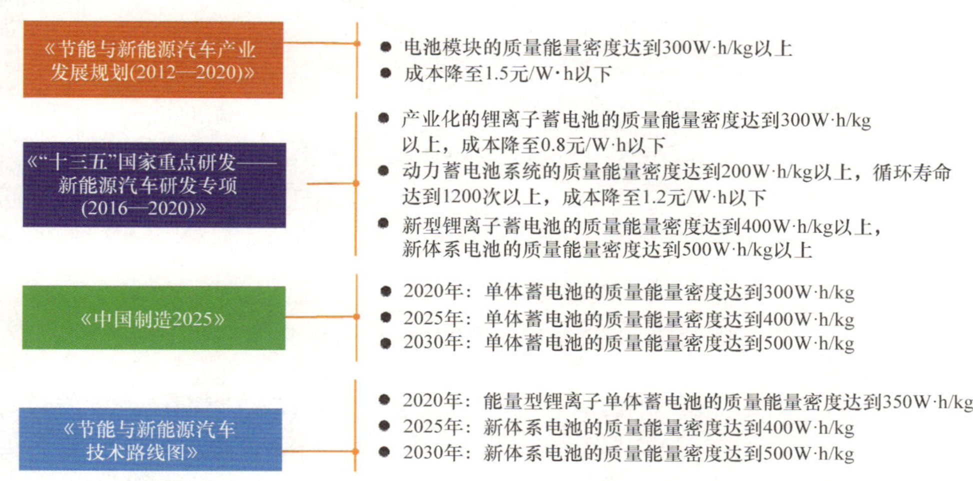

图 1-11　我国动力蓄电池发展规划

1.1.5　动力蓄电池的发展现状

动力蓄电池作为电动汽车的能量储存装置，其技术历经了多次体系升级，每一次升级都带来了电动汽车的发展高潮。

最早的铅酸蓄电池技术的发展，带来了 20 世纪初第一次电动汽车研发和应用的高潮。

20 世纪 80 年代镍氢蓄电池技术的突破，带来了混合动力电动汽车的产业化。

20 世纪 90 年代出现的锂离子蓄电池，带来了以纯电驱动为主的电动汽车研发和应用的新纪元。

目前，铅酸蓄电池、镍氢蓄电池和锂离子蓄电池在电动汽车领域均有应用，如图 1-12 所示。锂离子蓄电池是目前实现产业化的动力蓄电池产品中能量密度最高的电化学体系，具有较长的循环寿命及使用寿命，安全性不断提升。同时，锂离子蓄电池已处于自动化大规模生产制造阶段，成本不断下降。锂离子蓄电池作为铅酸蓄电池和镍氢蓄电池的技术及产业升级换代产品，具有质量能量密度高、质量功率密度高、自放电率低、无记忆效应以及环境友好等突出优点，成为目前技术研究及产业化的重点，其应用领域涵盖了混合动力电动汽车、插电式混合动力电动汽车、纯电动汽车以及氢燃料电池汽车等。

目前，锂离子蓄电池产品主要用于纯电动汽车及插电式混合动力电动汽车，但纯电动汽车的续驶里程相对常规燃油车较短，动力蓄电池成本大幅下降，动力蓄电池系统价格大致在 0.8~1.2 元 / W · h 的水平，安全性能有待进一步改善与提升。世界主要汽车生产国均在持续支持开展动力蓄电池技术创新研究和扩大产业规模，特别是进一步提高动力蓄电池的安全性、质量能量密度（从目前的单体蓄电池质量能量密度 110~250W · h/kg 提升至 300~350W · h/kg）、质量功率密度及使用寿命，进一步降低制造和使用成本等。

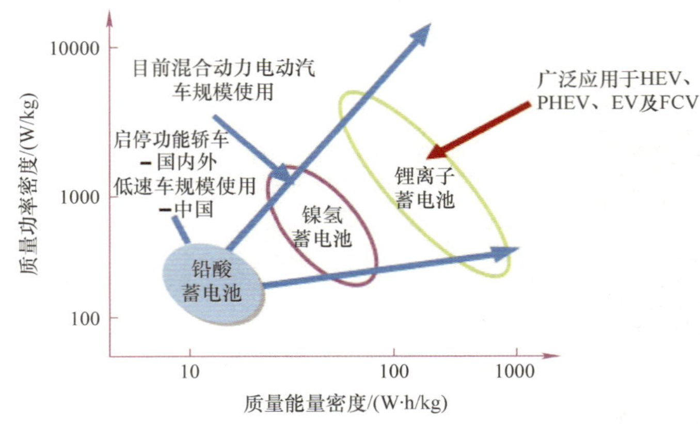

图 1-12　车用动力蓄电池技术的发展现状及应用领域

从目前国内外动力蓄电池公司量产的锂离子动力蓄电池产品看，现有的锂离子动力蓄电池产品基本可分为两大类：一类是小容量圆柱形电池（以 18650 电池为典型代表产品，其他类型有 20700、21700 及 26650 等），动力蓄电池系统需要采用多串并联的方式，以达到总电压与总容量的要求，电池的数量达到数千只，电池之间的连接以及热、电的管理复杂；另一类则采用大容量电池，容量可达数十安时甚至更高，通常采用铝塑膜封装或者金属壳体焊接封装。由于电池的容量大，电池模块和系统需要的单体蓄电池的数量大大减少，电池之间的连接以及热、电的管理相对简单。

目前，我国动力蓄电池的关键材料基本上实现了国产化，关键材料及动力蓄电池公司的技术研究及产品开发由追赶期开始向同步发展期过渡，动力蓄电池总产能及产销量居世界首位，有力地支撑了我国电动汽车的示范及推广应用。但是与国外先进技术相比，我国在电池性能和规模化制造等方面仍然有较大的差距。

1.1.6　动力蓄电池的发展趋势

以高安全、高比能（高质量能量密度）、长寿命、低成本为总目标，未来将重点进行新型锂离子电池和新体系电池的研发和产业化。

1.1.6.1　新型锂离子蓄电池

以高容量 / 高电压正极材料、高容量负极材料、高安全性的功能性电解液材料以及高安全性的复合隔膜材料为主要方向，开展正极、负极、隔膜及电解液的匹配技术研究，开展多孔极片模型设计研究，发展高负载电极、表面涂层电极、电池仿真及设计等先进技术和工艺，开发新型锂离子动力蓄电池，开展失效机理研究，重点解决能量特性、功率特性、热特性、循环稳定性和安全性等问题，在动力蓄电池生产工艺的稳定性和低成本等方面取得突破，实现新型锂离子动力蓄电池的产业化。

1.1.6.2 新体系电池

发展锂硫电池、金属空气电池、全固态电池等新体系电池，大力发展金属锂、硫/碳复合电极、空气电极、固体电解质等新材料，解决相关科学基础问题、工程基础问题，基于新体系电池的动力蓄电池产品实现实用化，纯电动汽车具有与传统燃油车相当的行驶距离，在经济性方面具有竞争力。

1. 锂硫电池

对于锂硫电池，硫作为正极，其理论质量能量密度高达2600W·h/kg，且单质硫成本低、对环境友好，目前主要存在活性物质利用率低和循环性差等问题。开展高性能硫复合材料制备技术、高稳定性金属锂或锂合金负极制备技术以及锂硫电池制备技术的优化等，获得质量能量密度＞700W·h/kg的锂硫电池，满足电动汽车长续驶里程的使用要求。

2. 金属空气电池

对于金属空气电池，重点开展高效廉价氧催化电极制备技术研究、金属电极制备技术研究、高稳定性电解液技术研究以及防电解液挥发与碳酸盐化技术研究等。当前以锂空气电池为研究热点，重点突破锂金属/合金负极材料的制备技术，提高它在电解液中的耐腐蚀能力，突破廉价高活性氧催化材料制备技术以及空气电极微孔结构与三相界面调控技术，提升锂空气电池的工作电压与质量功率密度，获得质量能量密度＞700W·h/kg的锂-空气电池，满足电动汽车长续驶里程的使用要求。

3. 固态电池

固态电池具有不易燃烧、长循环寿命等优势。目前以固态锂电池为研究热点，其核心组成部分的固体电解质材料是实现固态锂电池高性能化的关键材料，正极材料决定了电池的能量密度，锂负极材料的稳定输出影响电池的循环稳定性，而界面反应则影响电池的整体性能。研究离子在固体电解质本体材料中的输运机制、载荷子（离子和电子）在多相颗粒界面之间输运动力学机制，以及锂合金负极体积膨胀等科学问题，突破高稳定性、高离子电导率固态电解质的制备技术，高质量能量密度正极材料技术、锂负极体积膨胀抑制技术以及界面修饰技术，获得质量能量密度＞400W·h/kg的固态锂电池，满足电动汽车对高安全性、高可靠性动力蓄电池的需求。

4. 其他电池

水系锂离子电池体系具有低成本、高安全性等优点；钠离子电池、镁离子电池体系具有钠/镁资源丰富、价格低廉等优点，这些都是极具发展潜力的新体系电池。

新体系电池的详细介绍请参见第6章。

1.2 电池的组成及工作原理

1.2.1 电池的基本组成

电池在实现能量转换的过程中，必须具备以下两个必要条件才能进行：

① 组成电池的两个电极上进行的氧化还原过程，必须在两个分开的区域进行，这一点区别于常规的在同一区域发生的氧化还原反应。

② 两个电极的活性物质进行氧化还原反应时所需电子必须是由外电路传递的，这一点区别于金属腐蚀过程中发生的微电池反应。

因此，为了满足以上条件，不管实际电池产品尺寸、形状等如何不同，单体电池一般主要由电极、电解质、隔膜和外壳四个部分组成。

1.2.1.1 电极

电极是电池的核心组成部分，包括正极和负极。

① 正极是氧化电极。正极活性材料在正极 / 电解质交界面接受由外电路传来的电子，进行电化学反应，从而被还原。

② 负极是还原或燃料极。负极活性材料在负极 / 电解质交界面进行释放电子的电化学反应，并将电子传给外电路，自身则被氧化。

电极一般由集流体和活性物质、黏结剂、导电剂等构成。集流体可以根据需要采用金属箔、金属网等不同形式。活性物质是指电池在充电或放电过程中，正、负极中发生电化学反应以存储或释放电能的物质，是电池产生电能的源泉，也是决定电池基本特性的重要组成。活性物质一般需要满足以下条件：

① 组成电池的电动势高。

② 电化学活性高，即自发进行反应的能力强。

③ 质量比容量和体积比容量大。

④ 在电解液中的化学稳定性高。

⑤ 具有高的电子导电性。

⑥ 资源丰富，价格便宜。

因此，采用质量轻、电压和比容量都高的正极和负极材料是理想的活性物质组合。但是由于电池其他组分可能发生反应以及存在极化较大或成本高等方面的缺点，所以理想的正负极活性物质组合在实际中并不总是可行的。

1.2.1.2 电解质

电解质是电池的主要组成之一，是离子导体，在电池中是电荷转移的介质。通过离子在电池内正、负极之间的移动，实现电池内部电荷的转移，完成电流的全回路流通，由此向负载连续输出电能。

电解质分为液体电解质、固体电解质和凝胶聚合物电解质。液体电解质包括水溶液电解质和非水溶液电解质，典型的水溶液电解质是将盐、酸或碱溶解在水中形成的水溶液。典型的非水溶液电解质是无机盐或有机盐溶于某些极性有机溶剂或无机溶剂中，以提供离子电导。固体电解质尽管是固态，但是在电池工作温度下是一种离子导体。电解质材料一般需要满足以下条件：

① 具有良好的离子导电性，但不具有电子导电性，否则将造成电池内部短路。

② 具有稳定的化学性质，与电极材料界面的电化学反应速度要尽可能小，从而尽量

避免电池的自放电容量损失。

③ 性能随温度变化较小。

1.2.1.3 隔膜

隔膜是指为避免电池内极性相反的电极片直接接触造成内部短路的电池组件。通常将隔膜材料置于正极和负极之间，将正、负极分开，其四周由电解质环绕。对于固态电池来说，则不需要专门的隔膜材料，因为固体电解质膜（Solid Electrolyte Membrane）既发挥了电解质的作用，同时又充当了隔膜材料的功能。隔膜材料一般需要满足以下条件：

① 在电解液中具有良好的化学稳定性和一定的机械强度，并能耐受电极活性物质的氧化和还原作用。

② 具有良好的离子穿透能力，即隔膜对电解质离子运动的阻力要小，以保持良好的离子电导。

③ 具有良好的电子绝缘性，并能阻挡从电极上脱落的活性物质颗粒或枝晶的生长。

1.2.1.4 外壳

图 1-13 所示为电池的基本组成。外壳是电池的容器。除了锌锰干电池中的锌电极可以兼做外壳之外，目前其他各类电池的活性物质和电极均不能用作电池的容器。应该根据实际情况选择合适的材料作为电池的外壳，并还要有相应的极耳或极柱结构，以便组成完整的电池。

电池本身可以设计制造成各种形状和结构，如方形、圆柱形、扣式、扁平状等，因此电池的外壳也应根据实际需要设计成相应的形状和结构。

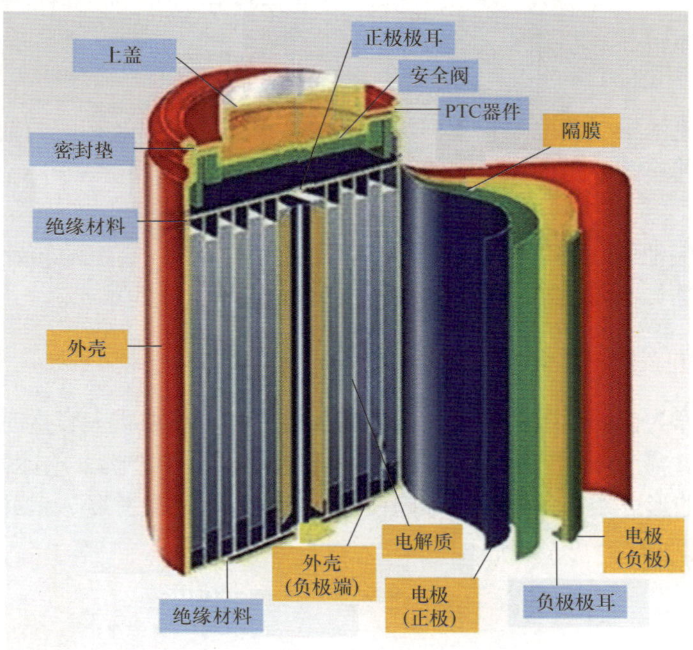

图 1-13 电池的基本组成

电池的外壳一般需要具有良好的机械强度，以及耐振动、耐冲击、耐电解液腐蚀以及耐高低温变化等特性。

除了上述主要组成部分外，电池一般还包括上盖、正负极极耳、安全阀、正温度系数热敏电阻（Positive Temperature Coefficient，PTC）器件、密封垫、绝缘材料等零部件。这些部件虽然不参与电化学反应，不会提供额外能量，但是对电池的综合性能有不同程度的影响。

1.2.2　蓄电池和蓄电池组合

1.2.2.1　概念术语

1. 单体蓄电池

单体蓄电池是基本的电化学单位，是将化学能与电能进行相互转换的基本单元装置，通常包括电极、隔膜、电解质、外壳和端子，并被设计成可充电，英文中常用“Cell”表示，也称为电芯。

2. 电芯组

一组并联连接的单体蓄电池，可能包含监测电路与保护装置（如熔断器等）。

> 注意：蓄电池电芯组没有固定的封装外壳、电子控制装置，且没有确定极柱的布置，不能直接应用到车辆上。

3. 蓄电池模块

将一个以上单体蓄电池按照串联、并联或串并联方式组合，并作为电源使用的组合体，也称作蓄电池组。

4. 蓄电池箱

用于盛装蓄电池组、蓄电池管理模块（不包含BCU㊀）以及相应的辅助元器件，并包含机械连接、电气连接、防护等功能的总成，简称蓄电池箱。

5. 蓄电池包

通常包括蓄电池组、蓄电池管理模块（不包含BCU㊀）、蓄电池箱及相应附件（冷却部件、连接线缆等），具有从外部获得电能并可对外输出电能的单元。

1.2.2.2　蓄电池组的组合方式

动力蓄电池作为仪器设备等的动力源，当需要较高电压或较大容量时，单体蓄电池往往无法满足要求，需要根据实际输出的电压和容量要求，将若干个单体蓄电池通过串联、并联或串并复联的形式组成蓄电池组才能使用。蓄电池串联、并联、串并复联的示意图如图 1-14 所示。

㊀ BCU 为 Batter Control Unit，即蓄电池管理系统。

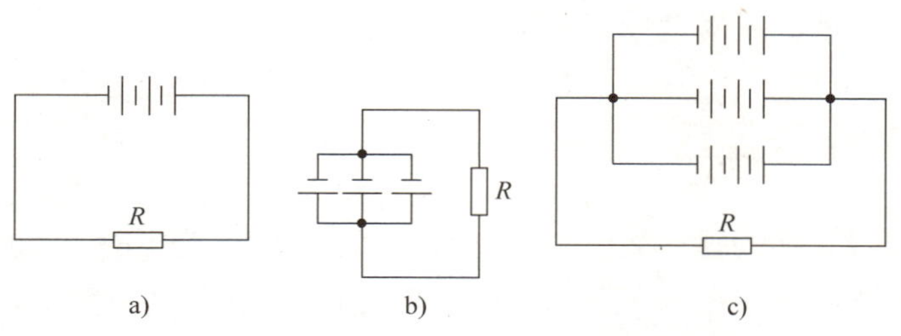

图 1-14 蓄电池组的组合方式
a）串联组合 b）并联组合 c）串并复联

1. 串联组合蓄电池组

串联的主要目的是增加电池电压。如果有 n 个单体蓄电池串联，串联组合电池组中的每个单体蓄电池的开路电压为 U，内阻为 R_i，外电阻为 R，则 n 个单体蓄电池串联组合成的电池组的电压为 nU，电池组的总内阻为 nR_i，那么，串联组合蓄电池组的电流 I 为

$$I=\frac{nU}{R+nR_i}=\frac{nU}{R\left(1+\frac{nR_i}{R}\right)} \tag{1-1}$$

2. 并联组合蓄电池组

并联的主要目的是增加电池容量。如果有 n 个单体蓄电池并联，并联组合蓄电池组中的每个单体蓄电池的开路电压为 U，内阻为 R_i，则 n 个单体蓄电池并联组合成的电池组的电压仍为单个电池的电压 U，但并联后电池组的总内阻为$\frac{R_i}{n}$，并联组合电池组的电流 I 为

$$I=\frac{U}{R+\frac{R_i}{n}}=\frac{U}{R\left(1+\frac{R_i}{nR}\right)} \tag{1-2}$$

要获得较大容量的电池组，在电压 U 和外电阻 R 不变的情况下，若要增大电池组的电流。由式（1-2）可知，需要增加并联电池数 n。

3. 串并复联组合电池组

当需要同时输出较高的电压和较大的容量时，单一的串联或并联组合形式就难以满足使用要求。这时可以根据实际的电压和容量要求，首先将 n 个单体蓄电池串联，然后将 m 个串联电池组并联组合成串并复联电池组。

如果单体蓄电池的开路电压为 U，内阻为 R_i，则上述串并复联组合后的电池组的电压为 nU，电池组的总内阻为$\frac{nR_i}{m}$，整个复联组合电池组的电流 I 为

$$I=\frac{nU}{R+\frac{nR_i}{m}}=\frac{nU}{R\left(1+\frac{nR_i}{mR}\right)} \tag{1-3}$$

由式（1-3）可知，要想获得较大的电流，在电压 U 和外电阻 R 不变的情况下，需要使$\frac{nR_i}{mR}$的值减小。

为了获得高性能的电池组，在进行电池组合时，需要对单体蓄电池的性能有严格要

求，尤其是单体蓄电池的规格型号和性能一致性等。

1.2.3 电池的工作原理

电池是一种能量转换装置。放电时，电池将化学能转变为电能；充电时，电池将电能转变为化学能并贮存起来。电池充放电过程中的能量转换如图 1 - 15 所示。

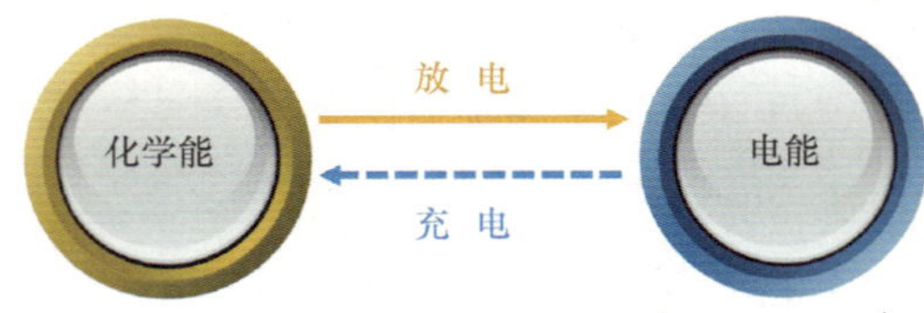

图 1-15 电池充放电过程中的能量转换

原电池（一次电池）的反应是不可逆的，不能充电，只有放电过程。

蓄电池（二次电池）的反应是可逆的，既有充电过程，又有放电过程。

1.2.3.1 放电时的工作原理

当电池放电时，电池与外部负载相连接，电子从负极通过外部负载流向正极，此时负极（或阳极）被氧化，正极（或阴极）接受电子而被还原。在电解质中依靠阴离子和阳离子分别向负极和正极的移动而使整个电路连通起来。电池放电时的工作原理如图 1-16 所示。

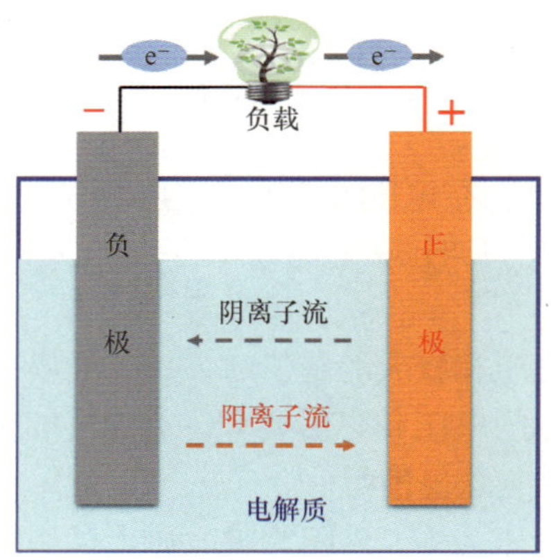

图 1-16 电池放电时的工作原理

假设电池负极为金属 Mg、正极为氯气（Cl_2），组成 Mg/Cl_2 电池，它放电时正、负极上分别发生如下电化学反应：

① 负极上发生氧化反应，失去电子：

$$Mg \rightarrow Mg^{2+}+2e^-$$

② 正极上发生还原反应，得到电子：

$$Cl_2+2e^- \rightarrow 2Cl^-$$

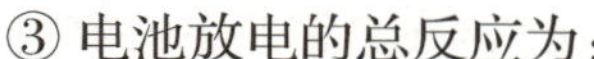

③ 电池放电的总反应为：

$$Mg+Cl_2 \rightarrow Mg^{2+}+2Cl^-（MgCl_2）$$

1.2.3.2 充电时的工作原理

蓄电池（二次电池）在充电时的电流流动方向与放电时相反。正极（或阳极）发生氧化，负极（或阴极）接受电子而被还原。在电解质中依靠阴离子和阳离子分别向正极和负极的移动而使整个电路连通起来。蓄电池充电时的工作原理如图 1-17 所示。

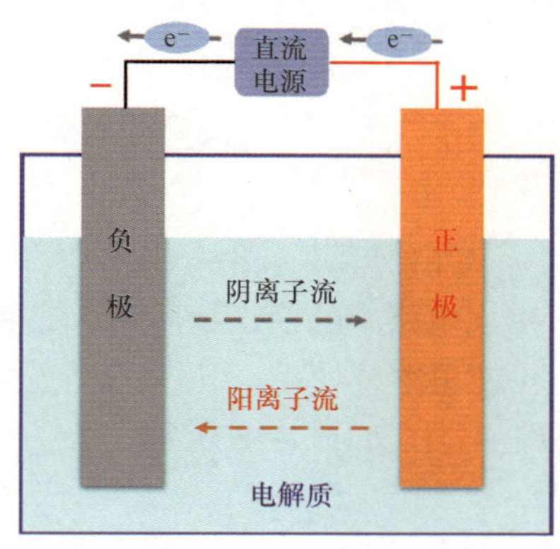

图 1-17 蓄电池充电时的工作原理

以 Mg/Cl_2 电池为例，它充电时正、负极上分别发生如下电化学反应：

① 负极上发生还原反应，得到电子：

$$Mg^{2+}+2e^- \rightarrow Mg$$

② 正极上发生氧化反应，失去电子：

$$2Cl^- \rightarrow Cl_2+2e^-$$

③ 蓄电池充电的总反应为：

$$Mg^{2+}+2Cl^- \rightarrow Mg+Cl_2$$

值得注意的是，放电时，蓄电池的正极发生还原反应因而可称为阴极，蓄电池的负极发生氧化反应因而可称为阳极；充电时，蓄电池的正极发生氧化反应因而可称为阳极，蓄电池的负极发生还原反应因而可称为阴极（表 1-1）。

表 1-1 蓄电池正、负极在充放电过程中发生的不同反应

电池电极	放电	充电
正极	得电子，发生还原反应	失电子，发生氧化反应
负极	失电子，发生氧化反应	得电子，发生还原反应

1.2.3.3 原电池具体实例

锂 / 氟化碳（Li/CF_n）电池是首先作为商品的一种固体正极锂原电池。该电池以金属锂为负极，以固体聚一氟化碳 CF_n 作为正极，n 值一般为 0.9~1.2；该电池可以使用不同

的有机电解质，如四氟硼酸锂（$LiBF_4$）和γ-丁内酯（GBL）的混合溶液，或四氟硼酸锂（$LiBF_4$）和γ-丁内酯（GBL）以及1，2-二甲氧基乙烷（DME）的混合溶液等。

电池放电时，在负极上金属锂发生氧化反应变成Li^+，并释放出电子；Li^+移出，通过离子导体电解液嵌入正极CF_n中，而电子从负极集流体导出、通过负载从外电路流向正极。正极CF_n从外电路接受到电子后，通过电化学反应被还原，转变成导电的碳（C）和F^-，F^-与嵌入的Li^+反应生成晶体状LiF沉积在正极结构中。正、负极的反应分别如下：

负极：

$$n\mathrm{Li} \rightarrow n\mathrm{Li}^{+}+ne^{-}$$

正极：

$$\mathrm{CF}n+ne^{-} \rightarrow n\mathrm{C}+n\mathrm{F}^{-}$$

全电池反应：

$$n\mathrm{Li}+\mathrm{CF}n \rightarrow n\mathrm{LiF}+n\mathrm{C}$$

因为原电池不能充电，所以当电极中的活性物质消耗完时，反应终止，电池停止向外输出电能，只能作废弃处理，不能再继续使用。

锂/氟化碳电池的工作原理示意图如图1-18所示。

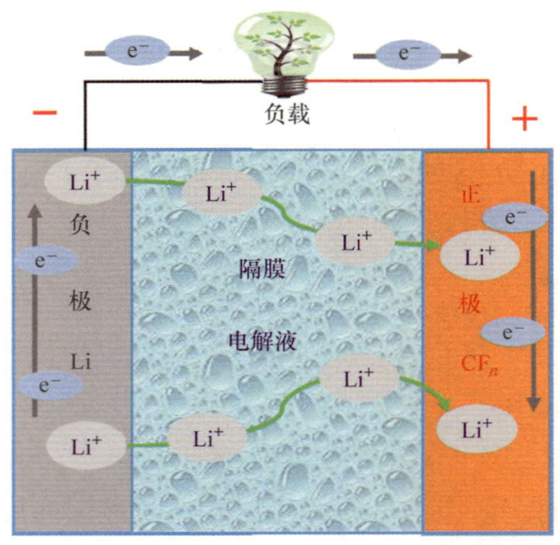

图1-18　锂/氟化碳电池的工作原理示意图

1.2.3.4　蓄电池具体实例

锂离子蓄电池是目前最常见的一种蓄电池，其中的Li^+能嵌入和脱出正负极材料。该类电池一般采用可嵌入的锂离子化合物（如$LiCoO_2$、$LiMn_2O_4$、$LiFePO_4$、NCM、NCA等）作为正极材料，负极为锂碳层间化合物如石墨等，电解质为溶解有锂盐（如$LiPF_6$、$LiAsF_6$、$LiClO_4$等）的有机溶液。在充放电过程中，Li^+在两个电极之间往返脱嵌，因此也有人称锂离子蓄电池为"摇椅式电池"，如图1-19所示（以石墨/$LiCoO_2$为例）。

锂离子蓄电池实际上是一种锂离子浓差电池[6]，放电时，Li^+离子从负极脱出，经过电解液嵌入正极，正极处于富锂状态，负极处于贫锂状态，同时电子通过外电路从负极流向正极进行电荷补偿；充电时，外加电压使锂离子沿相反方向迁移，从正极脱出，经过电解液嵌入到负极中，负极处于富锂状态，正极处于贫锂状态，同时电子的补偿电荷从外电路供给到负极。以石墨 $LiCoO_2$ 为例，其电化学反应如下：

正极：

$$LiCoO_2 \underset{放电}{\overset{充电}{\rightleftharpoons}} Li_{1-x}CoO_2 + xLi^+ + xe^-$$

负极：

$$6C + xLi^+ + xe^- \underset{放电}{\overset{充电}{\rightleftharpoons}} Li_xC_6$$

全电池反应：

$$LiCoO_2 + 6C \underset{放电}{\overset{充电}{\rightleftharpoons}} Li_{1-x}CoO_2 + Li_xC_6$$

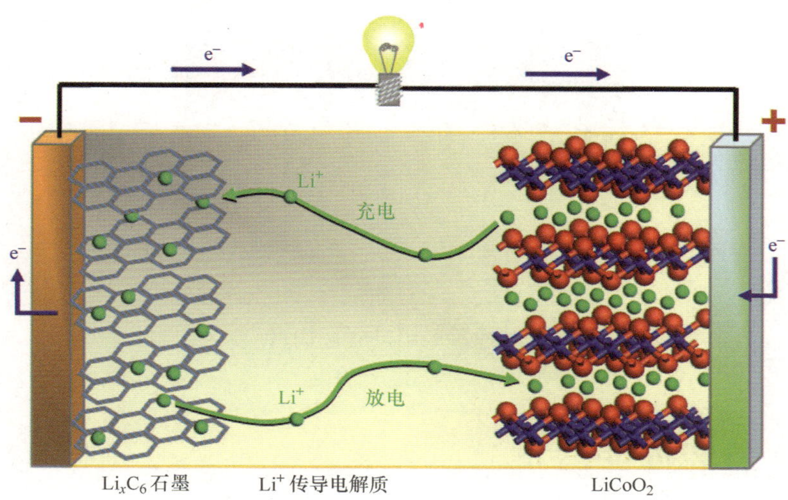

图 1-19　锂离子电池工作原理示意图 [7]

1.2.3.5　燃料电池工作原理

氢 - 空（氧）质子交换膜燃料电池是一种典型的燃料电池。该电池阳极反应物为氢气，一般采用高压储氢罐、贮氢合金或者含氢重整气体提供氢气；阴极反应物为氧气或空气，氧气一般通过高压氧罐来提供，空气则可直接取自空气中；电解质为含氟磺酸固体聚合物质子交换膜；带有气体流动通道的石墨或者表面改性的金属板作为双极板。

当燃料电池工作放电时，氢气进入阳极催化层，在催化剂的作用下发生氧化反应分解，形成 H^+，并释放出电子；H^+ 通过质子交换膜迁移到阴极催化剂表面，电子从阳极集流体导出，经外电路流向阴极到达氧电极的催化剂表面；此时从电池外部进来的氧气（或空气）与 H^+、电子在氧电极的催化剂表面结合，发生还原反应生成水，生成的水随反应尾气排出电池。质子交换膜燃料电池工作原理示意图如图 1-20 所示。阴极和阳极的反应分别如下：

阳极：

$$H_2 \rightarrow 2H^+ + 2e^-$$

阴极：

$$\frac{1}{2}O_2+2H^++2e^- \rightarrow H_2O$$

全电池反应：

$$H_2+\frac{1}{2}O_2 \rightarrow H_2O$$

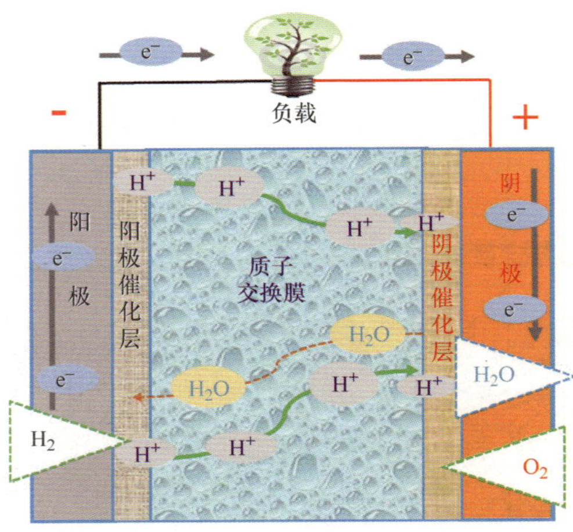

图 1-20 质子交换膜燃料电池工作原理示意图

1.3 蓄电池的性能特征

1.3.1 重要概念术语

1.3.1.1 电池电压

1. 电动势

电池的电动势通常又称为热力学平衡电位，是指电池正极与负极平衡电势（平衡电位）的差值，一般用 E 表示，即

$$E=\psi_+-\psi_- \tag{1-4}$$

式中 E——电池的电动势；

ψ_+——正极的平衡电位；

ψ_-——负极的平衡电位。

电动势是电池在理论上输出能量大小的表征之一。如果其他条件相同，那么电动势越高，则该电池理论上能输出的能量就越大。

实际上，电池中两个电极一般并非处于热力学的可逆状态，因此电池在开路状态下的开路电压并不等于电池的电动势，尤其对于某些气体电极，如燃料电池的开路电压与其电动势就有较大偏差。

2. 开路电压

电池的开路电压是指外电路中没有电流流过时，电池正、负两极之间的电位差，一般用 U_{oc} 表示。

电池的开路电压大小主要由其活性物质、电解质、电池中所进行反应的性质和条件（如浓度、温度等）决定，与电池的形状结构和尺寸大小无关。一般情况下，电池的开路电压均小于它的电动势。

3. 工作电压

电池的工作电压是指电池接通负载后，在工作电流下放电时两个端子间的电位差，也称为放电电压，一般用 U_{cc} 表示。

电池的工作电压总是低于开路电压，当然也必然低于电池的电动势，这是因为电流流过电池内部时，必须克服极化内阻和欧姆内阻所造成的阻力。

$$U_{cc}=E-IR_i=E-I(R_\Omega+R_f) \tag{1-5}$$

式中 U_{cc}——电池的工作电压；

E——电池的电动势；

I——电池的工作电流；

R_i——电池的内阻；

R_Ω——电池的欧姆内阻；

R_f——电池的极化内阻。

电池的工作电压受放电制度的影响，即放电时间、放电电流、环境温度、放电终止电压等都会影响电池的工作电压。

4. 标称电压

标称电压是用以标识电池的适当的电压近似值，也称为额定电压，可以用来区分不同的电化学体系电池。常见电池体系的单体标称电压见表 1-2。

表 1-2 常见电池体系的单体标称电压

电池体系		单体标称电压 /V
原电池（一次电池）	锌 - 碳电池	1.5
	锌 - 二氧化锰电池	1.5
	锌 - 氧化银电池	1.6
	锌 - 空气电池	1.5
	锂 - 亚硫酰氯电池	3.6
	锂 - 二氧化锰电池	3.0
	锂 - 氟化碳电池	3.0
贮备电池	镁 - 氯化亚铜	1.3
	锌 - 氧化银电池	1.5
	热电池	1.6~2.1

(续)

电池体系		单体标称电压 /V
蓄电池（二次电池）	铅酸电池	2.0
	镉镍电池	1.2
	镍氢蓄电池	1.2
	钠硫电池	2.0
	磷酸铁锂电池	3.8
	锰酸锂电池	3.7
	钴酸锂电池	3.7
	镍钴锰酸锂（NCM）电池	3.6

5. 放电终止电压

放电终止电压是指电池放电时，电压下降到不宜再继续放电的最低工作电压，也称为放电截止电压。

电池的类型不同，放电条件不同，对电池的容量和寿命的要求也不同，因而所规定的电池放电的终止电压也不同。一般来说，在低温或大电流放电时，终止电压可规定得低些；小电流长放电时，终止电压可规定得高些。这是因为低温、大电流放电时，电极的极化大，活性物质不能得到充分利用，电池的电压下降较快；小电流放电时，电极的极化小，活性物质能够得到较充分的利用，电池的电压下降较慢。

若电池低于终止电压后继续放电，则为过放电，可能会破坏电池的正常功能并 / 或引发危险事故。

6. 充电限制电压

充电限制电压是指按规定的充电制度，电池由恒流充电转入恒压充电时的最大电压值，也称为充电终止电压。不同电化学体系的电池，充电限制电压也不相同。如铅酸电池的充电限制电压一般为 2.4V，磷酸铁锂电池的充电限制电压一般为 3.8V。

1.3.1.2 电池容量

电池容量是指在一定的放电条件下可以从电池获得的电量，用符号 C 表示，单位常为安时（A · h）或毫安时（mA · h）。电池的容量又可分为理论容量、实际容量和额定容量等。

1. 理论容量

理论容量是指假设活性物质全部参加电池的成流反应所给出的电量，常用 C_0 表示。它可根据活性物质的质量按照法拉第定律计算求得。

法拉第定律指出：电极上发生化学反应物质的质量与通入的电量成正比，用公式可以表达为

$$Q = nF\frac{m}{M} \tag{1-6}$$

式中 Q——电极反应中通过的电量（A·h）；

n——成流反应时的得失电子数；

m——发生反应的活性物质的质量（g）；

F——法拉第常数，约为 96500C/mol 或 26.8A·h/mol；

M——活性物质的摩尔质量（g/mol）。

式（1-6）表明，当质量为 m_0 的活性物质参加电池的成流反应时，完全反应后所释放出的电量为 Q_0，此时 Q_0 即为电极活性物质的理论容量 C_0。因此，电极的理论容量计算公式可以表示为

$$C_0 = 26.8n\frac{m_0}{M} = \frac{1}{K}m_0 \tag{1-7}$$

$$K = \frac{M}{26.8n} \tag{1-8}$$

式中 K——活性物质的电化当量 [g/（A·h）]，是指获得 1A·h 电量所需活性物质的质量。

不同电池体系的理论容量只与参加电化学反应的活性物质有关，因此可以按反应的电化当量来计算。当电池的活性物质的质量确定以后，电池的理论容量主要取决于活性物质的电化当量。电化当量越小，其理论容量就越大；电化当量越大，其理论容量就越小。典型物质的电化当量见表 1-3。

表 1-3　典型物质的电化当量

物质		相对分子质量 / 相对原子质量 /（g/mol）	成流反应时的得失电子数	电化当量	
				A·h/g	g/A·h
负极材料	H_2	2.01	2	26.667	0.038
	Li	6.94	1	3.862	0.259
	Na	22.99	1	1.166	0.858
	Mg	24.30	2	2.206	0.453
	Al	26.98	3	2.980	0.336
	Fe	55.85	2	0.960	1.042
	Zn	65.38	2	0.820	1.220
	Pb	207.20	2	0.259	3.866
	Cd	112.41	2	0.477	2.097

（续）

物质		相对分子质量/相对原子质量/（g/mol）	成流反应时的得失电子数	电化当量	
				A·h/g	g/A·h
正极材料	O_2	32.00	4	3.350	0.299
	Cl_2	70.90	2	0.756	1.323
	MnO_2	86.94	1	0.308	3.244
	CuCl	99.00	1	0.271	3.694
	FeS_2	119.97	4	0.894	1.119
	AgO	123.87	2	0.433	2.311
	PbO_2	239.20	2	0.224	4.463
	$LiFePO_4$	157.76	1	0.170	5.887
	$LiMn_2O_4$（尖晶石）	180.82	1	0.148	6.747
	$LiCoO_2$	97.87	0.55	0.151	6.640
	Li（$Ni_{1/3}Mn_{1/3}Co_{1/3}$）O_2（NMC）	96.46	0.59	0.164	6.100

2. 额定容量

额定容量是指设计和制造电池时，规定或保证电池在一定的放电条件（如温度、放电终止电压、放电倍率等）下应该放出的最低限度的容量，常用 $C_{额}$表示。

3. 实际容量

实际容量是指在一定的放电条件下电池实际放出的电量，常用 C 表示。实际容量等于放电电流与放电时间的积分，实际容量受放电倍率的影响很大，所以常在字母 C 的右下角以阿拉伯数字标明放电倍率，如 C_1=20A·h，表明在 1C 倍率下放电的容量为 20A·h。实际容量的计算方法如下：

① 恒电流放电时：

$$C = IT \tag{1-9}$$

② 恒电阻放电时：

$$C = \int_0^T I\mathrm{d}t = \frac{1}{R}\int_0^T U\mathrm{d}t \tag{1-10}$$

③ 近似计算为

$$C = \frac{1}{R}U_{\mathrm{av}}t \tag{1-11}$$

式中 I——放电电流；

T——放电至终止电压的时间；

R——放电电阻；

U_{av}——电池平均放电电压，即电池放电刚开始的初始工作电压与终止电压的平均值。严格地讲，U_{av} 应该是电池在整个放电过程中放电电压的平均值。

电池的实际容量决定于活性物质的数量及其利用率。由于内阻的存在以及其他各种原因，活性物质不可能完全被利用，即活性物质的利用率总是小于 1，因此电池的实际容量、额定容量总是低于理论容量。活性物质的利用率为

$$\eta = \frac{m_1}{m} \times 100\% \tag{1-12}$$

式中 m——活性物质的实际质量；

m_1——放出实际容量时所应消耗的活性物质的质量。

一般情况下，正、负极活性物质的利用率是不一样的。活性物质的利用率取决于电池的放电制度和电池的结构。

高倍率大电流放电时，电极的极化增强，内阻增大，放电电压下降得很快，导致实际放出的容量较低；相应地，低倍率小电流放电时，电极的极化较小，放电电压下降缓慢，因此电池实际放出的容量较高，有时会高于额定容量。以 Polaroid P-80 电池为例，其容量与放电制度（放电电流）的关系如图 1-21 所示。

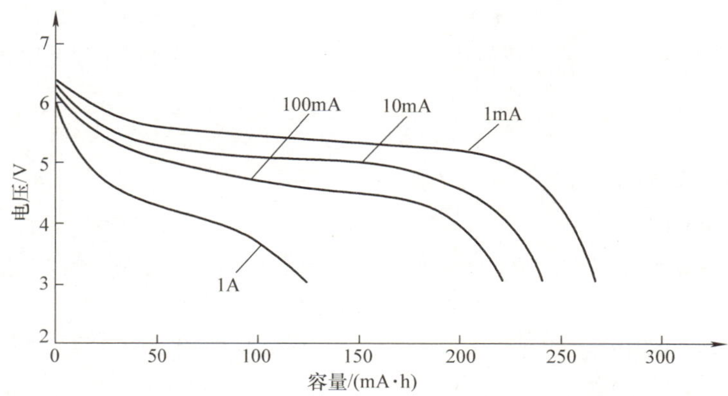

图 1-21 Polaroid P-80 电池的容量与放电制度（放电电流）的关系

采用薄型电极和多孔电极以及减小电池内阻，均可以提高活性物质的利用率，从而提高电池实际输出的容量，降低电池成本。

4. 比容量

为了对不同的电池进行比较，常常引入比容量这个概念。比容量是指单位质量或单位体积电池所给出的容量，分别被称为质量比容量或体积比容量，常用 C'_m（A・h/kg）和 C'_V（A・h/L）表示。

$$C'_m = \frac{C}{m} \tag{1-13}$$

$$C_V = \frac{C}{V} \tag{1-14}$$

式中 C——电池的容量；

m——电池的质量；

V——电池的体积。

应当注意的是，一个电池的容量就是其中正极（或负极）的容量，而不是正极容量与负极容量之和。因为电池在工作时，通过正极和负极的电量总是相等的。实际电池的容量决定于容量较小的那个电极。一般实际工作中，多为正极容量控制整个电池的容量，而负极容量过剩。

5. 剩余容量

剩余容量是指在规定条件下使用（如放电或贮存）后电池中余留的容量。

剩余容量的估计和计算受电池前期使用的放电倍率、放电时间、贮存时间、自放电率、环境等多种因素的影响。

1.3.1.3 电池能量

电池能量是指电池在一定放电条件下对外做功所能输出的电能，单位通常为瓦时（W·h）。

1. 能量

假设电池在放电过程中始终处于平衡状态，其放电电压保持电动势（E）的数值，并且活性物质的利用率为 100%，即放电容量为理论容量，则在此条件下电池输出的能量为理论能量，用 W_0 表示：

$$W_0=C_0E \tag{1-15}$$

式中 C_0——电池的理论容量；

E——电池的电动势。

实际上，电池的理论能量也就是可逆电池在恒温恒压下所做的最大非体积功，即为

$$W_0=-\Delta G=nFE \tag{1-16}$$

式中 W_0——电池的理论能量；

ΔG——体系的自由能变化；

n——成流反应时的得失电子处；

F——法拉第常数；

E——电池的电动势。

2. 实际能量

实际能量是指电池放电时实际输出的能量，用 W 表示。它在数值上等于电池实际放电电压、放电电流与放电时间的积分，即

$$W = \int U(t)I(t)\mathrm{d}t \tag{1-17}$$

在实际应用中，经常用电池实际容量（C）与电池放电平均工作电压（U_{av}）的乘积来对实际能量进行估算，即

$$W = CU_{av} \tag{1-18}$$

因为活性物质不可能 100% 完全被利用，电池的工作电压永远总是小于电动势，所以电池的实际能量总是小于理论能量。

3. 比能量（能量密度）

比能量是指单位质量或单位体积的电池所放出的能量，相应地称为质量比能量或体积比能量，也称为质量能量密度或体积能量密度，常用 W' 表示，单位为 W·h/kg 或 W·h/L。

$$W' = \frac{W}{G} \tag{1-19}$$

或

$$W' = \frac{W}{V} \tag{1-20}$$

式中 G——电池的质量；

V——电池的体积。

比能量分为理论比能量（W'_0）和实际比能量（W'）。

电池的理论质量能量密度可以根据正、负极两种活性物质的电化当量（如果电解质参加电池的成流反应，那么还需要加上电解质的电化当量）和电池的电动势来计算，即

$$W_0' = \frac{1000}{K_+ + K_-}E \tag{1-21}$$

式中 K_+——正极活性物质的电化当量（g/A·h）；

K_-——负极活性物质的电化当量（g/A·h）；

E——电池的电动势（V）。

例如，铅酸蓄电池的理论质量能量密度可以依照下面的电池反应式计算

$$Pb+PbO_2+2H_2SO_4 \rightarrow 2PbSO_4+2H_2O$$

已知，K（Pb）=3.866g/A·h，K（PbO_2）=4.463g/A·h，K（H_2SO_4）=3.659g/A·h，E=2.044V，故可知

$$W_0' = \frac{1000}{3.866+4.463+3.659} \times 2.044\text{W·h/kg} \approx 170.5\text{W·h/kg}$$

能量密度是衡量电池质量和体积大小的标准，是设计电池时必须要考虑的重要指标之一。在电动汽车应用领域，电池和电池组的能量密度也是评价动力蓄电池是否满足应用需要的重要指标，因为质量能量密度影响电动汽车的整车质量和续驶里程，体积能量密度影响动力蓄电池在电动汽车上的布置空间。

由于各种因素的影响，电池的实际能量密度远小于理论值。实际能量密度与理论能量密度的关系可表示为

$$W' = W_0'K_E K_R K_m \tag{1-22}$$

式中 K_E——电压效率；

K_R——反应效率；

K_m——质量效率。

电压效率是指电池的工作电压与电动势的比值，即

$$K_E = \frac{U}{E} \tag{1-23}$$

式中 U——电池的工作电压；

E——电池的电动势。

电池放电时，由于存在电化学极化、浓差极化和欧姆压降，电池的工作电压总是小于电动势，因此 K_E 总是小于 1。提供电压效率的重要途径主要包括：改进电极结构（包括真实表面积、孔率、孔径分布、活性物质粒子的大小等），添加一些导电物质、催化剂、疏水剂、掺杂改性等。

反应效率也就是活性物质的利用率。因为活性物质不可能 100% 完全被利用，所以反应效率也总是小于 1。活性物质之所以不能 100% 被利用，主要是因为存在一些阻碍正常反应继续进行的因素，如正极活性物质的溶解及脱落、负极的体积效应及枝晶的形成等。上述问题的发生同各种过电位有密切的关系，因此反应效率和电压效率也有关。

质量效率是指按照电池反应式完全反应的活性物质的质量与电池总质量的比值，即

$$K_m = \frac{m_0}{m_0 + m_s} = \frac{m_0}{m} \tag{1-24}$$

式中 m_0——假设按照电池反应式完全反应的活性物质的质量；

m_s——不参加电池反应的物质的质量；

m——电池的总质量。

同样，电池中必然要包含一些不参加电池反应的物质，因此电池的质量效率也总是小于 1。这些物质主要包括：

① 过剩的活性物质。设计电池时，不可能使电池正、负两个电极的活性物质恰好等量，总有一个电极的活性物质过剩。过剩的活性物质和活性物质利用率中所涉及的未利用的活性物质是两个概念：后者是受利用率所限制，而有可能被利用的物质；前者是指电池中一极的活性物质添加量在理论上超过另一极，因而是不可能被利用的物质。有时，这种过剩的活性物质又是必需的。例如，在密封的 Cd-Ni 电池、Zn-AgO 电池中，在设计电池时负极活性物质要有 25%~75% 的过剩量，以防止充电时在负极上产生氢气。

② 电解质溶液。有些电池的电解质溶液不参加电池反应，有些电池的电解质溶液虽然参加电池反应，但需要一定的过剩量。

③ 电极的添加剂。例如，导电物质、膨胀剂、吸收电解质溶液的纤维素等，其中有些添加剂可占电极质量的相当比例。

④ 电池的外壳、电极的板栅、骨架等。电池的能量密度是电池性能的一个重要的综合指标，提高电池的能量密度，始终是电池行业的努力目标。

1.3.1.4 电池功率与功率密度

1. 电池功率

电池功率是指在一定放电制度下，单位时间内电池输出的能量，单位为瓦（W）或千瓦（kW）。

理论上，电池的功率 P_0 可以表示为

$$P_0=\frac{W_0}{t}=\frac{C_0E}{t}=\frac{ItE}{t}=IE \quad (1\text{-}25)$$

式中 t——放电时间；

C_0——电池的理论容量；

E——电池的电动势；

I——恒定的放电电流。

电池的实际功率 P 应当为

$$P=IU=I(E-IR_\mathrm{i})=IE-I^2R_\mathrm{i} \quad (1\text{-}26)$$

式中 I^2R_i——消耗于电池全内阻上的功率，这部分功率对负载是无用的，它转变成热能损失掉了。

假设 R_i 为常数，将式（1-25）对电流 I 进行微分，并令 $\mathrm{d}P/\mathrm{d}I=0$，即

$$\mathrm{d}P/\mathrm{d}I=E-2IR_\mathrm{i}=0$$

设电池内电阻为 R_i，外电阻为 R_o：

因为

$$E=I(R_\mathrm{o}+R_\mathrm{i})$$

所以

$$IR_\mathrm{o}+IR_\mathrm{i}-2IR_\mathrm{i}=0$$

即

$$R_\mathrm{i}=R_\mathrm{o}$$

而且 $\mathrm{d}^2P/\mathrm{d}^2I<0$，因此当 $R_\mathrm{i}=R_\mathrm{o}$ 时，电池输出的功率达到最大值。

2. 功率密度（比功率）

功率密度是指单位质量或单位体积的电池所输出的功率，相应地称为质量功率密度或体积功率密度，常用 W/kg 或 W/L 表示。

$$P'=\frac{P}{M} \quad (1\text{-}27)$$

或

$$P'=\frac{P}{V} \quad (1\text{-}28)$$

式中 M——电池的质量；

V——电池的体积。

功率密度的大小，表示电池所能承受的工作电流的大小。电池的功率密度大，表示它

可以承受大电流放电。功率密度是评价电池或电池组是否满足电动汽车加速、爬坡能力和制动能量回收能力的重要指标。

1.3.1.5　电池内阻

电池内阻是电池的一个极为重要的参数，是指电流通过电池时所受到的阻力，它包括欧姆内阻和电极在电化学反应时极化引起的电阻两部分。欧姆内阻（R_Ω）和极化内阻（R_f）之和称为电池的全内阻（R_i）。

1. 欧姆内阻

欧姆内阻（R_Ω）主要由电极材料、电解液、隔膜的电阻以及各组件的接触电阻组成。

电解液的欧姆内阻与电解液的组成、浓度和温度有关。一般情况下，电池用的电解液浓度值大多选在电导率最大的区间，但是有时还必须考虑电解液浓度对电池其他性能（如极化内阻、自放电、电池容量和寿命等）的影响。

需要说明的是，电池中采用的隔膜，均为多孔的不具有电子导电的物质，本身应是绝缘材料。只有当隔膜浸入电解液时，它的孔隙逐渐被电解液充满，才具有导电作用。而这种导电作用，是依靠微孔中电解质溶液的离子迁移传递。所谓的隔膜电阻，实质上是指当电流流过电解液时，隔膜有效微孔中的电解液所产生的电阻（R_M）。它满足

$$R_M = \rho_s J \tag{1-29}$$

式中　R_M——隔膜电阻；

ρ_s——溶液比电阻；

J——表征隔膜微孔结构的因素。

由此可见，隔膜电阻包含两方面的因素：一方面是电解质溶液的比电阻，它取决于溶液的组成和温度；另一方面是隔膜的结构因素。对于一定的隔膜，J 为一个定值；结构因素包括隔膜的厚度、孔率、孔径和孔的弯曲程度等。

电极材料上的固相电阻包括活性物质粉粒自身的电阻、粉粒之间的接触电阻、活性物质与导电骨架之间的接触电阻，以及导电骨架、集流体、极耳等的电阻之和。这部分固相电阻的变化比较复杂，特别是在充放电过程中，活性物质的成分及形态均可能发生变化，造成电阻阻值发生较大的变化。

此外，电池的欧姆内阻还与电池的尺寸、结构、装配等因素有关，如果结构合理、装配紧凑，那么电极间距就小，欧姆内阻也就小。

2. 极化内阻

极化内阻（R_f）是指电池的正极和负极在进行电化学反应时由于极化引起的内阻，它包括电化学极化和浓差极化引起的电阻之和。极化内阻与活性物质的本性、电极的结构、电池的制造工艺等有关，特别是与电池的工作条件密切相关，放电电流和温度对其影响很大。放电电流不同，产生的电化学极化与浓差极化的值也不相同。在大电流密度下放电时，电化学极化和浓差极化均增加，甚至可能引起电极表面的钝化，造成极化内阻增加。低温对电化学极化、离子扩散均有不利影响，在低温下电池的极化内阻也会增加。因此，极化内阻并不是一个常数，而是随放电制度、放电温度等的改变而变化。

在多数情况下，由于电池内阻较小，经常忽略不计；但电动汽车用动力蓄电池常常处于大电流、深放电工作状态，内阻引起的电压降会较大，此时电池内阻对整个电路的影响就不能忽略。

为了比较相同系列不同型号的电池内阻，引入比电阻（R'_i），即单位容量下电池的内阻。

$$R'_i = R_i / C \qquad (1\text{-}30)$$

式中 R_i——电池内阻（Ω）；

C——电池容量（A·h）。

总之，内阻是决定电池性能的一个重要指标，它直接影响电池的工作电压、工作电流、输出的能量与功率等。对于一个实用的电池，其内阻越小越好。

1.3.1.6 放电电流

放电电流是指电池放电时电流的大小。放电电流直接影响电池的各项性能指标。因此，在谈到电池的容量或能量时，必须说明放电电流的大小或指出放电的条件。放电电流一般用放电率表示，放电率是指电池放电时的时率，常用“时率”和“倍率”两种形式表示。

1. 时率

时率也称为小时率，是以放电时间（h）表示的放电速率，或者说以一定的放电电流放完额定容量所需的小时数，常用 C/n 来表示，其中，C 为额定容量，n 为一定的放电电流。

例如，电池的额定容量为 60A·h，以 10A 电流放电，则时率为 60A·h/10A = 6h，称电池以 6h 率放电。由此可见，放电时率所表示的时间越短，所用的放电电流越大；放电时率所表示的时间越长，则所用的放电电流越小。

2. 倍率

倍率实际上是指电池在规定的时间内放出其额定容量时所输出的电流值，它在数值上等于额定容量的倍数。

例如，2 倍率（记为 $2C$）放电，表示放电电流的数值是额定容量数值的 2 倍。若电池的容量为 20A·h，那么放电电流应为 2×20A=40A。如果换算成小时率，则是 20A·h/40A=1/2 小时率。

一般情况下，称放电倍率在$\frac{1}{3}C$以下为低倍率，$\frac{1}{3}C \sim 3C$ 为中倍率，$3C$ 以上为高倍率。

1.3.1.7 荷电状态

荷电状态（State of Charge，SOC）反映电池的剩余电量状况，是电池使用过程中的重要参数。

荷电状态值是一个相对值，一般用百分比的方式来表示，SOC 的数值为 0 ≤ SOC ≤ 100%。目前国内外比较统一的认识是从电量的角度来定义 SOC，即电池在一定放电倍率下，剩余容量与相同条件下额定容量的比值：

$$SOC = C_{\mu}/C_{额} \quad (1\text{-}31)$$

式中 C_{μ}——电池剩余的按额定电流放电的可用容量；

$C_{额}$——电池的额定容量。

如果用电池已放出的容量 Q 来求得电池的荷电状态参数 SOC，则可表示为

$$SOC = 1-Q/C_{额} \quad (1\text{-}32)$$

SOC = 100% 表示电池为充满电状态，SOC = 0% 表示电池为全放电状态。

因为电池所能放出的容量受充放电倍率、温度、自放电、老化、充放电循环次数等因素的影响，所以表示电池剩余电量的 SOC 也与这些因素有关。在实际应用中，经常要根据实际情况对 SOC 的定义进行调整或修正。

受多种因素的影响，电池 SOC 的估计和预测方法复杂，准确估计比较困难。目前常用的 SOC 估算法主要有开路电压法、安时累积法、电化学测试法、电池模型法、神经网络法、阻抗频谱法和卡尔曼滤波法等。

1.3.1.8 自放电特性

1. 自放电

自放电是指电池开路时，在一定条件下（如温度、湿度等）电池内部自发的或不期望的化学反应造成可用容量自行下降的现象。自放电的产生主要是由于电极在电解液中处于热力学的不稳定性，电池的两个电极各自发生了氧化还原反应。

（1）负极的腐蚀

在电池中，通常负极的自放电比正极严重，因为负极活性物质多为活泼的金属，在水溶液中，它们的标准电极电位比氢电极还负，从热力学的观点来看，这就是不稳定的；特别是当有正电性的金属杂质存在时，这些杂质和负极活性物质会形成腐蚀微电池，发生负极金属的溶解和氢气的析出。如果电解液中含有杂质，这些杂质又能够被负极金属置换出来沉积在负极表面上，而且氢气在这些杂质上的过电位又较低的话，就会加速负极的腐蚀。

（2）正极的自放电

在正极上，可能会有各种副反应发生，消耗了正极活性物质，从而使电池的容量下降。

① 逆歧化反应。例如铅酸电池正极上 PbO_2 和板栅 Pb 的反应：

$$PbO_2+Pb+2H_2SO_4 \rightarrow 2PbSO_4+2H_2O$$

这个反应消耗了一部分活性物质 PbO_2。

② 杂质在正极上氧化。溶液中的杂质和从电池部件上溶解下来的杂质，如果它们的氧化还原标准电极电位在正极与负极的标准电极电位之间，就会被正极氧化，又会在负极上还原，引起自放电，消耗了正、负极的活性物质。

③ 正极活性物质的溶解。如果正极活性物质的标准电极电位比负极正，则溶解时，就会在负极上还原，引起自放电。

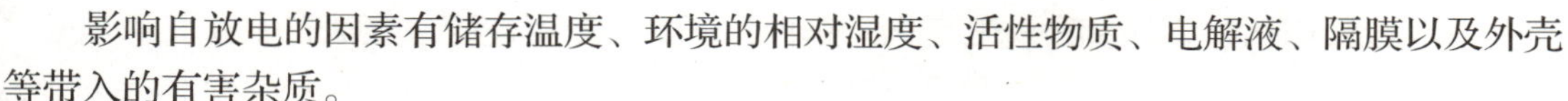

影响自放电的因素有储存温度、环境的相对湿度、活性物质、电解液、隔膜以及外壳等带入的有害杂质。

克服电池自放电的措施主要有：

① 采用纯度较高的原材料或将原材料予以处理，除去有害杂质，但成本会增加。

② 在负极材料中加入氢过电位较高的金属或缓蚀剂。

③ 在电极或电解液中加入缓蚀剂，抑制氢的析出，减少自放电的发生。

2. 自放电率

自放电率是指电池在存放时间内，在没有负荷的条件下自身放电，使得电池的容量损失的速度。自放电率用单位时间内电池容量降低的百分数表示，即

$$X=\frac{C_{前}-C_{后}}{C_{前}T}\times 100\% \tag{1-33}$$

式中 $C_{前}$——贮存前电池的容量；

$C_{后}$——贮存后电池的容量；

T——贮存时间，常用天、月、年表示。

自放电率除了与电池体系自身特性有关外，通常还与环境温度、湿度等有关。

1.3.1.9 电池寿命

1. 循环寿命

循环寿命或使用周期是衡量蓄电池性能的一个重要参数。蓄电池经历一次充电和放电，称为一个循环或一个周期。在一定的放电制度下，电池容量降低至某一规定值之前，电池所能耐受的循环次数，称为蓄电池的循环寿命或使用周期。

循环寿命受放电深度（DOD）温度、充放电电流的影响比较明显，因此一般表示蓄电池循环寿命的同时还要指出循环条件，如循环寿命 1000 次（在 100%DOD 常温、1C 条件下）。

各种蓄电池的循环寿命都是不同的，即使同一系列、同一规格的产品，循环寿命也可能有较大差异。如铅酸蓄电池的循环寿命为 300~500 次（在 80%DOD 条件下）；锂离子的循环寿命较长，可达 1000 次（在 100%DOD 条件下）以上。

影响蓄电池循环寿命的因素很多，除了正确使用和维护外，主要有以下几点：

① 电极活性表面积在充放电循环过程中不断减小，使工作电流密度上升，极化增大。

② 电极上活性物质脱落或转移。

③ 在电池工作过程中，某些电极材料发生腐蚀。

④ 在循环过程中电极上生成枝晶，造成电池内部微短路。

⑤ 隔膜的老化和损坏。

⑥ 活性物质在充放电过程中发生不可逆晶形改变，使活性降低。

2. 贮存寿命

贮存寿命是指电池自放电的大小通过容量下降到某一规定容量所经过的时间，也称为搁置寿命。

电池在长期搁置后容量会发生变化，这种特性称为贮存性能。电池在贮存期间，虽然没有负荷放出电量，但是在电池内部一般会存在自放电现象。

即使是干态贮存，也会由于密封不严进入水分、空气以及二氧化碳等物质，使处于热力学不稳定状态的部分正极和负极活性物质构成微电池腐蚀机理，自行发生氧化还原反应，转变成不能利用的热能。如果是湿贮存（电池带电解液贮存），则更是如此。电池在湿贮存时一般自放电较大，贮存寿命相对较短。因此贮备电池在使用时才加入电解液激活，此前的干态储存可以保存很长时间。

1.3.2 主要电池体系性能特征比较

1.3.2.1 能量密度和功率密度的比较

不同类型的电动汽车用动力蓄电池的功率和能量需求如图 1-22 所示[8]。其中，微混合电动汽车（Micro HEV）对动力蓄电池的能量和功率需求最低，纯电动汽车（EV）对电池的能量和功率需求最高。

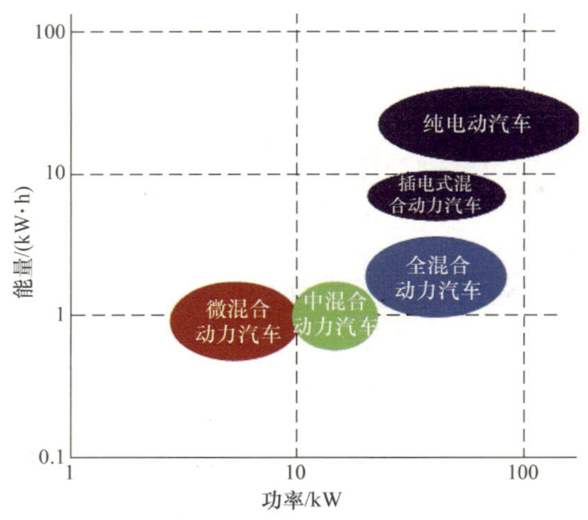

图 1-22 不同类型的电动汽车用动力蓄电池的功率和能量需求

图 1-23 给出了一些常用体系电池的能量密度比较[9]，包括：

① 理论能量密度（仅考虑正、负极活性物质）。

② 实际电池的理论能量密度（将电解质和非活性物质组分计算在内）。

③ 20℃最佳条件下电池的实际质量能量密度。

从图 1-23 可以看出：

① 考虑电池中所有材料的质量时，电池理论体积能量密度几乎降低了 50%。

② 即使在接近最佳条件下放电，电池实际输出的能量也仅为上述降低后的 50%~70%。

几种常见主要的蓄电池的质量能量密度和体积能量密度比较如图 1-24[10] 所示。未来技术发展的趋势是设计和制造出小巧、轻便的电池体系。需要说明的是，图中是用一个区域范围来表示电池体系的比能量和能量密度，而不是用某一个最佳值。这是因为即使是同一种电化学体系的电池，在不同的结构设计和不同的使用条件会输出不同的性能。

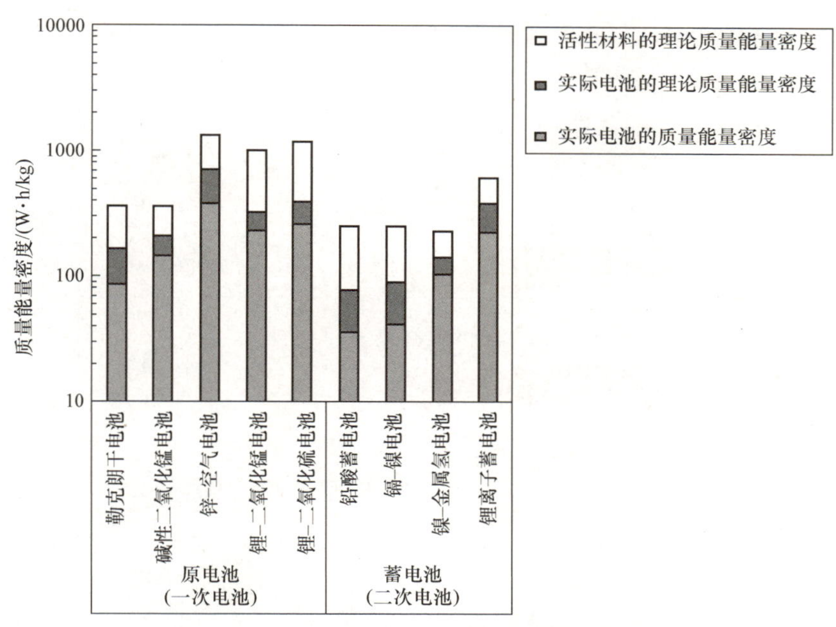

图 1-23 常用体系电池的质量能量密度比较

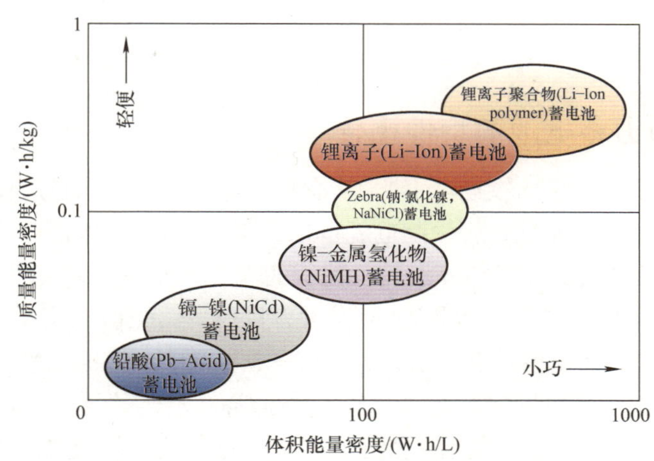

图 1-24 主要蓄电池的质量能量密度和体积能量密度比较

Ragone 图是质量能量密度与质量功率密度的双对数曲线，图 1-25 反映了不同电化学体系储能装置的 Ragone 曲线 [11−13]。从图中可以看出，与蓄电池相比，电容器的质量功率密度更高，质量能量密度相当；当在电动汽车中应用时，加速性能好，但充电后使用时间短，因此可以在汽车爬坡或加速时提供额外的动力。在混合动力电动汽车中，一般使用镍 - 金属氢化物（NiMH）电池，它的质量能量密度和循环寿命优于铅酸蓄电池；锂离子蓄电池有能量型和功率型，可以适合不同应用场合的需求，在插电式混合动力电动汽车和纯电动汽车中一般使用锂离子蓄电池。如果将锂离子蓄电池与超级电容器相结合，对于提高电动汽车的加速性能与延长充电后的使用时间有着重要意义。

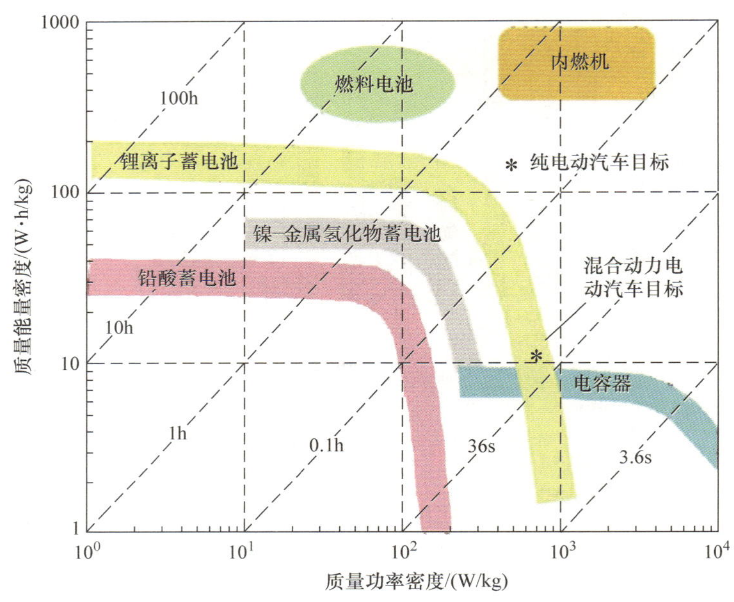

图 1-25　不同电化学体系储能装置的 Ragone 曲线

1.3.2.2　主要动力蓄电池的特性比较

主要动力蓄电池的特性比较见表 1-4。从表中可以看出：传统的铅酸蓄电池、NiCd 蓄电池和 NiMH 蓄电池的安全性较好、制造成本相对较低；但是它们的能量密度较低，并且对环境有污染，满足不了纯电动汽车长续驶里程的需要和人们对绿色环保的追求；尤其是 NiCd 蓄电池还存在记忆效应，目前基本被淘汰。目前，铅酸蓄电池在具有启停功能的轿车和低速车领域、NiMH 电池在混合动力电动汽车领域还有一定的市场。

锂离子蓄电池由于其质量能量密度较高、循环寿命较长、绿色无污染，成为目前电动汽车动力蓄电池的主力军；但是由于它使用了易燃的有机溶剂做电解质，导致安全性较差，在碰撞、挤压、滥用等条件下易起火、燃烧甚至爆炸，发生安全性事故。

电动汽车动力蓄电池未来的趋势是发展高安全、高比能、长循环寿命的新型锂离子蓄电池或者新体系电池。

表 1-4　主要动力蓄电池特性比较

性能特征		铅酸蓄电池	Cd-Ni 蓄电池	MH-Ni 蓄电池	锂离子蓄电池[①]
体系组成	正极	PbO_2	NiOOH	NiOOH	$LiFePO_4$，NCM 等
	负极	Pb	Cd	MH	石墨等
	电解质	H_2SO_4（水溶液）	KOH（水溶液）	KOH（水溶液）	有机溶剂
质量能量密度 /（W・h/kg）		30~40	30~60	50~70	120~300
体积能量密度 /（W・h/L）		80~100	130~160	50~90	200~450
工作温度 /℃		−40~60	−40~60	−20~65	−20~50
记忆效应		无	有	无	无
月自放电率（室温）		4~6	15~20	15~30	<10
循环寿命[②]		>300	>800	>800	>1000
放电曲线（相对）		平坦	非常平坦	平坦	倾斜
对环境的影响		重金属污染	Cd 严重污染	重金属污染	相对无污染
安全性		★★★★★	★★★★★	★★★★★	★★★☆☆
制造成本		★★☆☆☆	★★☆☆☆	★★★☆☆	★★★★☆

① 锂离子蓄电池体系的正负极及其性能因电池的设计而不同（详情请参见第 2 章）。
② 循环寿命与放电深度和放电条件有关。

1.3.3　电池不一致性

1.3.3.1　电池不一致性概述

电池不一致性是指同一规格型号的单体蓄电池组成电池组后，其电压、荷电量、容量及其衰退率、内阻及其变化率、寿命、温度影响、自放电率等参数存在一定的差别。

电池出现不一致的原因主要有以下两个方面：

① 在电池制造过程中，由于工艺上的问题和材质的不均匀，电池电极活性物质的活化程度和厚度、微孔率、隔膜等存在很微小的差别。这种电池内部结构和材质上的不完全一致性，就会使同一批次出厂的同一型号电池的容量、内阻等参数不可能完全一致。

② 在电池使用过程中，由于电池组中各个电池的温度、自放电程度、散热程度等差别的影响，在一定程度上增加了电池电压、内阻及容量等参数的不一致性。

1.3.3.2 电池不一致性分类

根据使用过程中电池组不一致性扩大的原因和对电池组性能的影响方式，可以把电池的不一致性分为容量不一致性、电压不一致性和电阻不一致性。

1. 容量不一致性

容量不一致性主要包括初始容量不一致性和实际容量不一致性。

① 初始容量不一致性是指电池组在出厂前的分选试验后单体蓄电池的初始容量不一致。电池初始容量与电池容量衰减特性有关，受电池贮存温度、电荷状态等因素影响。尽管电池在出厂前的分选试验可以较好地保证单体蓄电池初始容量的一致性，但是初始容量不一致并不是电动汽车电池成组应用的主要矛盾，因为在使用过程中可以通过单体蓄电池单独充放电来调整单体蓄电池的初始容量。

② 实际容量不一致性是指电池在放电过程中所剩余的电量不相等。电池剩余容量 C 可以表示为

$$C = C_0 - \int I_b(t)\mathrm{d}t \tag{1-34}$$

电池的实际容量不一致主要与电池的初始容量 C_0、放电电流 I_b 和单体蓄电池内阻等有关。电池实际容量还显著受到电池循环次数影响，越接近电池寿命周期后期，实际容量不一致性就越明显。

2. 电压不一致性

电压不一致性的主要影响在于并联组中电池的互充电，当并联组中一节电池电压低时（见图 1-26，V_1 的端电压低于 V_2），其他电池（V_2）将给此电池（V_1）充电。在这种连接方式下，较低电压电池的容量小幅增加的同时，较高电压电池的容量将急剧降低，能量将损耗在互充电过程中而达不到预期的对外输出。

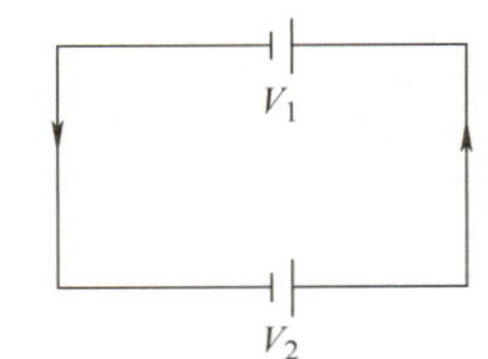

图 1-26　并联电压不一致性

若低电压电池和正常电池一起使用，将成为电池组的负载，影响其他电池的工作，进而影响整个电池组的寿命。因此，在电池组不一致性明显增加的深放电阶段，不能再继续使用低电压电池，否则会造成低容量电池过放电，影响电池组的使用寿命。

3. 内阻不一致性

电池内阻不一致使得电池组中每个单体蓄电池在放电过程中热损失的能量不一样，最终影响单体蓄电池的能量状态。

（1）串联组

在串联组中，当电流相同时，内阻大的电池能量损失大，产生热量多，温度升高快。若电池组的散热条件不好，热量不能及时散失，电池温度将持续升高，可能导致电池变形甚至爆炸的严重后果。

在充电过程中，由于内阻不同，分配到串联组中每个单体蓄电池的充电电压不同，将使单体蓄电池充电电压不一致。随着充电过程的进行，内阻大的电池的电压可能提前到达充电的最高电压，因此为了防止内阻大的电池过充电和保证充电安全，不得不在大多数电

池还未充满的情况下停止充电。

（2）并联组

在放电过程中，并联组中内阻大的电池的电流小；反之，内阻小的电池的电流大，从而使电池在不同的放电率下工作，影响电池组的寿命。与此同时，在电流大小不相等的情况下，电池放出的能量不同，致使在相同工作条件下，电池的放电深度不同。

在充电过程中，因为内阻不同，所以分配到并联组每个单体蓄电池的充电电流不同。因此相同时间内充电量不同，即电池的充电速度不同，从而影响整个充电过程。在实际充电过程中，只能在防止充电快的电池过充电和防止充电慢的电池充不满之间采取折中的方案。

1.3.3.3 电池一致性提高途径

电池组的一致性是相对的，不一致性是绝对的。电池的不一致性在生产制造阶段就已经产生了。在应用过程中，需要采取一定的措施，减缓电池不一致性扩大的趋势或速度。通常采用以下途径来提高电池的一致性，以保证电池组的寿命尽量趋同于单体蓄电池的使用寿命[12]。

① 提高电池制造工艺水平，保证电池出厂质量，尤其是初始电压的一致性。同一批电池出场前，以电压、内阻以及电池化成数据为标准进行参数相关性分析，筛选相关性良好的电池，以保证同批电池的性能尽可能一致。

② 在电池成组时，务必保证电池组采用同一类型、同一规格、同一型号的电池。

③ 在电池组使用过程中检测单体蓄电池参数，尤其是静、动态情况下（电动汽车停驶或行驶过程中）电压的分布情况，掌握电池组中单体蓄电池不一致性发展的规律，对极端参数电池及时进行调整或更换，以保证电池组参数不一致性不随使用时间而增大。

④ 对使用过程中发现的容量偏低的电池，进行单独维护性充电，使其性能恢复。

⑤ 间隔一定时间对电池组进行小电流维护性充电，促进电池组自身的均衡和性能恢复。

⑥ 尽量避免电池过充电，尽量防止电池深度放电。

⑦ 保证电池组良好的使用环境，尽量保证电池组温度场均匀，减小振动，避免水、尘土等污染电池极柱。

⑧ 采用电池组均衡系统，对电池组充放电进行智能管理。

总之，提高电池的一致性是一个系统全面的工程，需要从电池的设计、生产、质量控制、应用、维护等多方面共同考虑。

1.4 热力学基础和电化学原理

1.4.1 热力学基础

在电池中，反应一般发生在两个区域或两个部位上，这些反应部位就是电极界面。设电池正、负极上的反应分别为正极：

$$aA + ne^- \rightleftharpoons cC$$

负极：

$$bB - ne^- \rightleftharpoons dD$$

电池总反应可通过两个半电池反应相加而得到：

$$aA + bB \rightleftharpoons cC + dD$$

电池是一种将化学能转换为电能的装置，这里所说的化学能是指化学反应进行时体系自由能的减少，即 $-\Delta G$。根据热力学原理，有

$$\Delta G = -nFE \tag{1-35}$$

或

$$E = -\frac{\Delta G}{nF} \tag{1-36}$$

式中 ΔG——体系的自由能变化；

n——参加反应的物质的得失电子数；

F——法拉第常数，即 1mol 电子的电量，约等于 96500C/mol；

E——电池的电动势。

由式（1-35）可知，反应如果能够自发进行，那么 ΔG 一定是负值。只要满足这个条件，无论是固体、液体、气体，都可以用作电池的活性物质。

当所有物质的活度都等于 1 时，式（1-35）即为

$$\Delta G^\circ = -nFE^\circ \tag{1-37}$$

或

$$E^\circ = -\frac{\Delta G^\circ}{nF} \tag{1-38}$$

式中 ΔG°——体系的标准自由能的变化；

E°——电池反应的标准电极电位。

当条件与标准状态不同时，电池电压 E 可由热力学计算公式得到：

$$\begin{aligned} E &= -\frac{\Delta G}{nF} \\ &= -\frac{\Delta G^\circ}{nF} - \frac{RT}{nF}\ln\frac{a_C^c a_D^d}{a_A^a a_B^b} \\ &= E^\circ - \frac{RT}{nF}\ln\frac{a_C^c a_D^d}{a_A^a a_B^b} \end{aligned} \tag{1-39}$$

式中 a_i——相应组分的活度；

R——气体常数，8.314J/（K·mol）；

T——开尔文绝对温度。

式（1-39）即为电池电动势的热力学计算公式，也称为能斯特（Nernest）方程式。它反映了电池的电动势只与参加化学反应的物质本性、电池的反应条件（温度）以及反应物和产物的活度有关，而与电池的几何结构、尺寸大小无关。

此外，还可以根据式 $E=\psi_{+}-\psi_{-}$ 及能斯特方程式求得电池电动势。

根据能斯特方程式，可以分别列出电池正负极的平衡电极电位：

$$\psi_{+}=\psi_{+}^{0}-\frac{RT}{nF}\ln\frac{a_{C}^{c}}{a_{A}^{a}} \tag{1-40}$$

$$\psi_{-}=\psi_{-}^{0}-\frac{RT}{nF}\ln\frac{a_{B}^{b}}{a_{D}^{d}} \tag{1-41}$$

电池的电动势就是用正极的平衡电位减去负极的平衡电位，即

$$\begin{aligned}E=\psi_{+}-\psi_{-}&=\left(\psi_{+}^{0}-\frac{RT}{nF}\ln\frac{a_{C}^{c}}{a_{A}^{a}}\right)-\left(\psi_{-}^{0}-\frac{RT}{nF}\ln\frac{a_{B}^{b}}{a_{D}^{d}}\right)\\&=(\psi_{+}^{0}-\psi_{-}^{0})-\frac{RT}{nF}\ln\frac{a_{C}^{c}a_{D}^{d}}{a_{A}^{a}a_{B}^{b}}\\&=E^{\circ}-\frac{RT}{nF}\ln\frac{a_{C}^{c}a_{D}^{d}}{a_{A}^{a}a_{B}^{b}}\end{aligned} \tag{1-42}$$

由式（1-42）所得的电池电动势与式（1-39）所得的值相同。

需要说明的是，实际上直接测量单电极（绝对）的电位是不可能的。在实际工作中，经常使用的电极电位并不是单个电极的绝对电位，而是相对于某一个参比电极的相对电位。电化学中最常用、最重要的参比电极是标准氢电极。

标准氢电极是由气体分压为 101 325Pa 的氢气（还原态）和离子活度为 1 的氢离子（氧化态）溶液所组成的电极体系，该电极可表示为

$$\text{Pt, } H_2\,(p=101\,325\text{Pa})\ |\ H^{+}\,(a=1)$$

标准氢电极的电极反应是

$$H^{+}+e \rightleftharpoons \frac{1}{2}H_2$$

一般情况下，人为规定该标准氢电极的相对电位为零（0.000V）。通常，文献和数表中的各种电极电位值，除特别注明外，都是相对于氢标电位。一般情况下，氢标电位无需注明。

一些常见的正极和负极活性物质的标准电极电位见表 1-5。

表 1-5 常见的正极和负极活性物质的标准电极电位

物质	电极反应	E°/V
F_2	$F_2+2e^{-} \rightleftharpoons 2F^{-}$	2.87
PbO_2	$PbO_2+SO_4^{2-}+4H^{+}+2e^{-} \rightleftharpoons PbSO_4+2H_2O$	1.69
Cl_2	$Cl_2+2e^{-} \rightleftharpoons 2Cl^{-}$	1.36
MnO_2	$MnO_2+4H^{+}+2e^{-} \rightleftharpoons Mn^{2+}+2H_2O$	1.23
O_2	$O_2+4H^{+}+2e^{-} \rightleftharpoons 2H_2O$	1.23

（续）

物质	电极反应	$E°/V$
$LiCoO_2$	$LiCoO_2+0.5e^- \rightleftharpoons Li_{0.5}CoO_2+0.5Li^-$	约 0.70
AgO	$2AgO+H_2O+2e^- \rightleftharpoons Ag_2O+2OH^-$	0.57
I_2	$I_2+2e^- \rightleftharpoons 2I^-$	0.54
NiOOH	$NiOOH+H_2O+e^- \rightleftharpoons Ni(OH)_2+OH^-$	0.45
O_2	$\frac{1}{2}O_2+H_2O+2e^- \rightleftharpoons 2OH^-$	0.40
AgCl	$AgCl+e^- \rightleftharpoons Ag+Cl^-$	0.22
CuCl	$CuCl+e^- \rightleftharpoons Cu+Cl^-$	0.14
HgO	$HgO+H_2O+2e^- \rightleftharpoons Hg+2OH^-$	0.10
H_2	$H^++e^- \rightleftharpoons \frac{1}{2}H_2$	0.00
Pb	$Pb^{2+}+2e^- \rightleftharpoons Pb$	−0.13
Ni	$Ni^{2+}+2e^- \rightleftharpoons Ni$	−0.23
Cd	$Cd^{2+}+2e^- \rightleftharpoons Cd$	−0.40
Fe	$Fe^{2+}+2e^- \rightleftharpoons Fe$	−0.44
S	$S+2e^- \rightleftharpoons S^{2-}$	−0.48
Zn	$Zn^{2+}+2e^- \rightleftharpoons Zn$	−0.76
Cd	$Cd(OH)_2+2e^- \rightleftharpoons Cd+2OH^-$	−0.83
H_2	$2H_2O+2e^- \rightleftharpoons H_2+2OH^-$	−0.83
Fe	$Fe(OH)_2+2e^- \rightleftharpoons Fe+2OH^-$	−0.88
Al	$Al^{3+}+3e^- \rightleftharpoons Al$	−1.66
Al	$Al(OH)_3+3e^- \rightleftharpoons Al+3OH^-$	−2.34
Mg	$Mg^{2+}+2e^- \rightleftharpoons Mg$	−2.38
Mg	$Mg(OH)_2+2e^- \rightleftharpoons Mg+2OH^-$	−2.67
Na	$Na^++e^- \rightleftharpoons Na$	−2.71
K	$K^++e^- \rightleftharpoons K$	−2.92
Li	$Li^++e^- \rightleftharpoons Li$	−3.01

1.4.2 电极反应动力学

1.4.2.1 电极过程

电池通过化学反应获得电能，对电池研究有重要影响的内容是电极反应动力学过程。电极过程并不是一个简单的化学反应，而是由一系列性质不同的单元步骤串联组成的复杂过程。有些情况下，除了连续进行的步骤外，还存在平行进行的单元步骤。一般情况下，电极过程大致由下列各单元步骤串联而成[13]：

（1）液相传质步骤

反应粒子（离子、分子等）由电解质本体向电极表面迁移。

（2）前置的表面转化步骤（或前置转化）

反应物粒子在电极表面或电极表面附近液层中进行电化学反应前的某种转化过程，如反应粒子在电极表面的吸附、络合离子配位数的变化或其他化学变化。通常，这类过程的特点是没有电子参与反应，反应速度与电极电位无关。

（3）电子转移步骤（或电化学反应步骤）

反应物粒子在电极 / 溶液界面上得到或失去电子，生成还原反应或氧化反应的产物。

（4）随后的表面转化步骤（或随后转化）

反应产物在电极表面或表面附近液层中进行电化学反应后的转化过程。如反应产物自电极表面脱附，反应产物的复合、分解、歧化或其他化学变化。

（5）新相生成步骤

反应产物生成新相，如生成气体、固相沉积层等，称为新相生成步骤。

或者反应产物是可溶的，产物粒子自电极表面向溶液内部或液态电极内部迁移，称为反应后的液相传质步骤。

对一个具体的电极过程来说，并不一定包含所有上述五个单元步骤，可能只包含其中的若干个。但是，任何电极过程都必定包括（1）、（3）、（5）三个单元步骤。

有时在步骤（1）与步骤（2）之间还可能存在前置的表面化学转化步骤（如吸附、脱附等），在步骤（2）与步骤（3）之间也可能存在随后的表面转化步骤。

研究电极过程的目的是为了确定上述步骤中哪一步是最慢的，然后获得整个电极反应的数学表达式，定量地描述浓度（活度）与时间的关系。一般把控制整个电极过程速度的单元步骤（最慢步骤）称为电极过程的速度控制步骤，也可简称为控制步骤。只有提高控制步骤的速度，才有可能提高整个电极过程的速度。因此，确定一个电极过程的速度控制步骤，在电极过程动力学研究中有着重要的意义。

电极上的反应以化学和电两方面的变化为特征，属于异相反应类型。假设电极反应为

$$\mathrm{O}+ne \rightleftharpoons \mathrm{R} \tag{1-43}$$

按照异相化学反应速度的表示方法，该电极反应速度为

$$v=\frac{1}{S}\frac{\mathrm{d}c}{\mathrm{d}t} \tag{1-44}$$

式中 v——电极反应速度；

S——电极表面的面积；

c——反应物摩尔浓度；

t——反应时间。

根据法拉第定律，产生 1g 当量物质的变化，电极上需要通过 1F（法拉第）电量。因此，电极上 $n$mol 物质还原或氧化，就需要通过 nF 电量。n 为电极反应中一个反应粒子所消耗的电子数，即式（1-45）中参与电极反应的电子数 n。反应物质放电的时候必然产生电流，通过电流的变化就可以观察到反应速率的变化，因此，可把电极反应速度用电流密度（i）表示为

$$i = nFv = nF\frac{1}{S}\frac{\mathrm{d}c}{\mathrm{d}t} \tag{1-45}$$

当电极反应达到稳定状态时，外电流将全部消耗于电极反应，因此试验测得的外电流密度就代表了电极反应速度。

电流是有方向的，因此往往加上箭头表示电流密度的方向，如 $\overleftarrow{i}$ 或 $\overrightarrow{i}$；有时也以文字说明规定电流或电流密度的方向，如规定阴极还原电流为正。

1.4.2.2 极化作用

众所周知，电极过程往往是复杂、多步骤的过程，而构成电极过程的各个单元步骤所起的作用是不同的，其中占据主导地位的控制步骤决定了电极过程的动力学特征和极化类型。

通常把对平衡现象的偏离称为极化现象或极化作用。热力学平衡过程与可逆现象紧密相连。可逆过程或平衡过程的变化率是很小的，但实际过程必须有一定的速率，有时还要求有很高的速率。如电动汽车的要求之一是必须有大电流放电，即要求反应速率很大，这样必然会产生偏离平衡电位的现象，即电极极化。

典型的电极极化主要包括以下三种类型[14]：

1. 欧姆极化

欧姆极化是指由于电极有欧姆电阻，当电流流过电极体系上的欧姆电阻时，会在电阻上引起欧姆压降，从而使电极电位产生偏离平衡电位的现象。欧姆极化的驱动力是电场梯度。

导电好的金属电极，其欧姆电阻常可忽略。电池的电阻一般有电解质的电阻，电极材料的电阻，有时甚至还有由于反应产物的附着（如氢氧化物沉淀在电极上）造成的电阻等。

2. 浓差极化

浓差极化是指电化学反应进行时，作用物浓度的变化造成电极电位偏离平衡电位。浓差极化的驱动力是浓度梯度。

例如，Zn 的电沉积，电极附近 Zn^{2+} 的浓度显然低于平衡时的浓度，由于扩散与迁移比较慢，必然低于溶液本体的浓度，这就会反映到电极电位的变化，这种变化称为浓差极化。

3. 电化学极化

电化学极化是指由于电荷传递过程迟缓造成的界面电荷分布状态的改变，从而使电极电位偏离平衡电位的现象。电化学极化的驱动力是电场梯度。

后期的研究也表明，紧挨着放电步骤的（除扩散步骤外）前置步骤（如配合物离解）及后续步骤（如放电以后形成的金属原子进入晶格）也可能很慢，这些缓慢步骤造成电极电位对平衡电位的偏差，往往也称为电化学极化。

1.4.2.3 塔菲尔（Tafel）公式

上述电极极化的结果往往是电极电位或电池电动势与平衡值的偏离，即与可逆电位的偏离。某一电流密度下，电极电位与可逆电极电位的差值称为过电位。塔菲尔（Tafel）发现过电位与电流密度的对数之间呈现线性关系，这种关系称为塔菲尔（Tafel）公式：

$$\eta = a + b\lg i \tag{1-46}$$

式中 η——过电位；

i——电流密度；

a、b——常数。

式（1-46）为经验公式，后来的研究证实很多电化学极化现象造成的过电位与电流密度都有这种关系，因此是否符合该公式便成为判断电化学极化的方法之一。

在式（1-46）中，当 i 为 1 时，即为单位电流密度时，对数项为零，$\eta = a$，因此 a 的意义是单位电流密度下电极的过电位。它与电极材料、电解质组成及温度有关。常数 b 一般称为 Tafel 斜率，反映过电位随电流密度的对数的变化率。它与材料的关系不大，常常反映出电极过程的机理。

Tafel 公式对许多电化学体系在很宽广的过电位范围内都适用；但是在极低的过电位情况下，这种关系不成立，并导致 η 和 $\lg i$ 的关系曲线偏离线性关系，如图 1-27 所示。

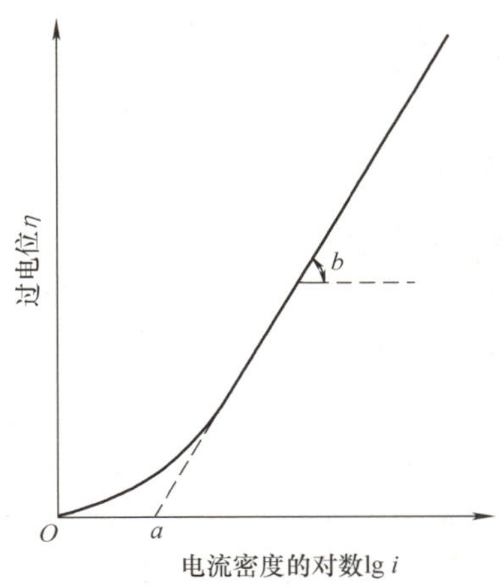

图 1-27 塔菲尔（Tafel）关系图解示意图

1.4.3 典型的电化学测量技术

1.4.3.1 三电极体系

在对电极进行通电极化时，不能使用辅助电极作为参比电极，因为它本身也会发生极化，不能作为电位比较的标准。而且，极化电流在研究电极和辅助电极之间大量溶液上引起的欧姆压降也将附加到被测的电极电位中，造成测量误差。因此，除研究电极、辅助电极用于极化电流外，还必须引入第三个电极作为参比电极构成三电极测量体系，其示意图如图 1-28 所示。由图可见，该体系由三个电极、两个回路组成。

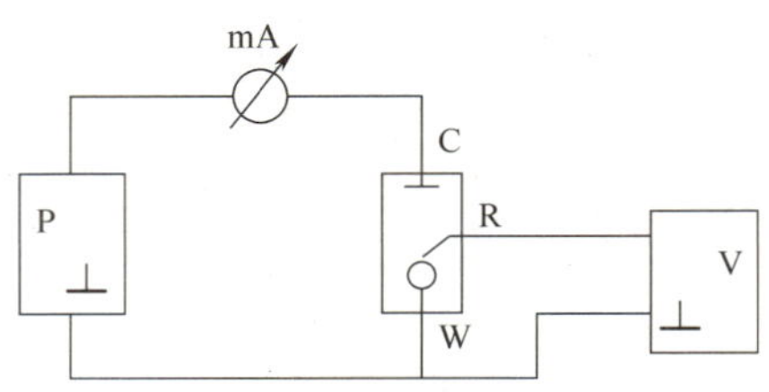

图 1-28 三电极测量体系示意图

① W 代表研究电极，也称为工作电极（Working Electrode，WE）。研究电极的电极过程是试验研究的对象。

② R 代表参比电极（Reference Electrode，RE），是电极电位的比较标准，用来确定研究电极的电位。

③ C 代表辅助电极，也称为对电极（Counter Electrode，CE），用来通过极化电流，实现对研究电极的极化。

④ P 代表极化电源，为研究电极提供极化电流。

⑤ mA 代表电流表，用于测量电流。

⑥ V 为测量或控制电极电位的仪器。

P、mA、C（辅助电极）和 W（研究电极）构成了左侧的回路，称为极化回路。在极化回路中有极化电流通过时，可对极化电流进行测量和控制。

V、R（参比电极）和 W（研究电极）构成了右侧的回路，称为测量控制回路。在测量控制回路中，对研究电极的电位进行测量和控制。因为回路中没有极化电流流过，只有极小的测量电流，所以不会对研究电极的极化状态、参比电极的稳定性造成干扰。

当采用两电极（研究电极和对电极）进行测量时，两电极电池测得的电压是正极电位与负极电位之差，无法单独获得其中正极或者负极的电位及其电极过程动力学信息。而采用三电极体系时，既可使研究电极的界面上通过极化电流，又不妨碍研究电极的电极电位的控制和测量，可以同时实现对电流和电位的控制和测量。因此在大多数情况下，都是采用三电极体系进行测量。

1.4.3.2 循环伏安法（CV）

1. 循环伏安法及其特点[15]

循环伏安法（Cyclic Voltammetry，CV）是应用最为广泛的一种电化学测量技术。典型的循环伏安过程为：控制研究电极的电位以速率 v 从 E_i 开始向电位负方向扫描，到时间 $t=\lambda$（相应电位为 E_λ）时改变扫描方向，以相同的速率向电位正方向扫描，回扫至起始电位，一次扫描完成。由此可见，采用的电位控制信号为连续三角波信号，记录下的电流 - 电压曲线称为循环伏安曲线；一次扫描过程完成一个还原和氧化过程的循环。三角波电势扫描信号及循环伏安曲线如图 1-29 所示。

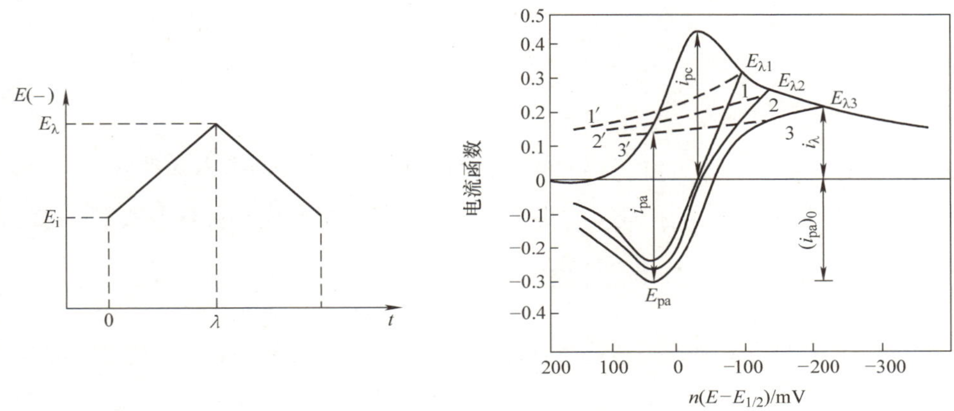

图 1-29 三角波电势扫描信号及循环伏安曲线

对于一个电化学反应

$$O+ne^- \rightleftharpoons R \tag{1-47}$$

式中 O——氧化态粒子；

R——还原态粒子；

n——电极反应过程中得失的电子数。

正向扫描（即向电位负方向扫描）时，发生阴极反应 $O+ne^- \rightarrow R$，电活性物质在电极上还原，产生还原峰；反向扫描（即向电位正方向扫描）时，发生阳极反应 $R \rightarrow O+ne^-$，还原产物重新在电极上氧化，产生氧化峰。

通过循环伏安曲线可以测量两组重要的参数：

① 阴极、阳极峰值电流 i_{pc}、i_{pa} 及其比值 $|i_{pa}/i_{pc}|$。

② 阴极、阳极峰值电势差 $|\Delta E|=E_{pa}-E_{pc}$。

根据循环伏安曲线的氧化峰和还原峰的峰高、对称性，氧化峰与还原峰的距离、中点位置等，可以定性或半定量初步研究电极体系可能发生的电化学反应，研究电活性物质的吸脱附过程、电极材料的化学扩散系数，判断电活性物质在电极表面的可逆程度及极化程度等。

2. 循环伏安法的应用：判断体系反应可逆性

根据循环伏安曲线的上述两组参数的特性，可以判断电极反应体系是否为可逆、准可逆或完全不可逆体系。

（1）可逆体系

当电极反应为可逆体系时，循环伏安曲线的两组参数具有以下重要特征：

① $|i_{pa}| = |i_{pc}|$，即 $|i_{pa}/i_{pc}| = 1$，并且与扫描速度 v、换向电位 E_λ、扩散系数 D 等参数无关。

② $|\Delta E| = E_{pa} - E_{pc} \approx \dfrac{59}{n}$ mV（25℃），$|\Delta E|$ 基本上保持为常数，并且不随扫描速度 v 的变化而变化。

（2）准可逆体系

当电极反应为准可逆体系时，循环伏安曲线的两组参数具有以下重要特征：

① $|i_{pa}| \neq |i_{pc}|$。

② $|\Delta E| = E_{pa} - E_{pc} > \dfrac{59}{n}$ mV（25℃），并且随扫描速度 v 的增大而增大。

$|\Delta E|$ 值以及 $|\Delta E|$ 随扫速 v 的变化特征是判断电极反应是否可逆和不可逆程度的重要判据。$|\Delta E| \approx \dfrac{59}{n}$ mV，且不随扫描速度 v 变化，说明反应可逆；如果 $|\Delta E| > \dfrac{59}{n}$ mV，且随扫描速度 v 增大而增大，则说明反应不可逆。$|\Delta E|$ 比 $\dfrac{59}{n}$ mV 大得越多，则反应的不可逆程度就越大。

（3）完全不可逆体系

当电极反应为完全不可逆时，逆反应非常迟缓，正向扫描的产物来不及发生反应就扩散到溶液内部了，因此在循环伏安曲线上只能观察到正向扫描时的电流峰，却观察不到反向扫描的电流峰。

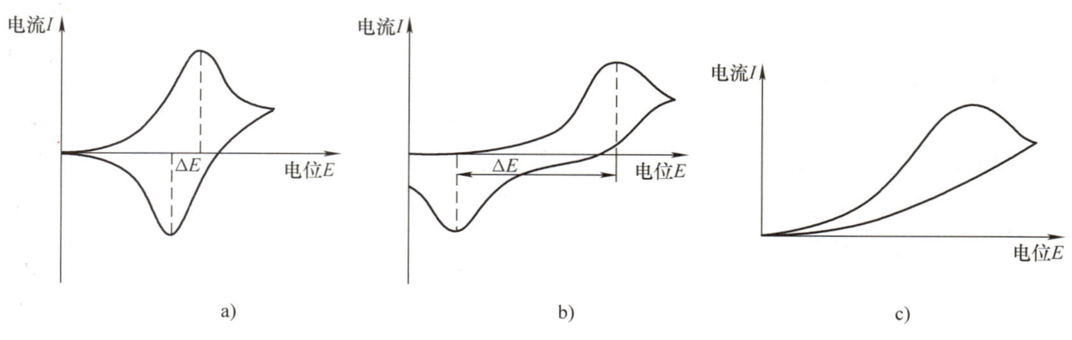

图 1-30 不同可逆性的电极体系的循环伏安示意图

a）可逆体系 b）准可逆体系 c）完全不可逆体系

ΔE—电位差

1.4.3.3 电化学阻抗谱法（EIS）

1. 电化学阻抗谱法及其特点

电化学阻抗谱（Electrochemical Impedance Spectroscopy，EIS）技术是指在某一稳定的直流极化条件下，特别是在平衡电位条件下，按照正弦规律施加小幅交流激励信号，研究电化学系统的交流阻抗随频率的变化关系。

如果一个电极系统处于稳态，则无论是用具有一定幅值的不同频率的正弦波电位信号对电极过程进行扰动而测量相应的电流的响应，还是用具有一定幅值的不同频率的正弦波极化电流对电极过程进行扰动而测量相应的电极电位的响应，只要扰动与响应之间满足因果性、线性和稳定性三个条件，就可以测得这个电极过程的阻纳谱。电极过程的阻纳谱也被称为电化学阻抗谱。应该说，一般情况下，电极过程的极化电流与电位是不满足线性条件的，但是只要极化值足够小，例如小于 10mV，就可以近似地认为两者之间满足线性条件。

由不同频率下的电化学阻抗数据绘制的各种形式的曲线，都属于电化学阻抗谱。因此，电化学阻抗谱包括许多不同的种类。其中，最常用的是阻抗复平面图和阻抗波特图。

① 阻抗复平面图是以阻抗的实部为横轴、以阻抗的虚部为纵轴绘制的曲线，也被称为奈奎斯特图（Nyquist plot）或者斯留特图（Sluyter plot）。

② 阻抗波特图（Bode plot）由两条曲线组成：一条曲线描述阻抗的模随频率的变化关系，即 $\lg|Z|-\lg f$ 曲线，称为波特模图；另一条曲线描述阻抗的相位角随频率的变化关系，即 $\phi-\lg f$ 曲线，称为波特相图。通常，波特模图和波特相图要同时给出，才能完整描述阻抗的特征。

2. 电化学阻抗谱法的应用

① EIS 用于正极材料的表面修饰分析[11]。为了探讨尖晶石 $LiMn_2O_4$（LMO）材料包覆修饰前后电化学性质的变化，对未包覆修饰和包覆修饰后的 LMO 材料在经过高温 55℃循环后的充电态进行了电化学阻抗谱（EIS）测试。图 1-31 所示为 LMO 材料包覆修饰前后的波特图（在 55℃、1*C* 下循环）。每条 EIS 曲线都包含了两个半圆弧和一个斜线。第一个半圆对应于中高频区域，为覆盖电极颗粒的表面膜阻抗（R_{sf}）；在中低频率的半圆是和双电层电容耦合的电荷转移阻抗（R_{ct}）；在低频区的斜线为锂离子在固相材料的扩散。对应的等效电路图如图 1-31a 所示，其中 R_w 为电解液阻抗，CPE_{dl} 为常量因素，Z_w 为锂离子在宿主材料中扩散有关的 Warburg。

从图 1-31 中可以看到，50 次循环后，未经过包覆修饰的 LMO 材料的 R_{ct} 增大，这应该是电极 - 电解液界面的化学变化造成的；而经过 ZrO_2 包覆修饰的 LMO 阻抗明显减小，而且 EIS 谱在低频区明显不同，这是由包覆修饰的固体电解质膜（Solid Electrolyte interface，SEI）SEI 层造成的，降低了 Li^+ 在包覆层的传递。

② EIS 用于锂离子的化学扩散系数测量。通过测量磷酸铁锂薄膜电极在不同充电状态下的 EIS 谱图，并进行相应的分析和计算，便可以求出磷酸铁锂电极材料在充电过程中的锂离子化学扩散系数。

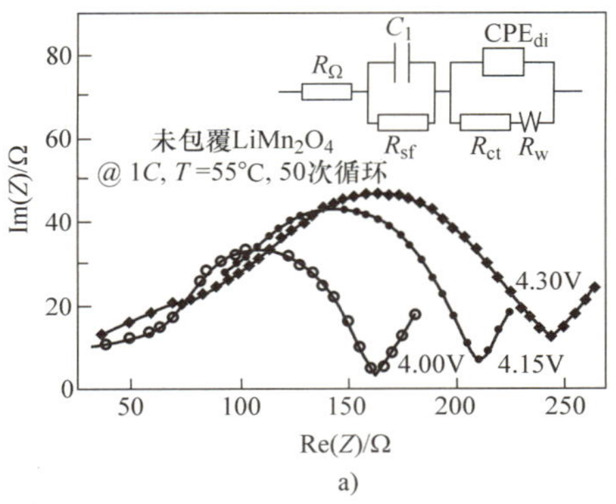

a)

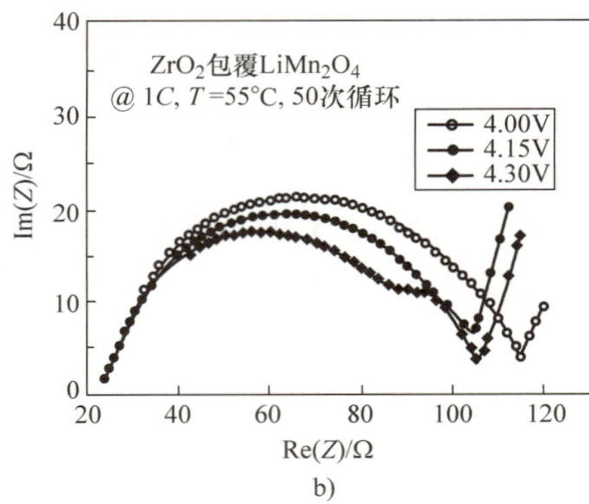

b)

图 1-31　LMO 材料包覆修饰前后的 Nyquist 图（在 55℃、1C 下循环）

a）未包覆修饰的 LMO 材料　b）经 ZrO_2 包覆修饰后的 LMO 材料

参考文献

[1] 徐艳民 . 电动汽车动力蓄电池及电源管理 [M]. 北京：机械工业出版社，2017.

[2] 史鹏飞 . 化学电源工艺学 [M]. 哈尔滨：哈尔滨工业大学出版社，2006.

[3] 吕鸣祥 . 化学电源 [M]. 天津：天津大学出版社，1992.

[4] 衣宝廉 . 燃料电池—原理 · 技术 · 应用 [M]. 北京：化学工业出版社，2003.

[5] 节能与新能源汽车技术路线图战略咨询委员会，中国汽车工程学会 . 节能与新能源汽车技术路线图 [M]. 北京：机械工业出版社，2016.

[6] 黄可龙，王兆翔，刘素琴 . 锂离子电池原理与关键技术 [M]. 北京：化学工业出版社，2016.

[7] KNOOPS H C M，DONDERS M E，et al.Atomic layer deposition for nanostructured Li-ion batteries [J]. Journal of Vacuum Science and Technology A，2012，30（1）:010801-2.

[8] MEIWES H B，DRILLKENS J，LUNZ B， et al.A review of current automotive battery technology and future prospects [J]. Journal of Automobile Engineering，2013，227（5）: 761- 776.

[9] 托马斯 . 电池手册 [M]. 4 版 . 汪继强，刘兴江，等译 . 北京：化学工业出版社，2013.

[10] MABZETTI S，MARIASIU F.Electric vehicle battery technologies : from present state to future systems [J]. Renewable and Sustainable Energy Reviews，2015，7（51）: 1004-1012.

[11] 克里斯汀，艾伦，阿肖克，等 . 锂电池科学与技术 [M]. 刘兴江，等译 . 北京：化学工业出版社，2018.

[12] 王震坡，孙逢春，刘鹏 . 电动车辆动力蓄电池系统及应用技术 [M].2 版 . 北京：机械工业出版社，2016.

[13] 李荻 . 电化学原理 [M]. 北京：北京航空航天大学出版社，2008.

[14] 凌仕刚，吴娇杨，张舒，等 . 锂离子电池基础科学问题（XIII）[J]. 电化学测量方法，2015，4（1）:83-103.

[15] 贾铮，戴长松，陈玲 . 电化学测量方法 [M]. 北京：化学工业出版社，2007.

第2章 锂离子蓄电池

2.1 发展概述

锂电池的开拓性工作始于 20 世纪 70 年代。其发展历史经历了锂一次电池、锂二次电池和锂离子二次电池三个阶段。

锂原电池（一次电池）负极采用金属锂，正极活性物质采用二氧化锰或氟化碳等材料，在 1970 年初实现了商品化。由于金属锂负极在充电过程中会产生锂枝晶，可能穿透隔膜，造成电池内部短路，不仅导致电池充放电循环困难，还可能引起电池爆炸。为了解决这些问题，采用锂合金来替代金属锂，改进电解质，只能在一定程度上改进了锂金属电池的电化学性能。

1980 年，M. Armand 等人提出用嵌锂化合物来代替锂二次电池中的金属锂负极，并首先提出“摇椅式电池”（rocking chair battery）的概念。同年，Goodenough 等提出了氧化钴锂（$LiCoO_2$）作为锂充电电池的正极材料，形成了锂离子蓄电池的雏形。

1981 年 6 月，日本三洋公司的 H.Ikeda 最早在专利号为 1769661 的日本专利中公开了一种在有机溶液中使用的嵌入式材料（如石墨）。贝尔实验室的 S.Basu 在 H.Ikeda 专利的基础上发现在室温下锂可以嵌入石墨，并申请了美国专利。

1985 年，日本索尼公司发现碳材料可以作为锂离子蓄电池的负极材料。

1987 年，Aunurn 等人发表了 $Mo/LiPF_6/LiCoO_2$ 体系的锂离子蓄电池，锂离子电池研究取得了巨大进步。

在上述研究的基础上，1990 年，日产索尼公司研制出了以石墨为负极材料、$LiCoO_2$

为正极材料、$LiPF_6$（EC+DEC）为电解液的锂离子蓄电池并于 1991 年实现商业化，这成为锂离子蓄电池发展史上一个重要的里程碑。

目前，锂离子蓄电池一般由正极、负极、隔膜、电解液、电池壳（盖）组成，正极活性物质为氧化钴锂、三元材料、锰酸锂、磷酸铁锂等含锂化合物，负极则以碳材料、硅基材料为主，其工作原理（以 $LiCoO_2$/C 体系为例）如下：电池充电时，正极活性物质 $LiCoO_2$ 失去电子，Li^+ 从 $LiCoO_2$ 晶格中脱嵌进入电解液，而在负极，Li^+ 得到电子，嵌入 C 的晶格之中；电极放电时，负极 C 晶格中嵌入的锂脱嵌后失去电子，生成 Li^+ 进入电解液中；在充放电过程中，锂离子在正、负极之间往返嵌入 / 脱嵌，被形象地称为“摇椅电池”。

2.2 材料体系

2.2.1 正极材料

2.2.1.1 概述

1991 年以 $LiCoO_2$ 为正极和碳为负极的锂离子二次电池的成功商业化，引发了大量关于锂离子蓄电池正极材料的研究。以 $LiCoO_2$ 为正极材料的锂离子蓄电池体积能量密度高，但出于成本和安全性的考虑，长期以来一直被广泛用于手机、笔记本电脑、相机等对电池体积要求很严格的数码终端设备中。目前，根据不同用户的需求，锂离子动力蓄电池体系的正极材料主要采用的是锰酸锂、磷酸铁锂、三元材料等。

锂离子蓄电池中，正极材料提供活性来源，理想的正极材料通常需要具备以下几个特征：

① 正极材料有较大的吉布斯自由能，从而保证电池有较高的输出电压。

② Li^+ 在正极材料中脱嵌过程中的吉布斯自由能变化量要小，即电极电位对锂离子嵌入量的依赖性要小，保证电池的输出电压稳定。

③ 正极材料能够容纳相当数量的 Li^+ 脱出和嵌入，保证电池拥有较高的比容量。

④ 正极材料的摩尔体积和分子量较小，保证电池拥有较高的体积能量密度和质量能量密度。

⑤ 正极材料中存在通畅的锂离子迁移通道，进而保证材料具有较高的锂离子扩散系数，此外，材料还要有良好的电子导电性，保证电池良好的大倍率性能。

⑥ 充放电过程中，正极材料的结构改变小，保证电化学反应的可逆进行和电池的良好循环性能。

⑦ 在充放电电压范围内，正极材料不与电解液发生化学或物理反应。

⑧ 原料丰富，制备工艺简便，成本低廉，环境友好。

2.2.1.2 正极材料分类及生产工艺

按照结构分类，锂离子动力蓄电池正极材料分为层状三元材料、聚阴离子材料和尖晶石结构材料。在此基础上还有相应衍生出来的材料。

1. 层状三元正极材料

三元 $LiNi_xCo_yMn_zO$ 材料，最早由华裔学者刘兆林于 1999 年报道。之后，国际上很多课题组对这一系列的材料进行了非常细致深入的研究。调节 Ni、Co、Mn 三种元素的比例可以衍生出不同的氧化镍钴锰锂材料，例如 Ni:Co:Mn=1:1:1 的 NCM333 材料、Ni:Co:Mn=4:2:4 的 NCM 424 材料、Ni:Co:Mn=5:2:3 的 NCM 523 材料、Ni:Co:Mn=6:2:2 的 NCM 622 材料、Ni:Co:Mn=8:1:1 的 NCM 811 材料等。通常把 Ni 含量 <60% 的材料称为常规三元材料；Ni 含量≥ 60% 的材料称为“高镍三元材料”。

（1）常规三元材料

1）结构

常规三元材料 $LiNi_xCo_yMn_zO_2$ 晶体属于六方晶系，为 α−$NaFeO_2$ 型层状结构，空间群为 $R\bar{3}m$。Li^+ 和过渡金属离子交替占据 3a 位（0，0，0）和 3b 位（0，0，1/2），O^{2-} 位于 6c（0，0，z）位置。6c 位置上的 O 为立方密堆积，其过渡金属层由 Ni、Mn、Co 组成。每个过渡金属原子由 6 个氧原子包围形成 M㊀O_6 八面体结构。3b 位置的过渡金属离子和 3a 位置的 Li 分别交替占据其八面体空隙，而 Li^+ 嵌入过渡金属原子与氧形成的 $Ni_{1-x-y}Co_xMn_yO_2$ 层之间，如图 2-1 和图 2-2 所示。

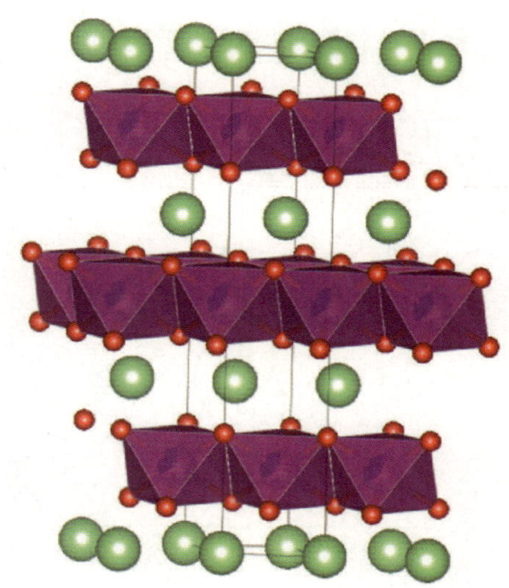

图 2-1　层状材料 $LiMO_2$（M 为过渡金属）结构示意图

绿—Li　紫—M　红—O

（资料来源：Johnson Matthey Technol.Rev）

三元材料中 Co 的化合价为 +3 价，Mn 的化合价为 +4 价。当 Ni ∶ Mn = 1 时，如 NCM333 和 NCM424 中，Ni 的化合价为 +2 价，这类材料也被称为“对称性三元材料”。当 Ni ∶ Mn ≠ 1 时，如 NCM523、NCM622、NCM811 材料中，Ni 的形态为 +2 价 Ni 和 +3 价 Ni 的混合物，这类材料也被称为“非对称性三元材料”。充电过程中 Ni^{2+} 或 Ni^{3+} 氧

㊀ M = Ni、Co、Mn。

化到 Ni^{4+}，Co^{3+} 氧化到 Co^{4+}；放电是相应的还原过程。Mn^{4+} 不参与充放电过程，但能通过八面体位置的晶体场稳定化能来提供整个晶体结构的稳定性，起到稳定结构的作用。

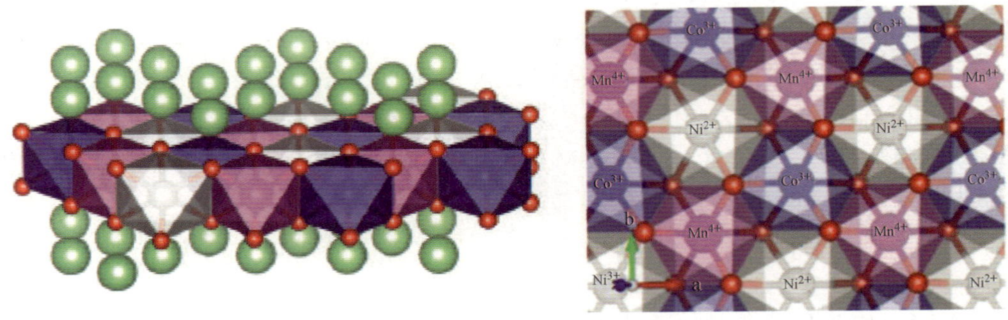

图 2-2　$LiNi_{1/3}Co_{1/3}Mn_{1/3}O_2$ 晶体结构示意图

因为 Ni^{2+} 与 Li^{+} 离子半径比较接近，所以存在 Ni^{2+} 占据 Li^{+} 的位置而发生阳离子混排。阳离子混排程度将直接影响材料的电化学性能。对于不同比例的三元材料，Co 含量越低、Ni 含量越高，混排程度越高，通常可用 X 射线衍射（X-Ray Diffraction，XRD）图谱中 $I_{(003)}/I_{(104)}$ 的峰强比值及（018）与（110）峰的劈裂程度来判断阳离子混排程度，混排程度的顺序依次是 NCM333 ＜ NCM523 ＜ NCM622 ＜ NCM811。

不同组分三元材料的电性能变化趋势如图 2-3 所示。

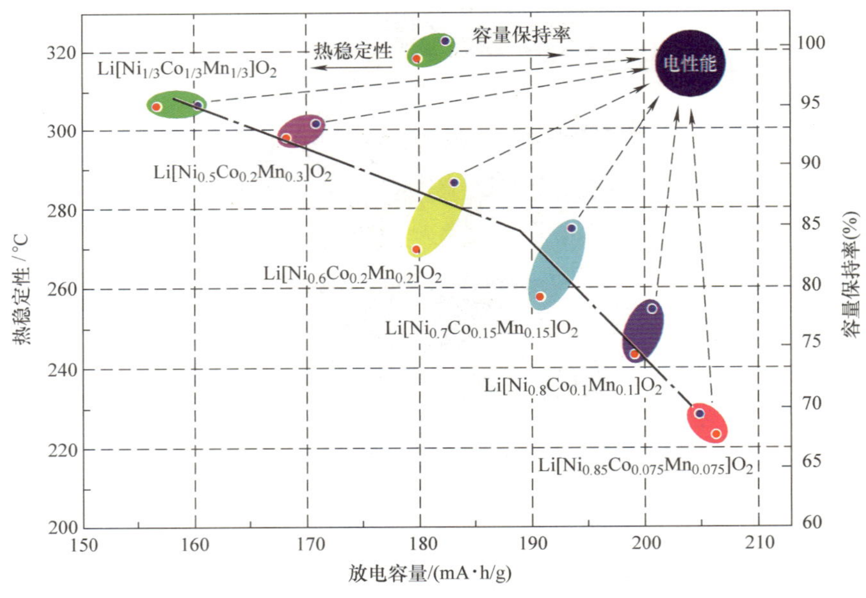

图 2-3　不同组分三元材料的电性能变化趋势

2）性能特点

常规三元材料体现了 $LiCoO_2$、$LiNiO_2$、$LiMnO_2$ 三种材料各自的优势，具有成本低、容量高、循环寿命长、结构稳定、热稳定性好等优点，是目前应用于新能源车动力蓄电池

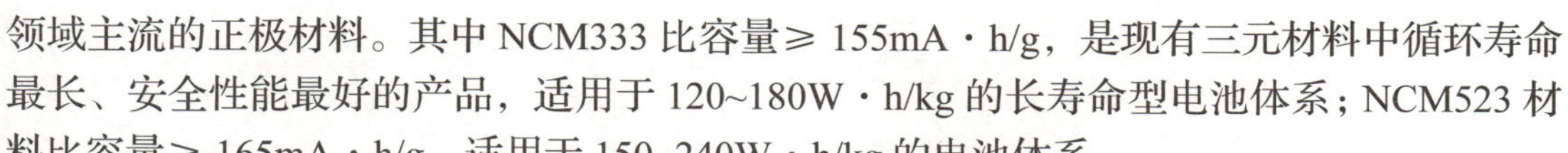

领域主流的正极材料。其中 NCM333 比容量≥ 155mA·h/g，是现有三元材料中循环寿命最长、安全性能最好的产品，适用于 120~180W·h/kg 的长寿命型电池体系；NCM523 材料比容量≥ 165mA·h/g，适用于 150~240W·h/kg 的电池体系。

常规三元材料充放电曲线如图 2-4 所示。

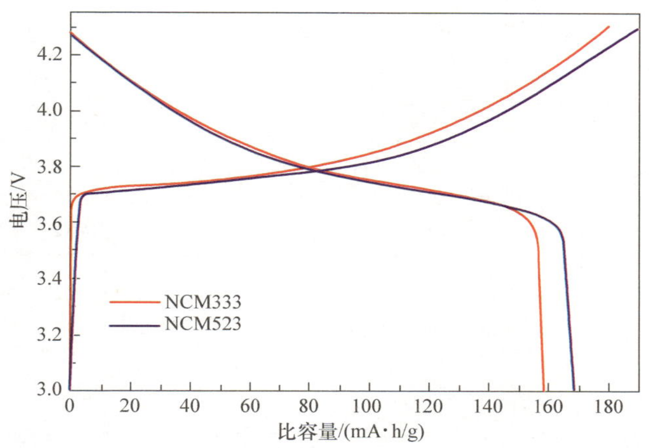

图 2-4 常规三元材料充放电曲线

常规三元材料扫描电子显微镜（Scanning Electron Microscope, SEM）照片如图 2-5 所示。

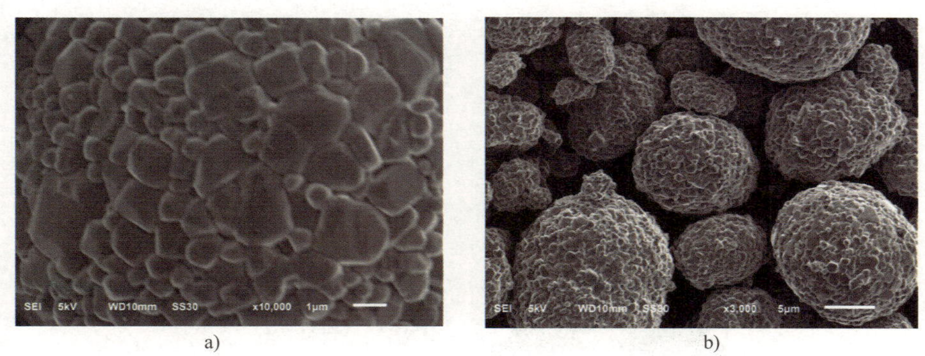

图 2-5 常规三元材料 SEM 照片

a）NCM333 b）NCM523

3）工艺流程

三元材料的制备方法主要有两种：一种是锂源与主体元素直接合成三元材料；另一种是先制备三元材料前驱体，再与锂源反应制备三元材料。根据反应方式的不同，又分为固相法和液相法。固相法主要包括高温固相法、燃烧法等；液相法主要包括溶胶 - 凝胶法、水热合成法、共沉淀法、喷雾热解法等。合成方法的差异对三元材料的性能有较大影响。工业上主要采用的方法是先通过共沉淀法制备三元前驱体 $Ni_xCo_yMn_zOH$，随后三元前驱体再与 Li 源（一般是 Li_2CO_3 或 LiOH 等）混合进行高温固相反应，得到三元产物。

三元前驱体生产工艺流程如图 2-6 所示。成品三元材料生产工艺流程如图 2-7 所示。

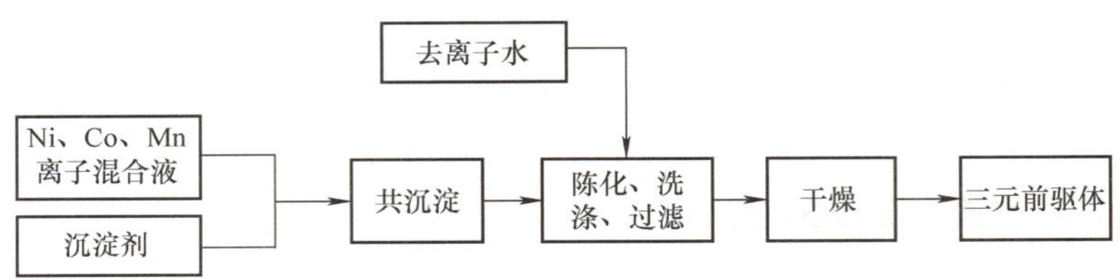

图 2-6　三元前驱体生产工艺流程图

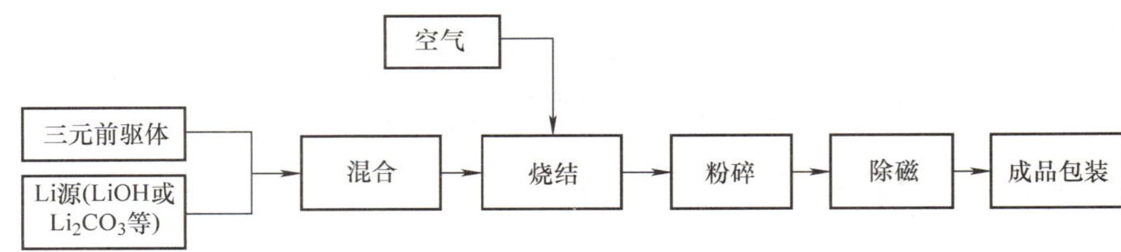

图 2-7　成品三元材料生产工艺流程图

4）主要设备

① 反应釜：反应釜是制备三元材料前驱体发生共沉淀反应的核心设备。反应过程中的温度、压力、气氛、力学控制（搅拌、流速等）、反应物浓度、溶液 pH 等工艺参数均会影响共沉淀反应，进而影响前驱体的品质。

常压反应釜如图 2-8 所示。

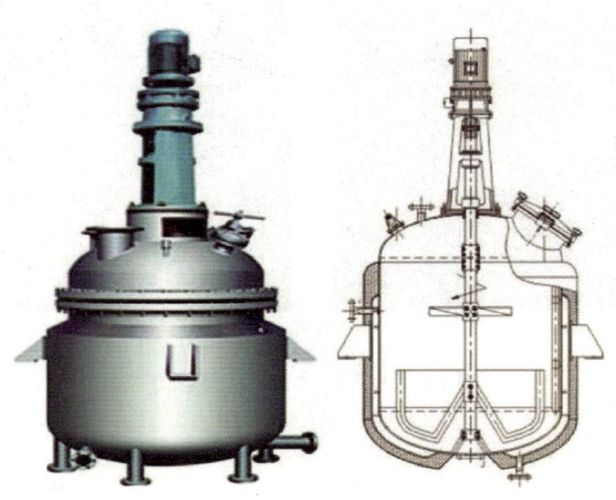

图 2-8　常压反应釜

② 洗涤过滤设备：反应釜料液经过溢流直接进入压滤机，经过一定时间的静态陈化、洗涤和过滤，得到前驱体滤饼。滤饼层再次用纯水洗涤，进一步清除残余的杂质离子。常用的洗涤过滤设备为压滤机（图 2-9）或离心机。

图 2-9 压滤机

③ 干燥设备：通常洗净的前驱体滤饼中还含有 10%~50% 的水分，需要通过干燥方式将水分去除。三元前驱体的干燥温度较低，最常用的干燥方式是热传导干燥，常用的干燥设备有热风循环烘箱（图 2-10）、转筒干燥器（图 2-11）、盘式连续干燥器（图 2-12）和带式干燥器（图 2-13）等。

图 2-10 热风循环烘箱

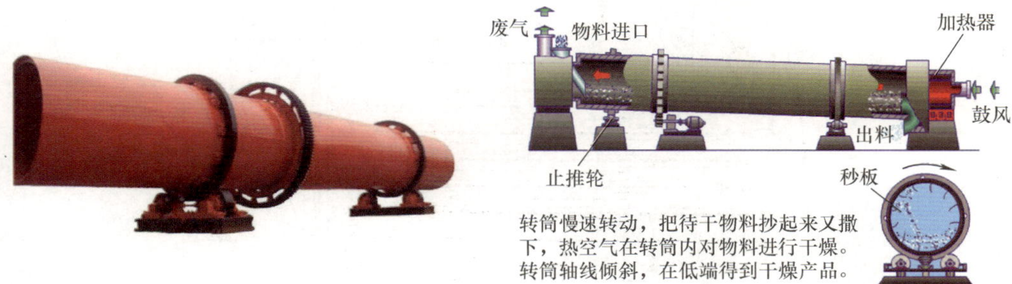

图 2-11 转筒干燥器

a）设备实物 b）内部构造及工作原理

a)

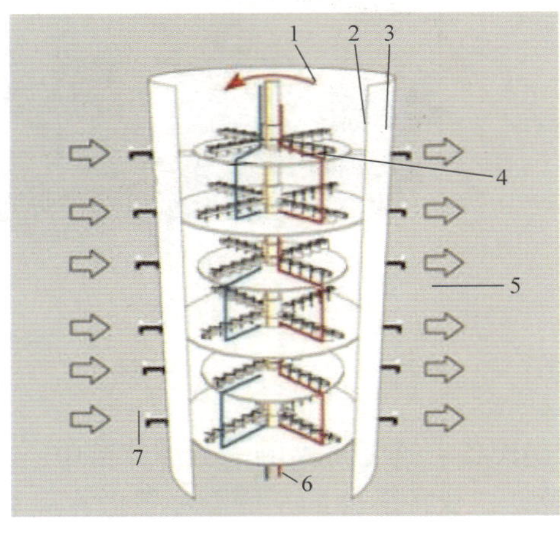

b)

图 2-12 盘式连续干燥器

a）设备实物 b）内部构造及工作原理

1—温物料 2—耙臂 3—耙叶 4—干燥盘 5—外壳 6—主轴 7—加热或冷却介质

a)

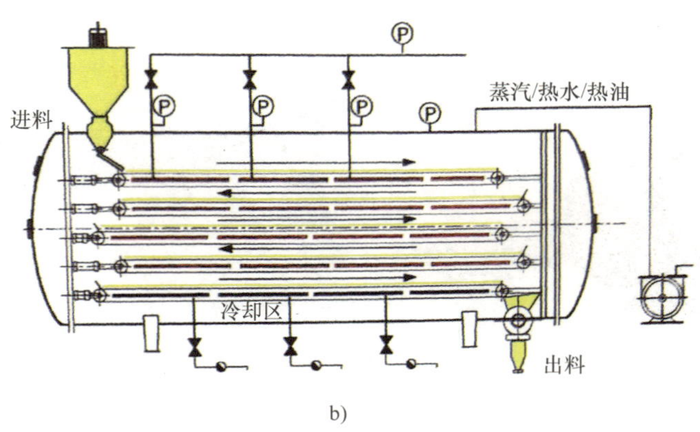

b)

图 2-13 带式干燥器

a）设备实物 b）内部构造

④ 混合设备：三元前驱体和锂原料混合的均匀度将直接影响最终产品的性能。因此，要求混合设备应满足分散均匀性好、物料不易残留、混合效率高、混合设备磨损小等条件。常用的混合设备有双螺旋锥形混料机（图 2-14）和高速混合机（图 2-15）等。

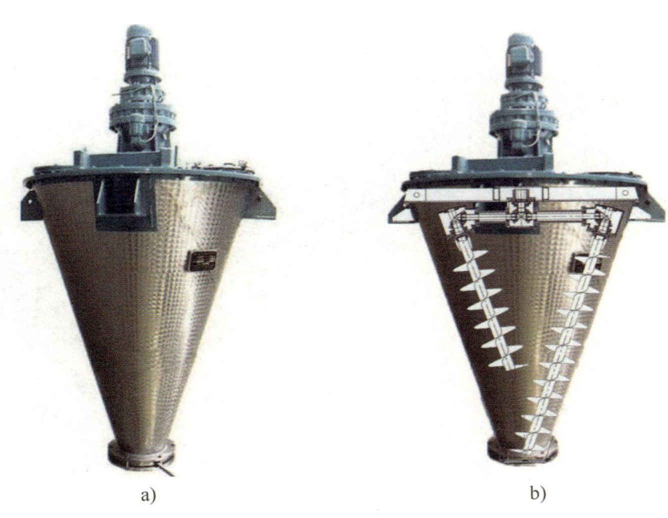

a)　　b)

图 2-14　双螺旋锥形混料机

a）设备实物　b）内部构造

⑤ 烧结设备：烧结设备是用于发生高温固相反应的设备，也是生产流程中决定产品性能的最核心的设备。按照烧结工艺的工作形式分为间歇式窑炉和连续式窑炉。间歇式窑炉有钟罩式、箱式、管式等，连续式窑炉有回转窑、隧道窑、推板窑（图 2-16）、辊道窑炉（图 2-17）等。工业生产三元产品使用最为广泛的烧结窑炉有推板窑和辊道窑炉。

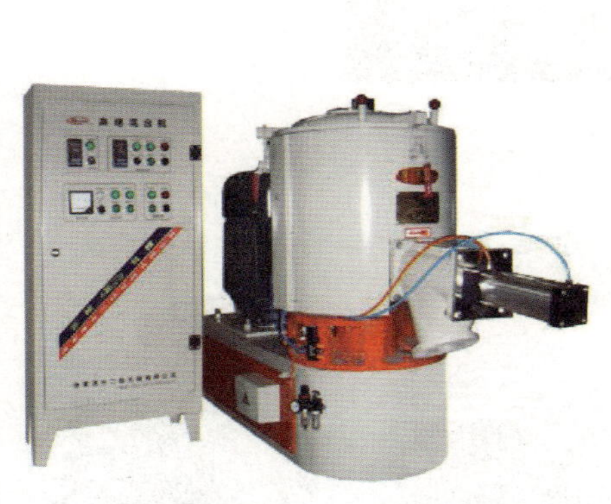

图 2-15　高速混合机

图 2-16　推板窑

网带窑炉如图 2-18 所示。

⑥ 粉碎设备：按照粉碎粒度的不同，粉碎设备分为粗碎（可将块料粉碎到毫米级尺寸）、细碎（可将粉料粉碎到亚微米级尺寸）和超细碎（可将粉料粉碎到微米级尺寸）三

个级别。通常三元产品的生产中会用到粗碎和超细碎两个级别的粉碎设备。使用最为广泛的粗碎设备有颚式破碎机（图 2-19）和辊式破碎机；使用最为广泛的超细碎设备有气流粉碎机（图 2-20）和机械粉碎机（图 2-21）。

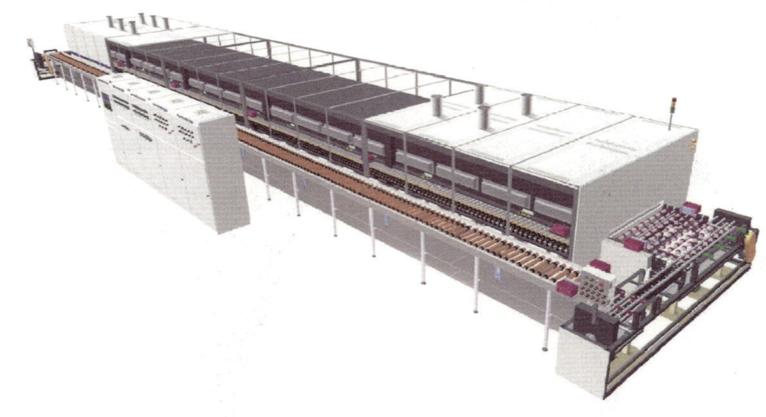

图 2-17　辊道窑炉

图 2-18　网带窑炉

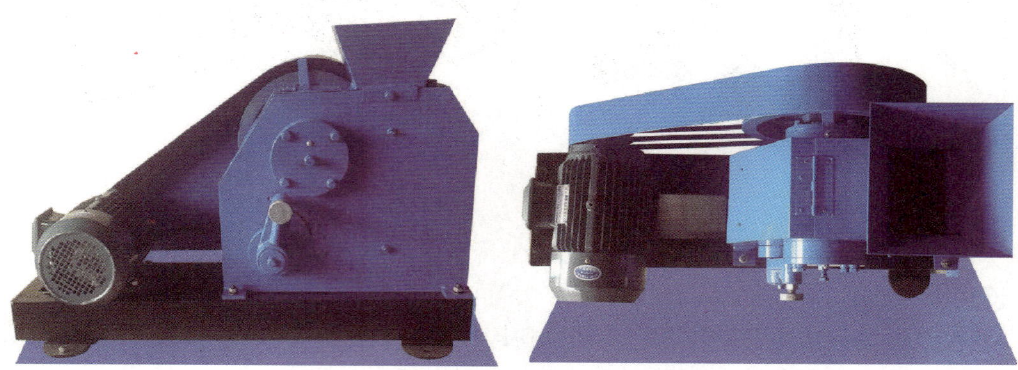

图 2-19　颚式破碎机

图 2-20　气流粉碎机

图 2-21　机械粉碎机

对辊式破碎机工作原理如图 2-22a 所示。

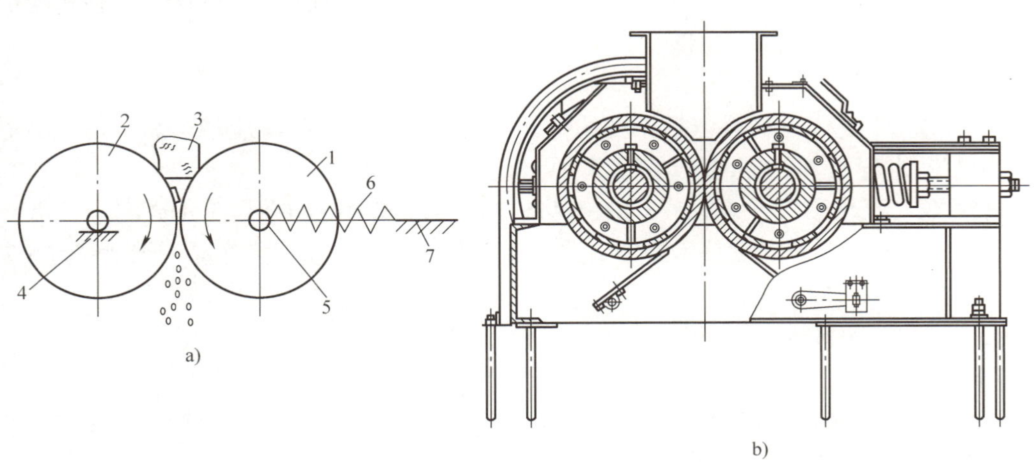

图 2-22　对辊式破碎机工作原理与结构

a）工作原理　b）结构

1、2—辊子　3—物料　4—固定轴承　5—可动轴承　6—弹簧　7—机架

⑦ 除磁设备：正极材料中含有的 Fe、Cr、Ni 等磁性杂质会在锂离子蓄电池的阴极被

氧化成阳离子，并迁移到阳极被还原，引发电池自放电，还有可能导致电池短路。因此需要严格控制正极材料中的磁性物质。磁性物质控制贯穿三元材料生产流程的始终，包括原材料除磁、过程料除磁、成品料除磁和环境磁性异物控制。除磁设备可在生产流程的多个工序处设置，并进行多次除磁。通常，根据物料状态，除磁设备分为干法除磁和湿法除磁；根据磁场类型，除磁设备分为永磁型除磁机、电磁型除磁机（图 2-23）和超导型除磁机。三元产品工艺使用最为广泛的除磁设备是永磁型管道除磁器和电磁型除磁机。

图 2-23　电磁型除磁机

⑧ 其他产品改性设备：为了改善三元产品循环性能、高温性能等，通常会对材料表面进行氧化物、无机盐等物质包覆，采用的包覆方法一般可分为干法包覆和湿法包覆两种类型。干法包覆通常采用高速混料设备完成，湿法包覆通常在反应釜中进行。

为了改善三元产品压实密度，要对其进行表面复合材料固化处理，可采用机械融合机，通过对物料进行挤压、剪切等应力作用，排除颗粒间空隙提高压实密度，使包覆剂物料在三元材料颗粒表面融合成膜。

5）技术特征

商业化的常规三元材料包括不同的特征类型，主要有：高碾压型产品、高功率型产品、高电压型产品、低鼓胀型产品等。

常规型三元产品中，NCM333 和 NCM523 目前已成为电动乘用车用锂离子蓄电池中最主流的正极材料，产业化技术非常成熟。2016 年全球常规型三元产品产销量超过 8.7 万吨。

（2）高镍三元材料

1）结构

高镍三元材料结构与常规三元材料类似。与常规三元材料相比，高镍三元材料更容易发生阳离子混排，结构稳定性随着 Ni 含量的升高逐渐变差。

2）性能特点

随着 Ni 含量的提高，高镍三元材料的比容量大幅提升。NCM622 产品可逆容量 ≥ 175mA · h/g，NCM811 和镍钴铝（NCA）产品可逆容量 ≥ 190mA · h/g，适合应用于

260~350W・h/kg 的高比能量电池体系。高镍材料充放电曲线如图 2-24 所示。

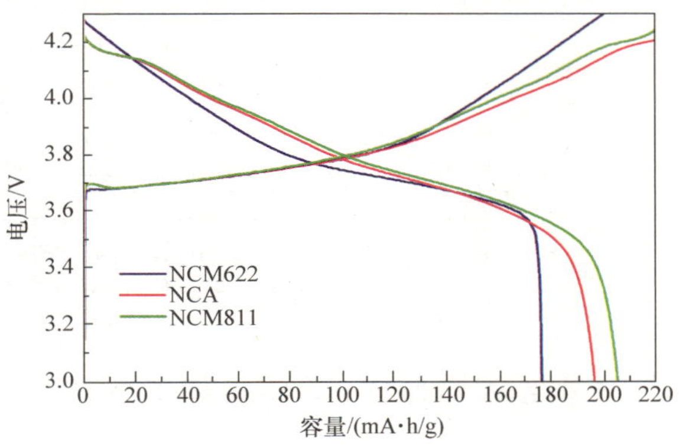

图 2-24 高镍材料充放电曲线

另一方面，镍含量高的材料阳离子混排程度增加、结构稳定性变差、表面碱含量高、易吸水，直接导致极片加工工艺难度增大、电池循环性能和倍率性能变差，以及高温产气等严重问题。因此，高镍三元材料的生产和电池制造均有较高的技术门槛。

不同型号高镍材料的常见微观形貌如图 2-25 中 SEM 照片所示。

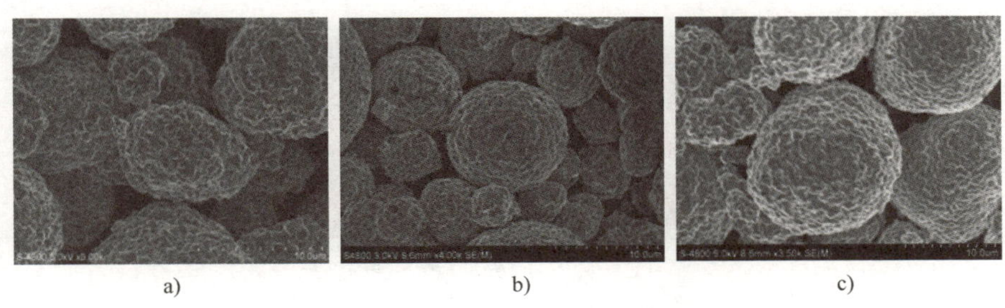

a)　　b)　　c)

图 2-25 不同型号高镍材料的 SEM 照片

a）NCM622　b）NCA　c）NCM811

3）工艺流程

工业上生产高镍三元材料的主流工艺与常规三元材料类似，也是先采用共沉淀法制备高镍材料前驱体，再将前驱体与锂源混合进行高温固相反应得到中间态终产物。但高镍材料在生产工艺上要求更加严苛，主要体现在：

① 由于高镍系材料表面碳酸锂、氢氧化锂等碱性物质含量高，通常需要引入水洗工艺。

② 高镍三元材料的三价 Ni 含量更高，必须在富氧条件下烧结才能使 Ni^{2+} 充分氧化，得到缺陷较少、晶型完整的高品质产品，烧结采用的一般为氧气氛窑炉。

③ 高镍材料对水分更加敏感，需要控制生产环境的湿度及出炉后的 CO_2 含量。

成品高镍材料制备工艺如图 2-26 所示。

4）主要设备

与常规三元产品生产用设备不同的是，高镍产品所用的烧结炉是氧气氛窑炉，对氧分压有一定要求，产品烧成后还需要使用洗涤、过滤和干燥设备进行物料水洗干燥，以降低产品的残余碱含量。

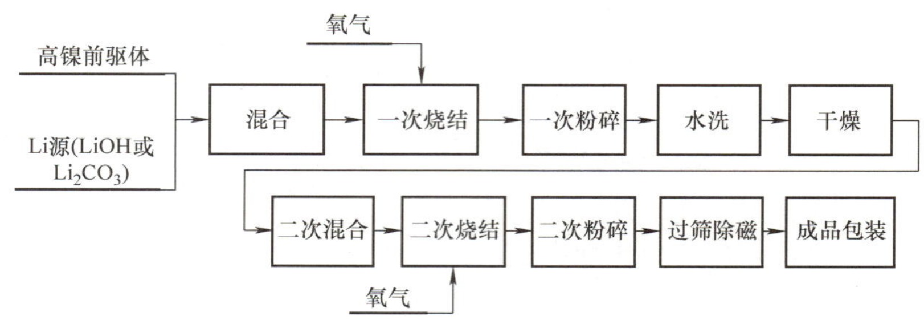

图 2-26 成品高镍材料制备工艺

5）技术特征

高镍三元材料是目前已商业化的产品中比能量最高的正极材料，但因其严苛的生产和应用条件，目前主要应用于高端电动车领域，如特斯拉的全部车型以及宝马、大众等公司的高端车型。2016 年全球高镍系三元产品产销量达到 2 万多吨。

（3）富锂锰基层状固溶体材料

1）结构

富锂锰基层状固溶体材料晶体结构组成如图 2-27 所示。

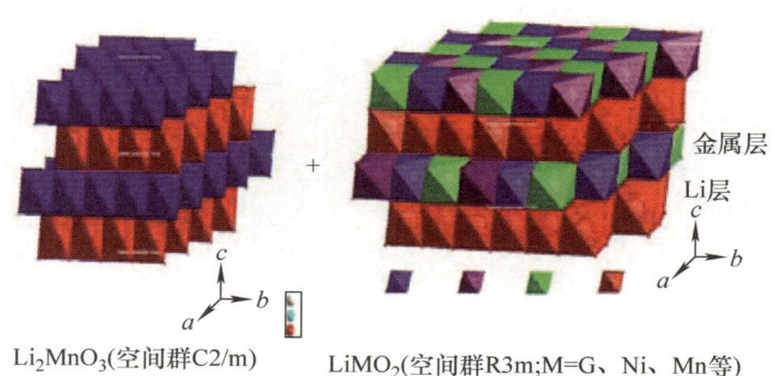

图 2-27 富锂锰基层状固溶体材料晶体结构组成

1997 年，日本的 Numata 首次报道了 $Li_2MnO_3 \cdot LiCoO_2$ 固溶体材料，提出固溶体设计电池材料的想法。2004 年，美国的 Thackeray 小组正式提出了富锂锰基层状固溶体正极材料（以下简称富锂材料）的概念。

富锂材料的结构有两种看法，一种认为是 Li_2MnO_3 和 $LiMO_2$ 两种层状材料的固溶体，也有人认为在 $LiMO_2$ 体相中存在 Li_2MnO_3 团簇。其分子式可写为 $xLi_2MnO_3 \cdot (1-x)LiMO_2$，也可写为 $xLi[Li_{1/3}Mn_{2/3}]O_2 \cdot (1-x)LiMO_2$，可以看成 Li_2MnO_3 和 $LiMO_2$ 两种层状材料固溶而成，这两种组分结构上都与 α-$NaFeO_2$ 结构类似。其中，Li_2MnO_3 具有岩盐结构，也可写为 $Li[Li_{1/3}Mn_{2/3}]O_2$，过渡金属层中的 Li^+ 与 Mn^{4+} 形成的超结构使得 Li_2MnO_3 点阵由 $R\overline{3}m$ 转变成单斜晶系 C2/m，起到稳定结构、抑制阳离子混排作用。

2）性能特点

富锂材料最突出的特点是高容量和高电压，可逆容量可达到 260mA · h/g 以上，电压窗口为 2.0~4.8V。

富锂材料有着与其他正极材料不一样的充放电机理，在研究初期，人们认为：

① 第一步，当电压小于 4.5V 时，$LiMO_2$ 的 Li 层中的 Li 脱出：

$$xLi_2MnO_3 \cdot (1-x)LiMO_2 \rightarrow xLi_2MnO_3 \cdot (1-x)MO_2 + (1-x)Li$$

Li_2MnO_3 的过渡金属层中位于八面体位置的 Li 会扩散到 $LiMO_2$ 的四面体位置以补充 Li^+，并提供额外的键能保持氧紧密堆积结构的稳定性。因此，Li_2MnO_3 可以看作活性物质锂的一个惰性蓄水池，具有保持结构稳定的作用。

② 第二步，当电压高于 4.5V 时，锂层和过渡金属层共同脱出 Li^+，同时 Li 层两侧的氧也一起脱出，相当于脱出了 Li_2O：

$$xLi_2MnO_3 \cdot (1-x)LiMO_2 \rightarrow xLiMnO_3 \cdot (1-x)MO_2 + xLi_2O$$

因此，高充电电压时富锂材料的电极表面会有 O_2 析出。首次充电结束后净脱出为 Li_2O，在随后的放电过程中净脱出的 Li_2O 无法回到富锂材料的晶格中，导致富锂材料首次循环效率偏低。随着研究的深入，O_2 析出已能被阻止。富锂锰基层状固溶体材料的充放电曲线和 SEM 照片如图 2-28 所示。

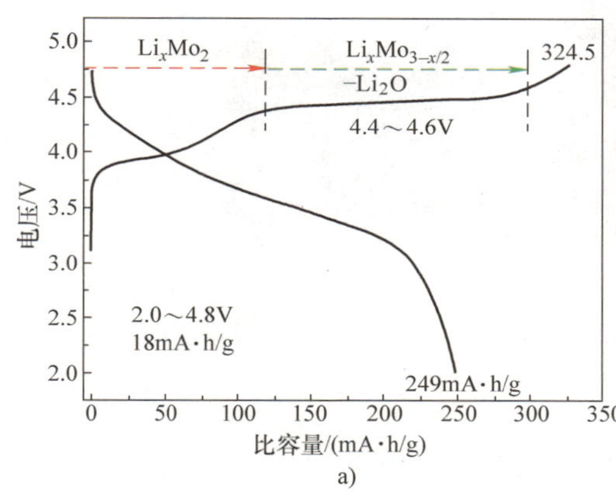

a)

b)

图 2-28 富锂锰基层状固溶体材料的充放电曲线和 SEM 照片

a）充放电曲线 b）SEM 照片

3）工艺流程

富锂材料合成方法主要包括固相法、共沉淀法、溶胶 - 凝胶法、水热法和喷雾干燥法等。其中，固相法最为简单。

4）主要设备

同三元材料中的设备相关的内容。

5）技术特征

虽然富锂材料具有高容量、高比能量的优势，但由于其特殊的反应过程，该材料尚未实现商业化应用，循环过程中的能量效率及与电解液兼容性问题亟待解决。

2. 聚阴离子系正极材料

（1）磷酸铁锂

1）结构

1997 年，J. B. Goodenough 小组成功合成出了 $LiFePO_4$。因其具有价格低、热稳定性好、理论容量较高、循环性能好、耐过充电等特点，20 年来得到深入的研究，并已成为成功应用于动力蓄电池的正极材料。

$LiFePO_4$ 具有有序的橄榄石结构，属于正交晶系，其空间群为 Pnmb，其晶体结构如图 2-29 所示，在 $LiFePO_4$ 结构中，氧原子近似于六方紧密堆积，磷原子在氧四面体的 4*c* 位，铁原子、锂原子分别在氧八面体的 4*c* 位和 4*a* 位，在 *b*–*c* 平面上 FeO_6 八面体通过共点连接起来。一个 FeO_6 八面体与两个 LiO_6 八面体和一个 PO_4 四面体共棱，而一个 PO_4 四面体则与一个 FeO_6 八面体和两个 LiO_6 八面体共棱。Li^+ 在 4*a* 位形成共棱的连续直线链，并平行于 *c* 轴，从而具有二维可移动性，使之在充放电过程中可以脱出和嵌入。

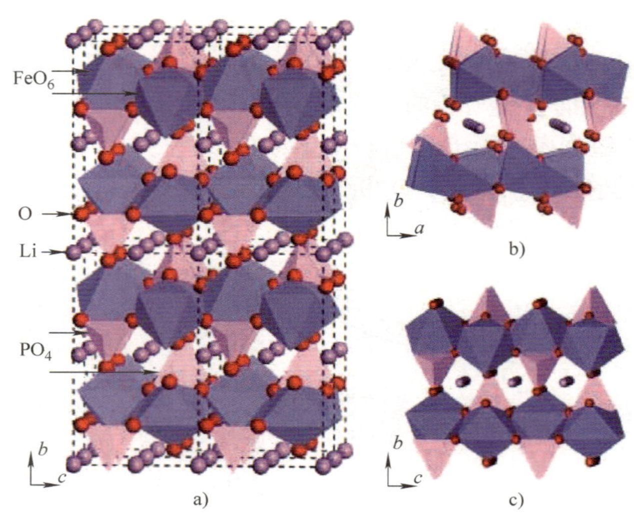

图 2-29 磷酸铁锂晶体结构示意图

2）性能特点

磷酸铁锂理论比容量为 170mA · h/g，由于脱嵌锂反应是两相反应，具有非常平稳的电压平台（相对于 Li/Li^+3.4V）。脱嵌锂反应如下：

$$LiFePO_4 \rightarrow xFePO_4+xLi^++xe^-+(1-x)LiFePO_4$$

因为 $LiFePO_4$ 与其脱锂产物 $FePO_4$ 的结构极为相似、体积接近，充放电过程中结构与体积变化很小，所以具有极佳的循环性能。此外，强的 P–O 共价键形成离域的三维立体化学键使 $LiFePO_4$ 具有很高的热力学和动力学稳定性，保证了材料在高温条件下的安全性能。不过，Li^+ 的一维传输通道和半导体属性，磷酸铁锂的离子和电子导电性均较差，材料倍率和低温性能不佳，需要对材料进行倍率和低温性能改性。

磷酸铁锂材料的充放电曲线及 SEM 照片如图 2-30 所示。

3）工艺流程

工业上生产磷酸铁锂的方法按照操作过程分，主要有碳热还原法、固相合成法、水热法和溶胶 - 凝胶法等；按照原料种类分，主要有铁红工艺、草酸亚铁工艺和磷酸铁工艺。磷酸铁锂材料制备工艺的发展大致经历了铁红、草酸亚铁到磷酸铁三个阶段的进化。目前最为常用、产品性能好、工艺一致性控制最好的是磷酸铁砂磨工艺路线。该工艺先制备磷酸铁前驱体，再将磷酸铁与锂源、添加剂、包覆剂进行混合、烧结得到磷酸铁锂的方法。

有的生产企业为了提高产品性能，还在工艺路线中引入了高能融合、压片等工艺。

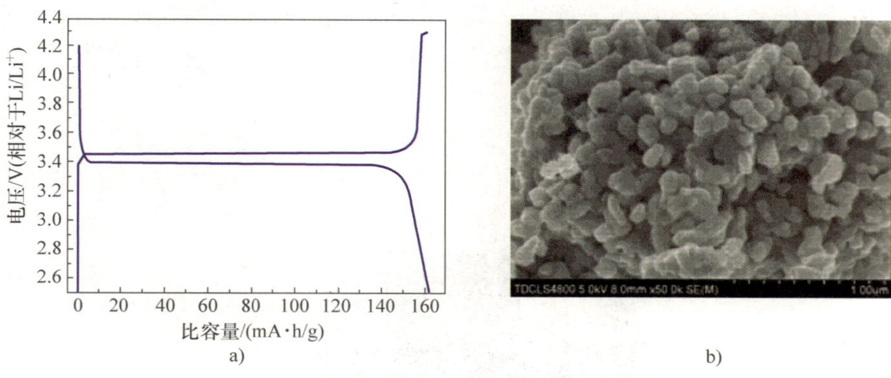

图 2-30　磷酸铁锂材料的充放电曲线及 SEM 照片

a）充放电曲线　b）SEM 照片

磷酸铁材料生产工艺流程如图 2-31 所示。

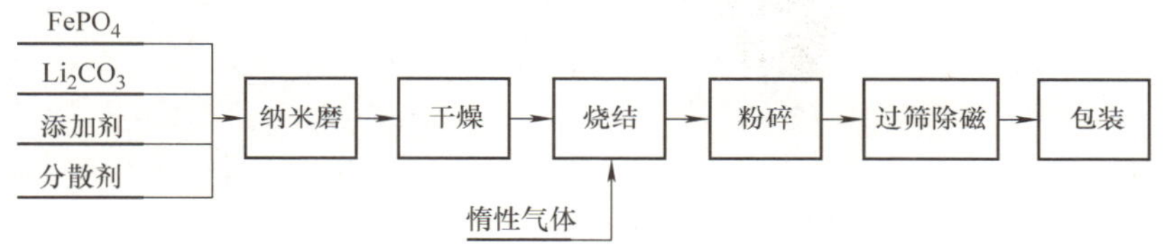

图 2-31　磷酸铁材料生产工艺流程图

4）主要设备

① 砂磨机：砂磨机又称珠磨机，主要用于化工液体产品的湿法研磨，分为卧式砂磨机、篮式砂磨机、立式砂磨机和棒销式砂磨机等类型。通过机械力使物料和研磨介质（一般为尺寸为几毫米的氧化锆珠）的混合发生高效相对运动，物料固体颗粒被有效分散、剪切研磨，经转子缝隙分离过滤后，得到研磨至纳米颗粒的浆料。

棒销式砂磨机如图 2-32 所示。

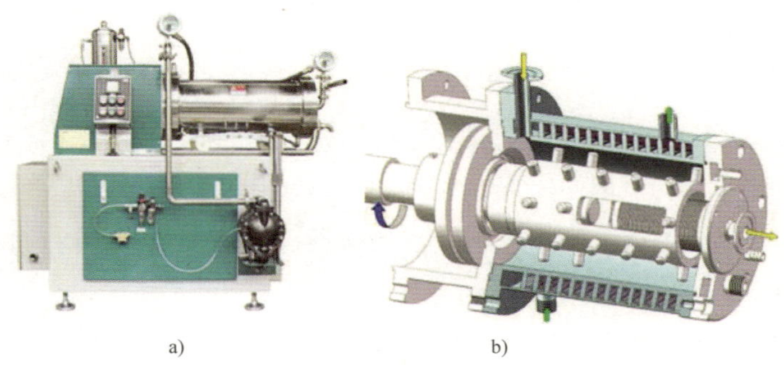

图 2-32　棒销式砂磨机

a）砂磨机实物　b）机头内部构造

② 喷雾干燥机：经砂磨后的浆料需要短时间内干燥，以避免物料偏析、纳米颗粒团

聚等，喷雾干燥是目前制备磷酸铁锂使用最为广泛的干燥方式。根据雾化的方式，主要有离心式喷雾干燥机和气流式喷雾干燥机，分别通过高速旋转和压缩气体的方式将输送至喷嘴的浆料雾化成直径为几到几十微米的液滴，再通过热风将液滴中液体蒸发，实现物料的瞬间干燥。

喷雾干燥机如图 2-33 所示。

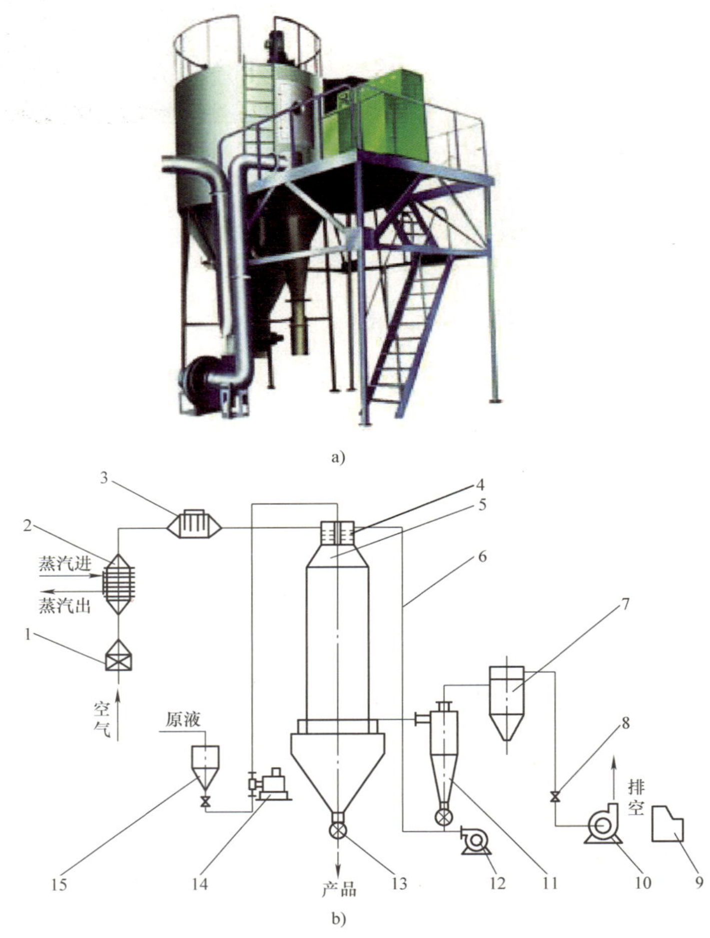

图 2-33 喷雾干燥机

a）设备示意图 b）工作原理

1—空气过滤器 2—蒸汽加热器 3—电加热器 4—热风分配器 5—雾化器 6—返粉管道 7—除尘器 8—调风蝶阀 9—电控柜 10—风机 11—旋风分离器 12—返粉风机 13—下料器 14—高压泵 15—料液桶

③ 烧结设备、粉碎设备、除磁设备、高能融合设备：同前文正极材料设备。

5）技术特征

磷酸铁锂特点是安全性能好、循环寿命长、放电电压平稳、原料丰富、价格低廉，是非常适合应用于电动车电池的正极材料，已在电动车领域得到了广泛的应用。2016 年，全球磷酸铁锂市场产销量达到 4.6 万吨，我国已成为全球最大的磷酸铁锂产地和应用市场。

（2）磷酸锰铁锂

1）结构

磷酸锰铁锂分子式为 $LiMn_xFe_{(1-x)}PO_4$，是通过 Mn 元素替代 $LiFePO_4$ 中的部分 Fe 得到的，具有与图 2-29 所示结构相同的橄榄石结构。

2）性能特点

相比磷酸铁锂，磷酸锰铁锂具有相同的理论比容量（170mA · h/g）和更高的电压平台（相对于 Li/Li^+ 4.1V），因此比能量密度更高（图 2-34）。

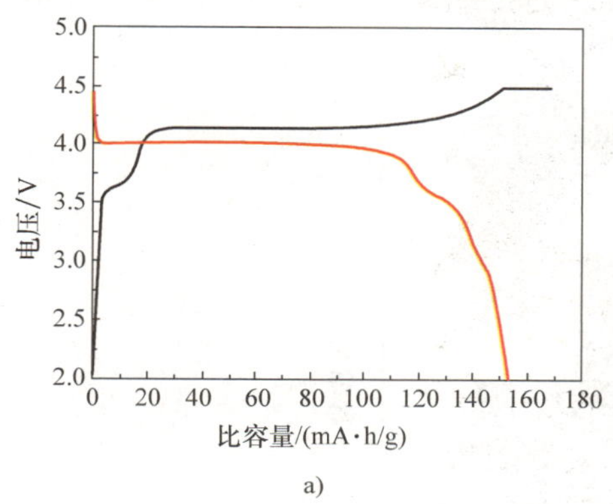

a)

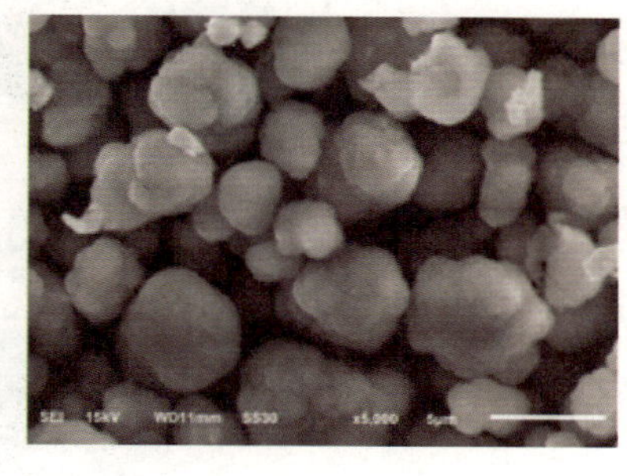

b)

图 2-34 磷酸锰铁锂材料的充放电曲线和 SEM 照片

a）充放电曲线 b）SEM 照片

3）工艺流程

工业上使用最为广泛的工艺为固相合成法，通过锰盐、锂盐、包覆剂、分散剂湿磨混合，再经过干燥、烧结、粉碎分级得到产品。

工艺流程同图 2-31。

4）主要设备

同上述的磷酸铁锂制备设备。

5）技术特征

虽然磷酸锰铁锂比容量较磷酸铁锂有明显提高，但其导电性差和 Mn 离子溶解析出的问题尚未得到很好的解决，目前该材料还处于小批量试用阶段。

（3）磷酸钒锂

1）结构

磷酸钒锂分子式为 $Li_3V_2(PO_4)_3$，结构示意图如图 2-35 所示。单斜晶系的磷酸钒锂中稍有扭曲的 VO_6 八面体与 PO_4 四面体共用同一个氧，6 个 PO_4 四面体包围着 VO_6 八面体，4 个 VO_6 八面体包围着 PO_4 四面体，形成了三维网状结构，Li^+ 处于三维网络结构的空穴中。VO_6 八面体中存在 2 个 V 的位置 V（1）和 V（2），Li 有 3 个晶体学位置，其中 Li（1）占据四面体位，Li（2）和 Li（3）占据准四面体位。Li^+ 进行脱出和嵌入时，材料的结构重排很小，结构稳定性很好。

2）性能特点

磷酸钒锂充电电压高达 4.8V，可以可逆地脱嵌 3 个 Li^+，具有多个充放电电压平台

（3.61/3.56V、3.69/3.64V、4.09/4.03V，如图 2-36 所示），在 3.0~4.3V 的电压范围内，理论充放电比容量为 132mA·h/g，每个晶胞单元能够可逆脱嵌 2 个 Li；在 3.0~4.8V 的电压范围内，完全脱出 3 个 Li，其理论比容量达到 197mA·h/g。

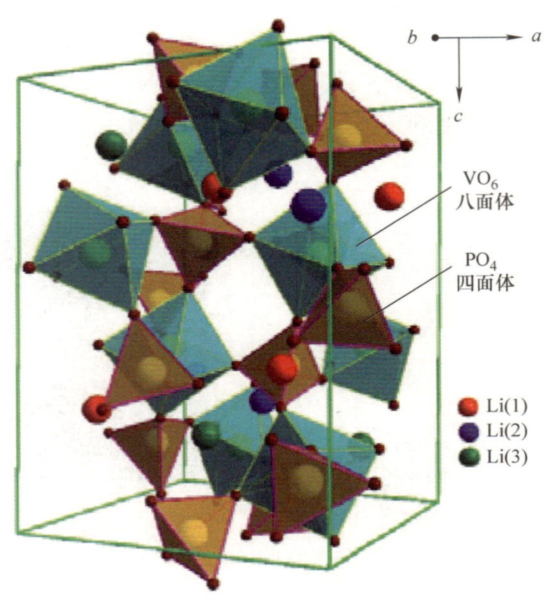

图 2-35　磷酸钒锂的结构示意图

其充放电反应过程如下：

充电：$Li_3V_2(PO_4)_3-xLi^+-xe^- \rightarrow Li_{3-x}V_2(PO_4)_3$

放电：$Li_{3-x}V_2(PO_4)_3+xLi^++xe^- \rightarrow Li_3V_2(PO_4)_3$

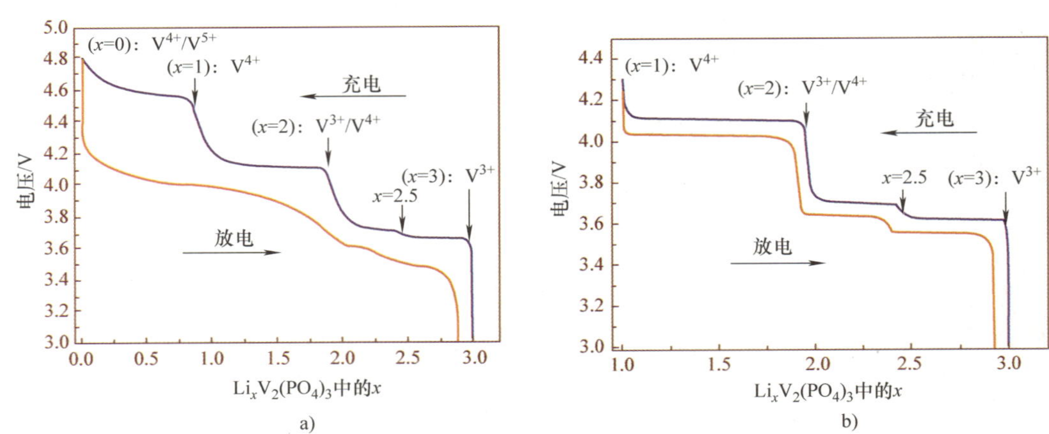

图 2-36　磷酸钒锂材料不同电压区间的充放电曲线

a）3.0~4.8V　b）3.0~4.3V

磷酸钒锂材料在充放电过程中的结构重排很小，循环性能很好，且锂离子扩散系数高（10^{-10}~$10^{-9}cm^2/S$），与磷酸盐类其他材料相比具有更好的低温和倍率性能。

3）工艺流程

磷酸钒锂材料的制备工艺主要有碳热还原法、高温固相法、溶胶 - 凝胶法和流变相反应法等。工业应用最多的是碳热还原法，其中，流变相反应法是一种比较新颖、经济的合成方法，利用碳酸锂、磷原料和五氧化二钒与液体介质充分混合，调制成一种固体颗粒和液体颗粒分布均匀且不分层的黏稠固液混合体系，再经过后续反应制备产品的方法。

生产常用的工艺流程同图 2-31。

4）主要设备

同上述的磷酸铁锂制备设备。

5）技术特征

磷酸钒锂虽然具有高电压、高比容量，以及优良的低温和倍率性能，但其高比容量的发挥需要高电压电解液匹配、价格昂贵。因此，目前该材料仅在国防、航空等特殊领域有少量应用。

3. 尖晶石系正极材料

（1）尖晶石锰酸锂（$LiMn_2O_4$）

1）结构

$LiMn_2O_4$ 具有立方尖晶石型结构（图 2-37），属于 Fd3m 空间群。其中，氧原子为面心立方密堆积，锰原子交替位于氧原子的八面体间隙，Mn_2O_4 骨架构成 Li^+ 扩散的四面体与八面体共面的三维网络通道。Li^+ 占据四面体 8a 位，锰离子占据八面体 16d 位，立方紧密堆积的氧离子占据 32e 位。Li^+ 可以通过相邻四面体和八面体间隙沿 8a−16c−8a 的通道在 Mn_2O_4 三维网络结构中嵌入 / 脱出。

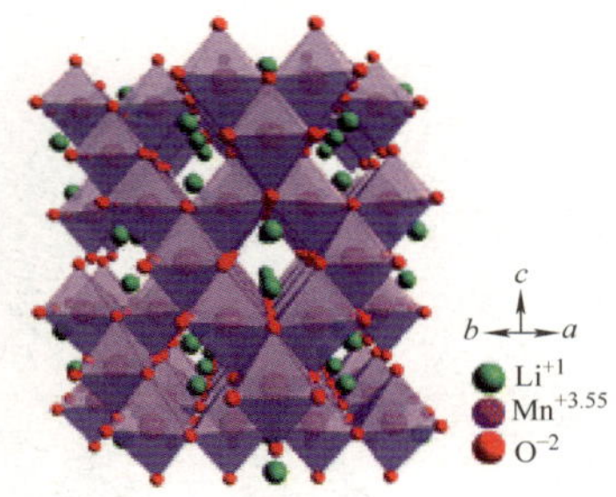

图 2-37　锰酸锂晶体结构示意图

2）性能特点

$LiMn_2O_4$ 理论放电比容量为 148mA · h/g，实际放电比容量一般为 105~130mA · h/g，中值放电电压约为 3.9V。因锰酸锂具有 Li^+ 三维网络扩散通道，充放电的倍率性能非常好。但是，锰酸锂充放电过程中存在 Jahn-Teller 畸变效应、Mn^{2+} 在电解液中的溶解以及尖晶石相转变问题，恶化了其循环性能和高温性能，通常可采用掺杂、添加过量的锂等手段改善材料性能。

3）工艺流程

工业生产锰酸锂最为广泛的工艺为高温固相工艺，一般是将碳酸锰或二氧化锰与碳酸锂或氢氧化锂混合、经过两次焙烧和粉碎得到产品（图 2-38）。

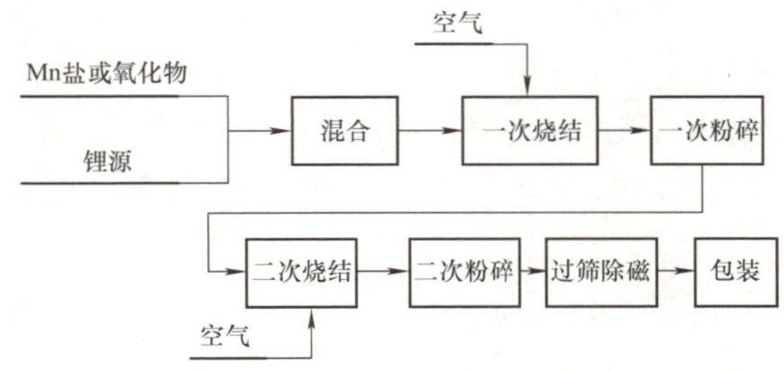

图 2-38　锰酸锂生产工艺流程图

4）主要设备

同上述的三元材料制备设备。

5）技术特征

锰酸锂是锂离子正极材料中开发最早的材料之一，目前，高端动力型锰酸锂的生产工艺非常成熟。商业化的锰酸锂材料主要有高温型、高容量型等种类的产品。

由于锰酸锂比容量偏低，因此在新能源汽车领域里锰酸锂大多是与 NCA/NCM 混合使用，2016 年全球常规型三元产品产销量超过 2 万吨。

（2）5V 尖晶石镍锰酸锂

1）结构

$LiNi_{0.5}Mn_{1.5}O_4$ 的结构如图 2-39 所示，属于 A［B_2］O_4 型尖晶石结构，Li^+ 占据四面体位置，Ni^{2+} 和 Mn^{4+} 按 1 ∶ 3 的比例占据八面体位置。$LiNi_{0.5}Mn_{1.5}O_4$ 具有两种结构：一种是 P4332 点群结构；另一种是 Fd3m 点群结构。在 P4332 点群结构中，Li、Ni、Mn 和 O 的比例满足化学计量比。而在 Fd3m 点群结构中，有少量的 Mn^{3+} 离子存在，并且有少量氧原子缺失，可表示为 $LiNi_{0.5}Mn_{1.5}O_{4-\delta}$。

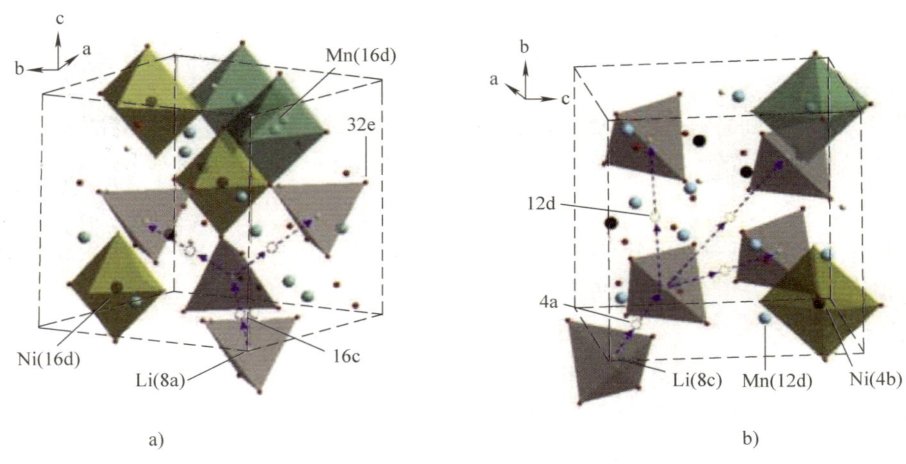

图 2-39　尖晶石 $LiNi_{0.5}Mn_{1.5}O_4$ 的结构示意图

a）Fd3m　b）P4332

2）性能特点

5V 尖晶石镍锰材料理论比容量为 146.7mA · h/g，主要工作电压在 4.7V 左右，是高比能量密度锂离子蓄电池正极材料。

$LiNi_{0.5}Mn_{1.5}O_4$ 在 4.7V 左右的平台对应于 Ni^{2+}/Ni^{4+} 的氧化还原反应；而对于 Fd3m-$LiNi_{0.5}Mn_{1.5}O_4$，因有少量 Mn^{3+} 存在，在放电末期，出现 4.1V 左右的平台，对应于少量 Mn^{4+}/Mn^{3+} 的反应。一般认为，Fd3m 点群结构的 $LiNi_{0.5}Mn_{1.5}O_{4-\delta}$ 具有更加优良的电化学性能、更小的比表面积阻抗、更高的放电容量和稳定的循环性能（图 2-40）。

3）制备工艺路线

5V 尖晶石镍锰酸锂的制备方法与锰酸锂类似，最为常用的是固相法。将锰盐或氧化物与锂盐按照计量比球磨或高速混合，再经烧结、粉碎等工序得到产品。

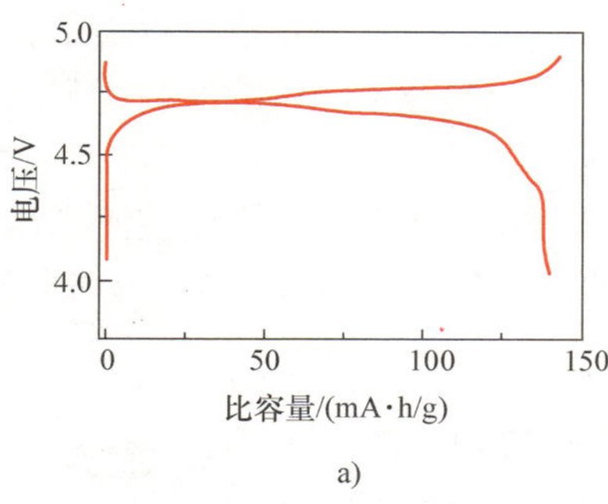

a)

b)

图 2-40　5V 尖晶石镍锰酸锂材料的充放电曲线和 SEM 照片

a）充放电曲线　b）SEM 照片

4）制备设备

同上述的三元材料制备设备。

5）技术特征

5V 尖晶石镍锰酸锂因为具有高比能量和高电压的特性，使其成为应用于下一代动力蓄电池的备选材料之一。限制该材料应用的主要问题是 5V 高电压电解液的开发和匹配，目前仍处于研发阶段。

2.2.1.3　材料特性及测试方法

正极材料性能的优劣通常从理化特性、电化学特性两个方面进行综合评价。理化特性不但影响材料制作电池时的加工性能，同时也会影响产品的电化学特性。电化学特性属于材料的功能特性，是产品最重要的特性。

1. 理化特性及测试方法

理化特性包含了物理特性和化学特性，物理特性主要有：粒度分布、比表面积、微观形貌、密度、晶体结构、电导率等。化学特性主要有：主体元素含量、杂质元素含量、磁性异物含量、水分含量、残余碱含量、材料 pH、碳硫含量、热稳定性等。

（1）粒度分布

粒度分布是正极材料的重要指标之一，不仅影响产品的倍率性能，而且直接影响制备电池极片的加工性能。根据实际使用的需要，正极材料的粒度分布可以在一定范围内进行调节。

通常，团聚体层状三元材料颗粒 D_{50} 在 10μm 以上，尖晶石材料 D_{50} 在 10μm 左右，单晶层状三元材料 D_{50} 在 10μm 以下。磷酸盐材料 D_{50} 在 10μm 以下，以磷酸铁锂为例，由磷酸铁为原料制备，其 D_{50} 在 2μm 左右。

常用的材料粒度测试方法为激光粒度法，测试原理是根据颗粒能使激光产生散射的现象来测定粒度的大小及其分布。激光具有很好的单色性和极强的方向性，一束平行的激光在没有阻碍的情况下将会无限传播并且很少有发散的现象。当激光束遇到颗粒阻挡时，一部分光将发生散射现象。散射光的传播方向将与主光束的传播方向形成一个夹角 θ。散射角 θ 的大小与颗粒的大小有关，颗粒越大，θ 角就越小；反之，散射光的 θ 角就越大。在

图 2-41 中，散射光 I1 是由较大颗粒引起的，散射光 I2 是由较小颗粒引起的。因为散射光的强度与对应粒径颗粒的数量相关，所以在不同的角度上测得的散射光强度反映了样品的粒度分布。

常用的激光粒度仪有干法粒度仪和湿法粒度仪，影响激光粒度仪测试结果的因素主要有分散介质、遮光度、样品颗粒形状等。激光粒度仪测试原理如图 2-41 所示。

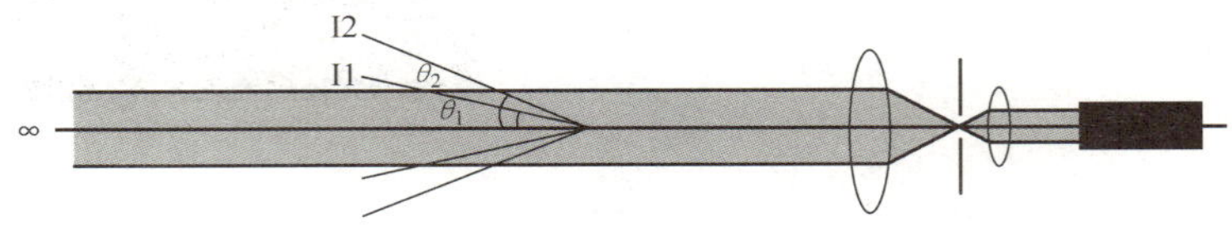

图 2-41　激光粒度仪测试原理

天津巴莫科技股份有限公司生产的三元材料 NCM622 产品的体积粒度分布图如图 2-42 所示，产品 D_{50} 为 10.506μm。

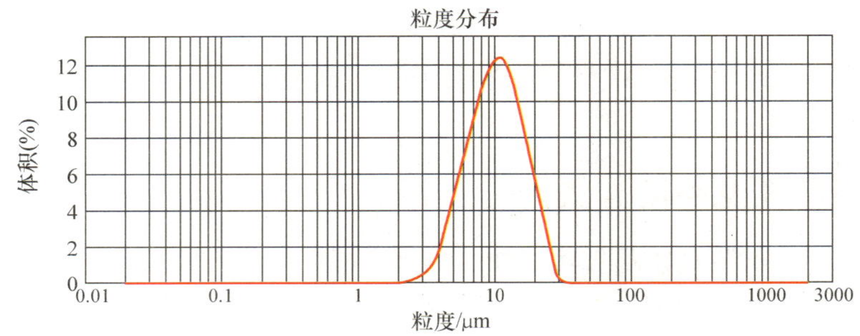

图 2-42　三元材料 NCM622 产品粒度分布图

（2）材料密度

产品的密度有真密度、松装密度、振实密度、压实密度等，国际单位为 g/cm^3。

1）真密度（True Density）

真密度指材料在绝对密实的状态下单位体积的固体物质的实际质量，即去除内部孔隙或者颗粒间的空隙后的密闭空间密度。

真密度测试方法主要有两种：浸渍法和气体容积法。

① 浸渍法是将待测粉末浸入对其润湿而不溶解的浸液中，抽真空除气泡，测出试样从已知容量的容器中排出液体（密度已知）的量，据此计算粉末的真密度。

② 气体容积法是根据阿基米德原理，将样品放入充满惰性气体的测试腔，测定因样品放入造成测试腔气体容量的减少，结合玻意尔定律（$PV=nRT$）来计算样品的真实体积，进而计算其真密度（真密度 = 质量 / 真实体积）。气体容积法是以气体取代液体测定样品所排出的体积，避免了浸液法对样品溶解的可能性，具有不损坏样品的优点。因为气体能渗入样品中极小的孔隙和表面的不规则空陷，因此测出的样品体积更接近样品的真实体积，从而测试值也更接近样品的真实密度。真密度仪通常采用气体容积法的原理测量。

2）松装密度

松装密度是指材料在规定条件下自由充满标准容器后所测得的堆积密度或粉末材料松散填装时单位体积的质量。测量方法主要有漏斗法、斯柯特容量计法、振动漏斗法等。

3）振实密度

振实密度是指在规定条件下容器中的粉末经振实后所测得的单位容积的质量。振实密度是正极材料最常用的一种密度检测指标，可以人工进行也可以用振实仪测试。测试方法一般依据 GB/T 21354—2008《粉末产品振实密度测定通用方法》、GB/T 5162—2006《金属粉末　振实密度的测定》等国家标准选择适合具体产品的方法进行测试。

4）压实密度

此处的压实密度是指粉末材料涂覆在正极集流体上，经干燥、碾压后单位面积上的质量。压实密度与材料的粒度大小、密度以及不同粒度的颗粒匹配均有关系，对电池的体积比容量、库伦效率、内阻、循环性能等有直接影响。因此，压实密度也是材料体积能量密度重要的参考指标之一。

几种正极材料的密度可参考表 2-1。需要注意的是，某些实际产品的密度会因工艺的不同而有较大的差异，其数值可能不在此范围内。

表 2-1　几种正极材料的密度

材料种类	真密度 / （g/cm^3）	振实密度 / （g/cm^3）	压实密度 / （g/cm^3）
常规三元材料	≤ 3.8	≥ 2.0	≥ 3.0
高镍三元材料	≤ 3.8	≥ 2.0	≥ 3.0
磷酸盐系材料	3.5~3.6	≥ 1.0	≥ 2.0
锰酸锂材料	≤ 4.2	≥ 1.7	≥ 2.6

（3）比表面积

比表面积是指单位质量材料的总表面积，国际单位为 m^2/g。

比表面积受颗粒大小、颗粒结构以及材料表面粗糙度等影响，同类正极材料不同厂家、不同型号的产品比表面积可能差异较大。

测试比表面积常用的方法是气体吸附法，其基本原理是将待测粉体样品装在一定体积的一段封闭的样品管内，向样品管内注入一定压力的吸附质气体，根据吸附前后压力或重量的变化来确定被测样品对吸附质分子的吸附量。

由吸附量来计算比表面的理论很多，如朗格缪尔吸附理论、BET 吸附理论、统计吸附层厚度法吸附理论等。气体吸附法又分为静态法和动态法，正极材料测试中使用较多的是动态 BET 吸附法。测试比表面积比较常用的国家标准有：

GB/T 19587—2017《气体吸附 BET 法测定固态物质比表面积》

GB/T 13390—2008《金属粉末比表面积的测定 氮吸附法》

GB/T 7702.20—2008《煤质颗粒活性炭试验方法 孔容积 比表面积的测定》

GB/T 6609.35—2009《氧化铝化学分析方法和物理性能测定方法　第 35 部分：比表面积的测定 氮吸附法》

SY/T 6154—1995《岩石比表面和孔径分布测定　静态氮吸附容量法》

（4）微观形貌

表征材料微观形貌的手段有很多，例如 SEM、透射电镜（Transmission Electron

Microscope，TEM）、原子力显微镜（Atomic Force Microscope，AFM）等。检测工业产品使用最多的是 SEM 和 TEM，观测材料颗粒尺寸、表面形貌和物相情况。AFM 可提供材料表面纳米尺度的粗糙度信息。

① SEM 是利用电子束扫描获得样品表面信息的电子显微镜。它能产生样品表面的高分辨率三维图像，反映被测样品的表面形貌。

② TEM 是把电子束加速和聚集后射入薄层样品，电子与样品中的原子碰撞而改变方向，从而产生立体角散射。散射角的大小与样品的密度、厚度相关，因此可以形成明暗不同的影像，影像将在放大、聚焦后在成像器件（如荧光屏、胶片，以及感光耦合组件）上显示出来。

③ AFM 是通过检测待测样品表面和一个微型探测针尖之间的原子间相互作用力来研究物质表面结构及性质的方法，可以提供样品表面纳米级分辨率的形貌结构及粗糙度信息。

图 2-43~ 图 2-45 分别为一种磷酸铁锂粉料的 SEM、TEM 和 AFM 照片。

（5）晶体结构

常用于研究材料晶体结构、晶格参数及晶格原子占位的分析方法有 X 射线衍射、扩展 X 射线吸收精细谱（EXAFS）、中子衍射（ND）、核磁共振（NMR）、球差校正扫描透射电镜（STEM）、拉曼光谱（Raman）等。企业使用最多的是 X 射线衍射法，用来检测材料的物相成分、晶格参数等信息。

图 2-43　磷酸铁锂材料的 SEM 照片

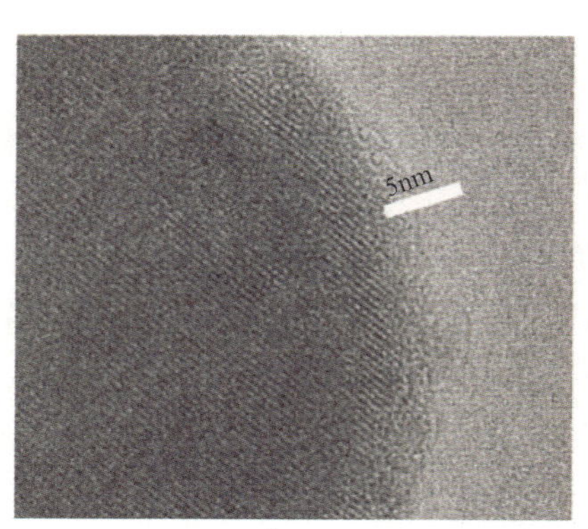

图 2-44　磷酸铁锂材料的 TEM 照片

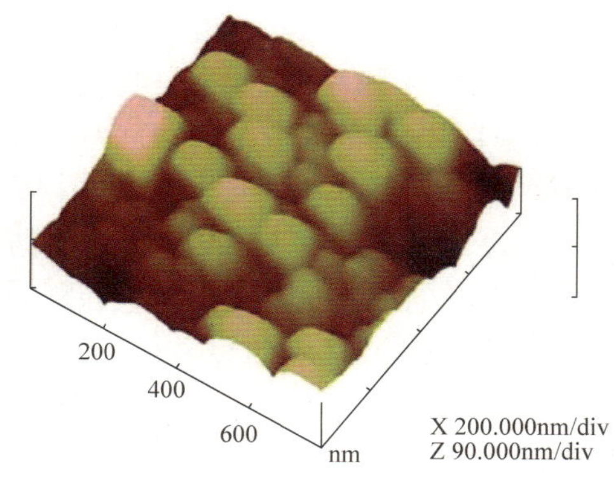

图 2-45　磷酸铁锂材料的 AFM 照片

分析材料的 X 射线衍射图谱，可获得材料的成分、材料内部原子或分子的结构及形态等信息。

NCM523 型三元材料、NCM811 型三元材料、尖晶石锰酸锂材料和不同温度下富锂层状 Li［$Li_{0.2}Co_{0.4}Mn_{0.4}$］O_2 材料的 XRD 图谱分别如图 2-46~ 图 2-49 所示。

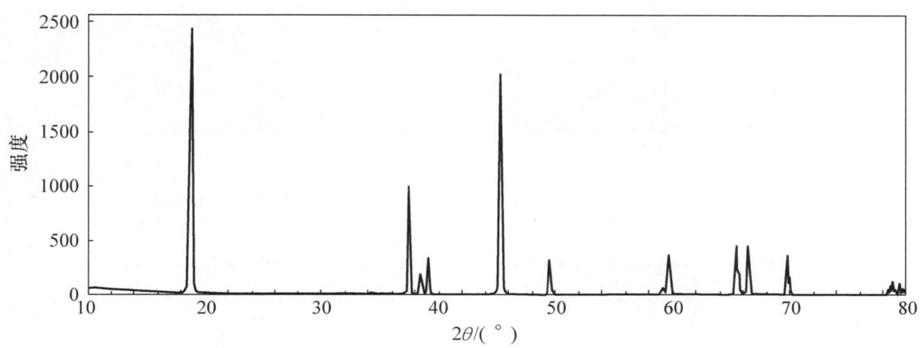

图 2-46　NCM523 型三元材料的 XRD 图谱

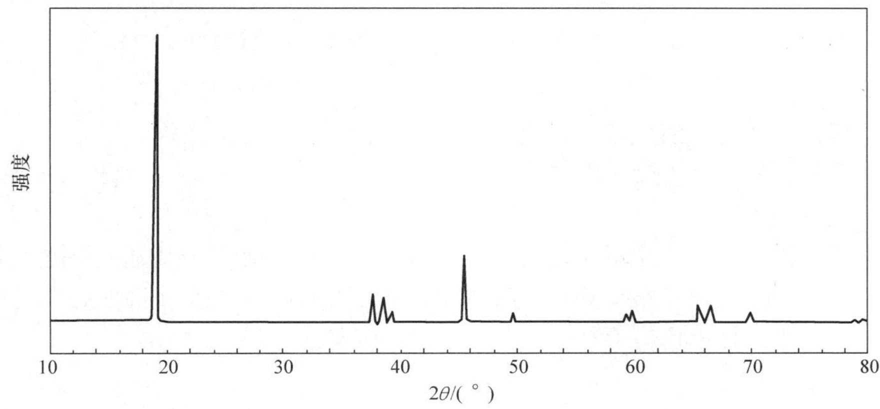

图 2-47　NCM811 型三元材料的 XRD 图谱

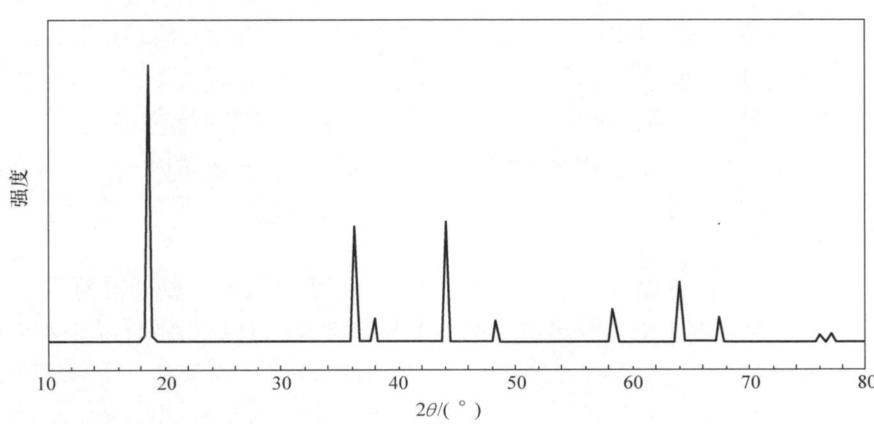

图 2-48　尖晶石锰酸锂材料的 XRD 图谱

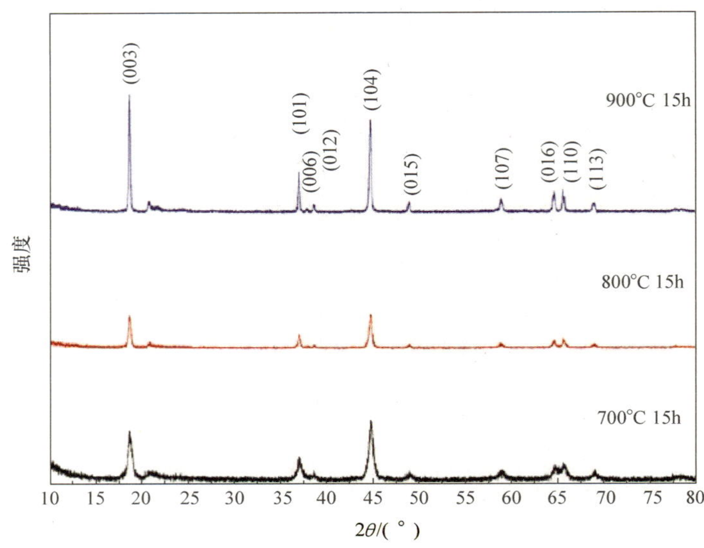

图 2-49 不同温度下富锂层状 Li［$Li_{0.2}Co_{0.4}Mn_{0.4}$］O_2 材料的 XRD 图谱

（6）元素分析

元素分析是指对材料组成成分的定性和定量分析，主要分为主体元素分析、杂质元素分析、水分含量、残余碱含量、碳硫含量等。

1）主体元素分析

主体元素分析一般采用化学滴定法。化学滴定法以化学反应为基础，根据反应类型不同，可分为氧化还原滴定、络合滴定、酸碱滴定和沉淀滴定四大类。根据反应过程中消耗的滴定剂量就可以计算出物料中某种元素或基团的含量。

2）杂质元素分析

杂质元素由于含量较低，一般采用原子吸收分光光度计（Atomic Absorption Spectrophotometer，AAS）或电感耦合等离子体原子发射光谱分析仪（ICP）进行检测。

① 原子吸收分光光度计采用的是原子吸收光谱法，其测试原理是通过原子化器将待测样品变成原子蒸气，待测元素的阴极灯辐射出待测元素特征光，在通过待测元素的原子蒸气时发生光谱吸收，透射光的强度与待测元素浓度成反比，即吸光度与待测元素的浓度成正比。

② 电感耦合等离子体原子发射光谱分析仪采用的是原子发射光谱法，其测试原理是利用物质在热激发或电激发下，每种元素的原子或离子发射特征光谱来判断物质的组成，进行元素的定性与定量分析。

3）水分含量测试

水分含量的测试方法主要有重量法和卡尔费休法。重量法测试原理较为简单，即通过将待测样品在固定温度下烘干，测量烘干前后的质量变化来计算待测样品中水分的含量。测试方法可参考 GB/T 6284—2006《化工产品中水分测定的通用方法　干燥减量法》，但重量法分辨率低、误差大，测试时间长。卡尔费休法是目前可靠度和分辨率更高的水分测试方法，在锂离子蓄电池材料行业被广泛采用。其原理是利用样品中的水与卡尔费休试剂中的 SO_2 与 I_2 产生氧化还原反应进行水分定量分析的。

4）pH 测试

pH 测试通常采用国标 GB 1717—1986《颜料水悬浮液 pH 值的测定》，将粉末材料与去离子水按照一定的比例配置成悬浊液，进行 pH 检测。

5）残余碱含量

残余碱含量是评价材料中含锂化合物（LiOH、Li_2CO_3、$LiHCO_3$ 等）残余量的一个技术指标，可通过电位滴定、化学滴定进行检测。

6）碳硫含量

碳硫含量通常采用的检测方法有失重法、碳硫分析仪法等。

（7）热稳定性

1）热重分析法

热重分析法（Thermogravimetric Analysis，TGA）是一种通过测定样品质量在程序升温过程中变化情况来表征其热稳定性的方法。

2）差示扫描量热法

差示扫描量热法（Differential Scanning Calorimetry，DSC）的测试原理是将测试样品和在所测定温度范围内不发生相变且没有任何热效应产生的参比样品在相同的条件下进行等温加热或冷却，当样品发生相变时，待测样品和参比样品之间产生温度差。通过补偿热量，使样品和参比物之间温差趋于零，此补偿热量即为样品的热效应。

正极材料的 DSC 测试，通常是将正极材料组装成电池，在充电状态（脱锂状态）下，将正极极片取出，刮下正极材料粉末，再对其进行的 DSC 测试。图 2-50 为不同组分三元材料的 DSC 曲线，起峰位置对应材料开始分解的温度，峰值位置表示分解反应放热达到峰值的温度，峰面积代表放出的总热量。起峰温度越低表明材料的热稳定性越差，峰面积越大表面材料分解放热量越大。

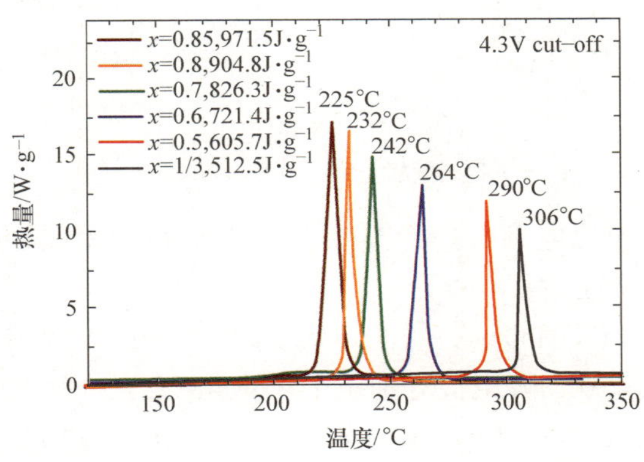

图 2-50　三元材料 $Li_{1-\delta}[Ni_xCo_yMn_z]O_2$ 不同 Ni 含量的 DSC 曲线

2. 电化学特性及测试方法

正极材料的电化学特性指标主要有比容量、库仑效率、倍率性能、高低温性能、电导率、循环寿命等，需要将正极材料组装成电池来评估其电化学特性。为简化电池体系，通常选择金属锂为负极的扣式半电池或以石墨为负极的实际电池进行正极材料的电化学特性评估。

电化学特性的测试方法有恒电流充放电、循环伏安、交流阻抗等方法。

（1）恒电流充放电

恒电流充放电法是使用充放电仪，对电池在一定的电化学窗口下进行恒电流充放电，根据充放电时间即可得到充放电容量和库伦效率。再结合极片上涂布的材料的质量、放电电位，即可计算出材料的充放电比容量、比能量等信息。

采用恒电流充放电还可以测试电池在不同电流密度下的容量，即材料的倍率容量。而不同温度下的容量反映材料的高低温性能。充电后静置保持一定时间（数天或数月）后的放电容量，反映材料的自放电性能。电池在一定次数的充放电循环后保持的可用容量的大小，反映材料循环性能的优劣。

各种正极材料的恒电流充放电曲线见前述。

（2）循环伏安

循环伏安法（Cyclic Voltammetry，CV）是一种常用的电化学研究方法，可用于电极反应的性质、机理和电极过程动力学参数的研究。循环伏安法是在电极上施加一个线性扫描电压，电压随时间以三角波形一次或多次反复扫描，记录电流 - 电位曲线。电位范围是使电极上能交替发生不同氧化、还原反应的电压区间。

对于一个电极反应 $O+e^- \Leftrightarrow R$，控制扫描起始电位从比体系平衡电位 $\varphi^0_{平}$更低的 φ_i 开始正向扫描，得到电流响应曲线如图 2-51b 所示。

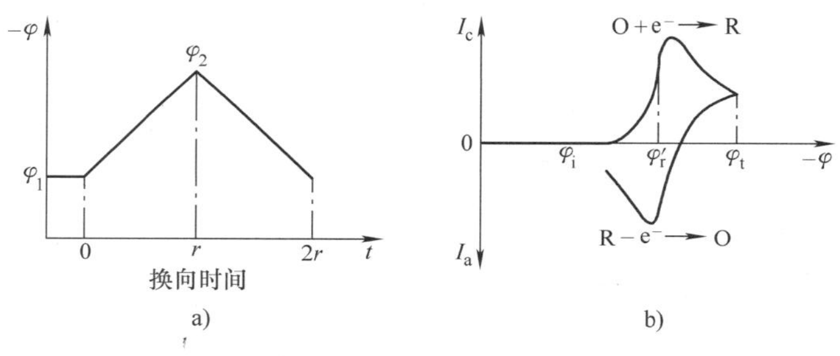

图 2-51　循环伏安法

a）电压随时间的变化　b）电流随电压的变化

根据循环伏安曲线中峰电流 I_p、峰电位 ϕ_p 以及峰电位差 $\Delta\varphi$ 和扫描速率之间的关系可以判断电极反应的可逆性。

例如，在磷酸钒锂 $Li_3V_2(PO_4)_3/C$ 的循环伏安曲线（图 2-52）中，与 Li^+ 脱出过程（充电）相对应的有 4 个氧化峰，峰电位分别位于 3.60V、3.70V、4.10V 和 4.60V 附近，对应 3 个 Li^+ 的脱出：$Li_3V_2(PO_4)_3 \rightarrow Li_{2.5}V_2(PO_4)_3 \rightarrow Li_2V_2(PO_4)_3 \rightarrow Li_1V_2(PO_4)_3 \rightarrow V_2(PO_4)_3$；$Li^+$ 嵌入（放电）过程仅出现 3 个还原峰，峰电位分别位于 3.50V、3.60V 和 4.00V 附近，但图中第 3 个还原峰明显增宽，是两个还原峰相互重叠的结果 [12]。

不同碳源合成的 $Li_3V_2(PO_4)_3/C$ 在不同扫速（0.05mV/s，0.10mV/s，0.15mV/s 和 0.20mV/s）下的循环伏安曲线如图 2-53 所示。扫描速率较慢（0.05mV/s）时，氧化、还原峰的电位差 $\Delta\phi_p$ 较小，表明电极的可逆性比较好。扫速增大，氧化、还原峰电位差 $\Delta\phi_p$ 增大，表明电极极化增大 [12]。

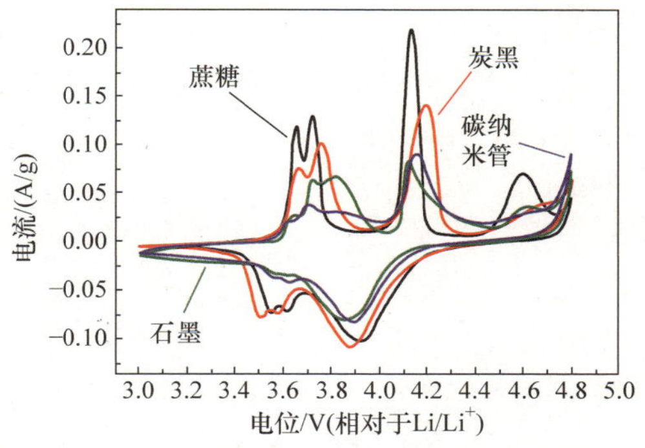

图 2-52 不同碳源合成的磷酸钒锂 $Li_3V_2(PO_4)_3/C$ 的循环伏安曲线

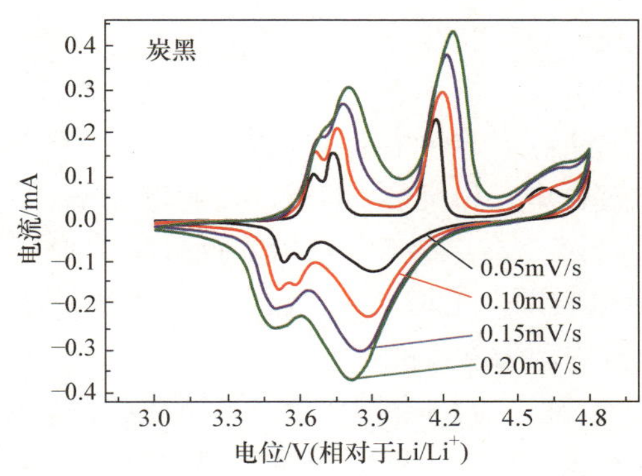

图 2-53 不同扫速下磷酸钒锂 $Li_3V_2(PO_4)_3/C$ 的循环伏安曲线

（3）交流阻抗

交流阻抗（全称为电化学阻抗谱，Electrochemical Impedance Spectroscopy，EIS）。当电极系统受到一个正弦波形电压（电流）交流信号的扰动时，会产生一个相应的电流（电压）响应信号，由这些信号可以得到电极的阻抗。一系列频率的正弦波信号产生的阻抗频谱，称为电化学阻抗谱。

电极反应过程可以看成是电阻、电容、电感的串并联等效电路。受电荷迁移和物质扩散混合控制的电极反应，其典型的复数阻抗图如图 2-54 所示，Z' 为阻抗实部，Z'' 为虚部。高频区出现电荷反应控制的阻抗半圆，低频区出现扩散控制的直线。R_s 为溶液电阻，R_{ct} 为界面反应阻抗，根据式（2-1）和式（2-2），可计算出 Li^+ 在正极材料中的扩散速率。

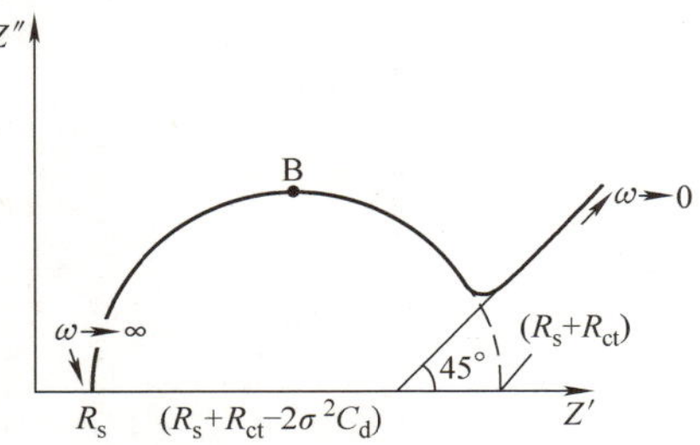

图 2-54 电极交流阻抗复数平面图

$$D_{Li^+}=\frac{R^2T^2}{2A^2n^4F^4C^2\sigma^2} \quad (2\text{-}1)$$

式中 D_{Li^+}——Li^+ 的扩散速率；

R——理想气体常数，8.314J/（K · mol）；

T——绝对温度；

A——电极横截面积；

n——电子转移数；

F——法拉第常数；

C——电极中 Li^+ 的浓度；

σ——Warburg 因子。

$$Z' = R_s + R_{ct} + \sigma\omega^{1/2} \tag{2-2}$$

式中 Z'——阻抗实部；

R_s——溶液电阻；

R_{ct}——界面反应阻抗；

ω——角频率。

选取交流阻抗图谱中线性对应的频率范围，作 Z'-ω 图，对应的斜率即为 σ。

锂离子蓄电池充放电过程中，Li^+ 嵌入正极材料的过程是：Li^+ 从液态电解质内部迁移到电解液与固体电极的界面；Li^+ 在电极 / 电解液界面处吸附形成表面层；吸附态的 Li^+ 进入正极材料；Li^+ 由固体电极表面向扩散。Li^+ 脱出正极材料上的过程反之。以上几个过程分别在不同程度上影响电极的动力学性能。

如图 2-55 所示，磷酸铁锂在不同脱锂状态下溶液电阻 R_s 为 7~13Ω，反应电荷阻抗 R_{ct} 为 4300~7500Ω。通过式（2-2），计算得到离子的扩散系数为 9.0×10^{-18}~$4.0\times10^{-14}cm^2/s$。磷酸铁锂电池等效电路如图 2-56 所示。

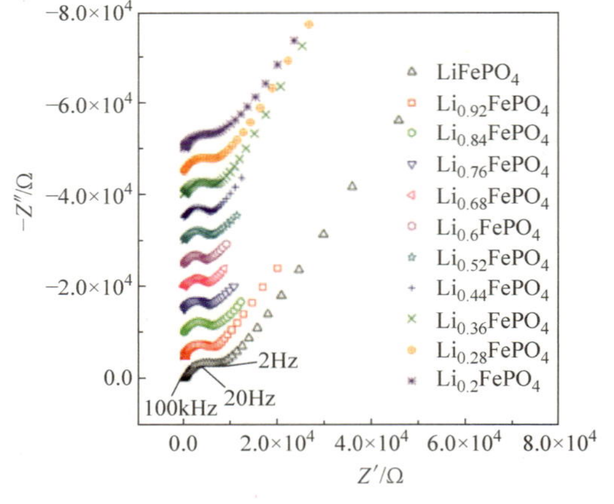

图 2-55 磷酸铁锂不同脱锂深度下的 EIS 谱图

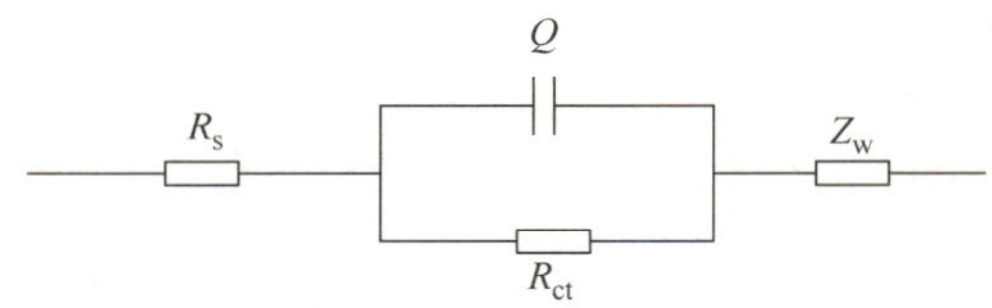

图 2-56 磷酸铁锂电池等效电路

3. 正极材料技术发展趋势

（1）材料改性技术

正极材料在充放电过程中的电化学行为十分复杂，既包括发生在材料与电解液接触界面的固体电解质相界面（Solid Electrolyte Interface），SEI 生成、电荷转移、表面吸附等反应，也包括发生在材料体相的离子扩散和氧化还原反应。因此，材料的表面特征、体相特征、晶体结构、颗粒尺寸分布以及电解液体系、外加电压等都会对材料的电化学行为产生显著的影响。此外，由于材料表面原子周围的环境与体相原子不同，表面原子处于较高的能量状态，容易与外界环境的物质发生副反应，生成碳酸锂等有害物质。

例如，层状材料存在过渡金属溶出，脱锂后表面破坏和结构坍塌；尖晶石材料存在锰元素的溶解和 Jahn-Teller 效应。磷酸盐类聚阴离子材料虽然结构稳定性较好，但存在电子和离子电导率低的缺陷。解决这些问题的主要途径有两个：一是通过对材料表面进行包覆，修饰其表面状态；二是通过对材料晶格的杂原子掺杂，修饰材料的晶体结构。然而包覆和掺杂技术难度高，选择的元素和工艺不同，其改性效果差异也很大。因此，包覆和掺杂技术一直是各正极材料生产企业的核心技术。

通过表面包覆可以实现隔绝电解液对材料表面的腐蚀、提高材料导电性、抑制颗粒长大等目的，根据包覆方式、工艺技术的不同对包覆技术进行分类，见表 2-2。

表 2-2 常用的表面包覆方式分类

分类方法	种类	常用技术手段
根据改性方式分类	面包覆	碳纳米层包覆、石墨烯包覆等
	点包覆	金属氧化物包覆、无机盐包覆等
	线包覆	碳纳米管包覆等
根据包覆工艺分类	湿法包覆	①利用反应釜在材料表面沉淀包覆 ②在溶解有包覆原料的溶液中分散待包覆物料，再通过干燥使其析出包覆
	干法包覆	①采用高速混料机进行混合包覆 ②利用高能融合机进行挤压融合包覆
根据包覆成分分类	导电碳、导电纳米金属包覆	碳或纳米金属粒子包覆磷酸铁锂提高其导电性
	无机盐包覆	表面包覆 $Co_3(PO_4)_2$ 可改善 NCA 材料循环性能和高温存储性能 锂铝氧化物（$LiAlO_2$）涂层可明显提升 NCM 在高截止电压下的性能
	氧化物包覆	包覆 Al_2O_3 的 NCM333 材料循环性能明显提升
	其他元素包覆	三元材料表面包覆 AlF_3 可以获得很好的循环和高电压稳定性 纳米金属粒子包覆磷酸铁锂表面提高材料导电性

材料表面除了具有不同于体相的原子排列，还有可能因为制备过程中残余过量的反应物，而影响产品加工性能和电化学性能。对材料表面的处理除了进行包覆改性外，还可能需要进行表面除杂的处理，例如：高镍材料水洗降低残余碱含量。

通过元素掺杂可以修饰晶格参数、改良本征导电性、固化晶格骨架等，因此提供合理的掺杂可以提高材料高电压稳定性、热力学稳定性、电子导电性能。根据掺杂方式、工艺技术的不同对包覆技术进行分类，见表 2-3。

表 2-3 常用的掺杂方式分类

分类方法	种类	常用技术手段
根据改性方式分类	单元素掺杂	Ti 掺杂能显著地改善 $LiCoO_2$ 的电化学性能
	复合元素掺杂	Ni−Mn 共掺杂的高电压氧化钴锂具有优秀的电化学性能
根据掺杂工艺分类	液相掺杂	通过在共沉淀、溶胶凝胶或热水反应等液相体系下，将掺杂元素混入反应原料中，再经过后续反应制备掺杂的正极材料
	固相掺杂	通过高速混合将掺杂元素混入反应原料中，再经过后续反应制备掺杂的正极材料
根据掺杂元素分类	阳离子掺杂	例如：Ti^{4+}、Al^{3+}、Mg^{2+} 等取代正极材料晶格中的 Li 位或过渡金属位
	阴离子掺杂	例如：F^- 取代正极材料晶格中的 O 位

（2）新材料技术

未来要实现 500W · h/kg 以上的电池比能量密度，必须要寻找和开发新型高比能量、安全、廉价的锂离子蓄电池体系及关键材料，一直是业界研究的热点。其中以单质硫为正极的锂硫电池是目前非常有希望的电池体系之一。

硫正极具有高达 1675mA · h/g 的理论比容量和 2600W · h/kg 的质量能量密度，且具有价格低廉、资源丰富、环境友好等优点，已成为学术界和产业界研究和开发的下一代高能量密度锂二次电池的重点。

硫电池以硫单质或含硫物质为正极，锂金属为负极，其反应机理如下：

正极：$8S+16Li^{+}+16e^{-} \rightarrow 8Li_2S$

负极：$Li \rightarrow Li^{+}+e^{-}$

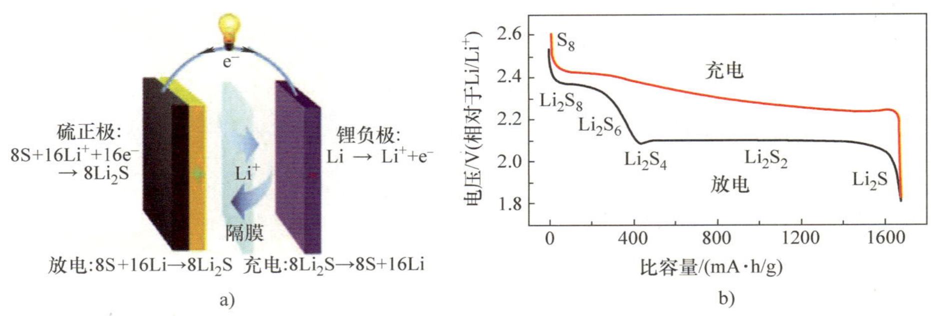

图 2-57　锂硫电池充放电示意图及充放电曲线

a）充放电示意图　b）充放电曲线

目前，锂硫电池应用的技术瓶颈主要有以下方面：

① 单质硫的电子导电性和离子导电性差，硫材料电导率极低（5.0×10^{-30}S/cm），放电最终产物 Li_2S_n（n=1~2）也是电子绝缘体，不利于电池的高倍率性能。

② 放电中间产物会溶解到有机电解液中，增加电解液的黏度，降低离子导电性，且多硫离子在正负极之间迁移，导致活性物质损失。溶解的多硫化物会穿透隔膜扩散到负极，与负极反应，破坏负极的固体电解质界面（Solid Electrolyte Interface，SEI）膜，简称 SEI 膜。

③ 充放电过程中，硫和硫化锂有高达 79% 的体积膨胀 / 收缩，导致正极形貌和结构的改变、硫与导电骨架的脱离，从而造成容量的衰减。

④ 使用金属锂作为负极，容易形成枝晶。

虽然通过采用各种碳材料、聚合物和无机材料来设计新颖的硫宿主材料，提高硫正极材料的导电性、抑制膨胀，通过采用杂原子修饰改善硫化物的溶解等手段，锂硫电池取得了很大的技术进步。但是，目前很少有锂硫电池的成果进入产业化阶段，单位面积上硫载量一般都在 3.0mg/cm^2 以下。开展高负载量极片的研究对于获得高性能锂硫电池具有重要价值。

（3）正极材料发展路线图

随着日本、德国等先进发达国家纷纷推出其新能源车的发展规划，中国汽车工程学会在2016年组织行业专家研究编制了《节能与新能源汽车技术路线图》，描绘了我国汽车产业技术未来15年的发展蓝图，提出到2020年PHEV单体蓄电池比能量达到200W·h/kg，循环寿命达到1500次以上，EV单体蓄电池比能量达到350W·h/kg，循环寿命达到4000次以上；2025年PHEV单体蓄电池比能量达到250W·h/kg，循环寿命达到4000次以上；EV单体蓄电池比能量达到400W·h/kg，循环寿命达到4500次以上。正极材料未来的技术发展主要方向是高比能量、长循环寿命和更高的品质一致性（图2-58）。

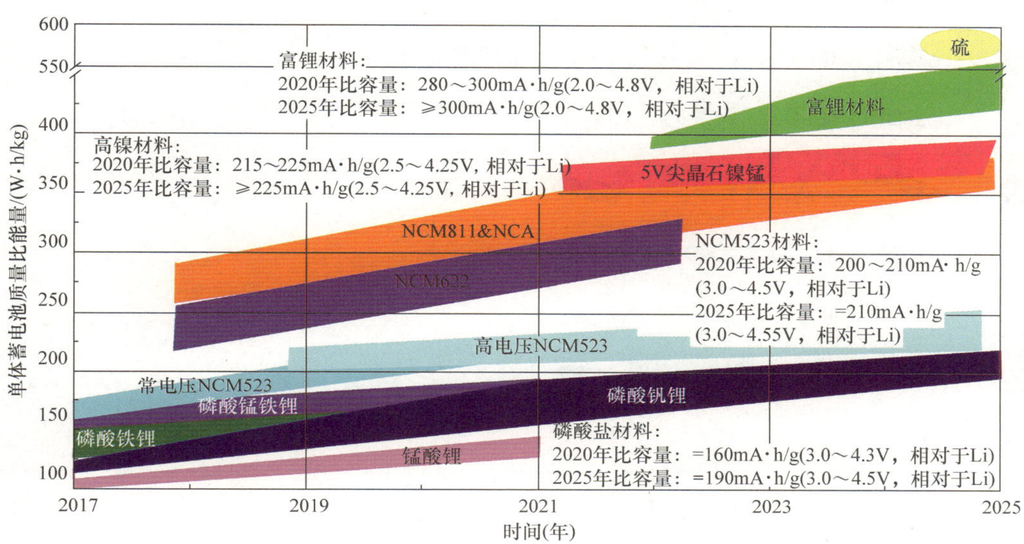

图2-58 正极材料产品发展路线图

4. 正极材料典型应用案例

在乘用车领域，国内外均是以高比能量的三元电池体系为绝对主流，磷酸盐电池体系主要在我国的一些车型上使用，锰酸锂材料主要是与三元材料混合使用。

在大型客运车领域，主要使用的是安全性好、成本低的磷酸盐电池体系、锰酸锂电池体系。各品牌新能源车用正极材料体系见表2-4。

表2-4 各品牌新能源车用正极材料体系

PHEV				BEV			说明
	EV ENERGY	Panasonic		Panasonic			NMC111 仍是主流，523 是下一步
NISSAN					LG Chem		NCM523+LMO > 523 > 622 > 811 逐步
RENAULT	LG Chem			LG Chem			LMO+523
HONDA	BEC			Panasonic			LMO+523 > 523 纯
					TOSHIBA		基于 LMO

（续）

PHEV				BEV			说明
SUZUKI							
GM	LG Chem			LG Chem			LMO+NCM ＞ 622 ＞ 811
Ford	Panasonic			LG Chem			523 ＞ 622 ＞ 811
	SAMSUNG	LG Chem	Panasonic	Panasonic	SAMSUNG	LG Chem	几乎所有都是
Audi	SAMSUNG	LG Chem	Panasonic	Panasonic			523 ＞ NCA
	SAMSUNG			SAMSUNG			SDI:NCA base ＞ NCA+622,ATL：Ni 富锂 NMC ＞ NCA
DAIMLER	SAMSUNG	LG Chem		LG Chem	BYD	Panasonic	SDI：基于 NCA
HYUNDAI	SK innovation	LG Chem		LG Chem	SK innovation		111 ＞ 523
CHRYSLER	LG Chem			SAMSUNG			SDI:523 ＞ NCA LGC:622 ＞ 811
VOLVO	LG Chem			LG Chem			622 ＞ 811

注：数据来源：ITRI/IEK Analysis（2016/11）。

5. 各类正极材料性能及优缺点对比

各类正极材料性能对比见表 2-5。

表 2-5　各类正极材料性能对比

材料种类	材料名称	实际比容量 /（mA·h·g^{-1}）	放电中压 /V（相对于 Li）	真密度 /（g·cm^{-3}）	电导率 /（S·cm^{-1}）	Li$^+$ 扩散系数 /（cm^2·S^{-1}）	材料比能量 /（W·h·kg^{-1}）	电池比能量[①] /（W·h·kg^{-1}）	特点或优缺点
常规三元材料	NMC333	≥ 155	3.78	~4.8	10^{-3}	10^{-12}~10^{-11}	585	120~160	优点：技术成熟、比能量适中，是目前电动车领域绝对主流材料 缺点：尚不能达到 350W·h/kg 的比能量需求
	NMC532	≥ 165	3.8	~4.8	10^{-3}	10^{-12}~10^{-11}	627	150~220	
高镍系三元材料	NMC622	≥ 175	3.8	~4.8	10^{-3}	10^{-12}~10^{-11}	665	220~280	优点：高比能量材料，高端电动车采用该体系电池。是目前电池单体比能量达到 350W·h/kg 的唯一最佳选择 缺点：循环、高温性能有待提高，生产和使用技术门槛高
	NMC811 和 NCA	190~215	3.81	~4.8	10^{-3}	10^{-12}~10^{-11}	723~819	250~350	
富锂材料	OLO[②]	≥ 260	3.65	—	—	—	≥ 949	≥ 450	优点：目前比能量最高的正极材料 缺点：循环衰降快

（续）

材料种类	材料名称	实际比容量/（mA·h·g^{-1}）	放电中压/V（相对于Li）	真密度/（g·cm^{-3}）	电导率/（S·cm^{-1}）	Li^+扩散系数/（cm^2·S^{-1}）	材料比能量/（W·h·kg^{-1}）	电池比能量①/（W·h·kg^{-1}）	特点或优缺点
磷酸盐系材料	$LiFePO_4$	≥160	3.4	~3.6	10^{-9}	10^{-14}	544	100~170	优点：安全性能最好、循环寿命最长、成本低 缺点：比能量低、倍率和低温性能差 适用于大巴车等对体积要求不敏感的领域或物流车等短程车领域
	$LiMn_xFe_{(1-x)}PO_4$	≥140	4.0	~3.5	10^{-10}	10^{-14}	560	120~180	
	$Li_3V_2(PO_4)_3$	≥160	3.85	—	10^{-7}	10^{-10}~10^{-9}	616	≥180	优点：寿命长、倍率和低温性能好 缺点：第三个放电电压平台达到4.8V，需要高电压电解液匹配
锰酸锂材料	$LiMn_2O_4$	≥105	4.1	~4.2	10^{-5}	10^{-11}~10^{-9}	430	80~110	优点：成本低，倍率性能好。可单独使用或与三元材料混合使用 缺点：比能量低
5V尖晶石镍锰材料	$LiNi_{0.5}Mn_{1.5}O_4$	≥130	4.7	—	10^{-6}	10^{-12}~10^{-9}	≥611	≥180	优点：比能量高、倍率和低温性能好。工作电压高，并联电池个数更少，电池包比能量提升空间大 缺点：电压平台高，需要高电压电解液匹配

① 数据以石墨为负极的电池体系为基准。
② OLO 指富锂锰基材料。

2.2.2 负极材料

2.2.2.1 概述

负极材料作为储锂的主体，是锂离子蓄电池的关键材料之一，对电池性能的影响至关重要。负极材料的种类与品质直接影响电池的能量密度、安全、寿命、电压平台、充放电速度等性能。理想的锂离子蓄电池负极的材料应具有以下基本特征：

① Li^+ 嵌入/脱出电位尽可能低，使电池具有较高的输出电压，以提高电池的能量密度。

② Li^+ 能够尽可能多地在材料中可逆脱嵌，保证电池的比容量值。

③ 在电池的循环过程中，材料的结构没有或很少发生变化，以确保电池的循环性能。

④ 具有较高的电子和离子电导率，保证电子和锂离子在材料中的快速传输，以提高电池的功率密度。

⑤ 氧化还原电位变化小，可保持电池能较平稳地进行充电和放电。

⑥ 材料在电解液中稳定不溶解，且具有良好的表面结构，能够与电解质形成稳定的固体电解质界面膜。

⑦ 价格便宜，资源丰富，环境友好。

从锂离子蓄电池的发展历程来看，负极材料的发展对锂离子蓄电池的研究和应用起着决定性的作用。锂离子蓄电池是在锂电池的基础上演变而来的。早期的锂电池（包括锂一次电池和锂二次电池）均采用金属锂作为负极材料。这是因为金属锂是所有金属中电位最低[−3.045V 相对于标准氢电极（SHE）]、而且密度最小的金属，理论比容量高达3860mA·h/g，所以被认为是电池最理想的负极材料。因此，20 世纪 80 年代，基于金属锂负极的锂二次电池是全球的研究热点。但锂金属在循环过程中会产生枝晶，一方面会发生折断，产生“死锂”，造成不可逆的锂损失；另一方面会刺破隔膜，造成电池内短路甚至电池爆炸；同时金属锂的高活性导致其易与电解液发生反应，也可能带来资源消耗以及安全性问题。早在 1988 年，加拿大 Moli 公司推出圆柱形 MoS_2/Li 二次电池产品。但是，严重的安全问题导致这类电池未能实现大规模商业化，同时，巨额的损失导致 Moli 公司不得不放弃这一路线。这也意味着基于金属锂负极的锂二次电池第一次商品化尝试以失败告终。

1989 年，日本索尼公司宣布，采用钴酸锂为正极材料、石油焦制备的碳为负极材料的高性能锂离子蓄电池开发成功，并在 1991 年实现商业化推广。从此，真正开始了锂离子蓄电池的商业化时代。经过了 20 多年的发展，新型锂离子蓄电池负极材料不断被研发出来，已经从单一的石油焦负极演变成为多种负极材料共存的局面。目前主要的锂离子蓄电池负极材料是各种碳负极材料，包括石墨和无定形碳材料，以及其他的非碳负极材料，如硅基材料、锡基材料、过渡金属氧化物等。各种负极材料的性能对比情况如图 2-59 所示。

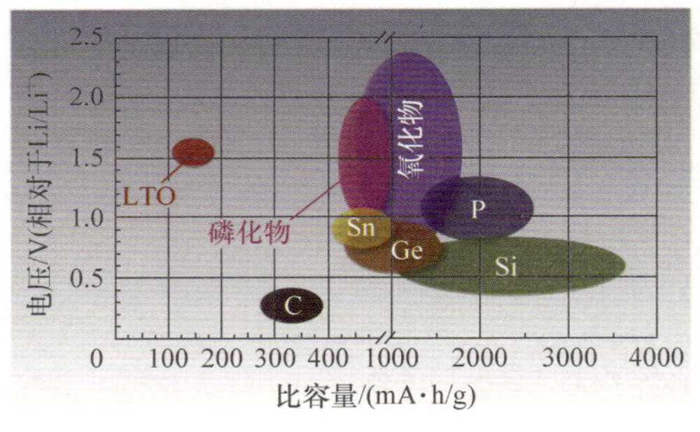

图 2-59 不同锂电池负极材料性能对比

2.2.2.2 石墨类负极材料

继采用石油焦作为负极材料之后，负极材料开始从无定形碳向石墨负极转变。石墨类负极材料来源广泛、价格低廉，而且具有较高的能量密度，目前已经发展成为锂离子蓄电池主要的负极材料。

石墨是完全由碳原子构成的六方晶系结构的晶体，其晶体结构如图 2-60 所示。在六方晶系结构中的 *XY* 平面，由 sp^2 杂化的碳原子组成的六元环为重复结构单元构成石墨片层；在 *Z* 轴方向，多层石墨片之间通过范德华力结合并形成平行的堆积结构。石墨晶体结构分为六方晶形（2H）和菱形（3R），其中六方晶形石墨层之间以 *ABAB* 方式堆积，菱形石墨是以 ABCABC 方式堆垛。

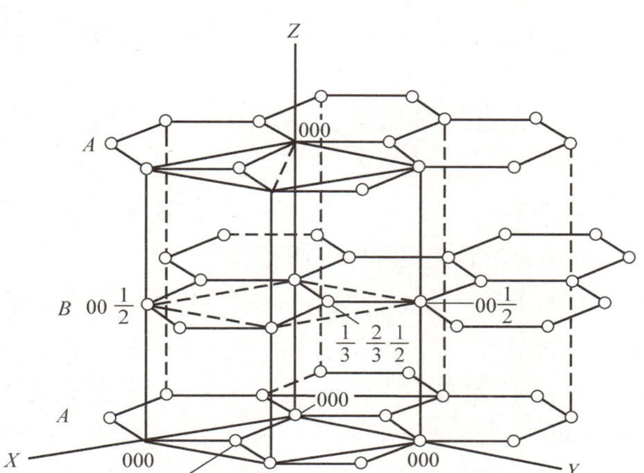

图 2-60　石墨层状结构

石墨独特的层状晶体结构，使锂离子可以在其间可逆地嵌入和脱出，从而实现优异的储锂特性和电化学性能。最早人们通过化学方法将锂插入石墨片层结构的层间，形成一系列的插层化合物，如 LiC_{24}、LiC_{18}、LiC_{12}、LiC_6 等。研究表明，石墨结构中每 6 个碳原子最多可以嵌入一个锂离子，形成 LiC_6 结构，其反应方程式如下：

$$Li^{+}+e^{-}+6C=LiC_6$$

根据上述的反应方程式，可以计算出石墨负极材料的理论储锂容量为 372mA·h/g。图 2-61 为锂在石墨中发生嵌入和脱出的充放电曲线图，其反应电位在 0.25V 以下（相对于 Li^{+}/Li 的电位）。锂嵌入石墨过程中，在第一次循环时锂的嵌入量往往大于脱出量，在随后的循环中，锂的嵌入量和脱出量基本相当，这主要是由于锂首次嵌入石墨时会在其表面形成一层稳定的 SEI 膜，产生部分不可逆容量。该过程受到碳材料种类、碳材料结构缺陷、电解液类型等因素的影响。

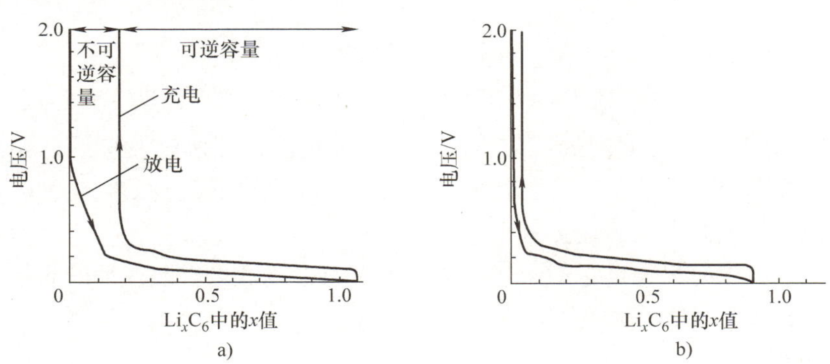

图 2-61　锂在石墨中嵌入和脱出的电位曲线

a）第一次循环　b）第二次循环

石墨作为锂离子蓄电池负极材料综合性能最佳，优势突出，仍将长期作为主流的负极材料。石墨类负极材料主要优点概括如下：

① 石墨的晶体结构在锂离子反复嵌入脱出时仍能保持稳定，维持电池体系的平衡，循环寿命长。

② 石墨的嵌锂容量虽然远低于金属锂，但相对于金属锂，石墨负极的电位有所提高，不易形成锂枝晶，安全性能有所提高。

③ 石墨负极的脱嵌锂电位较低，与高电位的正极材料组成的锂离子蓄电池体系具有较高的充放电电压，从而显著提升电池的能量密度。

④ 石墨负极具备平稳的电压平台，在电池充放电时不存在电压滞后现象。

⑤ 石墨本身具备较好的电子和离子导电性，电池内阻低，充放电时的极化较弱。

⑥ 石墨来源广泛，不仅有大量的天然石墨，而且可以通过煤化工和石油化工的副产品制备人造石墨，成本低廉。

但是，石墨负极材料也存在自身的问题和不足，主要包括：

① 石墨层状结构的端面存在大量活性碳原子，容易与电解液发生副反应，同时消耗电解液中的锂离子，生成 SEI 膜，产生气体，导致电池容量下降、循环寿命衰减、发生形变和膨胀。尤其是在碳酸丙烯酯（Propylene Carbonate，PC）基电解液中，石墨会发生剥离，这是由于 PC 在石墨表面分解形成的 SEI 膜不致密，从而导致副反应持续进行，降低石墨的电化学性能。

② 锂离子在石墨中的扩散具有很强的方向性，一般认为是从石墨端面进行，很难从石墨的基面穿过，如图 2-62 所示。这种“各向异性”限制了锂离子的扩散，在实际加工过程中，绝大多数石墨均平行于集流体堆垛，不利于电池的大倍率、快充电要求。

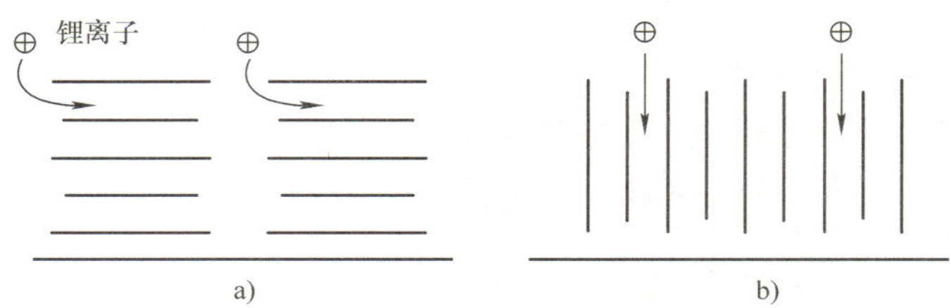

图 2-62　锂离子在石墨中传输时的方向性选择

a）平行于集流体的石墨结构　b）垂直于集流体的石墨结构

③ 石墨充电电位较金属锂的反应电位虽然有所提高，但仍比较接近，在过充电的情况下就可能造成负极片上的“析锂”现象，形成锂枝晶刺穿隔膜，引起电池内部短路或者起火爆炸，存在一定的安全风险。

目前常见的石墨材料通常包括天然石墨、人造石墨以及各种改性后的石墨材料。下面主要介绍各类石墨类材料的制备方法及电化学性能。

1. 天然石墨

（1）简介

天然石墨是碳在漫长的地质年代中形成的，一般具有较高的石墨化度和结晶度，其结构中往往同时存在 2H 和 3R 两种构型。天然石墨一般以天然矿石的形式（石墨片岩、石墨片麻岩、含石墨的片岩及变质页岩等）存在，选矿后可以得到中碳石墨［物理方法提纯，含 80%~93% 碳（质量分数）］。由于天然石墨在自然进化过程中石墨化不彻底，往

往存在石英、长石、高岭土、云母、黄铁矿、方解石以及其他氧化物等杂质，在电池应用前需要采用化学方法或者高温石墨化的方法提纯，使最终碳含量达到99%（质量分数）以上。

天然石墨矿在矿物学上可分为微晶石墨（或称为土状石墨、隐晶质石墨、无定形石墨）和晶质石墨（或称为鳞片石墨）。我国石墨储量、原料产量及出口量均居世界首位，微晶石墨资源分布较广，我国的湖南、四川、湖北、山西、青海、新疆等省、自治区都有分布；而天然晶质石墨资源丰富的地区主要集中在山东、黑龙江、内蒙古。微晶石墨是由非取向的石墨微晶构成，其晶面间距为0.336nm，可逆比容量仅有260mA·h/g，目前尚未实现产业化；目前用于锂离子蓄电池负极材料的主要是晶质石墨，其石墨间距为0.335nm，其可逆比容量可达300~360mA·h/g。

相比于人造石墨，天然石墨仅需经过简单的球形化、提纯、表面改性等步骤即可应用于电池中，工艺成本较低。对于石墨化程度高的天然石墨而言，目前材料的可逆比容量可达360mA·h/g以上，十分接近其理论值；而对于普通石墨化程度的天然石墨，其结构中存在的杂质和缺陷等因素会影响锂离子的嵌入过程，其比容量往往低于300mA·h/g。天然石墨粒子的形状（图2-63），如板状、鳞片状或者圆形等，对其循环性能没有明显的影响，但是结晶性、颗粒大小等会对其电化学性能产生较大影响。粒子颗粒小的石墨更有利于锂离子的快速插层，因而具有更好的循环可逆性和大电流充放电性能。同时，考虑到在PC基电解液中天然石墨会发生剥离，不利于锂离子的嵌入和脱出，所以可以通过改性来防止天然石墨的剥离。

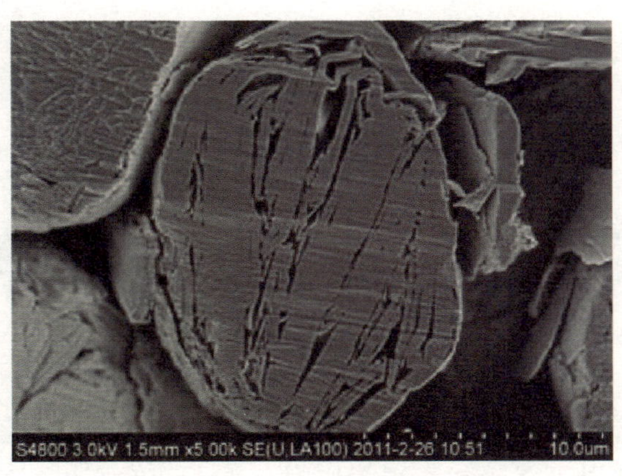

图2-63　天然石墨负极材料切面SEM图

（2）天然石墨的改性

鉴于结晶度、比表面积、表面孔径分布和表面化学特性对石墨的电化学性能影响很大，所以对天然石墨进行改性，可以提高天然石墨的电化学性能。

在天然石墨中引入金属和其他非金属元素（B、N、P等），可以提高石墨的可逆容量。如锂掺杂后能够改性天然石墨的端面，减弱其表面活性，有利于SEI的形成，提高石墨的循环性能和库仑效率；铝和镓的引入能够与C原子形成固溶体，且由于铝和镓的p_z

轨道为空轨道，可以形成平面结构，储存更多的锂离子。

利用气相、液相、固相等工艺在石墨表面包覆一层无定形碳，可以保留石墨本身的高容量和低电位平台等优点，又利用无定形碳与电解液更好的兼容性改善石墨材料表面，避免石墨层在 PC 基电解液中的剥离，扩大了电解液的选择范围。此外，由于无定形碳的层间距较石墨大，所以可以改善材料中锂离子的扩散性能。

利用具有导电性和电化学活性的聚合物，如聚噻吩、聚吡咯、聚苯胺等，对石墨进行包覆，包覆层和形成的 SEI 膜可以抑制溶剂化锂离子的共嵌入，有利于缓解体积膨胀，改善石墨的结构稳定性，也可以减少不可逆容量，提高材料的循环性能。利用非活性的聚合物（如明胶、纤维素等）对石墨进行包覆，也能防止电解液与石墨的直接接触，提高材料的首次库仑效率。

利用金属（如 Al、Ni、Sn 等）对石墨进行包覆，可以减少石墨端面与电解液的直接接触，有利于提高材料的稳定性；同时，金属的高电导率可以有效改善石墨的大电流充放电行为；此外，部分金属本身具有储锂活性，能够提高材料的比容量。

对石墨进行表面氧化处理，能在结构中产生一些纳米孔道，增加锂离子的储存位置，有利于可逆容量的提高；同时，在石墨表面形成 -C-O 等化学键，与石墨发生紧密结合，在锂离子的嵌入过程中产生致密钝化膜，抑制电解液的分解，提高循环性能；另外，表面氧原子可以改善锂离子在石墨离子中的扩散，有利于锂离子在石墨表面的吸附，提高材料的电化学性能。

对石墨进行适当的氟化处理，也可以改善石墨的微观结构以及孔径分布等，进而改善石墨的电化学性能。

（3）制备流程及设备

天然石墨负极材料是以天然鳞片石墨为原料，经过球形化、提纯、表面改性等工序制备而成。其主要工艺步骤如图 2-64 所示。

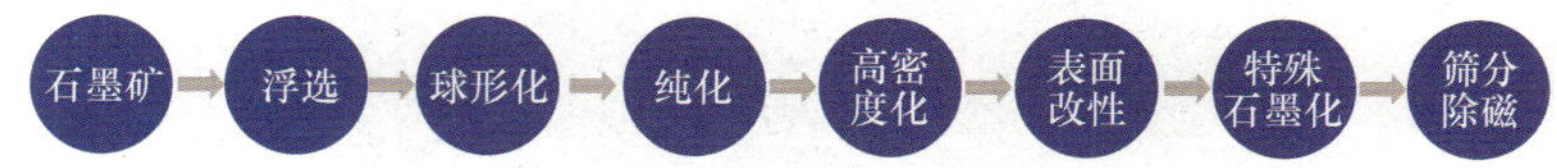

图 2-64　天然石墨工艺流程图

1）天然石墨的球形化

天然石墨负极材料以天然鳞片石墨为原料。由于天然石墨非常轻，而且各向异性明显，所以要采用特定的设备进行粉碎和球形化，制备出球形石墨。球形石墨的密度大幅提升，各向异性大幅减弱，同时暴露在外的石墨端面减少，有利于石墨循环稳定性的提高。石墨球形化需要特殊的处理设备，如图 2-65 所示。

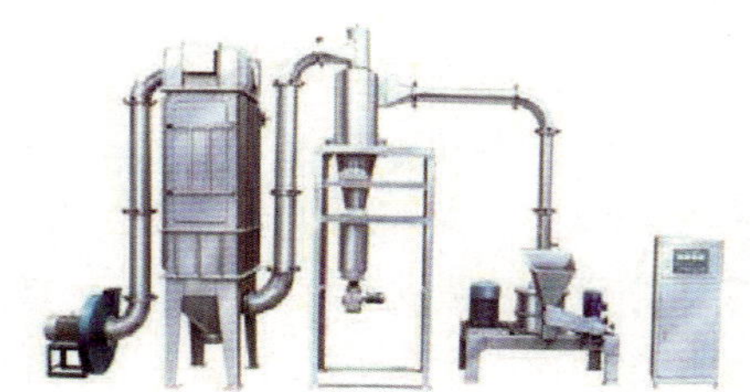

图 2-65　石墨球形化设备图

2）提纯

天然石墨球形化后纯度在 95%（质量分数）左右，仍需要经过化学方法进一步提纯，通常用强酸

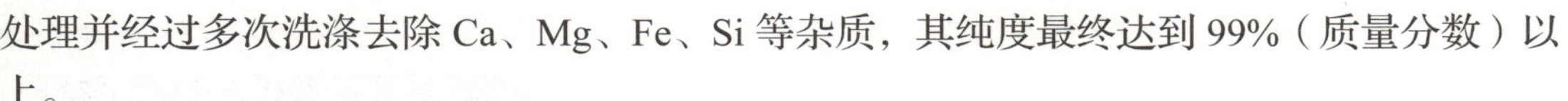

处理并经过多次洗涤去除 Ca、Mg、Fe、Si 等杂质，其纯度最终达到 99%（质量分数）以上。

3）表面修饰

天然石墨提纯后，其表面的性能仍然不稳定，容易跟电解液发生副反应，需要进行表面修饰。常用的修饰方式主要是表面包覆，通常是先包覆沥青或其他材料，再进行碳化或者石墨化处理。

4）热处理

将包覆层进行碳化，在石墨表面形成稳定的碳包覆层。有时为了提升天然石墨的性能，在碳化后需要再进行石墨化。加热设备如图 2-66 所示。

图 2-66　加热设备图

5）破碎分级

天然石墨负极材料经过碳化后可能会结块，需要用设备进行破碎。必要时在破碎后需要进行颗粒的分级。分级设备如图 2-67 所示。

6）筛分

筛分的目的是除掉产品中的大颗粒和异物。根据粒度大小要求，可以选择不同孔径的筛子进行筛分。

7）除磁

在负极材料生产过程会引入金属异物，而金属异物会对电池带来致命的危害。因此，要通过除磁工序（借助永磁或电磁除磁机，图 2-68）对材料进行除磁处理，将异物大小控制在 1×10^{-7} 以下。

图 2-67　分级设备图

图 2-68　除磁设备图

8）包装

在包装过程中，需要控制环境的温、湿度，特别是要防止异物的混入。

2. 人造石墨负极材料

（1）简介

人造石墨一般是由易石墨化炭（如石油焦、沥青焦、针状焦等）在非氧化性气氛（如 N_2）经高温石墨化（> 2500℃）得到的，其石墨化度和结晶度与石墨化温度直接相关。一般来说，热处理温度越高，其石墨化程度也就越高。通常，人造石墨很难达到天然石墨的石墨化度和结晶度。目前工业生产的人造石墨，其石墨化度通常低于 93%。由于石墨化度低，人造石墨的结构中会存在部分乱层结构以及颗粒堆积或原料经热处理后形成的气孔等缺陷，层间距较天然石墨大，更有利于锂离子的扩散，且颗粒尺寸小，在倍率性能和体积膨胀方面的性能优于天然石墨（图 2-69）。

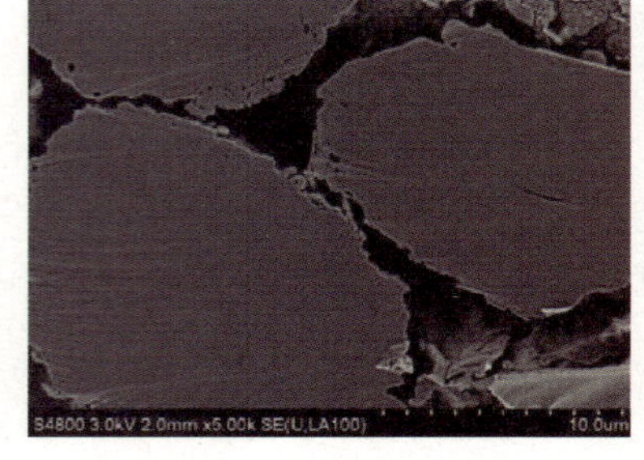

图 2-69　人造石墨负极材料切面 SEM 图

近年来受新能源汽车应用影响，人造石墨需求持续上升。虽然其工艺流程较为复杂，成本相对较高，能量密度也略低于天然石墨，但是其循环性能、大倍率充放电效率、与电解液的相容性、容量区间均优于天然石墨，现已成为动力蓄电池和中高端消费电池的主流负极材料。

（2）制备工艺

人造石墨的工艺流程图如图 2-70 所示。

图 2-70　人造石墨的工艺流程图

根据原材料的来源不同，制备人造石墨的工艺细节会有所不同，但主要包括以下四个步骤：

1）原料处理

主要是将原材料进行粉碎、分级、整形或二次造粒等工序，使得原料达到特定的粒度分布和形貌要求，为后续的碳化和石墨化做准备。不同的产品设计对工序的要求差别很大，所用的设备也有较大差别。如图 2-71 所示为石墨造粒设备。

图 2-71　石墨造粒设备图

2）碳化

将处理好的原料进行焙烧碳化，通常碳化温度在 1200℃以上。这个工序并不是必需步骤，也可以不经碳化直接进行石墨化处理。但不经过碳化或焙烧直接石墨化时，会产生大量的烟气和煤焦油，给后处理带来较大压力。

3）石墨化

将原料装入特制的石墨坩埚，在特殊设计的石墨化炉中高温处理。这是人造石墨制备工序中最核心的步骤。该过程有利于提高材料的热、电传导性，耐热冲击性，化学稳定性，润滑性，抗磨性等，排除材料中的杂质，提高强度。石墨化的工艺直接影响人造石墨的性能和质量，也是成本最高的一个环节。目前石墨化过程主要采用电加热的方式，广泛采用艾奇逊石墨化炉（图 2-72）或内热串接炉（图 2-73）。

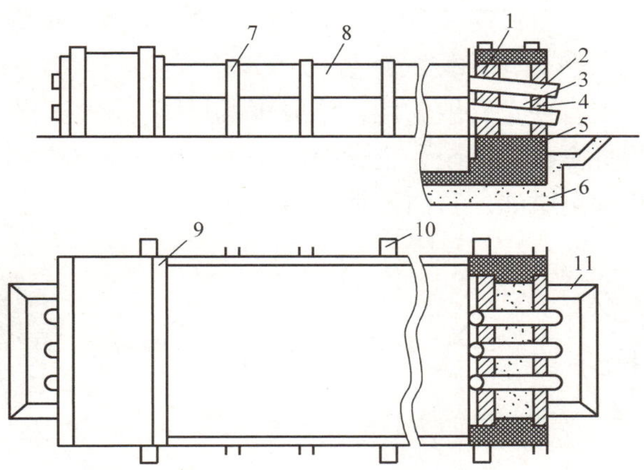

图 2-72 艾奇逊石墨化炉示意图

1—炉头内墙石墨块砌体 2—导电电极 3—填充石墨粉的炉头空间 4—炉头炭块砌体 5—耐火砖砌体 6—混凝土基础 7—炉侧槽钢支柱 8—炉侧活动墙板 9—炉头拉筋 10—吊挂移动母线排的支撑架 11—水槽

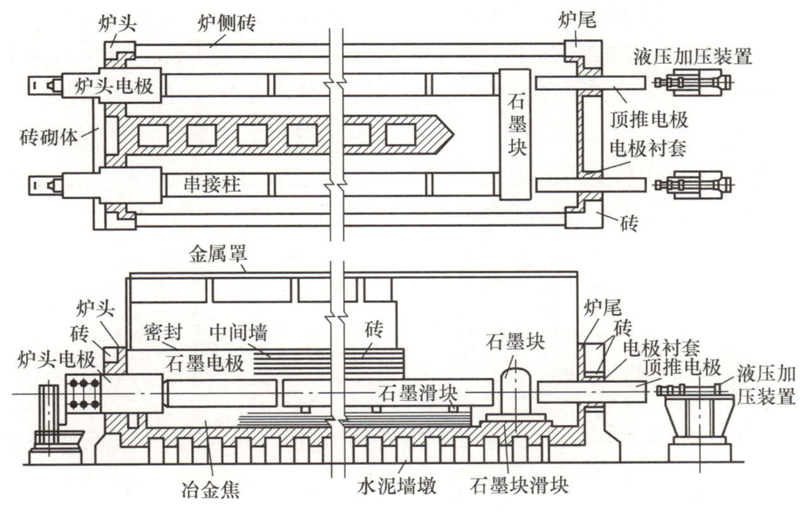

图 2-73 内热串接炉示意图

4）成品工序

它主要包括筛分、除磁。筛分、除磁等工序与天然石墨基本一致。

3. 石墨化中间相碳微球（MCMB）

（1）简介

在已经商品化的石墨类负极材料中，MCMB 被认为是循环性能和安全性能最好的碳材料，其比容量为 330~360mA · h/g。同时与其他碳材料相比，MCMB 的直径为 5~40μm，呈球形片层结构且表面光滑。球形结构有利于实现紧密堆积，从而可制备高密度电极；球形片层结构可以使锂离子从球的各个方向嵌入，解决了石墨类材料各向异性的问题；光滑表面和低比表面积可以有效减少电极表面的副反应，降低首次不可逆容量。

该材料是 Brooks 和 Taylor 于 20 世纪 60 年代在研究煤焦化时发现的，其形成过程为沥青类芳烃化合物在300~500℃直接热解时，经热分解、脱氢和缩聚等化学反应，逐步形成分子量大、平面度高、热力学稳定的缩合稠环芳烃。当这类芳烃平面大分子足够大时，由于分子间相互作用而具有一定的取向性，形成更大片层，并进而在表面张力作用下发生堆叠形成微珠。该过程如图2-74所示。制备MCMB的原料多为含有多环芳烃重质成分的烃类，主要有煤系沥青和重质油、石油系重质油等。

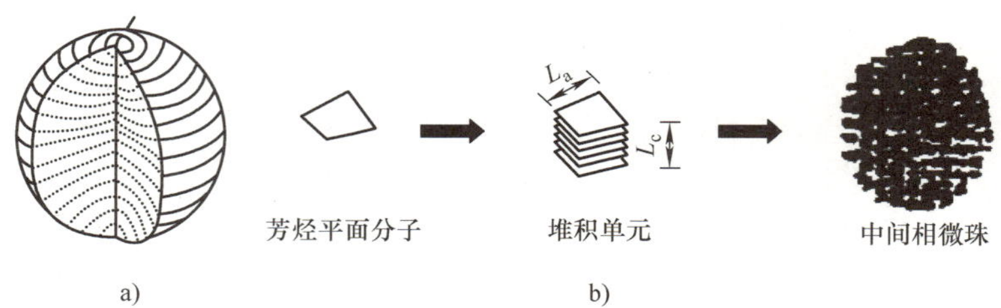

图2-74　MCMB结构模型和形成过程

a）结构模型　b）形成过程

不同热处理温度下，MCMB的石墨化度不同，得到的石墨微晶大小和数量不同。一般温度越高，石墨化度越高，锂离子能够更多地嵌入石墨层间，所得材料的容量越高（图2-75）。MCMB的构型（如六角排列、平行排列、变形的洋葱形、经线形和具有向错的经线形、Brooks/Taylor型）对其电化学性能有较大影响，其中具有向错的经线形MCMB循环性能最好，而Brooks/Taylor型最差。可逆比容量随石墨化度的不同在282~325 mA·h/g之间变化，首次库仑效率可达90%以上，循环性能也较理想（图2-76）。由于该材料中石墨晶体的排列无序，所以可以在1*C*进行充放电。

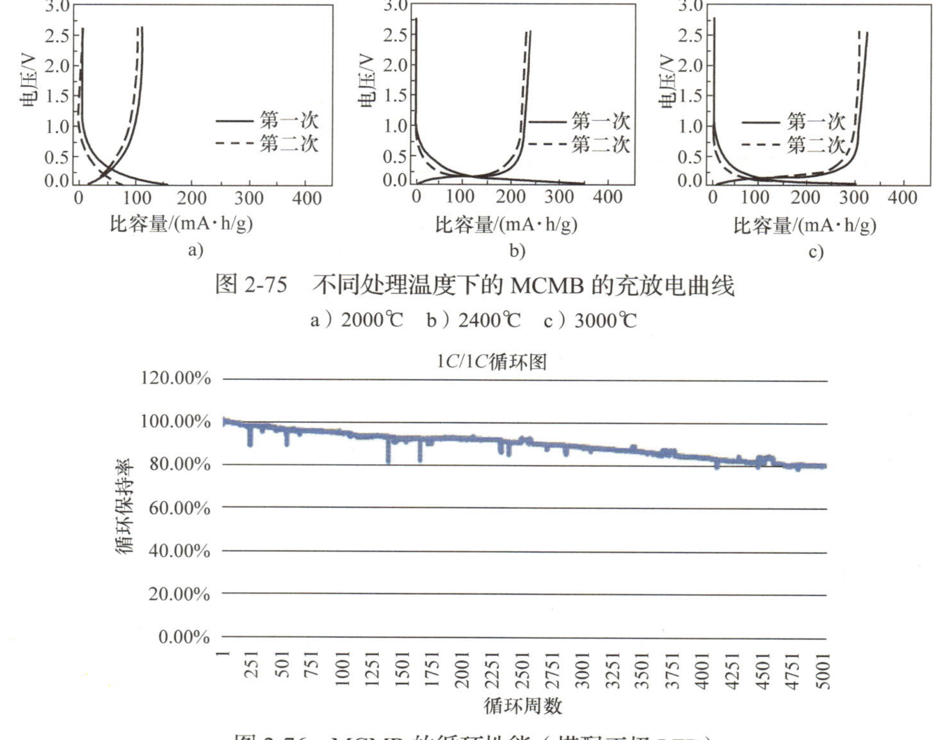

图2-75　不同处理温度下的MCMB的充放电曲线

a）2000℃　b）2400℃　c）3000℃

图2-76　MCMB的循环性能（搭配正极LFP）

（2）制备工艺

制备 MCMB 的流程主要包括用热缩聚法和乳化法得到中间相小球，随后采用溶剂分离法、离心分离法、超临界流体分离等方法进行分离并进行最终的高温炭化。

① 热缩聚法包含两个步骤，即热处理稠环芳烃化合物以聚合生成中间相小球体，及利用适当的方法将小球体从母液中分离出来。其过程大致为：把反应物料装入一定容量的反应釜中，密封以隔绝空气，然后在 N_2 保护下升温至某一温度（一般在 350~450℃之间），在该温度下恒定一段时间后自然冷却至室温。另外，也可以先在低温（100~300℃）下保持一段时间，然后在密闭状态下进行升压聚合，在反应过程中持续搅拌，恒温结束后把产物冷却至室温。工艺过程如图 2-77 所示。

图 2-77　热缩聚法制备 MCMB 的流程示意图

② 利用乳化法制备 MCMB，首先要对稠环芳烃化合物进行热处理得到球状中间相，然后把球状中间相乳化成中间相小球体。随后将获得的中间相小球体经过碳化和石墨化即可得到具有特殊性能的 MCMB。其工艺流程如图 2-78 所示。

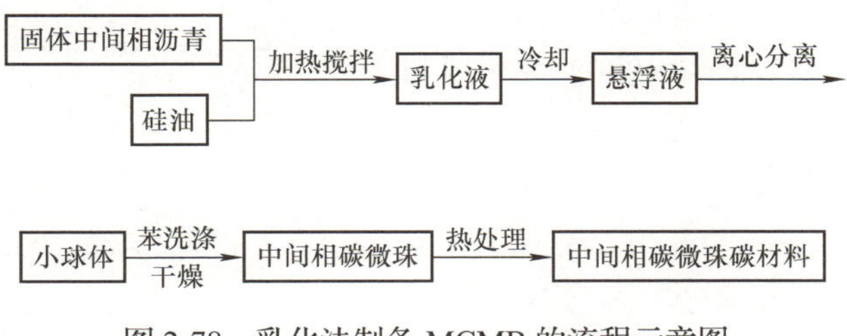

图 2-78　乳化法制备 MCMB 的流程示意图

2.2.2.3　无定形碳材料

无定形碳材料的研究主要源于石墨化碳需要进行高温处理，从 20 世纪 90 年代起，无定形碳材料备受关注，主要特点为制备温度低，一般在 500~1200℃范围内。由于热处理温度低，石墨化过程进行得不完全，所得碳材料主要由石墨微晶和无定形区组成，因此称为无定形碳。（002）面对应的 X 射线射峰比较宽，其他的 X 射线行 [如（001）面、（004）面] 射峰等并不明显。层间距 d_{002} 一般在 0.344nm 以上，石墨微晶大小 L_a 和 L_c 一般不超过几十纳米。无定形碳材料的制备方法主要有三种：将小分子有机物在催化剂的作用下进行裂解、将高分子材料直接进行低温（<1200℃）裂解和低温处理其他碳前驱体。

无定形碳材料按其石墨化难易程度，可分为易石墨化炭和难石墨化炭两种。易石墨化炭又称为软炭，是指在 2500℃以上的高温下能石墨化的无定形碳；难石墨化炭也称为硬炭，在 2500℃以上也难以石墨化。无定形碳材料之所以有软炭和硬炭之分，主要是由于组成它们的石墨片层的排列方式不同。图 2-79 是软炭和硬炭的结构模型。

图 2-79 软炭（左）和硬炭（右）的结构模型

在软炭中分解前驱体时生成胶质体，使碳基本结构单元长大并以或多或少平行的方式排列，从而导致其高温处理时易于石墨化；而硬炭的有机前驱体的大分子充分交联，不生成胶质体，基本结构单元不能平行排列，因此在任何温度下都难以石墨化。

大多数无定形碳材料具有很高的比容量，但是首次不可逆容量也较高，首次充放电效率低。此外，由于无定形碳层间距比石墨大，其电化学性能表现出可快速充、放电，可低温下使用等优点，但是层间距大同时也造成了材料极片压实密度低，进而降低电池能量密度。无定形碳材料的容量与热处理温度有关，如图 2-80 所示，绝大多数软炭和一些硬炭随着热处理温度的增加容量都先呈下降趋势，软炭直到 1900℃左右容量才重新上升，而硬炭 2000℃以后容量略有上升。低温下无定形碳材料的储锂机理比较复杂，高温下与石墨化度相关。

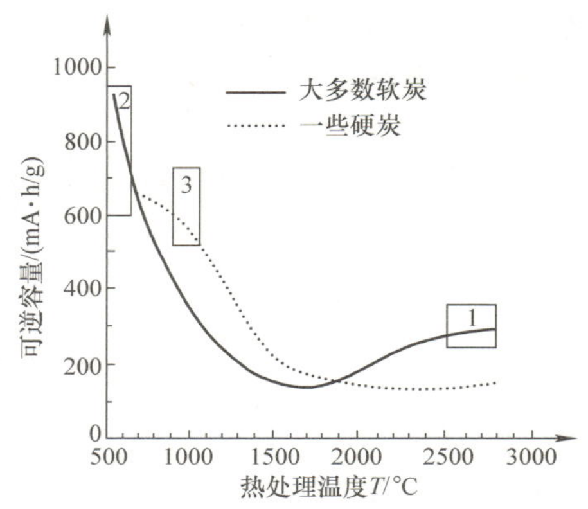

图 2-80 无定形碳材料的热处理温度与可逆容量的关系

700℃左右处理的无定形碳材料存在着电压滞后现象：锂的嵌入在 0V 左右，但是锂的脱出则在 1V 左右；而 1000℃处理得到的难石墨化碳材料电压平台较低，电压滞后也较小，但在其电压分布曲线上有陡峭的斜坡。

1. 软炭

软炭是指高温下（2500℃以上）易石墨化的无定形碳材料，主要包括焦炭类、碳纤维类、非石墨化中间相碳微球类。焦炭是经液相炭化形成的一类非晶形碳材料，高温下易石墨化，视原料的不同可将焦炭分为沥青焦、石油焦等。用于锂离子蓄电池最常见的焦炭类材料为石油焦，因为它资源丰富，价格低廉。碳纤维主要是指气相生长碳纤维和中间相沥青基碳纤维两种。软炭未经石墨化，因此晶化度较低，本质上可视为具有不发达的石墨结构的碳，碳层大致呈平行排列，但网面小，积层不规整，属乱层构造，层间距 d_{002} 为 0.34~0.36nm，明显大于理想石墨的层间距，且结构中含有较多杂原子（O、N、H、S）。

石油焦是焦炭的一种，由石油沥青在 1000℃左右脱氧、脱氢制得。日本索尼公司于 1990 年推出的第一代锂离子二次电池就是用石油焦作为负极材料的。根据石油焦的结构和外观，石油焦产品可分为针状焦、海绵焦、弹丸焦和粉焦 4 种，其中针状焦颗粒外形细长，针状条纹明显，纤维型显微组分含量高，石墨化性能最佳。石油焦具有非晶结构，呈涡轮层状，含有一定量的杂质，难以制备高纯碳，但资源丰富，价格低廉。石油焦的最大理论化学嵌锂容量为 LiC_{12}，电化学比容量为 186mA · h/g，但其本身作为电池负极材料的性能很差，主要是由于嵌锂时，碳质材料会发生体积膨胀，降低电池寿命。焦炭在充放电时，电压变化较倾斜，在第一次充放电过程中，约有 30%~40% 的不可逆电容量损失（图 2-81）。因此，必须对其进行适当的改性处理，以提高其充放电容量，改善其电化学性能。如通过中间相碳的包覆可以使石油焦的可逆容量从 170mA · h/g 提高到 300mA · h/g。

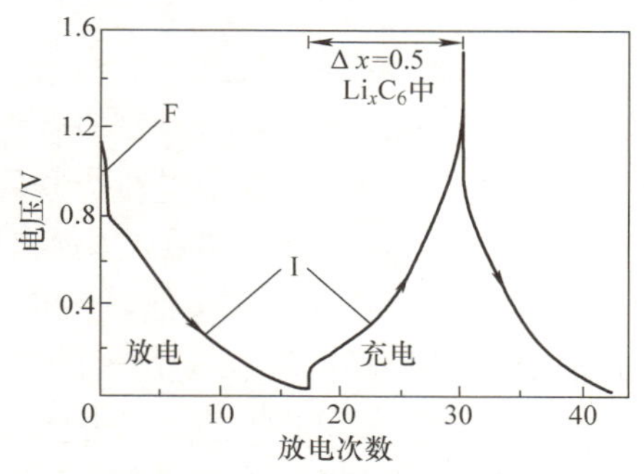

图 2-81　焦炭的充放电曲线

软炭对各种电解液的适应性较强，耐过充电、过放电性能较好，膨胀率低，低温性能好，安全，易于放量制备和储存，但与石墨不同，其充放电电位曲线上无平台，在 0~1.2V 范围内呈斜坡式，且平均对锂电位较高，为 1V 左右，造成电池端电压较低，在一定程度上限制了电池的容量和能量密度。

目前，软炭材料的制备已实现批量化，但是在动力蓄电池领域的应用尚处于小规模阶段。开发软炭的公司目前主要有深圳贝特瑞、日本日立、上海杉杉等。其中，贝特瑞容量为 400mA · h/g 的软炭已经实现了产业化。

软炭材料通常的制备工艺主要包括原料预处理、粉碎、烧结、筛分、除磁等工艺步骤。

① 原料处理。主要是将原材料进行破碎、粉碎和分级等工序，使得原料达到特定的粒度分布。

② 烧结。将处理好的原料进行焙烧炭化，通常炭化温度在 950℃以上。

③ 成品工序。主要包括筛分、除磁等工序。

软炭材料制备的工艺流程如图 2-82 所示。

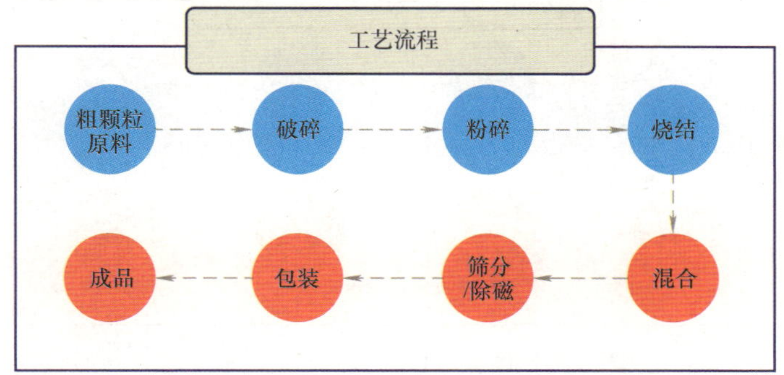

图 2-82　软炭材料制备工艺流程示意图

2. 硬炭

硬炭是由前驱体材料在固相下直接碳化形成的，碳化初期由 sp^3 杂化形成立体交联，妨碍了网面平行成长，故具有无定形结构，即使在高温下也难以石墨化。硬炭材料之所以引起广泛关注，首先应是1990年日本索尼公司成功地使用了聚糠醇碳的缘故。用作硬炭的高分子前驱体种类较多，包括一些树脂、生物质、木质和其他一些聚合物，如酚醛树脂、环氧树脂、蜜胺树脂、聚糠醇、聚苯、聚丙烯腈、聚氯乙烯、聚偏氟乙烯、聚苯硫醚、纤维素等。此外，炭黑（乙炔黑AB）、苯炭也是硬炭材料。沥青基前驱体由于其残炭率高、原料来源广泛易获得、价格较低，也能作为制备硬炭材料的前驱体，但是由于其易石墨化的特点，所以需提前进行交联处理或者预氧化，使前驱体在热解碳化过程中不易形成有序的结构，从而得到微观结构相对杂乱的硬炭材料。

典型的硬炭材料充放电曲线如图2-83所示，其有别于石墨及易石墨化碳材料的充放电曲线，具有较大的首次不可逆容量（一般大于20%）和电压滞后现象（脱锂电位明显高于嵌锂电位），脱锂电位高，电位平台不明显等。硬炭具有较大的碳层间距（d_{002} > 0.36nm），固相扩散较快，有助于快速充放电；具有较多的结构单元间隙，储锂机理丰富，因此比容量可以超过碳材料的理论比容量（372mA·h/g），达到400~1000mA·h/g；此外，硬炭与PC也能较好地相容。硬炭材料不可逆容量的产生原因除了SEI膜的形成外，材料表面的活性基团（如羟基），以及其吸附的水分也是重要原因。此外，硬炭的不足之处在于其压实密度较低，进而降低了材料的能量密度。硬炭材料目前主要用于动力蓄电池、启停电源等项目，目前处于研发和小规模试用阶段，其中深圳贝特瑞容量为400mA·h/g的硬炭正在中试。

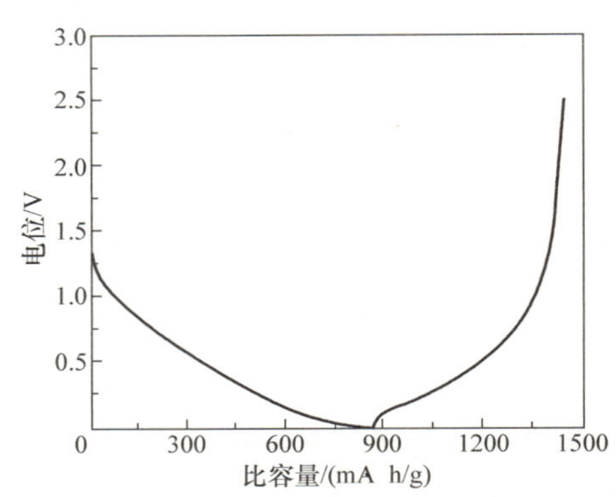

图2-83　硬炭材料的充放电曲线

硬炭材料的制备工艺流程如图2-84所示，主要包括预碳化、粉碎、纯化、烧结、筛分、除磁等步骤。

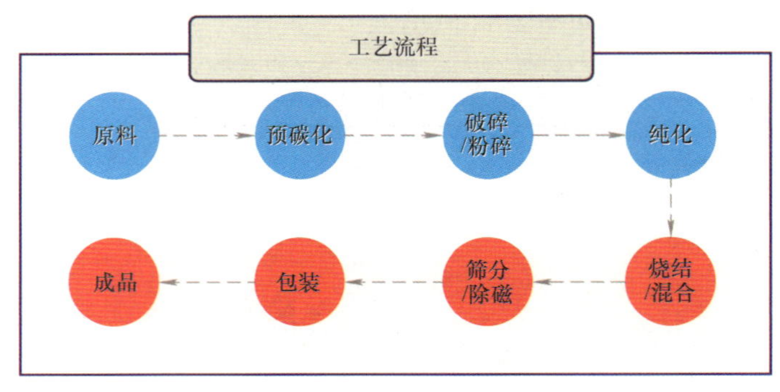

图2-84　硬炭材料制备工艺流程示意图

① 预碳化。将原料进行低温预碳化，通常碳化温度在500℃以上。将原料中大量的水分和小分子去除，会产生大量的烟气和焦油，即去除大量的挥发性物质，最后碳化产物是硬炭的前驱体——碳化料。

② 粉体加工。主要是将其进行破碎、粉碎和分级等工序，使得原料达到特定的粒度

分布。

③ 纯化。需要经过化学提纯，用强酸处理，并经过多次洗涤，去除K、Na、Ca、Mg、Fe、Si等杂质，最终使碳化料纯度达到99%以上。

④ 烧结。将处理好的原料进行焙烧碳化，通常碳化温度在950℃以上。

⑤ 成品工序。主要包括筛分、除磁等工序。

表2-6列出了石墨类材料与无定形碳材料性能特点的对比。

表2-6 不同碳负极材料的比较

	天然石墨	人造石墨	软炭	硬炭
原材料	主要来自石墨矿，矿源丰富，属于不可再生资源，稳定性和一致性较好	人造石墨原料来源广泛，主要来自石油焦、沥青焦，稳定性和一致性较差	沥青，焦，中间相碳微球	树脂、生物质、高分子聚合物
形貌	椭球状，切面图显示“层状，有空隙”	形貌不规则，切面图显示“实心，无空隙”	取决于原材料形貌，通常为微米级颗粒	取决于原材料形貌，通常为微米级颗粒
石墨化度	石墨化度较高	易石墨化碳经高温石墨化得到，故结晶度和石墨化度较低，有部分乱层结构	石墨化度低	石墨化度低
比容量	比容量较高（≥360mA·h/g），接近理论值	其比容量中等（约340~360mA·h/g，原材料不同，石墨化程度不同，储锂容量不同）	实际容量取决于材料的制备方法，可逆比容量约250~400mA·h/g	实际容量取决于材料的制备方法，可逆比容量达280~1000mA·h/g，甚至有可能更高
晶体结构	通常含有石墨2H相和少量3R相（3%~4%）	仅含石墨2H相，无3R相存在	无定形碳，短程有序长程无序，层间距0.34nm以上	无定形碳，层间距＞0.36nm
加工性能/吸液性能	形貌好，球形度高，材料加工性能好，吸液性能差	形貌差，不规则形状，调浆有一定难度，加工性能差，吸液性能较好	与石墨负极材料相当，可以满足水系和NMP系加工	易吸水，但可以满足水系和NMP溶剂加工
压实性能	材质较软，易变形，压实密度1.5~1.75g/cm^3	材质较硬，不易变形，压实密度1.5~1.75g/cm^3	压实密度较低，压实密度为0.8~1.3g/cm^3	压实密度较低，压实密度为0.6~1.0g/cm^3
与电解液匹配性	对电解液要求较高，与电解液相容性较差	对电解液要求较低，与电解液相容性较好	对电解液要求不高，可以耐PC	对电解液要求不高，可以耐PC
首次库仑效率	90%~95%	91%~96%	70%~85%	60%~85%
循环性能	层间距较小，Li^+在脱嵌过程中体积膨胀较大，且与电解液兼容性差，其循环性能较差	层间距较大，Li^+在脱嵌过程中体积膨胀较小，且电解液兼容性较好，所以循环性能较好	循环性能相比石墨材料要好，膨胀低，可以实现10000次以上的循环	循环性能相比石墨材料要好，膨胀极低，可以实现10000次以上的循环
电压曲线	电压平台稳定	电压平台稳定	随着放电的进行，电压曲线缓慢下降，没有明显的电压平台	随着放电的进行，电压曲线缓慢下降，没有明显的电压平台
倍率性能	层间距小，倍率性能较差	石墨化度较低，层间距较大，有利于锂离子扩散，其倍率性能优于天然石墨，可1*C*~2*C*充电，包覆无定形碳后充电倍率可进一步提升	倍率性能好，能够实现锂离子5*C*以上的大电流充放电	倍率性能优于软炭材料，能够实现锂离子5*C*以上的大电流充放电

（续）

高低温性能	—	—	可以满足低温充放电，可用于 −30℃电池，高温循环性能略差	可以满足低温充放电，可用于 −30℃电池，且高温性能优于软炭
安全性能	脱嵌锂电位平台约 0.2V，过充时容易析锂，安全性能优于锂金属负极，但仍有一定风险	脱嵌锂电位平台约 0.2V，过充时容易析锂，安全性能优于锂金属负极，但仍有一定风险	充放电电位比石墨负极高 0.2V 左右，且嵌锂速度快，不容易析锂，其安全性能要明显优于石墨负极	充放电电位比石墨负极高 0.2~0.3V，且嵌锂速度快，不容易析锂，其安全性能要明显优于石墨负极
成本	石墨矿经过粉碎、球形化、表面处理等过程即可，成本较低，少数情况下需通过石墨化改善材料循环性能	需要高温石墨化（工序成本约 1.6 万 ~2.1 万元 /t），成本较高	相对于石墨而言成本较低	成本较高
应用领域	主要用于消费类电池、小型电池等，也有部分用于动力蓄电池；用于方形 / 铝壳电池较多	主要用于动力蓄电池和中高端消费电池；用于软包电池、大型电池较多	主要用于圆柱形电池、软包电池和方形电池	主要用于圆柱形电池、软包电池和方形电池

2.2.2.4 硅基负极材料

硅在地壳中的含量为 26.3%，是仅次于氧含量占第二位的元素，在自然界中以氧化物的形式广泛存在于岩石、尘土之中。硅作为锂离子蓄电池负极材料相关的研究最早始于 1976 年，Sharma 和 Seefurth 等人报道了 Si 在 400℃和 500℃高温下与 Li 反应形成锂硅合金。在热力学平衡状态下，Si 和 Li 在 450℃下、LiCl-KCl 电解质中可以形成多种合金，主要合金相有 $Li_{12}Si_7$、$Li_{13}Si_4$、Li_7Si_3 和 $Li_{22}Si_4$。其中最高嵌锂合金为 $Li_{22}Si_4$，对应的理论比容量为 4200mA · h/g。由于硅基负极材料的理论比容量远远高于石墨负极，所以它被公认为是下一代锂离子蓄电池的关键材料。目前研究的硅基负极材料主要包括硅、硅氧化物、硅 / 碳复合材料以及硅合金，产业化方向集中在硅 / 碳复合材料和 SiO_x 两类材料。表 2-7 为不同硅基材料的性能对比。

表 2-7　不同硅基材料的性能对比

硅基材料	优势	劣势
硅	① 克容量发挥高，首次库仑效率更高 ② 工艺成熟，原材料便宜	① 体积膨胀率大，循环性能差 ② 热安全性差
硅氧化物	① 可逆容量高，体积膨胀低 ② 循环和倍率性能相比硅负极较好	① 首次库仑效率低（ < 80%） ② 制备工艺复杂，成本较高
硅合金	① 可逆容量高，体积膨胀低 ② 体积和质量能量密度较低	① 工艺制备复杂，成本高 ② 首次库仑效率和循环性能有待提高

单质硅一般以晶体和无定形两种形式存在，作为锂离子蓄电池的负极材料，以无定形硅的性能更佳。因此在制备硅时可以加入一些其他物质，如非金属、金属等以得到无定形硅。作为锂离子蓄电池的负极材料，硅的主要特点包括：

① 具有其他负极材料（除金属锂外）所无法匹敌的容量优势。

② 其微观结构在首次嵌锂后即转变为无定形态，并且在后续的循环过程中，这种无定形态一直被保持，从这一角度看来可以认为其具有相对的结构稳定性。

③ 电化学脱嵌锂过程中，材料不易团聚。

④ 其放电平台略高于石墨类材料，因此，在充放电过程中不易引起锂枝晶在电极表面的形成。

硅的电化学性能与其形态、粒径大小和工作电压窗口有关。从形态上看，用作电极的硅有主体材料和薄膜材料之分。主体材料的制备可以通过球磨和高温固相法得到；薄膜材料可通过物理或化学气相沉积法、溅射法等制得。硅基材料在高度脱嵌锂条件下，存在严重的体积效应（约 300%），容易导致材料的结构崩塌，从而造成电极的循环稳定性欠佳，同时会造成 SEI 的持续增长，导致电化学性能的衰减（图 2-85）。薄膜材料在一定程度上可以缓解体积效应，提高电极的循环寿命。例如，通过真空沉积法制得的硅薄膜，在 PC 基电解液里，循环 700 次后容量还可保持在 1000mA・h/g 以上。另一方面，采用纳米材料，利用其比表面积大的特性，能够在一定程度上提高材料的循环稳定性。材料的纳米化是解决硅负极膨胀的方法之一。各种具有纳米结构的材料，如零维的硅纳米颗粒、一维硅纳米管和纳米线、二维的纳米片和 3D 的多孔结构等均有大量研究。目前的研究结果表明，将硅的某一个维度缩小至纳米尺度，可以缓解硅的膨胀，大幅提升硅负极的性能。但是由于纳米材料容易团聚，经过若干次循环后，不能从根本上解决材料的循环稳定性问题。电位窗口也极大地影响着材料的循环性能。利用 Si_2H_6 为反应气体，采用化学气相沉积法制得的无定形硅薄膜，当电位窗口在 0~3V 时，首次放电容量可达 4000mA・h/g，但 20 次循环后容量急剧下降，40 次循环后几乎没有放电容量；但是如果电位区间在 0~0.2V 时，电极循环 400 多次后，容量还能保持 400mA・h/g 左右。通过限制电压范围，也能使硅负极获得更好的循环寿命。如图 2-86 所示。

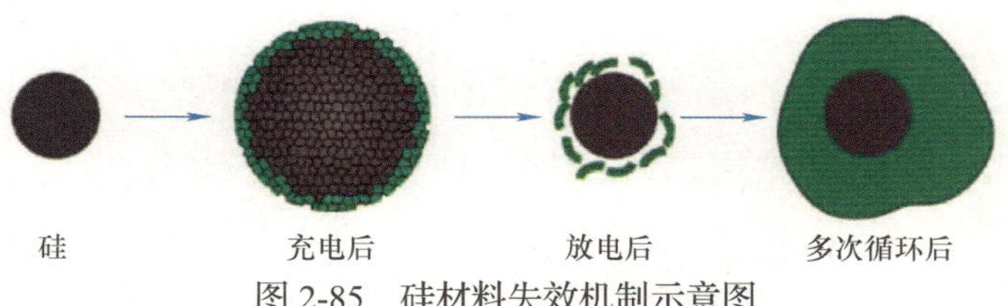

图 2-85　硅材料失效机制示意图

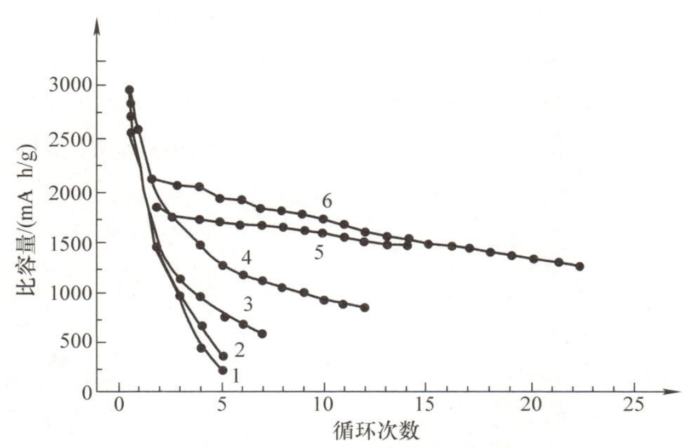

图 2-86　不同粒度 Si 的电化学循环性能比较

1、2—普通硅粉　3—纳米硅粉 0~2.0V，0.1mA/cm^2

4、6—纳米硅粉（电极成分不同），0~2.0V，0.1mA/cm^2　5—纳米硅粉，0~0.8V，0.8mA/cm^2

1. 硅 / 碳负极材料

（1）简介

针对硅材料的严重的体积效应，除了将硅颗粒纳米化以外，有效的方法之一就是制备成含硅的复合材料。利用复合材料各组分间的协同效应，达到优势互补的目的。碳材料由于在充放电过程中体积变化很小，具有良好的循环性能，而且其本身是离子与电子的混合导体，因此经常被选作高容量负极材料的基体材料（即分散载体）。硅的嵌锂电位与碳材料，如石墨、仲炭微珠（MCMB）等接近，因此通常将 Si、C 进行复合，以改善 Si 的体积效应，从而提高其电化学稳定性。由于在常温下硅、碳都具有较高的稳定性，很难形成完整的界面结合，故制备 Si/C 复合材料一般采用高温固相反应、化学气相沉积（Chemical Vapor Deposition，CVD）等高温方法合成。Si、C 在超过 1400℃时会生成惰性相 SiC，因此高温过程中所制备的 Si/C 复合材料中 C 基体的有序度较低。

Si/C 复合材料按硅在碳中的分布方式，主要分为包覆型、嵌入型以及分子接触型三类，如图 2-87 所示。

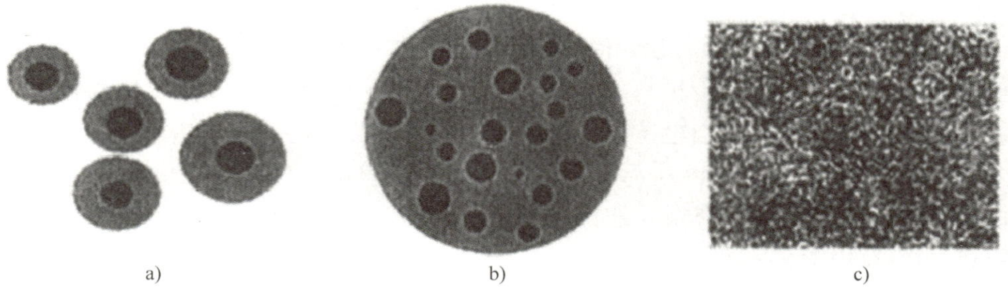

图 2-87　不同种类 Si/C 复合材料结构示意图

a）包覆型　b）嵌入型　c）分子接触型

包覆型，即通常所说的核壳结构，较常见的结构是硅外包裹碳层。硅颗粒外包覆的碳层可以最大限度地降低电解液与硅的直接接触，从而改善了由于硅表面悬键引起的电解液分解；此外，由于 Li^+ 在固相传输过程中需要克服碳层、Si/C 界面层的阻力才能与硅反应，因此通过适当的充放电机制可以在一定程度上控制硅的嵌锂深度，从而使硅的结构破坏程度降低，提高材料的循环稳定性。

分子接触型的 Si/C 复合材料，硅、碳均是采用含硅、碳元素的有机前驱物经处理后形成的分子接触的高度分散体系，是一种相对较理想的分散体系，纳米级的活性粒子高度分散于碳层中，能够在最大程度上克服硅的体积膨胀。

Si/C 复合材料中，最常见的是嵌入型结构，硅粉体均匀分散于碳、石墨等分散载体中，形成稳定均匀的两相或多相复合体系。在充放电过程中，硅为电化学反应的活性中心，碳载体虽然具有脱嵌锂性能，但主要起离子、电子的传输通道和结构支撑体的作用。这种体系的制备多采用高温固相反应，通过将硅均匀分散于能在高温下裂解和碳化的高聚物中，再通过高温固相反应得到。这类体系的电化学性能主要由载体的性能、Si/C 摩尔比等因素决定，一般来说，碳基体的有序度越高、脱氢越彻底，Si/C 摩尔比越低，两种组分间的协调作用越明显，循环性能越好。但是由于 Si/C 高温过程中易生成惰性的

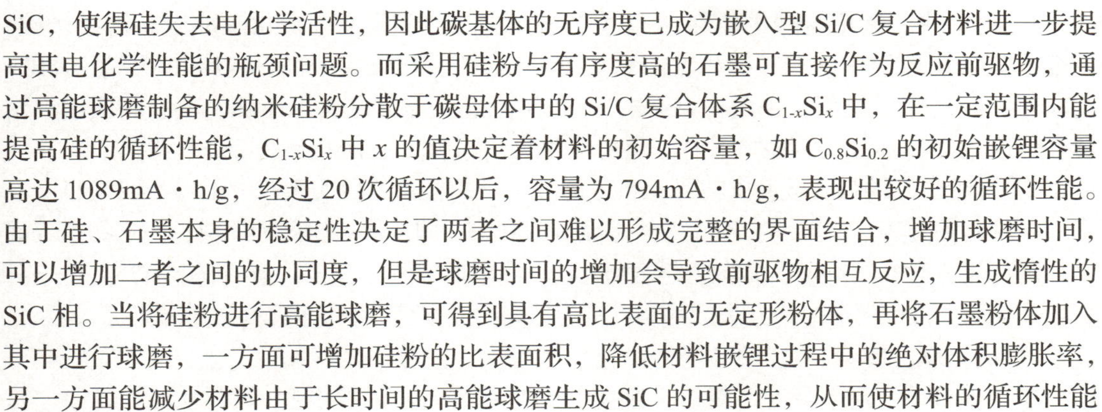

SiC，使得硅失去电化学活性，因此碳基体的无序度已成为嵌入型 Si/C 复合材料进一步提高其电化学性能的瓶颈问题。而采用硅粉与有序度高的石墨可直接作为反应前驱物，通过高能球磨制备的纳米硅粉分散于碳母体中的 Si/C 复合体系 $C_{1-x}Si_x$ 中，在一定范围内能提高硅的循环性能，$C_{1-x}Si_x$ 中 x 的值决定着材料的初始容量，如 $C_{0.8}Si_{0.2}$ 的初始嵌锂容量高达 1089mA · h/g，经过 20 次循环以后，容量为 794mA · h/g，表现出较好的循环性能。由于硅、石墨本身的稳定性决定了两者之间难以形成完整的界面结合，增加球磨时间，可以增加二者之间的协同度，但是球磨时间的增加会导致前驱物相互反应，生成惰性的 SiC 相。当将硅粉进行高能球磨，可得到具有高比表面的无定形粉体，再将石墨粉体加入其中进行球磨，一方面可增加硅粉的比表面积，降低材料嵌锂过程中的绝对体积膨胀率，另一方面能减少材料由于长时间的高能球磨生成 SiC 的可能性，从而使材料的循环性能得到极大提高。

硅 / 碳 / 石墨（Si-C-G）复合材料是最早研究并实现产业化的 Si/C 复合材料体系。常用的制备方法包括高温热解法、机械球磨法和化学气相沉积法。相关研究表明，石墨可吸收充放电过程中的硅体积膨胀产生的应力，作为支撑骨料避免电极结构坍塌，适合作为缓冲基体；同时石墨良好的电子导电性很好地解决硅电子导电性差的问题。采用无定形碳作为黏结剂和包覆碳，能够将硅与石墨有效结合起来，并与石墨共同形成导电结构，同时还能改善硅与电解液的界面性能，形成稳定的 SEI 膜，也可以减少电解液的消耗，提高循环效率。通过碳源的选择、复合方法、复合结构、成分优化等方面的优化，Si/C 复合材料的性能能够进一步提高。

关于 Si/C 负极的市场情况，国内的负极材料生产厂商如贝特瑞、杉杉、紫宸等早已布局 Si/C 负极材料的生产，目前已推出几款 Si/C 负极材料，且具有一定产能；市场上部分锂电生产企业已经采用了 Si/C 复合材料作为锂电池的负极材料，在国内电池企业中，CATL、力神、比克、国轩等有对 Si/C 负极体系的研发和生产。在国外企业中，特斯拉通过在石墨中加入 10%（质量分数）的硅基材料，在 Model 3 上采用 Si/C 负极作为动力蓄电池新型负极材料，其容量达到 550mA · h/g 以上，电池质量能量密度可达 300W · h/kg；日本 GS 汤浅公司推出硅基负极材料锂电池，并成功应用在三菱汽车上；日立麦克赛尔也宣布已开发出可实现高容量的硅负极锂电池。

（2）制备工艺

Si/C 负极材料的制备通常分为三步：纳米硅的制备、硅与碳的复合、硅 / 碳复合物与石墨的混合。具体流程如图 2-88 所示。

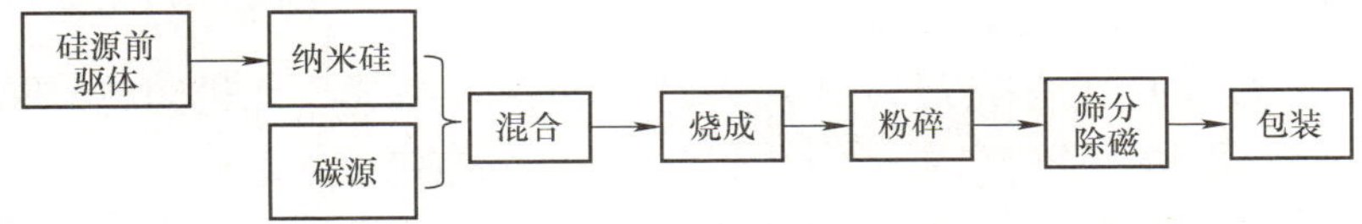

图 2-88 Si/C 负极材料制备工艺流程图

1）纳米硅的制备

纳米硅的制备一直是行业的难点，主要有物理法和化学法两种。比较常见的是气相沉积法和高能球磨法。

① 化学法：采用含硅的原料，通过化学方法，自下而上进行化学反应获得纳米硅。主要的化学法包括化学气相沉积、还原法等。化学气相沉积法通常是以 SiH_4 或者 $SiHCl_3$ 为原料，在还原气氛下，采用 CVD 法，制备纳米硅。该方法技术成熟，容易制备出纳米硅。但成本高，且涉及的原材料有一定毒性和安全隐患，不利于大批量化制备。

② 物理法：以单质金属硅粉为原料，通过一定的技术手段实现尺寸的减小，是自上而下的一种制备方法。常见的物理法主要是高能球磨法，即采用单质硅为原料，先进行粉碎后再采用高能球磨多次研磨，最终达到纳米级硅。高能球磨法相较于其他的制备方法，是一种更容易实现大批量化生产的方法，其缺点是能耗高，成本高，制备得到的纳米硅纯度不高。

2）硅与碳的复合

为了保证硅 / 碳负极的性能，抑制硅的膨胀并改善硅的导电性，需要将硅与碳复合。复合方式包括：物理混合、CVD 法、多孔碳复合等方式，目的是改善硅的导电性并抑制其膨胀。

化学气相沉积法在制备硅 / 碳复合材料时，以 SiH_4、纳米硅粉、SBA-15 和硅藻土等硅单质或含硅化合物为硅源，碳或者有机物为碳源，以其中一种组分为基体，将另一组分均匀沉积在基体表面得到复合材料。用此法制备的复合材料，硅碳两组分间连接紧密、结合力强，充放电过程中活性物质不易脱落，具有优良的循环稳定性和更高的首次库仑效率，碳层均匀稳定，不易出现团聚现象；对于工业化来说，设备简单，复合材料杂质少，反应过程环境友好。但是工艺设备复杂，成本高，需要与其他方法组合使用。

高温热解法是目前制备硅 / 碳复合材料最常用的方法，工艺简单，容易操作，只需将原料置于惰性气体下高温裂解即可，而且易重复，在热解过程中有机物经裂解得到无定形碳，这种碳的空隙结构一般都比较发达，能更好地缓解硅在充放电过程中的体积变化。但是可能会由于纳米颗粒不易分散或者团聚，碳层包覆均匀性不高，影响性能。

机械球磨法是将硅与石墨或其他碳材料在机械力的作用下混合，制备的复合材料颗粒粒度可控、各组分分布均匀，工艺简单、成本低、效率高，适合工业化生产。需要注意的是该法需要根据硅与石墨的亲和性选择合适的研磨条件。同时，该方法会产生较多微晶颗粒，易引发副反应。

3）硅 / 碳复合物与石墨的混合

硅复合材料的一个通病是首次库仑效率很低，一般不到 80%，远低于石墨类负极材料，所以在商业化的应用中只能和石墨混合使用，石墨的添加量在 10% 以下。在实际应用过程中，可以根据客户实际需求，选择不同的石墨，按照不同的比例进行混合。石墨的选择对硅 / 碳负极性能有重要的影响。

硅 / 碳负极材料的整个制备过程中所涉及的砂磨机、喷雾干燥机同前文所述的磷酸铁锂制备设备；烧结设备、粉碎设备、除磁设备、高能融合设备同前述内容。

2. 硅氧化物负极材料

硅氧化物 SiO_x（$0<x<2$）因具有高的比容量和良好的循环性能而备受关注。SiO_x 为一种无定形结构，其中，Si 的化合价态存在多样性（Si、Si^{2+}、Si^{4+} 等），其本质上为一种多相混合物（图 2-89）。SiO_x 并非由单一相组成，而是由许多均匀分布的纳米级 Si 团簇、SiO_2 团簇以及介于 Si/SiO_2 两相界面之间的 SiO_x 过渡相组成。与单质 Si 类负极材料相比，

在硅中引入氧能在首次充放电时产生惰性组分，缓解硅的体积效应，提高材料的循环性能，同时 SiO_x 天然的无定形态也有利于防止脱嵌锂过程中因应力不均匀导致的材料开裂、粉化问题。对于锂离子蓄电池负极来说，在嵌锂过程中由于 Li^+ 与 O 有良好的化学亲和性，易生成电化学不可逆相 Li_2O，从而增加了材料的首次不可逆容量。因此，在负极材料的制备和改性中，一般要避免引入过多的氧。以 SiO 为例，其比容量和能量密度相对于纯硅有所降低（理论比容量 2680mA · h/g，实际可逆容量在 1500mA · h/g 以上），首次库仑效率为 76.7%，但其体积膨胀率为 220%，较硅的 300% 要低很多，使得电池循环性、稳定性乃至电池安全性有明显提升。

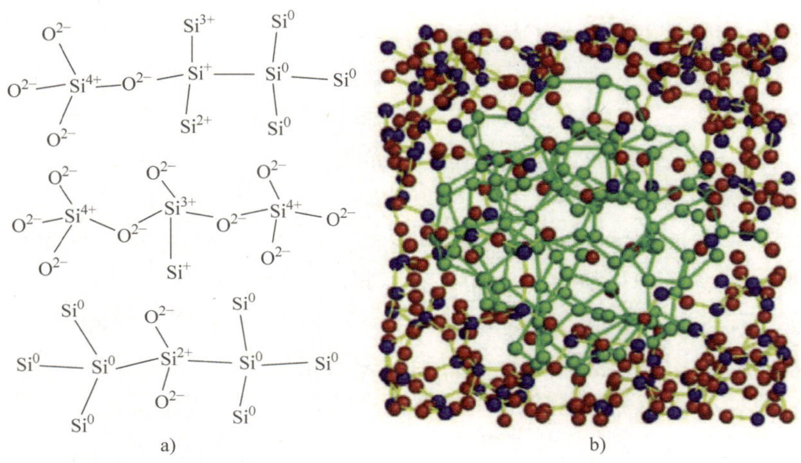

图 2-89 a）SiO_x 中多种不同的原子链和不同价态的 Si（A.Hohl，J.Non，Crystalline Solids，2003）和 b）无定形 SiO_x 中存在的 Si 和 SiO_2 团簇，其中红点为 O，蓝点为 Si，绿色部分为 SiO_2（A.Hirata，Nat. Commun，2016）

有人研究了几种不同氧含量的硅氧化物（SiO_x）发现，随着硅的氧化物中氧含量的增加，电池比容量降低，但是循环性能提高；随着氧化物颗粒减小到 30mm 以下，在电池充放电过程中会发生颗粒间的黏结，使得循环性能降低，如图 2-90 所示。

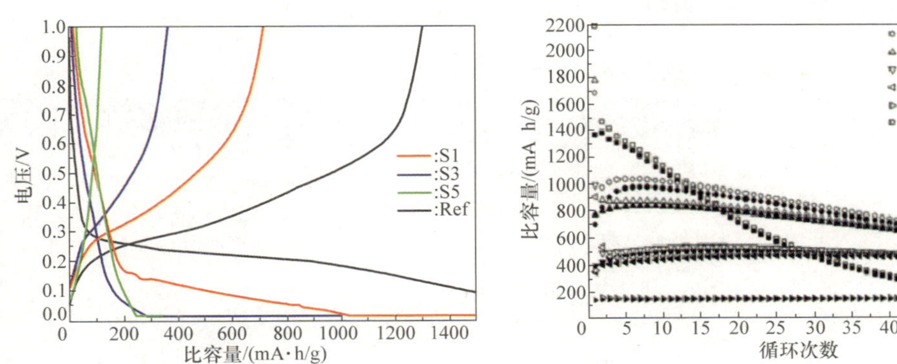

图 2-90 不同氧含量的 SiO_x 电化学性能

注：S1，S2，S3，S4，S5 和 Ref 分别对应氧含量为 1.18，1.28，1.39，1.48，1.83 的 SiO_x 和单质硅

对于 SiO_x 的嵌锂机理目前存在两种观点：一种认为，嵌锂过程中，SiO_x 与 Li 生成 Li_xSiO；另一种观点则认为在较高的电位下，Li 首先与 SiO_x 分子中的 O 反应生成不可逆的化合物 Li_2O，随着嵌锂过程的进行，再在更低的电位下与硅形成锂的硅化物。

在硅 / 锂合金化过程中，伴随着巨大的体积效应。虽然 O 原子的存在会在原位生成惰性缓冲基质相，但是总体体积效应仍然较大，产生的机械应力会使得活性材料粉化并与集流体之间发生电接触失效；SiO_x 的本征电导率低，不利于材料电化学性能的发挥；此外，SiO_x 负极与有些电解液的匹配性也不是很好，易被锂盐分解产生的微量 HF 腐蚀等。由于以上因素的共同影响，最终导致了 SiO_x 负极材料的循环性能严重衰减。与石墨相比，硅基材料中 SEI 膜的生成更严重，且在首次嵌锂时，SiO_x 中的氧原子也会和电解液中的 Li^+ 发生不可逆反应生成惰性相的 Li_2O 和 Li_4SiO_4，再次加剧了其首次不可逆容量，最终结果导致 SiO_x 负极材料首效低的问题，从而严重制约了 SiO_x 负极材料在高比能锂离子蓄电池中的应用。近年来，研究者们主要通过 SiO_x 的歧化、与其他材料的复合、预留缓冲空间、预锂化技术的运用以及其他改性措施对其进行优化。

在工业化生产中，SiO_x 材料可通过 Si 与 SiO_2 在高真空下升华、气态混合后冷凝固化制得，这一方法是目前制备 SiO_x 材料的主要方法。SiO_x 类材料的实际应用是将 SiO_x 与碳复合制备 SiO_x/C 复合负极材料。一方面，碳材料可以起到抑制、缓冲 SiO_x 体积膨胀的作用；另一方面，碳材料具备相对较好的导电性，可以促进电化学反应的进行。同时，碳材料与电解液有更好的相容性。此类复合材料较复合前的 SiO_x 容量有所下降，但循环性能有大幅提高。针对不同碳源，可以选择的复合方式包括机械混合（如石墨等）、固相或液相混合后高温裂解（如沥青或高分子聚合物等）和化学气相沉积（如乙炔）等。硅氧化物的制备流程主要如图 2-91 所示。

图 2-91　硅 / 碳负极材料制备工艺流程图

表 2-8 列出了硅 / 碳复合材料与硅氧化物性能特点的对比。

表 2-8　硅 / 碳复合材料与硅氧化物性能特点的比较

比较项目	硅 / 碳复合材料	硅氧化物
原材料	单质硅，碳（包括热解碳、石墨或纳米碳材料），主要为人工合成	主要由 SiO_2 与单质硅在还原条件下反应合成
形貌	形貌不规则，通常为纳米硅颗粒	形貌不规则，通常为微米级颗粒
比容量	实际容量与硅含量相关，与碳和石墨复合后可实现 400~3000mA · h/g 的可逆容量，目前主要用的可逆容量为 400~650mA · h/g	与碳和石墨复合后可实现 400~1600mA · h/g 的可逆容量，可逆容量与硅含量相关，目前主要用的可逆容量为 400~650mA · h/g
首次库仑效率	比石墨略低，1200mA · h/g 容量的硅碳负极首次效率在 90% 左右，复合石墨的比例加大的话，首次效率可进一步提升	表面包覆碳的硅氧化合物首次效率为 76%~77%，少量氧化亚硅与石墨复合后首次效率可达 90% 以上

（续）

比较项目	硅/碳复合材料	硅氧化物
加工性能	与石墨负极材料相当	与石墨负极材料相当
压实性能/吸液性能	最终压实密度取决于与哪种石墨混合，吸液性能较好	最终压实密度取决于与哪种石墨混合，吸液性能较好
与电解液匹配性	对电解液要求高，需要 FEC、VC 等成膜添加剂，添加剂对循环性能影响大	对电解液要求高，需要 FEC、VC 等成膜添加剂，添加剂对循环性能影响大
循环性能	循环性能比石墨材料差，通过硅/碳复合后，也可以实现 1000 周以上的循环寿命	循环性能比石墨材料差，与石墨复合后，可以实现 1000 周以上的循环寿命
倍率性能	硅/碳负极材料倍率性能较好，关键取决于与什么样的石墨搭配	倍率性能较差，通常需要表面改性提高导电性
安全性能	电压平台比石墨高 0.15V 左右，不容易析锂，其安全性能较好	电压平台比石墨高 0.15V 左右，不容易析锂，其安全性能较好
成本	目前成本较高，将来按照单位瓦时计算的成本有可能低于石墨负极材料	目前成本相对于石墨而言较高，但比硅/碳负极材料低，将来按照单位瓦时计算的成本有可能低于石墨负极材料
应用领域	主要用于圆柱形电池；软包电池和方形电池的应用仍然在研发中	主要用于圆柱形电池；软包电池和方形电池的应用仍然在研发中

3. 硅合金

硅基合金主要是硅与金属（例如 Mg、Cr、Mn、Fe、Co、Ni、Sn 等）形成的化合物或复合物。表 2-9 列出了部分与硅形成合金的嵌锂性能。这些硅化物均可以用高能球磨法制备。在锂嵌入硅化物时，Si 为活性中心，与锂反应，形成 Li_xSi 合金。

表 2-9 部分硅合金的嵌锂性能

硅合金	相对分子质量	第一次脱锂量/mol	脱锂容量/（mA·h/g）
$CoSi_2$	115.11	0.25	58
$FeSi_2$	112.03	0.25	60
$NiSi_2$	114.87	0.85	198
$CaSi_2$	96.26	1.15	320
SiB_3	60.52	1.0	443
SiO	44.09	1.1	669
无定形硅	28.09	1.05	1002

一般地，Si/M 合金体系可基本分成两类材料：硅/惰性嵌锂金属与硅/活性嵌锂金属体系。

① 硅/惰性嵌锂金属，即与硅进行合金化的金属元素不具有嵌锂性能，这类金属（如 Ni、Fe 等）能与硅形成稳定的、具有嵌锂活性的金属间化合物 MSi。实际上，这类体系一般形成的是以 Si、MSi 为活性中心，以惰性金属 M 为分散载体的复合体系，在改善材料导电性能的同时，提高了硅基材料的循环性能。由于这种材料在高温条件下易生成惰性嵌锂相，故一般采用球磨方法合成，合成的材料多为无定形态或微晶，比表面积较大，电极的循环稳定性也较高。

② 硅/活性嵌锂金属体系，即与硅进行合金化的元素为 Al、Sn、Mg 等本身具有嵌锂

性能的物质，利用作为活性中心的 Si、M（合金化元素）在不同电位下的嵌锂效应，使材料的体积膨胀发生在不同电位下，可缓解由此产生的内应力，从而提高材料的循环稳定性。从目前的研究看来，这类材料的容量都比较高，但一般循环稳定性远低于 Si/ 惰性嵌锂金属体系。

2.2.2.5 钛酸锂（$Li_4Ti_5O_{12}$）

1. $Li_4Ti_5O_{12}$ 的结构及性能

1983 年，D. W. Murphy 等首次报道了 $Li_4Ti_5O_{12}$ 与金属锂的电池反应。1996 年，加拿大的 K.Zaghib 首次提出可采用 $Li_4Ti_5O_{12}$ 作为负极材料与高电压正极组成锂离子蓄电池，与炭电极组成电化学混合电容器。1999 年以后，钛酸锂作为锂电池负极材料被大量研究。2011 年，日本东芝量产超级钛酸锂电池 SCIB。

钛酸锂 $Li_4Ti_5O_{12}$ 为白色固体，是 $Li_{1+x}Ti_{2-x}O_4$（$0 \leqslant x \leqslant 1/3$）（$Li_2O$-$TiO_2$ 体系）系列常温下的一个稳定相。它能进行锂离子嵌入反应，具有立方晶系 AB_2X_4 型的尖晶石结构，Li、Ti 和 O 元素分别以 +1、+4 和 −2 价形式存在。其空间群为 Fd3m，可将其结构描述为 $[Li]_{8a}[Li_{1/3}Ti_{5/3}]_{16d}[O_4]_{32e}$：在一个 $Li_4Ti_5O_{12}$ 晶胞中，32 个 O^{2-} 离子构成 FCC 点阵，位于 32e 的位置，占总数 3/4 的 Li^+ 位于四面体 8a 位置，Ti^{4+} 和其余 1/4 的 Li^+ 以 5 : 1 的比例随机分布在八面体 16d 位置。$Li_4Ti_5O_{12}$ 的晶体结构示意图如图 2-92 所示。其结构为锂的脱嵌提供了三维扩散通道。

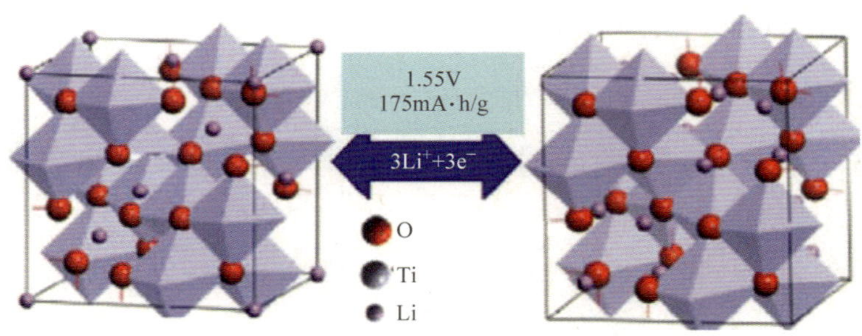

图 2-92 $Li_4Ti_5O_{12}$ 的晶体结构示意图

$Li_4Ti_5O_{12}$ 电极材料的容量主要由可以容纳 Li^+ 的八面体空隙数量所决定，$Li_4Ti_5O_{12}$ 本身不能提供 Li^+，只能和能提供 Li^+ 的材料搭配，一个 $Li_4Ti_5O_{12}$ 可以嵌入 3 个 Li^+，其理论比容量为 175mA · h/g。实际上，1mol 的 $Li_4Ti_5O_{12}$ 最多能容纳 2.7mol Li^+，因此实际循环比容量为 150~160mA · h/g。Li^+ 在 $Li_4Ti_5O_{12}$ 的嵌入是一个两相过程，这种转变是热力学高度可逆的，随着锂的嵌入，Ti^{4+} 被还原为 Ti^{3+}，$Li_4Ti_5O_{12}$ 与其嵌锂产物 $Li_7Ti_5O_{12}$ 结构相同，均为立方尖晶石结构，只是晶胞参数略有变化，由 0.836nm 变为 0.837nm，晶胞体积变化非常小，因此被称为“零应变材料”。它们在物性上有所不同，见表 2-10。正是由于 $Li_4Ti_5O_{12}$ 在充放电前后结构几乎不发生变化，因此以它作为锂离子蓄电池的负极材料，有着非常好的循环性能，经过上千次循环仍能保持稳定的容量。

表 2-10 $Li_4Ti_5O_{12}$ 与 $Li_7Ti_5O_{12}$ 的结构参数

材料	晶胞参数 *a*/nm	电子电导率 /（S/cm）	颜色
$Li_4Ti_5O_{12}$	0.836	10^{-9}	白色
$Li_7Ti_5O_{12}$	0.837	10^{-2}	深蓝色

$Li_4Ti_5O_{12}$ 典型的充放电曲线如图 2-93 所示。其嵌锂电压为 1.55V，充放电平台非常平坦，库仑效率达 100%，循环性能也非常好。将其与 $LiFePO_4$ 正极组成全电池在 1*C* 循环条件下经 10000 个循环后容量还没有明显的衰减，循环可逆性好（图 2-94）。

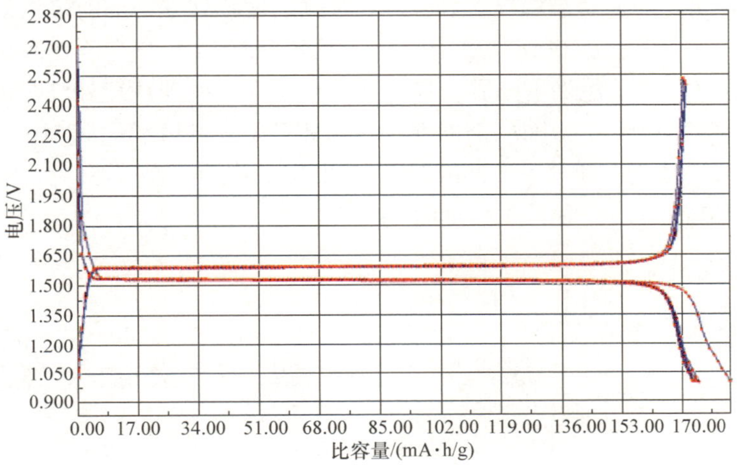

图 2-93 钛酸锂的充放电曲线

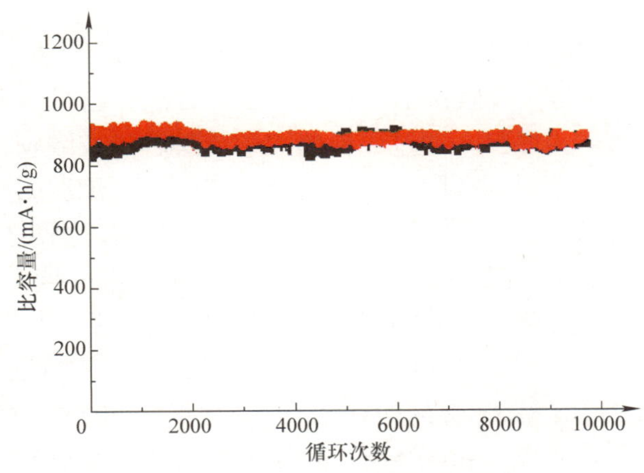

图 2-94 钛酸锂全电池循环性能

$Li_4Ti_5O_{12}$ 作为负极材料，有着较好的高温性能，这是因为 $Li_4Ti_5O_{12}$ 的导电性不好，提高电池的使用温度，可以提高材料的本征导电性，从而使材料有更好的倍率性能。10*C* 充放电下，50℃比 25℃的比容量高约 20mA · h/g。但是 $Li_4Ti_5O_{12}$ 的嵌入电压为 1.55V，较石墨类材料高，因此要求与它组成电池的正极材料的电压较高，正极若为 4V 的 $LiCoO_2$ 或 Li_2MnO_4，则电池的电压为 2.5V，若与 5V 的正极材料 $LiCoPO_4$ 或高电压锰酸锂组成电池，则电池达 3.5V，但对电解液要求非常苛刻。此外，$Li_4Ti_5O_{12}$ 充放电过程会产生气体，吸水性强，电池制作的环境要求高，生产工艺要求高，所以该材料作为负极材料也有一定限制。

2. $Li_4Ti_5O_{12}$ 的制备

$Li_4Ti_5O_{12}$ 通常采用固相法制备，如将原材料 TiO_2（锐钛矿或金红石相对产品的性能没有影响）和 $LiOH·H_2O$ 或者 Li_2CO_3 在高温（750~1000℃）反应。当锂源的量不足时，产物中会残余有 TiO_2；如果锂源过量，产物中会有单斜晶体 Li_2TiO_3，其容量衰减较快。为了补偿在高温下锂源的挥发，通常使锂源过量约 8%。但是如果与机械法相结合，先用高能球磨法来得到 TiO_2 和锂源的非晶相混合物，然后加热烧结得到尖晶石相的 $Li_4Ti_5O_{12}$，可以缩短反应时间，降低烧结温度，在 450℃时就出现相转变，同时烧结后产物的粒度较小，分布也比较均匀，并减少在高温下由于挥发而导致 Li 的损失。在高温热处理时，使用助烧添加剂也可以降低热处理温度，提高离子电导率。例如在热处理时加入 15%（质量分数）的 $0.44LiBO_2·0.56LiF$ 助烧添加剂，该添加剂是一种玻璃形成相，可以将多孔的粉状结构转换为网络结构。由于它仅与 $Li_4Ti_5O_{12}$ 发生轻微反应或不反应，因此 $Li_4Ti_5O_{12}$ 的晶体结构没有明显改变。其制备工艺如图 2-95 所示。

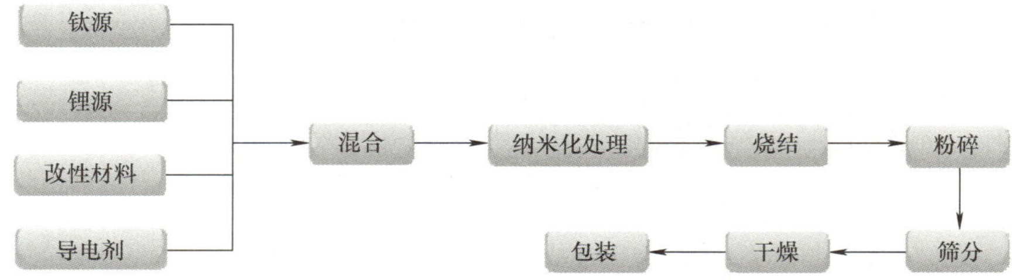

图 2-95　钛酸锂制备工艺流程图

由于 Ti 为 +4 价，很容易形成溶胶，因此采用溶胶 - 凝胶法，可以缩短热处理时间，降低热处理温度。溶胶 - 凝胶法是一种液相合成方法，它可以合成纳米级的超细粉末，一般采用有机前驱体为原料，通过原料的水解或醇解形成溶胶，溶胶在一定条件下挥发溶剂、老化失去流动性得到凝胶，再经过热处理而得到最后的产物。将适量的异丙醇钛 $Ti[OCH(CH_3)_2]_4$ 加入到乙酸锂的甲醇溶液中，得到黄色胶体，搅拌 1h 得到白色凝胶，在 60℃下干燥一天得到干凝胶，然后再将干凝胶在 700~800℃煅烧得到产品。该法制得的 $Li_4Ti_5O_{12}$ 嵌锂电位为 1.55V，$C/60$ 下容量可达到理论容量的 95%。以钛酸正丁酯 $[Ti(OC_4H_9)_4]$ 和乙酸锂为原料，采用异丙醇为溶剂，通过图 2-96 所示的溶胶 - 凝胶法合成了纳米级的 $Li_4Ti_5O_{12}$ 得到的粒子平均粒径为 100nm。产物在 $0.3mA/cm^2$ 下充放电，首次嵌锂容量高达 272mA·h/g，但首次放电效率低至 53.9%，在其后保持了很好的循环性能。

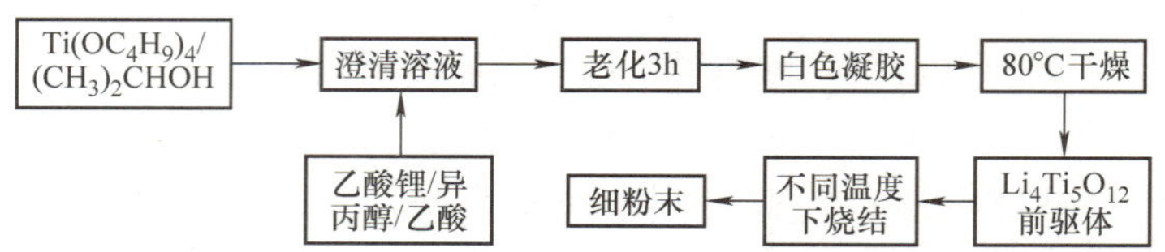

图 2-96　溶胶 - 凝胶法合成 $Li_4Ti_5O_{12}$ 流程图

2.2.2.6 其他

1. 锡基负极材料

锡基负极材料具有质量与体积比能量高、价格便宜、无毒副作用、加工合成相对容易等优点，因此一经提出就受到研究者的广泛关注。锡基负极材料主要包括锡及其合金、锡的氧化物和锡盐。

（1）锡及其合金

锡及其合金的原理与上述硅基材料一样，主要是利用 Sn 能与 Li 形成合金，Sn 能与 Li 形成 7 种金属间化合物：Li_2Sn_5、LiSn、Li_7Sn_3、Li_5Sn_2、$Li_{13}Sn_5$、Li_7Sn_2 和 $Li_{22}Sn_5$，理论容量可达到 994 mA · h/g，是目前备受重视和广泛研究的锂离子蓄电池合金负极材料。根据嵌锂量，锡锂合金 Li_xSn 可分为贫锂相（$x \leqslant 2.33$）、中等嵌锂相（$2.33 < x < 3.5$）和富锂相（$3.5 \leqslant x < 4.4$）。

单质锡作为锂离子蓄电池负极材料仍存在很多难以解决的问题。例如，在循环过程中出现首次不可逆容量损失和容量快速衰减等问题。由于锡和锂的合金化过程中伴随着严重的体积膨胀，膨胀率高达 300%，容易导致锡的碎裂粉化，电极结构损坏，活性物质与集流体的接触变差，最终导致活性材料失效，容量大幅下降。因此，单纯的锡电极的循环性能往往很差。锡在循环过程中首次不可逆容量的产生是由很多原因造成的。首先，贫锂相形成能较高，在后续过程中难以脱锂，这是锡首次不可逆容量形成的重要原因。其次，在循环过程中，金属锡在和锂完全合金化后导电性变差，内阻增大，也会导致脱锂不能完全进行，造成活性物质的损失，产生不可逆容量。另外，电池在首次放电过程中锡基材料与电解液的界面上会生成 SEI 膜，导致 Li^+ 的迁移减慢、材料中的杂质发生副反应等，都可造成材料的首次放电不可逆容量的产生，所以需要对锡进行改性，在这方面的研究很多，主要集中在锡的复合材料和锡的合金。

为了抑制 Sn 在充放电过程中体积变化对电极的冲击，人们通常引入缓冲体系，制备成复合材料来缓解 Sn 的体积膨胀，保证锡颗粒在缓冲材料中充分分散，且颗粒间留有足够缓冲空间，以维持电极的结构稳定性。锡的复合材料主要是与碳材料复合，锡 / 碳复合材料不仅能满足活性材料的高分散性要求，同时碳基质还可作为其体积膨胀的缓冲剂，以及与集流体接触的导电通道，起到稳定结构和增加导电性的作用。

在 Sn 中引入另一种非活性且较软的金属 M 形成合金，由于锂嵌入时 M 的延展性，可以减小体积变化，提高 Sn 的电化学性能。文献报道的锡基合金包括 Sn-Sb、Sn-Cu、Sn-Ni、SnCa、Mg_2Sn、SnCo、SnMn、SnFe、SnAg、SnS、SnZn 等。这些材料的循环性能都远优于单质锡，且与锡氧化物相比，不可逆容量大大下降，但这些材料的电化学性能离工业化还有很大距离。

锡基合金负极产品的优点包括工作电压低、比容量高、加工性能好、环境友好、不同电位下嵌脱锂产物互为缓冲基体缓冲体积膨胀。但是首次不可逆容量大、体积膨胀仍然较大，容量衰减快，循环性能不理想。引起 Sn 基合金容量衰减的原因与硅基材料类似，主要有以下几种：

① 电极材料充放电过程中由于巨大的体积膨胀导致材料粉化，活性物质失活。

② 由于体积膨胀引发的材料粉化，导致循环过程中 Sn 基合金晶界表面 SEI 膜和氧化膜的不断生成。

③ 合金颗粒嵌脱锂后粉化团聚失活。

④ 嵌脱锂过程中复杂的相变导致合金晶格错位造成的死锂的产生。

因此，有效减少合金负极的首次不可逆容量，减缓或抑制其在嵌锂 / 脱锂时产生的巨大体积变化，实现结构稳定性，从而提高循环稳定性，已成为当前急需解决的关键问题。为此国内外科研工作者采取了多相复合材料、纳米化、薄膜及非晶合金、优化黏结剂和电解液等方法对锡合金进行改性。从近几年锡基合金研究的发展来看，取得的成果还是较为明显的，但这些成果距离商业化应用还有很远的距离。

（2）锡氧化物

锡的简单氧化物包括氧化锡、氧化亚锡及其混合物。与碳材料的理论比容量 372mA · h/g 相比，锡氧化物的比容量要高得多，可达到 500mA · h/g 以上，不过首次不可逆容量也大。关于 Sn 的氧化物的储锂机理有两种看法：离子型和合金型。离子型机理认为锂的脱嵌过程是

$$x\text{Li}+\text{SnO}_2(\text{SnO}) \rightleftharpoons \text{Li}_x\text{SnO}_2(\text{Li}_x\text{SnO})$$

即锂与氧化（亚）锡一步可逆反应生成（亚）锡酸锂。

合金型储锂机理认为 Li 和氧化锡或氧化亚锡在充放电过程中分两步进行：

$$\text{Li}+\text{SnO}_2(\text{SnO}) \rightarrow \text{Li}_2\text{O}+\text{Sn}$$

$$x\text{Li}+\text{Sn} \rightleftharpoons \text{Li}_x\text{Sn}\ (0<x<4.4)$$

第一步是 Li 取代氧化锡或氧化亚锡中的 Sn，生成金属 Sn 和 Li_2O，这一步是不可逆的；接下来金属 Sn 再与金属 Li 可逆反应生成 LiSn 合金。目前绝大多数实验现象支持的是合金型机理，因此，SnO 和 SnO_2 的理论比容量通常认为是 875mA · h/g 和 782mA · h/g。由于在首次充放电过程中形成了可用作缓冲剂的纳米 Li_2O，因此相对于 Sn 金属，锡氧化物的循环性能得到改善，从而保持 Sn 颗粒的完整性。

锡氧化物的制备方法很多，包括有高温固相法、机械球磨法、溶胶 - 凝胶法、模板法、静电热喷镀法（ESD）、射频磁控溅射法（RF）、真空热蒸镀法（ED）、化学气相沉积法（CVD）等。前几种方法一般制得粉末材料，而后四种方法得到薄膜材料。不同方法制得的氧化（亚）锡的性质不一样，所以它们的电化学性能也有很大的差别。表 2-11 是不同方法制备的锡氧化物对其电极性能的影响。电压的选择和粒子的大小、形态也会对锡氧化物的性能造成明显差异。

表 2-11　不同方法制备锡氧化物及其电极性能的影响

电极材料	制备方法	形态及结构	可逆比容量 /（mA · h/g）	循环性能
SnO_2	低压 CVD	晶状薄膜	500（0.05~1.15V）	一般
SnO/SnO_2	高温热解喷液法	非晶态膜	—	良好
SnO_2	静电热喷液法	非晶态膜	600（0~1V）	较差
SnO_2	溶胶 - 凝胶法	晶态	600（0~2.0V）	一般
SnO_2	液晶模板法	纳米微孔结构	700（0.05~0.95V）	较差

锡氧化物负极材料的主要问题是首次不可逆容量很大，不可逆容量损失均超过 50%，这主要是由于前面提到的第一次充放电过程中 Li_2O 的生成以及 SEI 膜的形成；另外一个问题是由于材料在脱嵌锂过程中的体积变化极大，引起电极“粉化”或“团聚”，从而造成材料比容量衰减，循环性能下降。

为减轻锡氧化物电极材料的“体积效应”。通常采取如下措施：

① 制备具有特殊形貌的锡氧化物（如薄膜、纳米粒子或者呈无定形态），使得其体积膨胀率降到最小。

② 选择合适的电池操作电压窗口，以减少副反应的发生。

③ 对电极进行掺杂，如掺入 Mo、P 和 B 等元素，阻止充放电反应中锡原子簇的生成。

（3）锡盐及锡酸盐

除氧化物外，锡盐亦可作为锂离子蓄电池的负极材料，如 $SnSO_4$、SnS_2。以 $SnSO_4$ 作为负极材料，最高可逆容量可达到 600mA · h/g 以上。根据合金型机理，不仅 $SnSO_4$、SnS_2 可以作为储锂的活性材料，其他锡盐亦是在选之列，如 Sn_2PO_4Cl 在 40 次循环后容量可稳定在 300mA · h/g。

2. 其他合金化负极材料

除上述基于合金化反应的硅基和锡基负极材料以外，锑基、锗基、铝基、铅基等材料均可利用其与锂形成合金，从而能够进行可逆的锂离子的嵌入和脱出。其理论比容量如图 2-97 所示。

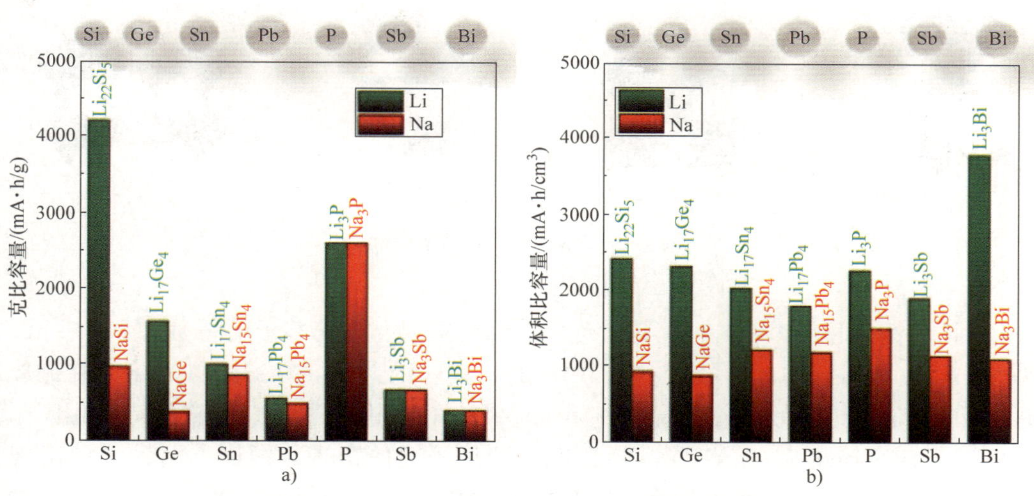

图 2-97 不同锂合金的理论克比容量和体积比容量的比较

a）理论克比容量 b）体积比容量

合金负极材料的制备方法，用得比较多的是高能球磨法，绝大部分的合金材料都可以用球磨法制得。此外，采用热熔法、化学还原法、电沉积法以及反胶束微乳液法制备合金材料，这些方法都各具特色，能在特定的条件下制备出相应的合金材料。

3. 过渡金属氧化物

根据材料不同的脱嵌锂机理，过渡金属氧化物可以分为两类，第一类材料为真正意义上的嵌锂氧化物，锂的嵌入只伴随着材料结构的改变，而没有氧化锂的形成，这种类型的代表有 TiO_2、WO_2、MoO_2、Fe_2O_3、Nb_2O_5 等，这类氧化物通常具有良好的脱嵌锂可逆性，但其比容量低而且嵌锂电位高；第二类过渡金属氧化物以 MO（M=Co、Ni、Cu、Fe）为代表，材料嵌锂时伴随着 Li_2O 的形成，但是这与前面所述 SnO 嵌锂形成的非活性 Li_2O 不同，此类材料脱锂时电化学活性的 Li_2O 可以脱理，从而重新形成金属氧化物。*Nature* 上报道了作为锂离子蓄电池负极材料纳米尺寸的过渡金属氧化物 MO 具有良好的电化学性能。

（1）TiO_2

TiO_2 是研究得最早的金属氧化物负极材料，氧化钛成本低，对环境安全，被认为是用作锂离子蓄电池负极有希望的候选者。其热稳定性非常好，SEI 稳定，因此推荐使用 TiO_2 负极进行安全性研究。

利用水热法、溶胶 - 凝胶法、软模板法、沉淀或固态方法及随后进行离子交换、尿素介质中的水解 / 沉淀途径、负极氧化法、熔融盐法、离子液体合成和静电纺丝技术等均可制备纳米 TiO_2。TiO_2 具有不同的晶型结构：锐钛矿、金红石、板钛矿、TiO_2-B（青铜）、TiO_2-R（斜方锰矿）、TiO_2-H（碱硬锰矿）、TiO_2- Ⅱ（泥铁矿）、TiO_2- Ⅲ（砷铋镍钴矿）。这些晶型结构主要是 TiO_6 八面体之间的连接方式有所差异，如图 2-98 所示。

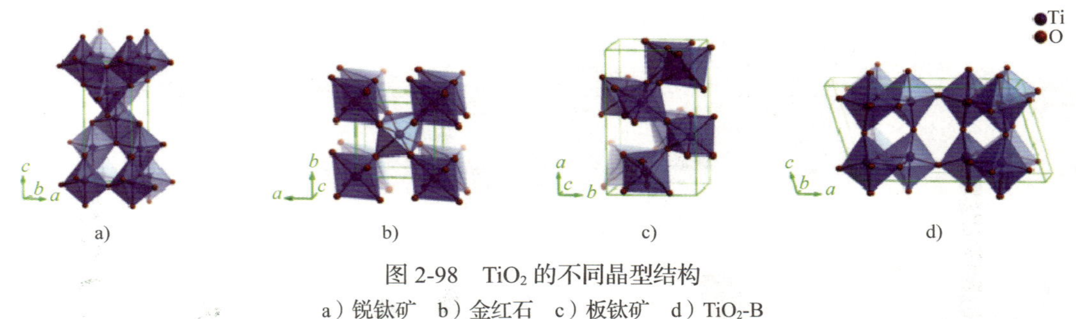

图 2-98　TiO_2 的不同晶型结构

a）锐钛矿　b）金红石　c）板钛矿　d）TiO_2-B

锐钛矿相为体心四方相晶格，包含可插入 Li 的间隙位点，基于反应 $Ti^{4+}O_2+xLi^++xe^- \rightleftharpoons Li_x(Ti_x^{3+}Ti_{1-x}^{4+})O_2$（$x \leqslant 1$），截止电压为 1V 时，其理论比容量为 335mA · h/g。在循环过程中，板钛矿成为两相体系，$Li_{0.01}TiO_2$ 和 $Li_{0.55}TiO_2$。在锂化过程中一直保持两相区，直到所有 $Li_{0.01}TiO_2$ 转化为 $Li_{0.55}TiO_2$，导致电压曲线平台的出现。锂嵌入时，平台出现在 1.72~1.75V，脱锂期间平台出现在 1.8~1.9V，意味着电压滞后 0.1~0.2V。$Li_{0.55}TiO_2$ 相具有正交结构，这种对称性变化伴随着 4% 的体积增长。其电化学性能受尺寸和形貌影响较大，如图 2-99 所示。对于大颗粒 Li_xTiO_2，可以在 $0 \leqslant x \leqslant 0.55$ 范围内可逆地循环，而不会有容量衰减；通过将颗粒的尺寸减小至纳米范围，可循环至 $x \geqslant 1$，然而循环稳定性较差。

纳米相的金红石 TiO_2 在 1~3V 循环时，每 1mol 可以嵌入 0.5mol 的锂，对应的理论容量为 170mA · h/g。金红石 TiO_2 电化学循环比锐钛矿 TiO_2 更容易，这是因为锂离子的扩散系数 D_{Li} 在纳米金红石 Li_xTiO_2 中非常高，在环境压力下，当 x=0.1 时，$D_{Li}=7\times10^{-8}cm^2/s$；

在 x=0.4 时，其值随 x 线性递减到 $1\times10^{-9}cm^2/s$。对金红石 TiO_2 在 1~3V 和 0.1~3V 范围内的电化学性能进行研究，结果表明在深度放电条件下，金红石 TiO_2 具有更好的容量保持率，但是其原因暂时还未确定。

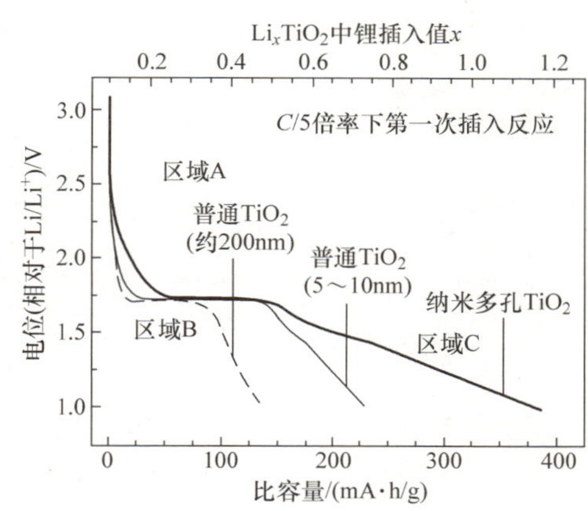

图 2-99　两种商业锐钛矿和纳米多孔结构 TiO_2 的恒电流放电曲线

青铜多晶型 TiO_2-B 具有开放的框架结构，使其利于 Li 传输，具有快速动力学性能。然而，它只能通过 $Na_2Ti_3O_7$ 的质子交换制备，然后在 400~500℃热处理，这种合成过程导致其 TiO_2 结构中存在残余 H_2O 和一定量的锐钛矿相。然而，TiO_2-B 是具有很大可逆容量的负极材料。

像 Si 一样，TiO_2 具有低的电导率，但其可逆容量要小得多。然而，TiO_2 具有循环时体积变化减小的优点，这有利于安全性和循环寿命。考虑到 TiO_2 的低导电性（10^{-13}S/cm），可以考虑利用在其结构中引入孔结构，利用金属、碳等与其进行复合，或者 Ti^{3+}、铈、钨等金属离子掺杂等方法对其进行改性。

（2）MO（M=Co、Ni、Cu、Fe）

纳米过渡金属氧化物 MO 的电化学性能明显不同于微米级以上的粒子，如图 2-100 所示。由于涉及多电子氧化还原反应，金属氧化物通常表现出高比容量，可逆容量在 600~800 mA・h/g 之间，而且容量保持率高，在 50 次循环后可为 100%，且具有快速充放电能力；锂嵌入时电压平台约 0.8V，锂脱出时，在 1.5V 左右。其机理与传统的锂插层脱嵌或形成锂合金机理均不一样。在锂嵌入过程中，Li 与 MO 发生还原反应，生成 Li_2O；在脱锂过程中，Li_2O 与 M 能够再生成 Li 和 MO，该过程如下式所示：

$$MO+2Li \rightleftharpoons Li_2O+M$$

这种氧化物材料的循环性能、可逆容量除了受到粒子大小的影响外，结晶性、粒子形态等对其影响也非常大。通过优化可以提高其综合电化学性能，但是总体来说这类材料最主要的缺点是工作电位较高。在实际应用中，与正极材料组成的电池电压较低，如 CoO 与 $LiMn_2O_4$ 组成的电池，其平均电压只有 2.2V。此外，金属氧化物在形成 Li_2O 时会经历电化学诱导的体积膨胀，导致性能下降。人们提出了诸如纳米尺寸、结构改变和导电材料的引入策略，以促进从 Li_2O 反脱离 Li^+，增强这些电极材料的结构稳定性。

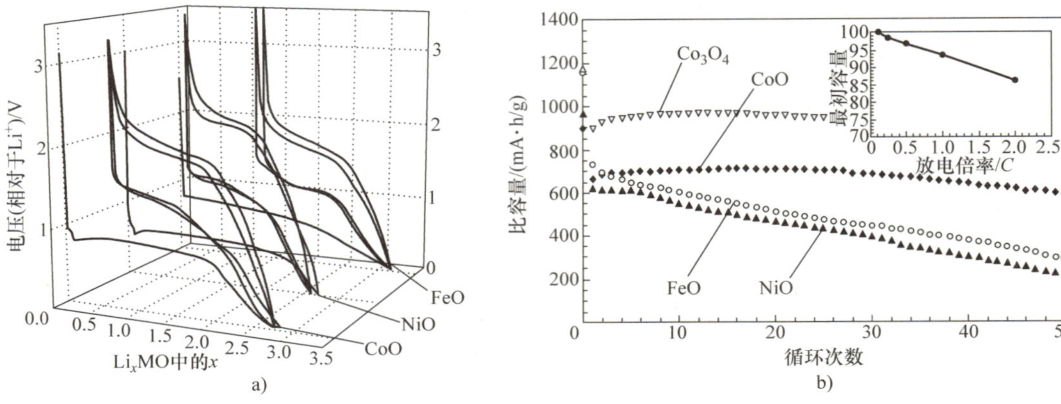

图 2-100 部分过渡金属氧化物 MO 的充放电曲线和循环性能

a）充放电曲线 b）循环性能

4. 硫化物

TiS_2、MoS_2 等硫化物也可作为锂离子蓄电池的负极材料，可与 $LiCoO_2$、$LiNiO_2$ 和 $LiMn_2O_4$ 等 4V 级正极材料匹配组成电池。这类电池电压较低，如以 TiS_2 为负极，$LiCoO_2$ 为正极组成电池，电压为 2V 左右，其循环性能较好，可达到 500 次。

5. 过渡金属钒酸盐

过渡金属钒酸盐（M-V-O，M=Cd、Co、Zn、Ni、Cu、Mg）作为锂离子蓄电池的负极材料，在相对于锂的低电位处呈现出高的容量。当电压低于 0.2V 时，能可逆地嵌入 7 个 Li，达到 800~900mA · h/g 的容量，为石墨电极容量的两倍多。在第一次的锂化过程中，这种电极材料会无定形化，使第一次放电的电压曲线（电压呈阶梯式变化）与第二次的（电压呈光滑、连续变化）不同。这在实际电池的使用过程中是不利的。另一类钒酸盐 RVO_4（R=In、Cr、Fe、Al、Y）作为锂离子蓄电池的负极材料，可在低的电压处与锂发生反应，其中 $InVO_4$ 和 $FeVO_4$ 有高达 900mA · h/g 的可逆容量。与晶态的材料相比，非晶态的材料具有更好的电化学性能。该材料目前的问题是循环性能仍有待于提高。

2.2.2.7 材料特性与测试方法

表 2-12 列出了我国在近十几年发布的锂离子蓄电池负极材料的相关标准，其中国家标准 3 项，行业标准 1 项。从类别上看，涉及的负极产品有 3 项，测试方法 1 项。石墨是首先得到商业化应用的负极材料，因此 GB/T 24533—2009《锂离子蓄电池石墨类负极材料》是第一项负极标准。随后，少量的钛酸锂也进入了市场，相应的行业标准 YS/T 825—2012《钛酸锂》和国家标准 GB/T 30836—2014《锂离子蓄电池用钛酸锂及其碳复合负极材料》也先后推出。

表 2-13 列出了我国正在制定或修订的锂离子蓄电池负极材料的相关标准，除了《锂离子蓄电池石墨类负极材料》属于修订标准，其余 5 项均为新制定的标准。

表 2-12　我国已发布的锂离子蓄电池负极材料相关标准

序号	标准代号	标准名称	级别	类别	制定 / 修定	技术归口单位
1	GB/T 24533—2009①	锂离子蓄电池石墨类负极材料	国家	产品	制定	全国钢标准化技术委员会
2	YS/T 825—2012	钛酸锂	行业	产品	制定	全国有色金属标准化中心
3	GB/T 30836—2014	锂离子蓄电池用钛酸锂及其碳复合负极材料	国家	产品	制定	全国钢标准化技术委员会
4	GB/T 33827—2017	锂电池用纳米负极材料中磁性物质含量的测定方法	国家	方法	制定	全国纳米技术标准化技术委员会纳米材料分技术委员会

① GB/T 24533—2019 即将于 2020 年 2 月 1 日实施。

表 2-13　我国正在制定或修订的锂离子蓄电池负极材料相关标准

序号	计划号	名称	制定 / 修订	申报日期	下达日期	项目周期	技术归口单位
1	20173744-T-605	球形石墨	制定	2017-03-24	2018-01-09	24 个月	全国钢标准化技术委员会
2	20162418-T-605	中间相炭微球	制定	2016-05-09	2016-12-28	24 个月	全国钢标准化技术委员会
3	20173745-T-605	油系针状焦	制定	2017-03-24	2018-01-09	24 个月	全国钢标准化技术委员会
4	20151741-T-605①	锂离子蓄电池石墨类负极材料	修订	2015-01-26	2015-08-18	36 个月	全国钢标准化技术委员会
5	20173743-T-605	软炭	制定	2017-03-24	2018-01-09	24 个月	全国钢标准化技术委员会
6	20173746-T-605	硅碳	制定	2017-03-24	2018-01-09	24 个月	全国钢标准化技术委员会

① GB/T 24533—2019 已更新。

负极材料性能优劣的评价方式与正极材料的类似，也是从理化特性和电化学性能两个方面进行综合评价。一般而言，负极材料的关键性技术指标有晶体结构、粒度分布、振实密度、比表面积、pH、水含量、主元素含量、杂质元素含量、首次放电比容量和首次充放电效率等。具体可以参考正极部分。

1. 负极的晶体结构

在石墨晶体中，2H 和 3R 结构共存，只是二者的比例有所差异，可通过 XRD 测试来确定这一比例。碳材料晶体结构的有序程度和发生石墨化的难易程度可用石墨化度（G）来描述。G 越大，碳材料越容易石墨化，同时晶体结构的有序程度也越高。$G=\dfrac{0.3440-d_{002}}{0.3440-0.3354}\times100\%$，其中，$d_{002}$ 为碳材料 XRD 图谱中（002）峰的晶面间距，0.3440 代表完全未石墨化碳的层间距，0.3354 代表理想石墨的层间距，单位均为 nm。上式表明，碳材料的 d_{002} 越小，其石墨化度就越高，相应晶格缺陷越少，电子的迁移阻力越小，电池的动力学性能会得到提升，因而 GB/T 24533—2009《锂离子蓄电池石墨类负极材料》中对各类石墨的 d_{002} 值均做出了明确规定（表 2-14）。

表 2-14　各类石墨的 d_{002} 值

材料	晶系	空间群	JCPDS 号	层间距 /nm	锐钛矿型 TiO_2 峰强比 I_{101}/I_{111}	金红石型 TiO_2 峰强比 I_{110}/I_{111}
石墨	六方（或菱方）	P63/mmc（或 R3m）	79-1470（或 50-1086）	0.3354~0.3366	—	—
$Li_4Ti_5O_{12}$	立方	Fd-3m	49-0207	—	≤ 0.01	≤ 0.03

$Li_4Ti_5O_{12}$ 通常是以 TiO_2 和 Li_2CO_3 为原料经高温烧结制备的，因此产品中有可能会残留少量的 TiO_2，影响了材料的电化学性能。为此，GB/T 30836—2014《锂离子蓄电池用钛酸锂及其炭复合负极材料》中给出了 $Li_4Ti_5O_{12}$ 产品中 TiO_2 残留量的上限值及检测方法。具体过程为：首先，通过 XRD 测得样品的衍射图谱，应符合 JCPDS（49-0207）的规定；其次，从谱图中读出 $Li_4Ti_5O_{12}$ 的（111）晶面衍射峰、锐钛矿型 TiO_2（101）晶面衍射峰、金红石型 TiO_2（110）晶面衍射峰的强度；最后，计算锐钛矿型 TiO_2 峰强比 I_{101}/I_{111} 和金红石型 TiO_2 峰强比 I_{110}/I_{111}，对照标准中的要求即可做出判断。

2. 负极材料的粒度分布

负极材料的粒度分布会直接影响电池的制浆工艺以及体积能量密度。在相同的体积填充分数情况下，材料的粒径越大，粒度分布越宽，浆料的黏度就越小（图 2-101），这有利于提高固含量，减小涂布难度。另外，材料的粒度分布较宽时，体系中的小颗粒能够填充在大颗粒的空隙中，有助于增加极片的压实密度，提高电池的体积能量密度。

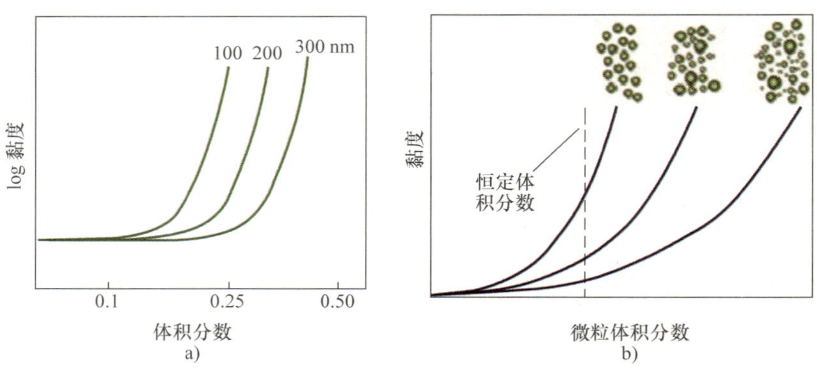

图 2-101　颗粒的粒径以及分布宽度对浆料黏度的影响

a）体积分数　b）微粒体积分数

材料的粒度和粒度分布通常可由激光衍射粒度分析仪和纳米颗粒分析仪测出。激光衍射粒度分析仪主要是基于静态光散射理论工作，即不同粒径的颗粒对入射光的散射角以及强度不同，主要用于测量微米级别的颗粒体系。纳米颗粒分析仪主要是基于动态光散射理论工作的，即纳米颗粒更加严重的布朗运动不仅影响了散射光的强度，还影响了它的频率，由此来测定纳米粒子的粒度分布。

材料粒度分布的特征参数主要有 D_{50}、D_{10}、D_{90} 和 D_{max}，其中 D_{50} 表示粒度累积分布曲线中累积量为 50% 时对应的粒度值，可视为材料的平均粒径。另外，材料粒度分布的

宽窄可由 K_{90} 表示，$K_{90}=(D_{90}-D_{10})/D_{50}$，$K_{90}$ 越大，分布越宽。

负极材料的粒度主要是由其制备方法决定的。例如，中间相碳微球的合成方法为液相烃类在高温高压下的热分解和热缩聚反应，可通过控制原料的种类、反应时间、温度和压力等来调控其粒径。石墨标准中对其粒径参数的要求分别为：D_{50}（约 20μm）、D_{max}（≤ 70 μm）和 D_{10}（约 10μm），而钛酸锂标准中要求的 D_{50} 明显小于石墨（≤ 10μm），见表 2-15。

表 2-15 负极材料标准中的粒度要求

材料	D_{50}/μm	D_{10}/μm	D_{90}/μm	D_{max}/μm
天然石墨	8~25	5~16	18~37	≤ 70
中间相碳微球人造石墨	15~28	5~13	31~42	≤ 75
针状焦人造石墨	11~24	7~17	29~49	≤ 70
石油焦人造石墨	16~24	5~11	33~42	≤ 75
复合石墨	13~24	5~12	31~40	≤ 70
$Li_4Ti_5O_{12}$	0.5~10	—	—	—
$Li_4Ti_5O_{12}$@C	0.5~10	—	—	—

3. 负极材料的密度

粉体材料一般都是有孔的，有的与颗粒外表面相通，称为开孔或半开孔（一端相通），有的完全不与外表面相通，称为闭孔。在计算材料密度时，根据是否将这些孔体积计入，可分为真密度、有效密度和表观密度，而表观密度又分为压实密度和振实密度。

真密度代表的是粉体材料的理论密度，计算时采用的体积值为除去开孔和闭孔的颗粒体积。而有效密度指的是粉体材料可以有效利用的密度值，所使用的体积为包括闭孔在内的颗粒体积。有效体积的测试方法为：将粉体材料置于测量容器中，加入液体介质，并且让液体充分浸润到颗粒的开孔中，用测量的体积减去液体介质体积即得有效体积。

在实际应用中，生产厂家更为关心的是材料的表观密度，它主要包括振实密度和压实密度。振实密度的测试原理为：将一定量的粉末填装在振实密度测试仪中，通过振动装置不断振动和旋转，直至样品的体积不再减小，最后用样品的质量除以振实后的体积即得振实密度。而压实密度的测试原理为：在外力的挤压过程中，随着粉末的移动和变形，较大的空隙被填充，颗粒间的接触面积增大，从而形成具有一定密度和强度的压胚，压胚的体积即为压实体积。一般地，真密度 > 有效密度 > 压实密度 > 振实密度。

负极材料的密度会直接影响到电池的体积能量密度。对于同一种材料，其压实密度越大，体积能量密度也越高，因此标准中对各项密度的下限值均做出了要求（表 2-16）。其中，不同石墨材料的真密度范围相同，均为 2.20~2.26 g/cm^3，这是因为它们从本质上讲都是碳材料，只是微结构不同而已。另外，由于 $Li_4Ti_5O_{12}$ 的初始电导率较低，通常需要通过碳包覆来提升电池的倍率性能，但与此同时，相应的振实密度有所下降。

表 2-16 负极材料标准中的密度要求

材料	振实密度 / (g·cm^{-3})	压实密度 / (g·cm^{-3})	真密度 / (g·cm^{-3})
天然石墨	≥ 0.9	≥ 1.45	2.20~2.26
中间相碳微球人造石墨	≥ 1.1	≥ 1.40	2.20~2.26
针状焦人造石墨	≥ 0.8	≥ 1.40	2.20~2.26
石油焦人造石墨	≥ 1.0	≥ 1.3	2.20~2.26
复合石墨	≥ 0.8	≥ 1.3	2.20~2.26
$Li_4Ti_5O_{12}$	≥ 0.9	≥ 1.9	≥ 3.4
$Li_4Ti_5O_{12}$@C	≥ 0.7	≥ 1.8	≥ 3.1

4. 负极材料的比表面积

表面积分为外表面积和内表面积，材料的比表面积是指单位质量的总面积。理想的非孔材料只有外表面积，比表面积通常较小，而有孔和多孔材料具有较大的内表面积，比表面积较高。另外，通常将粉体材料的孔径分为三类，小于 2 nm 的为微孔，2~50 nm 之间的为介孔，大于 50 nm 的为大孔。此外，材料的比表面积与其粒径是息息相关的，粒径越小，比表面积越大。

材料的孔径和比表面积一般是通过氮气吸脱附实验测定的。其基本原理为：当气体分子与粉体材料发生碰撞时，会在材料表面停留一段时间，此现象为吸附，恒温下的吸附量取决于粉体和气体的性质以及吸附发生时的压力，根据吸附量即可推算出材料的比表面积、孔径分布和孔容等。另外，粉体对气体的吸附量会随着温度的降低而升高，因此吸附实验一般是在低温下（使用液氮）进行的，以提高材料对气体的吸附能力。

负极材料的比表面积对电池的动力学性能和 SEI 的形成有很大影响。例如，纳米材料一般具有较大的比表面积，能够缩短锂离子的传输路径、减小面电流密度、提升电池的动力学性能，因而得到了广泛的研究。但往往这类材料却无法得到实际应用，主要是因为大的比表面积会加剧电池在首次循环时电解液的分解，造成较低的首次库仑效率。因此，负极材料标准对石墨和钛酸锂的比表面积设定了上限值，例如石墨的比表面积需要被控制在 6.5 m^2/g 以下，而 $Li_4Ti_5O_{12}$@C 也要小于 18m^2/g（表 2-17）。

表 2-17 负极材料标准中的比表面积要求

材料	天然石墨	中间相碳微球人造石墨	针状焦人造石墨	石油焦人造石墨	复合石墨	$Li_4Ti_5O_{12}$	$Li_4Ti_5O_{12}$@C
D_{50}/μm	8~25	15~28	11~24	16~24	13~24	0.5~10	0.5~10
比表面积 / (m^2/g)	≤ 6.5	0.5~1.5	≤ 5	≤ 5	≤ 4	≤ 10	≤ 18

5. 负极材料对 pH 和水分（质量分数）的要求

粉体材料中含有的微量水分可由卡氏水分测定仪测定。其基本原理为：试样中的水可与碘和二氧化硫在有机碱和甲醇的条件下发生反应（$H_2O+I_2+SO_2+CH_3OH+3RN \rightarrow [RHN]SO_4CH_3+2[RHN]I$），其中的碘是通过电化学方法氧化电解槽而产生的（$2I^- \rightarrow I_2+2e^-$），产生碘的量与通过电解池的电量成正比，因此通过记录电解池所消耗的电量就可求得水含量。

负极材料的 pH 和水分对材料的稳定性和制浆工艺有重要影响。对于石墨而言，其 pH 通常在中性左右（4~9），而 $Li_4Ti_5O_{12}$ 则呈碱性（9.5~11.5），具有一定的残碱度（表 2-18）。这主要是因为在制备 $Li_4Ti_5O_{12}$ 时，为保证反应的充分进行，一般都会让锂源过量，而它们主要以 Li_2CO_3 或者 LiOH 的形式存在，使最终产品呈碱性。当残碱量过高时，材料的稳定性变差，容易与空气中的水和二氧化碳等反应，会直接影响材料的电化学性能。另外，由于石墨类负极浆料目前主要为水性体系，因此它对水分的要求（≤ 0.2%）并没有像正极材料（浆料通常为油性体系，≤ 0.05%）那样苛刻，这对降低电池的生产成本和简化工艺具有一定意义。

表 2-18　负极材料标准中的 pH 和水分要求

材料	天然石墨	中间相碳微球人造石墨	针状焦人造石墨	石油焦人造石墨	复合石墨	$Li_4Ti_5O_{12}$	$Li_4Ti_5O_{12}$@C
pH	4~9	4.5~9	4.5~9	4.5~9	4.5~9	9.5~11.5	9.5~11.5
残碱量 /（mg/kg）	—	—	—	—	—	≤ 1200	≤ 1200
水分（%）	≤ 0.2	≤ 0.2	≤ 0.2	≤ 0.2	≤ 0.2	≤ 0.15	≤ 0.2

6. 负极材料的主元素含量

石墨负极虽然具有较高的容量和低且平稳的嵌锂电位，但是它对电解液的组分十分敏感，易剥离，耐过充能力差。因此，商业化使用的石墨都是改性石墨，改性方法主要包括表面氧化和表面包覆等，而表面处理也会使石墨中残存部分杂质。石墨主要由固定碳、灰分和挥发分三部分组成，固定碳是真正起电化学活性的组分，标准中要求固定碳的含量需要大于 99.5%（质量分数，表 2-19），可采用间接定碳法来确定固定碳的含量。

对于 $Li_4Ti_5O_{12}$ 而言，锂的理论含量为 6%（质量分数），在实际产品中允许的偏差为 5%~7%（表 2-19）。一般元素的含量可由电感耦合等离子体原子发射光谱（Inductively Coupled Plasma-atomic Emission Spectrometry，ICPAES）测出，其基本原理为：工作气体（Ar）在高频电流的作用下产生等离子体，样品与高温等离子体相互作用发射光子，它的波长与元素种类有关，由激发波长即可判断出元素种类。此外，$Li_4Ti_5O_{12}$ 的电导率较低，通常会采用碳包覆的策略来提升电池的反应动力学。然而，包覆的碳层不宜过厚，否则不仅会影响锂离子的迁移速率，还会降低材料的振实密度，因此标准中将碳含量限制在了 10% 以下（表 2-19）。

表 2-19　负极材料标准中对主元素含量（质量分数）的要求

材料	天然石墨	中间相碳微球人造石墨	针状焦人造石墨	石油焦人造石墨	复合石墨	$Li_4Ti_5O_{12}$	$Li_4Ti_5O_{12}$@C
固定碳（%）	≥ 99.9	≥ 99.95	≥ 99.7	≥ 99.7	≥ 99.5	—	≤ 10
锂含量（%）	—	—	—	—	—	5~7	5~7

7. 负极材料的杂质元素含量

负极材料中的杂质元素是指除了主元素以及包覆和掺杂引入的元素外的其他成分。杂质元素一般是通过原料或者是在生产过程中被引入的，它们会严重影响电池的电化学性能，因此需要从源头加以控制。例如，某些金属杂质成分不仅会降低电极中活性材料的比例，还会催化电极材料与电解液的副反应，甚至刺穿隔膜，造成安全隐患。另外，由于人造石墨大多是通过石油裂解制备的，因此这类产品中往往还残存少量的有机产物，如硫、丙酮、异丙醇、甲苯、乙苯、二甲苯、苯、乙醇、多溴联苯和多溴联苯醚等（表 2-20）。

欧盟的 RoHS 标准即《电子和电器设备中限用某些物质的指令》(The Restriction of the use of Certain Hazardous Substances in Electrical and Electronic Equipment）中对各类有害物质做出了限定，我国制定的标准也参考了这一规定。例如，部分负极原料中含有镉、铅、汞、六价铬及其化合物等限用元素，它们对动物、植物和环境有害，因此在标准中对此类物质有严格的限制（石墨≤ 2×10^{-5}，钛酸锂≤ 1×10^{-4}）（表 2-20）。另外，负极材料的生产设备大都为不锈钢和镀锌钢板等，产品中往往都含有铁、铬、镍和锌等磁性杂质，它们可以通过磁选的方式被收集，因此标准中对此类杂质的含量要求较严格（石墨≤ 1.5×10^{-6}，钛酸锂≤ 2×10^{-5}）。

表 2-20　负极材料标准中的杂质元素和有害元素含量的要求（质量分数）

元素 / ($\times10^{-6}$)	天然石墨	中间相碳微球人造石墨	针状焦人造石墨	石油焦人造石墨	复合石墨	$Li_4Ti_5O_{12}$	$Li_4Ti_5O_{12}$@C
微量金属元素（钠、铜和铝等）	≤ 80	≤ 80	≤ 130	≤ 230	≤ 110	—	—
阴离子（Cl^-、NO_3^- 和 SO_4^{2-} 等）	≤ 110	≤ 110	≤ 110	≤ 110	≤ 110	≤ 60	≤ 60
全硫（硫）	≤ 20	≤ 20	≤ 20	≤ 20	≤ 20	—	—
有机物（甲苯和多溴联苯等）	≤ 17	≤ 17	≤ 17	≤ 17	≤ 17	—	—
限用物质（镉、铅和汞等）	≤ 20	≤ 20	≤ 20	≤ 20	≤ 20	≤ 100	≤ 100
磁性物质（铁、镍和锌等）	< 0.5	< 0.5	< 1.5	< 1.5	< 1	≤ 20	≤ 20

8. 负极材料的首次可逆比容量和首次库仑效率

负极材料的首次可逆比容量指的是首周脱锂容量，而首次库仑效率指的是首周脱锂容量与嵌锂容量的比值，它们可以在很大程度上反映电极材料的电化学性能。石墨负极在首周嵌锂的过程中电解液会发生分解，生成 SEI 膜，它允许锂离子通过，阻碍电子通过，可以防止电解液的进一步消耗，因此拓宽了电解液的电化学窗口。然而，SEI 膜的生成也会造成较大的不可逆容量，降低了首次库仑效率，特别是对于全电池而言，较低的首次库仑效率意味着有限锂源的损失。相比之下，$Li_4Ti_5O_{12}$ 的嵌锂电位（约 1.55V）较高，不会在首周生成 SEI 膜，因此首次效率比石墨高（≥ 90%，表 2-21），高质量 $Li_4Ti_5O_{12}$ 的首次效率可以达到 98% 以上。另外，电池的首次可逆比容量可以在一定程度上反映材料在后续循环中的稳定容量，也具有重要的实际意义。

表 2-21 负极材料标准中对首次可逆比容量和首次效率的要求

材料	天然石墨	中间相碳微球人造石墨	针状焦人造石墨	石油焦人造石墨	复合石墨	$Li_4Ti_5O_{12}$	$Li_4Ti_5O_{12}$@C
首次库仑效率（%）	≥ 91	≥ 92	≥ 91	≥ 89	≥ 89	≥ 90	≥ 92
首次可逆比容量 / [（mA · h）/g]	≥ 345	≥ 320	≥ 320	≥ 295	≥ 320	≥ 155	≥ 155

2.2.2.8 车用锂离子蓄电池负极材料发展趋势

根据国内目前市场需求来看，整个锂离子蓄电池负极材料的市场需求量将保持持续增长的趋势。而从负极材料的种类上来看，整个负极材料市场目前仍以天然石墨和人造石墨为主体（图 2-102）。但是，随着整个市场对高容量、高功率负极材料需求的逐步提升以及新一代负极材料（如硅基材料等）制备工艺的逐渐成熟，市场重心也会逐步向新一代负极材料偏移。

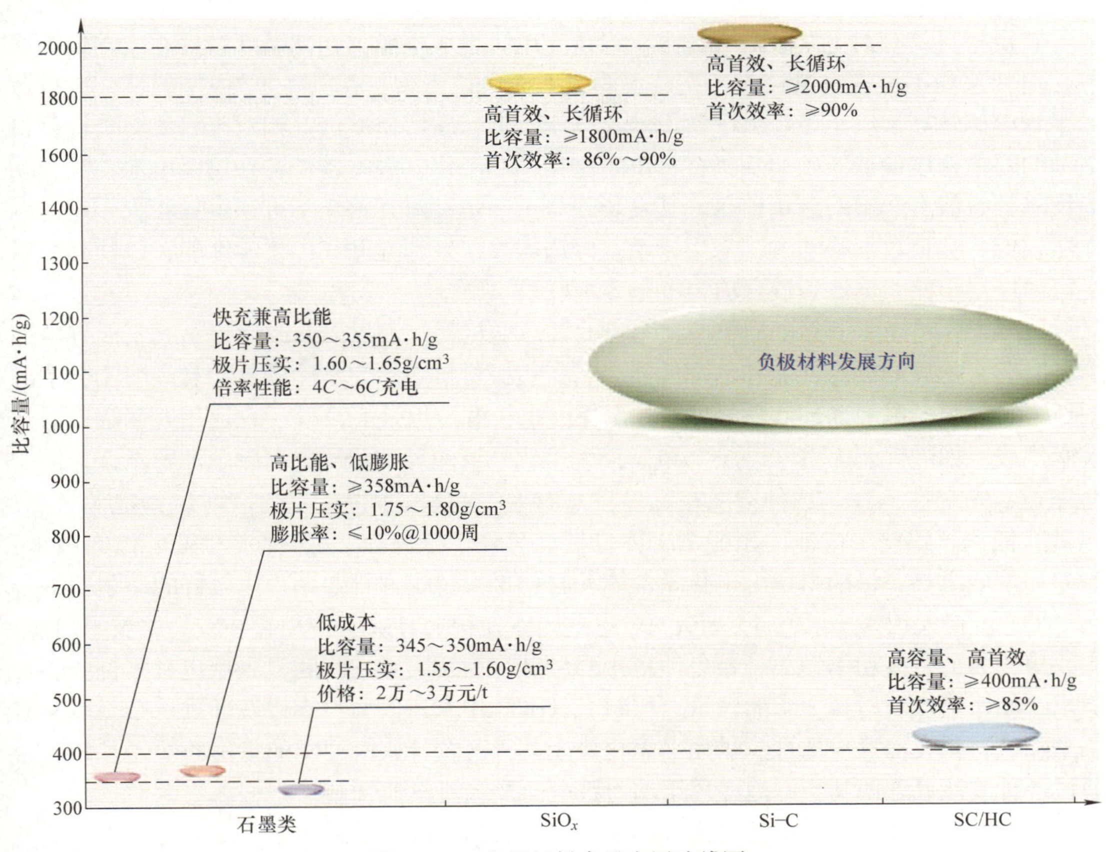

图 2-102 负极材料产品发展路线图

石墨类负极材料主要应用领域为便携式电子产品，改性天然石墨也已经在动力蓄电池与储能电池中应用。但是，当前制造工艺的不断完善已经使石墨类负极材料非常接近其理论比容量 372mA·h/g，且压实密度也已经达到了极限，而电动汽车领域的不断发展对下一代锂离子蓄电池的能量密度、功率密度、寿命等提出了更高的要求。针对这一不断增长的需求，在碳材料方面，目前学术界以及各大负极材料厂商对纳米孔、微米孔石墨和多面体石墨继续进行更深层次的研究，期望通过提升石墨类负极材料的性能来满足锂离子蓄电池高容量、高功率等更高层次的需求。

硬炭材料具有循环性能好的优点。如果不限制嵌锂电位，比容量超过了石墨类材料（400~1000mA·h/g）。硬炭材料同时也存在首周效率低、低电位储锂倍率性能差、全电池满充电态易于析锂、压实密度低等问题。这些问题使得硬炭材料在能量型锂离子蓄电池中应用没有明显优势。但是硬炭材料电压曲线的斜坡段储锂的倍率性能较好，这段储锂的比容量为 200~300mA·h/g，通过电池管理系统（BMS）控制，只使用斜坡段储锂，可以在高功率动力锂离子蓄电池中获得应用。硬炭负极材料的发展趋势主要还是通过不断改进材料的制备工艺，使之更适用于高功率动力蓄电池和混合动力汽车。针对硬炭负极材料首周效率过低、不可逆容量较大等问题，学术界和各大企业均尝试通过包覆和掺杂等方法改善硬炭的电化学性能。

软炭材料具有对电解液适应性强，耐过充电、过放电能力强，循环较好，成本低等优点，但其首周不可逆容量较大，充放电曲线上无电位平台，在 0~1.2V 内呈斜坡，造成对锂平均电位较高，以至于锂离子蓄电池端电压较低，压实密度低，相对于石墨类负极材料电池的能量密度偏低。软炭负极材料由于避免了石墨化，成本较低，在储能电池、混合动力汽车等方面有一定的应用前景。其发展趋势主要是针对其首周不可逆容量较大、电池端电压较低、容量较低等问题，采用掺杂、修饰等改性处理提升其电化学性能，以使其可以更好地应用于储能电池和混合动力汽车等领域。

$Li_4Ti_5O_{12}$ 是锂离子蓄电池中非常罕见的零应变材料，经过表面改性提高其室温导电性后具有非常优异的循环性能和倍率性能。它在负极材料中的安全性最高，且一般不会生成固体电解质膜，电池循环寿命好，高低温性能也较好。但是 $Li_4Ti_5O_{12}$ 在应用时面临着一些技术挑战。如嵌锂态 $Li_7Ti_5O_{12}$ 会与电解液发生化学反应导致胀气，引起电池容量衰减、寿命缩短、安全性下降，这种情况在温度较高时尤为明显。同时，$Li_4Ti_5O_{12}$ 嵌锂电位过高，容量降低，导致整个电池体系能量密度较低。另外，$Li_4Ti_5O_{12}$ 生产成本较高，涂布技术、涂布环境要求高，目前市场上电化学性能和材料批次稳定性都兼顾得比较好的碳包覆纳米 $Li_4Ti_5O_{12}$ 价格大约为 13 万 ~15 万元 /t。这些因素使得 $Li_4Ti_5O_{12}$ 应用存在较高的技术门槛，主要市场为适合高功率锂离子蓄电池应用的领域。为解决这一问题，先后也有多种方法被提出，如严格控制材料中水的含量、控制 $Li_4Ti_5O_{12}$ 中杂质的含量，以及通过掺杂、表面修饰来降低材料表面反应活性、采用高温化成工艺等，预计未来几年的发展趋势还是倾向于通过各种改性处理使其更好地应用于动力蓄电池及储能电池领域。

高能量密度锂离子蓄电池是未来的主要发展方向，硅基材料由于其高容量的优势，是下一代锂离子蓄电池负极材料的首选，将在消费电子、动力汽车、纯电动汽车等领域极具竞争潜力。硅基负极材料应用主要需要解决两个问题：一是在储锂过程中过大的体积效

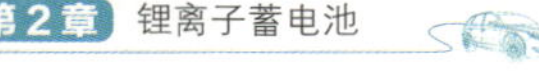

应带来的容量衰减问题；二是由于体积效应导致的 SEI 破裂以及新的 SEI 膜的持续生长，这将消耗电池正极材料中有限的锂源、电解液，导致电池容量不断衰减，内阻不断增加，体积也会相应膨胀。对于纳米硅碳负极材料而言，如何将纳米硅材料做得更小（粒度 < 100 nm）、结晶度更低，同时兼顾控制生产成本将是关键。在此基础上，需要不断改进制备工艺，通过包覆、掺杂、设计微结构等方法改善纳米硅碳负极材料的电化学性能。针对其首周效率不高的问题，目前已经在开发在充放电过程中预先补锂的技术，较为成熟的技术包括金属锂粉和金属锂箔预锂化；为了解决其循环、倍率性能不够好，体积能量密度不够高等问题，已经提出了减小纳米硅的颗粒尺寸，包覆固态电解质充当人工 SEI 膜以及寻找更新的、更合适的电解液、导电添加剂和黏结剂等方法。预计未来几年，随着制备工艺和材料设计的不断改进以及匹配黏结剂、导电添加剂、集流体、电解质、功能添加剂、正极材料的优化，硅基负极材料将会陆续地批量进入市场。

随着高能量密度的锂硫电池和锂空电池等新型电池体系的研究和开发开发，金属锂也是未来负极材料的发展方向。目前针对金属锂的枝晶问题，可行的研究方法包括电解液的优化、金属锂负极结构的优化以及固态电解质的开发。不过，锂金属电池的发展目前还属于起步阶段，短期不会得到广泛的应用。

虽然已经通过各种改性处理方法不断完善这些负极材料的制备工艺，并逐渐开发了适合这些材料的电池，但是这些新材料的产业化程度和技术成熟度与石墨类碳材料相比还有一定距离，针对材料在各类电池中应用时的电化学反应、储锂机制、热力学、动力学、稳定性、界面反应等基础科学问题的深入研究，综合性能指标改进、材料匹配性、服役与失效机制等关键技术攻关、寻找创新的综合技术解决方案是下一阶段的主要任务。

2.2.2.9 各类负极材料在电动汽车中的使用案例

表 2-22 是市场上部分车型及所采用的正、负极材料等信息。

表 2-22 各类车型及所用正、负极材料

车型	正极材料	负极材料
特斯拉 Model 3	镍钴铝三元材料	石墨 + 硅负极
比亚迪 e6	磷酸铁锂 / 镍钴锰三元材料	石墨
宝马 i3	镍钴锰三元材料	石墨
珠海银隆	镍钴锰三元材料	钛酸锂
本田思域 HEV	镍钴锰三元材料	硬炭 / 石墨

2.2.2.10 各类负极材料性能及优缺点对比

各类负极材料性能及优缺点对比见表 2-23。

表 2-23　各类负极材料性能及优缺点对比

材料种类	比容量 /（mA·h/g）	首次库仑效率（%）	压实密度 /（g/cm^3）	工作电压 / V	循环寿命 / 次	安全性	倍率性能	应用方向	优缺点
天然石墨	360~370	90~93	1.5~1.7	0.2	＞1000	一般	差	数码产品 / 动力	优点：技术成熟，工艺简单 缺点：与电解液相容性差，各向异性阻碍离子扩散
人造石墨	310~360	90~95	1.5~1.8	0.2	＞2000	良好	良好	数码产品 / 动力	优点：工艺成熟，综合性能好 缺点：不能满足更高能量密度需求
中间相碳微球	340~360	94~96	1.5~1.7	0.2	＞5000	良好	优秀	数码产品 / 动力	优点：工艺成熟，首周效率高，倍率性能优异 缺点：成本高，不能满足更高能量密度需求
软炭	250~400	70~85	1.1~1.2	~0.5	＞5000	良好	优秀	动力 / 储能	优点：成本低、循环稳定、低温特性优 缺点：容量低，首周效率低
硬炭	250~400	60~85	1.0~1.1	~0.5	＞5000	良好	优秀	动力 / 储能	优点：循环稳定、低温特性优 缺点：首周效率低、成本高
硅碳复合材料	400~650	89~92	1.60~1.65	0.3~0.5	＞1000	一般	一般	数码产品 / 动力	优点：比容量较高 缺点：容量衰减快
硅氧石墨复合	400~1600	77~90	0.9~1.1	0.3~0.5	＞1000	一般	一般	数码产品 / 动力	优点：比容量较高 缺点：容量衰减快
钛酸锂	160~170	98~99	1.8~2.3	1.55	＞10000	优秀	优秀	动力 / 储能	优点：循环寿命长，安全性高 缺点：比容量低，电压平台高，需要匹配高电压正极体系，生产成本高

2.2.3　电解质（电解液）

2.2.3.1　电解液的性能特点

电解液作为锂离子蓄电池四大关键主材之一，在电池中承担着正负极间传递电荷的作用，对电极 / 电解液界面的性能具有调控作用，是锂离子蓄电池的“血液”。电池性能的影响因素包括电池容量、内阻、倍率充放电性能、电池操作温度范围、电池储存等方面，

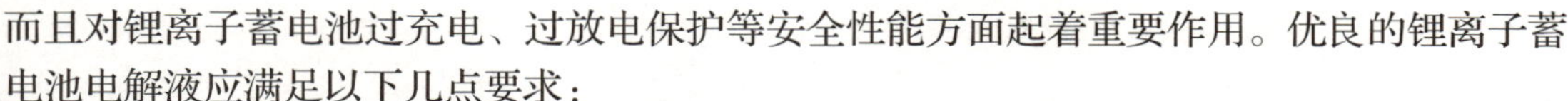

而且对锂离子蓄电池过充电、过放电保护等安全性能方面起着重要作用。优良的锂离子蓄电池电解液应满足以下几点要求：

① 液态温度范围宽，在 −20~80℃范围内为液体。

② 有较高的离子电导率，室温下应大于 6mS/cm。

③ 对电极、隔膜的润湿性好。

④ 电化学稳定性好，有较宽的电化学窗口。

⑤ 与正负极材料兼容性好，能形成稳定的固体电解质界面（SEI）膜。

⑥ 化学稳定性好，与正负极材料、集流体、隔膜等基本不发生反应。

⑦ 热稳定性较好。

⑧ 安全性好，不易燃。

⑨ 对环境友好。

电解液与电池之间的对应性强，使用时根据不同厂商电池设计的电化学性能要求，配套使用不同配方的电解液。

2.2.3.2 电解液组成

1. 概述

锂离子动力蓄电池的电解液是一种混合物，由电解质锂盐、有机溶剂和功能性添加剂复配而成。有机溶剂是电解液的主体部分，电解液的性能与之密切相关，一般混合使用高介电常数溶剂和低黏度溶剂；电解质锂盐是电解液的核心成分；功能性添加剂能显著地改善电解液的某些性能。

下面将电解液配方中涉及的各组分的物理、化学、电化学性质、技术要求等做简要介绍。

2. 电解质锂盐

锂盐是电解液的核心部分，其种类很多，但是能够适用于锂离子蓄电池的电解质锂盐必须具有下述条件：

① 在非水溶剂中具有较高的溶解度、较高的离子电导率和较高的锂离子迁移数。

② 电化学稳定性好，使电解液能够在较宽的电位范围内保持稳定。

③ 化学稳定性和热稳定性好，不与溶剂、隔膜和电极材料等发生反应。

④ 能够钝化集流体铝箔。

⑤ 有助于 SEI 膜的形成，提高电池的安全性和循环寿命。

⑥ 阴离子无毒性。

常用的电解质锂盐为含氟无机或者有机阴离子锂盐。常用的无机阴离子锂盐有：六氟磷酸锂、四氟硼酸锂、二氟磷酸锂等；有机阴离子锂盐有：四氟草酸磷酸锂、二氟双草酸磷酸锂、双乙二酸硼酸锂、乙二酸二氟硼酸锂、双（三氟甲烷磺酰）亚胺锂、双（氟代磺酰）亚胺锂。按照电解液的发展趋势分为传统锂盐和新型锂盐，目前常用的传统锂盐是六氟磷酸锂，其余为新型锂盐。下面按传统锂盐和新型锂盐分类介绍，如图 2-103 所示。

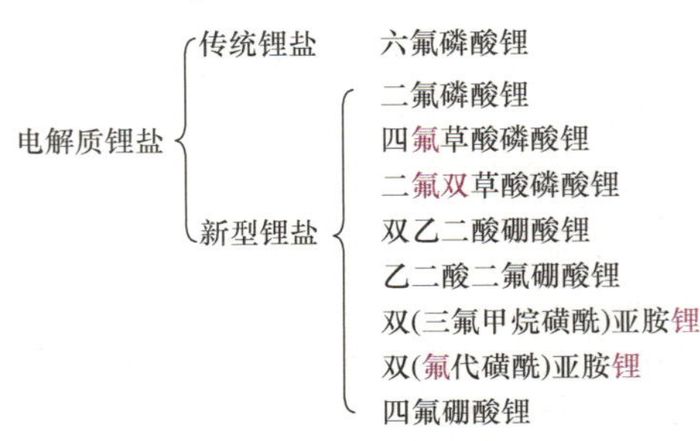

图 2-103　传统锂盐和新型锂盐分类

（1）传统锂盐

传统的电解质锂盐为六氟磷酸锂，是电解质主盐，也是近期难以替代的锂离子蓄电池电解质锂盐。下面对六氟磷酸锂的物化性质、生产方法、分析方法以及其优缺点分别进行介绍。

分子式：$LiPF_6$，分子质量：151.91，CAS 号：21324-40-3。

1）物化性质

① 外观：白色晶体或粉末。

② 稳定性：分解温度为 150℃。潮解性强，遇到水或者醇等杂质，特别是在 60℃以上，会不稳定分解，产生氢氟酸。

③ 溶解性：易溶于水和有机溶剂。

④ 相对密度：1.50。

2）原料

六氟磷酸锂原料的技术指标见表 2-24。

表 2-24　六氟磷酸锂原料的技术指标（质量分数）

序号	原料名称	项目	技术指标
1	氟化氢	外观	无色透明液体
		氟化氢（%）	≥ 99.99
		水分（%）	≤ 0.002
		H_2SiF_6（%）	≤ 0.005
		不挥发酸（以 H_2SO_4 计）（%）	≤ 0.003
		Ca（$\times10^{-6}$）	≤ 2
		Fe（$\times10^{-6}$）	≤ 3
		K（$\times10^{-6}$）	≤ 2
		Na（$\times10^{-6}$）	≤ 5
		其他金属杂质（$\times10^{-6}$）	≤ 1

（续）

序号	原料名称	项目	技术指标
2	氟化锂	外观	白色粉末
		氟化锂（%）	≥ 99.95
		K（$\times10^{-6}$）	≤ 10
		Na（$\times10^{-6}$）	≤ 10
		Fe（$\times10^{-6}$）	≤ 5
		Ca（$\times10^{-6}$）	≤ 10
		Mg（$\times10^{-6}$）	≤ 10
		Zn（$\times10^{-6}$）	≤ 10
		Ni（$\times10^{-6}$）	≤ 1
		Pb（$\times10^{-6}$）	≤ 1
		Al（$\times10^{-6}$）	≤ 10
		Cr（$\times10^{-6}$）	≤ 1
		SiO_2（$\times10^{-6}$）	≤ 150
		SO_4^{2-}（$\times10^{-6}$）	≤ 50
		H_2O（$\times10^{-6}$）	≤ 300
3	五氯化磷	外观	淡黄色小颗粒状，流动性好，无黑点
		五氯化磷（%）	≥ 99.0
		灼烧残渣（%）	≤ 0.01
		重金属（以 Fe 计）（%）	≤ 0.003

3）生产方法

六氟磷酸锂生产工艺流程简图如图 2-104 所示。

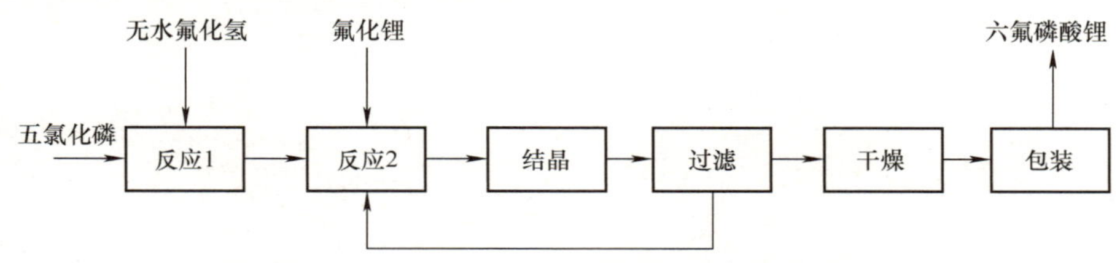

图 2-104　六氟磷酸锂生产工艺流程简图

4）生产流程

在无水氟化氢存在下，首先使氟化锂与氟化氢形成 HF · LiF 溶液，然后使五氯化磷与氟化氢反应产生的中间气体与 HF · LiF 溶液反应形成六氟磷酸锂溶液；在搅拌下，降温使六氟磷酸锂结晶析出，经过滤、干燥得到六氟磷酸锂产品。

5）主要生产设备

主要生产设备见表 2-25。

表 2-25　六氟磷酸锂主要生产设备

序号	工序名称	设备名称	材质
1	配料	配料釜	304 或 316 不锈钢、碳钢衬聚四氟乙烯
2	反应	反应釜	304 或 316 不锈钢、碳钢衬聚四氟乙烯
3	结晶	结晶釜	304 或 316 不锈钢、碳钢衬聚四氟乙烯
4	过滤	三合一干燥器	304 或 316 不锈钢、碳钢衬聚四氟乙烯
5	干燥		

6）包装、运输和储存

按 HG/T 4066—2015 中条款 8 的规定进行包装、运输和储存。

7）技术指标

六氟磷酸锂技术指标见表 2-26。

表 2-26　六氟磷酸锂技术指标

项目	指标
六氟磷酸锂（质量分数）(%)	≥ 99.95
碳酸二甲酯（DMC）(质量分数）不溶物（%）	≤ 0.0200
水分（质量分数）(%)	≤ 0.0020
游离酸（以 HF 计）(质量分数）(%)	≤ 0.0090
硫酸盐（以 SO_4 计）/（mg/kg）	≤ 5
氯化物（以 Cl 计）/（mg/kg）	≤ 2
铁（Fe）/（mg/kg）	≤ 2
钾（K）/（mg/kg）	≤ 1
钠（Na）/（mg/kg）	≤ 2
钙（Ca）/（mg/kg）	≤ 2
镉（Cd）/（mg/kg）	≤ 1

（续）

项目	指标
铬（Cr）/（mg/kg）	≤1
铜（Cu）/（mg/kg）	≤1
镁（Mg）/（mg/kg）	≤1
镍（Ni）/（mg/kg）	≤1
铅（Pb）/（mg/kg）	≤1
锌（Zn）/（mg/kg）	≤1
砷（As）/（mg/kg）	≤1

注：数据来源是 HG/T 4066—2015《六氟磷酸锂行业标准》。

8）产品的分析方法

按 GB/T 19282—2014 和 HG/T 4066—2015 中的规定进行分析。

9）优缺点

① 六氟磷酸锂具有以下优点：能够在碳负极上形成适宜的固态电解质界面（Solid Electrolyte Interface，SEI）膜；能够对正极集流体实现有效的钝化以阻止其溶解；有较宽的电化学稳定窗口；在各种非水溶剂中有适当的溶解度和较高的电导率；有相对较好的环境友好性。

② 其缺点是热稳定性差，储存温度高时易分解产生 PF_5 气体，影响电池的电化学性能；易水解，与空气中的水分反应释放出 HF 气体，降低电池的循环性能。

（2）新型锂盐

新型电解质锂盐主要有二氟磷酸锂、四氟草酸磷酸锂、二氟双草酸磷酸锂、双乙二酸硼酸锂、乙二酸二氟硼酸锂、四氟硼酸锂、双（三氟甲烷磺酰）亚胺锂、双（氟代磺酰）亚胺锂，目前主要作为锂盐添加剂与六氟磷酸锂联用，用于弥补六氟磷酸锂的缺陷，提高电池的综合性能。

下面对新型锂盐的物理化学性质、生产方法、技术指标和在电池中所起作用分别进行介绍。

1）二氟磷酸锂

分子式：$LiPO_2F_2$，分子质量：107.91，CAS 号：24389-25-1。

① 物理化学性质。

a）外观：白色粉末。

b）热稳定性：分解温度 280℃。

c）溶解性：有较强吸湿性，易溶于乙醇及醚类溶剂，在碳酸酯类溶剂中溶解度较小。

d）稳定性：潮解性强，暴露在空气中易吸收水分。

e）相对密度：1.67。

② 生产方法。

a）工艺流程简图如图 2-105 所示。

使用六氟磷酸锂与碳酸锂或磷酸锂等无机锂盐为原料，通过接触反应以制备二氟磷酸锂。

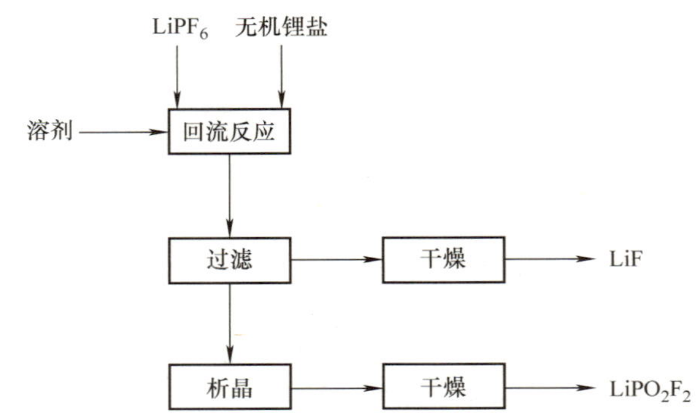

图 2-105　二氟磷酸锂生产工艺流程简图

b）生产流程简述：六氟磷酸锂与碳酸锂或磷酸锂等无机锂盐，在溶剂环境下加热搅拌反应，反应结束后产品溶解于溶剂中，固液分离以除去副产物氟化锂，滤液经浓缩、冷冻等操作工艺得到析晶状态二氟磷酸锂，再经预干燥、深度干燥得到二氟磷酸锂产品。

③ 技术指标。二氟磷酸锂技术指标见表 2-27。

表 2-27　二氟磷酸锂技术指标

项目	指标
二氟磷酸锂（质量分数）（%）	≥ 99.0
水分（质量分数）（%）	≤ 0.005
游离酸（以 HF 计）（质量分数）（%）	≤ 0.015
乙二醇二甲醚（DME）不溶物（质量分数）（%）	≤ 0.1
氯化物（以 Cl 计）/（mg/kg）	≤ 10
硫酸盐（以 SO_4 计）/（mg/kg）	≤ 10
钾（K）/（mg/kg）	≤ 10
钠（Na）/（mg/kg）	≤ 10
钙（Ca）/（mg/kg）	≤ 20
铁（Fe）/（mg/kg）	≤ 50

④ 性能特点。二氟磷酸锂作为动力蓄电池电解液的添加剂，可在正负极表面成膜，显著改善高镍及高电压材料的电化学性能；二氟磷酸锂可抑制六氟磷酸锂的分解，进而改善电池的循环性能。

2）四氟草酸磷酸锂

分子式：$LiPC_2O_4F_4$，分子质量：201.93，CAS 号：521065-36-1。

① 物理化学性质。

a）外观：白色粉末。

b）稳定性：有较强吸湿性，遇水分解。

② 生产方法。

a）工艺流程简图如图 2-106 所示。

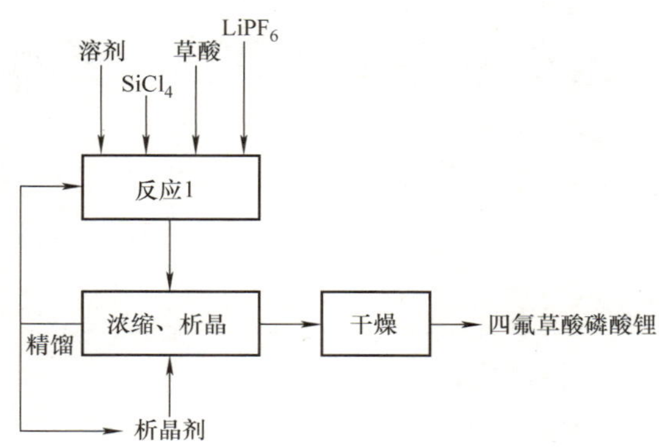

图 2-106 四氟草酸磷酸锂生产工艺流程简图

b）生产流程简述：将有机溶剂经脱水处理，使其中含水量（质量分数）降至 20×10^{-6} 以下；草酸经加热烘干处理使其中水分（质量分数）降至 100×10^{-6} 以下。称取六氟磷酸锂并溶解于有机溶剂中，加入定量的草酸，在一定温度下搅拌一定时间后，将四氯化硅缓慢加入。过滤后，将所得溶液浓缩降温，加入一定量的析晶剂，经过滤、干燥后得到四氟草酸磷酸锂产品。

③ 技术指标。四氟草酸磷酸锂技术指标见表 2-28。

表 2-28 四氟草酸磷酸锂技术指标

项目	指标
四氟草酸磷酸锂（质量分数）(%)	≥ 99.0
水分（质量分数）(%)	≤ 0.005
钾（K）/（mg/kg）	≤ 5
钠（Na）/（mg/kg）	≤ 5
钙（Ca）/（mg/kg）	≤ 5
铁（Fe）/（mg/kg）	≤ 5

④ 性能特点。四氟草酸磷酸锂可在电池的正负极表面成膜，降低内阻，改善高、低温和倍率性能。

3）二氟双草酸磷酸锂

分子式：$LiP(C_2O_4)_2F_2$，分子质量：251.95，CAS 号：678966-16-0。

① 物理化学性质。

a）外观：白色粉末。

b）稳定性：有较强吸湿性，遇水分解。

② 生产方法。二氟双草酸磷酸锂与四氟草酸磷酸锂的生产工艺流程相同，两种产品生产方法的不同之处在于制备过程中草酸的加入量。二氟双草酸磷酸锂制备时，草酸的加入量为四氟草酸磷酸锂加入量的两倍。

③ 技术指标。二氟双草酸磷酸锂技术指标见表 2-29。

表 2-29　二氟双草酸磷酸锂技术指标

项目	指标
二氟双草酸磷酸锂（质量分数）(%)	≥ 99.0
水分（质量分数）(%)	≤ 0.005
钾（K）/（mg/kg）	≤ 5
钠（Na）/（mg/kg）	≤ 5
钙（Ca）/（mg/kg）	≤ 5
铁（Fe）/（mg/kg）	≤ 5

④ 性能特点。同四氟草酸磷酸锂。

4）双乙二酸硼酸锂（LiBOB）

分子式：$LiB(C_2O_4)_2$，分子质量：193.79，CAS 号：244761-29-3。

① 物化性质。

a）外观：白色粉末。

b）热稳定性：分解温度大于 290℃。

c）溶解性：有较强吸湿性，遇水后易产生更多不溶物；常温下在碳酸丙烯酯溶剂中可溶解 17%，约 0.8mol/L；在碳酸酯类混合溶剂中具有较好的溶解性。

d）堆积密度（20℃）：0.8~1.2g/cm^3。

② 生产方法。

a）其工艺流程简图如图 2-107 所示。

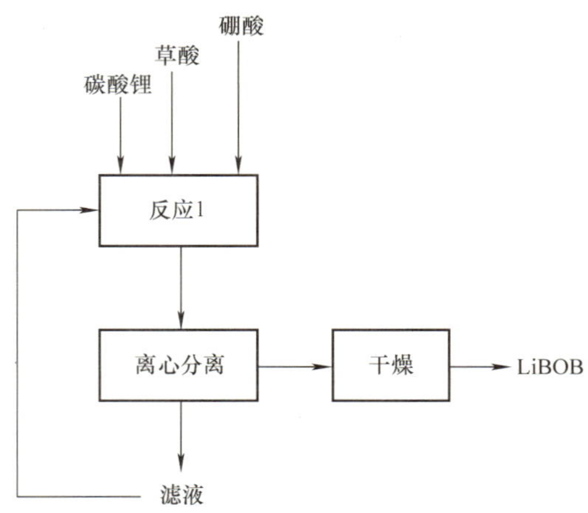

图 2-107　双乙二酸硼酸锂生产工艺流程简图

b）工艺流程简述：将碳酸锂、草酸和硼酸混合打浆后，在一定温度下反应一定时间后，经离心分离、干燥后得到双乙二酸硼酸锂产品。

③ 技术指标。双乙二酸硼酸锂技术指标见表 2-30。

表 2-30 双乙二酸硼酸锂技术指标

项目	指标
双乙二酸硼酸锂（质量分数）(%)	≥ 99.8
水分（质量分数）(%)	≤ 0.005
钾（K）/（mg/kg）	≤ 20
钠（Na）/（mg/kg）	≤ 20
钙（Ca）/（mg/kg）	≤ 20
铁（Fe）/（mg/kg）	≤ 20

④ 性能特点。双乙二酸硼酸锂电化学稳定性好，能够改善正极材料表面的热稳定性，并且能够在负极表面形成稳定的 SEI 膜，提高电池的高温性能。缺点是溶解度和电导率低，SEI 膜阻抗大，倍率性能差。

5）乙二酸二氟硼酸锂（LiODFB）

分子式：$LiBC_2O_4F_2$，分子质量：143.77，CAS 号：409071-16-5。

① 物理化学性质。

a）外观：白色粉末。

b）热稳定性：分解温度 240℃。

c）溶解性：极易溶于水，有较强吸湿性；在碳酸酯、醚类化合物、γ-丁内酯等溶剂中具有很好的溶解性。

② 生产方法。

a）工艺流程简图如图 2-108 所示。

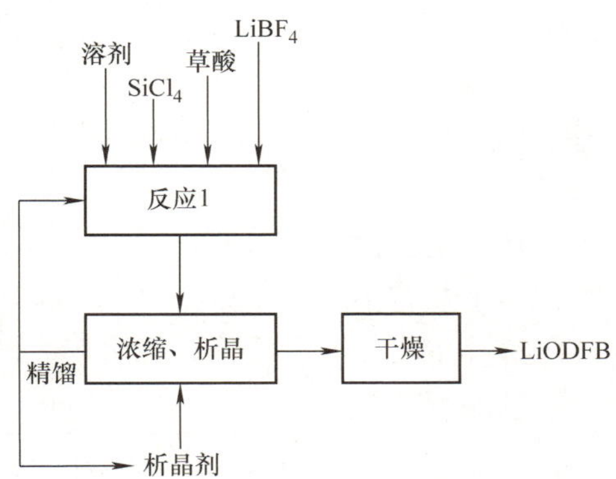

图 2-108 乙二酸二氟硼酸锂生产工艺流程简图

b）工艺流程简述：将有机溶剂经脱水处理，使其中含水量（质量分数）降至 20×10^{-6} 以下；草酸经加热烘干将其中水分（质量分数）降至 100×10^{-6} 以下。称取四氟硼酸锂并溶解于有机溶剂中，加入定量的草酸，在一定温度下搅拌一定时间后，将四氯化硅缓慢加入。过滤后，将所得溶液浓缩降温，加入一定量的析晶剂，经过滤、干燥后得到乙二酸二氟硼酸锂产品。

③ 技术指标。乙二酸二氟硼酸锂技术指标见表 2-31。

表 2-31　乙二酸二氟硼酸锂技术指标

项目	指标
乙二酸二氟硼酸锂（质量分数）(%)	≥ 99.8
水分（质量分数）(%)	≤ 0.005
钠（Na）/（mg/kg）	≤ 10
钾（K）/（mg/kg）	≤ 5
钙（Ca）/（mg/kg）	≤ 5
铁（Fe）/（mg/kg）	≤ 5

④ 性能特点。乙二酸二氟硼酸锂结合了双乙二酸硼酸锂成膜性好及四氟硼酸锂低温性能好的优点；在碳酸酯中的溶解度和电导率高于双乙二酸硼酸锂，与石墨负极具有良好的相容性，形成的 SEI 膜有较好的稳定性，高温性能优于六氟磷酸锂，而且有研究发现乙二酸二氟硼酸锂对集流体铝箔有钝化保护作用。缺点是初始放电容量低。

6）四氟硼酸锂

分子式：$LiBF_4$，分子质量：93.75，CAS 号：14283-07-9。

① 物理化学性质。

a）外观：白色粉末。

b）热稳定性：熔点 293~300℃，在 200℃以上会分解。

c）溶解性：极易溶于水，有吸湿性；在碳酸酯、醚类化合物、γ-丁内酯溶剂中具有很好的溶解性。

d）密度：0.852g/mL（25℃）。

② 生产方法。

a）其工艺流程简图如图 2-109 所示。

b）生产流程简述：在氟化氢存在下，首先使氟化锂与氟化氢形成 HF · LiF 溶液，然后通入三氟化硼，与 HF · LiF 溶液反应形成四氟硼酸锂溶液；在搅拌下，降温使四氟硼酸锂结晶析出，经过滤、干燥得到四氟硼酸锂产品。

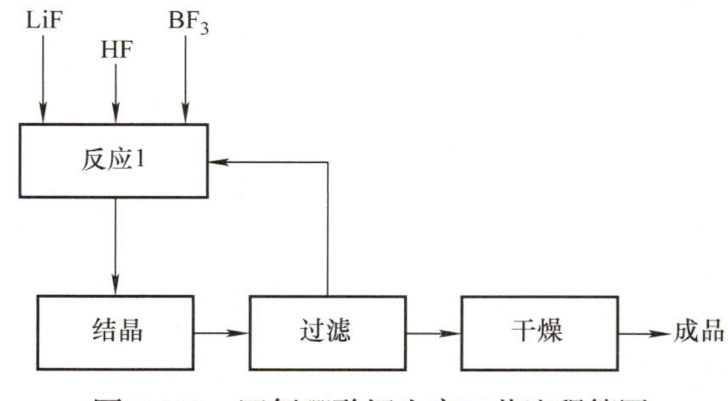

图 2-109　四氟硼酸锂生产工艺流程简图

③ 技术指标。四氟硼酸锂技术指标见表 2-32。

表 2-32 四氟硼酸锂技术指标

项目	指标
四氟硼酸锂（质量分数）(%)	≥ 99.9
水分（质量分数）(%)	≤ 0.0200
游离酸（以 HF 计）(质量分数)(%)	≤ 0.0100
碳酸二甲酯（DMC）不溶物（质量分数）(%)	≤ 0.0500
钠（Na）/（mg/kg）	≤ 10
钾（K）/（mg/kg）	≤ 10
钙（Ca）/（mg/kg）	≤ 10
铁（Fe）/（mg/kg）	≤ 10
铅（Pb）/（mg/kg）	≤ 10
氯化物（以 Cl 计）/（mg/kg）	≤ 10
硫酸盐（以 SO_4 计）/（mg/kg）	≤ 15

④ 性能特点。四氟硼酸锂优点是能改善电池低温循环性能，能够有效抑制电池阻抗上升。缺点是溶解度低，成膜性能差。

7）双（三氟甲烷磺酰）亚胺锂（LiTFSI）

分子式：LiN（CF_3SO_2）$_2$，分子质量：287.09，CAS 号：90076-65-6。

① 物理化学性质。

a）外观：白色粉末。

b）熔点：234~238℃。

c）溶解性：有吸湿性，溶于水和有机溶剂。

② 生产方法。

a）其工艺流程简图如图 2-110 所示。

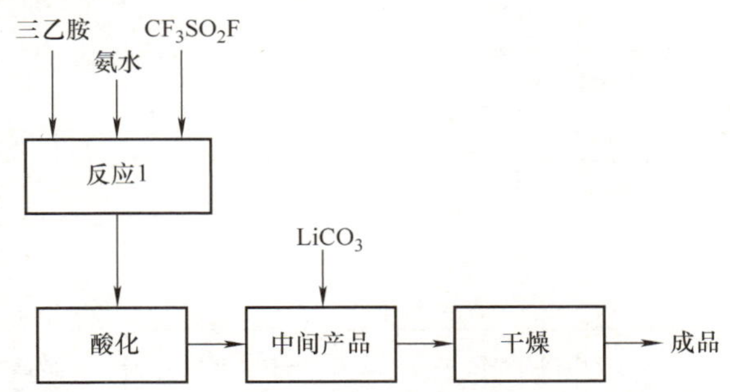

图 2-110 双（三氟甲烷磺酰）亚胺锂生产工艺流程简图

b）生产流程简述：液氨与三氟甲磺酰氟反应生成三氟二磺法胺，并在三乙胺为缚酸剂的条件下通入三氟甲磺酰氟反应得到二（全氟烷基磺酰）三乙胺盐，经酸化得二（全氟烷基磺酰）亚胺，然后与碳酸锂发生中和反应得到相应的碱金属盐双（三氟甲烷磺酰）亚胺锂。

③ 技术指标。双（三氟甲烷磺酰）亚胺锂技术指标见表 2-33。

表 2-33 双（三氟甲烷磺酰）亚胺锂技术指标

项目	指标
双（三氟甲烷磺酰）亚胺锂（质量分数）(%)	≥ 99.9
水分（质量分数）(%)	≤ 0.01
游离酸（以 HF 计）(质量分数)(%)	≤ 0.0050
碳酸二甲酯（DMC）不溶物（质量分数）(%)	≤ 0.1
钠（Na）/（mg/kg）	≤ 10
钾（K）/（mg/kg）	≤ 5
钙（Ca）/（mg/kg）	≤ 5
铁（Fe）/（mg/kg）	≤ 2
铅（Pb）/（mg/kg）	≤ 1
氯化物（以 Cl 计）/（mg/kg）	≤ 15
硫酸盐（以 SO_4 计）/（mg/kg）	≤ 20

④ 性能特点。双（三氟甲烷磺酰）亚胺锂的优点是能够提高电解液的高温和化学稳定性，并能够提高电池导电率；缺点是腐蚀集流体铝箔。

8）双（氟代磺酰）亚胺锂（LiFSI）

分子式：$LiN(FSO_2)_2$，分子质量：187.08，CAS 号：171611-11-3。

① 物理化学性质。

a）外观：白色粉末。

b）熔点：134℃。

c）溶解性：有吸湿性，溶于水和有机溶剂。

② 生产方法

a）工艺流程简图如图 2-111 所示。

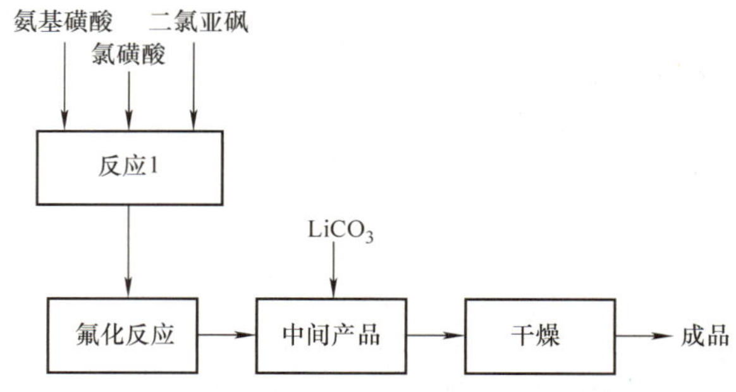

图 2-111 双（三氟甲烷磺酰）亚胺锂生产工艺流程简图

b）工艺流程简述：将氨基磺酸、氯磺酸和二氯亚砜混合，加热反应一段时间后，将产物蒸馏，所得产品经氟化反应，然后加入碳酸锂反应得到双（氟代磺酰）亚胺锂，经干燥后得到双（氟代磺酰）亚胺锂产品。

③ 技术指标。双（氟代磺酰）亚胺锂技术指标见表 2-34。

表 2-34 双（氟代磺酰）亚胺锂技术指标

项目	指标
双（氟代磺酰）亚胺锂（质量分数）(%)	≥ 99.9
水分（质量分数）(%)	≤ 0.01
游离酸（以 HF 计）(质量分数)(%)	≤ 0.0200
碳酸二甲酯（DMC）不溶物（质量分数）(%)	≤ 0.1
钠（Na）/（mg/kg）	≤ 10
钾（K）/（mg/kg）	≤ 5
钙（Ca）/（mg/kg）	≤ 5
铁（Fe）/（mg/kg）	≤ 2
铅（Pb）/（mg/kg）	≤ 1
氯化物（以 Cl 计）/（mg/kg）	≤ 20
硫酸盐（以 SO_4 计）/（mg/kg）	≤ 50

④ 性能特点。双（氟代磺酰）亚胺锂能够提高电解液的高、低温和化学稳定性，降低电池负极阻抗，并能够提高电池导电率。

3. 有机溶剂

有机溶剂是电解液的主体部分，与电解液的性能密切相关。有机溶剂必须在低电位下稳定或不和锂片发生反应，因此必须为非质子溶剂；同时极性必须高，以溶解足够的锂盐，得到高的电导率。理想的电解液溶剂必须满足下列要求：

① 在较宽的温度范围内，溶剂都保持液态，即溶剂本身具有较高的沸点、较低的熔点和较低的蒸气压，从而使工作温度范围宽。

② 具有高的介电常数和较强的锂盐溶解能力。

③ 化学稳定性和电化学稳定性好，溶剂的氧化电位应该大于正极材料的工作电压区间。

④ 具有较低的黏度，以利于增加锂离子的流动性，有助于提高电导率。

⑤ 对电池的所有组成部分，尤其是在电池工作过程中，对充电的阴极表面和阳极表面是惰性的。

⑥ 必须是安全的，具有高的闪点。

⑦ 绿色、低毒，不对环境造成污染。

（1）常用有机溶剂的分类

常用有机溶剂主要是碳酸酯类有机溶剂，细分为环状和链状碳酸酯类两类。分类及具体品种如图 2-112 所示。

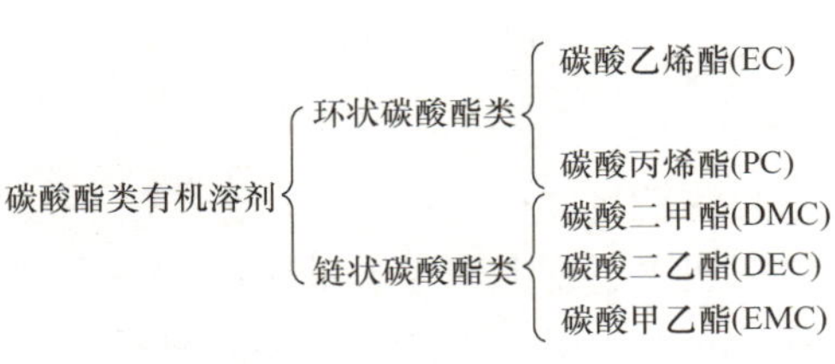

图 2-112 分类及具体品种

（2）常用有机溶剂的性能介绍及比较

环状碳酸酯类有机溶剂的优点是沸点较高、热稳定性较好，对锂盐的溶解度大，有较高的介电常数，较高的离子电导率，电化学稳定性好。EC 可以在石墨负极上形成有效的保护膜，阻止电解液在石墨上的持续分解；EC 在常温下是固体，熔点较高、低温性能差。PC 的缺点是与天然石墨相容性不好，会在石墨上持续分解造成石墨的剥离。目前 EC 是主要的有机溶剂，而且几乎所有的电解液均需添加 EC。

链状碳酸酯类的优点是有较低的黏度，流动性好，利于锂离子的传输；有较低的熔点，可改善电解液的低温性能。相对于环状碳酸酯，缺点是沸点较低，热稳定性不好；电导率较低。

单一溶剂不能完全满足锂离子蓄电池的要求，如沸点高的溶剂黏度大。通常采用混合溶剂来改善单一溶剂的不足。将介电常数高的环状碳酸酯类与黏度小的链状碳酸酯类有机溶剂配合使用，可以使电解液体系的黏度、熔点、电化学窗口等在更大的范围内优化组合，提高电解液的综合性能。

常用有机溶剂物理、化学及电化学性能对比见表 2-35。

（3）常用有机溶剂的技术指标

常用有机溶剂技术指标要求纯度（质量分数）为 99.95%~99.99%；原料水分（质量分数）要求在（50~200）$\times10^{-6}$，脱水除杂后要求水分（质量分数）在 6×10^{-6}；醇类杂质（质量分数）指标要求在（10~ 100）$\times10^{-6}$。

表 2-35 常用有机溶剂物理化学性质表

溶剂代号	化学名称	沸点 /℃	熔点 /℃	相对密度（20℃ /4℃）	相对介电常数	黏度（20℃）/（mPa · s）	闪点 /℃	分解电压 /V	CAS 号
EC	碳酸乙烯酯	238	36.4	1.3208（25℃ /4℃）	89.6（40℃）	1.92（40℃）/1.42（60℃）	160	5.5	96-49-1
PC	碳酸丙烯酯	242	−48.8	1.2069（20℃ /20℃）	69.0（23℃）	1.38（40℃）	132	5.0	108-32-7
DMC	碳酸二甲酯	90.2	2~4	1.073	3.108（20℃）	0.664	16.7	5.3	616-8-6
DEC	碳酸二乙酯	126.8	−43	0.97	2.82（20℃）	0.748（25℃）	25	5.15	105-58-8
EMC	碳酸甲乙酯	108	−54	1.0	2.4（20℃）	0.65（25℃）	23	5.55	623-53-0

4. 添加剂

在锂离子蓄电池电解液中添加少量的某些物质，就能显著地改善电池的某些性能，如电解液的电导率、电池的循环效率和可逆容量等，此类物质统称为添加剂。添加剂应具有下列特点：

① 对电池的一种或多种性能改善明显。

② 不与构成电池的其他材料发生副反应，对电池性能没有副作用。

③ 与电解液的相容性好。

（1）添加剂的分类

1）成膜添加剂

成膜添加剂分为负极成膜添加剂和正极成膜添加剂。

① 负极成膜添加剂：用于锂离子蓄电池电解液的极性非质子溶剂，在电池首次充放电过程中不可避免地在碳负极与电解液的相界面上反应，形成覆盖在碳电极表面的钝化层，人们称之为固体电解质相界面膜，简称 SEI 膜。优良的 SEI 膜允许锂离子自由地进出电极而溶剂分子无法穿越，从而阻止溶剂分子共插对电极的破坏，提高了电池的循环效率和可逆容量等性能。

在石墨负极形成优良 SEI 膜的添加剂主要有：碳酸亚乙烯酯（VC）、碳酸乙烯亚乙酯（VEC）、氟代碳酸乙烯酯（FEC）等，有利于石墨阳极 SEI 膜的形成，提高电池的循环性能。

② 正极成膜添加剂：碳酸酯类电解液在高电压下容易氧化分解，并在正极表面形成较厚的 SEI 膜；同时由于电解液分解产生活性自由基、HF 等物质会侵蚀正极材料，导致晶体结构的塌陷。目前解决这一问题的方法是在电解液中加入一些氧化电位低的物质，使其在电池的首次充电过程中优先氧化，并在高活性的正极表面形成有效的 SEI 膜，抑制电解液的氧化。

在正极成膜的添加剂主要为新型锂盐：二氟磷酸锂、四氟草酸磷酸锂、二氟双草酸磷酸锂、双乙二酸硼酸锂、乙二酸二氟硼酸锂等，可在正极表面形成保护膜，提高电池的稳定性。

2）提高电解液高温性能的添加剂

高温性能添加剂主要有 1，3- 丙烷磺内酯（PS）、1，3- 丙烯磺酸内酯（PST），能在石墨负极成膜，阻止电池气胀；硫酸亚乙酯（DTD）、甲烷二磺酸亚甲酯（MMDS），能够提高电池的高温循环性能。

3）过充电保护添加剂

过充电保护添加剂主要有：联苯（BP）、环己基苯（CHB）、氟苯（FB）、对氟甲苯（4-FT）等，防止电池过充电，提高安全性能。

4）提高分解电压的添加剂

高电压添加剂主要有腈类和氟代溶剂。丁二腈（SN）和己二腈（AN）等腈类物质，因其有较高的分解电压，所以适合作为高电压添加剂；另外，由于氟原子具有较强的电负性和较弱的极性，致使氟代溶剂具有较高的电化学稳定性，所以氟代溶剂（如 FEC 等）作为高电压添加剂使用。

常用添加剂物理化学性能对比数据见表 2-36。

（2）常用添加剂技术指标要求

纯度（质量分数）为 99.5%~99.95%；水分（质量分数）为（50~100）$\times 10^{-6}$。

表 2-36 常用添加剂物理化学性能对比数据表

化学名称	CAS 号	分子式	分子结构	分子量	熔点	沸点	闪点	密度（25℃时）/（g/cm^3）	外观	在电池中的作用
碳酸亚乙烯酯（VC）	872-36-6	$C_3H_2O_3$	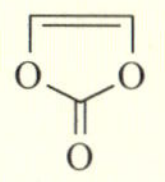	86.05	22℃	162℃	73℃	1.354（20℃ /4℃）	无色透明液体或白色固体	SEI 成膜添加剂，能提高电池的容量和循环寿命
碳酸乙烯亚乙酯（VEC）	4427-96-7	$C_5H_6O_3$	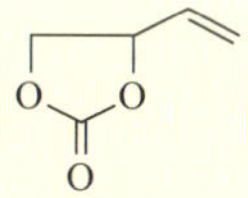	141.1	常温下为液体	237℃	96.9℃	1.188	无色透明液体	SEI 成膜添加剂
氟代碳酸乙烯酯（FEC）	114435-02-8	$C_3H_3FO_3$	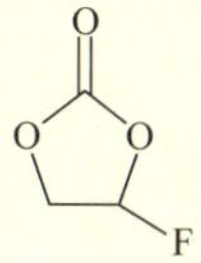	106.05	18℃	249℃	120℃	1.454	无色透明液体	SEI 成膜添加剂，提高电池的低温性能添加剂，高电压添加剂
1，3- 丙烷磺内酯（PS）	1120-71-4	$C_3H_6O_3S$	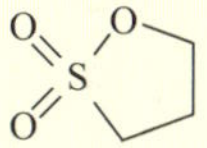	122.14	31℃	276.5℃	＞ 110℃	1.392	无色至淡黄色液体或结晶体	高温防气胀添加剂
丁二腈（SN）	110-61-2	$C_4H_4N_2$	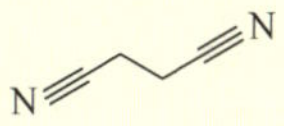	80.09	57.88℃	267℃	110℃	0.98669（60℃ /4℃）	无色无臭的蜡状物	高电压添加剂，高温添加剂
1，3- 丙烯磺酸内酯（PST）	21806-61-1	$C_3H_4O_3S$	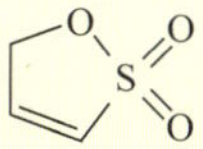	120.1271	82~83℃	257℃	109℃	1.508	白色结晶固体	高温防气胀添加剂，能在石墨负极成膜
己二腈（AN）	111-69-3	$C_6H_8N_2$		108.14	2.3℃	295℃	93℃（开口）159℃（闭口）	0.9676（20℃ /4℃）	无色油状液体，略有气味	高电压添加剂，高温添加剂

硫酸亚乙酯（DTD）	1072-53-3	$C_2H_4O_4S$	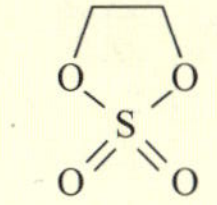	124	97~99℃	无	无	无	白色结晶或白色结晶性粉末	高温添加剂，抑制电池初始容量的下降，增大初始放电容量，减少高温放置后的电池膨胀，提高电池的充放电性能及循环次数
联苯（BP）	92-52-4	$C_{12}H_{10}$	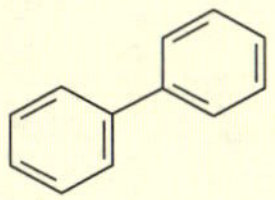	154.21	69.2℃	255.2℃	113℃（闭口）	1.041（20℃ /4℃）	白色至浅黄色片状晶体，尖刺气息，稀释后有类似玫瑰的香气	过充电保护添加剂，在过充电时，在电解液氧化前发生电聚合，起到过充电保护作用
环己基苯（CHB）	827-52-1	$C_{12}H_{16}$	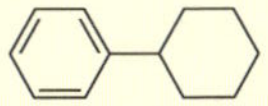	160.26	6.99℃	240.12℃	98.9℃（开口）	0.95	无色油状液体	过充电保护添加剂
氟苯（FB）	462-06-6	C_6H_5F	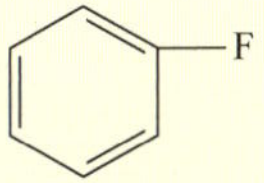	96.11	−42.22℃	87.734℃	−15℃（开口）	1.083（25℃ /4℃）	无色液体	过充电保护添加剂
对氟甲苯（4-FT）	352-32-9	C_7H_7F	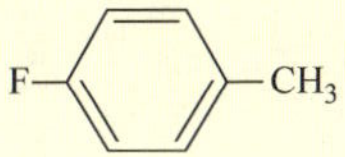	110.13	−56℃	116℃	23℃	1.0	无色透明液体	过充电保护添加剂
甲烷二磺酸亚甲酯（MMDS）	99591-74-9	$C_2H_4O_6S_2$	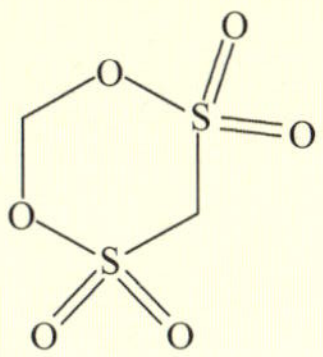	188.168	146℃	无	无	1.850	白色或类白色晶体或结晶性粉末	提高动力蓄电池的高温循环性能，特别是锰酸锂作为正极材料的动力蓄电池，MMDS 能防止高温下熔出的 Mn 吸附在负极表面，抑制了阻抗上升，提高了循环寿命

2.2.3.3 电解液的生产方法

1. 电解液生产工艺流程简图

如图 2-113 所示。

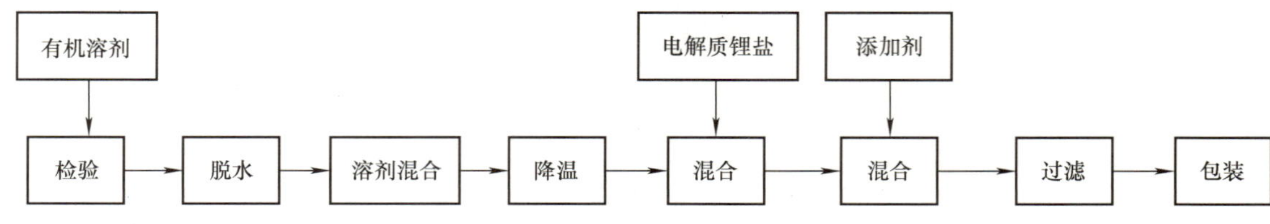

图 2-113　电解液生产工艺流程简图

2. 电解液生产工艺流程简述

有机溶剂原料检验合格后，用 4A 或 5A 分子筛进行脱水精制；水分合格后，按照电解液配方要求进行溶剂复配，混合均匀后在配制釜夹套中通入乙二醇冷却盐水降温至 5~10℃，然后加入电解质锂盐；加盐过程继续冷却，使混合液温度保持在 5~10℃。电解质锂盐溶解后，加入添加剂，继续混合均匀。经检测合格后，用精密过滤器进行过滤除去不溶物，合格后进行产品包装。

3. 主要生产设备

见表 2-37。

表 2-37　电解液主要生产设备

序号	工序名称	设备名称	规格型号	材质	备注
1	有机溶剂脱水	脱水柱或脱水罐，内装填分子筛	根据生产量来定	脱水柱材质为 304 或 316 不锈钢	用 4A 或 5A 分子筛脱水
2	电解液配制	配制釜	根据生产量来定	304 或 316 不锈钢	磁力密封，带搅拌
3	精制过滤	精密过滤器	根据生产量来定	滤芯材质为聚丙烯或聚四氟乙烯	
4	产品转移	产品储罐	根据生产量来定	304 或 316 不锈钢	耐压储罐，可充惰性气体保护
5	产品包装	包装桶	20L、200L 或 1t	304 或 316 不锈钢	耐压，带快速接头，可充惰性气体保护

4. 包装、运输和贮存

按 HG/T 4067—2015 中 8 的规定进行包装、运输和贮存。

2.2.3.4 电解液技术指标

电解液技术指标见表 2-38。

表 2-38 电解液技术指标

项目	指标	
	Ⅰ类	Ⅱ类
硫酸盐（以 SO_4 计）/（mg/kg）	≤ 5	
氯化物（以 Cl 计）/（mg/kg）	≤ 1	
铝（Al）/（mg/kg）	≤ 1	
铁（Fe）/（mg/kg）	≤ 1	
钾（K）/（mg/kg）	≤ 1	
钠（Na）/（mg/kg）	≤ 2	
钙（Ca）/（mg/kg）	≤ 1	
镉（Cd）/（mg/kg）	≤ 1	
铬（Cr）/（mg/kg）	≤ 1	
铜（Cu）/（mg/kg）	≤ 1	
汞（Hg）/（mg/kg）	≤ 1	
镁（Mg）/（mg/kg）	≤ 1	
镍（Ni）/（mg/kg）	≤ 1	
铅（Pb）/（mg/kg）	≤ 1	
锌（Zn）/（mg/kg）	≤ 1	
砷（As）/（mg/kg）	≤ 1	
色度 / 黑曾	≤ 50	≤—①
密度（20℃）/（g/cm^3）	≥—①	≥—①
电导率（25℃）/（mS/cm）	≥—①	—①
水分（质量分数）(%)	≤ 0.0020	—①
游离酸（以 HF 计）(质量分数)(%)	≤ 0.0050	≤—①

注：数据来源是 HG/T 4067—2015《六氟磷酸锂电解液》。
① 可根据供需双方协商确定。

不同的电池设计对应不同的电解液体系，反映在电解液技术指标上对应不同的锂盐浓度、密度和电导率。电解液的锂盐浓度一般在 1~1.5mol/L，普通电解液的锂盐浓度一般为 1mol/L，高倍率电解液需要的锂盐浓度一般为 1.3~1.5mol/L。电解液的密度（20℃）一般为 1.15~1.25g/cm^3；电导率（25℃）一般为 6.0~12.0mS/cm。（1mS/cm=10^{-3}S/cm）

2.2.3.5 电解液的分析方法

按 HG/T 4067—2015 中的规定进行分析测定。

2.2.3.6 电解液对集流体、正负极材料等的表面腐蚀或相互作用

基于六氟磷酸锂锂盐的电解液，六氟磷酸锂热稳定性较差，对水敏感性强，易分解产生氟化锂和五氟化磷，高温下反应加剧；五氟化磷具有很强的酸性，不仅使溶剂中的环状碳酸酯发生开环反应，使部分链状碳酸酯发生分解，还与微量水反应产生氢氟酸，进一步腐蚀正负极材料。正极中溶蚀的过渡金属离子又会进一步沉积在负极石墨层中，或者在

氢氟酸的作用下溶解在电解液中，破坏正极材料的晶体结构，造成电池容量严重衰减。另外，六氟磷酸锂水解还会产生氢氟酸和三氟氧磷，分解产物在破坏正极材料结构的同时，还会在正极材料表面形成阻抗大的界面膜，也造成电池容量严重衰减。

正极材料钴酸锂、镍酸锂等在充电态时，有很高的氧化活性，本身在温度升高时会发生分解，分解析出的氧气，在高温下会氧化电解液中的溶剂，产生二氧化碳和水。

当温度升高到300℃左右时，电解液与负极的反应开始发生。高还原活性的富锂碳负极可以把溶剂还原成碳酸锂和相应的烃类气体。

六氟磷酸锂能够对正极集流体铝箔实现有效的钝化，以阻止其溶解；EC与石墨类负极兼容性好，能在石墨类碳负极表面形成稳定、有效的SEI膜，稳定了电池的循环性能。另外，正、负极成膜添加剂也分别在正、负极表面形成稳定、有效的SEI膜，保证了电池的循环性能。

2.2.3.7 电解液发展趋势

根据锂离子动力蓄电池高能量密度、长寿命、低成本的发展要求，配套的磷酸铁锂动力蓄电池电解液发展趋势为适合高能量密度（140~150W·h/kg）的电解液；三元材料动力蓄电池电解液发展趋势为适合高安全性三元材料（NCM111、NCM523）动力蓄电池电解液、新一代高镍三元（NCM622、NCM811或NCA）正极材料和新型硅碳负极用动力蓄电池电解液、三元材料高电压（4.3V及以上）动力蓄电池电解液等。

针对适合能量密度为140~150W·h/kg的磷酸铁锂动力蓄电池电解液，改进方向为：

① 降低电解液的黏度，提高电解液的浸润性，可通过调节有机溶剂组成，选择黏度较低的溶剂，添加提高电解液浸润性能的添加剂等。

② 采用复合锂盐，弥补六氟磷酸锂的缺陷，提高电池容量，改善电池的循环性能。可通过添加新型锂盐来实现。

针对适合高安全性三元材料（NCM111、NCM523）动力蓄电池电解液，改进方向为添加阻燃性添加剂。

高镍正极材料的吸水性强、稳定性低，在高温条件下镍元素的催化作用会加速电解液的分解，使电解液氧化、产气，极片产生裂缝并且溶出的锰、钴等过渡金属离子还会破坏负极上的SEI膜，致使在高温环境下电池的容量、循环和安全性都受到影响。针对新一代高镍三元（NCM622、NCM811或NCA）正极材料和新型硅碳负极用动力蓄电池电解液、三元材料高电压（4.3V及以上）动力蓄电池电解液，改进方向为：

① 添加新型锂盐作为辅助电解质盐添加剂，抑制六氟磷酸锂的分解或弥补六氟磷酸锂分解带来的不足之处，以提高电池的容量和综合性能。

② 添加能够降低电解液在电极表面反应活性、改善界面相容性以及改善电池高温性能的添加剂，以适合高镍正极材料电池高能量密度的要求。

2.2.3.8 电解液典型应用案例

1. 电解液配方设计的基本方法

（1）有机溶剂体系

为了使电解液达到合适的黏度、导电性和高低温性能，有机溶剂体系一般选择高介电常数、高沸点的环状碳酸酯和低黏度、低熔点的链状碳酸酯配伍使用，以克服环状碳酸酯高黏度、高熔点的缺点。环状碳酸酯 EC 具有较高的介电常数，与六氟磷酸锂溶解性好；链状碳酸酯 EMC 兼顾了 DEC 和 DMC 的优点，具有适中的熔点和沸点；EC 和 EMC 是首选的有机溶剂，然后再根据电池的类型、设计性能要求选择需配伍的其他溶剂。

（2）电解质锂盐

目前电解质锂盐主要为六氟磷酸锂，浓度一般为 1mol/L（质量分数约为 12.5%）。根据电池设计时的性能要求，可适当提高六氟磷酸锂的浓度，如高倍率电解液需要六氟磷酸锂的浓度为 1.3~1.5mol/L。

目前新型电解质锂盐工业化应用的有：二氟磷酸锂、双乙二酸硼酸锂、乙二酸二氟硼酸锂、四氟硼酸锂、双（三氟甲烷磺酰）亚胺锂、双（氟代磺酰）亚胺锂等，主要作为锂盐添加剂与六氟磷酸锂联用，用于弥补六氟磷酸锂的缺陷，提高电池的综合性能。新型电解质锂盐添加量（质量分数）一般为 0.5%~3%。

（3）功能性添加剂

根据电池设计性能要求添加必要的功能性添加剂，添加量根据功能性要求来定，一般添加量（质量分数）为 0.5%~5%。

总之，电解液配方与电池之间的对应性强，电解液配方不是万能通用的。根据不同厂商电池设计的不同要求，配套选择不同的电解液配方。电解液配方设计人员按照电池性能要求，根据经验可初步设计配方，配制成小样品进行电池评价，根据电池评价结果进行配方优化调整，按照优化调整后的配方再配制成电解液样品进行电池评价，如此循环进行电解液配方设计、电池评价，直到电解液能够满足电池性能要求。小试评价合格后，再进行中试、试生产样品评价，最终确定电解液配方。

2. 新型电解质盐应用性能介绍

（1）双乙二酸硼酸锂（LiBOB）

添加 LiBOB 前后负极循环伏安性能对比图如图 2-114 所示。

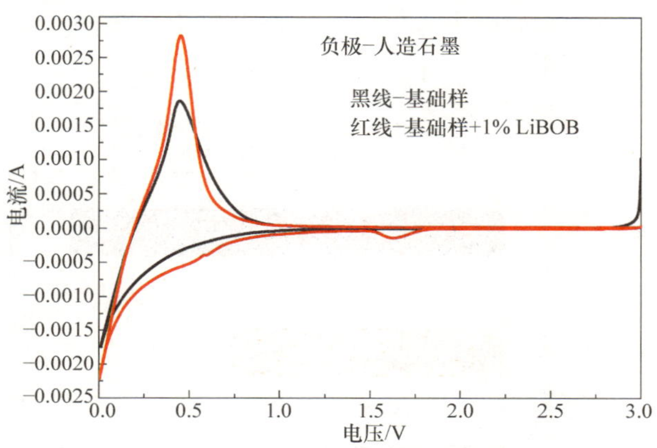

图 2-114　添加 LiBOB 前后负极循环伏安性能对比图

添加 LiBOB 前后 45℃高温循环性能对比图如图 2-115 所示。

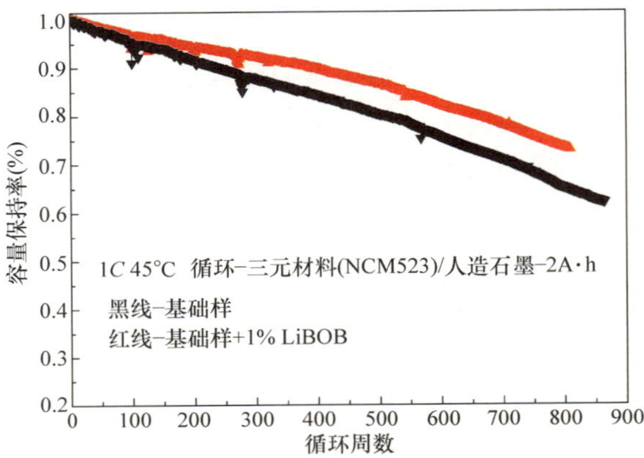

图 2-115 添加 LiBOB 前后 45℃高温循环性能对比图

由图 2-114 和图 2-115 可知，电解液中添加 LiBOB 后，电池高温循环性能得到明显提高。

（2）双（氟代磺酰）亚胺锂（LiFSI）

添加 LiFSI 前后 Si/C 负极阻抗性能图如图 2-116 所示。

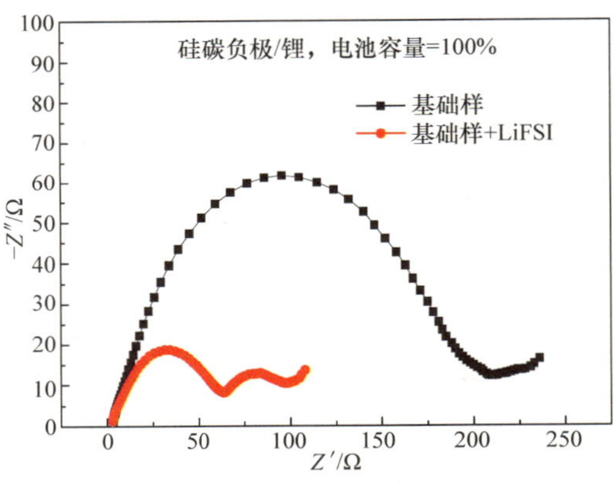

图 2-116 添加 LiFSI 前后 Si/C 负极电化学阻抗谱

添加 LiFSI 前后 −20℃低温放电性能图如图 2-117 所示。

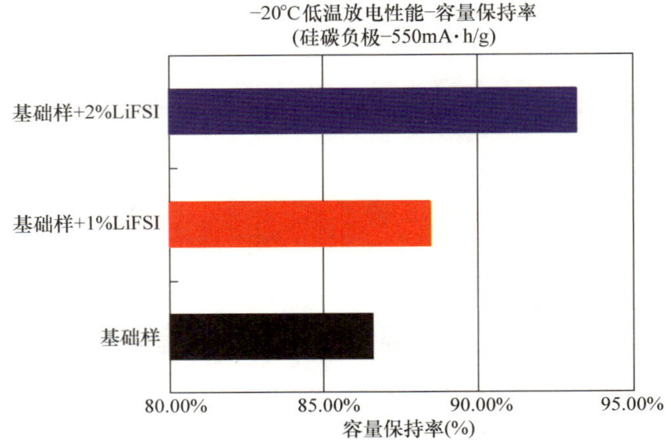

图 2-117 添加 LiFSI 前后 −20℃低温放电性能图

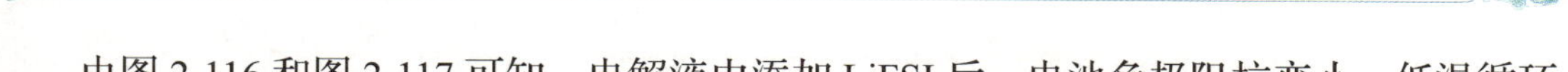

由图 2-116 和图 2-117 可知，电解液中添加 LiFSI 后，电池负极阻抗变小，低温循环性能得到明显改善。

（3）乙二酸二氟硼酸锂（LiODFB）

添加不同比例 LiODFB 负极循环伏安性能对比图如图 2-118 所示。

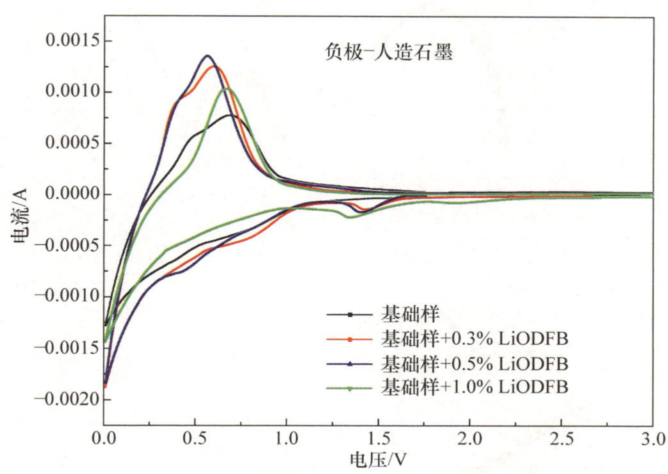

图 2-118　添加不同比例 LiODFB 负极循环伏安性能对比图

添加不同比例 LiODFB 在正极 NCM523/Li 组扣式半电池循环性能图如图 2-119 所示。

由图 2-118 和图 2-119 可知，电解液中添加 LiODFB 后，电池循环性能得到明显提高。

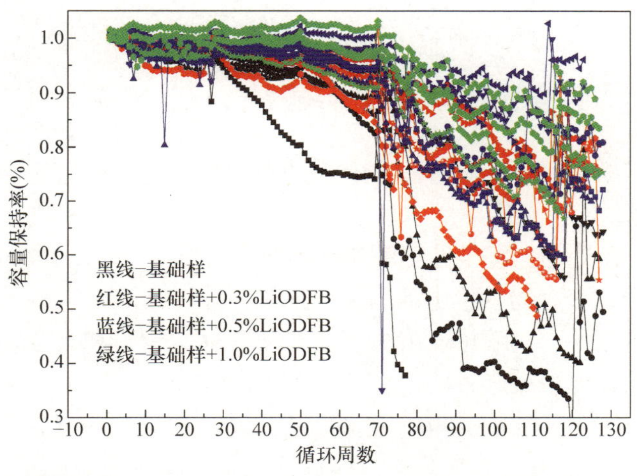

图 2-119　添加不同比例 LiODFB 在正极 NCM523/Li 组扣式半电池循环性能图

（4）二氟磷酸锂（$LiPO_2F_2$）

添加 $LiPO_2F_2$ 前后正极阻抗性能图如图 2-120 所示。

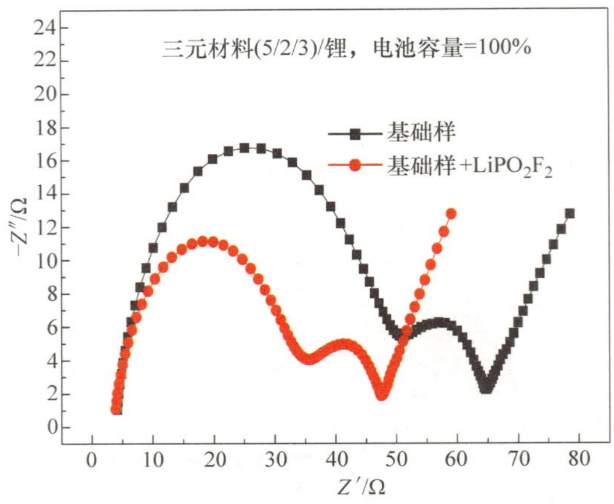

图 2-120　添加 $LiPO_2F_2$ 前后正极电化学阻抗谱

添加 $LiPO_2F_2$ 前后 45℃高温循环性能图如图 2-121 所示。

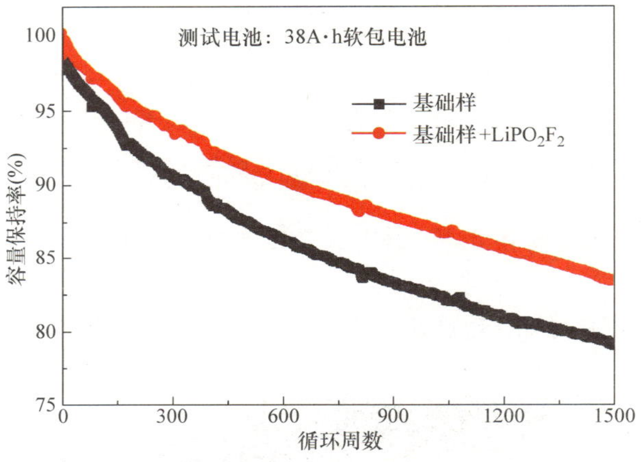

图 2-121　添加 $LiPO_2F_2$ 前后 45℃高温循环性能图

由图 2-120 和图 2-121 可知，电解液中添加 $LiPO_2F_2$ 后，电池正极阻抗变小，高温循环性能得到明显改善。

3. 磷酸亚铁锂 - 石墨动力蓄电池电解液配方示例介绍

（1）适用于铝壳和聚合物软包电池的配方示例

在电池充放电过程中，电解液会发生反应产生气体，铝壳和聚合物软包电池因壳体较软，产生的气体会导致电池鼓胀，所以要求电解液产气少、防气胀。

链状溶剂 DEC 有较高的沸点和较低的熔点，比较适合与 EC/EMC 匹配，形成 EC/DEC/EMC 体系；因 PC 对天然石墨负极有腐蚀性，若石墨负极经过改性处理，不受 PC 的影响，也可选择 EC/PC/EMC 体系，有助于降低电解液的黏度，提高电池的高低温性能。

电解质盐：$LiPF_6$（1~1.05mol/L）。

功能性添加剂一般添加负极 SEI 膜成膜添加剂 VC，能提高电池的容量和循环寿命；高温防气胀添加剂 PS，可以抑制电池产气。

示例配方如下：

① 天然或人造石墨负极（质量分数）：EC（30%），DEC（20%），EMC（35%），$LiPF_6$（12.5%），VC（1.5%），PS（1%）；

② 改性石墨负极（质量分数）：EC（25%），PC（5%），DEC（20%），EMC（35%），$LiPF_6$（12.5%），VC（1.5%），PS（1%）。

（2）适用于圆柱动力蓄电池的配方示例

相对于铝壳和聚合物软包电池，圆柱电池因制作工艺不同，对电解液的产气要求较低，所以可选择电导率高、沸点相对较低的链状有机溶剂，如 DMC 等。因此圆柱动力蓄电池的有机溶剂体系一般选择 EC/DMC/EMC 体系。

电解质盐：$LiPF_6$（1~1.05mol/L）。

添加剂：VC、PS、FEC 等以及其他必要的功能性添加剂，添加量为 1%~5%（质量分数）。

示例配方（质量分数）：EC（25%），EMC（35%），DMC（25%），$LiPF_6$（12.5%），VC（1.5%），PS（2%）。

（3）适用于圆柱高功率动力蓄电池的配方示例

圆柱高功率动力蓄电池要求高倍率放电，有机溶剂体系一般选择 EC/DMC/EMC 体系。

电解质盐：$LiPF_6$（1.3~1.5 mol/L）。

添加剂：VC、PS、FEC 以及其他必要的功能性添加剂，添加量为 1%~5%（质量分数）。

示例配方（质量分数）：EC（23.5%），EMC（16%），DMC（37%），$LiPF_6$（16%），VC（1.5%），PS（3%），FEC（3%）。

4. 三元材料 - 人造石墨动力蓄电池电解液配方示例介绍

目前常用的三元材料动力蓄电池电解液主要是与正极材料 Ni/Co/Mn=1:1:1、Ni/Co/Mn=5:2:3，负极材料人造石墨配套的电解液。

（1）适用于铝壳和聚合物软包电池的典型电解液配方示例（NCM 111 或 523 用，质量分数）

EC35%、DEC 22%、EMC 25%、$LiPF_6$ 12.5%、VC 1.5%、PS 2%，FEC2%。根据需要添加新型电解质盐，如 LiBOB、$LiBF_4$、LiODFB、$LiPO_2F_2$、LiFSI、LiTFSI 等其中的一种或两种，添加量一般为 0.5%~3%。

（2）适用于圆柱动力蓄电池的典型电解液配方示例（NCM 111 或 523 用）（质量分数）

EC20%、DMC45%、EMC14%、$LiPF_6$12.5%、VC1.5%、PS 2%、FEC 5%，根据需要添加新型电解质盐，如 LiBOB、$LiBF_4$、LiODFB、$LiPO_2F_2$、LiFSI、LiTFSI 等其中的一种或两种，添加量一般为 0.5%~3%。

（3）适用于圆柱高功率动力蓄电池的典型电解液配方示例（NCM 111 或 523 用）（质量分数）

圆柱高功率动力蓄电池要求高倍率放电，有机溶剂体系一般选择 EC/DMC/EMC 体系。

电解质盐：$LiPF_6$（1.3~1.5mol/L）；根据需要添加新型电解质盐，如 LiBOB、$LiBF_4$、LiODFB、$LiPO_2F_2$、LiFSI 等其中的一种或两种，添加量一般为 0.5%~3%。

添加剂：VC、PS、FEC 等以及其他必要的功能性添加剂，添加量一般为 1%~5%。

示例配方：EC23.5%，EMC16%，DMC37%，$LiPF_6$15%，LiODFB 1%，VC 1.5%，PS 3%，FEC3%。

5. 适合新一代高能量密度的三元材料动力蓄电池的电解液配方示例

新一代高镍三元（NCM622、NCM811 或 NCA）正极材料动力蓄电池、三元材料高电压（4.3V 及以上）动力蓄电池，溶剂体系一般选择 EC/DEC/EMC。

主盐为 $LiPF_6$（1.0~1.3 mol/L）。

辅助锂盐：一般选择新型电解质二氟磷酸锂、双乙二酸硼酸锂（LiBOB）、乙二酸二氟硼酸锂（LiODFB）、双（氟代磺酰）亚胺锂（LiFSI）、四氟草酸磷酸锂、二氟双草酸磷酸锂等其中的一种或两种，作为辅助电解质盐添加剂以提高电池的容量和综合性能，添加量一般为 0.5%~3%。

其他添加剂：根据需要可添加提高电池高温循环性能的添加剂，如 PS 和 DTD 或 MMDS 等，添加量为 1%~3%，负极成膜添加剂，添加量为 1%~3%；高电压体系需增加耐高电压添加剂，如腈类、氟代溶剂或其他耐高电压的添加剂等，添加量一般为 1%~10%；以及根据电池设计要求添加其他需要的添加剂。

2.2.4 隔膜

2.2.4.1 概述

隔膜是夹在电池正极片和负极片之间起电子绝缘作用并提供锂离子迁移微通道的薄膜，是影响电池性能的重要组件。目前商品化的隔膜有几个不同的种类，其基本功能和特性是相近的，不同的是材料和相应制造方法的差异。通常，隔膜由绝缘性能好的高分子树脂和辅助材料以适当的方法加工而成。电池能量密度的提升，主要基于电极材料体系的发展和优化；而电池倍率性能、循环寿命和基本电性能的发挥，有一个重要的影响因素就是隔膜材料的特性和品质。锂离子蓄电池隔膜如图 2-122 所示。

图 2-122 锂离子蓄电池隔膜

1. 作用

隔膜根本的作用就是隔离正极片和负极片，避免短路。同时，基于锂离子蓄电池的工

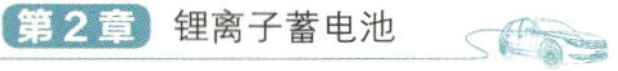

作机制，充电时锂离子从正极材料中脱出经迁移插入到负极材料的层状结构间，放电时锂离子从负极材料脱出经迁移重新嵌入正极材料中，隔膜上需要有贯通的微孔结构供锂离子迁移。

锂离子蓄电池中的隔膜与正、负极片示意图如图 2-123 所示。

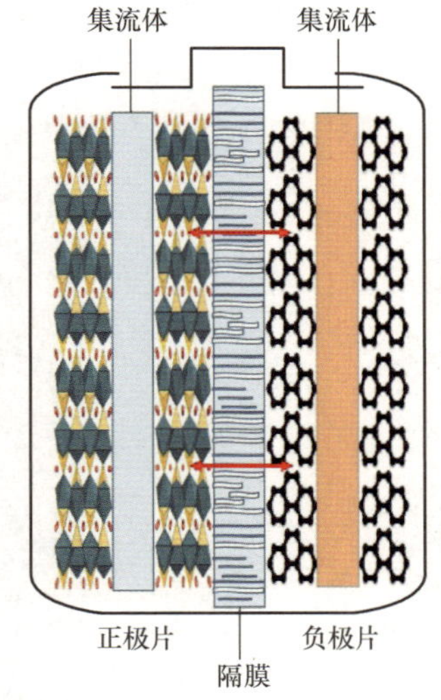

图 2-123 锂离子蓄电池中的隔膜与正、负极片示意图

2. 材料及结构特点

液态锂离子蓄电池隔膜的基本结构要求是贯通的微孔均匀分布，微孔中能够吸收并保存电解液，电池工作时锂离子在微孔中通过电解液进行迁移。微孔体积与膜体积的比例（即孔隙率）越高，隔膜导通离子的能力越强。但是，孔隙率过高会导致隔膜力学强度下降以及短路概率提高，电池安全性下降。因此，孔隙率的取值，需要平衡电池的安全性和离子导通能力。

3. 在动力蓄电池中的基本要求

没有哪种隔膜适用于所有的电池材料体系和电池型号。为使动力蓄电池发挥最佳的性能，需要根据具体的电池设计以及电池制造的工艺和设备水平选配适合的隔膜。一般而言，为保证动力蓄电池的安全性，隔膜的孔隙率不能太高，30%~45% 为宜。单体容量较高的能量型电池不宜使用过薄的隔膜；而功率型电池可以考虑孔隙率较高、较薄的隔膜。

2.2.4.2 隔膜的分类

根据材料体系的不同，隔膜可以分为以下几类：聚乙烯隔膜、聚丙烯隔膜、高分子无纺布复合隔膜、凝胶隔膜、表面涂覆的聚烯烃隔膜以及其他材料的隔膜。聚乙烯和聚丙烯是部分结晶的聚合物，熔融铸片后在拉伸的过程中无定形的区域容易被拉破成孔。这一特性被利用发展出了拉伸造孔的隔膜制造方法。

1. 聚乙烯（PE）隔膜

聚乙烯（PE）隔膜是微孔薄膜，厚度通常为 5~40μm，熔融温度约 135℃。PE 隔膜的制造目前多采用湿法双向拉伸工艺。将 PE 母粒熔融后与液状石蜡一类的物质（起占位作用）按一定的比例混合均匀，挤出后铸成厚片，厚片在特定的温度下经过纵向拉伸（MD）和横向拉伸（TD）被制成薄膜。薄膜中所含的液状石蜡用溶剂洗出，最后经干燥、热处理定型得到产品。制造过程因包含溶剂萃取工艺被称为“湿法”。湿法 PE 隔膜因经过双向拉伸，机械强度较好，在 MD 和 TD 方向差异不大。同时，PE 隔膜的孔隙率相对较高，亲液性好；不足之处是抗氧化性差，熔点较低，只有 135℃左右。常见的 PE 隔膜厚度规格有 6μm、9μm、12μm、16μm、20μm、25μm 等。

2. 聚丙烯（PP）隔膜

聚丙烯（PP）隔膜是 PP 微孔薄膜，厚度通常为 20~40μm，熔融温度为 160~165℃。PP 隔膜的制造以单向热拉伸（MD）工艺为主，因不使用造孔剂和溶剂，被称为“干法”。PP 隔膜的熔点比 PE 隔膜高 30℃，受热时的尺寸稳定性较好，抗氧化性较强。单向拉伸的 PP 隔膜，因没有经过 TD 方向的热拉伸处理，成品容易产生纵向的撕裂，在 TD 方向上的拉伸强度比 MD 方向几乎低一个数量级。常见的 PP 隔膜厚度规格有 16μm、20μm、25μm、32μm、40μm 等。PP 隔膜的制造也存在双向拉伸工艺，但不是主流技术。

从图 2-124 的 SEM 图像可以看出，该样品的孔不是直通孔，而是由微孔叠加而成。

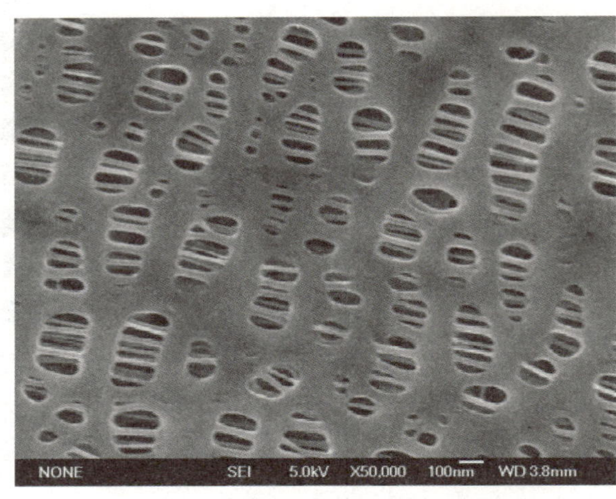

图 2-124 典型的单向拉伸 PP 隔膜 SEM 图像（放大 50000 倍）

3. PP/PE/PP 三层复合隔膜

PP/PE/PP 三层复合隔膜，将 PP 和 PE 的特性结合到一起，体现了 PP 的高熔点和抗氧化性，以及 PE 在 135℃可闭孔的特性。这种隔膜采用干法拉伸工艺制造，是原美国 Celgard 公司的专有技术。PP/PE/PP 三层复合隔膜通常具有较高的安全性。

PP/PE/PP 三层复合隔膜横切面的 SEM 图像如图 2-125 所示。

图 2-125 PP/PE/PP 三层复合横切面的隔膜 SEM 图像

几种典型的 Celgard 三层复合隔膜的性能参数见表 2 - 39。与 Celgard 的 PP 单层隔膜相比，三层复合隔膜的孔径较小，Gurley 值有较大提高（透气性变差）。

表 2-39 Celgard 三层复合隔膜的性能参数

编号	产品	厚度 /μm	Gurley 值 /s	孔隙率（%）	孔径 /nm	受热收缩 90℃ /1h（TD/MD）	拉伸强度 /（kg/cm²）（MD/TD）
1	Celgard 2320	20	530	39	27	0/5%	2050/165
2	Celgard 2325	25	620	39	28	0/5%	1700/150
3	Celgard 2340	38	780	45	35	0/7%	1630/165
4	Celgard C200	17	450	35	32	0/5%	1900/190
5	Celgard C212	16	435	35	32	0/5%	2085/180
6	Celgard C250	18	500	35	32	0/5%	1800/175
7	Celgard C300	20	560	36	32	0/4%	1800/185
8	Celgard C480	21.5	320	50	38	0/5%	2195/140
9	Celgard C500	25	515	35	41	0/5%	1680/170
10	Celgard M802	13	450	34	28	0/2%	1885/170
11	Celgard M824	12	425	38	26	0/1.5%	2200/155
12	Celgard M825	16	460	39	26	0/1%	2100/150

注：数据来源于 Celgard 官网。

4. 无纺布复合隔膜

该类隔膜已商品化的品种采用聚酯（PET）无纺布为基膜，经过浸涂纳米陶瓷颗粒干燥固化后形成复合膜。该类隔膜的特点是受热时的尺寸稳定性很好，在 200~250℃温区收缩的比例可以小于 3%。不足之处是拉伸强度较低（通常小于 40MPa）、在电池应用中容易穿刺短路。另外，也有采用纤维素无纺布作为基膜的品种。

2007 年，德国德固赛公司推出 SEPARION® 无纺布 / 陶瓷复合膜，并逐步用于工业和电动车领域应用的电池。SEPARION® 膜破膜温度大于 240℃；200℃时的受热收缩小于 1%。SEPARION® 无纺布 / 陶瓷复合隔膜 SEM 图像如图 2-126 所示。

图 2-126 SEPARION® 无纺布 / 陶瓷复合隔膜 SEM 图像

5. 凝胶隔膜

凝胶隔膜也称为凝胶聚合物电解质，它是由聚合物基体、增塑剂以及锂盐形成的凝胶态体系。凝胶聚合物电解质具有液体电解质体系中的隔膜与离子导电载体的功能。聚合物需要成膜性好、电化学性能稳定，在凝胶聚合物电解质中主要起骨架支撑作用。常见的聚合物主要有聚醚系（主要为 PEO）、PAN 系、PMMA 系、PVDF 系、聚偏氯乙烯（PVC）等。将聚合物与溶剂和锂盐混合形成均匀高黏度的液体，然后用溶液浇铸的方法成膜，其电导率通常为 0.1×10^{-3}~1×10^{-3}S/cm。该类隔膜在电池应用中的安全性高于 PE 隔膜和 PP 隔膜。

6. 表面涂覆的复合隔膜

在 PE 隔膜或 PP 隔膜的一面或两面涂覆功能材料形成复合膜，以提升隔膜的安全性或其他表面性能。常用的功能材料如 Al_2O_3、SiO_2 等陶瓷纳米颗粒，以及 PVDF 等聚合物。

在 PP、PE、PET 等材料的无纺布表面涂覆陶瓷纳米颗粒形成的复合膜也在此类范畴。

7. 其他

用静电纺丝的方法可以制造纳米纤维隔膜。纳米纤维隔膜的特点是具有三维立体的孔隙结构，良好的吸液特性可以提升电池的多项性能。另外，PVDF、PI 的前体、PAN、PMMA 等材料都适合电纺加工工艺，这些材料多为隔膜的主要组成部分，有助于电池性能的发挥。但是，仅由纳米纤维构成的隔膜孔径过大、机械强度小，容易造成电池短路。因此，与纳米陶瓷颗粒复合是比较合理的工艺设计方案。

8. 常见商品化隔膜性能的比较

几种常见商品化隔膜的特性比较见表 2-40。

表 2-40　几种常见商品化隔膜的特性比较

特性	PP	PE	PP－PE－PP	陶瓷涂覆膜	PET 无纺布 / 陶瓷	聚酰亚胺纳米纤维膜
成本	低	较高	高	高	很高	很高
工艺难度	一般	复杂	难	一般	一般	难
生产效率	一般	高	低	高	一般	很低
破膜温度	~165℃	~135℃	~165℃	150~180℃（PE）180~200℃（PP）	≥ 250℃	≥ 300℃
力学性能	MD 强，TD 弱，MD 方向易撕裂	MD 与 TD 方向均较强	MD 强，TD 有所增强	与基膜类型相关	较弱	较弱
厚度特性	不易做薄	可低至 5μm	不易做薄	涂层增厚 1~3μm/ 层	难以做薄	难以做薄
润湿性	较差	较好	较差	较基膜提高	好	好
平均孔径	＜ 100nm	＜ 100nm	＜ 40nm	无直接数据	无直接数据	通常＞ 500nm
孔隙率	通常 30%~40%	通常 30%~45%	39%~45%	较低	较低	较高
化学稳定性	好	较 PP 弱	好	好	好	好
电化学特性	0~4.6V 稳定	0~4.6V 稳定	0~4.6V 稳定	0~4.8V 稳定	0~4.8V 稳定	通常 0~5.0V 稳定，不同单体结构可能造成不同
高温闭孔保护	无	无	有	不明确	无	无
适合的电池类型	通用	通用	单体容量较高的动力蓄电池	动力蓄电池	高热阻的动力蓄电池	高热阻的动力蓄电池

2.2.4.3　主要制造技术和生产工艺

目前产业化的隔膜制造技术主要有：湿法、干法、半干法、无纺布法和静电纺丝法。其中，湿法和干法还有进一步的分类。隔膜制造技术的分类及工艺环节汇总见表 2-41。

表 2-41　隔膜制造技术的分类及工艺环节图示

分类	关键技术类型	工艺流程
湿法	同步双向拉伸	
	分步双向拉伸	
半干法	Evapore®	
干法	吹塑 / 单向拉伸	
	铸片 / 单向拉伸	
	分步双向拉伸	
无纺布法	涂覆陶瓷颗粒	
静电纺丝	纳米纤维 / 复合	

1. 湿法 PE 隔膜制造技术

湿法 PE 隔膜制造工艺主要包括将 PE 原料与液状石蜡混合、熔融挤出、铸片、在一定温度程序下拉伸造孔、萃取、干燥、拉幅热定型、收卷等步骤。液状石蜡在铸片、拉伸时逐步与 PE 发生相分离并在萃取工序中被洗脱。生产工艺和 PE 原料的分子量分布对隔膜的成型以及性能有较大的影响。

（1）同步双向拉伸

主要的工艺特点是：铸片后的纵向与横向拉伸同步进行，由夹具展开与轨道变宽协同完成。以同步双向拉伸工艺制造的 PE 隔膜，微孔结构均匀，优于分步双向拉伸工艺制造的隔膜。

典型的同步双向拉伸 PE 隔膜 SEM 图像如图 2-127 所示。

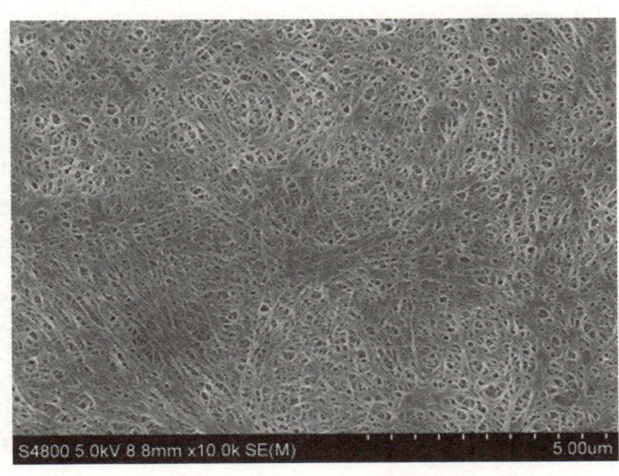

图 2-127　典型的同步双向拉伸 PE 隔膜 SEM 图像

（2）分步双向拉伸

主要工艺特点是：铸片后顺序经过纵向拉伸与横向拉伸，因此被称为分步（异步）拉伸。因为纵向与横向的拉伸分步进行，在隔膜的微观结构上有所体现。通常，分步双向拉伸工艺生产的隔膜会产生树枝状结构。树枝状结构的区域没有微孔，锂离子不能穿过。典型的分步双向拉伸 PE 隔膜 SEM 图像如图 2-128 所示。

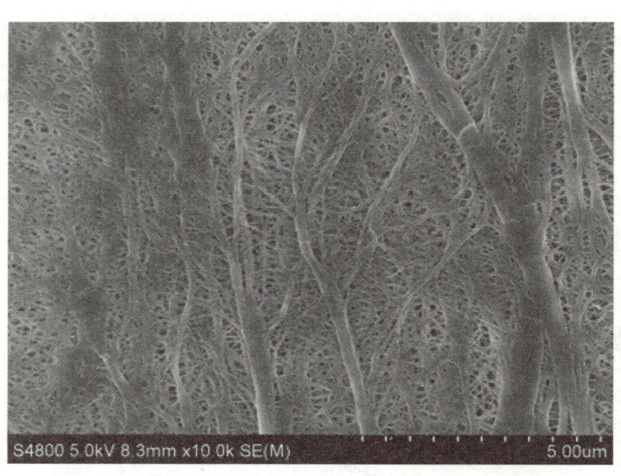

图 2-128　典型的分步双向拉伸 PE 隔膜 SEM 图像

2. 干法 PP 隔膜制造技术

PP 原料熔融挤出后经吹制或铸片成膜，并在一定的温度程序下拉伸造孔。生产工艺的差异和 PP 原料的分子量分布对隔膜的成型以及性能有较大的影响。干法工艺也有以下几种不同的形式。

（1）吹膜 / 单向拉伸

主要的工艺特点是将多层吹制成的膜复合成一层，再经 MD 方向的拉伸造孔。

（2）铸片 / 单向拉伸

主要的工艺特点是将铸成的厚片经 MD 方向的拉伸造孔。

（3）分步双向拉伸

主要的工艺特点为原料中需要加入具有成核作用的 β 晶改进剂。铸片后经 MD、TD 方向的拉伸完成造孔。

干法制膜工艺无论是在生产效率还是在成品率方面都明显低于湿法制膜工艺。为提高生产效率，在 PP 隔膜的制造中，常采用多层复合、先拉伸再剥离的方法。因此，生产工艺是分段的。

3. 半干法 PE 隔膜制造技术（Evapore®）

Evapore® 工艺是德国布鲁克纳机械有限公司（Brückner Maschinenbau GmbH & Co.KG）研发并取得专利的一种创新的半干法工艺。

在为人们所熟知的湿法工艺中，塑化剂在萃取槽中利用二氯甲烷等有机溶剂被萃取出来；被塑化剂污染的有机萃取溶剂及被萃取出来的塑化剂必须根据严格的环境法规，并通过一个复杂的化学及物理过程来分离纯化后再循环利用；此类回收工艺是提升产能的最大

制约因素，并且耗材及能耗成本较高，长期困扰着业界。

在 Evapore® 工艺中所用的塑化剂是被工艺的温度自然蒸发，不需要使用萃取溶剂以及相应的传统回收工艺。此新工艺的其他优点是简化了传统湿法的生产工艺，可以省略第二个横拉定型烘箱；并且塑化剂经工艺温度蒸发回收后燃烧，回供生产工艺所需要的热能，进一步大量节省了生产所需的能耗。

与湿法工艺相比，它使电池隔膜生产能够以更环保且节能的方式生产 PE 隔膜，其孔隙结构和均质性与传统湿法异步拉伸工艺并无二致。此外，与湿法工艺一样，更有能力生产出比干法工艺更薄的隔膜。Evapore® 工艺的生产线概念图如图 2-129 所示。

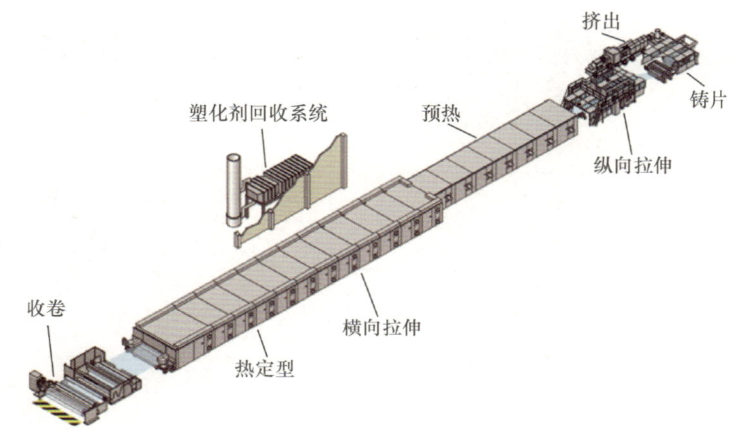

图 2-129 Evapore® 工艺的生产线概念图（数据来源：布鲁克纳机械有限公司）

4. 无纺布复合膜制造技术

将无纺布在无机陶瓷颗粒的悬浮浆料中浸涂，经固化、干燥等步骤后形成复合膜。

5. 纳米纤维复合隔膜制造技术

纳米纤维复合隔膜制造技术主要是应用静电纺丝的方法将一种或几种高分子材料电纺成具有三维立体孔结构的薄膜。必要时复合无机纳米颗粒调节孔隙率与孔径。

2.2.4.4 隔膜表面涂覆

聚烯烃隔膜在 100℃以上的温度下会有较大比例的收缩，在电池应用中会导致电池短路。另外，聚烯烃隔膜对电解液的浸润性较差。因此，常采用在 PE、PP 隔膜表面涂布功能层的方法改善其不足。

1. 陶瓷颗粒涂覆

通常采用 Al_2O_3、勃姆石、SiO_2、$BaSO_4$ 等无机材料的一种或几种与适当的黏结剂及其他助剂形成浆料，涂覆在聚烯烃隔膜的一面或双面形成复合膜。无机材料多采用微纳尺度的均匀颗粒。隔膜表面涂覆纳米陶瓷颗粒的 SEM 图像如图 2-130 所示。

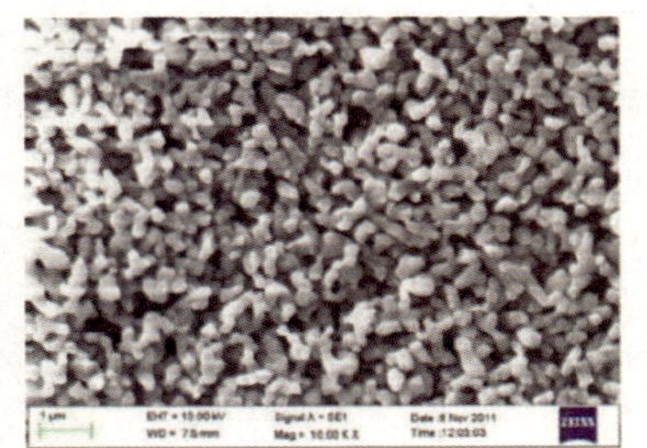

图 2-130 隔膜表面涂覆纳米陶瓷颗粒的 SEM 图像

2. 有机聚合物涂覆

聚合物可选的种类较多。其中，PVDF 及其共聚物涂层的实用价值较高，可以改善隔膜的亲液性以及提升电池的部分性能。

2.2.4.5 主要技术指标及检测方法

1. 原料的基本特性

隔膜原料的主要性能要求见表 2-42。

表 2-42 隔膜原料的性能要求

序号	项目	技术要求
1	绝缘性	介电强度≥ 18kV/mm①
2	抗氧化性	可在电池工况下稳定工作 8 年以上
3	电化学窗口	0~4.6V 不发生电化学反应
4	可加工性	有适合的造孔方法以及适于工业化规模制造

① 参考 PET 的介电强度。

2. 主要技术参数

隔膜性能的主要技术参数见表 2-43。

表 2-43 隔膜技术参数

序号	项目	参考指标	说明
1	厚度	5~40μm	—
2	孔隙率	30%~55%	特性参数
3	孔径	＜ 200nm	特性参数
4	孔径分布	较窄的正态分布	特性参数
5	真密度	—	计算时扣除膜内微孔体积
6	透气性	100~500s	可以反映通孔及盲孔的情况
7	浸润性	—	—
8	吸液率	—	—
9	离子电导率	6×10^{-4}~2×10^{-3}S/cm	关键参数
10	拉伸强度	＞ 100MPa(MD)① 10~20MPa(TD)①	双向拉伸制造的聚乙烯隔膜 MD、TD 方向的拉伸强度均可达到 100~200MPa
11	拉伸应变	60%~90%(MD)① 20%~30%(TD)①	—
12	穿刺强度	3~5N	—

（续）

序号	项目	参考指标	说明
13	受热收缩比例	＜ 2%@90℃ /120min	陶瓷涂覆隔膜的建议指标为＜ 2%@180℃ /120min；高安全性隔膜的建议指标为：＜ 3%@250℃ /120min
14	熔融温度	≥ 135℃	关键参数
15	闭孔温度	—	特性参数
16	电化学稳定窗口	0~4.6V 0~5.0V（高电压体系）	关键参数
17	电气强度	介电强度≥ 18kV/mm	关键参数

注：1. 特性参数指体现产品材料特点、技术特点及工艺水平的重要参数。

2. 关键参数指将显著影响电池性能发挥及安全性的参数。

① 以单向拉伸制造的聚丙烯隔膜为例。

3. 缺陷的种类及关键技术指标的检测

（1）缺陷的种类

隔膜缺陷应该在生产线的末端在线检测，种类见表 2-44。

表 2-44 隔膜的缺陷类型

序号	缺陷名称	分类	说明
1	破损	A 类 致命缺陷	需剔除
2	针孔	A 类 致命缺陷	需剔除
3	亮点	A 类 因导辊缺陷	连续产生，可能是微孔，需剔除
4	亮点	B 类 因工艺缺陷	非致命，影响品质，需控制数量
5	水渍	B 类 工艺缺陷	非致命，批量产生，影响品质，需立即处理
6	划痕	B 类 工艺缺陷	非致命，影响品质，需控制数量
7	晶点	B 类 原料问题 / 工艺问题	非致命，影响品质，需控制数量
8	油渍	B 类 过程产生	非致命，影响品质，需控制数量
9	蚊虫、异物	B 类 生产控制 / 原料	非致命，影响品质，需控制数量
10	白点	C 类 工艺缺陷	非致命，影响品质，需控制数量

一些常见的隔膜缺陷的光学图像如图 2-131 所示。

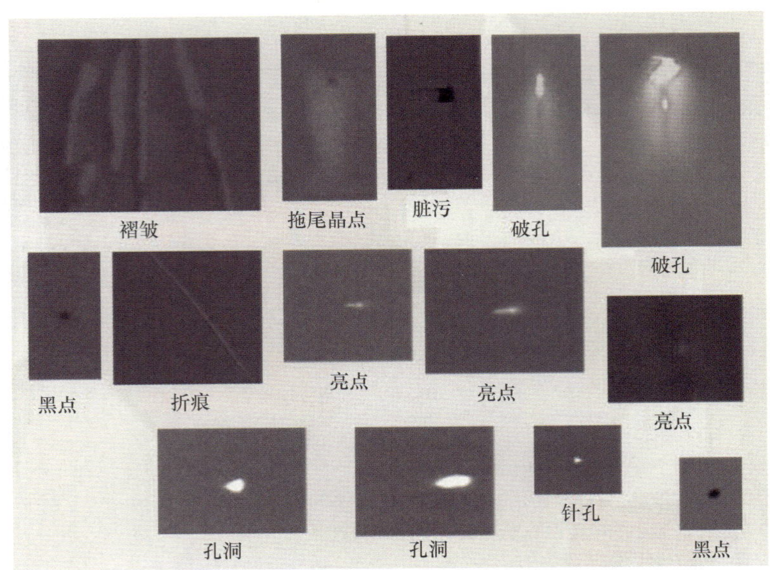

图 2-131　一些常见隔膜缺陷的光学图像

（2）在线缺陷检测

因为隔膜的缺陷将对电池安全及性能造成不利影响，所以隔膜制造企业必须对隔膜的缺陷进行在线检测，以便及时发现并加以控制。基于机器视觉的在线检测目前普遍被膜企所接受，得到广泛的应用。

机器视觉系统基本组成主要包括图像获取单元、图像分析处理工作站、数据管理及人机接口（图 2-132）。

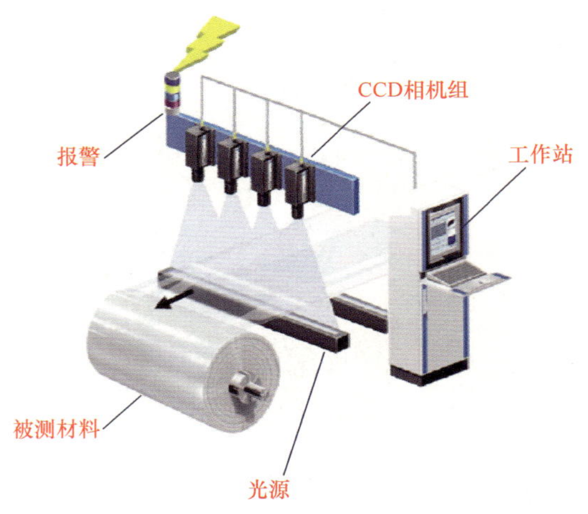

图 2-132　隔膜缺陷在线视觉检测系统示意图

在线缺陷检测的方法以光学表面视像检测系统为主，该系统由增亮光源、高频相机、检测工作站和相关软件组成。在生产线上隔膜的一侧放置光源、另一侧放置高频相机，通过工作站对采集到的图像变化数据进行处理并实现缺陷的判断和统计。

根据隔膜的检测幅宽和线速度，可选择 2K、4K、8K 像素相机，隔膜缺陷检测系统的检测精度最高可以做到优于 0.05mm。

（3）线下关键技术指标的检测

隔膜线下检测的关键项目及技术方法见表 2-45。

表 2-45 隔膜检测项目及技术方法

序号	项目		推荐方法	参考值	说明	参考标准
1	基本物性	厚度	电容式测厚仪连续测厚	5~40μm	常规方法为千分尺测量	GB/T 6672—2001
		真密度	真密度仪；压汞仪	与具体材料相关	需测定并减去孔隙所占体积	—
		浸润性	接触角测试仪	—	—	Nasa/TM—2010—216099
		吸液率	测定隔膜吸液前后的质量差	—	可使用电解液、正丁醇、十六烷等	SJ-247—10171.7
2	结构特性	表面显微结构	SEM	—	—	—
		孔隙率	毛细管流动分析仪；压汞仪	30%~55%	—	ASTM D2873 GB/T 21650.1—2008
		孔径	毛细管流动分析仪；压汞仪	< 100nm	—	GB/T 21650.1—2008
		孔径分布	毛细管流动分析仪；压汞仪	—	—	GB/T 21650.1—2008
		透气性	透气性测试仪	100~500s	—	—
3	力学特性	拉伸强度（MD、TD）	万能电子拉力机	10~100MPa	—	GB/T 1040.3—2006
		拉伸应变（MD、TD）	万能电子拉力机	—	—	GB/T 1040.3—2006
		穿刺强度	穿刺强度仪	300~400g	—	ASTM D3763
4	电子绝缘及电化学特性	离子电导率	电化学工作站	$> 6\times10^{-4}$S/cm	交流阻抗法	—
		绝缘性	电压击穿测试	≥ 18kV/mm	—	GB/T 13542.2—2009
		微短路	使用兆欧表测定在一定压力、电压下被隔膜隔开的电极片间的电阻值	≥ 100V 时电阻大于 10MΩ	—	—
5	受热安全性	熔融温度	DSC	≥ 135℃（最低要求）	—	—
		熔融破断温度	TMA	≥ 135℃（最低） ≥ 250℃（高安全性）	以热机械分析仪测定受热熔断的过程及温度	Nasa/TM—2010—216099
		热收缩	置于热箱后测尺寸变化	≤ 2% @180℃ 1h （高安全性隔膜）	以 50lbf/in^2 压力夹在一对钢板中	GB/T 12027—2004；UL2591—2009
		闭孔温度	测定隔膜两侧电阻的突变温度	—	—	UL2591—2009

2.2.4.6 隔膜的发展趋势

锂离子蓄电池的发展方向是高容量和高安全性。隔膜的发展需要顺应锂离子蓄电池发展的需求，其方向是提高电池的安全性以及有助于电池性能的发挥。

1. 耐高温隔膜

隔膜在高温下（比如超过 180℃）保持形态和尺寸的稳定可以避免电池短路，大幅提高安全性。当电池被尖锐物刺穿，局部短路的高温会使聚烯烃隔膜快速熔缩造成大面积的短路。因此，耐高温是高安全性隔膜的必要特征。聚酰亚胺、芳纶、PET 等材料具有良好的高温稳定性，是目前耐高温隔膜研究的主要候选材料。

2. 耐高电压的隔膜

聚烯烃隔膜及匹配的电解液，电化学窗口在 0~4.6V。耐高电压隔膜需要在 0~5V 稳定工作。发展耐高电压的隔膜材料体系或对现有隔膜进行适当的表面保护处理可以达到在高电压下工作的目标。

3. 有特种涂层的隔膜

此处特指可以提高电池 Li 离子迁移效率的涂层隔膜，如加入无机离子导体，相关材料的研发正在进行之中。

4. 固态电解质

固态电解质适用于固态锂离子蓄电池，是一类对锂离子有传导能力的无机粉体材料。锂离子在其中的传导机制与在电解液中的迁移不同。固态电解质的离子电导率在常温下比现有隔膜在电解液中低一个数量级。

2.2.5 其他材料

2.2.5.1 铝塑膜

1. 概述

铝塑膜是针对软包锂电池电芯封装的关键材料，单体蓄电池组装后用铝塑膜密封，铝塑膜起到保护内容物的作用，它具有热封密实性、内层材料化学稳定，不与电解液及强酸反应，以及良好的柔韧性和机械强度等优点。目前，商品化的铝塑膜有几个不同的种类，其基本功能和特性是相近的，不同的是材料和相应制造方法的差异。通常，铝塑膜由保护层尼龙或聚酯薄膜、阻隔层铝箔层和热封层聚丙烯薄膜构成，层与层之间以黏结剂或者热熔胶粘合。电池能量密度的提升，主要基于电极材料体系的发展和优化；而软包电池的安全性能主要是由铝塑膜提供保障。锂离子蓄电池铝塑膜如图 2-133 所示。

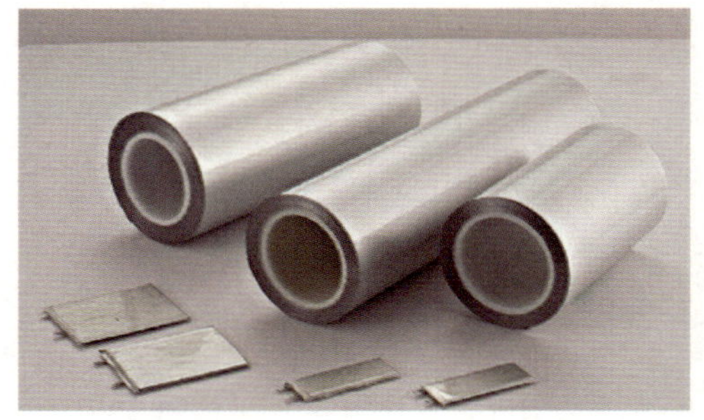

图 2-133　锂离子蓄电池铝塑膜
（图片来源：明冠新材）

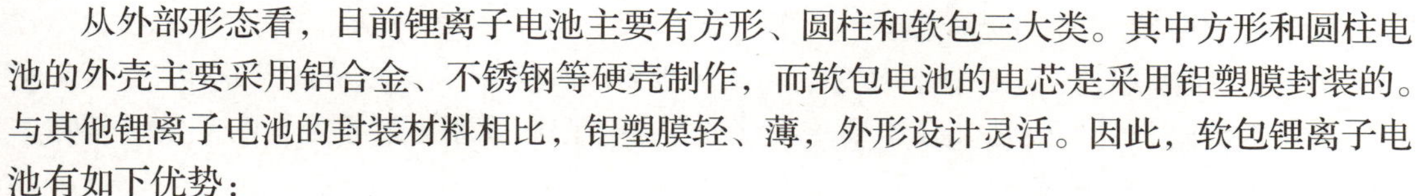

从外部形态看，目前锂离子电池主要有方形、圆柱和软包三大类。其中方形和圆柱电池的外壳主要采用铝合金、不锈钢等硬壳制作，而软包电池的电芯是采用铝塑膜封装的。与其他锂离子电池的封装材料相比，铝塑膜轻、薄，外形设计灵活。因此，软包锂离子电池有如下优势：

（1）安全性能好

软包电池较少漏液，鼓气严重时会裂开，在一定程度上可以降低因内压过大而导致爆炸的风险。

（2）重量轻

软包电池的重量比同等容量的钢壳方形电池约轻 40%，比铝壳方形电池约轻 20%。

（3）单位体积电能容量大

软包电池较同等规格尺寸的钢壳电池可多容纳电能约 50%，较铝壳电池多出 20% ～ 30%。

（4）循环性能好

软包电池的循环寿命更长，100 次循环衰减比铝壳电池少 4% ～ 7%。

（5）设计灵活

可根据客户需求定制外形。普通铝壳的厚度一般只能做到 4mm，而铝塑膜软包的厚度可以低至 0.5mm。

基于上述优点，软包锂离子电池已广泛应用于 3C 电子领域，并在新能源汽车动力电池领域加速发展。在中国，截至 2017 年年底，孚能科技、多氟多、国能电池、卡耐新能源、微宏动力、妙盛动力等公司已在软包动力电池产业化方面取得了成功。

（1）作用

铝塑膜作为电池电芯的封装材料，保护电池电芯避免因受到外部的穿刺及碰撞造成损伤；另外，保护层为聚酯薄膜的铝塑膜同时具有绝缘性。锂离子蓄电池中的铝塑膜与正、负极片的示意图如图 2-134 所示。

（2）材料及结构特点

铝塑膜是由铝箔、多种塑料膜和黏结剂（包括黏结性树脂）组成的复合软包装材料，每一层材料都影响铝塑膜的性能，其中，铝箔是未经退火的“O”态铝箔，尼龙是尼龙 6；聚酯薄膜是未经拉伸的流延聚丙烯。多种材料搭配是为了使其具有高冲深、耐高温和耐腐蚀等重要特性。

（3）在动力蓄电池中的基本要求

与数码电池相比，动力蓄电池的电解液和正负极材料对铝塑膜的要求更高。首先动力蓄电池铝箔（Al）/ 聚丙烯薄膜（CPP）的电解液浸泡剥离力远高于数码电池；其次动力蓄电池单体的容量较大，使用铝塑膜的面积也较大，对铝塑膜产品的一致性和稳定性要求极高。

因为电解液直接浸润铝塑膜的内层，所以铝塑膜必须具备以下特性：

① 良好的溶剂阻隔性。

② 可靠的热封密实性。

③ 内层材料化学稳定，不与电解液及强酸反应。

④ 良好的柔韧性和机械强度。

另外，铝塑膜在电解液中不应发生溶胀和溶解，保证对氧、水分的严格阻隔。因此，电池用铝塑膜的设计、制造和技术要求和普通包装用铝塑膜相比都要很大的差别，是唯一尚未实现国产化的关键材料。

锂离子电池的发展方向，一是小型化、薄型化，以满足消费类电子产品的需求；二是大容量、大功率充放电，适用于动力、储能领域。前者要求铝塑膜在保证阻隔水、氧的同时向更轻薄、更柔韧的方向发展；后者要求铝塑膜具有更高机械强度、更高阻隔性及更长的使用寿命。

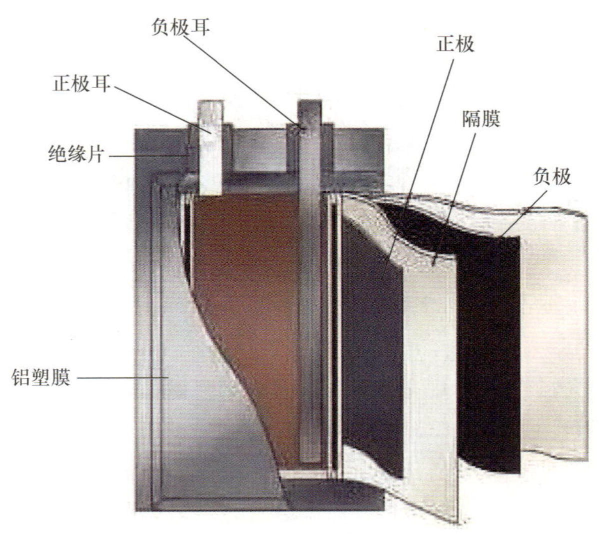

图 2-134　锂离子蓄电池中的铝塑膜与其他电池材料示意图

2. 铝塑膜的分类

根据材料体系的不同，铝塑膜可以分为以下几类：保护层为聚酯（PET）的铝塑膜、保护层为尼龙（PA）的铝塑膜及应用在固态电池上的聚酰亚胺（PI）的铝塑膜。PET 铝塑膜和 PA 铝塑膜的区别在于保护层是否具有绝缘和耐电解液特性。

（1）尼龙（PA）铝塑膜

PA 铝塑膜，厚度通常为 153μm，是传统的 PA（25μm）/Al（40μm）/CPP（80μm）三层结构，如图 2-135a 所示。其冲壳性能较好，CPP 的熔点为（160±5）℃。

（2）聚酯（PET）铝塑膜

PET 铝塑膜，厚度为 152~155μm，是在传统的 PA 铝塑膜上面复合一层 PET 薄膜。其中，PA 的厚度降低到 15μm，而 PET 厚度一般为 6~12μm，其他材料的

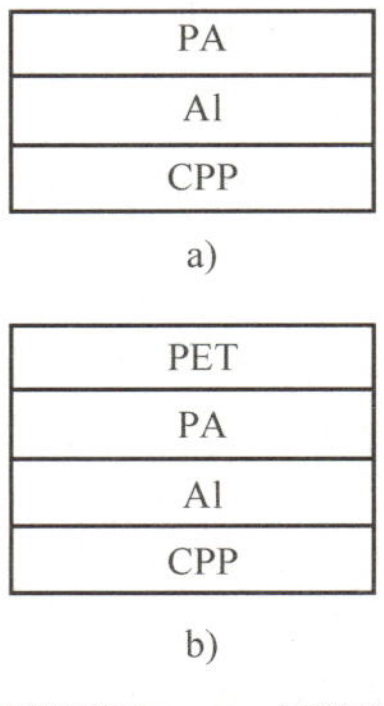

PA
Al
CPP

a)

PET
PA
Al
CPP

b)

图 2-135　PA 铝塑膜和 PET 铝塑膜的结构示意图
a）PA 铝塑膜的结构　b）PET 铝塑膜的结构

厚度与 PA 铝塑膜一致。其冲壳性较 PA 铝塑膜差，但绝缘性良好，达到 GΩ 级别，远高于 PA 铝塑膜。另外，PET 铝塑膜的耐电解液性能优于 PA 铝塑膜。

（3）常见商品化铝塑膜性能的比较

几种常见的商品化铝塑膜的特性比较见表 2-46。

表 2-46 几种常见商品化铝塑膜的特性比较

特性	PET 铝塑膜	PA 铝塑膜
成本	较高	低
工艺难度	复杂	一般
生产效率	一般	高
表面耐电解液	好	一般
拉伸性能	好	一般
厚度特性	均一性	误差较大
冲壳特性	较好	一般
耐电解液性	一般	较好
绝缘性	较好	一般
热封性	好	好
绝缘性	较好	一般

3. 主要制造技术和生产工艺

目前产业化的铝塑膜制造技术主要分热法和干法。其中，热法还有进一步的分类。铝塑膜制造工艺流程如图 2-136 所示。

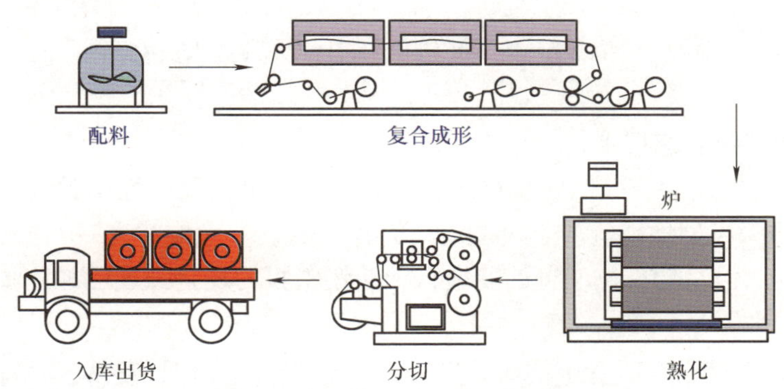

图 2-136 铝塑膜制造工艺流程

（1）热法铝塑膜制造技术

热法铝塑膜制造工艺的关键点是把改性聚丙烯树脂（MPP）高温熔融后，加到 AL 和 CPP 中间进行压合，成为复合膜。热法产品的主要特点是在耐电解液和抗水性方面有一定优势，而在冲深成形、外观等方面表现较差。因铝箔和 CPP 之间用热熔 MPP 粘接，高温高压的制作过程会使铝箔脆化，从而导致冲深性能劣化。

① 流延法。主要的工艺特点：铝箔、MPP 和 CPP 作为三个独立单元同步进行，这样粘合强度高。其工艺示意图如图 2-137a 所示。

② 层压法。主要工艺特点：在处理 CPP 时，把 MPP 作为一层膜与 CPP 一起挤压出来，与 Al 经过 200℃以上的高温进行压合（图 2-137b）；然后迅速降温，贴合成膜，厚度较为均匀。

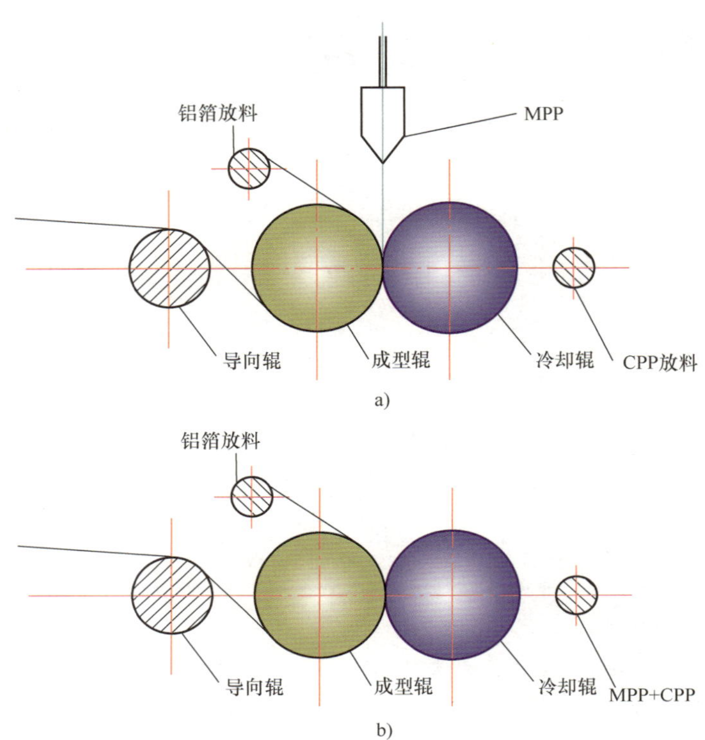

图 2-137　热法——流延法和热法——层压法工艺示意图

a）热法——流延法工艺示意图　b）热法——层压法工艺示意图

（2）干法铝塑膜制造技术

干法是用黏结剂把 Al 和 CPP 粘接压合一起，黏结剂的黏结性是关键（图 2-138）。干法的优势在于冲深成型性能优异、外观好（杂质、针孔、鱼眼少）。但是剥离力偏小，耐电解液性能较弱。但是随着黏结剂的发展，干法铝塑膜的复合强度已经逐步提高并达到热法工艺产品的水平。

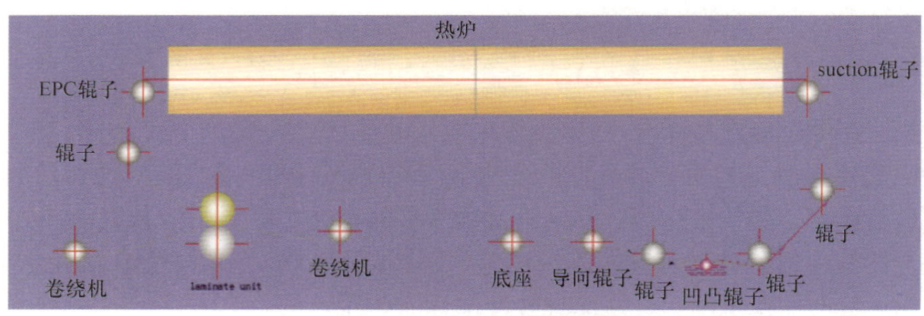

图 2-138　干法工艺示意图

4. 原料的基本特性

铝塑膜原料的主要性能要求见表 2-47。

表 2-47 铝塑膜原料的主要性能要求

结构	作用	要求	厚度/μm
保护层（PA 或 PET）	保护中间铝层不被划伤，对电池跌落造成的冲击振荡等进行保护	抗冲击性好，耐高温，耐摩擦，耐穿刺，绝缘性好	15~25
阻隔层（Al）	阻隔水气	未经退火的“O”态铝箔，具有抗氧化性，并在表面钝化	40
热封层（CPP）	耐腐蚀，绝缘，热封	耐老化，耐电解液浸泡，较强的黏结性能	70~80

5. 主要技术参数

铝塑膜的主要技术参数见表 2-48。

表 2-48 铝塑膜主要技术参数

参数		单位	规格值	计量器
外观		mm	有色异物直径 < 1	目测
		mm	鱼眼状直径 < 1.5	
厚度		μm	153±5%	千分尺
宽度		mm	规格值 ±2	钢尺
连接头		个	每卷≤ 3	检查机
长度		m	规定长度	检查机
卷芯直径		in①	3	—
拉伸性能	抗拉强度	N/15mm	≥ 100	拉力机
	断裂伸长率	%	> 40	拉力机
剥离强度	PA/Al	N/15mm	> 4	拉力机
	Al/CPP	N/15mm	> 15	拉力机
热封性能	热封剥离强度	N/15mm	> 60	热封机、拉力机
	沾电解液剥离强度	N/15mm	> 40	热封机、拉力机
摩擦系数（动/静）	PA/PA	—	< 0.3/0.3	耐摩擦试验机
	CPP/CPP	—	< 0.3/0.3	耐摩擦试验机
Al/CPP 耐电解液性		N/15mm	> 8	拉力机
冲壳深度		mm	> 6	冲壳机
表面张力（PA 面）		Dyne	≥ 34	达因笔
恒温恒湿（60℃、90%RH、7 天）		—	不分层	恒温恒湿箱

注：1. 样条剥离：200mm/min、180°peel；

2. 耐电解液测试：把样条浸泡电解液里（EC:DEC:DMC=1:1:1，1mol $LiPF_6$）24h，取出擦干测试剥离力。

① 1in = 0.0254m。

6. 缺陷的种类及关键技术指标的检测

（1）缺陷的种类

铝塑膜缺陷应该在生产线的末端在线检测，种类见表 2-49。

表 2-49　铝塑膜的缺陷类型

序号	不良项目	不良代码	允收规格值 / 基准		检验方法	不良说明	缺陷等级		
			PA 面	CPP 面			CRI	MAJ	MIN
1	原料折皱	A	不允许	不允许	目视	来料膜材表面折皱，影响产品胶面涂布或外观		●	
2	离形	B	不允许	不允许	目视	铝塑膜成品 PA、CPP 面因胶层内缺胶或空气未排出，导致出现产品结构分离		●	
3	划痕	C	目视不明显，宽度 <0.2mm，深度 <0.01mm ① $L<5$mm，$N\leqslant 10$ 条 / 1.5m^2，$D>200$mm ② $5\text{mm}\leqslant L<10$mm，$N\leqslant 15$ 条 / 1.5m^2，$D>200$mm ③ $L\geqslant 10$mm，不允许	不允许	目视 菲林片	产品表面摩擦、刮到风嘴产生线条状，但未破坏材料本身			●
4	垫伤	D	不允许	不允许	目视 菲林片	产品经过导轮产生凸起，呈颗粒状		●	
5	异物	E	不允许	不允许	目视 菲林片	复合层内杂质，异物（刮刀磨损、外部带入）		●	
6	发雾	F	不允许	不允许	目视	产品表面压合不实或产生胶水污染			●
7	铝箔氧化	G	不允许	不允许	目视	铝箔原料表面变色氧化		●	
8	褶皱	H	不允许	不允许	目视	各层材料与基材贴合出现表面不平整现象		●	
9	取样	I				取样品送实验室测试			
10	接头	J	不允许	不允许	目视	检查段对接产品产生		●	
11	缺胶	K	不允许	不允许	目视	铝塑膜贴合材料与基材出现缺胶现象		●	
12	轮胎印	L	不允许	不允许	目视	产品表面呈波浪状，有张力不均现象		●	

（续）

序号	不良项目	不良代码	允收规格值 / 基准		检验方法	不良说明	缺陷等级		
			PA 面	CPP 面			CRI	MAJ	MIN
13	针孔	M	不允许	不允许	目视	产品内层出现针尖状孔	●		
14	跑偏	N	不允许	不允许	目视	PA 膜 / 铝箔 /CPP 膜不在同一界面，表面边缘露出基材			●
15	溢胶	O	不允许	不允许	目视	残留于铝塑膜表面的胶水或擦拭胶水后留下胶水与溶剂的混合物，呈亮印状		●	
16	破损	P	不允许	不允许	目视	产品破洞、破坏	●		
17	气泡	Q	直径＜ 0.8mm，数量 15 个 /m^2	不允许	目视 菲林片	PA、CPP 与铝箔分离处呈圆形或小椭圆形的气泡状			●
18	卷底料	R	不允许	不允许	目视	原料、半成品卷底物料无法使用			●
19	接布切除	S	不允许	不允许	目视	涂布段、分切段对接下一卷切除品			●
20	停机印	T	不允许	不允许	目视	因前段生产过程中突然停机导致胶层不规则堆积或缺胶，产品表面出现起皱和缺胶现象		●	
21	分层	U	不允许	不允许	目视	铝塑膜贴合材料与基材出现分离现象		●	
22	分切不良	V	不允许	不允许	目视	产品切边时出现产品端面边缘破损、齿状现象			●
23	蚊虫	W	不允许	不允许	目视	产品涂布过程中带入，复合在层内产生的昆虫		●	
24	橘皮印	X	不允许	不允许	目视	因胶水涂布不均使产品表面出现密集型凹凸不平，手触摸粗糙现象			●
25	鱼纹	Y	不允许	不允许	目视	产品压合后出现鱼尾纹路现象		●	
26	条纹印	Z	不允许	不允许	目视	产品压合后出现斜纹路条纹现象			●

一些常见的铝塑膜缺陷如图 2-140 所示。

（2）在线缺陷检测

因为铝塑膜的缺陷将对电池安全及性能造成不利影响，所以铝塑膜制造企业必须对铝塑膜的缺陷进行在线检测，以便及时发现缺陷并加以控制。基于机器视觉的在线检测目前普遍被企业接受，得到广泛的应用。

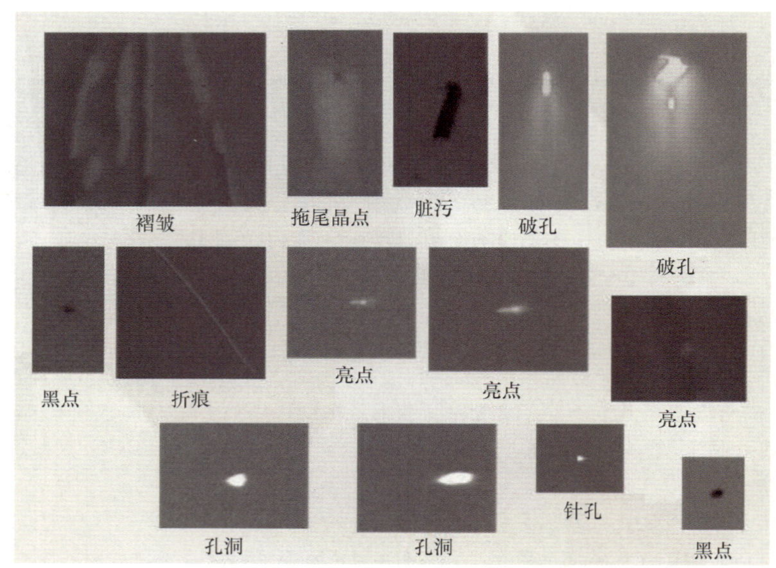

图 2-139　一些常见的铝塑膜缺陷

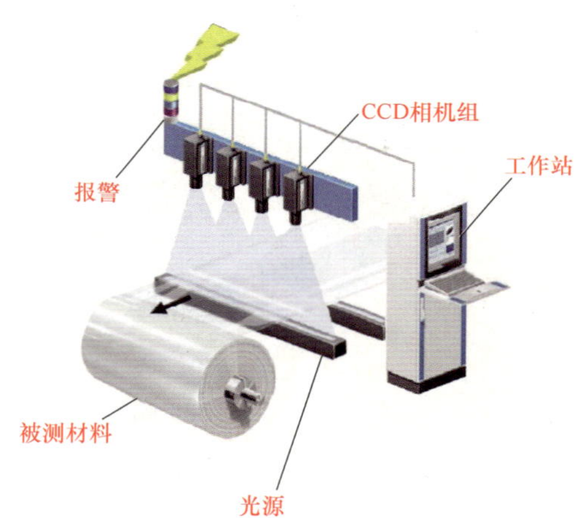

图 2-140　铝塑膜缺陷在线视觉检测系统示意图

机器视觉系统基本组成主要包括图像获取单元、图像分析处理工作站、数据管理及人机接口。其示意图如图 2-141 所示。

在线缺陷检测方法以光学表面视像检测系统为主。该系统由增亮光源、高频相机、检测工作站和相关软件组成。在生产线上铝塑膜的一侧放置光源，另一侧放置高频相机，通过工作站对采集到的图像变化数据进行处理并实现缺陷的判断和统计。

根据铝塑膜的检测幅宽和线速度，可选择 2K、4K、8K 像素相机。铝塑膜缺陷检测系统的检测精度最高可以做到优于 0.05mm。

7. 铝塑膜的发展趋势

锂离子蓄电池的发展方向是高比能量和高安全性。铝塑膜的发展需要顺应锂离子蓄电池发展的需求，其方向是提高电池的安全性以及有助于电池性能的提高。

（1）轻薄化铝塑膜

轻薄化是3C数码设备对铝塑膜发展提出的要求。随着手机越来越薄，电池也随之变薄；铝塑膜越薄，电池的比能量越大。

（2）厚重化铝塑膜

动力蓄电池对安全性的关切日益增加，需要通过提高铝塑膜的厚度来增大强度，同时也提高其耐电解液性、阻隔性等，使产品应用在电池上更安全，更稳定。

（3）钢塑膜

钢塑膜的优势主要体现在钢的耐冲击上。一旦冲壳成型，它就具有一定的抵抗外力碰撞的能力，减小电池因为碰撞而损坏的概率，大幅提高电池的安全性。由于原材料成本昂贵，所以现在暂时没有应用。

（4）双层铝塑膜

双层铝塑膜具有超级柔韧性，不会因为电池局部受损而影响电池使用。

（5）表面涂炭、电蚀等改性处理

目前很大一部分电池铝箔产品是没有涂碳、电蚀的。但为了改善蓄电池的性能，减少界面电阻，保护集流体，减少极化，提升蓄电池的一致性和寿命，对蓄电池铝箔进行表面改性处理将逐渐成为一种趋势。目前，蓄电池铝箔表面的处理技术仍然在不断开发、进步。作为锂电池的重要组成部分，需要更多的研究投入。涂碳铝箔是在铝箔表面涂0.5~2g/m^{2}的碳。涂碳处理对提高电池的倍率性能、延长电池使用寿命等都会有很大的益处。涂碳后的倍率试验结果如图2-141a所示，对蓄电池寿命的影响如图2-141b所示。

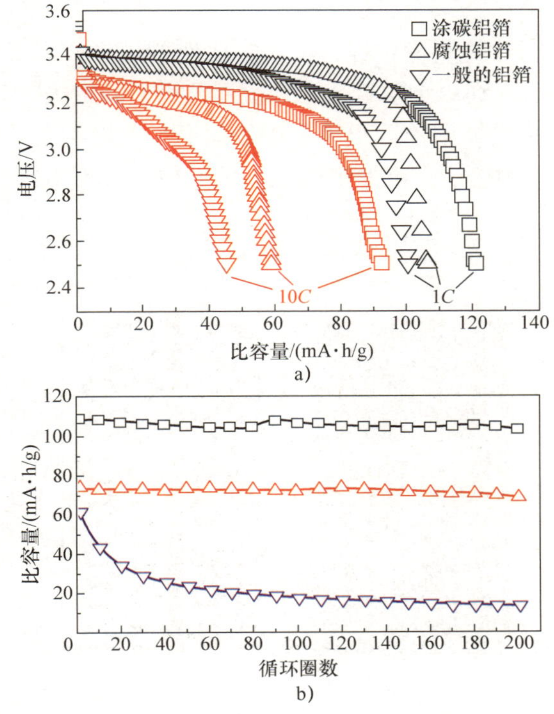

图2-141　涂碳对蓄电池的影响

a）涂碳后的倍率试验结果　b）涂碳对蓄电池寿命的影响（5C充放电）

2.2.5.2 铜箔

1. 概述

铜箔在锂离子蓄电池内既充当负极材料的载体，又充当负极电子的收集与传输体。锂离子蓄电池在发展初期，选择压延铜箔来制作电池负极集流体。随着锂离子蓄电池生产技术的进步和电解铜箔技术的提升与质量的提高，目前国内外大部分锂电池厂家都开始采用电解铜箔。电解铜箔与压延铜箔相比、不仅有更好的导电性、更高的附着力，还具有良好的耐蚀性、耐氧化性、质量均匀性及良好的外观质量等，且成本一般较压延铜箔低。锂离子蓄电池用电解铜箔如图 2-142 所示。

图 2-142　锂离子蓄电池用电解铜箔

（1）作用

锂离子蓄电池电极极片的制造过程：将一定比例的正极或者负极活性物质、导电剂、黏结剂和溶剂充分混合后得到用于附着在正极或者负极上的电极附载物，然后将所述的电极附载物均匀地涂敷在集流体铝箔（正极）或者铜箔（负极）上，最后采用干燥、碾压、裁分工艺得到电极极片。锂离子蓄电池中的正、负极片示意图如图 2-143 所示。

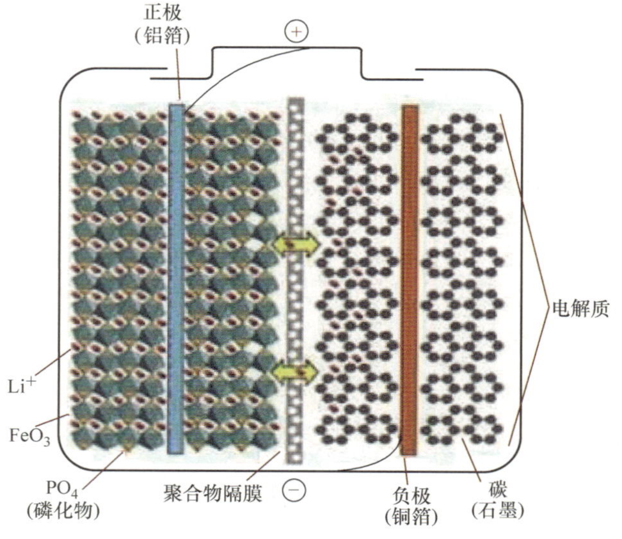

图 2-143　锂离子蓄电池中的正、负极片示意图

（2）用在锂离子蓄电池中的基本要求

锂离子蓄电池对铜箔有特殊的技术要求，即必须具有良好的导电性，表面与负极材料有良好的附着力，并具有良好的耐电解液腐蚀和耐高温氧化性。为了保证涂敷在电解铜箔上的负极材料不会脱落，在制备涂敷材料时必须加入合适的黏结剂。目前常用的黏结剂有PVDF、PTFE、SBR、LA133 等。其黏结强度不仅取决于黏结剂本身的物理化学性能，而且与铜箔的表面特性有很大的关系。当涂层的黏结强度足够高时，可抑制充放电循环过程中负极的粉化脱落，或因过度膨胀收缩而剥离基片，降低循环中的容量保持率；反之，如果黏结强度达不到要求，则随着循环次数的增加，因涂层剥离程度加重而使电池阻抗不断增大，容量下降加剧。这就要求锂离子蓄电池用铜箔需要具有良好的亲水性。锂离子蓄电池对电解铜箔的性能要求（企业推荐标准）见表 2-50。

表 2-50　锂离子蓄电池用电解铜箔的性能要求

不同工艺	铜箔厚度 /μm	质量 /（$g \cdot m^{-2}$）	σ_b/（$N \cdot mm^{-2}$）	延伸率（%）
双面光	8	70~74	>350	>4
	9	85~90	>350	>5
单面毛	9	85~90	>350	>3
	10	95~100	>350	>3
双面毛	10	85~90	>350	>3
	12	105~110	>350	>3

注：其他要求包括抗氧化性能（180℃ ×60min）好；亲水性良好；无斜纹、毛刺、针孔、油污、折皱、缺裂口、凹凸点、铜粉；波浪边≤ 3mm；接头≤ 2 个 / 卷；表面色泽均一、清洁、光滑、平整、无花纹。

2. 铜箔的分类

（1）应用领域

根据应用领域的不同，铜箔可以分为以下几类：印制电路板用电解铜箔、锂离子蓄电池用电解铜箔和屏蔽用电解铜箔等。锂离子蓄电池用电解铜箔目前以双面光电解铜箔为主。

双面光电解铜箔具有双面结构对称、密度接近铜理论密度、表面轮廓度低、延伸率较高及抗拉强度较大等特性。与单面毛、双面毛锂离子蓄电池铜箔相比，双面光电解铜箔具有两面一致性好、力学性能优等优点，能显著提升锂离子蓄电池极片加工过程的一致性和成品率。同时，双面光电解铜箔负极集流体具有良好的耐冷热膨胀性能，可以明显延长电池寿命。

（2）工艺

根据工艺的不同，工业用铜箔分为压延铜箔（RA 铜箔）与电解铜箔（ED 铜箔）两大类。压延铜箔具有较好的性能，而电解铜箔的优势是成本较低。

锂离子蓄电池发展初期，由于当时电解铜箔的性能较低，所以电池厂家全部采用压延铜箔。但压延铜箔的生产工艺复杂、成本高，且全球产能集中于少数几家公司。近年来，随着电解铜箔的物理、化学、力学和冶金性能的提高，以及其生产工艺简单、效率高、成本低等优势，国内外大部分锂离子蓄电池厂家都改用电解铜箔制作电池负极集流体，但有些类型的高性能电池仍选用压延铜箔。电解铜箔有多种类型，如高延伸率型、单面毛型、双面毛型、双面光型、双面粗化型等。压延铜箔和电解铜箔的主要技术指标对比见表 2-51。

表 2-51　压延铜箔和电解铜箔的主要技术指标对比

主要指标	压延铜箔	电解铜箔
生产方法	将铜带轧制成一定厚度的原箔，然后进行表面处理	以硫酸铜溶液为原料，采用电解方法制成原箔，然后进行表面处理
生产流程	工艺复杂、流程长	工艺较复杂
设备精度	高	较高
生产成本	一次性投入与生产成本高	一次性投入与生产成本低
纯度	高	较高
强度	大	较大
韧性	好	较好
抗弯曲性能	好	较好
弹性系数	高	较高
致密度	高	较高
延展性	高	较高
结晶结构	轧制组织	铜微粒针状结晶
厚度	极限厚度受到限制	很薄
宽度	受轧辊限制	根据工艺要求决定
毛面	光滑	粗糙
表面粗糙度	低	不同类型有差别
外观一致性	差	好

（3）抗拉强度

根据抗拉强度的不同，铜箔可以分为两种：普通抗拉强度锂离子蓄电池铜箔和高抗拉强度锂离子蓄电池铜箔。

1）普通抗拉强度锂离子蓄电池铜箔

普通抗拉强度锂离子蓄电池铜箔的厚度通常为 6~20μm，抗拉强度在 300~400MPa 之间。该铜箔具有双面结构对称、粗糙度低，亲水性高等特点。普通抗拉强度锂离子蓄电池用电解铜箔表面结构如图 2-144 所示。

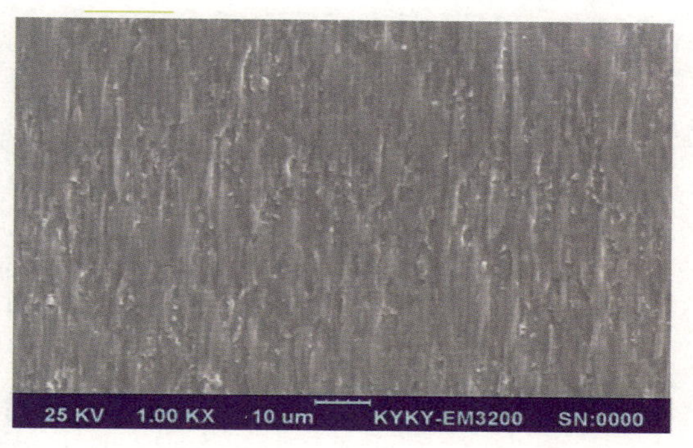

a)

b)

图 2-144 普通抗拉强度锂离子蓄电池用电解铜箔的表面结构

a）光面 SEM b）毛面 SEM

2）高抗拉强度锂离子蓄电池用电解铜箔

高抗拉强度锂离子蓄电池用电解铜箔的厚度通常为 6~15μm，抗拉强度大于 400MPa。该铜箔除了具备普通抗拉强度锂离子蓄电池铜箔的所有特性外，还具有在高抗拉强度的同时保持较高延伸率的特性，可遏制电池充放电中铜箔断裂的现象。其轻薄化的特点还能提高电池的能量密度。高抗拉强度锂离子蓄电池铜箔的表面结构如图 2-145 所示。

3. 主要制造技术和生产工艺

电解铜箔的制造过程主要有溶铜造液、生箔制造、表面处理和分切检验四道工序（图 2-146）。

1）溶铜造液工序

该工序即硫酸铜电解液的制备。在溶铜罐中，将铜料（铜板、铜线等）在硫酸中溶解成为硫酸铜溶液，经过一系列的过滤净化，制备出纯度很高的硫酸铜电解液。

2）生箔制造

该工序即在生箔机中通过电解过程制造出铜箔。由于电场作用，生箔机内的电解液可进行电化学反应（即电解）。铜箔的反应机理如下所述。

① 铜料在通入氧气的条件下溶解于硫酸，反应生成硫酸铜水溶液：

$$2Cu + O_2 \longrightarrow 2CuO$$

$$CuO + H_2SO_4 \longrightarrow CuSO_4 + H_2O$$

即

$$2Cu + O_2 + 2H_2SO_4 \longrightarrow 2CuSO_4 + 2H_2O$$

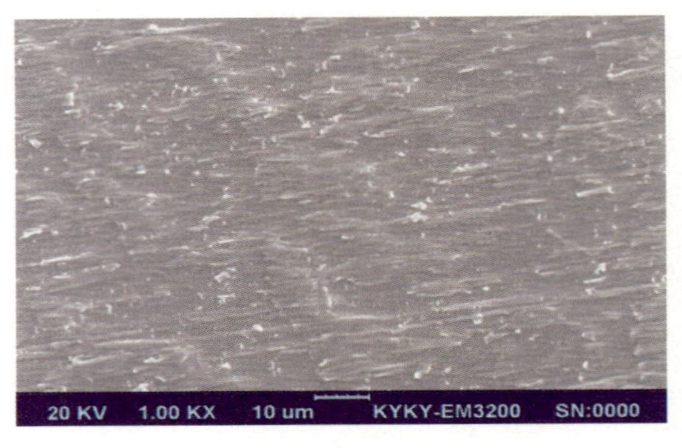

a)

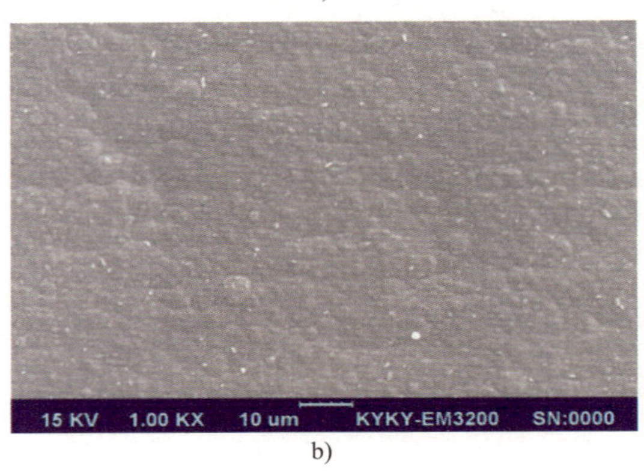

b)

图 2-145　高抗拉强度锂离子蓄电池用电解铜箔

a）光面 SEM　b）毛面 SEM

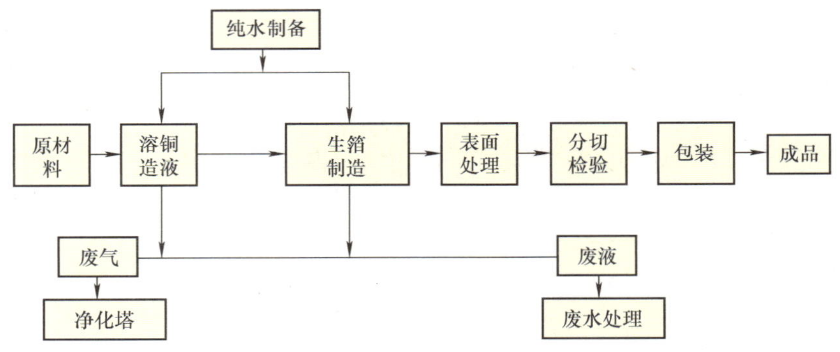

图 2-146　锂离子蓄电池铜箔制造流程示意图

② 硫酸铜溶液在直流电流的作用下，铜离子被阴极辊吸附，得电子还原成金属铜：

$$CuSO_4 \longrightarrow Cu^{2} + SO_4^{2-}$$

$$Cu^{2+} + 2e \longrightarrow Cu$$

③ 整个反应如下式所示：

$$2CuSO_4 + 2H_2O \xrightarrow{\text{电解}} 2Cu + 2H_2SO_4 + O_2$$

通过这一电解过程，铜离子在连续转动的阴极辊表面析出，生成铜结晶粒子；经过连续的电沉积逐渐形成薄箔；通过调配阴极辊的转速和电解时的电流密度这两个参

数，达到所要求的铜箔厚度；最后随着阴极辊的转动，铜箔从辊面边析出边剥离，收成卷状。

生箔制造工序决定了电解铜箔的大部分性能，如面密度、抗拉强度、延伸率和表面粗糙度。能否生产出高质量的铜箔，主要取决于溶铜造液的质量、生箔制造的工艺控制条件、阴极辊的表面材质及质量、添加剂成分及添加量等。

3）表面处理

该工序即为铜箔防氧化处理，这一过程是与生箔机集成在一起的。在生箔机上加装一个防氧化槽，铜箔从阴极辊析出剥离后直接进入防氧化槽中进行处理，再经过挤压或者水洗后烘干。

4）分切检验

该工序是通过分切机将生产完成的母卷分切成客户需要的规格尺寸。边分切边检验铜箔表面是否有缺陷，检验后将铜箔包装、装箱入库。

4. 主要技术指标及检测方法

锂离子蓄电池的基本性能包括比能量、电压特性、内阻、循环寿命、储存性能、温度特性等，这些性能与整个电池体系的材料密切相关。对于负极，除负极活性材料外，铜箔的特性与质量对电池性能和负极制作工艺（涂布、滚压、分切等）的影响很大。

（1）铜箔的物理性能

1）亲水性

铜箔的亲水性与本身的结构及表面粗糙度相关，直接影响到与负极活性物质的接触能力、附着能力、负极制作过程和负极质量。电解铜箔对负极活性物质必须具备较好的黏结强度，以便均匀地涂敷负极物质而不脱落，否则会影响到电池的内阻和循环寿命等特性。这就要求铜箔表面要有一定的粗糙度。但表面粗糙度并不是越大越好，随着表面粗糙度的增加，容易润湿的表面变得更容易润湿、亲水性更好，而难润湿的表面变得更难润湿、亲水性更差。

2）面密度

铜箔的面密度是指单位面积的质量，其波动性反映铜箔厚度的均匀程度，直接影响负极电极活性物质的涂敷量。如果铜箔的厚度均匀度波动太大，则将影响到电池容量的一致性。

3）耐折性

不同类型的锂离子蓄电池对负极铜箔耐折性能的要求也不同。相对于叠片式电池来说，卷绕式电池要求铜箔具有更好的耐折性能。

4）抗拉强度及延伸率

铜箔必须具有足够的抗拉强度及延伸率，否则在对负极极片进行压平的过程中，铜箔与活性物质间的贴合会变差，影响负极的尺寸稳定性和平整性变差，同时易产生极片断裂等问题。这些都将影响负极制作的成品率、电池容量、内阻和循环寿命等。

（2）铜箔的化学性能

电解铜箔生产中的生箔具有较强的活性，容易被空气中的氧气氧化，故必须进行防氧化处理，即在铜箔表面形成一层抗氧化保护膜。若抗氧化膜太厚，会影响铜箔的导电性，阻抗增大；若氧化层太薄，将会降低铜箔表面的抗氧化性。此外，锂离子蓄电池用有机电解液有较强的腐蚀性，因此要求铜箔应有良好的耐蚀性。

（3）铜箔的表面质量

铜箔表面质量对负极制作过程和电池性能都会有明显影响（表 2-52）。表面瑕疵将导致铜箔附着力下降，出现涂布露箔点、阴阳面（双面涂敷量不均），对电池的容量、内阻、循环寿命等产生严重影响，甚至直接导致负极报废。锂离子蓄电池用铜箔的表面必须洁净、平整，不允许有任何条纹、凹陷、针孔、斑点和机械损伤等缺陷。

表 2-52　铜箔表面质量对负极制作过程和电池性能的影响

表面缺陷	对负极制作过程的影响	对电池性能的影响
污物、斑点	附着力降低、易露箔	容量降低，循环性能差
油印、指印	附着力降低、易露箔	容量降低，循环性能差
表面凹陷	出现阴阳面	内阻增大，循环性能差
表面皱褶	涂布断片或附料不均	内阻增大，循环性能差
针孔	易露箔	容量降低，循环性能差
色差	附着力不均	循环性能差
条纹	附料不均	循环性能差

5. 铜箔的发展趋势

电子产品的大量应用，对锂离子蓄电池的规格和质量提出了更高的要求，为锂离子蓄电池工业和铜箔工业的发展带来了新的契机，同时也对铜箔的性能和质量提出了更高的要求：

① 铜箔的性能、精度、一致性要求更高。

② 厚度更薄，以满足锂离子蓄电池的高比能量要求。

③ 对表面进行微观处理，以增强抗氧化、抗腐蚀和导电能力，以及与负极活性物质的附着强度。

④ 为适应聚合物锂离子蓄电池和高容量合金类负极材料的需要，开发二维网状乃至三维铜箔（网状铜箔 / 三维铜箔）。

⑤ 开发打孔铜箔可以进一步提升负极材料在铜箔表面的黏结力及负极整体的保液性能，打孔铜箔孔径一般为 10~50μm。

⑥ 对铜箔表面进行涂炭处理，可以显著提高负极材料在铜箔的表面黏结力。选用抗氧化、耐腐蚀的树脂，对增加铜箔的耐氧化、耐腐蚀性能也有一定的作用。

⑦ 采用铜镍复合压延铜箔，能够将铜箔的强度提升至 600MPa 以上。该技术对解决高膨胀硅负极体系极片褶皱和断裂有很大帮助。

因此，未来铜箔需要在厚度和结构方面有所突破。

2.2.5.3 铝箔

1. 合金、状态、规格

锂电池集流体用铝箔实际上是指用于锂离子电池正极材料的铝箔中。而在电池中，其他用途的铝箔也有很多，如电池软包用铝塑膜、极耳，以及改性后的涂碳箔、电蚀箔等。因此，单纯地称之为电池铝箔是不够科学和全面的。实际上，现在通常所说的电池铝箔，不是字面上的电池用铝箔，而应该是指锂电池集流体用的非改性铝箔，这要与用在电池上的其他用途的铝箔区分开来。它一方面是集流体的电极，另一方面又作为锂电正极或负极材料的载体，即锂电材料要涂到它上面去。因此，更准确的定义，应是锂电池集流体用铝箔。

铝箔的牌号、状态和规格应符合表 2-53 的规定。

表 2-53　铝箔的牌号、状态和规格

牌号	状态	规格 /mm		
		厚度	宽度	管芯内径
1060、1235、1235D、1100	H18	0.0090~0.0200	300~1400	ϕ 76.2 ϕ 152.4

2. 化学成分

铝箔的化学成分应符合 GB/T 3190—2008《变形铝及铝合金化学成分》的规定。

3. 尺寸偏差

1）厚度

铝箔的厚度偏差应符合表 2-54 的规定。

表 2-54　铝箔的厚度偏差

厚度（T）/mm	允差
0.0090~0.0200	±4%T

2）宽度

铝箔的宽度允许偏差为 ±1.0mm。当客户要求正（或负）偏差时，其允许偏差为 ±2.0mm。

3）错层、塔形

铝箔错层和塔形应符合表 2-55 中的规定。

表 2-55　铝箔错层和塔形

项目	标准值 /mm
错层	1.0
塔形	2.0

4. 力学性能

室温下铝箔的拉伸试验结果应符合表 2-56 的规定。

表 2-56　室温下铝箔的拉伸试验结果

牌号	状态	厚度 /mm	拉伸试验结果	
			抗拉强度 /（N/mm^2）	断后伸长率 A100mm（%）
1060 1235	H18	≥ 0.010~0.020	160~200	1.5~3.0
1100 1235D	H18	≥ 0.010~0.020	165~230	2.0~4.5

5. 针孔

铝箔针孔个数应符合表 2-57 的规定。

表 2-57　铝箔针孔个数

公称厚度 /mm	针孔个数 /（个 /m^2）	针孔直径 /mm
≥ 0.009~0.012	≤ 20	≤ 0.3
≥ 0.012~0.016	≤ 10	
≥ 0.016~0.020	≤ 1	

6. 表面润湿性能

润湿性能主要看液体接触角。液体接触角就是当一个液滴在固体表面上不完全展开时，在气、液、固三相会合点，固 - 液界面的水平线与气 - 液界面切线之间的夹角 θ，称为接触角，如图 2-147 所示。

用接触角来判断液体对固体的润湿：

① 当 θ < 90° 时，称为润湿。

② 当 θ > 90° 时，称为不润湿。

③ 当 θ=0° 或不存在时，称为完全润湿。

④ 当 θ=180° 时，称为完全不润湿。

由此可知，θ=90° 是润湿与否的分界线。

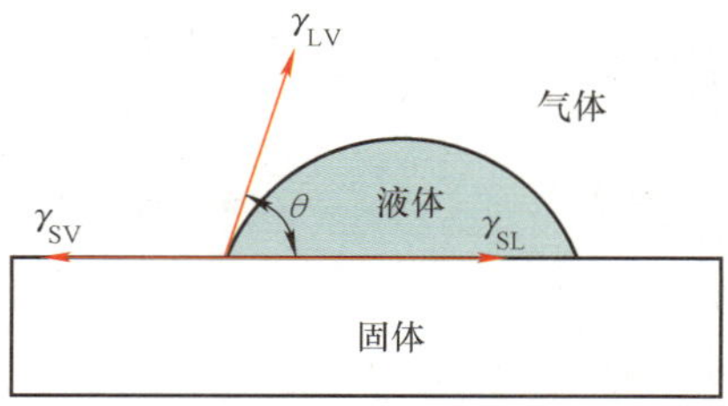

图 2-147　接触角

由于铝箔表面带油，一般不能完全除净，且表面褶皱不平整时对其表面张力会产生很大的影响，所以直接测量接触角并不现实。在生产实践中采用的是用达因值来反映润湿能力，达因值越高，润湿性能越优良。但目前有些高端客户，特别是日本等地的客户，仍然用接触角来判断铝箔表面的润湿性。

（1）达因值的定义及测量

达因值是一个通俗叫法，准确地说应该是表面张力系数，主要是表述表面张力的大小，即液体表面相邻两部分之间、单位长度内互相牵引的力。表面张力的单位在 SI 制中为 N/m，但仍常用 dyn/cm（1dyn/cm=1mN/m）。

一般要求成品铝箔的润湿性（达因值）≥ 32mN/m。

（2）达因液的配制方法

用甲酰胺及乙二醇乙醚按照 GB/T 22638.4—2016《铝箔试验方法　第 4 部分：表面润湿张力的测定》进行配制（表 2-58），并按照此方法对达因值进行测试。

表 2-58　表面张力测试

表面润湿张力 /（$\times 10^{-3}$N/m）	甲酰胺 /mL	乙二醇乙醚 /mL
32	10.5	89.5
33	19.0	81.0
34	26.5	73.5
35	35.0	65.0
36	42.5	57.5
37	48.5	51.5
38	54.0	46.0
39	59.0	41.0
40	63.5	36.5

表面润湿张力是电池铝箔最为重要的技术指标之一。它会影响与涂层的粘合质量，特别是影响涂碳箔的涂层牢固度。当达因值偏低时，会发生铝箔与粘合材料粘接不牢、漏涂等缺陷。通常情况下，铝箔表面达因值要达到 32dyn/mm 以上，有些要求高的涂碳产品，甚至要达到 34dyn/mm。因为电池铝箔属于硬状态交货的不退火铝箔产品，对于这种产品，表面达因值的提高要通过改进油品、添加剂，以及后续的表面处理如电晕、电离、清洗等来实现。

我国也有少数生产商采用接触角的方法，但这种方法受各种因素及测量仪器和测量方法的影响较大，所取得的测量数据只能是参考值，目前大部分厂家均采用的是表面达因值的测量方法。

7. 接头

铝箔接头应用超声波焊接并保持平整，接头两端应做好标识，每小卷做两标识，标识位置做在每小卷的两端，每卷电池箔的接头个数、接头间距应符合表 2-59 的规定。

表 2-59　铝箔接头要求

卷径 /mm	每卷允许接头数 / 个	接头间距 /m
≤ 500	0	＞ 1000
＞ 500	≤ 1	

8. 外观质量

铝箔表面应平整、洁净，不允许有腐蚀、辊印、擦伤、划伤、暗面亮点、开缝等影响使用的缺陷，不允许有影响使用的波浪、起皱、亮线、条纹及碰伤。单面光铝箔暗面不允许有明显色差。铝箔卷端面应洁净，不允许有毛刺、碰伤、擦划伤等缺陷。边缘铝屑≤ 25 个 /cm^2。典型的铝箔产品如图 2-148 所示。

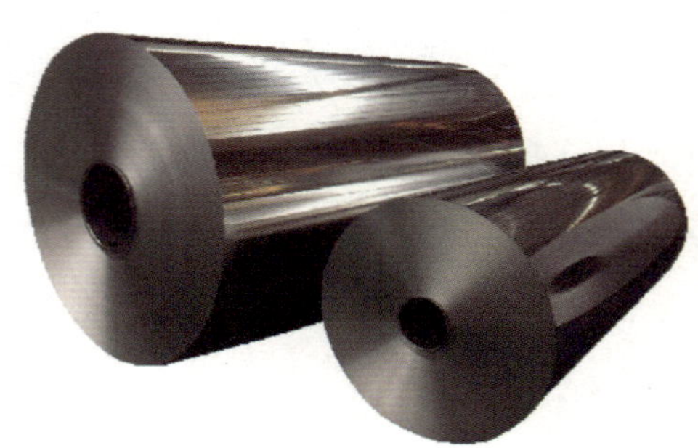

图 2-148　铝箔产品
（图片来源：五星铝业公司）

9. 电池铝箔生产的技术难点

电池铝箔产品，严格来说属于铝箔的精加工产品，它对于铝箔产品各项指标的控制精度要求较高，其生产难度较普通铝箔产品大，对于工艺控制精度及生产工艺技术的要求也更高。与普通铝箔产品相比，其主要技术难点有：

（1）厚度要求严格

电池铝箔产品对于厚度的要求越来越严格。其产品名义厚度越来越薄，希望达到 9μm 甚至 8μm 的双面光，这已经超过了目前铝箔产品单张轧制的最小可轧极限厚度。而且厚度精度要求为 ±2%，这种厚度精度的要求是目前所有铝箔产品中最高的。

（2）高强度

对于一般的电池铝箔产品，要求强度≥ 180MPa，而且是纯铝合金。这已经相当于 8 系铝合金的性能。随着电池技术的不断发展，出于各方面的考虑，很多用户都在不断提高电池铝箔产品的强度要求，目前 200MPa 以上的强度要求已经很普遍，有些客户甚至要求强度达到 270MPa 甚至 300MPa 以上，这已经达到了铝箔产品冷硬化的强度极限，生产难度极大。

（3）高的表面达因值

由于涂布过程及涂碳过程的需要，电池铝箔产品对于表面达因值的要求较高，但是高的表面达因值控制是与高强度轧制相矛盾的。极高的板形要求及厚差都是与高强度超薄轧制相矛盾。也就是说电池铝箔就是要求最薄的厚度、最高的强度、最高的表面达因值、最小的厚差、最优的板形和最洁净的表面。

10. 电池铝箔的发展趋势

随着电池行业的迅速发展，特别是动力蓄电池市场近年来的快速增长，使得蓄电池铝箔产品有了更为广大的市场空间，成为目前铝箔产品中发展前景最为广阔的品种。随着铝

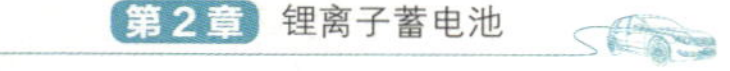

箔生产工艺及电池应用的不断升级进步，电池铝箔产品的应用将呈现以下发展趋势。

（1）表面涂碳、电蚀等改性处理

为了改善电池性能，减少界面电阻，保护集流体，减少极化，提升电池的一致性和寿命，对电池铝箔进行表面改性处理将逐渐成为一种趋势。

（2）生产及检测设备专业化

蓄电池铝箔由于其特殊用途及对产品质量极高的要求，对生产设备及检测手段都提出了较高的要求。蓄电池铝箔正逐渐向专用生产和检测设备的方向发展，如专用轧机、分切机、二次分切机、专用测试装置、专用润滑剂、相应的各种技术措施控制方法、管理体系等。

2.2.5.4　导电材料

1. 导电材料的作用及发展

导电剂的首要作用是提高极片的电子电导率。为了保证电极具有良好的充放电性能，在极片制作时通常加入一定量的导电剂，在活性物质之间、活性物质与集流体之间起到收集微电流的作用，以减小电极的欧姆电阻。良好的导电材料还可以提高极片的可加工性，促进电解液对极片的浸润；同时也能有效地提高锂离子在电极材料中的迁移速率，降低极化，从而提高电极的充放电能量效率和锂离子蓄电池的使用寿命。

与电极材料一样，导电材料也在不断发展。最早的导电材料是炭黑，这是一种点状导电剂，也称作零维导电剂，主要通过导电材料颗粒之间的点接触提高导电性。除了炭黑外，为了增加活性物质在集流体上的压实密度，也使用鳞片石墨或片状石墨，同时还提高了导电性能。随着技术的进步，逐渐发展出了导电碳纤维和碳纳米管这类具有一维结构的导电剂。

碳纳米管最早是日本电气公司（Nippon Electric Company，NEC）饭岛澄男博士（Dr. S. Iijima），在 1991 年《自然》杂志（Nature）发表了一篇高分辨率透射式电子显微镜（High Resolution Transmission Electron Microscope，HRTEM）下电弧放电后石墨阴极沉积物中一些针状物的影像，显示出这些针状物的结构是一种长形中空纤维，长约 1μm，直径为 4~30nm，由 2~50 个同心管构成。纤维状结构增大了电极材料颗粒间的接触，同时提供了相对长程的导电能力，大幅提高了电极的导电性，降低了极片电阻，同时减少了传统导电剂的使用量，提升了电极的比容量。碳纳米管是近年来发展起来的导电材料，也逐渐成为锂离子蓄电池的新型导电材料之一。

石墨烯本身具有非常好的导电性，特别是特殊的二维片层状结构，有利于增加导电材料与电极颗粒之间的接触面积，提高导电性。石墨烯的使用，可以降低极片中导电材料的比例，主要通过增加极片压实密度提高锂离子蓄电池的能量密度。但石墨烯片层材料的二维结构也可能影响锂离子的迁移，并且可能发生团聚，影响其在极片中的分散性。目前，倾向于石墨烯与其他导电材料复配少量使用。

碳纳米管与石墨烯两种新型导电材料都已经国产化，且产能足够满足目前所有电池厂产能的需求，从而逐渐摆脱现有对国外导电剂的需求。各种不同导电剂的比较见表 2-60。

表 2-60　各种不同导电剂的比较

材料	典型尺度 /nm	长径 / 径厚	比表面积 /(m^2/g)	电阻率 /(Ω · cm)	导热率 /[W/(m · K)]	拉伸强度 /GPa
炭黑（点）	40	1	60	0.01	200	0.4
片状石墨（面）	5000	10~100	20	0.5	400	0.4
纳米碳纤维（棒）	150	10~100	13	0.0001	2000	10
碳纳米管（线）	8	100~10000	200	0.0001	3000	100
石墨烯（面）	3	100~10000	300	0.0001	5000	100

导电剂在电极中的分布如图 2-149 所示。

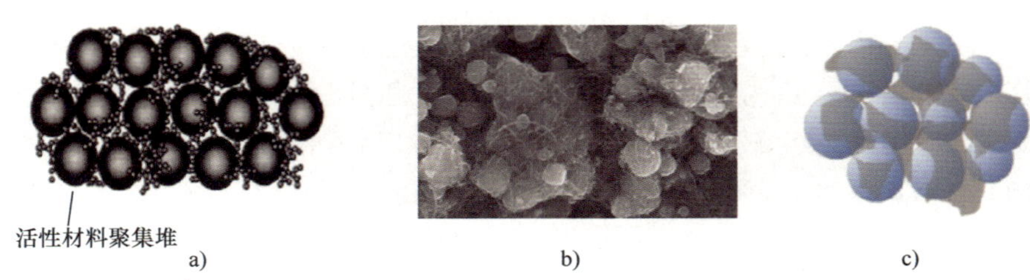

图 2-149　导电剂在极片中的分布示意图

a）传统炭黑导电剂－颗粒　b）碳纳米管导电剂－柔性导线　c）石墨烯导电剂－柔性微片

导电材料在电极中的作用是提供电子移动的通道，导电材料含量适当时，能获得较高的放电比容量和较好的倍率、循环性能。含量太低则电子导电通道不足，不利于大电流充放电；过高则降低了活性物质的相对含量，使电极比容量降低。导电材料的存在可以影响电解液在电池体系内的分布，由于受锂离子蓄电池的空间、重量限制，注入的电解液量是有限的，一般是处于贫液状态。而电解液作为电池体系内部连接正负极的离子导体，其分布对锂离子在液相中的迁移、扩散有着至关重要的影响。导电剂在电极中分布的均匀性十分重要，当电极中局部导电材料含量过高时，电解液富集在此而电解液分布不匀，在反复循环后易失效，从而影响电池的整体性能。

导电材料在极片中的相对含量不可过多。过多则降低活性材料的相对含量，会减小电极密度，使极片比容量下降；而太少则会导致电极中活性物质利用率低，且高倍率放电性能下降。特别是高比表面积的导电材料，若添加过多，则会消耗电解液中的锂离子，造成电池容量下降。

2. 导电材料的种类及性质

导电材料主要有颗粒状导电剂（如乙炔黑、炭黑等，导电石墨多为人造石墨）、纤维状导电剂（如金属纤维、气相法生长碳纤维、碳纳米管等），还有新型石墨烯及其混合导电浆料等作为导电剂使用。这些导电剂拥有各自的优劣势，以下是一些常见的锂离子蓄电池用导电材料。几种导电材料以不同的添加量加入到钴酸锂正极材料中做成极片进行对比，对应的极片体电阻率见表 2-61 和图 2-150。

表 2-61 不同导电材料添加量与正极片的体电阻率

	体电阻率 /(Ω·cm)							
添加量（%）	碳纳米管与石墨烯复配	天奈碳纳米管细管	天奈碳纳米管粗管	石墨烯	VGCF	科琴黑	SP	KS6
0.2	218	67.08		1151.8				59500
0.3	170	33.27		186.3		384.38		
0.4	25	12.25		73.71				
0.5	19	6.57	203.2	72.1		99.34	2622	6000
0.75	7	2.82	35	16		44.91		
1	3	1.51	27.2	9.7		28.32	136.89	5000
2	1.1	0.55	5.7	2.4	96.14	15.31	17.55	4000
3			2.1	1.12	15.47	10.07	6.9	3500
4			1.1	0.58	5.38	4.41	4.55	62

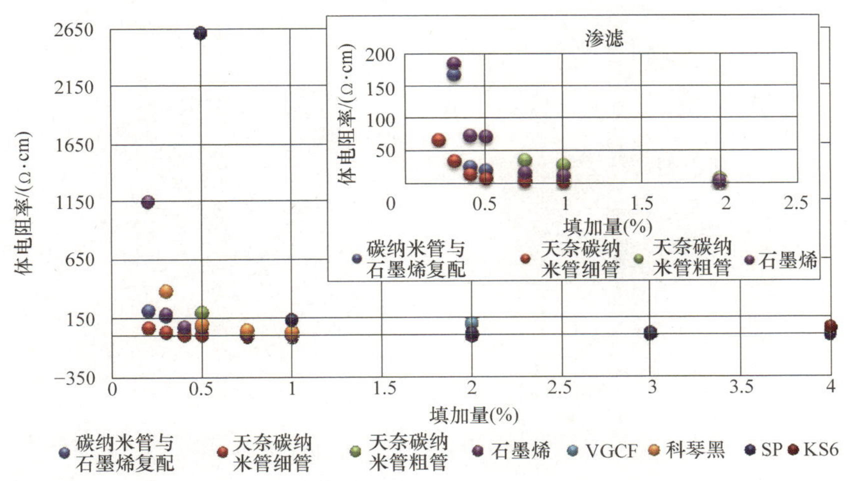

图 2-150 不同添加量的体电阻率

（1）炭黑

炭黑（carbon black）属于无定形碳，是一种密度小、颗粒极细的黑色粉末。不同的炭黑比表面积差异非常大，在 10~3000 m^2/g 之间。炭黑是含碳物质（煤、天然气、重油、燃料油等）在空气不足的条件下经不完全燃烧或受热分解而得的产物。

炭黑因制备原料和性能不同有很多不同的名称，如由天然气制成的称为“气黑”，由油类制成的称为“灯黑”，由乙炔制成的称“乙炔黑”。此外还有“槽黑”“炉黑”。炭黑按性能区分有“补强炭黑”“导电炭黑”“耐磨炭黑”等。

工业上制备炭黑包含如下的过程：原料油在热反应器中，在氧气和助燃气（氮气）的气氛下经过不充分燃烧，形成粒径约为10~80nm的自由运动的初级微粒。这些初级微粒在热反应器内自由运动的过程中，两个或多个半熔融态的初级微粒之间经过相互碰撞，依靠共价键相互作用生成初级微粒聚集体。通过控制反应器热反应参数以及淬火阶段的工艺条件，可控制初级粒子聚集体链的长短及聚集度。由于初级微粒聚集体之间表面作用力的影响，炭黑微粒聚集体之间再次通过分子间作用力（范德华力），形成稳定团聚状的炭黑粒子聚集体，如图2-151所示。

研究表明，导电炭黑粒子由排列整齐的石墨化微晶组成。石墨化微晶间的间距约为3.5~3.7Å，每一个石墨微晶片层的表面碳原子呈sp^2杂化，因而具有很好的电子导电性，如图2-151所示。炭黑丰富的支链结构及聚集体，使其具备一定的吸液能力从而具有很好的离子导电特性。

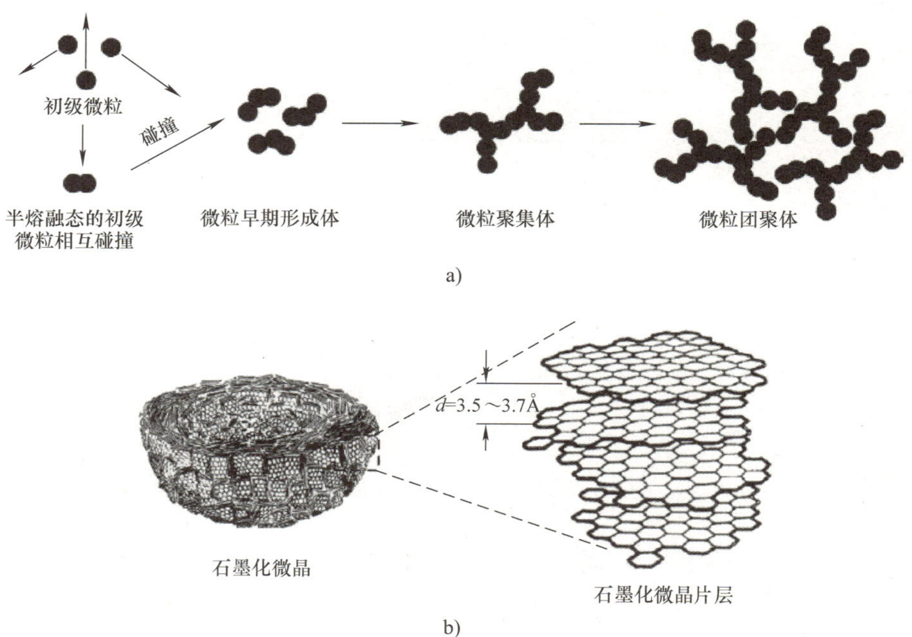

图2-151　导电炭黑的生成过程和微观结构

a）生成过程　b）微观结构

目前导电炭黑以常规导电剂SP为主。炭黑在扫描电镜下呈链状或葡萄状，单个炭黑颗粒具有非常大的比表面积，在电解液中比石墨有更好的离子和电子综合导电能力。炭黑颗粒堆积紧密，有利于颗粒之间紧密接触在一起，组成了电极中的导电网络，有利于电解液的吸附而提高离子电导率。另外，炭一次颗粒团聚形成支链结构，能够与活性材料形成链式导电结构，有助于提高材料的电子导电率。

导电炭黑中有一类科琴黑，与其他用于电池的导电炭黑相比较，科琴黑具有独特的支链状形态。支链可以形成更多的导电通路，只需很少的添加量即可达到极高的导电率。其他炭黑多为圆球状或片状，故需要很高的添加量才能达到所需的导电性。

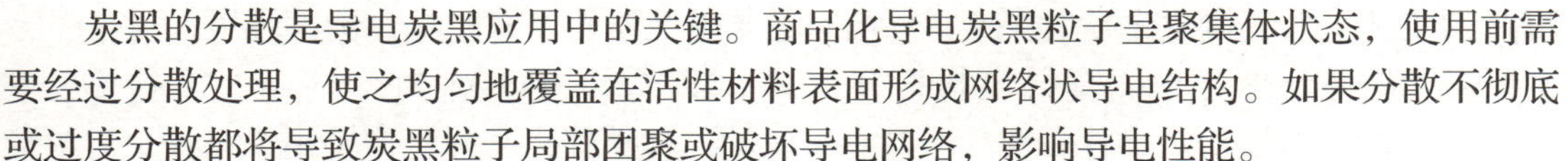

炭黑的分散是导电炭黑应用中的关键。商品化导电炭黑粒子呈聚集体状态，使用前需要经过分散处理，使之均匀地覆盖在活性材料表面形成网络状导电结构。如果分散不彻底或过度分散都将导致炭黑粒子局部团聚或破坏导电网络，影响导电性能。

我国早在 20 世纪 90 年代采用油炉法开发生产了 V 系列导电炭黑产品，随后又研制出比表面积更大、孔隙率更高、导电性更好的 SL 系列导电炭黑产品。

目前，国内市场适合锂离子蓄电池应用的导电炭黑产品见表 2-62 和表 2-63。

表 2-62 卡博特（Cabot）公司生产的炭黑的性能

指标	LITX 200	LITX 300	LITX HP	LITX® G-300①
比表面积 /（m^2/g）	127~175	130~200	80~120	250~350
吸油值 /（mL/100g）	152~172	140~180	200~280	1.4~1.7②
铁含量（$\times10^{-6}$）	<10	<10	<10	<50
钴、铬、铜、锰、镍总含量（$\times10^{-6}$）	<5	<5	<5	—

① LITX® G-300 是基于石墨烯的导电添加剂。
② 石墨烯的吸油值以每克石墨烯干粉吸附 NMP 为基准。

表 2-63 益瑞石公司生产的高纯度炭黑的特性

特性	规范	单位	SUPER PLi	SUPER C65	SUPER C45
吸收液保持能力	内标法 01	mL/5g	32	32	36
BET 比表面积	ASTM D3037	m^2/g	62	62	45
灰分含量（质量分数）	ASTM D1506	%	≤ 0.05	≤ 0.025	≤ 0.025
45μm 砂粒 /325 网孔	ASTM D1514	$\times10^{-6}$	<2	<2	<2
20μm 砂粒 /625 网孔	ASTM D1514	$\times10^{-6}$	<15	<10	<10
金属（磁性）杂质	内标法 SEM-EDX	1g 颗粒	0.70 100%	0.12 17%	0.12 17%
金属杂质	内标法 XRF	1g 颗粒	0.60	0.30	0.30
铁	内标法 20ICP	$\times10^{-6}$	5	1	5
镍	内标法 20ICP	$\times10^{-6}$	<1	<1	<1
钴	内标法 20ICP	$\times10^{-6}$	<1	<1	<1

（2）导电石墨

石墨导电材料基本为人造石墨。与负极材料用人造石墨相比，作为导电材料的人造石墨具有更小的粒径（一般为 3~6μm）、更高的孔隙率和比表面积，以及更好的导电性。导电石墨的粒径较接近活性物质颗粒，颗粒与颗粒之间呈点接触的形式，有利于极片的压实以及提高在电解液中离子和电子电导率；用于正、负极时可提高电极容量。使用导电石墨作为添加剂时，电极材料具有更好的压缩性和分散性，可提高电池的体积能量密度和改善极片的工艺特性。但对比导电炭黑，导电石墨导电性略差，一般配合炭黑使用。

目前市场上常用的石墨导电材料有 KS-6、KS-15、SFG-6、SFG-15 等。石墨导电剂 KS-6、大颗粒石墨粉、鳞片石墨片，具有一定的储锂功能，实际生产中用于正极。石墨导电剂 SFG-6，用作负极导电剂比较适宜；鳞片状的人造石墨，可以改善负极表面性能。国内在平面导电炭黑方面，对应产品不多，以国外产品应用为主。益瑞石公司生产的石墨导电剂的特性见表 2-64。

表 2-64 益瑞石公司生产的石墨导电剂的特性

产品	灰分（%）	Fe（$\times10^{-6}$）	Cl（$\times10^{-6}$）	SO_4^{2-}（$\times10^{-6}$）	磁性颗粒数量/产品克数	吸收DMC电解液的时间/ms	含有2%石墨的LFP电极的平面导电性/（mS/cm）	含有2%石墨的NCM电极的平面导电性/（mS/cm）	含有2%石墨的LFP电极的密度/（g/cm^3）	含有2%石墨的NCM电极的密度/（g/cm^3）	回弹（%）
SFG6L	0.01	10	5	25	<1	200	32	52	2.2	3.0	10
SFG-6	0.07	80	10	40	3	300	29	46	2.2	3.0	10
KS6L	0.01	10	5	25	<1	200	31	51	2.2	3.0	12
KS-6	0.06	75	10	40	4	200	29	41	2.2	3.0	12

注：表中含量均为质量分数。

（3）气相沉积生长的碳纤维（VGCF）

气相沉积生长的导电碳纤维具有线性结构，如图 2-152 所示。它与碳纳米管类似具有长程的导电能力，在电极中容易形成良好的导电网络，表现出较好的导电性。它还可以减轻电极极化，降低电池内阻及改善电池性能。使用碳纤维作为导电材料时，极片上的活性物质与导电材料的接触形式为点线接触。相比于传统的导电炭黑与导电石墨的点点接触形式，点线接触不仅有利于提高极片的导电性，还可降低导电剂用量，提高电极比容量。

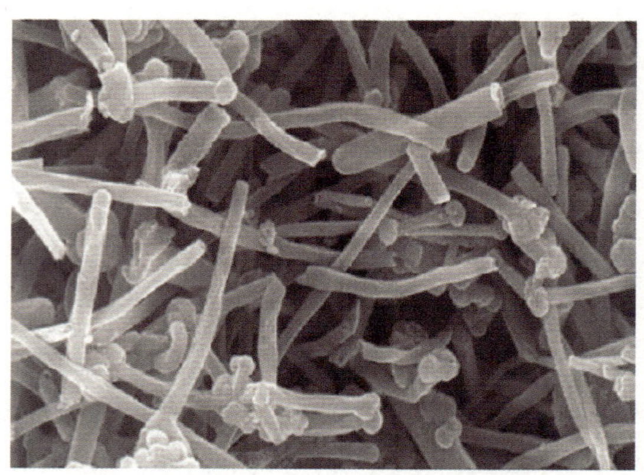

图 2-152 气相沉积生长碳纤维的微观结构
（图片来源：上海纳誉贸易有限公司）

VGCF 的杂质极少，一般不需要特殊纯化，作为导电材料用于极片制作可放心使用。VGCF 长径比较高，添加到锂离子蓄电池极片（正极、负极）时，即使活性材料因充放电膨胀或收缩后在活性材料颗粒之间产生间隙，有 VGCF 架桥连接仍可保证电子和离子的传输不会间断，可大幅度提高电极的导电性。由于 VGCF 是中空的微结构，有利于正、负极吸纳更多的电解液，有利于锂离子顺利地快速嵌入或脱出，因而有利于高倍率充放电。VGCF 是高强度纤维状长径比大的材料，可以增加极片的柔性，使得正负极活性材料颗粒之间的黏结力更大，不会因为绕曲而龟裂掉粉。VGCF 同时具有较好的导电和导热特性，用于锂离子蓄电池正极时，不仅可克服正极活性材料因其导电性不好导致的极片电阻较高、性能发挥不好的缺点外，还可提高极片的导热系数，有利于散热。上述效果可大幅度提高锂离子蓄电池的性能，如循环特性、倍率等性能。

VGCF 以日本昭和为主要供应商，早期使用客户也以日本厂商居多。但由于单价成本较高，所以一直没有得到广泛应用。

（4）碳纳米管（CNT）

碳纳米管在结构上可以看成是由单层或多层石墨烯卷曲而成的一维管状纳米材料，基本单元为六边形碳环结构，如图 2-153 所示。通过工艺变化，可实现碳纳米管半径在 1~25nm、长度在 0.2~20μm 范围的调控。按照石墨结构的层数，可分为单壁纳米管（SWCNT）和多壁纳米管（MWCNT），其中，MWCNT 的石墨层间距约为 0.36nm。

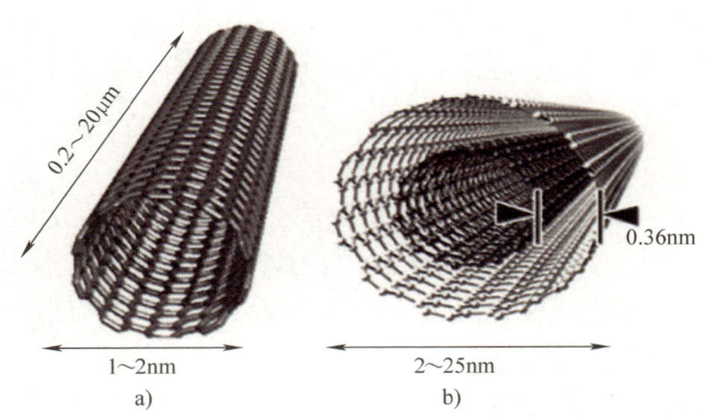

图 2-153　碳纳米管的结构示意图

碳纳米管的一维结构与纤维类似，呈长柱状，内部中空。根据生产工艺的不同，碳纳米管产品微观上可呈团簇状、矩阵等多种形貌，如图 2-154 所示。碳纳米管因其石墨结构而具有良好的电子导电性。纤维状结构能够在电极活性材料中形成连续的导电网络，可提供长程的导电能力。它与活性物质也是呈点线接触的形式，对于提高电极比容量（提高极片压实密度）、倍率性能、电池循环寿命和降低极片界面阻抗具有很大的作用。与添加 VGCF 类似，添加碳纳米管后极片有较高的韧性，能改善充放电过程中材料体积变化而引起的剥落，提高循环寿命。碳纳米管还可大幅度提高电解液在电极材料中的渗透能力。

图 2-154　碳纳米管的典型微观形貌

碳纳米管作为导电材料可以在锂离子蓄电池电极活性物质颗粒之间形成大量的导电接触位点，减小电极材料颗粒间的接触阻抗，具有在导电网络中充当“导线”的作用。作为比表面积比较大的材料，碳纳米管具有一定的双电层效应，能够发挥超级电容器的高倍率特性；其良好的导热性能还有助于电池充放电时散热；也可降低电池极化，改善电池的高低温性能，提升电池的循环性能。但由于其直径小、长径比大，在范德华力的作用下，极易发生团聚，影响其在活性物质颗粒间的分散效果，最终影响其导电效果。因此，碳纳米管用作锂离子蓄电池的导电材料时，需要解决的主要问题是在活性物质间的分散性，要求在活性物质浆料中分散良好。目前，产业界已经可以通过高速剪切、添加分散剂、超细磨珠静电分散等工艺解决。碳纳米管导电材料的使用，能更有效地提升锂离子蓄电池的整体性能，这使得其成为锂离子蓄电池导电材料的研发热点和最具潜力的应用方向之一。

（5）石墨烯

石墨烯（Graphene，GN）是一种由碳原子以 sp^2 杂化轨道形成的六角形类蜂巢晶格的碳二维纳米材料。2010 年，英国曼彻斯特大学物理学家安德烈·海姆和康斯坦丁·诺沃肖洛夫因采用机械剥离法从石墨制得石墨烯而共同获得诺贝尔物理学奖后，与石墨烯的制备、表征和应用有关的研究方兴未艾。

一般认为，单石墨层为熟知的单原子层石墨烯或单层石墨烯。二或三石墨层分别为双层石墨烯和三层石墨烯。超过 5 层直到 10 层石墨烯一般叫作少数层石墨烯。约 20 层到 30 层石墨烯被称为多层石墨烯、厚石墨烯、纳米晶石墨或纳米石墨片。

目前，石墨烯的制备方法主要有两类：一类是“自上而下”的制备思路，将三维结构的石墨逐步解离成二维结构的石墨烯，主要制备粉体形式的石墨烯微片；另一类是“自下而上”的制备思路，典型的是采用 CVD 法由原子级别的碳簇重组构建二维结构的石墨烯，是制备大尺寸石墨烯薄膜的主要方法，也可以制备粉体石墨烯。也有利用氧化还原法（如以强酸等方式）把石墨进行剥离，先破坏石墨片状结构，再还原氧化石墨。由于用此法制备石墨烯仍有很多缺陷，所以导电性不佳。

石墨烯因其具有良好的导电性而成为锂离子蓄电池用新型导电材料，可在极片中与活性材料粉体实现点面式接触，明显提高极片的导电性。由于石墨烯粉体制造成本的降低以及分散技术的进步，目前开始大规模应用于锂离子蓄电池的制造。图2-155为哈尔滨工业大学采用鳞片石墨剥离制备的石墨烯（图2-155a）和哈尔滨万鑫石墨谷科技有限公司生产的石墨烯浆料（图2-155b）。

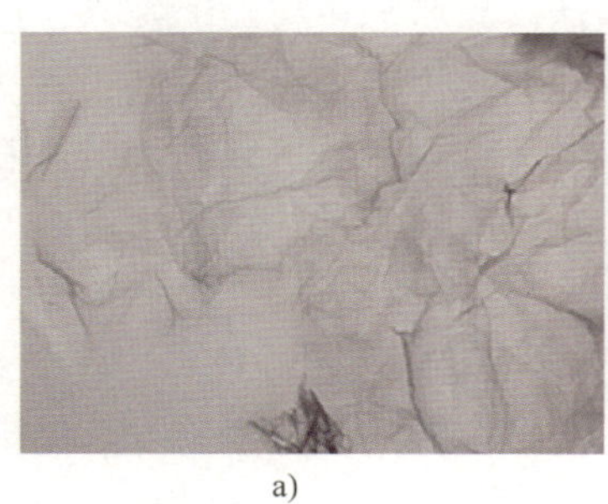
a)

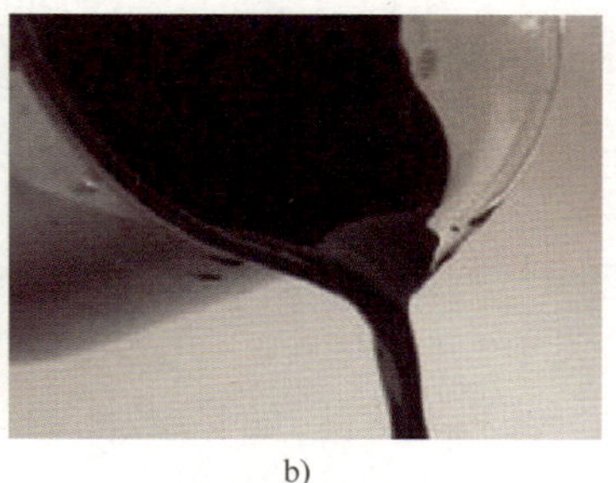
b)

图2-155 由鳞片石墨剥离制备的石墨烯微观形貌和制备的导电浆料
a）哈尔滨工业大学采用鳞片石墨剥离制备的石墨烯 b）石墨烯浆料

石墨烯由于具备独特的片状结构（二维结构），能与活性物质的点面接触而很好地发挥了导电剂的作用，可明显降低极片的面电阻。因此，使用石墨烯可以减少极片中导电材料的用量，提高极片中的活性物质比例，从而提升锂离子蓄电池的比能量。石墨烯作为导电材料的效果与其加入量、加入方式密切相关。在少量添加的情况下，石墨烯能够很好地形成导电网络，对锂离子蓄电池放电性能提升的效果远好于传统的导电炭黑。但加入量较大时，石墨烯片对锂离子传输的副作用就会显现，反而降低极片的离子电导率。目前，于将石墨烯与碳纳米管等其他导电材料复合使用，取得了很好的效果。将石墨烯、碳纳米管、导电炭黑之间两者或三者混合制备成二元或三元导电浆料的方式已经成为目前锂离子蓄电池导电材料应用的重要方向，以实现多种导电剂之间的协同效应。哈尔滨万鑫石墨谷科技有限公司向市场推出的一款石墨烯/碳纳米管复合导电浆料的部分性能见表2-65。

表2-65 哈尔滨万鑫石墨烯/碳纳米管导电浆料的部分性能

固含量（%）	分散剂（%）	25℃下的黏度（旋转式黏度计）/（mPa·s）	固体粒径/μm		主要杂质含量 Fe（$\times10^{-6}$）
			D_{50}	D_{max}	
60±0.2	1.0±0.1	≤3000	3.0~5.0	≤40.0	≤50.0

注：表中含量均为质量分数。

3. 导电剂含量对电性能的影响

导电剂在电极中的作用是提供电子移动的通道。导电剂含量适当能获得较高的放电比容量和较好的循环性能，含量太低则电子导电通道少，不利于大电流充放电；太高则降低了活性物质的相对含量，使电极比容量降低。

导电剂的存在会影响电解液在电池体系内的分布。由于受锂离子蓄电池的空间限制，注入的电解液量是有限的，一般是处于贫液状态。而电解液作为电池体系内部连接正负极的离子导体，其分布对锂离子在液相中的迁移扩散有着重要的影响。当一端电极中导电剂含量过高时，电解液富集在这一极而使另一极的锂离子传输过程缓慢，极化度较高。在反复循环后易于失效，从而影响电池的整体性能。

从整体成本与导电结构考虑，针对不同的活性物质如正极磷酸锂铁、三元材料、锰酸锂等，或负极硅碳材料应用，会用导电炭黑与碳纳米管复合成本较低；若从比容量考虑则会使用纯碳纳米管。另外，当用活性物质压实密度较差时，可以添加些许石墨烯以提高能量密度。

4. 导电剂应用与展望

导电剂的开发应集中解决以下几方面的问题：无论在水性体系中还是在 NMP 有机体系溶剂中，导电剂都应具有良好的分散性；与高导电性的碳纳米管、石墨烯等新型碳材料复合，以降低导电剂的使用比例和提高性能；提高比表面积和电解液吸附能力，进一步提高极片的离子电导率。

无论是碳纳米管还是石墨烯复合材料，与传统的材料比，都亟须降低成本。考虑到分散性问题，目前市场化的碳纳米管和石墨烯都是以预分散导电浆料形式提供的，价格比普通炭黑 SP 贵很多。炭黑是非常成熟的导电剂，价格比较稳定。碳纳米管导电浆料出货量已达每年 3 万吨，已初具规模效应。未来其价格下降空间相对较大，应用前景可观。

导电剂的形态、种类各异，其微观结构是影响导电性能的重要因素。从炭黑颗粒到碳纤维，从碳纳米管的一维结构再到石墨烯的二维片状结构，是一个不断发展的过程。在实际应用中，炭黑作为导电剂应用已经非常成熟，价格比较稳定。碳纳米管作为导电剂应用也已经过较多验证，取得了很好的效果。石墨烯由于其成本、工艺问题目前还没有大面积应用于导电剂行业，但是随着制备技术逐渐成熟，生产成本不断降低，石墨烯作为导电剂有望得到实际应用。多元混合的导电浆料将是未来导电剂的主流发展方向。

2.2.5.5 黏结剂

1. 黏结剂的发展及种类

锂离子蓄电池常用的黏结剂主要包括聚乙烯醇（ PVA）、聚四氟乙烯（PTFE）、聚烯烃（PP、PE 以及其他共聚物）、聚偏氟乙烯（PVDF），改性 SBR 橡胶、氟化橡胶、聚氨酯等。黏结剂作为锂离子蓄电池电极的重要组成部分，其作用是保证电池在使用过程中活性物质颗粒间以及活性颗粒与集流体间具有一定的黏结力，且有利于 SEI 膜形成。在锂离子蓄电池使用过程中，伴随着充放电，锂离子在活性物质的脱 / 嵌导致活性物质体积膨胀 / 收缩，相应的石墨负极颗粒体积膨胀率达到 10%，因而要求黏结剂对活性物质的膨胀 / 收缩能够起到一定缓冲作用。黏结剂在电极中存在三种状态：

① 与活性颗粒表面部分成键的固定高分子。

② 存在于电极材料间隙的游离高分子。

③ 包覆活性颗粒表面以及导电碳表面的界面高分子。不同的存在状态反映出黏结剂

的黏结力、在电解液中的稳定性、柔韧性、耐酸碱性以及亲电解液溶剂性等特征，这些性能影响了电池内阻、循环寿命等。对于黏结剂的要求有以下几点：

（1）相对分子量

一般说来，当黏结剂相对分子量较低时，熔点较低、黏度较小，虽然能与活性物质较好地黏附，但黏结力不大。黏结剂的相对分子量较大时，在有机溶剂中较难溶解，熔点、黏度都较高，有较大的黏结力（与内聚力有关），但没有足够的黏附性能。因此，要选择相对分子量合适的黏结剂，才能既有良好的黏附性又有良好的黏结力。

（2）柔韧性

黏结剂的柔韧性反映了大分子链运动的难易程度。黏结剂的分子链运动与其分子间作用力及结晶性有关。聚合物分子链间的相互作用力越大，聚合物结晶性越高，导致分子链运动受阻，柔韧性变差。极性取代基团较多或者聚合物链相对规整，会导致结晶性较强，从而导致柔韧性越差，如 PTFE、全氟乙烯丙烯共聚物（FEP）。对于非极性取代基来说，基团体积越大，空间位阻越大，分子链运动越困难，柔韧性越差。大分子链上侧链的长短也对黏结剂的柔韧性有明显的影响。直链状的侧链在一定范围内随着链长的增大，柔韧性增加；但如果侧链太长，则有时会导致分子链的纠缠，而使黏结剂的柔韧性降低。如聚乙烯醇缩醛类黏结剂中，聚乙烯醇缩丁醛比聚乙烯醇缩甲醛的柔韧性好；在聚丙烯酸类黏结剂中，聚丙烯酸丁酯比聚丙烯酸甲酯的柔韧性好。

（3）亲溶剂性和耐碱性

含有非极性取代基团的黏结剂与含有极性取代基团的黏结剂相比，耐碱性和电解液溶胀性都较强。取代基团的极性越大，耐碱性和电解液溶胀性越差。但为了保证黏结剂有适当的亲电解液溶剂性，可以引入一些碱性的极性基团，如羟基、异氰酸根、氨基等，既可提高黏结剂的耐碱性，又可使含有黏结剂的极片与电解液充分接触。

（4）分子改性

对某些具有反应性基团的非极性黏结剂来说，可以通过接枝的方式，在大分子的侧链上引入极性基团来改善其亲溶剂性和黏结力。此外，由于在不同的溶剂中，黏结剂大分子存在的形态不同，所以对活性物质黏结的微观结构也不相同，从而影响黏结力。

2. 正极用黏结剂

正极常用黏结剂主要以油性 PVDF 为主，氮甲基吡咯烷酮，1-Methyl-2-pyrrolidone，NMP 做溶剂。PVDF 树脂主要是指偏氟乙烯（VDF）均聚物或者偏氟乙烯与其他少量含氟乙烯基单体的共聚物，兼具氟树脂和通用树脂的特性。除具有良好的耐化学腐蚀性、耐高温性、耐氧化性、耐候性、耐射线辐射性能外，还具有压电性、介电性、热电性等特殊性能，是目前含氟塑料中产量名列第二位的大产品，特别是在常规碳酸酯类溶剂（如 EC、DEC、DMC 等）中稳定性好。

在电极的制作中，黏结剂的选用是很关键的，其性能的优劣直接影响电极性能的好坏。对使用的黏结剂一般要求欧姆电阻小，在电解液中性能稳定，不膨胀、不松散、不脱粉。PTFE、PVDF、聚偏二氟乙烯和六氟丙烯的共聚物（PVDF-HFP），是锂离子蓄电池电极材料常用的黏结剂。

正极黏结剂除了采用油性 PVDF 外，水溶性黏结剂也是一个选择，具有环境友好、无毒、成本低等特点。出于对成本、环境等因素的考虑，正逐步从油性黏结剂向水性黏结剂过渡。CMC/WSB［水基弹性黏结剂（water-soluble elastomeric binder）］/PAA（聚丙烯酸）为混合黏结剂，用于磷酸铁锂体系中。CMC 是一种水溶性纤维素衍生物，较 PVDF 等油性黏结剂具有环境友好、低成本等诸多优势，以水作为溶剂可以实现一种绿色锂离子蓄电池生产工艺。

3. 负极用黏结剂

在锂离子蓄电池中，负极用黏结剂同正极相似，主要包括油系的 PVDF，水系的 CMC、PVA 等石墨负极用黏结剂。PVDF 由于其诸多优势如高、低电位氧化还原稳定性等，被大量应用于商业化锂离子蓄电池，其中阳极电极尺寸膨胀率（Anode Electrode Dimension Swelling Ratio，AEDSR）是影响电池循环性能的主要因素。因锂离子在活性物质中的嵌 / 脱导致活性物质体积膨胀 / 收缩，相应的石墨颗粒体积膨胀率达到 10%，而 PVDF 黏结剂可以有效抑制体积膨胀。

电池充电过程中极片体积变化主要来自四个方面：

① 黏结剂被电解液溶胀。

② 电极材料与电解液之间的化学反应产生的气体。

③ 锂离子嵌入石墨过程中石墨晶格体积膨胀。

④ 黏结剂分子再结晶。

在电极材料相同的条件下，前 3 个因素对不同条件下的极片均有相同的影响趋势，因此电池中极片膨胀率变化主要受第 4 个因素的影响。

目前，CMC 基黏结剂已成为石墨负极材料主要黏结剂。采用 SBR + CMC 为黏结剂，当 CMC 略多于 SBR 时，浆料稳定性提高，疏水性增强，CMC 分子与石墨粒子的相互作用增强。这种相互作用有利于 CMC 吸附于石墨粒子表面。在空间位阻和粒子间相互静电排斥的共同作用下形成稳定的悬浮体系。另外，稳定的分散效果及水性绿色制造工艺也造就目前 CMC 系统在负极应用的主流地位。

4. 黏结剂的发展方向

未来锂离子蓄电池黏结剂主要发展方向：

① 有机体系黏结剂将逐步被水基黏结剂取代，实现环境友好、成本低廉、可持续发展的绿色制造工艺。

② 开发功能性黏结剂。黏结剂不仅实现黏结功能，而且能够改善电极中各组分界面性质。

③ 硅负极黏结剂。硅基负极在循环过程中由于体积膨胀收缩较大，现有的黏结剂难以满足其循环使用要求。开发黏结力较大同时具有优异弹性的黏结剂可以保证硅负极膨胀收缩的过程中导电剂与活性物质不会失触，从而改善硅负极的循环性能。

④ 黏结剂的国产化。目前国内各锂离子蓄电池制造企业大多采用国外进口黏结剂，国产黏结剂与进口黏结剂相比，性能、品质等方面没有优势，在黏结剂市场所占份额很小。

2.3 电池结构及设计

2.3.1 性能设计

锂离子蓄电池性能通常包括电化学特性和安全特性等，其中电化学特性主要包括容量、功率、低温、寿命等。安全特性主要包括过充、热失控、短路等。通常情况下，在设计锂离子蓄电池时，这些性能是需要一起进行平衡和设计，但是在设计的时候，锂离子蓄电池的各种性能通常会互相制约。例如，通常高能量密度的电池，功率和寿命相对较低，后面会阐述各种影响因素及风险分析。图 2-156 为电池性能设计平衡图。

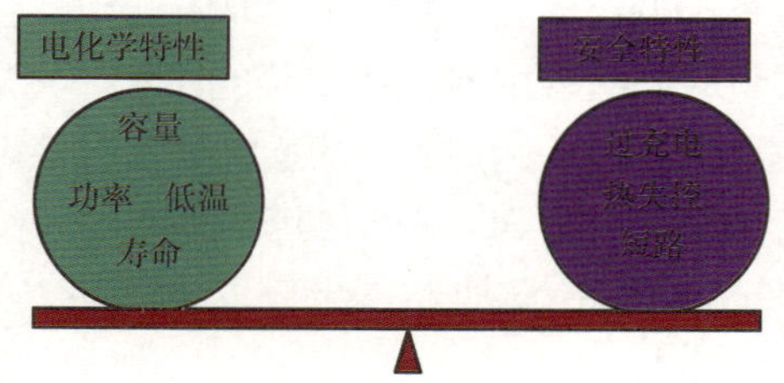

图 2-156 电池性能设计平衡图

2.3.1.1 容量设计

进行锂离子蓄电池容量设计时，一般负极容量是有富余的，即正极容量就是电池容量。

正极容量计算公式为：

$$C_p = \rho_{sp} \times \alpha_p \times L \times W \times n \times 2 \times C_{kp} \div 1000$$

式中 C_p——正极容量，此为定容条件下发挥出的电池容量（A · h）；

ρ_{sp}——单面涂布面密度（所有固相材料）（g/m^2）；

α_p——活性材料质量分数（%）；

L——正极极片长度（m）；

W——正极极片宽度（m）；

n——正极极片数；

C_{kp}——扣电克容量（mA · h/g），正极材料指定电压范围内的扣电克容量。

注：此为扣电定容倍率下的正极容量，当倍率增大或温度降低时，增大的极化会导致容量减小。

负极容量计算：

$$C_n = \rho_{sn} \times \alpha_n \times L \times W \times n \times 2 \times C_{kn} \div 1000$$

式中 C_n——负极容量，此为负极的理论容量（A · h）；

ρ_{sn}——单面涂布面密度（所有固相材料）（g/m^2）；

α_n——活性材料质量分数（%）；

L——正极极片长度（m），因为反应面积取决于更小的正极极片，所以取正极极片长度；

W——正极极片宽度（m），宽度同理；

n——正极极片数，极片数同理；

C_{kn}——扣电克容量（mA · h/g），负极材料指定电压范围内的扣电克容量。

注：此为扣电定容倍率下的负极容量。鉴于析锂隐患，设计时尽量给负极容量留出一定富余。

在电池容量设计中，一般负极比正极具有更大的可逆容量。计算方法为

$$N/P=单位面积负极容量/单位面积正极容量$$

$N/P<1$，充电过程中负极表面可能会析锂从而导致安全问题；考虑电极涂布面密度偏差等影响因素，一般设计 N/P 大于 1。能量型电池对质量能量密度要求较高，在保证负极过量的同时会尽量减少负极的用量，一般 N/P 为 1.05~1.1；功率型电池对大倍率充放电特性要求较高，为避免充电时析锂，N/P 设计值较高，一般为 1.1~1.2。

对 PHEV 35Ah 电池进行 50%SOC 的脉冲充放电功率测试，发现 N/P 对功率影响明显，如图 2-157 所示，正极过量有助于电池放电功率的提升，负极过量有助于电池充电功率的提升。

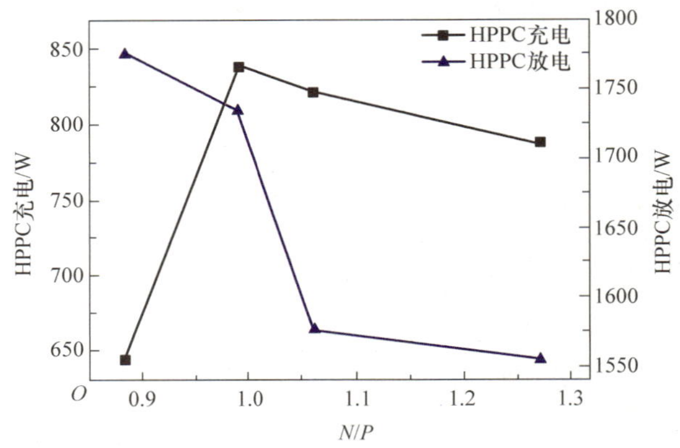

图 2-157　电池充放电功率随 N/P 的变化

2.3.1.2　能量密度（续驶里程）

无论是数码产品，还是车载动力蓄电池，当前对电池的待机时间或者续驶里程要求越来越高。而更长待机时间或更高续驶里程对锂电池的能量密度要求也越来越大。但是，根据应用领域的不同，对于能量密度关注方式有所区别。对于应用于大多数数码领域的锂电池而言，如手机等，大多数为随身携带品，体积非常有限，因此更关心的是体积能量密度，一般用 W·h/L 表示。而对于车用动力蓄电池而言，整车重量与续驶里程有直接关系，因此通常更关心质量能量密度，通常用 W·h/kg 来表示。目前这两种表述方式为锂电池两个不同应用领域的关于能量密度的一般说法。目前，国家法律法规里面关于动力蓄电池能量密度的表述采用的是 W·h/kg。

一般可以从材料设计和工艺设计等方面设计提高锂电池的能量密度。

1. 材料设计

（1）主材设计

1）正极材料设计

提高电池能量密度首先要提高正极材料容量，对于正极而言，当前商业化最成熟的材

料有钴酸锂、磷酸铁锂、锰酸锂、三元材料。三元材料因为容量高及电压平台高，是目前应用于高能量密度的主要电池材料，通常通过提升三元材料电压和镍含量来提升容量。3C 领域是通过提升三元材料的电压来提升能量密度，从 NCM333 到 NCM622 材料相对应用成熟。动力蓄电池领域一般通过提升三元材料的镍含量来提升容量，NCM523 和 NCM622 是目前应用最多的动力蓄电池三元材料，由于高镍材料本身容易产气，尤其是高温下产气严重，目前 NCM811 在方形铝壳以及软包上应用范围较小。由于圆柱电池耐鼓胀，因此 NCM811 在圆柱电池上应用成熟。在高能量密度的圆柱电池设计上，优先考虑正极使用 NCM811 材料。图 2-158 和表 2-66 分别为不同型号 NCM 4.2V 与 4.35V 比容量比较图和不同材料性能参数比较。

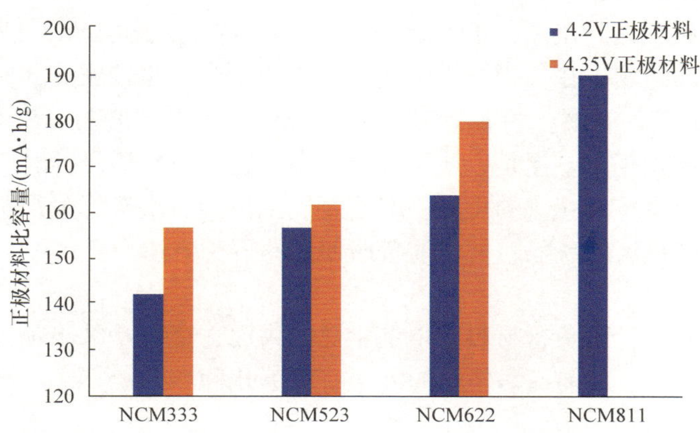

图 2-158　不同型号 NCM 4.2V 与 4.35V 比容量比较图

表 2-66　不同材料性能参数比较

正极材料	平均电压 /V	比容量 /（mA·h·g^{-1}）	能量密度 /（W·h·kg^{-1}）	特点
$LiFePO_4$	3.4	150~170	510	循环性能和热稳定性好；导电性差，比容量低
$LiFe_{1-x}Mn_xPO_4$	3.4~4.1	140~150	500~600	
$LiCoO_2$	3.7	140	518	导电性好；结构稳定性差，价格高
	4.4	170~190	—	
$LiNiO_2$	3.6	180	648	比容量高；难制出化学计量的材料
$LiCo_xNi_yMn_zO_2$	3.6	160~200	576~720	电化学性能好，特别是能量密度高
$Li_1+_xTMn1_{1-x}O_2$	>3	250~300	750~900	比容量高；倍率性能和循环性能差，低压实密度
$LiMn_2O_4$	4.1	130	520	低价；过渡金属易溶解
$LiNi_{0.5}Mn_{1.5}O_4$	4.7	140	658	

2）负极材料设计

与正极材料一样，可以通过提升负极材料容量来提升电池的能量密度。负极材料通常有石墨、软炭、硬炭、硅碳复合材料等。

石墨和硅碳是当前商业化最成熟的负极材料。石墨分为人造石墨和天然石墨。人造石墨的原材料是针状焦等，来源于钢铁行业的副产物，通过高温石墨化得来的产品。由于针状焦近些年大幅涨价，高温石墨化的能耗较高，因此人造石墨成本也较高。人造石墨在电池循环以及倍率等性能方面较优，但是容量相对较低，一般为320~350mA · h/g。天然石墨比人造石墨的石墨化程度高，在循环和电池倍率方面稍差，但比容量高于人造石墨，通常可逆容量≥ 350mA · h/g。因此，为了兼顾循环寿命、容量及成本，目前在设计时多考虑天然石墨和人造石墨的复合。

硅碳复合负极材料，目前所用的硅碳负极分为两类：一类是 SiO，另一类是 Si-C 类。由于膨胀带来的循环问题，在负极石墨中硅的添加量较少，比较成熟的使用量一般不大于10%，SiO 目前松下使用较多，特点是首效相对较低，但循环较好。Si-C 相对 SiO 而言，首效略高，且循环性能相似，但是，成本会高很多。在进行负极设计时，除了考虑硅碳类本身的材料膨胀以及循环衰减快的特点，对于复配主体的石墨选择也很重要，通过较好的石墨性能来弥补硅碳负极的缺陷，是当前普遍使用的一种方法。

（2）辅材设计

除主材设计外，提升正负极材料在电池中总的占比，或者是减小辅材的占比，也是提升能量密度的有效方法。目前通常使用的办法有以下几种。

1）配方优化

提升正负极材料在化学体系中的占比：通过使用导电性更好的导电材料比如使用碳纳米管替代粉体导电剂等，使用黏结性更好的粘接剂、黏度更大的分散剂等来降低辅材的使用量。但是高黏度的分散剂一般会带来比如溶解分散困难的问题，高导电性的导电剂又会带来难以分散或者团聚的问题等，受到工艺的制约。

2）分散剂

负极分散剂基本为 CMC（羧甲基纤维素钠），近些年分散剂的发展，添加量由以前的 2%（质量分数）逐渐降低到 1% 左右，但高黏度高纯分散剂基本被日本垄断。目前负极的分散工艺仍是以湿混为主，即将粉体往胶液中添加，胶液的黏度通常需要保证在 1500~3000mP · s 较为理想，因此较小的浓度、较高的黏度，较容易溶解分散的 CMC 是比较理想的，但是三者互相制约。图 2-159 是国内常用的 CMC 胶液黏度表。

3）导电剂

提高导电剂的导电性，降低导电剂的使用量也是目前发展的趋势。目前碳纳米管优良的导电性，在改善循环和倍率上有独特的优势，使用量（质量分数）基本可以控制在0.3%~1%，能很大程度上降低导电剂的总使用量，提升活物质占比，因此目前越来越多的厂家使用碳纳米管。但是碳纳米管由于比表面积极大，对于电池厂家而言基本无法分散而直接使用。多数生产厂家实际通过以 NMP 作为溶剂，用球磨等方式加上 PVP（聚乙烯吡咯烷酮，Polyvinylpyrrolidone，PVP 粉体）等分散剂等方式，将碳纳米管分散好给电池生

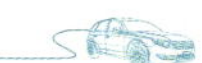

产厂家使用。因此电池厂家使用的碳纳米管本质上是碳纳米管浆料，所以就存在难以控制来料品质，诸如碳纳米管是否有分散好无法检测，水分（质量分数）通常达 800×10^{-6} 以上。还有在使用时，碳纳米管黏度容易受温度影响，冬天时容易堵塞管道等一系列工程问题，存储周期相对较短。因此即使碳纳米管拥有诸多的性能，但并未完全替代粉体导电剂。表 2-67 为不同类型导电剂物性对比介绍。

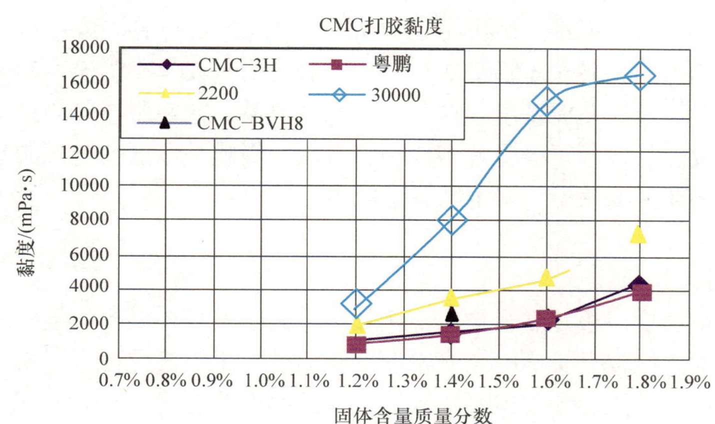

图 2-159　国内常用的 CMC 胶液黏度表

表 2-67　不同类型导电剂物性对比

名称	粒径	类型	特　点
SUPER-P	30~40nm	小颗粒导电炭黑	常用导电剂，价格便宜，实用
科琴黑	30~50nm	超导炭黑	高纯度，具有独特的支链结构和优越的导电性能
乙炔黑	35~45nm	炭黑	介于 SUPER-P 和 KS-6 之间，导电性较低，体积蓬松，对材料的压实影响较大
KS-6	6.5μm 左右	大颗粒石墨粉	性能优于 SUPER-P，价格较贵，为高容量电池使用，可以与 SUPER-P 混用
VGCG	3~20μm	气相生长碳纤维	用于大功率大倍率电池，分散困难
CNT	直径在 5nm 左右，长度达到 10~20μm	碳纳米管	是近年新兴的导电剂，它不仅能够在导电网络中充当“导线”的作用，同时它还具有双电层效应，发挥超级电容器的高倍率特性，其良好的导热性能还有利于电池充放电时的散热，减少电池的极化，提高电池的高低温性能，延长电池的寿命

4）黏结剂

① 负极黏结剂：负极黏结剂一般为丁苯橡胶（SBR），提高 SBR 的黏结性来降低使用量和抑制负极膨胀等，也是当前提高能量密度的趋势，目前高端 SBR 基本被日本瑞翁和 JSR 株式会社垄断，相比国内 SBR 可以降低 30% 以上使用量。

② 正极黏结剂：正极黏结剂一般为油性的 PVDF，由于氟化工的特殊性，基本被苏威垄断。

5）箔材

使用更薄更轻的材料，比如使用更薄的壳体、铜铝箔、隔膜等，但是这些通常受到一些加工能力的制约。随着发展，铜箔厚度由最初的 12μm 降低至当前 6~8μm，薄的铜箔不仅能提升电池能量密度，而且能降低成本，但是当前使用 6μm 铜箔，特别是涂布宽度达到 600mm 以上时，涂布和辊压张力导致的断带问题尤其明显，这在一定程度上制约了生产效率。在铝箔方面，12μm 铝箔基本上是目前能用的较薄的铝箔，铝箔的厚度与工艺制程上的压实密度以及涂布面密度存在一定的制约关系，在使用较薄的铝箔时，过大的涂布厚度和压实密度容易导致正极脆片。在隔膜方面，隔膜是电池安全性的最重要部件，隔膜减薄会导致抗刺穿强度减小，安全性能降低。

2. 工艺设计

（1）极片设计

通过提升压实密度将极片做得更薄，例如通过大小颗粒掺混提高电极的压实密度，通过提高人造石墨的比例提升负极的压实密度等。但是，正负极材料压实密度的变化会影响电池的循环以及倍率性能，通常也会受铝箔、铜箔厚度的制约。其他如使用更薄的钢壳和盖帽，来提升内部空间，“装”更多的材料，但是更薄的壳体对电池组装工艺有制约，如更薄的钢壳“滚槽”容易开裂，更薄的盖帽防爆阀可能会失效等。

为了满足工艺要求，得到更薄的极片，目前生产的辊压机直径已经由 400mm 更新换代发展到基本为 800mm 及以上。

（2）工艺制程

圆柱形电池采用卷绕式装配方式，因此可以从工艺制程上“挤”空间，比如卷针细小化，目前 18650 电池圆柱的卷针经历了细小化的一个过程，由之前的 3.8mm 减小到 3.5mm，现在松下使用的卷针为 3.3mm。同样，更细的卷针给电池组装带来挑战，导致组装时负极耳焊接不良增加。其他如减小正负极宽度差来提高负极宽度等同样会带来组装工艺的不良，甚至影响安全性。设备精度和能力的提升，可以在一定程度上提高能量密度。

在设计电池时，通常根据客户的需要，如使用环境（温湿度）、使用工况（充放电状况），来平衡容量、性能、安全性、成本、工程窗口等条件，并不存在包打天下的“完美”电池。图 2-160 是圆柱电池设计提升能量密度时考虑的一般办法（参考）。

2.3.1.3 功率特性（爬坡、制动）

动力蓄电池的功率特性是评价电池性能的一个重要指标，直接反映电池承受电流的能力。电动汽车对电池功率密度有较高要求。下面从电池原材料选型、电极、电池结构等方面阐述了电池功率特性的设计要点。

1. 材料设计

组成锂离子蓄电池的正负极活性物质、电解液、隔膜等主材及导电剂、黏结剂等辅材，均会不同程度决定电池的功率性能。

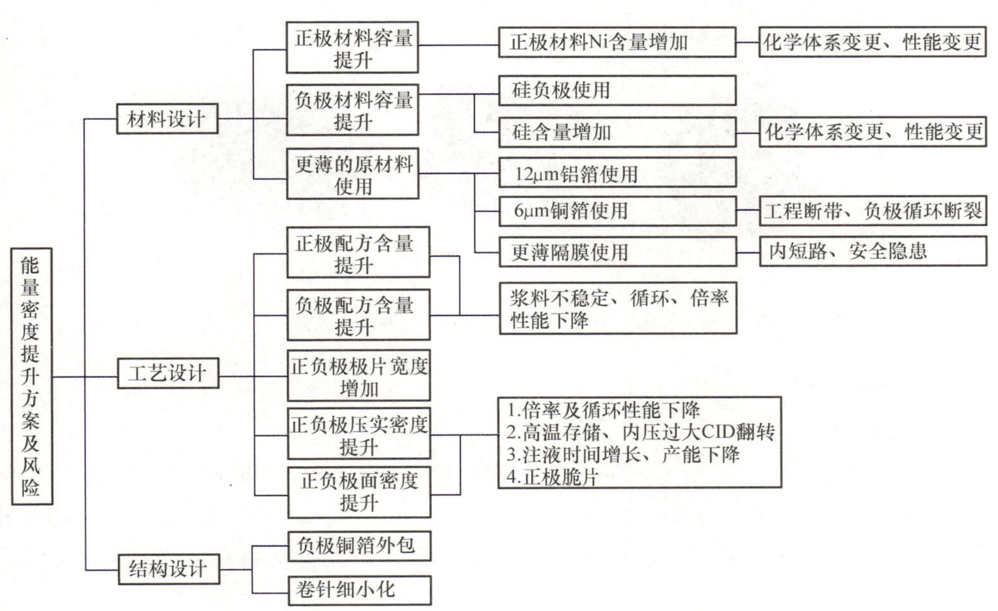

图 2-160　圆柱电池设计提升能量密度时考虑的一般办法

（1）正负极

正负极活性物质的结构、粒度、比表面积等特性是影响功率性能的主要因素。例如，尖晶石结构的锰酸锂材料因其 3D 隧道结构更利于 Li^+ 快速嵌脱，功率性能更优；小粒径、高比表面积材料因锂离子在固相中的扩散路径更短、反应活性点更多，其功率性能也相对更好。此外，包覆、掺杂等改性手段也可大幅度降低材料的电化学反应阻抗，提高材料功率等性能。

（2）隔膜

孔隙率、孔结构和材质是影响隔膜功率特性的关键因素。孔隙率小、曲折度高的隔膜对 Li^+ 的迁移的阻碍作用更大，大电流下更明显。隔膜材质主要影响隔膜成型工艺，成型工艺不同，导致孔结构和内阻不同。一般来说，与湿法制备工艺的 PE 材质隔膜相比，采用干法制备的 PP 材质隔膜具有更低的阻抗。

（3）电解液

功率型电解液在溶剂体系上，通过优化多元复合溶剂的比例，提高电解液电导率，降低溶液黏度；在添加剂的选择上，使用 DTD（硫酸乙烯酯）、二氟磷酸锂、VC（碳酸亚乙烯酯）等低阻抗成膜添加剂，使形成的 SEI 膜薄且致密，锂离子传导性更好，并优化添加剂含量，实现功率性能和循环性能的平衡。

（4）导电剂

电池高功率应用需要具备更强的电子及离子传输能力。通过导电网络连接活性材料颗粒，为其中的电子、离子提供传输通道。相比能量型电池，高功率电池需要添加更大量的导电剂来保证电子、离子传输通道畅通。业界倾向于使用点型、线型、面型导电剂中的两种或三种形成复合导电网络，在相对单一导电剂添加量更少的情况下，实现优良的导电性能。图 2-161 所示为不同类型导电剂导电网络示意图。

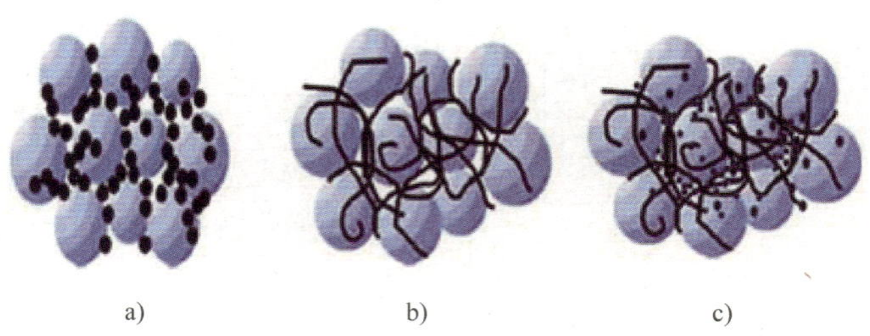

图 2-161　不同类型导电剂导电网络示意图

2. 工艺设计

（1）极片设计

通过调节面密度和压实密度间的关系，优化极片曲折度，降低锂离子液相传输阻抗，图 2-162 所示为锂离子在不同厚度电极内传输示意图；并采用功能涂层（如涂覆导电涂层、聚合物涂层）箔材，或提高箔材表面粗糙度等方式来改善箔材与活性物质间的电子传导和加工性能。

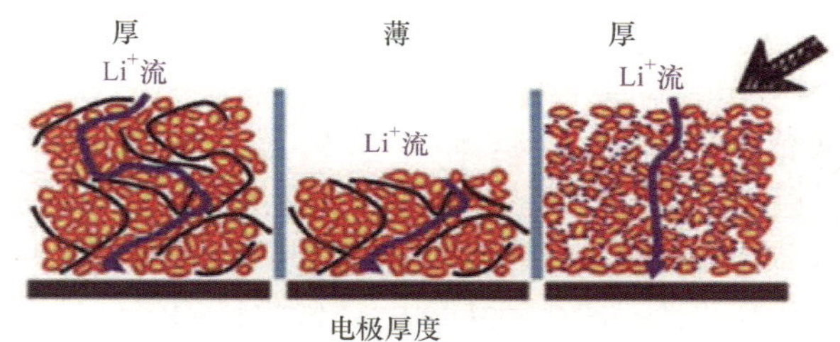

图 2-162　锂离子在不同厚度电极内传输示意图

（2）结构设计

在电池结构设计方面，需要结合高功率电池的最大电流，选择合理的极耳尺寸和焊接工艺，降低接触内阻；同时，优化电池三维几何尺寸，保证良好的散热和电流密度分布。软包叠片式结构更利于电流密度均匀分布和较低的接触内阻，方形铝壳卷绕式电池结构在电池散热和成组方面更有优势。根据不同电池生产商的制造工艺，叠片式和卷绕式结构的功率电池均已面世。

2.3.1.4　温度特性

动力蓄电池的使用条件，涉及各种温度工况，如在 −30℃使用，需要低温起动、低温充电、低温行驶等能力。而在热带地区使用，需要高温行驶和存放能力。这些都对动力蓄电池提出了较高的要求，动力蓄电池需要同时满足低温性能优异、高温寿命长的要求。当然，在车辆设计过程中，经常会设计低温加热和高温冷却装置，以补偿动力蓄电池的温度缺陷。本节仅从单体蓄电池设计的角度来说明如何设计一款高低温性能都优异的电池。

1. 高温特性

动力蓄电池高温特性主要体现在寿命方面，其中包括储存寿命和工况使用寿命。后续在耐久性方面也会有详细介绍。

从储存寿命来讲，储存是一个静态的过程，中间主要发生锂离子损失（主要是负极SEI膜重建）和正极材料的劣化。要提高储存寿命，需要从降低锂离子损失的角度进行。主要为：选择电解液配方，控制负极活性表面积，控制电池生产过程中的水分含量。

工况使用寿命是一个动态的过程，过程中主要是活性锂离子损失，正极材料劣化导致的阻抗增加，电池膨胀，负极析锂等；针对这些衰减原因，主要做以下几方面的设计：

① 选择电解液配方，增加负极界面稳定性。

② 设计合适的压实密度，保证电池在使用过程中电极孔不被堵塞，同时电极电接触良好。

③ 选择合适的正极材料，应保证正极材料的电化学稳定性和高温稳定性。

④ 充分考虑电池膨胀，给电池预留适当的膨胀空间。

⑤ 结构设计上应考虑可靠性，保证电池寿命全阶段的连接可靠。

⑥ 其他结构件应考虑环境耐受性，温度耐受性，寿命等因素。

2. 低温特性

低温特性分为低温充电和低温放电。

低温充电时，控制步骤主要是负极和电解液电导率。因此应从这两个方面着手，选用低温电导率高，黏度低的电解液，选用低阻抗负极。低阻抗负极主要通过减小负极粒径，使用高比表面导电剂，改善电解液配方以实现低阻抗的SEI膜等途径实现。

低温放电时，控制步骤主要是电解液电导率和正极阻抗；主要通过优选电解液和降低正极阻抗实现；降低正极阻抗的设计思路一般为：减小正极粒径，增加正极片活性面积，改善正极活性材料表面状态等。

2.3.1.5 耐久性（循环/搁置）

电池耐久性即电池的使用寿命，分为标准循环寿命、工况循环寿命以及日历寿命三部分。标准循环寿命是指在一定的充放电条件下（充放电电流、电压范围、温度等），电池容量降低（衰减）到某一规定值之前（一般为80%），电池能经受多少次充电－放电循环。工况循环寿命主要是指电池按照工况图谱来进行测试的循环寿命，主要用来评测电动汽车用动力蓄电池。日历寿命指的是电池从生产之日起到寿命终止的这段时间，这期间包括搁置、老化、高低温、循环、工况模拟等不同环节，主要以年为计量单位。以上三种寿命中，标准循环寿命和工况循环寿命是电池生产厂家在研发阶段看重的，而日历寿命则是大众所关注的，代表了电池的最大使用年限。

目前各大电池厂家主要通过控制电池的界面稳定性、制程工艺的环境因素等方面提升电池的使用寿命。

1. 界面稳定性

为提高锂离子蓄电池的界面稳定性，可以通过原材料、电池设计等方面进行研究改进。

（1）原材料

电池在使用过程中，正负极材料会伴随着一定程度的结构老化和性能衰退。正极的衰退因素有：材料的溶解、正极材料的不可逆相变化、电解液分解、界面膜的形成和集流体腐蚀等。负极的衰退主要为 SEI 膜的形成和后续生长会伴随着活性锂的不可逆损失，而且 SEI 膜并不具备真正的固体电解质功能，除了锂离子以外，其他物质的扩散和迁移会导致气体产生和颗粒破裂。此外，循环过程中材料体积的变化和金属锂的析出也会导致容量损失。

1）正极材料

可以通过优化共沉淀反应的 pH、搅拌方式、搅拌速度、原料浓度、烧结温度和烧结时间等生产工艺优化材料性能，优化生产工艺可以降低材料表面残碱含量、改善晶体结构完整性、减少材料中细粉的含量，这些因素都对材料的电化学性能有较大影响。

掺杂和包覆等化学的方式也可以对材料的性能进行改善。掺杂某些金属或元素到三元材料晶格中，提高其电子电导率和锂离子扩散系数、稳定结构、降低阳离子混排程度，从而改善材料的循环性能。根据掺杂元素的不同可以分为阳离子掺杂、阴离子掺杂以及复合掺杂。阳离子掺杂，可以抑制 Li/Ni 的阳离子混排，有助于减少首次不可逆容量，同时可以使层状结构更完整，提高晶体结构的稳定性，从而有助于提高 NCM 的倍率性，这对改善材料的循环性能和热稳定性的效果是比较明显的。目前，阳离子掺杂的金属阳离子主要有 Mg^{2+}、Al^{3+}、Ti^{4+}、Zr^{4+}、Cr^{2+}、Zn^{2+} 等，其中 Mg^{2+} 的半径接近 Li^{+}，比较容易进入锂位，且具有电化学惰性的 Mg^{2+} 能稳定层状结构，改善材料的循环性能。阴离子掺杂主要是掺杂与氧原子半径相近的氟原子。适量地掺杂 F^{-} 可以促进材料的烧结，使正极材料的结构更加稳定。F^{-} 掺杂还能够在循环过程中稳定活性物质和电解液之间的界面，提高正极材料的循环性能。混合掺杂一般是同时使用 F^{-} 和一种或者数种阳离子进行掺杂，常见的组合是 Mg-F、Al-F、Ti-F、Mg-Al-F、Mg-Ti-F 几种组合。混合掺杂对 NCM 的循环和倍率性能改善比较明显，对材料的热稳定性也有一定提高，是目前国际主流正极厂家采用的主要改性方法。表面包覆无机物减少了三元材料与电解液的接触从而减少材料与电解液副反应，抑制金属离子的溶解，显著改善材料的安全性和循环稳定性，同时还减少了材料结构的坍塌，有利于延长材料寿命；包覆导电层物质还可提高材料的电子电导率，从而提高其倍率性能。对于高镍三元材料的表面包覆还可以降低其表面残碱含量，改善材料的涂布效果和循环性能。

表面包覆是指在材料表面覆盖另外一种物质。适当厚度、分布均匀的包覆层能够有效减少电解液对活性物质的侵蚀，提高电子导电率，稳定材料结构，能抑制高电压、高温下电解液的分解，从而提高材料的循环稳定性和倍率性能。表面包覆的难点之一是选择什么样的包覆物，其二是采用什么样的包覆方法以及包覆量。目前应用三元正极材料较多的包覆物质主要为无机物，常见的氧化物 MgO、Al_2O_3、ZrO_2、SiO_2、SnO_2 和 TiO_2 这几种，常见的非氧化物主要有 $AlPO_4$、AlF_3、$LiAlO_2$、$LiTiO_2$ 等。包覆方法分为干法包覆和湿法包覆：干法包覆是将制备好的三元材料与包覆添加剂均匀混合后再进行二次烧结，此方法工艺简单但存在均匀性差的问题；湿法包覆既可以在前驱体阶段进行湿法包覆，也可以在制备成三元材料后用化学沉积等方法进行包覆，此方法包覆均匀性较好，但工艺复杂成本较高。因此，包覆方法的选择需要厂家根据自身情况选择合适的工艺路线。

2）负极材料

从负极材料的稳定性角度，碳负极膨胀系数最小，是最有利于循环寿命的负极材料。而纯硅材料还不适合单独作为锂离子蓄电池负极材料应用，主要有以下几个问题：充放电过程中硅会发生巨大的膨胀收缩，体积变化达到300%，一方面造成活性材料与基体材料分离，内阻加大，另一方面负极表面的SEI膜不断形成－破坏，电池循环性能差；纯硅材料是半导体，电子导电性差，只有10^{-3}/Ω · m，严重影响电池的倍率性能；生产工艺不成熟。所以，研究的方向主要是缓解材料的膨胀，一是硅碳材料的复合，控制体积效应和提高导电特性；二是开发碳纳米管、石墨烯等类似结构的硅材料，提升材料的导电性并抑制材料的膨胀；三是材料纳米化，同时对材料进行包覆，缓解体积效应及提高导电性；四是通过电解液、电极基材、黏合剂等方面，针对性地改善材料的粉化，提升循环性能。

3）电解液

电解液添加剂（electrolyte additive agent）：指为改善电解液的电化学性能和提高阴极沉积质量而加入电解液中的少量添加物。电解液添加剂是一些天然或人工合成的有机或无机化合物，一般不参加电解过程的电极反应，但可以改善电解质体系的电化学性能，影响离子的放电条件，使电解过程处于更佳的状态。电解液添加剂用量一般很小，但却是电解质体系不可缺少的部分。电解液各溶剂和添加剂的分类及作用详见表2-68。

表2-68 电解液的溶剂和添加剂

分 类		主要物质	作 用
溶剂	环状碳酸酯	EC、PC	介电常数高，可溶解锂盐； 黏度低，便于离子传输 化学稳定性好，与电极材料相容性好 熔点低沸点高，安全
	链状碳酸酯	DMC、DEC、EMC	
	羧酸酯类	MF、MA、EA、MA、MP	
添加剂	成膜添加剂	无机：SO_2、CO_2、CO等小分子及卤化锂等	可以有效修饰改善SEI膜，改善电池性能，减少不可逆容量的损失
		有机：VC、PS（卤代碳酸酯）	
	导电添加剂	与阳离子作用型：胺类和分子中含2个N原子以上的芳香杂环化合物、冠醚和穴状化合物	可有效提高导电锂盐的溶解、电离及防止溶剂共插对电极造成的破坏，提高离子传输速率
		与阴离子作用型：硼基化合物等	
		与电解质离子作用型：中性配体化合物，如氮杂醚类和烷基硼类	
	阻燃添加剂	有机磷化物（如TMP） 有机氟代化合物 卤代烷基磷酸酯	改善电解液的稳定性，提升电池安全性
	过充电保护添加剂	如2-甲氧基萘、环己基苯、联苯二甲苯等	改善电解液的耐过充性能，提高电池稳定性
	控制电解液中水和HF含量	Al_2O_3、MgO、锂或钙的碳酸盐 烷烃二亚胺类化合物	降低电解液中水和HF含量，提高电解液稳定性，改善电池性能
	改善低温性能	N，N—二甲基三氟乙酰胺、有机硼化物、含氟碳酸酯（如FEC）	增加电解质$LiPF_6$的解离度，提高电解液稳定性和电导率，改善电池低温性能
	多功能型添加剂	12-冠-4、氟代有机溶剂、卤代磷酸酯等	电池的理想添加剂，可以从多方面改善电解液性能，进而提升电池的整体性能

电解液在电池首次充放电过程中与负极材料发生成膜反应，形成 SEI 膜（固体电解质界面膜）。Aurbach 等认为可能的反应是由 EC（碳酸乙烯酯）、DMC（碳酸二甲酯）、痕量水分及 HF（氢氟酸）等与 Li+ 反应形成（CH_2OCO_2Li）$_2$、$LiCH_2CH_2OCO_2Li$、CH_3OCO_2Li、LiOH、Li_2CO_3、LiF 等覆盖在负极表面构成 SEI 膜，同时产生乙烯、氢气、一氧化碳等气体。主要的化学反应如下 [电解液以 EC（碳酸乙烯酯）/DMC（碳酸二甲酯）+1mol/L $LiPF_6$ 为例]：

$$2EC + 2e^- + 2Li^+ \longrightarrow (CH_2OCO_2Li)_2 + CH_2{=}CH_2$$

$$EC + 2e^- + 2Li^+ \longrightarrow LiCH_2CH_2OCO_2Li$$

$$DMC + e^- + Li^+ \longrightarrow CH_3\cdot + CH_3OCO_2Li + \text{和 / 或 } CH_3OLi + CH_3OCO$$

$$H_2O + e^- + Li^+ \longrightarrow LiOH + 1/2H_2$$

$$LiOH + e^- + Li^+ \longrightarrow Li_2O + 1/2H_2$$

$$H_2O + (CH_2OCO_2Li)_2 \longrightarrow Li_2CO_3 + CO$$

$$2CO_2 + 2e^- + 2Li^+ \longrightarrow Li_2CO_3 + CO$$

$$LiPF_6 + H_2O \longrightarrow LiF + 2HF + PF_3O$$

$$PF_{6-} + ne^- + nLi^+ \longrightarrow LiF + Li_xPF_y$$

$$PF_3O + ne^- + nLi^+ \longrightarrow LiF + Li_xPOF_y$$

$$HF + (CH_2OCO_2Li)_2,\ LiCO_3 \longrightarrow LiF + (CH_2COCO_2H)_2,\ H_2CO_3(sol.)$$

SEI 膜需持续生长，直到有足够的厚度和致密性，能够阻止溶剂分子的共插入，方能保证电极循环的稳定性。目前商业化圆柱电池主要采用 EC（碳酸乙烯酯）/DMC（碳酸二甲酯）/EMC（碳酸甲乙酯）的溶剂体系，电解质盐采用 $LiPF_6$，辅以 VC（碳酸亚乙烯酯）、PS（苯砜）、FEC（氟代碳酸乙烯酯）等功能性添加剂，根据圆柱电池实际应用性能需求进行搭配选择，总体要求可形成稳定 SEI 膜，电池内部发生副反应少，不与负极材料发生共嵌、剥离材料等现象。

（2）电池设计

更高能量密度的电池往往伴随着更高的安全风险，而为了保证电池的使用寿命，提高电池的安全性能，需要在电极设计方面做优化处理。通过对锂离子蓄电池的关键部件（如正极片、负极片、隔膜）表面涂覆氧化物涂层，可以改善固液界面的浸润性及热稳定性，进而提高电池的循环性能、安全性能及耐久性能。以下分别对极片和隔膜表面涂覆氧化物涂层对锂离子蓄电池性能改善进行介绍。

1）极片表面改性

极片边缘涂覆氧化物涂层主要是避免正极极片在模切时由于涂布尺寸不均以及模切成型的极耳而存在表面露铝箔现象，此处的铝箔往往与负极极片的料区相对应，一旦隔膜出现损伤，两者接触，由于接触电阻小，通过的电流大，容易在短时间内使阳极的温度升高到足够引起 Li_xC_6 和电解液、黏结剂的反应，从而导致电池热失控而着火燃烧，此方法主要应用于软包及方形铝壳多极耳结构。

极片涂覆的氧化物一般为 Al_2O_3、TiO_2、AlOH 等纳米级颗粒。研究发现在石墨负极片表面均匀地涂覆一层纳米级的氧化铝陶瓷涂层可以改善负极界面稳定性。由于氧化铝涂层是纳米颗粒，具有较大的比表面积，能够快速吸附电解液，有利于锂离子在正负极之间的迁移，降低电池内部极化；并且涂覆氧化铝涂层可以在一定程度上抑制负极 SEI 膜的增厚和锂枝晶的形成，在循环过程中，氧化铝的晶粒、尺寸基本保持稳定，并且可以有效改善负极界面的稳定性，提高电池的循环性能。同时研究报道氧化铝可以对 HF 和水分吸收，不仅有利于负极 SEI 膜的稳定，也有利于减小正极材料副反应的发生，从而提高锂离子蓄电池的循环性能和耐久性能。

2）隔膜表面改性

隔膜在锂离子蓄电池中具有隔离正负极、防止短路的作用，隔膜的性能决定了电池的界面结构和内阻，同时隔膜的性能与电池的安全性、循环性能、荷电保持能力以及充放电电流密度等密切相关。传统锂离子蓄电池隔膜一般为聚烯烃类隔膜，但其存在以下问题：①聚烯烃类聚合物结晶度高且极性小，而锂离子蓄电池中使用的电解液通常是极性高的有机溶剂，因此聚烯烃聚合物与电解液的亲和性不好，不能被电解液充分溶胀，绝大部分电解液存在于孔隙中；②聚烯烃类聚合物隔膜在接近熔点时，材料会因熔化而收缩变形，给电池的安全性带来潜在的隐患。

为解决上述聚烯烃类隔膜的问题，通过采用氧化物陶瓷涂层涂覆于基膜上，氧化物陶瓷颗粒通过黏结剂与基膜相黏结形成陶瓷隔膜。通常，陶瓷颗粒为化学稳定性好的氧化物，如 Al_2O_3、SiO_2、ZrO_2、MgO_2 等，黏合剂主要为 PVDF、PMMA、SBR 等。通过在基膜上涂覆氧化物涂层，可以大幅度降低隔膜的高温收缩性，提高锂离子蓄电池安全性和充放电循环次数。由于氧化物陶瓷材料对电解液具有良好的润湿性和保液性，有助于延长电池的循环寿命；同时陶瓷的刚性支撑作用，使得氧化物陶瓷涂覆的隔膜高温时具有优良的热稳定性和尺寸完整性，可提高电池的安全性能；基膜与正负极之间存在着氧化物陶瓷材料，即基膜与正负极之间存有一定的缝隙，更加有利于电池的散热；氧化物陶瓷涂层的孔隙率大于隔膜的孔隙率，能有效提高电池的吸液率，有利于电池的循环性能。

2. 环境因素（制程工艺改善）

（1）水分控制

锂离子蓄电池内部是一个较为复杂的化学体系，这些化学系统的反应过程及结果都与水分密切相关。如果水分失控，导致电池中水分超标存在，不但能导致电解质锂盐的分解，而且对正负极材料的成膜和稳定性产生恶劣影响，导致锂离子蓄电池的电化学特性，诸如容量、内阻、循环稳定性等的明显恶化。

水分会和主材发生反应，消耗电池中的 Li 离子，降低电池容量：

$$LiMO_2 + xH_2O \longrightarrow (1-x)LiMO_2 + xLiOH + xHMO_2\ (MOOH)$$

水分会和电解液发生反应，消耗电解液中的锂盐并生成有害气体：

$$LiPF_6 \longrightarrow LiF + PF_5$$

$$PF_5 + H_2O \longrightarrow 2HF + POF_3$$

$$POF_3 + ne^- + nLi^+ \longrightarrow LiF + Li_xPOF_y$$

$$PF_5 + ne^- + nLi^+ \longrightarrow LiF + Li_xPF_y$$

$$H_2O + e^- + Li^+ \longrightarrow LiOH + 1/2H_2$$

水分还会破坏 SEI 膜，降低电池的稳定性：

$$2ROCO_2Li + H_2O \longrightarrow Li_2CO_3 + CO_2 + 2ROH$$
$$HF + ROLi \longrightarrow LiF + ROH$$
$$Li_2CO_3 + 2HF \longrightarrow LiF + H_2CO_3$$
$$ROCO_2Li + 2HF \longrightarrow nLiF + ROH + H_2CO_3 + ROH$$

1）水分的来源

车间中的水分来源多种多样，一般来自于以下几个方面：

① 空气中的水分：主要有空气环境中的水分、人体出汗和呼吸产生的水分、衣服被淋湿而未待干燥就进入车间、洗手后未烘干就进入车间等带入的水分。一般用相对湿度来衡量空气中的水分。温度和季节对相对湿度有很大的影响，在夏天雨天的相对湿度可以达到 90%，冬天的雪天则在 30% 左右，夏天的晴天在 50% 左右，冬天的晴天则在 20% 左右。人呼吸的时候，距离鼻孔 2cm，湿度则达到 85%。湿度与含水量的关系见表 2-69。

表 2-69 湿度和含水量对照表

序号	21℃时湿度（%）	水分含量（质量分数）/（$\times10^{-6}$）	水的重量 /（g/m^3）
1	1	245	0.3
2	2	512	0.6
3	10	2461	3.1
4	15	3697	4.6
5	20	4935	6.2
6	25	6176	7.7
7	30	7421	9.3
8	49	12120	15.2
9	82	20370	25.5

② 物料中的水分：正极、负极、隔膜、电解液、包装材料等物料中都容易带入水分。

a）正极片：目前正极片普遍使用的是纳米级别的材料，这种材料具有很强的吸水性，很容易从周围的空气中吸收水分。

b）负极片：负极片比正极片来说，吸水性相对低一点，当然，在没有控制湿度的环境下，其从环境空气中吸水数量也是相当可观的。

c）隔膜：隔膜是一种多孔性的塑料薄膜，其吸水性也是很强的。

d）电解液：电解液是非常容易吸水，它会和水进行化学反应，直至所有的电解液物质反应完成。

e）包装材料：纸箱等包装物的含水量很高，也是水分的来源之一。

f）其他金属零件：虽然金属零件本身的吸水能力有限，金属零件对水分却很敏感。水分的存在会使其生锈或者腐蚀。

2）水分管控

① 空气中的水分管控：空气中水分可通过除湿系统进行控制，按原理可将除湿系统

划分为冷冻除湿系统和转轮除湿系统两大类。由于除湿原理不同，它们的除湿效果也大有区别。通常，要求湿度在35%~95%之间时选择冷冻除湿系统，湿度要求在30%以下时采用转轮除湿系统。转轮除湿采用的是化学除湿原理（图2-163），因而成本比较高。

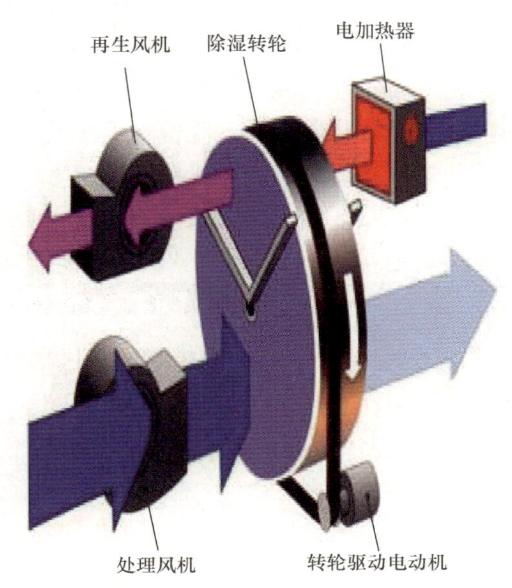

图2-163 转轮式除湿机工作原理

② 物料中的水分管控：干燥法。干燥法是利用热能使物料中的水分汽化而除水的方法。该方法能除去物料中的大部分水分，控制水分效果好。干燥法在电池生产中应用广泛，如原料的干燥、正负极片的干燥及单体蓄电池的干燥等。其干燥过程如图2-164所示。工厂一般用烘箱干燥，如图2-165所示。

（2）杂质管控

为了追求更高的能量密度和功率，在设计锂离子蓄电池的时候，一般都会选择厚度较低的隔膜。目前的隔膜厚度一般都在20μm以内，不到头发直径的1/3。如果杂质的直径接近隔膜纸的厚度，就容易导致电池的短路，甚至起火爆炸。

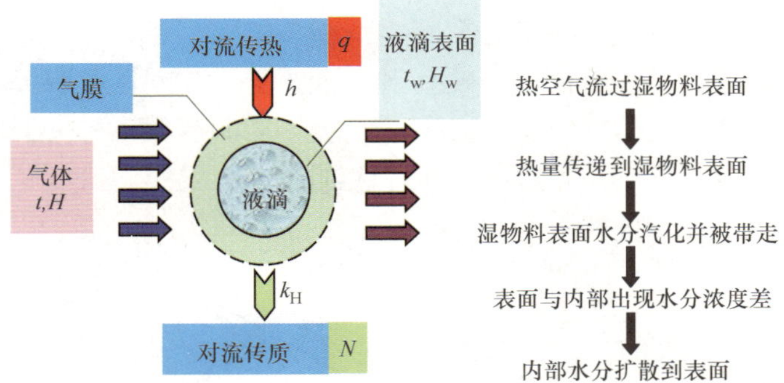

图2-164 干燥过程示意图

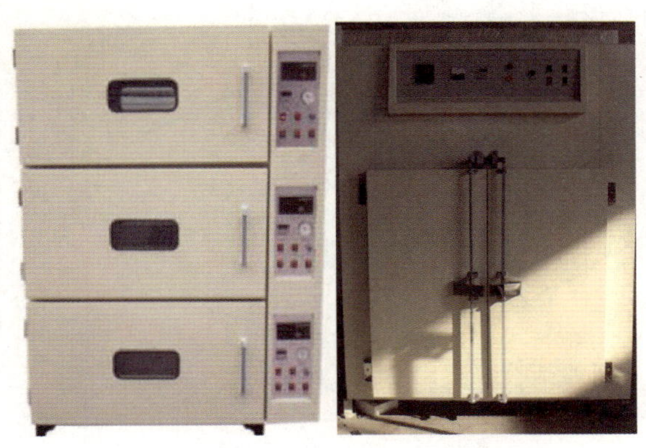

图2-165 单门烘箱和三门烘箱

电池生产车间中存在各种各样的杂质。如极片搬运产生的粉料灰尘，机器和夹具磨损的金属颗粒，盖板和铝壳组装时刮擦的金属屑，激光焊时喷溅的金属屑，员工工鞋带进来的土尘，还有员工的头发，碎屑等。这些杂质通常粘附在极片、隔膜或者盖板上，可能会在生产过程中进入电池内部，给电池造成很大的不良影响，例如高自放电，甚至安全问题。

化学电源在电池外部是电子导电，电池内部则是离子导电。因此电池内的卷芯要用隔膜隔开正极片和负极片，使得离子在电解液中穿过隔膜，进行化学反应。如果电池内部正极片和负极片直接接触，或者通过粉尘、碎屑导电，那电池内部就成了电子导电，电池就会内部短路。这会导致电池大量发热，进而可能出现起火爆炸。相关原理如图 2-166 所示。

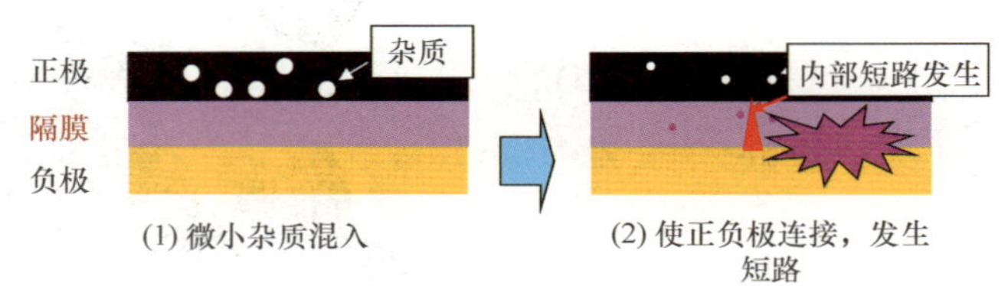

图 2-166　杂质导致电池内部短路示意图

杂质管控措施如下：

1）车间净化

洁净车间净化系统由中央空调和空气净化系统构成，有更衣室、风淋室和洁净间三个组成部分。洁净车间工作人员首先在更衣室换上防尘服，然后进入风淋室吹淋以有效清除所带的尘埃及细菌，最后进入洁净间工作。

洁净车间净化原理如下：气流→初效净化→加湿段→加热段→表冷段→中效净化→风机送风→管道→高效净化过滤器→吹入房间→带走尘埃细菌等颗粒→回风百叶窗→初效净化（图 2-167）。重复这样的一系列过程，即可达到净化目的。

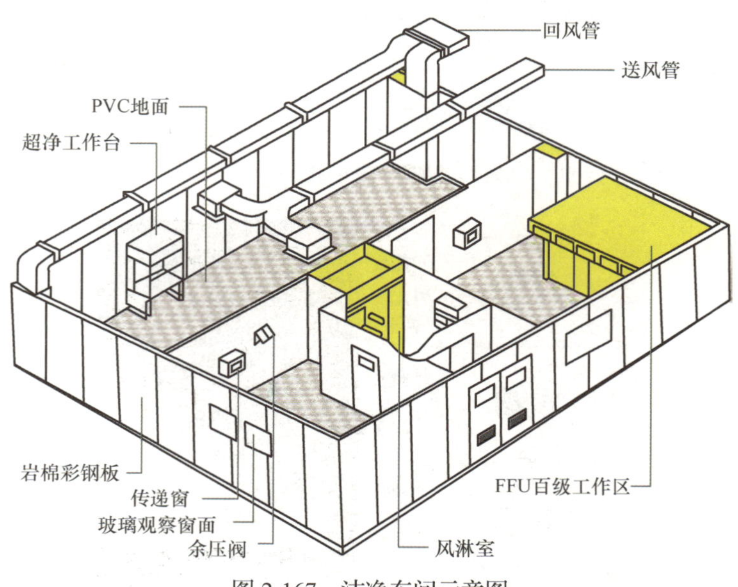

图 2-167　洁净车间示意图

2）真空吸尘

真空吸尘是最常用的除尘方式，它直接收集粉尘然后带出车间，不引起二次污染。因此，吸尘需要推广到车间的每一个角落。吸尘工具需要齐全，专用的吸尘器只能专用于某些领域，不能交叉使用。例如，专门用于吸负极粉尘的，就只用于吸负极粉尘，专门用于吸正极粉尘的就只用于吸正极粉尘，专门用于吸地面粉尘的，就只用于吸地面粉尘。真空吸尘器的真空度越大，吸力也就越强；吸尘距离越近，吸力也越强。在使用真空吸尘枪时，在保证不损伤零件和产品的前提下，可以尽量靠近零件和产品，使其除尘更彻底。更换吸尘器的布袋时，要拿到车间外部更换，以免吸尘器的沉淀物重新飘散到车间中。

3）胶布粘尘

一些边角区域的粉尘很难用吸尘器或者湿布清除，但可以用胶布借助工具进行收集，然后包扎起来，使其不脱落于各个角落，因此，胶布除尘是值得推广的一种方法。它没有二次污染，更能固化粉尘。当然，选择黏性适中的胶布很重要。除尘也要按照一定顺序，一般遵循从上到下、从里到外、从左到右的方式，这样不会出现一些区域已经清理过后被二次污染的现象。

2.3.2 结构设计

2.3.2.1 概述

目前，行业内主流锂离子蓄电池结构形态共有三种，分别为圆柱形、方形以及软包电池，如图 2-168 所示。不同的结构形态意味着不同的单体蓄电池装配及封装方式，伴随着对单体蓄电池性能的不同影响，下面简要介绍三种结构形态的锂离子蓄电池。

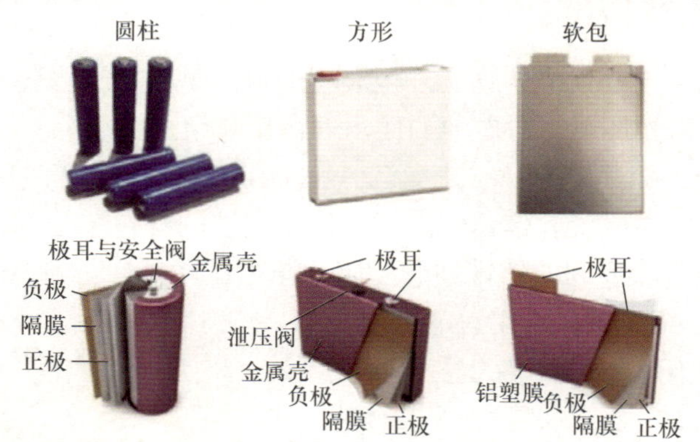

图 2-168 主流锂离子蓄电池结构形态及常见装配方式示例

圆柱形电池以钢壳为主，装配方式采用非常成熟的卷绕工艺，目前常见的规格型号有 18650、21700、26650 等。由于规格型号统一，圆柱形电池生产自动化水平最高，因此其批量化生产成本较低，同时保持较高的良品率及成组一致性。在应用层面，圆柱形电池由于其结构特性，成组后单体蓄电池之间仍留有一定的空隙，利于散热，但其单体体积较小。为实现长续驶里程目标，相应电池总量需求更多，因此大大增加了系统连接及管控难度。同时，由于钢壳电池的自重较大，因此其质量能量密度提升空间受限。

方形电池以钢壳和铝壳为主，单体蓄电池内部装配以卷绕式结构为主。其规格尺寸目前未形成统一标准，多为根据搭载车型需求进行定制化开发，设计相对灵活，具有很强的适配性，但也使得该款结构单体蓄电池批量化生产工艺难以统一，降低自动化水平进程。在应用层面，方形电池外壳目前更趋向于轻量化铝合金材质，结构设计更为简单，因此相对于圆柱形电池来说，质量能量密度有所提升。成组后其排列方式更为紧密，空间利用率较高，并且其外壳材质具有一定的强度，因此成组难度较小，但相应的对于热安全管控技术提出更高需求。

与上述圆柱形、方形电池外壳相比，软包电池采用质量更小且韧度更高的铝塑膜材料，同时单体蓄电池内部装配为叠片式结构，其规格尺寸目前也以定制化开发为主。其独特的封装材质及装配方式使得软包电池在应用层面具有一系列本征优劣势特点：

① 重量较同等容量的钢壳锂电池轻 40%，较铝壳锂电池轻 20%，更容易进行兼顾大容量及高能量密度电池设计，但是，相对于硬壳材质，铝塑膜的抗冲击及磨损性能相对较差，因此增加了模组机械安全设计难度。

② 当单体蓄电池发生胀气时，铝塑膜可以起到一定的缓冲作用，非极端情况下可以大大降低发生爆炸的风险，但极端失控情况下，软包电池由于缺乏泄压阀安全设计，当单体蓄电池胀破后与空气接触面积更大，反而更容易发生燃烧起火现象。

③ 叠片式装配方式相对于卷绕式来说，内阻更小，可以有效降低电池自耗电，但同时其更为复杂的生产工艺使得单体蓄电池一致性及良品率相对较低。

目前，随着新能源行业的不断发展推进，国内外三类锂离子蓄电池厂家均在不断进行技术革新。下面将分别针对不同的结构形态特点，对各自的技术要求、设计难点及解决方案进行详细介绍。

2.3.2.2 软包电池结构设计

软包电池外包装层主要为铝塑膜，外包装层的目的是为电池内部的电化学反应提供一个隔绝水分和气体的密封环境，对电池的使用寿命影响至关重要。

1. 封装结构设计

铝塑膜和极耳共同组成了软包装锂离子单体蓄电池的外包装结构。其中，作为一种多层结构的膜材料，铝塑膜中间的铝箔层起到阻水阻气的功能，内部的 PP 层除了热封可靠稳定性要求，还需要对内部腐蚀性的电解液具有较高的稳定性。作为电池正负极的导流端子，极耳要和铝塑膜热封在一起，构成一个整体密封结构。

目前主流的动力蓄电池用复合型铝塑膜的主要结构是四层膜，分别是 PET（聚对苯二甲酸类塑料）层、尼龙层、铝箔层和 PP（聚丙烯）层，总厚度控制在约 152μm，详细示意图如图 2-169 所示。

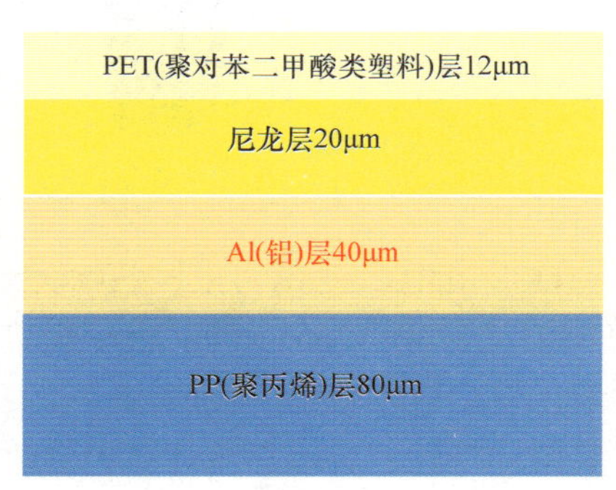

图 2-169　动力蓄电池用复合型铝塑膜结构示意图

铝塑膜的主要性能要求有：阻隔气氛和水

分的能力，耐刺穿耐磨损能力，电解液条件下的稳定性，封装性能，耐高电压绝缘性，加工制造性能等。以上任何一项材料性能的不足均会对电池结构造成严重的影响。

目前量产用的动力蓄电池专用极耳的主要结构：正极导体为铝材，负极导体为镀镍处理铜材，对金属分切边进行边缘毛刺处理，表面复合三层的PP胶片，如图2-170所示。

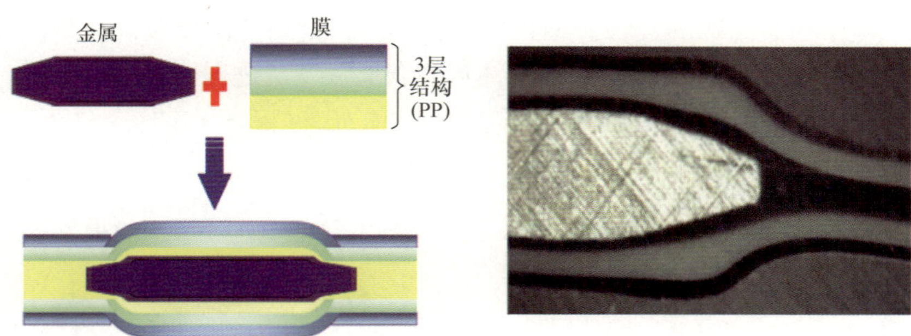

图2-170 动力蓄电池用极耳的结构示意图

极耳的主要性能要求有：电解液条件下的稳定性，耐高压绝缘性，封装性能，加工制造性能。

2. 制造工艺

与电池密封结构相关的工序有：铝塑膜冲坑、顶侧封装、排气（Degassing）封装以及过程中的绝缘测试工序。

铝塑膜在装配使用之前需要进行冲坑操作，满足裸单体蓄电池放入的空间。铝塑膜在干燥的环境下进行保管、使用，如果长时间把铝塑膜暴露在高湿度环境下，尼龙层会吸收水分，这会导致热封时突然产生水蒸气，而PET层作为屏蔽层，可能会起皱。

目前电池产品的铝塑膜冲坑为双坑设计，量产设计的坑深一般不超过7.0mm。原理和样品如图2-171所示。

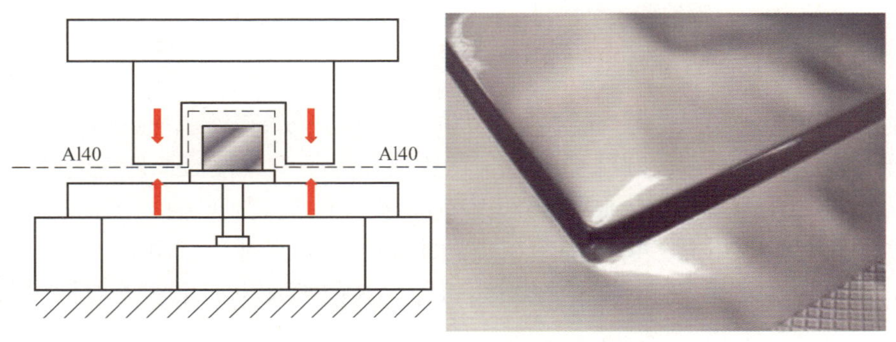

图2-171 铝塑膜冲坑成型原理和样品图示

铝塑膜冲坑成型影响封装寿命的关键控制点有：铝塑膜冲坑需要检测R角位铝箔的拉伸变形后的厚度以及是否有隐蔽的裂纹和微孔。经过冲坑后的铝塑膜的铝箔层需要保持不小于 60% 的残存厚度。铝塑膜的冲坑深度需要结合模具的设计一起考虑；铝塑膜在冲坑成型过程中需要注意因为模具表面的毛刺、颗粒对铝塑膜外观造成破坏，包括划痕、针眼等；关注铝塑膜冲坑深度的尺寸一致性。

顶侧封工序分为顶部边极耳 - 铝塑膜的封装①和侧边铝塑膜 - 铝塑膜的封装②，如图 2-172 所示。

顶侧边封装影响封装寿命的关键控制点有：顶侧封工序关键在于顶部封边，而顶封边的封装效果取决于封装结构的设计；顶封工艺：硬封，顶封边需要设计极耳位开槽；工艺参数：温度、时间、压力；封装效果：首件封装剥离强度，过程封装厚度。

排气（Degassing）封装工序分为抽真空条件下的初封装③和常压条件下的精封装④，如图 2-173 所示。

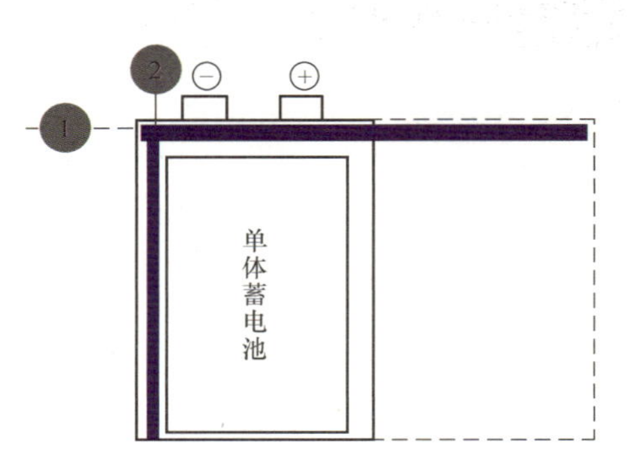

图 2-172　顶侧边封装效果图示

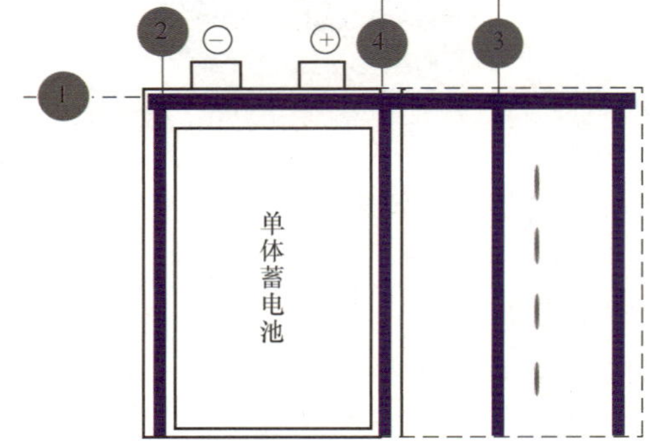

图 2-173　排气（Degassing）封装效果图示

排气（Degassing）封装影响封装寿命的关键控制点有：排气（Degassing）封装工序与侧封边的封装的差异性在于电解液条件，封装效果主要取决于铝塑膜材料物性和封装工艺；顶封工艺：硬封；工艺参数：温度、时间、压力；封装效果：首件封装剥离强度，过程封装厚度。

2.3.2.3　圆柱形电池结构设计

圆柱形电池主要是指外形为圆柱体，壳体采用铝壳或钢壳等刚性材料组合而成的电池。相较于其他电池而言，圆柱形电池工艺成熟，产品一致性高，外壳刚性和硬度高，不易变形、破损，但圆柱形电池内阻较其他电池高，电池充放电时内部温度不均匀，影响散热性，且在其成组时，由于单个单体蓄电池容量低，成组串并连所需单体蓄电池数量多，焊点及连接片多，导致成组后模组安全风险增加（如单体蓄电池失效发生热失控）。

目前国内圆柱形电池的主要生产厂家有力神、比克、德朗能等，国外厂家主要有松下、三星、LG 等。相较于软包及方形铝壳电池，圆柱形电池尺寸相对固定，电动汽车用圆柱形动力蓄电池产品规格尺寸具体见表 2-70。

表 2-70 电动汽车用圆柱形动力蓄电池产品规格尺寸

序号	外形尺寸 /mm	
	直径	高度
1	18	65
2	21	70
3	26	65/70
4	32	70/134

1. 圆柱形电池典型结构

圆柱形电池典型结构主要包括封口板、钢壳壳体、正极片、正极连接片、负极片、负极连接片、绝缘片、隔膜等部件，部分电池中心插有中心针，可抑制单体蓄电池在高倍率、快充放循环下卷芯的变形。图 2-174 为圆柱电池典型结构示意图。

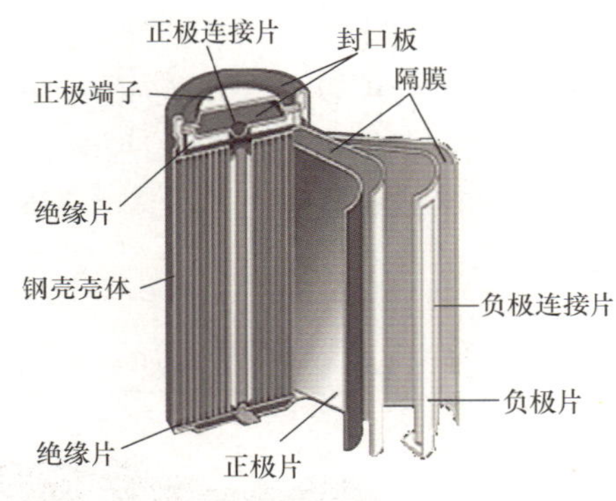

图 2-174 圆柱电池典型结构示意图

2. 主要组成结构设计

在圆柱电池中，电池结构设计主要指电池封口板、钢壳壳体、电池组装松紧度、电池极片尺寸、隔膜尺寸等设计。圆柱电池结构设计的合理性影响到电池的容量、内阻等电化学性能及单体蓄电池封装可靠性等安全性能。

（1）电池封口板

圆柱电池封口板与卷芯正极耳通过超声焊接的方式相连，经过一封、二封、蹲封的封装工艺组合与圆柱钢壳壳体搭配形成一个密封体，防止水分及空气的渗透。封口板结构主要分为盖帽、正温度热敏电阻（PTC）、防爆阀、内部绝缘套、铝底板以及外部绝缘套。图 2-175 为封口板组成部件及封口板断面图。

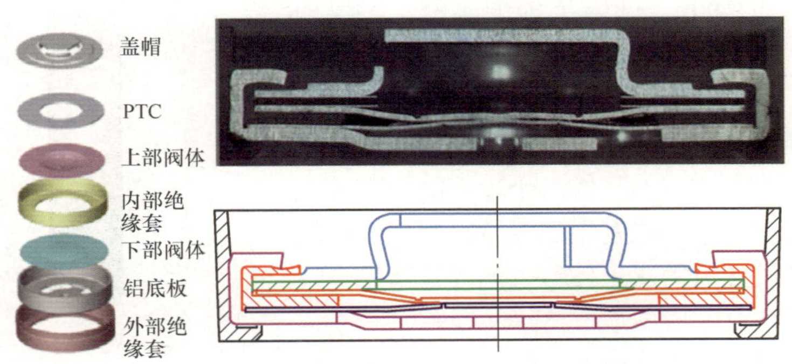

图 2-175 封口板组成部件及封口板断面图

圆柱电池与方形铝壳及软包电池封口工艺不同点在于，圆柱电池是在封口完毕之后进行后续的化成分容，在此过程中，产气均存留在电池内部，而方形铝壳电池可以通过进行负压化成排出化成阶段电池内部产生的气体，软包电池可通过预留气袋，在化成后进行排气（Degasing）工序除去化成产气。这就要求圆柱电池的封口板具有更好的密封性及适用性，根据电池材料的不同体系及性能要求调整封口板防爆阀及电流断开装置（CID）作动压力，以期达到电化学性能与安全性能的平衡。目前，圆柱电池封口板防爆压力主要集中在 2.0~3.5MPa，CID 作动压力主要集中在 1.2~2.0MPa。

对于特殊的性能要求方面，如长期在低温环境下工作（ < −30℃）时，还需考虑到封口板中绝缘套的材质是否存在劣化的问题，从而导致封口板密封不良，电解液泄漏以及水分、空气等渗透造成电池性能的衰退，甚至引起起火、爆炸等安全问题。

（2）钢壳壳体

钢壳壳体用于与封口板匹配进行电池封装，由于电池要求高度的密封状态，故需要圆柱形电池用钢壳可以一次冲压成型，而受材料最大变形程度的限制，目前钢壳无法实现一次拉伸成型，多是采用多次拉伸与变薄拉伸构成，且在电池制作过程中，电池封装工序中涉及钢壳的滚槽和卷边工艺。图 2-176 为电池壳冲压及封装流程示意图。

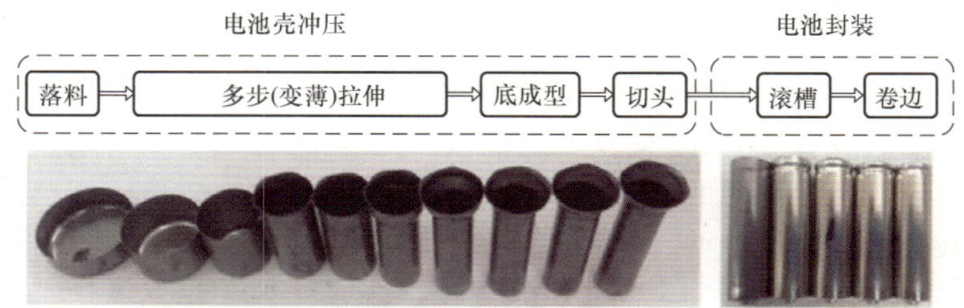

图 2-176　电池壳冲压及封装流程示意图

为追求电动汽车的续驶里程，迫切需要提高电池的能量密度，因而在壳体外径不变的情况下，对于电池钢壳壳体壁厚的减薄具有强烈的要求。早期的电池钢壳壳体壁厚是一致的，约 0.2~0.25mm，后续在此基础上对电池壳体减薄，主要思路为将钢壳壳体分为两段——厚壁和薄壁，两段之间存在过渡区。为保证电池封口的强度，钢壳口部区域为厚壁，壁厚约 0.2~0.25mm，壳体下部为薄壁，壁厚约 0.15~0.18mm，利于降低重量，增加电池内部空间。图 2-177 为圆柱电池钢壳不同壁厚图。

虽然电池壳体的减薄在一定程度上增加了电池的容量及能量密度，但过薄的壳体对于电池的保护程度亦相应降低，增加了电池在发生热失控时出现炸膛的风险，故在电池设计时需对单体蓄电池容量及安全性做平衡考虑。

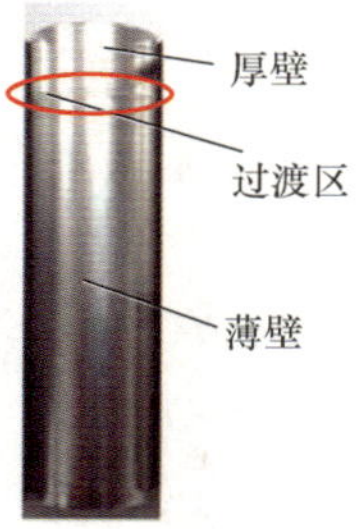

厚壁
过渡区
薄壁

图 2-177　圆柱电池钢壳不同壁厚图

（3）卷芯装配松紧度

圆柱电池卷芯装配松紧度大小主要根据电池材料品系的膨胀程度、极片、隔膜的尺寸、钢壳壳体尺寸来确定。在钢壳壳体尺寸一定的条件下，为保证卷绕后的单体蓄电池方便生产线自动入壳，需确定合适的单体蓄电池装配松紧度及合适的卷芯大小，而卷芯的大小由正极片、负极片及隔膜等卷绕后决定。根据电池的容量设计及涂布面密度可确定正极极片的尺寸大小，负极片涂布区域在卷绕过程中需在宽度和长度方向上有余量包覆住正极极片，宽度方向上下各约 0.5~1mm，长度方向约 3~5mm，同理，隔膜在卷绕过程中亦需保证在宽度和长度方向完全包覆住负极片，并将正极片与负极片一层层隔绝。考虑到单体蓄电池制作过程中，极片经辊压、烘烤后的反弹，注液后导电剂及黏结剂的溶胀、充放电过程 Li^+ 从正极移动到负极后负极材料嵌锂的膨胀效应（图 2-178），以及电池在后期实际循环应用过程中，涂布粉料的脱落及在隔膜上的粘连等现象，确定圆柱形电池卷芯装配松紧度约为 96%~98%。图 2-178 为单体蓄电池截面及极片卷绕后膨胀示意图。

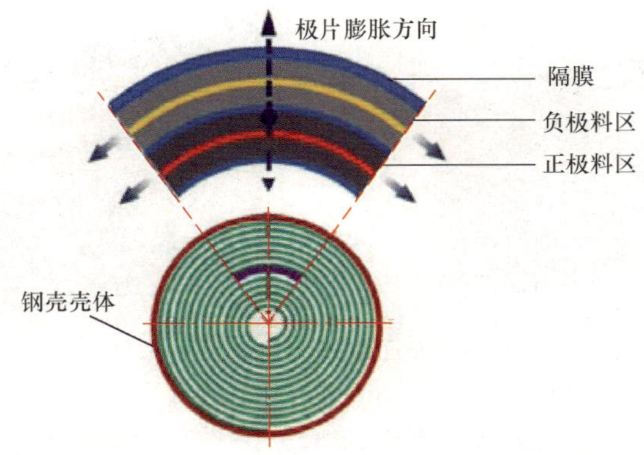

图 2-178 单体蓄电池截面及极片卷绕后膨胀示意图

2.3.2.4 方形电池结构设计

方形电池广泛应用于 BEV/PHEV/HEV 车型中，主要特点见表 2-71。随着新能源汽车保有量提升，为保证品质和降低成本，行业规范化和标准化水平也将持续提升。方形电池作为新能源汽车的核心零部件之一，其标准化也势在必行。依据空间要求（如乘用车，电池包通常安装于底盘，受限于底盘和离地间隙，电池包高度一般≤ 150mm），对电池尺寸提出相应要求，部分推荐型号见表 2-72。

表 2-71 方形电池竞争优势和劣势

优势	劣势
1）可配置多种安全组件 2）结构可靠性优良 3）成组便利	1）结构件重量占比较高，降低质量能量密度 2）制造过程复杂，工艺管控要求较高 3）结构零件较多，成本较高

表 2-72　方形电池常见尺寸

厚度 /mm	宽度 /mm	高度 /mm	适用场景 / 厂家
26.5/39/79	148	91~103	CATL，355 模组
29/58/86			CATL，390 模组
45/50	173	114/125	比亚迪，三星

1. 方形电池典型结构

方形电池中，结构件质量占比约 12%~15%（图 2-179），提升单体蓄电池容量，可以降低结构件质量占比（图 2-180），提升能量密度。

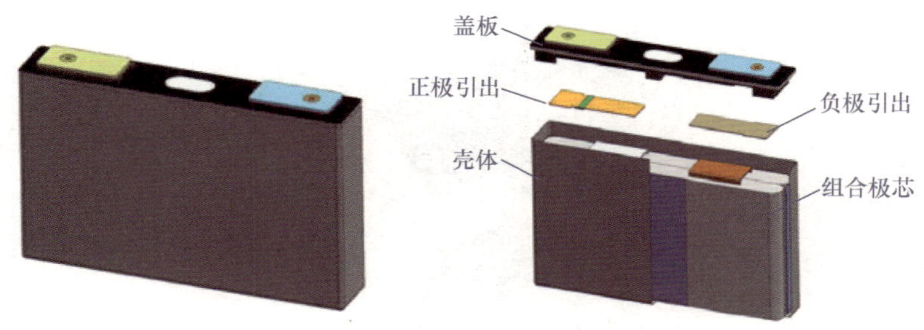

图 2-179　方形电池典型结构

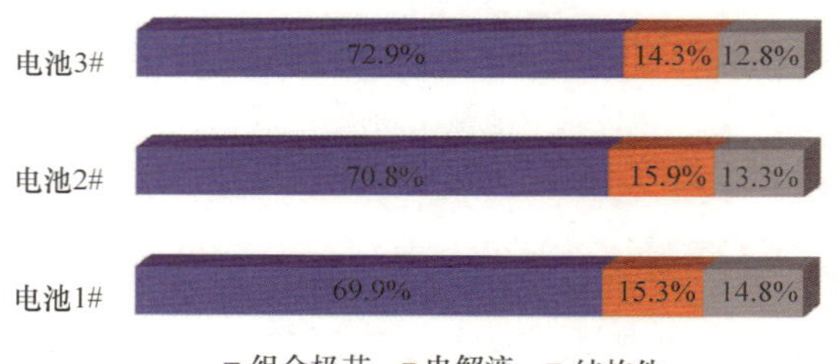

图 2-180　不同容量电池各组件质量占比（1#，2#，3# 容量依次增加）

2. 主要组成结构设计

（1）极芯设计

组合极芯是电池中的关键组件，充放电时存在体积变化（重点为厚度方向），需要重点关注装配系数、电池成组应用，需重点考察单体蓄电池充放电体积变化，保证长期可靠性。

$$装配系数 = 组合极芯厚度 / 壳内厚度 \times 100\%$$

通常，装配厚度系数为 94%±3%，根据实际需求进行调整。

极芯型式见表 2-73。

表 2-73 极芯型式

极芯类型		优点	不足
名称	图示		
全极耳卷绕		自动化制造便利	极芯浸润路径较长，极片侧面和大面所处化学 / 力学环境不一致；能量密度低
模切极耳卷绕		能量密度高于全极耳卷绕	极片侧面和大面所处化学 / 力学环境不一致；自动化制造相对复杂
模切极耳叠片		能量密度高于模切极耳卷绕；极片的化学 / 力学环境相近	自动化制造复杂；管控要求更严格

叠片工艺可以使电池能量密度提高 5%，循环寿命提高 10%，成本降低 5%。从用户的角度来看，电池生产工艺的创新突破，将有助于提升电动车的使用寿命和续驶里程，从长远来看，也有助于车辆成本下降。虽然叠片工艺有明显的瓶颈，但却是未来动力蓄电池发展的大势所趋。目前，最受业内关注的电动车平台就是大众的 MEB 平台，从这一平台来看，电池的模组和单体蓄电池尺寸都在变大。业内普遍认为，大模组、大单体蓄电池是未来动力蓄电池发展趋势。而目前大众发布的 VDA 尺寸的单体蓄电池已经到达卷绕电池的极限，而基于 MEB 平台的单体蓄电池尺寸，单体蓄电池长度大大增加。随着电池越来越长，卷绕工艺将越来越难实现。LG 化学、三星 SDI、松下等国际电池巨头都将叠片技术纳入下一阶段布局目标。

极耳引出主要有模切顶出和侧出。顶出的空间利用率高，但是极芯与内引出片焊接时的焊渣容易掉入极芯侧面，引起自放电增大，同时模切的成本高，效率低。侧出的工艺成熟，效率高，安全，但是最大的问题是能量密度低。

极耳尺寸应充分考虑过电流需求和工艺能力。

极芯尺寸要满足设计的能量要求，同时考虑与电池结构的匹配。

电解液浸润路径优化，保证极芯各个地方的电解液浸润程度相同，各组分的分布均匀，同时电解液消耗时，多余电解液的补充路径顺畅。应充分考虑传热设计，在高倍率使用时的热量能够顺畅地传导出电池外部，并通过与模组和电池包的协同设计，最终传导出去。

（2）极耳 / 极柱引出

极耳 / 极柱引出见表 2-74。

表 2-74　极耳 / 极柱引出

引出方式	图示	特点
顶端引出		空间利用率高于双侧引出
双侧引出		高度利用率高于顶端引出

(3) 盖板设计

在方形电池中，电池盖板是功能集成度最高的组件，涉及安全防护和功能（电流传输、电绝缘、密封等），是电池结构专利布局的重要部分。

某型号方形电池的电池盖板和结构展示如图 2-181 和图 2-182 所示。盖板零件设计要点和材质见表 2-75。

图 2-181　电池盖板剖视图

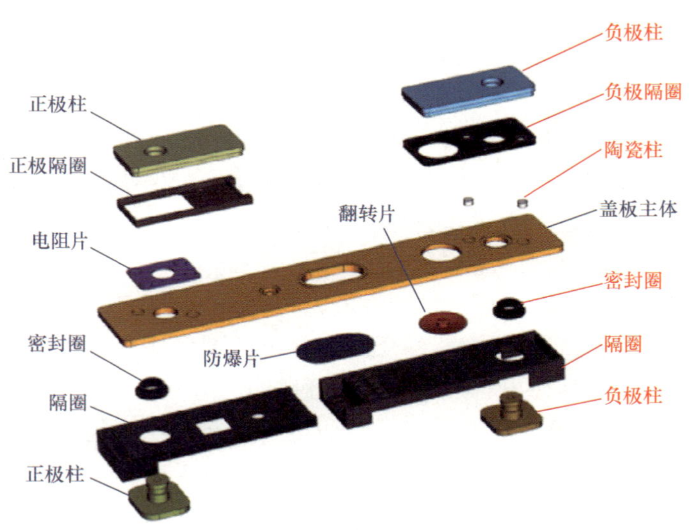

图 2-182　电池盖板结构

表 2-75 盖板零件设计要点和材质

名称	设计要点说明	材质信息
正极柱	矮极柱设计，提高模组空间利用率	—
正极引出	附带结构，电连接可靠性	Al10XX
负极柱	—	Cu_T2 或者铜铝复合结构
负极引出	电连接可靠性，与正极引出匹配	Cu_T2
翻转片	可靠性、灵敏度、耐电解液	Al10XX
电阻片	限制电流保证 FUSE 熔断，翻转片正常	SUS304
密封圈	保证电池极柱 - 盖板密封性	氟橡胶

（4）壳体设计

依据轻量化需求，目前方形电池主流壳体为铝壳，材质为 Al30XX，大面壁厚为 0.5~1.2mm，使用一次成形冲压工艺。

2.3.3 安全设计

2.3.3.1 材料及体系改进

1. 电解液体系

电解液是锂离子蓄电池的重要组成材料，其性质直接影响电池的性能，包括电池的工作温度范围、容量、安全性能及循环性能。电解液体系主要由锂盐和溶剂两部分组成，目前最常见的商用锂离子蓄电池电解液包括 $LiPF_6$、线性碳酸酯 [如碳酸二甲酯（DMC）、碳酸二乙酯（DEC）等] 和环状碳酸酯 [如碳酸乙烯酯（EC）、碳酸丙烯酯（PC）等]。在实际应用中，碳酸酯类溶剂的沸点和闪点较低，易发生闪燃。此外，上述常规电解液体系安全电压窗口较小，当发生电滥用时（如过充电），极易引发电解液氧化还原分解产气，从而带来安全隐患。因此，当电极材料、电解质材料和隔膜材料等电池主体材料在一定时间内不发生巨大改变时，通过改进电解液体系来提高电解液的稳定性，是避免发生热失控而提高电池安全性能的一种重要方法。

提高电解液稳定性的方法有很多，比如添加功能添加剂、采用离子液体电解质、选择热稳定性好的锂盐等，具体方法及相应的优劣势对比见表 2-76。

下面将针对性地对目前比较热门的电解液改性方案进行介绍。

（1）功能电添加剂

过充电添加剂可分为氧化还原对添加剂和断路添加剂，前者防止电池不可逆地过度充电，而后者永久地终止电池操作。

氧化还原对添加剂的作用是当电池发生过充电时，电化学分流电池中的过量电荷，添加剂的氧化还原电位应该比正极正常使用电位高 0.3~0.4V。通过调整分子结构，可将添加剂氧化电位调至 4V 以上，适用于快速发展的高压正极材料和电解液。其基本设计原理是通过添加吸电子替代品来降低添加剂的最高占据轨道，从而提高氧化电位。目前已经开发出一系列具有良好的化学结构和氧化还原电位的添加剂，包括有机金属化合物、吩噻嗪、三苯胺、二甲氧基苯及其衍生物和 2-（五氟苯）- 四氟苯 -1，3，2- 苯并二恶唑。除了有机添加剂，一些无机盐，不仅可以作为电解质盐，也可以作为氧化还原添加剂，如全氟硼烷簇盐［即氟十二硼酸锂（$Li_2B_{12}F_xH_{12-x}$）］，也被发现是有效的氧化还原添加剂。

表 2-76　提高电解液稳定性的方法

<table>
<tr><th colspan="3">方法</th><th>作用</th><th>优点</th><th>缺点</th></tr>
<tr><td rowspan="3">功能添加剂</td><td colspan="2">阻燃添加剂</td><td>添加剂汽化分解释放出含磷自由基，该自由基具有捕获体系中氢自由基终止链式反应的能力</td><td rowspan="3">用量少、针对性强、基本不增加电池成本和改变电池生产工艺</td><td rowspan="3">对电池寿命有一定影响，有一定安全隐患</td></tr>
<tr><td rowspan="2">过充添加剂</td><td>氧化还原添加剂</td><td>利用氧化还原飞梭分流限压原理，在正常充电情况下，添加剂不发生反应，当充电电压超过电池的正常充放电截止电压时，添加剂分子发生反应，使电池电压被限定在添加剂的氧化电压附近</td></tr>
<tr><td>电聚合添加剂</td><td>当电池充电到一定电压时，聚合物单体分子在电解液中被氧化为自由基离子，然后耦合成聚合物并积聚在正极及其附近的隔膜表面，并向负极方向逐渐延伸。当生成的聚合物穿透隔膜时，即在正负极之间形成导电桥时，电池发生内部断路，从而达到在电池热失控和爆炸之前使电池报废的目的</td></tr>
<tr><td colspan="3">离子液体电解质</td><td>由于其阴离子或者阳离子体积较大，所以阴、阳离子之间的相互作用力较弱，从而阴、阳离子在室温下能够自由移动，具有较高的热稳定性</td><td>较低的熔点、几乎无蒸气压、较宽的电化学窗口、较高的热稳定性、不燃烧性</td><td>与传统的有机溶剂相比，性能上存在较大差距</td></tr>
<tr><td colspan="3">热稳定性好的锂盐（有机锂盐）</td><td>常用的无机锂盐（如 $LiPF_6$）的阴离子半径一般都较小，离子溶剂化和离子缔合效应也较强，对锂离子蓄电池性能影响较大。而有机锂盐可克服半径小、稳定性差等缺点</td><td>热稳定性好、电化学稳定性好</td><td>会降低电解液的导电性能</td></tr>
<tr><td colspan="3">聚合物电解质</td><td>用不可燃不易挥发的聚合物电解质代替易燃、易挥发的有机液态电解质（如碳酸酯溶剂），可提高锂离子蓄电池的安全性能</td><td>安全性好、良好的柔韧性和可加工性</td><td>室温下离子电导率低</td></tr>
</table>

断路过充电添加剂是一类不可逆过充电保护添加剂。它们的功能要么是在高电位释放气体，从而激活电流切断装置，要么是在发生灾难性结果之前，在高电位发生不可逆的电化学聚合从而终止电池运行。前者的例子包括二甲苯、环己苯和联苯，而后者的例子包括联苯和其他取代芳香族化合物。由于这些化合物的不可逆氧化性质，断路添加剂对锂离子蓄电池的长期运行和储存性能有一定的负面影响。

（2）阻燃添加剂

液体电解质中使用的阻燃添加剂大多是基于有机磷化合物或有机卤代化合物。由于卤素对环境和人体健康的危害，有机磷化合物具有良好的阻燃性能和环保性，是一种很有前途的阻燃添加剂。典型的有机磷化合物包括磷酸三甲酯、磷酸三苯基、二（2- 甲氧基乙氧基）磷酸甲酯、亚磷酸三（2，2，2- 三氟乙基）等。这些含磷化合物的阻燃机理一般认为是一种化学自由基清除过程。在燃烧过程中，含磷分子可以分解为含磷自由基种类，从而终止链式反应传播过程中产生的自由基（如H、OH自由基），而这些自由基负责连续燃烧。但加入了这些含磷阻燃剂降低可燃性是以牺牲电化学性能为代价的。

为了改善这种平衡，方案一为对上述阻燃添加剂分子结构进行修改，例如用环磷腈取代有机磷添加剂，特别是氟化环磷腈，增强了电化学兼容性；方案二为将阻燃剂加入到微纤维的保护聚合物外壳中，再将其堆叠起来形成一个无纺布隔膜，将阻燃剂包封在保护聚合物外壳内，可防止阻燃剂直接暴露于电解液中，防止阻燃剂对电池电化学性能的负面影响。此外，研究人员还提出一种“盐浓度电解质”的概念，例如以$LiN(SO_2F)_2$为盐，以磷酸三甲酯阻燃剂（TMP）为唯一溶剂，该电解液体系可以在负极上自发形成一个鲁棒的盐基无机SEI，这对稳定电化学性能至关重要。该方法可推广到其他阻燃剂中，为开发新型阻燃剂提供了新的途径。

（3）不燃烧电解质

离子液体（尤其是室温离子液体）是一种已被广泛研究的非易燃电解质，它不挥发（200℃以下没有可检测到的蒸气压力），不易燃，具有较宽的温度窗口。然而，由于离子液体的高黏度、低Li迁移数以及高成本等问题，仍然需要不断地研究来解决。

低分子量氢氟醚是另一类不可燃液体电解质，具有闪点高或无闪点、不可燃、表面张力低、黏度低、冻结温度低等特点。应根据电池电解质的标准，对其进行性能分子设计以适应其化学性质。

此外，另外一种具有广阔应用情景的电解质是固态电解质。固体电解质主要分为两大类：无机陶瓷电解质（如硫化物、氧化物、氮化物、磷酸盐等）和聚合物电解质，该部分将在第6章进行详细介绍。

2. 正极材料

正极材料在高温条件下易发生热分解并释放氧气，而且氧气会进一步与电解液中有机溶剂发生剧烈的放热反应，同时产生其他气体，进而引发严重的安全问题，所以需要提高正极材料的热稳定性。三大主流正极材料中，磷酸铁锂热稳定性最高（400℃），层状钴酸锂热稳定性最差（250℃）。

（1）掺杂

原子掺杂可以显著提高层状氧化物材料的热稳定性，这是由于原子掺杂产生了稳定的晶体结构。对于$LiCoO_2$，引入掺杂合金元素，如Ni、Mn等，可以大幅度提高分解起始温度，同时避免与电解质在高温下发生反应。然而，正极热稳定性的提高通常伴随着比容量的牺牲。为了解决这一问题，研究人员开发了一种基于层状锂镍钴锰氧化物的可充电锂电池浓度梯度正极材料。在这种材料中，每个颗粒都有一个富含Ni的中心体和一个富含Mn的外层，随着表面的靠近，Ni浓度逐渐降低，Mn和Co浓度逐渐增加，前者提供高容量，而后者提高热稳定性，该正极材料可以在不影响电池电化学性能的前提下提高电池的安全性。

（2）包覆

提高正极材料热稳定性的另一种策略是对正极材料进行表面包覆。包覆层可以防止正极材料与电解质之间的直接接触，降低正极材料相变及离子混排程度，提高其结构稳定性，从而减少副反应和热量的产生。比较好的包覆材料需要具备良好的热及化学稳定性，常见的有磷化物、氟化物和固体氧化物等。

研究表明，$LiCoO_2$ 材料表面包覆质量分数为 3% 的 $FePO_4$ 时，相较于纯 $LiCoO_2$ 材料，可以在不影响电化学性能的前提下提高正极稳定性。氟化物包覆材料的应用主要得益于其较高的温度惰性，比较常见的如 AlF_3 和 ZrF_x。研究表明，在绝热环境中，AlF_3 包覆的 NCM 材料其热失控起始温度推后约 20℃。比较常见的氧化物类包覆材料有氧化镁（MgO）、氧化钛（TiO_2）、氧化铝（Al_2O_3）、氧化锆（ZrO_2）、氧化硅（SiO_2）等。研究表明，氧化锆（ZrO_2）、氧化硅（SiO_2）材料可以显著降低热失控过程产热。此外，也有研究表明，电池内阻的大小是影响电池在充放电过程中产热多少的重要因素，而这种热量产生与积累是造成电池内部副反应发生导致电池性能衰退的重要原因。因此提高电池内部离子、电子的导电率也是提高锂离子蓄电池安全性能的重要一部分，比较常见的方法即为碳包覆。

除传统包覆类材料外，目前研究者提出一种新型包覆材料，即正温度系数材料（PTC），也可以显著提高正极的安全性。PTC 材料工作机制是，当温度升高时（100~130℃），材料的电阻会急剧增加，从而起到截断电流的作用，避免电池发生热失控。例如，当温度上升到 >80℃时，聚 3- 癸噻吩包覆的 $LiCoO_2$ 正极由于导电聚合物层可以迅速转变为高阻状态，因此可以停止电化学反应和副反应。具有超支化结构的枝端寡聚物涂层也可以作为一个热响应阻断层，从正极侧关闭电池。该材料的其他应用方式将在本小节辅材设计中进行介绍。

3. 负极材料

目前商业化锂离子蓄电池负极主要以碳材料为主。碳材料在实际应用过程中存在析锂风险。从负极材料自身角度出发，引发析锂的原因一方面为其自身 Li^+ 传输特性较差，另一方面为负极 SEI 膜形成不佳。

负极 SEI 膜的热分解非常容易引发热失控初始的链式反应，因此，提高负极 SEI 膜的热稳定性对电池安全至关重要。不同的碳材料负极 SEI 膜热稳定性不同。硬炭、中间相碳微球以及石墨负极在 100%SOC 下的 DSC 曲线表明，三种负极均在 120℃左右时发生 SEI 膜分解，但是分解反应的产热速率不同。其中，片层石墨负极反应最为剧烈，这主要是其在颗粒边缘处所形成的 SEI 膜质量较差所致。

除了传统的电解液配方优化及化成工艺改善外，可以通过石墨负极自身的改性提高 SEI 膜的热稳定性：移除一些活性位点或缺陷来平滑石墨负极活性边缘界面；在石墨负极表面形成厚氧层；覆盖石墨负极表面的活性边缘。

此外，还可通过引入金属 / 非金属对碳材料进行掺杂或对碳材料进行表面氧化、碳包覆、聚合物包覆等表面处理的方法来提高其热安全性能。原子层沉积（ALD）是一种普遍应用的负极改性方法，例如在天然石墨负极表面沉积一层 Al_2O_3 包覆层，提高负极材料的热稳定性。另外，还可以在负极引入一种热敏聚合物微球，当温度升高时，该聚合物微球熔融变软，阻止 Li^+ 在负极界面的传导，进而切断电路。

除了针对传统碳负极的改性之外，其他负极材料体系，例如钛酸锂（LTO）及合金材料本身即具有良好的安全性。钛酸锂负极具有较高的嵌锂电位，因此在快充电和低温充电时不会有金属锂析出，大大提高了锂离子蓄电池的安全性能。此外，钛酸锂还具备“零应

变"性能，在充放电过程中体积变化非常小，具有很强的循环稳定性，所以钛酸锂电池也是提高电池安全性能的一种选择。但其目前商业化应用仍存在一些问题，例如能量密度较低、高温产气等，可以进一步通过改进匹配高容量或高电压正极材料以及优化负极与电解液之间的界面稳定性进行改善。

4. 辅材

（1）高安全隔膜

隔膜在锂离子蓄电池安全，特别是热安全方面起着至关重要的作用。常见的 PP 或 PE 隔膜改性方法主要是进行陶瓷颗粒层涂覆或添加共聚多酯类聚合物涂层等。下面对常见的隔膜安全性改性技术进行简要介绍。

1）高热稳定隔膜

将隔膜材料由聚烯烃改为聚酰亚胺、纤维素、聚（丁烯）对苯二甲酸酯等热收缩小的高温聚合物是提高隔膜热稳定性的一种有效策略。例如聚酰亚胺（PI）材料具有较高的热稳定性，其收缩温度约为 200℃，而破膜温度可以高达 500℃。此外，该款隔膜也具有优异的浸润性和离子传输特性。然而该款隔膜制备为静电纺丝技术，制造工艺仍比较复杂，造价较高，因此目前该款隔膜暂未得到大规模商业化应用。

2）涂层隔膜

涂层隔膜一般是在隔膜基体两侧涂覆一层陶瓷或者金属氧化物颗粒，这种涂层能提高隔膜的热稳定性，此外陶瓷颗粒还能够增强电解液的浸润性，提高电池的安全性能。

以 PE 隔膜为基体，在两侧均涂覆厚度为 1~2μm 混有纳米氧化铝粉末及胶凝剂的无机浆体，可以得到一种无机复合陶瓷涂层锂离子蓄电池隔膜。140℃下烘烤 2h，普通 PE 隔膜在烘烤前后尺寸变化较为明显，横向及纵向收缩率分别为 76.94% 和 64.75%，这主要是因为隔膜在制备过程中由于牵引拉伸使得隔膜存在内应力，在高温环境下由于隔膜内部分子链的运动导致应力释放从而发生大面积收缩；但是陶瓷涂层隔膜在 140℃烘烤条件下除隔膜颜色发生变化以外其本身的形态未发生改变，横向及纵向收缩率仅为 2.65% 和 1.25%，这是因为隔膜表面两侧涂覆的无机涂层具有耐高温隔热性能，从而降低基本隔膜本身的温度，使得隔膜在高温环境下仍保持原态。

另外一种为有热复合粘接功能的陶瓷涂覆隔膜。该类隔膜既具有单纯陶瓷涂层的安全性，又具有聚合物涂覆隔膜的各项优点，例如与电解液具有较好的相亲能力，提高隔膜的吸液率和耐热性，增强隔膜与锂离子蓄电池极片之间的黏结性，降低锂离子蓄电池内部阻抗等。常见的聚合物涂层材料有聚偏氟乙烯（PVDF）、聚偏氟乙烯 - 六氟丙烯（PVDF-HFP）、聚丙烯腈（PAN）等。

（2）PTC 材料

本部分所述辅材设计主要为一些电池反应控制技术，相应的应用材料主要为一些热敏材料，如上述正极材料改性中提到的 PTC 材料。其作为电极材料添加剂应用于电极制备过程中或涂覆于集流体箔材上，主要是当电池发生热失控时及时切断电路，关闭电池反应，降低热失控范围及影响，具体应用思路如下：

① 在电极材料和集流体之间涂覆一层环氧材料（PTC），这种材料的电阻都会随温度增加而增加，因此限制电池在高温下电路流通。

② 把 PTC 掺入电极材料中，用炭黑 / 聚合物复合材料作为 PTC，当电池温度升高的时候，电极电阻剧增从而限制电极材料内部电路流通。

③ 在方法②中因为 PTC 颗粒的尺寸比活性材料大很多，活性材料与 PTC 接触点较少，因此其高倍率性能有一定的缺陷。为了弥补这种缺陷，在电极材料中再加入亚导电剂乙炔黑，增加活性材料与添加剂颗粒的接触点，增加其电化学活性。

2.3.3.2 电池结构安全设计

1. 软包电池结构安全设计

（1）单体蓄电池结构安全设计

电池结构设计对于电池使用中的内部产热、温度场及电场分布均一性有很大影响，特别是对于需要长时、大倍率及高功率脉冲输出应用工况的功率型电池。软包电池采用层叠式装配方式，与卷绕式相比，内部电流及热场分布差异化较大，良好的电池结构设计有助于提高电池内部均一性，避免局部的电池劣化以及热量积累，进而提高其安全性。

以某功率型 25A · h 单体蓄电池为例，模拟工况为 10C 持续充电 295s，结果如下。

1）电池尺寸

分别设计如图 2-183 所示两种单体蓄电池结构（表 2-77），其中方案一为长条形结构，方案二相较方案一宽度更宽，厚度更薄。

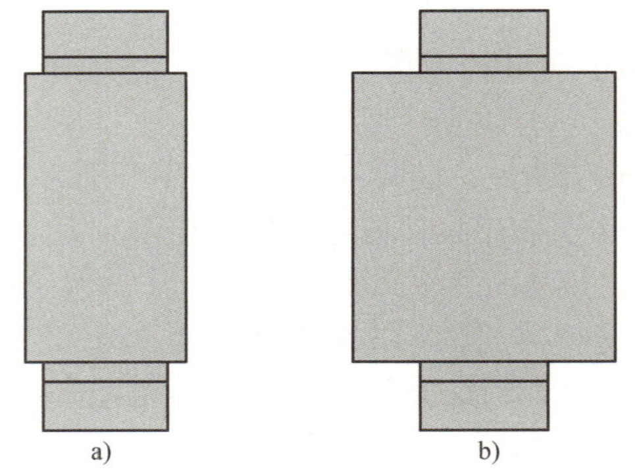

图 2-183　两种方案软包叠片电池尺寸模型对比
a）方案一　b）方案二

表 2-77　单体蓄电池尺寸

方案	单体蓄电池尺寸	极耳位置	极耳尺寸
方案一	243mm×121mm×15mm	对侧出	宽 × 高 × 厚 =80mm×31mm×0.3mm
方案二	245mm×181mm×11mm		

进一步通过仿真模型模拟工况运行中两种不同尺寸单体蓄电池内部电场及热场分布，结果如图 2-184~ 图 2-188 所示。

可以看出，方案二结构的电压分布、电流分布、电流密度分布以及荷电量分布均匀性均优于长条形结构的方案一。此外，方案二结构的最高温度明显低于方案一，并且均温性更优。

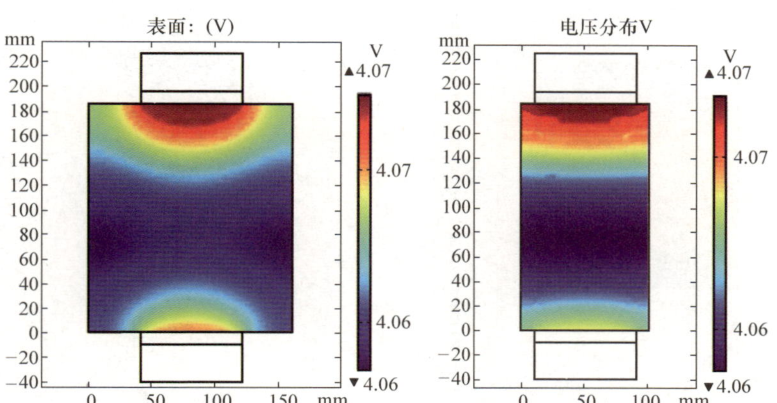

图 2-184　电池结构变化对电压分布的影响

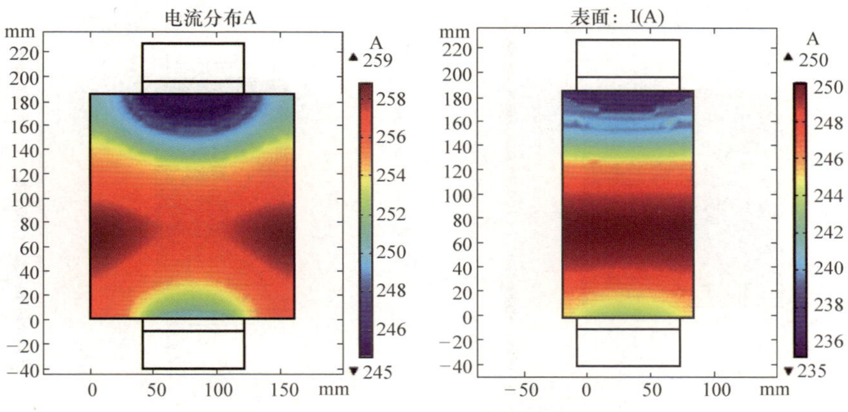

图 2-185　电池结构变化对电流分布的影响

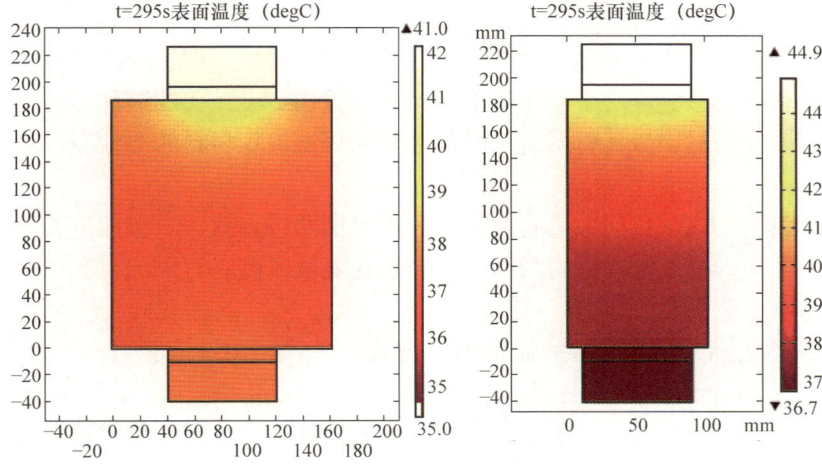

图 2-186　电池结构变化对温度分布的影响

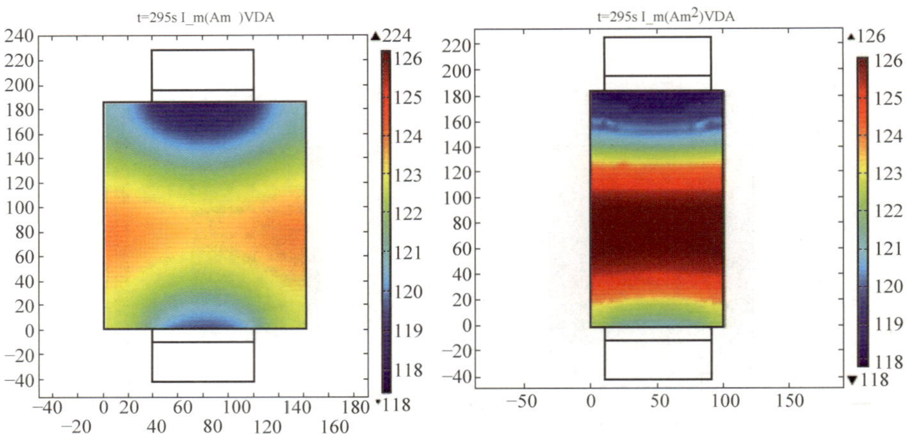

图 2-187 电池结构变化对电流密度分布的影响

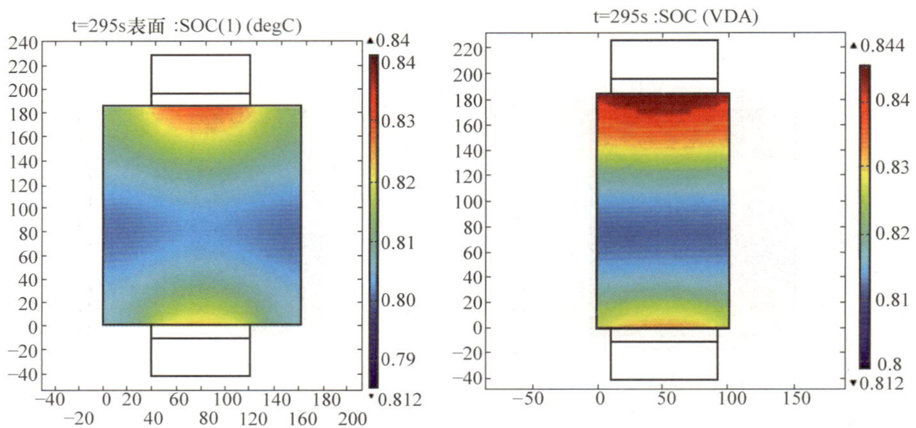

图 2-188 电池结构变化对荷电量分布的影响

2）极耳

极耳为单体蓄电池的主要散热主体之一，其尺寸、材质、位置及引出方式均对单体蓄电池散热性能有很大影响。对于功率型电池，一般采用宽度较大的极耳，有助于倍率性能及散热效果的提升。对于极耳材质，一般负极耳采用铜镀镍材料的电池有较好的倍率放电性能。

针对极耳引出方式，目前主要有同侧出和对侧出两种方式，一般而言，同侧出极耳有助于辅材用量降低，电池结构更为紧凑，提升电池能量密度；对侧出有利于提高电池中温度的均匀性和电池安全性。

分别设计图 2-189 所示的两种极耳引出方式，单体蓄电池及极耳尺寸结构保持一致（表 2-78）。

进一步通过仿真模型模拟工况运行中两种不同极耳引出方式下单体蓄电池内部电场及热场分布，结果如图 2-190~ 图 2-194 所示。可以看出，方案二对侧出极耳结构电流、电流密度及荷电量均匀分布且较为对称，整体温差、电压差较低，温升较小。

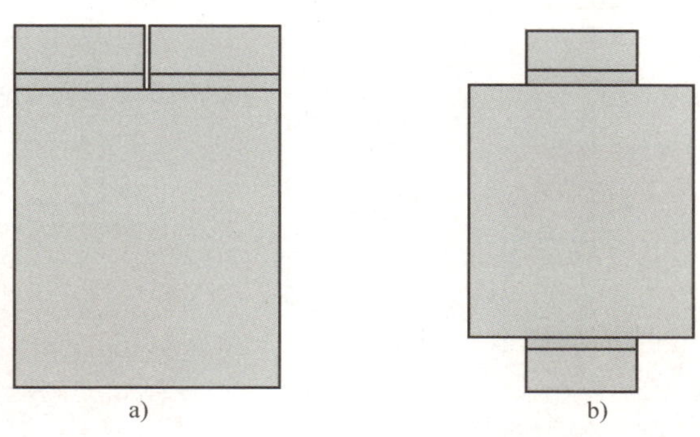

图 2-189　软包叠片电池极耳引出方式示例对比

a）方案三　b）方案四

表 2-78　单体蓄电池尺寸

方案	单体蓄电池尺寸	极耳位置	极耳尺寸
方案三	245mm×181mm×11mm	对侧出	宽 × 高 × 厚 =80mm×31mm×0.3mm
方案四		同侧出	

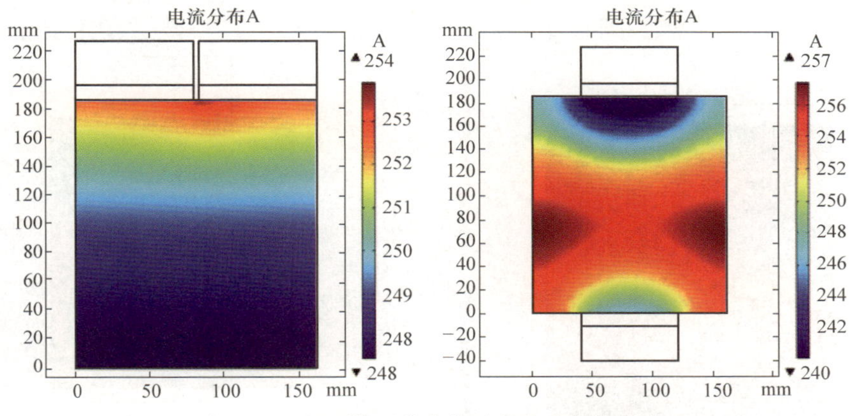

图 2-190　极耳位置的变化对电流分布的影响

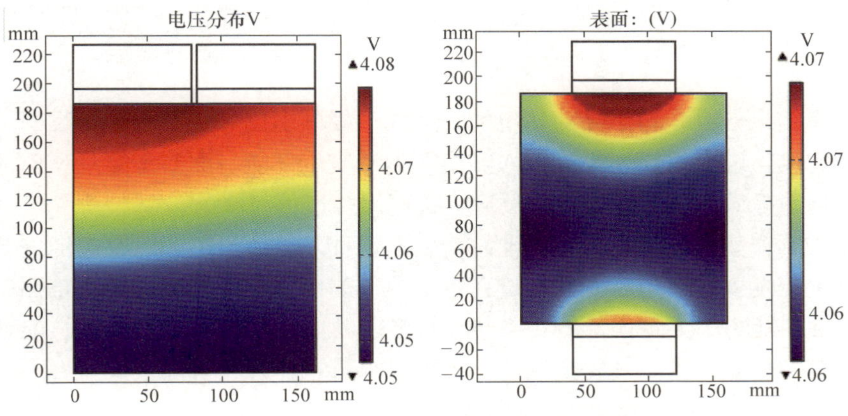

图 2-191　极耳位置的变化对电压分布的影响

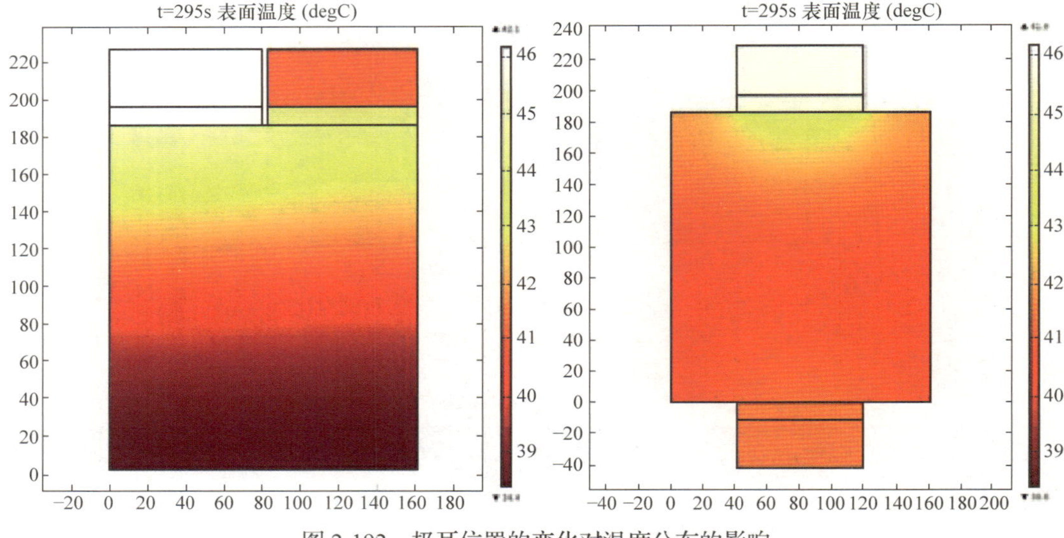

图 2-192　极耳位置的变化对温度分布的影响

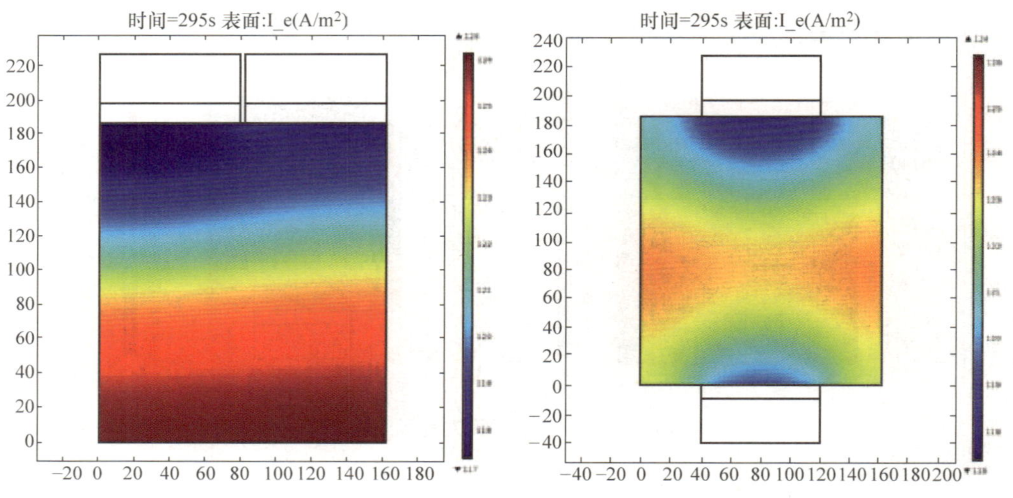

图 2-193　极耳位置的变化对电流密度分布的影响

综上仿真结果分析，对于高功率电池，考虑多极耳引出、正负极极耳反向引出、提高散热表面积比例，进而提高大电流输入输出能力及安全性能。而对于能量型电池，考虑卷绕叠片，降低边缘效应，减缓电化学反应，提高寿命。

除利用仿真模型辅助进行软包电池结构安全设计外，还可以通过在电池内部主动散热设计降低热失控发生的风险。例如通过在电池内部的单体蓄电池表面紧密粘贴一片石墨散热片增强其导热能力，实现内部均匀散热。该散热片紧贴单体蓄电池表面，能够迅速使局部“热点”均匀分散，提高其安全性能。石墨材料重量较轻，可加工性能好，具有很强的软包电池适配性。

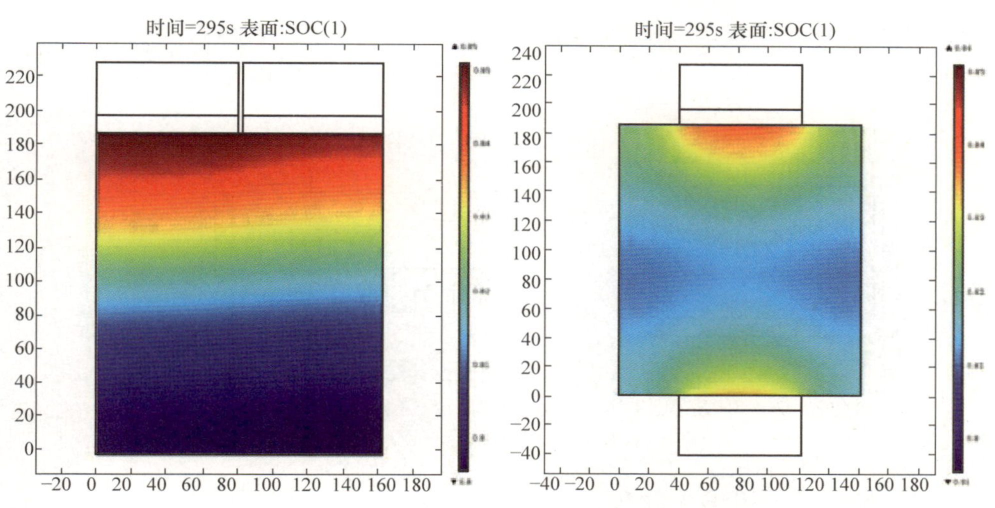

图 2-194 极耳位置的变化对荷电量分布的影响

（2）封装结构安全设计

软包电池外包装采用多层结构的铝塑膜封装工艺。由于铝塑膜较钢壳及铝壳重量更轻，因此，软包电池具有更高的质量能量密度，但铝塑膜也存在一定的封装安全劣势。

① 耐冲击性较差。在设计中应考虑防止局部应力，抵抗锤击、冲击和振动等，一般可以通过模组结构改进得以解决。

② 铝塑膜的中间的铝箔层起到阻水阻气的功能，内部的 PP 层主要起热封作用，若封装不良很容易引发电池漏液以及阻水性能下降、单体蓄电池加速老化等问题，一般而言，可以通过封装参数优化以及抗腐蚀铝塑膜选型得以解决。

③ 铝塑膜为柔性材料，自身具有一定的延展性，常规应用工况时，若发生电池轻微鼓胀现象时，其内部极片容易分隔，导致单体蓄电池内阻增加，产热增加，可以通过可维护式软包电池设计降低该安全隐患风险，但由于增加外部连通装置，需进一步进行气密性设计。

④ 不同于圆柱或方形电池，软包电池的铝塑膜封装缺乏热失控下主动泄压装置，在极端失控状态下，其内部失控产生的热量及气体将不断积累，直至铝塑膜封印大范围胀破，且破裂位置随机，这就使得空气大量进入单体蓄电池内部，进而引发剧烈燃烧等失控现象，可通过封边缺陷设计降低失控风险。

下面将分别就可维护式软包电池设计和封边缺陷软包电池设计进行示例介绍。

1）可维护式软包电池设计

该设计主要是在软包电池外包装袋上设置外部通道，该通道采用可开启的方式进行密封。利用该项设计可以对单体蓄电池进行补液或抽气操作，延长单体蓄电池使用寿命，并在电池发生非滥用胀气时及时贴合正负极片，降低内阻产热。

下面介绍一种单向阀式可维护软包锂离子蓄电池，其结构如图 2-195 所示，该单向阀采用热熔胶或树脂胶与外包装进行粘合，保证气密性。在需要补充电解液或释放内部压力时，可以开启进口端，维护之后，重新密封进口端，进入正常使用。该结构可以避免长期使用过程中密封松动、密封件老化等问题。

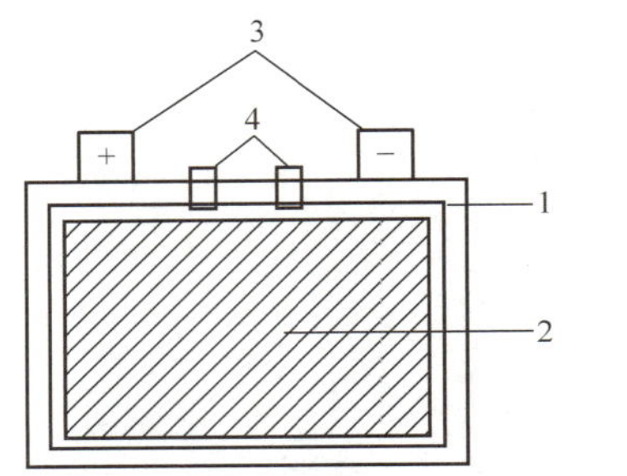

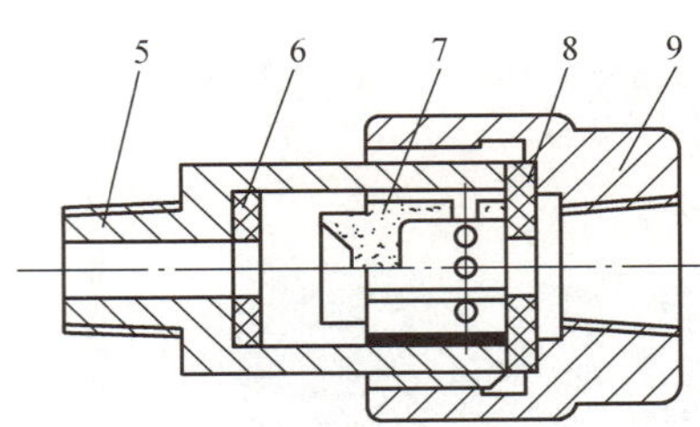

图 2-195　软包电池单向阀设计结构示意图

1—外包装　2—单体蓄电池主体　3—正负极耳　4—单向阀　5—阀体　6—小密封垫　7—滑阀　8—大密封垫　9—密封接嘴

再介绍一种暗管式可维护软包电池，结构如图 2-196 所示。该结构设置与外界相通的可密封暗管以及气囊，由于无须伸出电池外包装，相较于上述单向阀设计，更有利于电池组装成组，保证电池原有的体积能量密度。

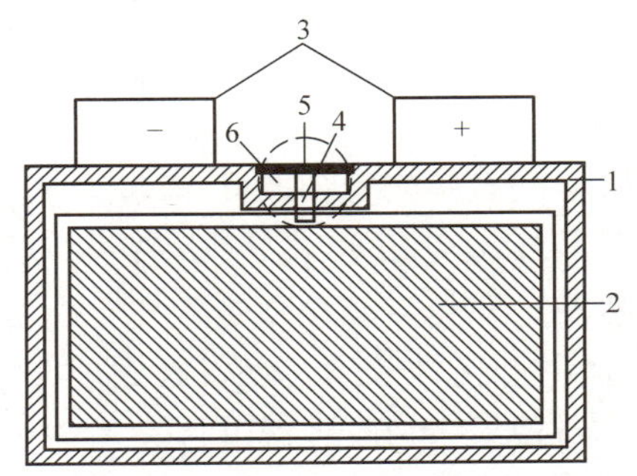

图 2-196　暗管式可维护软包电池结构示意图

1—外包装　2—单体蓄电池主体　3—正负极耳　4—暗管　5—封闭端　6—气囊

2）封边缺陷软包电池设计

目前以单体蓄电池为研究对象的软包电池封装结构安全设计多为封边缺陷设计，但现在仍以提出概念性设计为主，真正实用化仍存在一些问题待解决。其主要作用机制是通过应力薄弱点的设计，当电池失控鼓胀到一定程度时，缺陷位点可以优先胀破形成泄气口，以此实现对胀破位置及胀破面积的有效控制。在进行该薄弱点设计时，一方面可以通过封印参数调节或封装磨具改进等进行封边结构缺陷，另一方面使用固体热敏材料，在发生热失控时单体蓄电池温度上升时可以优先融化。

下面介绍一种具有定位防爆功能的软包锂离子蓄电池。电池封边时，在相配合的铝塑膜之间设有封装阻隔物（聚酰亚胺材质的塑料膜片结构），即防爆缺陷区，该缺陷区可以为 U 形、V 形或圆弧形，结构如图 2-197 所示。在进行该防爆结构设计时，需考虑缺陷位置的阻水性能。该专利以 161mm×227mm×10mm 的软包 VDA 锂离子蓄电池为例，给出其优选防爆缺陷设计如下：V 形凹槽缺陷的结构，靠近封边内侧，V 形结构尺寸为侧封边宽度 $a=7\text{mm}$，缺陷区极限封边宽度 $b=3\text{mm}$，缺陷区开口长度 $c=35\text{mm}$。

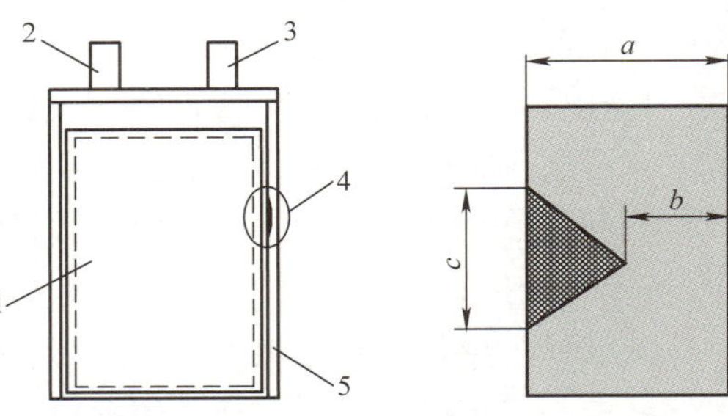

图 2-197　定位防爆单体蓄电池结构示意图

1—电池主体　2—正极极耳　3—负极极耳　4—防爆区　5—侧封边和防爆缺陷示意图　*a*—侧封边宽度　*b*—缺陷区极限封边宽度　*c*—缺陷区开口长度

一种可安全放气的软包装锂离子蓄电池极

耳。该极耳由导电条和与导电条制作在一起的低熔点材料组成，其中，低熔点材料为低于铝塑膜密封部分材料熔点 20℃以上的物质，例如改性聚丙烯 / 聚乙烯、醋酸乙烯酯、萜烯化合物、松脂以及石蜡。在电池温度升高到一定程度时，上述低熔点材料熔融或软化，与电池包装材料的附着力下降，热熔材料与电池包装材料分离，实现安全放气。

一种带有安全结构的软包装锂离子蓄电池，通过调整精封机形状设计制造软包电池封装薄弱缺陷部位，该缺陷可以为在侧封边距离电池高度 1/3 处形成半径为 1mm 的圆形缺陷，或距离电池高度 1/2 处形成轴长 1mm×2mm 的椭圆形缺陷，也可以是在底边中心形成上底 1mm、下底 2mm、高 1mm 的梯形缺陷。

利用偏透片技术设计软包电池自排气装置。该偏透片可以在排出气体的同时阻止外部气体进入电池内部，该偏透片厚度为 50~500μm，同时也可以起到一定的阻水作用。

以上方案尽管在电池滥用情况下起到一定程度的减缓剧烈反应的作用，但距离大规模产业化应用仍有很多工作需要探究：其一，封装厚度、耐压程度、气密性效果的相互关系及评价方式，这需要大量精确的参数调整实验进行方案设计；其二，上述应力薄弱区在正常应用场景下，特别是长时耐久性方面仍有待研究。

2. 圆柱形电池结构安全设计

对于圆柱电池而言，由于未在化成阶段对单体蓄电池产气进行抽气处理，且圆柱电池内部剩余空间低于其他电池，故其壳体内部压力占比要超过软包及方形铝壳电池，所以一旦电池内部出现短路、过温或其他安全隐患时，极易由于内部压力较大无法释放，从而发生起火、爆炸等现象，故需对其进行安全结构方面的设计。

目前，圆柱电池的安全结构装置主要有防爆阀、PTC、CID，三者可相互配合对圆柱电池进行保护，其中防爆阀分为封口板防爆阀和钢壳底部防爆阀。如图 2-198 所示为封口板防爆阀与 CID 工作原理图，圆柱电池在正常工作情况下，电流通过铝底板传至 CID、防爆阀、PTC 及上盖帽，与外部器件联通，形成回路。而一旦电池内部由于较大电

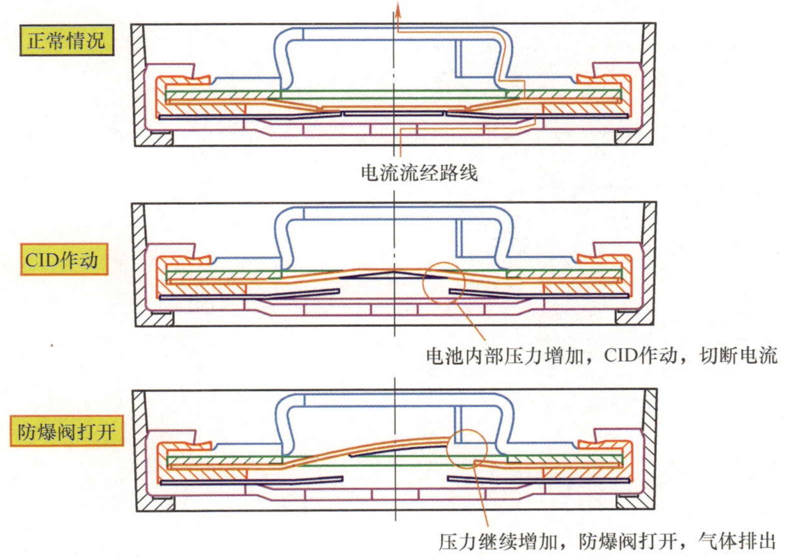

图 2-198　封口板防爆阀与 CID 工作原理图

流、过充电造成电池内部温度急剧增加，电解液与正负极发生副反应大量产气，电池内部压力增加，但此压力未达到防爆阀开启时，CID 作动，切断电流回路。而随着副反应继续发生，产气量继续增加，电池内部压力达到封口板防爆阀开启值时，防爆阀开启，进行泄压。在封口板防爆阀打开的同时，钢壳底部带有刻痕的防爆阀开启，同时泄压，保证电池不发生炸膛、物料飞溅等现象，从而保证了电池的安全性。图 2-199 为钢壳底部防爆阀图。

电池在正常温度下工作，PTC 端子的内阻很小，而当充放电电流较大、过充电或其他热失控的情况造成电池内部温度急剧升高时，其电阻会突然增大，从而使圆柱电池内部工作电流迅速下降，而当温度恢复正常时，PTC 端子的电阻又会恢复为原来值。

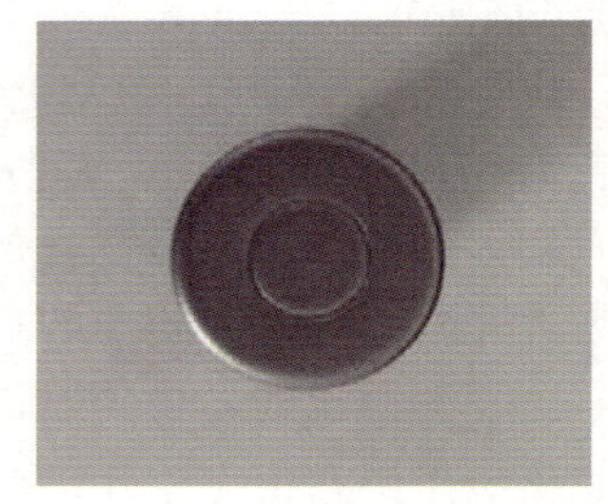

图 2-199　钢壳底部防爆阀图

3. 方形电池结构安全设计

方形电池结构安全，通常集成于电池盖板。

（1）防爆阀结构

传统方形电池常规安全结构，主要用于释放电池内部压力，释放能量。防爆片主体厚度 0.15~0.30mm，材质 Al10××、Al80×× 等，启动压力通常为 0.5~1.2MPa，可以通过增加不对称度和设置薄弱位置，提高启动灵敏性。常见防爆阀特征如图 2-200 所示。其工作原理如图 2-201 所示。

电池容量越大，内部副反应产气量也相应增加，防爆片面积需要做相应提升，保证及时有效泄压，保障用户安全，如图 2-202 所示。

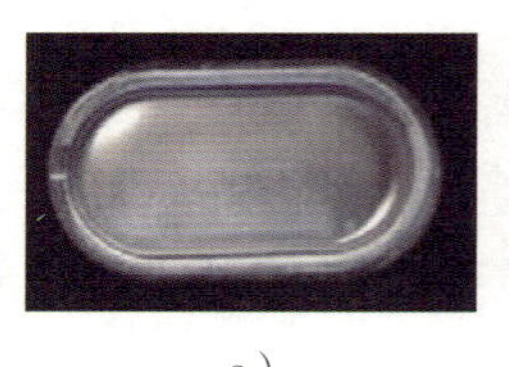

a）

b）

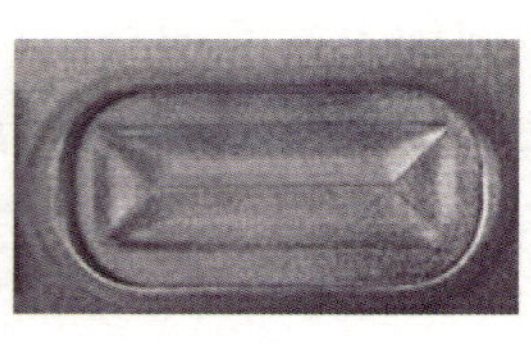

c）

图 2-200　常见防爆阀特征

a）常规　b）、c）刻痕

单体蓄电池内部产气形成压力

单体蓄电池内部出现事件产气形成急剧的压力

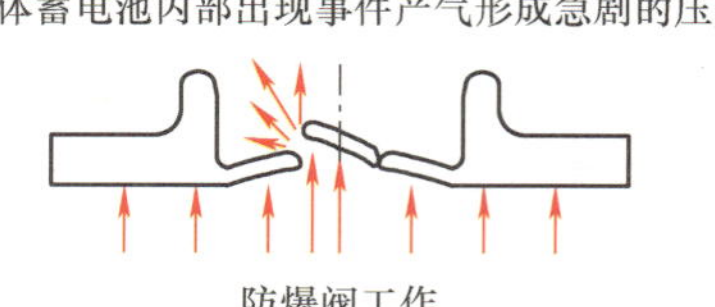

防爆阀工作

图 2-201　防爆阀工作原理

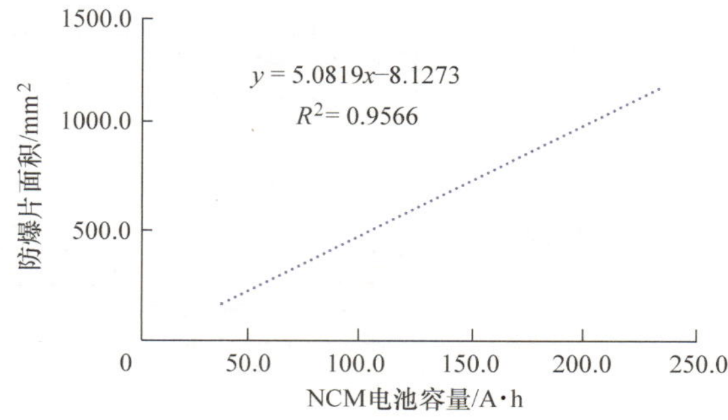

图 2-202　防爆阀面积与电池容量的关系

（2）OSD 结构

过充电安全装置（Overcharge Safety Device，OSD）通常集成于盖板，当电池过充电至某一条件（如内压），阻断电池继续过充电，保障用户安全。翻转片材质主要为 Al 10××等，其外观结构如图 2-203 所示。

图 2-203 外观结构示例

功能原理简述：正极柱、电阻片、盖板主体、翻转片形成串联结构，翻转片带正电；电池过充电产气导致内压达到翻转片翻转压力（0.3~0.7MPa，低于防爆阀开启压力约 0.2MPa），翻转片翻转；正负极通过翻转片短路，电池在外部回路中作为“电阻”存在，电池内部回路产生瞬时大电流；正极引出熔丝过电流熔断，形成内部断路，阻断电池继续过充。其工作原理如图 2-204 所示。

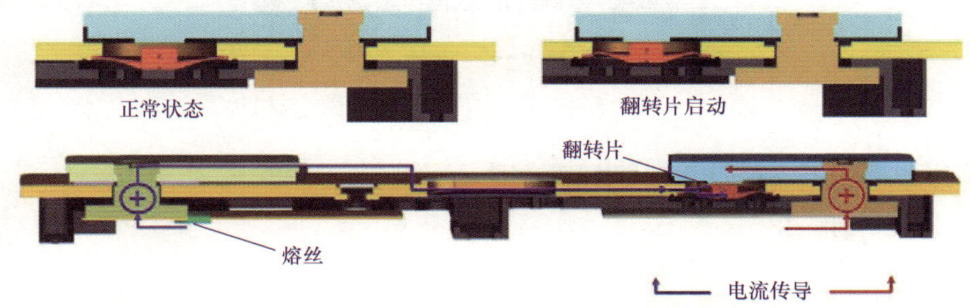

图 2-204 OSD 功能原理图

（3）CID 结构

电流切断装置（Current Interrupt Device，CID），通常集成于盖板极柱（图 2-205a、b），达到开启条件时，阻断电池内部电流回路，保障用户安全。CID 材质主要为 Al10×× 等。当电池内部气压过大时（例如过充电），CID 薄弱位置撕裂，阻断电池内部回路。

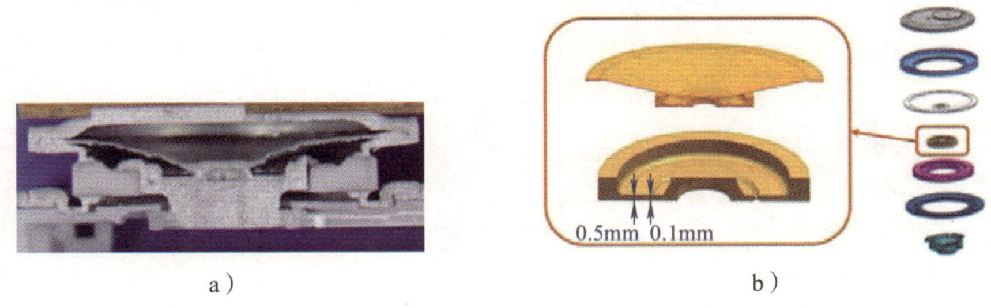

a） b）

图 2-205 CID 外观和结构

a）CID 外观（电池正极柱位置） b）CID 结构示意图

（4）熔丝结构

通常集成于正极极耳引出，电流超过设计值一段时间后，极耳引出发热熔断，阻断电池内部电流回路，保障用户安全。熔丝（图 2-206）材质通常为 Al10××，熔断时间一般不超过 500ms，熔断区域及防护通过过电流仿真和实际验证共同确认。

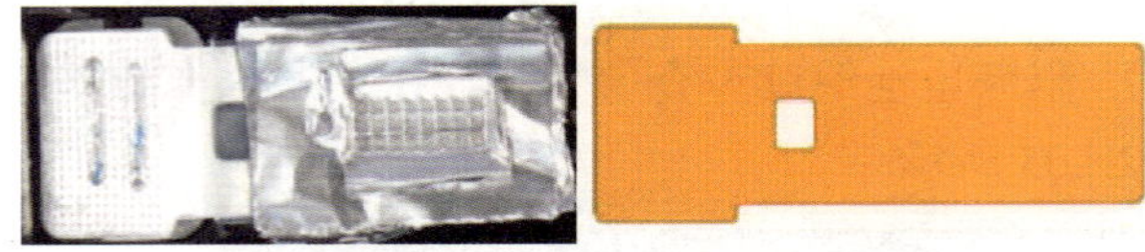

图 2-206　熔丝实物与数模结构图

熔丝位置增加塑料垫（PET）保护熔丝结构，同时避免熔丝熔断重新搭接。对熔丝进行电流仿真，红色区域（图 2-207）位置电流密度达 $10^7 A/m^2$。

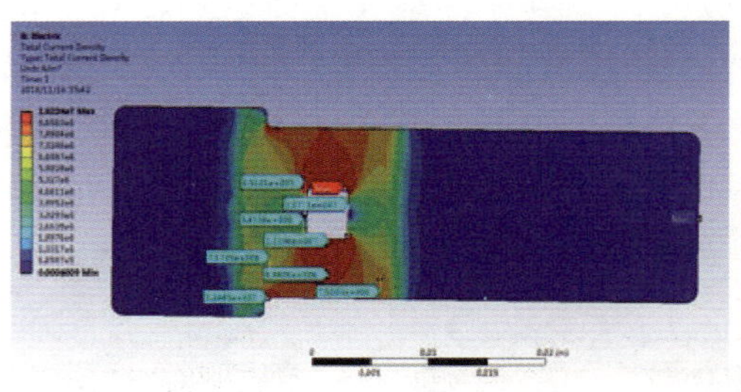

图 2-207　电流密度图 – 正极极耳引出熔丝结构

2.3.4　热设计

2.3.4.1　热管理概念及作用

动力蓄电池是制约电动汽车发展的关键技术，因此成为各研发单位研究的热点。过热、燃烧、爆炸等安全问题一直是动力蓄电池研究的重点。热量的产生与迅速积聚必然引起电池内部温度升高，尤其在高温环境下使用或者在大电流充放电时，可能会引发电池内部发生剧烈的化学反应，产生大量的热量。如果热量来不及散出而在电池内部迅速积聚，电池可能会出现漏液、放气、冒烟等现象，严重时电池发生剧烈燃烧甚至爆炸。无论传统的铅酸蓄电池，还是性能先进的 Ni-MH、Li 离子动力蓄电池，温度对电池整体性能都有非常显著的影响。一般来说，温度主要影响动力蓄电池的如下性能：

① 化学系统运行。

② 充放电效率。

③ 电池的可充性。

④ 电池的功率和容量。

⑤ 电池的可靠性和安全性。

⑥ 电池的寿命和循环次数。

温度上升，电池内阻减小，电池效率提高。但温度的升高，又会加速电池内部有害化学反应，进而破坏电池。一般来说，温度上升 10℃，化学反应速率增加 1 倍。若 Ni-MH 电池在 45℃条件下工作，其循环寿命缩短 60%；高倍率充电时，温度每上升 5℃，其电池寿命衰减一半。Ni–MH 电池的最佳工作温度范围为 20~40℃；铅酸蓄电池的最佳工作温度范围是 25~45℃。Ramadass 等人对索尼 18650（容量 1.8A·h）Li 离子蓄电池的循环性能进行了研究，结果见表 2-79：电池在 25℃和 45℃时工作 800 个循环之后，电池容量分别下降 31% 和 36%；当工作温度为 50℃时，600 个循环后电池容量下降 60%；工作温度为 55℃时，500 个循环之后，容量下降 70%。Sarre 等人的研究结果表明，Li 离子蓄电池在 40℃循环 22 个月后（放电深度 80%），容量只衰减了 4%。Wu 等人将 Li 离子电池充满电后分别在 25℃和 60℃环境中放置 60 天后，在室温中放置的电池容量从 800mA·h 衰减到 790mA·h，而在 60℃环境中放置的电池，容量衰减到 680mA·h。当容量衰减率为 30% 时，Li 离子电池在 45℃时循环寿命为 3323 次，而在 60℃时仅为 1037 次。对于 Ni–MH 和 Li 离子电池，当温度超过 50℃时，电池寿命都会下降。表 2-80 总结了目前 Li 离子电池的容量衰减与运行温度的关系。总的来说，铅酸蓄电池、Ni–MH 以及 Li 离子动力蓄电池最佳的工作温度范围是 25~40℃，电池模块之间温度差小于 5℃。

表 2-79　索尼 18650Li 离子电池在不同温度循环下的容量损失

温度 /℃	循环次数	容量损失 /（mA·h）
25	150 300 800	28 38 71
45	150 300	27 33
50	150 300 600	28 62 95
55	150 300	29 81

表 2-80　Li 离子电池的容量衰减与温度的关系

序号	材料	放电区间	循环速率	循环次数	循环温度 /℃	容量衰减
1	C/$LiFePO_4$	2.0~3.6V	3*C*/1	600	45 25 0 −10	25.6% 14.3% 15.5% 20.3%
2	C/$LiFePO_4$	90%DOD	*C*/2	757 2628	60 15	20.1% 7.5%
3	MCMB/$LiFePO_4$	2.7~3.8V	*C*/3	100	55 37 25	70% 40% 很小
4	C/$LiNi_{0.8}Co_{0.15}Al_{0.05}O_2$	100%DOD	*C*/2	140	60 25	65% 4%
5	C/$LiCoO_2$	2.0~4.2V	*C*/9~*C*/1	300	55 25	26.7% 10.1%
6	C/$LiMn_2O_2$	2.5~4.2V	*C*/1	500	45 21	51.0% 28.0%

电动汽车在行驶过程中，动力蓄电池放电电流波动起伏。汽车在起动、加速等情况下，电流变化较大且产热不均衡。随着电动汽车的发展，动力系统功率要求不断提升，快速充放电需求增加，导致电池在大电流充放电时产生大量热量。电池内部产生的热量往往使位于电池模块内部的单体蓄电池温度快速上升，在过充电时甚至达到 199℃，比表面温度高了 93℃。产生的高温可能会引燃周围的易燃材料从而引发产品外部的燃烧，造成安全隐患。对于单体蓄电池，随着电池尺寸增大，电池内部产热的不均衡问题更为突出，正极反应的产热量甚至是其他部位的 3 倍。由于电池内外温度差异以及散热局限，电池模组内部各个单体蓄电池之间产生了非常严重的温度分布不均衡的问题，从而造成单体蓄电池之间的性能不一致。另外，在低温情况下（如小于 0℃），电池充放电能力都会降低，可能的原因包括电解液受冻凝固等。对于部分地区，冬季气温常低于 −20℃，电池基本不能放电或放电深度较浅。温度过高或者过低都不利于动力蓄电池的性能发挥，因此，为延长动力蓄电池寿命，提升其电化学性能以及能量效率，必须设计合理的电池热管理系统。

电池热管理（Battery Thermal Management，BTM）建立在材料学、电化学、传热学、分子动力学等多学科领域基础之上，旨在解决电池在温度过高或过低情况下工作而引起的热失控问题，BTM 主要是根据温度对电池性能的影响，结合电池的电化学特性与产热机理，基于具体电池的最佳充放电温度区间，通过合理的设计，以提升电池整体性能。

与电池热管理有关的工作最早见于 20 世纪 80 年代，但在 1988 年之前，由于电池普遍用于小型化的设备中，电池热管理相关工作鲜有报道。1999 年之后，动力蓄电池热问题日益突出，电池热管理相关工作开始系统化。美国国家可再生能源实验室（National Renewable Energy Laboratory，NREL）以及伊利诺伊理工大学（Illinois Institute of Technology，IIT）都将电池热管理的研究工作作为重点方向之一。2001 年，基于 IIT 的电池热管理技术，Al-Hallaj 和 Selman 等成立专门为各种电动车提供电池热管理解决方案的 AllCell 公司。经过十余年的发展，电池热管理主要形成以下几种技术：

① 研究基于电池结构的耐温电池材料，包括耐高温材料以及低温电极材料、电解液材料等。

② 以空气为介质的电池热管理系统。

③ 以液体为介质的电池热管理系统。

④ 基于相变传热介质 / 材料的电池热管理。

⑤ 热管、热电、冷板等其他基于制冷制热原理的热管理系统。

⑥ 上述两种或几种方式的耦合。

2.3.4.2 热管理的设计目标

随着电动汽车等动力系统对电池动力性能要求的日益提升，电池热管理的需求也越来越迫切。

1. 电动汽车动力蓄电池系统温度导致的问题

基于前述分析，电动汽车动力蓄电池系统温度导致的问题主要包括以下三个方面。

① 电池在高温环境中运行时热量的散逸不及时以及大电流放电时产生的热量迅速积

累而形成的高温，都会降低电池循环性能，甚至引起燃烧、爆炸等直接导致电池的安全问题。

② 电池单体产热不均衡、各电池之间温度分布的不均衡，都会降低电池组整体寿命，影响整车动力性能和寿命。

③ 低温环境电池冷起动效率低，电池放电深度与电动汽车动力性能不匹配，进而制约电动汽车在高寒地区以及冬季的应用与发展。

2. 提出的要求

电动汽车电池动力性能与循环寿命的提升，对电池热管理系统提出如下要求：

① 保证单体蓄电池最适宜的工作温度范围，避免单体蓄电池整体或者局部温度过高，能够使电池在高温环境中有效散热、低温环境中迅速加热或者保温。

② 减小单体蓄电池尤其是大尺寸单体蓄电池内部不同部位的温度差异，保证单体蓄电池温度分布均匀。

③ 满足电动汽车轻型化、紧凑性的具体要求，安装与维护方便，可靠性好且成本低廉。

④ 有害气体产生时的有效通风，以及与温度等相关参数相一致的热测量与监控。

2.3.4.3 电池生热机理及模型

1. 电池生热机理

动力蓄电池生热包括可逆热和不可逆热，其中不可逆热又包括欧姆热、极化热、副反应热等几部分，当电池充放电倍率较低时，可逆热占电池生热的主要部分；当充放电倍率较高时，不可逆热占主要部分。

（1）可逆热

动力蓄电池的可逆热又被称为反应热、熵变热，指的是电极电化学反应产生的热，在可逆过程中（如在同一电极荷电状态下的充电和放电过程）吸 / 放热的值相等。由电化学反应热力学可知，可逆热的计算方法见式（2-3）：

$$Q_r = \frac{T\Delta S}{\Delta t} \tag{2-3}$$

式中 Q_r——可逆热（J/S）；

T——电池温度（K）；

ΔS——化学反应熵变（J/K）；

Δt——反应时间（s）。

化学反应熵变 ΔS 可利用吉布斯自由能的变化量计算

$$\Delta S = \frac{\mathrm{d}(\Delta G)}{\mathrm{d}T} \tag{2-4}$$

式中 G——吉布斯自由能（J）。

锂离子蓄电池可逆电化学反应过程的吉布斯自由能变化量为

$$\Delta G = -nFE \tag{2-5}$$

式中 n——电化学反应交换电子的物质的量（mol）；

F——法拉第常数，其值约为 96485C/mol；

E——电池的电动势（V）。

由此可得

$$Q_{\mathrm{r}}=\frac{T\Delta S}{\Delta t}=T\frac{-nF\dfrac{\mathrm{d}E}{\mathrm{d}T}}{\Delta t}=IT\frac{\mathrm{d}E}{\mathrm{d}T} \tag{2-6}$$

式中 $\frac{\mathrm{d}E}{\mathrm{d}T}$——熵热系数，是与电极材料和电极荷电状态相关的量。

熵热系数是锂离子蓄电池重要的热参数之一。Ralph E. Williford 等人测试 $LiCoO_2$/Li 半电池熵系数 dE/dT 为 −0.6306~0.1597mV/K，NCM/Li 半电池熵系数 dE/dT 为 −0.10518~−0.05226mV/K，W.Lu 等人测试 $LiMn_2O_4$/Li 半电池熵系数 dE/dT 为 −0.12362~0.07296mV/K，K.Jalkanen 等人测试 $LiFePO_4$/Li 半电池熵系数 dE/dT 为 −0.06877~ −0.02349mV/K。

图 2-208 对比了常规正极材料的熵系数。熵系数越靠近零点，温度变化引起的可逆电动势的变化越小，电池反应过程中熵变也越小，则采用该种材料的电池更加稳定，因此可知采用相同负极时钴酸锂电池热稳定性最差（本节提及的热稳定性只针对可逆热部分，区别于热安全中的热稳定性）。

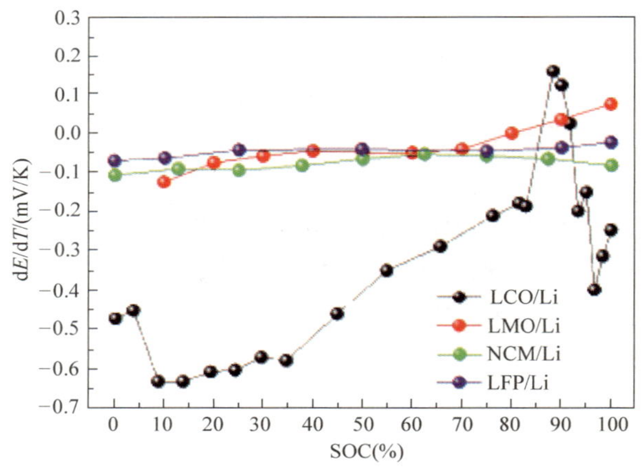

图 2-208 LCO/LMO/NCM/LFP 半电池熵系数对比

除了研究材料的熵热系数，很多学者也测试了单体蓄电池的熵热系数。Patrick J.Osswald 等人测试了 1.5A·h 18650 型 [$LiNi_{0.8}Co_{0.15}Al_{0.05}O_2$（NCA）/C] 电池熵热系数为 −0.3316~0.1503mV/K，K.Jalkanen 等人测试 $LiFePO_4$/$Li_4Ti_5O_{12}$ 电池熵热系数为 −0.2383~0.0518mV/K。

（2）不可逆热

动力蓄电池的不可逆热主要包括欧姆热和极化热，其中，欧姆热为电子在导体中的定向运动以及锂离子的扩散、迁移和对流产生的热，而极化热为电极过电势所产生的热。在不同的电池模型中通常会采用不同的不可逆热计算方法。

（3）其他

除可逆热与不可逆热之外，电池内部的副反应、电池中锂离子浓度的再平衡过程等同样有吸热和放热现象，其中后者又被称为混合热。在电池正常使用工况下，这些热源对电池总生热量影响较小，通常可忽略不计。

2. 电池生热模型

（1）动力蓄电池电－热耦合模型

动力蓄电池的电－热耦合模型基于电池等效电路模型计算过电压，并利用电池能量平衡方程求解电池产热量。等效电路中的电阻、电容等与温度、电池 SOC 等参数相关。电池的电－热耦合模型较为简单，计算量小，实用性强，并可在一定的工况和温度区间内达到较高的精度。

常用的电池等效电路模型包括线性模型、戴维南模型、PNGV 模型、二阶 $R\text{–}C$ 模型等，如图 2-209 所示。其中，I 为电流，U_{ocv} 为电池开路电压，R_{o} 为欧姆内阻，R_{p} 为极化内阻，C_{p} 为极化电容，V 为电池工作电压。

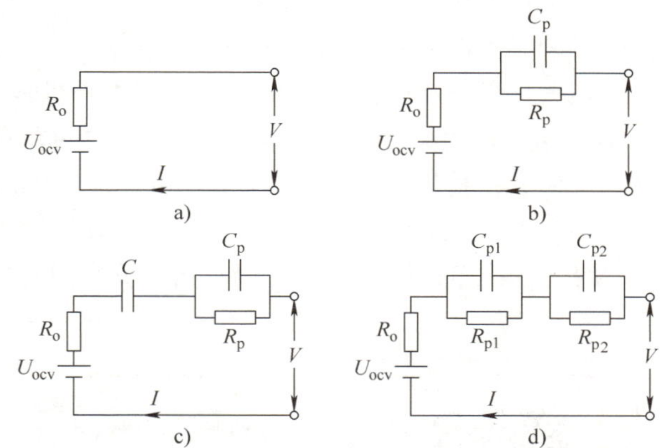

图 2-209　常用锂离子蓄电池等效电路模型

a）线性模型　b）戴维南模型　c）PNGV 模型　d）二阶 $R\text{–}C$ 模型

线性模型仅包括电池电动势与直流内阻两个元件，结构简单，但忽略了电池中的过渡过程，误差较大。

戴维南模型在线性模型的基础上添加了一组 RC 环节，能够较好地模拟电池的非线性特性，是较为常用的电池等效电路模型之一。简单的戴维南模型不考虑温度、SOC 等因素对模型参数的影响，标定较为容易，但只能在特定工况下保证一定的精度；模型参数随 SOC 等因素变化的戴维南模型精度较高，但标定较为困难。

PNGV 模型是由美国提出的“新一代汽车合作计划”中运用的一种等效电路模型，其在戴维南模型的基础上添加的电容 C 用于描述电流累积造成的开路电压变化。这种模型在电池开路电压随 SOC 线性变化的工况下精度较高，但总体精度低于考虑了 SOC 变化的戴维南模型。

二阶或更高阶的模型在戴维南模型的基础上串联了更多的 RC 元件，用于模拟电池内部不同时间常数的极化过程，模型精度更高，但标定困难，通常仅应用于需要精确模拟电池特性的场合。

忽略副反应热、混合热等热源后，锂离子蓄电池的能量平衡方程如式（2-7）所示。

$$Q = Q_{irr} + Q_r = I(V - U_{ocv}) + IT\frac{dE}{dT} \tag{2-7}$$

式中 Q——电池总生热量；

Q_{irr}——不可逆热；

Q_r——可逆热，电流 I 放电时为正，充电时为负。

（2）锂离子动力蓄电池电化学－热耦合模型

锂离子蓄电池电化学－热耦合模型从电池内部微观反应机理出发，基于多孔电极和浓溶液理论等计算电池内部浓度场、电场以及放热 / 吸热速率等，模型中的参数，如扩散系数、反应速率常数等，依赖于电池温度，可以在较宽的温度和工况范围内较为精确地描述电池的生热特性，得到了广泛的应用。但这种模型计算速度慢，往往无法应用于大规模仿真或电池温度的在线预测。

目前常见的锂离子蓄电池电化学模型主要有两种：准二维（Pseudo 2-Dimension，P2D）电化学模型以及单粒子模型（Single Particle Model，SPM）。

锂离子蓄电池的准二维电化学模型如图 2-210 所示，包括了锂离子在电极极片厚度方向和活性粒子半径方向的扩散，因此被称为准二维模型。电池的正负极包括了活性材料（固相）和电解液（液相），其中，固相通常被等效为圆形的颗粒，而电化学反应则发生在固相和液相的接触表面，其速率由 Bulter-Volmer 方程控制。放电时电池负极材料中嵌入的锂离子进入电解液并扩散、迁移至正极，嵌入正极材料，充电过程则与之相反。

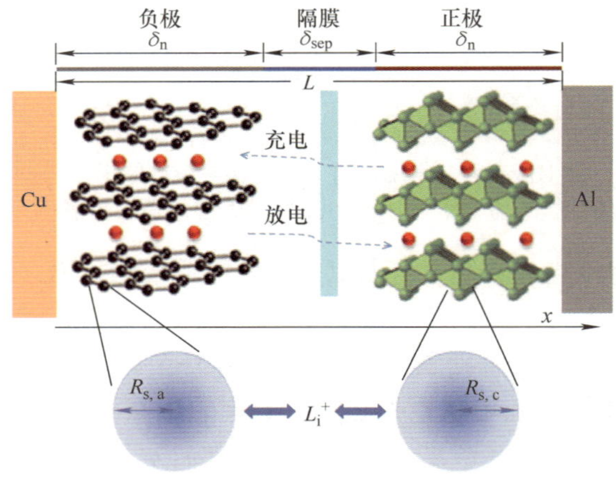

图 2-210 锂离子蓄电池准二维电化学模型

单粒子模型是对 P2D 电化学模型的简化，其将电池的正负极极片等效为两个圆形粒子，并忽略了电池极片厚度方向、电解液中的浓度以及电压梯度，如图 2-211 所示。锂离子蓄电池的电化学 SPM 极大地减少了电池电化学模型的计算量，但在极片厚度较大或电池充放电倍率较大时计算精度下降较为严重。

锂离子蓄电池电化学模型的主要控制方程见表 2-81（单粒子模型不包含其中的部分方程）。

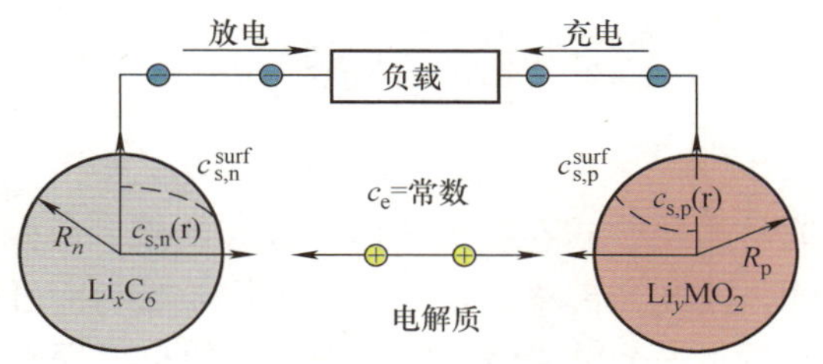

图 2-211 锂离子蓄电池单粒子模型

表 2-81 锂离子蓄电池电化学模型主要控制方程

控制方程	意义
$\frac{\partial c_s}{\partial t}=\frac{D_s}{r^2}\frac{\partial}{\partial r}\left(r^2\frac{\partial c_s}{\partial r}\right)=D_s\left(\frac{2}{r}\frac{\partial c_s}{\partial r}+\frac{\partial^2 c_s}{\partial r^2}\right)$	固相扩散方程
$\frac{\varepsilon_e\partial c_e}{\partial t}=\frac{\partial}{\partial x}\left(D_e^{eff}\frac{\partial c_e}{\partial x}\right)+\frac{1-t_+^0}{F}j$	液相扩散方程
$\frac{\partial}{\partial x}\left(\sigma_{eff}\frac{\partial \phi_s}{\partial x}\right)=j$	固相电势分布方程
$\frac{\partial}{\partial x}\left(\kappa^{eff}\frac{\partial \phi_e}{\partial x}\right)+\frac{\partial}{\partial x}\left(\kappa_D^{eff}\frac{\partial \ln c_e}{\partial x}\right)+j=0$	液相电势分布方程
$j=s_e i_0\left[\exp\left(\frac{\alpha_a F}{RT}\eta\right)-\exp\left(-\frac{\alpha_c F}{RT}\eta\right)\right]$	电极反应动力学方程
$\Phi=\Phi_{ref}\exp\left[\frac{E_{act,\Phi}}{R}\left(\frac{1}{T_{ref}}-\frac{1}{T}\right)\right]$	温度修正

动力蓄电池电化学－热耦合模型需计算电池在正极、负极、隔膜三个区域所产生的欧姆热、极化热以及可逆熵变热，其中极化热和可逆熵变热只产生于电池正负极区域。

欧姆热主要包括了电子的定向运动和锂离子的扩散、迁移所产生的热，见式（2-8）。

$$Q_o=\sigma^{eff}\left(\frac{\partial \phi_s}{\partial x}\right)^2+\kappa_{eff}\left(\frac{\partial \phi_e}{\partial x}\right)^2+\kappa_D^{eff}\frac{\partial \ln c_e}{\partial x}\frac{\partial \phi e}{\partial x} \tag{2-8}$$

极化热采用电极过电势以及局部电流密度计算，见式（2-9）。

$$Q_p=j(\phi_s-\phi_e-U_i), i=n,p \tag{2-9}$$

可逆熵变热的计算方法与电池电－热耦合模型类似，见式（2-10）。

$$Q_r = -jT\frac{dU_i}{dT}, i = n, p \tag{2-10}$$

3. 电池传热模型

锂离子蓄电池内部通常为层叠或卷绕式结构，且其正极、负极、隔膜、集流体等的厚度与采用的材料各不相同，因此，锂离子蓄电池的传热系数各向异性，且跨层传热的传热系数比层内传热的传热系数小一个数量级。电池内部的传热过程为

$$\rho C_p \frac{\partial T}{\partial t} = \nabla(\boldsymbol{k}\nabla T) + Q \tag{2-11}$$

式中 ρ——电池密度；

C_p——比热容；

$\boldsymbol{k}$——电池传热系数矩阵；

Q——电池单位体积生热量。

由于电池内部的各向异性特性，直接求解往往并不现实，因此在对实际电池生热传热特性进行模拟时，采用的电池传热模型通常为集总参数模型、有限元模型或各类等效模型。

电池传热的集总参数模型忽略了电池内部与表面的温度梯度，此时可近似认为电池内部的温度分布与位置无关，从而可将电池的质量和热容集中于一点，采用式（2-12）求解电池温度。

$$\rho C_p V \frac{dT}{dt} = hA(T - T_a) + Q \tag{2-12}$$

式中 V——电池体积；

h——电池表面等效换热系数；

A——电池换热面积；

Q——电池总生热速率。

当电池体积较大时，使用集总参数模型往往会产生较大的误差，因此通常需要先利用电池的毕渥数对使用集总参数模型的有效性进行判断。毕渥数的定义如式（2-13）所示，当毕渥数小于 0.1 时，通常认为集总参数模型的误差不超过 5%。

$$Bi = \frac{hL_d}{\lambda} \tag{2-13}$$

式中 Bi——毕渥数；

L_d——特征尺度；

λ——该尺度方向的导热系数。

当电池尺寸较大时，往往不能满足使用集总参数模型的条件，此时可采用电池的有限元模型或各类等效模型。电池的有限元模型通常基于各类商业化仿真软件，如 COMSOL、ANSYS 等建立，往往计算量较大，可应用于热管理系统的仿真设计等方面；电池的各类等效模型是对其有限元模型的简化，如只考虑电池厚度方向 / 径向的温度梯度、将电池等效为温度不同的几个区域等，这类模型计算量较小，具有在线计算的潜力。

2.3.4.4 电池材料对电池生热传热的影响

热管理对于提高电池性能和抑制热失控是至关重要的。除了开发外部冷却技术，了解和控制电池内部的热传输是很重要的。首先要分析电池内部的热传递，并测量各组分的导热系数，包括正负极材料、电解液材料、隔膜等。导热测量仪如图 2-212 所示。

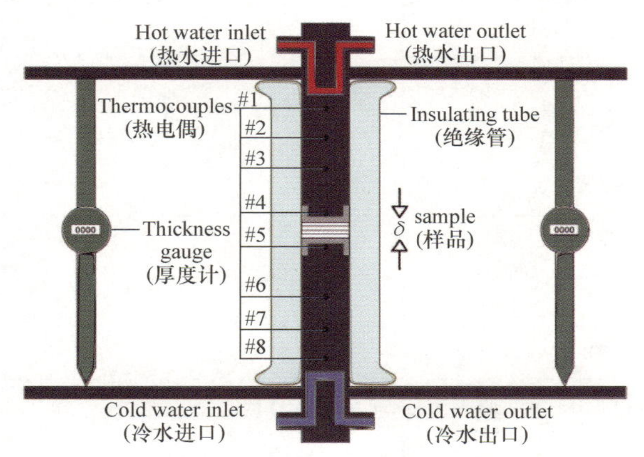

图 2-212　导热测量仪

1. 电解液

目前，电解液主要由溶剂、锂盐和添加剂组成，电解液的导热系数差异不大，所以目前对常用电解液的导热系数研究较少。凝胶态聚合物电解质（Gel Polymer Electrolytes，GPE）具有提高系统热安全性的潜力，被广泛研究用于下一代锂离子蓄电池，但人们对 GPE 内部的热传输仍然知之甚少。在锂离子蓄电池的所有材料中，GPE 具有最低的导热性，因此限制了锂离子蓄电池的总热流率。GPE 导热系数的测量实验如图 2-213 所示。

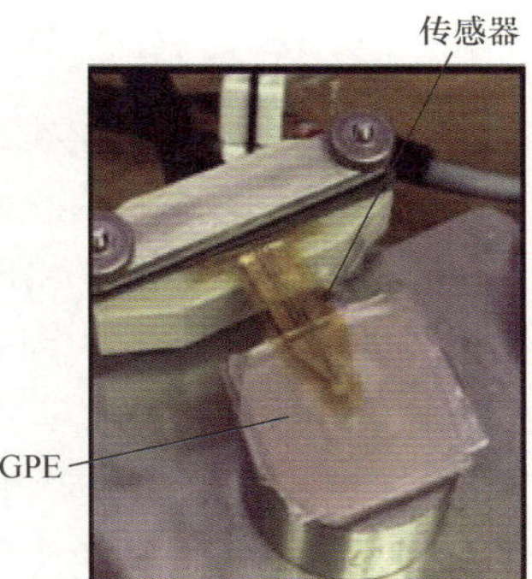

图 2-213　GPE 导热系数的测量实验

2. 隔膜

有实验结果表明，在锂离子蓄电池中，隔膜的导热率是最低的，这也是限制电池热传递的主要障碍之一。为了提高隔膜的导热系数，有学者制备了一种分层的纳米 / 微型 Al_2O_3 聚合物隔膜，纳米粒子的加入大大降低了聚合物涂层的厚度，从而提高了复合隔膜的热传导率，其热传导率相较商业聚乙烯隔膜提高了 5 倍。普通隔膜传热示意图如图 2-214 所示。微型 Al_2O_3 聚合物隔膜传热示意图如图 2-215 所示。

图 2-214　普通隔膜传热示意图

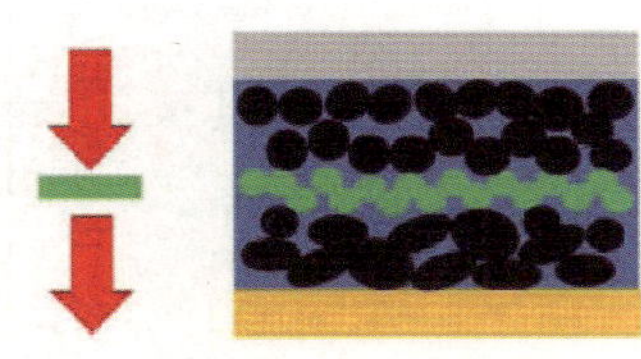

图 2-215　微型 Al_2O_3 聚合物隔膜传热示意图

导热系数是锂离子蓄电池重要的热参数之一，国内外学者研究的材料和单体的导热系数汇总见表 2-82。

表 2-82　导热系数测量结果汇总

序号	材料 / 电池	测试方法	导热系数 / [W/(m·K)]
1	$LiCoO_2$（OCV=3.75V）	闪光法	⊥ 2.49，// 21.75
	石墨（OCV=3.75V）		⊥ 1.20，// 15.11
	$LiCoO_2$（OCV=2.75V）		⊥ 2.33，// 21.57
	石墨（OCV=2.75V）		⊥ 0.89，// 8.72
2	人造石墨（C+PVDF+ 炭黑）	闪光法	1.2511（25℃） 0.6036（150℃） 0.4882（200℃）
3	$LiFePO_4$	理论计算	⊥ 0.913，// 2.732
4	50A·h 聚合物锂离子蓄电池	理论计算	⊥ 2.112，// 21.622
5	三元电池	图解法	⊥ 0.3348，// 6.034

2.3.4.5　电池老化对电池生热的影响

1. 锂离子蓄电池老化机理

锂离子蓄电池性能的衰减机理较为复杂，电池最大容量和最大功率的下降、阻抗的增加与电极材料的类型、材料所含的杂质、电解质成分与添加剂以及电池的设计、电池使用的工况和温度等多方面的因素有关，电池不同位置、不同形式的老化如图 2-216 所示，其大致总结见表 2-83。

其中，SEI 膜的生长是电池主要使用工况下最为重要的老化来源，而电池内阻的增长大致随 SEI 膜的生长线性变化。

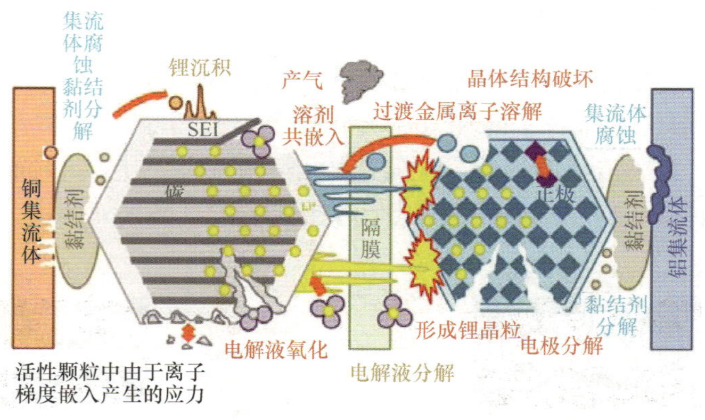

图 2-216　锂离子蓄电池老化机理

表 2-83 锂离子蓄电池老化机理

老化形式	外特性表现
负极 SEI 膜生长	阻抗增加，活性锂减少，负极活性物质减少，容量下降
负极析锂	活性锂减少，容量下降，产生锂枝晶，引发安全问题
正负极应力	正极发生相变，正负极机械损伤，容量下降，阻抗升高
老化形式	外特性表现
电解液分解与氧化	电解液导电性能下降，产生气体
黏结剂分解与氧化	机械稳定性下降，导电性能下降
集流板的腐蚀和损伤	阻抗增加，电池内部不均匀性增加
隔膜孔的堵塞	阻抗增加
正负极材料孔隙率下降	电压平台降低

2. 锂离子蓄电池老化模型

目前采用的锂离子蓄电池老化的模型主要包括机理模型、半经验模型和经验模型三类，不同形式模型之间的对比见表 2-84。

表 2-84 锂离子蓄电池老化模型对比

模型	优势	缺点	应用
机理模型	精度较高，具有普适性，可以研究电池外在特性与内部参数的演化及联系	参数多，且大多无法直接测量，模型的建立与求解均较复杂	老化机理研究
半经验模型	模型简单，参数较少，具有一定的推广能力	简化和假设会影响模型精度，无法表征部分电池内在参数与外部特性的联系	电池寿命在线预测，机理研究
经验模型	不依赖老化机理，使用方便	需要大量数据，无法保证数据未覆盖工况的精度	电池寿命在线预测

3. 电池老化对电池生热的影响

电池老化对电池热管理系统的影响主要是电池产热量的增大。

随着电池的使用，其内部活性物质表面钝化膜的生长、电解液性能下降等现象均会使电池内阻逐渐增大，从而造成电池效率的下降以及产热量的升高，对热管理系统的性能提出了更高的要求。

2.3.4.6 电池传热机理与内部温度分布及预测

1. 电池传热机理

传热是指由于温度差引起的能量转移，又称热传递。由热力学第二定律可知，凡是有温度差存在时，热就必然从高温处传递到低温处，因此传热是自然界和工程技术领域中极普遍的一种传递现象，在电池中也不例外。物体的传热过程分为三种基本传热模式，即：

热传导、热对流和热辐射，在电池内部主要是热传导模式。热传导，指在物质在无相对位移的情况下，物体内部具有不同温度或者不同温度的物体直接接触时所发生的热能传递现象。

所有物质都是由基本的分子或者原子构成的。只要物体有温度，分子（原子）就处在不停的运动当中。温度越高，分子的能量就越大，也就是说振动的能量越大。当临近的分子发生碰撞时，能量就会从能量高的分子向能量低的分子传输。当存在温度梯度时，通过导热的能量传输总是向温度降低的方向进行。

热传导过程满足傅里叶定律：

$$q''_x = -k\frac{\mathrm{d}T}{\mathrm{d}x} \tag{2-14}$$

式中 q''_x——与传输方向相垂直的单位面积上的热流速率，它与在该方向上的温度梯度成正比；

k——介质的热导率，是物质最基本的物理性质之一。

导热示意图如图 2-217 所示。

2. 电池热行为的研究方法

电池的热行为研究可根据不同的目的、对象而选择不同的方法。就目前研究而言，对于电池的热行为可采用微分量热仪、热升温试验、加速度量热仪及热影像等技术对电池在热环境中的性能和变化进行追踪和分析。在实际的应用中，不可能对每个电池的热效应进行测定，因而建立有效的电池热模型，对电池进行管理、预测和滥用危险性评估等具有重要意义。

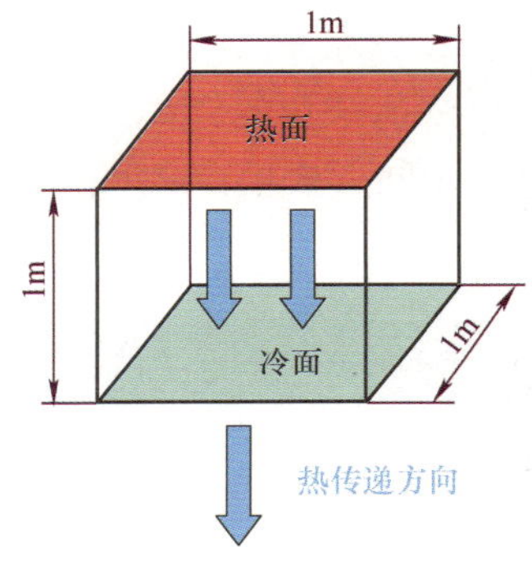

图 2-217 导热示意图

（1）热升温试验（Thermal Ramp）

可以比较在高温环境下电池与加热环境的温度差异及其安全性。热升温试验通常是将电池置于加热铜块中间，由加热棒及温控器来控制铜块的升温速率，当温度上升至某温度时，电池端盖会喷出气体，此时进行点火测试来验证电池的燃烧性。

热升温加热测试过程可分为 3 个阶段，每个阶段都与电池的不同部位有关：在加热测试的第一阶段，通常电池温度会以一定的温差低于铜块温度，当温度上升到特定温度——热起始温度（Onset Temperature）点时，电池开始发生自加热反应，此时两者温差开始变化，此阶段的反应通常与负极有较大的关系；在第二阶段：由于电池已开始自加热，电池升温速率逐渐大于铜块的升温速率，此阶段称为加速阶段（Acceleration Region），此阶段的反应与正负极皆有关；在第三阶段，电池的升温速率会变得非常快，此阶段称为热失控阶段，此阶段与正极有较大的关联性。

（2）加速度量热仪

电池热稳定性着重讨论电池温度与内部化学反应的关联。在热起始温度后，电池内部因某种化学反应的发生将触发后续一连串剧烈的化学反应，并产生高温高热而引起电池爆炸的危险。从电池的热平衡来看，电池可能因内部自放热而加热电池，但同时产生的热亦可由传导或辐射方式消散出去，若电池的热增加速率远高于热散失速率时，就可能发生危险。为减少热散失速率对电池安全性研究所造成的影响，通常将电池置于一个类绝热状态（Adiabatic-like）的环境中对电池的自加热反应进行测试。电池安全测试的试验一般使用加速度量热仪测量，此仪器的架构提供一个接近绝热的测试环境，即当样品开始进行放热反应时，周围的加热器也可以迅速升温，减低热能移动的可能性而得到一个类绝热状态的环境，对所得结果进一步分析则可以推导或验证出电池放热的动力学模型。

（3）红外线热影像分析

一般温度的检测可分为接触式及非接触式两种，接触式测量乃是利用温度计与物体表面接触来测量温度，通常为单点温度测量。而红外线热影像分析属于非接触测量，一般是利用红外线感应测试方式来测量物体表面温度，由镜头及计算机数据处理的搭配，可测量到一定面积内温度变化情形，根据分析可有效找出真正的发热点，并做进一步的改善。用红外线热影像仪分析电池充电时的图像采集如图 2-218 所示。

综上所述，无论是采用哪种热行为的研究方式，无非是从电池产生热量和产热速率以及一定范围内的电池温度作为入手点，为热效应的调节、控制和管理提供依据。然而，我们的终极目标无非是提高电池的一致性，使电池组在充放电过程中自身状态处在合理合适的温度范围内，延长电池的使用寿命。

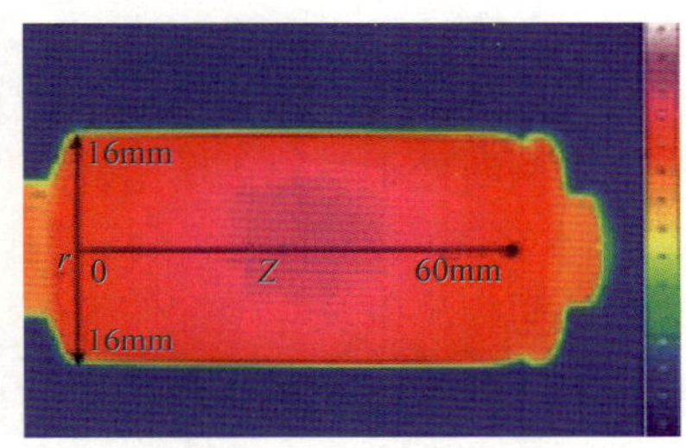

图 2-218　红外线热影像仪分析图

3. 电池内部温度预测

电池的表面温度不能完全反映电池内部的温度分布，对于大型动力蓄电池，由于其导热系数不高，内外温度差更加明显。为全面了解大型电池的温度分布，验证热模型的仿真结果，需要开发测量或估算电池内部温度的方法。

（1）现有方法

目前电池内部温度预测的研究方法主要有：基于产热量的内部温度预测方法、基于内阻变化的内部温度预测方法、基于一维二维三维模型的内部温度预测方法、基于电阻层析成像（ERT）内部温度检测和内部温度传递函数估算方法等。

1997 年，加利福尼亚大学伯克利分校基于桑迪亚概念模型的研究，通过计算动力聚合物电池所放出的热量，进而估计电池内部的温度变化情况，以追踪电池放电过程中热量散失过程，但是外界环境的不同会造成热量估计不准，从而对温度变化估算产生影响。

2005 年，美国苏必利尔湖州立大学研究了低温下汽车动力蓄电池的运行性能，通过计算低温环境下串联电池内阻的变化来研究电池内部温度的变化情况，但该实验需限制在低温条件下，该方法存在一定的局限性。

2006 年，有学者选择采用了一维模型对圆柱形索尼 18650 电池进行建模，分析了该种电池径向的温度分布情况，重点对该电池的极化内阻通过各种方式（包括 V-I 图法、开路电压法、间歇电流法、交流阻抗法等）进行了测量，并探讨了这些方式的优劣。通过测试发现，这些方式测得的结果中前面三种较为接近，而交流阻抗法测试得到的数据与前面三种方式得到的数据存在着较大的差异。

有学者基于 Bernardi 生热速率，对卷绕型圆柱形锂离子蓄电池单体进行了建模。他们选择构建了二维的有限元分层模型，在提高仿真的准确度方面进行了探讨，并分析了散热条件、外壳种类、剩余电量、放电倍率等多种不同因素情况下电池内部温度受到的影响。

还有学者采用不分层的三维模型进行研究，在此基础上分析电池的热管理方案，比较了几种不同降温方式的优劣性，以及电池外部形状和电池的大小对于电池温度的影响。

2011 年，美国约翰霍普金斯大学首先提出通过电化学阻抗频谱法（EIS）来检测电池内部温度。该方法探究了固态电解质膜（SEI）阻抗 - 温度特性，发现温度变化会影响 SEI 某个频率阻抗的大小和相位偏移，这种方法的优点是不需要大量的外部传感器和复杂的接线，且相比表面温度有更高的精度。与 EIS 方法类似，德国宝马与标致汽车合作，提出了一种热阻抗频谱分析法（TIS），在频域上追踪动力蓄电池内部热量与表面温度关系。

电阻层析成像（ERT）是一种高密度电阻率的探测方法，根据不同检测对象电阻率的差异特性，判断处于敏感电场中的物体电阻率信息来获取被测对象内部结构分布情况，目前 ERT 技术在国内外都得到了广泛应用，先后被成熟地应用于地质及环境监测、混凝土结构探测、两相流以及医学探伤等领域。华南理工大学将该方法应用到被测物内部进行温度检测，引入温纳 - 施伦贝尔装置模型分析电池内部温度检测机理，推导了电池内部温度与电阻率的数学关系；应用抑制平滑度最小平方法将多电极检测大数据进行图像反演重建，实现了对动力蓄电池内部温度异变区的动态监测，并搭建了实验平台。实验结果表明，这种方法可以直观可靠地监测动力蓄电池内部温度动态变化。

清华大学提出了一种电池内部温度场的传递函数估算方法，测量特定型号电池的传热参数，建立三维热模型，在自然对流条件下用 Fluent 软件进行仿真，从而获取电池生热产热功率和内外温差的传递函数关系，通过产热功率和电池表面温度估计电池内部的温度。根据实验结果，这种方法预测精度较高。传递函数方法可以满足车用在线温度预测的需求。

内部温度在线估算如图 2-219 所示。

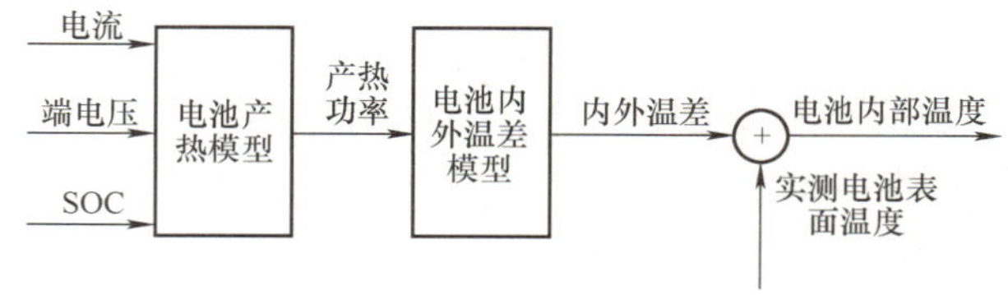

图 2-219　内部温度在线估算

（2）难点

传统检测方式仅仅针对动力蓄电池表面温度进行检测，未能实时反映内部温度变化情况，对于大型动力蓄电池，传热系数小导致电池内外温差增大，传热系数差异性导致电池内部温度预测更加困难，难以实质上保证动力蓄电池组的安全。动力蓄电池内部温度的局部监测已成为动力蓄电池安全性能检测领域发展趋势。目前，国外最新的内部温度检测技术（无论是EIS还是TIS方法）只能从整体角度衡量动力蓄电池整体内部温度，无法对动力蓄电池内部局部温度进行检测，易忽视由动力蓄电池局部温度异常所引发的安全性问题。基于单体的多工况全寿命多维电化学-热-机耦合模型，在研究电池生热传热机理和内部温度预测时，受到电池组的结构、材料、热载荷边界条件等诸多因素影响，使得内部温度预测在时间和空间的预测困难。这些方法都是在原有技术基础上的革命性创新，这些方法提供了更多思路去寻找电池内部对温度敏感的参量，为电池内部温度检测方法提供了宝贵的突破口。

2.3.4.7 电池的热控方法总结

1. 基于电池耐温材料的热控方法

电池耐温材料的热控主要包括正极、负极材料、电解液等的改性以提升其耐高温性能或者低温活性。在电解液耐温性能的改进上，可以用4-异丙基苯基二苯基磷酸酯（IPPP，4-isopropyl phenyl diphenyl phosphate）为电解液的添加剂，通过测试$LiCoO_2$/IPPP电解液/C电池的热性能，发现IPPP含量（质量分数）分别为5%和10%时能增加电池安全性能。Arai等人合成了Li_2DFB电解液，来代替$LiPF_6$，测试Li_2DFB电解液电池在60℃下充放电，Li_2DFB显示出比$LiPF_6$电池更好的热稳定性和循环性能，虽然单纯的$LiPF_6$材料在180℃时都显示出比较好的稳定性，但$LiPF_6$电池在60~85℃之间显示出的热稳定性都比较差。$Li_2Ti_3O_7$电池在40℃和50℃下具有比室温下更高的充放电能力，但是当温度上升到70℃时，其电池性能迅速恶化，有学者通过掺杂Fe的方式，使$Li_2Ti_3O_7$在70℃情况下的稳定性得到提升。不难看出，对于Li离子蓄电池，电解液的阻燃是关键，在原有电解液基础上添加阻燃剂或者研究新型不燃或者低燃电解液都是提升Li离子蓄电池热稳定性、降低电池燃烧等风险的有效方法。

对于电极材料，主要目的是提高电极材料导热系数，加快电池内部热量向外部空间传递速率，减少热量在电池内部的积累。在电池负极材料上，可将碳/聚合物合成为一种正温度系数化合物，并作为Li离子蓄电池负极材料以防止电池内部短路，提高电池高温安全性。也可以通过添加铜和铝的方式对碳电极的导热性能进行增强。也有人研究了由石墨、聚偏氟乙烯（Polyvinylidene Difluoride，PVDF）、炭黑（C-black）等合成的负极材料做成的Li离子蓄电池的导热系数，结果表明，电池的导热系数与石墨尺寸、PVDF和炭黑的含量有关，当PVDF含量（质量分数）从10%增加到15%时，负极材料导热系数可以增加11%~13%。

电极材料、电解液材料热稳定性的提升，都是以牺牲电池容量为前提的。Kohno等人对HEV用Li离子蓄电池进行研究表明，虽然电池在25℃时功率系数达到3800W/kg，且电池在80℃下搁置20000h不出现电解液的泄漏，但是他们也指出，电池长时间在高温环境下储存的问题亟待解决。从传热学角度讲，导热系数增加10%左右对于电池热量散逸影响并不明显，但如果换用添加铜铝等高导热粒子，会直接降低电池容量。对于电动汽车中电池组来说，保证电池容量和动力性能是并行的指标。因此，通过改进电池材料来加速电池热量扩散和控制的方法也有一定的限度，而通过空气、液体、相变材料等对动力蓄电池进行热管理会是另外一种思路。

2. 空气为介质的 BTM

空气冷却是最简单的热管理方式，其采用空气作为换热介质，结构简单、质量小、体积小、成本低廉且易维修，也是目前最为常用的散热方法。

空气冷却可分为自然对流冷却和强制对流冷却两种。自然对流冷却不借助外部设备，依靠自然风将电池的热量带走。该方法结构简单，成本低，但是空气的对流换热系数不高，电池的换热能力相对有限。强制对流冷却方式是借助风扇或局部散热器来提供流动冷气，该方法散热效果也更好，但需要布置风机、风扇、泵、管路等辅助设备，体积较大，结构更为复杂，成本也更高。

3. 液体为介质的 BTM

液体冷却方式采用液体（如乙二醇水溶液、液压油等）作为冷却介质，通过液体冷却介质与电池之间的直接接触或间接接触实现电池的散热。由于液体的换热系数和比热容比气体大，因此换热效率更高、降温快。液体冷却系统的结构相比空气冷却更为复杂，热管理系统重量较大，对系统的密封性要求较高，制造和维修较为困难，但由于其冷却效果优于风冷，目前在车辆上也逐步被应用。

直接接触冷却方式中，作为冷却介质的液体与电池直接接触，散热效率较高且电池温度一致性较好。但其采用的冷却液体不仅要具有较高的热导率，还需要考虑电池的绝缘问题，而绝缘的液体冷却介质（如绝缘油等）通常具有较大的黏度与较低的热导率，流动较为缓慢，限制了此种冷却方式的热交换效率。

间接接触冷却方式中的冷却介质在冷管或冷板内流动，通过冷管的壁面与电池的接触带走电池热量。此种冷却方式无须考虑冷却剂的绝缘特性，可选用的液体种类较多，但对冷管 / 冷板的密封性有较高的要求。液体间接冷却的实际散热效果依赖于对冷却系统的设计，冷管 / 冷板的结构、形状、尺寸，采用冷却剂的型号等都对热管理系统的性能有较大影响。

国外如 Tesla、通用 Volt 等车型采用了液冷，国内如江淮汽车等企业也开始采用液体冷却式热管理系统。

4. 基于相变材料的 BTM

基于相变材料（Phase Change Material，PCM）的热管理技术是一种被动热管理技术。PCM 是一种随温度变化而发生相变并能提供相变潜热的新型储能材料，虽然 PCM 在相变过程中，其物理状态发生了变化，但在相变过程中 PCM 自身的温度变化可忽略不计，并且能够吸收或释放出大量热。因此，在基于相变材料的电池热管理系统中，一般在电池之间填充一定量的 PCM，当电池表面温度上升至相变温度范围内时，PCM 便会通过改变自己的物理状态来吸收电池所产生的热量，即当温度升高时，PCM 首先以显热形式吸收和储存能量，然后在达到其相变温度时以潜热形式存储。当温度下降到相变温度以下时，PCM 将回到初始阶段并释放过程中存储的能量，保证电池温度一直处于一定的温度范围内。PCM 热管理技术结构示意图如图 2-220 所示。

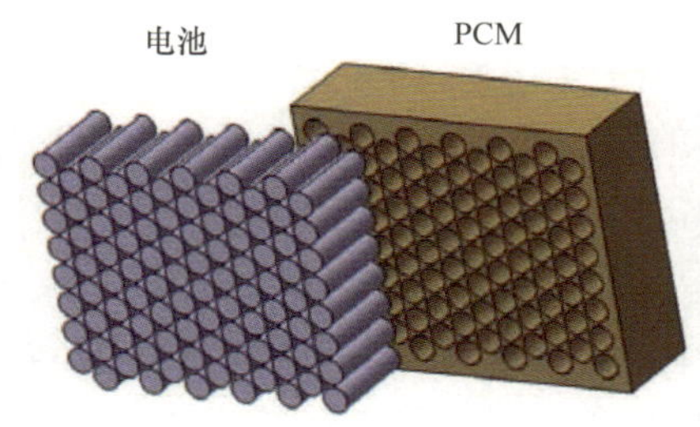

图 2-220　PCM 热管理技术结构示意图

PCM 可应用在电池热管理系统中的原因有两点：

① 由于在相变过程中 PCM 存在等温特性，因此电池表面温度可被控制在较小的确定范围内变动。

② 由于 PCM 的相变潜热很高，可以减小冷却介质的质量，所以在应用时可大大降低电池系统的重量，进而达到车辆的轻量化的目的。

因此，PCM 是一种十分理想的可用于电池热管理系统的冷却介质。

从相变过程中材料物理状态的变化来看，PCM 可分为液 - 气相变、固 - 液及固 - 固相变、固 - 气相变材料。其中，液 - 气相变和固 - 气相变材料在相变过程中会产生大量气体，相变前后体积变化很大，对容器要求高，且易引起安全问题，因此，即使这两种 PCM 的相变潜热比其他两种大很多，但在实际应用中很少被选用。而固 - 固相变材料虽然在相变过程中体积变化小，但其种类比较少，而且相变潜热也较小，所以实际应用产品也比较少。相比之下，固 - 液相变材料相变潜热较大、种类繁多，成本适中，在实际应用中最为广泛。应用于电池热管理系统的 PCM 通常利用固 - 液转变，这一过程伴随着较高的相变潜热以及较小的温度和体积变化。在最近十几年的研究中，发现了很多种固 - 液相变材料，如石蜡、脂肪酸、共熔有机和无机物以及水合盐。

固 - 液相变材料的种类很多，根据化学成分，其一般主要分为无机类、有机类和共熔物类三种，具体如图 2-221 所示。

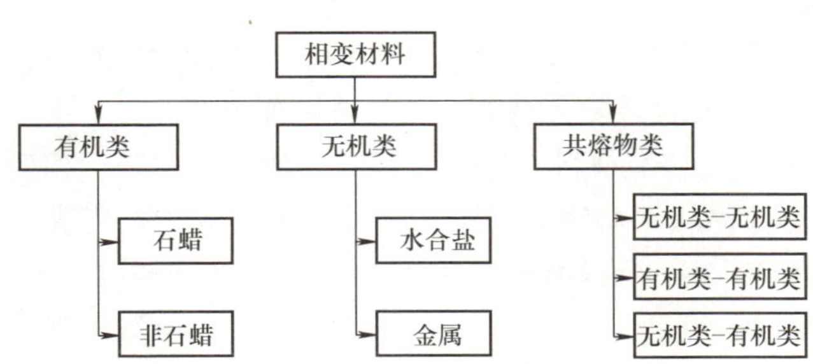

图 2-221 固—液相变材料的种类

（1）有机相变材料

有机相变材料包括石蜡和非石蜡，而后者还包括脂肪酸、醇类、酯类、乙二醇等。其性质相当稳定，一般没有腐蚀性，且化学特性和热力学特性较为稳定，安全性能高，同时具有较高的潜热，并且可以在较宽的温度范围内使用（15~45℃）等优点。但有机 PCM 也有易燃、有毒、导热系数低等缺点。目前，有机 PCM 应用最多的是石蜡和脂肪酸。

① 石蜡是一种常见的有机 PCM，它的制备是通过对原油进行蒸馏，得到的润滑油再经过溶剂精制、溶剂脱蜡或结晶、压制脱蜡，得到的蜡膏还要经过脱油和精制环节，最后得到的片状或者针状的结晶石蜡。支链烷烃占石蜡成分的 80%~95%（质量分数），余下的由少量带长侧链的单环环烷烃和带支链的烷烃组成。石蜡的熔点和相变潜热与组成成分中的烷烃链长有关。开始阶段，熔点和潜热随着链长的增加而明显增大，之后逐渐减慢，最

后趋于稳定的固定值。可以选择不同链长烷烃的石蜡类物质来获得不同的熔点和潜热，因此应用范围比较广。石蜡由于其化学性能稳定、安全可靠、廉价并且无毒，且相变过程中体积变化较小；同时具有大范围的熔点和相变潜热，是一种较为理想的相变材料。石蜡作为相变材料的唯一缺陷就是导热性［约 0.2W/（m·K）］较低，限制了其在汽车应用中的市场渗透。

② 非石蜡有机相变材料的种类很多，如酯、脂肪酸、醇类、乙二醇等，但应用较多是脂肪酸。脂肪酸与石蜡相似，具有熔合 / 结晶循环的良好可重复性和过冷风险小等优点。与石蜡相比，其具有更高的相变潜热，但是由于成本远高于石蜡类物质（成本通常为工业级石蜡的 2 倍）而在使用中受到很大的限制。从相变材料储热能力、热导率、化学性能以及成本等因素综合考虑，工业级石蜡作为相变材料最适合。

（2）无机相变材料

无机相变材料主要包括水合盐和金属相变材料。无机相变材料具有较宽的熔化温度范围（5~130℃），热安全性高，并具有高潜热率（220kJ/kg）。但是无机相变材料和容器不能长期稳定共存，从而限制了它们作为潜热储存系统的使用。

① 水合盐是一种潜力较大的相变材料。水合盐是盐和水分子的组合，当材料固化时，该结构形成结晶体，根据材料的不同，熔化温度范围可达到 5~130℃。相比于石蜡，其相变潜热更大（一般都大于 200kJ/kg），导热性能也更好 [约 0.5W/（m·K）]，价格低廉，还具有热膨胀系数低、不易燃、无毒等优点。但是，水合盐具有相变可逆性保持期短、会腐蚀容器、过冷现象明显等缺点，虽然通过添加成核剂和增稠剂可以改善这两个问题，但同时又会带来其他问题，如储能密度降低、结晶速率降低等。

② 金属也是一种无机相变材料，具有良好的导热性。与有机相变材料相比，金属相变材料具有优异的热导率和相对较高的比热，但它们的成本相当高，大约是石蜡的 2 或 2.5 倍，具有高密度和相变温度高等缺点，因此其在电池热管理技术中应用较少。

（3）共熔物相变材料

低共熔混合物是有机和无机化合物的混合物，其是由两种或多种有机和无机化合物在特定的原子比下混合熔化而成的，因此，其具有更多所需的特性，例如较高的潜热和较高的熔点。其固体结构是一种不同化合物的层状结构，允许熔融并且固化相没有偏析，可防止组分的改变，因此低共熔混合物是一种潜在的新型相变材料，但目前在电动汽车热管理技术中的应用还较少。

（4）相变材料性能对比

有机相变材料与无机相变材料的对比很明显，具体可见表 2-85。有机相变材料性能稳定，有可通过不同相变材料的混合来调节相变温度的突出优点，但通常存在着导热系数小、密度小、单位体积储热能力差的缺点。综合考虑，在实际应用中有机相变材料远多于无机物，而且可以通过掺杂其他物质来改进相变材料的性能，从而改良有机相变材料导热性能低以及易燃等缺点。而共熔物相变材料则综合前面两者的优点，是一种具有前景的相变材料。

表 2-85　有机物相变材料与无机物相变材料的优缺点对比

优缺点	有机相变材料		无机相变材料		共熔物相变材料
	石蜡	非石蜡	水合盐	金属	
优点	化学性能及热力学稳定、安全可靠、无腐蚀性、廉价并且无毒，且相变过程中体积变化较小，同时具有大范围的熔点和相变潜热、过冷情况不会析出	熔合 / 结晶循环的良好可重复性，过冷情况析出风险小	相变潜热大、导热性好、价格低廉，热膨胀系数低，不易燃，无毒	相变潜热大、导热性好、比热高	高储热密度，可逆的相变过程，良好的物理、化学和热稳定性，无过冷现象，相变储热性能也非常稳定
缺点	相变潜热小、导热率低、易燃	相变潜热小、导热率低、易燃、成本较高	化学性能较不稳定、有腐蚀性	密度大、相变温度高、价格较高	制备较复杂，一些性能参数较难获得

综上所述，可总结出可用于电池热管理的 PCM 标准，分为 6 点：

① 潜热高，比热高，导热系数高。

② 熔点在所需的工作温度范围内（锂离子蓄电池为 25~40℃）。

③ 冷冻过程中很少或没有过冷。

④ 相变过程中体积变化小。

⑤ 稳定，无毒，不易燃和不爆炸。

⑥ 可以低成本大量生产。

（5）优缺点

基于相变材料的热管理技术的优缺点见表 2-86。其在电动汽车高负荷工况下（例如：高环境温度和高发热密度）具有良好的控温性能，可提高电池组的温度一致性和安全性，因其高吸热性能和导热性能，可在一定程度上阻止电池热失控的传播和发生。但是相变材料只能被动吸热，在极端条件下，如高负荷工况下，有效相变焓的消耗速率非常快，相变焓易被消耗完，那么热管理系统就会失效。

表 2-86　基于相变材料的热管理技术的优缺点

名称	优点	缺点
基于相变材料的热管理技术	①低成本 ②维护简便 ③被动冷却 ④更高的效率 ⑤温度分布均匀 ⑥极端条件下具有高性能	①导电率低 ②存在泄漏风险 ③ PCM 需要再生 ④存在过冷的风险 ⑤相位变化时存在体积差异

相比于前述热管理技术，基于相变材料的热管理技术具备一定优势。首先，该系统结构简单，相变材料填充在电池组的空隙中即可吸收电池热量。其次，相变材料热物性优异，在相变过程中可以吸收大量的热，因此只需要少量使用就能将电池温度控制在相变温度之下，保证了系统结构的紧凑性。与膨胀石墨等高导热材料复合后，相变材料热导率的提升可以大大减小电池之间的温差。此外，相变材料种类繁多，价格低廉，投资成本低。特别是有机相变材料，在长期使用的过程中，化学性质和热力学性质稳定，不需要特别的维护。相变材料相比于热管具有更高的储热容量，免除了额外散热消耗的能量。因此，其

维护费用非常低。相变材料可以被注入各种形状电池的空隙中，不仅能用于方形电池的控温，也能用于圆柱形电池的控温，具有极佳的形状适应性。

（6）发展趋势

基于相变材料的热管理技术还存在导电率低、PCM 需要再生、存在泄漏风险等缺点，而且为了使电池内部温度分布更加均匀，其发展趋势可能有以下几方面：

① 添加高导电性材料（例如金属鳍片）或者在金属泡沫、膨胀石墨等基体中吸收 PCM 来改善 PCM 的导热性。

② 使用具有不同熔化温度和相变潜热的两个 PCM，以双层或多层 PCM 配置，提高电池温度分布的一致性。

③ 优化系统的几何形状，提高电池温度分布的一致性。

④ 与主动冷却系统结合，使 PCM 作为半被动热管理系统，解决 PCM 再生问题，且可同时具有主动冷却和被动冷却的优点。

⑤ 增加 PCM 质量或表面积，提高其冷却能力。

⑥ 通过数值或实验发现系统最合适的 PCM：最佳相变温度、相变潜热和热膨胀。

5. 基于热管技术的 BTM

（1）概述

热管作为一个高效的相变传热元件，被广泛应用于宇航、军工、冶金、建材、化工、太阳能、微电子散热等领域，因其具有低热阻、高热传导率（大于 50kW）等特点，所以开始被用于电池热管理系统。但基于热管技术的 BTM 一般不单独使用，需要增加其他热管理系统，一般与散热片、风冷结合使用。

热管有多种类型，如扁平热管、管式热管、脉动热管等。热管是一种相变传热元件，其结构示意图如图 2-222 所示，它由管壳、管芯及工质组成。它是一种密封结构的空心管，一端是蒸发端，另一端是冷凝端，冷却电池的原理是当热管的一端吸收电池产生的热量时，毛细芯中的液体蒸发汽化，蒸气在压差之下流向另一端放出热量并凝结成液体，液体再沿多孔材料依靠毛细作用流回蒸发端，如此循环，电池发热量得以沿热管迅速传递。热管内部充有一定量的工质，量的多少由其所能传递热量的大小来确定，对于特定的工况需设计制造相对应的热管进行传热。

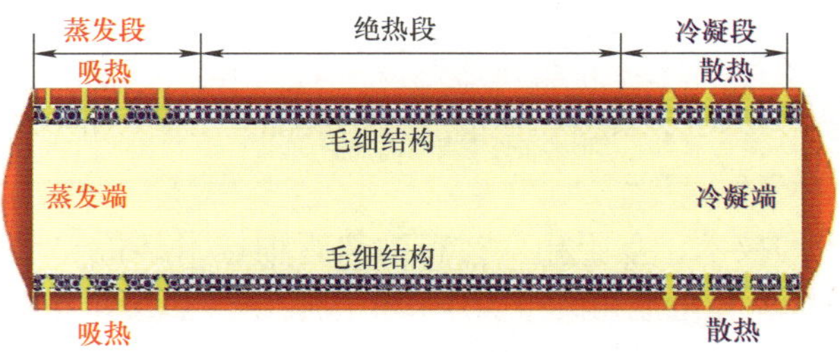

图 2-222　热管结构示意图

热管按其构造分为冷凝段、绝热段和蒸发段。在冷凝段中，管内工质状态由气态向液态转变，与此同时，热管与外界环境发生热交换，将管内热量通过管壁向外界环境传输。蒸发段则是与热源发生热交换，热源所产生的热量通过管壁传送至管内工质，使工质蒸发吸热。绝热段主要有两个作用，一是将热量从蒸发段传送至冷凝段，作为传输通道，因此又称为传输段；二是隔热作用，将蒸发段的热源与冷凝段的冷源隔开，使得热管可以制作成任意形状以满足复杂工况需要。在绝热段，与外界不发生热量交换。任何热量通过热管的传递均需要经过上述工作段。

（2）优缺点

热管冷却是一种可靠、非能动的冷却方式。基于热管的热管理技术由于其灵活性而被广泛应用于棱柱形锂离子蓄电池，但由于其形状的限制，该技术在圆柱形锂离子蓄电池上几乎没有应用。其优缺点见表 2-87。

表 2-87　热管的热管理技术的优缺点

名称	优点	缺点
基于热管的热管理技术	①热传导率高 ②寿命长 ③良好的等温性 ④良好的热流方向可逆性 ⑤良好的热流密度可变性 ⑥良好的恒温特性	①不能单独使用 ②结构复杂 ③安装复杂 ④成本高 ⑤有泄漏风险 ⑥耗电

（3）发展趋势

基于热管的热管理技术目前正处于初步发展阶段，还需要进行大量研究，以便充分理解来自各种工作循环所产生的热积累对该技术的影响。而且优化管道与热源 / 冷却端之间的接触以及改善冷凝器部分的冷却效果是值得关注的两个主要方面。

6. 其他热管理技术

（1）微通道换热器空调冷却

汽车空调换热器的发展经历了管片式、管带式和平行流等主要结构形式，基本结构如图 2-223 所示。管片式换热器由圆管和各种形式的翅片组成，采用套片工艺，将翅片安装在圆管上，容易受热胀影响，降低换热效率，缩短使用寿命。管带式换热器由多通道扁

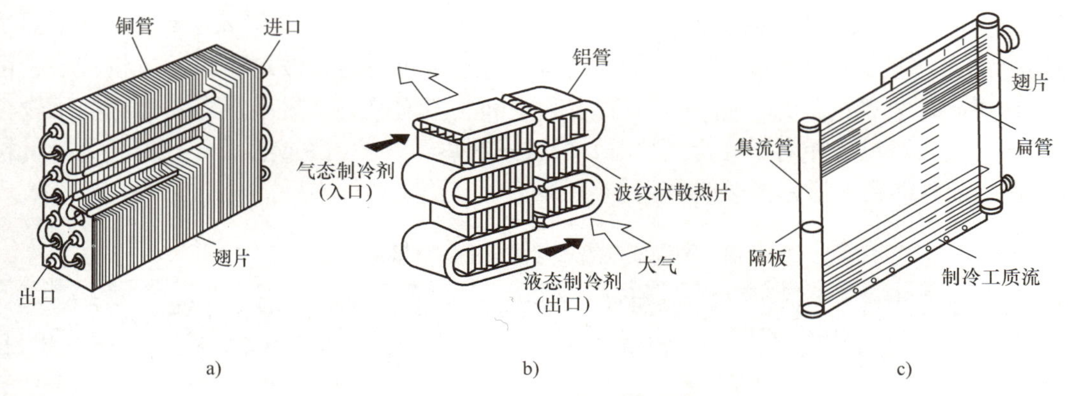

图 2-223　三种空调换热器

a）管片式　b）管带式　c）平行流

管和百叶窗翅片焊接而成，制冷剂侧换热效果明显增强，但流动阻力损失增大，空气侧换热系数提高了，而压降减少了，从结构和工艺看，工艺简单，可靠性提高，焊接工艺比较多，难度增大；从材料来看，扁管和翅片采用铝片，质量小，成本低。平行流换热器由多孔扁管和百叶窗翅片组成，但扁管不是弯成蛇形，而是每根截断的，其出现是为了采用新型替代制冷剂，平行流换热器换热性能得到了进一步提高，并具有换热系数高、质量小、结构紧凑、制冷剂充注量少等优点。

微通道换热器（MCHX）的概念于 1981 年由 Tuckerman 和 Pease 首次提出，由于其管内直径小于 1mm，Mehendale 将其定义为微通道换热器。微通道换热器能够减小装备质量，提高系统紧凑性，能满足电动汽车小型化的要求。在材料上，微通道换热器可以用价格便宜的铝合金替换铜，节约成本，同时换热效率得到了很大提升，这主要体现在传热系数高、换热面积大、换热温差小三方面。与最高效的常规换热器相比，当流道尺寸小于 3mm 时，气液两相流动与相变传热规律将不同于常规较大尺寸的情况，通道越小，这种尺寸效应越明显；当管内径为 0.5~1mm 时，对流换热系数可增大 50%~100%。这种强化传热技术用于空调换热器，适当改变换热器结构、工艺及空气侧的强化传热措施，预计可有效增强空调换热器的传热，提高其节能水平，空调器的微通道换热效率可望提高 20%~30%。微通道换热器在电子设备冷却方面的应用得到了广泛的研究，随着技术的发展，逐渐用于室内和汽车空调系统。传统微通道换热器主要由 3 部分组成（即内部具有多个平行微孔的扁管、集流管以及翅片）。图 2-224 所示为一种整体翅片式微通道换热器实物图。整体翅片式微通道换热器由全铝合金板块加工组合而成，微通道由模具挤压而成，翅片由机械切割成形。微通道与翅片一体成型，从根本上消除了接触热阻，显著地提高了散热器的传热性能，不会出现焊接带来的松动脱落及热接触不良等问题。

图 2-224　整体翅片式微通道换热器实物图

功率和能效相同、制冷剂为 R22 的微通道换热器与铜管铝翅片换热器的比较见表 2-88。由表可见，使用微通道换热器可节省约 40% 的空间，质量减小约 36.7%，系统的制冷剂充注量为铜管铝翅片机组的 48.3%，达到相同的换热效果所需的风量较小，可使用较小叶轮直径的风扇，进一步节省安装空间。微通道与常规换热器热力特征比较见表 2-89。由表可见，相对于管片换热器和层叠式换热器，微通道换热器不仅能极大降低投资金额，而且能极大增强换热能力。

表 2-88　微通道换热器与铜管铝翅片换热器的比较

换热器	尺寸 /mm×mm×mm	静质量 /kg	制冷剂充注量 /kg	风量 /（m^3/h）	风扇叶轮直径 /mm	迎风面积 /m^2
铜管铝翅片换热器	2050×775×21.65	14.48	3.29	5605	560	1.588
微通道换热器	1350×720×18	9.16	1.59	3652	445	0.972

表 2-89 微通道与常规换热器热力特征比较

参数	管片式	层叠式	微通道
单位体积表面积 /（$m^2 \cdot m^{-3}$）	50~100	850~1500	> 1500
体积换热系数 / [$W/(m^3 \cdot K^3)$]（液体工质）	≤ 5000	3000~7000	> 7000
体积换热系数 / [$W/(m^3 \cdot K^3)$]（气体工质）	20~100	50~300	300~2000
流动方式	湍流	湍流	层流
热流量 /（W/cm^3）	< 1	—	> 10
相对长度	20	—	1
等效率下的尺寸	10	—	1
投资	—	—	减少约 25%

微通道汽车空调方便与基于各种原理冷却的电池热管理系统进行结合，强化电池热管理系统散热性能，同时，微通道汽车空调结构紧凑，能满足电动车辆小型化、轻型化的需求，具有较大的利用前景。

（2）热电制冷

随着电动汽车技术的发展，部分顾客对电动汽车加速爬坡等动力性能的要求越来越高，高功率势必带来高的产热，在普通风冷不能满足冷却需要、液冷不能满足安全性需要、相变材料冷却不能满足长时间热管理的情况下，合理地利用热电制冷对电池组进行热管理无疑是一种很理想的解决方法。

热电制冷，又称半导体制冷，主要是建立在珀尔贴效应基础上的一种电制冷方法。它的优点是体积小，无噪声无振动，结构紧凑，无运动部件，操作维护方便，不需要制冷剂，制冷量和制冷速度可通过改变电流大小来调节。其工作原理如图 2-225 所示，当电流从 p 型半导体流向 n 型半导体材料时，p 型半导体中的载流子（空穴）和 n 型半导体中的载流子（自由电子）向接头处相向移动。自由电子进入 p 型半导体后立即与其中的空穴复

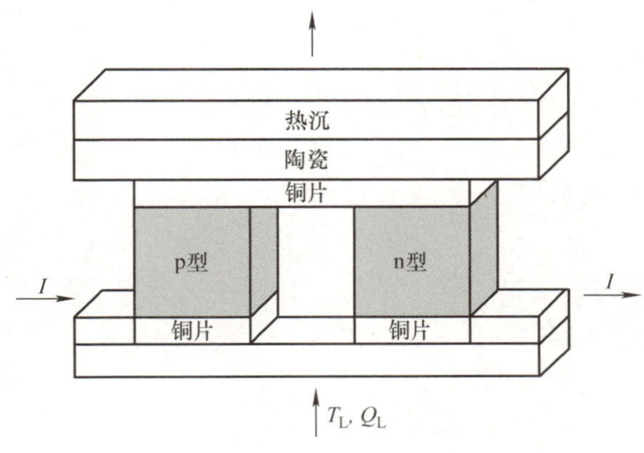

图 2-225 热电制冷原理图

合产生热量，空穴进入 n 型半导体后立即与其中的自由电子复合产生热量，由于这两部分能量大大超过它们为了克服接触电位差所吸收的能量，抵消后还是呈现放热状态，最终结果是接头处温度升高而成为热端，并向外界放热；当电流方向相反时，接头处温度降低而成为冷端，并从外界吸热。与此同时，当连接端点出现温度差后，会产生一个塞贝克电压，电流通过有温度梯度的热电元件，由于汤姆逊效应，会在元件与环境之间产生能量交换，该热效应与电流和温度梯度的大小成比例。如果按照图 2-226 所示的若干对半导体热电偶在电路上串联起来，而在传热方面是并联的，这就构成了一个常见的制冷热电堆。

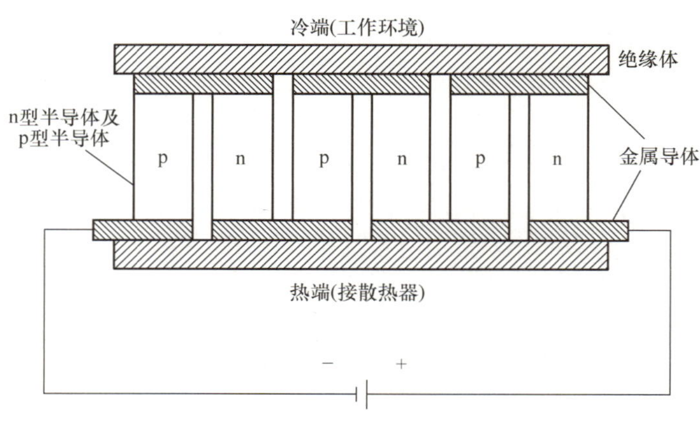

图 2-226　热电堆制冷原理图

热电制冷器的制冷能力是由材料的无量纲优值系数 ZT 决定的，见式（2-15）。具有狭窄通道的半导体材料的功率因子 $\alpha^2\sigma T$ 是载流子浓度的函数，通常经过优化功率因子来获得最大的 ZT 值。忽略降低设备性能但不可避免的因素（如接触电阻、辐射）的影响，对于具有两种半导体材料的热电制冷单元，其优值系数 ZT 的计算方法见式（2-16）。制冷系数 COP 为吸收的热量与耗费的电能的比值，计算方法见式（2-17）。图 2-227 与式（2-17）相结合反映了热端温度为固定值 300K 时，热电制冷单元的制冷系数 COP 与 ZT 和冷端温度的关系。

$$\mathrm{ZT}=\frac{\alpha^2\sigma T}{\kappa}=\frac{\alpha^2 T}{\rho\kappa} \tag{2-15}$$

式中　α——材料的塞贝克系数；

σ——材料的电导率；

ρ——材料的电阻率；

κ——材料的导热系数。

$$\mathrm{ZT}=\frac{\left(\alpha_{\mathrm{p}}-\alpha_{\mathrm{n}}\right)^2 T}{\rho_{\mathrm{n}}\kappa_{\mathrm{n}}^{1/2}+\rho_{\mathrm{p}}\kappa_{\mathrm{p}}^{1/2}} \tag{2-16}$$

$$COP=\frac{Q_H}{W}=\frac{T_C}{T_H-T_C}\left[\frac{(1+ZT_M)^{\frac{1}{2}}+1}{(1+ZT_M)^{\frac{1}{2}}-\left(\frac{T_H}{T_C}\right)}\right] \tag{2-17}$$

式中 T_H——热端温度；

T_C——冷端温度；

ZT_M——冷热端平均温度下材料的优值系数。

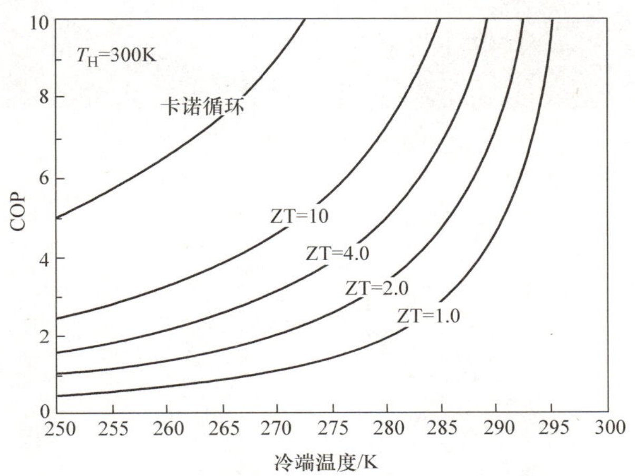

图 2-227　热电制冷单元 COP 与冷端温度和 ZT 的关系

热电制冷受到 COP 制约，应用范围比较窄，但是随着技术的发展，越来越多的应用场合将出现。目前热电冷却技术主要用在民用市场，如家用冰箱、饮料冷却等；医学设备，用于冷却激光二极管或集成芯片；高功率电子器件冷却和工业温度控制；汽车工业，如汽车迷你冰箱、汽车空调以及汽车座椅冷却 / 加热等。

目前，市场上有许多商品化的热电制冷器，工业应用的标准单级热电制冷器如图 2-228 所示。环形热电冷却器在航天电子器件冷却上的一种应用如图 2-229 所示。图中有 7 块热电制冷板组成了封闭环状结构，内侧的冷环是冷端部分，用于吸收电子器件产热的热量，热侧通入空气进行强制对流散热，维持热电冷却器冷热两端合适的温差，对于圆柱形单体蓄电池的冷却，这种结构可以进行借鉴。当热电制冷器热端的散热系统不能够有效地带走产生的热量时容易发生热失控，因此散热设计是影响热电制冷技术的主要因素之一。热电制冷器通常与风冷、液冷、热管冷却或相变材料冷却中一种或多种方式结合在一起，用于提高冷却效率。热电制冷器进行合理的结构设计后可以与其他冷却方式进行耦合，直接作为热管理冷却部件中的一部分；热电制冷技术还能很好地与太阳能光电技术和汽车空调技术完美地结合起来，通过空调制冷系统为电池冷却系统提供冷却空气，间接地参与电池热管理。太阳能热电制冷系统控制原理图如图 2-230 所示。太阳能热电制冷系统是通过在汽车车身上安装太阳能光伏电池板，利用照射到电池板上的太阳能由光伏效应产生电能，通过充电电线输送到车内的蓄电池中，蓄电池提供稳定的直流电能输送出去，为轿车箱内的热电制冷空调器提供能源。目前，热电制冷技术在电池热管理上的应用还有待开发，随着热电制冷技术的进一步成熟，相信电池热管理技术与热电冷却技术会有完美结合的时刻。

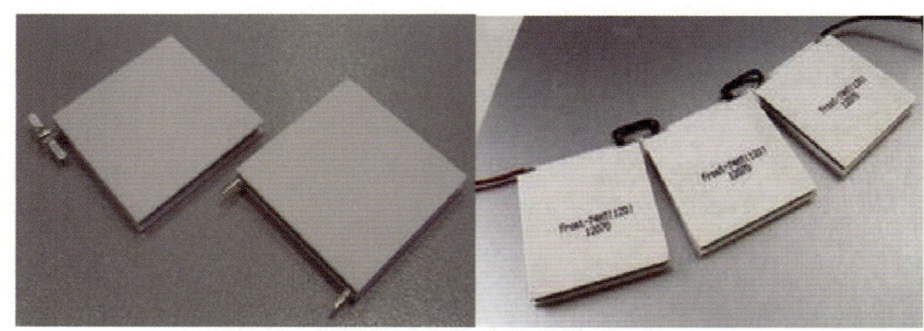

图 2-228　单级热电制冷器

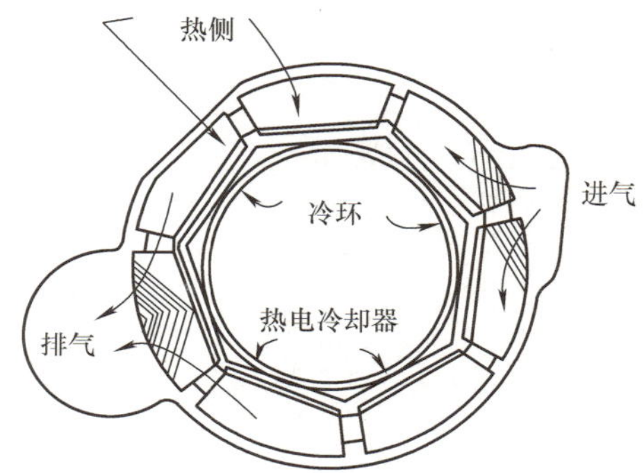

图 2-229　环形热电冷却器在航天上的应用

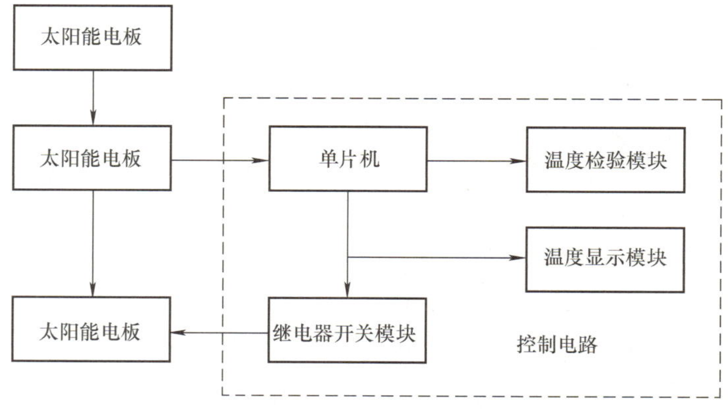

图 2-230　太阳能热电制冷系统控制原理图

7. 各种热管理技术优缺点对比

目前所应用的热管理技术主要是前四种热管理技术，它们各有各的特点，散热效率提高的同时也意味着成本提高或者结构变复杂等，因此必须充分对这四种技术的优缺点进行了解，以选出最合适当前情况的热管理技术。前四种热管理技术的优缺点对比见表2-90。

表2-90 前四种热管理技术的优缺点

名称	优点	缺点
空气冷却	结构简单、质量小 成本低廉 易维修 有害气体产生时能有效通风	换热效率低 冷却、加热速度慢
液体冷却	热传导率高 冷却、加热速度快 体积小	存在漏液风险 重量相对较重 维修和保养复杂 结构复杂
基于相变材料	成本较低 维护简便 被动冷却 更高的效率 温度分布均匀 极端条件下具有高性能	电导率低 存在泄漏风险 PCM需要再生 存在过冷的风险 相位变化时存在体积差异
基于热管	热传导率高 寿命长 良好的等温性 良好的热流方向可逆性 良好的热流密度可变性 良好的恒温特性	不能单独使用 结构复杂 安装复杂 成本高 有泄漏风险 耗电

8. 当前热管理技术需求和发展趋势

（1）当前热管理技术需求

电池热管理技术主要是为保证电池使用性能和安全性的前提下，结合电池电化学特性和生热机理所设计的一门技术。当前，动力蓄电池热管理技术主要有以下需求，一是使电池维持在合适的工作温度范围，二是需保证电池温度分布的均匀性，三是解决电池的热安全与热监控等问题。具体技术需求见表2-91。

表2-91 当前热管理技术需求

序号	热管理技术需求
1	电池温度能被准确测量和监控
2	电池温度升高时散热系统能够及时把热量散出
3	温度较低时给电池进行加热，确保其工作性能稳定
4	电池充放电过程中内部反应所产生的有害气体能及时通风散出
5	减少电池不同位置处的温度差异，保证电池温度一致性
6	满足新能源汽车动力性需求的同时，尽量减小整车重量，安装维护方便等

（2）发展趋势

电池是目前电动汽车中三大关键技术之一。随着电池模块容量的增大，恶劣环境下运行对电池性能的要求越来越苛刻，而锂离子蓄电池尽管已经在电极和电解质材料的选择以及隔板开发方面做出了广泛的努力以增加电池容量和比功率，但电池热管理的发展还不够。而锂离子蓄电池的性能、寿命和安全性与其工作温度密切相关。不适当的温度会导致功率 / 容量降低，缩短循环寿命，甚至可能导致热失控，从而导致致命灾难。电池之间或每个电池内的温度不平衡也可能导致电池失效。因此，建议锂离子蓄电池应保持在20~60℃的温度范围内，温差不超过5℃。为此，有效的热管理系统对于将电池控制在所需温度范围内并解决相应问题至关重要。同时随着对快速充电、高比能量、高比功率、电池寿命长的要求越来越迫切，对下一代电池热管理系统提出了对热效率、成本、紧凑性、轻量化、可靠性等更严格的要求，因此，开发更可靠、更耐用、更高效、更长寿命的锂离子蓄电池热管理系统势必是未来的发展趋势。

1）热模型方面

为了更好地了解电池热行为并分析电池热管理系统热效应，必须为锂离子蓄电池开发精确的热模型来进行数值模拟。建立电池热模型的关键任务是确定平衡方程、散热方程和边界条件的表达式。然而，单独的热模型通常不足以预测热行为，因此，热模型总是与电化学或等效电路模型耦合。最普遍的为P2D模型，并且学者已经提出了各种简化方法来减少计算复杂度，而最流行的等效电路模型是使用RC网络的Thévenin模型。但是随着人们对电池寿命提出更高的要求，考虑电池全寿命过程的电化学－热耦合模型将成为发展趋势。

2）热源方面

由于电池中的大部分热量是由电极产生的，因此为了从根本上解决锂离子蓄电池的散热问题，优化电极以获得较高的整体离子和电导率势在必行。就电极优化而言，电极厚度和活性材料粒度的减小可以分别缩短离子在电极和活性颗粒中的行进距离，从而优化整个电池的热特性。但是，电极太薄的电池的能量密度相对较低，制造成本较高，因此不适用于一般应用。除了改善尺寸之外，材料优化技术如掺杂、涂覆和添加导电添加剂可以促进活性材料的稳定性，为离子和电极提供额外的导电路径，增强表面电化学反应的流畅性，因此是提高锂离子蓄电池的倍率性能和热行为的一种技术趋势。

3）散热技术

除了对电池本身进行修改，热管理技术可从外部为过热的电池提供强大的保护，并在提高性能和延长锂离子蓄电池组的使用寿命方面发挥重要作用。空气强制冷却由于其冷却能力不强，只能在低功率且良好工况下使用；液体冷却需要增加水泵、管路等附件而变得复杂；相变材料冷却由于其成本低廉、质量小、无额外能量消耗、冷却效果好，但存在PCM的热传导性差和PCM完全熔化引起的材料失效等问题；为了解决这些问题，强制空气和液体冷却以及热管技术常常被集成到PCM系统中以恢复潜热，但代价是损害了简单性和紧凑性，而且重量和成本的增加也限制了其商品化；热管冷却需要选择合适的工作流体，而且需要与电池之间有良好接触，这样才能得到优异的冷却性能。

空调制冷能直接利用整车里的空调系统，只需增加一套电池包冷却的循环回路，但其控制策略较为复杂。考虑到车用工况的复杂性，未来的热管理系统应该满足不同条件下对电池的冷却 / 加热，故未来的电池热管理系统可能是结合两种冷却方式为一体，例如相变材料与风冷 / 水冷结合，既可以满足一般条件下的热管理，也能在极端工况下排除电池产生的高热量。总之，开发两者为一体的电池热管理系统是适应未来电动汽车发展的重要方向。

4）加热技术

与对电池冷却的高度重视相比，电池加热技术相对较为忽略。其水平的高低影响了锂离子蓄电池在寒冷气候地带和高空无人机中的应用。现有的每种电池加热方法都有各自的优点和缺点。因此，仍然需要开发一种既经济又简单的快速预热电池系统。

总而言之，性能优异的电池材料、高精度和高效的电池模型、高效的加热和散热技术是未来的发展趋势。

2.4 电池制造工艺及设备

2.4.1 锂电池设备制造业发展概况

2.4.1.1 锂电池设备发展历程

国外锂离子蓄电池制造设备行业起步较早，1990 年，日本皆藤公司研发成功第一台方形锂离子蓄电池卷绕机；1999 年，韩国 Koem 公司开发出锂一次电池卷绕机和锂一次电池装配机。在随后的锂离子蓄电池设备发展过程中，日韩的技术水平一直处于较为领先的地位。2003 年，我国开始批量生产一些简单的锂电池生产设备，连续式极片分条机于 2003 年在国内面世，2004 年，国内研发成功间隙式涂布机，并相继开发出转移式锂电极片涂布机等设备，至 2006 年，国内出现一批锂电专业设备制造企业，开启了中国锂电池生产装备创新发展的征程。但此时设备的技术水平还相对薄弱，自动化程度不高，部分电池厂商因批量生产等需求需要进口国外设备。

随着我国对锂离子蓄电池市场需求的不断扩大，我国已成为世界上电动汽车生产、销售最大的国家。为适应我国发展新能源产业的战略需求，提高锂离子蓄电池生产工艺水平，研发并生产拥有自主知识产权的锂电池制造设备势在必行。近年来，随着国家政策的不断激励，锂离子蓄电池行业市场需求快速增长，锂离子蓄电池生产厂商需要大规模扩张产能，国内涌现了一大批研发和制造能力较强的锂电池生产专用设备制造商。我国的锂电池制造技术也逐渐从模仿阶段走向大规模、数字化、智能化制造阶段，并且在制造效率、制造合格率方面不断提升，表现在装备的效率指标，如涂布速度、模切速度、卷绕速度、组装速度、注液效率等方面，目前国内的锂电池设备厂商也有设备出口到德国、美国、日本、俄罗斯等国家。

2.4.1.2 锂电设备制造行业未来发展趋势

1. 锂电设备产业市场情况

我国新能源汽车整体市场前期受政策的影响，销量增长明显，随着政策的逐步明朗，消费需求推动市场增长的动力逐步增强，预计 2020 年新能源汽车整体市场份额将达到汽车全年销量的 7% 左右，预计 2025 年市场规模将达到 715 万辆，市场占比 21.4%。2018—2025 年新能源汽车及动力蓄电池市场预测如图 2-231 所示。

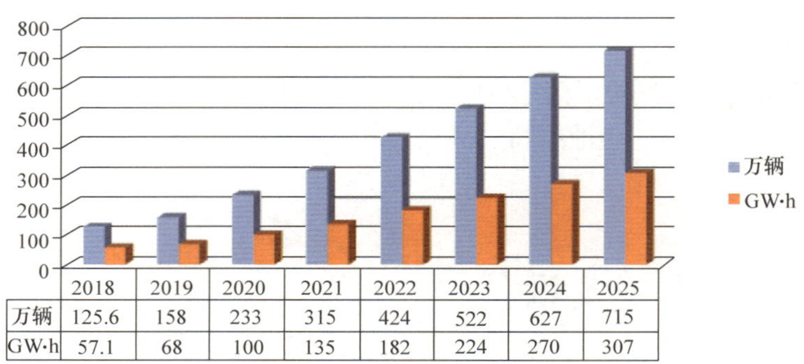

	2018	2019	2020	2021	2022	2023	2024	2025
万辆	125.6	158	233	315	424	522	627	715
GW·h	57.1	68	100	135	182	224	270	307

图 2-231 2018—2025 年新能源汽车及动力蓄电池市场预测

高工产研锂电研究所（GGII）调研显示，中国 2017 年锂电池生产装备需求超过 170 亿元，2018 年 195 亿元。随着三元电池、硅碳负极、锂负极和固态电池技术的逐步成熟，锂电池生产装备的市场需求将维持较高的增长率，预计到 2025 年，将达到 437 亿元。2017—2025 年动力蓄电池及锂电池生产装备市场预测如图 2-232 所示。

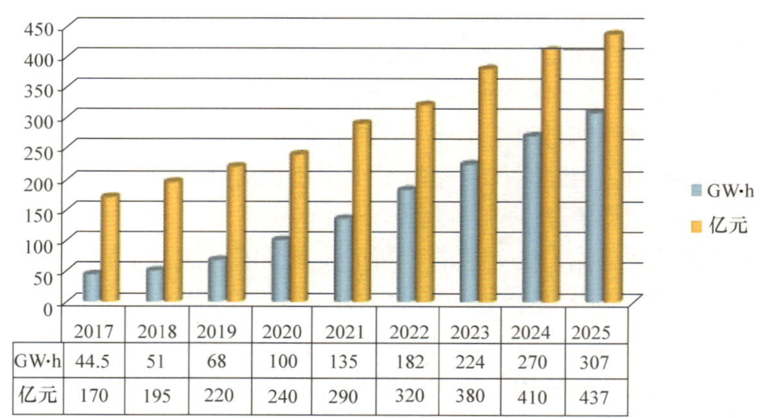

	2017	2018	2019	2020	2021	2022	2023	2024	2025
GW·h	44.5	51	68	100	135	182	224	270	307
亿元	170	195	220	240	290	320	380	410	437

图 2-232 2017—2025 年动力蓄电池及锂电池生产装备市场预测

我国锂电池生产装备的优势在于产业规模大、创新升级快，相对于半导体产业和汽车产业，锂电池生产装备的国产化率达到 70% 以上。劣势在于缺少规划协调，缺少行业规范。另外，由于工业基础薄弱，制造理念不够，粗制滥造现象严重，我国动力蓄电池装备的规模占全球 35%~40% 的份额。

我国动力蓄电池工程装备的综合评估，核心优势在于：随着动力蓄电池产品的需求快速换型优势、联合创新优势、价格优势以及技术不断创新升级优势，这才是中国动力蓄电池制造企业利益、团体利益和国家战略利益所在。

2. 动力蓄电池制造未来发展的特点

（1）单线产能扩大到 4~6GW·h

随着动力蓄电池产业的迅速发展，过去的 1MW·h 的单条生产线已经远远不能满足产业的需求，单线产能将从 2GW·h 逐步扩大到 4~6GW·h，这种千倍产能增加，需要在生产效率、智能化、自动化、材料技术、电池技术等方面都得到有效突破，才有可能实现该目标。

（2）动力蓄电池制造 CPK 提升

动力蓄电池制造 CPK 提升迫在眉睫，传统汽车要求核心零部件企业的 CPK 值为 1.67，而我国大部分动力蓄电池企业的 CPK 都在 1.5 以下。CPK 值反映的是电池的品质，直接影响的是电池的安全和成本。从成本角度来讲，目前动力蓄电池成本如果按照 1.5 元 / W·h 售价计算，年产 1GW·h 的生产线，1% 的不合格的价值相当于 1500 万元，这对动力蓄电池企业来说成本影响较大。

（3）智能制造：数字化、网络化、智能化

纵观中国动力蓄电池生产制造发展历程，从半自动起步发展到目前已步入自动化生产阶段，不少企业已实现全自动化生产，不仅单机单工序完全自动化，而且在工序衔接过渡方面也都实现了自动化无人操作，无尘车间以及恒温恒湿的生产环境进一步提升了产品的一致性和可靠性。智能制造是动力蓄电池生产方式的下一站，要在高度自动化的基础上全面实现数字化、网络化和智能化，以期实现动力蓄电池制造“高精度、高速度、高可靠性”的发展目标。

动力蓄电池智能制造就是通过应用智能部件关键技术，对电池制造的浆料制备、极片制备、芯包制备、单体蓄电池装配、干燥注液、化成分容和电池包的过程实现“三高三化”应用，建立数字化锂电池车间，包括来料数字化、制造过程互联互通互操作、制造质量的在线检测、智能部件、机器人自动化组装、智能化物流与仓储，信息化生产管理及决策系统实现动力蓄电池制造的智能化生产，以确保动力蓄电池的高安全性、高一致性、高制造效率和低制造成本。

3. 动力蓄电池智能制造路线图

动力蓄电池的智能制造是针对动力蓄电池产品的高安全性、高一致性、高制造效率和低成本等的要求，应用智能化关键技术，对动力蓄电池制造的浆料制备、极片制备、卷芯制备、极组装配、干燥注液、化成分容和电池系统集成的过程实现“高品质、高效率、高稳定性”和“模型化、数字化、智能化”应用，建立数字化锂离子蓄电池制造车间，包括在制造过程中引入制造参数、制造质量的在线检测，智能部件、机器人自动化组装、智能化物流与仓储、信息化生产管理及决策系统实现动力蓄电池制造的智能化生产，确保动力蓄电池产品的高安全性、高一致性、高合格率、高制造效率和低制造成本。

动力蓄电池制造未来的“三高三化”如图 2-233 所示。

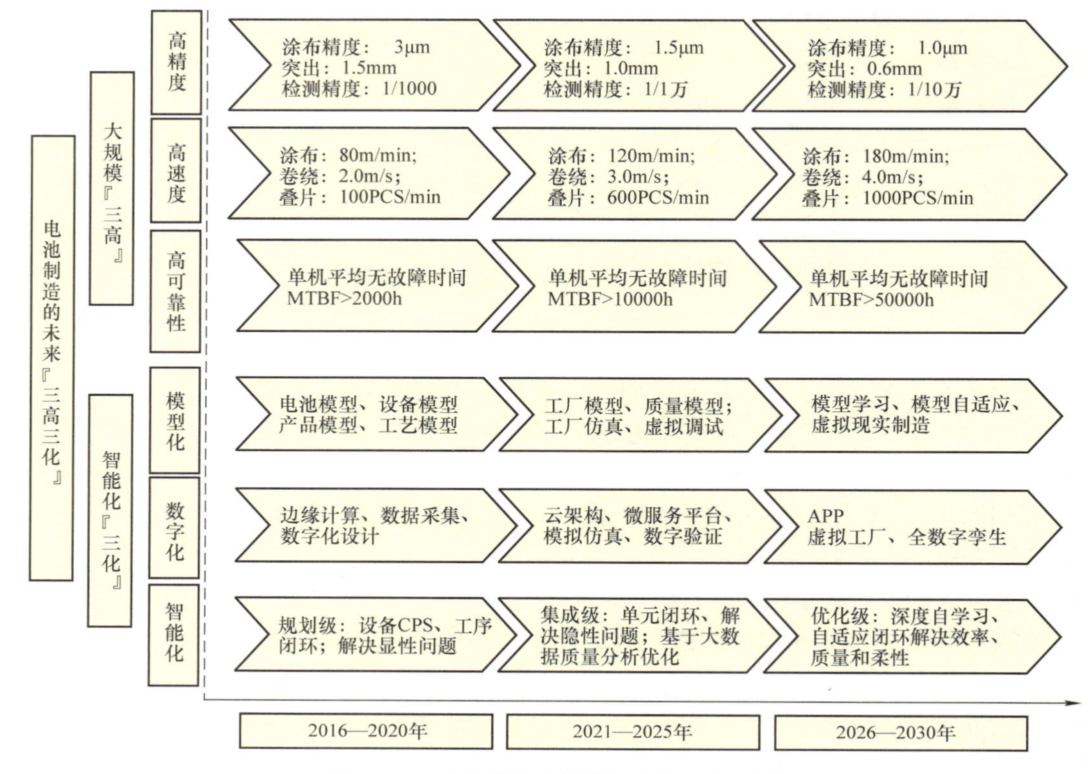

图 2-233　动力蓄电池制造未来“三高三化”

2.4.2　电池的制造工艺流程

典型的锂离子蓄电池制造过程主要包括匀浆、涂敷、碾压、分切（冲片）、卷绕（叠片）、装配、清洗、化成、老化、后处理等过程。在锂离子蓄电池制造工艺方面，制造商各有技术秘密或专利，基于技术秘密不易公开的原则，本节以电池制造的一般流程为例，简单介绍圆柱形、方形和软包装电池的制造流程，并以圆柱形电池为例介绍动力蓄电池的制造工艺及关键关注点。

锂离子动力蓄电池一般为圆柱形、方形、软包电池，制造流程图如图 2-234~ 图 2-236 所示。

从大流程看，锂离子蓄电池制造一般分为电极制造、装配、化成及后处理三个过程。电极制造过程一般分为混料、匀浆、涂敷、碾压、分切等工序，需要时还可以增加贴绝缘胶带的工序。以圆柱形电池装配一般分为电极烘干（需要时）、卷绕或叠片、入壳、焊负极耳、滚槽、对齐度检查、注液、焊盖、封口、清洗、热缩套、打码等工序，也有生产商不对极片进行烘干，而是在注液之前增加一个单体蓄电池烘干工序。化成及后处理过程主要由化成、老化、后处理及分选工序组成。电池制造是一个非常复杂的过程，生产周期一般为 10~20 天。

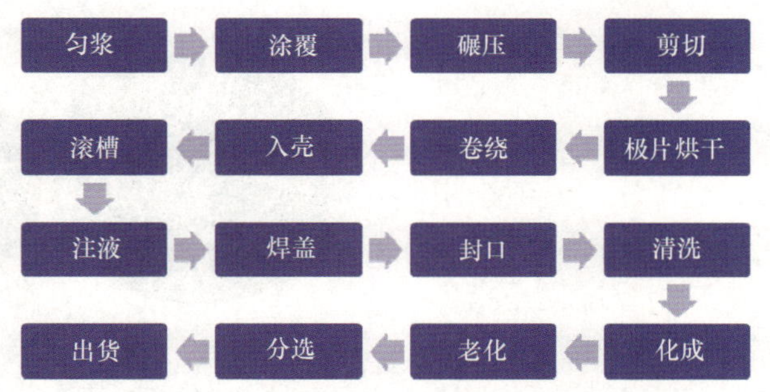

图 2-234　圆柱形锂离子蓄电池制造流程

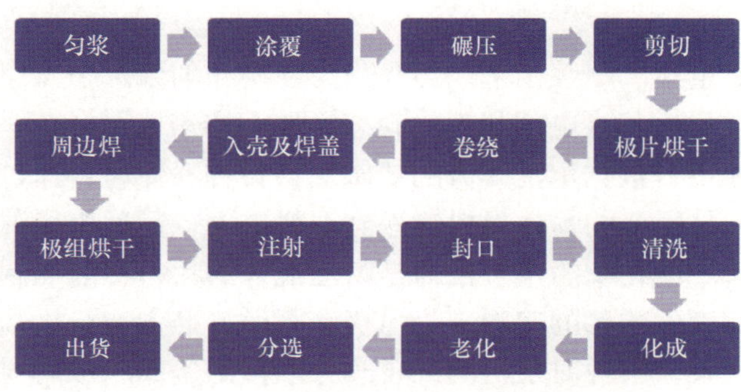

图 2-235　方形锂离子蓄电池制造流程

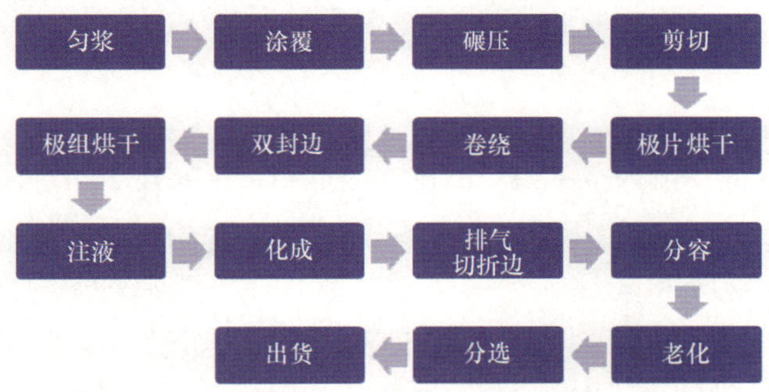

图 2-236　软包锂离子蓄电池制造流程

2.4.3　锂离子蓄电池制造工艺及设备概述

电极的制造过程一般分为匀浆、涂布、碾压、分切等细分过程，根据电池产品设计的差异，有的生产厂在分切之前会增加一个贴胶带的工序。

2.4.3.1　浆料制备系统

匀浆是锂离子蓄电池制造过程的起始工序，主要作用是通过将正极或负极活性物质、导电剂、黏合剂、溶剂等均匀地混合在一起，形成具有一定固含量和黏度的浆料以备电极涂敷时使用。

电极的匀浆工艺一般分为间歇式（批量式）制浆和连续式制浆（图 2-237），是锂离子蓄电池制造的关键工序。一般采用先制胶再匀浆的方式进行，也可以省去制胶过程，一步完成匀浆。制胶过程是指将电极黏合剂和溶剂按一定比例进行混合，制备胶液的过程。适用于间歇式（批量式）制浆工艺。

a)　　b)

图 2-237　典型锂离子蓄电池制浆设备
a）间歇式　b）连续式

1. 间歇式（批量式）制浆

对于间歇式（批量式）制浆工艺，匀浆分为混料和匀浆两个工序。混料的主要目的是将正极或负极活性物质与导电剂和其他固态添加剂均匀地混合在一起，为涂布做好准备。一般工艺过程如下：根据电池配方的要求，将各种粉体材料通过上料、存储、自动计量、输送等环节，将需要的粉体材料输送到混料机中，通过机械混合，使各种粉体物料均匀地混合在一起。而匀浆的主要目的是将已混好的粉料和前期制备好的胶液混合在一起制备成有一定黏度的均匀的浆料，为电极涂敷做好准备。行星制浆机是典型的制浆设备，通过桨叶的旋转，实现对浆料的混合和分散，制备成涂敷需要的合格浆料。这种间歇式（批量式）制浆是目前锂离子蓄电池生产非常常见的工艺方式，绝大多数生产商选择这种方式作为匀浆工艺路线，这种工艺路线的优点是制造工艺成熟，适合多品种、规模化生产。

2. 连续式制浆

连续式制浆工艺是近几年发展起来的新技术，特点是混料、匀浆一步完成，且连续生产，非常适合单一品种、规模化生产，但目前这种制浆工艺技术的应用还不广泛，这种连续制浆工艺使设备的占地面积大幅度减少，一般采用这种制浆设备可将占地面积减少为间歇式制浆工艺的一半或以下。

匀浆工序是锂离子蓄电池制造的关键工序，浆料的质量与电池的许多性能相关。通过过程失效模式及后果分析（Process Failure Mode and Effects Analysis，PFMEA），可以将匀浆过程的关键质量控制点进行明示，这些关键控制点包括但不限于：黏度、固含量、黑度，甚至浆料的流变特性。随着工程技术的进步和业内对产品制造过程理解的加强，关键参数的在线测试逐渐增多，黏度在线测量是近几年业内开始使用的一种在线测量手段，这种在线测量方法可以在匀浆和涂敷过程使用，可以及时发现异常，提高电极的一致性。

匀浆工序相关技术下一步发展趋势：

① 干粉、混合及湿料制浆将形成一体化的趋势。

② 新型高速分散技术的引进，主要针对纳米材料的分散。

③ 结合化学和机械相结合的分散技术。

④ 高黏度浆料分散的应用。

浆料设备系统如图 2-238 所示。

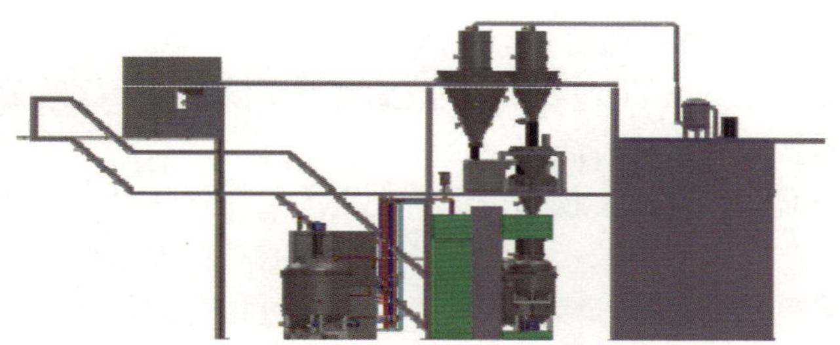

图 2-238 浆料设备系统

2.4.3.2 极片制备系统

1. 涂敷

电极涂敷是将电极浆料均匀涂敷于一定厚度的集流体（正极铝箔、负极铜箔）两面，烘干成型的过程。涂敷也是电池制造的关键工序，精确控制涂敷厚度对确保装配过程中极组易于入壳是至关重要的，涂敷量的一致性则是电池容量一致性的保证，而电池的循环特性和倍率特性也多取决于电池的质量状态。

目前，锂离子蓄电池电极常用涂敷方式分为转移式和挤出式，每种制造方式都能生产出符合要求的电极。典型的电极涂敷设备由放卷机构、浆料供应和喷涂机构、烘干装置、收卷装置、新风和 NMP（N- 甲基吡咯烷酮）回收系统组成，两种涂敷工艺都有成熟的生产设备，为业内广泛采用（图 2-239）。转移式涂敷工艺适合连续化生产，但存在涂敷速度慢和起涂位置涂敷量不均匀的问题。挤出式涂敷是近几年生产商采用较多的工艺路线，这种电极制造工艺涂敷速度快，适合规模化生产。

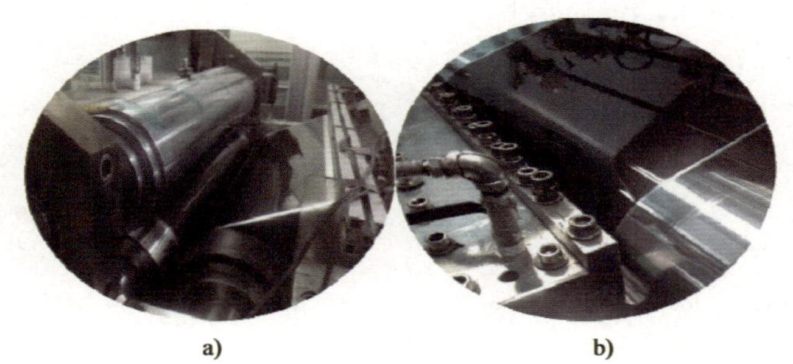

a)　　b)

图 2-239 典型的涂敷设备示例

a）转移式　b）挤出式

根据电极设计，电极需要间歇涂敷或连续涂敷。间歇涂敷的电极每间隔一定长度需留一定尺寸的空白金属箔，转移式和挤出式的涂敷设备均可满足要求；连续式涂敷的电极长度方向连续涂敷，但在宽度方向往往需要留有一定宽度的空白金属箔，挤出式的涂敷设备适合这种要求，因此对需要连续式涂敷的动力蓄电池电极，挤出式涂敷设备使用比例远高于转移式涂敷设备。

电极涂敷工序是锂离子蓄电池制造的关键工序，电极的质量直接影响电池的性能。在电极涂敷过程中，关键控制工艺点包括但不限于涂敷速度、烘干区温度、风速、风量等。为及早发现过程变量，制造过程一般会用（但不限于）涂敷量、涂敷尺寸、首尾厚度、黑度、NMP（N- 甲基吡咯烷酮）残留、剥离强度等指标表征电极质量。

关键参数的在线测量是早期发现制造缺陷的有效手段，电极涂敷量在线测量是目前动力蓄电池生产过程中普遍采用的方法。

在电极的制造过程中，停机、换型是经常发生的，在这些时点必须对浆料的输送管道进行彻底的清洁，以防止因浆料长期在管道滞留产生的结块现象和不同体系的浆料混料对产品质量产生不良影响。随着生产规模的扩大和制造过程自动化影响，输浆管道的清洗难度和复杂度上升，自动管道清洁系统是解决问题非常有用的方法。这种自动管道清洁系统一般通过弹性球的收发装置，利用压缩空气吹顶清洗球在管道内移动，达到对浆料管道的清洗。其优点表现为：清洗自动化，不需要人工，不需要拆解浆料输送管道。

我国锂电池涂布机（图 2-240）经过将近 15 年的发展过程，逐渐形成了一个年产值近 15 亿元、生产厂家 50 多家的一个特定产业群体，主要分布以在华南地区为主体，华东地区、华北地区为辅的产业群，特别是从 2007 年起 10 年时间进入快速发展阶段。另外，我国近 3 年也加大了产业政策的支持，在总体支持锂电池产业发展时，也对锂电池设备做了专项支持，使国产涂布机产业的整体水平得到了提高，挤出涂布技术应用和干燥技术及控制技术有了大幅度的进步和提升，但是也存在相关问题：

图 2-240　双层狭缝式挤压涂布机

① 对基础理论研究有待完善，在流变学研究、空气动力学、精密控制、张力控制、纠偏控制技术等方面还有很多工作要做。

② 创新能力不足，同质化竞争情况严重。

③ 跨行业涂布技术应用少，不能形成跨行业联合技术。

涂布机未来发展方向：

① 应用工业总线技术与 MES 系统形成一个大数据系统，为云计算提供准确的数据支撑，为未来数字化工厂的实现打好基础。

② 高效率：涂敷速度达到 120~180m/min，双模头同侧正反面同时涂布技术的应用，既提高了效率，又提高了质量。

③ 全智能化涂布机：在输入了准确的边界条件后，无人化、智能化完成涂布工作。

④ 多功能涂布技术应用，例如多腔不同材料同时涂布，减少多次涂布带来的质量隐患。

⑤ 新的干燥技术应用，随着材料的进步，新型干燥方式会出现，例如 UV 干燥方式、红外干燥方式等。

2. 辊压

电极辊压是将涂敷好的电极通过辊压的方式进行最终成型的过程，是电极质量形成的关键过程。锂离子蓄电池的电极为多孔电极，电极密度、孔隙、孔径指标直接影响电极的电化学极化与浓差极化特性，对电池的容量、倍率性能、循环寿命会产生至关重要的影响。因此，电池的正极或负极完成涂敷后不能直接在电池装配中使用，需要通过辊压将电极压至一定的密度，以使电极保持合适的密度、孔隙、孔径等，才能发挥材料的实际特性。

电极的辊压工艺一般分为冷压和热压两种，生产商可根据自身需要选择适合的工艺。相比冷压工艺，热压工艺可以更好地消除碾压应力，热压成型的电极在随后的加工过程中厚度反弹率较低。电极的辊压过程中，辊压机（图2-241）辊的直径、间隙、压力、辊压速度作为过程输入，对电极性能有非常大的影响，通过试验设计（Design of Experiment，DOE）可以很好地确定合适的工艺参数，保证电极的质量。同时，过程检验也是非常必要的，早期一般通过首样、定期监控、尾样测量监控辊压后电极的厚度，这种测试方法需要停机或降低辊压速度，因此会造成测量过程中电极厚度的变化；在线厚度测量方法的使用，从根本上消除了这种过程检验带来的电极厚度变化问题，可以有效提高电极一致性。

图2-241　辊压机

辊压机目前国内生产厂家有接近10个厂家，总体来讲，国内的制造技术近几年在快速提升。但是在以下几方面仍存在问题如下：

① 高精度的辊压技术还有待进一步开发和深入研究。

② 热压技术还刚刚起步，技术上有待完善。

③ 辊压机的寿命还有待提高，主要是热处理技术还有待提高，辊子的表面处理技术还有待进一步研究和开发，使得辊子的耐磨特性和寿命得到提升。

辊压的主要技术参数如下：

① 走带速度：目前40~60m/min，未来80~160m/min。

② 厚度误差：实现厚度自动闭环，精度±1μm。

③ 双辊线速度差0.5%以内。

辊压机下一步发展的方向有以下几方面：

① 智能辊压机系统可以根据极片的状态调整轧机，以达到最佳辊压质量，形成闭环控制。

② 预变形热压技术，在辊压工作状态下实现高精度。

③ 精密控制技术的应用，例如双辊同步一致性的控制技术。

④ 高速辊压，料卷的自动更换，物料的自动衔接。

⑤ 辊压分切一体化技术，提高制造效率，减少操作人员的数量。

3. 分切

分切指将辊压后的宽幅电极通过分切机分切成卷绕或冲片需要的宽度的过程。

分切工序的关键控制指标主要是宽度和毛刺长度，这两个指标均与安全相关，是过程控制的关键点。对于采用卷绕极组的电池，电极的宽度可以影响正负极的对齐度，而对于叠片式极组的电池，电极的宽度要求要宽松一些，以不影响极片冲切成型为宜。毛刺是分切工序质量控制的重中之重，毛刺分为横向毛刺和纵向毛刺，其中纵向毛刺的控制尤为重要，在IEEE1725中，纵向毛刺以所用隔膜厚度的一半为标准，这个标准不是绝对的，在实际的操作中可以参照执行。

对于卷绕式的方形或软包电池，在极组卷绕之前需要通过冲切或裁切方式将极耳成型。极耳成型多采用五金冲模成型，这种方式工艺成熟，粉尘度低，但对冲模的要求较高，且工装模具成本较高，尤其是刀模的维护使用成本较高，换型困难并且成本高。近年来，采用激光裁切方式进行极耳成型加工开始兴起，这种加工方式不需冲模，制造成本低、效率高，但加工过程产生粉尘较多，对电池自放电有一定影响，目前设备制造商通过各种方式消除加工过程的粉尘，对粉尘的控制基本达到制造过程的要求，因此近两年，采用激光裁切方式进行极耳成型的生产企业逐渐增多，大幅度降低了单体蓄电池的换型成本。

我国锂电分切机市场是从原来的塑料和印刷等其他行业衍生过来的，目前在行业内制造分切机的厂家近 20 家。随着技术进步以及锂电池厂家的支持已经可以替代大部分进口。

国产分切机存在的主要问题如下：

① 分切刀片还是依赖进口，国内还不能从根本上解决这个问题，国产刀片的质量、寿命、稳定性还不达标；

② 精密的控制技术还有待提高，张力纠偏及对蛇形弯的控制还有一定差距；

③ 对分切过程中的粉尘控制办法少，影响未来高端电池生产的质量；

④ 长期稳定性还要加强。

分切机（图 2-242）未来发展方向：

① 分切方式的应用会越来越多，由于制造过程中的工艺要求，激光分切方式有可能会成为未来的发展主流，主要特点是高速（80~160m/min 分切速度）、无毛刺、无应力、无波浪边和不用换刀，或者有些企业会走向组合分切技术，即刀模与激光切割组合应用；

② 自动换卷、自动物流衔接成为未来无人化工厂的必要手段；

③ 数字化、智能化控制提升制造质量。

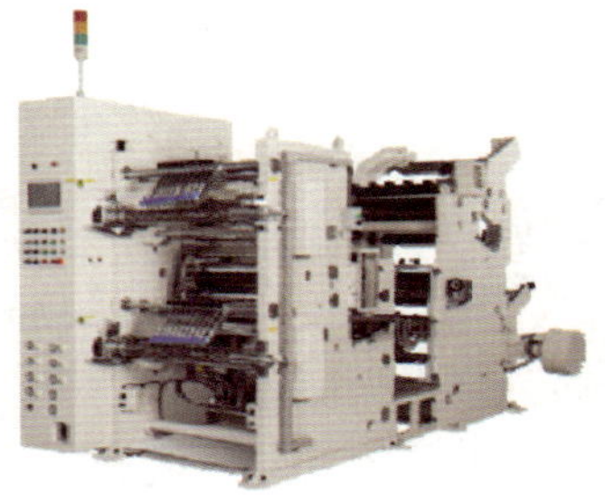

图 2-242　分切机

2.4.3.3　芯包制备系统

芯包制造是锂离子蓄电池制造的主要工序，主要影响锂离子蓄电池的安全性、一致性、制造效率及制造成本，是锂离子蓄电池制造质量的关键工序。

1. 主要工艺

电池芯包制造包括两种主要的工艺，即卷绕工艺和叠片工艺。卷绕的特点是制造效率高、边缘少、毛刺容易控制，但容易变形，内部应力分布不均匀，导致电池长期循环寿命出现差异。卷绕（图 2-243）的核心技术在于张力控制、卷绕变形的控制。叠片工艺的特点是极片组装应力小、变形小、分布均匀，加上铝塑膜封装，使叠片电池有较好的长期循环寿命和循环一致性。叠片工艺的缺点是边缘多、毛刺难以控制，需要对单片极片进行操作，提高制造效率有一定的难度。芯包制造设备主要包括制片设备、模切设备、卷绕设备和叠片设备。未来发展方向是制片卷绕一体机和模切叠片一体机。

图 2-243　模切机（卷绕工艺）

2. 制片设备

制片设备主要实现极片卷绕前极耳焊接和贴胶功能，是卷绕的前处理设备。极耳焊接设备主要适应单极耳或极耳数量不多的小型数码电池，负极多极耳焊接由于存在安全隐患，并减少电池的能量密度，所以在动力蓄电池上很少采用。目前，极耳焊接设备的主要发展一是向极耳焊贴胶卷绕一体化的方向发展，二是向高速极耳焊接的方向发展。目前极耳放置的速度为 20~25 只 /min，未来可能到 50~60 只 /min。

还有一种制片是用激光切割集流体，留出极耳实现单体蓄电池导电的引出，称为激光极耳成形机，其主要特点是毛刺小、效率高、可以连续生产，是未来卷绕动力与储能电池制造的理想设备。目前该设备需要解决的主要问题是选择不同的激光及切割参数，保证不会产生集流体的再熔融（即不产生金属瘤），同时保证切割的粉尘足够小，并且不会飘到极片上。激光极耳成形机的发展方向是宽幅、多条、多激光路同时切割，目前的切割速度可以达到 25m/min 左右，未来随着激光技术的进步可能到 40~60m/min 的速度。

另外，业内也在批量应用五金模极耳成型机，其主要特点是用双模具切割集流体形成导电极耳，同时实现极耳的变间距，极片可以是连续行走或间隙行走，主要特点是集流体较薄，冲切毛刺很难控制，导致电池的自放电大，留下安全隐患。另外，受模具寿命的限制导致制造消耗成本很高。

3. 模切设备

模切设备是叠片前的极片分割设备，模切设备主要有五金模冲切、激光刀模冲切、五金模滚切和激光模切。激光刀模冲切的主要特点是刀模便宜、制造方便；缺点是效率不高、毛刺难以稳定控制、刀模的寿命短，只有 1 万 ~2 万次，这种机器只适合小批量或中试生产。五金模滚切和五金模冲切都适合批量生产，滚切由于模具制造复杂，成本很高，消耗费用也很高，几乎已经被淘汰了；五金冲切虽然适合大规模生产，但毛刺的稳定控制和模具使用消耗成本都很高，在未来必须提高模具的毛刺控制能力和模具使用寿命，以便保证大规模制造的经济性。

目前，激光模切是未来发展的方向，其主要特点是毛刺小且能够稳定控制，激光编程灵活，适用不同规格的极片，使用成本低。随着激光冷切技术的不断成熟，切割金属瘤的消除，激光模切必然成为未来极片模切的主要工艺而广泛被工业界接受。

4. 卷绕机

锂电池自动化生产设备的出现始于日本 Kaido 公司于 1990 年成功研发的第一台方形锂电池卷绕机。韩国 Koem 公司于 1999 年成功开发出锂离子蓄电池卷绕机和锂离子蓄电池装配机。随后锂电池自动化生产设备开始发展起来，但日韩始终处于领头羊的地位，凭借良好的技术与声誉占据着市场的主要份额。国内卷绕制造设备始于 2006 年，从半自动圆形、半自动方形卷绕、自动化制片开始，之后是组合自动化，制片卷绕一体机。

经过不断的迭代更新，目前方形全自动卷绕机（图 2-244）具备如下性能特点：

① 极片具备多级有效纠偏系统，电荷耦合器件（Charge Coupled Device，CCD）结合纠偏机构，实现纠偏闭环。

② 卷绕张力实时检测并与调节机构闭环控制。

③ 具备多极耳卷绕防翻折和翻折检测功能。

④ 具有检测正、负极片来料不良标记功能，对不良极片单独卷绕，自动剔除。高速直驱方形卷绕机技术指标可达到卷绕线速度：2m/s；对齐度：±0.5mm，张力波动小于 5%；高速 21700 及其他圆柱形电池高速卷绕机（图 2-245）相关性能为 21700 卷绕 30 只 /min，32131 卷绕 12 只 /min，对齐度：±0.4mm，张力波动小于 5%。不可否认，基于多年的技术沉淀和积累，卷绕工艺在生产设备、技术工艺、效率、成本等方面都具有明显的优势，但在车规级动力蓄电池对于标准化、大容量和大尺寸的需求趋势下，卷绕工艺已经开始“力不从心”。主要问题是卷绕工艺的单体蓄电池内部结构界面不均一，充放电时电极的反应程度不均匀；而且，电池难以做大做厚，存在内在变形问题，随着能量密度提升的要求，负极逐步导入硅负极体系，由于硅负极极片膨胀大，卷绕式极组容易出现内圈极片断裂，影响电池使用寿命，限制了硅材料添加量。

图 2-244　方形全自动卷绕机

图 2-245　圆柱形电池高速卷绕机

卷绕机未来发展方向：

① 高速、高精度：卷绕极片的线速度达到 3m/s，卷绕极片对齐精度达到 ±0.3mm。

② 设备实现数字化、智能化控制：卷绕张力，极片、隔膜的对齐度实现在线监控，卷绕参数和最终电池性能参数实现闭环优化，实现卷绕合格率提升。

③ 激光模切卷绕一体化，卷绕与叠片结合实现卷绕式叠片机。

5. 叠片机

动力蓄电池目前的主流生产工艺，无论是以特斯拉和松下主导的圆柱形电池路线，还是以三星、CATL 主导的方形电池路线，仍还在沿用数码锂电时代的卷绕制造工艺。但在车规级动力蓄电池对于标准化、大容量和大尺寸的需求趋势下，卷绕工艺仍需要深度开发。动力蓄电池制造工艺面临升级，在此背景下，叠片工艺具备接触界面均匀、内阻低、能量密度高、高倍率特性好、不容易变形等综合优势，已经成为产业下一步发展的必然趋势。国内叠片机始于半自动叠片机，逐步发展为由叠片机械手、叠片台、叠片料盒、尾卷收尾机构、下料机构及机架几部分组成的新一代叠片机。叠片机经过几代技术更替，目前叠片机产品主要有全自动叠片机、切叠一体机、制袋叠片一体机以及复合式叠片机等。复合式叠片机已成为新一代主流叠片机，主要具备以下功能特点：

① 集成制片、叠片、热压一体，高效节能省空间。

② 正极、负极切片和两层隔膜热复合，隔膜张力均匀，隔膜不起皱。

③ 机器人加视觉定位，避免极片定位直接接触，叠片定位更高速、更精准。

④ 单体蓄电池性能更好（避免错位、重片、隔膜起皱、隔膜变形）。

⑤ 整机密封外罩，过程粉尘控制，风机过滤机组过滤等。

按照叠片工艺生产出来的单体蓄电池能够实现尺寸灵活，不受卷绕卷针结构的限制，层叠方式生产，极片的界面平整度高，未来在车规级动力蓄电池领域将得到广泛应用。数据显示，和传统卷绕工艺电池相比，叠片工艺的电池边角处空间利用率更高，能量密度可提高 5% 以上；全生命周期更低变形和膨胀，循环寿命提升 10% 以上；边缘结构更简单，结构适应性更好，电池安全性更高。

尽管叠片工艺对于动力蓄电池性能的提升优势明显，但摆在产业链企业面前的现实问题是，受制于设备、工艺、制造、效率等的瓶颈，叠片工艺在实际的产业化应用中还面临着诸多难题，这也成为动力蓄电池行业发展过程中的阻碍。仅以叠片设备为例，其就面临三大困境，一是设备效率低，目前叠片机行业效率普遍在 0.8s/ 片的效率；二是折叠过程中的对齐精度不高，从而影响电池的最终性能；三是模切和叠片的连贯自动化程度偏低。

叠片机（图 2-246）未来发展方向：

① 高速叠片，达到 0.1~0.2s/ 片，叠片精度达到 ±0.3mm。

② 卷绕式叠片，模切叠片一体机，复合叠片一体机。

③ 叠片机的数字化控制，对叠片生产数据、设备数据、质量数据在线检测、监控、闭环优化。

第2章

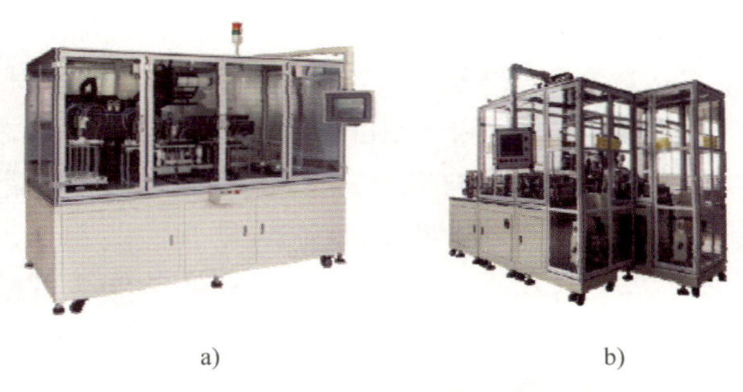

a) b)

图 2-246　叠片设备实物

a）叠片设备　b）模切叠片一体机

2.4.3.4　单体蓄电池装配系统

1. 单体蓄电池装配制造设备的现状

单体蓄电池装配线按照外壳的不同分为圆柱、软包、硬壳、塑料壳，不同的壳体及单体蓄电池内部结构，单体蓄电池装配线的区别也很大。不仅难以实现自动化，而且单体蓄电池装配受产能及零部件的影响，制造合格率也很低。圆柱电池主要型号为 18650 和 21700，型号标准和设备标准不断优化，稳定性好，其制造合格率高，电池制造成本也比较低，而方形硬壳和软包由于其品种太多，每种品种的产能偏低，难以形成规模效应，制造设备没法标准化，设备稳定性差，因而其制造合格率低，电池制造成本高。

2. 单体蓄电池装配设备存在的问题

① 电池产品繁多，产能规模不大，设备不断变化，用全自动线的企业开工也不足，难以提高电池制造质量。

② 由于制造规模小，制造工艺、制造装备研发投入不足，自动化程度不高。

③ 由于电池结构不断变化，一些先进的制造工艺引入缓慢，影响制造质量的稳步提升。

3. 单体蓄电池装配设备发展的未来

① 单体蓄电池装配真正能够得到很好的发展，应该规范电池的型号，减少电池的品种，达到规模自动化的条件，让自动线具备满负荷运行的条件。

② 未来单体蓄电池装配必须实现全自动、无人化生产，过程自动监控，质量在线检测，建立数据模型，实现数据闭环控制。

2.4.3.5 干燥注液系统

1. 电池干燥注液制造设备的现状及总体进展

目前，注液分为圆形 18650、21700，方形（软包）和动力蓄电池几种类型，但无论什么形状都面临因容量增加、电解液浓度改变、电池空间减少等问题，而使注液吸收困难、注液工艺效率大大降低。目前，国内的半自动和转盘的注液方式，具有效率低、自动化程度低、需要大量人员操作及维护困难等缺点。若要满足生产需求，电池生产厂家需要购买几十台乃至更多注液设备，不但占地面积大，厂房能耗也相应增加。国外的注液设备，虽然在效率上有所提高，但价格昂贵，少则几百万元，多则几千万元，是国产设备的数倍，而且售后维护以及配件的购买都相当麻烦。目前，注液机产品主要有等压式自动注液机、直线式自动注液机和转盘式自动注液机等。高效的直线式自动注液机可以保证电池精密注液，保证电池的浸润性能，增加设备静止循环储藏空间和多次注液等功能，实现自动批量循环生产，高效节能，并能更好取代进口设备在国内的市场。

2. 电池干燥注液设备存在的问题

① 注液精度低。目前的注液精度为注液量的 ±0.5%，影响电池的一致性，注液精度越高，电池的一致性将越高。

② 注液效率低。目前，等压式注液机和压差式注液机是在低真空状态下进行注液的，注液效率较低，以 2714891 电池型号为例，一次注液的时间 20~25min，渗液时间长，效率低。

③ 漏液。注液杯和电池分离时，会有残留电解液泄漏，对设备周围部件造成腐蚀，缩短了设备使用寿命；另外对车间员工身体造成伤害。

3. 电池干燥注液设备发展的未来

① 数字化烘烤：自动检测烘烤效果，物料全自动化，烘烤参数在线监测控制。

② 实现连续烘烤，减少物料暂存时间，降低物料占用资金。

③ 干燥与注液的自动连接，无人化生产。

④ 设备的耐磨，耐电解液防护设计。

⑤ 烘烤、注液、预化成一体化设备。

⑥ 大规模自动化连续生产设备（图 2-247）。

图 2-247 全自动真空干燥注液机

2.4.3.6 化成分容系统

硬壳化成工艺：恒流充电→恒压充电→恒流恒压充电→搁置。

软包化成工艺：热冷压→恒流充电→恒压充电→恒流恒压充电→恒流放电。

化成分容是锂离子蓄电池生产的最后工序环节，主要分为活化、化成、容量检测（分容）、开路电压及内阻检测，其中，化成和分容是生产中用量最大的设备（图 2-248~图 2-250）。针对不同电压的电池和电池组合，也用不同的充放电模式和电压匹配模式。电池化成分容设备的主要要求是精度高、稳定、能耗小，长期寿命长，对 10A 电流以上的分容设备应该具有能量回馈功能，以满足节能、降耗、设备稳定的要求。

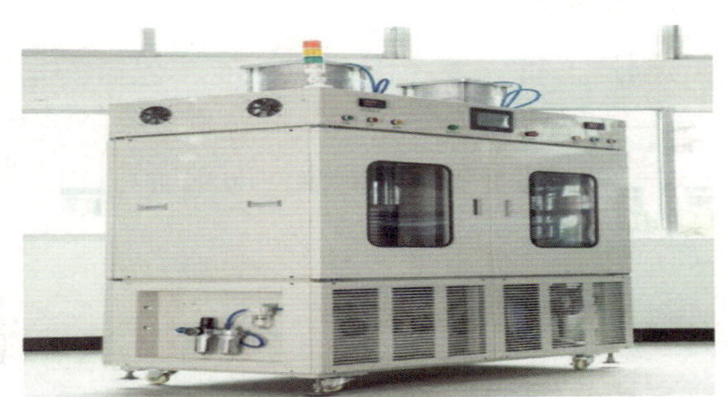

图 2-248 立式手动化成机

图 2-249 卧式手动化成机

图 2-250 自动热冷压化成机

为减少人的劳动及操作的准确性，对于规模生产的企业，一般采用自动化物流，或立体库化成分容，并能够实现单体蓄电池的检测数据和生产过程的数据自动追溯功能。

化成分容设备存在的问题：

① 设备精度、稳定性仍需要提高，一般 10A 以下的电源每个月需要标定一次，没有能量回馈的电源几乎每周需要标定一次，并且电源的寿命 3 年左右。

② 化成分容大部分的都是独立设备，目前企业都在以服务为主，整体解决化成车间的方案，而不是仅仅单台套设备。

将来，为满足大规模生产的要求，化成分容设备需要满足如下要求：

① 数字化网络控制的化成、分容、开路电压测试、自动加电、自动物流、立体仓库、数据集中管理共享，实现异地制造。

② 带能量回馈的检测设备是行业发展的必然，主要目的不仅仅是为了节能，对于分容设备的稳定性、准确性，保证设备的长寿命都是有意义的。

③ 智能化成，控制 SEI 膜均匀、致密地生成，保证电池的一致性。

④ 结合前工序，开展电池失效模式分析，建立专家库，优化电池制造工艺是未来发展的重要方向。

2.4.4 动力蓄电池的智能制造

2.4.4.1 动力蓄电池智能制造的需求（图 2-251）

动力蓄电池的设计与制造，首先要考虑电池性能，包括安全性、合格率、一致性、制造效率等。这其中，安全性包括设备安全、制造过程安全、应用安全等。目前，新能源汽车安全事故频发，大部分是电池本身的安全性问题所致，提高动力蓄电池的安全性已经迫在眉睫。

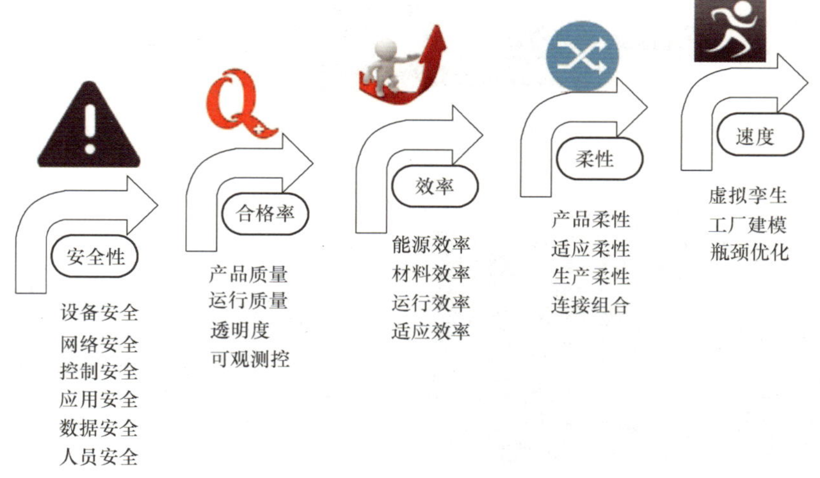

图 2-251 动力蓄电池智能制造需求

目前，行业电池一次制造合格率（又称直通率）处于 90% 左右的水平，目标是 2025 年提升到 95% 以上，合格率的提升可以直接降低电池制造成本，能给电池制造企业带来

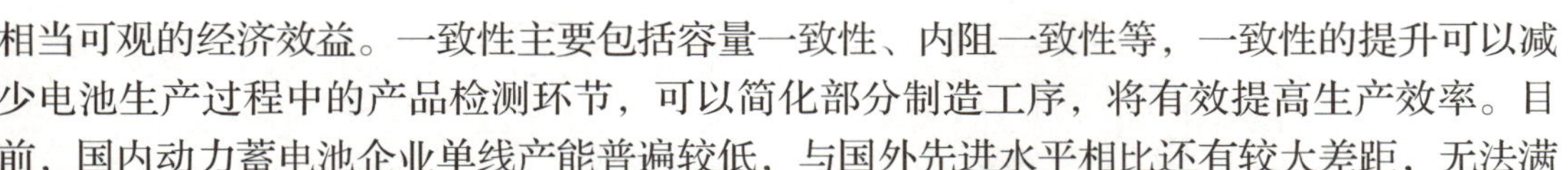

相当可观的经济效益。一致性主要包括容量一致性、内阻一致性等，一致性的提升可以减少电池生产过程中的产品检测环节，可以简化部分制造工序，将有效提高生产效率。目前，国内动力蓄电池企业单线产能普遍较低，与国外先进水平相比还有较大差距，无法满足高速增长的新能源汽车市场对动力蓄电池产能尤其是高端产能的迫切需求。

提高动力蓄电池制造的安全性、合格率、一致性及制造效率等指标，是动力蓄电池制造不断努力的目标，要实现这个目标必须在涂布、卷绕、叠片和组装等核心装备的制造能力上有大幅度提升，而且必须实现材料技术、电池技术、设备技术和智能控制技术等方面的全面突破，采用标准化、数字化、智能化等技术手段，是实现动力蓄电池大规模、高质量制造的必然途径。

2.4.4.2 动力蓄电池智能制造路线图

图 2-252 是动力蓄电池智能制造实现路径图，总体来说，动力蓄电池智能制造的基础是高度自动化、标准化、模型化，并通过融合信息技术实现数字化和智能化。

1. 标准化

目前，《国家智能制造标准体系建设指南》(2018 年版)(下面简称《指南》)已经发布。正如《指南》所讲:“智能制造、标准先行”，动力蓄电池大规模制造需要采用标准化的手段，需要一系列标准体系的支撑。动力蓄电池技术起步较晚，其设计、制造、检验、使用缺少完整标准，尤其针对锂电池行业装备的互联互通准则、集成接口、集成功能、集成能力标准，现场装备与系统集成、系统之间集成、系统互操作等集成标准严重缺少。面对动力蓄电池智能制造发展的新形势、新机遇和新挑战，有必要系统梳理现有相关基础标准，明确动力蓄电池制造集成的需求，从基础共性、关键技术以及动力蓄电池行业应用等方面，建立一整套标准体系来支撑动力蓄电池产业健康有序发展。国家智能制造标准体系架构结构图如图 2-253 所示。

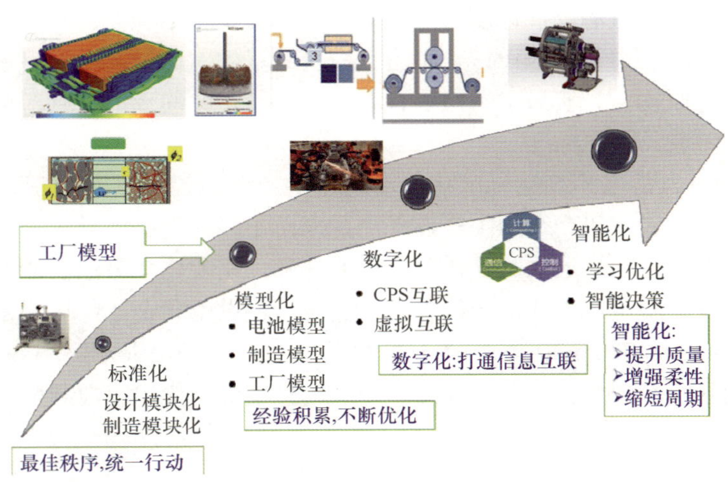

图 2-252 动力蓄电池智能制造实现的路径图

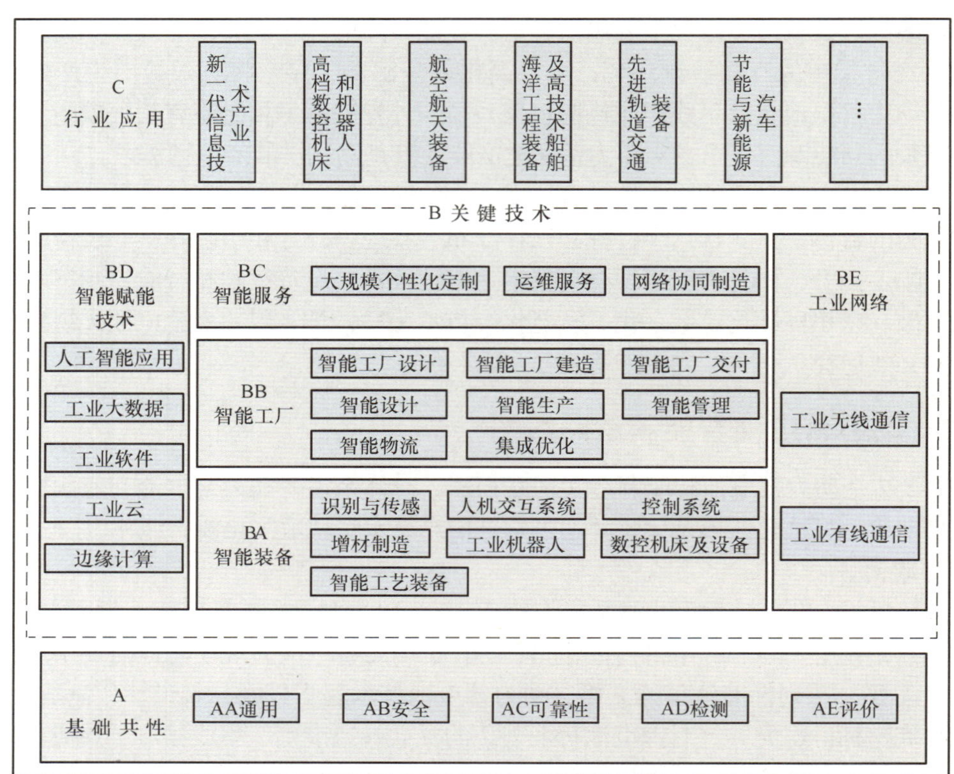

图 2-253　国家智能制造标准框架体系结构图（2018 年版）

首先要实现电池规格的标准化。目前国内动力蓄电池企业有多种电池规格型号，意味着需要有多种不同的生产工艺和生产线，这严重限制了动力蓄电池大规模制造能力的提升。借鉴目前国外动力蓄电池制造的先进经验，需要大幅度缩减电池规格型号。

其次要实现动力蓄电池设计标准化。需要建立动力蓄电池领域元数据标准，元数据是关于数据的数据，是动力蓄电池设计、制造、应用的基础。科技部国家科学数据共享工程的《元数据标准化原则与方法》中规定了领域元数据制定时的选取原则，可以参照此原则制定动力蓄电池领域元数据标准。

最后要实现动力蓄电池制造标准化。动力蓄电池制造过程复杂，工艺流程长，产线生产设备众多，而且同一条产线的生产设备往往来自不同的设备厂家，采用不同的通信接口和通信协议，设备之间缺乏互联互通互操作的基础。需要建立电池制造过程数据字典标准，统一设备模型，制定设备通信接口规范，实现产线设备和企业信息化系统集成，实现运营技术（Operational Technology，OT）与信息技术（Information Technology，IT）深度融合，利用工业互联网平台，实现企业内、外部信息集成，优化电池制造资源配置及过程管控。

2. 模型化

数学模型是智能化的基础，是把制造工厂、物料、机器、过程转化为计算机可以识别、优化、提升的基本手段。动力蓄电池制造需要建立包括电池模型、工厂模型、设备模型、工艺模型，以及质量模型等（图 2-254）。

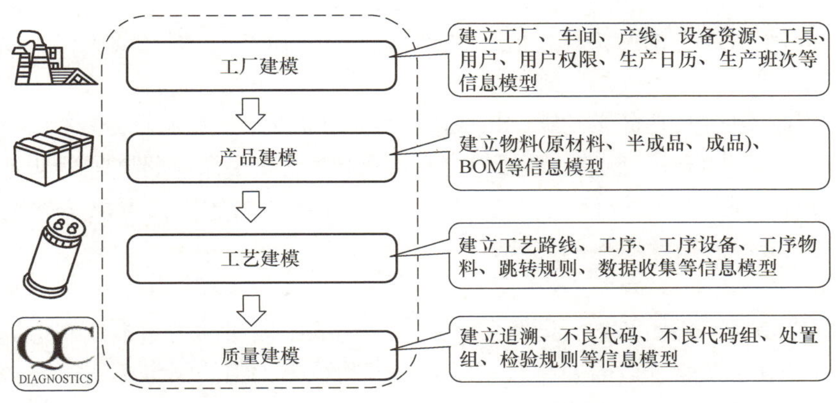

图 2-254 动力蓄电池制造模型体系

模型化是实现数字制造的基础，模型需要能准确完整描述对象的真实属性，同时，模型的建立是一个不断调整优化的过程。

3. 数字化

动力蓄电池行业需要建立数字化研制体系（图 2-255），包括数字化设计、数字化制造及数字化应用等方面。

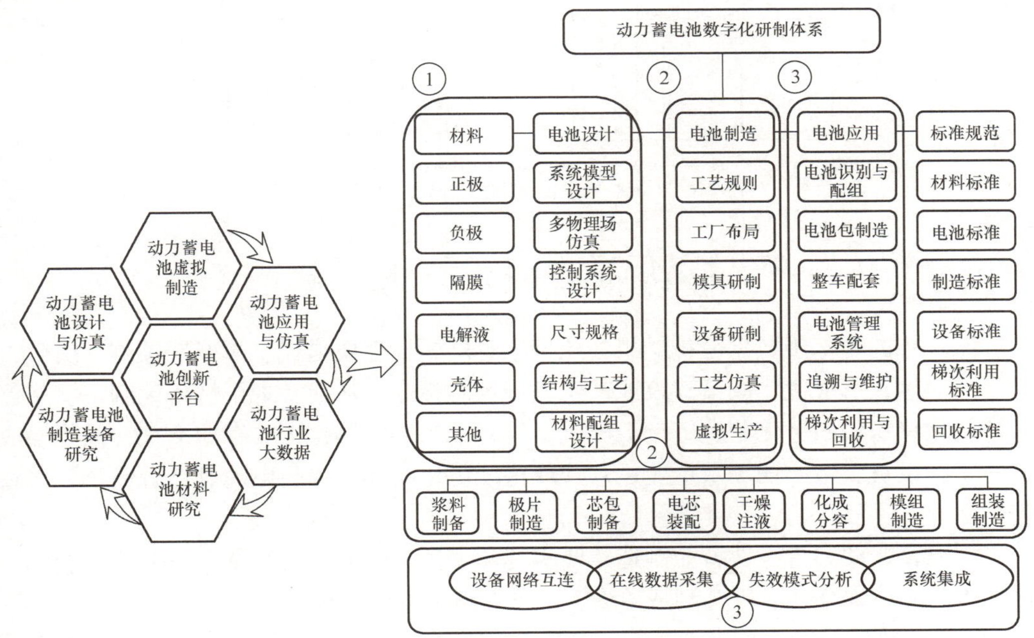

图 2-255 动力蓄电池数字化研制体系

数字化设计：电池设计包括材料设计、结构设计及工艺设计等。电池设计过程需要应用专业的产品设计工具、结构设计工具，需要建立电化学仿真模型、电池寿命模型等。

数字化制造：包括工艺规划、设备研制、系统集成等。需要运用工厂仿真、过程仿真、虚拟调试等技术手段，建立起实际生产过程与虚拟生产过程的数字化双胞胎映射系统。设计人员利用软件提供的仿真环境，对产品及生产过程进行设计及优化，以加快产品从构思到投产的周期，减少失误，降低成本。

数字化应用：包括电池质量控制、电池追溯系统的建立、产品大数据分析等。数字化应用需要建立动力蓄电池设计、制造、质量追溯及梯次利用等全生命周期数据管理应用平台。

通过动力蓄电池数字化设计、制造、应用全流程系统的建立，可以实现电池高效设计、高质量、低成本制造及可靠的安全管控。

4. 智能化

有了模型化和数字化的基础，还需要利用智能化的手段将动力蓄电池制造提高到更高的水平。动力蓄电池智能制造需要将过去以人的经验积累为主的思维模式，向数字模型分析积累为主的智能模式转变，如图 2-256 所示。

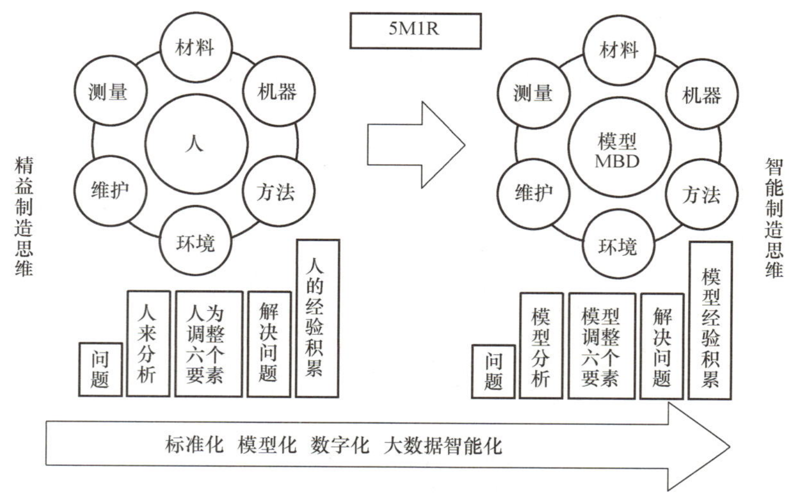

图 2-256 动力蓄电池智能制造思维方式

智能化指的是基于数据分析结果，挖掘隐形问题，生成描述、诊断、预测、决策、控制等不同应用，形成优化决策建议或产生直接控制指令，从而实现个性化定制、智能化生产、协同化组织和服务化制造等创新模式，并将结果以数据化形式存储下来，最终构成从数据采集到设备、生产现场及企业运营管理持续优化闭环，提高电池制造合格率、一致性和安全性。

概括而言，动力蓄电池智能制造是要实现基于模型的数字化和基于数据的智能化，最后达到提升制造安全性、提升制造质量、降低制造成本的目标。

图 2-257 描述了动力蓄电池智能制造的集成架构，动力蓄电池智能工厂的建立需要集成从产品设计、生产执行到应用服务的所有要素。建立起统一的大数据平台，从而实现工厂内部完全基于数据和模型的端到端智能化设计制造，实现多学科集成设计、生产执行可视化管控、生产及检测设备互联互通、企业信息化系统深度融合，实现全要素集成的有机

整体。这里涉及一系列关键技术，包括网络集成技术、制造设备集成技术、数据集成技术、工业软件及信息系统集成技术等。

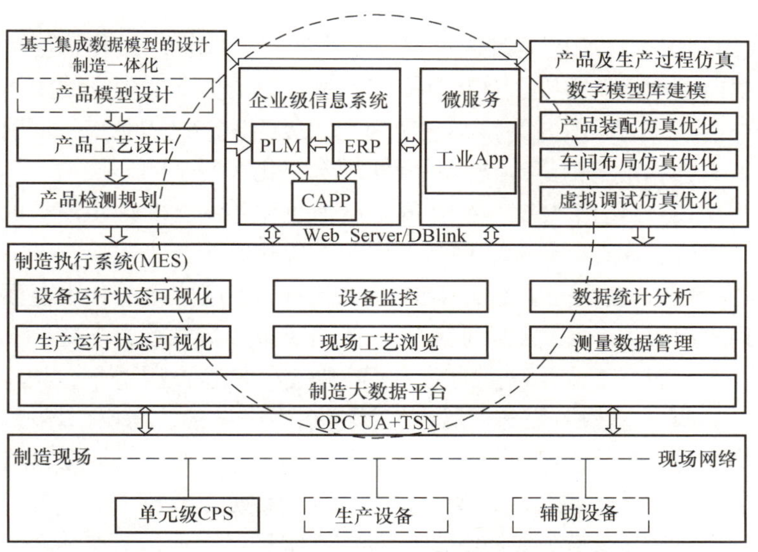

图 2-257 动力蓄电池智能制造集成架构

动力蓄电池智能制造需要建立起体系化的生产执行制造及应用服务平台，图 2-258 描述了该平台架构。平台分为 L1~L5 五层架构：

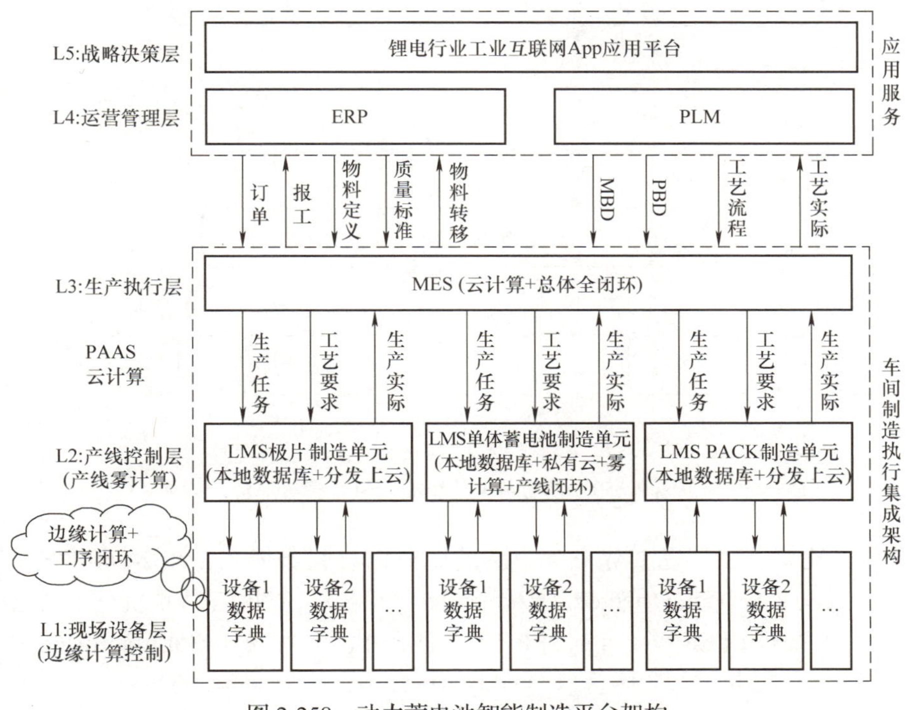

图 2-258 动力蓄电池智能制造平台架构

L1 是现场设备层，主要包括动力蓄电池生产设备，通过建立规范的数据字典对设备对象进行抽象描述，实现设备数据采集与集成，利用智能硬件和软件算法实现边缘计算及工序闭环。

L2 是产线控制层，按照电池制造过程分工段实现产线生产过程管控，同时实现本地数据处理及数据向上层系统分发，利用私有云及雾计算的方式实现产线闭环。

L3 是生产执行层，以 MES 为核心，实现车间级的生产过程管控，同时与企业运营管理、决策系统集成，利用云计算等技术手段实现数字化车间全闭环。

L4 是运营管理层，包括 PLM、ERP 等工厂信息化系统，实现工厂级的资源调度，包括设计、生产、物流、库存、订单、财务等资源的优化整合。

L5 是战略决策层，主要是构建科学的企业级经营决策体系，利用全面准确的数据分析，形成一系列应用服务系统，给企业运营、战略决策等提供有力支持。

图 2-259 描述了基于工业互联网的动力蓄电池智能制造微服务平台架构。工业互联网平台的本质是：数据 + 模型 = 服务。数据来源包括生产设备、物料、环境、软件系统等，模型分为机理模型与数据分析模型；工业互联网平台通过虚拟化技术实现存储、计算、网络等资源的灵活配置，结合数据化模型。对各种异构数据进行整合、处理、提炼，形成设备控制、过程管控、质量优化、协同设计、预测性维护、企业运营决策等一系列微服务模型，最终建立起智能工厂的应用服务平台。

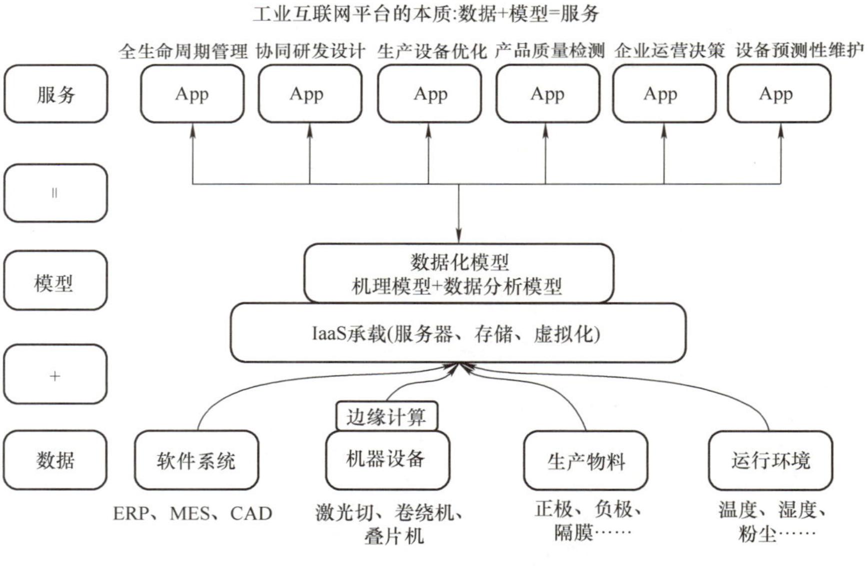

图 2-259　动力蓄电池智能制造微服务平台

动力蓄电池智能工厂需要建立起完备的企业信息服务体系，图 2-260 描述了企业集成面向服务架构（Service-Oriented Architecture，SOA）。企业信息系统包括企业资源计划（Enterprise Resources Planning，ERP）、制造执行系统（Manufacturing Execution System，MES）、质量管理体系（Quality Management System，QMS）、仓储管理系统（Warehouse Management System，WMS）、客户关系管理（Customer Relationship

Management，CRM）等，需要建立开发的 API 接口平台，实现各系统的有效集成。通过企业服务总线（Enterprise Service Bus，ESB）将传统的蜘蛛网形式的信息网络架构转变为总线架构，解决不同系统之间的连通、路由及数据转换。

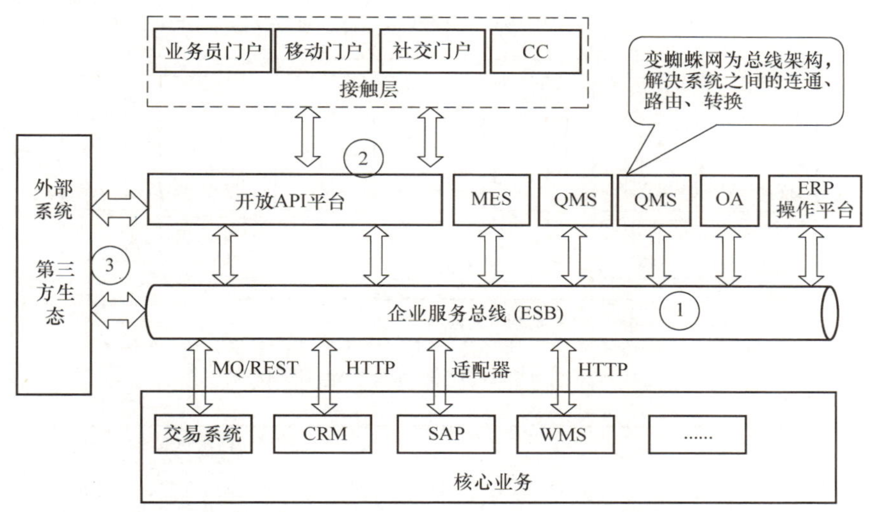

图 2-260 动力蓄电池智能制造集成 SOA 架构

通过面向服务的组件模型，将应用程序的不同功能单元（称为服务）进行拆分，并通过这些服务之间定义良好的接口和契约联系起来。接口是采用中立的方式进行定义的，它应该独立于实现服务的硬件平台、操作系统和编程语言。这使得构建在各种各样的系统中的服务可以以一种统一和通用的方式进行交互。

这样一种架构可以实现企业核心业务层、门户接触层及外部第三方系统的无缝集成，形成完整的服务生态系统。

动力蓄电池制造过程复杂，工艺流程长，主要分为极片制造单元、单体蓄电池制造单元和电池包（PACK）制造单元，全流程影响电池质量的关键控制点超过 2000 个，包括来料尺寸、黏度、固含量、张力、对齐度、温度、湿度等。为了有效控制电池生产质量，需要建立电池从原材料、单体蓄电池到电池包全流程完整的追溯体系，构造大数据质量闭环优化系统。首先需要按生产工段分别建立极片制造、单体蓄电池制造及电池包制造的质量数据闭环系统，实现产线数据闭环，在此基础上完成全流程数据集成，实现完整的电池制造大数据分析与闭环系统（图 2-261），通过闭环反馈，持续优化，不断提高电池制造质量。

2.4.4.3 动力蓄电池智能制造系统集成标准体系

图 2-262 是 2018 年深圳吉阳智能科技有限公司联合中国电子标准院、中国科学院沈阳自动化研究所、机械工业仪表综合技术研究所、宁德时代、合肥国轩、天津力神等 11 家动力蓄电池制造单位及标准研究相关单位共同承担的国家智能制造综合标准化项目《动力蓄电池数字化车间集成标准及试验验证平台》，该项目的成功实施将建立我国动力蓄电池智能制造标准体系，为我国动力蓄电池智能制造的实施，提升电池的制造安全性、一致性起到积极的推动作用。

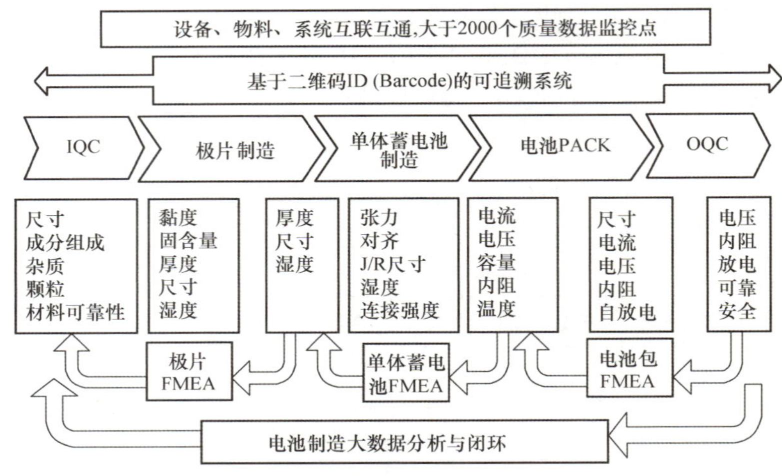

图 2-261 动力蓄电池制造质量闭环优化

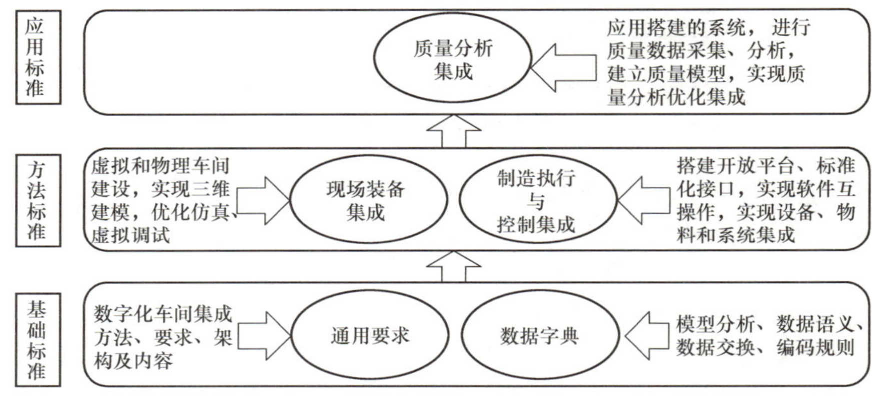

图 2-262 集成标准体系架构

该标准体系是有机整体，是实现模型化、数字化、网络化到智能化的递进升级过程；实现物理车间、虚拟车间连接，智能迭代递进集成；从初级智能到恒定智能，再到开放智能的历程。

2.4.4.4 动力蓄电池智能制造装备的层级

智能装备是智能制造的基础，智能装备可以分成 4 个层级，L1 为基本设备级，设备具备基本结构，满足控制检测与逻辑控制，这个级别设备的制造合格率只有 88% 左右；L2 为工艺模型级，这个级别设备引入了工艺模型，通过导入工艺模型实现制造合格率的提升，这时的合格率在 97% 左右，相当于 4.5σ；L3 为工艺模型优化闭环级，这个级别的装备实现制造工艺闭环，实现设备加工参数修正，可以保证制造合格率达到 99.9% 以上，相当于 5σ；L4 为自学习循环提升级，这时设备通过工艺积累，判断来料和工艺过程的变化，自动修正参数，实现更高质量的加工，这时可以保证 99.99% 以上的制造合格率，相当于 6σ 以上。装备智能化的总体要求如图 2-263 所示。

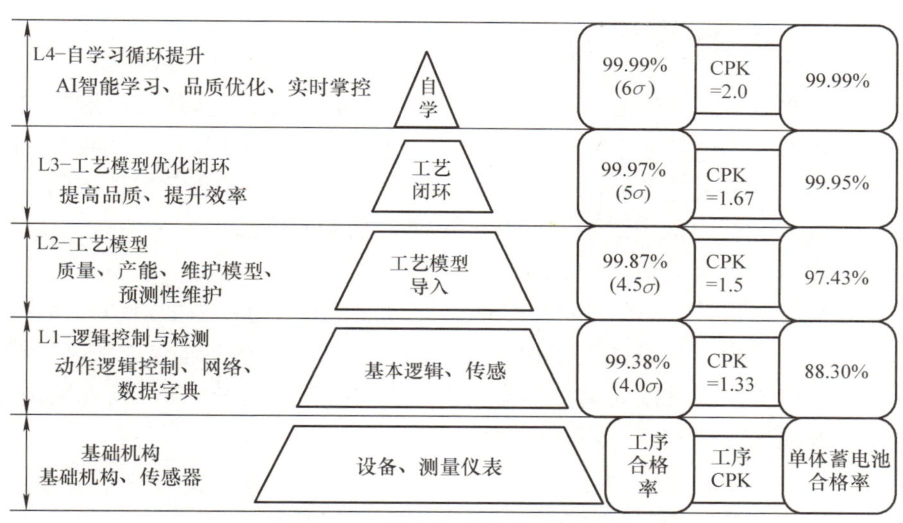

图 2-263　装备智能化的总体要求

2.4.4.5　动力蓄电池智能制造系统成熟度实现的层级

动力蓄电池智能制造系统分类分为制造维度和智能维度，制造维度体现了面向产品的全生命周期或全过程的智能化提升，包括了设计、生产、物流、销售和服务 5 类，涵盖了从接收客户需求到提供产品及服务的整个过程。与传统的制造过程相比，智能制造的过程更加侧重于各业务环节的智能化应用和智能水平的提升。智能维度是智能技术、智能化基础建设、智能化结果的综合体现，是对信息物理融合的诠释，完成了感知、通信、执行、决策的全过程，包括了全资源要素、互联互通、系统集成、信息融合和新兴业态 5 大类，引导企业利用数字化、网络化、智能化技术向模式创新发展。这十大系统根据动力蓄电池企业客户的需求，针对技术发展的状态、技术能力和技术手段及企业自身的目标定位决定每个方面需要实现的能力分为 5 个级别。详细要求参见中国电子技术标准化院发布的《智能制造能力成熟度模型》。动力蓄电池智能制造成熟度分级见表 2-92。

表 2-92　动力蓄电池智能制造成熟度分级

智能级别	基础要素及状态	感知计算	智能功能布局	制造合格率
1 级 规划级	初步规划 单机生产	无反馈	手工抄写数据	小于 80%
2 级 规范级	基于模型设计制造（Model Based Definition，MBD），数字化设计、标准化	状态感知、边缘计算、工序闭环	产能、质量统计、设备诊断、产品追溯	小于 95.0%
3 级 集成级	数字化验证、优化，网络互连、互通透明工厂	综合数据、模型分析、分段闭环	工序闭环、质量、产能反馈闭环，预测性维护，故障预测与健康管理（Prognostic and Health Management，PHM）	小于 99.0%
4 级 优化级	互联互通互操作，设计制造数字孪生，微服务	模型自学习，整体质量闭环	质量自完善闭环、物料、产能自平衡，人工智能应用	99.80%
5 级 引领级	虚拟现实制造、服务、全透明工厂	深度自学习提升、优化	无人化，自动闭环生产，虚拟现实（Virtual Reality，VR）/ 增强现实（Augmented Reality，AR）生产同步，产业模式创新	99.99%

2.5 动力蓄电池性能要求

对于电动汽车而言，从产品开发和消费者使用的角度出发，关注的性能要求包括续驶里程、环境适用性、加速爬坡性能、使用安全、经济性、使用便捷性、回收利用等。动力蓄电池作为电动汽车的关键零部件，上述整车性能要求体现在动力蓄电池层面，则要求其具有的优良性能，包括自放电率低、能量密度高、功率密度高、安全性高、循环寿命长、日历寿命长、成本低、快速充电以及环境友好等。

本节主要从规格尺寸、一致性、电性能、安全性和寿命等 5 方面对动力蓄电池性能测试方法进行总结。其中，电性能要求包括充电性能要求、放电性能要求和储存性能要求，安全性要求包括电安全、机械安全、环境安全和热失控热扩散安全等，寿命要求包括标准循环寿命、工况循环寿命和日历寿命等。

2.5.1 规格尺寸要求

目前，电动汽车用动力蓄电池行业尚未做到规格尺寸统一，导致产品种类和尺寸繁多，由此带来诸多问题，例如，一方面在制造端增加了电池生产企业的生产研发成本，不利于企业开展更大规模的生产制造，同时也增加了电池集成企业和整车企业的研发成本，难以采用平台化和模块化的设计理念降低研发成本，另一方面增加了梯次利用的复杂性和困难程度。由此可见，开展动力蓄电池规格尺寸的标准化工作，为行业提供必要引导，具有重要的意义。

统计目前国内外已有的关于动力蓄电池规格尺寸的标准、法规，主要有：

① SAE J1797—1997《推荐用电动汽车用动力蓄电池模块封装尺寸》。

② QC/T 840—2010《电动汽车用动力蓄电池产品规格尺寸》。

③ DIN SPEC 91252：2011—01《电动道路车辆 - 蓄电池系统 - 锂离子蓄电池单元的尺寸规格》。

④ ISO/IEC PAS 16898：2012《电动汽车用二次锂离子蓄电池外形尺寸》。

⑤ MIL-PRF—32565《BATTERY，RECHARGEABLE，SEALED，6T LITHIUM-ION》。

⑥ GB/T 34013—2017《电动汽车用动力蓄电池产品规格尺寸》。

⑦ T/CAAMTB XX—2019《电动汽车用动力蓄电池产品模组规格尺寸》。

对上述相关标准、法规进行统计分析，可以发现最近几年出台的动力蓄电池规格尺寸标准主要针对单体层面，关于电池模块和系统层面的内容较少，见表 2-93。

通过借鉴已有的国内外相关标准，同时充分考虑目前国内动力蓄电池市场的实际情况，2017 年我国发布了国家推荐性标准 GB/T 34013—2017《电动汽车用动力蓄电池产品规格尺寸》，其中对单体、模块和标准箱的规格尺寸进行了规定，积极引导行业向标准化、统一化的方向发展。该标准中针对圆柱形、方形和软包单体蓄电池给出的推荐性规格尺寸分别见表 2-94~ 表 2-96。

表 2-93　国内外动力蓄电池规格尺寸标准、法规对比

标准编号	单体			模块	电池包
	圆柱形	方形	软包		
ISO/IEC PAS 16898：2012	√	√	√	×	×
DIN SPEC 91252：2011—01	×	√	√	×	×
SAE J1797—1997	×	×	×	√	×
MIL-PRF-32565	×	×	×	√	×
QC/T 840—2010	√	√	√	×	×
GB/T 34013—2017	√	√	√	√	√
T/CAAMTB XX—2019	×	×	×	√	×

表 2-94　圆柱形单体蓄电池尺寸系列

序号	外形尺寸 /mm	
	直径	高度（不包含极柱）
1	18	65
2	21	70
3	26	65/70
4	32	70/134

表 2-95　方形单体蓄电池尺寸系列

序号	外形尺寸 /mm		
	厚度	宽度	高度（不包含极柱）
1	20	65	138
2	20/27	70	107/120/131
3	12/20	100	141/310
4	12/20	120	80/85
5	27	135	192/214
6	20/27/40/53/57/79/86	148	91/95/98/129/200/396
7	12/20/32/40/45/48/53/71	173	85/110/125/137/149/166/184/200
8	32/53	217	98

表 2-96　软包单体蓄电池尺寸系列

序号	外形尺寸 /mm		
	厚度	宽度	高度（不包含极柱）
1	—	100	302/310
2	—	118	85/243/342
3	—	148	91
4	—	161	227/240/291
5	—	190	235/245
6	—	217	127/262
7	—	228	268

对于国内动力蓄电池产业而言，贯彻实施电池规格尺寸要求体系，将有助于促进动力蓄电池产业实现更大规模的制造、应用、梯次利用和回收，同时有利于大幅降低成本，助推产业更加健康、稳定和快速地发展。

2.5.2 一致性要求

动力蓄电池的一致性通常是指单体之间差异性的大小，可分为制造过程中的一致性和使用过程的一致性。制造过程中的一致性主要与制造工艺、生产控制水平等有关，使用过程中的一致性则主要取决于系统集成和管理（主要是电和热两方面）水平的高低。定量分析电池的一致性可以从静态参数和动态参数两方面入手。静态参数包括质量、内阻、开路电压（OCV）、容量、能量、自放电率等，动态参数主要指充放电时单体蓄电池的荷电状态（SOC）和工作电压等。静态不一致性和动态不一致性之间是相互关联的，如单体工作电压的差异实际上是单体蓄电池在容量、内阻和 SOC 等方面的差异综合作用导致的结果。针对单体蓄电池一致性演变规律和影响因素开展分析，对于提高电池包或系统的性能、循环寿命和安全性都是极其重要的。

与手机、数码相机等电子消费品不同的是，电动汽车的动力蓄电池系统通常由成百上千只单体通过串并联组合而成，因此对于一致性的要求更高。在下文电性能要求的描述中，将结合特定方面给出目前标准中对于电池性能一致性的要求。

2.5.3 电性能要求

从电池尺度角度划分，电性能要求分为对单体、模块和系统的要求。单体电性能着重考察室温放电容量和产品一致性，模块电性能不仅对放电容量和一致性做了要求，同时考察耐高、低温，耐倍率充、放电性能，荷电保持性能和储存性能，系统层面要求考察的电性能包括高低温容量、能量、功率、内阻、无负载、存储中容量损失以及能量效率等。从使用和储存角度，电性能要求分为充电性能要求、放电性能要求和储存性能要求。单体蓄电池和模块电性能试验除倍率充电外，其他试验在开始前均需按下述规定充电方法对蓄电池进行充电。本部分充、放电电流以 I_1 为参考基准，即 1h 倍率充、放电电流，其数值等于 1h 倍率额定容量（A·h）。

2.5.3.1 充电性能要求

GB/T 31485—2015 规定了对单体蓄电池和模块的充电方法，以此作为充电的标准方法在不同试验过程中具有一致性。

1. 蓄电池充电方法

（1）单体蓄电池充电

室温下，单体蓄电池先以 $1I_1$（A）电流放电至企业技术条件中规定的放电终止电压，搁置 1h（或企业提供的不大于 1h 的搁置时间），然后按企业提供的充电方法进行充电。

若企业未提供充电方法，则依据以下方法充电：对于锂离子蓄电池，以 $1I_1$（A）电

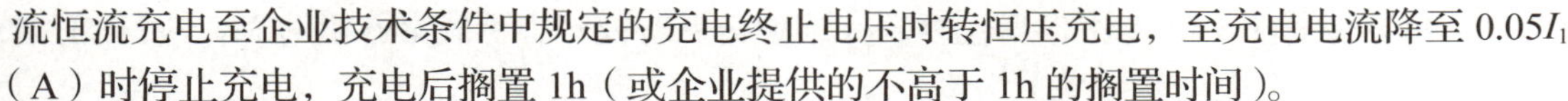

流恒流充电至企业技术条件中规定的充电终止电压时转恒压充电，至充电电流降至 $0.05I_1$（A）时停止充电，充电后搁置 1h（或企业提供的不高于 1h 的搁置时间）。

（2）蓄电池模块充电

室温下，蓄电池模块先以 $1I_1$（A）电流放电至任一单体蓄电池电压达到放电终止电压。搁置 1h（或企业提供的不高于 1h 的搁置时间），然后按企业提供的充电方法进行充电。

若企业未提供充电方法，则依据以下方法充电：对于锂离子蓄电池，以 $1I_1$（A）电流恒流充电至企业技术条件中规定的充电终止电压时转恒压充电，至充电电流降至 $0.05I_1$（A）时停止充电，若充电过程中有单体蓄电池电压超过充电终止电压 0.1V 时则停止充电。充电后搁置 1h（或企业提供的不高于 1h 的搁置时间）。

2. 室温倍率充电性能

按照如下步骤测试室温倍率充电性能：

① 室温下，蓄电池模块以 $1I_1$（A）电流放电至任一单体蓄电池电压达到放电终止电压，静置 1h。

② 室温下，蓄电池模块以 $2I_1$（A）（最大电流不超过 400A）电流充电，直至任意一个单体电压达到充电终止电压，或达到企业规定的充电终止条件，并且总充电时间不超过 30min，静置 1h。

③ 室温下，蓄电池模块以 $1I_1$（A）电流放电至任一单体蓄电池电压达到放电终止电压。

④ 计量放电容量（单位：A・h）。

对室温倍率充电性能的要求是：放电容量应不低于初始容量的 80%。

2.5.3.2 放电性能要求

1. 室温放电容量（初始容量）

（1）单体蓄电池

按照如下步骤测试室温放电容量：

① 单体蓄电池充满电。

② 室温下，蓄电池以 $1I_1$（A）电流放电，直到放电至企业技术条件中规定的放电终止电压。

③ 计量放电容量（单位：A・h）。

④ 重复步骤①～③ 5 次，当连续 3 次试验结果的极差小于额定容量的 3%，可提前结束试验，取最后 3 次试验结果平均值。

对于单体蓄电池室温放电容量的要求是：放电容量应不低于额定容量，并且不超过额定容量的 110%，同时所有测试的 10 个测试对象的初始容量极差不大于初始容量平均值的 5%。

（2）蓄电池模块

按照如下步骤测试室温放电容量：

① 蓄电池模块按前述的方法充电。

② 室温下，蓄电池模块以 $1I_1$（A）电流放电至任一单体蓄电池电压达到放电终止电压。

③ 计量放电容量（单位：A・h）和放电比能量（单位：W・h/kg）。

④ 重复步骤①～③ 5 次，当连续 3 次试验结果的极差小于额定容量的 3%，可提前结束试验，取最后 3 次试验结果平均值。

对于蓄电池模块室温放电容量的要求是：放电容量应不低于额定容量，并且不超过额定容量的 110%，同时所有测试的 10 块测试对象初始容量极差不大于初始容量平均值的 7%。

2. 倍率放电性能

倍率放电性能要求分别考察高能量型蓄电池和高功率型蓄电池。高能量型蓄电池指最大允许持续输出电功率（W）和其在 1C 倍率放电能量（W · h）的比值低于 10 的蓄电池，反之则为高功率型蓄电池。

（1）能量型蓄电池模块

室温倍率放电性能按照如下步骤进行：

① 蓄电池模块充满电。

② 室温下，蓄电池模块以 $3I_1$（A）（最大电流不超过 400A）电流放电，直至任意一个单体电压达到放电终止电压。

③ 计量放电容量（单位：A · h）。

要求：放电容量应不低于初始容量的 90%。

（2）功率型蓄电池模块

室温倍率放电性能测试按照如下步骤进行：

① 蓄电池模块充满电。

② 室温下，蓄电池模块以 $8I_1$（A）（最大电流不超过 400A）电流放电，直至任意一个单体电压达到放电终止电压。

③ 计量放电容量（单位：A · h）。

要求：放电容量应不低于初始容量的 80%。

（3）低温放电性能

低温放电容量试验按照如下步骤进行：

① 蓄电池模块充满电。

② 蓄电池模块在（−20±2）℃下搁置 24h。

③ 蓄电池模块在（−20±2）℃下，以 $1I_1$（A）电流放电至任一单体蓄电池电压达到企业提供的放电终止电压（该电压值不低于室温放电终止电压的 80%）。

④ 计量放电容量（单位：A · h）。

要求：锂离子蓄电池模块放电容量应不低于初始容量的 70%。

3. 高温放电性能

高温放电容量试验按照如下步骤进行：

① 蓄电池模块按前述的方法充电。

② 蓄电池模块在（55±2）℃下搁置 5h。

③ 蓄电池模块在（55±2）℃下，以 $1I_1$（A）电流放电至任一单体蓄电池电压达到室温

放电终止电压。

④ 计量放电容量（单位：A·h）。

要求：放电容量应不低于初始容量的 90%。

2.5.3.3 储存性能要求

储存性能要求考察蓄电池在常温和高温环境下的荷电保持与容量恢复能力及储存性能。

1. 荷电保持及容量恢复能力

（1）室温荷电保持与容量恢复能力

室温荷电保持与容量恢复能力试验按照如下步骤进行：

① 蓄电池模块充满电。

② 蓄电池模块在室温下储存 28 天。

③ 室温下，蓄电池模块以 $1I_1$（A）电流放电至任一单体蓄电池电压达到放电终止电压。

④ 计量荷电保持容量（单位：A·h）。

⑤ 蓄电池模块再充满电。

⑥ 室温下，蓄电池模块以 $1I_1$（A）电流放电至任一单体蓄电池电压达到放电终止电压。

⑦ 计量恢复容量（单位：A·h）。

（2）高温荷电保持与容量恢复能力

高温荷电保持与容量恢复能力试验按照如下步骤进行：

① 蓄电池模块充满电。

② 蓄电池模块在（55±2）℃下储存 7 天。

③ 蓄电池模块在室温下搁置 5h 后，以 $1I_1$（A）电流放电至任一单体蓄电池电压达到放电终止电压。

④ 计量荷电保持容量（单位：A·h）。

⑤ 蓄电池模块再按前述的方法充电。

⑥ 室温下，蓄电池模块以 $1I_1$（A）电流放电至任一单体蓄电池电压达到放电终止电压。

⑦ 计量恢复容量（单位：A·h）。

要求：锂离子蓄电池模块，其室温及高温荷电保持率应不低于初始容量的 85%，容量恢复应不低于初始容量的 90%。

2. 储存

储存试验按照如下步骤进行：

① 蓄电池模块充满电。

② 蓄电池模块室温下，以 $1I_1$（A）电流放电 30min。

③ 蓄电池模块在（45±2）℃下储存 28 天。
④ 蓄电池模块室温下搁置 5h。
⑤ 蓄电池模块充满电。
⑥ 蓄电池模块室温下，以 $1I_1$（A）电流放电至任一单体蓄电池电压达到放电终止电压。
⑦ 计量放电容量（单位：A・h）。

要求：容量恢复应不低于初始容量的 90%。

2.5.4 安全性要求

相比于笔记本电脑、手机，以及固定用途（如储能、备用电源）等应用场景，电动汽车用锂离子蓄电池的使用环境更加复杂多变和苛刻。例如电池需要暴露在极宽的温度范围内工作、持久的振动，以及高倍率的充放电等。大倍率充放电会导致极高的温度。高温会引起电池内部各种分解副反应的发生，并有最终导致发生热失控的风险。此外，与电子产品用电池不同的是，电动汽车用动力蓄电池的容错率更低。以 18650 型电池为例，其发生内部自发失效（或称为 Field failure，现场失效）的概率可以控制在四千万分之一到千万分之一之间，这对于消费类电子产品的电池而言是相对可靠的，但是在电动汽车上使用时，由于电池包内的单体蓄电池数量通常数以百计甚至数以千计，因此对于电池安全性的要求更高。

本部分安全性要求主要针对单体蓄电池和电池包或系统进行说明，详细测试方法和要求主要参考《电动汽车用动力蓄电池安全要求》国家强制性标准的报批稿内容。单体安全性要求分为电安全（包括过放电、过充电、外部短路）要求、机械安全（包括挤压）要求和环境安全（包括加热、温度循环）要求，电池包或系统的安全性要求包括电安全（包括过电流保护、外部短路保护、过充电保护、过放电保护）要求、机械安全（包括振动、机械冲击、模拟碰撞、挤压）要求和环境安全（包括湿热循环、浸水安全、外部火烧热稳定性、热扩散热稳定性、温度冲击、盐雾、高海拔、过温保护）要求。

2.5.4.1 电安全要求

单体蓄电池电安全要求包括过放电、过充电及短路试验。

1. 过放电测试

过放电试验按照如下步骤进行：
① 单体蓄电池按前述的方法充电。
② 单体蓄电池以 $1I_1$（A）电流放电 90min。
③ 完成以上试验步骤后，应在试验环境温度下观察 1h。

要求：单体蓄电池不起火、不爆炸。

2. 过充电测试

过充电试验按照如下步骤进行：
① 单体蓄电池按前述的方法充电。
② 以制造商规定且不小于 $1I_3$ 的电流恒流充电至制造商规定的充电终止电压的 1.1 倍

或 115% SOC 后，停止充电。

③ 完成以上试验步骤后，应在试验环境温度下观察 1h。

要求：单体蓄电池不起火、不爆炸。

3. 外部短路测试

外部短路试验按照如下步骤进行：

① 单体蓄电池按前述的方法充电。

② 将单体蓄电池正极端子和负极端子经外部短路 10min，外部线路电阻应小于 5mΩ。

③ 完成以上试验步骤后，应在试验环境温度下观察 1h。

要求：单体蓄电池不起火、不爆炸。

电池包或系统电安全要求包括过电流保护、外部短路保护、过充电保护及过放电保护测试。

（1）过电流保护

按照如下步骤进行：

1）试验条件

① 试验应在（20±10）℃的环境温度下进行。

② 按照动力蓄电池系统制造商推荐的正常操作（如使用外部充放电设备），调整试验对象的 SOC 到正常工作范围的中间部分，只要动力蓄电池系统能够正常运行，可不需要精确的调整。

③ 与动力蓄电池系统制造商协商确定可以施加的过电流（假设外部直流供电设备的故障）和最大电压（在正常范围内）。

2）按照动力蓄电池系统制造商的资料进行过电流试验

① 连接外部直流供电设备，改变或禁用充电控制通信，以允许通过与动力蓄电池系统制造商协商确定的过电流水平。

② 启动外部直流供电设备，对动力蓄电池系统进行充电，以达到动力蓄电池系统制造商规定的最高正常充电电流。然后，将电流在 5s 内从最高正常充电电流增加到与动力蓄电池系统制造商协商确定可以施加的过电流水平，并继续进行充电。

3）当符合以下任一条件时，结束试验

① 试验对象自动终止充电电流。

② 试验对象发出终止充电电流的信号。

③ 试验对象的温度稳定，温度变化在 2h 内小于 4℃。

4）完成试验

完成以上试验步骤后，应在试验环境温度下观察 1h。

要求：动力蓄电池系统应无泄漏、外壳破裂、起火或爆炸现象，由制造商提供试验上限参数，采用此上限参数终止的试验判定为失败。试验后的绝缘电阻不小于 100Ω/V。

（2）外部短路保护

1）试验条件

① 试验应在（20±10）℃的环境温度或更高温度（如果动力蓄电池系统制造商要求）下进行。

② 在试验开始时，影响试验对象功能并与试验结果相关的所有保护设备都应处于正常运行状态。

2）开始试验

在开始试验时，用于充电和放电的相关主要接触器都应闭合（如动力蓄电池系统回路中包含相关继电器），来表示可行车模式以及允许外部充电的模式。如果这不能在单次试验中完成，则应进行两次或更多次试验。

3）连接端子

将试验对象的正极端子和负极端子相互连接。短路电阻不超过 5mΩ。

4）保持短路状态，直至符合以下任一条件时，结束试验

① 试验对象的保护功能起作用，并终止短路电流。

② 试验对象外壳温度稳定（温度变化在 2h 内小于 4℃）后，继续短路至少 1h。

5）完成以上试验步骤后，应在试验环境温度下观察 1h。

要求：动力蓄电池系统应无泄漏、外壳破裂、起火或爆炸现象。试验后的绝缘电阻不小于 100Ω/V。

（3）过充电保护

1）试验条件

① 试验应在（20±10）℃的环境温度或更高温度（如果动力蓄电池系统制造商要求）下进行。

② 按照动力蓄电池系统制造商推荐的正常操作（如使用外部充放电设备），调整试验对象的 SOC 到正常工作范围的中间部分。只要试验对象能够正常运行，可不需要精确的调整。

③ 在试验开始时，影响试验对象功能并与试验结果相关的所有保护设备都应处于正常运行状态。用于充电的所有相关的主要接触器都应闭合（如动力蓄电池系统回路中包含相关继电器）。

2）充电

① 外部充电设备应连接到试验对象的主端子。外部充电设备的充电控制限制应禁用。

② 试验对象应由外部充电设备在动力蓄电池系统制造商许可的用时最短的充电策略下进行充电。

3）结束试验

充电应持续进行，直至符合以下任一条件时，结束试验：

① 试验对象自动终止充电电流。

② 试验对象发出终止充电电流的信号。

③ 当试验对象的过充电保护控制未起作用，或者如果没有试验对象自动终止充电电流的功能。继续充电，使得试验对象温度超过动力蓄电池系统制造商定义的最高工作温度再加 10℃的温度值。

④ 当充电电流未终止且试验对象温度低于最高工作温度再加10℃的温度值时，充电应持续12h。

4）完成试验

完成以上试验步骤后，应在试验环境温度下观察1h。

要求：动力蓄电池系统应无泄漏、外壳破裂、起火或爆炸现象，由制造商提供试验上限参数，采用此上限参数终止的试验判定为失败。试验后的绝缘电阻不小于100Ω/V。

（4）过放电保护测试

1）试验条件

① 试验应在（20±10）℃的环境温度或更高温度（如果动力蓄电池系统制造商要求）下进行。

② 按照动力蓄电池系统制造商推荐的正常操作（如使用外部充放电设备），调整试验对象的SOC到较低水平，但必须在正常的工作范围内。只要试验对象能够正常运行，可不需要精确的调整。

③ 在试验开始时，影响试验对象功能并与试验结果相关的所有保护设备都应处于正常运行状态。用于放电的所有相关的主要接触器都应闭合（如动力蓄电池系统回路中包含相关继电器）。

2）放电

① 外部放电设备应连接到试验对象的主端子。

② 应与动力蓄电池系统制造商协商，在规定的正常工作范围内以稳定的电流进行放电。

3）放电应持续进行，直至符合以下任一条件时，结束试验

① 试验对象自动终止放电电流。

② 试验对象发出终止放电电流的信号。

③ 当试验对象的自动中断功能未起作用，或者没有试验对象自动终止放电电流的功能，则应继续放电，使得试验对象放电到其额定电压的25%为止。

④ 试验对象的温度稳定，温度变化在2h内小于4℃。

4）完成试验

完成以上试验步骤后，应在试验环境温度下观察1h。

要求：动力蓄电池系统应无泄漏、外壳破裂、起火或爆炸现象。试验后的绝缘电阻不小于100Ω/V。

2.5.4.2 机械安全要求

单体蓄电池机械安全主要包括挤压试验。挤压试验按照如下步骤进行：

1）充电

单体蓄电池按前述的方法充电。

2）按下列条件进行试验

① 挤压方向：垂直于电池单体极板方向施压，或与电池单体在整车布局上最容易受

到挤压的方向相同。

② 挤压板形式：半径 75mm 的半圆柱体，半圆柱体的长度（L）大于被挤压电池单体的尺寸（参考图 2-264 所示）。

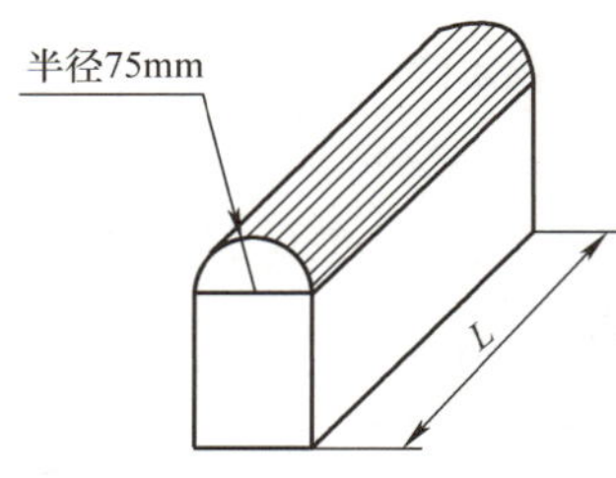

图 2-264 单体挤压板示意图

③ 挤压速度：不大于 2mm/s。

④ 挤压程度：电压达到 0V 或变形量达到 15% 或挤压力达到 100kN 或 1000 倍试验对象重量后停止挤压。

⑤ 保持 10min。

3）完成试验

完成以上试验步骤后，应在试验环境温度下观察 1h。

要求：单体蓄电池不爆炸、不起火。电池包或系统机械安全要求包括振动、机械冲击、模拟碰撞、挤压测试。

1. 振动测试

① 试验开始前，将试验对象的 SOC 状态调至不低于制造商规定的正常 SOC 工作范围的 50%。

② 参考试验对象车辆安装位置和 GB/T 2423.43 的要求，将试验对象安装在振动台上。每个方向分别施加随机和定频振动载荷，建议加载顺序为 z 轴随机、z 轴定频、y 轴随机、y 轴定频、x 轴随机、x 轴定频（汽车行驶方向为 x 轴方向，另一垂直于行驶方向的水平方向为 y 轴方向）。检测机构也可自行选择顺序，以缩短转换时间。测试过程参照 GB/T 2423.56。

③ 对于装载在除 M1、N1 类以外的车辆上的电池包或系统，振动测试参数按照表 2-97 和图 2-265 进行，对于试验对象存在多个安装方向（x/ y/ z）时，按照 RMS 大的安装方向进行试验。对于安装在车辆顶部的电池包或系统，按照制造商提供的不低于表 2-97 和图 2-265 的振动测试参数开展振动测试。

④ 装载在 M1、N1 类车辆上的电池包或系统，振动测试参数按照表 2-98 和图 2-266 进行。

表 2-97 除 M1、N1 类以外的车辆电池包或系统的振动测试条件

频率 /Hz	z 轴功率谱密度（PSD）/（g^2/Hz）	y 轴功率谱密度（PSD）/（g^2/Hz）	x 轴功率谱密度（PSD）/（g^2/Hz）
随机振动			
5	0.008	0.005	0.002
10	0.042	0.025	0.018
15	0.042	0.025	0.018
40	0.0005	—	—
60	—	0.0001	—
100	0.0005	0.0001	—
200	0.00001	0.00001	0.00001
方根均值（RMS）	0.73g	0.57g	0.52g
时间	12 h	12 h	12 h

（续）

频率/Hz	z 轴功率谱密度（PSD）/（g^2/Hz）	y 轴功率谱密度（PSD）/（g^2/Hz）	x 轴功率谱密度（PSD）/（g^2/Hz）
正弦定频振动			
定频幅值 /*g*	±1.5	±1.5	±2.0
定频频率 /Hz	20	20	20
时间 /h	2	2	2

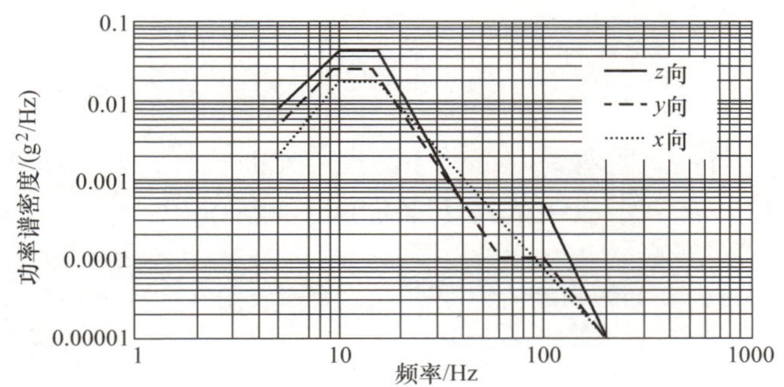

图 2-265　除 M1、N1 类以外的车辆电池包或系统随机振动测试曲线

表 2-98　M1、N1 类车辆电池包或系统的振动测试条件

频率/Hz	z 轴功率谱密度（PSD）/（g^2/Hz）	y 轴功率谱密度（PSD）/（g^2/Hz）	x 轴功率谱密度（PSD）/（g^2/Hz）
随机振动			
5	0.015	0.002	0.006
10	—	0.005	—
15	0.015	—	—
20	—	0.005	—
30	—	—	0.006
65	0.001	—	—
100	0.001	—	—
200	0.0001	0.00015	0.00003
方根均值（RMS）	0.64*g*	0.45*g*	0.50*g*
时间	12h	12h	12h
正弦定频振动			
定频幅值 /*g*	±1.5	±1.0	±1.0
定频频率 /Hz	24	24	24
时间 /h	1	1	1

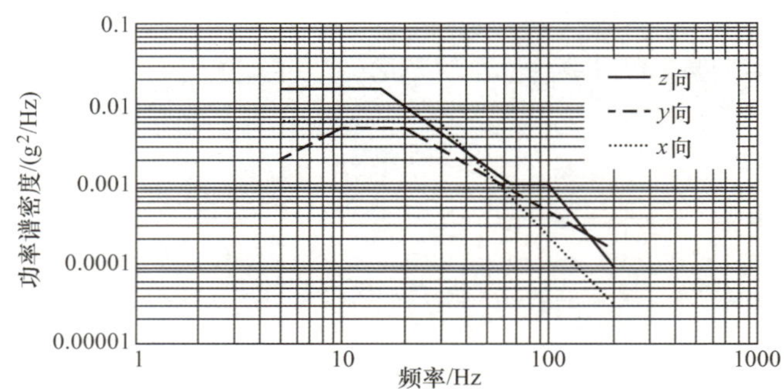

图 2-266 M1、N1 类车辆电池包或系统随机振动测试曲线

⑤ 试验过程中，监控试验对象内部最小监控单元的状态，如电压和温度等。

⑥ 完成以上试验步骤后，应在试验环境温度下观察 2h。

要求：电池包或系统应无泄漏、外壳破裂、起火或爆炸现象，由制造商提供电压锐变终止条件，采用此条件终止的试验判定为失败。试验后的绝缘电阻不小于 100Ω/V。

2. 机械冲击测试

① 对试验对象施加表 2-99 规定的半正弦冲击波，±z 方向各 6 次，共计 12 次。

② 半正弦冲击波最大、最小容差允许范围如表 2-100 和图 2-267 所示。

③ 相邻两次冲击的间隔时间以两次冲击在试验样品上造成的响应不发生相互影响为准，一般应不小于 5 倍冲击脉冲持续时间。

④ 完成以上试验步骤后，应在试验环境温度下观察 2h。

表 2-99 机械冲击测试参数

测试程序	参数要求
冲击波形	半正弦波
测试方向	±z
加速度值 /g	7
脉冲时间 /ms	6
冲击次数 / 次	正负方向各 6

表 2-100 机械冲击脉冲容差范围

点	脉宽 /ms	±z 方向加速度值 /g
A	1.00	0.00
B	2.94	5.95
C	3.06	5.95
D	5.00	0.00
E	0.00	2.68
F	2.00	8.05
G	4.00	8.05
H	7.00	0.00

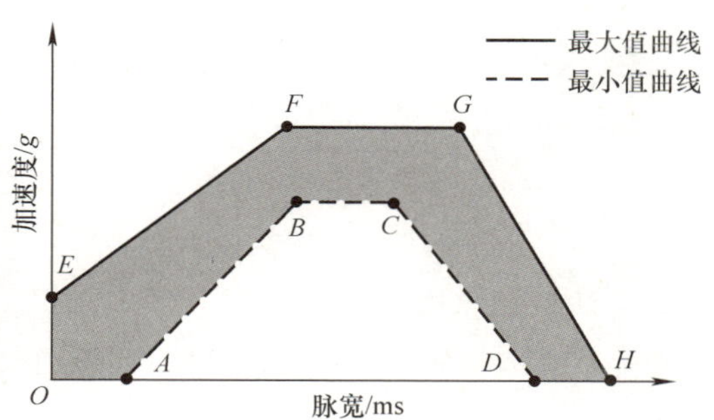

图 2-267 机械冲击脉冲容差范围示意图

要求：电池包或系统应无泄漏、外壳破裂、起火或爆炸现象。试验后的绝缘电阻不小于 100Ω/V。

3. 模拟碰撞测试

① 参考试验对象车辆安装位置和 GB/T 2423.43—2013《环境试验 第 2 部分：试验方法 试验 Q：密封》的要求，将试验对象水平安装在带有支架的台车上。根据试验对象的使用环境给台车施加规定的脉冲，并落在表 2-101 和图 2-268 最大、最小容差允许范围内（汽车行驶方向为 x 轴方向，另一垂直于行驶方向的水平方向为 y 轴方向，整车整备质量为 m）。对于试验对象存在多个安装方向（$x/y/z$）时，按照加速度大的安装方向进行试验。

② 完成以上试验步骤后，应在试验环境温度下观察 2h。

表 2-101 模拟碰撞脉冲容差范围

点	脉宽/ms	$m \leqslant 3.5$t		$3.5 < m < 7.5$t		$m \geqslant 7.5$t	
		x 方向加速度/g	y 方向加速度/g	x 方向加速度/g	y 方向加速度/g	x 方向加速度/g	y 方向加速度/g
A	20	0	0	0	0	0	0
B	50	20	8	10	5	6.6	5
C	65	20	8	10	5	6.6	5
D	100	0	0	0	0	0	0
E	0	10	4.5	5	2.5	4	2.5
F	50	28	15	17	10	12	10
G	80	28	15	17	10	12	10
H	120	0	0	0	0	0	0

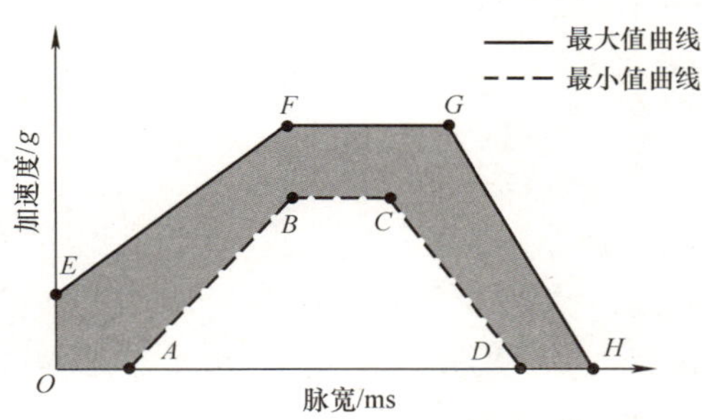

图 2-268 模拟碰撞脉冲容差范围示意图

要求：电池包或系统应无泄漏、外壳破裂、起火或爆炸现象。试验后的绝缘电阻不小于 100 Ω/V。

4. 挤压测试

1）按下列条件进行试验

① 挤压板形式：选择以下两种挤压板中的一种：

a）挤压板如图 2-269 所示，半径 75mm 的半圆柱体，半圆柱体的长度（*L*）大于试验对象的高度，但不超过 1m。

b）挤压板如图 2-270 所示，外廓尺寸为 600mm×600mm 或更小，三个半圆柱体半径为 75mm，半圆柱体间距 30mm。

② 挤压方向：*x* 和 *y* 方向（汽车行驶方向为 *x* 轴方向，另一垂直于行驶方向的水平方向为 *y* 轴方向），为保护试验操作安全，可分开在两个试验对象上执行测试。

③ 挤压速度：不大于 2mm/s。

④ 挤压程度：挤压力达到 100kN 或挤压变形量达到挤压方向的整体尺寸的 30% 时停止挤压。

⑤ 保持 10min。

2）完成试验

完成以上试验步骤后，应在试验环境温度下观察 2h。

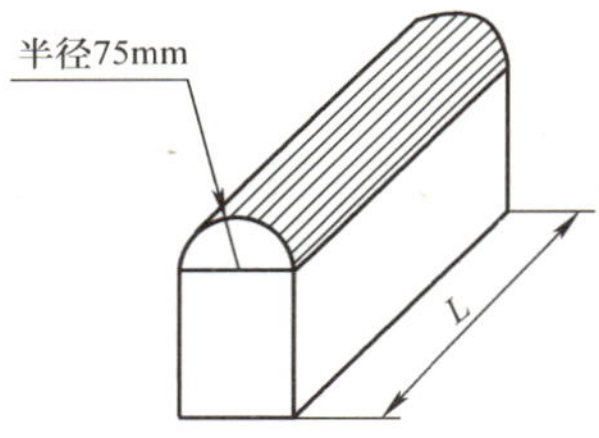

图 2-269　挤压板形式一示意图

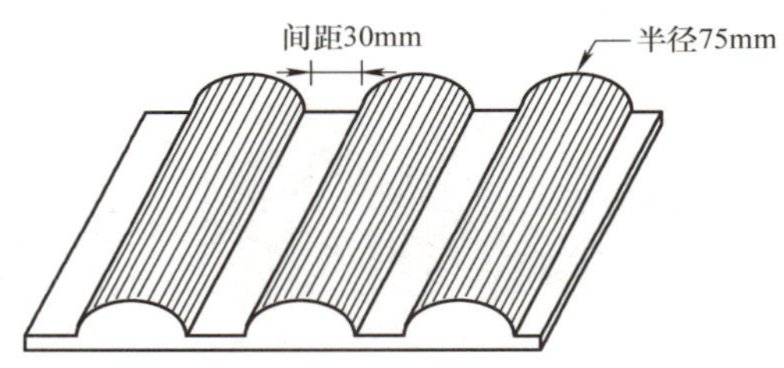

图 2-270　挤压板形式二示意图

要求：电池包或系统应不起火、不爆炸。

2.5.4.3　环境安全要求

单体蓄电池环境安全包括加热和温度循环试验。

1. 加热测试

加热试验按照如下步骤进行：

1）充电

单体蓄电池按前述的方法充电。

2）将试验对象放入温度箱，用以下的条件加热

① 锂离子单体蓄电池：温度箱按照 5℃ /min 的速率由试验环境温度升至（130±2）℃，并保持此温度 30min 后停止加热。

② 单体镍氢蓄电池：温度箱按照 5℃ /min 的速率由试验环境温度升至（85±2）℃，

并保持此温度 2h 后停止加热。

3）完成试验

完成以上试验步骤后，应在试验环境温度下观察 1h。

要求：单体蓄电池不起火、不爆炸。

2. 温度循环测试

温度循环试验按照如下步骤进行：

① 单体蓄电池按前述的方法充电。

② 单体蓄电池放入温度箱中，温度箱温度按照表 2-102 和图 2-271 进行调节，循环次数 5 次。

③ 完成以上试验步骤后，应在试验环境温度下观察 1h。

表 2-102　温度循环试验一个循环的温度和时间

温度/℃	时间增量/min	累计时间/min	温度变化率/（℃/min）
25	0	0	0
−40	60	60	13/12
−40	90	150	0
25	60	210	13/12
85	90	300	2/3
85	110	410	0
25	70	480	6/7

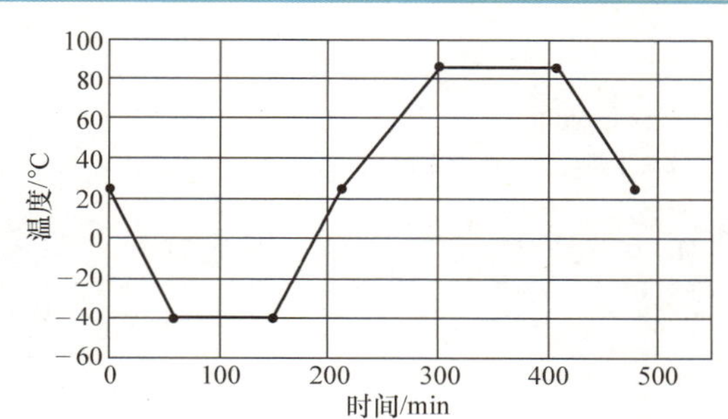

图 2-271　温度循环试验示意图

要求：单体蓄电池不起火、不爆炸。

电池包或系统环境安全要求还包括湿热循环、浸水安全、温度冲击、盐雾和高海拔测试。

3. 湿热循环测试

① 参考 GB/T 2423.4 执行试验，变量如图 2-272 所示。其中最高温度是 60℃或更高温度（如果制造商要求），循环 5 次。

② 完成以上试验步骤后，应在试验环境温度下观察 2h。

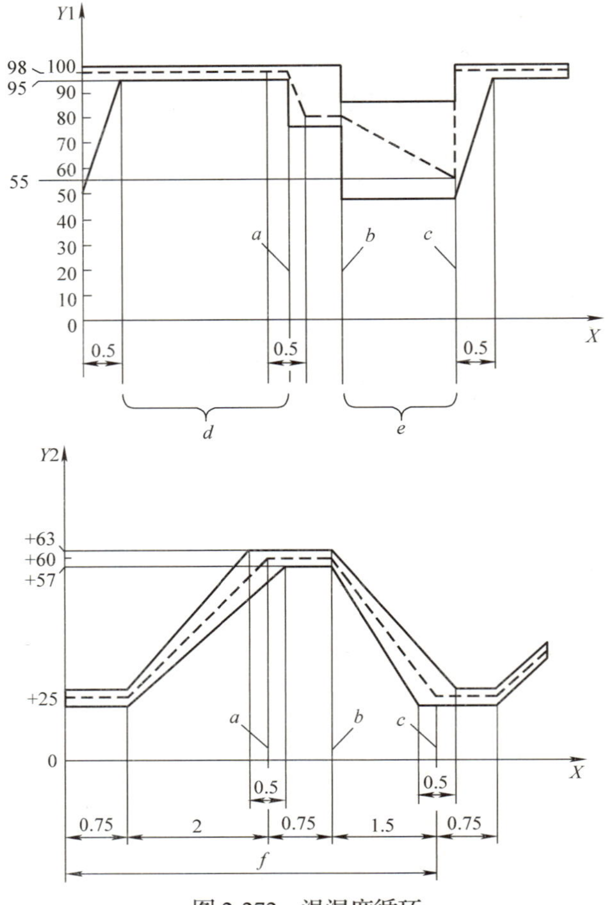

图 2-272　温湿度循环

Y1—相对湿度（%）　Y2—温度（℃）　X—时间（h）

a—升温结束　b—降温开始　c—推荐温湿度值　d—冷凝　e—干燥　f—一个循环周期

要求：电池包或系统应无泄漏、外壳破裂、起火或爆炸现象。试验后 30min 之内的绝缘电阻不小于 100Ω/V。

4. 浸水安全测试

1）试验对象

试验对象为通过前述振动测试后的电池包或系统。

2）准备工作

试验对象按照整车连接方式连接好线束、插接件等零部件，选择以下两种方式中的一种进行试验：

① 方式一：试验对象以实车装配方向置于 3.5%（质量分数）氯化钠溶液中 2h，水深要足以淹没试验对象。

② 方式二：试验对象参照 GB/T 4208—2017《外壳防护等级 CIP 代码》中所述方法和流程进行试验。试验对象按照制造商规定的安装状态全部浸入水中。对于高度小于 850mm 的试验对象，其最低点应低于水面 1000mm；对于高度等于或大于 850mm 的试验对象，

其最高点应低于水面 150mm。试验持续时间 30min。水温与试验对象温差不大于 5℃。

3）完成试验

将电池包取出水面，在试验环境温度下静置观察 2h。

要求：电池包或系统应满足如下要求之一：

① 按方式一进行，应不起火、不爆炸。

② 按方式二进行，试验后需满足 IPX7 要求，应无泄漏、外壳破裂、起火或爆炸现象。试验后的绝缘电阻不小于 100Ω/V。

5. 温度冲击测试

① 试验对象置于（−40±2）~（60±2）℃（如果制造商要求，可采用更严苛的试验温度）的交变温度环境中，两种极端温度的转换时间在 30min 以内。试验对象在每个极端温度环境中保持 8h，循环 5 次。

② 完成以上试验步骤后，应在试验环境温度下观察 2h。

要求：电池包或系统应无泄漏、外壳破裂、起火或爆炸现象。试验后的绝缘电阻不小于 100Ω/V。

6. 盐雾测试

① 参照 GB/T 28046.4—2011 中的测试方法，按照 GB/T 2423.17 的测试条件进行试验。

② 盐溶液采用氯化钠（化学纯、分析纯）和蒸馏水或去离子水配制，其浓度为 5%±1%（质量分数）。（35±2）℃下测量 pH 在 6.5~7.2 之间。

③ 将试验对象放入盐雾箱按图 2-273 所示循环进行，一个循环持续 24h。在（35±2）℃下对试验对象喷雾 8h，然后静置 16h，在一个循环的第 4h 和第 5h 之间进行低压上电监控。

④ 共进行 6 个循环。

⑤ 对于完全放置在乘员舱、行李舱或货舱的试验对象，可不进行盐雾试验。

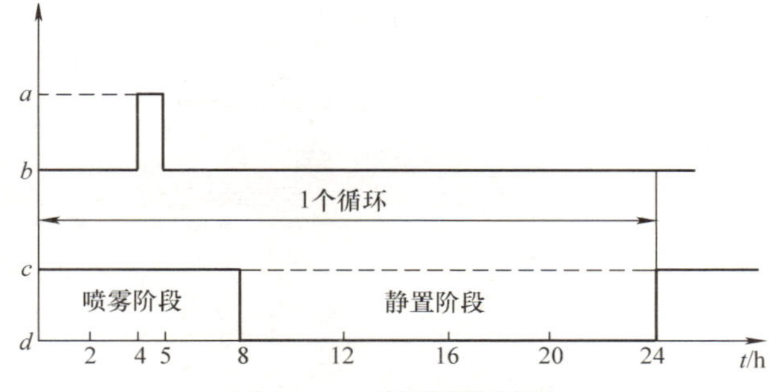

图 2-273 盐雾试验循环

t—时间 a—低压上电监控 b—连接线束完毕，不通电 c—打开（喷盐雾） d—关闭（停喷盐雾）

要求：电池包或系统应无泄漏、外壳破裂、起火或爆炸现象。试验后的绝缘电阻不小于 100Ω/V。

7. 高海拔测试

① 测试环境：海拔为 4000m 或等同高度的气压条件（61.2kPa），温度为试验环境温度。

② 保持第①步测试环境，搁置 5h。

③ 搁置结束后，保持第①步测试环境，对试验对象进行不小于 $1I_3$ 或制造商提供的最大恒流放电电流放电至截止条件。

④ 完成以上试验步骤后，应在试验环境温度下观察 2h。

要求：电池包或系统应无泄漏、外壳破裂、起火或爆炸现象，由制造商提供电流锐变、电压异常终止条件，采用此条件终止的试验判定为失败。试验后的绝缘电阻不小于 100Ω/V。

2.5.4.4 热稳定性安全要求

电池包或系统热稳定性安全要求包括外部火烧和热扩散测试。

1. 外部火烧测试

1）试验对象

试验对象为电池包或系统。对电池包或系统起到保护作用的车身结构，可以参与火烧试验。

2）试验环境

试验环境温度为 0℃以上，风速不大于 2.5km/h。

3）测试

测试中，盛放汽油的平盘尺寸超过试验对象水平投影尺寸 20cm，不超过 50cm。平盘高度不高于汽油表面 8cm。试验对象应居中放置。汽油液面与试验对象底部的距离设定为 50cm，或者为车辆空载状态下试验对象底面的离地高度。平盘底层注入水。外部火烧示意图如图 2-274 所示。

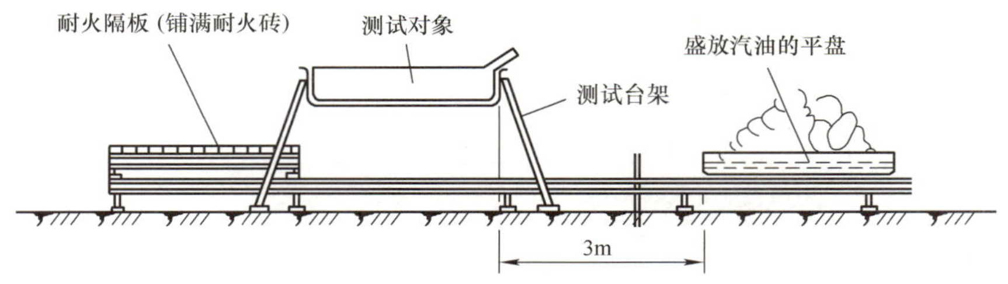

图 2-274 外部火烧示意图

4）外部火烧试验

分为以下 4 个阶段：

① 预热。在离试验对象至少 3m 远的地方点燃汽油，经过 60s 的预热后，将油盘置于试验对象下方。如果油盘尺寸太大无法移动，可以采用移动试验对象和支架的方式。

② 直接燃烧。试验对象直接暴露在火焰下 70s。

③ 间接燃烧。将耐火隔板盖在油盘上。试验对象在该状态下测试 60s，或经双方协商同意，继续直接暴露在火焰中 60s。耐火隔板由标准耐火砖拼成，具体筛孔尺寸如图 2-275 所示，也可以用耐火材料参考此尺寸制作。

④ 离开火源。将油盘或者试验对象移开，在试验环境温度下观察 2h 或试验对象外表温度降至 45℃以下。

2. 热失控热扩散测试

当动力蓄电池系统内某单体发生热失控时，热量将会通过不同方式传递到相邻的单体

蓄电池，严重时会引起连锁反应，热扩散时形成的烟雾、火灾和爆炸严重威胁乘员安全，因此企业在产品开发阶段有必要设计控制、验证锂离子蓄电池包或系统的热扩散危害。目前，国内外相关机构在制定修订动力蓄电池安全相关标准法规过程中，对热失控和热扩散的要求越来越重视。本部分给出一种热失控的判定条件和热扩散安全要求方案，供企业产品设计开发人员作为参考。试验方法如下：

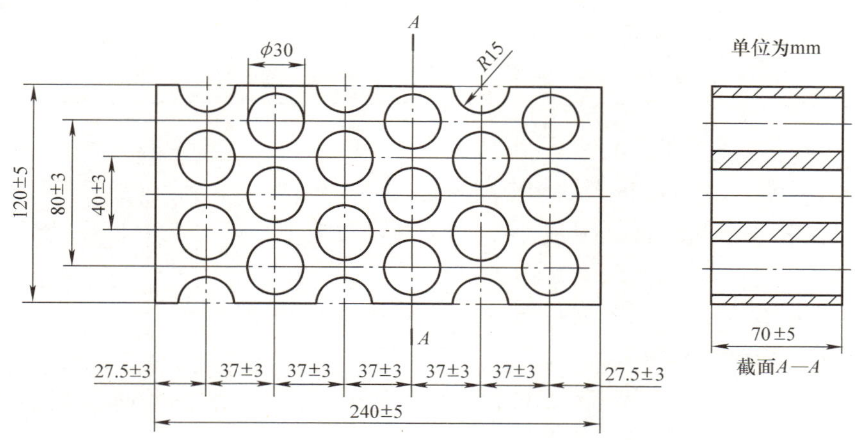

图 2-275　耐火隔板的尺寸和技术数据

说明：耐火性：SK 30；成分（质量分数）：30%~33% Al_2O_3；密度：1900 ~ 2000kg/m^3；有效孔面积：44.18%；开孔率：20%~22% 体积比。

1）可选方法

推荐下述 3）或 4）作为热扩散试验的可选方法，制造商可以选择其中一种方法，也可自行选择其他方法来触发热失控。

2）热失控触发对象

试验对象中的单体蓄电池。选择电池包内靠近中心位置，或者被其他单体蓄电池包围的单体蓄电池。

3）推荐的针刺触发热失控方法

刺针材料：钢；刺针直径：3 ~ 8mm；针尖形状：圆锥形，角度为 20°~60°；针刺速度：0.1 ~ 10mm/s；针刺位置及方向：选择能触发单体蓄电池发生热失控的位置和方向（例如，垂直于极片的方向）

4）推荐的加热触发热失控方法

使用平面状或者棒状加热装置，并且其表面应覆盖陶瓷、金属或绝缘层。对于尺寸与单体蓄电池相同的块状加热装置，可用该加热装置代替其中一个单体蓄电池，与触发对象的表面直接接触；对于薄膜加热装置，则应将其始终附着在触发对象的表面；加热装置的加热面积都应不大于单体蓄电池的表面积；将加热装置的加热面与单体蓄电池表面直接接触，加热装置的位置应与 5）中规定的温度传感器的位置相对应；安装完成后，应在 24 h 内起动加热装置，以加热装置的最大功率对触发对象进行加热；加热装置的功率要求参见表 2-103；当发生热失控或者 5）中定义的监测点温度达到 300℃时，停止触发。

表 2-103　加热装置功率选择

触发对象电能 E /W·h	加热装置最大功率 /W
$E < 100$	30~300
$100 \leqslant E < 400$	300~1000
$400 \leqslant E < 800$	300~2000
$E \geqslant 800$	> 600

5）推荐的监控点布置方案

监测电压或温度，应使用原始的电路或追加新增的测试用电路。温度数据的采样间隔应小于 1s，准确度要求为 ±2℃。

针刺触发时，温度传感器的位置应尽可能接近短路点，也可使用针的温度（图 2-276）。

加热触发时，温度传感器布置在远离热传导的一侧，即安装在加热装置的对侧（图 2-277）。

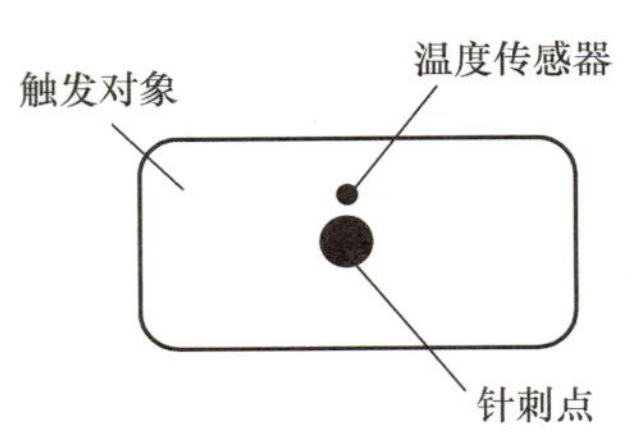

图 2-276　针刺触发时温度传感器的布置位置示意图

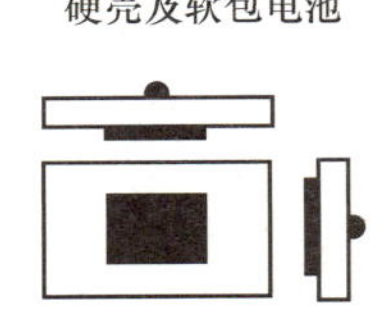

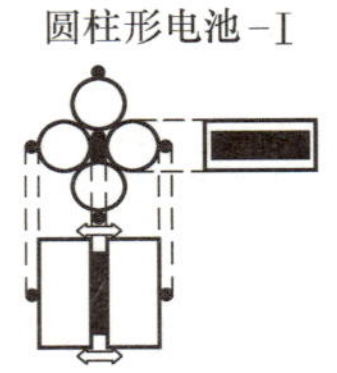

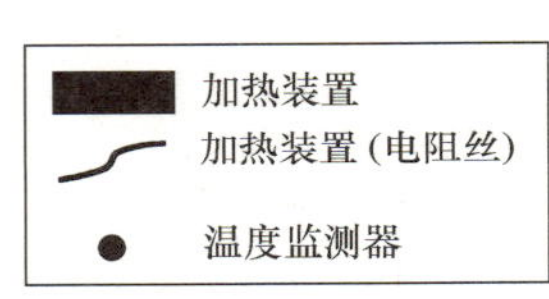

图 2-277　加热触发时温度传感器的布置位置示意图

6）推荐的热失控触发判定条件

对于单体蓄电池热失控的触发，建议采用加热或针刺这两种方法，或由制造商自行选择其他方法来触发单体热失控时，单体蓄电池达到以下状态认为电池发生热失控：

① 触发对象产生电压降，且下降值超过初始电压的 25%。

② 监测点温度达到制造商规定的最高工作温度。

③ 监测点的温升速率 $dT/dt \geqslant 1$℃ /s，且持续 3s 以上。

当①和③或者②和③发生时，判定发生热失控。如果采用推荐的方法作为热失控触发方法，且未发生热失控，为了确保热扩散不会导致车辆乘员发生危险，需证明采用如上两种推荐方法均不会发生热失控。

2.5.5　寿命要求

2.5.5.1　标准循环寿命

单体蓄电池标准循环寿命按照如下步骤进行测试：

① 以 $1I_1$（A）放电至企业规定的放电终止条件。

② 搁置不低于 30min 或企业规定的搁置条件。

③ 按照前述的方法充电。

④ 搁置不低于 30min 或企业规定的搁置条件。

⑤ 以 $1I_1$（A）放电至企业规定的放电终止条件，记录放电容量。

⑥ 按照②～⑤连续循环 500 次，若放电容量高于初始容量的 90%，则终止试验；若放电容量低于初始容量的 90%，则继续循环 500 次。

⑦ 计量室温放电容量和放电能量。

要求：循环次数达到 500 次时，放电容量应不低于初始容量的 90%，或者循环次数达到 1000 次时放电容量应不低于初始容量的 80%。

2.5.5.2 工况循环寿命

按照应用场景的不同，动力蓄电池单体工况寿命测试规程和要求分为混合动力乘用车 / 商用车用功率型和纯电动乘用车 / 商用车用能量型，具体要求可参考 GB/T 31484—2015。下文以最常见的纯电动乘用车用能量型蓄电池为例，介绍对于其工况循环寿命的步骤测试和一般要求。其中，测试步骤如下：

① 按照前述的方法充电。

② 搁置 30min。

③ 运行“主放电工况”，见表 2-104，直至达到 20%SOC 或企业规定的最低 SOC 或企业规定的放电终止条件。

④ 搁置 30min。

⑤ 重复步骤①～④共 x 小时（x 约为 20 且循环次数为①～④所示大循环的整数倍）。

⑥ 搁置 2h。

⑦ 重复步骤①～⑥共 6 次。

⑧ 测试电池容量和能量。

⑨ 重复步骤①～⑧，直至总放电能量与电池初始能量的比值达到 500。

⑩ 测试电池容量和能量。

表 2-104　纯电动乘用车用能量型动力蓄电池主放电工况测试步骤

时间增量 /s	累计时间 /s	电流 /A	ΔSOC（%）
5	5	$3I_1$	−0.417
3	8	$-1I_1$	−0.333
6	14	$-1/3I_1$	−0.278
40	54	$1/3I_1$	−0.648
30	84	$1/2I_1$	−1.065
10	94	$1I_1$	−1.343

要求：纯电动乘用车用能量型动力蓄电池按照上述步骤进行工况循环寿命测试时，总放电能量与电池初始能量的比值达到 500 时，计量放电容量。

2.5.5.3 日历循环寿命

目前，国标中未针对日历寿命给出相关的测试方法和要求，本节针对纯电动汽车用动力蓄电池给出一种测试规程（图 2-278）和方法，供企业研发人员参考：

① 在初始状态下测定测试样品的初始状态参数［包括恒流放电容量、动态应力测试工况（DST）放电容量、放电直流内阻和放电峰值功率等］。

② 在室温下调整电池至目标 SOC，其中混合动力汽车用动力蓄电池目标 SOC 建议选择 80%、65%、50%、35%、20%，纯电动汽车用动力蓄电池目标 SOC 建议选择 90%、70%、50%、35%、20%。

③ 测试样品进行不同温度存储，记录环境温度（1 次 / 天），温度存储过程中定期查看测试样品的开路电压，确定测试样品的 SOC 状态，推荐首月每周 2 次检查 OCV（2 次 / 周），第二个月每周检查 OCV（1 次 / 周），之后每两周检查 OCV，如果 SOC 低于目标值（判断标准为低于目标值的 5%），需要调整 SOC，然后继续存储。

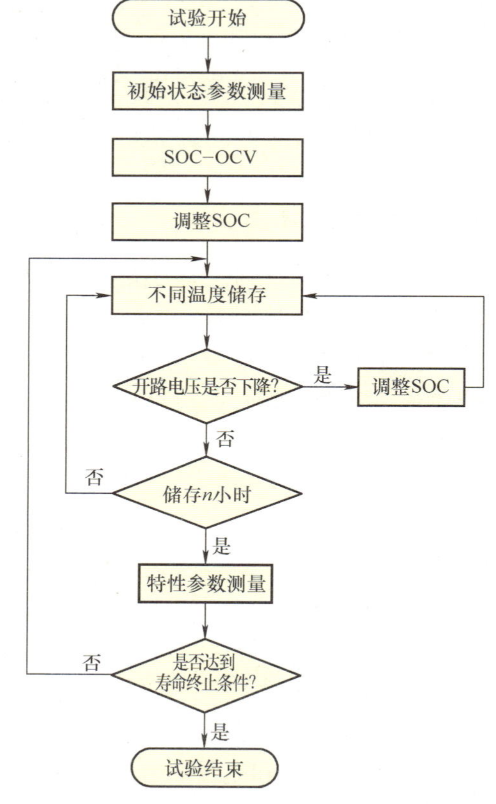

图 2-278 日历寿命测试流程图

④ 完成 n 小时储存后，测定测试样品的状态参数，其中 n 可以由企业自己规定，且需保证生命周期内所进行的状态参数测量不少于 m 次，其中 m 的参考值为 5~10。若企业无规定值，建议 n 选择 168、240、336、672、720（建议前 3 个月选择 168h，后面时间间隔逐渐增大。）。

⑤ 重复步骤③和步骤④，直至测试样品达到以下 4 类日历寿命终止条件中的某一种：

——放电容量为初始值的 80%（或者企业规定的值）。

——DST 测试放电容量为初始值的 80%（或者企业规定的值，此判定条件只适用于纯电动汽车用动力蓄电池）。

——放电直流内阻达到初始值的 1.5 倍（或者企业规定的值）。

——峰值放电功率衰减至初始值的 80%（或者企业规定的值）。

——测试时间超过企业规定的时间。

2.5.5.4 加速寿命测试 / 预测

目前，对于动力蓄电池的加速寿命测试，通常是采用温度作为加速因子，即选取若干不同的温度工况（例如 35℃、45℃和 55℃），在各工作温度下独立开展循环、工况或日历寿命测试。拟合得到该样品在不同温度工况下的容量衰减趋势，基于阿伦尼乌斯公式建立电池寿命的预测模型。

2.6 电池生产厂房设计要求

2.6.1 建筑布局

2.6.1.1 物流优化布局

锂离子蓄电池工厂的布局，宏观上依照建筑作用分为办公室、车间、实验室、仓库、通用工程设施、宿舍等，依照物质火灾分类来保持安全间距。

车间和仓库的布局要符合物流顺畅，符合 IE 角度的优化工业物流要求；从建筑设备承重角度，宜将单位面积重量较大的搅拌设备放置在建筑物的地面层，其上层适合放置涂布工艺装置，集中放置便于使用 NMP 溶剂、加热蒸气或导热油，即配料、搅拌、涂布工序需要用 IE 进行功能布局优化，将相同功能的设备集中在同一车间。

装配车间的工序多是采用轻质设备，适合流水线式布局，其车间也应匹配流水线布局方式，最终汇总到仓库。由于仓库原料、成品需要由外部车辆运输进出库，因此将仓库建筑设计在车间建筑的头部、尾部或构成 U 形布局，这都是典型的工厂建筑布局方式。

考虑到未来自动化设备发展趋势的需求，装配车间地面承重标准从原来的 250kg/m^2 提升到 650kg/m^2，新建厂房时需注意这一点。

测试实验室通常是单独建筑；安全测试实验室应当和普通的性能测试实验室分开布局，安全测试实验室经常冒烟，需要做好环保设施处理。由于安全实验室经常有异味、粉尘产生，因此通常布置在不影响工厂外部人员、内部雇员的位置，距离生活区以及厂区宿舍要稍远一点。

工厂的废水处理设施的建筑应该布置在不影响工厂外部人员、内部雇员的位置。

每个电池工厂都需要建设事故应急池，宜建设在高度较低、靠管道中液体的重力流动可到达位置、不行才选择需要加泵提升装置的位置。

锂离子蓄电池的工艺能力局限以及化学品物料来料批次波动等，会经常导致流水线出现工艺调整或品质待确认状态，或临时产生新工艺，临时变化的工艺或需要增加品质复核的工艺会造成批量产品静置，因此在设计自动化生产线要适当设计中间的缓冲区域，用来存放这些工艺变化或品质核实时产生的大量中间产品。如果中间存储有成品电池，应按照消防风水法设置排烟和用水灭火装置。

2.6.1.2 高度和建筑材料

按住建部标准，工业用厂房不超过 24m 为非高层建筑，每 3m 为一层，因此 24m 高度以下的多层建筑，实际每层高度不超 6m、合计 4 层的建筑结构是比较理想的布局方式；当然底层高度也可接近 6m 以安装大型设备，中上层高度为 4m。

建筑要满足二级耐火，满足当地的抗地震台风的自然灾害标准，合理的做法是选择钢筋混凝土建筑或钢构骨架配混凝土屋面的建筑来满足建造速度、灵活调整分隔、保持耐火等级的要求。应该预留未来大型设备吊装进出的卷帘门，因为该行业技术更新非常快，很多设备不到 3 年就会被大批量更新。

仓库不宜建设高架仓库，高架仓库最大的应难点在于应急安全措施，因为灭火困难且蔓延后损失巨大；已经建设的高架仓库应高度注意安全改进，实际测试真正的灭火效果，只满足当前标准的做法不能达到实际灭火效果。典型的做法是每个仓位有两个喷淋头可大流量全覆盖喷水灭火，或使用堆垛机器人改造的自动灭火机器人对准起火位置灭火，抓走火势控制的物品抛入水箱灭火。

平库的利用率低，但是应急消防成本较低，房间高度在 6m 左右的仓库可设置为中间有金属隔板层的两层阁楼仓库来翻倍提升利用率，每层都有烟雾探测器、消火栓、手提灭火器、墙壁风机、应急灯、疏散指示灯、视频监控到监控中心，有至少两个相距 5m 或以上的楼梯，货物用举升机构举升，每层都可以用叉车或电动托盘车来搬运货物。

2.6.1.3 噪声、卫生及保密考虑

建筑布局宜考虑噪声扰民风险，方便消防车环形车道展开，需合理布置绿化地点，外部货车装卸地点，仓库在外围是比较合理的建筑布局。

锂离子蓄电池行业的原料基本没有急性毒性物料，通常没有挥发性强的物质泄漏，基本都是空调车间，因此布局时在职业卫生方面（如风向等）的考虑不多。

企业都要求对产品保密，包括新产品保密，防范竞争对手剽窃新设计新样品；量产产品保密，防范坏品等被人拿走装配为配件，质量不好会影响声誉且售价便宜会减少利润。保密要求保安在门口使用金属探测门和手持金属探测器来检查出入人员，将一些车间、仓库的整层或整栋建筑、若干个相邻建筑构成的建筑群，隔离密封，形成大保密区，可以减少每个车间仓库的保安人员投入。

2.6.1.4 匹配未来变化

应根据工厂所在地实际要求和未来潜在的工艺和环保要求，考虑未来环保加严、工序变化带来的配套的通风、除尘、VOC 处理设施等建筑物建设，合理的方式是在屋顶面积不超过 25% 的屋顶建设，因此建筑物的承重要预留未来变化；考虑未来更多的自动化设备取代人工，设备的单位重量会增加，预留的建筑承重要有考虑，如装配车间地面承重从原来的 $250kg/m^2$ 提升到现在的 $650kg/m^2$。

锂离子动力蓄电池行业的自动化程度发展速度非常快，电池厂家基于新工艺的理解要求设备供应商制造的非标准设备非常多，未来设备的用电、用蒸气加热或导热油加热配套

需求越来越多，像涂布烘干、化成容量测试的充放电都是高能耗设备，因此需要在厂房设施布局时考虑靠近这些高能耗设备车间区域附近预留未来增加变电站、锅炉房等扩容的空间。变压器依照容量有租赁费用，分批次增加多个变压器是比较经济适用的方式，多个变压器还能保证避免同时故障导致停电，能够为其他设备当应急电源。

伴随能量密度提升，高镍材料如 811 的三元材料（$LiNi_{0.8}Co_{0.1}Mn_{0.1}O_2$）的导入，要求更低湿度环境，需要车间湿度控制方面预留未来的发展需求；

车间环境还需要考虑控制粉尘、提升洁净度，对厂房的密封防水、空调换气提出新的要求，在厂房建设方面要注意。

2.6.2 生产环境及动力供应要求

2.6.2.1 生产环境规定

1. 生产车间湿度要求

在锂离子蓄电池制造过程，从避免产品受到污染的角度，将电池工艺主要分为两个阶段，第一阶段是电池未封装前的阶段，包括从投料、搅拌、涂布、冷压、分切、卷绕、烘烤、冲膜、注液、封装、隔离膜处理、隔离膜烘烤等工艺和电池的化成、静置、补液（金属壳电池）和二次封装工艺；第二阶段是电池封装后的阶段，包括软包装的化成、烘烤、抽气二次封装、测试容量和电池组装配工艺，或金属壳电池的外壳清洗、贴膜和电池组组装工艺。

在第一阶段的工艺需要防范正极物料、负极物料的交叉污染，二者通常通过物理分隔在不同的房间来进行，用不同的空调系统。如果使用高镍的粉料需要低湿度环境，一般电极所能接触的环境露点不高于 −25℃。注射电解液的设备局部需要更低露点（如 −40℃环境），该区域一般靠局部密封实现。

车间的温度调整要以实现湿度为准，一般都采用空调系统。空调系统的设置要区分正极物料、负极物料无交叉污染而各自分开设置；温湿度相差大的一般车间空调、低湿度车间空调、低温存储仓库的空调各自分开设置；无洁净度要求、不同洁净度要求的车间空调都需要分开设置。

在注射电解液车间可使用手套箱或者手套箱式生产线，也可建设干燥房，干燥房设计应进行除湿负荷计算，散湿度量包括：

① 进入人数的散湿量。

② 围护结构的散湿量。

③ 原辅材料的散湿量。

④ 工艺过程的散湿量。

⑤ 墙壁地面屋顶的散湿量。

⑥ 渗透空气带入的散湿量。

⑦ 新风带入的散湿量等。

干燥房间与周围的空间保持一定的静压差，静压差应符合要求：

① 不同露点的干燥房间之间、干燥房间和一般空调房间的静压差不应小于 5Pa。

② 干燥房和室外的静压差应大于 10Pa。有管道、线槽穿越干燥房间墙壁应采取可靠的密封措施，如堵塞防火胶泥。

接受货运车辆、从低温仓库搬运货物到常温车间等都要留意短时间急剧的温度变化（超过 5℃）可能引起冷凝水。冷凝水出现在材料时，会损害其性能；出现在电路板时，会在通直流电时发生电解金属膜短路故障甚至引发着火；出现在电池上时，会造成极耳和金属壳之间的电解腐蚀甚至引起软包装电池胀气。因此在将电池从低温仓库运出或者通过车辆运输到温差大的建筑物，应采取合理的温度缓冲间。

2. 生产车间粉尘度要求

第一阶段的工艺车间都要采取了洁净度控制，典型有百万级别到万级的厂房。

工艺设备产生粉尘的位置如切割处、冷压摩擦处、卷绕摩擦处、烘涂转动摩擦处、激光焊接处、超声波焊接处等。

通过检测产品杂质含量，发现在工艺设备产尘处局部抽气除尘的效果最好，表现在产品上就是自放电率的优良率提升千分之几；如果接触物料的工艺设备没有采取局部抽气除尘措施，仅有车间的洁净度控制不能明显提升产品品质，因为脱落的粉尘会就近落入物料。在车间除尘方面，目前比较经济的方式是设备自身带有密封罩，设备产生物料粉尘处有管道局部抽风除尘装置。抽出粉尘宜送户外的集中除尘系统处置，涉及激光工艺产生的金属粉尘在除尘器本体应开展防爆设计。非爆炸性粉尘如正极粉料、正极极片脱落粉尘、负极粉料以及负极脱落粉尘等，可以在室内回风过滤。

不燃粉尘定义为爆炸性测试不燃的粉尘，典型包括：投料的钴酸锂、锂镍钴锰、磷酸铁锂、石墨粉尘；涂布、冷压、机械分切、超声波焊接、卷绕脱落的正极膜片、负极膜片、正极极片、负极极片的粉尘。

难燃粉尘定义为工艺条件很难点燃，在极端爆炸测试条件下可以点燃的粉尘，典型包括导电炭粉、PVDF 塑料粉尘、激光工艺产生的金属烟尘（铝粉、铜粉）等，除了直接查阅权威的数据，有疑问的粉尘应委托专业测试机构测试数据来判断粉尘的爆炸性。

易燃粉尘定义为工艺条件容易燃烧粉尘，典型包括锂粉、沾染电解液的激光工艺的金属烟尘。易燃粉尘通常要采取惰化防爆措施，惰性粉尘：易燃粉尘重量比 ≥ 5。

简化粉尘防爆要求的安全措施，包括：

① 有效除尘器空间小于 0.2m³ 无须进行防爆设计（GB/T 15605—2008）。

② 每班产尘量不超过 2kg/m³ 可放在室内（AQ4273）。

③ 安全区无须防爆，即粉尘浓度长期不超过爆炸下限 LEL 的 5%（GB 50016—2014）或 25%（GB/T 15605—2008），或达到爆炸下限（LEL）的每年工作时间低于 0.1h（美标 API497），或粉尘容积不超过 0.2m³（GB/T 15605—2008）。

④ 风速依据实际排尘效果确定，保证积累灰尘厚度通常不超过 1mm 或不超过粉尘爆炸的厚度阈值 Hc（mm）=0.8×（标准粉尘密度 1200kg/m³ ÷ 测试粉尘密度 ρ），依据为 NFPA654—2017。典型粉尘粉堆密度 ρ 和起爆粉尘厚度阀值 Hc 的例子：炭粉粉堆密度 132kg/m³，粉尘厚度阈值 7.2mm；激光工艺烟尘的负极粉尘粉堆密度 323kg/m³，粉尘厚度阈值 3.0mm；激光工艺烟尘的正极粉尘粉堆密度 654kg/m³，粉尘厚度阈值 1.5mm；

PVDF 粉尘粉堆密度 485kg/m³，粉尘厚度阈值 2.0mm。

⑤ 依据 NFPA654—2017，计算建筑物中有多少粉尘重量才不造成建筑损伤（则建筑物不用抗爆泄爆措施）、人员伤害（则无须采取无火焰泄爆阀、防火墙等措施），公式为

$$M_{c\_explosion}=0.0004A_{floor}H \leqslant 96000\text{kg}$$

$$M_{c\_flashfire}=0.02A_{floor} \leqslant 40\text{kg}$$

式中 $M_{c\_explosion}$——建筑内粉尘质量阈值（kg）；

A_{floor}——建筑物地面面积（m^2），最大值为 2000；

H——建筑物高度（m），最大值为 12m。

基于人员受到火焰危害的粉尘质量阈值最大值 $M_{c\_explosion}$=0.004×2000×12=96000(kg)；最大值 $M_{c\_flashfire}$=0.02×2000 = 40(kg)。

难燃粉尘在单机当班产尘量低于 2kg 时，才可使用室内除尘循环回风；对除尘器滤袋要采取导静电滤袋，有滤袋压差监控报警，有温度探测在滤筒和负压风机处连锁监控，除尘器本体合理位置有泄压片或伸缩铝箔管道担当泄压装置；对激光明火工艺的粉尘要采取防火措施，即首段 1m 为金属管冷却，水平管道为不锈钢金属管道，垂直移动的管道为阻燃塑料管道；鼓励实现变风速在线清灰措施。

企业一般都会对第一阶段的工艺设备接触物料处展开"无金属杂质行动"，即尽可能让接触产品内部物料接触非金属物质，或用磁性器材吸出浆料中的金属杂质。很多输送物料的管道、容纳物料的容器等都采取无金属材料和金属氧化物表面处理。

清楚锂离子蓄电池用到正极粉尘钴酸锂、锂镍钴锰、磷酸铁锂、石墨等不构成环境危险废物，对土壤无重金属污染，不在致癌物名单，对土壤和地下水不构成重金属污染风险，无须进行每年的土壤重金属污染检测。因为钴酸锂、锂镍钴锰等是高价值的矿物质，从减少开矿循环使用粉料的角度，宜使用硬质地面建筑来构造生产车间，宜将处理源从清洗搅拌车间、涂布车间（废水），清洗搅拌设备、工业废水絮凝设备（放置在地上易于检查维修）开始杜绝潜在污染地下水风险，宜回收工业废水的含有钴酸锂、锂镍钴锰的废渣（原料非危废，废料也是非危废），除尘系统排放的粉尘等，交给专业回收公司处理，循环使用粉料。论证粉料中钴酸锂、锂镍钴锰、磷酸铁锂的极差水溶性对土壤和地下水带来无重金属污染风险的依据如下。

① 锂离子蓄电池用到的正极粉料钴酸锂、锂镍钴锰、磷酸铁锂等是超过 800℃高温烧结的无机矿物，依照 GB 5085—2007《危险废物鉴定标准》测试在纯水、模拟酸雨（即 pH=3.2 的溶液）都没有重金属元素超标，没有浸出毒性；参阅欧洲化学品管理局（ECHA）数据，钴酸锂的水溶性为 0.3mg/kg, 锂镍钴锰的溶解性接近该数据；依照 GB 5085—2007 标准测试钴酸锂、锂镍钴锰、磷酸铁锂，没有急性毒性，不在毒性物质含量目录上，因此其废物不构成重金属超标，不构成危险废物。专业测试机构依照 GB 5085—2007 标准对粉末进行测试，钴酸锂的急性毒性兔经皮 LD50 ＞ 2500mg/kg, 锂镍钴锰的急性毒性鼠经口 LD50 ＞ 2000mg/kg，急性毒性标准 GB 5085—2007 判断固体物质经口 LD50 ≤ 200mg/kg 或经皮 LD50 ≤ 1000mg/kg 为有毒物质，对照此标准，可知钴酸锂、锂镍钴锰没有环境急性毒性。

② GB 36600—2018《土壤环境质量 建设用地土壤污染风险管控标准（试行）》规定

居民用地土壤含钴筛选值为 20mg/kg，管制值为 190mg/kg；工业商业建设用地土壤含钴筛选值为 70mg/kg，管制值为 350mg/kg。筛选值定义为不超过此值则对人体健康影响可忽略；管制值定义为超过此值则会影响人体健康要进行风险分析判断是否采取改善措施。世界粮农组织公布土壤含钴低于 5mg/kg 为贫钴土壤，用于牧场则需要补充含钴饲料如硫酸钴、氯化钴等。依照 GB 5085—2007 标准测试钴酸锂、锂镍钴锰在纯水中的重金属含量在 0.5mg/kg 左右，在酸雨（pH=3.2 溶液）的重金属含量不超过 5mg/kg，都在土壤贫钴程度，远低于 GB 36600—2018 标准，不存在对土壤重金属污染风险。

③ 世界癌症研究所（IARC）公布的致癌物质名单，只有水溶性好的钴金属和钴盐，没有水溶性差的钴酸锂和锂镍钴锰；水溶性差的钴酸锂、锂镍钴锰不是致癌物。列入致癌物质名单有水溶性好的钴金属（CAS 号 7440-48-4，水溶性为 12.8g/L）、硫酸钴（CAS 号 10026-24-1，水溶性 337g/L），没有水溶性差的钴酸锂（CAS 号 12190-79-3，水溶性 0.3mg/L）。

④ 钴酸锂、锂镍钴锰、磷酸铁锂粉末不和水反应，遇水不燃烧，水溶性差，因此对环境和地下水友好。通常无须进行年度的土壤重金属污染调查检测。

⑤ 磷酸铁锂本身就是磷肥的一种，是适合土壤的肥料，对土壤友好。

⑥ 钴酸锂、锂镍钴锰、磷酸铁锂的粉末密度是空气的 800~3000 倍，容易沉降到地面，多个工厂实践验证距离排放口水水平距离 6m 就会沉降到地面，在 6m 外测试空气基本满足 GB 3095—2012《环境空气质量标准》。在锂离子蓄电池中，只有隔离膜涂布的粉尘密度小，会发生类似柳絮飘飘的现象，用传统的粉尘处置装置（水喷淋或滤袋处理）达标排放的粉尘会使周边植物沾染白色粉末，形成“白色的圣诞节”的污染现象，适当的改造是对轻质粉尘增加用于空调类似的过滤棉（初效过滤棉布即可），就能杜绝该现象。

⑦ 因为钴酸锂、锂镍钴锰、磷酸铁锂的以上环保优点，不会带来土壤的重金属污染，不易造成粉尘飞扬，所以很多规范化的锂离子蓄电池工厂的厂界和厂内主干道，都能满足 GB 3095—2012，对环境友好。

3. 有机溶剂蒸气处理要求

有机溶剂蒸气的排放有两种主要形式：一种是大量使用的溶剂如 NMP 和电解液用溶剂有组织排放，使用环保处理系统；第二种是微量使用被工厂卫生要求的每人每小时至少 $30m^3$ 新风稀释到合规的无组织排放。典型溶剂为喷墨用油墨，目视检查偶尔使用的酒精或丙酮清洁剂。

满足 GB 30484《电池工业污染物排放标准》，涂布工序用到的 N- 甲基吡咯烷酮要采取循环回收处理装置。典型的回收处理装置有两种，第一种是冷凝回收后尾气经过沸石分子筛处理，其回风干燥，适合需要控制极片湿度的涂布工艺；第二种是多层填料塔水喷淋方式，其回风有大量水分，适合对极片干燥度要求不高的工艺场所。NMP 溶剂的闪点为 95℃，回收系统工作温度在室温附近，远低于闪点，其饱和蒸气压对应浓度低于最小引燃浓度（即爆炸下限 LEL）的 5% 以下，依照 GB 50016—2008 或美国标准 API497 属于安全区，无须进行防爆设计，但是采取防火措施，如防范溶剂滴落、电气腐蚀、电线外皮短路起火，采用金属管道良好接地防范腐蚀泄漏等。

电解液尾气应综合使用静电除油、水喷淋塔、活性炭吸附浓缩、RTO（Regenerative Thermal Qxidizer，蓄热式热氧化技术）催化燃烧、活性炭吸附处理等方法，单纯的活性炭吸附、水喷淋塔通常不能有效处理有机溶剂尾气。

在设计电解液尾气处理装置用到静电除油工艺、活性炭吸附浓缩工艺、RTO 催化燃烧等工艺造成溶剂蒸气满足可燃浓度，从气体防爆角度划分为爆炸 1 区或 2 区。如果遇到有效点火源（如被溶剂腐蚀的电气绝缘造成裸露电线短路电弧、热风温度控制不当的超温干烧、施工管理不善从外面飘来的烟头或明火物质穿过未装过滤网的管口进来的明火源等）被点燃，则可能引起燃烧爆炸。处理装置的水喷淋填料塔、RTO 之后的备用尾气吸附活性炭、排放烟囱、装置外的立体雨棚内是非防爆区域。因此在电解液尾气处理系统以上防爆区域配套安装防火阀、泄压阀、管道内喷气灭火装置和管道外喷水灭火装置，宜设置室外立体雨棚防范电气暴晒或淋雨失效减少点火源，应对以上爆炸分区直接接触用到的电气采用防爆电气（如防爆的热电偶、铠装电热器或水蒸气加热）。

在防爆区域外的电气可用普通电气因为浓度低于爆炸下限值 LEL 的 5% 为安全区，宜对处理系统进行电气控制的安全冗余，包括：

① 每个温度探测点有至少两个温度探测器。

② 用 PLC 的软件逻辑判断两个温度探测器的值差别在合理范围、加热就升温，如果异常就诊断报警。

③ 风机、泵的故障连锁除了交流接触器或变频器的辅助触点，宜增加振动传感器。

④ 电加热回路串联有断路器、交流接触器、晶闸管，其中交流接触器负责开班开机、收班关机、故障断电功能，晶闸管负责温度达到的频繁开关功能。

⑤ 晶闸管应设计有直接对吹冷却的小风扇。

宜利用建筑物高度满足排气筒从地面计算的高度不低于 15m 的特点在建筑物顶部设置排气筒。考虑利用钴酸锂、锂镍钴锰、磷酸铁锂、石墨等密度重的粉尘从排气筒出口出来在 6m 之内沉降到地面易于回收的特点，排气筒在建筑物顶部距离建筑物屋顶边界有超过 6m 的距离。

4. 固废废物零填埋的最佳实践

我国正在倡导的“零废城市”，类似概念有“固废零填埋”认证（UL2799），即固体废物（简称固废）被充分减量、转化、循环使用，焚烧发电使用的固废占总体固废的比例不超过 10%，锂离子蓄电池工业非常容易达到“固废零填埋”认证，原因在于：

① 本身产品利用率高，固体废品量不大。

② 固废中超过 70% 是 NMP 溶剂有成熟的回收循环使用技术实践，超过 10% 的钴酸锂、锂镍钴锰、磷酸铁锂的粉末（包括浆料、膜片、极片、废电池等）和铜箔、铝箔材料都有成熟的回收循环使用技术和实践，超过 10% 的包装材料是木材、纸箱、塑料凳可回收再用的材料。

③ 很多申请 UL2799 认证的锂离子蓄电池工厂基本都是盘点清楚就能达到认证要求，获得资质后可以长期保持年度认证符合。

5. 工业废水处理和雨水管理

锂离子蓄电池的工业废水比例很低，通常占生活废水的比例小于 10%，甚至 5%。因为工业废水处理比例低，处理技术成熟，容易实现处理后的工业废水满足养鱼要求，还可将处理后的工业废水回用到凉水塔来达到工业废水零排放。

从环保角度，锂离子蓄电池企业宜实现工业废水管网、生活废水管网、雨水管网的三网分开布局。

① 工业废水管网的颗粒物初期沉淀、絮凝工艺部分设施宜在地上，生化处理部分可在地下，宜用明管铺设工业废水管网，明管安装加气压测试耐压不漏，测试标准为加压缩空气到 0.2MPa 维持 10min 泄压低于 0.02MPa 为合格。

② 宜在处理后的工业废水排放口设置盆景式养鱼池直观展示工业废水养鱼效果，或加阀门锁展示工业废水零排放。

③ 中央空调的出水、冷水塔的出水不应排放到雨水管道，应接入生活污水管道。

④ 在装卸平台、建筑物室内等不应设置雨水收集口，宜在室外装卸平台设置围堰和作业要求铺设地面彩条布不污染地面。

⑤ 在屋顶的排气筒的粉尘排放口、有机溶剂排放口宜有围堰类收集装置，避免直接进入屋顶的雨水排放口。

⑥ 宜定期测试雨水管道的雨水，保持不被工业污水、生活污水污染。

行业经验，重金属元素在土壤中每 10 年下降 1m，有机溶剂在土壤中可无限度扩散（除非遇到岩石层），因此重点要防范有机溶剂污染土壤和地下水。锂离子蓄电池用到的 NMP 溶剂、发电机用柴油除了牌号 35 外都是丙类一般可燃物（依据为 GB 50016—2014《建筑防火设计规范》的第 123 页的条文说明），都可放在地下室存储，每个地下室存储量不超过 400m^3；或用地上建筑存放；不宜用地埋罐方式，因为地埋罐存在的弱点是如果发生泄漏检查不容易。

6. 倡导建设“无损环境工厂”的最佳实践

无损环境工厂的定义是满足社区环境质量要求、符合厂内环境自净能力、对环境没有明显损伤的工厂。

无损环境工厂的指标包括：

① 工业废水处理后满足社区标准，可废水养鱼，甚至工业废水零排放。

② 工厂厂界和主干道满足环境空气质量标准（GB 3095—2012）。

③ 工厂厂界噪声满足社区标准。

④ 工厂土壤 满足社区土壤质量标准（GB 36600）。

⑤ 固体废物满足“固体废物零填埋”认证要求（UL2799）。

⑥ 工厂绿化面积在 20% 左右（最大绿化面积受制于当地工厂容积率政策）。

无损工厂的机理是：

① 充分利用了最先进的环保处理技术、生产工艺技术，极大地减少污染产生。典型技术包括清洁生产技术、NMP 溶剂循环回收技术、电解液尾气环保处理技术、粉尘环保处理技术、工业废水处理技术等。

② 利用了厂内环境的自净能力，例如企业卫生要求每人每小时至少 30m^3 的新风量可以稀释无组织排放的微量的有机溶剂，工厂的绿色植物可以吸收处理微量废气；排气筒出来密度大的粉尘容易沉降收集，且水溶性极差，不污染土壤和地下水等。

无损工厂可实现人与自然、工厂与自然的可持续发展，发展经济不破坏环境，不超过环境的负荷。

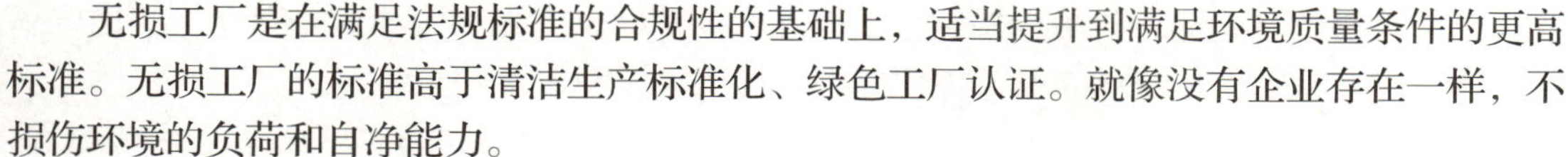

无损工厂是在满足法规标准的合规性的基础上，适当提升到满足环境质量条件的更高标准。无损工厂的标准高于清洁生产标准化、绿色工厂认证。就像没有企业存在一样，不损伤环境的负荷和自净能力。

无损工厂带来的收益，短期收益有

① 企业美誉度，高于清洁生产标准化、绿色工厂认证。

② 政府认可后企业内部变更不需要环评报告书（表），只要环评登记表，极大节约了变更时间和经费成本浪费。

③ 政府认可减少突击检查检测的接待成本和测试成本。

④ 利于信用社会建设。

⑤ 可写入历史的可持续发展的经验。

⑥ 经济发展的同时给子孙留下干净的地球。

锂离子蓄电池制造、装配工厂实现无损工厂有可行性。支持理由为：

① 工业废水比例低，容易实现处理后废水满足社区标准，可废水养鱼，甚至回用到凉水塔后实现零排放。

② 粉尘容易沉降收集、粉尘水溶性差，对土壤和地下水无重金属污染超标风险。

③ 有组织排放的溶剂中 NMP 可以回收处理，回收率容易超过 97%，剩余尾气过水喷淋塔容易吸收和生物降解；电解液尾气经过组合的静电除油器、水填料喷淋塔、活性炭吸收富集装置、RTO 催化燃烧器处理后，尾气经过排气筒排放；无组织排放的微量溶剂蒸气容易被企业工业卫生的新风量稀释；工厂的绿化植物有自净能力；实践证明工厂厂界和主干道通常满足环境空气质量标准 GB 3095—2012。

④ 厂界噪声容易满足社区标准。

⑤ 固体废物容易实现“固体废物零填埋”认证（UL2799），支持“零废城市”建设。

2.6.2.2 动力供应要求

1. 主动力供应要求

锂离子蓄电池工厂主要使用电力能源，其次是天然气，配套供应水蒸气、压缩气体、制氮机制造的氮气等，需要合理布置。

较大比例的电力用在涂布烘干工艺、化成工艺，因此应尽可能在该工艺车间周边设置高压变压器，以减少输电线路长度，并且应保留合理空间以便扩容。

在应急电源原因，主要的设备应备有二次电源。典型的应急电源包括：设备就近的电池储能装置单独给被保护的设备供电，这些被保护的设备包括计算机中心的计算机服务器和存储机、火灾报警监控中心的主机、中央监控系统的主机和存储机等。还可以采取在 0.5s 自起动的柴油发电机给消防泵房供电；采取约 10min 人工起动的柴油发电机给中央空调系统、工厂照明系统、火灾排烟执行机构、除湿机、凉水塔等设备供电。

依照 GB/T 50016—2014《建筑防火设计规范》和未来取代该标准的《建筑防火通用规范》，企业用电负荷等级未达到必须两根回路供电的程度，企业自主选择总电源含有两根回路的供电方式。若使用干式变压器，无须安装自动灭火装置。

化成车间因为工艺设备容易产生谐波，设备相连的三相电电流不平衡，造成零线端有较大电流，易影响其他设备的电源质量，因此化成车间电源配电应尽可能独立。在化成车间、容量测试车间宜单独设立开关以便提供给施工电源使用。

2. 辅助动力要求

天然气主要有两个用途，一是用于锅炉产生水蒸气，用于涂布机烘道加热、除湿机的加热脱附；二是食堂灶具燃烧做饭烧水、提供洗澡热水等。天然气宜用市政的燃气管道供应，不宜自建液化天然气站，因为容易出现天然气站规模体积不低于 50m³，构成重大危险源。

企业担心涂布机电加热的烘道有燃烧爆炸风险，选择天然气锅炉加热导热油方式给涂布机烘道加热。导热油的沸点在 240℃左右，与过压水蒸气温度 120℃左右相比，导热油温度更高可加快涂布速度。用导热油工艺要每天清理管道接口泄漏的结焦物质，要防范泄漏的高温热油（200℃以上）喷射到低引燃温度（约 150℃）的石油焦引起起火；要采取防范措施避免热油烫伤、滴落腐蚀电线外皮引起电气起火。

锅炉是特种设备，通常放置在独立建筑物内，建筑物有安全距离，宜临近涂布机所在的建筑。

压缩机宜采用无油压缩空气系统。

真空泵容易产生高温、润滑密封冷却油堵塞等，导致散热不良和起火，应对真空泵采取温度检测连锁报警电路，宜使用水冷方式强化降温，保持真空泵房间通风良好，如采用屋顶自然通风或者室内强制风机通风，通风风机宜安装振动探测器连锁。抽取含有腐蚀性溶剂蒸气（如电解液）的真空泵应选择耐腐蚀的真空泵。放置真空泵的房间应保持通风良好，如果是采用机械风扇通用宜有振动器连锁。

压缩气管道、真空管道通常在多个车间布置管道，局部区域对设备多，压力或真空度要求不一致，宜在这些局部区域设置缓冲气罐调整压力，以节约能源。

用于压缩气管道、真空管道的材料应满足压力要求，要求比较高的低湿度干燥气体（如露点在 −40℃）的管道宜用不锈钢管、热镀锌无缝钢管道、铝合金超管。

抽取电解液等区域的管道应选择耐腐蚀的管道材料（如 PVC 管道），电解液是导静电材料，需帮助塑料管道消除静电。

3. 能源综合利用

锂离子蓄电池行业的设备更新换代很快，在这方面的节能潜力通常不大。

锂离子蓄电池的节能绝大部分源于工序的颠覆性创新，如搅拌工艺改进工序后，时间从 10h 缩短到 2h、涂布工艺宽度增加缩短工艺时间、化成工序改进工序后，时间从 10h 缩短到 2h、容量从 100% 全检测改变为 5% 抽检、多台设备功能集中到一台设备上节约设备能量等。

太阳能照明通常最多只能提供工厂所需能量的 5%，适合停车场车棚、路灯等场所。屋顶不宜全部布置太阳能板，应保留屋顶空间用于厂房设施。注意太阳能发电系统需要良好的检测维护来避免自燃火灾风险，应进行风险分析，制定预防性维修检测计划，消除局部黑斑、高温、破损、爬电距离不足、绝缘损伤、泡水、积尘、堆积杂物（尤其注意低引燃温度的杂物如纸张、塑料、树叶等）、并联电路的内阻不同有内部涌流风险、电气接头松动大电阻高温发热等火灾风险。

锅炉宜选择低氮高效率锅炉，其结构已采取了可循环使用尾气热量构造，应架空走管做好保温，不宜从地下沟槽走管线，因为雨水浸泡会使管道降温浪费能量。

中央空调和冻水机组宜配置蓄水池来利用夜间温差存储冷水，白天使用；凉水塔宜使用处理过的工业废水来补水，提升工业废水循环使用率；冻水管道需做好保温。

涂布机宜采取加热烘道和空调车间的机头、机尾分开的方式节约空调费用，要做好烘道保温节能，循环回收的烘道高温空气通过热交换器预热新风节能。

化成设备的热量宜用自然通风方式排出室外，用逆变器反充电网方式不经济且容易污染电网。

测试设备宜用分体式设备和分体式布局，值班人员在空调房间，将需要恒定温度的电池测试安排在恒温房间，不需要恒温的安全滥用测试安排在普通房间，以达到安全节能。

2.6.3 原辅材料及加工工艺火灾危险性分类

2.6.3.1 仓库存储物质的火灾危险特征

仓库存储物质的火灾特征见表 2-105。

表 2-105 仓库存储物质的火灾特征

编号	物料类型	名称	火灾危险类别
R01	原料	正极粉料：钴酸锂粉料、磷酸铁锂粉料、锂镍钴锰粉料等	戊类
R02	原料	负极粉料：石墨、硅、钛酸锂	戊类
R03	原料	导电剂：碳粉、羧甲基纤维素钠	丁类
R04	原料	金属材料：铜箔、铝箔、铜条、铝条、镍条、导电铜牌、铝镍复合带、铜镍复合带、不锈钢壳、铝壳、铝钉、铝框架、金属紧固件、金属托板	戊类
R05	原料	室温饱和蒸气压低于 LEL 的电解液（室内用静电点火器、手动砂轮打磨铁棒的机械火花、烟头持续 1min 都不能点燃的电解液为丙类；能够点燃为甲乙类）	丙或甲乙类
R06	原料	室温蒸气压超过 LEL 的电解液、喷码油墨、清洁用酒精、DMC、存储或车辆运输的金属锂带、锂粉	甲乙类
R07	原料	隔离膜、胶带、复合包装铝箔、导线、电路板、SBR 胶、PVDF 胶粒、NMP 溶剂、AB 环氧树脂胶	丙类
R08	包装材料	铁卡板（不可燃材质）	戊类
R09	包装材料	纸皮、塑料盒、卡板（可燃材质）	丙类
M01	半成品	膜片、极片、极组、未注液的单体蓄电池	戊类
M02	半成品	水剂浆料：负极浆料、隔离膜浆料、凹版水剂浆料 水剂极片：负极极片、水剂涂层的隔离膜膜片、带涂层的金属箔材膜片	戊类
M03	成品	正常出货或正常使用的锂离子单体蓄电池、锂离子蓄电池组	丙类
M04	成品	泡水放电完毕的锂离子蓄电池、破坏外壳泡水处理的不带电锂离子蓄电池	戊类
M05	成品	安全异常的带电电池或电池组，安全异常电池包括生产线发现的安全异常电池、有意设计制造的用于工程研究的安全缺陷样品、客户退货的安全异常电池、事故后损伤的安全异常电池、破坏性安全滥用测试的电池等	甲类

2.6.3.2 电解液混合溶剂的物质火灾特征

电解液是一种混合溶剂，主要成分有导电离子用锂盐六氟磷酸锂（$LiPF_6$），混合溶剂包括用于溶解锂盐的溶剂碳酸乙烯酯（EC）溶剂，碳酸二乙酯（DEC）、碳酸甲乙酯（EMC）、碳酸二甲酯（DMC）等。这些溶剂的引燃温度、闪点见表 2-106。表中数据显示溶剂 EC 或 PC 是丙类溶剂（闪点≥ 60℃，一般可燃物质），溶剂 DEC、EMC、DMC 是甲类溶剂（闪点＜ 28℃，易燃溶剂），它们的引燃温度都超过 400℃，远大于常见可燃物的引燃温度，如纸张引燃温度 130℃、布匹引燃温度 140℃，因此，这些溶剂成分存在一燃即灭的闪点温度，未加热情形不易发生持续燃烧（高引燃温度）。

表 2-106　电解液溶剂成分引燃温度和闪点

比较	碳酸乙烯酯	碳酸丙烯酯	碳酸二乙酯	碳酸甲乙酯	碳酸二甲酯
缩写	EC	PC	DEC	EMC	DMC
引燃温度 /℃	465	315	445	440	458
闪点 /℃	160	132	25	23	17

注：数据源于欧洲化学品管理署（ECHA）和互联网数据。

世界卫生组织（WHO）对 VOC 的定义：挥发性有机化合物（Volatile Organic Compounds，VOC）是指沸点范围在 50~260℃，室温下饱和蒸气压超过 133.32Pa，在常温下以蒸气形式存在于空气中的一类有机物。电解液中碳酸二乙酯（DEC），分子式 $C_5H_{10}O_3$，分子量 118，CAS 号 105-58-8，熔点 −43℃，沸点 126℃，闪点 31℃，室温 23.8℃的饱和蒸气压 1.33kPa。碳酸乙烯酯（EC），分子式 $C_3H_4O_3$，分子量 88，CAS 号 96-49-1，熔点 35℃，沸点 243℃，闪点 160℃，36.4℃的饱和蒸气压是 0.03kPa。可见 DEC 是 VOC，而 EC 不是 VOC。

混合溶剂的饱和蒸气压遵守道尔顿分压定律，即两种理想的纯液体，将各自的饱和蒸气压乘以所占摩尔分数后相加就是混合溶剂的饱和蒸气压。因为溶解锂盐的 EC 室温为固体，即饱和蒸气压接近为 0，而其比例为 40%~50%，混合溶剂的饱和蒸气压计算就主要等于剩余 40%~50% 的挥发物 DEC 等的蒸气压；再使用有机溶剂的充分氧化方程式来计算有机溶剂的爆炸下限 $LEL= 1/[4.76\times(2n-1)+1]$，$n$ 是方程式中氧气分子量。计算结果混合溶剂的浓度低于 100% 的爆炸下限 LEL，即在不能点燃的浓度程度。

$$C_5H_{10}O_3\ (DEC) + 6O_2 = 5CO_2 + 5H_2O \tag{2-18}$$

$$C_3H_4O_3\ (EC) + 2.5O_2 = 3CO_2 + 2H_2O \tag{2-19}$$

$$LEL=1/[4.76\times(2n-1)+1] \tag{2-20}$$

$$C = P_v/101.3 \tag{2-21}$$

式中　LEL——有机溶剂的爆炸下限（%）；

n——每摩尔有机溶剂充分燃烧需要的氧气分子量；

P_v——混合溶剂的饱和蒸气压（kPa）；

C——某温度下有机溶剂的浓度（%）。

例如，EC：DEC 的摩尔比 =1：1，那么计算混合物充分燃烧需要氧气分子量

$$n = 6\times88/(88+118)+2.5\times118/(88+118) = 4$$

对应的混合物的爆炸下限

$$\mathrm{LEL} = 1/[4.76\times(2n-1)+1] = 2.9\%,\ n=4$$

电解液混合物分子量

$$M=1/2\times(88+118) = 103$$

电解液室温饱和蒸气压

$$P_v=30\times88/(88+118)+1330\times118/(88+118)=775\mathrm{Pa}\approx0.78\mathrm{kPa}$$

电解液室温的最大浓度

$$C = P_{v1}/101.3 = 0.74\%= 26\%\mathrm{LEL}$$

如果将室温 25℃（查阅到数据有 23.8℃来代表）升温到户外地面的 60℃，依照温度和饱和蒸气压的安东尼公式，推算 60℃电解液的饱和蒸气压对应浓度为

$$P_{v2}= P_{v1}\times(273+60)/(273+23.8) = 0.86\% = 30\%\mathrm{LEL}$$

仍然低于 LEL 的不燃浓度。

以上理论推导了混合溶剂电解液室温和 60℃的浓度处于不燃范围。为此做了验证试验，在没有明火加热、电弧加热的情况下，对电解液存储可能碰到的点火源，如静电（电解液是导静电材料）、工具碰撞机械火花、跌落滚动的机械火花、点燃的烟头，用 13kV 电池高压点火器、手动砂轮打磨不锈钢铁棒火花、扳手工具敲打、点燃烟头等在室温 25℃、40℃、60℃维持 10min，试验多次都不能点燃混合溶剂电解液，验证了理论推导正确。

测试的典型截图，电解液应用场景不燃测试如图 2-279 和图 2-280 所示。

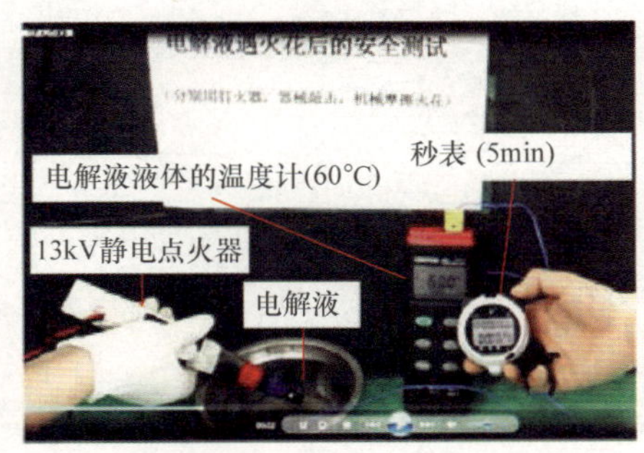

图 2-279　电解液在 60℃ 13kV 电火花 5min 不燃测试

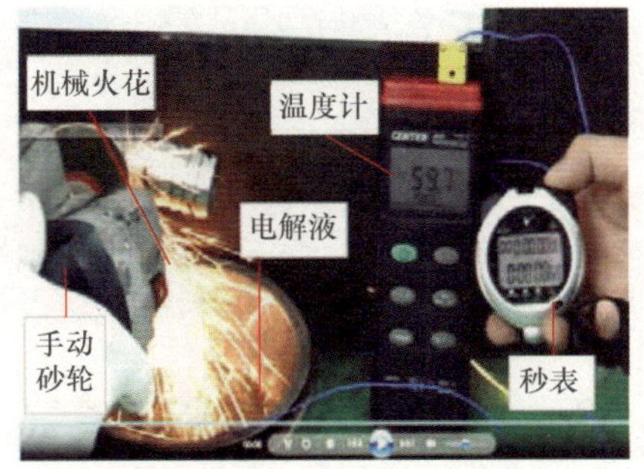

图 2-280　电解液在 60℃用手动砂轮打磨火花 5min 不燃测试

硬度低的无火花金属材料包括不锈钢、熟铁、铜、钛金属，硬度值分别为：调质钢活动扳手 54.6HRC，铸铁消防扳手 36.3HRC，不锈钢电解液桶 21.6HRC，不锈钢地面 20.5HRC，熟铁叉车叉子 14.7HRC，铜带 9.2HRC。使用低硬度的无火花材料进一步减小了碰撞机械火花风险。

通常，电解液装在充填有氮气或氩气惰性气体的不锈钢桶里面，重量为 200kg 或 1t，

不锈钢是无火花金属材料，惰性气体有抑爆作用。在桶的上方有不锈钢的金属护脖防撞并形成二次容器接微量泄漏，在护脖中间有带单向阀的进气管接口、排液管接口，管径为8.3mm。头部带护脖的不锈钢电解液桶如图 2-281 所示。电解液桶放置平库，距离平库的无天花板的屋顶通常超过 4m，距离有空调的带不燃天花板的屋顶超过 2m。

仓库的电器用防爆电器。仓库的墙边通常设置集液沟、集液井或围堰来防范泄漏。仓库墙壁安装多个风机，配合墙壁下方的百叶窗或金属网格进风口，形成有效的新风供应。依照车间卫生要求，有人操作的地点，新风量不低于 30m³/（人·h），事故应急换气能力不低于 12 次 /h。通过风速下有机溶剂的浓度计算的马扎克公式，风速下电解液蒸气浓度如图 2-282 所示，可以知道在风速为 0.014m/s 就可控制浓度等于 5%LEL，如果用职业卫生要求的捕获风速 0.5m/s，则对应的蒸气浓度为 1.5%LEL，相当安全。采取了防爆电气、墙壁独立抽风、泄漏控制措施、平库存放、不锈钢桶和熟铁叉车等无火花材料、电解液桶充填惰性气体等安全措施的电解液，存放在丙类仓库可以保证安全，全球 30 年行业实践尚无电解液在仓库自燃的案例。

图 2-281　头部带护脖的不锈钢电解液桶

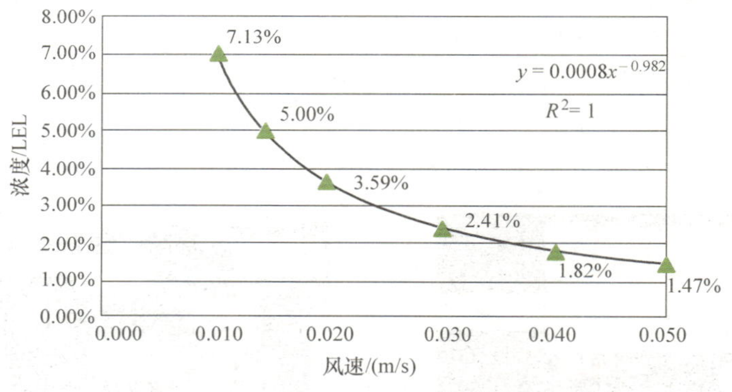

图 2-282　不同风速下电解液蒸气浓度

2.6.3.3　车间物质的火灾特征

车间物质的火灾特征见表 2-107。

物质的火灾特征确定了耐火等级二级或以上建筑的防护分区面积、安全间距、防火墙、防火隔墙等。

车间禁止使用易燃材料装修，配合排烟或空调温度调节目的的隔墙宜用难燃的岩棉彩钢板墙壁，禁止使用易燃的泡沫彩钢板（EPS）。

试验证明，遇到明火的玻璃棉会马上收缩可燃损毁，岩棉难燃但是会碳化变薄逐渐失掉防护效果，100mm 厚度的硅酸铝真正耐火，遇明火不变化，在 890℃的柴油明火烘烤下，非受烘烧一面温度保持在60℃左右，50mm厚的SiO_2气凝胶隔火层，非受明火烘烤的一面温度在110℃左右，因此需要耐火隔热保护的场所宜用硅酸铝耐火材料或SiO_2气凝胶隔火层，如在化成车间附近的钢构、安全测试实验室的钢构、电热设备的加热器位置和两边各1m的烘道内部、除湿机转轮电加热处和两边各外延1m的烘道内部等。

表2-107 车间物质的火灾特征表

编号	工艺	工艺描述	物质火灾危险分类
P01	水剂搅拌（负极浆料搅拌、隔离膜浆料搅拌、金属膜浆料搅拌）	以去离子水为主要溶剂（质量分数超过30%）将其他戊类粉料、丙类胶粒溶剂混入制成浆料	戊类
P02	水剂涂布	将去离子水为主要溶剂的浆料涂布在基材上面且烘干形成极片	戊类
P03	油剂搅拌	以丙类有机溶剂为主要溶剂（质量分数超过30%），将其他戊类、丙类粉料颗粒混合形成浆料；且采取抽气措施确保低于LEL	设备可能是防爆设备；但厂房可靠通风且温度低于闪点为丙类
P04	油剂涂布	将丙类有机溶剂为主要溶剂的浆料涂布在基材上面且烘干形成极片	设备可能是防爆设备；厂房可靠通风且温度低于闪点为丙类
P05	冷压	轧钢机的辊子压薄极片	戊类
P06	分切	用机械切刀或激光将极片分开为窄条	机械切割为戊类； 激光切割为丁类
P07	模切	用机械切刀或激光将极片分开为有形状的极片	机械切割为戊类； 激光切割为丁类
P08	卷绕	在机器上将正极极片、负极极片、隔离膜卷绕在一起形成极组	特殊工艺为丙类，如果周边有明火工艺为丁类
P09	热压	用气缸将极组压实	机械气缸，油为不可燃，戊类
P10	软连接焊接	用超声波焊接或电阻焊接或激光焊接方式将导电的金属片极耳和极片焊接起来	超声波、电阻焊接等为戊类；用激光明火焊接为丁类
P11	上支架+入壳	用机械手将不锈钢支架、极组装入铝壳中	戊类
P12	顶盖焊接	采用激光将不锈钢支架和铝壳焊在一起	戊类
P13	真空烘烤	在真空炉/箱中一定温度下对未注液单体蓄电池、膜片、极片烘干	戊类
P14	注液①	在密封设备中进行，设备在线湿度控制，换气次数超过32次/h大于事故通风换气12次/h；软包装电池、方形金属壳电池局部抽真空下注射液体；圆柱电池在注液后有激光焊接盖帽	无激光焊接为丙类； 有激光焊接为丁类

（续）

编号	工艺	工艺描述	物质火灾危险分类
P15	老化静置[①]	在干燥房间，一定温度下，对未封口的电池进行开口电池静置，或者闭口电池在一定高温静置（温度通常不超过 60℃），促进电解液吸收；有可能在老化静置时刻对每个电池的注液口抽真空 老化静置和正常的成品电池出货静置不同，老化电池还在产生烃类气体阶段，有危险性；正常的成品电池在出货前静置，已经稳定，几乎不产生烃类气体	密封的房间存储电池，没有火灾探测，没有浓度监控，没有独立事故风机连锁，没有达到事故风机能力为 12 次 /h 则依照电解液闪点判断为甲乙类，为行业重大安全隐患，要求采取防爆设计 在密封的房间存放，有火灾探测器，有浓度监控，有独立的事故风机连锁，事故风机能力达到 12 次 /h，有现场灭火喷淋设施，则为丙类，非行业重大安全隐患，无须防爆设计
P16	化成[①]	对锂离子蓄电池充放电，形成 SEI 膜的工艺，化成通常会产生烃类气体 需要采取有效的安全措施，工序不当会引起气体爆炸风险。 典型有四种化成设备： 第一种为每个电池被不燃材料隔开型，可看到每个电池，易于取出和灭火，在开放车间的为丙类 第二种为不超过 1000 个电池在一个设备的设备隔开型，设备的装电池部分和电控部分用阻火层分隔，在通风良好的车间，为丙类 第三种为超过 1000 个电池在货架上，开口的电池每个电池有抽真空排气，每个货架都有烟雾探测、气体灭火喷头和喷水喷头，屋顶也有烟感，为丙类车间 第四种为超过 1000 个电池在货架上，开口的每个电池无抽真空，货架无烟雾探测器，货架无气体灭火或喷水灭火装置，屋顶有烟感，为甲类车间	在密封的低湿度房间且没有对电池抽真空，没有控制浓度，没有事故排烟则为甲类，为行业重大危险源，要采取厂房防爆措施 在密封的低湿度房间生产，但是采取了电池每个抽真空措施或房间采取浓度控制不超过 5%LEL；房间采取了独立事故通风连锁且达到 12 次 /h 换气能力，周边有消火栓保护，为丙类，非行业重大危险源，无须防爆设计 在敞开的车间和敞开的设备，电池闭口化成，每个电池都可看见和易于拿取，周边有手提灭火器或泡水桶处理异常电池，有通风设计，控制浓度不超过 5%LEL，为丙类，非行业重大危险源，无须防爆设计
P17	二次封装	化成后的电池进行称重，必要时补充电解液	无激光焊接为丙类； 有激光焊接为丁类
P18	密封钉焊接	采用激光焊接机对注液口进行焊接	丁类
P19	气密性检测	采用真空设备对单体蓄电池进行气密性监测	丙类
P20	表面清洗	常温下采用保立克溶剂对单体蓄电池表面进行清洗。该物质的燃点为 615℃，属于无闪点物质	丙类
P21	容量、开路电压、阻抗、自放电率测试	对锂离子蓄电池的容量充放电测试、开路电压、阻抗、自放电率测试，无破坏性	丙类
P22	非破坏性电池测试	非破坏性测试包括：容量、循环寿命、高低温冲击、高温高湿、真空模拟、运输振动等	丙类
P23	破坏性电池测试[①]	破坏性测试包括：短路、跌落、碰撞、挤压、穿钉、火烧、泡水等破坏性测试，有通风设计	无通风设计为甲类（释放烃类气体）；有通风设计为丙类，火烧测试为丁类

① 当前行业安全隐患较大的工艺项目。

2.6.4 生产厂区应采用的安全设施和措施

2.6.4.1 使用合理方法降低火灾等级

锂离子蓄电池工厂建筑至少不低于二级耐火要求。依照工艺和存储中物质火灾特点来对车间、仓库的物质进行火灾危险等级分类。判断物质火灾危险等级的标准是 GB 50016—2014《建筑防火设计规范》和未来取代该标准的《建筑防火通用规范》。

GB 50016—2014《建筑防火设计规范》第 3.1.1 条，生产的物质火灾危险性分类为甲、乙、丙、丁、戊类；第 3.1.2 条，火灾危险高低不同物质混放的判定；第 3.3.3 条，存储物质的火灾风险等级判定，全部不是强制条文在其条例说明中列举了很多方式来降低物质火灾等级的方法，典型包括：甲、乙类物当其质量少于一定限值时则仍然保持丙类火灾特征；良好通风控制可燃气体或有机物的蒸气浓度不超过爆炸下限 LEL 的 5% 则仍然保持丙类；当甲乙类物质面积占丙类车间面积不超过 5% 仍然是丙类；在丁、戊类车间有密封、隔离、浓度探测或抑爆措施的喷漆车间面积比例不超过 20%，仍然是丁、戊类车间等。

GB 50016—2014《建筑防火设计规范》第 1.0.2 条，石油化工工程应按已经有的国家标准执行。在石油化工工程标准中，经常被引用的有价值的条文包括：不计机械通风故障安全条款（含有 GB 50016—2014 第 1.0.2 条，GB 50085—2014 第 3.2.4 条和第 3.2.6 条），通风降低危险等级的安全措施（含有 GB 50016—2014 第 1.0.2 条，GB 50085—2014 第 3.2.4 条，第 3.2.5 条，第 3.2.6 条，第 3.2.2 条，第 3.1.3 条，GB 50016—2014 第 3.1.2 条，GB 50493—2009 第 5.3.3 条），本章的第 2.6.4.11 条也列举了风速下饱和蒸气压浓度计算的马扎克公式、混合溶剂的饱和蒸气压公式、不同温度下有机溶剂的饱和蒸气压的安东尼公式等石油化工的计算公式，量化计算有机溶剂在混合、变温、通风情形下的浓度，量化判断能否降低物质火灾等级，提升源头安全。

未来取代 GB 50016《建筑防火设计规范》的新标准《建筑防火通用规范》有三大变化：

① 取消防火分区面积限制。

② 取消厂房仓库到疏散出口距离限制。

③ 取消建筑泄爆面积计算公式，容许建筑泄爆面积不易设置时用建筑抗爆来取代。该新变化更加符合实际情况，鼓励消防性能化设计，允许使用真正的行业安全科学如溶剂的饱和蒸气压和浓度、通风稀释浓度抑爆、计算有机溶剂液体的沸腾液体扩展蒸气爆炸模型（BLEVE）、粉尘爆炸的火焰长度和爆炸强度模型等，来科学判断风险，具体采取措施。

2.6.4.2 注液车间的安全措施

电解液混合物的闪点通常为甲、乙类，但是从前面的分析可以看出，混合溶剂在室温或 60℃的蒸气浓度不能达到点燃程度，实际验证除了明火、电弧加热等方式引起燃烧，使用场景的静电、碰撞或跌落滚动的机械火花、未熄灭的烟头，都不能点燃电解液。微弱的风速就能将电解液的浓度稀释到 5%LEL 以下，这些特征提升了电解液的安全性。

电池生产厂家通常将电解液桶放在一个用岩棉彩钢板难燃材料围起的独立隔间，屋顶有墙壁风机，悬挂球式干粉灭火器，地面有不锈钢，形成一个独立抽风环境，用手持仪器测试蒸气浓度不超过 5%LEL，再通过不锈钢或者铁氟龙管子将惰性气体输送到注液机。注液机通常是密封结构，里面有在线式露点监测来控制干燥度，干燥度控制导致设备里面换气次数不低于 32 次 /h，远大于事故换气的 12 次 /h；注射液体通常在密封设备里面一个独立的真空腔体里面进行，抽真空确保真空表达到设定值，计时器保持数秒，再注射电解液，等待数秒后密封好才解除真空度。在保持密封设备的干燥度、局部真空情形方面都确保了设备里面的电解液挥发的真空度远低于 5%LEL。每次注射电解液的量通过注射泵来控制。电解液有机溶剂滴落电气会腐蚀电气塑料绝缘外皮，造成电线裸露短路起火风险，因此将电箱放置在密封设备外边的顶部不接触电解液，在密封设备里面的电线采取了套管、接头加胶密封的防护措施。图 2-283 为注液车间的安全措施示意图。 因为这些分隔、密封、负压、限量、浓度控制、避免电气被有机溶剂腐蚀起火等安全措施，在丙类车间安全运作，很少发生注液车间的火灾案例。在 GB 51377—2019《锂离子蓄电池工厂设计标准》承认采取了安全措施的注液车间为丙类车间。

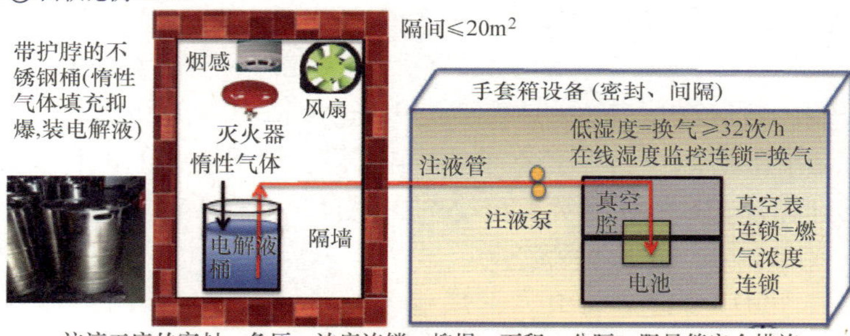

图 2-283　注液车间的安全措施示意图

在 GB 51377—2019 的强制条文中，要求电解液暂存间要布局在建筑物靠外墙部分，使用实体墙分隔。在实践中有几种典型的实现方式。第一种是动力蓄电池企业经常采取在屋顶设置集中的电解液存储间，放置每桶 200kg 或 1t 的不锈钢桶，通过不锈钢管道分配到各个车间方式。第二种是建立独立的建筑作为注液车间，集中工艺使用，此方式造成了溶剂过于集中而加大火灾风险，不满足靠外墙设计，需要进行专业的防爆、泄爆设计和验收，按消防性能设计的方式达标。第三种是在每个车间的注液工艺设置小型的电解液存储间，面积不超丙类车间的 5% 仍为丙类车间（GB 50016—2018）放置不超过 10 桶的每桶不超过 200kg 的电解液不锈钢桶，接口配置有套管，安装有电子气压传感器，避免过压，接口有单向阀防止泄漏，训练员工可就近按下排气口泄压不泄漏液体，配置有不燃的轻质岩棉彩钢板，悬挂球式灭火器，屋顶安装有和抽风风速连锁的振动传感器，室内用防爆电气和电线穿金属管等一系列消防性能化设计来满足安全要求，达到功能安全要求，是值得推荐的方式之一。

从消防性能化设计的角度，用功能安全方法计算第3种方式满足起火甚至爆炸风险在可接受的极低风险之内（即低于百年一遇，失效率低于 1×10^{-6} 次/h）。功能安全的目标为两个：第一个是厂内生产线配置的电解液存储房的起火和爆炸风险不超过百年一遇（因为人员正常工作时间不会超过50年），第二个是爆炸半径不达到周围操作岗位。

满足第一个目标假定工厂有生产线分散配置了100间电解液存储间（这是非常大规模的工厂，一般大型工厂只有不到50个电解液存储间），则起火爆炸的概率为 1×10^{-8} 次/h，即百年一遇的 1×10^{-6} 次/h 除以100个存储间。用故障树分析（FTA）来计算这样配置的燃烧爆炸概率，顶上事件为电解液存储间起火爆炸，失效概率为 F_0。目标是不超过 1×10^{-8} 次/h。

其下有3个中间事件要同时发生，这3个中间事件即火灾三角形的有效点火源点燃（点燃概率 F_1），可燃物达到有效的点燃浓度 F_2，适当的氧气比例 F_3，即 $F_0=F_1\times F_2\times F_3$。

有效的点火源点燃事件 F_1，下面有几个相加逻辑的基础事件，即溶剂滴落电气腐蚀绝缘短路电弧事件 F_{11}（假定1年1次则失效率为 1.1×10^{-4} 次/h）、管理不当出现存储间出现烟头 F_{12}（假定1年1次则失效率为 1.1×10^{-4} 次/h）、施工管理不当有明火 F_{12}（假定1年1次则失效率为 1.1×10^{-4} 次/h），即 $F_1=F_{11}+F_{12}+F_{13}=3.3\times10^{-4}$ 次/h。理论计算和实践测试，静电火花和机械火花不能点燃室内的电解液，不构成有效的点火源。

达到可燃浓度的溶剂蒸气事件 F_2，下面有几个相乘逻辑的基础事件，即发生了溶剂泄漏事件 F_{21}（假定1年1次则失效率为 1.1×10^{-4} 次/h）、抽风风机发生故障事件 F_{22}（假定1年1次则失效率为 1.1×10^{-4} 次/h）、抽风风机的连锁装置发生故障 F_{23}（假定1年1次则失效率为 1.1×10^{-4} 次/h），即 $F_2=F_{21}\times F_{22}\times F_{23}=1.3\times10^{-12}$ 次/h。

室内的氧气达到可燃浓度 F_3 始终存在，失效率 $F_3=100\%$。

那么电解液存储间燃烧爆炸事件概率 $F_1=100$ 间 $\times F_1\times F_2\times F_3=4.3\times10^{-14}$ 次/h，低于万年一遇（1×10^{-8} 次/h），满足第一个目标。

第二个目标是爆炸半径不达到常见操作岗位。结实的不锈钢电解液桶只在顶部有接口，带有单向阀，通常只能气体加压让溶剂流出。观察集团公司的四家工厂接近20年的运作，收集业界20年信息，都没有发生电解液自燃事故案例，也没有电解液桶破损泄漏的案例，最常见的泄漏是操作不当，接头脱落，加压气体迫使电解液从顶部接口流出，一旦人员发现按下进气口泄压到常压就停止了泄漏，泄漏时刻因为电池不能正常注液机器自动发出声光报警，提醒现场操作人员到生产线上储液间检查处理，通常泄漏量为5~10kg。假定5~10kg的电解液都被点燃且通风不良发生了气体爆炸，依照世界卫生组织推荐的沸腾液体蒸气膨胀爆炸模型（BLEVE）计算，爆炸半径 $R=2.9\times$ 燃烧液体重量 $W^{1/3}$=5~8m，此尺寸基本不超过电解液存储间的尺寸，距离手套箱等工位还有安全距离。

如果第三种方法不能达到消防性能优化的功能安全目标，就应采取第一种方法布局。

2.6.4.3 化成车间的安全措施

在2018年以前，行业中起火案例最多是化成工艺车间。原因是在化成工艺中电解液（溶剂分子式 $C_xH_yO_z$）部分分解为烃类气体（C_xH_y）为易燃易爆气体，在工艺中的机械失误（挤压、跌落、刺破、短路），在设备电气失控的过充电等都有机会导致起火，如果排烟不及时，可能发生受限空间的爆炸案例。在 2017 年发布了团体标准 T/CIAPS-0002《锂离子蓄电池企业安全生产规范》后，主流厂家使用了标准倡导的消防风水法、基层员工担当现场消防组织，有效控制了火灾风险，从 2018 年开始到 2019 年，没有主流厂家发生化成车间起火案例。

通过热箱爆炸试验来理解锂离子蓄电池热失控气体爆炸的机理，获得经验公式，用于消防风水法来设计保障安全，写入行业安全生产标准。

热箱爆炸试验即参考 SAE J2464 的标准，将锂离子蓄电池放置在 200℃热箱炉子里面 1h，所有类型的锂离子蓄电池都会发生气体爆炸，试验中将炉门换成岩棉门，用透明塑料薄膜取代玻璃窗，拍摄了各种锂离子蓄电池在高温下热失控打开安全阀喷射气体，炉中的烟雾越来越浓，大约 10min 左右发生气体爆炸。 测试的电池材料包括有钴酸锂、磷酸铁锂、锂镍钴锰，结构有圆柱柱电池、软包装电池、方形金属壳电池，容量为 2~86A · h 的单体。测试图如图 2-284 所示。

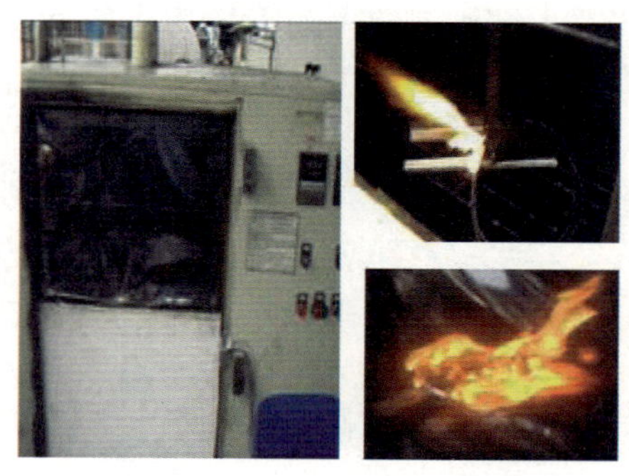

图 2-284　热箱爆炸试验

在试验中获得了电池膨胀安全阀打开的压力值经验公式，即安全阀释放气体的量

$$V_{gas1}=\text{同时燃烧的电池数量 }n\times 1.5\text{ 倍体积膨胀 }\times 7\text{ 倍大气压}$$

即

$$\text{安全阀开启压力}\times\text{电池体积 }V_{cell}=11nV_{cell}$$

从 NFPA 的液体气化体积膨胀 800 倍左右，可以计算电池电解液气化体积

$$V_{gas2}=\text{同时燃烧的电池数量 }n\times 800\text{ 倍}\times\text{电池电解液体积 }V_{ele}=800nV_{ele}\text{。}$$

可以取两者比较大的值来计算释放的气体量，通常是 800 倍的电解液体积膨胀数值较大；用气体量除以设备容积或小房屋容积或通风量，就能计算出当前浓度是不是超过了爆炸下限，以及发生气体爆炸的可能性。HSD 工厂、MB 工厂爆炸，就符合该气体爆炸模型。

采取合理建筑空间，独立通风措施，将燃气浓度控制在不超过 5%LEL，经验公式将 LEL=10% 的易燃易爆的体积作为规格，需要的通风量：

$$\begin{aligned}V_{fan}&=1/(5\%\times 10\%)\times\max\{11nV_{cell},\ 800nV_{ele}\}\\&=\max\{2200nV_{cell},\ 160000nV_{ele}\}\\&=160000nV_{ele}\end{aligned}$$

式中 V_{fan}——需要的通风量（m^3/s）；

n——一起燃烧的电池数量；

V_{ele}——每个电池灌注的电解液体积（m^3）。

此经验公式可选择合适的独立风机抽气通过稀释浓度避免二次燃烧或爆炸。用甲类仓库的防火分区不超过 250m^2 面积的要求，将化成车间分隔为面积小于 250m^3 房间，采用实体墙，不仅极大地妨碍了自动化设备的布局，在排烟不良情况下非常容易发生受限空间的气体爆炸事故。

化成依照有无孔洞，可分为开口化成、闭口化成。开口化成即灌注电解液后不密封，保留注液孔来充放电，从注射孔会释放化成产生的烃类气体，伴随有挥发的电解液。安全起见，通常在注液孔安装一根抽真空管子随时排走挥发气体和电解液，避免燃气堆积。如果不在电池注液口安排抽真空管，则挥发气体和电解液充满车间，有较大的火灾或气体爆炸风险。典型的开口化成是方形金属壳电池。闭口化成即灌注了电解液后密封，化成产生的气体保留在电池里面，在后面其他工序采取继续憋气在电池里面，如圆柱电池，或者抽气后二次密封的软包装电池。闭口化成因为在正常的化成阶段没有泄漏气体和液体，所以比开口化成更加安全。而软包装电池因为后期采取了抽真空密封工艺，所以比圆柱电池在安全上有优势。

从火灾蔓延电池数量的角度，可将化成设备分为四种类型。

1）每个电池被不燃材料隔开的电池隔开型

热失控的电池不容易蔓延到另外一个电池。在敞开的设备里面可看见热失控电池并可拿出处理。设备自带两个或以上的烟雾探测器，联动火灾信号到监控中心。设备在手提灭火器、泡水桶、火钳和周边消火栓的保护范围内。周边有视频监控。这种化成设备在敞开的丙类车间，安全性最好。

2）内装不超过 1000 个电池的独立设备隔开型

热失控的电池只在该设备里面蔓延，不会蔓延到另外一个设备。设备装电池部分是不燃材料，用不燃难燃材料分隔开设备电控部分。设备装电池部分的排气口可选配烟雾报警器。设备周边有独立抽风环境，形成通风车间随时排烟。设备所在房间屋顶有烟雾报警器，周边有视频监控，设备在车间的手提灭火器、泡水桶、火钳和周边的消火栓保护范围内。这类设备可以在丙类车间。

3）带灭火排烟装置的货架式化成设备型

每个货位一个电池，每个电池都在电池注液孔配有抽真空管，每个货位有烟雾报警器、气体灭火剂喷头、水喷头、关闭货位的自动门、排烟管。货位的屋顶也有烟雾探测器、排烟风机等。设备在车间的手提灭火器、泡水桶、火钳和周边的消火栓保护范围内。房间内有视频监控，房间外可随时监控视频和回放视频发现最初的着火点。这类设备可以在丙类车间。

4）无灭火排烟装置的货架式化成设备型

每个货位一个电池，但是每个货位没有烟雾探测器、排烟装置、喷气灭火装置、喷水灭火装置、自动关门装置。只是房间屋顶有烟雾探测器、喷淋系统、排烟装置。设备在车间的手提灭火器、泡水桶、火钳和周边的消火栓保护范围内。房间内有视频监控，房间外可随时监控视频和回放视频发现最初的着火点。这类化成设备灭火排烟不迅速，容易蔓延到失控状态，应该布置在甲类车间，做好建筑抗爆泄爆设计。

2.6.4.4 局部喷淋系统

锂离子蓄电池工厂不必全厂设置喷淋系统，对重点部位设置局部喷淋系统即可。理由如下：

① 从 GB/T 4754—2017《2017 年国民经济行业分类》标准，锂离子蓄电池行业的分类代码为 3841，归属于“38 类即电气机械和器材制造业”，不属于“39 类计算机、通信和其他电子设备制造业”，因此不必遵循 GB 50016—2014《建筑防火设计规范》第 8.3.1 条（强制条文）“占地面积大于 1500m^2 或总建筑面积大于 3000m^2 的单、多层制鞋、制衣、玩具及电子等类似生产的厂房应设置自动灭火系统，并宜采用自动喷水灭火系统”的要求，不必全厂采用自动喷淋系统。

② 从消防风水法的角度，单位面积水量从大到小，依次为泡水、喷雾器或洗车器附近定点喷水、消火栓射水、屋顶喷淋系统。模拟验证试验和实践中，发现现有标准的屋顶喷淋系统、高层货架喷淋系统都不能最终扑灭锂离子蓄电池火灾。实践中训练有素的车间人员掌握灭火技能，采取火钳夹电池泡水处理，非常有效地遏制了电池初起火灾，不蔓延为事故。车间人员迅速灭火的效果，好于工厂购买消防车灭火效果，因为消防车不能进入车间灭火，主要用于避免着火建筑的火焰向另外的建筑蔓延。这和车间人员可快速扑灭现场火警不同。

③ 车间有粉尘，因此采用了大量的设备密封罩。厂房的喷淋系统喷水不能直接抵达设备内部，灭火效果差。生产实践中，货架式化成设备、电池安全测试设备自带灭火装置的，灭火效果更好。

2.6.4.5 消防风水法的应用

工厂人员应当建立车间仓库、实验室等基层灭火组织，工厂应建立厂级消防队伍，熟练掌握消防风水法，用于建筑布局、器材配置、应急预案、演习实战。

1）消防风水法的“水”灭火原理

① 用水降温速度是其他灭火剂的 10 倍以上。

② 水渗透到电池内部将活性物质 LiC_x 变为惰性物质碳酸锂，释放氢气不到点燃浓度。

③ 不同电导率泡水水柱电阻模型和测量计算，清楚和实际测试过水雾灭火的高电阻特征，自来水泡电池电流在毫安级别不短路。业内有解剖滴水、泡水到电池内部极片的变化分析，理解 LiC_x 转化为惰性碳酸锂的事实。

2）精通消防风水法的“风”稀释原理

① 迅速将烟雾（气溶胶）、蒸气、燃气浓度降低到不超过 5%LEL 就无二次燃烧无爆炸。

② 排走烟雾，利于救援。

3）掌握消防风水法的“水”的使用参数

① 设备断电后，可采用多种方式用水灭火，包括泡水、射水、水雾、喷淋等，器械有泡水桶和坩埚钳、消防水带和消防盘管、喷雾器和洗车器、水基灭火器。

② 单位面积的水量从大到小依次为定点泡水、定点射水、定点水雾、全面喷淋，电池小火可以用任何灭火剂灭火，中大火只能用大量水灭火。

③ 从单位面积水量看，现有设计标准的室内喷淋系统、高架仓库的喷淋系统都不能有效灭火，只能模拟测试修改增加喷淋量和喷淋系统布局，或使用定点射水定点喷雾的设备自带灭火装置或人为射水喷雾灭火。

④ 不能用盐水、泥浆水接触高压电池包，防范电弧起火，应用自来水和干净地表水灭火。

⑤ 水量配置遵循 DB11/Z728 标准，即每 5 万 A·h 时有 9L 水，或每 500m^2 有 60L 水。

4）掌握消防风水法的“风”的使用参数

① 采用多种方式组合通风排烟，包括墙壁风机、移动风机（鼓风机、带伸缩铝箔管道的移动风机），适合鼓风 + 负压组合排烟。

② 典型数据为负压抽风距离为 5m，室内鼓风距离为 30m，带伸缩铝箔管道移动风机为 60m，作用区域风速不低于 0.5m/s 捕获风速，事故换气能力不低于 12 次 /h。

③ 大量通风吸收空气迅速冷却烟雾到室温左右，宜用普通换气风机兼作排烟，不苛求使用耐温 280℃ 30min 的专用高温排烟风机。

④ 稀释燃气到 5%LEL 的安全浓度需要的抽风量为

$$V_{fan} = 160000nV_{ele}$$

式中 V_{fan}——抽风量（m^3/s）；

n——一起燃烧电池数量；

V_{ele}——电池灌注的电解液体积（m^3）。

正确使用消防风水法，用主动抽风将浓度稀释到 5%LEL 的工厂安全不燃安全程度，10%OEL（OEL 即职业卫生接触限值）的作业卫生无害安全程度，是自动安全、源头安全的措施。通风稀释也是抑爆措施，比设备抗爆、建筑抗爆的被动抗爆方式更加有效，便宜、可靠。消防风水法的风器材如图 2-285 所示。

墙壁风机（仓库、车间等换气排烟）

移动汽油机鼓风机排烟距离室外11m，室内30～40m，风量50000m^3/h 适合局部强化排烟

用FDS软件仿真鼓风机在室内正压排烟规律和仿真视频

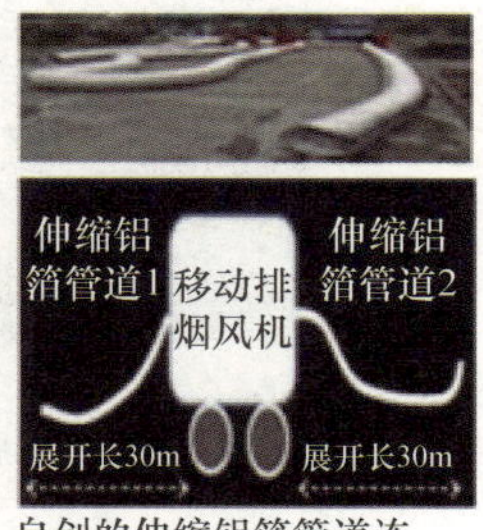

自创的伸缩铝箔管道连移动排烟风机,作用距离单机60m,可三个串联180m,风量6000m^3/h, 可洁净排烟

图 2-285 消防风水法的风器材

要注意识别通风排烟缺陷，特别是机械排烟每 30m 一个口抽风排烟，通常不能发挥作用；原因在于职业卫生的局部抽风罩标准写明，负压风机作用距离为风机直径的 1.5 倍内，和我们实践中确定负压抽风距离不超过 5m 吻合，远小于 30m。因此用消防风水法的风参数，实际测试作用区域风速，是合适的排烟方法。

锂离子蓄电池燃烧是固体火灾方式，适合的移动灭火器为泡水桶和坩埚钳、喷雾器、洗车器或水基灭火器，再配置手提二氧化碳灭火器扑灭初期火灾保证干净灭火，可配置黄沙、灭火毯移动灭火器，不宜配置污染重灭火效果差的干粉灭火器。

2.6.4.6 全厂的消火栓系统

锂离子蓄电池工厂适合全厂布置消火栓系统，包括室内、室外、屋顶都应布置。

鉴于屋顶有很多配套的除尘、VOC 净化、凉水塔等设施，屋顶消火栓系统，类似室内消火栓，至少应配置两个，间隔 30m 的配置地点有两支水枪的喷射范围可覆盖。屋顶最不利点应设置末端试水装置，定期测试。

消火栓宜使用明管布设，利于维修。

警惕消火栓管材的假冒器材，避免选择标识为“GC”（即普通管材、加压可能断裂）的材料，应选择标识为“XG”的消防管材或“UL”“FM”的得到消防认证的管材，带有强度数值标识的螺栓。

从寿命角度，消防水带宜选择聚氨酯高压水带，用多道铁丝捆扎固定方式，避免选择白色天然橡胶的消防水带，避免用金属片卡箍紧固方式。天然橡胶水带金属卡箍照片如图 2-286 所示，聚氨酯水带铁丝捆扎照片如图 2-287 所示。两种消防水带的寿命区别为金属片卡紧方式用两次就损坏，铁丝捆扎方式的寿命超过 10 年。

消防车使用最新的消防水带，用红色聚氨酯高压水带在接头用铝合金冷压成型，也是推荐的长寿命器材。

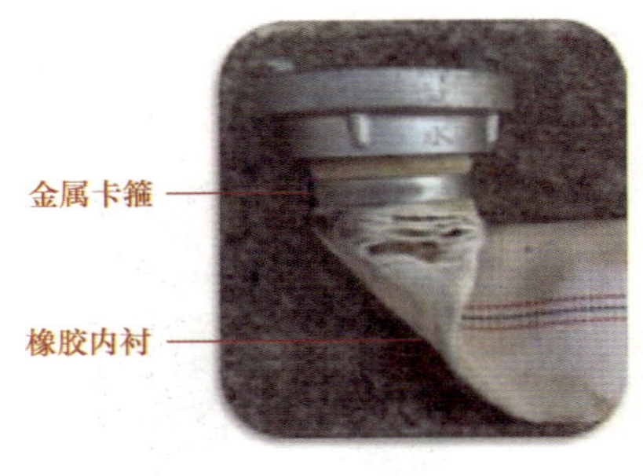

图 2-286 天然橡胶水带金属卡箍照片

图 2-287 聚氨酯水带铁丝捆扎照片

现有标准规定每半月检查每个消防泵、喷淋泵能否运行，间隔时间太长，可能发生在因缺水未被发现而导致灭火无水的大失误。现有标准容许稳压泵补水 15 次 /h，漏水情况过于宽松，可能出现灭火用水加压造成泄漏点松脱不能加压的失误。因此宜引入物联网概念，将消防水液位、水管水压、泵起动情况的开关量信号送给多位值班人员，实时监控，快速处理异常，保证消防水系统随时可用。消防水系统 GSM 监控示意图如图 2-288 所示。

宜将有独立管网的多套消火栓系统、喷淋系统通过特定阀门和管道实现应急备用，该阀门平时用密码锁锁在套住阀门的盘形阀门锁上，防范人员误动作。

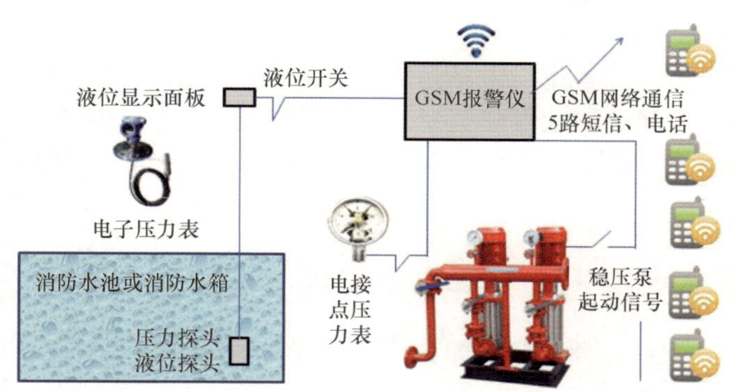

图 2-288 消防水系统 GSM 监控示意图

2.6.4.7 火灾报警和疏散

工厂应设置总线式火灾报警系统覆盖全厂。

火灾报警系统的主机宜布置在保安的视频监控中心，安保人员可以在烟雾报警后查看视频核实。某些重要设备如化成设备等宜在设备配置烟雾报警器，高架仓库的货架应在每层货架设置烟雾报警器。某些重点场所如货架式化成车间，宜增加现场的视频监控，可随时回放视频定位最初的起火点。在火灾报警主机宜增加物联网，将火灾报警信号同时以快速信息方式发送到多个预定人员。

在重要地点宜检测手机信号强度，增加手机信号放大器，有效补充对讲机的不足，在演习和应急救援时宜使用手机的微信视频通话功能，将远程的专家接入指导现场救援。

疏散引导至少包括两套系统，第一套是有电池供电且自带锂离子蓄电池的应急灯、疏散指示灯，配置在车间安全出口门口、车间主要交叉路口上方、疏散通道 1m 以下位置，车间因为不满足耐火间隔，所以车间里面不存在疏散通道，可自愿在车间柱子、走道边设备处悬挂疏散指示灯引导；第二套是荧光指示牌来辅助，其标准为 GB/T 23809《应急导向系统 设置原则与要求》。

在某些重点区域，还可以使用语音报警器、带引导逃生指示的 LED 灯。

参考 GB 50016—2014《建筑防火设计规范》第 3.7.2 条要求，除了规定的小面积少人数外，通常车间要两个安全出口，参考第 3.7.1 条，这两个安全出口距离不低于 5m；依照行业标准，丙、丁、戊类厂房可借用临近一个丙、丁、戊类厂房的安全出口当第二个安全出口。

2.6.4.8 宜用设备抗爆泄爆而建筑不需要抗爆泄爆

宜使用消防风水法，通风稀释到 5%LEL 和 10%OEL 的安全程度，宜用设备抗爆泄爆而建筑不需要抗爆泄爆。

消费电池的安全测试实验室通常使用小房间隔开的丙类车间；动力蓄电池的安全测试实验室自愿选择甲类车间，设置抗爆墙壁、泄爆墙、缓冲抗爆围墙。

有专业能力的企业人员可以开展消防性能设计，对溶剂燃烧爆炸采用世界卫生组织认可的沸腾溶剂膨胀蒸汽爆炸模型（BLEVE）来计算爆炸半径 R=2.9× 燃烧溶剂重量 $W^{\frac{1}{3}}$ 来量化计算爆炸危害范围尺寸；用粉尘爆炸模型量化计算爆粉尘厚度阈值、房间内粉尘爆炸重量阈值、爆炸火焰长度、最大爆炸压强、最大爆炸压强位置、需要的泄爆面积等量化计算，判断将爆炸危害尺寸控制在设备范围内，不损伤建筑。这样不仅安全，而且经济，可持续发展。

2.6.4.9 锂离子蓄电池生产测试设备抗爆泄爆

① 锂离子蓄电池的设备抗爆泄爆应参考方形金属壳电池的结构设计，即方形金属壳电池有 0.1mm 厚的不锈钢或铝壳可以抗爆，用顶部大约 8μm 的铝箔或铜箔当安全阀。设备使用 1mm 厚的金属板、20mm×20mm×1.6mm 的铁丝网都可类似方形金属壳电池的外壳抗爆，用直径或边长不小于 200mm 的金属膜当泄压阀，或套伸缩铝箔当安全阀，甚至门一边用不锈钢合页和铁链加固、另外一边磁性吸引合加铁链限制门缝开度用门缝泄压，这些泄压面积远大于电池的安全阀，足够用。在设备所在的房间安装墙壁风机抽风稀释。用方形金属壳电池类比法设计抗爆泄爆更加适用、科学；GB 50016—2014《建筑防火设计规范》第 3.6.4 条 的厂房泄压面积计算公式，锅炉房的泄压面积要求 10% 等，都因需要巨大的面积而不适用。

② 设备和设备所在建筑使用消防风水法。

③ 参考金属壳方形动力蓄电池来设计验证设备的抗爆泄爆，设备有三种典型方式来泄爆，即：

a）设备门软硬兼施法，即不锈钢合页和防护链条加固，开门处磁铁吸合防护链限制开度，用门缝泄压。

b）设备顶部或侧面安装金属膜泄压。

c）设备管道接伸缩铝箔管道泄压。房间靠抽风实现泄压防爆抑爆。设备抗爆泄爆示意图如图 2-289 所示。

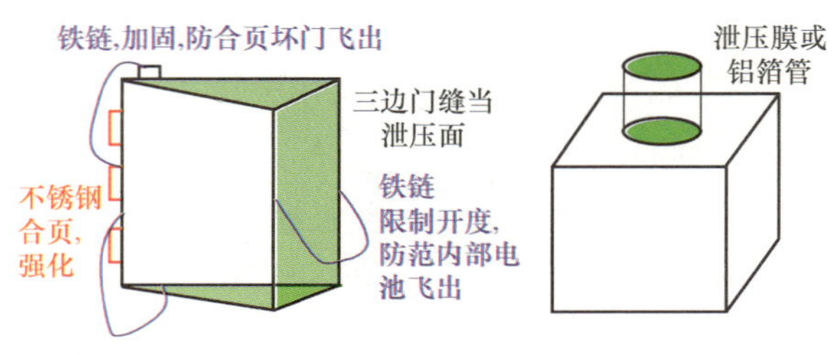

图 2-289 设备抗爆泄爆示意图

④ 留意抗爆的易忽略的部位成为薄弱环节而不抗爆，应强化合页、搭接处、焊接点、螺纹处等薄弱环节。

⑤ 密封设备宜自带侦测灭火排烟装置，鼓励密封设备自带喷水灭火装置，如喷淋头等高温喷水灭火，自带烟雾探测、设备外壳的多点温度探测、门采取软硬兼施法，门打开后接到墙壁风机接力排烟，宜使用视频监控甚至摄像头通过设备玻璃拍摄设备内部的变化报警，抢在火灾发生 10min 反应时间内灭火排烟，不爆炸，无大火。

2.6.4.10 粉尘相关设备抗爆泄爆

锂离子蓄电池的粉尘有惰性粉尘、可燃难燃粉尘，惰性粉尘混合可燃粉尘重量比 > 5 就惰性化，且很多粉尘有导电性，因此在采取了立体防雨措施后，很难达到粉尘的爆炸条件，很少出现粉尘爆炸的案例。随激光工艺形成的金属汽化后冷却形成的金属烟尘，如纳米级别的铝粉、铜粉存在，用普通的手持吸尘器会发现有小型粉尘连续燃烧现象，因此还是要做粉尘防爆分析，选择合理的设备抗爆泄爆，减少对建筑物的威胁。

1）粉尘防爆的分析流程

粉尘防爆分析流程图如图 2-290 所示，粉尘防爆系统图如图 2-291 所示，粉尘防爆五边形的安全措施图如图 2-292 所示。

2）核心思路

核心思路就是参考粉尘爆炸的五边形模型，将其中两个边即达到粉尘浓度区域（22 区）挑选出来，对该区的火源进行辨识和采取措施消灭点火源，使之达到不爆炸条件，随后安装泄压片和隔爆阀做被动保护，最后将设计对照融合各个粉尘防爆标准的检查表来对标。这样可以快速设计、验证适用的防爆设计。

3）依照流程图获得每步的输出结果

① 判断粉尘有无爆炸性。惰性粉尘有：钴酸锂、锂镍钴锰、磷酸铁锂、石墨等，可燃难燃粉尘有碳粉、PVDF、激光工艺的铝粉、铜粉；当惰性物质：可燃粉尘重量比 > 5 就惰性化；专业检测或者简易测试如扬尘火焰法、线性燃烧速度法。

② 划分 20 区有除尘器的滤袋高粉尘区、锁气卸灰阀处、料斗处。虽然这些区域堆积粉尘浓度较大，但通常缺少点火源，不易被点燃。

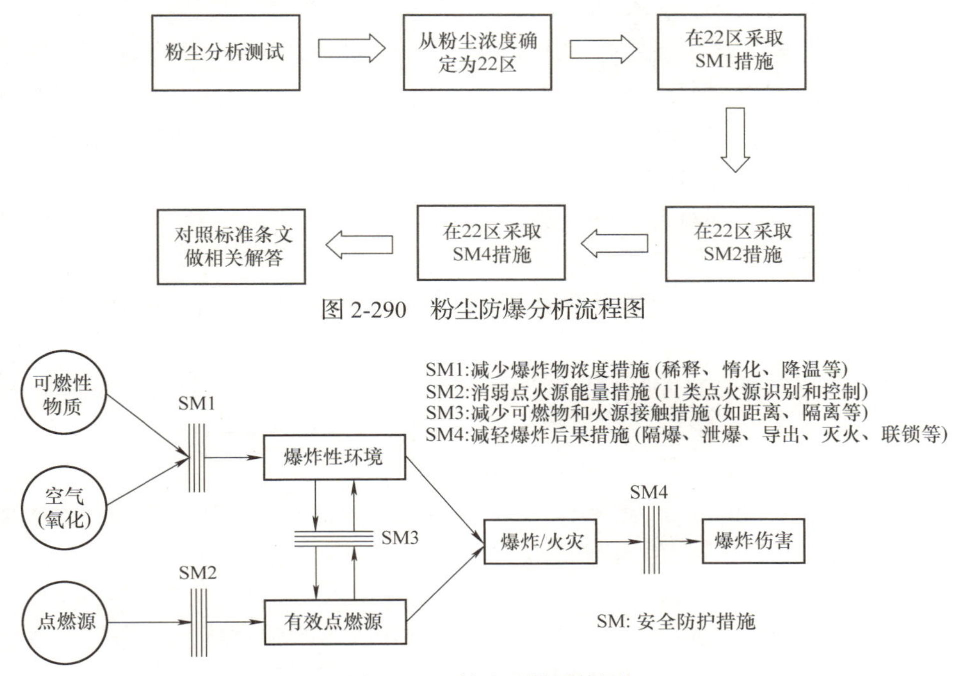

图 2-290 粉尘防爆分析流程图

图 2-291 粉尘防爆系统图

注：来源于国家防爆电气检测中心（广州）

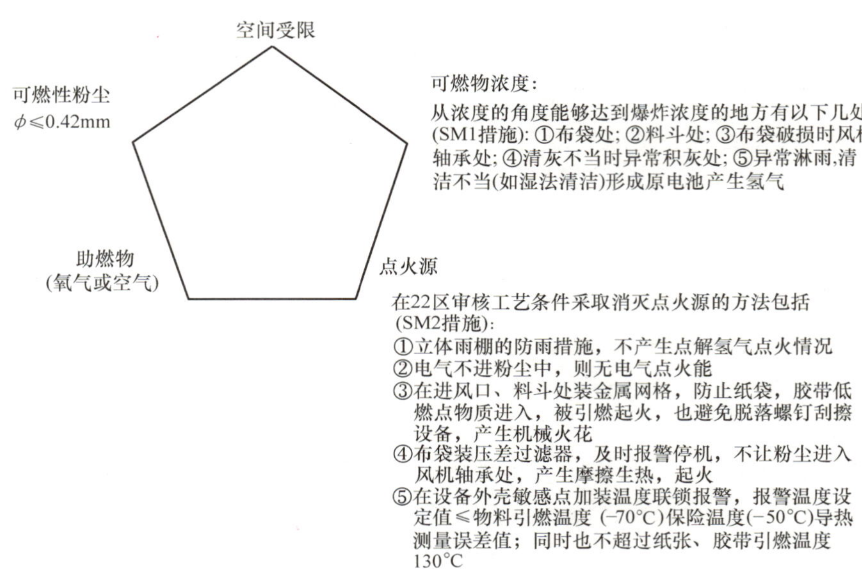

图 2-292　粉尘防爆五边形的安全措施图

③ 划分 22 区即粉尘浓度达到爆炸范围区。典型的可能达到爆炸浓度积尘的区域有：

a）布袋或滤芯处。

b）料斗处。

c）过滤器破损后负压抽风轴承处。

d）清理不当的积尘处。

e）操作不当少量积尘飘落到室内设备上。

f）遇水形成原电池释放氢气处。像车间、车间管道的浓度因为远远低于爆炸下限的 10% 而成为安全区。这样划分则产尘车间、管道到室外 / 室内除尘装置区等大部分区域为安全区，只有少量区域是 22 类防爆区域，极大减少了防爆防护投资，增强了工作安全性。典型粉尘防爆分区如图 2-293 所示。

④ 对 22 区的火源分析处理。典型做法：

a）在布袋或卷芯上安装压差过滤器监控破损。

b）在料斗的轴承处、负压风机的轴承处安装金属网格避免脱落的螺钉刮擦产生的机械火花。

c）选择无火花材料做料斗和料斗轴承、负压风机轴承，无火花材料有不锈钢、熟铁、铜等。

d）避免选择铝制材料做管道、阀门、轴承等。

e）在过滤器、料斗的设备金属外壳处、料斗的轴承处、负压风机的轴承处增加温度开关监控报警，温度开关设定值为 100℃左右。

f）设备金属多点接地消除静电。

g）室内设备电气采取密封、过滤进风、正压鼓风等措施防范积尘导电，规范清洁频次。

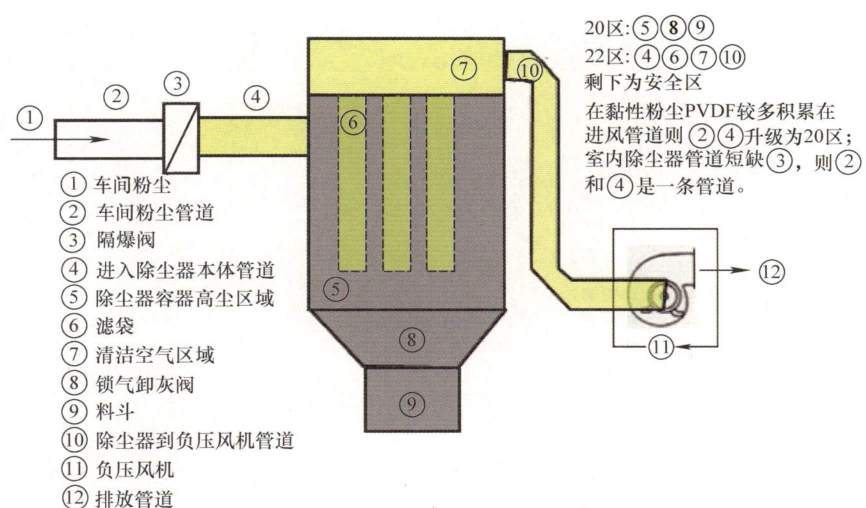

图 2-293　典型粉尘防爆分区

h）规范清理方法频次，用麻袋麻等无静电材料清洁，采用干法清洁，避免湿法。

i）施工的防火和清理灰尘。

j）室内或室外立体雨棚防水。

k）在激光明火处前 2m 用金属管来冷却。

l）可选在激光处的简易撞击消火器。

⑤ 增加泄压片和隔爆阀。委托防爆器材公司选型：

a）除尘器本体的泄压片。

b）除尘器本体 6~8m 处的隔爆阀。

⑥ 对标逐条合规核对。将各个粉尘标准合并同类项获得的检查表，逐项核对合规。

隔离膜粉尘防爆设计见表 2-108。类似可以写出其他可燃难燃粉尘的粉尘防爆设计要点，找有资质的单位进行设备设计形成设计专篇，配合建筑物的承重、布局，合理设计、验证、维护。

表 2-108　隔离膜粉尘防爆设计

粉尘名称	隔离膜涂布粉尘
检测单位	检测单位：国家防爆设备质量监督检测中心（广东）；检测报告编号：6255-2016-0161；测试装置：$1m^3$ 爆炸罐。检测单位：国家化学品及制品安全质量监督检验中心；检测报告编号：1617100074；测试装置：20L 容器和哈曼管
引燃参数	比表面积 BET=0.188m^2/g，表面区域 D_{50}=32μm，体积平均 D_{50}=139μm。非导电粉尘 最小爆炸浓度 MEC ＞ 500g/m^3 最小点火能 MIT ＞ 400℃ 最小点火能 MIE ＞ 1J，远超过静电能量 在 500g/m^3 的最大爆炸压力为 0.586MPa

（续）

粉尘名称	隔离膜涂布粉尘
所在工序	隔离膜涂布工艺（水剂涂布） 在水剂下制作陶瓷粉料，少量黏结剂，涂布在外购的隔离膜表面，在 50℃以下温度烘干。烘道使用铠装电热丝加热，临近有风机确保加热丝无粉尘。烘道里面的粉尘大部分排出到室外的喷淋吸收塔之后，再进入空调过滤棉处理到接近环境空气质量标准排放；少量粉尘调节风力原因排放在室内，需要每班清理。另外一个项目将粉尘全部抽到室外处理，保持了车间干净，浓度在安全区域
潜在达到爆炸浓度的地方用 SM1 措施	① 料斗和卸灰阀处（20 区） ② 袋式过滤器或卷芯过滤器表面高粉尘区（22 区） ③ 过滤器破损时负压抽风的风机轴承处（22 区） ④ 清理不当时积累粉尘处（22 区） ⑤ 加热器风机不当的粘接粉尘处（22 区） ⑥ 现在部分室内排放积累在室内处（22 区）
降低粉尘浓度措施 SM1 措施	① 当风速，管道内部灰尘厚度不超过 1mm ② 圆形管道少积尘，少用方形管道 ③ 主管到各个支管的变横截面积匹配 ④ 管道斜角度插入主管不超过 60℃不易积尘 ⑤ 每班清灰，用无静电材料如棉布或天然扫帚 ⑥ 每 6m 一个观察窗口，好观察除尘
消灭 22 区的点火源 SM2 措施	① 袋或卷芯安装压差过滤器监控破损 ② 在料斗的轴承处、负压风机的轴承处安装有金属网格避免脱落的螺钉刮擦的机械火花 ③ 加热器前增加金属网格避免胶带纸张异物被加热器点燃，合理设置风机加热丝不积尘 ④ 选择无火花材料做料斗和料斗轴承、负压风机轴承，无火花材料有不锈钢、熟铁、铜等 ⑤ 避免选择铝制材料做管道、阀门、轴承等 ⑥ 在过滤器、料斗的设备金属外壳处、料斗的轴承处、负压风机的轴承处增加温度开关监控报警，温度开关设定值为 100℃左右 ⑦ 设备金属多点接地消除静电 ⑧ 室内设备电气采取密封、过滤进风、正压鼓风等措施防范积尘导电，规范清洁频次 ⑨ 规范清理方法频次，用麻袋麻等无静电材料清洁
抗爆泄爆措施 SM4	① 室外增加安装的除尘器的干式本体安装泄压片，每片带位置探测行程开关 ② 室外增加安装的干式除尘器本体距离 6~8m 处安装隔爆阀，专业厂家选型
对标设计	设计建造单位对照将粉尘防爆安全标准合并列出的检查表，逐条对照看吻合度

2.6.4.11　降低风险的工程实践

降低风险等级的典型方法包括：

① 通风降低有机溶剂蒸气使用马扎克公式，适合将存储、使用甲、乙类易燃易爆气体液体蒸气的浓度稀释到 5%LEL 或 10%OEL 的无害化程度，将需要的甲、乙类车间降低到丙类车间。

② 计算温度和饱和蒸气压关系的安东尼公式，从熔点、沸点或已知道某温度下的饱和蒸气压，计算线性模型的参数，从而推算各个温度下的饱和蒸气压、对应的浓度，再和 LEL 对比看，是不是低于 LEL 的不燃程度。

③ 从有机溶剂的燃烧方程推算其爆炸下限。

④ 使用混合溶剂的道尔顿分压定律，计算不挥发物和挥发物混合后的饱和蒸气压，判断是否低于 LEL，处于不燃范围。

⑤ 有机溶剂侵入人体的各种暴露途径的风险量化计算，如 HJ25.3—2014《污染场地风险评估技术导则》，量化不同浓度的土壤中重金属含量、有机物含量对人体摄入量和风险计算。

⑥ X 射线检查设备的豁免申请检测等。

以上这些方法的使用，用工程方法从源头上降低风险，也指导建筑配套的密封、间隔、抽风等设计。在先前的章节对电解液混合溶剂进行了以上方法的分析，降低风险。

下文介绍了通风降低有机溶剂浓度到 5%LEL 或 10%OEL 的安全程度的马扎克公式，有机物成分燃烧计算 LEL 公式，适合有机溶剂气体的量化安全计算和建筑配套设计。

① 风速下有机溶剂的蒸气浓度计算。

有机气体的挥发速度公式，敞开环境：

$$G=(5.38+4.1u)P_vSLM^{0.5}/133.32 \tag{2-22}$$

式中 G——蒸发速率（g/h）；

u——风速（m/s）；

P_v——室温的饱和蒸气压（Pa）；

SL——泄漏面积（m^2）；

M——分子量，无量纲。

② 有机溶剂燃烧充分推算爆炸下限 LEL。有机物的充分氧化燃烧方程式如下：

$$C_xH_yNO_z + nO_2 + n_2N_2= xCO_2+ 1/2yH_2O+NO_2 \tag{2-23}$$

$$\text{LEL}=1/[4.76(2n-1)+1] \tag{2-24}$$

③ 计算用 LEL 为单位的蒸气浓度。将马扎克公式的蒸气浓度单位，换成 LEL，计算室温下化学品在风速 u（单位为 m/s），饱和蒸气压 P_v（单位为 Pa），分子量 M，充分氧化反应的消耗氧气分子量 n，计算挥发的蒸气浓度占爆炸下限 LEL 的比值 B（单位为 LEL）。

$$B=4.7\times10^{-8}P_vM^{-0.5}(5.38/u+4.1)\times[4.76(2n-1)+1] \tag{2-25}$$

式中 P_v——饱和蒸气压（Pa）；

M——分子量，无量纲；

LEL——爆炸下限，可以有多个单位；

u——风速（m/s）。

分析公式（2-25），溶剂达到稳定的饱和蒸汽，泄漏气体浓度和泄漏面积无关，和饱和蒸汽压 P_v 正相关，和风速 u 负相关，M 和 n 是物质固有特征的常数。因此提高风速、降低温度（降低饱和蒸气压）都能有效地降低气体挥发的浓度。如果控制到低于 5%LEL，就不再是甲、乙类物质火灾特征了；有些挥发性高的物质，将其蒸气浓度控制在 25%LEL，50%LEL 也是有效提升安全的方法。

④ 计算典型有机溶剂在风速下的浓度。常见有机溶剂风速下蒸发浓度计算见表 2-109。

表 2-109　常见有机溶剂风速下蒸发浓度计算表

物质名称	充分燃烧方程式	每摩尔燃烧消耗氧分子量 n	分子量 M	计算的爆炸下限 LEL	室温饱和蒸气压 P_v/Pa	风速 u /（m/s）	风速下蒸气浓度 B/LEL
酒精	$C_2H_6O+3O_2=2CO_2+3H_2O$	3.0 3.0 3.0	46 46 46	4.0% 4.0% 4.0%	5.80E+03 5.80E+03 5.80E+03	0.001 0.002 0.500	0.873% 0.437% 0.002%
油墨的丁酮	$C_4H_8O+5.5O_2=4CO_2+4H_2O$	5.5 5.5 5.5	72 72 72	2.1% 2.1% 2.1%	9.49E+03 9.49E+03 9.49E+03	0.010 0.020 0.500	0.059% 0.030% 0.002%
油墨的丙酮	$C_3H_6O+4O_2=3CO_2+3H_2O$	4.0 4.0 4.0	58 58 58	2.9% 2.9% 2.9%	2.47E+04 2.47E+04 2.47E+04	0.010 0.020 0.500	0.241% 0.121% 0.007%
NMP，N- 甲基吡咯烷酮	$C_5H_9NO+7.75O_2=5CO_2+NO_2+4.5H_2O$	7.8 7.8 7.8	99 99 99	1.4% 1.4% 1.4%	4.00E+01 4.00E+01 4.00E+01	0.010 0.020 0.500	0.000% 0.000% 0.000%
电解液的 DEC 碳酸二乙酯	$C_5H_{10}O_3+6O_2=5CO_2+5H_2O$	6.0 6.0 6.0	118 118 118	1.9% 1.9% 1.9%	1.33E+03 1.33E+03 1.33E+03	0.010 0.020 0.500	0.006% 0.003% 0.000%
充分燃烧方程式　$A+nO_2+n_2N_2=B+n_3H_2O+C$ 有机物爆炸下限　$LEL=1/[4.76\times(2n-1)+1]$ 风速下蒸气浓度　$B=4.7\times10^{-8}P_vM^{-0.5}(5.38/u+4.1)\times[4.76(2n-1)+1]$							

用此方法对锂离子蓄电池行业甚至其他行业的有机溶剂在风速下蒸发浓度，进行计算，满足安全、环保、职业卫生的要求，指导配套的建筑布局、密封、抽风等设计。

2.7　资源情况

2.7.1　石墨资源

2.7.1.1　概述

1. 碳的存在形式和一般性质

位于元素周期表第二周期 IVA 族的碳，在自然界中是一种很普通的元素，以多种形式广泛存在于大气、地壳和生物体中。虽然碳只占地壳元素总重的 0.4%，但它却是人们日常生活和工农业生产中十分重要和不可缺少的元素。

人们从矿物体中开采得到的碳有三种形态：金刚石、石墨和各种煤炭。金刚石和石墨是结晶形碳，各种煤炭为无定形碳。它们都是碳的同素异构体。这与它们在形成过程中所经受的压力与温度密切有关。由于形成时的压力与温度不一样，同样的碳元素可以生成不同形态和不同结构的物质，而且在一定的条件下又可以互相转化。例如，一些无定形碳加热到 2000℃以上，可以转化为石墨，而石墨在极高的压力和高温下又可以生成金刚石。人们利用这种碳的存在形式及其转化规律，生产人造石墨和人造金刚石。

随着科学技术的发展，人们又发现或制备了多种形式的碳材料，如富勒烯、蓝丝黛尔石、蜡石、碳纤维、碳气凝胶、碳纳米泡沫、石墨烯等。

2. 石墨

石墨是碳的结晶矿物之一，1565 年作为一种矿物被发现，1779 年确定其成分是碳，1789 年定名为“石墨”。石墨的颜色为黑色，晶体为六方板状，但比较少见，一般呈薄片状或鳞片状；集合体呈土状的石墨矿物为隐晶质体。石墨质软、硬度小，摩氏硬度为 1~2，能污染纸张，相对密度为 2.1~2.3。

石墨晶体属六方晶系，具有典型的层状结构。在石墨晶体中，同层的碳原子以 sp^2 杂化方式形成共价键，每一个碳原子以三个共价键与另外三个原子相连。六个碳原子在同一个平面上形成了正六连环，并伸展成片层结构。这里 C−C 键的键长皆为 142pm。对于同一层来说，它是原子晶体。在同一平面的每个碳原子在形成共价键后，剩下的一个 p 电子又相互重叠形成大 π 键。大 π 键中的电子由成键的全部碳原子共有，可在成键的全部碳原子间自由迁移，类似于金属中的自由电子，因此石墨能够导热和导电。

石墨晶体中层与层之间以分子间力（也称范德华力）结合，属于分子晶体。石墨层间距 340pm，距离较大。因为同一平面层上的碳原子间的结合力很大，极难破坏，所以石墨的熔点也很高，化学性质也稳定。

不能单一地认为石墨是原子晶体或者是分子晶体，其实它是一种典型的混合键型的晶体。石墨结构如图 2-294 所示。

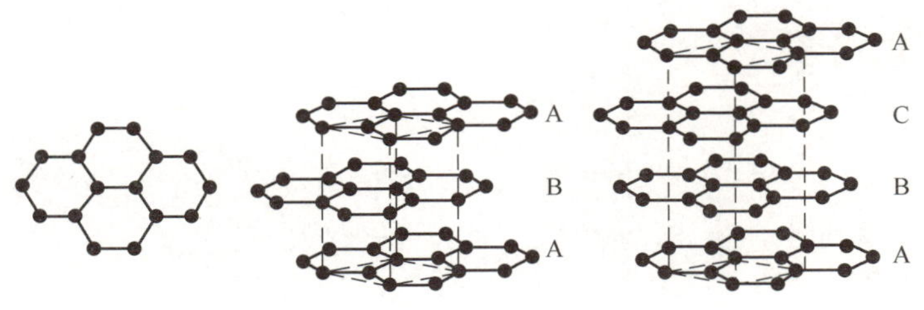

图 2-294　石墨结构

3. 石墨的主要性质

（1）耐高温

石墨是目前已知的最耐高温的材料之一。在温度高于 2000℃时，一般的材料早已变成气体或呈熔融状态，即使是一些难熔的金属，在 2500℃左右也会失去强度。金属钨的熔点为 3600℃，是金属中已知熔点最高的。即使是在此温度下，（还原气氛中）石墨也是不会熔化的，它的熔点为（3850±50）℃，沸点达到 4250℃。

一般材料在高温下强度逐渐降低，而石墨在加热到2000℃时，其强度反而较常温时提高1倍，但石墨的耐氧化性能差，随着温度的提高，氧化速度逐渐增加。

（2）特殊的抗热震性能

石墨的热膨胀系数小，具有良好的抗热震性能。当温度剧烈变化时，石墨的体积变化很小，具有良好的体积热稳定性。因此，即使遇到温度急冷急热剧烈变化，石墨材料一般也不会产生裂纹。

（3）导热性和导电性

石墨具有良好的导热性和导电性。虽然石墨的导电性不能与铜、铝等金属相匹敌，但与一般的材料相比，其导电性还是相当好的，比不锈钢高4倍，比碳素钢高2倍，比一般的非金属高100倍。石墨能够导电是因为石墨中存在大π键，可提供大量的自由电子来传输电荷。

石墨的导热性超过钢、铁、铅等金属材料。一般金属的导热系数随着温度的升高而增大，而石墨的导热系数随温度的升高而降低，在极高的温度下，甚至还会趋于绝热状态，成为绝热体。因此在超高温条件下，石墨具有隔热性。

（4）润滑性

石墨因其层状结构及层间分子间的力较弱而具有润滑性能，这与二硫化钼材料类似，其摩擦系数小于0.1。石墨材料的润滑性与鳞片大小有关系，随鳞片大小而变。石墨的鳞片越大，摩擦系数越小，润滑性能越好。

（5）可塑性

石墨具有一定的可塑性，可在一定条件碾成透气透光的薄片，但高强度石墨硬度很大，以致用金刚石刀具都难以加工。

（6）化学稳定性

常温下石墨具有良好的化学稳定性，能耐酸、耐碱、耐有机溶剂的腐蚀，但在高温时容易被氧化。

2.7.1.2 石墨的分类

1. 天然石墨

石墨的工艺特性主要取决于它的结晶形态。结晶形态不同的石墨矿物，具有不同的工业价值和用途。在工业上，根据结晶形态不同，将天然石墨分为三类。

（1）致密结晶状石墨

致密结晶状石墨来源于致密结晶状石墨矿石，也称块状石墨矿石。这种矿石主要由致密结晶石墨和斜长石、石英、透闪石和绿泥石组成。致密结晶状石墨的结晶明显，晶体肉眼可见，颗粒大于0.1mm，晶体排列杂乱无章，呈致密结晶状构造。这类石墨矿石的特点是品位高，通常含碳量（质量分数）为60%~65%，有时可达80%~98%，但其可塑性和滑腻性不如鳞片石墨好。这种矿石分布较少，以斯里兰卡所产的石墨为典型。

（2）鳞片石墨

鳞片石墨来源于鳞片石墨矿石，其晶体呈鳞片状（图2-295）。这种矿石主要由鳞片状石墨、长石、石英、透辉石、透闪石和云母等矿物组成。这种鳞片石墨是在高强度的压力下变质而成的，呈鳞片状或叶片状，并有大鳞片和细鳞片之分。我国的鸡西柳毛、鹤岗云山、山东南墅和内蒙古兴和等石墨矿均属此类型。此类石墨矿石的特点是品位不高，一般为 2%~3%，或 10%~25%。是自然界中可浮性最好的矿石之一，经过多磨多选可得高品位石墨精矿。这类石墨的可浮性、润滑性、可塑性均比其他类型石墨好，可加工性好。在各种天然石墨中，鳞片石墨的工业价值最大。

鳞片石墨可浮选性好，品位在 2%~3% 就可开采。

图 2-295　鳞片石墨

（3）隐晶质石墨

隐晶质石墨来源于隐晶质石墨矿（图 2-296）。这种矿石主要由隐晶质石墨、绢云母、石英、黄铁矿、方解石、褐铁矿、黏土等矿物组成。隐晶石墨又称土状石墨，石墨晶体较小，一般小于 1μm，是微晶的集合体。与鳞片石墨肉眼可见鳞片结晶体不同的是，隐晶质石墨只有在电子显微镜下才能见到晶形。这类矿石的特点是表面呈土状，缺乏光泽，润滑性也差。隐晶质石墨矿石的品位较高，一般为 60%~80%，少数可达 90% 以上。隐晶质石墨矿的可浮性较差，浮选只能起到初步富集的作用，通常将精矿和尾矿都作为产品以不同的价格出售。这种矿石类型在石墨矿床中占有很大比重，世界石墨总产量的一半以上均来自该类型矿石。朝鲜、奥地利、俄罗斯等国是隐晶质石墨的主要生产者。我国湖南、吉林等地均有开采。

图 2-296　隐晶质石墨

隐晶质石墨可选性差，工业上对原矿品位的要求较高。品位小于 65% 者，一般不予开采，品位在 65%~80% 的矿石，经过选别后，可以利用。原矿品位大于 80% 者，可以直接利用。通常将石墨磨细，然后出售。

2. 人造石墨

从广义上说，一切通过有机炭化再经过石墨化高温处理得到的石墨材料均可称为人造石墨，如碳纤维、热解炭、泡沫石墨等。而狭义上的人造石墨通常指以杂质含量较低的炭质原料为骨料、煤沥青等为黏结剂，经过配料、混捏、成形、炭化和石墨化等工序制得的块状固体材料，如石墨电极、等静压石墨等。

人造石墨就成形方式通常可分为振动成形、挤压成形、模压成形和等静压成形。

2.7.1.3 资源分布

1. 天然石墨及分布

（1）世界石墨资源分布及生产情况

据美国地质调查局（USGS）2003~2007 年的调查资料和英国工业矿物杂志统计：世界石墨储量为 8600 万吨，基础储量为 28686 万吨，相对集中分布在中国、捷克、印度、墨西哥、美国、巴西和马达加斯加等国家和地区，中国石墨储量居世界首位（图 2-297）。据 2009 年我国国土资源部统计资料，我国晶质石墨储量为 3068 万吨，基础储量为 5235 万吨，资源量为 17702 万吨，矿区 91 个；我国石墨矿储量占世界总储量的 76% 左右。

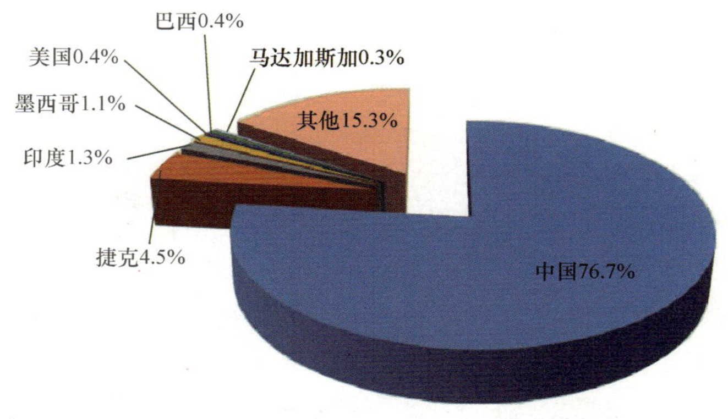

图 2-297 世界石墨资源分布情况

世界上石墨矿床多数属于中小型矿床，仅有少数国家有大型的石墨矿床。石墨产量较大的国家有十四五个，但多为隐晶质石墨，主要在产地国消耗。中国是第一石墨生产大国，产量占世界总产量的 45%，其中 40% 出口，主要出口日本、美国、韩国、欧盟、俄罗斯、印度等国家和地区。

美国地质调查局统计显示，中国、印度和巴西三个国家生产的石墨占世界总产量的 90%。显然，这三个国家是石墨最大的主产国，但欧洲、加拿大及斯里兰卡等国在生产上的重要性也不容小觑。

印度为世界第二大天然石墨生产国，但其 12 万吨的产量仅为中国的 1/7。印度国内主要是面向铸造与坩埚消费，主要生产邦是奥里萨和拉贾斯坦、安德拉、比哈尔、古吉拉特及泰米尔纳德。奥里萨邦石墨产量占全印度的65%~75%。主要的两家石墨生产商为阿格拉瓦尔石墨工业公司和TP矿产公司（TPMinerals Pvt.Ltd），主要生产鳞片石墨及粉状产品。

巴西国家石墨公司是巴西石墨最主要的生产者，也是世界上最大的石墨生产商之一，年产7万吨天然石墨。实际上，它提供着巴西所有的天然石墨。该公司的石墨产品主要用于镁碳耐火材料、铝碳耐火材料、坩埚、电刷及特种润滑剂、制动器衬里和制动片，以及铅笔应用等。

加拿大是北美唯一有石墨开采活动的国家，近年来正在建设多个新的石墨矿。据美国地质调查局统计，2006年加拿大产量为2.8万吨，比英国地质调查局数字高出1.1万吨。来自瑞士的蒂姆科尔集团生产了加拿大的大部分石墨，另有多个企业正在进入石墨生产领域，如工业矿物公司、幸运石墨公司、魁因托采矿公司和环球石墨生产者公司等。石墨矿区主要位于安大略省、不列颠哥伦比亚省、魁北克省等地。

斯里兰卡拥有世界闻名的最大脉状石墨矿床，该石墨矿床位于此岛西部的和西南部边缘。这是世界上唯一优质脉状石墨矿床，该矿床拥有高度石墨化矿石。斯里兰卡以生产高质量的隐晶质石墨闻名于世界，储量丰富，历史悠久，原矿品位约50%，手选即可获得品位为90%~95%的高质量精矿。斯里兰卡还有一部分鳞片状石墨资源。两种石墨的总储量达2000万吨。伯格拉石墨兰卡公司（Bogala Grophite Lanka Ltd）是斯里兰卡主要的石墨供应商。

马达加斯加拥有稀缺的鳞片石墨矿床，其鳞片的尺寸与质量获得业界的推崇，是高级鳞片状石墨的主要生产国。该国中部和东部的矿床规模都很大，主要分布在该岛塔那那利佛附近和贝特罗卡与贝基利一带的南部，石墨矿体长达600km以上，总储量约2000万吨。据英国地质调查局统计，2005年马达加斯加生产鳞片石墨为7700吨，而美国地质调查局的数字则高出一倍，为1.5万吨。马达加斯加的主要石墨矿主是索塞特米尼伊尔德拉格兰德伊尔（Societe Miniere De La Grande lle）公司和埃斯特布里斯蒙茨格罗伊斯（Establissmants Gollois）公司，两家企业均为露天开采。莫桑比克的肯马尔资源公司（Kenmare Resources Plc）拥有安库亚比石墨矿。

乌克兰鳞片石墨主要分布在结晶岩带的克什提姆-穆尔津片麻岩中，如查瓦里耶、彼得洛夫斯克、普里阿莫尔省的索尤兹诺耶以及乌拉尔的泰金、穆尔津都有大鳞片石墨矿床。乌克兰基洛夫格勒州年产7500~10000吨石墨，主要供给工业使用。乌克兰石墨生产久负盛名。扎瓦里夫斯基格莱费托维科姆比奈特（Zavalievsky Grafitovy Kombinat）是乌克兰主要石墨生产者之一。

德国曾经是国际上重要的石墨产地，只有一个重要的石墨产区，位于巴伐利亚东部的帕绍（Passau）附近，品位一般为20%~25%，采矿深度为70m，矿石精选后的品位为82%~92%。目前，德国政府已经不允许进行石墨的开采活动，所用石墨均来自进口。

捷克有两家主要的石墨生产者，科伊努尔石墨（Koh-i-Noor Grafit Sro）公司及泰恩石墨（Graphitetynspolsro）公司，其生产基地均在南波希米亚，是巴伐利亚矿脉的延伸矿脉。这两家公司向耐火材料及电气应用领域如电池和电刷等产品提供鳞片石墨。泰恩石墨是向高技术应用领域提供高质量天然石墨最主要的企业。近年来，该公司加强了高纯天然石墨的生产，特别是为应对需求增长，扩大了向电池工业的供货。

与捷克和巴伐利亚相似，奥地利的石墨储量也很丰富，达 1000 万吨。第一次世界大战前，它曾是生产石墨最多的国家之一，两次世界大战之后，其生产量就逐渐减少了。目前，奥地利在凯撒斯贝格和特里本拥有露天石墨矿区，由格拉费特伯格鲍凯撒斯贝格（Grafitberg bau Kaisersberg）公司经营，其加工厂位于凯撒斯贝格。格拉费特伯格鲍凯撒斯贝格公司是奥地利首家和唯一无定形石墨的浮选厂，年加工能力为 3 万吨，提供着所有该公司可销售石墨类型的无定形石墨品种，从微粉到较大颗粒尺寸的鳞片石墨及合成产品等。

瑞典的米拉伯矿产资源公司（Mirab Mineral Resure AB）在瑞典中部拥有一个石墨矿和加工厂，它生产鳞片石墨的地点是克灵捷尔矿，其矿石品位是 11.6%；另有三个矿床，精矿平均品位为 8%~9%，资源量为 700 余万吨，矿床厚度 50m。

俄罗斯拥有的石墨资源主要位于亚洲的波托果尔及伯力边境，库列依斯克和诺金斯克矿床的石墨品位高达 96%，但因其矿区离消费地较远，几乎没有开采活动。

美国的石墨资源不多，自 1980 年西南石墨公司（Southwestern Graphite Co.）关闭经营之门以来，就没有石墨生产了，仅加工进口石墨。在美国，阿斯伯里碳（Asbury Carbon）公司是最大的天然石墨加工者与出口者。阿斯伯里碳公司自己不经营矿山，但它通过与许多矿点的协议保证了供应，对矿石进行加工后直接运至终端用户手中。

墨西哥的隐晶质石墨产于索诺拉中部，矿床主要位于变质砂岩中，矿体厚度达 7.3m，系由煤层变质而成，是世界较大的石墨矿床之一，主要矿体矿石品位达 80%，最高为 95%。

朝鲜和韩国的隐晶质石墨储量也很丰富，多数属于从无烟煤到石墨间的过渡产物，品位很高，手选后品位可达 85%~90%。也有一些鳞片状石墨，原矿品位可达 13%。

澳大利亚拥有石墨资源，目前尚无生产。

除马达加斯加外，非洲尚有零星和低数量的石墨生产。据英国地质调查局和美国地质调查局统计，非洲的津巴布韦年产 5000t 左右各种类型天然石墨，主要生产者是津巴布韦德国石墨矿点（zimbabwegermapgraphitemines）。此外，埃及与纳米比亚也有少量的石墨生产，但其经济性生产潜力极小。

（2）中国的石墨资源分布情况

我国石墨矿石以鳞片状晶质类型为主。据 2013 年《矿产储量年报》统计，我国晶质石墨储量 1906.32 万吨，基础储量 4529.73 万吨，资源量 17494.37 万吨，查明资源储量 22024.10 万吨。我国的晶质石墨资源分布比较广，主要分布在黑龙江、湖南、山东、内蒙古、吉林等地区，见表 2-110。其中，黑龙江省石墨储量居全国第一，主要分布在鸡西市柳毛、穆棱县西河子乡、呼玛县都林场、勃力县双河乡、鸡西市麻山、双鸭山市岭西、萝北县都鲁河等地区。鸡西的柳毛石墨矿床、萝北县的云山石墨矿床、内蒙古兴和矿床均是我国著名的鳞片石墨矿床。

表 2-110 2013 年我国晶质石墨资源状况

地区	矿区数 / 个	基础储量 / 万吨	储量 / 万吨	资源量 / 万吨	查明资源储量 / 万吨
全国	127	4529.73	1906.32	17494.37	22024.10
河北	7	8.38	—	38.84	47.22
山西	6	97.50	39.00	1751.83	1849.33
内蒙古	10	880.17	157.60	690.96	1571.13
辽宁	2	28.00	4.30	29.40	57.40
吉林	7	87.58	77.35	141.25	228.83
黑龙江	24	2155.98	1247.80	9453.08	11609.06
安徽	1	—	—	17.10	17.10
福建	3	32.20	19.30	104.55	136.75
江西	2	—	—	272.10	272.10
山东	20	144.59	129.39	1470.98	1615.57
河南	10	318.50	—	533.86	852.36
湖北	6	342.20	5.60	408.67	750.87
广东	1	17.10	—	18.40	35.50
海南	3	8.00	6.40	45.20	63.20
四川	4	274.40	199.28	1423.83	1698.23
云南	2	44.40	—	199.30	243.70
陕西	10	—	—	677.51	677.51
甘肃	4	67.13	20.30	35.38	102.51
青海	3	—	—	108.06	108.06
新疆	2	23.06	—	2.07	25.67

资料来源：2013 年《矿产储量年报》。

我国隐晶质石墨储量 538.56 万吨，基础储量 817.99 万吨，资源量 2729.70 万吨，查明资源储量 3547.69 万吨，主要分布在湖南、吉林、陕西和内蒙古等地，见表 2-111。其中，湖南鲁塘是我国著名的隐晶质石墨产区。由于隐晶质石墨提纯困难，其工业价值要低于晶质石墨。

表 2-111　2013 年我国隐晶质石墨资源状况

地区	矿区数 / 个	基础储量 / 万吨	储量 / 万吨	资源量 / 万吨	查明资源储量 / 万吨
全国	30	817.99	538.56	2729.70	3547.69
北京	2	—	—	10.20	10.20
内蒙古	3	114.68	—	1301.35	1416.03
辽宁	1	0.14	—	0.37	0.51
吉林	4	135.90	108.41	163.60	299.50
安徽	1	0.40	—	8.80	9.20
福建	7	41.88	27.07	87.60	129.48
山东	1	—	—	155.16	155.16
湖南	5	364.63	282.63	588.45	953.08
广东	4	—	—	383.85	383.85
陕西	2	160.36	120.45	30.32	190.68

资料来源：2013 年《矿产储量年报》。

2. 人造石墨及原料

人造石墨，也称人工石墨、碳素材料，在石墨化以前大都以无定形碳的形式存在。这些无定形碳的初始物质都是属于稠环芳香烃一类。当稠环芳香烃焦化时，就留下了芳香族六角平面的碳原子网格，即与石墨基面相似的晶体结构，但碳原子间的距离比石墨稍小一些。石墨的碳原子间距离为 0.142nm，而人造石墨的碳原子间距离为 0.141nm。在人造石墨原材料组分中含有一小部分灰分，形成人造石墨后，在结构中仍含有 5% 左右的灰分，使石墨的碳原子点阵中夹杂有外来原子，如硼、氧、硫、氮、磷等。这些外来原子有些能和碳原子化合成很难分解的化合物，如碳化硼等。同时也因为与人造石墨原材料的密度、结构不一，形成乱层结构，造成许多缺陷，如基面堆积缺陷、螺旋形错位、晶界错位、空洞缺陷、气孔和晶体交织缺陷等。

人造石墨的晶体缺陷，可以在高温处理下减少，随着热处理温度（2000℃以上）的增加，一切带有缺陷的人造石墨原材料，都将逐渐向石墨晶体转化，因而它们之间在性能上的差别就逐渐缩小。因为构成整个人造石墨坯体的碳素颗粒是杂乱排列的，甚至构成碳素原材料本身的细小雏晶也是杂乱排列的，所以即使所有的雏晶都已经转化为石墨，但就整块石墨坯体来说，它的晶体完善程度还是不高的，是一种“多晶石墨”，内部还有许多在一般石墨化温度下未能消除的缺陷。这就是人造石墨的理化性能同石墨的理化性能存在差异的原因。

生产人造石墨的主要原材料有石油焦、沥青焦、冶金焦、无烟煤、煤沥青、煤焦油等。

（1）石油焦

石油焦是生产石墨化制品的主要原料，在高温下容易石墨化，生成的石墨质量较好。石油焦是石油炼制过程中的产品之一。原油经过常压蒸馏或减压蒸馏得到的渣油及石油沥青（或者是裂化后得到的渣油）都可以作为焦化的原料。焦化一般是在450~500℃左右的温度下开始的。此时，渣油发生热分解，一部分高分子碳氢化合物裂解成低分子碳氢化合物，同时还发生复杂的缩聚反应，小分子聚合成大分子。因此焦化的主要产物是石油气、汽油、柴油等，最终残留物才是石油焦。石油焦的产率一般只有焦化原料的10%~25%。

（2）沥青焦

沥青焦也是生产人造石墨的主要原料。采用沥青焦制备的人造石墨比电阻较大，但机械强度较高。沥青焦是煤沥青在焦炉中焦化的最终产品。由于沥青焦的成焦温度较高，不经过煅烧也可直接使用制备人造石墨。

（3）冶金焦

冶金焦也是生产人造石墨的主要原料。冶金焦是几种炼焦煤按照一定配比在炼焦炉中高温焦化炼成的。冶金焦的灰分含量较高，一般均在10%以上，不太容易石墨化，煅烧或石墨化后的导电性能也较石油焦或沥青焦差一些。冶金焦的成焦温度在1200℃以上，因此冶金焦不经煅烧即可用于制造人造石墨，但为了易于磨粉应烘干其水分。

（4）无烟煤

无烟煤也是生产人造石墨的主要原料。有时，也可以使用低灰分的无烟煤代替部分石油焦来配制石墨化电极。无烟煤是变质作用程度较高的一种煤，含碳量（质量分数）一般在80%以上，挥发物（质量分数）含量在10%以下。无烟煤的结构比较致密，相对密度达到1.50左右，有较高的机械强度，经过适当的热加工后导电性能良好。由于变质作用的程度不同以及成煤条件的不同，各地所产的无烟煤质量差别很大。有些产地的无烟煤还比较容易石墨化。制造人造石墨所需的无烟煤，必须是灰分较低、强度较大的块状无烟煤。

（5）煤沥青

煤沥青是生产各种石墨制品的黏结剂。煤沥青的炭化率比较高，炭化后生成的沥青焦也容易石墨化。煤沥青是炼焦工业的副产品，根据煤沥青软化点的不同，一般分为硬沥青、中沥青和软沥青三种。软化点在75℃以上称为硬沥青，软化点在75~65℃的称为中沥青，软化点在65℃以下的为软沥青。目前，制备人造石墨一般都使用中沥青，也有少数厂使用硬沥青或软沥青。

（6）煤焦油

煤焦油是炼焦时的副产品，是一种黑色的黏稠液体。煤焦油是多种碳氢化合物的混合物。从煤焦油中可以提炼出上百种有机化合物。经过脱水后的煤焦油在制备人造石墨时主要用来调整煤沥青的软化点。

2.7.1.4 用途

1. 石墨材料的传统应用

石墨或石墨制品的工业用途广泛，可用作机械工业的润滑剂、冶金工业的高级耐火材料与涂料、军事工业火工材料安定剂、轻工业的铅笔芯、电气工业的电刷、氯碱工业和湿法冶金的大型电极、化肥工业的催化剂、电池制造业的电池材料等。经过深加工，石墨又可生产出石墨乳、石墨密封材料与复合材料、石墨阻燃材料、氟化石墨、石墨减磨添加剂等多种高技术石墨产品。随着技术的不断进步，石墨已经不仅仅限于重要的非金属原料这个角色，而进一步成为新兴产业的重要组成部分，应用前景十分光明。

（1）石墨用作耐火材料

耐火材料是目前石墨的主要用途之一，包括耐火砖、坩埚、连续铸造粉、铸模芯、铸模洗涤剂和耐高温材料。近 20 年来，耐火材料工业中的两个重要变化是镁碳砖在炼钢炉内衬中被广泛应用，以及铝碳砖在连续铸造中的应用。这使得石墨耐火材料与炼钢业紧密相连。

（2）石墨用于炼钢

石墨材料在炼钢工业上可作为增碳剂。渗碳使用的碳质材料的范围很广，包括人造石墨、石油焦、冶金焦炭和其他石墨。在世界范围内，炼钢增碳剂用石墨仍然是微晶石墨的主要用途之一。

（3）石墨用作导电材料

石墨在电气工业中的应用十分广泛，可用作电极、电刷、碳棒、碳管、水银整流器的正极、石墨垫圈、电话零件、电视机显像管的涂层等，其中，石墨电极应用最广。在冶炼各种合金钢、铁合金时，在电解金属镁、铝、钠等金属时，在生产金刚砂的电阻炉中均使用石墨电极。

（4）石墨用作耐腐蚀材料

石墨具有良好的化学稳定性。经过特殊加工的石墨，具有耐腐蚀、导热性好、渗透率低等特点。大量用于制作热交换器、反应槽、凝缩器、燃烧塔、吸收塔、冷却器、加热器、过滤器等设备。这些设备可用于石油化工、湿法冶金、酸碱生产、合成纤维、造纸等领域，可节省大量的金属材料。

（5）石墨用作耐磨和润滑材料

石墨在机械工业中常作为润滑剂。润滑油往往不能在高速、高温、高压的条件下使用，而石墨耐磨材料可以在 −200~2000℃范围内，和在很高的滑动速度下（100m/s）无润滑油工作。许多输送腐蚀介质的设备，广泛采用石墨材料制成石墨活塞环、石墨密封圈和石墨轴承。这些石墨制品在运转时，无须加入润滑油。

（6）石墨用作铸造、翻砂、压模及高级冶金材料

由于石墨的膨胀系数小，而且能耐急冷急热的变化，可用于玻璃器皿的铸模、粉末冶金工艺中使用的压模和烧结用的舟皿。此外，石墨还可以用于真空冶炼的石墨隔热板和底座，高电阻炉炉管、棒、板、格栅等元件。

（7）石墨用作防垢防锈材料

石墨能够防止锅炉结垢。有关实验表明，在水中加入一定量的石墨粉，能够防止锅炉

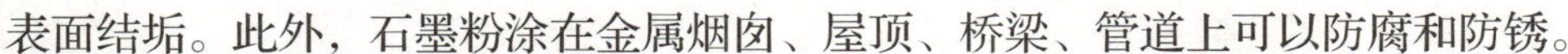

表面结垢。此外，石墨粉涂在金属烟囱、屋顶、桥梁、管道上可以防腐和防锈。

（8）石墨用于核电和国防工业

石墨具有良好的中子减速性能，目前作为高温气冷堆中子减速的材料就是石墨。原子能反应堆的减速材料一般具有高熔点、高稳定和高耐蚀的性能，石墨完全满足上述要求。作为原子反应堆用的石墨纯度要求很高，杂质含量一般以 10^{-5} 计。

作为重要的国防工业材料，石墨还用于制造固体染料火箭的喷嘴、导弹的鼻锥，宇航设备的零件、隔热材料和防射线材料。

2. 新型石墨材料及新兴用途

随着社会的发展和技术的不断进步，人们对石墨材料的认识由浅入深，新型石墨材料不断出现，石墨材料的用途不断扩展。可以说，石墨材料已经成为新材料产业的重要领域之一，已经成为新兴产业的重要组成部分。

（1）膨胀石墨及柔性石墨制品

膨胀石墨，是优质鳞片石墨经化学处理、高温瞬时膨胀改性而成。膨胀石墨可机械加工成各种形式、各种功能的膨胀石墨制品，也称柔性石墨制品。膨胀石墨及柔性石墨制品在保持天然石墨原有的优良化学性能的同时，还具备了鳞片石墨不具备的轻质柔软、可压缩、可回弹等许多独特的性能，因而广泛用于密封、导热、阻燃、隔声、电磁屏蔽、油水分离等领域。

（2）等静压石墨

等静压石墨由高温、高压加工而成，它是制造单晶炉、电火花加工用石墨电极等不可替代的材料。其中，各向同性的等静压石墨由于具有高密度、高强度、内部性质均匀、抗腐蚀、耐高温等特性，更是制造石墨反应堆、火箭喷嘴、轴承等的绝好材料。

（3）金属 - 石墨复合材料

金属 - 石墨复合材料不仅具有金属基体的性能，还能充分发挥石墨，特别是高纯度石墨自润滑性好、化学稳定性高、减振性好、导热导电、线膨胀系数小等特点，在航空航天、冶金、机械等特殊行业都有广泛的应用。

（4）氟化石墨

氟化石墨的层间结合能极小（约为 8.386kJ/mol），远比石墨本身低（37.6812kJ/mol）。同时不受氧化、还原及真空等气氛的影响，是润滑脂类和固体润滑剂（二氧化钼、石墨等）中摩擦系数最低的材料。因此在航空航天和精密制造等作业中，氟化石墨作为润滑材料的添加剂具有不可替代性。

（5）浸硅石墨

目前，仅德国、美国、俄罗斯生产浸硅石墨。该产品是一种在宽温度区内具有高硬度和高机械强度、耐磨、耐腐蚀、润滑性好的新材料。与碳化硅制品相比，其最大的特点是成品率高，价格较低廉。

（6）锂离子蓄电池负极材料

石墨类负极材料是锂离子蓄电池负极材料中被研究最多的一种，也是目前商品化二次锂离子蓄电池采用的主要负极材料。球形石墨制备是制造锂离子蓄电池负极材料的中间材料，球形石墨亦可成为独立产品。近年来，在锂离子蓄电池对负极材料的强大需求引导下，我国球形石墨的产量快速增长。

石墨类负极材料包括人造石墨和天然石墨。天然石墨负极材料使用最多时在所有负极材料中占比达到60%。近年来，负极材料中人造石墨的占比超过了天然石墨。石墨类负极材料导电性好，结晶度较高，具有良好的层状结构，层间距0.335nm，适合锂的嵌脱。锂离子嵌入石墨的层间后，形成 Li_xC_6（$x \leqslant 1$）非计量比化合物，x=1 时 LiC_6 的层间距0.371nm，因此石墨有足够的弹性让 Li^+ 可以容易地嵌入和脱出。

目前，我国已经成为世界上主要的锂离子蓄电池负极材料生产国，主要的石墨类负极材料生产企业有深圳市贝特瑞新能源材料有限公司、上海杉杉、江西紫宸等企业，上述公司的负极材料出货量均居于世界前列。

2.7.2 锂资源

2.7.2.1 概述

锂是一种柔软的、银灰色、化学性质非常活泼的碱金属元素。锂在元素周期表中属第二周期第一主族，原子量为6.94，原子序数为3。锂是原子半径最小的金属，它具有最大的电离电势，在所有的碱金属中，锂离子具有最大的极化系数和最小的被极化系数，这一点就影响到锂及其化合物的稳定性。锂的电导率为11.2 S/m，在同族金属元素中均属最高，由锂组成的电池的比能量最高。锂原子半径小，故与其他碱金属相比，其压缩性最小，硬度最大，熔点最高。锂可以很容易地与除铁以外的任意一种金属熔合。

在自然界中，锂是以两种同位素组成，6Li和7Li，丰度分别为7.42%和92.58%。通过人工制备，已得到锂的四种放射性同位素5Li、8Li、9Li、11Li。锂的同位素可与氢发生反应，放出热量。锂的同位素可以用来制作氚。

锂是世界上最轻的金属，且具有一系列其他金属无法比拟的特性。锂及其化合物与当今高新技术、国防军工领域紧密相连，是核工业、航天航空、电子能源等高新技术发展的重要原材料，它还被广泛应用于电池、陶瓷、玻璃、润滑剂、制冷液以及光电等行业。锂还被人们称为“能源金属”。1kg锂具有的能量，相当于2万吨优质煤，可发出340万kW·h电力。锂电池和锂离子蓄电池发展迅速，已在手机、便携计算机、照相机、汽车、摩托车等方面获得广泛的应用，电池产业作为新能源产业，年增长率同比20%以上。我国锂资源丰富，占世界第二位。我国对矿山锂资源的开发研究已有50多年的历史。矿石提取技术和工业生产已经达到了世界先进水平。我国盐湖锂资源的开发技术也已有重大突破，工业生产正在快速发展中。我国锂的应用，从20世纪50年代开始，随着国民经济的发展，锂的应用领域不断扩展，产品品种和消费量不断增加，特别是锂电池的快速发展，进一步推动了锂工业的发展。

2.7.2.2 锂产品的分类

锂产品在高能电池、航空航天、核聚变发电等领域具有重要的用途，因此，锂元素被誉为“推动世界前进的重要元素”。锂产品终端应用领域涉及医药行业、能源行业和材料行业，初级产品主要有氢氧化锂、工业级碳酸锂及氯化锂。通过对初级产品进行深加工后，进入终端需求领域。锂产业链如图 2-298 所示。

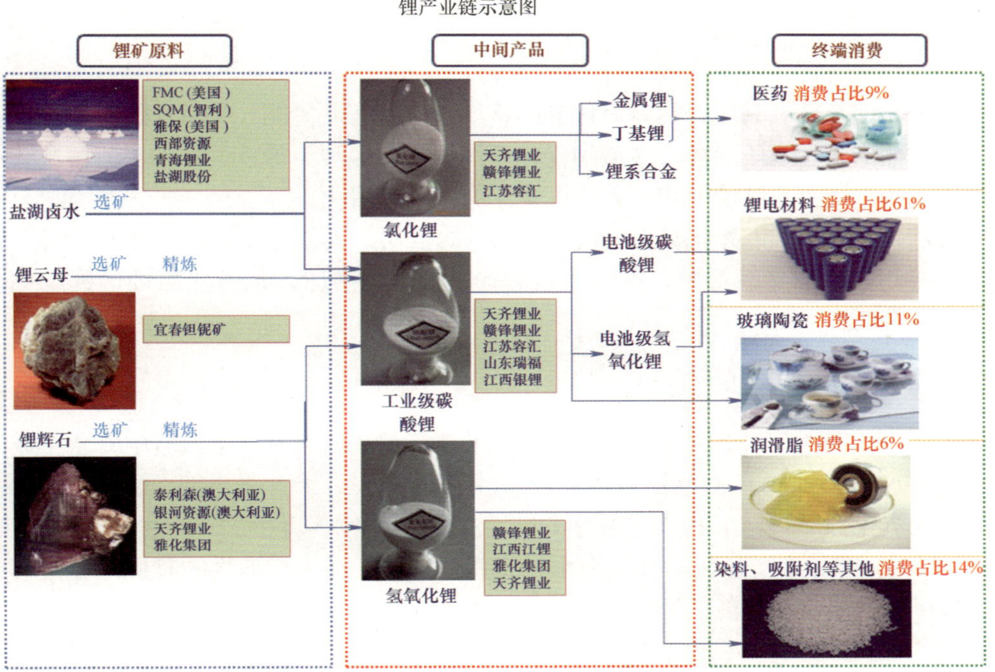

图 2-298 锂产业链

（来源：北京安泰科信息开发有限公司

下面以几种基础锂盐为例，介绍锂产品的应用。

1. 碳酸锂

碳酸锂是常用的锂离子蓄电池原料，可用于：

① 制取各种锂的化合物、金属锂及其同位素。

② 制备化学反应的催化剂。

③ 应用于半导体、陶瓷、电视、医药和原子能工业。

④ 在水泥外加剂里作为促凝剂使用。

⑤ 碳酸锂有明显抑制躁狂症作用，可以改善精神分裂症的情感障碍，在狂躁期的效果明显。它可以通过肾脏被快速排掉，但是会对肾脏造成负担，因此如果病人肾功能不好的话，很容易造成锂中毒。

2. 氢氧化锂

氢氧化锂有无水氢氧化锂和单水氢氧化锂两种形态，常见的为单水氢氧化锂。氢氧化锂呈强碱性，腐蚀性极强，能灼伤眼睛、皮肤和上呼吸道。添加了氢氧化锂的碱性蓄电池电解质，可增加电容量 12%~15%，提高使用寿命 2~3 倍。无水氢氧化锂可用做二氧化碳的吸收剂，可用于净化潜艇内的空气。由氢氧化锂制成的锂基润滑油，具有较宽的使用温度（−60~300℃）、较好的稳定性和抗水性能、较长的使用寿命等，被广泛应用于航空、动力等行业的各种机械装置和仪器仪表。

3. 氯化锂

氯化锂主要用于空气调节领域，如助焊剂、干燥剂、化学试剂，并用于制焰火、干电池和金属锂等。

4. 金属锂及锂合金

金属锂、锂合金及其化合物具有优异的特性，不仅在原子能、宇航及国防尖端工业中使用，而且在冶金、电子能源、玻璃陶瓷、石油化工、电池、橡胶、钢铁、器械及医疗等高科技领域和传统工业领域中均有着不可替代的广泛应用。

随着近几年 3C 产品及全球新能源汽车热潮的推动，锂作为新能源电池的原材料而得到大量的应用。在消费结构中，电池领域消费比例持续增加，2016 年已经达到 61%，占据市场绝对份额。

2.7.2.3 资源分布

在地壳中，锂的含量非常丰富，目前已知的含锂矿物有 150 多种，其中具备工业开采价值的仅有 5 种：锂辉石（含氧化锂 4.0%~8.1%）、锂云母（含氧化锂 3.2%~6.45%）、磷锂铝石（含氧化锂 7.1%~10.1%）、透锂长石（含氧化锂 2.9%~4.8%）及铁锂云母（含氧化锂 1.1%~5%）。锂的来源还包括天然卤水和某些盐湖水，在人和动物的有机体、土壤、矿泉水、可可粉、烟叶、海藻中都有锂的存在。

1. 世界锂资源分析

全球锂矿资源极其丰富，已查明的锂矿资源量达 3950 万吨。锂矿资源主要分布于南美的“锂三角”地区（智利、阿根廷和玻利维亚交界处的高海拔湖泊和盐沼），其储量之和占全球锂矿资源总储量的 50% 以上。其他储量丰富的国家还有中国、澳大利亚、美国、葡萄牙等。其中，2016—2018 年世界主要国家锂矿储量见表 2-112。中国锂矿储量为 320 万吨，占全球储量的 19.9%。2018 年全球锂矿资源储量分布如图 2-299 所示。

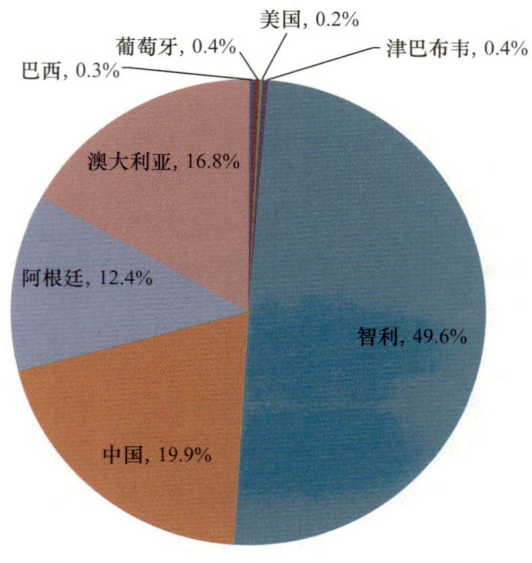

图 2-299　2018 年全球锂矿资源储量分布

（数据来源：USDS，Mineral Commodity Summaries）

表 2-112 2016—2018 年世界主要国家锂矿储量表 （单位：万吨）

国家或地区	年份			2018 年占比（%）
	2016	2017	2018	
智利	750	750	800	49.6%
中国	320	320	320	19.9%
阿根廷	200	200	200	12.4%
澳大利亚	160	270	270	16.8%
葡萄牙	6	6	6	0.4%
巴西	4.8	4.8	5.4	0.3%
美国	3.8	3.5	3.5	0.2%
津巴布韦	2.3	2.3	7	0.4%
总计	1446.9	1556.6	1611.9	100%

数据来源：USGS，Mineral Commodity Summaries。

全球目前主要开发的锂矿类型中，盐湖卤水型锂矿是最重要的矿产类型，约占全球锂资源储量的 66%，主要分布在玻利维亚、智利、阿根廷、中国及美国；其次是花岗伟晶岩型锂矿，约占全球锂矿资源储量的 33%，主要分布在澳大利亚、加拿大、芬兰、中国、津巴布韦、南非和刚果。

盐湖卤水型锂矿是由溶解大量锂的含盐地下水堆积而成，多形成于干旱地区的封闭盆地，主要分布在赤道两边的中低维度带，南纬 23° 和北纬 40° 之间地区为有利成矿带。全球最为著名的四个特大盐湖卤水型锂矿为玻利维亚的乌尤尼盐湖、智利的阿塔卡玛盐湖、阿根廷的翁布雷穆埃尔托盐湖和中国的扎布耶盐湖。

2. 中国锂资源分析

从资源储量的角度来看，中国锂储量丰富，储量为 320 万吨，占全球储量的 19.9%。我国锂矿的主要工业类型包括：

（1）花岗伟晶岩型（锂辉石矿）

新疆可可托海锂铍铌钽矿床、四川甘孜的呷基卡锂铍矿、四川阿坝的观音桥、金川、马尔康等矿。边界品位为 0.4%~0.6%，最低工业品位为 0.8%~1.1%；伴生矿 > 0.2%。其中四川省呷基卡伟晶岩型锂辉石矿床是世界上最好锂辉石矿床之一，氧化锂含量为 1.28%，探明锂资源储量 103 万吨。

（2）碱性花岗岩型（锂云母矿）

江西宜春四一四钽（铌）- 锂矿床等，边界品位为 0.5%~0.7%，最低工业品位为 0.9%~1.2%，伴生矿 > 0.3%。

（3）盐湖（卤水）型

我国盐湖卤水中锂的含量从北（柴达木盆地）向南（西藏）逐渐增大，锂的平均含量：柴达木盆地盐湖为 67.8mg/L，可可西里盐湖为 73.7mg/L，西藏盐湖为 264mg/L。从整体上讲，西藏、可可西里和柴达木盆地盐湖共有 5 个高锂分布区，包括扎布耶、结则茶卡、龙木措、察尔汗、一里坪、东西台吉乃尔、涩聂湖和别勒滩等盐湖。

我国各省锂资源分布情况见表 2-113。

表 2-113 我国各省锂资源分布情况

地区	主要矿物	锂基础储量 / 万吨	全国占有率（%）
青海	盐湖	753.4	49.6
西藏	盐湖	430.5	28.4
四川	锂辉石	118.0	7.7
湖北	盐湖	108.8	7.2
江西	锂云母	63.7	4.2
湖南	锂云母	35.9	2.4
新疆	锂辉石	6.2	0.4
河南	锂云母	1.2	0.1
福建	锂辉石	0.4	0.0
合计		1518.1	100

我国锂资源的特点主要有以下几点：

① 资源分布较集中。我国锂辉石主要分布于新疆的可可托海、阿尔泰及四川康定等地；锂云母主要产于江西宜春地区；卤水锂除四川和湖北有少量地下卤水资源外，主要分布于青海和西藏的盐湖中，其中，青海柴达木盆地盐湖锂的储量较大。

② 卤水锂资源占绝对优势。在世界范围内，卤水锂占锂资源总量的 1/3；而我国卤水锂所占的比例达 79%，是我国锂资源的重要来源。

③ 卤水伴生元素较多。尽管卤水中存在丰富的锂资源，但硼、钾、镁、钠等伴生元素众多，尤其是镁元素的大量存在增加了锂提取的难度。

因为卤水中锂资源储量更丰富，且成本低于矿石锂的开采，所以卤水提锂已成为锂资源开采的趋势。一般而言，卤水中镁锂比值的高低决定了利用卤水资源生产锂盐的可行性以及锂盐产品的生产成本和经济效益。尽管目前国外卤水提锂已占锂来源的 80% 以上，然而在我国，由于卤水中的镁锂比较高，加之高原日照不充分，给锂分离造成困难，进而造成锂质量不稳定。卤水提锂现阶段只能达到工业级程度，无法用以生产锂电池。锂提取技术仍为行业瓶颈，因此矿石提锂依然是我国锂资源的重要获取途径。

2.7.2.4 锂应用情况

1. 钴酸锂

钴酸锂化学式为 $LiCoO_2$，是一种无机化合物，它采用聚乙烯醇（PVA）或聚乙二醇（PEG）水溶液为溶剂。锂盐、钴盐分别溶解在 PVA 或 PEG 水溶液中，混合后的溶液经过加热、浓缩形成凝胶，生成的凝胶体再进行加热分解，然后在高温下煅烧，烧成的粉体经碾磨、过筛，即为钴酸锂粉。其外观为灰黑色粉末状。

钴酸锂从1990年产业化至今一直在改进完善。钴酸锂是最早实现商业化的锂电正极材料，普遍应用于小型消费类锂电中。在2005年以前，钴酸锂占据所有锂电正极材料的90%以上。2005~2010年，由于钴价快速上涨，钴酸锂材料的生产成本剧增，而同时三元材料和锰酸锂技术获得突破，在3C市场替代了部分钴酸锂的用量，导致钴酸锂材料的市场占比不断下降。但近两三年来，由于智能手机和平板电脑的快速发展，对锂电材料能量密度的追求不断上升，而钴酸锂在常规正极材料中几乎拥有最高的能量密度，是智能手机和平板电脑主要使用的锂电正极材料，因此钴酸锂的需求快速增长。

2. 三元材料

三元材料即层状镍钴锰复合正极材料，是一种极具发展前景的材料，与$LiCoO_2$、$LiNiO_2$和$LiMnO_2$相比，具有成本低、放电容量大、循环性能好、热稳定性好、结构比较稳定等优点，是目前最具有发展前景的新型锂离子蓄电池正极材料之一。

3. 锰酸锂

锰酸锂（$LiMn_2O_4$）为黑色或蓝黑色粉末，颜色均一，无气味。其理论容量为148mA · h/g，工业化的实际容量为100~120mA · h/g，与钴酸锂和镍基氧化物相比，尖晶石锰酸锂安全性好，耐过充电性能好，工作电压高，而且锰资源丰富，价格低廉又无毒。因此，锰酸锂是锂离子蓄电池正极材料家族中的重要成员之一。

目前在我国市场上，锰酸锂按其性能和用途分为两大类：容量型（A类）和动力型（B类）。

① A类主要是容量高，一般在110mA · h/g左右（Li^+/C），循环性能相对较低，循环周次通常在300次以上（1*C*电流充放电循环，容量保持率达到80%的周次），多用于手机数码领域的3C产品。

② B类主要是循环性能好，主要指标为：可逆比容量在100mA · h/g左右（Li^+/C），1*C*电流充放电的循环性能可达到1000次以上，容量仍能保持在80%以上，多用作动力蓄电池。

锰酸锂正极材料可以单独使用，也可以与镍钴锰酸锂、镍钴铝酸锂、钴酸锂等其他类的正极材料混合使用，用于制造下列类型的锂离子蓄电池：通信、储能设备、电动工具、轻型电动车辆、小型电器、启动电源等。

国内普遍采用橄榄石型磷酸铁锂为正极材料，单体蓄电池能量密度不超过140W · h/kg，国内也有不少企业采用纯三元材料（包括NCM、NCA）为正极材料的，单体蓄电池能量密度达到180W · h/kg以上。

4. 磷酸铁锂

磷酸铁锂（$LiFePO_4$）在自然界是以磷铁锂矿形式存在的，其理论比容量为170mA · h/g，产品实际比容量可超过140 mA · h/g（0.2C，25℃）；其结构稳定，资源丰富，安全性能好，无毒。与传统的锂离子蓄电池正极材料$LiMn_2O_4$和$LiCoO_2$相比，$LiFePO_4$原料来源更广泛、价格更低廉且无环境污染。

磷酸铁锂的应用领域主要有：

① 储能设备：太阳能、风力发电系统的储能设备，不断电系统（UPS），配合太阳能电池使用作为储能设备。

② 电动工具类：高功率电动工具（无线），电钻，除草机等。

③ 轻型电动车辆：电动摩托车，电动自行车，休闲车，高尔夫球车，电动推高机，清洁车，混合动力汽车（HEV）。

④ 小型设备：医疗设备（电动轮椅车、电动代步车）；玩具（遥控电动飞机等）。

⑤ 其他小型电器：矿灯，植入性的医疗器械（磷酸铁锂无毒性，锂电池仅铁锂可满足要求），替代铅酸、镍氢、镍镉、锂钴、锂锰类电池在小型电器上的应用。

5. 钛酸锂

钛酸锂（$Li_4Ti_5O_{12}$）是一种由金属锂和低电位过渡金属钛组成的复合氧化物，其外观呈白色粉末状，熔点为1520~1564℃，不溶于水，有很强的助熔性质。其最大的特点就是“零应变性”。这种性质对电极材料来说具有重要的作用，能够避免充放电过程中由于材料的伸缩变化而导致结构发生变化，从而提高电极的性能，减少比容量的大幅度衰减，延长电池的使用寿命。

钛酸锂作为正极时，负极只能是金属锂或锂合金，此时电池的电压约为1.5V。钛酸锂作为负极，和$LiCoO_2$、$LiMn_2O_4$等正极材料可组成电压为3V左右的电池。尽管钛酸锂可以作为负极，也可以作为正极，但因为相对Li^+/Li的电位为1.5V，所以作为正极材料进行研究和应用得并不多。尖晶石结构特有三维锂离子扩散通道，因此钛酸锂在高低温性能上也表现优异。

与碳负极材料相比，钛酸锂的高电位意味着SEI膜在钛酸锂表面上基本难以形成（通常在碳负极与电解液接触的表面易产生SEI膜）。在正常电压范围内，在钛酸锂表面上也难以生成锂枝晶。这一点很重要，因为在很大程度上避免了锂枝晶在电池内部造成短路的可能。因此采用钛酸锂为负极的锂离子蓄电池的安全性在各种类型的锂离子蓄电池中较高。

钛酸锂可用于含钛釉原料，用量少即具有助熔性质，可用做助熔剂；新型钛酸锂电极材料还可用于制造大型储能、动力锂电池，新型锂电池的充放电次数远远高于传统锂电池。作为一种新型的能源产业，无论在纯电动汽车上，还是在家庭储能方面，钛酸锂都有一定的环保价值。

6. 金属锂

金属锂因为具有质量轻、负电位高、能量密度大等优点而成为新的电池能源材料。锂电化学当量仅次于铍，每克锂能放出3.86A·h的电量，是常用电池材料中最高的。由于以锂为负极组成的电池具有能量密度大、电池电压高的电性能，并且放电电压平稳，工作温度范围宽（−40~50℃），低温性能好，储存寿命长，其应用领域不断扩大，如手机、电子手表、笔记本电脑、心脏起搏器、无线电通信设备、导弹点火系统、潜艇、飞机及一些特殊的军事用途等。此外，锂还可以制作大型锂蓄电池，此种电池是一种既安全又经济的存储装置，它可以把非高峰时期发的电能、太阳能、核能、风能等储存备用。这一特性不仅有利于节省能源，还有利于环境保护。

近年来，我国锂电池工业发展速度较快，生产锂电池消耗的金属锂逐年增加。

我国主要采用提纯的氯化锂经一次电解生产出电池级金属锂，也有采用真空蒸馏法将纯度为 96%~99% 的工业级金属锂精炼到纯度为 99.9%~99.99% 的高纯锂，使其适应于高能锂电池、航天飞机及各种合金结构材料等锂的纯度要求，也有采用高纯氯化锂直接进行电解生产高纯金属锂，并以此开发系列产品，如锂带、锂箔、锂丝、锂铝合金等。

2.7.3 钴资源

2.7.3.1 全球钴资源状况

钴大多伴生于铜、镍、锰、铁、砷、铅等矿床中，且含钴量较低。全球钴储量非常集中，根据美国地质调查局资料，2016 年世界钴的探明储量为 700 多万吨（金属），主要集中分布于刚果（金）、澳大利亚、古巴、菲律宾、赞比亚、加拿大、俄罗斯等国。上述国家钴储量总和约占世界总储量的 85.5%。

2016 年世界钴储量主要分布国家及其储量见表 2-114。

表 2-114 2016 年世界钴储量主要分布国家及其储量

国家	储量 / 万吨（金属）	储量占比（%）
刚果（金）	340	48.61
澳大利亚	100	14.30
古巴	50	7.15
菲律宾	29	4.15
赞比亚	27	3.86
加拿大	27	3.86
俄罗斯	25	3.57
马达加斯加	13	1.86
中国	8	1.14
新喀里多尼亚	6.4	0.92
南非	2.9	0.41
美国	2.1	0.30
其他国家	69	9.87
合计	699.4	100

资料来源：美国地质调查局《Mineral Commodity Summaries，January 2017》。

全球钴资源分布十分集中，将近 70% 的钴来自非洲，17% 来自亚太地区，10% 来自北美，刚果（金）占全球钴资源的一半，此外，澳大利亚、古巴、赞比亚、俄罗斯等地也有一定的储量。全球钴矿的供应也非常集中，嘉能可、自由港、欧亚资源和淡水河谷这四家已经占了全球钴矿产量的 65%。

2.7.3.2 中国钴资源状况

我国钴矿资源主要伴生于硫化镍铜矿。我国目前已知的钴矿产地有150余处，分布于24个省（区），主要分布在甘肃、山东、云南、河北、青海和山西，这6省的储量之和约占全国总储量的70%。其中甘肃省储量最多，约占全国的30%，其他省依次为10.4%、8.5%、7.3%、7.1%、6%，其余30%的储量分布在新疆、四川、湖北、西藏、海南等地区。

由于镍价处于低位，近年来其伴生的副产钴产量也保持稳定，每年大约1500吨左右。由于我国是贫钴资源国，95%以上钴原料的依赖进口。2016年中国钴储量见表2-115。

表2-115 2016年中国钴储量 ［单位：万吨（金属）］

地区	矿区数	基础储量	储量	资源量	查明资源量
全国	220	6.7	2.67	60.31	67.01
河北	8	—	—	2.68	2.68
山西	4	—	—	1.04	1.04
内蒙古	13	0.86	—	1.88	2.74
辽宁	1	—	—	0.13	0.13
吉林	12	1.72	1.31	4.36	6.08
黑龙江	2	—	—	0.39	0.39
浙江	1	—	—	0.05	0.05
安徽	9	—	—	3.2	3.2
江西	4	—	—	0.47	0.47
山东	24	0.54	0.37	2.72	3.26
河南	2	—	—	1.57	1.57
湖北	16	0.32	—	1.89	2.21
湖南	5	—	—	0.4	0.4
广东	8	—	—	0.22	0.22
广西	9	—	—	0.4	0.4
海南	5	0.77	0.61	0.87	1.64
四川	14	0.57	—	5.19	5.76
贵州	2	—	—	0.02	0.02
云南	28	0.07	0.03	5.51	5.58
西藏	1	0.6	—	1.73	2.33
陕西	6	0.36	—	0.85	1.21
甘肃	14	0.25	0.17	13.03	13.28
青海	11	—	—	6.01	6.01
新疆	21	0.64	0.18	5.7	6.34

资料来源：国土资源部。

2.7.4 镍资源

2.7.4.1 镍矿及其分类

据美国地质调查局（USGS）统计数据显示（图 2-300），世界陆地已查明镍平均含量接近（或大于）1% 的镍矿资源量为 1.3 亿吨，其中 60% 为红土型镍矿，其共伴生矿产主要为钴和铁，分布在赤道附近的古巴、新喀里多尼亚、印度尼西亚、菲律宾、巴西、哥伦比亚和多米尼加等国家或地区，40% 属于岩浆型铜镍硫化物矿床，其共伴生矿产较多，主要有铜、钴、铂族金属等，主要分布在欧亚非和大洋洲、北美洲的古老地盾区、中生代凹陷区和古生代地槽褶皱带的岩浆侵入岩体中，如加拿大、俄罗斯、澳大利亚、中国、南非、津巴布韦和博茨瓦纳等国家中的铜镍矿床。

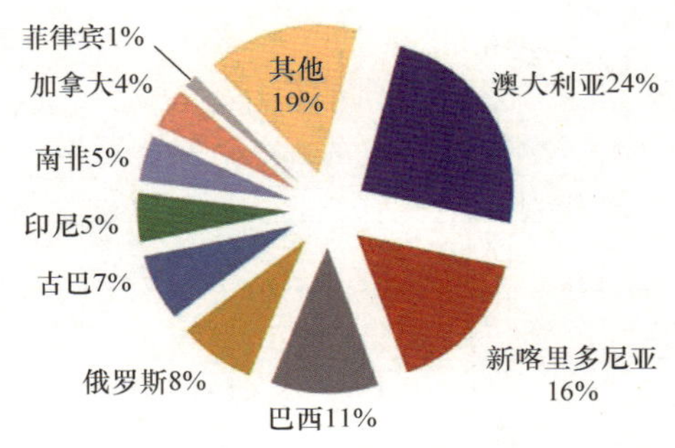

图 2-300 全球镍矿资源分布

全球硫化镍矿资源分布较为集中，主要分布在加拿大的萨德伯里、林湖 - 汤普生，俄罗斯的诺里尔斯克，澳大利亚的坎博尔达，中国的金川，南非的吕腾斯堡，并且资源主要集中在几大巨头企业手中。全球红土镍矿资源分布则较为分散，且巨头掌控的资源量相对偏少。

目前全球仍有 80% 的镍矿资源未被开发。在未开发的镍矿资源中，褐铁矿型红土镍矿约占到了总量的 64%，另外，腐殖土型红土镍矿、高品位硫化矿及低品位硫化矿分别占总量的 17%、4% 及 16%。据 Wood Mackenzie 的统计，近几年全球镍矿品位正逐年下降：2015 年新喀里多尼亚红土镍矿平均品位为 2%，较 2005 年的 2.4% 下降 0.4%；菲律宾红土镍矿 2015 年平均品位为 1.8%，较 2009 年 2.1% 下降了 0.3%；2015 年全球硫化矿镍含量为 1%，较 1992 年的 1.4% 下降了 0.4%。

2.7.4.2 中国镍资源状况

我国镍资源储量以硫化镍矿为主（主要分布在甘肃、新疆、吉林等地），红土镍矿储量极少，是一个镍资源相对缺乏的国家。我国硫化物型镍矿主要分布在西北、西南和东北等地，保有储量分别占全国总储量的 76.8%、12.1% 和 4.9%。就各省（区）来看，甘肃镍矿储量最多，占全国总储量的 62%。我国红土镍矿资源主要分布在云南等地，目前全国红土镍矿保有量仅占全部镍矿资源的 9.6%，不仅储量比较少，而且国内红土镍矿品位比较低，开采成本比较高。

2011~2014 年我国镍资源基础储量逐年下降，2014 年为 252.9 万吨，2015 年储量增至 287.28 万吨。目前我国自产的镍精矿产量维持在 9 万吨左右，远不能满足国内近 20 万吨的电解镍的产能需求，因而还要从国外进口镍精矿、高冰镍和镍湿法冶炼中间品来满足国内冶炼厂的需求。中国镍资源基础储量见表 2-116。

表 2-116 中国镍资源基础储量 ［单位：万吨（金属）］

地区	不同年份镍资源基础储量				
	2011 年	2012 年	2013 年	2014 年	2015 年
全国	272	260.88	253.53	252.98	287.28
内蒙古	4.96	4.96	5.04	8.76	53.43
吉林	6.71	6.01	5.5	7.62	7.22
湖北	1.92	1.92	1.92	—	1.92
湖南	0.45	0.35	0.42	0.42	0.42
广西	0.09	0.12	0.12	0.12	0.12
海南	0.05	0.01	0.01	—	0.01
四川	0.33	0.59	1.61	1.61	2.52
贵州	3.93	4.45	8.64	8.64	8.64
云南	12.25	12.25	12.25	12.25	12.25
陕西	10.07	9.92	9.84	9.71	9.61
甘肃	209.32	199.3	189.74	179.57	169.57
青海	2.79	2.39	—	—	—
新疆	19.13	18.61	18.44	22.36	21.57

数据来源：国土资源部。

2.8 梯级利用及资源回收

2.8.1 退役电池处理方法

2.8.1.1 电池退役的判定

1. 动力蓄电池的定义

动力蓄电池是为电动汽车动力系统提供能量的蓄电池。这里仅涉及锂离子动力蓄电池，不含金属氢化物 / 镍蓄电池、铅酸蓄电池等。

2. 动力蓄电池包退役

出现下列情况之一的动力蓄电池包可以判定为退役：

① 因交通事故造成电池包破损、变形等，经车辆生产企业鉴定不能保证安全使用的动力蓄电池包。

② 充放电性能不能满足使用要求、经检测或维修后确定不能满足使用要求或安全要求的动力蓄电池包。

③ 充放电性能正常、实测有效容量低于标称容量的 80%、车主决定淘汰的动力蓄电池包。

④ 车辆已达到使用年限，随车辆一同报废的动力蓄电池包。

2.8.1.2 退役电池包的拆卸

1. 拆卸定义

将动力蓄电池包从电动汽车上拆下的过程。

常见的动力蓄电池包拆卸作业单位有：

① 整车企业的 4S 店，在维修更换电池包时进行拆卸作业。

② 以公交公司为代表的大型电动汽车运营企业的维修厂站，在维修更换电池包时进行拆卸作业。

③ 报废车回收拆解企业，在对报废电动汽车拆解时，对动力蓄电池包进行拆卸作业。

2. 研究拆卸问题的目的和意义

（1）促进电动汽车发展

动力蓄电池从电动汽车上安全高效的拆卸过程，是动力蓄电池维修、梯次利用和资源化利用等过程的起点。动力蓄电池生产成本高，维修、梯次利用和资源化利用等手段是延长电动汽车价值的必要途径，因此科学的拆卸，以及保证模块和单体的完整性显得尤为重要。

（2）降低拆卸过程的安全风险

动力蓄电池包的额定电压为 300~750V，常见额定电压为 384V，以磷酸铁锂正极材料制造的单体额定电压为 3.2V、放电截止电压为 2.5V 为例，当动力蓄电池 SOC=0 时，动力蓄电池电压总和仍然高达 300V。在如此高的电压下，若以不当的方式拆卸蓄电池包，容易造成人员触电伤亡。若发生短路，则瞬时电流达 100A 以上，瞬间释放出大量的热量，温度急剧上升，极易造成起火甚至爆炸。

（3）减少对环境的污染

不当的拆卸会导致采用液冷方式的动力蓄电池包中的冷却液泄漏。冷却液中含有的防冻剂、防垢剂、防腐蚀剂，对环境、人体的污染和危害很大。如常用作防冻剂的乙二醇，GBZ 2.1—2007《工作场所有害因素职业接触限值　第 1 部分：化学有害因素》对其限值进行了明确规定，时间加权平均容许浓度 PC-TWA20mg/m^3，短时间接触容许浓度 PC-STEL40mg/m^3；水体中有害有机物的最大允许浓度为 1.0mg/L。不当的拆卸方式会导致有害的冷却液泄漏，对大气、水、土壤造成严重的污染并对拆卸人员的健康造成伤害。

3. 拆卸的要求

（1）一般要求

下面仅对采用充电模式的电动汽车的动力蓄电池包拆卸要求进行说明。对于采用换电模式的电动汽车，一般都由自动化设备拆卸动力蓄电池包，操作人员需严格按照各整车企业自动化设备操作规范进行作业。

① 拆卸作业单位应参照整车企业提供的技术支持、拆卸信息或指导文件，编制拆卸作业指导书，以保证拆卸安全，并制订安全环保事故应急预案。

说明：工信部拟制定相关规定，要求整车企业在其网站公开所有在售车型动力蓄电池包的拆卸信息。

② 拆卸作业单位在拆卸过程中应保证动力蓄电池包和汽车可用零部件的完整性。

③ 拆卸作业单位不具备拆卸条件的，不应进行动力蓄电池包拆卸作业。

④ 拆卸作业单位不得拆解动力蓄电池包，应交由符合《新能源汽车废旧动力蓄电池综合利用行业规范条件》的企业进行回收处理。

（2）场地要求

① 拆卸及存储场地，地面应硬化并防渗漏，应防雨、应通风、光线良好、消防安全设施齐全，安全距离符合国家相关管理规定。

② 产生生产废水的拆卸及存储场地，其总排水口应设置油水分离装置及废水处理设施。

③ 操作区域应单独隔离，地面应做绝缘处理，并设置高压警示标识和区域隔离标识。

（3）设施设备要求

① 具备称重设备。

② 具备冷却液自动化抽排系统和专用收集容器。

③ 具备绝缘工具、专用起吊工具、动力蓄电池包专用承载装置、专用托架及上料架、专用移除装置等。

④ 具备高压绝缘手套、绝缘靴等绝缘防护装备，防护面罩、防机械伤害手套、防触电绝缘救援钩等安全防护装备。

⑤ 具备绝缘检测设备，如绝缘电阻测试仪等。

⑥ 具备动力蓄电池包安全评估设备，如漏电诊断检测设备、非接触式远程红外温度探测仪、专用标签和标志。

⑦ 具备国家相关规定的消防设施，如消防栓、沙箱、灭火器等。

（4）人员要求

① 专业拆卸人员的专业技能应满足规范拆卸、环保作业、安全操作等相应要求，并持有相应的资格证书。

② 拆卸过程应双人作业，并至少有一名作业人员持有电工证，并经过企业内部或汽车企业等专业培训。

（5）拆卸作业要求

1）作业程序

动力蓄电池包的拆卸应遵循安全、环保和再利用的原则。拆卸作业程序如图 2-301

所示。

2）信息登记

对电动汽车进行登记注册并拍照，将其基本信息（如整车信息、动力蓄电池信息、统一编码信息）录入信息追溯系统并在车身醒目位置贴上标签。

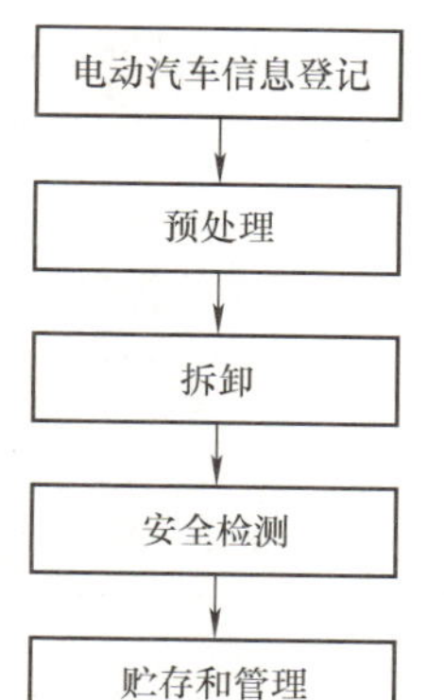

图 2-301 报废电动汽车动力蓄电池拆解作业程序

3）预处理

① 在拆卸前，对动力蓄电池包进行绝缘检查，采用专用高压断电装置断开高压电系统。

② 在拆卸前，如有冷却液，则应采用专用抽排系统抽排电动汽车冷却液。

③ 将电动汽车运至上料架，并确保放置平稳。

④ 观察并记录动力蓄电池包的安装位置。

⑤ 对动力蓄电池包进行拆卸前检测，检测项目见表 2-117，并根据检测结果进行评估。

a）评估不通过，应采取相应的处理措施，再进行后续作业。

b）评估通过，继续进行后续作业。

⑥ 拆卸前，应检查设备所承受的额定承重能力。

4）拆卸（图 2-302）

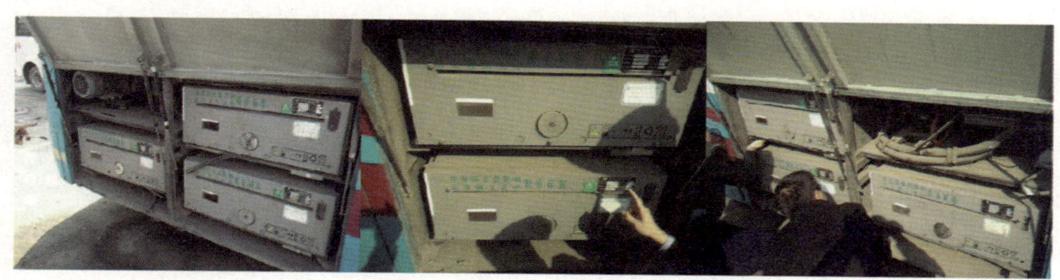
图 2-302 动力蓄电池包拆卸图

① 拆卸前，拆卸人员应穿戴安全防护装备。

② 应按作业指导书进行安全规范拆卸。

③ 应根据动力蓄电池包的安装方式或安装位置采用不同的工具、设备及方式进行拆卸。

a）若动力蓄电池包位于底盘下方，则应采用动力蓄电池包承载装置置于动力蓄电池包下方着力点附近，做托起准备，并确保动力蓄电池包的着落点与承载装置受力点对应。

b）若动力蓄电池包位于底盘上方，则起吊工具固定于动力蓄电池包上，做起吊准备。

④ 拆除动力蓄电池包与电动汽车的线束及连接件。

在断开动力蓄电池和电动汽车的连接稳固件时，应对动力蓄电池进行吊装或底部托起的方式进行固定，以避免动力蓄电池掉落而发生安全事故。

⑤ 对动力蓄电池包电极进行绝缘防护处理，并做绝缘标记，避免移动过程中短路或引发触电事故。

⑥ 将动力蓄电池包用专用托架和移除装置托起和（或）吊起，从汽车中移出。

⑦ 采用预处理阶段的检测方法对拆卸后的动力蓄电池包进行检测，评估其安全性。若评估通过的，则进行下一步操作。若评估不通过，则应采取相应的处理措施，再进行后续作业。

⑧ 对动力蓄电池包做带电标记，并及时转移至悬挂有警示标志的存储区域进行隔离。动力蓄电池的检测项目见表 2-117。

表 2-117　动力蓄电池的检测项目

<table>
<tr><td colspan="4">动力蓄电池检测项目</td></tr>
<tr><td colspan="4">编号________　检测员________　生产商________
动力蓄电池编号________　车辆识别码________　检测单位盖章________
检测人员签字________</td></tr>
<tr><td colspan="4">范围和目的：
本文件是为了保证拆卸时的安全与环保而编制。
本文件中的检测项目是拆卸前必不可少的。
为了更好地追溯，本文件应与动力蓄电池一起。</td></tr>
<tr><td colspan="4">检测步骤</td></tr>
<tr><td>外观检查</td><td>是</td><td>否</td><td rowspan="12">检测结果：</td></tr>
<tr><td>1. 电源未断开</td><td></td><td></td></tr>
<tr><td>2. 是否漏电</td><td></td><td></td></tr>
<tr><td>3. 电解液是否泄漏</td><td></td><td></td></tr>
<tr><td>4. 外壳是否破损或裂开</td><td></td><td></td></tr>
<tr><td>5. 外壳是否凹凸、变形</td><td></td><td></td></tr>
<tr><td>6. 是否有起火痕迹</td><td></td><td></td></tr>
<tr><td>7. 是否有腐蚀痕迹</td><td></td><td></td></tr>
<tr><td>8. 是否冒烟</td><td></td><td></td></tr>
<tr><td>9. 是否有浸水痕迹</td><td></td><td></td></tr>
<tr><td>10. 系列号是否不合格</td><td></td><td></td></tr>
<tr><td>11. 电池包温度是否异常</td><td></td><td></td></tr>
</table>

注：1. 检测项目包括但不限于上述内容。
2. 外观检查动力蓄电池包的状态信息，遵行高压安全规程进行评估。
3. 对上述项目的检测结果进行记录。
4. 若以上检验结果有一条为“是”，则判定为具有安全隐患。

2.8.1.3　退役电池的暂存和管理

① 拆卸下来的动力蓄电池包应根据不同类别分类贮存，如有漏液或漏电现象，则应采用具备绝缘、防泄漏专用储存容器储存，如无漏液和漏电，则可采用一般包装容器或者放置于托盘上暂时贮存。不得侧放、倒放，叠放高度不得高于 2m，存储容器或托盘间距

应不低于 0.1m，人行通道不低于 0.8m，墙距宽度不低于 0.5m。不得长期存储，暂存期应少于 10 天。

② 按表 2-117 检测，存在安全隐患的动力蓄电池包应隔离贮存，并尽快进行处理。

③ 拆卸后，零部件、材料、废弃物不得随意丢弃，应分类储存在专用容器中并标识，避免混存、混放。

④ 应有专人对冷却液进行管理，并定期对其进行规范转移。冷却液的贮存应按 GB 29743 和 HJ 2025 的要求执行。

⑤ 暂存场所应具备国家相关规定的消防设施，如消防栓、沙箱、灭火器等。

⑥ 应对拆卸后的动力蓄电池包进行登记并录入信息追溯系统，建立纸质档案和电子数据库，备份后纸质档案随动力蓄电池转移。

2.8.1.4 退役电池的包装及运输

1. 定义

（1）包装

包装是指采用容器、材料及辅助物将退役动力蓄电池包包装的过程，保障退役动力蓄电池包安全，方便储运、装卸，加速交接和点验的作用。

（2）运输

运输是指退役动力蓄电池包运输者使用运输工具，将退役动力蓄电池包送至废旧动力蓄电池资源综合利用等单位的过程。

2. 包装前的安全检查及绝缘处理

（1）安全检查

目视检测动力蓄电池包外观良好，无明显变形、破损、凹陷情况。设备检测无漏电、温度正常的，判定为无直接安全隐患、可以包装运输的退役动力蓄电池包。对判定为有安全隐患的动力蓄电池包不能进行包装运输，须采取相应措施消除安全隐患后才能包装运输。

（2）绝缘处理

检查动力蓄电池包电极绝缘防护处理是否完整，并对动力蓄电池包所有可能发生短路、漏电的部位做绝缘防护处理。

3. 包装

对于判定为无直接安全隐患的电池包，应采用箱装，包括普通木箱、胶合板箱、金属箱、塑料箱、纸质等符合第九类危险品对应的二类包装的要求。包装箱应符合 GB 12463—2009《危险货物运输包装通用技术条件》规定的要求。包装箱的材质、规格、强度等都应与所装蓄电池包的体积和重量相适应。包装箱底部应保留叉车操作位置。

包装操作：

① 电池包外围采用绝缘膜缠绕的方法进行整体包裹。

② 处理完成的动力蓄电池包用打包带固定至绝缘托盘上。

③ 将托盘放置于包装箱内，并进行固定。

④ 封闭箱体。

包装和货运单上的标志如图 2-303 所示。

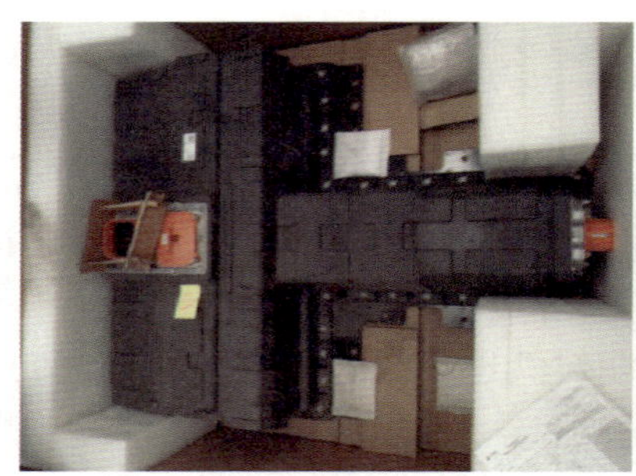

图 2-303　包装和货运单上的标志

每个提交运输的包装箱应明确标明以下信息：

① 堆叠层数极限标识（三层）。

② 向上标识。

③ 禁止翻滚标识。

④ 杂类危险物质和物品标识，如准备回收的锂电池包。

⑤ 怕雨标识。

⑥ 怕晒标识。

⑦ 联系人信息（回收企业联系人电话）。

4. 运输要求

① 运输前，回收企业与运输企业应共同制订运输路线和运输应急预案。

② 运输车辆应配备符合国家规定的实时定位系统，并安装烟雾报警装置。

③ 运输时，应采取防止污染环境的措施，并遵守国家有关危险货物运输管理的规定。

④ 应根据动力蓄电池的危险特性，采取相应的遮阳、温控、绝缘、防火、防震、防撒漏、防移位等措施。

⑤ 运输车厢应保持清洁干燥，不得任意排弃车上的残留物，运输结束后被动力蓄电池污染过的车辆，应到具备相应条件的地点进行清洗处理。

⑥ 运输车辆禁止搭乘无关人员。

⑦ 运输车辆不得在居民聚居点、行人稠密地段、政府机关、名胜古迹、风景游览区停车。如需在上述地区进行装卸作业或临时停车，应采取安全措施。

2.8.2　电池阶梯利用

2.8.2.1　退役动力蓄电池阶梯利用概述

1. 定义

（1）阶梯利用

动力蓄电池梯次利用是指将废旧动力蓄电池（或其中的动力蓄电池包 / 蓄电池模块 / 单体蓄电池）应用到其他领域的过程，可以一级利用，也可以多级利用。

（2）梯次利用方向

① 替代传统铅酸蓄电池：通信备用电源（图 2-304）、新能源路灯、低速电动车、电动自行车等。

② 开发微电网市场：微电网储能系统、移动式充电车（图 2-305）、家用微电网储能柜、电网用户侧储能系统等。

梯次利用重新配组的电池组如图 2-306 所示。梯次利用电池组组装的低速电动车如图 2-307 所示。

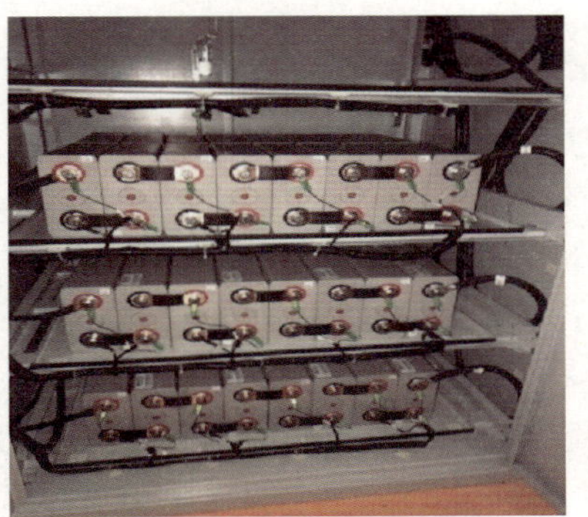

图 2-304　通信备用电源

图 2-305　移动式充电车

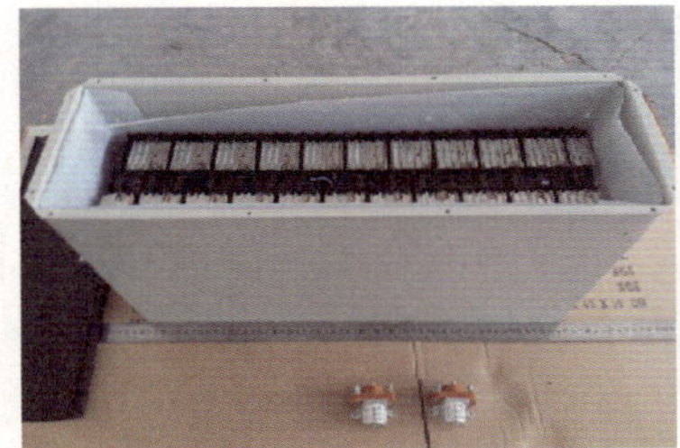

图 2-306　梯次利用重新配组的电池组

图 2-307　梯次利用电池组组装的低速电动车

2. 梯次利用产品的性能分析

（1）安全性

从现有研究及使用情况看，没有发现梯次利用电源产品在安全性方面与新电池制造的电源产品存在明显差异，与铅酸蓄电池电源也没有明显差异。

（2）电源整体性能

通过可梯次利用电池筛选、配组标准的控制，可以保证梯次利用电源产品在电压等级、有效容量、充放电性能等主要性能指标与新电池制造的电源产品基本一致。

（3）使用寿命

由于真正的梯次利用电源产品规模化使用时间较短，还不能提供有说服力的数据。从理论上分析，如果按剩余容量 80% 时退役，电动汽车使用 5 年，梯次利用场景为通信备用电源测算，磷酸铁锂电池梯次利用产品的使用寿命（5 年）与铅酸蓄电池电源相同。三元电池梯次利用产品的寿命（2~3 年）比铅酸蓄电池电源短。

锂蓄电池受制造技术水平、使用工况的影响，使用寿命一般都会短于预期寿命。

（4）经济性

按现有市场价格测算，磷酸铁锂电池梯次利用电源产品的销售价格与铅酸蓄电池产品基本持平。如果未来证明两者的使用寿命相同，则两种产品的经济性也是持平的。如果前者的使用寿命能更长，则经济性更优。

目前大多数研究者认为：磷酸铁锂电池、钛酸锂电池在梯次利用方面技术可行，经济合理，三元电池由于梯次利用寿命短，安全性较差，梯次利用价值不高。

2.8.2.2 电池梯次利用的基本方法

从理论上讲，动力蓄电池包、蓄电池模块、单体蓄电池都可以进行梯次利用。但从现阶段退役动力蓄电池的实际情况分析，蓄电池包直接梯次利用，存在电压等级不匹配、蓄电池管理系统不兼容、内部电池一致性差、存在安全隐患等问题，很少被采用。单体蓄电池由于拆解成本高，蓄电池电极容易在拆解过程中被损坏、检测重新配组成本高等问题，也很少被采用。蓄电池模块梯次利用的方式是被普遍采用的。

1. 动力蓄电池包的拆解

① 采用专用起吊工具和起吊设备将动力蓄电池包（组）起吊至专用拆解工装台。

② 拆除动力蓄电池包（组）外壳，根据组合方式，拆解方式如下：

a）对外壳为螺栓式组合连接的动力蓄电池包（组），应根据螺栓的类型及规格，采用相应的工具或设备进行拆解。

b）对外壳为金属焊接或塑封式连接的动力蓄电池包（组），应采用专业的切割设备拆解，并精确控制切割位置及切入深度。

c）对外壳为嵌入式连接的动力蓄电池包（组），宜采用专业的机械化切割设备拆解。

③ 外壳拆除后，应先拆除托架、隔板等辅助固定部件。

④ 应使用绝缘工具拆除高压线束、线路板、电池管理系统、高压安全盒等功能部件。

⑤ 根据动力蓄电池模块的位置和固定方式，拆除相关固定件、冷却系统等部件，采用专用取模器移除模块。

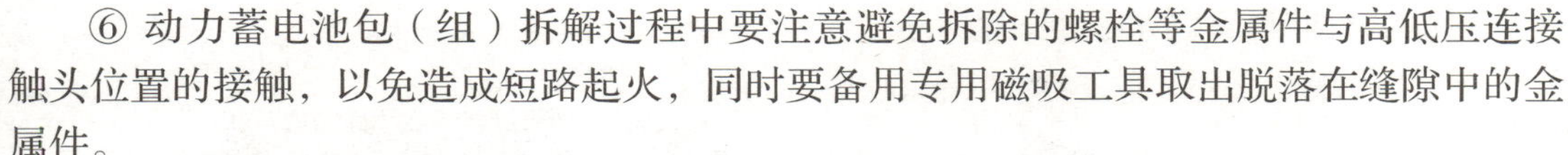

⑥ 动力蓄电池包（组）拆解过程中要注意避免拆除的螺栓等金属件与高低压连接触头位置的接触，以免造成短路起火，同时要备用专用磁吸工具取出脱落在缝隙中的金属件。

2. 动力蓄电池模块的拆解

① 宜采用专用模块拆解设备对模块进行安全、环保拆解。

② 采用专用起吊工具及起吊设备将动力蓄电池模块起吊至拆解工装台或模块拆解设备进料口。

③ 拆除蓄电池模块外壳，根据组合方式，拆解方法如下：

a）对外壳为螺栓式组合连接的动力蓄电池模块，应根据螺栓的类型及规格，在专用模组工装夹具的辅助下定位，采用相应的工具进行拆解。

b）对外壳为金属焊接或塑封式连接的动力蓄电池模块，应根据焊位或封装口角度，宜采用专用模块拆解设备在封闭空间中拆解，并精确控制焊位分离尺寸及刀口切入深度，防止短路起火。

c）对外壳为嵌入式连接的动力蓄电池模块，应采用机械化拆解设备进行拆解。

④ 拆除外壳后，应采用绝缘工具拆除导线、连接片等连接部件，分离出单体蓄电池。

⑤ 拆解动力蓄电池模块过程中要注意模块的成组类型与连接方式，要做好绝缘防护，对高低压连插接件的接口应用绝缘材料及时封堵，不应徒手拆解模块。

方形电池拆解流程如图 2-308 所示。

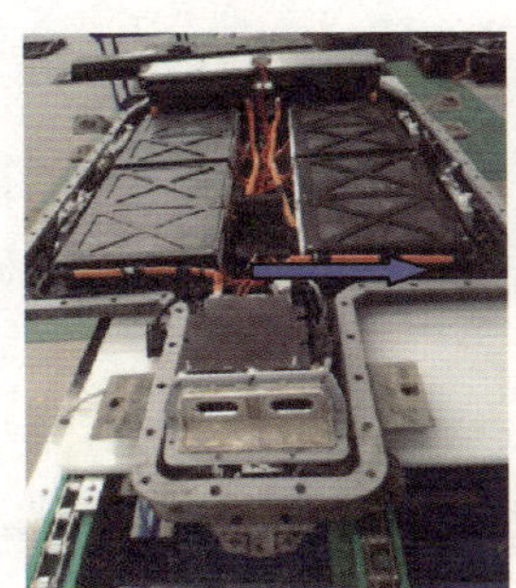
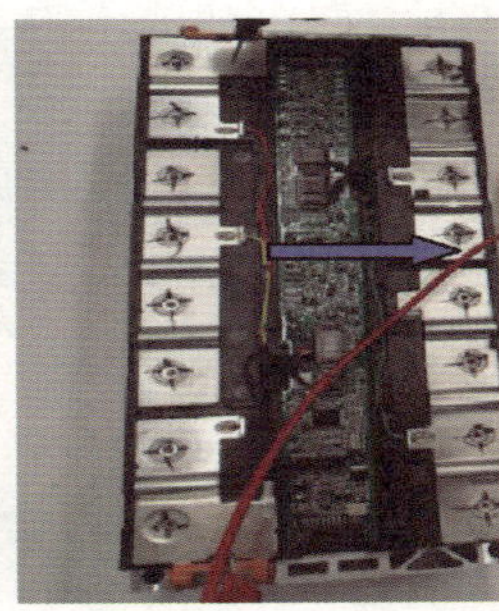
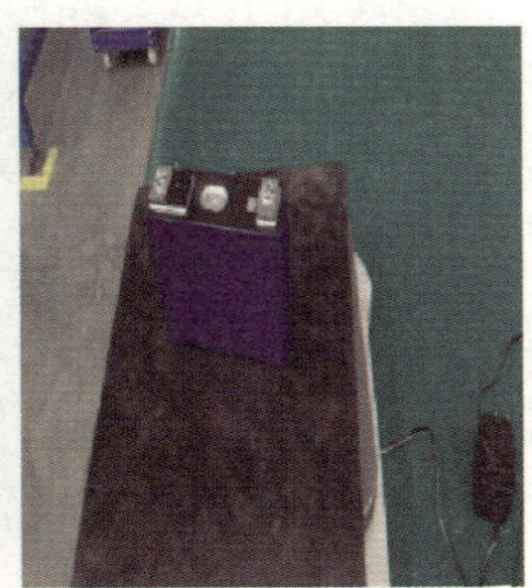

图 2-308 方形电池拆解流程

软包电池拆解流程如图 2-309 所示。

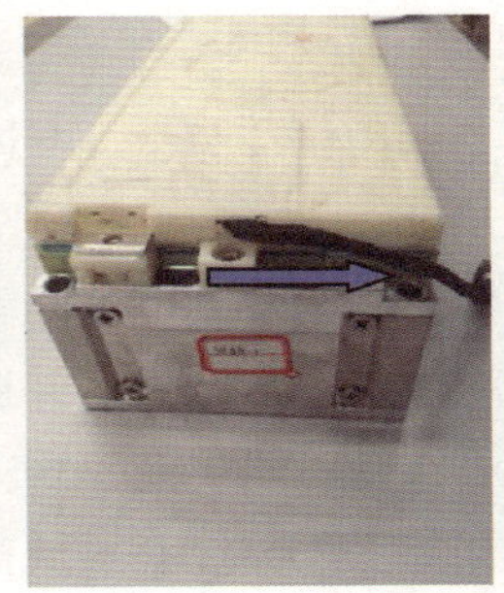

图 2-309 软包电池拆解流程

圆柱电池拆解流程如图 2-310 所示。

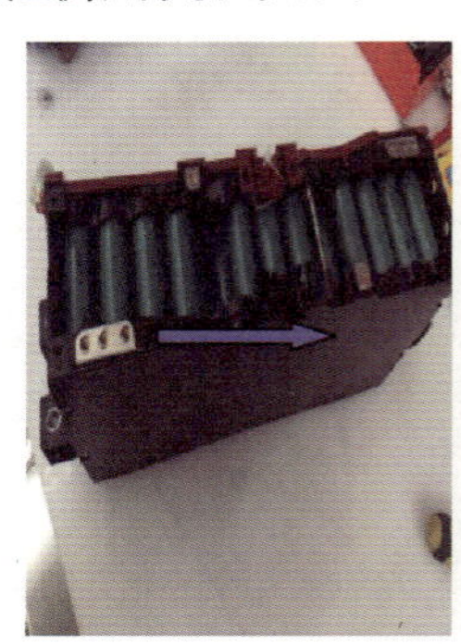
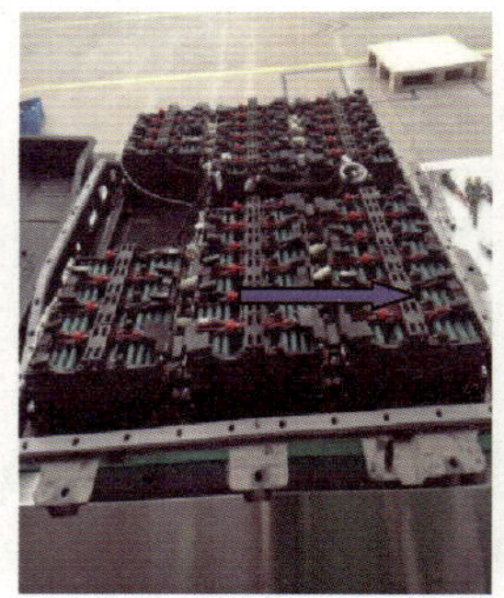
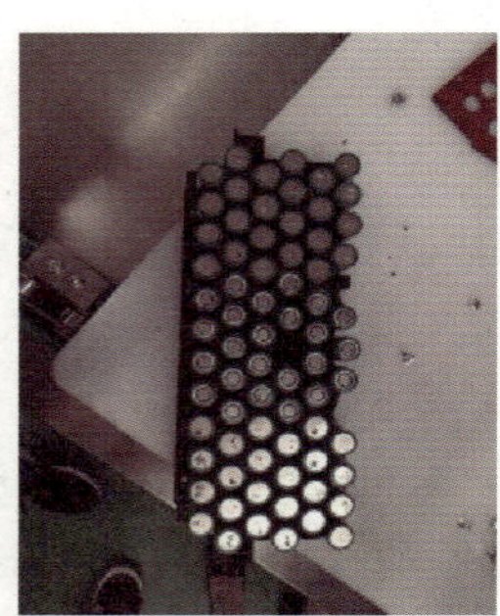

图 2-310　圆柱电池拆解流程

3. 电池梯次利用的一般要求

① 对不同厂家、不同动力蓄电池类型进行同型号分类。

② 可对同类型（同厂家、同材料、同型号）、符合梯次利用要求的动力蓄电池进行容量等级分类。

③ 可将同类型的动力蓄电池使用在同一梯次利用产品中。

④ 不得去除原有动力蓄电池的编码、生产厂家、使用厂商、出厂日期、标称容量、标称能量、标称电压、标签、标志等表征蓄电池的信息。

⑤ 不符合梯次利用要求的废旧动力蓄电池，不得进行梯次利用，应交给有资质的综合利用企业进行回收处理。

⑥ 梯次利用企业应对其生产的梯次利用产品承担质保责任。且报废后的梯次利用产品，应由梯次利用企业进行回收，并将其交给有资质的综合利用企业进行回收处理。

4. 对梯次利用产品生产企业的要求

① 梯次利用企业应满足国家相关资质要求。

② 用于梯次利用的动力蓄电池，其生产企业应符合国家法律法规的相关要求。

③ 梯次利用企业在生产前，应获得动力蓄电池的出厂技术规格信息及其运行周期内关键参数的监控数据，包括故障和维修记录、电压、温度、SOC、SOH 等参数。

④ 梯次利用企业应对电池来源和产品去向进行追溯，溯源信息保存时间应符合国家相关法律法规规定。

5. 电池基本信息检查与登记

① 应对同生产厂家、同型号、同生产批次、同使用周期的废旧动力蓄电池进行抽样检测。

② 检查废旧动力蓄电池的密封、破损及蓄电池间的连接方式。

③ 检查废旧动力蓄电池的生产厂家、出厂日期并进行登记。

④ 核实废旧动力蓄电池的使用厂商、使用途径和报废原因并进行登记。

⑤ 检查废旧动力蓄电池的标称电压、标称容量及蓄电池类型并登记。

6. 外观筛选

① 废旧动力蓄电池包或模块外壳完好，外观不得有明显变形、裂纹及漏液，表面应

平整、干燥、无外伤，且排列整齐，连接完好。

② 废旧动力蓄电池单体不得有泄漏、破损、腐蚀、变形，表面应平整无外伤、无污物等，且标志清晰、正确。

7. 梯次利用电池余能检测要求

① 在 25℃ ±2℃条件下，动力蓄电池包 $1I_5$ 电流值的放电容量应不低于标称容量的 50%。

② 在 25℃ ±2℃条件下，动力蓄电池模块 $1I_5$ 电流值的放电容量应不低于标称容量的 50%。

③ 在 25℃ ±2℃条件下，动力蓄电池单体 $1I_5$ 电流值的放电容量应不低于标称容量的 55%。

8. 梯次利用电池月自放电率要求

月自放电率应不高于 8%。

9. 梯次利用电池循环寿命要求

循环寿命应高于 500 次。

10. 内阻要求

内阻值应不超过其出厂规格的 4 倍。

电池梯次利用产品应用于不同的场景、不同的行业，应满足相关行业对电源产品的技术标准要求。

2.8.2.3 梯次利用技术的发展方向

前文提到，动力蓄电池包直接梯次利用，存在电压等级不匹配、BMS 不兼容、内部电池一致性差、存在安全隐患等问题，很少被采用。但随着电池制造水平的提高，电池生产自动化生产线的广泛使用，未来电池的一致性将显著提高，为动力蓄电池包直接梯次利用创造了条件。

未来 5 年，梯次利用技术将向动力蓄电池包直接梯次利用方向发展。以通信基站 48V 备用电源为梯次利用场景，动力蓄电池包直接梯次利用也称“大 PACK 直接应用”方案，是指将动力蓄电池包（PACK）从电动汽车拆卸后，直接运输到铁塔基站，经过简单改造后直接变成 48V 电源使用。这种方案由于只经过一次物流和两次拆装就可以使用，大幅度降低了梯次利用成本。这对车企 PACK 的设计提出了更高的要求：

① 要选择性能稳定、一致性很高的高品质蓄电池，确保退役电池很高的可梯级利用率（> 90%）。

② PACK 的电压要满足经过简单改造就可以按 48V 通信备用电源要求进行充放电。

③ 如果 PACK 中个别动力蓄电池模组不能继续使用，则可以经过简单操作从电池系统中排除。

④ BMS 经过软件更新后，可以满足 48V 通信备用电源对 BMS 的要求。

“大 PACK 直接应用”方案的难点在于，上述要求如果与车辆对动力蓄电池系统的要求产生冲突，则只能让步于车辆要求。要同时兼顾两方面的要求，是对技术人员的巨大考验。

2.8.3 资源再生技术

2.8.3.1 目的和意义

锂离子动力蓄电池中有锂、铝、铜、镍、钴、钛、锰等有价金属元素，在资源越来越匮乏的现代，这是一类富集多种有价物质的资源富矿，对其高效、充分的回收利用，符合我国经济可持续发展的要求。特别是支撑锂离子动力蓄电池的主要资源——锂、镍、钴，在我国储量都较少，大部分依赖进口。

发展废旧锂离子动力蓄电池资源化技术，从报废动力蓄电池中回收稀缺资源，实现稀缺资源的循环使用，是实现我国新能源汽车发展国家战略的重要支撑条件。

发展废旧锂离子动力蓄电池资源化技术应遵循的原则：从源头进行固废减量，对电池进行精细化拆分，对不同材料分类处理，最大限度实现资源循环利用。

2.8.3.2 报废电池的资源分类及处理

以报废的动力蓄电池包为标的，经过彻底拆解后可以获得两大类物资：单体蓄电池、其他回收物资。

按重量计算，蓄电池占动力蓄电池包总重量的 50%~70%，其他回收物资占动力蓄电池包总重量的 30%~50%。

1. 其他回收物资

其他回收物资的名称、规格和照片见表 2-118。

表 2-118 其他回收物资的名称、规格和照片

序号	物资名称	照片
1	铁制品	
2	塑料制品	

（续）

序号	物资名称	照片
3	铝制品	
4	铜制品	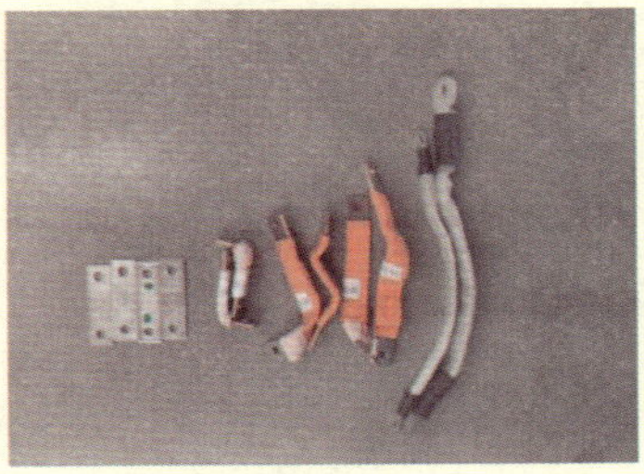
5	橡胶制品	
6	线束	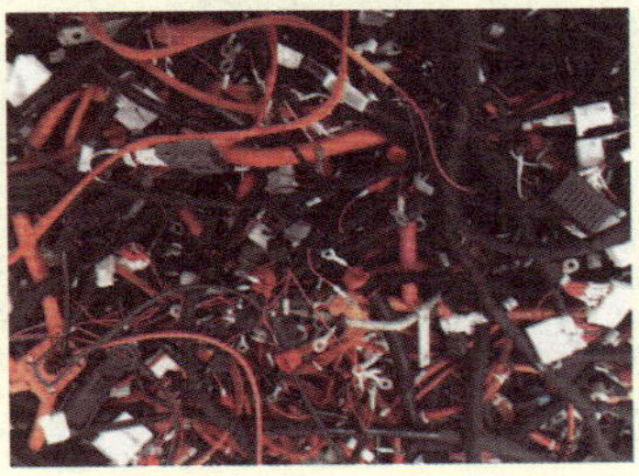

（续）

序号	物资名称	照片
7	螺钉螺母	
8	BMS	
9	继电器	

按以上方式分类后，每种物资的回收率应大于 99%，且每种回收物资均有对应的专业企业回收再利用。

2. 单体蓄电池（图 2-311）

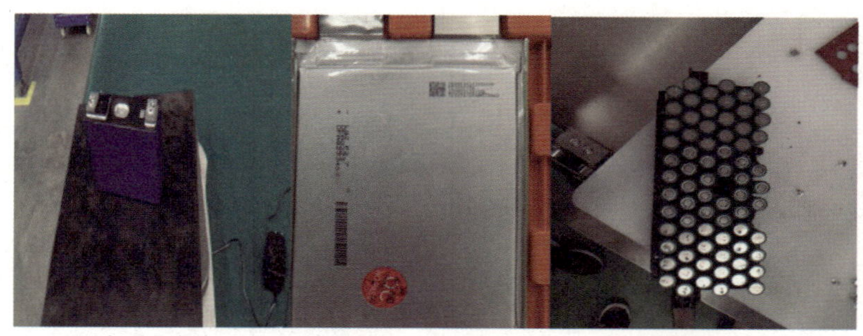

方形电池　　软包电池　　圆柱电池

图 2-311　单体蓄电池

3. 主流锂离子动力蓄电池所含资源情况

磷酸铁锂电池各物质含量（质量分数）见表 2-119。

表 2-119 磷酸铁锂电池各物质含量（质量分数）

元素		指标（%）	元素		指标（%）
主要成分	C	1.0~1.5	杂质金属离子含量	Mg	≤ 0.0300
	Li	4.3±0.3		Cr	≤ 0.0150
	Fe	34.5±1.0		Mn	≤ 0.0100
	P	19.5±1.0		Ni	≤ 0.0100
杂质金属离子含量	Ca	≤ 0.0300		Cu	≤ 0.0050
	Na	≤ 0.0300		Zn	≤ 0.0050

主流三元材料电池各物质含量（质量分数）见表 2-120~ 表 2-123。

表 2-120 主流三元材料（镍钴锰 1∶1∶1）电池各物质含量（质量分数）

检测项目	标准值（%）	典型值（%）	检测项目	标准值（%）	典型值（%）
Li	7.04~7.4	7.12	Cu	≤ 0.001	
Co	58~61.5	19.7	Ca	≤ 0.02	
Ni		21.1	Mg	≤ 0.02	
Mn		18.1	Al	≤ 0.03	
Fe	≤ 0.01				

表 2-121 主流三元材料（镍钴锰 5∶2∶3）电池各物质含量（质量分数）

检测项目	标准值（%）	典型值（%）	检测项目	标准值（%）	典型值（%）
Li	7.04~7.4	7.12	Cu	≤ 0.001	
Co	58~61.5	29.7	Ca	≤ 0.02	
Ni		12.3	Mg	≤ 0.02	
Mn		17.7	Al	≤ 0.03	
Fe	≤ 0.01				

表 2-122　主流三元材料（镍钴锰 6:2:2）电池各物质含量（质量分数）

检测项目	标准值（%）	典型值（%）	检测项目	标准值（%）	典型值（%）
Li	7.04~7.4	7.12	Cu	≤ 0.001	
Co	58~61.5	35.7	Ca	≤ 0.02	
Ni		11.9	Mg	≤ 0.02	
Mn		12.4	Al	≤ 0.03	
Fe	≤ 0.01				

表 2-123　主流三元材料（镍钴锰 8:1:1）电池各物质含量（质量分数）

检测项目	标准值（%）	典型值（%）	检测项目	标准值（%）	典型值（%）
Li	7.04~7.4	7.25	Cu	≤ 0.001	
Co	58~61.5	47.4	Ca	≤ 0.02	
Ni		5.9	Mg	≤ 0.02	
Mn		6.1	Al	≤ 0.03	
Fe	≤ 0.01				

2.8.3.3　单体蓄电池的拆分技术

1. 总体要求

① 依据从源头进行固废减量、对电池进行精细化拆分、对不同材料分类处理、最大限度实现资源循环利用原则，首先对单体蓄电池中的壳体、电解液、隔膜、正极材料、负极材料、铜箔和铝箔七种物资进行精细化拆分及回收。

② 拆分过程须避免电池的燃烧、爆炸，避免电解液泄漏等安全事故的发生。

③ 拆分过程须符合环保要求，不能造成二次污染。

④ 拆分过程应采用自动化设备，生产效率应高于电池制造的生产效率。

⑤ 按重量计算，整体回收率应高于 90%。

2. 单体蓄电池的拆分过程

（1）蓄电池壳体的拆分

蓄电池壳体的拆分需在密闭的工作区域进行，采用自动化操作，用夹具将空电态的蓄电池固定，使用切割刀片将蓄电池的两端切开，用机械手将电芯从蓄电池壳体中取出。得到的蓄电池外壳集中放置在不锈钢桶内，清洗后烘干入库。电芯做进一步处理。单体蓄电池拆分设备如图 2-312 所示。

图 2-312　单体蓄电池拆分设备

（2）分离电芯电解液、正负极片、隔膜

将电芯转移到不锈钢容器中，向容器中注入一定量的清洗液，循环清洗，分离隔膜和正负极片，隔膜回收烘干后入库，正负极片烘干后做下一步处理。清洗液和电解液储存在不锈钢罐内浓缩回收。将电解液入库。

（3）正负极片分选

将正负极通过传送带送至三级分选机进行分选，将正、负极片完全分开。

（4）极片破碎、筛分

将正极片通过粉碎机将极片打碎，过筛分离出正极材料粉以及集流体铝粉。将负极片通过粉碎机打碎极片，过筛分离出负极材料粉以及集流体铜粉。将得到的铜、铝、正、负极材料粉分类入库。极片破碎筛分设备如图 2-313 所示。

图 2-313　极片破碎筛分设备

3. 分类处理要求（表 2-124）

表 2-124　分类处理要求

序号	物资名称	规格	照片
1	壳体种类：铝塑膜、铝壳、不锈钢壳	铝塑膜：塑料	

（续）

序号	物资名称	规格	照片
2	隔膜	PP/PE	
3	铝屑	铝	
4	铜屑	铜	
5	正极材料粉：磷酸铁锂、三元材料		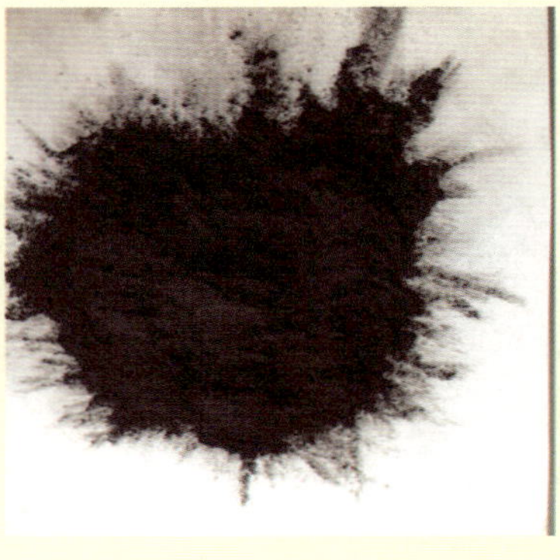

（续）

序号	物资名称	规格	照片
6	负极材料粉	石墨	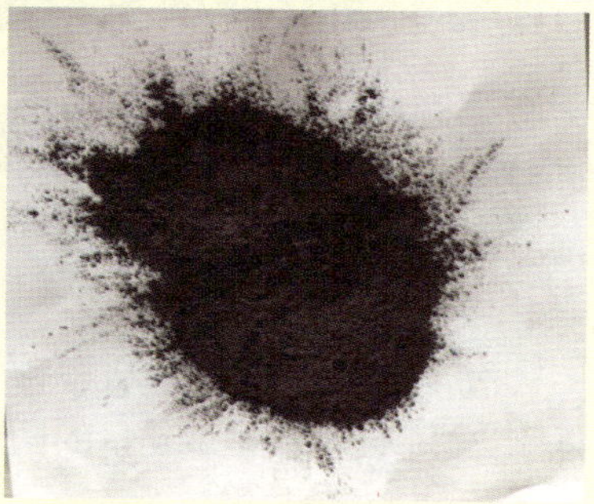
7	电解液	溶液	

4. 各组分物资占比统计及回收率要求（表 2-125）

表 2-125　各组分物资占比统计及回收率要求

序号	类别	质量分数（%）	回收率（%）
1	正极粉	29.8~31.2	93
2	铝箔	12.2~13.4	92
3	负极粉	18.6~20.2	95
4	铜箔	14.2~15.4	95
5	隔膜	7.3~7.9	97
6	铝塑膜	6.2~6.4	97
7	废电解液	8.2~8.5	92

经精细化拆分后，铝塑膜、铝箔、铜箔、隔膜均由专业企业回收再利用；废电解液由具备危废处理资质的企业回收，进行无害化处理；磷酸铁锂电池正极粉可以进行材料修

复，也可以由湿法冶金企业提取碳酸锂；负极粉可以进行材料修复；三元材料电池正极粉由湿法冶金企业提取镍、钴、锂等稀有金属元素。

2.8.3.4 稀有资源的再生技术

支撑锂离子动力蓄电池的主要资源——锂、镍、钴，在我国储量都较少，大部分依赖进口。湿法冶炼技术可以保证这些稀有资源最大限度地回收，并再回到动力蓄电池生产领域。

1. 回收率要求

锂离子动力蓄电池材料中镍、钴、锰的综合回收率应不低于 98%，锂元素的回收率应不低于 70%，其他主要元素的回收率不低于 90%。

2. 污染控制要求

① 回收过程产生的废水排放浓度应符合 GB 8978—1996《污水综合排放标准》和其他相关标准的要求。

② 回收过程产生的固体废物应按 GB 5085—2007《危险废物鉴别标准》的要求进行鉴别分类，并符合下列规定：

a）属于危险废物，应按 GB 18597—2001《危险废物贮存污染控制标准》和 HJ 2025—2012《危险废物收集贮存运输技术规范》的要求进行收集、贮存、运输，并交由有资质的单位进行处理。

b）属于一般固体废物，应按 GB 18599—2001《一般工业固体废物贮存、处置场污染控制标准》的要求执行。

③ 回收过程产生的废气和含尘气体经气体净化系统处理后，排放应 GB 16297—1996《大气污染物综合排放标准》的要求。

④ 厂区噪声值应符合 GB 12348—2008《工业企业界环境噪声排放标准》的要求。

⑤ 处理设备和容器应具有安全防护措施。

⑥ 回收企业应制定突发事件的处理程序，有完整的防护装备和设施，操作应严格按照国家相关的职业安全卫生法规或标准。

车间如图 2-314 所示。回收稀有资源如图 2-315 所示。

a）

b）

c）

图 2-314 车间

a）酸溶车间 b）碱溶车间 c）萃取车间

a)

b)

图 2-315 回收稀有资源

a）钴粉 b）镍粉

参考文献

［1］ 陆浩，刘柏男，褚赓，等 . 锂离子蓄电池负极材料产业化技术进展 [J]. 储能科学与技术，2016，（2）：109-119.

［2］ JOKAR A，RAJABLOO B，DÉSILETS M，et al. Review of simplified Pseudo-two-Dimensional models of lithium-ion batteries[J]. Journal of Power Sources，2016，327：44-55.

［3］ BARRÉ A，DEGUILHEM B，GROLLEAU S，et al. A review on lithium-ion battery ageing mechanisms and estimations for automotive applications[J]. Journal of Power Sources，2013，241：680-689.

［4］ 程琦，兰倩，赵金星，等 . 锂离子蓄电池热失控原因及对策研究进展 [J]. 江汉大学学报（自然科学版），2018，46（1）：11-16.

［5］ 秦李伟，赵久志，吴国辉，等 . 动力蓄电池热失控方法研究 [J]. 汽车实用技术，2016（10）：13-16.

［6］ FENG X N，OUYANG M，LIU X，et al. Thermal runaway mechanism of lithium ion battery for electric vehicles：A review[J]. Energy Storage Materials，2017.

［7］ 魏增福，苏伟，钟国彬，等 . 离子液体电解质在锂二次电池中的应用 [J]. 化工学报，2013，64（s1）：1-7.

［8］ 尹文伟 . 基于 ERT 的动力蓄电池内部温度测量方法研究 [D]. 广州：华南理工大学，2013.

［9］ 刘光明，欧阳明高，卢兰光，等 . 锂离子蓄电池内部温度场的传递函数在线估计 [J]. 汽车安全与节能学报，2013，4（01）：61-66.

［10］ 付莹 . 基于热效应的电池温度预测和分类研究 [D]. 哈尔滨：哈尔滨理工大学，2013.

［11］ 戴海峰，张晓龙，魏学哲，等 . 电动汽车高压电安全分析及防护设计 [J]. 机电一体化，2013，（1）：53-59.

［12］ 杨国亮，齐同启，柳熹，等 . 纯电动汽车高压电气系统安全设计 [J]. 汽车工程师，2015，（11）：41-44.

［13］ 黄可龙，王兆翔，刘素琴 . 锂离子蓄电池原理与关键技术 [M]. 北京：化学工业出版社，2008.

［14］ 吴宇平，戴晓兵，马军旗，等 . 锂离子蓄电池：应用与实践 [M]. 北京：化学工业出版社，2004.

[15] 吴宇平，张汉平，吴锋 . 绿色电源材料 [M]. 北京：化学工业出版社，2008.

[16] CHRISTIAN J，ALAIN M，ASHOK V et al. 锂电池科学与技术 [M]. 刘兴江，等译 . 北京：化学工业出版社，2018.

[17] FONG R，ULRICH V S，JEFF R D. Studies of lithium intercalation into carbons using nonaqueous electrochemical cells[J]. Journal of the Electrochemical Society,1990，137（7）: 2009-2013.

[18] KIM M K，JANG B Y，LEE J S，et al. Microstructures and electrochemical performances of nano-sized SiO_x（1.18≤x≤1.83）as an anode material for a lithium（Li）-ion battery[J]. Journal of Power Sources，2013，244：115-121.

[19] MAY，WANG X，JIA Y，et al. Titanium dioxide-based nanomaterials for photocatalytic fuel generations[J]. Chemical Reviews，2014，114（19）: 9987-10043.

[20] POIZOT P L S G，LARUELLE S，GRUGEON S，et al. Nano-sized transition-metal oxides as negative-electrode materials for lithium-ion batteries[J]. Nature，2000，407（6803）: 496-499.

[21] 安富强，赵洪量，程志，等 . 纯电动车用锂离子蓄电池发展现状与研究进展 [J]. 工程科学学报，2019，41（1）: 25-45.

[22] 周军华，褚赓，陆浩，等 . 锂离子蓄电池负极材料标准解读 [J]. 储能科学与技术，2019，8（1）: 223-231.

[23] HASA I，JUSEF H，STEFANO P. Nanostructured Na-ion and Li-ion anodes for battery application：a comparative overview[J]. Nano Research，2017，10（12）: 3942-3969.

[24] 元莎，刘良彬，黄瑞安，等 . Li、Al、Mg 掺杂对 $LiNi_{(0.8)}Co_{(0.1)}Mn_{(0.1)}O_2$ 正极材料晶格结构和电化学性能的影响 [J]. 昆明理工大学学报（自然科学版），2016（3）: 29-36.

[25] 赵煜娟，夏定国，刘庆国 . 锂离子蓄电池正极材料 $LiNi_{0.85}Co_{0.1}M_{0.05}O_2$ 的合成及性能 [J]. 电源技术，2003，27（5）: 427-430.

[26] LIUX Q，HEZZ，LIS H.，et al. Studies on synthesis and electrochemical performance of $Li_{1+\delta}Ni_{1-x}Co_xO_{2-y}F_y$ cathode materials for lithium-ion rechargeable batteries[J]. 合成化学，2004，12（z1）: 128-128.

[27] 邢云 . 高镍三元锂离子蓄电池正极材料的合成与性能研究 [D]. 天津：河北工业大学，2015.

[28] LIU Z，YU Q，ZHAO Y，et al. Silicon oxides：a promising family of anode materials for lithium-ion batteries[J]. Chemical Society Reviews，2019，48（1）: 285-309.

[29] KOMABA S，SHIMOMURA K，YABUUCHI N，et al. Study on polymer binders for high-capacity SiO negative electrode of Li-ion batteries[J]. The Journal of Physical Chemistry C，2011，115（27）: 13487-13495.

[30] 赵世勇，周敏，关士友 . 锂离子蓄电池硅基负极材料的研究进展 [J]. 电源技术，2015，39（5）: 1096-1099.

[31] 侯敏，赵建伟，曹辉，等 . 负极氧化铝涂层对锂离子蓄电池电性能的影响 [J]. 电源技术，2015（2）: 239-241.

[32] FRIESEN A，HILDEBRAND S，HORSTHEMKE F，et al. Al_2O_3 coating on anode surface in lithium ion batteries：Impact on low temperature cycling and safety behavior [J]. Journal of Power

Sources，2017，363：70-77.

[33] 彭争 . 氧化铝陶瓷涂层对锂离子蓄电池性能影响的研究 [D]. 长沙：中南大学，2014.

[34] 陈彤红，鲁若娜，梁立华，等 . 锂离子蓄电池用陶瓷改性隔膜性能研究 [J]. 信息记录材料，2015，16(2)：3-7.

[35] HAREGEWOIN A M，WOTANGO A S，HWANG B J. Electrolyte additives for lithium ion battery electrodes：progress and perspectives[J]. Energy & Environmental Science，2016，9(6)：1955–1988.

[36] XU K. Nonaqueous liquid electrolytes for lithium-based rechargeable batterie[J]. Chemical Reviews，2004，104：4303-4417.

[37] XU K. Electrolytes and interphases in Li-ion batteries and beyond[J]. Chemical Reviews，2014，114：11503-11618.

[38] GOLOVIN M N，WILKINSON D P，J T DUDLEY，et al. Applications of metallocenes in rechargeable lithium batteries for overcharge protection[J]. Journal of The Electrochemical Society，1992，139：5-10.

[39] FENG X M，AI X P，YANG H X. A positive-temperature-coefficient electrode with thermal cut-off mechanism for use in rechargeable lithium batteries[J]. Electrochemistry Communications，2004，6(10)：1021-1024.

[40] KISE M，YOSHIOKA S，HAMANO K，et al. Development of new safe electrode for lithium rechargeable battery[J]. Journal of Power Sources，2005，146(1-2)：775-778.

[41] KISE M，YOSHIOKA S，HAMANO K，et al. Alternating current impedance behavior and overcharge tolerance of lithium-ion batteries using positive temperature coefficient cathodes[J]. Journal of The Electrochemical Society，2006，153(6)：A1004-A1011.

[42] WILLIFORD R E，VISWANATHAN V V，ZHANG J G . Effects of entropy changes in anodes and cathodes on the thermal behavior of lithium ion batteries[J]. Journal of Power Sources，2009，189(1)：101-107.

[43] JALKANEN K，AHO T，VUORILEHTO K. Entropy change effects on the thermal behavior of a $LiFePO_4$ /graphite lithium-ion cell at different states of charge[J]. Journal of Power Sources，2013，243(6)：354-360.

[44] PATRICK J O，et al. Fast and accurate measurement of entropy profiles of commercialLithium-ion cells[J]. Electrochimica Acta，2015,177：270–276.

[45] 王茹英 . 动力锂离子蓄电池电极材料的制备及性能研究 [D]. 北京：北京化工大学，2012.

[46] MALEKI H，HALLAJ S A，SELMAN J R，et al. Thermal properties of lithium-ion battery and components[J]. Journal of the Electrochemical Society，1999，146(3)：947-954.

[47] 郝文广，王建平，王志强，等 . 聚合物锂离子蓄电池大倍率放电温度场分析 [J]. 水下无人系统学报，2013，21(5)：360-363.

[48] 冯旭宁，李建军，王莉，等 . 锂离子蓄电池各向异性导热的实验与建模 [J]. 汽车安全与节能学报，2012，3(2)：158-164.

第2章

[49] MALEKI H，SELMAN J R，DINWIDDIE R B，et al. High thermal conductivity negative electrode material for lithium-ion batteries[J]. Journal of Power Sources，2001，94(1)：26-35.

[50] 辛乃龙 . 纯电动汽车锂离子动力蓄电池组热特性分析及仿真研究 [D]. 长春：吉林大学，2012.

[51] 饶中浩 . 基于固液相变传热介质的动力蓄电池热管理研究 [D]. 广州：华南理工大学，2013.

[52] JAGUEMONT J，OMAR N，DEN B P V，et al. Phase-change materials（PCM）for automotive applications：a review[J]. Applied Thermal Engineering，2017：S1359431117319762.

[53] 马先锋，邹得球，刘小诗，等 . 动力蓄电池热管理用相变材料的研究进展 [J]. 化工新型材料，2017(09)：29-31.

[54] JOUHARA H，CHAUHAN A，NANNOU T，et al. Heat pipe based systems-Advances and applications[J]. Energy，2017，128：729-754.

[55] 陈维 . 基于热管技术的汽车动力蓄电池组热控系统研究 [D]. 广州：华南理工大学，2014.

[56] XIA G，CAO L，BI G . A review on battery thermal management in electric vehicle application[J]. Journal of Power Sources，2017，367：90-105.

[57] 张辉明 . 新能源汽车用锂电池热管理系统研究 [D]. 济南：山东大学，2017.

[58] WANG Q，JIANG B，LI B，et al. A critical review of thermal management models and solutions of lithium-ion batteries for the development of pure electric vehicles[J]. Renewable and Sustainable Energy Reviews，2016，64：106-128.

[59] LIU H，WEI Z，HE W，et al. Thermal issues about Li-ion batteries and recent progress in battery thermal management systems：A review[J]. Energy Conversion and Management，2017，150：304-330.

[60] 李喆 . 锂离子蓄电池富锂层状正极材料 [D]. 长春：吉林大学，2012.

[61] 陆浩，刘柏男，褚赓，等 . 锂离子蓄电池负极材料产业化技术进展 [J]. 储能科学与技术，2016，5(2)：109-119.

[62] ANTHONY B，D B，S GROLLEAU，et al. A review on lithium-ion battery ageing mechanisms and estimations for automotive applications[J]. Journal of Power Sources，2013，241(11)：680–689.

[63] 程琦，兰倩，赵金星，等 . 锂离子蓄电池热失控原因及对策研究进展 [J]. 江汉大学学报（自然科学版），2018，46(1)：11-16.

[64] 秦李伟，赵久志，吴国辉，等 . 动力蓄电池热失控方法研究 [J]. 汽车实用技术，2016(10)：13-16.

[65] FENG X，OUYANG M，XIANG L，et al. Thermal runaway mechanism of lithium ion battery for electric vehicles：A review [J]. Energy Storage Materials，2017：S2405829716303464.

[66] 魏增福，苏伟，钟国彬，等 . 离子液体电解质在锂二次电池中的应用 [J]. 化工学报，2013，64(S1)：1-7.

[67] JAGUEMONT J，OMAR N，BOSSCHE P V，et al. Phase-change materials（PCM）for automotive applications：A review[J]. Applied Thermal Engineering，2017：S1359431117319762.

[68] 尹文伟 . 基于 ERT 的动力蓄电池内部温度测量方法研究 [D]. 广州：华南理工大学，2013.

[69] 刘光明，欧阳明高，卢兰光，等. 锂离子蓄电池内部温度场的传递函数在线估计 [J]. 汽车安全与节能学报，2013，4(1)：61-66.

[70] 付莹. 基于热效应的电池温度预测和分类研究 [D]. 哈尔滨：哈尔滨理工大学，2013.

[71] 戴海峰，张晓龙，魏学哲，等. 电动汽车高压电安全分析及防护设计 [J]. 机电一体化，2013，19(1)：53-59

[72] 杨国亮，齐同启，柳熹，等. 纯电动汽车高压电气系统安全设计 [J]. 汽车工程师，2015(11)：41-44.

[73] 全国汽车标准化技术委员会. 电动汽车 安全要求 第1部分：车载可充电储能系统(REESS)：GB/T 18384.1—2015[S]. 北京：中国标准出版社，2015.

[74] 全国汽车标准化技术委员会. 电动汽车 安全要求 第3部分：人员触电防护：GB/T 18384.3—2015[S]. 北京：中国标准出版社，2015.

[75] 全国汽车标准化技术委员会. 电动汽车用动力蓄电池产品规格尺寸：GB/T 34013—2017[S]. 北京：中国标准出版社，2017.

[76] 戴海峰，王楠，魏学哲，等. 车用动力锂离子蓄电池单体不一致性问题研究综述 [J]. 汽车工程，2014(36)：181-188.

[77] 全国电工电子产品环境条件与环境试验标准化技术委员会. 电工电子产品环境试验 第2部分：试验方法 振动、冲击和类似动力学试验样品的安装：GB/T 2423.43—2008[S]. 北京：中国标准出版社，2009.

[78] 全国汽车标准化技术委员会. 电动汽车用动力蓄电池安全要求及试验方法：GB/T 31485—2015[S]. 北京：中国标准出版社，2015.

[79] 全国汽车标准化技术委员会. 道路车辆 电气及电子设备的环境条件和试验 第4部分：气候负荷：GB/T 28046.4—2011[S]. 北京：中国标准出版社，2012.

[80] MOSHURCHAK L M，BUHRMESTER C，DAHN J R. Triphenylamines as a class of redox shuttle molecules for the overcharge protection of lithium-ion cells[J]. Journal of The Electrochemical Society，2008，155(2)：A129–A131.

[81] CHEN Z，AMINE K. Bifunctional electrolyte additive for lithium-ion batteries [J]. Electrochemistry Communications，2007，9(4)：703-707.

[82] CHEN Z，REN Y，JANSEN A N，et al. New class of nonaqueous electrolytes for long-life and safe lithium-ion batteries[J]. Nature Communications，2013，4：1513.

[83] FENG X M，AI X P，YANG H X. Possible use of methylbenzenes as electrolyte additives for improving the overcharge tolerances of Li-ion batteries[J]. Journal of Applied Electrochemistry，2004，34(12)：1199-1203.

[84] TOBISHIMA S，OGINO Y，WATANABE Y. Influence of electrolyte additives on safety and cycle life of rechargeable lithium cells[J]. Journal of Applied Electrochemistry，2003，33(2)：143-150.

[85] XIAO L，AI X，CAO Y，et al. Electrochemical behavior of biphenyl as polymerizable additive for overcharge protection of lithium ion batteries[J]. Electrochimica Acta，2004，49(24)：4189-

4196.

[86] WANG X，YASUKAWA E，KASUYA S. Nonflammable trimethyl phosphate solvent-containing electrolytes for lithium-ion batteries：I. fundamental properties[J]. Journal of The Electrochemical Society，2001，148(10)：A1058-A1065（2001）.

[87] SHIM E G，NAM T H，KIM J G，et al. Electrochemical performance of lithium-ion batteries with triphenylphosphate as a flame-retardant additive[J]. Journal of Power Sources，2007，172(2)：919-924.

[88] JIN Z，GAO H，KONG C，et al. A Novel phosphate-based flame retardant and film-forming electrolyte additive for lithium ion batteries[J]. ECS Electrochemistry Letters，2013，2(7)：A66-A68.

[89] PIRES J，CASTETS A，TIMPERMAN L，et al. Tris(2,2,2-trifluoroethyl) phosphite as an electrolyte additive for high-voltage lithium-ion batteries using lithium-rich layered oxide cathode[J]. Journal of Power Sources，2015，296：413-425.

[90] WANG J，YAMADA Y，SODEYAMA K，et al. Fire-extinguishing organic electrolytes for safe batteries[J]. Nature Energy，2017，3(1).

[91] ARMAND M，ENDRES F，MACFARLANE D R，et al. Ionic-liquid materials for the electrochemical challenges of the future[J]. Nature Materials，2009，8(8)：621-629.

[92] NAKAGAWA H，FUJINO Y，KOZONO S，et al. Application of nonflammable electrolyte with room temperature ionic liquids（RTILs）for lithium-ion cells[J]. Journal of Power Sources，2007，174(2)：1021-1026.

[93] NAOI K，IWAMA E，OGIHARA N，et al. Nonflammable hydrofluoroether for lithium-ion batteries：enhanced rate capability，cyclability，and low-temperature performance[J]. Journal of The Electrochemical Society，2009，156(4)：A272-A276.

[94] KANNO R. Lithium ionic conductor thio-LISICON the Li_2S-GeS_2-P_2S_5 System[J]. Electrochem. Soc. 2001，148(42)：A742-A746.

[95] INAGUMA Y，LIQUAN C，ITOH M，et al. High ionic conductivity in lithium lanthanum titanate[J]. Solid State Communications，1993，86(10)：689-693.

[96] ALPEN U V，RABENAU A，TALAT G H . Ionic conductivity in Li_3N single crystals[J]. Applied Physics Letters，1977，30(12)：621-623.

[97] AONO H. Ionic conductivity of solid electrolytes based on lithium titanium phosphate[J]. Journal of The Electrochemical Society，1990，137(4)：1023-1027.

[98] CROCE F，APPETECCHI G B，PERSI L，et al. Nanocomposite polymer electrolytes for lithium batteries[J]. Nature，1997，496(6692)：456-458.

[99] SUN Y K，MYUNG S T，PARK B C，et al. High-energy cathode material for long-life and safe lithium batteries[J]. Nature Materials，2009，8(4)：320-324.

[100] LI C，ZHANG H P，FU L J，et al. Cathode materials modified by surface coating for lithium ion batteries[J]. Electrochimica Acta，2006，51(19)：3872-3883.

[101] LI G，YANG Z，YANG W . Effect of $FePO_4$ coating on electrochemical and safety performance of $LiCoO_2$ as cathode material for Li-ion batteries[J]. Journal of Power Sources，2008，183(2)：741-748.

[102] YUN S H，PARK K S，PARK Y J . The electrochemical property of ZrF_x-coated $Li[Ni_{1/3}Co_{1/3}Mn_{1/3}]O_2$ cathode material[J]. Journal of Power Sources，2010，195(18)：6108-6115.

[103] HU S K，CHENG G H，CHENG M Y，et al. Cycle life improvement of ZrO_2-coated spherical $LiNi_{1/3}Co_{1/3}Mn_{1/3}O_2$ cathode material for lithium ion batteries[J]. Journal of Power Sources，2009，188(2)：564-569.

[104] CHO W，KIM S M，SONG J H，et al. Improved electrochemical and thermal properties of nickel rich $LiNi_{0.6}Co_{0.2}Mn_{0.2}O_2$ cathode materials by SiO_2 coating[J]. Journal of Power Sources，2015，282：45-50.

[105] LIU J，WANG Q，REEJA-Jayan B. Carbon-coated high capacity layered Li $[Li_{0.2}Mn_{0.54}Ni_{0.13}Co_{0.13}]O_2$ cathodes[J]. Electrochemistry Communications，2010，12(6)：750-753.

[106] XIA L，LI S L，AI X P，et al. Temperature-sensitive cathode materials for safer lithium-ion batteries[J]. Energy & Environmental Science，2011，4(8)：2845-2848.

[107] LIN C C，WU H C，PAN J P，et al. Investigation on suppressed thermal runaway of Li-ion battery by hyper-branched polymer coated on cathode[J]. Electrochimica Acta，2013，101(7)：11–17.

[108] CHEN Z，YAN Q，YANG R，et al. Multi-scale study of thermal stability of lithiated graphite[J]. Energy & Environmental Science，2011，4(10)：4023-4030.

[109] PARK Y S，BANG H J，OH S M，et al. Effect of carbon coating on thermal stability of natural graphite spheres used as anode materials in lithium-ion batteries[J]. Journal of Power Sources，2009，190(2)：553-557.

[110] JUNG Y S，CAVANAGH A S，RILEY L A，et al. Ultrathin direct atomic layer deposition on composite electrodes for highly durable and safe Li-ion batteries[J]. Advanced Materials，2010，22(19)：2172-2176.

[111] BAGINSKA M，BLAISZIK B J，MERRIMAN R J，et al. Lithium ion batteries：autonomic shutdown of lithium-ion batteries using thermoresponsive microspheres [J]. Advanced Energy Materials，2012，2(5)：497-497.

[112] YAO X L，XIE S，CHEN C H，et al. Comparisons of graphite and spinel $Li1.33Ti67O_4$ as anode materials for rechargeable lithium-ion batteries[J]. Electrochimica Acta，2005，50(20)：4076-4081.

[113] CHAN C K，PENG H，LIU G，et al. High-performance lithium battery anodes using silicon nanowires [J]. Nature Nanotechnology，2008，3(1)：31-35.

[114] LIN D，ZHUO D，LIU Y，et al. All-integrated bifunctional separator for li dendrite detection via novel solution synthesis of a thermostable polyimide separator[J]. Journal of the American Chemical Society，2016，138(34)：11044-11050.

[115] ZHANG J，YUE L，KONG Q，et al. Sustainable，heat-resistant and flame-retardant cellulose-based

composite separator for high-performance lithium ion battery[J]. Scientific Reports，2014，4（1）：3935.

[116] ORENDORFF C J，LAMBERT T N，CHAVEZ C A，et al. Polyester separators for lithium-ion cells：improving thermal stability and abuse tolerance[J]. Advanced Energy Materials，2013，3（3）：314-320.

[117] HUANG X. Separator technologies for lithium-ion batteries[J]. Journal of Solid State Electrochemistry，2011，15（4）：649-662.

[118] SHI C，DAI J，SHEN X，et al. A high-temperature stable ceramic-coated separator prepared with polyimide binder/Al_2O_3 particles for lithium-ion batteries[J]. Journal of Membrane Science，2016，517：91-99.

[119] JEON H，YEON D，LEE T，et al. A water-based Al_2O_3 ceramic coating for polyethylene-based microporous separators for lithium-ion batteries[J]. Journal of Power Sources，2016，315：161-168.

[120] 姚汪兵，陈萍，周元，等．陶瓷涂层隔膜对锂离子蓄电池性能影响[J]. 电池工业，2013，18（3）：124-127.

[121] RYOU M H，LEE Y M，PARK J K，et al. Mussel-inspired polydopamine-treated polyethylene separators for high-power li-ion batteries[J]. Advanced Materials，2011，23（27）：3066-3070.

[122] JEONG H S，HONG S C，LEE S Y. Effect of microporous structure on thermal shrinkage and electrochemical performance of Al_2O_3/poly（vinylidene fluoride-hexafluoropropylene）composite separators for lithium-ion batteries[J]. Journal of Membrane Science，2010，364（1-2）：177-182.

[123] 杨浩田，王晓明，韦程，等．PVDF 及其共聚物陶瓷涂覆隔膜的制备方法：201710042858.8[P]. 2017-01-20.

[124] 中华人民共和国工业和信息化部．电动汽车用动力蓄电池产品规格尺寸：QC/T 840—2010 [S]. 北京：中国标准出版社，2010.

[125] 中华人民共和国国家质量监督检验检疫总局 / 中国国家标准化管理委员会．电动汽车用动力蓄电池产品规格尺寸：GB/T 34013—2017 [S]. 北京：中国标准出版社，2017.

[126] 戴海峰，王楠，魏学哲，等．车用动力锂离子蓄电池单体不一致性问题研究综述[J]. 汽车工程，2014，36：181-188.

[127] 中华人民共和国国家质量监督检验检疫总局 / 中国国家标准化管理委员会．电动汽车用动力蓄电池安全要求及试验方法：GB/T 31485—2015 [S]. 北京：中国标准出版社，2015.

[128] 中华人民共和国国家质量监督检验检疫总局 / 中国国家标准化管理委员会．外壳防护等级（IP 代码）：GB/T 4208—2017 [S]. 北京：中国标准出版社，2017.

[129] 中华人民共和国国家质量监督检验检疫总局 / 中国国家标准化管理委员会．电工电子产品环境试验 第 2 部分：试验方法 试验 Fh：宽带随机振动和导则：GB/T 2423.56—2018 [S]. 北京：中国标准出版社，2018.

[130] 中华人民共和国国家质量监督检验检疫总局 / 中国国家标准化管理委员会．电工电子产品环境试验 第 2 部分：试验方法 试验 Db 交变湿热（12h + 12h 循环）：GB/T 2423.4—2008 [S]. 北京：中国标准出版社，2008.

[131] 中华人民共和国国家质量监督检验检疫总局 / 中国国家标准化管理委员会 . 道路车辆 电气及电子设备的环境条件和试验 第 4 部分 气候负荷：GB/T 28046.4—2011 [S]. 北京：中国标准出版社，2011.
[132] 樊晓松，阳如坤，刘艳秋，等. 中国新能源汽车动力蓄电池产业发展报告 [M]. 北京：社会科学文献出版社，2017.
[133] 方凯正，周波，杨海燕，等. 中国新能源汽车动力蓄电池产业发展报告 [M]. 北京：社会科学文献出版社，2018.

第3章 超级电容器

3.1 概述

超级电容器（又称电化学电容器）是性能介于物理电容器和二次电池的功率型储能器件，其能量密度远高于物理电容器，但比二次电池低；功率密度高于二次电池，但比物理电容器低。此外，超级电容器还具有充放电速度快、工作温度范围宽、循环寿命长、安全性高等优点。

与二次电池相似，超级电容器单体也是由两个电极、电解液和隔膜组成的。充电时，电子通过外部电路从正极移动到负极，在电解液内，阳离子向负极移动，阴离子向正极移动；放电时，外部电路与电解液内发生相反的电子、离子迁移过程。

3.1.1 发展历程

超级电容器的发展始于140年前双电层概念的提出。

1879年，亥姆霍兹（Helmholtz）发现双层电容特性，提出双电层的概念。

1957年，美国工程师贝克尔（Becker）发表第一份超级电容器的专利。

20世纪80年代初，小容量的双电层电容器在日本产业化，其容量为0.01F到几法拉。

20世纪80年代末，由于电动汽车发展的需求，大容量动力型超级电容器的研发成为热点，俄罗斯、欧美和日本等国政府和一些大公司投入了很大的力量去开发双电层电容器。大容量有机电解液双电层电容器的生产商主要有美国的Maxwell、日本的Nippon

Chemicon、韩国的 NessCap（目前已被 Maxwell 收购）、德国的 EPCOS AG 等公司。美国 Maxwell 公司代表了有机电解液体系 C/C 双电层电容器的国际先进水平，它基于 Et_4NBF_4/AN 电解液的 2.7V /3000F 双电层电容器的质量能量密度和比功率密度分别达 5.6 W · h/kg 和 12 kW/kg。

20 世纪 90 年代末，我国将超级电容器纳入研究计划，这些年一直在持续支持超级电容器及其关键材料的研究，支持重点经历了从“十五”单纯支持高功率密度的双电层电容器体系，到“十一五”“十二五”，既支持双电层电容器，也支持基于准电容储能的高能量密度电容器体系，再到“十三五”支持兼具高能量密度、高功率密度的“双高”电池型超级电容器体系等发展过程。例如，2017 年国家科技部“新能源汽车”超级电容器的指南指标是质量能量密度达 50W · h/kg、功率密度达 5000W/kg、循环寿命达 10 万次，用于城市电动公交车和插电式混合动力电动汽车。

我国超级电容器产业近年来取得了较快的发展。据中国超级电容产业联盟统计，我国目前超级电容器研发、生产类企业已经超过了 60 家。超级电容器的主要性能指标能量密度、功率密度等与进口产品基本相当。但是产品的品质和一致性仍有差距；核心材料——活性炭电极材料、隔膜和集流体等仍依赖进口，还需要进一步加强超级电容器及其关键材料的研发力度。

作为一种功率型的储能器件，超级电容器在应用领域有着电池和物理电容器难以替代的重要作用，其潜在的应用市场引起了国际上广泛的关注。小容量超级电容器已作为各种微处理器、智能三表等的备用电源或辅助电源而得到广泛应用。大容量超级电容器既能够单独使用，又能够与其他类型的蓄电设备并联成复式电源系统使用。如今，超级电容器作为一种大功率二次电源，在电动汽车、轨道交通、消费性电子产品、电力、通信、国防等众多领域有着独特应用优势和广阔市场前景，被视为 21 世纪绿色新型储能技术。

3.1.2 相关标准

截至 2019 年 10 月，已正式发布的与电容器相关的标准如下：

① QC/T 741—2014《车用超级电容器》。

② QC/T 925—2013《超级电容电动城市客车定型试验规程》。

③ QC/T 839—2010《超级电容电动城市客车供电系统》。

④ QC/T 838—2010《超级电容电动城市客车》。

⑤ GB/T 34870.1—2017《超级电容器　第 1 部分：总则》。

⑥ GB/T 25121.3—2018《轨道交通 机车车辆设备 电力电子电容器 第 3 部分：双电层电容器》。

3.1.3 储能原理及分类

超级电容器作为功率补偿和能量储存装置，其储存电荷的能力与储能机制有着非常密切的关系。超级电容器有两种储能机制，即双电层储能和准电容储能。双电层储能是通过电极表面与电解液间形成双电层储存能量，其电极活性物质主要是多孔炭电极材料；准电容储能是通过电极表面快速的氧化 - 还原反应储存能量，其电极活性物质主要是高比表面积的金属化合物和导电聚合物。

依据两种储能机制构成了四类超级电容器：双电层电容器、准电容器、混合型超级电容器和电池型超级电容器。

① 双电层电容器是正、负电极皆采用双电层储能的超级电容器。活性炭 / 活性炭双电层电容器是目前主流的超级电容器产品。

② 准电容器，又称赝电容器，是正、负电极均采用准电层储能的超级电容器。准电容器是近些年学术界的主要研究方向，但离实际应用仍有距离。

③ 混合型超级电容器是两电极分别采用双电层电容和准电容实现储能的超级电容器，已商品化的锂离子电容器属混合型超级电容器。

④ 电池型超级电容器是正、负电极中兼有双电层储能和氧化还原反应储能的超级电容器，目前市面上的能量型超级电容器主要是电池型超级电容器产品。商品化超级电容器的性能要求见表 3-1，可以看出，不同类型的超级电容器在能量密度、功率密度和充放电循环寿命上各有侧重。

表 3-1　商品化超级电容器的性能要求

种类	质量能量密度 /（W · h/kg）	功率密度 /（kW/kg）	循环寿命 / 次
双电层电容器	4~8	4~30	>500 000
混合型超级电容器	12~30	1~15	>50 000
电池型超级电容器	40~100	1~24	>10 000

3.1.4　超级电容器电动汽车

随着公交现代化进程加快，在建设资源节约型、环境友好型社会的新形势下，超级电容器电动汽车将进入新的高速发展阶段。国内纯超级电容器电动汽车主要由上海奥威科技有限公司、浙江中车电车有限公司、郑州宇通集团有限公司等企业进行市场推广。目前，纯超级电容器电动汽车所用的超级电容器主要有双电层电容器、混合型超级电容器和电池型超级电容器。

此外，超级电容器由于具有超快速充放电能力、超长循环寿命等不可替代的优点，在乘用车、电动载货车、特种车辆、工程机械等领域也有很好的应用前景。

3.2　超级电容器的关键材料

电极是超级电容器的核心，电极材料决定了超级电容器的体系和主要的性能指标。活性炭是目前商业化超级电容器的主要电极材料，高品质的活性炭电极材料主要依赖进口日本和韩国产品。在超级电容器产品中，电极材料占总成本的 30% 左右（与容量大小有关，

3000F 以上占 40%~60%），是超级电容器成本的主要影响因素。

3.2.1 超级电容器的活性炭电极材料

3.2.1.1 活性炭电极材料的种类和来源

已商业化的活性炭电极材料主要由植物类以及矿物类原料制备得到。植物类原料包括椰壳、杏壳、竹子等。采用椰壳作为原料的代表性企业有日本 Kuraray（可乐丽）公司、斯里兰卡 Haycarb（黑卡博）公司、广西北海星石公司等。国内朝阳森源使用杏壳作为超级活性炭原料。其他研究包括核桃壳、海藻、木屑等，但还没有实现工业化生产。

矿物类原料有石油焦、煤沥青等，韩国 Power Carbon Technology 公司（简称 PCT 公司，目前已被山东海科集团收购）使用优质针状焦为原料，新疆天富科技、山东欧铂新材料有限公司使用石油焦为原料制备超级活性炭。石油焦类电容炭的特点是容量较高（比果壳炭高 30%），但产品价格昂贵，且稳定性不如植物类活性炭。

酚醛树脂是制备活性炭的优质原料，但缺点是成本较高，仅有少量厂家在试生产。

活性炭纤维是 20 世纪 70 年代初发展起来的具有更高吸附性能的多孔活性吸附材料。活性炭纤维通过将木质素、纤维素、沥青纤维、酚醛树脂纤维、聚丙烯腈纤维、粘胶纤维等经过炭化活化制备而成，具有高比表面积、紧密的孔隙结构和良好的导电性，越来越受到超级电容器研究者的关注。

3.2.1.2 活性炭电极材料的性能

1. 物理性能

用于超级电容器产品的活性炭物理性能指标见表 3-2。通常用比表面积、孔容、孔径分布来表征活性炭的孔结构，用粒度及其分布来表征活性炭颗粒的大小，用灰分等表征活性炭的杂质含量，用比表面积、碘吸附值来表征活性炭的比表面积。同时，活性炭表面官能团的含量也是衡量活性炭性能的一项重要指标。

表 3-2 用于超级电容器产品的活性炭物理性能指标

检测指标	指标值	检测指标	指标值
碘吸附值 /（mg/g）	≥ 1100	灰分质量分数（%）	≤ 0.2
比表面积 /（m^2/g）	≥ 1000	Fe 质量分数（%）	≤ 0.01
孔容 /（mL/g）	≥ 0.35	水质量分数（%）	≤ 0.9
平均粒径 /μm	5~11	振实密度 /（g/cm^3）	≥ 0.27
官能团总量 /（mmol/g）	≤ 1	压实密度 /（g/cm^3）	≥ 0.38

如图 3-1 所示，一般地，比表面积（BET 值）、碘吸附值、孔容、振实密度对电容炭的容量有很大影响。比表面积越大、孔容越大，充放电过程中活性炭表面对电解液离子的

吸附越多。此外，孔径分布对活性炭的容量以及循环寿命有很大影响，孔径大小不同所起的作用也不同：微孔（ < 2nm ）对双电层储能起主要作用，介孔（ 2~50nm ）为电解液离子的传输通道，大孔（ > 50nm ）主要储存电解质溶液。

有机官能团可在一定程度上产生准电容，提高活性炭的比容量；但过多的含氧官能团会在充放电过程中受催化分解产生气体，影响电容器的充放电循环稳定性。

灰分是影响活性炭性能的最主要因素之一。通常，原料中所含的金属元素以及 S、Cl 等非金属元素可造成电容器在充放电过程中产生漏电流大、产气等现象。因此，对于灰分，特别是其中金属铁离子的控制尤为关键。

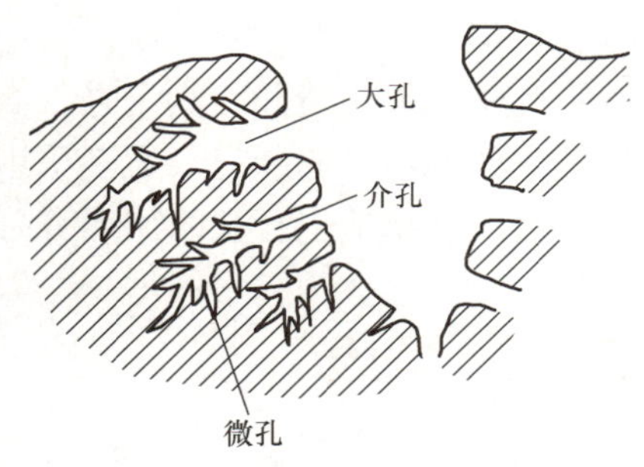

图 3-1 活性炭结构模型

2. 电化学性能

一般用活性炭制备的超级电容器的电学性能来反映活性炭的电化学性能。目前超级电容器产品主要采用有机电解液体系，表 3-3 列出了活性炭电极材料在有机电解液体系的电化学性能指标。

表 3-3 活性炭电极材料在有机电解液体系的电化学性能指标

性能指标		植物类	矿物类
质量比电容 /（F/g）		24~28	34~40
体积比电容 /（F/mL）		13~19	17~22
2.7V，加速试验	容量衰减率（%）	< 6	< 6
	内阻增加率（%）	< 12	< 12
2.7V，循环试验	容量衰减率（%）	< 100	< 100
	内阻增加率（%）	< 6	< 6

其他碳材料，如石墨烯、碳纳米管、碳气凝胶等，显示出了不同的电容特性，但价格尚高，目前仍处于研发阶段。

3.2.2 准电容电极材料

为了获得同时兼具高比容量、高功率特性的电极材料，超级电容器领域的研究者引入了准电容储能材料。早期推出的准电容电极材料有 Ru 和 Ir 的氧化物等，但 Ru 和 Ir 价格昂贵，难以推广应用。一些较廉价的金属（如 Ni、Co、Mn、Mo、W 等）的氧化物、氢氧化物或氮化物，锂离子嵌入化合物，以及导电聚合物先后被用作准电容电极材料，如 MnO_2、NiO、Co_3O_4、V_2O_5 等金属氧化物，聚苯胺、聚吡咯、聚噻吩及其衍生物等导电聚合物，以及钛酸锂等锂离子嵌入化合物。

准电容材料的理论比容量虽然高，但比表面积低，导电性差，致使材料利用率低，实际比容量不高，且功率特性较差。为了获得高比表面积的准电容电极材料，研究者们进行了大量的研究，探索出了三种高比表面积的实现方法，即纳米化、多孔化和与多孔材料的复合。但由于仍存在充放电循环稳定性差和制备难度高等问题，准电容电极材料仍处于实验室和学术研究阶段，尚未进入商业化规模应用。目前混合型超级电容器和电池型超级电容器中的准电容储能材料大多采用功率型锂离子蓄电池的电极材料，通过牺牲储能容量来换取高的功率输出和长的循环寿命。

3.2.3 隔膜

隔膜是超级电容器的关键组成部分，其性能决定了超级电容器的界面结构、内阻等，很大程度上影响着超级电容器的容量、安全性能和循环性能等。性能优异的隔膜能够显著提高超级电容器的综合性能。

3.2.3.1 性能特点

超级电容器隔膜的主要作用是将载有活性物质的正负电极进行隔离，阻止电子传导，防止两极发生接触导致内部短路；同时，在超级电容器充放电过程中，隔膜为电解液离子迁移提供通道，具有一定的离子流通性。

超级电容器隔膜纸的性质要求如下：

① 电子的绝缘体，具有较好的隔离性能。

② 离子的良导体，电解液离子迁移顺畅。

③ 化学性能稳定，不易与化学物质发生反应，具有一定的机械强度和热稳定性。

④ 具有较强的吸液性和保液能力。

⑤ 孔径均匀，材质平整，具有一定的柔韧性。

3.2.3.2 分类

根据不同的化学性质，超级电容器隔膜可以分为非织造隔膜（尼龙、聚酯类）、聚合物隔膜（如聚乙烯、聚丙烯、聚四氟乙烯等）和天然物质隔膜（如石棉、木材等）。目前常用的超级电容器的隔膜主要有纤维素隔膜和聚合物隔膜。

纤维素是一种来源广泛的天然高分子物质，具有可再生、可降解、机械强度高、热稳定性好等特点。纤维素隔膜常用于大型超级电容器（卷绕式或叠层式）。

聚合物隔膜具有耐高温、孔隙率高等优点，但拉力强度偏低，导致它难以应用到高速卷绕工艺上，因此常用于小型超级电容器。另外，有机电解质通常使用聚合物（聚丙烯）作为隔膜，水溶液电解质可以采用玻璃纤维或者陶瓷隔膜。

3.2.4 电解液

电解液是超级电容器的重要组成部分，承担着离子及电子载体的角色。它与电极材料的兼容性是超级电容器工作电压的决定因素。对电解液的要求包括：工作电压窗口宽、电化学稳定性高、离子浓度高、溶剂化离子半径小、电阻率低、黏度低、挥发性低、毒性低、成本低、电解液纯度高等。目前电解液主要分为五类：水系电解液、有机电解液、离子液体、固态电解质和凝胶电解质。下面主要介绍前三种。

3.2.4.1 水系电解液

水系电解液具有内阻较低、离子半径小、浓度高等优点，是最早应用于超级电容器的电解液，可以分为酸性电解液（如硫酸）、碱性电解液（氢氧化钾体系）和中性电解液（钠、钾、锂盐等）。中性电解液的电压窗口要高于前两种电解液，以活性炭为正负极制备的超级电容器的工作电压能达到 1.6V。

3.2.4.2 有机电解液

有机电解液目前占据着市场的主要地位，工作电压通常为 2.5~2.85V，高于水系电解液。高的操作电压意味着可以提高器件的能量密度和功率密度，使用有机电解液还可以延长电容器的使用寿命和得到更宽的工作温度范围。目前商用的有机电解液的制备方法就是在有机溶剂乙腈、碳酸酯等溶剂中加入电解质盐四氟硼酸四乙基铵盐等。其缺点在于比电容较低、成本高、溶液的导电性差、存在毒性等，此外还需要在无水无氧的环境下操作，防止水和氧气对其造成影响。

乙腈（Acetonitrile, AN）和碳酸丙烯酯（PC）是目前最常用的溶剂。乙腈由于其强的溶解能力，可以将大部分盐溶解在体系内，并且黏度较低，具有高的电导率。但是乙腈存在毒性（日本已经禁止使用乙腈体系的有机电解液），且沸点低，高温时溶剂易挥发，封装容器内压力过大，易造成电容器的损坏。相比之下，碳酸丙烯酯的导电性好、沸点高、毒性小，但是其使用电压小于乙腈，且黏度在低温时变大，流动性差，电容量衰减大，造成器件的低温性能差。除此之外还有很多其他有机溶剂，比如四氢呋喃（THF）、γ-丁内酯（GBL）、环丁砜（SL）、N，N-二甲基甲酰胺（DMF）等。研究发现，有机电解液往往存在黏度较高的缺点，这就极大地影响了有机电解液的导电性。因此，降低有机电解液的黏度且不影响导电性，成为当今研究的热点，使用混合溶剂体系能改善单一体系性能的不平衡性。常见有机溶剂电化学及物理参数见表 3-4。

表 3-4 常见有机溶剂电化学及物理参数

溶剂	分子结构	ε_r	η (cp)	M_p/℃	b_p/℃	σ/(mS/cm)	E_{red}/V（相对 SCE）	E_{ox}/V（相对 SCE）
PC	[structure]	65	2.5	49	242	10.6	3.0	3.6
AN	$H_3C-C\equiv N$	36	0.3	49	82	49.6	2.8	3.3

（续）

溶剂	分子结构	ε_r	η (cp)	M_p/℃	b_p/℃	σ/(mS/cm)	E_{red}/V（相对 SCE）	E_{ox}/V（相对 SCE）
GBL	O, O	42	1.7	44	204	14.3	3.0	5.2
DMF	H—C—N, O	37	0.8	61	153	22.8	3.0	1.6
NMP	N, O	32	1.7	24	202	8.9	3.0	1.6
DMA	—C—N, O	38	0.9	20	166	15.7		
GVL	O, O	34	2.0	31	208	10.3	3.0	5.2

注：ε_r—相对介电常数；η—黏度；M_p—熔点；b_p—沸点；σ—离子电导率；E_{red}—极限还原电位；E_{ox}—极限氧化电位（用玻碳电极作为工作电极测量）；使用含有 0.65mol/L TEA-BF_4、25℃的有机溶剂）。

电解质盐种类繁多，其中季铵盐应用较为广泛。季铵盐主要包括链状和环状两类，链状主要包括四氟硼酸四乙基铵盐（TEA BF_4）、四氟硼酸三乙基甲基铵盐（TEMA BF_4）等。Ue 等研究发现浓度为 0.65mol/L 的 TEMA BF_4/PC 电解液的电导率为 10.68mS/cm，高于同浓度下 TEA BF_4/PC 电解液的 10.55mS/cm，这是因为 TEMA BF_4 的对称性低，具有更多的正电荷和较强的极化率，可以很好地溶解在溶质内，因此比容量高。但是 TEMA BF_4 的合成要复杂一些，且在操作和包装上存在的困难较多，因此价格会高一些。环状盐中四氟硼酸双吡咯烷螺环季铵盐（SBP BF_4）最为常见。SBP BF_4 具有螺环分子结构，分子尺寸小，电化学性能稳定，可以在有机溶剂中获得更高的浓度和更稳定的电化学性能。Shi 等围绕 SBP-BF_4 电解液的基础物理化学特性与电化学性能，开展了系列的研究工作。实验结果证实：SBP-BF_4 电解质盐在 PC 中具有比 TEA BF_4/PC 更高的耐电压、容量、功率密度及超低温性能，这对于开发优异的非乙腈基电解液提供了思路。Zhou 等发现 SBP BF_4/AN 电阻小于 TEMA BF4/AN，这是因为其电导率高于后者，SBP BF_4 流动性较高，具有更好的分离能力以及较小的阳离子粒径，有助于离子进入活性炭孔道中，减少界面电阻。此外，Shi 等设计并合成双氟磺酰亚胺螺环季铵盐（SBP-FSI），基于新型电解液体系 SBP-FSI/PC 的超级电容器可在 −40℃下稳定而高效的工作，并且器件的工作电压由 2.7V 提升至 3.2V，基于两电极质量的质量能量密度和功率密度最大值分别达到 42.67W·h/kg 和 5.9kW/kg，10000 次循环后的容量保持率为 88.92%。不仅是季铵盐类可以作为有机电解液的电解质盐，金属阳离子盐以及含硫阳离子电解质盐也是可以的。含硫有机盐的电化学稳定性差，循环寿命较短。

3.2.4.3 离子液体

在室温或者室温附近的温度下呈现的状态为液态、物质组成仅由离子构成的物质被称为离子液体电解质。它在较宽的温度范围内依然可以保持稳定且不易燃等优良特性，然而其导电性往往会低于 PC 电解液。目前所使用的一些离子液体，例如，烷基咪唑四氟硼酸盐或者 N- 丁基 -N- 甲基吡咯烷酮 - 二（三氟甲基磺酰）亚胺显示出了高的电化学稳定性。因为超级电容器的寿命和电解液的纯度密切相关，然而离子液体不能通过蒸馏的方式来提纯，所以难以纯化。咪唑盐类、吡咯盐类和季铵盐类的合成和纯化也比较困难，因为这样，离子液体电解液的成本居高不下，且体系黏度高，因此不适用大规模工业化应用。但是该种电解质也可以证明离子的溶剂并不是储存能量所必需的。在离子电解液中，离子液体（ILs）由于其独特的结构和性能现在应用较多，通常情况下，ILs 具有电化学性能稳定、热稳定性好、无挥发、不易燃、工作电压窗口宽（2~5V）等特点。

此类电解液虽然比较昂贵，但在需要高温下或低功率密度 + 高电压下工作时，离子电解液的优势就会突显出来。在日本，无线电公司和 Nisshinbo 公司合作，得到了一款比 PC 基电解液的性能还要好的离子电解液。这款产品，采用的是 N，N- 二乙基 -N- 甲基 -N-（2- 甲氧乙基）铵四氟硼酸盐。

3.2.5 主要辅助材料

除了电极活性物质、隔膜和电解液以外，制作超级电容器通常还需要有导电剂、黏结剂、集流体和封装材料（如壳体材料、密封盖和密封圈）等辅助材料。

3.2.5.1 导电剂

最早的炭黑材料是点状导电剂，也称为零维导电剂，主要通过颗粒之间的点接触提高导电性；后来出现了导电碳纤维和碳纳米管等一维结构的导电剂，由于其纤维状结构增大了与电极材料颗粒的接触，大大提高了电极的导电性，降低了极片电阻。

通常来讲，导电剂应满足以下要求：

① 优异的导电性及导热性。

② 优异的热稳定性及耐腐蚀性。

③ 刚性较大，不易发生形变。

④ 原材料易于获取及易于加工，有良好的经济性。

⑤ 密度较小且易于分散。

3.2.5.2 黏结剂

在电极中，黏结剂是用来将电极活性物质黏附在集流体上的高分子化合物。它的主要作用是黏结活性材料，并在超级电容生产和使用过程维持极片的机械结构和电化学性能的稳定性。选择一种合适的超级电容专用的黏结剂，除了要求其欧姆电阻要小，还要求在电解液中性能稳定，不膨胀，不松散，不脱粉。一般而言，黏结剂的性能，如黏结力、柔韧性、耐碱性、亲水性等，直接影响着超级电容器的性能。

超级电容器用黏结剂主要分为两类：

① 有机溶剂型黏结剂，采用有机溶剂 N- 甲基吡咯烷酮（NMP）作为分散剂。

② 水性黏结剂，通常采用水作为分散剂。

对于有机溶剂型黏结剂，目前普遍采用聚偏氟乙烯（PVDF）。PVDF 是良好的黏结剂，但其电子和离子导电性差，而且要求极片涂布工艺严格密封，能耗大。另外，PVDF 的离子和电子的绝缘性增加电池内阻，影响其性能发挥。此外，与 PVDF 同时使用的分散剂一般为有机溶剂 N- 甲基吡咯烷酮（NMP）。NMP 具有分散性好的特点，但易挥发，毒性大，且易燃易爆。毒性有机溶剂的挥发会严重污染环境，严重影响车间工作人员的身体健康，而且成本高，回收费用大。

水性黏结剂与有机溶剂型黏结剂相比，水性黏结剂具有只挥发水气、生产环境环保、成本低、非易燃等优点，成为超级电容器关键材料的重要发展方向。

黏结剂需要不溶于电解溶液，不与电解液发生化学反应，具有较好的电化学稳定性，即在操作电压范围内，黏结剂不会被氧化或还原，并且在超级电容器充放电过程中，不与活性材料及其他物质发生副反应。另外，黏结剂需要能提供良好的浆料、极片加工性能，能够提供足够的黏结强度，以确保在超级电容器生产、使用（存储、循环）过程中，不会出现活性材料从极片上脱落失效的现象。在安全性方面，黏结剂需要足够的稳定性，不能劣化超级电容器的安全性能。结合以上要求及未来发展趋势，现阶段 SBR 已成为锂电池及超级电容器厂家首选的黏结剂材料。超级电容器用 SBR 是一种丁苯胶乳水性黏结剂，是由苯乙烯（Styrene）和丁二烯（Butadiene）单体以水为介质加入乳化剂引发剂等经过乳液聚合共聚生成，状态为固含量 50% 左右的水乳液。

3.2.5.3 集流体

集流体指汇集电流的结构或者零件，一般指金属箔，也泛指极耳。集流体的主要作用是与活性物质充分接触，并将活性物产生的电流汇集向外输出。

在集流体出现前，在电极设计时存在两种思路：加入大量的黏结剂；利用炭的自支撑作用。但前者会增大电极的内阻，而后者达到自支撑又存在一定的技术难度。而这两种思路在当时也被称为自支撑电极技术，由于上述原因，集流体技术得以发展。

集流体中较为常见的是金属箔，即铝箔和铜箔。

1. 铝箔

① 铝箔又分腐蚀铝箔和标准铝箔。铝箔是将金属铝压延成薄片的烫印材料，而腐蚀铝箔与标准铝箔的区别在于压延成箔后，腐蚀铝箔会利用特殊的电化学腐蚀工艺对其表面进行处理，普通的标准铝箔的价格较为低廉，常规的黏结剂很难使活性物质粘附在标准铝箔上，界面内阻较大。

② 铝箔的制备工艺较为简单，归结为铝箔胚料的多次压延及热处理，主要包括粗轧和精轧两部分。通常完成后会对表面进行处理，并根据客户的不同需求制成铝含量不同及宽度不同的铝箔。

2. 铜箔

根据铜含量的不同，铜箔一般分为 90 箔和 88 箔，即铜质量分数为 90% 和 88%。铜箔除可用作金属集流体外，还可用作装饰材料。铜箔一般分为压延铜箔（RA 铜箔）与电解铜箔（ED 铜箔）。

① 压延铜箔技术难度较大，对于铜箔自身结构和理化性能不高的部分可以用电解铜箔代替。

② 电解铜箔的原理设备较为简单，是利用硫酸铜在直流电的状态下电解铜溶液，使其在底部形成铜箔，然后经过对其表面特殊的处理形成铜箔。

还有一类是泡沫集流体，具有代表性的是泡沫镍、泡沫铝及泡沫铜。

泡沫镍主要用于氢 - 镍电池及镉 - 镍电池。通过电沉积技术可制备泡沫镍。利用开孔的泡沫塑料作为基体材料，通过浸导电胶、化学镀镍及真空镀镍均可制备导电层，预镀镍可通过硫酸盐镀镍电解液电镀，然后先后经过灼烧、还原、退火等工艺得到三维网状结构的泡沫镍。泡沫镍的应用范围较广，除可做电池的电极材料外，还可用作吸声材料、燃料电池及催化剂等。

3.2.5.4 封装材料

超级电容器生产过程中用到的主要材料有：活性物质、导电剂、黏结剂、集流体、隔膜、电解液等。这些材料决定了超级电容性能的优劣，但是在后端生产中用到的封装材料同样也不可忽视，比如电容器外壳、密封盖、密封圈等。

1. 壳体材料

壳体材料是超级电容器不可缺少的重要组成部分，有时兼具集电极的作用。其主要作用有：

① 密封作用，防止电解质溶液的挥发。

② 保护体系中其他部分免受外部的机械冲击。

壳体材料不应与电解质溶液发生反应，而且还应具有良好的耐高低温性能，目前多使用不锈钢、铝、聚四氟乙烯、聚丙烯、铝塑复合膜等材料来做超级电容外壳。超级电容外壳的选择与其使用场所、产品大小及结构有密切关系。例如：小容量扣式超级电容使用的是不锈钢材质的外壳，大容量 600F 以上圆柱形超级电容主要使用以铝合金为主要材质的外壳，软包超级电容使用铝塑复合膜材质的外壳。

2. 密封盖

密封盖与超级电容器壳体是相互关联的，其材质和引线方式的选择也与超级电容器的生产工艺、使用场合、外形有关。其作用主要在于以下方面：

（1）防爆

盖板上通常都特别设有防爆装置，在电芯内部压力过大的情况下，防爆装置会自动打开泄压，以防止出现超级电容器爆裂的现象。

（2）绝缘性好

盖板内阻较高，一般需要通过填充镍金属材料才能与铜或者铝连接片焊接，配合密封圈使密封盖达到耐高温、绝缘、密封的效果，具有体积小、重量轻、密封效果好和安全性能好等特点。

（3）密封

超级电容器盖板根据超级电容器的实际使用要求，在密封性能、防爆安全性能、温度性能等方面都有有针对性的创新设计。密封元件采用温度性能优越的密封材料，产品具有良好的高低温密封性能。超级电容器必须和盖板及密封圈一起配套使用，才能确保整个系统的安全可靠性。

3. 密封圈

超级电容器的密封圈与壳体、盖板共同组成的密封系统，能有效地隔绝外部环境与超级电容器内部材料的接触。一般来说，密封圈的选择主要与壳体尺寸、电解液的种类、耐压要求、超级电容器使用场所等因素有关。

密封圈所用材料有氟塑料，如乙烯 - 四氟乙烯共聚物（ETFE）、全氟乙烯丙烯共聚物（FEP）、全氟丙基全氟乙烯基醚与聚四氟乙烯的共聚物（PFA）、聚四氟乙烯（PTFE）、氟橡胶、硅橡胶，特种橡胶 [如三元乙丙橡胶（EPDM）]、工程塑料 [聚醚醚酮（PEEK）] 等。

3.3 超级电容器的结构与封装

超级电容器的封装类型由它们的类别、尺寸及最终用途决定。与二次电池一样，超级电容器有纽扣式、卷绕式、方形、软包式等几种不同的封装形式。根据需求，将电芯放入不同材质的外壳（如铝塑膜、铝壳、钢壳等）内，再封装成单体。

电芯通常有叠片式、圆柱形卷绕式和扁平卷绕式三种制作方式。一般来说，圆柱形电容器结构设计简单，工艺比较成熟，适宜大批量连续化生产，且成组散热性好，但是圆柱形产品形状复杂，多个电容器单元串并联时对电容器进行管理时较为困难。方形电容器的单体容量大，封装结构简单，而且其形状和结构便于多个电容器的串并联以满足对高电压的需要，但是生产工艺复杂，制造过程投入成本高。

3.3.1 超级电容器的结构

与二次电池一样，超级电容器的内部由正极、负极、电解液和防止两极相互接触的隔膜组成。其中，超级电容器的正极和负极使用的是活性储能材料，引出集流体为导电金属箔；中间用多孔绝缘材料作为两个电极的隔膜，在除了引出集流体、储能活性材料和隔膜外的所有空间均填充电解液。超级电容器的内部结构如图 3-2 所示。

3.3.1.1 电极

电极是超级电容器的关键部分。超级电容器的电极有极化电极和可逆电极两类。只在与电解液接触的相界面上产生极化，而不发生体相反应的电极被称为极化电极；在电极 / 电解液界面及电极体相中发生快速、可逆的氧化还原反应的电极被称为可逆电极。极化电极积累电荷、产生双电层电容，可逆电极产生法拉第准电容。

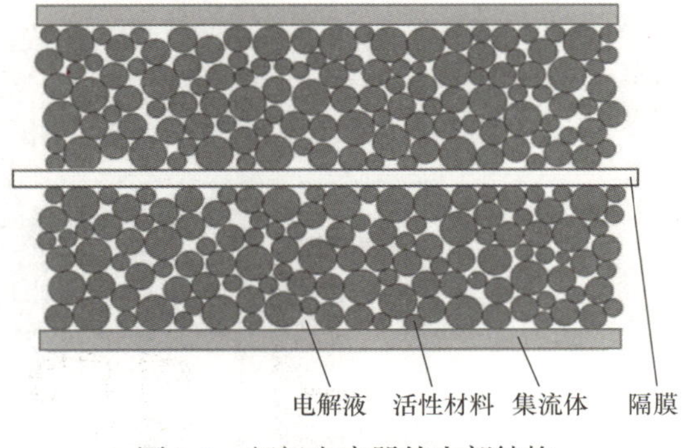

图 3-2 超级电容器的内部结构

超级电容器的电极如图 3-3 所示，是由电极活性材料与黏结剂、导电剂等混合后附着于集流体表面压制而成。超级电容器的电极活性材料主要有炭材料、导电聚合物材料和金属氧化物材料三类。

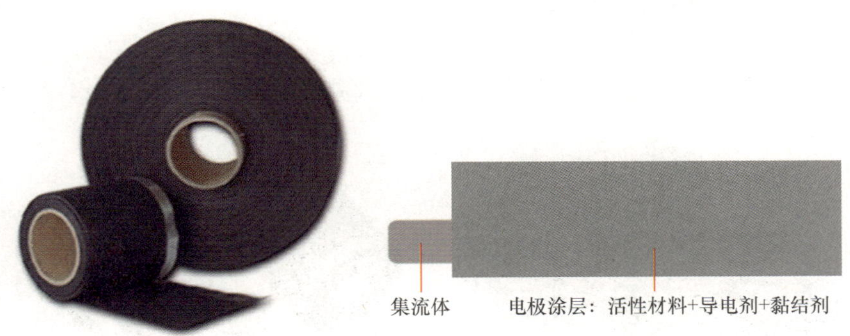

图 3-3 超级电容器的电极

3.3.1.2 隔膜

隔膜作为两个电极之间的绝缘体，除化学性质稳定外，还要求其本身不具备电子导电性，同时又不能阻碍离子的通过。可以作为超级电容器隔膜的材料的种类较多，如尼龙隔膜、聚丙烯膜、复合微孔膜、纤维素纸等，如图 3-4 所示。

a)

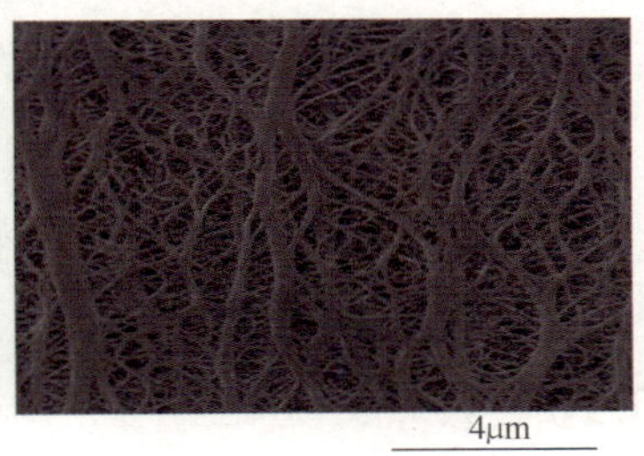

b)

图 3-4 超级电容器的隔膜

a）纤维素纸隔膜 b）纤维素纸隔膜 SEM 照片

3.3.1.3 电解液

电解液（图 3-5）填充于正、负极和隔膜之间的空隙，对于储能器件的容量、内阻、温度特性等性能有着重要的影响。超级电容器的电解液由电解质和溶剂构成，有些还根据不同的需求加入添加剂。超级电容器的电解液主要有水性电解液（如硫酸、氢氧化钾溶液等）、有机电解液（如四氟硼酸季铵盐）和离子液体等。

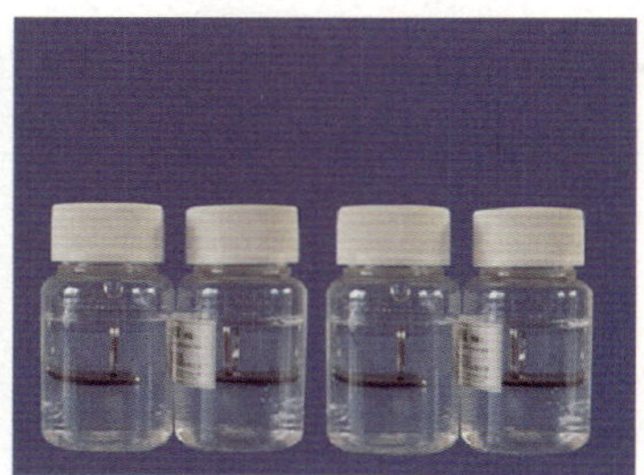

图 3-5 超级电容器的电解液

3.3.2 超级电容器的封装

叠片式、圆柱形卷绕式、扁平卷绕式三种电芯制作方式如图 3-6 所示。

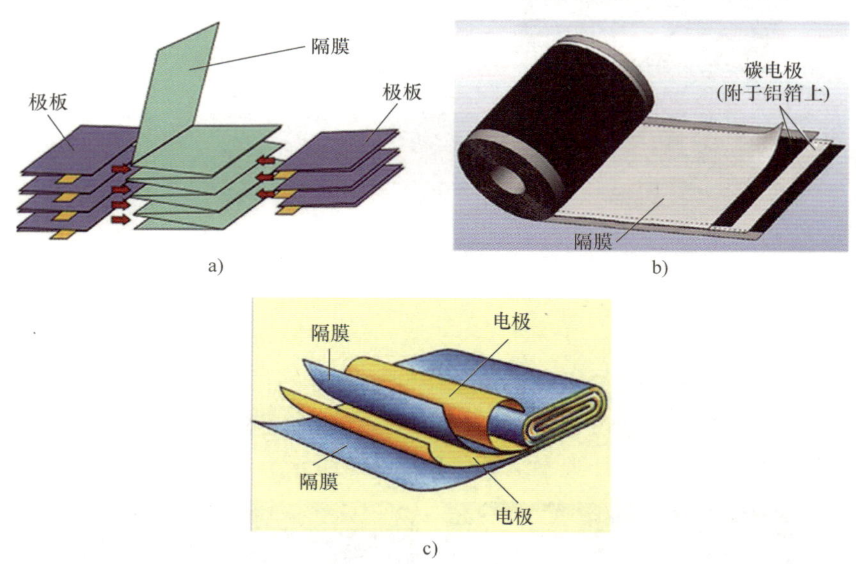

图 3-6 三种电芯制作方式
a）叠片式电芯 b）圆柱形卷绕式电芯 c）扁平卷绕式电芯

3.3.2.1 组扣式电容器

纽扣式电容器和圆柱形电容器常常用于 PC 板的焊接模式中，如图 3-7a 和 b 所示。卷绕软包式电容器和大型圆柱形产品的电极通过卷绕方式形成卷芯，然后将电极箔焊接到引流端子，使外部的承流能力得到扩展，如图 3-7b 和 c 所示。叠片软包电容器和方形电容器的内部是基于极片的堆叠，集流体从每片电极中引出并被连接到引流端子，从而扩展电容器的承流能力，如图 3-7c 和 d 所示。

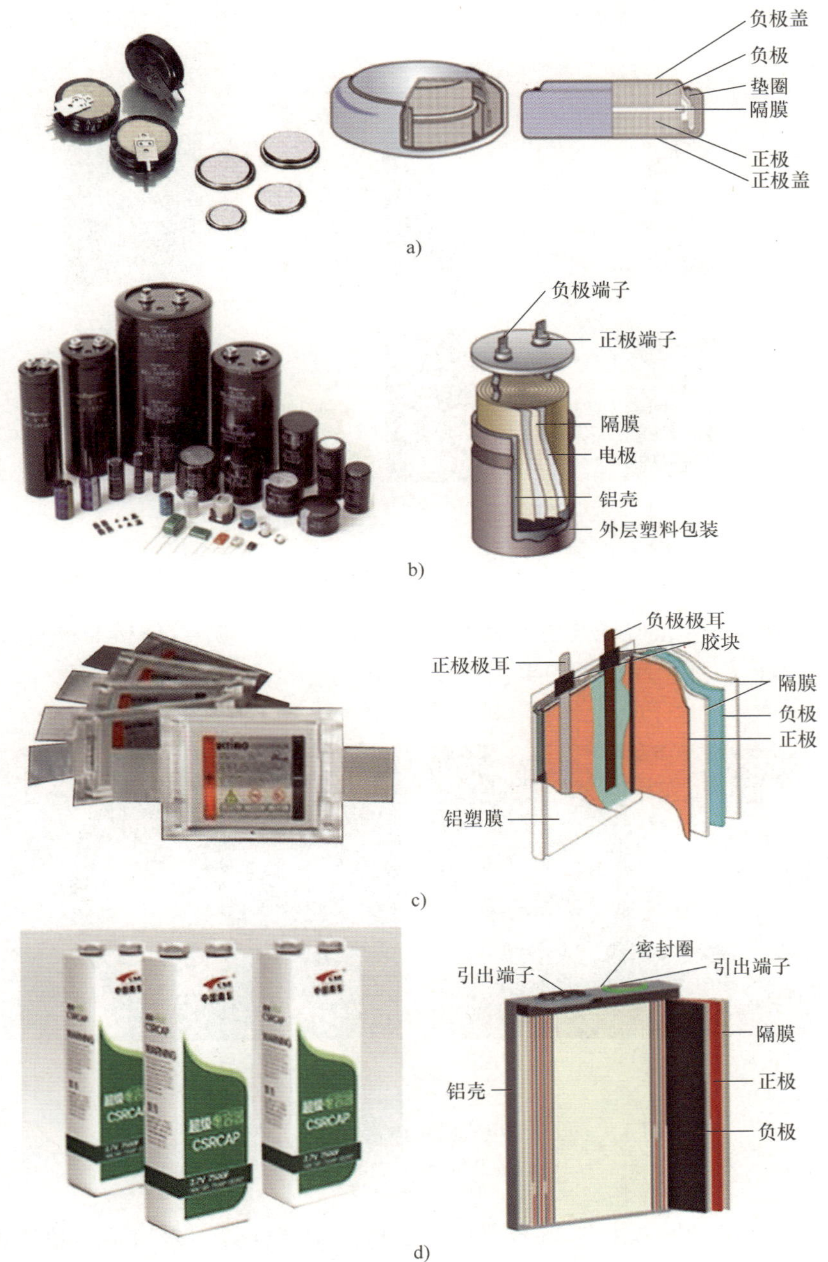

图 3-7 超级电容器的类型

a）纽扣式电容器 b）圆柱形电容器 c）软包式电容器 d）棱柱形 / 方形电容器

3.3.2.2　圆柱形电容器电池

相比于方形单体，圆柱形电容器单体蓄电池采用错位卷绕方式制备电芯，因此在同等条件下生产效率更高。每个厂家的工艺大体相同，仅存有细微差异。典型的组装过程是将电芯、外壳以及引出端子进行连接。圆柱形电容器单体蓄电池组装工艺示意图如图 3-8 所示。

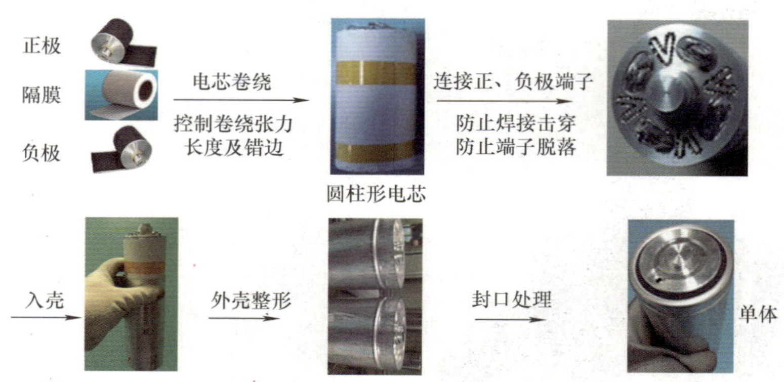

图 3-8　圆柱形电容器单体蓄电池组装工艺示意图

圆柱形电容器单体蓄电池与外电路的连接有激光焊接和螺纹连接两种方式（图 3-9）。其中，前者连接内阻低，而后者内阻相对较高。

a)

b)

图 3-9　圆柱形电容器单体蓄电池端子外观结构
a) 激光焊接　b) 螺纹连接

在安全性防护方面，圆柱形电容器单体蓄电池常常在外壳表面采取铣薄外壁的“安全压力”设置方式，即在电容器单体蓄电池表面某一部位采用耐压力小于一定值的外壳结构，其安全结构外观如图 3-10 所示。当电容器单体蓄电池内部压力超过防爆薄壁的设定值后（常常为 0.3MPa），安全结构破裂。

图 3-10 圆柱形电容器单体蓄电池安全结构外观

在电容器单体注液、封装完成后，通常会用含有少量清洗剂的水清洗去除附着在外壳表面的残留电解质盐，并应用气味感应器或高温加速检测的方式对电容器单体蓄电池进行漏液情况检测，从而确保电容器单体蓄电池良好的密封性。密封合格的电容器单体蓄电池经检测分选后即可进行入库处理。事实上，有些企业为了防止电容器单体蓄电池在实际使用前期中单体性能急剧下降，常常会采用“老化工艺”来加快单体内部“准电容”部分的衰减，从而避免产品交付客户手中后性能衰减过快。具体来说，老化工艺就是将电容器单体蓄电池充电至额定电压后，恒温恒压保持一段时间。

与此同时，为了便于识别和产品性能参数记录，普遍采用在电容器表面印刷单体编码和其他信息（如生产型号、日期等）。这些编码可用于追溯单体生产过程参数，如制造日期、装配线、操作者以及所有零部件和原材料等情况。

3.3.2.3 方形电容器

方形单体电容器组装示意图如图 3-11 所示。方形电容器单体蓄电池制备从拌浆、涂覆到电极分切工艺都与圆柱形电容器单体蓄电池的制作过程基本一致，之后工序有很大的不同。

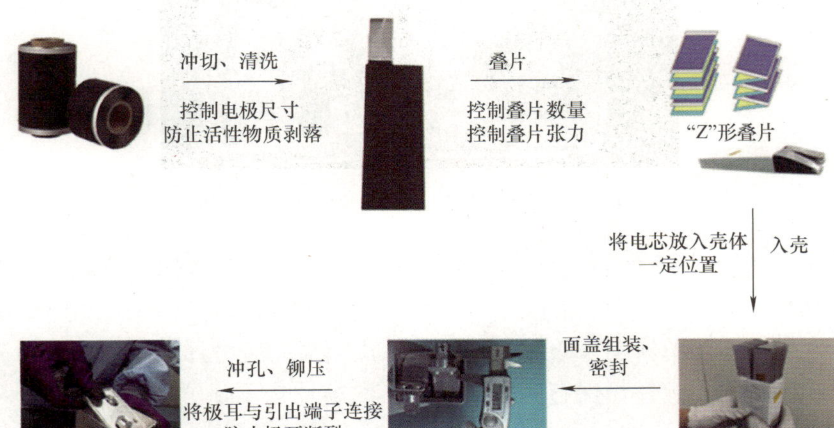

图 3-11 方形单体电容器组装示意图

分切后的电极需要根据外壳的尺寸要求，冲切成一定规格尺寸的电极片。由于在冲切过程中，电极端面难免会出现少量炭粉剥落的现象，为了防止后续过程因为炭粉的存在而发生电容器单体内部短路现象产生，在叠片前通常会进行极片的清洗。清洗的原理是使用真空吸盘吸住电极，通过高速旋转的毛刷进行清理，粉尘被真空吸尘器收集。

清洗后的正、负极片与隔膜按照“Z”形方式进行叠片，根据最终产品的尺寸要求而进行电芯厚度的设定，期间叠片张力、电芯重量以及电芯干态内阻值（常要求大于0.1MΩ）的控制直接关系到最终产品的性能参数。对于方形电容器而言，由于集流体与单体引流端子的连接常常为几十层甚至上百层铝箔（单层厚15~40μm）与铝质引出端子之间连接，目前常用的方式为高功率超声波焊接和铝钉的铆接。其中前者因为容易导致产生虚焊、高频摩擦振动撕裂部分集流体极耳等不良现象，所以目前工业上主要采用铆接的方式进行极耳连接。

与圆柱形电容器一样，方形电容器的水分去除也是一项非常重要的工艺，目前主要采用的方式是将电容器单体蓄电池放置于干燥桶内，采用真空干燥的方式对干燥桶进行除水。具体的干燥条件须根据所用活性炭材料、单体电容器的结构特征等进行确定。

一般情况下，在对方形单体电容器注液前须对引出端子一侧的面盖进行密封焊接，操作过程要求在水分含量（质量分数）小于 1×10^{-5} 的条件下进行。目前电容器单体蓄电池的密封和注液工序分别在多功能手套箱或干燥房内完成。

不同于圆柱形电容器单体的“一次性”安全结构设计，方形电容器单体往往会在面盖表面安装可重复使用的“单向截止阀”（图3-12）。当电容器单体内部压力过大时，单体顶部的单向截止阀会自动向外释放压力，从而达到保证产品安全的目的，同时氧化性气体的及时排出也提高了单体的使用寿命。与圆柱形电容器单体类似，方形电容器单体同样需要进行老化、检测以及外壳编码标识等处理。

图3-12　单向截止阀

通过对尺寸为60mm×56mm×160mm的方形3000F电容器单体进行测试，发现具有动态压力调节结构（图3-13）产品的寿命更长。对电容器单体进行65℃、2.7V长时间加速老化测试，发现电容器单体在试验过程发生了6次明显的压力释放，安装单向截止阀的单体进行了4032h老化后壳体仍保存完好，电容器的容量只下降了21.6%，低于一般寿命终结的规定值（30%）。其原因是电芯与电解液分解出的氧化性气体被及时排除，避免进一步氧化电极上的碳，因此电容器单体的寿命得以延长。

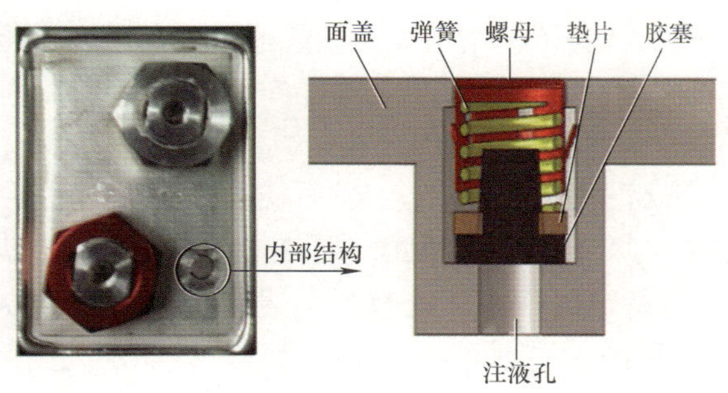

图 3-13 方形电容器动态压力调节控制结构示意图

3.4 超级电容器模组的结构与设计

根据超级电容器的特点，从用户需求和整车设计要求出发设计超级电容器模组（图 3-14）。超级电容器单体通过电气和机械连接组合成模组，与采集 / 监测电和温度数据以及与整车通信的电子部件等构成系统，从而满足车辆性能、装配布置和安全需求。一般来说，模组设计包括性能设计、结构设计和安全设计等。

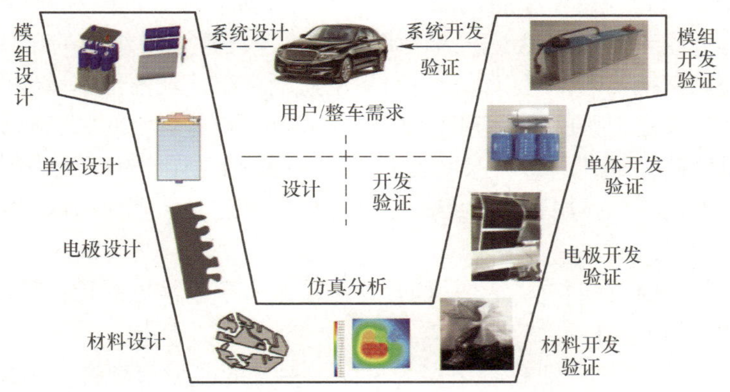

图 3-14 超级电容器模组设计及开发示意图

3.4.1 模组性能设计

模组性能设计与车辆应用需求和成本紧密相关。在实际工程应用中，在保证可靠性和安全性的基础上，综合考虑性能和成本之间的平衡，充分发挥超级电容器的优点，将超级电容器的本征优势转化为用户可感知的技术效果。

3.4.1.1 电性能设计

在不同工况下，整车电源系统会做出不同的响应，体现出容量、电压、电流和自放电等变化情况，通过计算可得到能量和功率等需求，作为模组设计的输入量。超级电容器以串并联的方式电连接成模组，若干模组组成的系统通过控制单元进行充放电管理。

3.4.1.2 单体筛选分级

电容器单体之间由于材料、制造工艺、品质控制、使用过程中的衰减等的差异，内阻、容量、寿命等性能参数并不是完全相同。因此，在成组之前，需要对电容器单体进行筛分，使单体性能之间的差异保持在一定范围。通常采用如下筛分原则：根据超级电容器单体容量偏差，根据应用需求的不同以及保护设置，按照不同比例进行分级。等级划分得越精细，单体的一致性越好，成组后的性能表现越优越。通常按照额定容量进行等级筛分，选取同等级的电容器单体构成模组，例如每组的单体电容值偏差控制在 2% 以内。

3.4.1.3 状态监测及均衡

电容器单体性能的差异会导致模组容量的损失，如果不加控制，差异还会随着时间推移逐渐增大。通过对电容器单体状态进行检测并均衡来补偿单体的容量、自放电差异，可提高模组可用容量，保证模组的安全可靠性，发挥模组的最佳性能。

超级电容器可以全电压范围工作，电压越低，对延长使用寿命越有利。因此在电压监测上，主要是检测模组内是否有单体过电压现象。如过电压，则应发报警信号，系统停止充电，并检查报警模组。由于模组内的单体的参数（如容值、内阻和泄漏电流）有差异，单体的运行电压也会有差异。为确保单体的运行电压接近，模组内的单体需要有均压电路。根据实际使用工况要求，可以设计电路用于监测模组甚至内部单体的电压。若超级电容器为功率型储能设备，则能承受短时大电流充放电。但若长时间频繁充放电，则会有电流通过单体内阻而产生温升。为确保超级电容器的运行温度在设计范围之内，通常需要在模组内部安装温度传感器，以监测模组的温度。如发生过温，则应采取降温方式，如开启风扇或降低功率运行。

电容器单体状态监测与均衡需要均衡管理系统来实现。常见的均衡管理系统根据均衡方式的不同可分为如下几种：

① 通过电阻消耗的方式，将容量多的单体中多余的能量消耗掉，实现整组单体电压的被动均衡。

② 通过充放电的方式，给能量高的单体放电或给能量低的单体充电，实现整组单体电压的主动均衡，以及融合二者的均衡。

3.4.2 模组结构设计

模组结构设计是综合结构强度、重量、防护等级、散热等参数进行优化设计的结果，通常会根据模组的应用工况，根据超级电容器单体的发热情况选择散热方式，再从结构上进行优化。汽车用超级电容器模组需要防护等级较高的模组，通常为密封结构设计，内部对电容器单体进行二次防护，正负极连接采用螺栓连接或使用汽车专用连接器连接，模组的固定安装应保证牢固可靠。

3.4.2.1 单体连接设计

电容器单体的连接设计要能经受长期持续运行的电流 / 电压以及峰值电流 / 电压。此外，还需确保连接的机械稳定性，即能承受要求的振动和冲击规范。电容器单体的连接还要满足生产过程的一致性、可靠性，零件便于大规模生产和模组快速可靠组装。超级电容器单体的类别较多，如圆柱形、方形及软包等超级电容，因此不同超级电容器单体的连接方式也不尽相同。电容器单体的正负端子类型不同，连接方式也有所不同。比如采用引脚单体（典型容值≤ 150F）和中单体（典型容值为 300~500F）是通过波峰焊焊接到电路板上。电路板安装适合体积较小的单体，将监测与均衡电路与单体集成在同一个电路板上，能够有效节省空间。而螺纹式端子的单体则可通过螺栓用汇流排连接，适合大电流结构设计。还有些单体的端子可通过激光焊接到汇流排上，进行电气连接。一般≥ 600F 的大单体采用螺纹式和可焊式端子，汇流排与单体极耳通过焊接的方式连接，保证模组的可靠性，降低接触内阻，适用于要求高的应用。

3.4.2.2 外壳设计

模组的外壳起承载、固定、保护内部单体和进行相关连接的作用。其力学性能必须要满足模组的目标应用环境，如振动和冲击要求。模组外壳的设计须满足电气要求，包括正负端子能承受设计的长期持续电流和峰值电流，模组绝缘水平如电气净距和爬距应满足设计规范。

对于特殊的使用环境，如高温、高湿、盐雾地区，模组的外壳设计须将这些条件考虑进去。模组的安装设计应可靠、简单，便于用户安装和维护。从生产角度看，模组的外壳设计要满足生产过程的一致性、可靠性，便于大规模生产和模组快速可靠组装，应特别要注意密封、组装精度和加工难度。

热相关问题是决定超级电容器使用性能、安全性、寿命及使用成本的关键因素，如果实际的应用涉及频繁充放电，则模组外壳还得有好的散热。此外，还需进行热管理设计，利用风冷和液冷等方式散热，避免出现热失控的风险。

3.4.3 模组安全性设计

3.4.3.1 化学安全

模组内的单体必须密封完善，杜绝电解液的泄漏。单体须要有泄压阀，以防止单体在异常工况下，如过电压或过温时，发生不可预见的爆裂。

3.4.3.2 电气安全

模组的单体连接和外壳设计须满足长期运行的电流和电压要求，以及可能出现的最大电流和电压。单体要求有电压均压电路，以保证单体间电压的平衡以及单体容值和内阻衰减的一致性。此外，模组要有单体过电压监测以及温度监测，防止单体运行在过高的电压或温度。根据实际运行要求，可以考虑设计电路用于检测模组甚至单体的电压。

通过 CAN 总线或其他方式与主控系统进行通信，实现故障诊断和均衡模式切换等辅助控制。

3.4.3.3 机械安全

模组以及内部的单体，还有单体间连接的机械设计必须符合模组要运行的环境条件，防护超级电容器单体免受外部坚硬、锐利物的碰撞，免受灰尘、水等侵入，还需综合考虑振动、IP 防护、重量、散热、可维护性等因素。例如，安装在室内的模组的机械要求就远低于安装在公交车上的模组。再例如，要实现 IP67 这样的防护等级，可将单体组封装在壳体内部，使芯组与外部空气完全隔绝开。

此外，对超级电容器状态监控和管理的控制系统的功能安全设计日趋重要。

3.4.4 模组制造工艺

模组的生产和管理控制须满足高质量标准，对供应商进行严格筛选和审核，对来料进行仔细检查。此外须对模组生产过程的各个环节进行严格认真管理，包括对生产计划与物料、原料与在制品、工艺过程和工程更改、追溯系统以及工厂质量管理等。根据单体端子的不同，模组制造的主要设备可采用激光焊机或波峰焊机。模组检测除了基本的目测，还要

① 检查外观是否有破损，测量尺寸、重量。

② 检测基本电气参数如容值、内阻、泄漏电流、自放电等。

③ 进行绝缘耐压的试验。

④ 校验通信信号如过电压和温度信号。

此外对于新产品或产品更新，模组的检测内容可能还会包括高低温循环、直流老化、电流充放电循环、振动与冲击、盐雾试验、安全性试验等。试验标准可以是业界认可的企业标准、行业标准或国际通用标准，如 IEC、ISO、SAE、UL 等相关标准。

3.5 超级电容器的性能要求

3.5.1 电性能要求

超级电容器的电性能要求，QC/T 741—2014《车用超级电容器》和 GB/T 34870.1—2017《超级电容器 第 1 部分：总则》根据相应的电性能试验规定了其电性能要求。QC/T 741—2014 中对超级电容器电性能要求的项目有静电容量、储存能量、内阻、最大比功率、电压保持能力、高温特性、低温特性；GB/T 34870.1—2017 中对超级电容器电性能要求的项目有电容测量、内阻测量、最大质量功率密度测量、短路放电试验、电压保持能力试验、高温老化试验、高温特性试验和低温特性试验。

3.5.2 安全性要求

QC/T 741—2014 和 GB/T 34870.1—2017 根据相应的安全性试验规定了其安全性要求，QC/T 741—2014 中对超级电容器的安全性要求项目有过放电、过充电、短路、跌落、加热、挤压、针刺、海水浸泡和温度冲击；GB/T 34870.1—2017 对超级电容器的安全性要求的项目有过放电试验、过充电试验、跌落试验、穿刺试验、挤压试验、加热试验、海水浸泡试验和温度循环试验。

3.5.3 寿命要求

参见 QC/T 741—2014 寿命试验及性能要求及 GB/T 34870.1—2017 进行寿命试验。

3.6 超级电容器在车辆领域的典型应用

3.6.1 在混合动力电动汽车方面的应用

汽车在行驶过程中至少有 30% 的能量因热量散发和制动而消耗掉，制动、停车、减速、下坡阶段，特别是在城市行驶，经常遇到红灯，这样不仅造成能源浪费，而且增加对环境的污染。如果能把制动所消耗的能量回收起来用于汽车起动、加速，则可一举两得。蓄电池充电是通过化学反应来完成的，所需时间较长，但制动时间较短，因此回收能量效果不佳。超级电容器独有的特性非常适合用于制动过程中的能量回收，尤其对于城市公共交通，能节省大量的燃料，而且成本较低。因此，混合动力电动汽车中应充分发挥超级电容器的优势，即充分发挥超级电容器在低转速、大负荷工况下能量基本不受损失，避免内燃机在低转速 / 大负荷、高转速 / 高负荷费油的状态下运行，使发动机保持在最佳状态下运行，使混合动力电动汽车能节油 30%~50%，减少污染 70%~90%。

日本是将超级电容器运用于混合动力电动汽车上较早的国家，本田 FCX 燃料电池 - 超级电容器混合动力电动汽车是世界上最早实现商品化的燃料电池轿车。超级电容器 + 燃料电池的电能供应方式，使 FCX 能快速达到较大的输出功率，改善燃料电池轿车的起动和加速性能，并缩短起动时间。在以内燃机为主能源的混合动力电动汽车方面，日产汽车公司推出了安装有柴油机、电机和电容器的并联混合动力载货车，由额定功率为 152kW 的 CIDI 发动机和 55kW 的永磁电机驱动，安装有日产公司开发的新型电容器——超级电力电容器 (ECaSS)，功率能量比高达 80。该载货车使用 384 个单元组成三串，每串由 128 个 1500 F、2.7 V 单元并联，共 583 W · h。该车制动能量的功效高于用其他电池供电的混合动力电动汽车。

我国的生产厂商如哈尔滨巨容公司开发研制的电动车用超级电容器组件在烟台中上公司研制的电动公交车上应用，在 12km 的公交线路上，共有 48 个车站，当公交车停靠车站时，超级电容器在 30s 内完成对公交车的充电。

上海奥威公司的一个项目成果——超级电容和柴油机的油电混合动力客车，摆脱了充电站的束缚，在起动、加速、爬坡时，超级电容器与柴油机协同工作提供瞬时强劲动力，在减速、制动时超级电容器实现制动能量回收，具有非常高的经济效益和应用价值。

2013 年底，松正推出了第 4 代插电式深混客车动力系统，在“双电源”技术的作用下（图 3-15），利用超级电容器大电流充放能力对电池削峰填谷，降低电池的充放电频率，实现电池最大充放电电流小于 1.5*C*（320V，50A · h 配置），降低电池深充深放概率，使电池寿命同比延长了 1 倍；与此同时，利用电池高能量密度最大限度地回收制动能量，弥补电容器能量不足的问题。双电源、发动机、变速器等完美配合，实现系统“油 - 电 - 电”混合，可靠性和耐久性满足整车全生命周期要求。

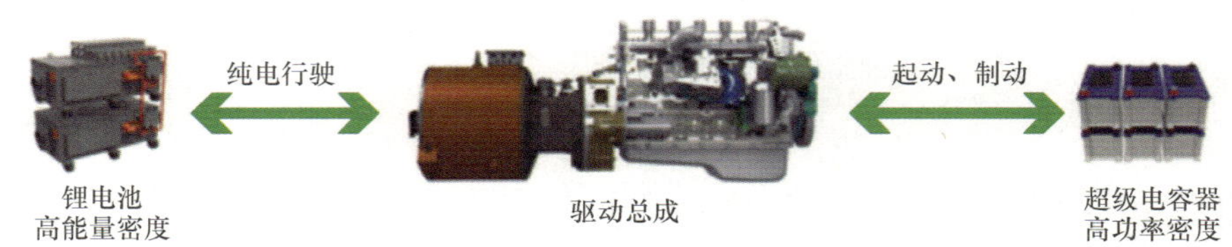

图 3-15　双源动力主驱动电机和双源动力发电机示意图

图片来源：天津松正电动汽车技术股份有限公司

目前，超级电容器能量密度仍然较低，作为单一电源，受行驶里程短的限制，因此适用于电动汽车距离短和路线固定的场合。但其较大的功率密度可以在汽车起动时提供强大瞬时功率；高充放电效率能够避免传统电池大电流下寿命短的缺陷；能量回收再生系统不仅节约能源、可提高能源利用率，还能满足日趋严格的排放规定。因此将超级电容器应用于混合动力电动汽车，是非常重要的发展方向。

3.6.2　在再生制动系统方面的应用

在轨道交通领域，双电层电容器具有快速吸收和释放能量的能力，比其他储能器件更适合实现再生制动。列车起动、制动频繁，利用双电层电容器可将再生制动产生的能量储存起来，该能量一般为输入驱动能量的 30%，甚至更多。

双电层电容器已经实际应用于轨道交通再生制动能量回收存储系统中，如西门子公司的 SITRAS SES 系列和庞巴迪公司的 MITRIC 系列。SITRAS SES 超级电容器能量回收系统已先后在许多国家的轨道交通路线上得到了应用，MITRIC 超级电容器能量回收系统也在加拿大投入了使用。功率 / 速度 − 时间曲线如图 3-16a 所示，未装备节能器的线路功率见区域①，制动电阻功率见区域②。图 3-16b 所示为装备节能器后的功率 / 速度 − 时间曲线，其中区域①为线路功率区域，区域②表示的是节能器功率区域。通过对比图 3-16a、b 中的线路功率、制动电阻功率及节能器功率曲线，可得出线路峰值功率需求降低了 40% 左右、能量节约率为 30% 左右。正是由于双电层电容器可以存储非常高的能量且可以实现快速释放，从而可以在轨道车辆制动时储存电能；当列车再次起动时，将这部分能量再次利用，降低列车的运行能耗。

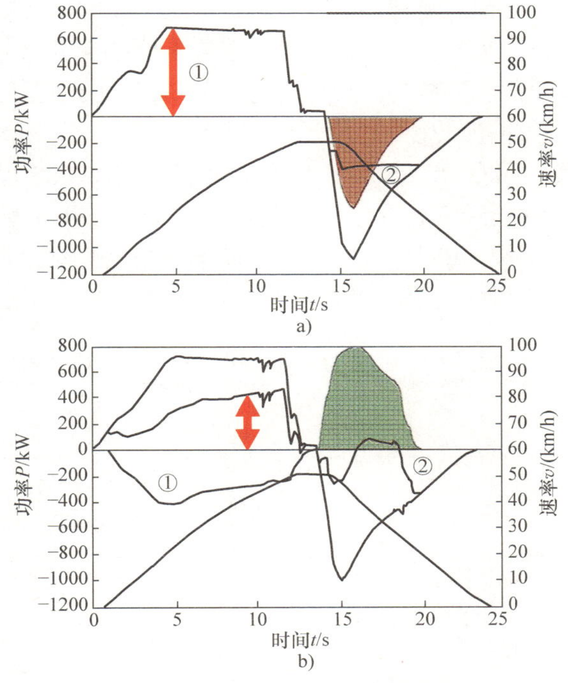

图 3-16 功率 / 速度 – 时间曲线

a）未装备线路节能器的功率 / 速度 - 时间曲线 b）装备线路节能器的功率 / 速度 - 时间曲线

以上介绍了车载双电层电容器系统在列车制动能量回收方面的应用实例。为了减轻车重、减少该系统占用的车辆空间，将该储能系统放置于牵引站内，即线路储能系统。目前，韩国 Woojin 工业系统公司针对传统受电式地铁配电站开发了这种双电层电容线路储能系统（Energy Storage System，ESS），如图 3-17 所示。

图 3-17 线路储能系统（ESS）

在车辆制动过程中，回馈能量通过供电线路被输送至配电站并储存在超级电容器储能系统中，牵引时，电能从超级电容器释放出来。这样不仅减少了配电站的电能消耗，而且降低了车辆频繁起动时对网压造成的波动。同时实现牵引、制动能量循环高效利用，避免制动电阻消耗和机械制动生热产生的环境污染。线路储能系统（ESS）运行前后对接触网压的稳定效果对比如图 3-18 所示。从图 3-18 可以看出，线路 ESS 投入使用后，可以将接触网压降低 12%。图 3-19 所示为大洞公司 2010 年 7 月 ~2011 年 4 月车辆加装 ESS 和车辆运行能耗统计数据。根据该公司对这段时间内车辆运行能耗的统计分析，车辆总耗电量为 4313.85kW · h，ESS 节约的总电量达到 1319.72kW · h，节能率为 23.4%。

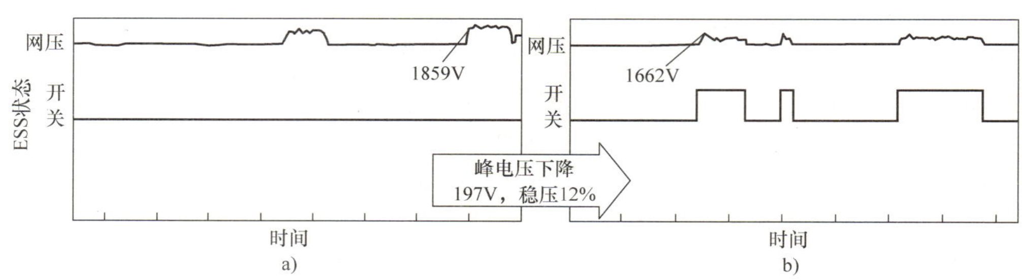

图 3-18　储能系统（ESS）运行前后对接触网压的稳定效果对比

a）ESS 未开启　b）ESS 开启

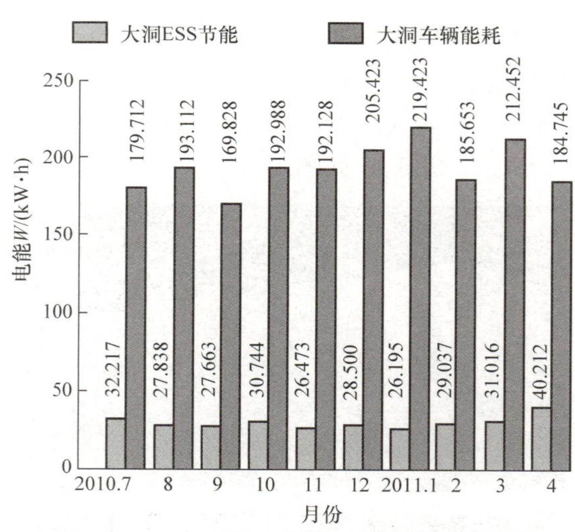

图 3-19　大洞公司 2010 年 7 月 ~2011 年 4 月车辆加装 ESS 和车辆运行能耗统计数据

传统轨道电力牵引系统通过加速阶段、巡航阶段和减速阶段，将轨道车辆从起点移动至终点。在加速和减速阶段，功率迅速增大或减小，牵引系统的功率变化是通用牵引系统的主要问题，强烈的功率波动将引起以下严重的问题，包括供电电压波动和系统不稳定、过大配置和容量安装、制动能量浪费等。一个有效的解决办法是将储能装置集成在牵引系统中，牵引系统要求储能装置可以应对几十秒以内的充放电，并且拥有足够的循环寿命和可靠性——超级电容器是比较理想的选择。

图 3-20 所示为超级电容器作为储能装置在轨道车辆牵引系统中的应用案例。它采用 60138 3000F 超级电容器单体，通过标准模块集成为储能系统。测试情况表明，超级电容器系统可在几十秒内完成充电和放电过程，在非常高的功率下释放和存储能量，抑制了车辆起动和制动过程中对直流网压的冲击，很好地提升了系统可靠性和能量效率。采用双电层超级电容器作为储能装置，寿命可达到 50 万次以上，满足了车辆在设计寿命周期内的使用。

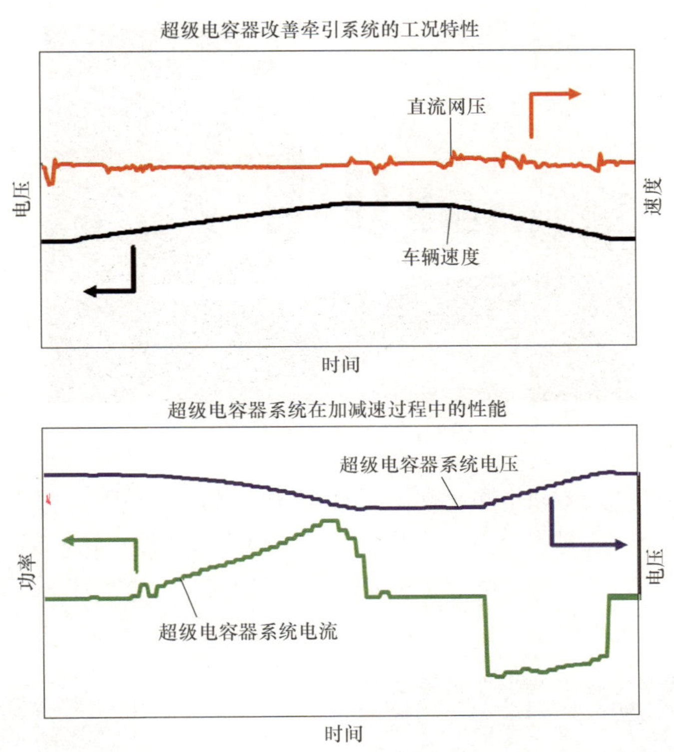

图 3-20 超级电容器作为储能装置在轨道车辆牵引系统中的应用案例

3.6.3 在新型轨道交通方面的应用

由于双电层电容器具有高功率密度，适合在大电流场合应用，特别是高功率脉冲环境，可更好地满足使用要求。作为城轨车辆的主动力源，双电层电容器可以经受车辆起动的高功率冲击、制动尖峰能量全回馈的高功率冲击以及大电流快速充电的高功率冲击，适应城轨车辆的在站快速充电、强起动和制动能量的回收。同时，与其他储能器件相比而言，双电层电容器的长寿命、免维护、高安全性以及环保的特性使得双电层电容器成为城轨车辆动力源的最佳选择。

目前，国外已有一些使用双电层电容器作为动力源的轻轨车辆的例子。例如，西班牙 CAF 研制出了用于部分线路无接触网的超级电容轻轨车辆。

我国双电层电容器的发展虽然较国外起步晚，但是目前已成功研制出使用双电层电容器作为动力源的有轨电车和无轨电车。2013 年，中车株洲电力机车有限公司开发出储能式轻轨车辆（图 3-21）这一创新型产品。整车采用双电层电容器作为储能元件，车辆能够脱离接触网运行。车站设有充电系统，最大充电电压 DC 900V，最长充电时间约 30s。车辆减速时，制动能量回馈至超级电容器。线路无供电接触网，既美化了景观，又降低了供电网的建设和维护成本，同时还能大大提高车辆制动时再生能量反馈的吸收效率，其能耗较传统车辆可降低 30% 以上。

图 3-21　储能式轻轨车辆

该成果转化的储能式有轨电车于 2014 年在广州海珠线上投入运行（图 3-22）。广州市海珠环岛有轨电车车辆为世界首列双电层电容器 100% 低地板有轨电车。该车采用三动一拖四模块编组，车辆长度约 36.5m，最大载客量为 368 人，最大运行速度为 70km/h，平均站台充电时间约为 10s。

图 3-22　广州海珠线储能式有轨电车

此外，上海奥威公司自 2013 年进入轨道交通领域开始，已在武汉东湖、滇南红河、沈阳浑南和成都等地交付了逾百辆有轨电车，其自主开发的高能量超级电容产品可实现快速补电和站点间隔较长的优势，涉及各种方式的供电模式，积累了丰富的经验。

据统计，目前国内使用超级电容的有轨电车的开通里程为 65.68km，占无网供电的 79.77%，开通运营的城市有：江苏淮安、广州海珠、南京麒麟、沈阳浑南、深圳龙华、武汉大汉阳、华为淞山湖、云南弥勒等。宁波中车、上海奥威在有轨电车方面的应用比较成熟，尤其是在全程无触网的线路上。宁波中车用于广州海珠线有轨电车的系统参数如图 3-23 所示。图 3-24 展示了两条国内使用超级电容器的有轨电车典型线路。

参数	储能式100%低地板现代有轨电车
车辆编组形式	4模块3动1拖(最多可扩展至8模块)
供电制式	站台区快速充电(充电时间≤30s)
供电电压	DC 900V
储能器件	超级电容7500F
地板高度	350mm
最高速度	70km/h
最大坡道	80‰
最大载客量	380人
线路距离	7.7km
站点数量	10站
运行线路	广州海珠线

储能系统参数

- □ 储电总能量: 20kW·h
- □ 工作能量: 16kW·h
- □ 满载运行: 3km
- □ 快速充电电流: 2800A(峰值)
- □ 制动效率: 85%
- □ 制动能量回收率: 30%
- □ 最长快速充电时间: 20s

图 3-23 宁波中车用于广州海珠线有轨电车的系统参数

a)

b)

图 3-24 我国两条使用超级电容器的有轨电车典型线路

a）武汉大汉阳 b）南京麒麟

3.6.4 在纯电动公交车方面的应用

近年来，超级电容公交车技术发展迅速，单次充电续驶里程可达 10km 以上，充电时间为 30~180s。例如，上海奥威科技开发有限公司。自 2012 年后推出的有机系高能量超级电容，其能量密度超过 50W · h/kg，甚至达到 90W · h/kg。

宁波中车新能源也推出了 7500~12000F 的有机储能用超级电容，同时全国首条超级电容器储能式无轨电车（图 3-25）已在 2014 年年底投入运营。整车采用双电层电容器作为储能元件，全程电力牵引，站台区受电，无架空网，可提供良好的城市景观。充电站设有由双电层电容器组装而成的储能式充电站，确保无轨电车到站利用乘客上下客时间快速完成充电。充电最长时间约 30s，充电后一次性行驶 5~7km。车辆减速时，制动能量回馈至双电层电容器，可回收制动能量的 85% 以上。

图 3-25　储能式无轨电车

高能量超级电容快充城市客车在起点站快速充电 5~8min 即可行驶全程，中间不需要充电，可大幅节约基础建设费用、土地成本和建设周期。这种分散式供电、就近取电、利用发车间隙的时间碎片充电的运营模式深受用户喜爱，车辆可以“即充即走”。其运营方式和车辆调度基本上与传统柴油客车相同，调度难度不大。比如，2006 年 8 月，上海建成了世界上首条商业化运营的超级电容公交线路。2010 年 5 月，61 辆超级电容公交车在世博会上应用，经历了 103 万人 / 日入园客流和高温、暴雨、雷电等恶劣天气的考验，安全运行 6 个月，共运行 120 多万 km，运送客人 4000 多万人次。世博会后全部车辆进入了巴士公交线路运营至今。另外，有些国家超级电容公交车的数量已经远超上海，如以色列特拉维夫、白俄罗斯明斯克、保加利亚索非亚、塞尔维亚贝尔格莱德、奥地利格拉茨、意大利都灵、俄罗斯莫斯科，这充分证明了超级电容公交车自身的市场竞争力。

除了公交领域，有轨电车成为超级电容器新的应用领域。我国海珠线 100% 低地板有轨电车及动力系统参数见表 3-5。

表 3-5　海珠线 100% 低地板有轨电车及动力系统参数表

储能系统参数	数值	车辆运行参数	数值 / 条件
储能电量 /（kW · h）	20	供电制式	站台区快速充电 < 30s
工作能量 /（kW · h）	16	供电电压 /V	DC900
最大充电电流 /A	2800	储能器件	7500F 超级电容
制动效率（%）	85	地板高度 /mm	350
制动能量回收率（%）	30	最高速度 /（km/h）	70
充电时间 /s	20	最大坡道	80%
满载运行 /km	3	最大载客量	380
		线路距离 /km	7.7
		站点数量	10
		运行线路	广州海珠线

另外，国外超级电容器巨头美国 MaxweⅡ公司所开发的超级电容器已在各种类型的电动汽车上得到了良好应用主要用于回收制动能量、辅助列车加速，以及在没有架空线系统的路段为车辆提供电力。单个 125V 组件参数见表 3-6。本田公司在其开发的第三代和第四代燃料电池电动汽车 FCX-V3 和 FCX-V4 中分别使用了自行开发研制的超级电容器来取代二次电池，减轻了整车的重量，减小了整车体积，提高了系统效率，同时可在车辆制动时回收能量。测试结果表明，使用超级电容器时燃料效率和加速性能均得到明显提高，起动时间由原来的 10min 缩短到 10s。

表 3-6　MaxweⅡ轨道交通用超级电容器参数表

性能参数	K2 单体	48V 模块	125V 模块
电容量 /F	650~3400	83~165	63
电压 /V	2.70~2.85	48	125
内阻 /mΩ	0.28~0.8	6.0~10	18
漏电流 /mA	1.5~18	3.0~5.2	10
能量密度 /（W · h/kg）	4.1~7.4	2.6~3.9	2.3
功率密度 /（W/kg）	12000~14000	5600~6800	3600

3.6.5　在车辆辅助起动方面的应用

内燃机机车、载货车等重型运输车辆在寒冷地区起动时，蓄电池性能大大下降，很难保证正常起动。双电层电容器工作温度的范围是 −40~65℃，在低温环境下有较好的放电能力。当车辆处于低温环境时，通过双电层电容器与蓄电池并联来辅助车辆起动，可以确保起动时提供足够的起动电流和起动次数。同时，此过程避免了蓄电池的过度放电现象，对蓄电池起到极大的保护作用，延长了铅酸蓄电池的寿命。在纯电动汽车或混合动力电动汽车的加速过程中，双电层电容器可以通过提供瞬时脉冲功率，极大地减少汽油等燃料的消耗，提高电池的使用寿命。内燃机机车起动系统及其相关数据如图 3-26 所示。

数据结果验证			
电池系统	电压变化	最高电压/V	102.8
		最低电压/V	80.4
		压降/V	22.4
	瞬间最大放电电流/A		490
超级电容系统	电压变化	最高电压/V	105.6
		最低电压/V	83.2
		压降/V	22.4
	瞬间最大放电电流/A		2752.5

图 3-26　内燃机机车起动系统及数据

3.6.6 在无人搬运车方面的应用

随着我国“工业 4.0”的持续推进，对车辆在自动化程度、节能、环保等方面的要求越来越高。目前，对自动化生产过程的无线供电模式无人车、机场摆渡车、河口渡船等固定工作线路模式的特殊车辆的研究受到了广泛的关注。因为该类型车辆通常具有工作线路固定、运行里程较短、运行频次较高、使用环境差异大等特点，使得双电层电容器成为这种新型智能特种车辆的优质动力电源。日本贵弥功在“Ceatec Japan 2016”展示了利用双电层电容器（超级电容器）无线供电的无人搬运车（Auto mated Guided Vehicle, AGV），其供电系统如图 3-27 所示。这款 AGV 选用日本贵弥功公司生产的高功率圆柱形 1200F 双电层电容器，将其串联成 15F/66.7F 的电源模块，配上受电单元、DC/DC 变换器后从侧面进行无线供电。测试结果表明：充电约 10s，AGV 可向前移动 3m 左右，然后回来再充电，如此反复。该无线供电系统是将三相 200V 的交流电源转变成 85kHz 的交流电进行无线供电，充电效率达到了 86%。

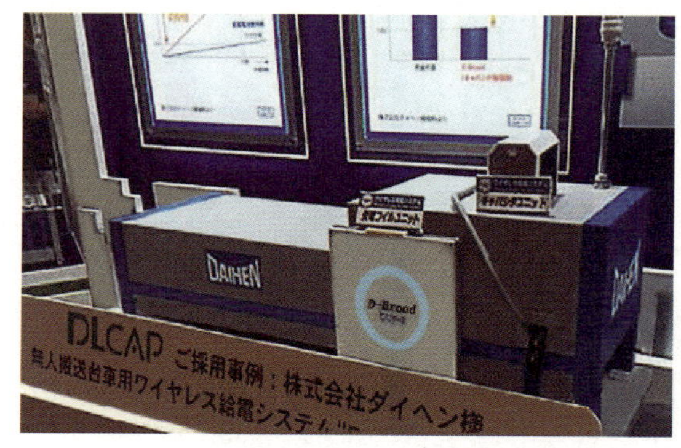

图 3-27 无人搬运车的无线供电系统

因为采用双电层电容器的无线供电可瞬间充电，所以可以一边在生产线上快速充电一边行驶，实现 24h 连续行驶。另外，由于电容器的寿命长（达 100 万次以上），可以大大降低生产运行成本。

3.6.7 在低温起动中的应用

采用铅酸蓄电池为电源，以直流电机为动力的起动方式，广泛应用于传统燃油汽车，但其起动可靠性受蓄电池状态的影响很大。在冬天或高寒地区，车辆发动机起动阻力矩增大，铅酸蓄电池输出电流加大，可达数百安培甚至上千安培。而铅酸蓄电池在低温条件下极化增大、容量减小，造成起动时电池端电压下降，起动功率不足，从而导致不能正常起动或需多次起动才能成功起动车辆。

为了改善低温环境下的起动性能，对于重型货车可采用前装或后装起动电源模块与铅酸蓄电池并联的方案改善铅酸蓄电池的低温性能。超级电容器较蓄电池受温度的影响小，与铅酸蓄电池并联低温起动时，超级电容器的等效串联电阻远小于铅酸蓄电池的内阻，在起动瞬间超级电容器可提供瞬时大电流，从而有效降低了铅酸蓄电池的极化，阻止了铅酸蓄电池内阻的上升，使起动过程的端电压得到提高，因而大大改善了车辆的低温起动性能。图 3-28 所示的应用案例对比了蓄电池方案与 3000F 超级电容器模块 + 蓄电池并联方案的低温起动特性。实际测试表明，多次低温连续起动条件下，超级电容器 + 蓄电池并联的方案具有极佳的起动特性。采用超级电容器作为低温辅助起动电源的方案可以广泛应用于重型车辆、军工车辆等领域，大大提高车辆的环境适应性和可靠性。

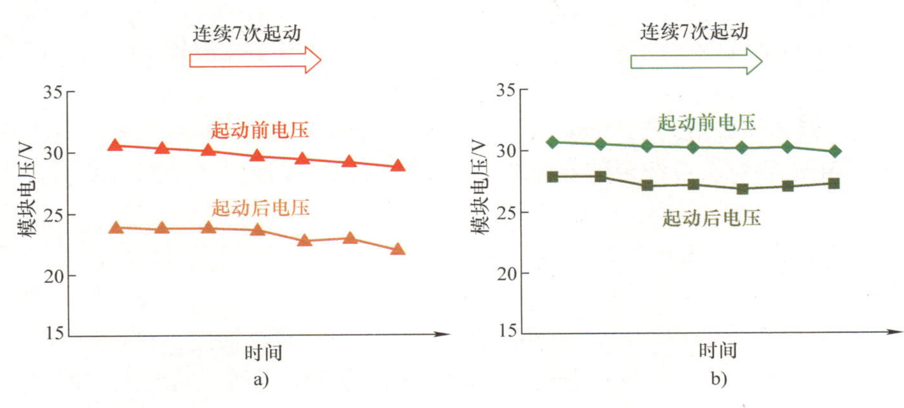

图 3-28 超级电容器在低温起动中的应用

a）蓄电池方案 b）蓄电池并联电容方案

3.7 回收再利用技术

3.7.1 废旧超级电容器的存放

大量报废的超级电容器必须有安全合理的废旧电容收集储存方法，避免大量废旧超级电容器的简单堆放。

① 应结合超级电容器的外观尺寸、储存点内部格局与容积大小选取高安全系数和空间利用率的电池摆放方法、存放架设计。

② 应根据超级电容器化学特性及失效原因的分析，包括电容器故障、电解液组成变化，储存点墙壁、地板、门窗、照明、通风、温湿度等内部条件配置与选材，优选合理的防腐防爆设计方案。

③ 应结合储存点的地理分布、环境、气候等外部因素以及储存空间内部温湿度、通风条件，合理设计节能优化方案。

④ 应结合废旧电容器可能引起的二次污染，包括电解液的泄漏，短路引起的放电、失火甚至爆炸等，进行有效的废水、废渣、废气“三废”应急处理系统的方案与设计，包括耐酸碱地面隔离层、有毒气体负压排气系统、防火防爆装置。

3.7.2 消电处理

超级电容器退役后，本身所带电量是有差别的。为了保证后续切割工艺的安全进行，必须对退役的超级电容器进行消电操作。

3.7.3 切割破碎

器件切割是在专门定制的切割机上完成的，实行半自动化操作。切割机刀面上有电解液吸收孔，这样切割过程中产生的大部分电解液会通过这些小孔被集中收集。在切割过程中要注意以下方面：

① 操作人员必须做好防护措施，起动切割机、保护气路和通风系统，检查机器运作状态，待一切正常后对设备切刀进行位置定位，然后根据电池尺寸及形状编制合适的切割程序。

② 以数只电池为一组进行切割，并根据刀口宽度将电池置于合适位置，严禁跨刀操作。

③ 切割时先将电池四边切掉，并回收边料及极耳，同时要抽出夹在中间的铝塑膜。

④ 切割操作一定要在单独的房间进行，保持房间空气流通，同时配置通风、防火门设备。

因为切割过程产生的电解液有一定的毒性和腐蚀性，释放到空气中会污染大气，所以对电解液挥发气一定要做好废气集中收集处理的工作，废气收集进一步处理以后再排放。

3.7.4 活性物质剥离

极片及隔膜分离后，需要分别进行处理。分离极片中的活性物质时，应直接将切碎的极片置于工业水洗机中搅拌洗涤，使活性物质与铝箔分离开。

此过程要控制好工业水洗机的洗涤时间和放水量，时间和放水量要根据物料处理量不同而变化。工业水洗机属于大功率设备，操作时一定要按照说明书进行。多次洗涤后的渣液应集中收集，废液不能随意排放。

3.7.5 废气废液处理

在退役超级电容器资源化回收的整个过程中，产生的废气废液很少。

① 产生的废气主要来自电解液的挥发，目前有效的处理方式是将废气集中收集后通过碱液装置过滤，使废气中的有害物质被碱液吸收后排入大气。废气处理过程要密切注意碱液的 pH，保持 pH 处于一定的范围。

② 废液的产生集中在极片洗涤的环节，此废液为强碱性，不能直接排放，需要用酸中和后排放。废液经过处理后，其 pH 应处于中性范围内，这就要求对废液 pH 进行实时监测，及时调整中和反应所需酸的用量，经检测达到污水排放标准后排放。

3.8 车用超级电容器的发展趋势

从超级电容器产业的发展趋势来说，超级电容器关键原材料的国产化、智能化机器人设备的研制开发以及工艺技术水平的提高是未来产业发展的趋势。同时，未来超级电容器产业将重点聚焦锂离子储能与双电层储能相结合的高能量混合超级电容器技术方案，包括高容量活性炭材料、石墨烯材料、耐高压电解液技术、高安全性的隔膜技术，开发具有高能量密度特性，同时兼顾高功率密度、长寿命的储能器件。

动力型双电层电容器可通过提高能量密度、提高功率密度、降低漏电流、降低成本来扩大市场应用范围。双电层电容器的发展，受到核心关键材料、工程化制备技术的限制，相比于其他储能装置，双电层电容器的市场化应用仍然有限。但相信随着超级电容器技术的不断发展，高比容量、高功率密度的双电层电容器必将再次激发相关新兴市场产业发展。

3.8.1 双电层电容器的发展趋势

世界上关于节省能源和绿色环保的呼声越来越高，为了解决这个难题，人类正在积极寻求解决方案，社会需求带动双电层电容器产业飞速发展。目前，美、欧等工业化程度较高的国家是双电层电容器的主要市场，我国从事双电层电容器尤其是大功率超级电容器行业的企业较少，市场仍处于起步阶段，主要企业的规模和市场份额均不高，尚无法与国外企业全面抗衡。随着我国经济和电力行业的发展，特别是新能源轨道交通与汽车、重型机械、石油钻井等领域对高效储能器件的迫切需求，未来我国将成为双电层电容器最大的市场。

国内厂商对双电层电容器的研发生产起步较晚，小容量的扣式超级电容器占据中国超级电容市场绝大部分份额，原先的超级电容器产品主要以纽扣型（5F 以下）和卷绕型（5~200F）为主，多用在小功率电子产品、电动玩具产品、有记忆存储功能电子产品的后备电源等。按照国际市场水平，国内大型超级电容器市场具有巨大的发展潜力。

3.8.2 锂离子电容器

锂离子电容器兼具双电层电容器的高功率和锂离子蓄电池的高能量密度，是极具发展潜力的一类器件。其中，该类体系主要分为两类：

① 氧化还原材料为正极及双电层材料为负极。这类体系中氧化还原材料的工作电位较高，为正极，主要是用作电池正极材料的高价态金属氧化物（三元、$LiMn_2O_4$、$LiFePO_4$、MnO_2 等），双电层材料的工作电位较低，为负极。

② 双电层材料为正极及氧化还原材料为负极。这类体系中双电层材料的工作电位较高，为正极，氧化还原材料的工作电位较低，为负极，多为低价态的金属氧化物或锂离子蓄电池负极材料（TiO_2、$Li_4Ti_5O_{12}$ 等）。双电层材料主要指可利用比表面积高的碳材料，且仍是整个器件的能量制约组分。典型类型的超级电容器的电化学性能见表 3-7。

表 3-7 典型类型的超级电容器的电化学性能

电极材料	工作电位（相对于 Li^+/Li）/V	相关实例	电化学性能
AC	0.8~4.0	AC ‖ 0.5 mol/L Na_2SO_4 ‖ AC	U=1.6V 时，C=135F/g
石墨 / 焦炭	0 ~0.1	AC ‖ $LiPF_6$ ‖ 石墨	103.8W · h/kg
$LiFePO_4$	2.0 ~4.4	$LiFePO_4$ ‖ 羧甲基纤维素 ‖ AC	50℃时，C=70mA · h/g;100℃时，C=60mA · h/g
$LiMn_2O_4$	3.6 ~4.4	$Li_2Mn_4O_9$ ‖ 2 mol/L KNO_3 ‖ AC	100mA/g 时，C_{max}=64F/g; 1000mA/g 时，C_{max}=47F/g
$LiCoO_2$	3.0 ~4.0	$LiCoO_2$ ‖ 1 mol/L Li_2SO_4 ‖ AC	C=45.9F/g
$LiNi_{1/3}Co_{1/3}Mn_{1/3}O_2$	2.0 ~4.0	$LiNi_{1/3}Co_{1/3}Mn_{1/3}O_2$ ‖ 1 mol/L Li_2SO_4 ‖ AC	0~1.4V、100mA/g 时 C_{max}=298F/g
$Li_4Ti_5O_{12}$	1.55	纳米碳 ‖ $LiBF_4$ ‖ $Li_4Ti_5O_{12}$	C=167mA · h/g
MnO_2	0~1.0	MnO_2 ‖ 1 mol/L Li_2SO_4 ‖ $LiTi_2(PO_4)_3$	0.7~1.9V 时，能量密度为 47W · h/kg
$LiTi_2(PO_4)_3$	2.0~3.0	AC ‖ 1 mol/L Li_2 SO_4 ‖ $LiTi_2(PO_4)_3$	C=30mA · h/g
TiO_2	1.4~1.8	AC ‖ 1 mol/L $LiPF_6$ ‖ TiO_2(B)	功率密度为 240~420W/kg

为了加速锂离子电容器的应用进程，需要从以下几方面对器件进行改性提高：

① 优化结构，选择匹配的材料为相应的电极和电解液：水性体系有利于电荷分离，但工作电压窗口窄，多为 1.2V；有机电解液工作电压窗口宽，多为 2~4V，但导电性差。若想获得高的能量密度，则选用有机或离子液体电解液，或将强氧化还原电极材料与高容量双电层电极材料组合；若想获得高的功率密度，则选用水性电解液，或将弱氧化还原电极材料与高比表面积双电层电极材料（如各种类型的碳）进行组合，或将氧化还原电极材料与双电层电极材料组合使用。

② 对电极材料进行可控制备和改性处理：通过控制工艺条件制备出特殊形貌的电极材料，如球形、核壳结构、纳米阵列等，提高电极材料与电解液的接触面积；通过掺杂不同元素、修饰无机物或有机物、多种材料原位复合、改变粒径及孔分布等方法来提高电极材料的稳定性及电化学性能。

③ 对电解液进行改性处理：通过溶剂组合、电解质耦合、添加微量元素、电极材料与电解液匹配等方式降低电解液的阻抗和凝固点及与电极材料和电容器结构的匹配性，提高器件的循环稳定性、倍率特性和高低温性能。

3.8.3 双电层电容器在电动汽车领域的应用趋势

从应用市场角度分析，电动汽车市场发展潜力大，门槛适中，适合大力发展；智能电网市场的发展受制于智能电网投资，但具备一定的增长潜力；消费电子市场量大面广，应用领域众多，但增长潜力有限，竞争激烈。

从目前来看，电动汽车市场竞争激烈，超级电容器在该领域的应用速度最为迅猛，随着政策扶持力度的加大，未来发展潜力巨大。

3.8.4 市场规模发展预测

据 IDTechEx 最新市场研究报告《超级电容器 / 电容策略和新兴应用 2013—2025》称，2016 年超级电容器的销量将超过 27 亿美元，到 2020 年，超级电容器的市场规模将超过 43 亿美元，全球超级电容器市场在 2014~2020 年将以 18% 的复合增长率实现发展。

全球超级电容器市场规模预测如图 3-29 所示，预测到 2020 年国内超级电容器市场有望达到 120 亿元，2013~2020 年的复合增长率为 25%。目前，超级电容器占世界能量储存装置的市场份额不足 1%，而超级电容器在我国所占市场份额约为 0.5%，因此有着巨大的市场潜力。

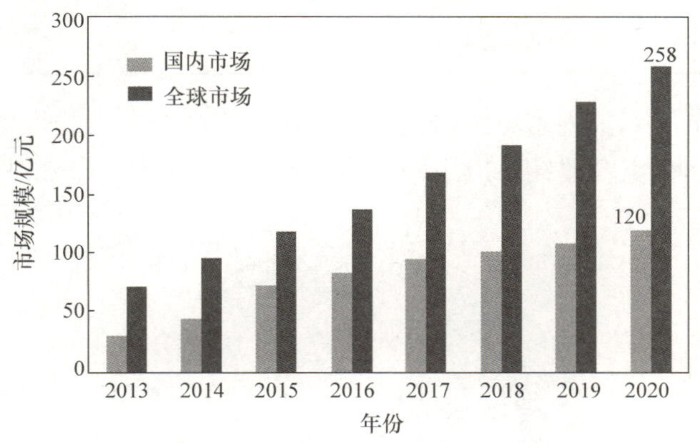

图 3-29 全球超级电容器市场规模预测

超级电容器在各领域的应用见表 3-8。超级电容器作为一种新型特殊元器件，凭借其优越的性能正快速应用于各个领域的电子 / 电器产品中。其中，微型超级电容器在小型机械设备上已得到广泛应用，例如数码相机、掌上电脑、智能表（智能电表、智能水表、智能煤气表、智能热量表等）、远程抄表系统、仪器仪表、电子门锁、程控交换机、无绳电话和电动玩具等；而大尺寸的柱状超级电容器则多被用于汽车领域和自然能源采集上，如在太阳能产品、电动汽车、电力系统、风力发电、海上风机等领域具有广泛的应用空间。

表 3-8　超级电容器在各领域的应用

交通运输领域	工业领域	清洁能源领域	军事领域
混合动力汽车	变配电站（智能电网）	太阳能	战车混合电传动系统
电动汽车	石油钻井	风能	舰用电磁炮
车辆低温起动	直流屏储能系统		坦克低温起动
轨道车辆能量回收	应急照明灯储能系统		
航空航天	UPS		
电动叉车	通信设备		
起重机	远程抄表		
港口设备	电梯		
	智能三表		
	税控收款机		
	电动玩具		
	电动工具		
	便携式除颤器		

根据国泰君安证券对国内市场的研究，交通运输用超级电容器将是支撑整个行业高速发展的重要动力。超级电容器在各应用领域的市场份额估计如图 3-30 所示。

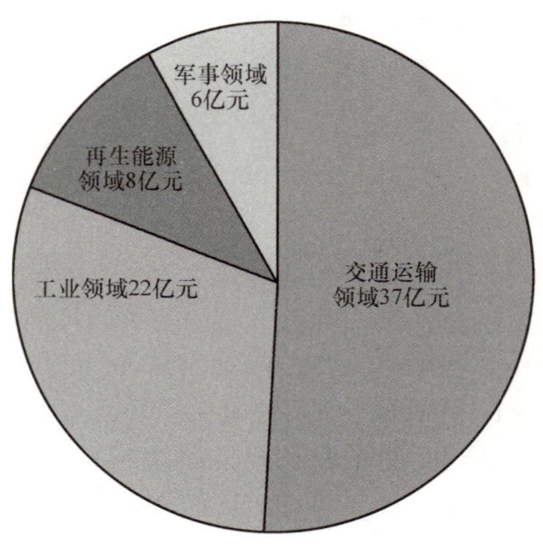

图 3-30　超级电容器在各应用领域的市场份额估计

参考文献

[1] CONWAY B E. Electrochemical supercapacitors：scientific fundamentals and technology applications [M]. New York：Plenum，1999.

[2] BURKE A. Ultracapacitor：why，how，and where is the technology [J]. Journal of Power Sources，2000，91：37-50.

[3] SOAVI F. New trends in electrochemical supercapacitors [J]. Journal of Power Sources，2001，100(1-2)：164-170.

[4] NOMOTO S，NAKATA H，YOSHIOKA K，et al. Advanced capacitors and their application [J]. Journal of Power Sources，2001，97-98：807-811.

[5] ATSUSHI N. Capacitors：operating principles，current market and technical trends [J]. Journal of Power Sources，1996，60：137-147.

[6] CHMIOLA J，YUSHIN G，GOGOTSI Y，et al. Anomalous increase in carbon capacitance at pore sizes less than 1 nanometer [J]. Science，2006，313：1760-1763.

[7] TRASATTI S，BUZZANCA P. Ruthenium dioxide：a new interesting electrode material，solid state structure and electrochemical behavior [J]. Journal of Electroanalytical. Chemistry，1971，29：1-5.

[8] CONWAY B E，BRISS V，WOJTOWICZ J. The role and utilization of pseudocapacitance for energy storage by supercapacitors [J]. Journal of Power Sources，1997，66：1-14.

[9] HU C C，TSOU T W. Ideal capacitive behavior of hydrous managaness oxide prepared by anodic deposition [J]. Electrochemistry. Communications，2002，4：105-109.

[10] RYU K S，KIM K M，PARK Y J，et al. Redox supercapacitor using polyaniline doped with Li salt as electrode [J]. Solid State Ionics，2002，152-153：861-866.

[11] CLARK P，MUNEER T，CULLINANE K. Cutting vehicle emissions with regenerative braking[J]. Transportation Research Part D：Transport and Environment，2010（3）：160-167.

[12] 梁骥，闻雷，成会明，等.碳材料在电化学储能中的应用［J］.电化学，2015，21（6）：505-517.

[13] MILLER J M. 超级电容器的应用［M］.韩晓娟，李建林，田春光，译.北京：机械工业出版社，2014.

[14] SIANG F T，CHEE W T. A review of energy sources and energy management system in electric vehicles[J]. Renewable and Sustainable Energy Reviews，2013（20）：82-102.

[15] 刘兰兰.美国CNSI研制出新型混合超级电容器［J］.电源技术，2015（39）：1139-1140.

[16] 李建玲，徐景明，毛宗强，等.双电层电容器有机电解液研究进展［J］.电源技术，2001（25）：229-234.

[17] SIDDHARTH S，FERNANDO M，JOYDEEP M，et al. Achieving the smart grid through customer-driven microgrids supported by energy storage[J]. Industrial Technology，2010（3）：884-890.

[18] 阮殿波.动力型双电层电容器——原理、制造及应用 [M]. 北京：科学出版社，2017.

[19] CHIBA K, UEDA T, YAMAGUCH I Y, et al. Electrolyte systems for high withstand voltage and durability I. linear sulfones for electric double-layer capacitors[J]. Journal of the Electrochemical Society, 2011, 158(8) : A872-A882.

[20] SUN X Z, ZHANG X, HUANG B, et al. Effects of separator on the electrochemical performance of electrical double-layer capacitor and hybrid battery-supercapacitor[J]. Acta Physico-Chimica Sinica, 2014, 30(3) : 485-491.

[21] STEPNIAK I, CISZEWSKI A. Grafting effect on the wetting and electrochemical performance of carbon cloth electrode and polypropylene separator in electric double layer capacitor[J]. Journal of Power Sources, 2010, 195 : 5130-5137.

[22] WADA H, NOHARA S, FURUKAWA N, et al. Electrochemical characteristics of electric double layer capacitor using sulfonated polypropylene separator impregnated with polymer hydrogel electrolyte[J]. Electrochimica Acta, 2004, 49(27) : 4871-4875.

[23] TÕNURIST K, JÄNES A, THOMBERG T, et al. Influence of mesoporous separator properties on the parameters of electrical double-layer capacitor single cells[J]. Journal of the Electrochemical Society, 2009, 156(4) : A334-A342.

[24] YU A, CHABOT V, ZHANG J. Electrochemical supercapacitors for energy storage and delivery : fundamentals and applications[M]. Boca Raton : CRC Press, 2013.

[25] JIN Z, YAN X D, YU Y H, et al. Sustainable activated carbon fibers from liquefied wood with controllable porosity for high-performance supercapacitors[J]. Journal of Materials Chemistry A, 2014, 2 (30) : 11706–11715.

[26] ZHANG X Y, WANG X Y, JIANG L L, et al. Effect of aqueous electrolytes on the electrochemical behaviors of supercapacitors based on hierarchically porous carbons[J]. Journal of Power Sources, 2012, 216 : 290–296.

[27] FIC K, LOTA G, MELLER M, et al. Novel insight into neutral medium as electrolyte for high-voltage supercapacitors[J]. Energy & environmental science, 2012, 5 (2) : 5842–5850.

[28] BURKE A, MILLER M. The power capability of ultracapacitors and lithium batteries for electric and hybrid vehicle applications[J]. Journal of Power Sources, 2011, 196 (1) : 514–522.

[29] MCDONOUGH J K, FROLOV A I, PRESSER V, et al. Influence of the structure of carbon onions on their electrochemical performance in supercapacitor electrodes[J]. Carbon, 2012, 50 (9) : 3298–3309.

[30] JIANG D E, WU J Z. Microscopic insights into the electrochemical behavior of nonaqueous electrolytes in electric double-layer capacitors[J]. The Journal of Physical Chemistry Letters, 2013, 4 (8) : 1260–1267.

[31] ARMAND M, ENDRES F, MacFarlane D R, et al. Ionic-liquid materials for the electrochemical challenges of the future[J]. Nature Materials, 2009, 8 (8) : 621–629.

[32] BRANDT A, POHLMANN S, VARZI A, et al. Ionic liquids in supercapacitors[J]. MRS Bulletin,

2013, 38 (7) : 554–559.

[33] 国家市场监督管理总局 . 中国国家标准化管理委员会 . 轨道交通 机车车辆设备 冲击和振动试验：GB/T 21563—2008[S]. 北京：中国标准出版社，2008.

[34] 国家市场监督管理总局 . 中国国家标准化管理委员会 . 铁路应用 机车车辆电气设备 第 1 部分：一般使用条件和通用条件：GB/T 21413.1—2008[S]. 北京：中国标准出版社，2008.

[35] 中华人民共和国工业和信息化部 . 车用超级电容器：QC/T 741—2014[S]. 北京：中国计划出版社，2014.

[36] 中华人民共和国国家质量监督检验检疫总局，中国国家标准化管理委员会 . 超级电容器 第 1 部分：总则：GB/T 34870.1—2017[S]. 北京：中国标准出版社，2017.

[37] 傅冠生，曾福娣，阮殿波 . 超级电容器技术在轨道交通行业中的应用 [J]. 电力机车与城轨车辆，2014，37(2) : 1-6.

[38] 阮殿波，王成扬，聂加发 . 动力型超级电容器应用研发 [J]. 电力机车与城轨车辆，2012，35(5) : 16-20.

[39] 陈宽，阮殿波，傅冠生 . 轨道交通用新型超级电容器研发 [J]. 电池，2014，44(5) : 296-298.

[40] 杨颖，陈中杰，储能式电力牵引轻轨交通的研发 [J]. 电力机车与城轨车辆，2012，35(5) : 5-10.

[41] CLARKE P，MUNEER T，CULLINANE K. Cutting vehicle emissions with regenerative braking[J]. Transportation Research Part D : Transport and Environment，2010，15(3) : 160-167.

[42] TANASHIT，CARLENM.Electrode compositions for carbon power supercapacitors[J]. Journal of Power Sources，1990，80(13) : 2775-2778.

[43] 郝静怡，王习文 . 超级电容器隔膜纸的特性和发展趋势 [J]. 中国造纸，2014，33(11) : 62-65.

[44] Ue M，Ida K，Mori S. Electrochemical properties of organic liquid electrolytes based on quaternary onium salts for electricaldouble-layer capacitors [J]. Journal of The Electrochemical Society，1994，141(11) : 2989-2996.

[45] ZHOU H M，SUN W J，LI J. Preparation of spiro-type quaternary ammonium salt via economical and efficient synthetic route as electrolyte for electric double-layer capacitor[J]. Journal of Central South University，2015，22(7) : 2435-2439.

[46] 余海军，谢英豪，张铜柱 . 车用动力蓄电池回收技术进展 [J]. 中国有色金属学报，2014，24(2) : 448-460.

[47] 彭结林 . 废旧动力蓄电池回收预处理方案及技术研究 [D]. 合肥：合肥工业大学，2017.

[48] 张育民，黄敦新 . 一种动力蓄电池自动放电与拆解回收系统研究 [J]. 科学技术创新，2019(01) : 165-166.

[49] 张涛，吴彩斌，王成彦，等 . 废弃手机锂离子蓄电池机械破碎的基础研究 [J]. 中南大学学报（自然科学版），2012，43(9) : 3355-3362.

[50] 周旭，朱曙光，次西拉姆，等 . 废锂离子蓄电池负极材料的机械分离与回收 [J]. 中国有色金属学报，2011，21(12) : 3082-3086.

[51] ZHANG T，HE Y，GE L，et al. Characteristics of wet and dry crushing methods in the recycling

第3章

process of spent lithium-ion batteries[J]. Journal of Power Sources，2013，240(31)：766-771.

[52] 徐建芬，唐访良，阮东德. 汽车修理养护企业挥发性有机物排放控制标准探讨 [J]. 环境监测管理与技术，2012，24(2)：1-5.

[53] 戴长松，路密，熊岳平，等. 废旧锂离子蓄电池处理处置现状及污染防治对策 [J]. 环境科学与技术，2013(S2)：332-335.

[54] STEVEN E S. System and method for removing an electrolyte from an energy storage and/or conversion device using a supercritical fluid：200300186110A1[P]. 2003-10-02.

第4章 阀控式铅酸蓄电池（动力型）

4.1 铅酸蓄电池概述

4.1.1 铅酸蓄电池的发展

1859年，法国物理学家盖斯腾·普朗特（Gaston Plante）发现，通过将铅板浸在硫酸溶液中极化形成活性物质可以得到有效的放电电流，并将该结果发表在法国科学院周报上。1860年，普朗特在法国科学院展示了由9个单格串联而成的电池，并做了专题讲座，这标志着铅酸蓄电池的诞生。

铅酸蓄电池已有近160年的历史，它主要经历了以下重大历史事件[1]：

1860年，普朗特发明了世界上第一个二次电池，即铅酸蓄电池。

1881年，欧内斯特·沃尔克马（Ernest Volckmar）将铅片换成铅板栅，达摩尔·赛隆（Scudamore Sellon）将板栅材质由纯铅更换为铅锑合金，使铅酸蓄电池技术得到了质的飞越。

1910年，美国埃克塞德（Exide）公司推出胶管式正极板，开启了管式极板新时代。

1924年，卡皮查（Kapitza）发明了第一个双极性电池，但是并没有将它往实用化方向研究。

1935年，哈林（Haring）和托马（Thoma）发明了铅钙合金来替代铅锑合金，电池维护需求大大降低。铅钙合金由于钝化现象，后来被铅钙锡合金替代，使新型合金板栅的研究和应用得到了极大的促进。

1957 年，德国阳光公司发明了 SiO_2 胶体密封铅酸蓄电池，即凝胶电解液，正极板上析出的氧气通过凝胶中的细小裂缝扩散到负极，在负极复合，抑制析氢。

20 世纪 60 年代末，美国 Gates 公司研制了卷式铅酸蓄电池，电池的性能大大提升，外形设计也有了根本性的改变。

1971 年，美国 Gates 公司发明了吸液式超细玻璃棉隔板（AGM 隔板）。该隔板可为氧气扩散提供通道，又可以吸附电解液，为阀控式铅酸蓄电池（Valve-regulated Leadacid，VRLA）的 AGM 技术奠定了基础。

20 世纪六七十年代，德国阳光公司（60 年代）和美国 Gates 公司（70 年代）设计的密封式铅酸蓄电池开始商业化生产，由此开启了铅酸蓄电池新时代。

1973 年，美国 Gates 公司开发出“Cyclon”卷绕式铅酸蓄电池，这是世界上第一只卷绕式阀控铅酸蓄电池。

20 世纪 80 年代起，美国、日本、韩国等国及欧洲主要的 12 家铅酸蓄电池厂开始使用连铸连轧和冲网板栅制造技术，为板栅生产提供了又一个技术思路。

2004 年，林（Lam）发明了一种电池电容混合结构的电池，命名为超级电池（Ultra Battery），并由此衍生出铅碳概念。铅碳（Lead-Carbon）技术掀起了研究热潮，被誉为铅酸蓄电池行业发展的又一个春天。

4.1.2 铅酸蓄电池的应用

铅酸蓄电池发明初期，因为电池极板制作过程比较漫长，容量也很低，所以在相当长的一个时期内，铅酸蓄电池的应用非常有限。

1873 年，直流发电机的发明推动了铅酸蓄电池的快速发展。

随着对铅酸蓄电池的深入研究和认识，在 19 世纪 80 年代初期，大容量的铅酸蓄电池以及相对简单的制造技术被开发出来，铅酸蓄电池才得到广泛的应用。以下是铅酸蓄电池在人类生活中的首次应用记录[1]。

1881 年，古斯塔夫・土维（Gustave Trouve）首次用铅酸蓄电池驱动电动三轮车，车速达到 12km/h。

1886 年，第一艘由铅酸蓄电池驱动的潜艇在法国下水服役。

1899 年，卡米尔・杰那茨（Camille Jenatzy）用铅酸蓄电池来驱动电动汽车，速度达到了 109km/h，创造了新纪录，这是以铅酸蓄电池为动力的电动汽车的雏形。

20 世纪前半叶，铅酸蓄电池极板是浸在流动的硫酸电解液中的，在过充电时，氢气和氧气会直接排放到大气中。在长期使用过程中易造成电解液水损耗，因此需要定期维护补充纯水。

20 世纪中期，许多新材料与新工艺迅猛发展，在铅酸蓄电池中得到迅速应用。铅酸蓄电池的硬橡胶壳被换成 PP、PE 共聚物及 ABS 材质，隔板由木质隔板进化成 PVC、PE、PP 以及吸附式玻璃纤维（AGM）隔板。铅酸蓄电池板栅用铅钙合金替代铅锑合金后，实现了电池免维护，阀控式铅酸蓄电池从此开始得到广泛应用。

随着材料和工艺的发展，铅酸蓄电池的性能有了大幅提升。铅酸蓄电池逐渐在汽车、交通、通信等各个行业应用，成为电力储能的重要装置之一。

20 世纪末期，全球石油燃料消费激增，出现能源危机。汽车制造商为了降低燃油消耗，发明了混合动力电动汽车，并逐步发展采用铅酸蓄电池为动力源的电动自行车、电动三轮车和电动汽车，进一步推动了阀控式铅酸蓄电池的飞速发展。

4.1.3 铅酸蓄电池的优缺点

自铅酸蓄电池发明至今，虽然不断有新的电池体系出现，例如镍铁蓄电池、镍镉蓄电池、银锌蓄电池、金属氢化物镍蓄电池、锂离子蓄电池等，但在产量和应用领域上，铅酸蓄电池仍然占有很大份额，这主要是由于铅酸蓄电池具有以下优点[2]：

① 单体电压高。除锂离子蓄电池外，在常用体系的蓄电池中，铅酸蓄电池的电压最高，为 2.0V；碱性蓄电池为 1.2V，银锌蓄电池为 1.10~1.65V。

② 产品性价比高。铅酸蓄电池回收价值达 50% 以上，使用成本是锂电池的 1/3 左右。

③ 高倍率放电性能好，能以 3~5 倍率、9~10 倍率，甚至高达 26~27 倍率的电流放电。

④ 工作温度范围广，可在 −40~60℃条件下工作。

⑤ 易充电，没有记忆效应。

⑥ 安全性高。相比锂离子蓄电池，铅酸蓄电池的安全性更好。

⑦ 回收再生利用率高。铅酸蓄电池 98% 以上的材料都可以进行回收再利用，回收率高，符合绿色循环经济发展的要求。

但铅酸蓄电池也具有一些难以克服的缺点[2]：

① 铅酸蓄电池的质量能量密度较低，一般为 30~50W · h/kg。

② 循环使用寿命相对较短。

③ 体积相对较大。

4.2 铅酸蓄电池的工作原理

4.2.1 铅酸蓄电池的反应原理

铅酸蓄电池是将 Pb 和 PbO_2 电极浸在稀硫酸溶液体系中，将化学能和电能相互转化的一种二次电池。铅酸蓄电池充放电过程中发生的电化学反应如下：

负极反应：

$$Pb + HSO_4^- \xrightarrow{\text{放电}} PbSO_4 + H^+ + 2e^- \quad (4\text{-}1)$$

根据能斯特方程计算负极反应的平衡电动势为

$$\Phi_{PbSO_4/Pb}=\Phi^0_{PbSO_4/Pb}+\frac{RT}{nF}\ln\frac{a(PbSO_4)a(H^+)}{a(Pb)a(HSO_4^-)}$$

$$\Phi_{PbSO_4/Pb}=\Phi^0_{PbSO_4/Pb}+\frac{RT}{2F}\ln\frac{a_{H^+}}{a_{HSO_4^-}}$$

$$\Phi^0_{PbSO_4/Pb}=-0.300V$$

式中 $\Phi_{PbSO_4/Pb}$——$PbSO_4$/ Pb 电极平衡电极电势；

$\Phi^0_{PbSO_4/Pb}$——$PbSO_4$/ Pb 电极标准电极电势；

n——电池反应中的得失电子数；

F——法拉第常数，F=96487C/mol；

R——摩尔气体常数，R=8.314J/（K · mol）；

T——热力学温度（K）；

a——物质活度。

参与电池反应的是 HSO_4^-，而不是 SO_4^{2-}，这是因为 H_2SO_4 的一级解离常数与二级解离常数相差甚大。

$$H_2SO_4 \xleftrightarrow{k_1} H^+ + HSO_4^- \quad k_1=10^3\ (25℃)$$

$$HSO_4^- \xleftrightarrow{k_2} H^+ + SO_4^{2-} \quad k_2=1.02\times10^{-2}$$

因为 $k_1 >> k_2$，所以 H_2SO_4 解离主要生产 HSO_4^- 和 H^+。在铅酸蓄电池应用的 H_2SO_4 浓度范围内，可将 H_2SO_4 视为 1-1 型电解质，参与电极反应的是 HSO_4^-。

正极反应：

$$PbO_2+3H^++HSO_4^-+2e^- \xrightarrow{放电} PbSO_4+2H_2O \tag{4-2}$$

根据能斯特方程计算正极反应的平衡电动势为

$$\Phi_{PbSO_2/PbSO_4}=\Phi^0_{PbSO_2/PbSO_4}-\frac{RT}{nF}\ln\frac{a(PbSO_4)a^2(H_2O)}{a(PbO_2)a^3(H^+)a(HSO_4^-)}$$

电池反应：

$$Pb+PbO_2+2H^++2HSO_4^- \xrightarrow{放电} 2PbSO_4+2H_2O \tag{4-3}$$

铅酸蓄电池放电时，在正负极都生成硫酸铅，因此叫“双硫酸盐化理论”。根据能斯特公式可计算电池的电动势为

$$E=E^0-\frac{RT}{nF}\ln\frac{a^2(PbSO_4)a^2(H_2O)}{a(Pb)a(PbO_2)a^2(H^+)a^2(HSO_4^-)}$$

式中 E^0——标准电动势（V）。

在25℃时，T=298K，E为

$$E = E^0 - \frac{0.059}{2}\lg\frac{a^2(PbSO_4)a^2(H_2O)}{a(Pb)a(PbO_2)a^2(H^+)a^2(HSO_4^-)}$$

又因为

$$a(Pb)\approx 1,\ a(PbO_2)\approx 1,\ a(PbSO_4)\approx 1 \quad a(H^+)a(HSO_4^-)=a(H_2SO_4)$$

所以

$$E = E^0 - 0.059\lg\frac{a(H_2O)}{a(H_2SO_4)}$$

由上式可以看出，电池电动势取决于$a(H_2O)$和$a(H_2SO_4)$。电池在放电过程中，H_2SO_4被消耗，生成H_2O，电解液pH升高，电池电压随之下降。

4.2.2 阀控式铅酸蓄电池的氧复合原理

阀控式铅酸蓄电池是通过“内部氧循环”来实现免维护功能的，即在安全阀控制电池内部气压的条件下，正极产生的氧气通过胶体电解液微裂纹通道或多孔超细玻璃纤维隔板的孔隙到达负极进行氧复合，促进内部实现氧循环。

充电后期和过充电阶段正极发生的副反应为

析氧反应： $$H_2O \longrightarrow 2H^+ + \frac{1}{2}O_2\uparrow + 2e^- \qquad (4\text{-}4)$$

板栅腐蚀反应： $$Pb + 2H_2O = PbO_2 + 4H^+ + 4e^- \qquad (4\text{-}5)$$

充电后期和过充电阶段负极发生的副反应为：析出的氧气通过隔板孔隙转移到负极板，并在负极板上还原，生成水和热量。

氧复合反应： $$Pb + H_2SO_4 + \frac{1}{2}O_2 \longrightarrow PbSO_4 + H_2O + Q \qquad (4\text{-}6)$$

析氢反应： $$2H^+ + 2e^- = H_2\uparrow \qquad (4\text{-}7)$$

氧气在隔板孔隙中扩散的速度比在电解液膜中扩散的速度高4个数量级[3]。在阀控式铅酸蓄电池中，由方程（4-4）和方程（4-6）组成的氧循环使负极电位相对升高，氢气析出速率降低。阀控式铅酸蓄电池通过安全阀控制内部气体压力，当内部压力低于安全阀的开阀压力时，安全阀紧闭；当内部压力高于开阀压力时，安全阀打开，向外部排出气体，内部压力降低。当内部压力降低到闭阀压力时，安全阀闭合，这样就避免了电池内部压力过高的情况，同时防止外部空气进入。

在氧复合效率比较高和没有氧气逸出的情况下，氢气析出速度与板栅腐蚀速度平衡。负极上的氧复合速度是与电池设计、使用条件以及充电方法相关的复杂的作用过程。在充电末期，副反应占主导地位。如果设计不合理或充电方法不当，则充入的电量主要用于内部氧循环，氧复合过快，负极不能完全充电，多次循环后会导致硫酸盐化。同时产生的热量不能及时散发出去，电池内部温度就会升高，引起充电电流增加；电流增加反过来又促进氧复合速率，产生热量更多，这样形成恶性循环。由于热量积累，温度急剧上升，当超过电池壳塑料的软化温度时，在安全阀保持内部气压的情况下电池壳会发生鼓胀，从而使电池发生热失控而失效。这就是阀控式铅酸蓄电池的热失控原理[2,4]。阀控式铅酸蓄电池内部氧循环如图 4-1 所示。

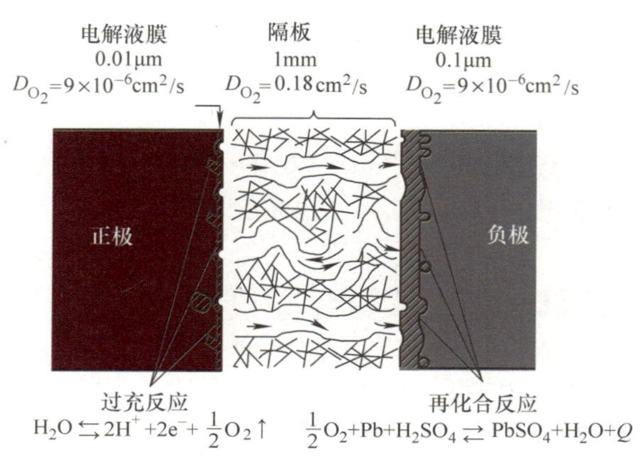

图 4-1　阀控式铅酸蓄电池内部氧循环

D_{O_2}— 氧气的扩散系数

4.3　铅酸蓄电池的结构与产品设计

4.3.1　铅酸蓄电池的结构

低速电动汽车用阀控式铅酸蓄电池由正极板、负极板、电解液、隔板、电池壳及零部件等构成。蓄电池型号不同，结构上略有差异。阀控式铅酸蓄电池的结构如图 4-2 所示。

4.3.2　铅酸蓄电池产品设计

4.3.2.1　设计要点

应用场合不同，采用的铅酸蓄电池也不同。低速电动汽车因车型、电池仓尺寸和电机功率不同而采用不同型号的蓄电池，所以需要根据实际情况予以专门设计。根据需求确定电池容量、尺寸，再结合蓄电池生产和使用经验，先进行非定型设计，采用仿真设计、有限元分析对产品进行仿真模拟核算，然后做出样品，经检测和测试后对原设计做必要的修改。设计步骤大致如下：

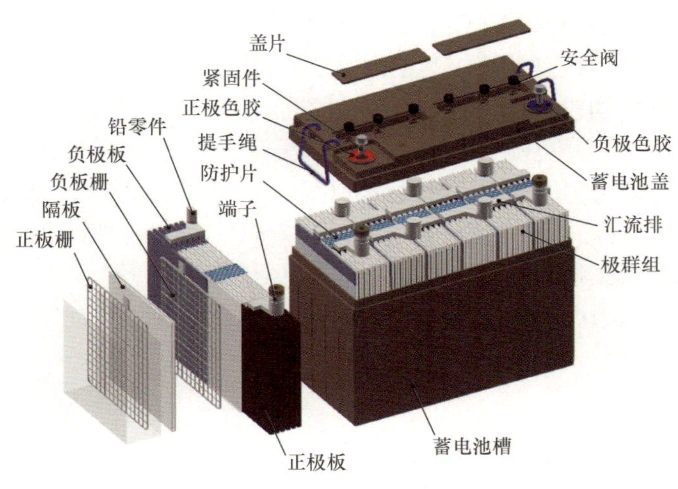

图 4-2　阀控式铅酸蓄电池的结构

① 根据用电设备的功率和使用时间的要求，计算蓄电池所必须提供的能量，即功率×时间 = 能量（瓦时），再决定采用单体蓄电池的数目。因为铅酸蓄电池的标称电压为2V，所以一般设计的电池组为 2V、4V、6V、8V 和 12V，特殊情况下需要设计为 16V 或24V。所设计电池的容量值为

$$电池容量（C_n）= 所需能量（W）/ 电池组电压（V）$$

② 根据所需的安时数计算正、负极活性物质的量、极板和板栅的尺寸和厚度，以及电解液的浓度和数量。

4.3.2.2　容量计算 [5]

铅酸蓄电池的容量主要取决于反应物质的量和利用率。而影响利用率的若干参数要根据生产和使用实践来确定，尚不能从理论上进行计算。设计时遵守的原则是满足于一定容量的铅膏量，必须填满在一定尺寸的板栅中。归纳起来有三种方法：

1. 阿伦脱（Arendt）经验式

阿伦脱用涂膏式极板在密度为 1.300g/cm^3 的 H_2SO_4 中试验，总结并提出一公式，后经修改，得到极板容量计算的经验公式：

$$C_n=0.154bh\sqrt{\delta}$$

式中　C_n——极板容量（A·h）n 小时率；

b——极板宽度（cm）；

h——极板高度（cm）；

δ——极板厚度（cm）；

0.154——常数，当采用单位为 mm 时，常数为 4.87×10^{-4}。

该公式是在特定的工艺制造条件下得到的，其影响因素统统包含在常数中，适用于壳

体尺寸已确定的产品。因为 b、h 已定，所以只需根据每片极板的容量求极板厚度。

用此公式进行计算的优点是简便，工作量小；局限性是常数是从老产品中获得的，因此所设计产品的板栅结构和制造工艺与老产品接近。

对于低速电动汽车用蓄电池，除了应满足容量要求外，还应满足起动要求。一般起动电流为 $3C_n$~$5C_n$，还需要进一步核算所设计的电池的表面积是否满足要求。需知道已有产品起动时极板允许的最大表观电流密度 i_{max}（mA/cm^2），如设计值大于此值，则电池起动受阻。如设计的电极表面积的电流密度低于此值，则此设计可行。

设起动时要求的最大电流为 I_{max}，则单体蓄电池所需的总面积为

$$F=I_{max}/i_{max}$$

单体蓄电池中总面积

$$F=2N_{+}bh$$

式中　N_{+}——正极板的片数。因两面工作，故片数应为 $2N_{+}$。

如果初步设计电极能满足容量而不能满足起动电流，则必须减薄极板厚度，增加电极片数，以增加极板面积。

再根据极板厚度比栅厚度大 0.2~0.3mm，设计板栅。

2. 根据活性物质利用率

根据活性物质利用率和极板单位长度上平均电压降损失不得超过某限定值 ΔU/cm，再进行容量计算。

设计时的已知条件为极板高 / 宽比值、极板的厚度、某小时率放电时活性物质的利用率，设计时以正极为准。

设计时以物质的体积平衡来进行，即板栅材料的体积 + 活性物质的表观体积恒等于极板的高度、宽度、厚度三者的乘积。

$$V_g+V_{+}=\text{极板高}\times\text{宽}\times\text{厚}=\text{极板体积} \tag{4-8}$$

（1）活性物质的表观体积

表观体积（PbO_2 的电化当量为 4.46g/A・h）为

$$V_{+}=\frac{W_{+}}{(1-p)d}$$

$$W_{+}=\frac{4.46C_{+}}{\eta_{+}}$$

式中　V_{+}——正极板的表观体积（cm^3）；

W_{+}——正极活性物质的质量（g）；

p——正极活性物质的孔率（%）；

C_{+}——某放电率时的电池容量（A・h）；

η_{+}——该放电率下的活性物质利用率（%）；

d——二氧化铅的密度（g/cm^3）。

（2）板栅体积 V_g 的计算

设极板的高为 a，宽为 b，$c=\dfrac{b}{a}$，极板的横筋截面积为 S_H，纵筋截面积为 S_V，则

$$S_H=(a/b)S_V$$

上式成立的条件是，筋条分布的高度和宽度方向上线密度相同

$$S_H=S_V/c$$

$$V_g=S_Va\text{（极板高）}+S_Hb\text{（极板宽）}=2aS_V$$

设极板的厚度为 δ，则极板的体积为 $ab\delta$。

按式（4-8）建立平衡，有

$$ab\delta=2aS_V+\frac{4.46C_+}{\eta_+}\frac{1}{(1-p)d}=a^2C\delta \qquad (4\text{-}9)$$

（3）S_V 的计算

当电流在板栅垂直方向时，最大电流密度放电时的最大电压降为

$$\Delta U=IR$$

$$R=\rho L/S_V$$

式中 ΔU——电压降给定值；

I——通过的最大电流（A）；

R——板栅材料的电阻（Ω）；

ρ——板栅材料的电阻率（Ω · cm）；

L——电流流经的长度（cm）；

S_V——电流流经的纵筋的截面积（cm^2）。

电池放电时，电流流经极板是逐步地从下向极耳方向叠加，因此电流取放电电流的平均值为

$$I/2=I_e$$

另外

$$C_+=It$$

式中 C_+——电极的容量（A · h）；

I——放电电流（A）；

t——放电时间（h）。

则

$$I_e=\frac{C_+}{2t}$$

$$\Delta U=\frac{C_+\rho l}{2tS_V}$$

$$S_V=\frac{C_+\rho l}{2t\Delta U}$$

式中　$\Delta U/l$——一定长度上电压降的值；

C_+——该小时率时的容量（A·h）；

ρ——板栅材料电阻率，可查到；

t——时率（h）。

将各已知数如 δ、d、ρ（取 50%）、C_+、η_+、S_V 均代入式（4-9），则只有 a 值为未知。再按一元二次方程求解 x 公式：

$$ax^2+bx+c=0$$

$$x=\frac{-b+\sqrt{b^2-4ac}}{2a} \tag{4-10}$$

由式（4-10）可解出 a 值，因 $b=ac$，则 b 也得到，即极板的高、宽已确定。

利用此法进行计算时必须注意 η_+（利用率）的取值必须与极板厚度 δ、特定放电率及在此放电率下的容量值 C_+ 相对应。

此法的适用范围：

① 外形尺寸不限，但要求宽、高比例给定。

② 要求给定单位极板长度上的电压降值。

此法不足之处是纵肋截面积与横肋截面积之比 $S_V=aS_H/b$ 不尽合理，应该是不论宽高比如何，S_V 要始终大于 S_H。

3. 按铅膏方程确定极板尺寸及活性物质的数量计算容量

此法的设计原则与 2 相同，但铅膏体积 V_+ 按铅膏常数计算。

$$极板宽度\times高度\times厚度=V_g(板栅体积)+V_+(活性物质表观体积)$$

（1）计算 V_g

当板栅的高、宽（图 4-3）给定时，板栅的边框内在高度和宽度方向肋条的数目与长度需要计算。

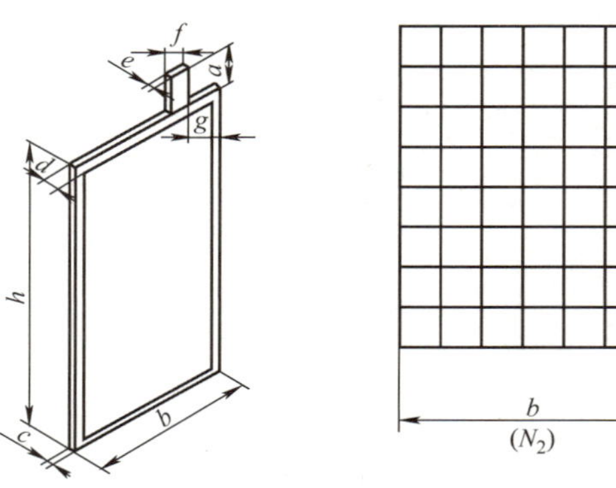

图 4-3　板栅的高度和宽度

横筋条的总长度为

$$L_1=N_1b$$

纵筋条的总长度为

$$L_2=N_2h-0.1N_1N_2$$

式中 N_1——横筋数；

N_2——纵筋数；

N_1N_2——交叉点数，0.1 为交叉点对 L_2 进行校正。

$$V_g=L_1S_H+L_2S_V$$

式中 S_H——横筋截面积；

S_V——纵筋截面积。

（2）计算 V_+

$$V_+=\frac{q_S}{K_P(d-1)} \tag{4-11}$$

式中 V_+——正极铅膏体积（cm^3）；

q_S——铅膏中固相物质的质量（g）；

d——铅膏中固相物质的视密度（g/cm^3）；

K_P——铅膏常数。

在铅膏配方差别很大的情况下，K_P 仍然很接近，因此称为铅膏常数。

$$K_P=\frac{A-B}{A-C} \tag{4-12}$$

式中 A——铅粉 +H_2SO_4 溶液的质量（g）；

B——H_2SO_4 溶液中水的质量（g）；

C——铅膏中各组分的体积 +H_2SO_4 和单独纯水的体积（cm^3）；

$A-B$——铅粉 + 纯 H_2SO_4 的质量（g）。

设 M 为铅膏的质量（g），则

$$M=\text{铅粉}+H_2SO_4$$

溶液质量 + 单独纯水的质量，即

$$M=A+W_{H_2O}$$

则

$$q_S=MK_P\frac{d-1}{d} \tag{4-13}$$

根据铅膏配方可求得 M、K_P、d 为所要求的铅膏视密度，由此计算得 V_+。在得到 V_+ 之后可按式（4-8）求出极板的 h、b 或 δ。

（3）计算 K_P

正极铅膏配方为：

铅粉：1000g

H_2SO_4（纯）：20g

H_2SO_4 密度：$1.100g/cm^3$

查表可知密度为 $1.100g/cm^3$ 的 H_2SO_4，140g 时含纯 H_2SO_4 为 20g，则

$$A=1000g+140g=1140g$$

$$B=H_2SO_4 \text{ 中水含量 } =140g-20g=120g$$

$$C= \text{铅膏中各组分的体积} +H_2SO_4+ \text{水的体积}$$

铅膏的组分：按铅粉中的 PbO 与加入的 H_2SO_4 100% 反应生成 $3PbO \cdot PbSO_4 \cdot H_2O$，即

$$\underset{4\times 223g}{4PbO} + \underset{98g}{H_2SO_4} = \underset{990g}{3PbO \cdot PbSO_4 \cdot H_2O} \text{（缩写为 3BS）}$$

假设铅粉氧化度为 75%，1000g 铅粉中有 750g PbO、250g Pb，加 20g H_2SO_4 时消耗的 PbO 数为

$$98:(4\times 223)=20:PbO$$

$$PbO=182g$$

铅膏中还剩余 PbO 为

$$750g-182g=568g$$

生成的 $3PbO \cdot PbSO_4 \cdot H_2O$（即 3BS）为

$$98:990=20:3BS$$

$$3BS=202g$$

按上述数据得铅膏组成：

$$Pb:250g$$

$$PbO:568g$$

$$3PbO \cdot PbSO_4 \cdot H_2O:202g$$

根据各组分的密度可计算得出各组分的体积，计算结果见表 4-1。

表 4-1 铅膏组分及占有体积

铅膏组分	密度 /（g/cm^3）	体积 /cm^3
Pb: 250g	11.3	250/11.3≈22.1
PbO: 568g	9.4	568/9.4≈60.4
3BS: 202g	6.5	202/6.5≈31.1
H_2O: 120g	1.0	120/1.0=120

根据表中体积数值可计算

$$C=(22.1+60.4+31.1+120)\,\mathrm{cm}^3=234\mathrm{cm}^3$$

$$A-B=1020$$

$$A-C=906$$

$$K_P=(A-B)/(A-C)=1.13$$

（4）计算 M 值

求 M 值须知和膏时加入的水量，这由铅膏的视密度决定。不同酸量条件下铅膏表观密度与总水量的函数关系见表 4-2。

表 4-2 不同酸量条件下铅膏表观密度与总水量的函数关系

酸量 /（g/kg）	$W_{H_2O}=f(d)$	$d=f(W)$
15	$W_{H_2O}=\dfrac{1009-111d}{d-1}$	$d=\dfrac{1009+W_{H_2O}}{111+W_{H_2O}}$
20	$W_{H_2O}=\dfrac{1017-114d}{d-1}$	$d=\dfrac{1017+W_{H_2O}}{114+W_{H_2O}}$
25	$W_{H_2O}=\dfrac{1024-117d}{d-1}$	$d=\dfrac{1024+W_{H_2O}}{117+W_{H_2O}}$
30	$W_{H_2O}=\dfrac{1031-119d}{d-1}$	$d=\dfrac{1031+W_{H_2O}}{114+W_{H_2O}}$
35	$W_{H_2O}=\dfrac{1038-122d}{d-1}$	$d=\dfrac{1038+W_{H_2O}}{122+W_{H_2O}}$
40	$W_{H_2O}=\dfrac{1045-125d}{d-1}$	$d=\dfrac{1045+W_{H_2O}}{125+W_{H_2O}}$
45	$W_{H_2O}=\dfrac{1052-128d}{d-1}$	$d=\dfrac{1052+W_{H_2O}}{128+W_{H_2O}}$
50	$W_{H_2O}=\dfrac{1060-131d}{d-1}$	$d=\dfrac{1060+W_{H_2O}}{131+W_{H_2O}}$
55	$W_{H_2O}=\dfrac{1068-134d}{d-1}$	$d=\dfrac{1068+W_{H_2O}}{134+W_{H_2O}}$
60	$W_{H_2O}=\dfrac{1075-137d}{d-1}$	$d=\dfrac{1075+W_{H_2O}}{137+W_{H_2O}}$

根据铅膏配方中的加酸量 g/kg（铅粉）和铅膏视密度 d，可根据表 4-2 的公式计算出总水量，从总水量中减去所用 H_2SO_4 中的含水量，就可以得到所需单独加入的水量。

已知铅膏配方为 20g H_2SO_4/kg（铅粉），若要求铅膏视密度 d 为 4，则查表 4-2 可知

$$总水量 =(1017-114\times4)/(4-1)\text{g}=187\text{g}$$

稀 H_2SO_4 的密度为 1.100g/cm^3 时，140g 带进的水量为 120g，则需单独加水

$$187\text{g}-120\text{g}=67\text{g}$$

$$M=1000\text{g}+140\text{g}+67\text{g}=1207\text{g}$$

代入式（4-13）求得 q_S。将 q_S 代入式（4-11），求得 V_+。

（5）每片极板铅膏量

以上是以 1kg 铅粉为基础、根据配方计算而得到的铅膏体积，实际上，设计所需为每片正极板所需的铅膏量中固相物质的量 q'_s，进而求得 V_+。

$$每片极板所需活性物质 PbO_2 的量\ q'_s=4.46C_+/\eta_+$$

式中 C_+——正极板容量（A·h）；

η_+——正极活性物质利用率；

4.46——PbO_2 的电化当量（g/A·h）。

由 PbO_2 数量可以换算成所需铅的质量 m_{Pb}（g）

$$m_{Pb}=\frac{4.46C_+}{\eta_+}\times\frac{207}{239}$$

由铅球磨成氧化度 75% 的铅粉时，质量由 1kg 增至 1.05kg，则每片正极所需铅粉量为

$$m_{Pb}=\frac{4.46C_+}{\eta_+}\times\frac{207}{239}\times1.05$$

所以 1000g 铅粉按配方得 1027g 铅膏，则每片正极的铅膏量 M' （单位为 g）为

$$M'=\frac{\frac{4.46C_+}{\eta_+}\times\frac{207}{239}\times1.05\times1027}{1000}$$

将 M' 代入式（4-13）得 q_s，再代入式（4-11）得 V_+。

此计算方法适用性较宽，考虑纵向截面积 > 横向截面积是合理的，表 4-2 对于新开发配方加水量的考虑很有参考价值；但整个计算比较烦琐，实际也是近似计算，因为和膏反应不是 100% 地生成 $3PbO\cdot PbSO_4\cdot H_2O$，和膏时由于放热，水会被蒸发，即水也有损失。

4.3.2.3 连接线和极柱等铅零件的计算 [2]

决定单体蓄电池外连接的连接线、电池内部过桥焊或穿壁焊的内（偏）极柱等零件的截面积，主要由两个因素决定：

① 大电流放电时的电压降损失。

② 大电流放电时不能因发热而将零件熔断。

1. 连接线截面积的计算

电动汽车电池考虑起动或爬坡时电流较大，电池间连接均采用软铜线连接，一方面保证足够的导电能力，另一方面可以有效地耐振动而不影响端子的密封。

用欧姆定律可简单地计算所需截面积，计算的关键是要确定在零件上允许的电压降值。通常，参照汽车起动时在 27℃下以 300A 放电时，单体蓄电池之间的连接线电压降为 1cm 不超过 0.008V。因为电压降 $\Delta U=IR$，$R=\rho L/S$，故

$$S=\frac{I\rho L}{\Delta U}$$

式中 S——连接线的截面积（mm^2）；

ρ——连接线合金的电阻率（$\Omega \cdot mm^2/m$）；

L——连接线长度（m）；

I——放电电流（A）。

将所给数据代入公式中，得

$$S=300\rho\times0.01/0.008$$

若使用的是软铜线，则将铜电阻率（20℃时）$0.0175\Omega \cdot mm^2/m$ 代入上式，得

$$S=6.56\ mm^2$$

若使用的是铅合金，则将铅电阻率（20℃时）$0.0259\Omega \cdot mm^2/m$ 代入上式，得

$$S=97mm^2$$

2. 依据熔断电流计算连接线截面积

当电流通过连接线时，若电流密度过大、截面积太小、长度太长，这时产生的焦耳热（I^2R）的一部分就会向周围环境发散，大部分将加热连接线本身，致使其熔断。设计者可以依据以前的试验数据，对连接线的面积进行计算或校核，以确定所设计的连接线有无熔断危险。

对长度分别为 L_1 和 L_2、横截面积分别为 S_1 和 S_2 的连接线进行熔断电流的试验，电流分别为 I_1、I_2。连接线通电时间为 3 ~5min。根据试验结果，做出横截面积曲线和熔断电流，得出比例系数 K，则

$$K=I_2S_1/(I_1S_2)$$

式中 I_2——给定的放电电流（A）；

S_1——已知连接线的横截面积（mm^2）；

I_1——连接线截面为 S_1 时的熔断电流（A）；

S_2——欲计算的最小横截面积（mm^2）。

根据试验电流计算出最小横截面积 S_2，并与按电压降计算的横截面积进行比对，判定连接线是否存在熔断的问题。

3. 中间（偏）极柱截面积计算

设计依据：起动电流 500A，持续时间 30s。

设计思路：以热衡算为基础。热衡算由下式计算

$$I^2RT=Q_L+Q_S$$

$$R=\rho L/S$$

$$S=I^2T\rho L/(Q_L+Q_S)$$

式中 S——（偏）极柱截面积（mm^2）；

I——起动电流（A）；

ρ——极柱合金的电阻率（$\Omega \cdot mm^2/m$）；

T——电流通过极柱的持续时间（s）；

Q_L——极柱接触电解液的部分，使电解液升温而吸收的热（J）；

Q_S——极柱材料本身吸收的热。

使用极柱合金，其电阻率 $\rho=234\times10^{-7}\Omega \cdot mm^2/m$，电流经偏极柱的长度为 2.28cm。

（1）Q_L 的计算

取电解液温升 Δt 为 10℃，被加热电解液（硫酸密度为 $1.28g/cm^3$）的质量 m 为 16.1g，比热容 $c=2.96\times10^3J/(kg \cdot K)$，有

$$Q_L=cm\Delta t=2.96\times10^3\times16.1\times10^{-3}\times10J\approx476.6J$$

（2）Q_S 的计算

需预选偏极柱的尺寸，依此尺寸计算偏极柱的体积，体积乘以合金的密度即可得偏极柱的质量 m_s。

预选偏极柱的截面积 $0.88cm^2$（宽 2.2cm、厚 0.4cm），质量为 41.0g，取温升 $\Delta t=30$℃，$c=0.13J/(g \cdot K)$，则

$$Q_s=cm_s\Delta t=(0.13\times41\times30)J=159.9J$$

将各数值代入 $S=I^2T\rho L/(Q_L+Q_s)$，得偏极柱截面积：

$$S=(500^2\times30\times234\times10^{-7}\times2.28)/(159.9+476.6)cm^2=0.63cm^2$$

此值与预选截面积 $0.88cm^2$ 比较，预选值大，可作为裕度或安全系数对待，不再进行计算。

$$安全系数=[(0.88-0.63)/0.63]\times100\%\approx39.7\%$$

若认为安全系数过大，则可按新截面积再计算 Q_s，如此反复迭代，直到获得满意值为止。

4.3.3 常用铅酸蓄电池的型号及尺寸

随着低速电动汽车的发展，阀控式铅酸蓄电池的型号及尺寸已逐步统一，电动道路车辆用铅酸蓄电池的基本型号及尺寸见表 4-3。

表 4-3 电动道路车辆用铅酸蓄电池的基本型号及尺寸（GB/T 32620.2—2016）

序号	基本型号	额定电压/V	3hr 容量 C_3 (A·h)/终止电压（1.68V/单体）	外形尺寸（±1mm）/mm				质量/kg
				长	宽	高	总高	
1	3-EVF-150	6	150	260	180	246	252	30
2	3-EVF-175	6	175	260	180	254	274	30
3	3-EVF-180	6	180	260	180	270	273	35

（续）

序号	基本型号	额定电压/V	3hr 容量 C_3 (A·h)/ 终止电压（1.68V/ 单体）	外形尺寸（±1mm）/mm				质量/kg
				长	宽	高	总高	
4	3-EVF-185	6	185	263	181	246	266	34
5	3-EVF-200（Ⅰ）	6	200	260	180	272	274	36
6	3-EVF-200（Ⅱ）	6	200	332	180	214	218	38
7	3-EVF-210	6	220	322.5	178	225.5	230.5	36
8	3-EVF-220	6	220	260	180	273	295	38
9	4-EVF-125	8	125	260	180	255	275	29
10	4-EVF-135	8	135	260	180	280	280	35.5
11	4-EVF-150	8	150	260	180	280	280	36.5
12	6-EVF-60	12	60	260	168	215	215	24
13	6-EVF-65	12	60	272	172	206	226	25.1
14	6-EVF-70	12	70	330	170	165	172	26
15	6-EVF-80（Ⅰ）	12	80	260	190	220	220	26
16	6-EVF-80（Ⅱ）	12	80	323	172	206	226	29.5
17	6-EVF-100	12	100	330	176	214	218	36
18	6-EVF-110	12	110	512	167	170	179	40
19	6-EVF-120	12	120	408	174	220	240	44
20	6-EVF-150	12	150	484	170	238	241	52
21	6-EVF-190（Ⅰ）	12	190	386	180	346	367	66.5
22	6-EVF-190（Ⅱ）	12	190	528	222	229	250	64.6

注：超过 250A·h 及低于 60A·h 规格型号的蓄电池，可由用户与制造厂协商确定。

4.4 铅酸蓄电池用主要材料及性能要求

4.4.1 铅酸蓄电池用铅及铅基合金

铅的化合物及其合金被广泛应用于蓄电池行业。铅酸蓄电池用铅量占电池重量 60% 以上，铅及铅基合金主要用于制成正负极活性物质、板栅、汇流排、极柱（铅零件）。铅的物理性能见表 4-4。

表 4-4 铅的物理性能

相对原子质量	207.22
密度（20℃）/（g/cm^3）	11.3437
熔融点 /℃	327.502
沸点 /℃	1740
线膨胀系数（10~100℃）	29.5×10^{-4}
电阻率（20~40℃）/（Ω · m）	20.648×10^{-8}
热导率（100℃）/[W/（m · K）]	33.49
硬度（莫氏）	1.5
熔解热 /（J/kg）	26.17×10^{3}
比热容 /[J/（kg · K）]	127.52

根据生产工艺不同，铅可以分为电解铅和精铅。电解铅是由电解法生产制造，精铅是由火法生产制造。铅一般铸成铅锭，铅锭分大锭和小锭。小锭为条形，横断面为梯形，单重为 48kg±3kg、42kg±2kg、40kg±2kg、24kg±1kg。大锭为条形，横断面为梯形，单重为 950kg±50kg、500kg±25kg。为了方便使用，铅酸蓄电池行业一般采用 24kg±1kg 小锭。我国铅锭按化学成分分为五个牌号：Pb99.994、Pb99.990、Pb99.985、Pb99.970 和 Pb99.940。市场上通常把 Pb99.994 铅简称为 1# 铅，把 Pb99.990 铅简称为 2# 铅。铅锭化学成分见表 4-5。

表 4-5 铅锭化学成分（GB/T 469—2013）

牌号	化学成分的质量分数（%）											
	Pb 不小于	杂质，不大于										
		Ag	Cu	Bi	As	Sb	Sn	Zn	Fe	Cd	Ni	总和
Pb99.994	99.994	0.0005	0.001	0.004	0.0005	0.0001	0.0001	0.0004	0.0005	0.0002	0.0002	0.006
Pb99.990	99.990	0.0015	0.001	0.010	0.0005	0.0008	0.0005	0.0004	0.0010	0.0002	0.0002	0.010
Pb99.985	99.985	0.0025	0.001	0.015	0.0005	0.0008	0.0005	0.0004	0.0010	0.0002	0.0005	0.015
Pb99.970	99.970	0.0050	0.003	0.030	0.0010	0.0010	0.0010	0.0005	0.0020	0.0010	0.0010	0.030
Pb99.940	99.940	0.0080	0.005	0.060	0.0010	0.0010	0.0010	0.0005	0.0020	0.0020	0.0020	0.060

注：Pb 含量（质量分数）为 100% 减去表中所列杂质实测总和的余量。

铅酸蓄电池用铅主要用于制作板栅、铅零件和铅粉，其中，板栅和铅零件是采用铅基合金来制作，铅粉采用 1# 铅制作。铅酸蓄电池板栅合金常有三种组合方式：

① 正负极板栅均为铅钙合金（铅钙锡铝四元合金）。

② 正极板栅为铅锑合金（多元低锑合金），负极板栅为铅钙合金（铅钙锡铝四元合金）。

③ 正负极板栅均为铅锑合金。

4.4.2 铅酸蓄电池用隔板

隔板是蓄电池的重要部件，有“第三极板”之称。隔板不属于活性物质，是由电子的绝缘材料构成的，但有足够的孔隙充满电解液起到离子导电的作用。隔板的主要作用如下：

① 防止正负极接触短路。

② 储存电解液，同时为电解液中正负离子参加电极反应提供通道。

③ 提供适当的压力，防止正负极板活性物质脱落。

隔板的电阻是隔板的重要性能，它由隔板的厚度、孔率、孔的曲折程度决定，对蓄电池高倍率放电的容量和端电压水平具有重要影响。隔板对电池的性能和寿命影响很大，因此应有严格的要求。蓄电池隔板应具有以下特性：

① 具有良好的耐酸、耐腐蚀性。

② 具有多孔结构，表面积大，孔径小，孔隙率高。

③ 浸润性好，化学纯度高，有害杂质少，电阻率低。

④ 具有一定的机械强度和回弹性。

⑤ 具有一定稳定性，抗氧化性。

电动汽车用铅酸蓄电池多用超细玻璃纤维隔板，也有些厂家做成胶体电池，使用微孔橡胶隔板、聚氯乙烯隔板或聚氯乙烯 - 二氧化硅（PVC-SiO_2）隔板。常用的隔板尺寸技术指标见表 4-6。超细玻璃纤维隔板的物理化学性能见表 4-7。

表 4-6 常用的隔板尺寸技术指标（GB/T 28535—2018） （单位：mm）

型式	基本尺寸	尺寸偏差				
		高	宽	对角线	总厚	基底厚
片型	≤ 200	±1.0	±1.0	≤ 1.5	±0.05	+0.05 −0.02
	＞ 200	±1.5	±1.0	≤ 2.0	±0.05	+0.05 −0.02
毡型	≤ 200	±1.0	±1.0	≤ 1.5	±8% *d*	—
	＞ 200	±1.5	±1.0	≤ 2.0	±8% *d*	—
袋型	≤ 200	±1.0	±1.0	≤ 1.5	±0.05	+0.05 −0.02
	＞ 200	±1.5	±1.0	≤ 2.0	±0.05	+0.05 −0.02

注：*d* 为总厚。总厚在 1.5mm 以上的玻璃纤维复合隔板（片形）其总厚的尺寸偏差按其总厚的 5% 计算。

表 4-7 超细玻璃纤维隔板的物理化学性能（GB/T 28535—2018）

序号	检项目	不同隔板的化学性能			
		片型、袋型隔板		毡型隔板	
1	拉伸强度	≥ 3.00MPa		总厚 /mm	极限值 /（kN/m）
				≤ 2.00 ＞ 2.00	≥ 0.42*d*[①] ≥ 0.84
2	电阻 /（Ω · dm^2）	普通形[②]	复合形[③]	≤ 2.00 ＞ 2.00	≤ 0.000 40*d* ≤ 0.000 50*d*
		≤ 0.0010[④]	≤ 0.0015		
3	最大孔径	≤ 30μm		≤ 22μm	
4	孔率	≥ 85%		—	
5	润湿性	≤ 5.0s		—	
6	定量 /[g/（m^2 · mm）]	—		130.0~150.0	
7	毛细吸酸高度	—		≥ 75mm/5min	
		—		≥ 620mm/24h	
8	浸酸失重	≤ 4.0%		≤ 3.0%	
9	加压吸酸量	—		≥ 550%	
10	还原高锰酸钾物质	≤ 15.0mL/g		≤ 5.0mL/g	
11	铁质量分数	≤ 0.0080%		≤ 0.0050%	
12	氯质量分数	≤ 0.0030%			
13	水质量分数	≤ 1.0%			
14	发泡性	气泡（沫）不能完全覆盖硫酸溶液液面		—	

注：1. 出厂前未经压缩的毡型隔板，其物理化学性能由供需双方自行决定。

2. 当隔板尺寸小于本表规定的试样尺寸要求时，其极限值由供需双方协商确定。

① *d* 为以 mm 为单位的被测试隔板厚度的数值。

② 普通形隔板是指外层未附有粗玻璃纤维的隔板。

③ 复合形隔板是指外层附有粗玻璃纤维的隔板。

④ 此电阻极限值对应的隔板总厚不大于 2.0mm。

4.4.3 铅酸蓄电池用电解液

电解液是铅酸蓄电池的重要组成部分，根据电池的用途不同，采用密度为 1.100~1.350g/mL 的稀硫酸。它除承担正、负极间离子导电作用外，还参加成流反应。在放电过程中一部分被消耗，从而使密度降低，在充电过程中又恢复原状。蓄电池电解液的主要作用如下：

① 作为活性物质，参与反应。

② 作为支持电解质，起导电作用。

③ 作为介质，吸收充电过程中的部分热量，避免极板温度过高。

按照其状态可以分液体电解液和胶体电解液两种类型。

4.4.3.1 稀硫酸电解液的主要技术指标

硫酸溶液的电阻率对铅酸蓄电池内阻和功率具有重要意义。稀硫酸电解液的主要技术指标见表 4-8。当电池电解液内阻较高时，电池自身消耗大量能量，即以热的形式损失。当有电流时，电池内阻取决于电解液的浓度和温度。H_2SO_4 溶液的电阻率随 H_2SO_4 溶液浓度和温度的变化关系如图 4-4 所示。

表 4-8 稀硫酸电解液的主要技术指标（JB/T 10052—2010）

序号	检验项目	指标	
		排气式	阀控式
1	外观	无色透明	
2	密度（25℃）/（g/mL）	1.100~1.300	1.100~1.300
3	硫酸（H_2SO_4）的质量分数（%）	15~40	15~40
4	还原高锰酸钾物质（以 O 计）的质量分数（%）	≤ 0.0007	≤ 0.0006
5	氯的（Cl）质量分数（%）	≤ 0.0005	≤ 0.0003
6	铁的（Fe）质量分数（%）	≤ 0.0030	≤ 0.0010
7	锰的（Mn）质量分数（%）	≤ 0.00004	≤ 0.00004
8	铜的（Cu）质量分数（%）	≤ 0.0010	≤ 0.0010

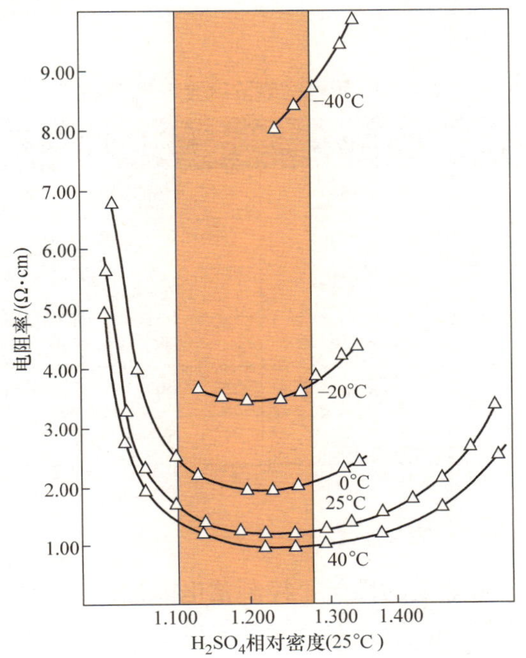

图 4-4 H_2SO_4 溶液的电阻率随 H_2SO_4 溶液浓度和温度的变化关系 [6]

4.4.3.2 胶体电解液（原胶）的主要技术指标

胶体电解液（原胶）的主要技术指标见表 4-9。

表 4-9 胶体电解液（原胶）的主要技术指标（JB/T 10052—2010）

序号	检验项目	指标
1	外观	乳白色、乳状液
2	pH	5~13
3	密度（25℃）/（g/cm^3）	1.040~1.200
4	不挥发性固体的质量分数	⩾ 10%
5	SiO_2 的质量分数	10%~30%
6	氯（Cl）的质量分数	⩽ 0.0180%
7	铁（Fe）的质量分数	⩽ 0.0050%

原胶体在配制成胶体电解液时，应关注硫酸浓度、温度、胶体浓度、胶体粒子大小等因素对胶体形成的影响。一般来说，硫酸浓度越高，温度越高，胶体浓度越高，胶体粒子越小，形成凝胶的速度越快。

4.4.3.3 硫酸溶液冰点

不同密度下硫酸溶液的冰点见表 4-10，表中密度是指 15℃时的密度。在电池使用时可参照表 4-10，合理设定电池保护电压，避免电池过放电，防止发生电池因低温电解液结冰时导致电池壳胀裂。

表 4-10 不同密度下硫酸溶液的冰点

密度 /（g/cm^3）	冰点 /℃	密度 /（g/cm^3）	冰点 /℃	密度 /（g/cm^3）	冰点 /℃
1.000	0	1.300	−70	1.600	未测定
1.050	−3.3	1.350	−49	1.650	未测定
1.100	−7.7	1.400	−36	1.700	−14
1.150	−15	1.450	−29	1.750	+5
1.200	−27	1.500	−29	1.800	+6
1.250	−52	1.550	−38	1.835	−34

4.4.3.4 硫酸溶液杂质与析气量

为了确保阀控式铅酸蓄电池的性能，控制蓄电池使用过程中的水损耗很关键。水损耗，除了蒸发和塑壳失水以外，最主要的就是充电末期、过充电和自放电过程中的水分解。硫酸溶液各杂质（质量分数为 500×10^{-6} 或饱和态）的 4h 析气量见表 4-11[7]。

表 4-11　硫酸溶液各杂质（质量分数为 500×10^{-6} 或饱和态）的 4h 析气量

杂质	析气量 /cm^3	杂质	析气量 /cm^3
铝	306.4	铁	309.7
锑	2557.3	锂	258.4
砷	626.2	锰	936.2
钡	193.0	汞	194.2
铋	916.0	钼	911.6
镉	243.7	镍	1076.4
钙	172.5	磷	171.4
铈	286.4	银	285.8
氯	266.4	碲	1498.4
铬	571.8	锡	179.2
钴	5500.8	钒	635.6
铜	530.4	锌	218.4

注：标准电池的 4h 平均析气量为 $230.5cm^3$。

基于对电池析气的影响，这些杂质可以分为三类：

① 极大加速水电解（产生的气体大于 $1000cm^3$）：锑、钴、镍、碲。

② 中等加速水电解（产生的气体介于 $500\sim1000cm^3$）：锰、钼、铋、钒等。

③ 对水电解的影响可忽略（产生的气体小于 $500cm^3$）：表 4-11 中的其他杂质。

显然，应该特别关注电池生产原材料（铅、铅合金、硫酸、添加剂等）中前两类杂质的含量。这些杂质含量应该低于以下最大允许值，以防止它们加速电池的气体析出速率。根据参考文献 [7]，硫酸电解液中最大允许的杂质含量（质量分数）如下：

① 低于 1×10^{-6}，碲、锑、砷、钴和镍。

② 低于 3×10^{-6}，锰。

③ 低于 160×10^{-6}，铁。

④ 低于 500×10^{-6}，铝、铋、铈、铬、铜、钼、银和钒。

⑤ 低于 5000×10^{-6}，铋、镉、钙、氯、锂、汞、磷、锡和锌。

应该基于以上杂质分类，对每个特定类型电池的电解液确定各种杂质精准最大允许值。

4.4.4　铅酸蓄电池槽

目前，铅酸蓄电池槽材料主要有硬质橡胶材质、聚丙烯塑料材质和 ABS 共聚物材质三种，前两种主要用于普通型铅酸蓄电池，后一种多用于热封或环氧树脂密封的铅酸蓄电池。其中，聚丙烯塑料材质和 ABS 共聚物材质使用更广泛。

蓄电池槽有两种：一种是单体槽，只能装一个极群，适用于 2V 系列电池；另一种是整体槽，可以装多个极群，适用于 4V、6V、8V、12V 等系列电池。

蓄电池槽主要包括电池壳和电池盖两部分。电池壳的作用是盛装正负极群、电解液，隔断单体蓄电池防止电解液串格。电池盖的作用主要是防止电解液渗出，提供排气通道。电池使用环境要求电池槽具有良好的绝缘性能、机械强度、阻燃性能和耐酸、耐热等。蓄电池槽相关技术指标见表 4-12。

表 4-12　蓄电池槽相关技术指标（GB/T 23754—2009）

序号	检验项目		指标或极限值	
			电池壳	电池盖
1	耐电压 /V		20000	—
2	耐冲击性		无裂纹、开裂	无裂纹、开裂
3	耐热性	整体槽 /mm	≤ 2.0	—
		单体槽、盖（%）	≤ 1.0	≤ 1.0
4	内应力		无裂纹	无裂纹
5	耐气压性		≤ 0.5%	—
6	耐腐蚀性		无膨胀、裂纹、变色	无膨胀、裂纹、变色
7	质量变化率		≤ 1.0%	—
8	铁质量分数		≤ 0.0050%	—
9	还原高锰酸钾物质		≤ 1.0%	—
10	电池盖开闭阀压力		—	开阀压力：30~45kPa 闭阀压力：15~30kPa
11	色泽均匀并与封样颜色一致，外观整洁，无气泡、无分解料及划伤裂纹等缺陷			

4.4.5 铅酸蓄电池密封

阀控式铅酸蓄电池一般采用环氧树脂或类似的黏合剂把蓄电池盖粘到电池壳上，近年来也有采用机器热封的生产方式，减少人工操作，同时降低成本。

4.4.5.1 环氧树脂密封

环氧树脂封口剂是由环氧树脂和固化剂按照一定的比例配制而成，一般在 30min 内硬化。因此，必须在黏结前进行配制，而且需要根据需求量及操作时间定量配制，防止因配制量多、放置时间长而导致黏度增大，使用后硬化效果变差，而导致密封不良。

环氧树脂密封电池壳盖设计有胶槽，根据电池类型不同，有的胶槽设计在电池壳上，有的胶槽设计在电池盖上。密封时，将环氧树脂封口剂滴入胶槽中，并保证封口剂在胶槽内流动均匀，无气泡，然后将电池壳或盖匹配性倒置在胶槽中，并采用重物或利用电池本身重力压紧，按照环氧树脂硬化温度的要求及时间进行相对应的操作。

4.4.5.2 热封

阀控式铅酸蓄电池多采用 ABS 材质的电池槽，少数厂家使用 PP 材质的电池槽。如今，随着改性 ABS 的发展，采用热封的 ABS 逐步增多。热封即不使用封口剂，而是将电池壳顶和盖底边用可控电热器加热，正好加热到使塑料软化的温度，然后将盖放在电池上，压实后使其冷却。经气密性试验证明，热封好的电池不漏气。

4.4.6 铅酸蓄电池用安全阀和消氢栓

阀控式铅酸蓄电池主要通过内部氧复合实现免维护功能。当有不能复合的气体时，气体滞留在电池内部空间。蓄电池安全阀主要是起到控制电池内部气压的作用。安全阀多为单向阀，采用耐酸的三元乙丙橡胶制成。当电池内部气压达到开阀压力值时，安全阀打开，排出多余的气体；当内部气压小于闭阀压力值时，安全阀自动闭合。安全阀的开闭阀在 1~49kPa 的压力范围内自动开启和关闭。

消氢栓是在防酸隔爆排气栓的基础上，结合安全阀进一步开发出来的密闭排气栓。这种消氢栓的原理是在铂、钯等催化剂存在时，电池内部析出的氢和氧重新化合成水回到电池中去。因此，此类电池在使用过程中失水很少，电池寿命长，适用于化工企业等对氢气排出有要求的环境。

4.4.7 铅酸蓄电池用添加剂

蓄电池用添加剂主要分正极添加剂和负极添加剂。正极添加剂有石墨、短纤维、红丹、硫酸亚锡、三氧化二锑、四碱式硫酸铅（4BS）等。负极添加剂主要有木素、短纤维、石墨、活性炭、腐殖酸、硫酸钡等。常用正极添加剂见表 4-13，常用负极添加剂见表 4-14。

表 4-13 常用正极添加剂

正极添加剂				
序号	名 称	作 用	添加量	标 准
1	石墨	增加导电性，增加孔径孔率	0.1%~0.5%	GB/T 3518—2008
2	短纤维	增加极板强度	0.06%~0.1%	—
3	红丹	增加铅膏导电性加速化成	5.0%~10.0%	—
4	硫酸亚锡	增强活性物质之间的导电性	0.1%~0.5%	GB/T 23839—2009
5	三氧化二锑	增强活性物质之间的导电性	0.1%~0.5%	GB/T 4062—2013
6	4BS	作为生成 4BS 铅膏的晶种	0.1%~0.5%	—

表 4-14　常用负极添加剂

序号	名　称	作　用	添加量	标　准
1	木素	作为膨胀剂，抑制硫酸铅钝化层，提高低温性能	0.2%~0.3%	HG/T 3507—2008
2	短纤维	增加极板强度	0.06%~0.10%	—
3	乙炔黑	增加导电性，增加孔径孔率	0.1%~2.0%	GB/T 3782—2016
4	石墨	增加导电性，增加孔径孔率	0.1%~2.0%	GB/T 3518—2008
5	活性炭	增加导电性，增加孔径孔率，提供一定电容性，对大电流起到缓冲作用	0.1%~2.0%	GB/T 12496—1999
6	腐殖酸	作为膨胀剂，抑制硫酸铅钝化层，提高低温性能	0.1%~0.5%	HG/T 3589—1999
7	硫酸钡	作为膨胀剂，为硫酸铅结晶提供晶核	0.6%~1.2%	GB/T 2899—2017

4.5　制造工艺

4.5.1　铅粉制造

铅粉是铅酸蓄电池制造活性物质的主要原料之一。铅粉制造方法有两种：

① 球磨法，也称岛津法，即将铅球或铅块装入滚筒内，由自身撞击摩擦而发热，铅表面与空气中的氧气发生氧化反应生成 PbO，从铅球表面脱落产生铅粉，再利用稳定的气流将铅粉送进铅粉收集系统。

② 气相氧化法，也称巴顿法，即将熔融态的铅雾化，与空气混合氧化成细铅粉，再利用稳定的气流把铅粉吹至 铅粉收集系统。

球磨法生产的铅粉属正方晶系 α-PbO，呈鳞片状。巴顿法生产的铅粉呈类球形，多为 α-PbO 和少量（约 5%~30%）斜方晶系 β-PbO。球磨法和巴顿法制备的铅粉的具体指标见表 4-15。

表 4-15　球磨法和巴顿法制备的铅粉的具体指标

性质	球磨铅粉	巴顿铅粉
颗粒尺寸 /μm	2~3	3~4
晶体类型	100% α-PbO	5%~30% β-PbO，余量为 α-PbO
吸酸值 /（g/g）	0.2~0.3	0.16~0.2
表面积 /（m^2/g）	2.0~3.0	0.4~1.8
游离铅含量	15%~35%	18%~28%
生产速率 /（kg/h）	1000	300~900
电池性能	初始容量高，寿命可能缩短	初始容量较低，提高电池寿命

球磨法制备铅粉的工艺流程如图 4-5 所示。巴顿法制备铅粉的工艺流程如图 4-6 所示。

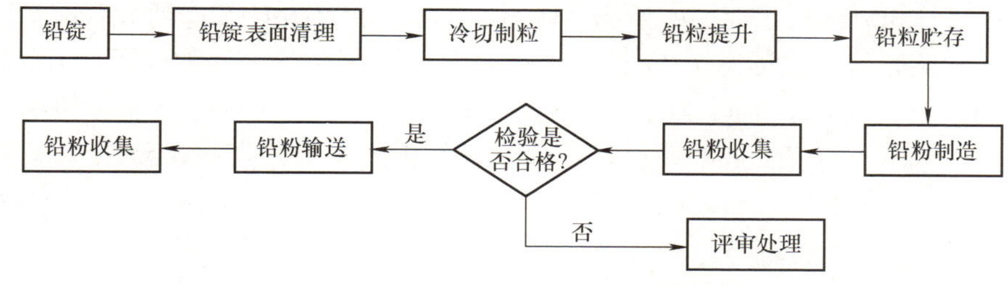

图 4-5　球磨法制备铅粉的工艺流程

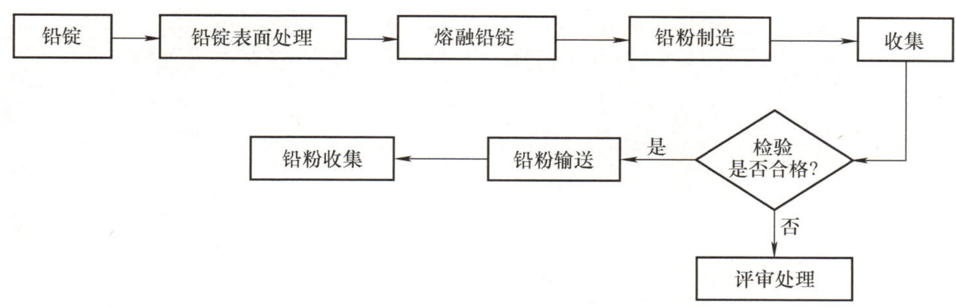

图 4-6　巴顿法制备铅粉的工艺流程

铅粉一般用在和膏工序中，铅粉特性对铅膏和极板性能的影响很大，其特性主要包括纯度、氧化度、视密度、吸酸值、吸水率和粒径等参数。

1. 纯度

铅粉是铅酸蓄电池的主要原料，占铅酸蓄电池重量的 40%~55%。铅粉生产所用的铅所含的杂质对电池性能的影响很大。电池用铅一方面来自于矿石冶炼，另一方面来自废旧电池再生冶炼。电池工业用铅应当具备一定的纯度等级标准。表 4-16 列出了富液式电池所用铅粉的典型纯度标准。板栅采用 Pb-Sb 合金的富液式电池，Sb 明显降低了氢析出过电势，其他元素（杂质）的影响没有那么明显。

表 4-16　富液式电池所用铅粉的典型纯度标准

元素	富液式电池质量分数最大值 (%)	元素	富液式电池质量分数最大值 (%)
铅 + 氧	99.97~99.99	锰	0.0005
微量元素	0.01~0.03	镍	0.0005
锑	0.001	硒	0.0005
砷	0.001	银	0.005
铋	0.03	碲	0.0005
镉	0.001	锡	0.001
铜	0.0015	铊	0.01
铁	0.001	锌	0.001

VRLA 蓄电池使用无锑板栅，杂质对析气反应的影响程度明显增加，因此有必要根据各种杂质对氢气和氧气析出速率的影响，确定它们在生产铅粉的铅中所允许的最大可接受含量。Lam 和实验室人员提出了 17 种元素的最大可接受水平。在确定单个元素最大可接受水平期间，他们发现了协同效应——主要是 Bi、Ca、Cr、Ag 和 Zn 联合使用会抑制氢气析出。其中，Bi、Ag 和 Zn 的联合使用抑制氢气析出效果最强；Ni 和 Se 联合使用会明显加速氢气析出；Sb 和 Fe 联合使用对氧气析出有抑制作用；Ni 和 Se 会加速氧气析出，但不如对氢气的析出那么强烈。

VRLA 蓄电池所用铅粉中残留元素的最大可接受含量见表 4-17。

表 4-17 VRLA 蓄电池所用铅粉中残留元素的最大可接受含量[8]

元素	含量（$\times10^{-6}$）			质量分数最大值（%）
	浮充电流 $I_{浮充}$	氢气析出电流 $I_{氢气}$	氧气析出电流 $I_{氧气}$	
Ni	4	16	4	0.0004
Sb	6	15	6	0.0005
Co	4	7	4	0.0004
Cr	7	16	7	0.0007
Fe	—	—	—	0.0010
Mn	5	5	5	0.0005
Cu	33	13	34	0.0034
Ag	76	142	66	0.0066
Se	2	1	2	0.0001
Te	1.5	0.5	1.4	0.0005
Tl	25	25	25	0.0025
As	5	—	5	0.0005
Sn	41	—	40	0.0040
Bi	543	—	522	0.0500
Ge	673	250	658	0.0010
Zn	915	—	905	0.0500
Cd	756	—	722	0.0500

2. 氧化度

铅粉是由氧化铅和未氧化的铅（游离铅）组成的。氧化度是指铅粉中氧化铅的质量与铅粉总质量的比值，是反映铅粉氧化程度的指标。铅粉要求有一定的氧化度，一般控制在 65%~85%。当氧化度过低时，铅粉活性较高，在潮湿空气中易氧化，反应放热有可能引起铅粉燃烧；当氧化度过高时，生产的电池性能较差。

3. 视密度

视密度是单位体积铅粉的质量，包括固体颗粒和颗粒之间孔的体积。测试铅粉视密度的方法为：使铅粉自上部漏斗落下，过筛之后，轻轻落到已知体积的密度杯中；当铅粉与密度杯上沿平齐时，测定铅粉重量。

4. 吸酸值

吸酸值反映铅粉与硫酸反应的程度。将 20g 铅粉加到密度为 1.100g/mL 的稀硫酸溶液中，置于 25℃恒温水槽中并进行充分振荡，用滤纸过滤，取出部分滤液，用 0.5mol/L 的氢氧化钠滴定，通过反应前后所用氢氧化钠数量的差异，即可计算出铅粉所吸收的硫酸克数，以此值表示吸酸程度。

5. 吸水率

吸水率是反映铅粉活性高低的一个指标。向 100g 铅粉试样中添加一定密度的硫酸溶液，并不断搅拌，直到生成规定稠度的铅膏为止。

6. 粒径

粒径是反映铅粉颗粒大小的指标。粒径越小，铅粉比表面积越大。铅粉粒径分布常用的测试方法有筛析法、沉降法、浊度法和显微法。球磨铅粉中具有更多的粒径小于 1μm 的颗粒，具有更高的活性和吸酸值，以及较低的视密度。铅粉检测标准见表 4-18。

表 4-18 铅粉检测标准

氧化度	视密度	吸酸值	吸水率	粒径
65%~85%	1.30~1.70g/cm^3	0.1~0.3g/g	95~100mL/kg	100 目≤ 7%

7. 铅粉时效

新生产的铅粉温度较高，需要输送到铅粉舱放置一段时间使其冷却，同时使其进一步氧化，达到稳定。从生产上来说，时效时间一般不小于 48h，贮存期间要注意防潮、防高温、防尘、避免油污污染，最好密封贮存。

4.5.2 板栅制造

在铅酸蓄电池中，板栅作为正、负极活性物质的“骨架”，起到支撑的作用；另外，作为导电基体，起到向极板各个部位输出、输入电流的作用。板栅主要采用铅合金制作而成，电池板栅对合金的要求如下[1]：

① 良好的机械特性。板栅必须具有足够的硬度和强度，能够抵抗电池制造过程和后续使用期间产生的机械应力和热应力，维持形状不变。充放电过程活性物质体积反复增大减小，导致板栅变形。另外，正极板栅腐蚀后生成由铅的氧化物组成的腐蚀层，也会导致体积增大，产生机械应力，从而使板栅变形。因此，要求板栅具有良好的机械特性。

② 良好的铸造性能。板栅合金必须具有良好的铸造性能，在生产效率高、温度相对较低的情况下能够完全充模。

③ 良好的焊接性能。电池以正负极板交替、同极性并联的方式组成极群组装在一起，同性极板极耳通过焊接形成汇流排，板栅合金必须具有良好的焊接性能。

④ 正极板栅腐蚀层的高导电性。铅合金板栅腐蚀层首先形成高电阻的铅的氧化物，再氧化形成导电性较好的 PbO_2，板栅合金应该具有减缓铅合金氧化过程（即腐蚀过程）并能促进 PbO 向 PbO_2 转化。

板栅的制造方法有重力浇铸工艺、连续拉网工艺、连续冲网工艺和连续浇铸工艺等。

4.5.2.1 重力浇铸工艺

重力浇铸工艺是在重力作用下将熔融的铅合金充入由两个半模组成的板栅模具中，熔融的合金铅在模具中冷却硬化后进行脱模，形成板栅。重力浇铸板栅制造流程如图 4-7 所示。为保证高效高质地生产板栅，模具内需要覆盖一个绝热层以减缓散热速率。

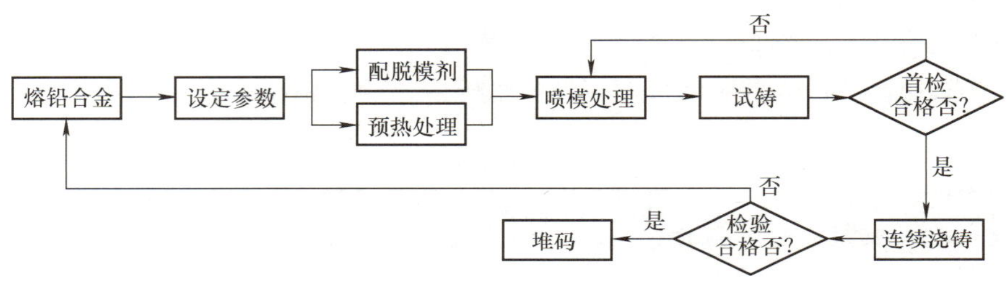

图 4-7　重力浇铸板栅制造流程

该涂层为多孔结构，以便板栅脱模，通常使用软木粉作为脱模剂，有时也加入其他组分，如羧甲基纤维素。常用脱模剂的组成见表 4-19。模具中设计有循环冷却水道，便于浇铸后冷却成型。常用铅钙合金浇铸主要参数见表 4-20。浇铸工艺的缺点主要是生产效率较低，不仅在连续生产前需要调试模具，喷脱模剂，而且要定期抽查极板厚度及检查成型情况，如偏差较大，则需要重新喷脱模剂。重力浇铸板栅常见缺陷及解决方法见表 4-21。

表 4-19　常用脱模剂的组成

骨胶	软木粉	纯水	聚乙烯醇
29g	60~70g	2000g	9g

表 4-20　常用铅钙合金浇铸主要参数

铅锅温度 /℃	铅勺温度 /℃	浇口温度 /℃	模具温度 /℃
480~520	480~530	140~180	150~190

表 4-21 重力浇铸板栅常见缺陷及解决方法

序号	缺陷	原　因	解决方案
1	气孔	脱模剂涂层过厚	刮掉所有脱模剂，重喷
		软木粉过粗	脱模剂过筛，重喷
		合金有杂质或其他原因	上报解决
2	热裂	温度过高	断筋，降低模温或降低铅液温度
		浇铸速度过快	断筋，降低浇铸速度
		脱模剂涂层过厚	刮掉所有脱模剂，重喷
		合金质量问题	上报解决
3	板栅变形	顶针拉模	对顶针刷机油，必要时调整顶针位置
		边角拉模	上报修模
		浇铸温度过高	可适当加大冷却水流量
		浇铸速度过快	降低浇铸速度
4	糊格	模温过低或脱模剂不平	刚开始浇铸时出现糊格属正常，但如果连续浇铸后仍不能解决，则刮掉所有脱模剂重喷
		夹铅	开模，铲掉夹铅
		模具未上到位	合模不严，安装调整
		导套与导柱间隙大	合模不严，维修处理
		板栅脱模时拉掉脱模剂	如果顶针无法顶出或顶针过于靠后，则通过调整顶针位置或加大气压解决
		脱模剂烧损脱落	重新喷模
5	收缩坑	导热不均匀	适当刮薄或刮光该部位的脱模剂
6	成型不良	浇铸温度过低	适当提高模温或铅锅温度、铅勺温度
		排气不畅（手感无气流）	由专人修理模具
		侧边排气不畅	可用竹签在脱模剂上刮出一条线形成气道
		下部排气不畅	可通过铲薄排气口脱模剂解决
		模具流道设计问题	新模具可能是流量有问题，可上报修模
		定模、动模错位	观察筋条有无错位，如有可通过调整动模位置解决
7	断筋、缩筋	浇铸温度过低	断筋、缩筋，适当提高模温，或提高铅锅温度、铅勺温度
		温度过高	断筋，降低模温或降低铅液温度
		浇铸速度过快	断筋，降低浇铸速度
8	板栅偏薄	总体偏薄	均匀刮掉若干层边框或板耳处的脱模剂。如仍不能解决，可加喷几层脱模剂后刮薄边框或板耳位置脱模剂
		局部偏薄	可能是模具合模不严原因，应查找并解决
9	板栅偏厚	总体偏厚	重喷，适当减薄脱模剂厚度
		局部偏厚	可能是模具合模不严原因，应查找并解决
10	板栅超重	脱模剂烧损或模具未夹紧	重喷，适当减薄脱模剂厚度，使模具夹紧
11	板栅偏轻	脱模剂过厚	重新刷模，重喷，并适当减薄脱模剂
		模具原因	上报解决
12	板栅夹铅	浇口位置铅渣铅皮掉入模具	除渣或重新喷模

4.5.2.2 连续拉网工艺

① 铅锭通过自动进料机进入熔铅炉中，在炉中完全熔化成铅液。

② 铅液以稳定的流速流到铅带浇口，进而成为具有稳定厚度的厚铅带。

③ 厚铅带经过多级轧碾，成形为满足要求宽度和厚度的超薄铅带（厚 0.5~1.2mm）。

④ 铅带达到要求厚度后，剪断铅带，由张力控制的铅卷累计器将铅带卷成盘。

⑤ 对经辊轧之后的铅带（厚 0.5~1.2mm）进行切口加工，然后对已切口的铅带进行拉伸，形成一种菱形的网栅结构，但拉网板栅没有边框。

⑥ 先对板栅涂膏，之后再分切成单片极板。

该工艺具有成本低、生产效率高、废损少等优点。但相对传统的放射型板栅来说，拉网板栅汇集电流的筋条没有朝向极板的极耳，因此内阻较高，而且不能优化调整。因为拉网板栅是拉伸生产，所以板栅强度相对较低，耐腐蚀性较差。

连续拉网工艺流程图如图 4-8 所示。

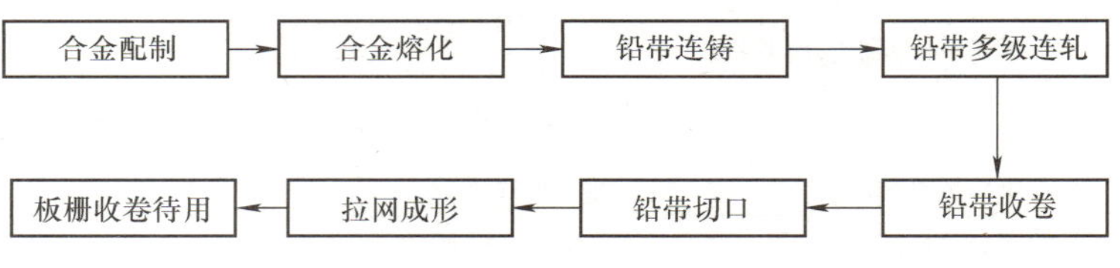

图 4-8 连续拉网工艺流程图

连续生产所用的拉网板栅如图 4-9 所示。

图 4-9 连续生产所用的拉网板栅

4.5.2.3 连续冲网工艺

连续铸造的铅带经过辊轧之后的收卷盘，自动送入高精度冲床模具冲孔形成板栅。冲网产生的余料通过传送带回到熔铅炉。板栅通过收卷机收卷起来，冲网板栅有边框，有朝向极耳的筋条，降低了板栅内阻。

冲网板栅生产效率较高，板栅耐腐蚀性和抗蠕变性能得到大幅度提升，相比于传统的制造工艺具有高速、连续、工艺简化、劳动条件改善、高效节能、绿色环保、产品质量一致性好等优点，可以实现机械化和自动化，是国家节能减排鼓励的生产方式，也是世界最先进的铅酸蓄电池极板连续生产方式之一。板栅连铸冲网工艺流程图如图 4-10 所示。天能集团使用的七连轧冲网生产线及辊轧后的铅带如图 4-11 所示。

辊轧铅带生产的冲孔板栅如图 4-12 所示。拉网板栅生产线与冲网板栅生产线的比较见表 4-22。

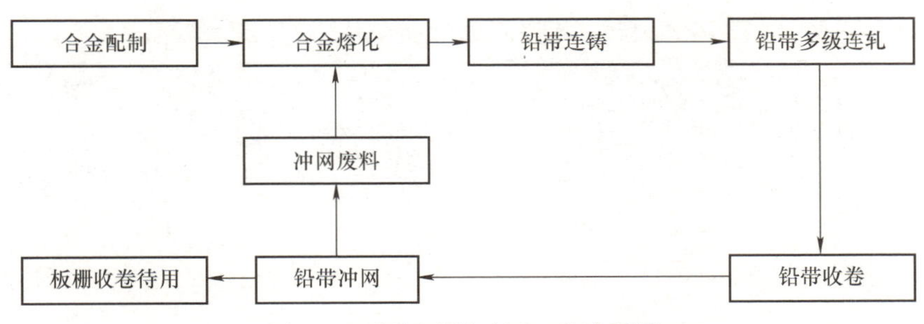

图 4-10　板栅连铸冲网工艺流程图

图 4-11　天能集团使用的七连轧冲网生产线及辊轧后的铅带

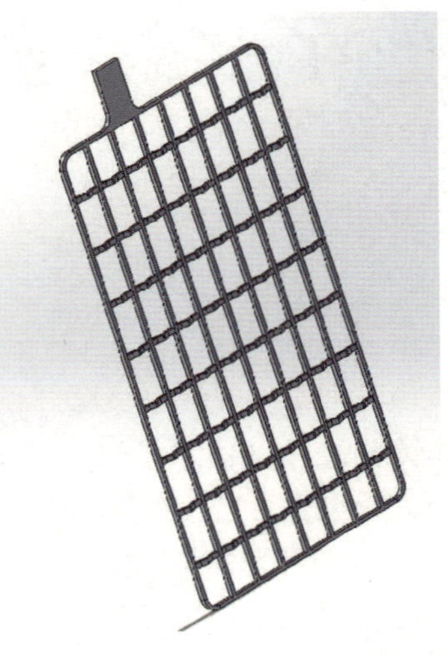

图 4-12　辊轧铅带生产的冲孔板栅

表 4-22　拉网板栅生产线与冲网板栅生产线的比较

板栅生产线	设备型号	生产效率板栅/(片/min)	装机功率/kW	单班需操作人员	相同产量需传统的板机数量/台	铸板机总装机功率/kW	需操作人员	连铸连轧生产线可节约能耗(%)	连铸连轧生产线可减少人工数
连铸连轧拉网板栅生产线	ARD-90-200	200	208	2	10	425	10	52	8
	ARD-90-350	350	268	2	15	638	15	58	12
连铸连轧冲网板栅生产线	ARD-CY-140	250	238	3	11	446	11	44	9
	ARD-CY-400	500	508	3	20	850	20	40	18

4.5.2.4　连续浇铸工艺

将铅合金注入一个在滚筒表面滑动的浇铸模块中，在冷却装置的作用下，滚筒表面型腔的合金冷却硬化，滚筒转动，板栅从滚筒表面分离形成板栅。滚筒型腔的合金必须快速冷却，并在脱离滚筒之前硬化，因此这种工艺仅适合生产薄型板栅。

四种不同的板栅生产方式的比较见表 4-23。不同生产方式对板栅的影响见表 4-24。

表 4-23　四种不同的板栅生产方式的比较

板栅设备	人数	效率	能耗	余料	环保要求
重力浇铸生产线	多	低	高	多	高
连续拉网生产线	较少	高	较低	很少	较低
连铸连轧生产线	较少	高	较低	多	较低
连续浇铸生产线	少	较高	低	较少	低

表 4-24　不同生产方式对板栅的影响

板栅类型	板栅厚度	耐腐蚀性	抗蠕变性	板栅重量	内阻
重力浇铸板栅	厚	一般	一般	重	大
连续拉网板栅	薄	很好	很好	轻	小
连铸连轧板栅	薄	好	较好	轻	小
连续浇铸板栅	薄	一般	一般	重	大

目前连铸连轧拉网技术 / 连铸连轧冲网技术是铅酸蓄电池板栅制造的新技术，采用新的极板制造技术，板栅重量可以减轻 30%，节约能耗 40% 以上，节省人力近 80%。目前，多数厂家仍然采用重力浇铸，一些大型铅酸蓄电池厂已采用拉网、冲网技术，随着自动化、智能化的发展，连续浇铸技术也得到了快速发展。

4.5.2.5 熔铅炉

熔铅的能耗约占整条板栅生产线能耗的60%左右。针对目前铅酸蓄电池行业铅及其合金熔化装备落后、能耗高及环境污染严重的现状，开发高效节能燃气熔铅炉具有重要意义。试验研究和工程实践表明，高效节能燃气熔铅炉具有能耗低、熔化速度快和热效率高的特点。与国内铅酸蓄电池行业传统的熔铅炉相比，高效节能燃气熔铅炉的热效率最大可提高60%。

4.5.3 和膏和涂板

极板由板栅和活性物质组成。活性物质是由铅粉和添加剂等通过和膏机和成膏状，再通过涂板机涂在板栅上经过固化、化成而成的活性材料。正极板活性物质主要由铅粉、红丹、硫酸、纯水、石墨、短纤维、4BS、硫酸亚锡、三氧化二锑等物料制备。负极活性物质主要由铅粉、硫酸、纯水、炭材料（乙炔黑、石墨、活性炭等）、木素、腐殖酸、硫酸钡及短纤维等制备。不同厂家、不同用途的电池的正负极物料成分和含量都有所差异。

4.5.3.1 和膏

和膏是将铅粉、添加剂等添加到和膏机中，起动和膏机充分搅拌混合；快速加入纯水，边加边搅拌；加入硫酸溶液，达到规定的最高温度后，开启冷却系统，对铅膏进行降温，直至加完规定量的硫酸；最后再搅拌一段时间，使铅膏混合均匀。当铅膏温度降到一定温度时即可出膏进行涂板，停机后取一定量铅膏测视密度和稠度。

在生产上，相同配方和工艺生产的铅膏的视密度和稠度变化不大。当出现视密度过高的异常情况时，可加入适量纯水调节视密度。

铅膏的生产工艺流程如图4-13所示。

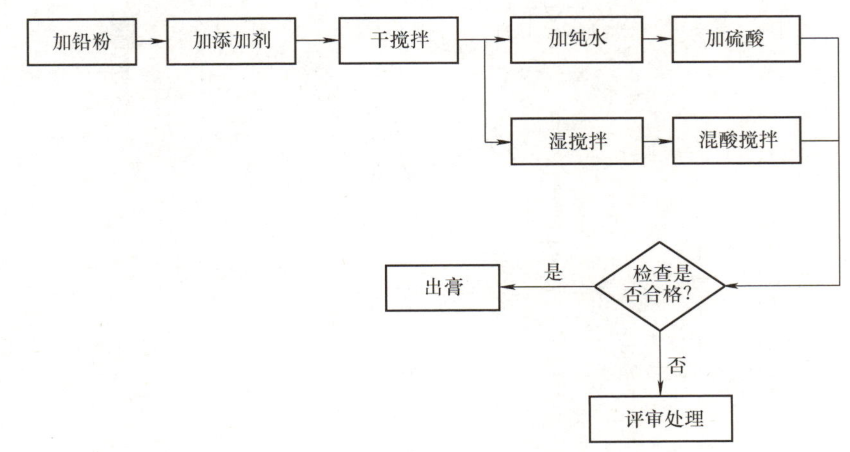

图4-13 铅膏的生产工艺流程

常用的和膏设备有真空和膏机和传统和膏机两种类型。

真空和膏机在和膏过程中可以抽真空，铅膏中的水分迅速挥发带走部分热量，使铅膏维持在一定的温度范围内。真空和膏机具有可旋转的筒和搅拌桨，两者旋转方向相反，以增加对铅膏的剪切效果。

传统和膏机是固定的筒和转动的搅拌桨，剪切速度相对慢一些。

传统和膏机示意图如图 4-14 所示。

真空和膏机示意图如图 4-15 所示。

真空和膏机实物图如图 4-16 所示。

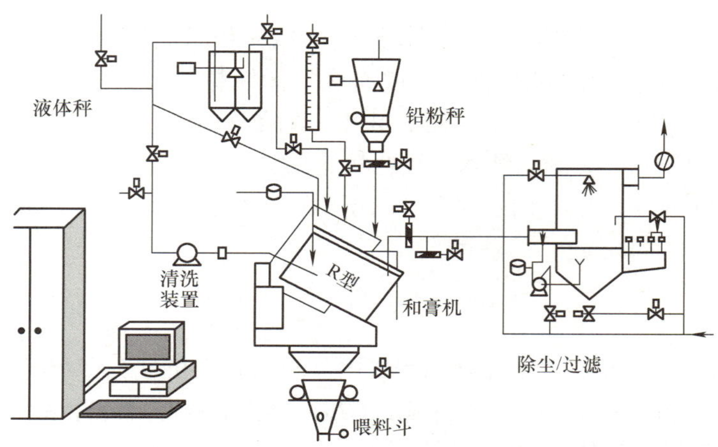

图 4-14　传统和膏机示意图

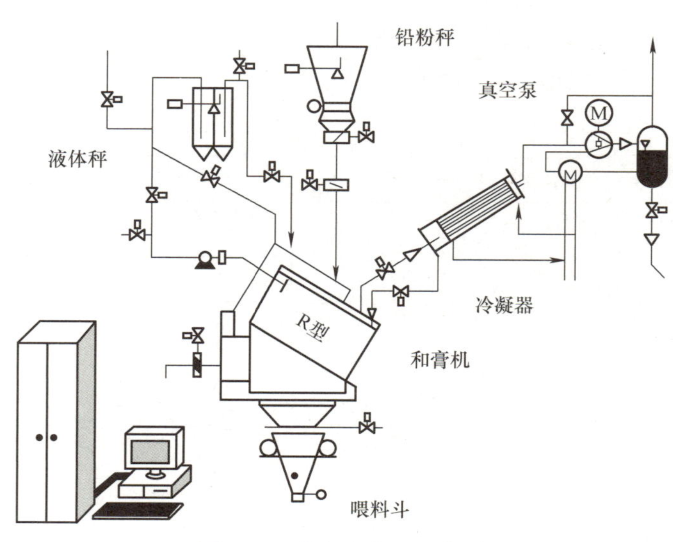

图 4-15　真空和膏机示意图

图 4-16 真空和膏机实物图

与传统和膏机相比，真空和膏机的优势具体表现在以下几个方面：

① 混合更均匀。采用真空冷却，每个铅膏晶体都会受到冷却作用，全程可控制，不受外界温度、湿度的干扰，保证稳定搅拌混合出一致性更好、成分更稳定的高质量的铅膏。

② 全密闭的真空系统，没有酸雾、物料颗粒损失，保证配比物料的准确性；能根据预定温度变化曲线来准确控制温度，从而节约原料，清洗有效快速。

③ 不需要额外的除尘过滤系统，只将铅粉秤、和膏机密封部分接入工厂现有除尘系统即可，是绿色的环保型和膏系统。真空和膏机的造价相对昂贵。

真空和膏机与传统和膏机的对比见表 4-25。

表 4-25 真空和膏机与传统和膏机的对比

对比项目	和膏机	
	真空和膏机	传统和膏机
冷却速度	快	慢
搅拌方式	滚筒与桨对转	仅桨转
和膏均匀性、一致性	更均匀	不均匀
密闭性	全封闭	半封闭
和膏时间	25~30min	40~55min
对环境影响	无酸雾、铅尘	有酸雾、铅尘逸出
价格	高	低

和膏过程是一个比较复杂的化学过程，受温度、物料组成和含量的影响比较大，因此在生产过程中对工艺的要求较高。其生产工艺参数（参考）见表 4-26~ 表 4-31。

表 4-26　正极添加剂组分含量、和膏参数

组分	铅粉	红丹	短纤维	石墨	纯水	硫酸（1.40g/mL）	硫酸亚锡	三氧化二锑
含量 /kg	1000	10~500	0.65~0.95	0~2.5	100~120	85~95	1~5	1~5

表 4-27　传统和膏机和膏参数

<table>
<tr><th rowspan="2">工序</th><th colspan="2">参　数</th></tr>
<tr><th>正极铅膏</th><th>负极铅膏</th></tr>
<tr><td>干混时间 /min</td><td>6</td><td>4~8</td></tr>
<tr><td>湿混时间 /min</td><td>6</td><td>4~8</td></tr>
<tr><td>加酸时间 /min</td><td>14~16</td><td>10~20</td></tr>
<tr><td>最后搅拌时间 /min</td><td>8~10</td><td>8~10</td></tr>
<tr><td>总时间</td><td>37~45</td><td>38~55</td></tr>
<tr><td>最高和膏温度 /℃</td><td>63~68</td><td>60~63</td></tr>
<tr><td>出膏温度 /℃</td><td>≤ 45</td><td>≤ 45</td></tr>
<tr><td>视密度 /（g/cm³）</td><td>4.4~4.5</td><td>4.4 ~4.5</td></tr>
<tr><td>铅膏含水量 (%)</td><td>≥ 9.5</td><td>≥ 9.5</td></tr>
</table>

表 4-28　正极真空和膏参数

<table>
<tr><th rowspan="2">工序</th><th colspan="8">参　数</th></tr>
<tr><th colspan="4">正极铅膏</th><th colspan="4">负极铅膏</th></tr>
<tr><td>加料时间 /s</td><td colspan="4">60</td><td colspan="4">60</td></tr>
<tr><td>干混时间 /s</td><td colspan="4">180</td><td colspan="4">240</td></tr>
<tr><td>加水时间 /s</td><td colspan="4">60</td><td colspan="4">60</td></tr>
<tr><td>湿混时间 /s</td><td colspan="4">240</td><td colspan="4">210</td></tr>
<tr><td rowspan="6">加酸时间 /min</td><td rowspan="6">11~13</td><td>序号</td><td>加酸量（%）</td><td>真空度 /mbar①</td><td rowspan="6">11~13</td><td>序号</td><td>加酸量（%）</td><td>真空度 /mbar①</td></tr>
<tr><td>第一次</td><td>25</td><td>280</td><td>第一次</td><td>25</td><td>250</td></tr>
<tr><td>第二次</td><td>20</td><td>250</td><td>第二次</td><td>20</td><td>199</td></tr>
<tr><td>第三次</td><td>20</td><td>199</td><td>第三次</td><td>20</td><td>183</td></tr>
<tr><td>第四次</td><td>20</td><td>157</td><td>第四次</td><td>20</td><td>157</td></tr>
<tr><td>第五次</td><td>15</td><td>143</td><td>第五次</td><td>15</td><td>143</td></tr>
<tr><td rowspan="6">最后搅拌时间 /min</td><td rowspan="6">5</td><td>序号</td><td>时间 /min</td><td>真空度 /mbar①</td><td rowspan="6">5</td><td>序号</td><td>时间 /min</td><td>真空度 /mbar①</td></tr>
<tr><td>第一次</td><td>1</td><td>130</td><td>第一次</td><td>1</td><td>130</td></tr>
<tr><td>第二次</td><td>1</td><td>120</td><td>第二次</td><td>1</td><td>120</td></tr>
<tr><td>第三次</td><td>1</td><td>106</td><td>第三次</td><td>1</td><td>106</td></tr>
<tr><td>第四次</td><td>1</td><td>90</td><td>第四次</td><td>1</td><td>90</td></tr>
<tr><td>第五次</td><td>1</td><td>90</td><td>第五次</td><td>1</td><td>90</td></tr>
<tr><td>总时间 /min</td><td colspan="4">26~28</td><td colspan="4">25.5~27.5</td></tr>
<tr><td>最高和膏温度 /℃</td><td colspan="4">63~68</td><td colspan="4">63~68</td></tr>
<tr><td>出膏温度 /℃</td><td colspan="4">≤ 45</td><td colspan="4">≤ 45</td></tr>
</table>

① $1bar=10^5Pa$。

表 4-29　负极添加剂组分及含量

组分	铅粉	乙炔黑	短纤维	木素	腐殖酸	硫酸钡
含量 /kg	1000	1~15	0.65~0.95	0~5	0~5	6~12

表 4-30　和膏用硫酸密度对照表（25℃下为 1.400±0.002g/mL）

硫酸温度 /℃	稀硫酸密度 /(g/mL)	硫酸温度 /℃	稀硫酸密度 /(g/mL)
5	1.416	31	1.395
6	1.415	32	1.395
7	1.414	33	1.394
8	1.413	34	1.393
9	1.412	35	1.392
10	1.412	36	1.392
11	1.411	37	1.391
12	1.410	38	1.390
13	1.410	39	1.389
14	1.409	40	1.388
15	1.408	41	1.388
16	1.407	42	1.387
17	1.406	43	1.386
18	1.406	44	1.385
19	1.405	45	1.385
20	1.404	46	1.384
21	1.403	47	1.383
22	1.402	48	1.382
23	1.402	49	1.382
24	1.401	50	1.381
25	1.400	51	1.380
26	1.399	52	1.379
27	1.398	53	1.378
28	1.398	54	1.378
29	1.397	55	1.377
30	1.396	56	1.376

表 4-31　纯水参数

项目名称	技术标准
铁含量（质量分数）	≤ 0.0004%
氯含量（质量分数）	≤ 0.0005%
还原高锰酸钾（以 O 计）含量（质量分数）	≤ 0.0002%
电导率（25℃）/（μs/cm）	≤ 2

和膏过程关系着铅膏物相组成，而铅膏组成对电池容量和寿命的影响较大，因此必须做好过程控制。温度、添加剂、物料配比和铅粉晶型等对铅膏组成的影响如下 [1]：

（1）温度对物相组成的影响

不同温度下铅膏物相组成见表 4-32 和图 4-17。

表 4-32　不同温度下铅膏物相组成

温度	物相组成
$T<60℃$	3BS（$3PbO\cdot PbSO_4\cdot H_2O$）、α-PbO、β-PbO 和 Pb
$60℃\leqslant T<75℃$	3BS、4BS($4PbO\cdot PbSO_4$)、β-PbO、α-PbO 和 Pb
$T\geqslant 75℃$	4BS、β-PbO、α-PbO 和 Pb

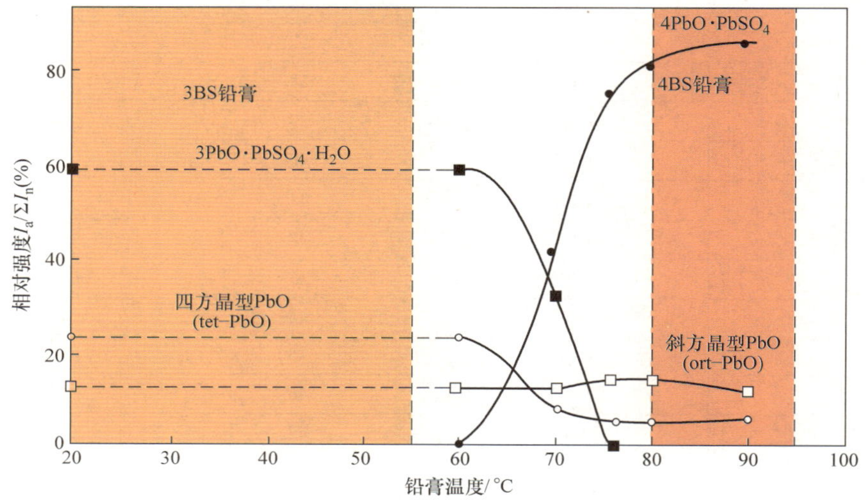

图 4-17　不同温度下铅膏物相组成 [1]

I_a—晶相 a 的 X 射线特征衍射峰峰面积或强度　ΣI_n—铅膏中所有晶面特征衍射峰峰面积或强度

$I_a/\Sigma I_n$（%）—晶相 a 在晶相混合物中所占百分含量

（2）H_2SO_4/PbO 比例对铅膏组成的影响

在 35℃制备正极铅膏，各组分加入次序为：球磨铅粉、水、1.400g/mL 的 H_2SO_4 溶液。H_2SO_4/PbO 重量比从 0 到 12%。调整 H_2SO_4 溶液与水的量，使铅膏密度相同（4.00g/mL）。和膏 40min 后，采用 X 射线衍射分析铅膏组成，分析结果如图 4-18 所示。

当铅粉与水混合时，铅膏中没有斜方晶系的 PbO，只有加入 H_2SO_4 后才生成斜方晶系 PbO。

当 $0<H_2SO_4/PbO<8\%$ 时，四方晶系 PbO 与硫酸反应生成 3BS，同时有少量斜方晶系 PbO 生成，还有未反应完的正方晶系 PbO，游离铅部分被氧化。

当 $H_2SO_4/PbO>8\%$ 时，铅膏中有 3BS 和 $PbO\cdot PbSO_4$ 生成，难以检测到斜方晶系 PbO，还有未反应的正方晶系 PbO。生成的 $PbO\cdot PbSO_4$ 尺寸很小，在化成时氧化为 β-PbO，这样正极活性物质（PAM）有可能成为大比表面积的团粒。在循环使用期间，铅骨架容易解体。在电池和膏过程中，当和膏所用的 H_2SO_4/PbO 比例不超过 6% 时，铅膏中的 1BS 少于 5%，不会影响正极活性物质的结构。

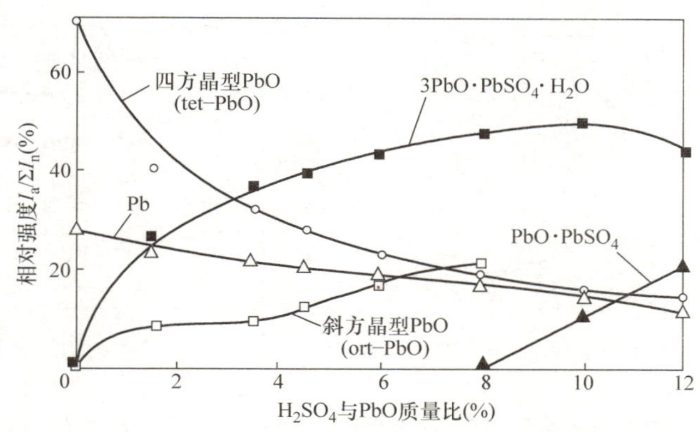

图 4-18　铅膏不同晶体物和特征衍射线和相对强度随 H_2SO_4 与 PbO 质量比的变化情况

I_a—晶相 a 的 X 射线特征衍射峰峰面积或强度　ΣI_n—铅膏中所有晶面特征衍射峰峰面积或强度

$I_a/\Sigma I_n$（%）—晶相 a 在晶相混合物中所占百分含量

（注：I_a 为晶相 a 的 X 射线特征衍射线的峰面积或强度；ΣI_n 是铅膏中所有晶相特征衍射线的峰面积或强度）

在 80℃制备铅膏时的分析结果如图 4-19 所示。

① 当 H_2SO_4/PbO 重量比 < 8% 时，主要生成 4BS、斜方晶系 PbO、未反应的 PbO 及游离铅。H_2SO_4/PbO 重量比在 5%~6% 时生成的 4BS 含量最高。

② 当 H_2SO_4/PbO 重量比 > 8% 时，铅膏主要含有 3BS，同时也有 1BS 生成，还有未反应的正方晶系 PbO，没有斜方晶系 PbO。

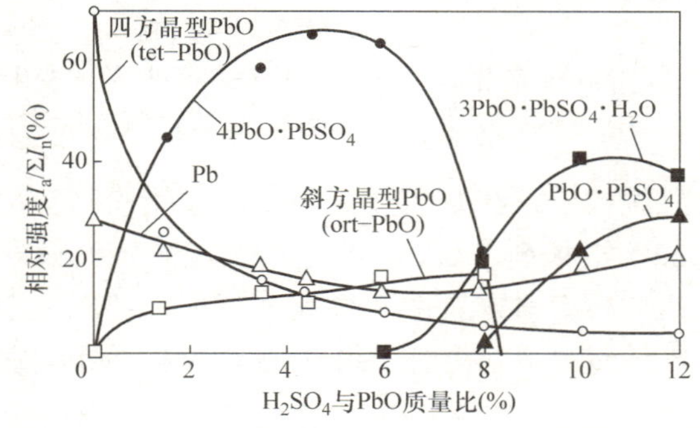

图 4-19　80℃制备铅膏晶相组成与 H_2SO_4 与 PbO 质量比（%）的关系 [1]

（3）负极铅膏膨胀剂作用

如图 4-20 所示，在 35℃制备负极铅膏时，同样采用球磨铅粉，发现只添加 $BaSO_4$ 不会影响铅膏的组成。但木素添加量为 1% 时，斜方晶系 PbO 生成明显受到抑制。随着 H_2SO_4/PbO 比例的增加，3BS 并不成线性增加，木素影响了 3BS 晶体和 3PbO · $PbSO_4$ 无定型项之间的平衡。H_2SO_4/PbO 比例为 8% 时，铅膏中含有少量 1BS；无木素添加剂的铅膏在 H_2SO_4/PbO 中的比例为 8% 时，不会生成 1BS。可以推断，在一定程度上，木素促进了 1BS 的形成。

如图 4-21 所示，在 80℃制备铅膏时，添加 $BaSO_4$ 对铅膏的组成几乎没有影响，木素会阻止铅膏中斜方晶系 PbO 和 4BS 的生成。

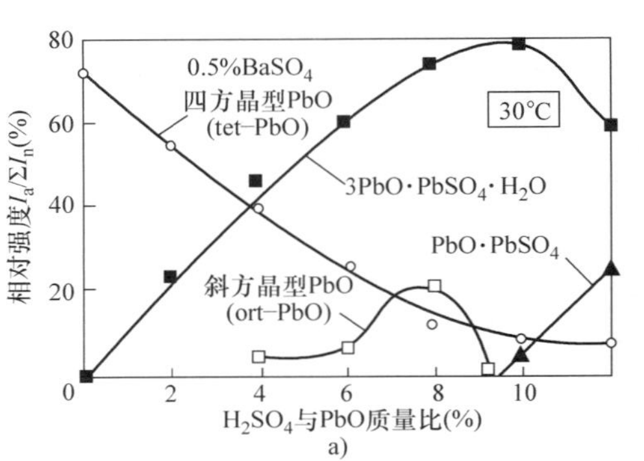

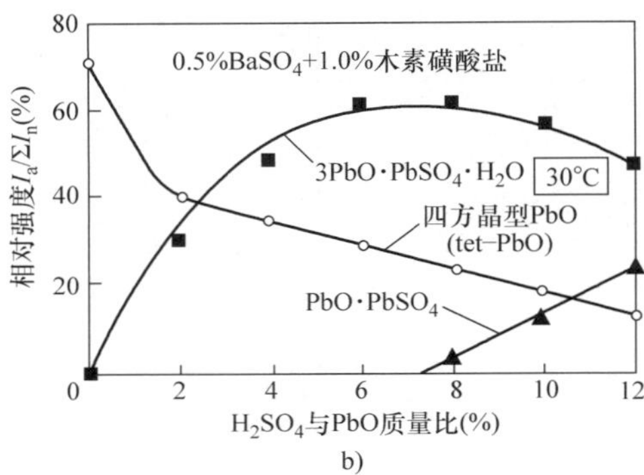

图 4-20 铅膏晶相组成随 H_2SO_4/PbO 比值的变化情况 [1]

a）添加 0.5%$BaSO_4$ b）添加 0.5%$BaSO_4$ 和 1% 木素磺酸盐

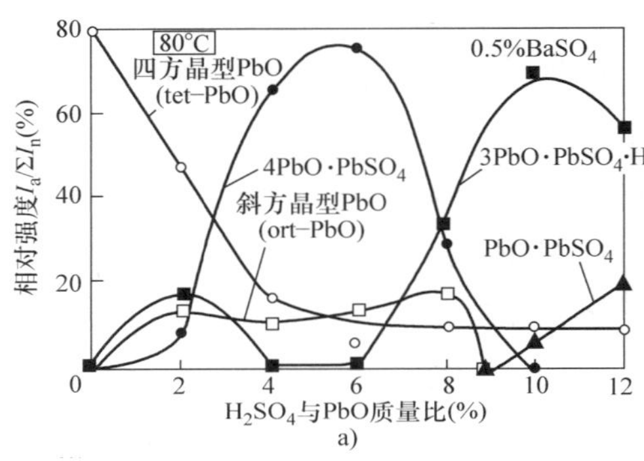

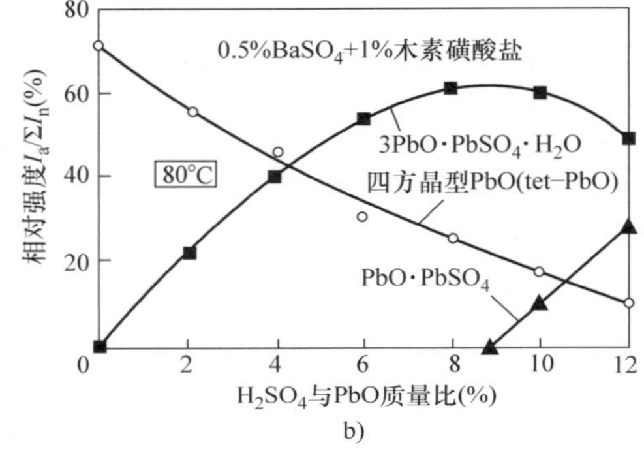

图 4-21 80℃制备的铅膏晶相组成随 H_2SO_4/PbO 比值的变化情况 [1]

a）添加 0.5%$BaSO_4$ b）添加 0.5%$BaSO_4$ 和 1% 木素磺酸盐

为了解释膨胀剂的阻碍效应，在 80℃下，使用巴顿铅粉制备铅膏，待形成 4BS 晶体后，再加入膨胀剂；在加入膨胀剂之后，4BS 生成反应停止，斜方晶系 PbO 可能转化为正方晶系 PbO，同时生成 3BS。斜方晶系 PbO 是成核所需要的主要初始化合物之一，因此铅膏中缺少斜方晶系 PbO 时，不会再有 4BS 生成，结果如图 4-22 所示。

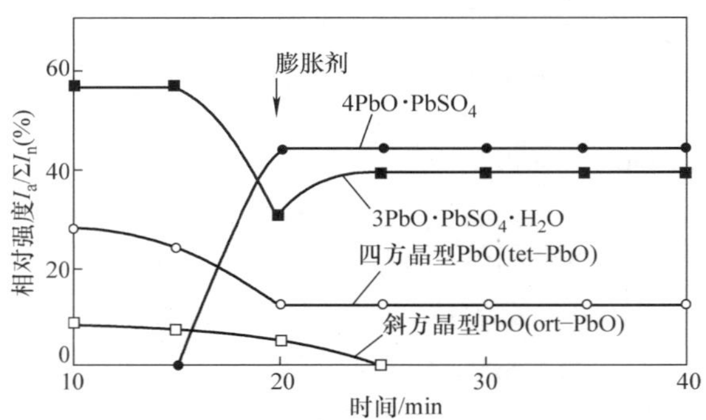

图 4-22 添加剂（搅拌 20min 时添加）对铅膏晶相组成的影响（添加剂阻止了 4BS 形成）[1]

（4）PbO 晶型对铅膏组成的影响

PbO 晶型对铅膏中 3BS 和 4BS 的影响分别如图 4-23 和图 4-24 所示。

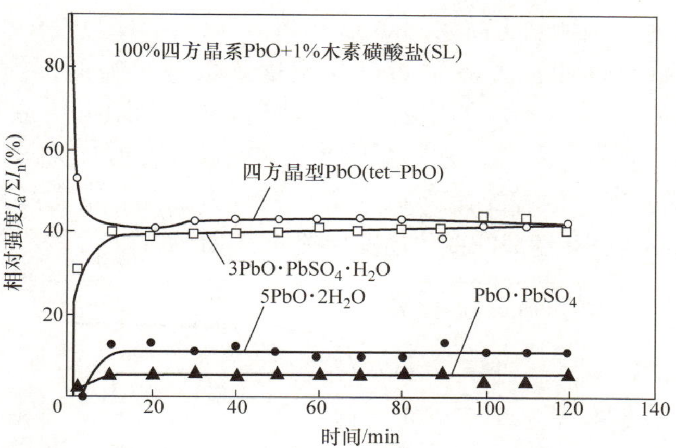

图 4-23　搅拌期间铅膏晶相组成的变化情况（初始铅粉：100% α -PbO、H_2SO_4 溶液和 1% 木素磺酸盐）

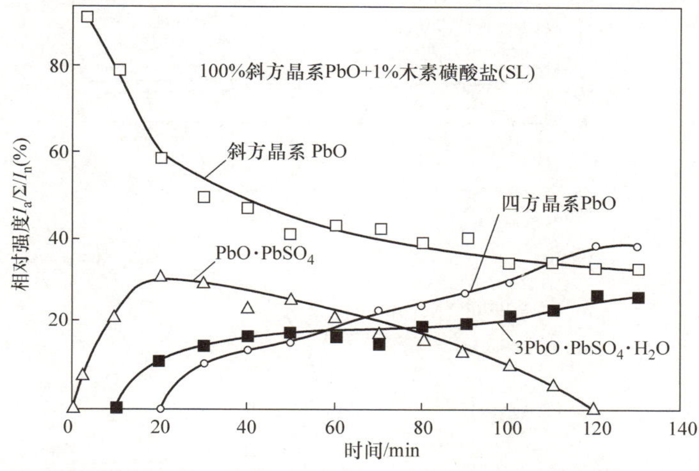

图 4-24　搅拌期间铅膏晶相组成的变化情况（初始铅粉：100% β -PbO、H_2SO_4 溶液和 1% 木素磺酸盐）[1]

1）PbO 晶型对 3BS 铅膏的影响

在 80℃下，H_2SO_4/PbO=6% 时，使用正方晶系 PbO 和硫酸反应。为了防止生成 4BS，添加了 1% 木素碳酸盐。木素不会影响 4BS 的生成。在高温下，正方晶系 PbO 与硫酸反应生成大量 3BS、少量 1BS 以及 5PbO · H_2O，即使搅拌时间延长，铅膏组成也不再发生变化。

在 80℃下，采用斜方晶系 PbO 和硫酸反应，同样加入木素，最开始几分钟内形成 1BS，这说明斜方晶系 PbO 加速了 1BS 成核反应。之后，铅膏中 3BS 含量增加，1BS 和斜方晶系 PbO 含量减少，在 20min 之后开始生成正方晶系 PbO。

2）PbO 晶型对 4BS 影响

在 80℃条件下，当 H_2SO_4/PbO 质量比为 6% 时：

① 采用斜方晶系 PbO 和膏；最初形成 $PbSO_4$，搅拌 10min 后，铅膏中出现 1BS、3BS、斜方晶系 PbO 和正方晶系 PbO；20min 后，1BS 完全转化为 3BS；30min 后开始形成 4BS、3BS、正方晶系 PbO 含量减少，随后 4BS 含量不断增加。

② 采用正方晶系 PbO 和膏，开始形成大量 3BS 和斜方晶系 PbO；随后，3BS、正方晶系 PbO 含量逐渐减少，4BS 开始生成；30min 后，3BS 完全转化为 4BS，同时还有未反

应的正方晶系 PbO 和生成的斜方晶系 PbO。

③ 当斜方晶系 PbO 和正方晶系 PbO 的质量分数各 50% 时，搅拌 5min 开始形成 4BS；搅拌 20min 后，w_{4BS}（4BS 的质量分数）达到 65%。而在正方晶系 PbO 和膏的铅膏中，w_{4BS} 仅为 20%。有研究表明，正方晶系 PbO 的质量分数为 75%~80% 时，生成的 4BS 最多。制备 4BS 铅膏时，推荐配比为斜方晶系 PbO 占 20%、正方晶系 PbO 占 80%。在 80℃时，搅拌期间铅膏晶相组成的变化情况如图 4-25 所示。

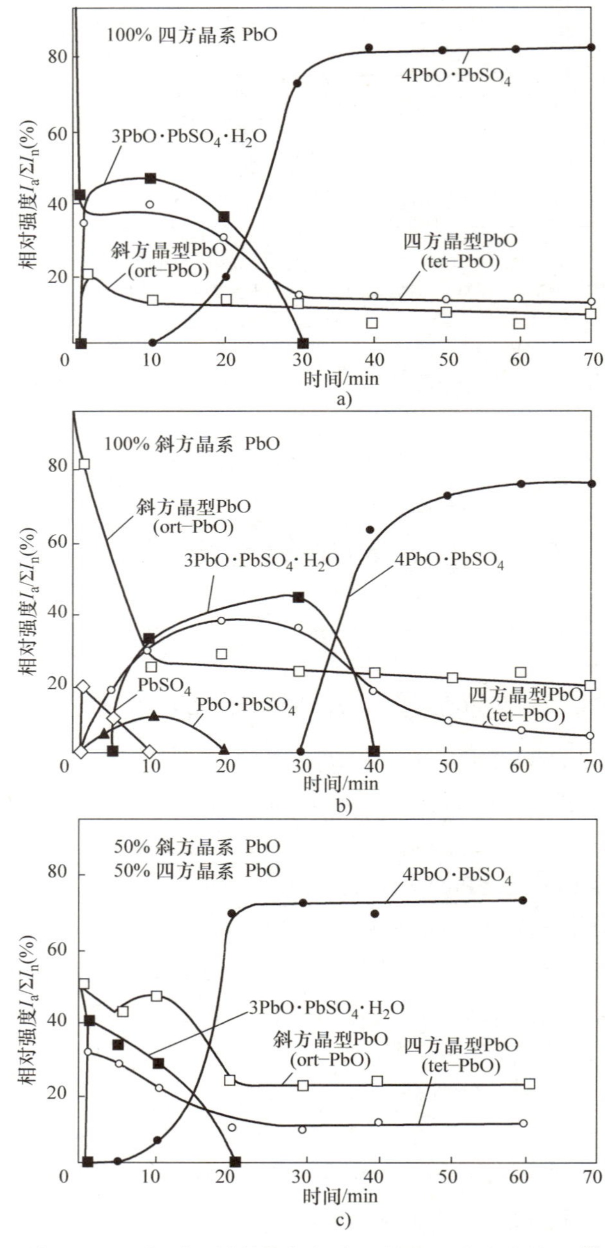

图 4-25 80℃时，搅拌期间铅膏晶相组成的变化情况 [1]

a）铅膏制备使用 100% 四方晶型 PbO b）铅膏制备使用 100% 斜方晶系 PbO

c）铅膏制备使用 50% 四方晶型 PbO+50% 斜方晶系 PbO

（5）铅膏组成对蓄电池容量和寿命的影响

试验已证实，铅膏组成对正极板容量和寿命的影响比对负极板的影响更大。

在 30℃、$w_{H_2SO_4}$ 不高于 10%、铅膏主要含 3BS、H_2SO_4/PbO 质量比为 8%~12% 的条件下，制备铅膏主要含 1BS。

在 80℃、H_2SO_4/PbO 质量比为 4%~6% 制备铅膏时主要含 4BS；H_2SO_4/PbO 质量比为 8%~12% 时，铅膏含有大量 3BS 和 1BS。结果如图 4-25 所示。

不论和膏温度如何，如果不加硫酸和膏，此种极板做成的电池的容量就非常低。含有 3BS 和 1BS 铅膏所生成的活性物质的初始容量很高，但循环寿命较短。4BS 铅膏含量越高，则电池循环寿命越长，但初始容量会相对较低。3BS 铅膏含量越高，初始容量会相对较高，但循环寿命比 4BS 铅膏含量高的短。图 4-26 所示为和膏时硫酸加入量对极板循环性能影响的规律。

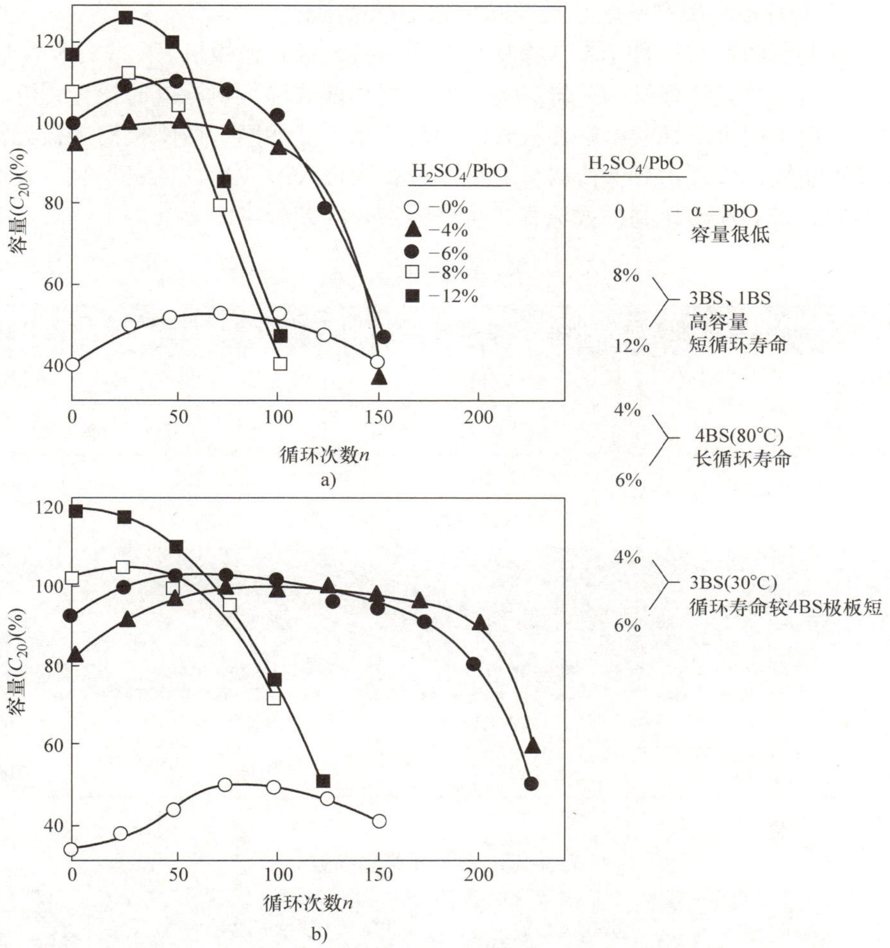

图 4-26　采用不同相组成铅膏生产的蓄电池在 30℃和 80℃时的容量与循环次数的关系

a）30℃　b）80℃温度下

电池性能参数在很大程度上受到极板制造所使用铅膏类型的影响，也就是铅膏中碱式硫酸铅类型的影响。因此，了解和膏过程中发生的反应是非常重要的，应该严格控制和膏工艺的具体参数。

4.5.3.2 涂板

涂板是将铅膏经涂板机填涂在板栅网格中。

① 在传统涂板生产线上，涂板后的湿极板需要经碾辊淋酸，在铅膏表面形成一层硫酸铅，以提高铅膏的强度，防止铅膏脱落。

在一般情况下，极板从一对碾辊中间经过时，淋酸装置对极板淋酸。

② 表面干燥窑使极板表面脱去部分水分，防止极板粘连。表面干燥窑的温度一般设置在 100~180℃。根据表面干燥窑和传送带速度调整，最终以铅膏含水量 w_{H_2O} 高于 9.0wt% 为宜。

③ 最后将多片极板串在一起，挂在固化架上准备固化。

涂板机主要有两种：一种是带式涂板机，另一种是鼓式涂板机。

带式涂板机与鼓式涂板机的差异见表 4-33。采用鼓式涂板机涂膏时铅膏强度较大，不需要淋酸，采用一层可溶性敷纸贴在极板表面防止粘连。冲网、拉网板栅涂板无需经表面干燥窑，节约能耗，极板水分保持得更充足。带式涂板线淋酸参数见表 4-34。表面干燥窑参数见表 4-35。带式涂板机与鼓式涂板机生产线涂膏的差异见表 4-36。

表 4-33　带式涂板机与鼓式涂板机的差异

涂板机类型	涂片速度	极板铅膏密实度	极板重量偏差	传送装置
带式涂板机	较慢	相对疏松	相对较大	传动带，使用周期短
鼓式涂板机	快	相对紧密	相对较小	鼓轮，使用周期长

表 4-34　带式涂板线淋酸参数

极板	参数			
	每分钟涂片数	淋酸要求		
		酸密度 /(g/mL)	Fe 质量分数（%）	Cl 质量分数（%）
正极	110	1.10~1.12	≤ 0.001	≤ 0.001
负极	120	1.12~1.15	≤ 0.001	≤ 0.001

表 4-35　表面干燥窑参数

表面干燥窑温度	轨道速度	失水率（质量分数）	干燥后含水率（质量分数）
100~160℃	与涂片机速度相匹配	≤ 3%	≥ 9.0%

表 4-36　带式涂板机与鼓式涂板机生产线涂膏的差异

生产线	极板铅膏密实度	淋酸	涂板纸	余膏	未填充铅膏	需人工	涂片速度
带式涂板机生产线	相对疏松	是	无	多	较多	多	慢
鼓式涂板机生产线	紧密	否	要	少	无	少	快

目前国内采用带式涂板机较多，大型企业开始采用鼓式涂板机。鼓式涂板机具有涂片速度快、极板重量一致性好等优点，越来越受到厂家的欢迎。鼓式涂板机生产线上的极板余膏少，没有未填充的铅膏，无淋酸操作，符合绿色生产的要求，同时大幅度减少了人工。连续化生产在国内也逐步实行。连续化、智能化是未来发展趋势。

4.5.4　极板固化干燥

4.5.4.1　固化

固化是在一定的相对湿度、温度和时间的条件下，使极板活性物质重结晶、失去水分和形成可塑性物质；使铅膏中的游离铅进一步氧化，铅膏颗粒互相交联在一起，形成坚固的不间断的多孔物质，进而凝结成微孔均匀的固态物质；多孔固态物质又与板栅表面形成腐蚀层，从而紧密结合在一起，增强极板导电性和强度。固化是电池极板生产过程中一道关键的工序。

拉网板栅、冲网板栅和连铸板栅都采用连续涂板工艺。板栅带经涂膏之后切成小片板栅，涂膏时同时覆上涂板纸，防止叠片时极板粘连，且极板没有挂耳，因此只能采取叠片固化。极板叠片与挂片的比较见表 4-37。叠片固化实物图如图 4-27 所示。

表 4-37　极板叠片与挂片的比较

极板码放方式	优　势	劣　势
叠片	相同空间可放极板数量多	氧气难进入极板，水分不易烘干
挂片	氧气容易进入极板	相同空间可放极板数量少

随着生产自动化程度的提高，连续化生产是未来发展的方向，叠片固化也将成为主流。固化工艺改进后，叠片固化效果也很好，极板强度很高。

图 4-27　叠片固化实物图

固化前要求极板中含水量（水的质量分数）达到 9%~11%，挂片的间距要求在 2~3mm。如果挂片数量太多，则固化过程中温度扩散、水分扩散会受到影响，使极板固化干燥后水分、游离铅、极板强度不均匀。

固化干燥一般可以分为三个阶段：

① 高湿阶段。在该阶段，固化室内保持较高的湿度和一定的温度。这个阶段主要是硫酸铅和碱式硫酸铅重结晶过程。

② 低湿阶段。在该阶段，固化室内保持相对较低的湿度，使极板孔隙中的水分逐步挥发出来，在孔隙中形成一层液膜，同时向固化室中补充适当的空气，使氧气进入极板孔隙中，与游离铅反应。板栅与活性物质界面的腐蚀层也在这个阶段形成。

③ 干燥阶段。在该阶段，固化室内湿度很低，温度较高，使极板孔隙中的水分挥发出来，使铅膏之间结合紧密，提高极板强度。

根据固化室设计特点，按照固化温度不同可以将固化分为高温固化和中低温固化。固化温度高于 80℃有利于 4BS 生成，铅膏主要成分为 4BS、3BS 和 PbO。固化温度低于 65℃主要生成 3BS，铅膏主要成分为 3BS 和 PbO。图 4-28 展示了中低温固化极板和高温固化极板中铅膏的微观形貌。

a)

b)

图 4-28　固化极板铅膏的微观形貌

a）中低温固化极板　b）高温固化极板

关于 3BS 向 4BS 转化机理的说明如下[9]：

① PbO 与 3BS 颗粒发生水化。

$$PbO+H_2O \longrightarrow Pb(OH)_2$$

$$3PbO \cdot PbSO_4 \cdot H_2O+xH_2O \longrightarrow 3PbO \cdot PbSO_4 \cdot yH_2O$$

② 相邻的水合颗粒形成一种水合络合物，也形成水合 $Pb(OH)_2$，在该络合物中发生 $Pb(OH)_2$ 分子间反应，生成一种水合 4BS 络合物。

$$3PbO \cdot PbSO_4 \cdot H_2O \cdot yH_2O+Pb(OH)_2+mH_2O \longrightarrow 4Pb(OH) \cdot PbSO_4 \cdot nH_2O+xH_2O$$

③ 在该水合 4BS 络合物中，又通过脱水反应形成 4BS 晶格：

$$4Pb(OH) \cdot PbSO_4 \cdot nH_2O+H_2O \longrightarrow 4Pb(OH) \cdot PbSO_4 \cdot kH_2O+yH_2O$$

④ 固化期间生成的 4BS 颗粒的直径为 5~10μm，长 30~100μm，这么大的颗粒难以化成，因为在化成时 4BS 颗粒表面生成一个 PbO_2 外壳，它会阻碍内部 4BS 的化成。为了使整个极板更容易化透，有学者提出 4BS 颗粒直径应不超过 5~6μm。所有 4BS 颗粒都是由 3BS、α-PbO 和 β-PbO 生成的，因此固化之前铅膏的物相组成、颗粒尺寸对固化后铅膏中 4BS 的颗粒尺寸具有重要意义。

⑤ 在固化干燥期间，铅膏逐渐形成多孔体系，在随后的极板化成阶段，固化后的多孔体系决定了活性物质的孔体系。活性物质的孔体系是决定电池容量和功率的第二要素

（除了活性物质 Pb 和 PbO_2 的结构之外）。因此，固化后极板孔体系也是很重要的参数。固化期间发生了重结晶反应和化学转化，因此铅膏中的孔分布情况会发生变化。

铅膏中金属铅的氧化与铅膏含水量有密切关系。固化期间，铅的氧化反应通过两个反应机理进行[1]：一个化学反应机理和一个电化学反应机理。化学反应机理认为反应过程中生成了中间产物，然后该中间产物发生了脱水反应，而不是通过与空气中的 O_2 直接反应生成 PbO。水直接参与了反应，因此水分含量影响铅氧化的速率，H_2O 与 Pb 的分子量之比是 18/207=8.7%。理论上，当该比例为 8.7% 时，Pb 氧化速度最快。电化学机理为氧气溶解在极板表面的水膜中，通过水膜扩散到金属铅上，然后以微电池腐蚀的方式使 Pb 氧化、以 O_2 为阴极进行还原，化学反应如下：

$$O_2+4H^++4e^- \longrightarrow 2H_2O$$

$$O_2+2H_2O+4e^- \longrightarrow 4OH^-$$

金属铅颗粒为阳极发生氧化反应：

$$Pb \longrightarrow Pb^{2+}+2e^-$$

在水膜中 Pb^{2+} 与 OH^- 反应生成沉淀：

$$Pb^{2+}+2OH^- \rightleftharpoons Pb(OH)_2$$

水则解离为

$$H_2O \rightleftharpoons H^+ + OH^-$$

铅膏中水分过多时，不利于溶解氧的扩散。

当铅膏中水分为 7%~8% 时，铅的氧化速度最快。水含量与铅膏中残余游离铅含量的关系如图 4-29 所示。

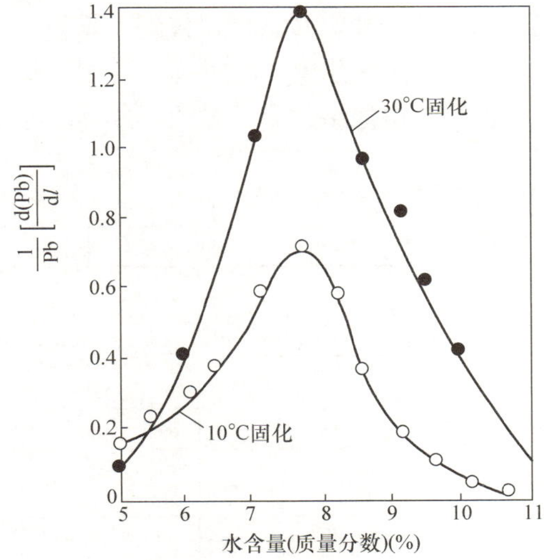

图 4-29 水含量与铅膏中残余游离铅含量的关系[10]

氧对固化极板质量也具有重要作用。在氧不足的极板中，3BS 与 4BS 不能形成互相交联的结构，影响极板强度。板栅表面缺乏氧化铅的腐蚀层也会削弱活性物质颗粒之间和板栅活性物质之间的结合力，活性物质容易脱落。由于腐蚀层的形成和生长会造成水损失，固化期间应保持 40%~95% 的相对湿度，并向其中通入空气。

固化在特定的固化室中进行。固化室由电气系统、固化室、风机、蒸汽管道、温度湿度传感器和雾化器等部件组成。各厂家所用固化室空间的大小以及固化室中风机、蒸汽管道、雾化器等设备布局都有所差异。大型固化室存在各部位温度湿度氧气含量差异较大、固化极板的一致性相对难以控制的问题。小微型更容易控制，固化效果更好。近年来，国内固化室由大型向小微型发展。

另外，隧道式固化室也是近年研发出来的。根据固化阶段的不同，分为多个固化室。固化室之间采用轨道连接，犹如过隧道一样，极板依次经过几个固化室。每个固化室可独立设置固化阶段。

固化极板指标见表 4-38。

表 4-38　固化极板指标

游离铅含量（质量分数）（%）		水分（质量分数）（%）	六次跌落强度（%）	腐蚀层厚度
正极板	负极板			
≤ 3	≤ 5	≤ 0.3	≤ 0.6	0.2~0.6μm

4.5.4.2　分片

分片是将极板去掉多余的部分，例如挂耳，或者将连片结构的极板分成单独的小片，主要针对挂片极板。

分片方式主要有滚锯和滚切两种：滚锯飞轮带锯齿，滚切飞轮无锯齿。在生产过程中同时将极耳抛光，保持极耳光亮，便于后续焊接。

① 滚锯易产生铅屑，锯屑粘在极板上不易除去，在后续化成或使用过程中易造成短路。

② 滚切没有铅屑，但容易造成极板受力变形，后续也会增加极板短路的风险。

4.5.5　铅酸蓄电池组装

铅酸蓄电池组装是将正极板、隔板、负极板、电池槽及其他零部件等按照一定顺序和数量组装成半成品电池的过程。

铅酸蓄电池组装流程如图 4-30 所示。

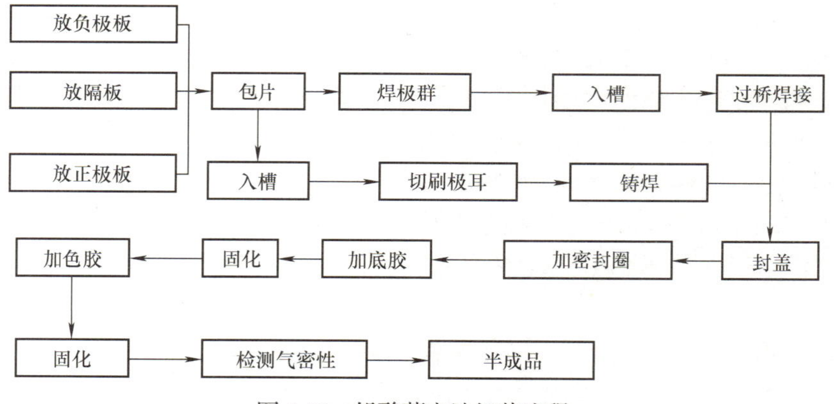

图 4-30　铅酸蓄电池组装流程

4.5.5.1　极群组装

将正极板、隔板、负极板依次叠放。一般，负极板比正极板多一片，即两边板均为负极板，同极性极板的极耳在同一边，通过焊接汇流排并联，并将该单元按串联的方式插入电池壳中，然后将相邻单格通过焊接过桥连接起来。该极群插在单格中受到一定压力，即过盈装配。

另外一种极群组装方式，是将正极板、隔板、负极板依次叠放，同极性极板的极耳在同一边，然后入槽，切刷极耳，最后进行铸焊，同时焊接汇流排、过桥和极柱。

4.5.5.2 极群焊接方式

将组装好的极群浸入含有铅液的铸焊模具中，然后对模具进行冷却；冷却到适当温度后将极群从铸焊模具中脱出来。铸焊是将同极性极板通过汇流排连接起来，将相邻单格的极群也焊接起来。焊接方式有穿壁焊和跨桥焊接（过桥焊）两种方式。在过桥焊方式上，又演变出汇流排直连结构。该结构一次成形，工艺稳定可靠，减少了铸造缺陷，降低了内阻；能充分利用电池内部空间，提高电池体积能量密度，电池容量更高。极群几种焊接方式如图 4-31 所示。

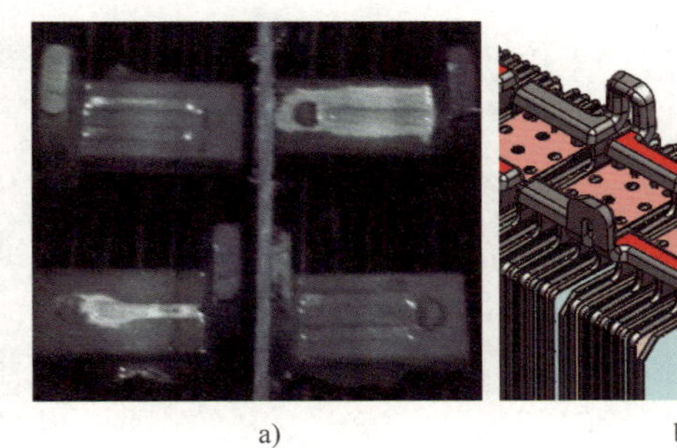

a)　　b)　　c)

图 4-31　极群焊接方式

a）穿壁焊　b）过桥焊　c）直连结构

极群焊接方式见表 4-39。

表 4-39　极群焊接方式

项目对比	穿壁焊	过桥焊	直连结构
设备	穿壁焊机	手工或铸焊机	铸焊机
铅用量	较少	多	少
气密性	串格漏气概率大	串格漏气概率小	串格漏气概率较小
内阻	较小	较大	小

4.5.5.3 封盖

极群铸焊后，要对电池壳和电池盖进行密封，密封方式有胶封和热封两种。

① 胶封：一般为封盖后在正负端极柱上套上密封圈再向端子槽内注入封口胶进行密封，防止漏气，待封口胶固化后再注入色胶以区分正负极性。

② 热封：采用热封设备进行机械化生产。

热封与胶封的差异见表 4-40。

表 4-40 热封与胶封的差异

比较项目	热封的特点	胶封的特点
耗时	速度快	速度慢
效果	密封性较好	密封性好
需人工	少	较多
能耗	低	高
成本	低	高

4.5.6 铅酸蓄电池化成

由固化后的极板直接组装成的电池并不能产生电动势，还需要化成。化成过程是为了将固化铅膏转化为具有电化学活性的多孔材料，正极为 PbO_2，负极为 Pb。

铅酸蓄电池在生产过程中最重要的一个环节是化成，分外化成（槽化成）和内化成（电池化成）两种方式。由于外化成会造成大量的废酸和酸雾，按照铅蓄电池行业准则已严禁采用，现在大多数蓄电池生产厂家采用内化成方式。

内化成是将由固化后的正、负极板和隔板组成的极群装入电池槽中，组装成半成品电池；然后加入一定浓度的电解液，加酸静置一段时间后，接通电源开始化成。化成工艺流程如图 4-32 所示。

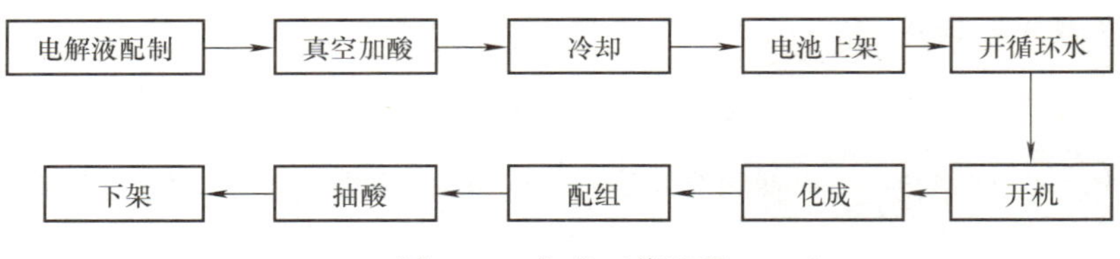

图 4-32 化成工艺流程

4.5.6.1 加酸

电池化成之前需要向电池中加入电解液，即加酸。加酸工艺主要有两种：一种是重力加酸，即从电池顶部加酸，依靠重力作用，电解液自上而下灌入电池；另一种是真空加酸，即采用抽出气体的方式使电池内部产生负压，使电解液迅速加入并与铅膏接触发生反应。为了提升加酸效率，目前各厂家主要采用真空加酸。真空加酸工艺见表 4-41。

表 4-41 真空加酸工艺

加酸温度	真空次数	真空时间	放空时间	真空压力	冷却水温度	冷却时间	化成电池温度
＜ 10℃	4~6	6 ~8s	4 ~6s	0.085MPa	＜ 15℃	30~60min	30~55℃

加酸之后，电池放置在冷却水中进行冷却，直到电池内部温度达到工艺规定的温度。一般要求冷却后电池放置空气中 20min 内温度不超过 45℃。加酸后发生的反应如下：

$$4PbO+SO_4^{2-}+2H^+ = 3PbO \cdot PbSO_4 \cdot H_2O$$

$$3PbO \cdot PbSO_4 \cdot H_2O+SO_4^{2-}+2H^+ = 2(PbO \cdot PbSO_4)+2H_2O$$

$$PbO \cdot PbSO_4+SO_4^{2-}+2H^+ = 2PbSO_4+2H_2O$$

$$4PbO \cdot PbSO_4+4SO_4^{2-}+8H^+ = 5PbSO_4+4H_2O$$

以上反应发生在极板两表面，极板表面 $PbSO_4$ 迅速增加，并逐步向极板中心生长。

4.5.6.2 化成

化成是电池生产过程中的关键工序，对电池的初始容量和寿命具有重大影响。在低浓度硫酸中，更容易形成 α-PbO_2。α-PbO_2 还原成 $PbSO_4$ 的反应速率低，放电容量低，未反应的 α-PbO_2 构成正极活性物质骨架，起到传导作用，并且为活性物质提供机械支撑作用。加酸浓度会影响生成 α-PbO_2 和 β-PbO_2 的比例。在高浓度条件下生成 β-PbO_2 的含量高，因而寿命短；在低浓度下主要生成 α-PbO_2，循环寿命长。

加酸后，正极板铅膏含有 $PbSO_4$、3BS、1BS 和 Pb_3O_4。在氧化过程中，PbO 首先被氧化，然后碱式硫酸铅被氧化；随着初始化合物的数量下降，正极板电势增加；当正极板电势高于 $PbO_2/PbSO_4$ 平衡电势时，$PbSO_4$ 开始被氧化。化成之后出现不同的电势区，这取决于铅膏物相组成。

根据铅膏物相组成和化学组成，可将化成过程分为以下两个阶段 [1]：

① 第一阶段：PbO 和碱式硫酸铅发生氧化，生成 α-PbO_2 和少量 β-PbO_2。在这一阶段铅膏微孔中的溶液为中性到微碱性。同时，硫酸与铅膏生成 $PbSO_4$，正极板电池降低。

② 第二阶段：浸酸和化成第一阶段形成的 $PbSO_4$ 被氧化成 β-PbO_2，铅膏微孔呈强酸性，开路电压升高。

实验证实，增加化成所用的硫酸溶液的浓度时，化成第一阶段时间缩短，第一阶段形成的 $PbSO_4$ 含量增加，正极活性物质中 β-PbO_2 含量增加。

化成反应从板栅筋条开始，此处形成的 PbO_2 向其他部位生长；化成期间反应层不断向外化成的铅膏推进；化成后正极活性物质增加，直至正极铅膏全部转化为活性物质。

4BS 铅膏极板在加酸后和化成期间与硫酸反应，在表面生成 $PbSO_4$；当极板电池超过 $PbO_2/PbSO_4$ 电极平衡电势时，$PbSO_4$ 被氧化成 PbO_2。由此，4BS 晶体形成了较厚的 PbO_2，并保持了原有的结构形貌。

固化负极板铅膏中含有 3BS、PbO 和游离 Pb，负极化成过程中涉及以下反应（φ 为电势，pH 为酸度值，ln$a$ 是活度的对数）：

$$PbO+2e^-+2H^+ = Pb+H_2O \qquad \varphi_h = 0.248-0.059pH$$

$$3PbO \cdot PbSO_4 \cdot H_2O+8e^-+8H^+ = 4Pb+H_2SO_4+4H_2O \qquad \varphi_h = 0.030-0.044pH-0.007\ln a_{SO_4^{2-}}$$

$$PbO \cdot PbSO_4+4e^-+4H^+ = 2Pb+H_2O+H_2SO_4 \qquad \varphi_h = -0.113-0.029pH-0.015\ln a_{SO_4^{2-}}$$

$$PbSO_4+2e^-+2H^+ = Pb+H_2SO_4 \qquad \varphi_h = -0.356-0.029\ln a_{HSO_4^-}$$

$$PbSO_4+2e^-+2H^+ = Pb+HSO_4^-+H^+ \qquad \varphi_h = -0.302-0.029pH-0.029\ln a_{HSO_4^-}$$

$$2H^++2e^- = H_2 \qquad \varphi_h = -0.059pH-0.029\ln P_{H_2}$$

由以上化学反应方程式可以推断出，PbO 和 3BS 还原后，水开始分解，并引起氢气析出，由于动力学限制，铅是氢气析出过电势较高的金属。因此，碱式硫酸铅和 $PbSO_4$ 首先还原成 Pb，然后随着电势升高，同时发生析氢反应。

以上反应次序表明，负极板化成可以分为两个阶段。PbO/Pb 和 3BS/Pb 的平衡电势与 $PbSO_4$/Pb 平衡电势之间存在 300mV 的差值。在化成第一阶段，3BS 和 PbO 被还原，电势上升超过 300mV 后，开始第二阶段化成，$PbSO_4$ 在这一阶段被还原。在化成反应期间，负极活性物质铅首先在极板表面生成，然后逐步在极板内部反应生成。

化成第一阶段形成的骨架结构在后续充电循环期间并没有发生变化。它既是极板各个部位活性物质的集流体，又为参与成流反应的铅枝晶提供机械支撑。负极容量主要取决于铅次生晶体，也称为“能量结构”。如果骨架结构远大于能量结构，则该负极活性物质活性表面积小，极板容量低。如果能量结构比骨架结构多，则电池在小电流放电时容量高，但输出功率低。每一次充 / 放电循环期间，负极板经历了铅次生晶体结构的形成和解体过程，在整个循环寿命期间，负极板活性物质孔率逐渐降低，反应比表面积逐渐减小，放电容量逐渐衰减失效 [1]。

化成设备主要有两种：一种是恒流化成设备，另一种是脉冲化成设备。

① 恒流化成设备充电输出恒流进行充电，容易产生电化学极化和浓差极化，导致化成效率较低。

② 脉冲化成可调节充放电频率和电流大小，根据化成不同阶段的特点，对电流进行优化，最大限度消除极化，缩短化成时间。脉冲化成设备与恒流化成设备的差异见表 4-42。

表 4-42 脉冲化成设备与恒流化成设备的差异

比较项目	脉冲化成设备	恒流化成设备
波形	可调节	恒流不可调节
化成过程内阻	极化小	极化大
温度	内部温升小	内部温升大
化成时间	短	长
能耗	化成充电量少	化成充电量大
成本	设备投入大	设备投入小

4.5.6.3 容量检测

因为在电池化成过程中不能直观地观察极板化成情况，且解剖电池成本太高，所以在电池化成末期会进行容量检测，以核实电池化成效果和判定电池容量是否合格。容量检测可以按照额定容量检测或额定功率检测。

4.5.6.4 配组

在电池化成末期需要放电进行配组。目前，国内电池生产制造一致性水平控制有限，

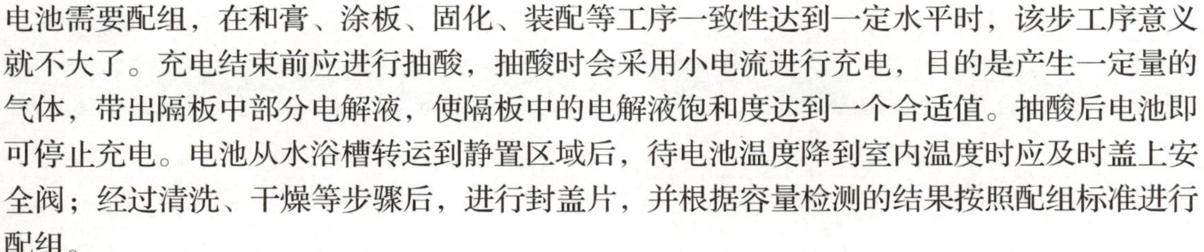

电池需要配组，在和膏、涂板、固化、装配等工序一致性达到一定水平时，该步工序意义就不大了。充电结束前应进行抽酸，抽酸时会采用小电流进行充电，目的是产生一定量的气体，带出隔板中部分电解液，使隔板中的电解液饱和度达到一个合适值。抽酸后电池即可停止充电。电池从水浴槽转运到静置区域后，待电池温度降到室内温度时应及时盖上安全阀；经过清洗、干燥等步骤后，进行封盖片，并根据容量检测的结果按照配组标准进行配组。

4.5.6.5 包装

在电池配组合格后，按照规定在电池表面丝印或贴标设计的图案、标识、商标等，还要打上编码和二维码，以防假冒产品。最后经过包装工序，将成组的电池装入包装箱或托盘。成箱的或成托的电池被运入成品仓库。

4.6 铅酸蓄电池性能要求

4.6.1 铅酸蓄电池性能标准

随着中国电动汽车动力蓄电池的快速发展，电动道路车辆用铅酸蓄电池的性能也得到大幅度的提高，已逐步实现商品化，额定容量在 32A·h（含 32A·h）以上的铅酸蓄电池或蓄电池组已广泛应用于电动汽车、电动三轮车、高尔夫球车、旅游观光车及电动摩托车等。电池的性能满足以下要求：

① 质量能量密度大于 40W·h/kg。

② 寿命在 3h 率条件下不低于 400 次循环。

③ 充电后每次可行驶 50km 以上。

④ 有足够的功率供电动车辆在 8s 内从零加速到 40km/h。

铅酸蓄电池的能量密度、功率密度与循环寿命指标互相冲突，提高铅酸蓄电池的能量密度和功率密度所采用的方法有：提高活性物质利用率，使活性物质与板栅的比率提高，改进极板和单电池的连接，提高蓄电池的放电深度。然而，这些方法会导致某些不良后果，诸如活性物质脱落、板栅腐蚀等，这将降低蓄电池的寿命，并产生恶性循环。

GB/T 32620—2016《电动道路车辆用铅酸蓄电池》要求的主要测试项目见表 4-43。

表 4-43 GB/T 32620—2016 要求的主要测试项目

序号	项目	试验方法	技术要求
1	3h 率容量	蓄电池经完全充电后，在温度为 25℃ ±2℃的环境中放置 5h，然后以 I_3（A）电流放电至单体蓄电池平均电压 1.75V 时终止，记录放电持续时间 T	第一次放电容量≥ $0.95C_3$。第 10 次放电容量或之前放电容量应达到额定容量 C_3
2	不同温度下的容量试验	蓄电池经完全充电后，在试验温度的环境中放置 18~24h，然后以 I_n（A）电流连续放电至单体蓄电池平均电压 U_f（V）时终止，记录放电持续时间 T	−20℃ ±1℃时，容量不低于 $0.70C_n$；0 ℃ ±1 ℃ 时，容量不低于 $0.90C_n$；45℃ ±1℃时，容量不低于 $1.05C_n$

（续）

序号	项目	试验方法	技术要求
3	荷电保持能力试验	蓄电池经完全充电后，擦净表面，在25℃ ±5℃温度的环境中静置 30 天，然后以 I_n（A）电流连续放电至单体蓄电池平均电压 U_f（V）时终止，记录放电持续时间 T，计算放电容量 C_r。计算容量保存率 $R=C_r/C_n×100\%$	容量保存率不低于 85%
4	循环耐久能力试验	蓄电池经完全充电后，以 $1.5I_n$（A）的电流放电 1.6h，然后以单体蓄电池恒压 2.45V±0.01V、限流 $1.5I_n$（A）的方式充电 4h，以上为一次循环，连续进行 49 个充放电循环后，第 50 次进行一次额定容量验证。经过 n×50 次循环后验证容量低于 $0.80C_n$ 时，循环终止	循环次数不低于 400 次
5	快速充电能力试验	蓄电池在温度为 20℃ ±5℃的环境中以 I_n（A）电流放电到单体蓄电池平均电压为 1.85V 时，以 $3I_n$（A）恒流充电到端电压 16.02V，并以 16.02V 恒压充电至充电结束，两阶段充电时间总计为 2h。蓄电池在温度为 20℃ ±5℃的环境中以 I_n（A）电流放电到单体蓄电池平均电压 1.68V 时终止，记录放电时间，计算放电容量	放电容量应不低于 $0.80C_n$
6	过充电试验	蓄电池经完全充电后，在 25℃ ±5℃温度的环境中以 $0.6I_n$（A）电流连续充电 5h	蓄电池外观无漏液、变形等异常现象
7	峰值功率试验	以 $2I_3$（A）电流放电 20s，测量并记录端电压 U_1，间断 5min，不经再充电以 $10I_3$（A）电流放电 5s，测量并记录端电压 U_2，按照公式计算峰值功率	蓄电池的峰值功率 P_{max} 不低于 $5UC_n$（W）
8	水损耗试验	蓄电池经完全充电后，擦净表面，称量质量 W_1，在 40℃ ±2℃温度的环境中以 2.40V±0.01V 恒压充电 500h，取出干燥表面后称量质量 W_2。按照公式计算水损耗	蓄电池质量损失≤ 2.5g/A·h
9	耐振动能力	蓄电池经完全充电后在 25℃ ±5℃温度的环境中以直立状态固定在振动台上，以频率 30~35Hz、最大加速度 30m/s² 垂直振动 2h	端电压不低于额定电压，外观无漏液、变形等异常现象

4.6.2 铅酸蓄电池常见故障

电动道路车辆用阀控式铅酸蓄电池属于二次电池，具有一定的使用寿命，因此在使用过程中需要定期观察电池仪表显示、使用情况并结合表 4-44 进行综合判定，以保证电动汽车运行可靠、安全。常见故障原因分析和处理方法见表 4-44。

表 4-44 常见故障原因分析和处理方法

常见故障	原因分类	故障归属	处理方法	备注
容量不足（放电时间短）	电池长期欠充电，造成负极硫化，容量下降	使用	采用小电流进行 1~4 次充放电循环，容量即可得到恢复。也可以采用其他方法，如活化仪、活化剂修复	硫化程度较高的电池容量只能得到部分恢复或无法恢复，当低于额定容量的 80% 时，建议更换电池
	无电压终止保护或设备控制失效，使电池过放电，造成负极硫化，电压低，容量下降			
	放完电未及时补充电，时间稍长，造成负极硫化，电压低，容量下降			

（续）

常见故障	原因分类	故障归属	处理方法	备注
容量不足（放电时间短）	由于使用或测试的环境温度较低，而显得容量不足	使用	使用公式：$C_e=C_r/[1+K(t-25℃)]$ 换算成25℃容量	t——放电时的温度； K——温度系数，10h率放电时K=0.006/℃；3h率放电时K=0.008/℃；1h率放电时K=0.01/℃
	浮充电压过低，造成蓄电池没有在满容量状态下备用	使用	检测设备重新设置浮充电压	
	放电时电压下降快或呈单格下降，该电池存在微短路或短路	电池	更换单体故障蓄电池	
	放电时电压迅速下降到终止，完全无法放电，该电池存在断路	电池		
	长期使用未进行有效维护，形成单节或多节电池容量落后	使用	整组均充，仍落后则需采用充电器对单体落后蓄电池进行充电	
	接收到的新电池按标准进行容量测试，达不到额定容量	电池	更换故障电池	
	正常使用电池，直至电池寿命终止	使用	建议更换新电池	
开路电压低	长期使用未进行有效维护，形成单节或多节电池浮充电压落后（低于2.18V）	使用	整组均充，并设置周期三个月均充一次	
	放完电未及时补充电或过放电，时间稍长，造成负极硫化内阻升高，电压低	使用	整组均充，如电压仍无法恢复，则容量不足，建议更换电池	
充电电压低	充电电压比设定值低10%以上时，该电池可能存在微短路或短路	电池	做放电验证，不合格则免费更换故障电池，合格则整组均充即可	只要电池短路，就经不起放电检测
	12V电池充电时电压为0V，该电池完全断路	电池	更换故障电池	
漏液	安全阀处渗漏液体	电池 / 使用	正常使用电池或未投入使用的电池漏液则需更换电池；由于防爆栓未拧紧而漏液时，拧紧防爆栓即可	当使用环境温度高或不慎过充电时，内压增大，安全阀开启，排气会带出液体，擦拭干净可继续使用即可
	端子爬酸、腐蚀，连接线腐蚀	电池	轻微腐蚀经擦拭、打磨、涂凡士林后可继续使用，严重腐蚀则需要更换电池或连接线	
	阀盖处产生白色晶体，属电池使用时排气所致	电池	擦拭干净即可	
	外壳破损造成电池漏液	其他	必须更换电池	
	电池倒置使用，使液体从安全阀渗出	使用	禁止倒置使用	

（续）

常见故障	原因分类	故障归属	处理方法	备注
外观不良	由于外力冲击、摔落造成外壳破损、裂缝、部件脱落等	其他	必须更换电池	
	外壳脏污	其他	用湿布擦拭干净	
	外壳划伤、磨伤，丝印不良，标贴不良，打码不符等	电池	若影响正常使用则免费加以更换	
	外壳鼓胀，使用环境温度高、散热不良或过充电都可能造成电池鼓胀，此现象属热失控	使用	检查电源设备，鼓胀电池不可再使用，需更换电池	要有良好的散热环境，电池安装间隙必须大于 10mm
	电池外壳出现局部鼓包，是由于单格短路发热引起壳体变形	电池	更换故障电池	
	端子型号不符，端子变形、断裂或脱落	电池	更换故障电池	
充不进电	长期欠充电、过放电、未及时补充电，会造成负极硫化、内阻升高、电压低，采用普通的恒压充电器则充不进电	使用	采用小电流恒流充电	检测容量低于额定容量的 80% 时，建议更换电池
	由于电池内部虚焊，形成断路而充不进电	电池	更换故障电池	
	由于电池内部短路，充电电压上不去	电池	更换故障电池	
其他	产品规格、型号不符		联系制造厂家判定处理	
	包装破损、少电池			
	电池柜、电池架及配件不良，规格不符，少配件等			
	开路电压低，自放电大，内阻大，电导低			
	电池起火			

4.7 电动汽车用铅酸蓄电池的发展趋势

对于蓄电池而言，无论在任何应用中，只有能够提供足够长的使用寿命，才会被用户接受。因此，在设计车辆时，考虑到铅酸蓄电池能量密度低的特点，目前电动汽车多用锂离子蓄电池、金属氢化物镍蓄电池作为动力源。随着全球环保理念的深入，同时随着混合动力车辆的发展，新一代车辆电气系统配置也在发生改变。燃油汽车逐步采用启停系统，降低油耗，同时大力推广混合动力汽车、纯电动汽车，以减少对环境的污染。铅酸蓄电池作为历史悠久且资源利用率高的二次电池，近年来已研发出新型的环保产品系列，如用于启停系统的启停电池，用于纯电动汽车的双极性铅酸蓄电池、超级铅碳电池等。阀控式铅酸蓄电池在各种类型车辆中的典型用途和工作性能见表 4-45。

表 4-45 阀控式铅酸蓄电池在各种类型车辆中的典型用途和工作性能

参 数	应 用		
	12V，起动点火、照明	电动汽车	48V 或以上电动汽车
用途	高倍率启动	深度循环	高倍率、部分荷电状态
充电状态	85%~90%	20%~100%	纯电动汽车：70%~90% 混合动力汽车：60%~70%
通常最大放电	10CA	4CA	15CA
通常最小放电	0.5CA	0.5CA	8CA
失效模式	腐蚀，软化	PCL1，PCL2	电池欠充电和负极硫酸盐化

4.7.1 启停电池

4.7.1.1 启停电池产生的背景

传统燃油汽车在遇交通堵塞或红灯停车时，发动机仍然处于工作状态，汽车怠速会造成燃油浪费和尾气污染加剧等后果。

启停系统是弱混系统，是一种混合系统。采用启停系统的车辆在遇交通堵塞或红灯停车时会关闭发动机，以减少油耗，减少尾气排放。研究表明，启停系统能减少综合工况下约 3%~5% 的能耗和排放，在拥堵市区的节能效果能达到 10%~15%。安装启停系统的增量成本约 2000~4000 元，且对现有动力传动系统改动很小。启停系统是在普通燃油系统的基础上迈出了节能减排的一小步。

4.7.1.2 启停电池的使用原理

装配启停系统的汽车在遇交通堵塞或红灯停车时，控制装置将自动关闭发动机，由电池对车载设备进行供电；当车辆需要再次行驶时，在驾驶人踩下离合器、加速踏板或松抬制动踏板的瞬间，起动机将快速重新起动发动机。装有启停系统的车辆每一次临时停车就会关闭一次发动机和重新起动一次发动机，因此车辆在市区行驶时频繁起动是常态。

传统燃油车辆在遇交通堵塞或红灯停车时，不关闭发动机，由发动机对车载设备进行供电；当车辆需要再次行驶时，驾驶人只要松抬制动踏板即可。因为传统燃油汽车每一次临时停车都不需要关闭发动机，所以起动次数特别少。

4.7.1.3 启停电池主要的性能要求

1. 车配的启停电池的容量要比普通免维护电池的容量更大

装有启停系统的车辆在遇交通堵塞或红灯停车时，由启停电池对车载设备进行供电，消耗电池电量；当车辆需要行驶时，需重新起动，也消耗电池电量。因此启停电池需要更高的容量。

2. 要有良好的充电接受能力

车辆不同，使用情况相差较大，有的车辆跑长途跑高速比较多，有的车辆跑市区路况较多，大城市和小城市市内交通的拥堵情况也大不相同，这样导致每辆车的使用工况不同，很难进行区分。跑长途跑高速的电池放电频率低，充电时间长，充电电压高，电池易充满电；而市内工况的车辆起动频繁，车速较低，充电电压低，电池消耗电量多而充入电量少，电池容易出现亏电。经常跑市区的车辆应每隔一段时间跑一次高速，这样不仅可以消除发动机积炭，而且还可以对电池进行饱和充电，恢复电量。

装有启停系统的车辆比普通燃油车辆起动更为频繁，耗电量较大，若没有较好充电接受能力，电池在短时间内无法实现电量恢复，则电池容易出现亏电。电池亏电后，正、负极板的硫酸铅含量增多，电阻增大，充电接受能力降低，多种结果叠加，易造成电池因极板硫化而寿命终止。

目前，轿车用普通免维护蓄电池的充电接收能力一般可达 I_{ca}/I_0=2.5~3.2，在使用过程中蓄电池的充电接收能力会逐渐下降，在电池的使用过程中仍有少量电池出现充电不足。因此建议启停电池的静态充电接受能力 $I_{ca}/I_0 \geqslant 3$。

3. 要有较好的高温耐腐蚀能力

启停电池频繁进行大电流充放电，电池内极板的温度较高，在高温下板栅和活性物质的腐蚀速度加快。

由于启停电池易出现亏电，亏电后电池内的电解液密度降低，板栅在低密度下腐蚀的速度加快。

综上所述，启停电池易出现板栅腐蚀的问题，为此不少厂家在板栅结构设计和合金成分方面进行了大量研究。

4. 要有较好的深放电循环性能

由于装有启停系统的汽车在遇交通堵塞或红灯停车时，控制装置将自动关闭发动机，由电池对车载设备进行供电。在一些交通比较拥堵的大城市，车辆经常出现走走停停的情况。多次长时间的临时停车，车载设备消耗了电池大量的电量，对电池进行了深度放电。电池深度放电后较多的 PbO_2 转化为 $PbSO_4$，体积增大；在随后的充电过程中 $PbSO_4$ 又转化为 PbO_2，体积缩小。物相体积频繁地膨胀与缩小，活性物质的网络结构会随着循环放电次数的增加而逐渐溃散，最终活性物质会软化脱落。

4.7.1.4 启停电池的特点

目前，欧洲轻型车中 50% 采用了启停系统，我国在未来几年启停电池将会快速普及。

启停电池分为超细玻璃纤维隔板（AGM）启停电池和富液（EFB）启停电池，在具有启停功能的汽车上 AGM/EFB 蓄电池具有以下功能：

① 启停系统频繁重新起动发动机时，启停电池支持频繁地大电流起动放电。

② 在车辆怠速和低速起动阶段，混合动力系统为车辆提供动力时，启停电池提供动力。

③ 启停电池需能满足车内音响、照明、导航、门锁等电气设备的需要。

AGM 启停电池和 EFB 启停电池是启停电池的主流，广泛应用于具备启停功能的车辆上。它们虽然都属于启停铅酸蓄电池范畴，但各有优缺点。AGM 启停电池始源于德国 MOLL 和美国江森等著名品牌厂家，目前国内的风帆、骆驼、天能、超威、理士等蓄电池厂家也有生产。AGM 启停电池主要在欧系和美系品牌车辆上装配较多，EFB 启停电池主要在日系和韩系品牌车辆上装配较多。

AGM 启停电池隔板采用超细玻璃纤维吸附式隔板，电解液吸附在隔板中，蓄电池内没有游离的电解液，属于贫液结构。EFB 启停电池采用 EFB 专用 PE 隔板，特殊的活性物质配方，电解液呈冗量游离状态。AGM 启停电池和 EFB 启停电池各有优缺点，其特点如下：

1. AGM 启停电池的特点

① AGM 启停电池比同样尺寸的富液电池的冷起动性能好。因为富液电池属于排气式蓄电池，极板上部空间有冗量的电解液，所以富液电池极板高度相对较低，极板面积相对 AGM 启停电池要小；AGM 启停电池由于内部氧复合，使用过程中水损耗极小，因此在极板上方所留空间小，从而提高了极板高度，加大了极板反应表面积，相对同样尺寸和极板数的富液电池就有更好的冷起动性能。

② AGM 启停电池比同样尺寸的富液电池的使用寿命长。AGM 启停电池的隔板具有高弹性和高孔率，电解液吸附在隔板中，隔板直接并均匀地挤压在极板活性物质上，同时保证活性物质紧固在隔板纤维层中间；酸在玻璃纤维隔板中的毛细作用，会在一定程度上克服硫酸的重力作用，减轻酸分层，降低浓差极化，避免了活性物质脱落、酸液分层等缺陷，从而延长了蓄电池的使用寿命。

③ AGM 启停电池的水耗少。AGM 启停电池的极板通过盈装配技术与隔板接触。电解液未填满整个蓄电池内部空间是为正极析出的氧气留出了进入负极的通道，利用阴极还原实现氧的复合和循环使用，从而减少电池失水，做到真正的免维护。

在同样的环境下进行持续的恒压充电测试，富液电池进行 42 天，AGM 启停电池进行 84 天，可以看到两种电池的水耗基本相同，说明 AGM 启停电池在免维护方面具有很大优势。

④ AGM 启停电池的启停能力强。启停试验程序（SBA S0101）是按照启停系统特性来进行测试的，是一个放电、充电、大电流起动的循环测试，重复 3600 次为一个单元。AGM 启停电池在试验中表现的充放电特性很稳定，36000 次以上循环不失效，远高于其他蓄电池。

⑤ 具有能量回收功能。AGM 启停电池的整体性能更优，充放电循环次数是普通铅酸蓄电池的 3~4 倍，而且可以支持汽车更高的用电荷载要求和能量回收功能，因此多用于带有能量回收系统和启停功能的高端汽车上。

其缺点为：AGM 启停电池属于贫液结构，没有多余的电解液，高温失水会影响蓄电池的寿命，通常不放入发动机舱内。如果必须放入发动机舱，则必须保证足够的散热性，否则可导致其寿命缩短。

AGM 启停电池的技术工艺已经十分成熟，具有容量大、安全性好、成本低、可回收等特点，未来仍将是微混系统的主流技术。

2. EFB 启停电池的特点

（1）优点

① 生产简单，易操作，成本低廉。EFB 启停电池是在传统电池技术的基础上，通过调整活性物质以及电解液配方来提高电池深循环性能，生产过程简单易操作，因此成本相对低廉，客户更容易接受。

② 温度适宜性强，应用范围广。EFB 启停电池内部除了极板、隔膜及其他结构部件外，剩余的空间全部被电解液填满，电解液处于过量状态；板栅采用铅钙锡合金，具有低水耗、不怕失水等特点，适用温度范围广，可安装在发动机舱内，节省空间，降低了车辆制造成本。

（2）缺点

① 相对同体积 AGM 启停电池容量低，充电接受能力差，不便用于能量回收的车辆上。

② 在欠充电状态下，极板充电接受能力差，容易硫酸盐化，导致寿命短。

③ 蓄电池内部极群组没有装配压力，活性物质容易脱落，造成蓄电池寿命短。

EFB 启停电池具有成本低廉等特点，整体性能可满足启停系统的要求，但不适用于带有能量回收的系统。

4.7.2 双极性铅酸蓄电池

双极性铅酸蓄电池一般包括：水平式双极性阀控式铅酸蓄电池和立式双极性阀控式铅酸蓄电池。水平式双极性蓄电池技术是由美国军用复合材料技术转为民用发展起来的，是目前最先进的电池技术之一。

双极性铅酸蓄电池的核心是薄型耐强腐蚀环境的高导电双极性基底材料。Ebonex® 双极性蓄电池以新型陶瓷材料做基板，与传统电池相比，铅耗量少、重量轻、体积小，具有循环寿命长、充放电效率高、价格便宜、易回收再生等特点。

双极性蓄电池技术因其独创的材质、革新的内部结构以及特殊的新型复合材料基板，极大地降低了电池极板重量，与传统 AGM 蓄电池相比，各个方面的性能都具有明显的优势，主要有：

（1）蓄电池比能量高

双极性蓄电池由于极板活性物质之间的电流传导距离短，基板采用特殊新型材料替代了传统的铅板栅，减轻了蓄电池的重量，提高了蓄电池的能量密度。蓄电池的能量密度和功率密度见表 4-46。

表 4-46 蓄电池的能量密度和功率密度

蓄电池的类型	质量能量密度 /（W·h/kg）	体积能量密度 /（W·h/L）	重量功率密度 /（W/kg）	体积功率密度 /（W/L）
双极性蓄电池	40~60	150~200	250~350	700~1000
AGM 蓄电池	30~40	100~120	80~150	300~400

（2）电池内阻低

双极性电池骨架采用特殊新型材料压制基板，在基板两侧分别涂上正极铅膏和负极铅膏，然后经淋酸、固化等工序制成双极性极板，缩短了正、负极活性物质电流传导的距离，增加了接触面积，减小了电池内阻。

（3）大电流充电性能好

双极性电池充电接受能力好，可以大功率放电，可以恒压限流3C快速充电。

（4）循环寿命长

双极性电池由于特殊的结构设计，继承了传统VRLA电池的优势，普通立放使用双极性电池100%DOD循环寿命已超过650次，水平使用双极性电池设计，比立放使用双极性电池寿命增加30%。

4.7.3 超级铅碳电池

超级铅碳电池是在国际先进铅酸蓄电池联合会（Advanced Lead-Acid Battery Consortium，ALABC）倡导下发展起来的一种先进的铅酸蓄电池，是近年来出现的新型复合储能装置。按碳材料加入的方式不同，可分为超级电池和铅碳电池两类，是将高比表面积的碳材料以“内并”或“内混”的方式加入负极板中，如图4-33所示。超级铅碳电池在高倍率充放电和循环寿命等性能上实现了重大突破，特别是在高倍率部分荷电状态循环应用领域，与传统的铅酸蓄电池、超级电池和铅碳电池相比，其寿命和充电接受能力得到大幅度提高，在新能源储能和电动汽车的应用中具有广阔的发展前景。

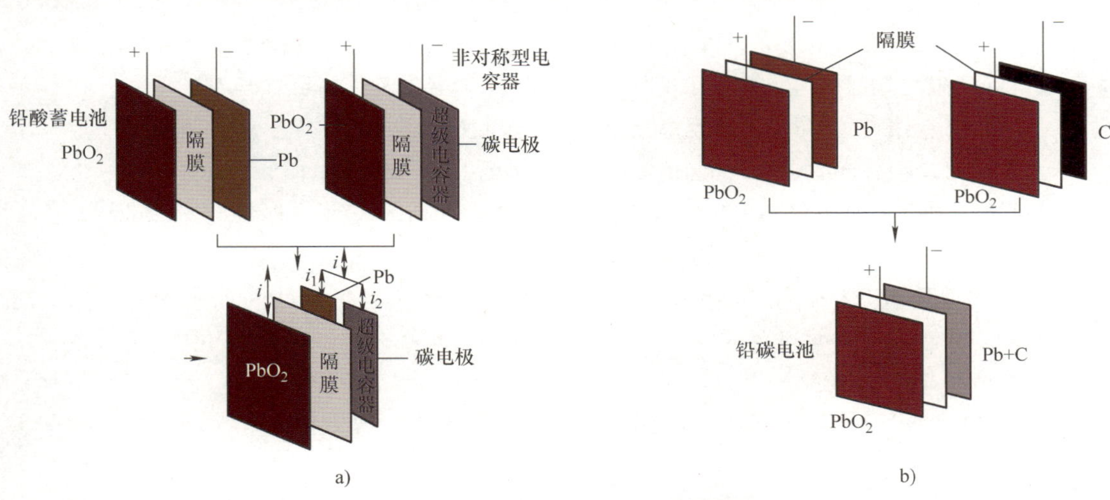

图4-33 超级电池和铅碳电池结构原理图
a）超级电池结构 b）铅碳电池结构

生产超级铅碳电池的核心技术是选用有效的碳材料。用于超级铅碳电池的碳材料主要有活性炭、石墨烯、石墨、炭黑、导电高分子、活性碳纤维、炭纳米管、碳气凝胶等。由于碳材料的种类繁多，不同厂家生产的同类碳材料形态各异，因此能够用于铅碳电池的碳材料既不是唯一的，也不是可随意选取的，而且添加量也随碳材料的种类、颗粒大小、结构和微观形貌的不同而有所不同，并不是添加的碳材料越多，铅碳电池的循环寿命就越长。

超级铅碳电池具有以下特点：

① 将不对称电容器和铅酸蓄电池复合在同一电池体系内，在负极直接加入碳材料，既解决了负极硫酸盐化，又保持了电池的高能量密度，具有超级电容器高功率、快速充放、长循环寿命的特点。

② 采用新型高比表面积和超导电性碳材料，充分发挥碳材料导电机理、位阻机理、平行反应机理、电容（电位）机理，提高了电池高倍率部分荷电状态（High Rate Partial State of Charge，HRPSOC）性能。

③ 高温（45℃ ±2℃环境下）能量保持率不低于常温实际放电能量的 92%，充、放电能量恢复率不低于 98%。

④ 防爆性、安全性好，正常使用不会发生热失控。

⑤ 一致性好，电池组内 12V 电池开路电压差不高于 100mV，温度偏差不高于 5℃。

⑥“内混”结构铅碳电池的生产设备与传统铅酸蓄电池的生产设备相同。

超级铅炭电池性价比高，安全可靠，能快速充电，适合在部分荷电状态（Partial State of Charge，PSOC）或高倍率部分荷电状态（High Rate Partial State of Charge，HRPSOC）状态下使用，因此超级铅碳电池在低速电动汽车领域将有新的发展。

参考文献

[1] 巴普洛夫 . 铅酸蓄电池科学与技术 [M]. 段喜春，苑松，译 . 北京：机械工业出版社，2015.

[2] 朱松然，等 . 蓄电池手册 [M]. 天津：天津大学出版社，1998.

[3] MCCLELLAND D H，DEVITT J L Maintenance-free type Lead acid：3862861[P]，1975-01-28.

[4] 兰德 . 阀控式铅酸蓄电池 [M]. 郭永榔，等译 . 北京：机械工业出版社 . 2007.

[5] 朱松然 . 铅蓄电池技术 [M]. 2 版 . 北京：机械工业出版社，2002.

[6] BARAK M. Electrochemical power sources[M]. Hertford shire: Peter Peregrinus Ltd，1980.

[7] PIERSON J R，WEINLEIN C E，WRIGHT C E. Power sources 5[M]. London: Academic Press，1975.

[8] LAM L T，CEYLAN H，HAIGH N P，et al. Influence of residual elements in lead on oxygen-and hydrogen-gassing rates of lead-acid batteries[J]. Journal of Power Sources，2010，195（14）：4494-4512.

[9] HUMPHREYS M E D，TAYLOR R，BARNES S C. Power sources 2[M]. London: Pergamon Press，1970.

[10] PAVLOV D. Processes in solid state at anodic oxidation of a lead electrode in H_2SO_4 solution and their dependence on the oxide structure and properties[J]. Electrochimica Acta，1978，23（9）：845-854.

第5章　金属氢化物镍蓄电池

5.1　概述

纯电动汽车用动力型金属氢化物镍蓄电池的使用，可追溯到1997年前后美国通用公司的EV1和日本丰田公司的RAV-4纯电动乘用车，前者使用的是美国奥瓦尼克公司方形90A·h金属氢化物镍蓄电池，后者使用的是日本松下公司方形95A·h金属氢化物镍蓄电池。不同的是美国奥瓦尼克公司使用的是AB_2合金粉，采用的是氢气保护下的烧结工艺制备储氢电极。日本松下公司使用的是AB_5合金粉，采用的是拉浆工艺制备储氢电极[1]。后者在工艺和价格两个方面都比较令人满意。日本丰田公司提供的五辆RAV-4纯电动乘用车在我国汕头进行的运行实验，行驶距离都超过了11.2万km，行驶距离最长达到16.32万km。遗憾的是这两款车最终还是因为性价比不高，而未能进入市场。

混合电动汽车用金属氢化物镍蓄电池的使用，可追溯到1997年日本丰田公司的Prius（优先、领先之意）混合电动乘用车，使用的是日本松下公司圆柱D型6.5A·h金属氢化物镍蓄电池。为了进一步提高蓄电池的输出功率，2001年、2003年和2005年日本松下公司又相继推出了矩形金属氢化物镍蓄电池模块NP1.0、NP2.0和NP2.5。直到现在后两款矩形金属氢化物镍蓄电池模块仍在日本丰田公司的普锐斯、卡罗拉、雷凌、凯美瑞、雷克萨斯等混合电动乘用车上广泛应用。到2017年丰田混合电动车全球累计销量已经达到1000万辆。改进型的D型金属氢化物镍蓄电池也还在本田思域等混合电动乘用车上使用。

我国金属氢化物镍蓄电池的产业化开发稍晚于国际市场。日本松下等公司在1989年前后开发出商品金属氢化物镍蓄电池。我国是在20世纪80年代末，在国家高技术研究发展计划（简称“863 计划”）的大力支持下，由南开大学、天津 18 所、包头稀土院开发出我国第一代圆柱金属氢化物镍蓄电池[2]。1992 年我国第一次将电动汽车列入国家科技攻关计划，同年科技部成立了金属氢化物镍蓄电池专家组，并先后在广东省中山市组建起金属氢化物镍蓄电池中试基地和国家高技术新型材料工程开发中心。随后我国迅速开始了金属氢化物镍蓄电池产业化开发的热潮。

在“863 计划”的大力支持下，在 20 世纪 90 年代末期我国连续泡沫镍和高密度、高活性氢氧化镍的产业化生产[3-6]得到了快速发展，为我国金属氢化物镍蓄电池的产业化奠定了基础。

2009 年 6 月，工业和信息化部发布了“新能源汽车生产企业及产品准入管理规则”，规则中将金属氢化物镍蓄电池列为成熟期产品。目前，湖南科霸和包头稀奥科公司在为国外混合电动汽车用金属氢化物镍蓄电池的二级市场提供产品，科力远与丰田合资的常熟科力美汽车动力蓄电池有限公司在为一汽丰田、广汽丰田的混合电动车配套金属氢化物镍蓄电池。

总之，金属氢化物镍蓄电池具有安全性好、可以大功率充放电、温度适应范围广、对环境友好等优点，已经在国外混合电动汽车上得到了充分的验证。相信随着国内混合电动汽车技术的成熟，这一切也会在国内自主品牌的混合电动汽车上得到展示。

本书采用了 GB/T 31484—2015《电动汽车用动力蓄电池循环寿命要求及试验方法》中有关电池的术语：单体蓄电池、蓄电池模块、蓄电池包、蓄电池系统。

5.2 工作原理

金属氢化物镍蓄电池的正极是 Ni（OH）$_2$/NiOOH，负极是 M/MH$_x$，电解液是 7mol/L 的 KOH 水溶液。M 为储氢合金，MH$_x$ 为吸氢状态下的金属氢化物。

金属氢化物镍蓄电池的化学式为

M/MH$_x$ │KOH（7mol/L）│ Ni（OH）$_2$ / NiOOH（+）

电池充、放电时，反应如下：

正极反应为 $$Ni(OH)_2 + OH^- \rightleftharpoons NiOOH + H_2O + e^- \quad \varphi = +0.49V \tag{5-1}$$

负极反应为 $$M + H_2O + e^- \rightleftharpoons MH + OH^- \quad \varphi = -0.829V \tag{5-2}$$

总反应为 $$Ni(OH)_2 + M \rightleftharpoons MH + NiOOH \quad \varphi = 1.319V \tag{5-3}$$

从式（5-1）~ 式（5-3）可以看出整个反应具有两个特点：

① 整个充、放电过程中，氢氧化钾电解液只起到离子导电作用，其中的 H_2O、K^+ 和 OH^- 等都不消耗，从理论上讲，在整个电池寿命期间，密封蓄电池中氢氧化钾电解液的浓度是不变的。

② 反应的本质是正、负两个电极的固相可逆吸收、释放氢的过程，没有中间态可溶性金属离子生成，属于固相质子扩散机理。因此，正、负电极的整体形状都不会发生显著变化。

金属氢化物镍蓄电池的充电过程可以简单理解为，在（正极集流体）Ni(OH)$_2$/KOH 电解液界面上，首先是 $Ni(OH)_2$ 同时放释出一个 H^+ 和一个 e^-。

$$Ni(OH)_2 \rightarrow NiOOH + H^+ + e^-$$

接着，H^+ 在界面上与 KOH 溶液中的 OH^- 复合成 H_2O，e^- 则沿着外电路运动到负极集流体上。

在（负极集流体）M/KOH 电解液界面上，H_2O 分解成 H^+ 和 OH^-：

$$H_2O \rightarrow H^+ + OH^-$$

接着，在（负极集流体）M/KOH 电解液界面上 H^+ 嵌入储氢化金 M 晶格同时接受来自正极的 e^-，生成 H，形成 MH。

而 OH^- 在电场作用下由负极表面向正极表面迁移，H_2O 则在浓度梯度的作用下由正极表面向负极表面移动。

在氢氧化镍正极内部，充电时正极表面的 $Ni(OH)_2$ 颗粒被氧化成 NiOOH，随后表面的 NiOOH 和亚表面的 $Ni(OH)_2$ 反应，结果是表面的 NiOOH 被还原为 $Ni(OH)_2$［如果在恒定电位下或者在恒定电流下充电，由于表面电位更正，表面就不再会还原成 $Ni(OH)_2$］。亚表面的 $Ni(OH)_2$ 被氧化成 NiOOH，完成了一个质子的交换过程。同样，亚表面的 NiOOH 再和下一表面的 $Ni(OH)_2$ 反应交换一个质子，如此类推，质子不断扩散[7]。

放电过程与上述过程刚好相反。

金属氢化物镍蓄电池和镉镍蓄电池一样，都是正极控制容量。当正极的 $Ni(OH)_2$ 已经完全转化成 NiOOH 以后，如果没有停止充电，就开始进入过充电状态，正极发生析氧反应：

$$4OH^- \rightarrow 2H_2O + O_2 + 4e^- \quad \varphi=+0.40V \tag{5-4}$$

由于金属氢化物镍蓄电池在设计时就采取了负极活性物质冗余，此时负极在继续发生式（5-2）的充电反应：

$$4M + 4H_2O + 4e^- \rightarrow 4MH + 4OH^-$$

与此同时，在负极表面还发生着氧复合反应：

$$O_2 + 4MH \rightarrow 4M + 2H_2O + \Delta H \tag{5-5}$$

ΔH 为氧复合反应释放出的热量，为 −572kJ/mol[8]。

从式（5-4）、式（5-5）可以看出，过充电时正极生成的 O_2 可以在负极与 MH 复合生成 H_2O。在整个过程中，电池内部并没有发生任何物质生成或消耗。只要正极析氧的速率不大于负极氧复合的速率，电池内部的压力也不会增加。但问题是氧复合反应会释放出大量的热量，可以导致电池温度升高。

根据热力学分析，在电极阳极极化过程中，平衡电位低的反应应优先发生。在金属氢化物镍蓄电池充电过程中，理论上应该优先发生式（5-4）的反应，而不是式（5-1）的反应。事实上，式（5-4）的反应只是氧析出最终的结果。这是一个涉及 4 个电子参加的多电子反应，存在许多中间步骤，反应机理相当复杂。现在已经提出的反应机理假设就多达

50 多种，不过至今还是没有最后的结论。就连式（5-4）的反应的平衡电位都是由理论计算出来的，而无法准确地测量出来。比较公认的一个结论是氧析出反应过程中有中间产物过氧化氢生成（在碱性溶液中表现为 HO_2^-）。按照由两个二电子反应串联而成的四电子反应理论[9]，在碱性溶液中，氧析出至少应该包括：

步骤 1 $3OH^- \rightarrow HO_2^- + H_2O + 2e^-$ $\varphi=+0.87V$ （5-6）

步骤 2 $HO_2^- + OH^- \rightarrow O_2 + H_2O + 2e^-$ $\varphi=-0.07V$ （5-7）

总反应就是式（5-4）：$4OH^- \rightarrow 2H_2O + O_2 + 4e^-$ $\varphi=+0.40V$

按照这个假说，在金属氢化物镍蓄电池正极上析氧反应至少应该在电池电动势为反应式（5-6）的平衡电位－反应式（5-2）的平衡电位＝0.87V−（−0.829V）=1.699V 的情况下才能发生。假如确实如此，金属氢化物镍蓄电池就会有很高的充电效率。实际的情况是氢氧化镍电极充电到荷电状态（SOC）80% 左右，正极就开始伴随有析氧反应发生，此时电池的充电电压大约为 1.46V，相当于氢氧化镍正极电位极化到了 0.63V 左右。

金属氢化物镍单体蓄电池不会出现严重的过放电现象，理论上，当电池放电到正极 NiOOH 全部还原成 $Ni(OH)_2$ 时，电池的电压就基本为 0V 了。但是当多只电池串联放电，特别是整车上使用的蓄电池包，如果控制不当，个别容量最低的单体蓄电池甚至会出现过放电到反极的现象，如图 5-1 所示[8]。

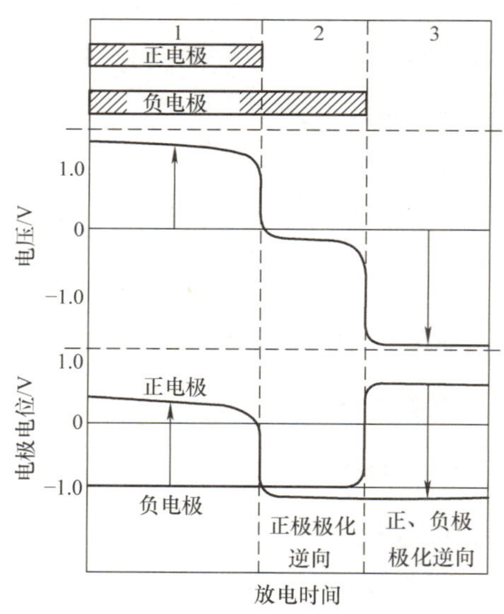

图 5-1 金属氢化物镍蓄电池过放电时出现的反极现象

电池放电过程中，正极上的各种物质还原顺序及相应的平衡电位为

$$NiOOH + H_2O + e^- \rightarrow Ni(OH)_2 + OH^- \quad \varphi=+0.49V \quad (5\text{-}8)$$

$$CoOOH + H_2O + e^- \rightarrow Co(OH)_2 + OH^- \quad \varphi=+0.18V \quad (5\text{-}9)$$

$$Co(OH)_2 + 2e^- \rightarrow Co + 2OH^- \quad \varphi=+0.11V \quad (5\text{-}10)$$

（式 5-10 平衡电位引自文献[10]）

$$2H_2O + 2e^- \rightarrow H_2 + 2OH^- \quad \varphi = -0.829V \qquad (5\text{-}11)$$

因为首次充电时，正极中的钴粉或氢氧化钴添加剂发生式（5-10）、式（5-9）的逆反应。负极可获得等电量的可放电容量（放电储备容量）。同时，单体蓄电池在设计时，就已经考虑到电池负极可充电态活性物质的冗余，也称之为充电储备容量。当正极发生过放电时，负极依然进行的是式（5-2）的反应。上述反应发生时，相对应的电池理论电压分别为 1.32V、1V、0.96V、0V。

如果负极的放电储备容量完全被消耗，电池继续进行过放电，负极将发生析氧反应：

$$4OH^- \rightarrow 2H_2O + O_2 + 4e^-$$

正极发生析氢：

$$4H_2O + 4e^- \rightarrow 4OH^- + 2H_2$$

总的结果是发生了水的电解：

$$2H_2O \rightarrow 2H_2 + O_2$$

此时，金属氢化物镍单体蓄电池的电压至少应该达到 −1.23V。金属氢化物镍蓄电池一旦进入到这个状态，不但整个正极的氢氧化镍活性物质的钴导电网络完全被破坏掉，负极合金粉也会被氧化、粉化掉。长时间过放电会造成电池内压过高，安全阀开启，电解液干涸，电池报废。综上所述，金属氢化物镍蓄电池最佳的充、放电电压窗口，应该控制在 1.0~1.45V 范围以内。

关于电池电压，人们常接触到的术语有电池的标称电压、理论电压和开路电压。

电池的标称电压是识别一种电池类型的电压近似值。它与电池的正极、负极、电解液材料的性质有关。可以认为它是电池一般条件下的放电平台电压。比如，金属氢化物镍和镉镍、锌锰、铅酸、锂离子蓄电池（比如碳 / 钴酸锂体系）的标称电压分别是 1.2V、1.5V、2V 和 3.6V 等。

电池的理论电压完全是由电池的正极、负极的标准氧化还原电位所决定。电池正极、负极、电解液材料一旦确定，它的理论电压就确定下来了，与电池的形状和体积大小无关。比如圆柱 D 型 6A・h 和方形 100A・h 金属氢化物镍蓄电池的理论电压都是 1.28V，镉镍、锌锰、铅酸、锂离子蓄电池的理论电压分别是 1.26V、1.55V、2.05V 和 3.71V。

电池的开路电压，是指电池在开路状态下两电极间的电位差。它与电池的实际体系、SOC 和环境温度有关，是一个不确定的值。铅酸蓄电池的开路电压与它的 SOC 具有较好的线性关系，但是金属氢化物镍和镉镍蓄电池的开路电压与它们的 SOC 就没有那么明显的线性关系。

5.3 电池材料

近 20 年来，蓄电池工业技术快速发展，这很大程度上得益于各种具有特殊功能的新材料在这个领域的应用。仅就金属氢化物镍蓄电池来说：

① AB_5 储氢合金粉的应用，促进了金属氢化物镍蓄电池商品的出现。

② 泡沫镍的应用，促进了填充式电极制造技术的出现。

③ 包覆钴氢氧化镍的应用，使得金属氢化物镍蓄电池的能量密度、功率密度有了显著提高。

④ 皮芯结构的 PE/PP 隔膜的应用，使得金属氢化物镍蓄电池的循环寿命得以提高。

⑤ 覆镍钢板的应用，使得金属氢化物镍蓄电池金属壳的壳壁、覆镍层厚度更加均匀、加工工艺更加简单。

⑥ 黏结剂、导电剂出现了电池级专属的产品。

5.3.1 储氢合金粉

5.3.1.1 AB_5 储氢合金粉

储氢材料是指在一定温度和压力条件下可以可逆地大量吸收和释放出氢气的材料。储氢材料有盐型和金属型两种，金属型储氢材料也常称为储氢合金，其吸放氢的化学反应式为

$$M + n/2H_2 \underset{\text{放氢}}{\overset{\text{吸氢}}{\rightleftharpoons}} MH_n + \Delta H \tag{5-12}$$

式中 M ——金属储氢材料；

MH_n ——吸氢后生成的金属氢化物；

ΔH ——储氢材料的焓变，正向反应吸氢并放热，逆向反应放氢并吸热。

储氢材料吸收氢气，最初生成的是金属 - 氢固溶体，随着固溶量的增多，最后生成了化学成分一定的金属氢化物。通常用 PCT（压力 - 氢浓度 - 温度）曲线来表征储氢材料的气态吸放氢特性，如图 5-2 所示。

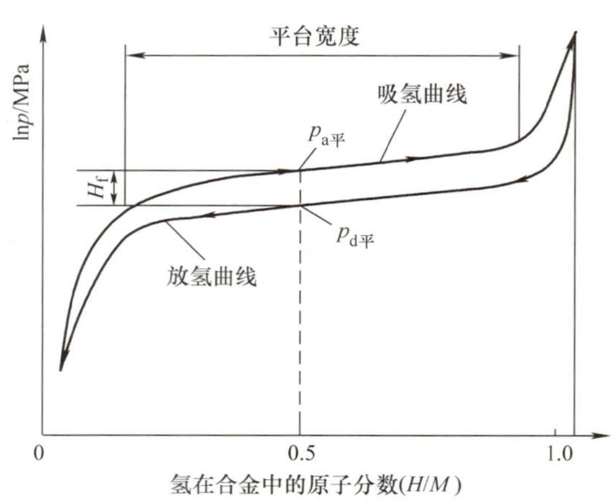

图 5-2 储氢材料的吸放氢压力 - 氢浓度 - 温度（PCT）曲线

p—吸放氢压力（MPa）

储氢合金在某温度下吸放氢时，压力—氢浓度曲线上有很平坦的一段，称为吸放氢压力平台，平台越长，则储氢合金的储氢量越大。平台对应的压力称为一定温度下的平台压力，该压力随反应温度的升高而升高，其关系可用范特霍夫（Van′ t Hoff）方程来表述：

$$\ln p_{平} = -\Delta S/R+\Delta H/RT \tag{5-13}$$

式中 $p_{平}$——平台压力；

ΔS——熵变；

ΔH——焓变；在 0~100℃范围内，通常认为 ΔS 和 ΔH 不随温度变化；

R——气体常数；

T——热力学温度，298K。

同一温度下储氢合金的吸氢曲线和放氢曲线一般不重合，其吸氢反应和放氢反应的范特霍夫（Van′ t Hoff）方程分别为

$$\ln p_{a平} = -\Delta S_a/R+\Delta H_a/RT$$

$$\ln p_{d平} = -\Delta S_d/R+\Delta H_d/RT$$

式中 $p_{a平}$——储氢合金吸氢反应的平台压力；

ΔS_a——储氢合金吸氢反应的熵变；

ΔH_a——储氢合金吸氢反应的焓变；

$p_{d平}$——该储氢合金放氢反应的平台压力；

ΔS_d——该储氢合金放氢反应的熵变；

ΔH_d——该储氢合金放氢反应的焓变。

同一温度下，储氢合金的吸氢曲线和放氢曲线不重合的现象称为滞后现象，通常用滞后因子 H_f 来描述：

$$H_f = \ln(p_{a平}/p_{d平}) = \ln p_{a平} - \ln p_{d平} \tag{5-14}$$

除滞后因子外，储氢合金 PCT 曲线的特征还常用平台斜度因子 S_f 来描述，放氢 PCT 曲线的平台斜度因子为

$$S_{fd} = d(\ln p_d)/d(H/M) = \Delta(\ln p_d)/\Delta(H/M) \tag{5-15}$$

金属储氢材料目前已形成六大系列，即以 $LaNi_5$ 为代表的稀土系（AB_5 型）、以 TiFe 为代表的钛系（AB 型）、以 $TiMn_2$ 为代表的 AB_2 系、以 Mg_2Ni 为代表的镁系（A_2B 型）、以（LaMg）$Ni_{3.5}$ 为代表的 $AB_{3.5}$ 系和钒（V）基固溶体系储氢合金。

储氢合金具有金属的物理特性，如光泽、导电性、导热性等，但它们的力学性能，如强韧性、延展性比一般的金属差很多。储氢合金一般较脆，吸氢时体积膨胀，放氢时体积缩小，因此，储氢合金吸放氢后很容易碎裂，这已成为储氢合金制粉的一种方法。典型的稀土系 AB_5 型储氢合金的密度是 7.9g/cm^3。

第5章

AB_5 储氢电极反应为

$$M + xH_2O + xe^- \rightleftharpoons MHx + xOH^- \tag{5-16}$$

式中 x——储氢合金 M 的储氢量，即一个 M 结构式储存氢的原子数，如 $LaNi_5H_6$ 中，M 为 $LaNi_5$，x 为 6。

用于金属氢化物镍蓄电池的储氢合金必须具备如下条件：

① 有效储氢量大，平台长，则合金电化学容量大，负极的放电性能稳定，电压平台平坦。

② 容易活化，电化学活性高，电极反应的可逆性好。

③ 在电池工作温度范围内（−18~60℃），平衡氢分解压力为 0.01~0.1MPa，且性能对温度的敏感性小。平衡氢分解压力最好在 0.05MPa 左右，压力高了，则蓄电池的内压会高；压力低了，蓄电池的电压性能不好，即 1.2V 以上的放电时间短。

④ 氢的扩散速度快，吸放氢速度快，反应极化（过电位）小，可进行快速充放电。

⑤ 化学稳定性好，耐碱溶液和氧气腐蚀，且不形成绝缘的钝化膜。

⑥ 价格低廉。

在各类储氢合金中，稀土系储氢合金在金属氢化物镍蓄电池上的应用效果最佳。

AB_5 储氢合金粉的主要性能指标如下：

1）电化学容量

电化学容量为单位重量的储氢合金在充电后所能放出的电容量，一般用 mA · h /g 表示。根据法拉第电解定律，氢化物电极的理论比容量为

$$C_0 = X_{max} F / N_M \tag{5-17}$$

式中 C_0——氢化物电极的理论比容量；

X_{max}——储氢合金的最大储氢量；

F——法拉第常数，近似为 96487C/mol，即 26800mA · h/mol；

N_M——储氢合金 M 的摩尔质量（g/mol）。

$LaNi_5$ 合金具有 $CaCu_5$ 型六方结构，$LaNi_5$ 在室温下可与 6 个氢原子结合，生成具有六方结构的 $LaNi_5H_6$。$LaNi_5$ 摩尔质量为 432g/mol，代入式（5-17），可计算得到 $LaNi_5$ 的理论电化学容量为 372mA · h/g。$LaNi_5$ 的寿命很短，十几次循环比容量就降为零。为提高寿命，必须将合金进行合金化，以提高其充放电循环的稳定性，但其结果一般是以牺牲容量为代价。目前，商用储氢合金的电化学比容量已超过 350mA · h/g。

一般，储氢合金的电化学容量是指储氢合金在 0.2C（60mA · h/g）充放电条件下，合金活化完全后测得的最大比容量。

2）PCT 性能

一般要求为在 45℃、0.3MPa 下储氢合金的吸放氢容量不低于总吸放氢容量的 75%；H/M=0.5 时，放氢平衡压（PCT 平台）为 0.03~0.08MPa。

3）物理性能

储氢合金的物理性能包括外观、粒度分布、松装密度和振实密度等。适合湿法生产储氢负极工艺的合金粉粒度为 −200 目，其中 −400 目颗粒占 50% 左右。适合干法生产工艺的为 −150 目，其中 −400 目颗粒占 20% 左右。

生产储氢合金的主要原材料有混合稀土金属、电解镍、电解钴、电解锰和铝等。混合稀土金属中稀土总量在 99.5% 以上、电解镍纯度为 99.8% 以上、电解钴和电解锰的纯度为 99.8% 以上，铝纯度为 99.7% 以上。

按照制备储氢合金时冷却工艺的不同，可以将储氢合金熔炼方法分成铸造法和快淬法。

5.3.1.2 铸造法制备储氢合金粉

铸造法是指在保护气氛下（一般为氩气），在真空感应熔炼炉中将配制好的原材料熔融成合金液体，并在特定的温度下将合金液体浇铸成块状合金。其优点是合金块的比表面积很小，可以保证很低的氧化率；其缺点是合金的冷却速度较慢，导致其成分偏析严重，必须经 900~1100℃左右的热处理后才能正常使用。

制粉方法主有冲击磨、球磨和气流磨等。按照电池极片制备工艺的要求，干法工艺的合金粉粒度较粗，湿法工艺的合金粉粒度较细。

储氢合金的组分可以概括分为 A 侧元素和 B 侧元素：

A 侧元素一般包括镧、铈、镨、钕、钇、钐、镁等，该类元素一般比较容易氧化；

B 侧元素一般包括镍、钴、锰、铝、铜、铁等。

目前，轻稀土中的镨、钕主要用于磁性材料且用量较大，作为储氢合金原材料的主要是镧铈合金，其成分见表 5-1。

表 5-1 常用的镧铈合金的成分

镧铈合金	镧	铈	铁	碳	镁、硫、锌
元素占比（%）	34.7	64.5	＜ 0.2	＜ 0.1	＜ 0.5

数据来源：包头稀土研究院信息中心。

5.3.1.3 快淬法制备储氢合金粉

快淬法指的是利用如图 5-3 所示的真空感应熔炼炉，在 1600~1800K 温度下将配制好的原材料熔融成合金液体，控制出炉温度在 950~1100K 及冷却速率在 10^5~10^6K/s [11]。

因为储氢合金中镍和钴的密度比铝大得多，所以熔炼过程容易出现分凝，引起合金组分分布不均匀。快淬法形成的是厚度为 0.1~0.3mm 的合金薄片，较铸造法形成的厚度为 3cm 左右的合金铸锭，其形成的合金晶粒细化，柱状晶结构致密，减少合金成分的偏析。储氢合金薄片在 1000~1500K 下退火 3~15h，可以进一步改善合金的成分和结构均匀性，提高合金的吸放氢性能。典型的储氢合金的成分见表 5-2。

表 5-2　典型的储氢合金的成分

元素名称	质量分数（%）	检验方法
La	25.50±0.50	电感耦合等离子体发射光谱仪（ICP）
Ce	6.60±0.50	
Ni	54.90±1.00	
Co	6.50±0.50	
Mn	4.90±0.30	
Al	1.60±0.20	
Fe	≤ 0.10	
Mg	≤ 0.03	
Si	≤ 0.04	
Zn	≤ 0.01	
Cd	≤ 0.01	
Ca	≤ 0.01	
O_2	≤ 0.08	

数据来源：厦门钨业股份有限公司。

图 5-4 所示为装料、冷却和加热三室一体的热处理设备。抽真空、充惰性气体保护与加热和冷却可分别在三室完成。不需要每炉次升降温，可实现连续化生产操作。通过精确控制可使退火温差控制在 ±2.0℃，使热处理的温度更加均匀。这种热处理设备的能耗较传统井式炉降低 15% 以上，产量可以达到 1.5t/ 炉次。

退火处理后的储氢合金薄片用气流粉碎机进行破碎。快淬法制备的储氢合金粉的物理性能见表 5-3。

图 5-3　真空感应熔炼炉主体结构
（图片来源：厦门钨业股份有限公司）

图 5-4 三室退火炉主体结构
（图片来源：厦门钨业股份有限公司）

表 5-3 快淬法制备的储氢合金粉的物理性能

物理性能	单位	技术指标	检验方法
粒度 D_{10}	μm	≤ 10.0	激光粒度测试仪
粒度 D_{50}	μm	45.0±5.0	
粒度 D_{90}	μm	≤ 100.0	
松装密度	g/cm^3	≥ 3.3	松装密度测试仪
振实密度	g/cm^3	≥ 4.4	振实密度测试仪
比容量	mA · h/g	≥ 320	电性能测试柜
PCT 平台	MPa	0.04±0.01	PCT 测试仪

数据来源：厦门钨业股份有限公司。

5.3.1.4 储氢合金粉性能的优化

储氢合金的 A 侧元素是使合金能够生成稳定的金属氢化物，B 侧元素是使合金形成的氢化物不稳定，从而保证储氢合金已吸收的氢能够顺利释放出来，同时保证储氢合金在吸放氢过程中具有稳定的晶体结构。A、B 两侧的元素共同作用决定了储氢合金优良的吸放氢性能。根据合金储氢特性和晶体结构的不同，对 AB_5 型储氢合金的性能优化可以从以下几个方面进行：

1. 元素替代

用 Ce、Pr、Nd、Y 等对 La 进行部分替代，以改善储氢合金的抗腐蚀性能。稀土元素对 La 的替代会导致合金的平衡氢压升高；Ni 元素可以改善合金的电催化性能，但 Ni 含量的增加会导致合金的平衡氢压升高；Co 元素可以降低合金的平衡氢压，减少吸放氢前后的体积膨胀，提高合金的循环寿命；Mn 元素可以降低合金的平衡氢压，改善合金的电化学动力学性能；Al 元素可以降低平衡氢压；Fe、Cu 元素可以降低合金的平衡氢压，改善合金的循环稳定性。通过元素替代所开发的储氢合金容量大多分布在 250~350mA · h/g 的范围内[12-18]。

2. 改善热处理工艺

抑制偏析，使合金成分更加均匀性，改善放电容量和循环稳定性[19，20]。

3. 非化学计量比

非化学计量比有利于合金中第二相的形成，增加晶界和内部氢原子的扩散通道，降低氢化物的稳定性，提高氢化物电极的电催化活性[21-25]。

4. 合金纳米化

减小合金颗粒尺寸和氢的扩散距离，增大比表面积和氢的扩散通道，提高氢扩散动力学性能[26-28]。

5. 表面改性处理

去除合金表面氧化物层，提高电极表面导电性，加快电子的传输速度，增大电极的比表面积，促进氢的扩散，改善氢化物电极的电化学动力学性能[29-35]。

6. 表面催化活性

表面催化可以提高氢在充放电过程中的电化学反应速度，进而提高储氢合金的低温和倍率放电性能。传统商用金属氢化物镍蓄电池最低允许使用温度仅为 253K。现已开发出可在 213K 温度下使用的超低温储氢合金。

对于典型的商用储氢合金 $MmNi_{3.55}Co_{0.75}Mn_{0.4}Al_{0.3}$ 而言，合金中含有 Co、Pr、Nd 等价格昂贵的金属，导致商用合金的价格偏高，降低成本势在必行。因此，低 Co、Pr、Nd 含量的储氢合金成为研究的热点[36-40]。

目前，AB_5 型储氢合金仍然是商业金属氢化物镍蓄电池所用的主流合金。常用储氢合金粉性能指标见表 5-4。

表 5-4 常用储氢合金粉性能指标

产品型号	产品类型	富镧 / 富铈	有无镨钕	钴质量分数 (%)	放电比容量 / (mA · h/g)	半循环寿命（25℃）/ 周	PCT 平衡氢压（45℃）/ MPa	最低使用温度 /℃
LFC-1	传统动力型	富铈	有镨钕	10	≥ 315	≥ 500	0.05	–30
LFL-28	长寿命型	富镧	无镨钕	10	≥ 300	≥ 1400	0.05	–30
LFL-36	超长寿命型	富镧	无镨钕	13	≥ 260	≥ 2400	0.07	–10
LFL-38	低钴长寿命型	富镧	无镨钕	8	≥ 290	≥ 1500	0.05	–30
DW-3	超低温型	富镧	无镨钕	≤ 1	≥ 260	≥ 150	0.05	–60

数据来源：鞍山鑫普新材料有限公司。

5.3.1.5 新型 La-Mg-Ni 储氢合金

燕山大学通过改进熔炼金属 Mg 和热处理工艺，开发出具有自主知识产权的 La-Mg-Ni 基储氢合金，电化学容量大于 360mA·h/g，循环寿命可达到 1000 次循环以上。目前，已在包头中科轩达新能源科技有限公司建设了一条 La-Mg-Ni 基储氢合金工业生产示范线。新型 La-Mg-Ni 储氢合金的化学组分和物理性能见表 5-5 和表 5-6。

表 5-5 新型 La-Mg-Ni 储氢合金的化学组分

主要元素	含量（质量分数）(%)	检验方法
La/Ce	20~28	ICP
Mg	1.3~2.5	
Ni	60~66	
Nd	2.2~14	
Al	0~3	
Co	0~3	
Fe	≤ 0.10	
Si	≤ 0.04	
Zn	≤ 0.01	
Cu	≤ 0.01	
Ca	≤ 0.01	
O_2	≤ 0.08	
C	≤ 0.03	

数据来源：包头中科轩达新能源科技有限公司。

表 5-6 新型 La-Mg-Ni 储氢合金的物理性能

物理性能	技术指标	检验方法
粒度 D_{10}/μm	9~15	激光粒度分析
粒度 D_{50}/μm	35~38	激光粒度分析
粒度 D_{90}/μm	70~80	激光粒度分析

（续）

物理性能		技术指标	检验方法
松装密度 /(g/cm^3)		3.10	密度测试仪
振实密度 /(g/cm^3)		4.60	密度测试仪
比容量 /(mA · h/g)		360~380	半电池电化学测试
PCT 平台	最大吸氢量（%）	1.40~1.50	PCT 吸放氢测试
	放氢平台压力 /MPa	0.015~0.055①	

数据来源：包头中科轩达新能源科技有限公司。

① 40℃下，H/M=0.5 时的放氢压力。

5.3.2 氢氧化镍

$Ni(OH)_2$一般为绿色的粉末，有 α、β 和 γ 等 3 种晶型，颗粒尺寸以纳米级和微米级为主。α-$Ni(OH)_2$的理论比容量可达 482mA · h/g，但在碱性环境中不稳定；β-$Ni(OH)_2$在碱性环境中能稳定工作，理论比容量为 289mA · h/g；γ-$Ni(OH)_2$为电池过充电的产物，会引发电极膨胀。

5.3.2.1 氢氧化镍的结构及充放电机理

充放电过程中，$Ni(OH)_2$各种晶型间的转化关系如图 5-5 所示。

由图 5-5 可知，充放电过程主要是 β-$Ni(OH)_2$与 β-NiOOH 相互进行转换。金属氢化物镍蓄电池使用的是球形 β-$Ni(OH)_2$。

四种 $Ni(OH)_2$的结构参数和 X 射线衍射参数见表 5-7，β-$Ni(OH)_2$的晶胞结构简图如图 5-6 所示。

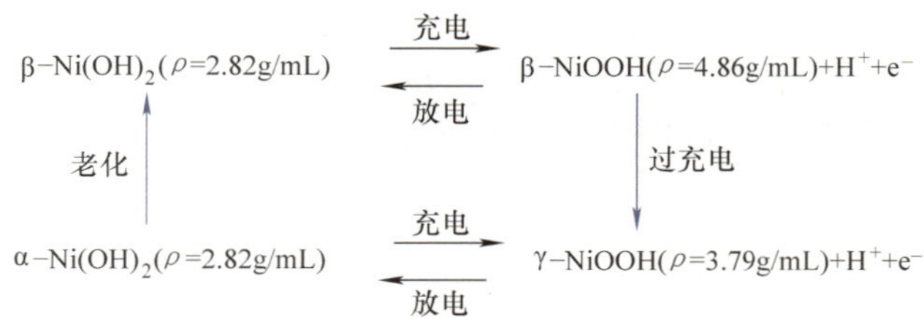

图 5-5 各种晶型间的转化关系

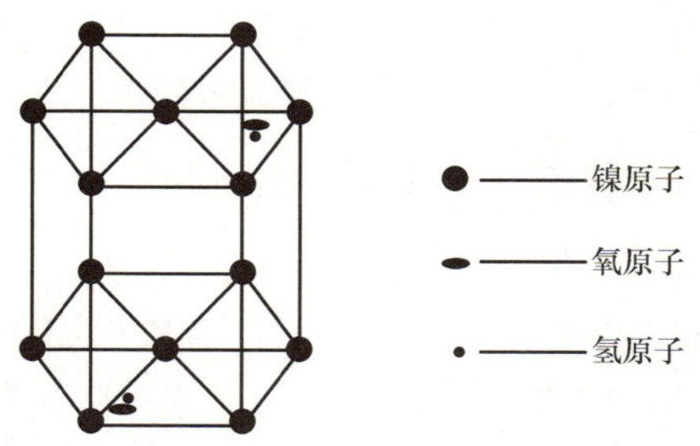

图 5-6 β-Ni（OH）$_2$ 晶胞结构

表 5-7 Ni（OH）$_2$ 结构参数和非化学计量结构式

结构类型	晶胞参数		X 射线衍射参数						非化学计量结构式
	a/Å①	c/Å①							
β-Ni(OH)$_2$	3.126	4.605	HKl	001	100	101	102	110	$Ni_{0.89}(H)_{0.11}OOH_{2.0}$
			d（Å）	4.6	2.7	2.3	1.8	1.6	
			I/I_t	100	45	100	35	25	
β-NiOOH	2.82	4.85	HKl	001	100	110	—	—	$Ni_{0.89}(3H)_{0.08}K_{0.03}OOH_{1.14}$
			d（Å）	4.8	2.4	1.4	—	—	
			I/I_t	100	80	80	—	—	
α-Ni(OH)$_2$·0.75H$_2$O	3.08	23.45	HKl	003	006	101	012	—	—
			d（Å）	7.8	3.9	2.7	2.6	—	
			I/I_t	100	70	50	50	—	
γ-NiOOH	2.83	21.0	HKl	003	006	012	015	018	$Ni_{0.75}(K)_{0.25}OOH_{1.0}$
			d（Å）	6.9	3.4	2.4	2.1	1.8	
			I/I_t	100	80	80	80	80	

① 1Å=0.1nm。

5.3.2.2 氢氧化镍的合成

氢氧化镍的产业化合成的方法主要是液相共沉淀法，也称化学沉淀法或均匀沉淀法，是指在有 $NH_3 \cdot H_2O$ 存在的情况下，反应体系中 Ni^{2+} 优先与 NH_3 结合形成镍氨配合物，在一定的 pH 下，该络合物再与 OH^- 作用，生成 $Ni(OH)_2$ 的过程。反应式如下：

$$Ni^{2+}+xNH_3\cdot H_2O \longrightarrow [Ni(NH_3)_x]^{2+}+xH_2O \tag{5-18}$$

$$[Ni(NH_3)_x]^{2+}+2OH^- \longrightarrow Ni(OH)_2+xNH_3 \tag{5-19}$$

1. 合成

制备氢氧化镍的工艺流程图如图 5-7 所示。首先将硫酸镍、硫酸钴和硫酸锌按照一定的配比配制成混合盐溶液，通过除磁、精滤去除溶液中的颗粒杂质、铁磁性杂质。混合盐溶液中总金属离子浓度控制在 110~130g/L 为宜。浓度太低导致生产成本增加；浓度太高容易结晶，特别是温度低的冬天，会导致管道堵塞而影响生产。合成后得到的氢氧化镍中以固溶体形式少量存在的钴和锌，可以分别提高氢氧化镍的充电效率和耐过充电性能。

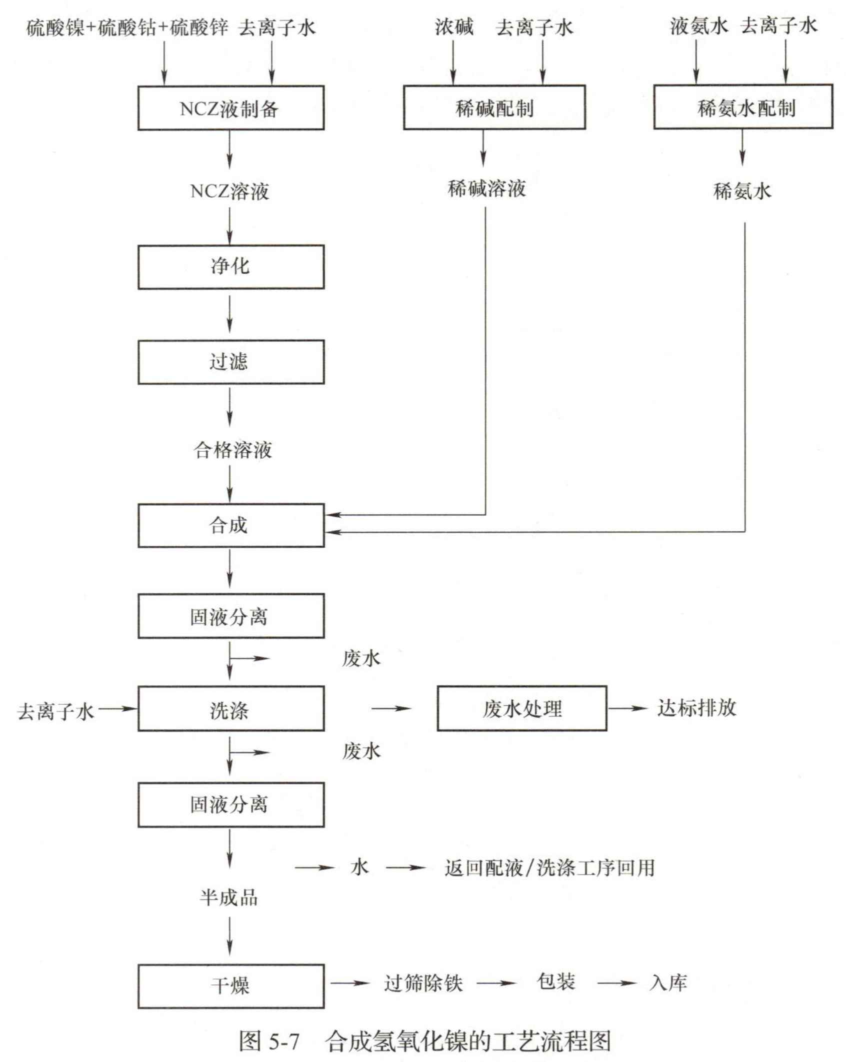

图 5-7　合成氢氧化镍的工艺流程图

（数据来源：金驰能源材料有限公司）

2. 过程参数控制

（1）pH

pH 对氢氧化镍的堆积密度、微晶粒径、比表面、比容量、（101）晶面的半峰宽值［$FWHM_{(101)}$］的影响见表 5-8。

表 5-8　pH 对常规 $Ni(OH)_2$ 产品性能的影响

pH	一次颗粒形貌	比表面积 /（m^2/g）	$FWHM_{(101)}$	振实密度 /（g/cm^3）
11.2~11.4	颗粒粗大，大小不均，呈块状	11.2	1.08	2.15
11.4~11.6	颗粒大小、一致性有所改善	9.8	1.05	2.21
11.6~11.8	颗粒呈多边形，一致性好	8.5	0.90	2.29
11.8~12.0	颗粒过细，一致性变差	11.4	1.1	2.19

数据来源：金驰能源材料有限公司。

（2）温度

温度对 $Ni(OH)_2$ 产品性能的影响见表 5-9。

表 5-9　反应温度对常规 $Ni(OH)_2$ 产品性能的影响

反应温度 /℃	$FWHM_{(101)}$	SO_4^{2-}（质量分数）(%)	比表面积 /（m^2/g）	振实密度 /（g/cm^3）
50	1.02	0.28	10.3	2.20
60	0.89	0.19	8.6	2.29
70	0.76	0.13	8.1	2.31

数据来源：金驰能源材料有限公司。

（3）流量

流量越大，反应体系的过饱和度越大，成核倾向越大，粒子的生长速率也越快，产品的比表面积也越大，晶体缺陷也越多，结晶性也越差。

（4）氨水浓度

氨水浓度越大，反应体系的稳态 pH 越高，体系中游离的金属离子浓度越低，晶体生长速度越慢，产品的结晶性越好，比表面积越小。

（5）搅拌强度

搅拌强度越大，局部过饱和度越低、颗粒分散性越好，晶粒棱角越分明，材料结晶性越好。

（6）生长时间

在连续法工艺中，通过调节溢流流量可以调整含固量及生长时间。提高含固量，颗粒浓度越大，生长速率越慢，长大到指定粒度所需时间越长。即生长时间越长，结晶性越好。

以上工艺参数并非独立参数，而是交互在一起共同影响产品的物化指标。

5.3.2.3 氢氧化镍包覆钴

在合成槽内将氢氧化镍调成浆料，将低浓度的硫酸钴和氢氧化钠溶液通过计量泵泵入合成槽内，控制合适的 pH，确保钴在氢氧化镍基体颗粒表面成核生长、形成一层氢氧化钴包覆层。包覆后的氢氧化镍产物经洗涤烘干，高温浓碱氧化处理，将包覆层中的 2 价钴氧化成 3 价钴，改善了氢氧化镍材料的导电性能。

5.3.2.4 氢氧化镍性能指标

（1）常用覆钴型氢氧化镍的结构、物理性能、化学组分

常用覆钴型氢氧化镍的结构、物理性能指标见表 5-10，化学组分见表 5-11。

表 5-10　常用覆钴型氢氧化镍的结构、物理性能指标

型号	Y6	Y8	Y11	YD6	YL6	YL9
FWHM（101）	0.90~0.98	0.75~0.90	0.83~0.90	0.80~0.90	0.90~0.96	0.80~0.88
比表面积 /（m^2/g）	12~15	12~13	13~14	13~15	13~14.5	11~13
振实密度 /（g/cm^3）	2.20~2.30	2.15~2.25	2.15~2.25	2.15~2.25	2.20~2.30	2.25~2.30

数据来源：金驰能源材料有限公司。

表 5-11　常用覆钴型氢氧化镍的化学组分　（%）

型号	Ni	Co	Zn	Cd	Ca	Mg	Na	Fe	Cl	SO_4^{2-}
Y6	54.5	4.30	3.35	≤ 0.002	≤ 0.030	≤ 0.050	≤ 0.020	≤ 0.01	≤ 0.01	≤ 0.40
Y8	51.3	7.20	4.10	≤ 0.002	≤ 0.050	≤ 0.050	≤ 0.020	≤ 0.01	≤ 0.01	≤ 0.40
Y11	54.5	4.80	2.80	≤ 0.002	≤ 0.050	≤ 0.050	≤ 0.020	≤ 0.01	≤ 0.05	≤ 0.50
YD6	54.5	4.30	3.35	≤ 0.002	≤ 0.030	≤ 0.030	0.20±0.04	≤ 0.008	≤ 0.01	≤ 0.40
YL6	54.5	4.30	3.35	≤ 0.002	≤ 0.030	≤ 0.030	0.15±0.04	≤ 0.008	≤ 0.01	≤ 0.40
YL9	54.5	3.85	4.30	≤ 0.002	≤ 0.050	≤ 0.050	≤ 0.020	≤ 0.01	≤ 0.01	≤ 0.40

数据来源：金驰能源材料有限公司。

（2）粒径分布

目前用量较大的 $Ni(OH)_2$ 粒径范围为 8~13μm。粒径小，比表面积大，活性变高，但粒径过小会降低松装和振实密度，$Ni(OH)_2$ 粒度具有典型的对数正态分布，如图 5-8 所示。

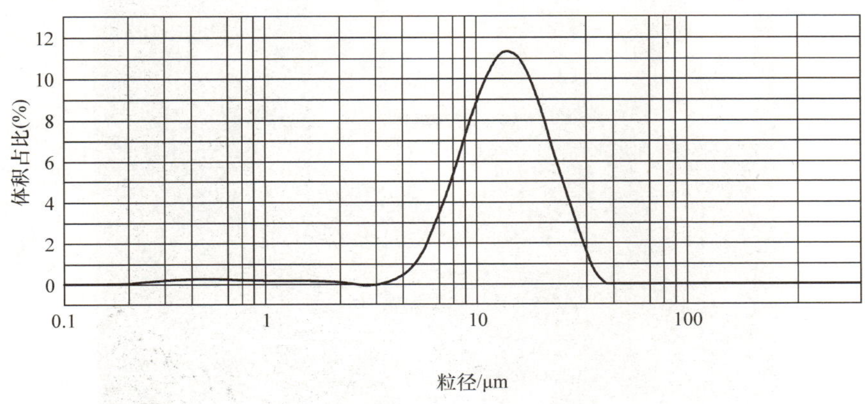

图 5-8 氢氧化镍的粒度分布

（3）形貌和比表面积

表面光滑、球形度好的 $Ni(OH)_2$ 材料振实密度高，流动性好，但是活性较差；而球形度低，表面粗糙、孔隙度高的产品振实密度相对较低，流动性差，但是活性较高。同时，表面状态和球形度会影响材料的比表面积，从而影响电化学性能。$Ni(OH)_2$ 材料比表面积与结晶度的关系见表 5-12。

表 5-12 $Ni(OH)_2$ 比表面积与结晶度［FWHM$_{(101)}$面间距］的关系

比表面积 /（m^2/g）	4~8	8~12	12~14
FWHM$_{(101)}$面间距	0.75~0.90	0.90~1.09	1.09~1.20

数据来源：金驰能源材料有限公司。

5.3.2.5 氢氧化镍合成设备

液相共沉淀法合成过程主体设备有自动控制 pH 沉淀反应釜、洗涤压滤机、烘干设备、筛分设备和包装设备等。

1. 沉淀反应釜

自动控制 pH 沉淀反应釜如图 5-9 和图 5-10 所示。过程包括将盐溶液、碱溶液、氨水溶液通过计量泵注入沉淀反应釜中进行络合共沉淀反应。反应好的浆料从反应釜溢流出来，经过过滤、洗涤、过滤一系列过程最终产出成品氢氧化镍。

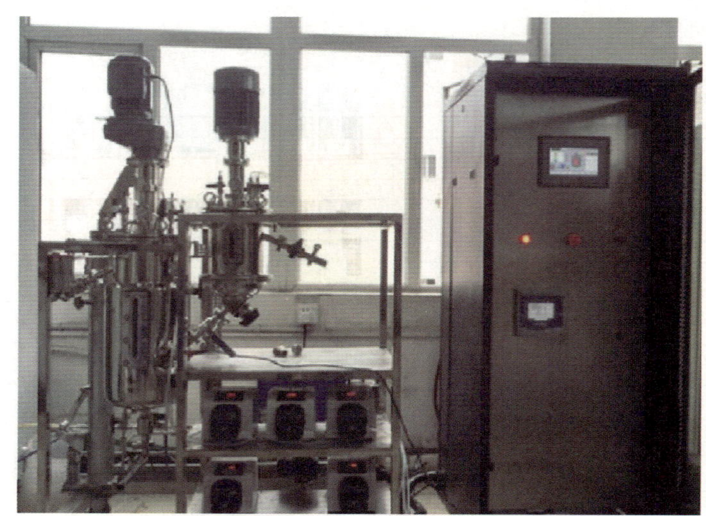

图 5-9 自动控制 pH 沉淀反应釜

图 5-10 反应槽

2. 洗涤压滤机

洗涤压滤机如图 5-11 所示。用输料泵将物料液体送进过滤室，通过滤布实现固液分离。通入纯净水洗涤滤渣，通入压缩空气除去剩余的洗涤液，同时实现滤布再生。过滤结束后打开压滤机卸除滤饼，洗涤率可达 99.5%。

图 5-11　洗涤压滤机

3. 烘干设备

立式圆盘式连续干燥机如图 5-12 所示。在中空的干燥盘内通入加热介质，湿物料由顶部的加料口加入，通过每层干燥盘后由干燥机的底部排出，从物料中释放出的湿气经除尘后由引风机排入大气。

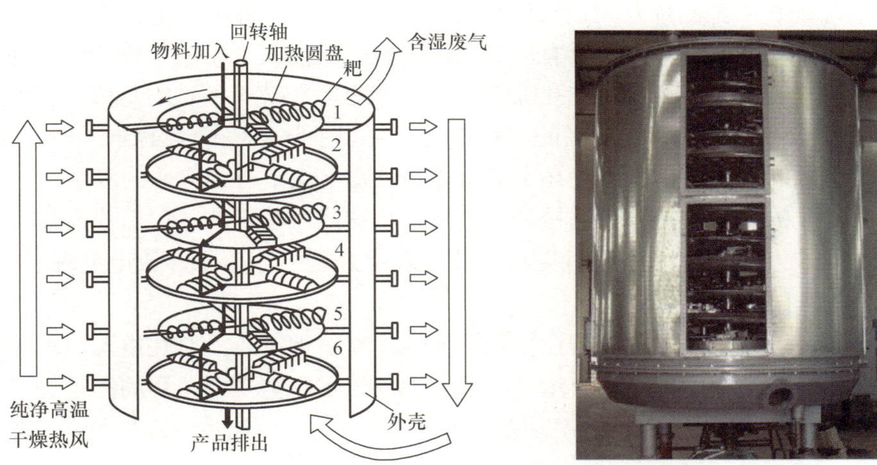

图 5-12　立式圆盘式连续干燥机的结构和实物图

立式圆盘式连续干燥机的工艺特点如下：

① 干燥过程中不通入空气，故其热效率可达 85% 以上。

② 物料上进下出，物料分布也是上湿下干，且干燥尾气流速极低（约 0.1m/s），因此物料粉尘很少会被尾气夹带排走。采用特殊设计的除尘器，可回收 99% 以上的粉尘。

③ 设备采用特殊材质，保证产品对铁离子的要求。

④ 每层干燥盘可单独进行加热或冷却处理，物料温度控制准确、容易。

⑤ 在干燥机内部的适当位置安装有特制的碾碎装置，可以将湿物料中的小颗粒碾碎成粉状，保证了干燥物料的均匀性。

5.3.3 隔膜

金属氢化物镍蓄电池用隔膜应具备以下特性：

① 电子绝缘性。

② 有适当的孔隙率和孔径，既要防止正、负电极表面脱落的活性物质穿透隔膜造成蓄电池短路，又要具有良好的保持氢氧化钾水溶液的能力，以便 OH^- 离子能在电池的正、负极间顺利地迁移。同时，还要能提供良好的气体传输通道，保证金属氢化物镍蓄电池正极在充电过程中析出的氧气能顺利通过隔膜到达储氢合金负极表面，通过化学或电化学反应迅速地复合成水，从而降低金属氢化物镍蓄电池内部压力，使得金属氢化物镍蓄电池可以成为密封电池。

③ 有耐氢氧化钾的腐蚀性和耐电池充电过程中的氧化性，保证电池有足够长的使用寿命。

④ 有良好的机械强度，保证电池装配过程能正常进行，特别是圆柱形蓄电池在极组卷绕过程中，隔膜要受到较大的拉伸力。

聚丙烯纤维和由聚乙烯及聚丙烯组成的皮芯结构的 ES 纤维，是目前金属氢化物镍蓄电池隔膜的首选基本材料。它们具有良好的耐强碱、耐高温、耐氧化等特性。通过适当的成膜技术，可以使隔膜具有合适的孔隙率、孔径和厚度。唯一不足的是由这些纤维制成的隔膜不具有亲水性。通过采取适当的亲水处理后可以使这些隔膜具有永久性的亲水能力，经过亲水处理后的聚丙烯隔膜已经在金属氢化物镍蓄电池中得到普遍的应用。

聚丙烯隔膜的制造方法有干法梳理热轧法、湿法成网热轧法、气流成网热轧法、纺粘法、熔喷法等。亲水改性的方法有接枝改性、磺化处理、等离子体放电处理、氟气处理、表面活性剂处理法等[41]。

最近几年，国内聚丙烯隔膜产业得到了较快发展，但是还没有在电动汽车用动力型金属氢化物镍蓄电池上得到广泛的应用。目前，国内该蓄电池主要使用的还是进口接枝或磺化处理的聚丙烯隔膜。常用的规格为厚度 0.18~0.20mm、面密度 55~75g/m^2、吸电解液率不低于 250%、纵向抗拉强度不低于 2000N/m。

5.3.4 氢氧化钾电解液

金属氢化物镍蓄电池的充放电过程，是借助于氢氧化钾电解液中的 K^+ 和 OH^- 离子在电池的正、负极间的迁移来完成的。整个充、放电过程中，氢氧化钾电解液只起到离子导电作用，其中的 H_2O、K^+ 和 OH^- 等都不消耗。理论上讲，在整个电池寿命期间，密封蓄电池中氢氧化钾电解液的浓度是不变的。

金属氢化物镍蓄电池通常使用的是质量分数为 30% 左右的 KOH/LiOH 二元或者 KOH/NaOH/LiOH 三元电解液。LiOH 可以改善氢氧化镍电极的充电性能，一般控制 LiOH

的含量约为 15g/L。NaOH 可以改善氢氧化镍电极高温下的充电性能，但会加重对储氢合金粉的腐蚀，根据电池高温性能的要求，一般控制 NaOH 含量为 30~80g/L。

制备氢氧化钾电解液使用的 KOH 应满足表 5-13 中的技术要求，使用的非常纯水电导率要在 1 μS/cm 以下，应满足表 5-14 的技术要求。

表 5-13　KOH 的技术要求

项目	技术指标（质量分数）(%)
氢氧化钾（KOH）	> 90
铁（Fe）	≤ 0.005
氯化物（Cl）	≤ 0.005
碳酸盐（CO_3）	≤ 0.5
硫酸盐（SO_4）	≤ 0.005
磷酸盐（PO_4）	≤ 0.005
硅酸盐（SiO_3）	≤ 0.01
铝（Al）	≤ 0.002
钙（Ca）	≤ 0.005
镍（Ni）	≤ 0.0005
氮化物（以 N 计）	≤ 0.005
重金属（以 Pb 计）	≤ 0.002
氢氧化钠（NaOH）	< 1

表 5-14　各种水的电导率（25℃）

水的纯度	电导率 / (μS/cm)	含盐量 / (mg/L)
纯水	≤ 10	2~5
非常纯水	1	0.2~0.5
高（超）纯水	0.1	0.01~0.02
理论纯水	0.054	0.00

氢氧化钾电解液中，K_2CO_3 含量是需要严格控制的。K_2CO_3 含量过大会影响电池的放

电性能。一般需要将 K_2CO_3 含量控制在 5g/L 以下。在制备蓄电池时，要尽量使用新配置的氢氧化钾电解液且使用前要分析其 K_2CO_3 的含量。

氢氧化钾水溶液的电导率与温度的关系如图 5-13 所示。氢氧化锂含量对氢氧化钾水溶液电导率的影响见表 5-15。氢氧化钾水溶液的浓度与凝固点的关系如图 5-14 所示。氢氧化钾水溶液的比热容与浓度的关系如图 5-15 所示。氢氧化钾水溶液浓度、密度、温度关系见表 5-16。

表 5-15　氢氧化锂含量对氢氧化钾水溶液电导率的影响

LiOH 含量 /（g/L）	电导率下降（%）
10	7.1
20	11.7
30	15.4
40	18.4
50	21

表 5-16　氢氧化钾水溶液浓度、密度、温度关系

KOH 浓度质量分数（%）	摩尔浓度 /（mol/L）（25℃）	密度 /（g/mL）							
		0℃	10℃	20℃	30℃	40℃	50℃	60℃	70℃
0	0.0000	0.9988	0.9985	0.9980	0.9955	0.9922	0.9881	0.9833	0.9779
2	0.363	1.0193	1.0182	1.0162	1.0134	1.0098	1.0056	1.0008	0.9953
4	0.722	1.0385	1.0368	1.0344	1.0312	1.0275	1.0232	1.0182	1.0127
6	1.128	1.0577	1.0555	1.0526	1.0492	1.0453	1.0408	1.0358	1.0323
8	1.537	1.0771	1.0743	1.0711	1.0674	1.0633	1.0587	1.0537	1.0480
10	1.942	1.0965	1.0933	1.0897	1.0858	1.0815	1.0769	1.0717	1.0661
12	2.376	1.1161	1.1124	1.1086	1.1044	1.1000	1.0953	1.0901	1.0844
14	2.820	1.1358	1.1318	1.1276	1.1233	1.1188	1.1139	1.1087	1.1029
16	3.278	1.1556	1.1513	1.1469	1.1424	1.1378	1.1328	1.1276	1.1218
18	3.750	1.1755	1.1710	1.1664	1.1618	1.1571	1.1520	1.1467	1.1409

（续）

KOH 浓度质量分数（%）	摩尔浓度 /（mol/L）（25℃）	密度 /（g/mL）							
		0℃	10℃	20℃	30℃	40℃	50℃	60℃	70℃
20	4.237	1.1954	1.1908	1.1862	1.1815	1.1766	1.1715	1.1661	1.1602
22	4.738	1.2153	1.2107	1.2060	1.2012	1.1963	1.1912	1.1857	1.1798
24	5.255	1.2357	1.2309	1.2261	1.2213	1.2163	1.2111	1.2057	1.1997
26	5.788	1.2564	1.2515	1.2465	1.2415	1.2365	1.2313	1.2258	1.2198
28	6.337	1.2773	1.2727	1.2671	1.2620	1.2569	1.2516	1.2460	1.2401
30	6.902	1.2984	1.2932	1.2880	1.2828	1.2776	1.2722	1.2665	1.2605
32	7.481	1.3197	1.3144	1.3091	1.3038	1.2985	1.2930	1.2873	1.2813
34	8.080	1.3413	1.3359	1.3305	1.3251	1.3197	1.3142	1.3084	1.3023
36	8.695	1.3631	1.3577	1.3522	1.3467	1.3412	1.3356	1.3298	1.3236
38	9.326	1.3852	1.3797	1.3741	1.3686	1.3630	1.3573	1.3514	1.3452
40	9.975	1.4077	1.4020	1.3963	1.3907	1.3851	1.3793	1.3733	1.3671
42	10.64	1.4304	1.4246	1.4188	1.4131	1.4075	1.4016	1.3956	1.3893
44	11.33	1.4535	1.4475	1.4416	1.4359	1.4302	1.4242	1.4182	1.4118
46	12.03	1.4770	1.4708	1.4648	1.4598	1.4531	1.4472	1.4411	1.4346
48	12.75	1.5010	1.4944	1.4482	1.4822	1.4764	1.4704	1.4643	1.4578
50	13.49	1.5256	1.5186	1.5121	1.5060	1.5002	1.4942	1.4880	1.4814

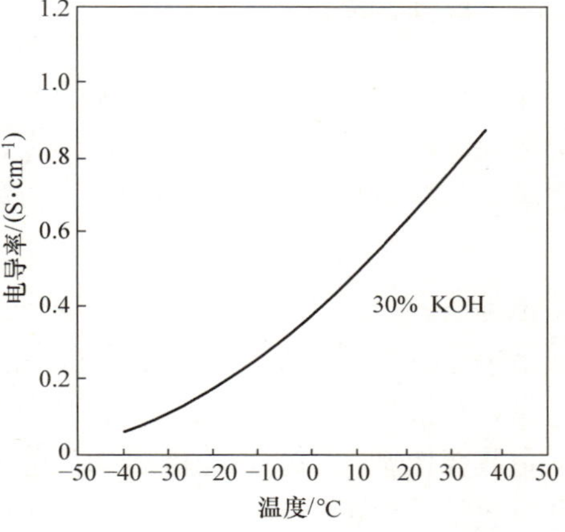

图 5-13　氢氧化钾水溶液的电导率与温度的关系曲线

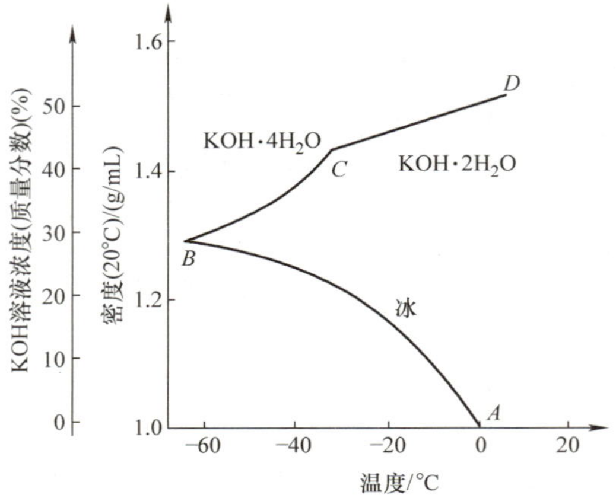

图 5-14 氢氧化钾水溶液的浓度与凝固点的关系曲线

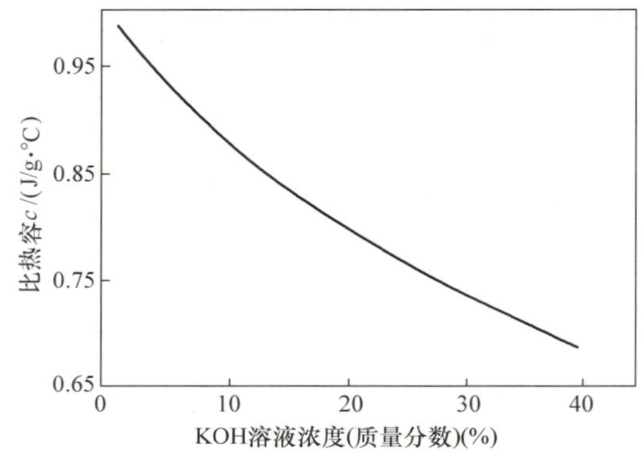

图 5-15 氢氧化钾水溶液的比热容与浓度的关系曲线

5.3.5 蓄电池壳、盖、密封圈

从金属氢化物镍蓄电池工作原理可以看出，金属氢化物镍蓄电池是一个气、固、液三相共存的复杂体系，所以要在一定的压力下密封工作。电池充电后期特别是在过充电过程中，电池内部可以达到很高的压力，所以要求电池的容器，也就是常说的电池壳体一定要能承受一定的内部压力。

圆柱形金属氢化物镍蓄电池容器一般由镀镍钢壳、绝缘密封圈、带有安全阀的电池盖帽组成。方形金属氢化物镍蓄电池的容器一般由不锈钢氩弧焊接而成的或由工程塑料注塑而成的电池壳、排气阀及绝缘密封圈（垫）所组成。一般来说，工程塑料注塑而成的电池壳的传热性及密封性较差（金属壳比塑料壳的蓄电池冷却性能可以提高 40%[42]），所以电动汽车用金属氢化物镍蓄电池通常采用不锈钢壳体。

由于圆柱形金属电池壳可以承受较高的压力，圆柱金属氢化镍蓄电池的安全阀开启压力最高可以设计到 2.4MPa。而方形电池壳，不论是采用不锈钢还是工程塑料，由于结构形状的限制，所能承受的内压都很有限，所以这种蓄电池的排气阀开启压力一般仅能设计到 0.6MPa 左右。不但如此，在使用过程中一定还要用夹板将方形蓄电池夹紧后才能进行充放电使用，以防止这种蓄电池变形，对蓄电池性能和寿命造成影响。

蓄电池壳的选择，除了要考虑强度因素外，还要考虑散热的效果。一般来说，10A · h 以下的小容量蓄电池可以选择圆柱形镀镍钢壳。GB/T 34013—2017 推荐的圆柱形电池系列中，最大的直径是（32±2）mm。直径太大，蓄电池散热就变得非常困难。要想在这个直径条件下进一步增大蓄电池的容量，就必须增大蓄电池的高度，但是蓄电池高度增大，又会导致电极电流分布不均匀。电动汽车用圆柱形金属氢化物镍蓄电池优选高度是 D 型的（60.5±1）mm。20A · h 以上中、大容量蓄电池就必须选择方形结构的蓄电池壳体，这种结构的蓄电池可以根据使用的需要来选择适当的厚度，可以通过风冷或水冷来达到满意的散热效果。

蓄电池排气阀普遍使用的是三元乙丙橡胶。这种材料具有良好的耐高温老化和耐氢氧化钾腐蚀的特性。尽管理论上使用这种材料制备的排气阀可以反复开启、闭合使用，但是实际上一旦排气阀开启，与蓄电池内部的气体同时排出的还有氢氧化钾水溶液。因为氢氧化钾对固体有很强的亲和力，所以排气结束后，在排气阀三元乙丙橡胶周围就会形成永久性的氢氧化钾电解液薄层，从而就形成了永久性的“爬碱”通道。其结果就是电池内部的氢氧化钾电解液不断地沿着这个通道“爬”到蓄电池外部，与大气中的二氧化碳结合形成碳酸钾结晶。从而引起蓄电池性能的下降和寿命的衰减。蓄电池的安全阀只是一种安全措施，在蓄电池正常使用过程中一定要尽力控制电池内部压力，避免压力过高而引起安全阀的开启。

蓄电池的绝缘密封圈一般采用尼龙或聚丙烯材料注塑而成。

5.3.6 泡沫镍

金属氢化物镍蓄电池正极集流体是密度约为 265g/cm^3（按照厚度为 1.6mm，面密度为 420g/m^2 泡沫镍计算）、孔径约 110PPI、孔隙率高达 96% 以上的连续金属镍材料，这种材料自身就是一个良好的导电网络，泡沫镍外观和微观结构如图 5-16 所示。

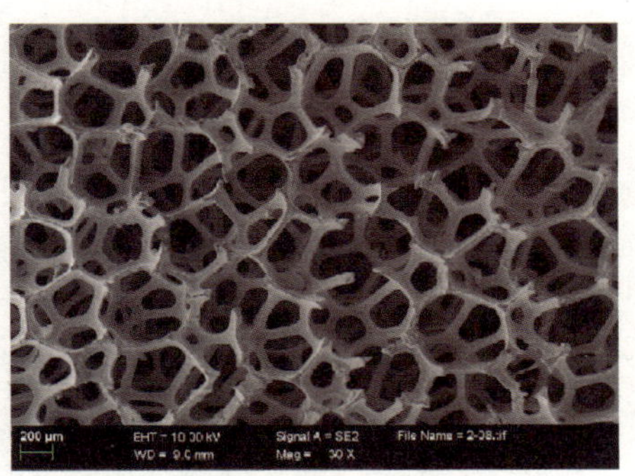

图 5-16 泡沫镍外观和微观结构

［图片来源：爱蓝天高新技术材料（大连）有限公司］

泡沫镍是在多孔基体材料聚氨酯泡沫塑料上经由金属化和电镀之后形成的三维网状金属镍。泡沫镍加工流程为：聚氨酯泡沫塑料（泡棉）金属化→电镀镍→热处理→整形→裁剪→包装。

图 5-17　PVD 加工设备

［图片来源：爱蓝天高新技术材料（大连）有限公司］

聚氨酯泡沫塑料（泡棉）金属化方法主要有化学沉积法、导电胶涂覆法、物理气相沉积法（PVD）。我国已开发出具有自己特色的聚氨酯泡沫塑料（泡棉）物理气相沉积法。PVD 加工设备如图 5-17 所示。泡沫镍的化学成分和物理性能见表 5-17 和表 5-18。

表 5-17　泡沫镍的化学成分

元素		技术指标①		技术指标②	
Ni	质量分数（%）	≥ 99.90	余量法	≥ 99.70	余量法
Co		≤ 0.004	ICP 法③	0.0014	GB/T 8647.6—2006
C		≤ 0.015	同左	0.0087	GB/T 8647.9—2006
S		≤ 0.005	同左	0.0007	GB/T 8647.8—2006
Fe		≤ 0.010	ICP 法	0.0026	GB/T 8647.1—2006
Cu		≤ 0.004	ICP 法	0.0005	GB/T 8647.3—2006
Si		≤ 0.005	ICP 法	0.0027	GB/T 24194—2009
P		≤ 0.002	ICP 法	0.0017	
Cr		≤ 0.004	ICP 法	0.00014	

① 数据来源：爱蓝天高新技术材料（大连）有限公司。

② 数据来源：常德力元新材料有限责任公司。

③ 参照 USEPA6010C 电感耦合等离子体原子发射光谱法（ICP-AES）执行，下同。

表 5-18 泡沫镍物理性能

<table>
<tr><th>项目</th><th colspan="2">技术指标①</th><th>技术指标②</th><th>检测方法</th></tr>
<tr><td>厚度 /mm</td><td>1.1±0.05</td><td>1.1±0.05</td><td>1.6</td><td>GB/T 20251 5.2.3</td></tr>
<tr><td>纵向抗拉强度 / (N/mm^2)</td><td>≥ 1.68</td><td>≥ 1.68</td><td>0.9</td><td rowspan="4">GB/T 20251 5.3.1</td></tr>
<tr><td>横向抗拉强度 / (N/mm^2)</td><td>≥ 1.45</td><td>≥ 1.45</td><td>0.6</td></tr>
<tr><td>纵向伸长率（%）</td><td colspan="2">≥ 5</td><td>7</td></tr>
<tr><td>横向伸长率（%）</td><td colspan="2">≥ 10</td><td>18</td></tr>
<tr><td>纵向柔韧性（次）</td><td colspan="2">≥ 7</td><td>6</td><td rowspan="2">GB/T 20251 5.3.2</td></tr>
<tr><td>横向柔韧性（次）</td><td colspan="2">≥ 15</td><td>15</td></tr>
<tr><td>面密度 / (g/m^2)</td><td>420±25</td><td>350±20</td><td>350±30</td><td>GB/T 20251 5.4.1</td></tr>
<tr><td>孔径（PPI）</td><td>110±10</td><td>95±10</td><td>95</td><td>GB/T 20251 5.4.2</td></tr>
<tr><td>孔隙率（%）</td><td colspan="2">≥ 95.0</td><td>96</td><td>GB/T 20251 5.4.3</td></tr>
<tr><td>纵向电阻率 / (Ω · m)</td><td>≤ 4.95×10^{-6}</td><td>≤ 5.50×10^{-6}</td><td>8×10^{-6}</td><td rowspan="2">GB/T 20251 5.6.2</td></tr>
<tr><td>横向电阻率 / (Ω · m)</td><td>≤ 6.60×10^{-6}</td><td>≤ 7.15×10^{-6}</td><td>1.2×10^{-5}</td></tr>
</table>

① 数据来源：爱蓝天高新技术材料（大连）有限公司。
② 数据来源：常德力元新材料有限责任公司。

5.3.7 穿孔镀镍钢带

目前，金属氢化物镍蓄电池负极活性材料普遍使用的是 AB_5 型储氢合金粉，这种合金粉不但有良好的储氢能力，而且自身就是良好的电子导体，所以储氢电极对集流体和活性物质载体的要求就没有正极氢氧化镍那样苛刻，一般 0.08mm 厚的穿孔镀镍钢带就可以满足储氢电极使用要求。

5.3.8 增稠剂和黏结剂

金属氢化物镍蓄电池中增稠剂和黏结剂的主要作用：

① 在制备活性物质浆料时，确保各种原料分散均匀。

② 浆料干燥以后，能保证活性物质牢固地粘附在集流体上，确保电极的充放电循环过程中，活性物质中各种原材料相互之间以及与集流体之间保持良好的电接触。

要求金属氢化物镍蓄电池中使用的增稠剂和黏结剂应具有以下功能：

① 具有良好的水溶性。

② 与活性物质形成的浆料具有良好的流动性，以利于电极厚度和增重量的控制。

③ 在电极片≤130℃条件下干燥时，具有良好的稳定性。

④ 在蓄电池中对氢氧化钾电解液有良好的浸润性，耐氢氧化钾电解液的腐蚀性。

⑤ 在蓄电池充放电过程中，有耐电化学氧化 / 还原性。

聚四氟乙烯（PTFE）乳液和丁苯橡胶（SBR）乳液都是性能良好的黏结剂，PTFE 和 SBR 乳液也都可分散于水，且本身都是柔性材料，具有较好的黏结性能。利用它们为黏结剂制备出的电极片经过辊压在高压实的情况下也不会掉粉。但是它们都不具有分散活性物质和浆料增稠的作用。由于 PTFE 和 SBR 自身都具有疏水性，因此在电极中使用量也不宜过大，否则电极的导电性就会下降。PTFE 和 SBR 都不能单独作为电极的黏结剂来使用。

羧甲基纤维素（CMC）[43] 和羟丙基甲基纤维素（HPMC）是使用最广泛的两种增稠剂。CMC 和 HPMC 在水中都会形成凝胶，使得浆料变稠（增稠剂的由来）。因为这种凝胶结构的存在，所以它们都具有良好的保水性和对活性物质的分散性。利用它们制备出的电极浆料在一定时间内能够保持浆料的均匀性和稳定性，有利于电极的大规模生产的连续性和稳定性。但是单独利用它们制备的电极片黏结性较脆弱，特别是在极片辊压时容易掉粉，浸泡在电解液中电极也容易脱粉，所以这两种材料也都不能单独作为电极的黏结剂来使用。

一般都是将 CMC 和 HPMC 与 PTFE 和 SBR 组合起来使用。比如在氢氧化镍正极浆料中常以 CMC 为增稠剂，以 PTFE 乳液为黏结剂组合使用。在储氢合金粉浆料中以 HPMC 为增稠剂，以 SBR 乳液为黏结剂来组合使用。实际上，PTFE 和 SBR 黏结剂都不是靠其黏性而是依靠通过热交联共聚合反应形成的三维纤维网络，将电极活性物质牢牢地束缚在电极集流体上不致脱落下来。

氢氧化镍正极浆料可以用食品级 CMC（GB 1886.232—2016），也可以用进口电池级 CMC 做增稠剂。各种级别的 CMC 技术要求见表 5-19。

表 5-19　CMC 技术要求

CMC 种类	食品级	电池级
黏度（2% 水溶液）/（mPa · s）	5①	7000~10000
纯度（%）	> 99.5	> 99.5
pH	6.0~8.5	6.5~8.5
取代度（D.S）	0.2~1.5	0.55~0.7
氯化物（以氯计）（质量分数）（wt%）	< 0.5	< 0.5
干燥减量（%）	< 8	< 6
铅 /（mg/kg）	2	15
铁 /（mg/kg）	—	50
砷 /（mg/kg）	2	2

① 新国标 GB 1886.232—2016 黏度反应的是稠度，老国标及国外标准反应的是黏度，两个数据没有可比性。

DS（取代度）> 0.4 的 CMC，即为水溶性 CMC。DS 越高，CMC 溶液的透明度越好。氢氧化镍正极浆料一般选用 DS > 0.65 的 CMC 作为增稠剂来使用。

CMC 具有吸湿性，且 DS 越高吸湿性越大（图 5-18），因此 CMC 开封后，要注意在密封容器中保存。因为 CMC 水溶液属于触变性流体，所以它具有时间依赖性。也就是说，CMC 水溶液随着搁置时间的延长，其黏度会以一定的速率缓慢地下降，如图 5-19 所示。配制好的 CMC 水溶液要尽快使用，避免长时间搁置。CMC 水溶液的黏度随温度升高而下降，冷却时，黏度会自行回升（图 5-20）。但是当温度升至一定程度时，将会发生永久性黏度下降，一般认为此温度极限是 50℃。因为 CMC 水溶液的黏性在搅拌的时候很容易将空气带入浆料中，所以在配制浆料时需要边搅拌边抽真空。

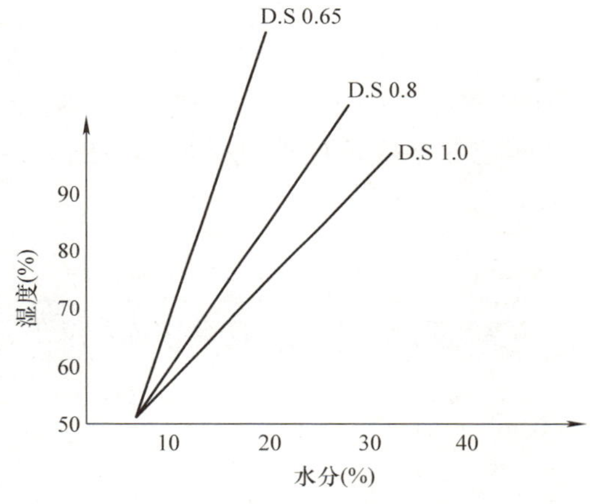

图 5-18　CMC 的吸湿性[44]

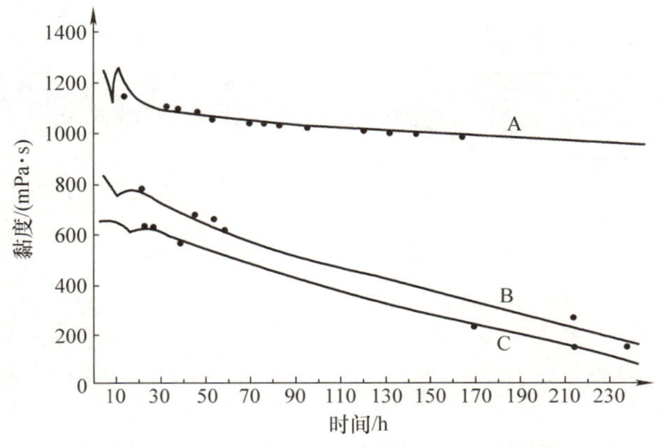

图 5-19　CMC 溶液黏度与搁置时间的关系[45]

A—荷兰产品　B—中国产品　C—法国产品

注：用同济大学 NDJ 黏度计测定，转速为 750r/min，温度为 25℃，溶液浓度为 2%。

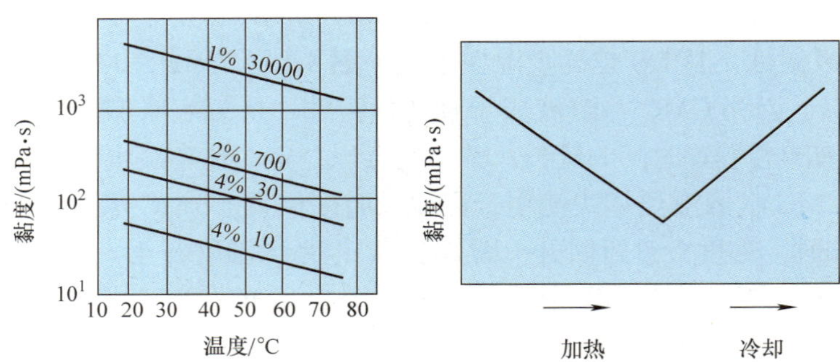

图 5-20　CMC 溶液黏度与温度的关系曲线[44]

HPMC 按照取代度的不同一般分为 4 种类型：1828、2208、2906、2910。其中，前两位数字代表甲氧基含量，后两位数字代表羟丙氧基含量，见表 5-20。HPMC 按照黏度也可以分为 4 种类型，见表 5-21。

表 5-20　按取代度分类的 HPMC 类型

型号	甲氧基含量（%）	羟丙氧基含量（%）	凝胶温度 /℃
1828	16.5~20.0	23.0~32.0	90 左右
2208	19.0~24.0	4.0~12.0	75 左右
2906	27.0~30.0	4.0~7.5	60 左右
2910	28.0~30.0	7.0~12.0	60 左右

表 5-21　按黏度分类的 HPMC 类型

黏度类型	黏度范围 /（mPa · s）
特低黏度	3~30
低黏度	50~120
高黏度	3500~22000
特高黏度	25000~42000

储氢合金负极浆料一般使用高黏度的 HPMC 作为增稠剂（2% 水溶液，20℃，3500~5600mPa · s）。HPMC 水溶液的黏度也有随温度升高而下降的特性，但是 HPMC 的吸湿性以及对时间的依赖性都比 CMC 要好。

PTFE 具有良好的抗酸、抗碱、抗各种有机溶剂的特点，几乎不溶于所有的溶剂。能在 −180~250℃的温度下长期工作，因此是氢氧化镍电极浆料良好的黏结剂。PTFE 的结构式如图 5-21 所示。正极浆料使用的 PTFE 乳液见表 5-22。

表 5-22　正极浆料使用的 PTFE 乳液

性能指标	数值
固含量，质量分数（%）	59~61
pH	9~10
黏度 /（mPa · s）	15~25

以 1.3- 丁二烯（$CH_2=CH-CH=CH_2$）、苯乙烯（$C_6H_5-CH=CH_2$）为单体，通过乳液聚合制得的共聚弹性体丁苯橡胶，简称丁苯橡胶（SBR）。SBR 结构式如图 5-22 所示。储氢合金负极浆料使用的 SBR 乳液性能指标见表 5-23。虽然 SBR 在负极电位下比较稳定，但在正极电位下就很容易被氧化、分解，因此 SBR 不宜作为正极黏结剂来使用。

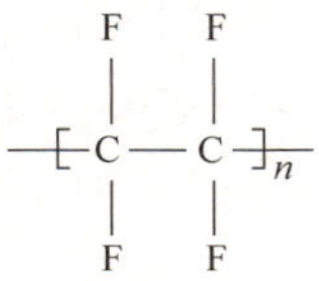

$$-\!\!\left[\begin{matrix} F & F \\ | & | \\ C & - C \\ | & | \\ F & F \end{matrix} \right]_n\!\!-$$

图 5-21　聚四氟乙烯（PTFE）的结构式

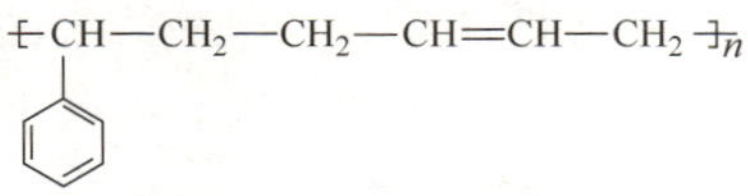

$$\left[CH(C_6H_5)-CH_2-CH_2-CH=CH-CH_2 \right]_n$$

图 5-22　丁苯橡胶（SBR）结构式

表 5-23　储氢合金负极浆料使用的 SBR 乳液性能指标

性能指标	数值
固含量，质量分数（%）	49~51
pH	6~8.5
黏度 /（mPa · s）	80~400

因为蓄电池对金属杂质比较敏感，所以要尽量选用电池级的 CMC、HPMC、PTFE、SBR 来制备电极浆料。

5.4　电极制造

氢氧化镍电极普遍采用以泡沫镍为集流体的（立式）拉浆技术来制备。储氢合金本身就是良好的导电体，所以对集流体的要求不高。普遍采用以穿孔镀镍钢带为集流体的（立式）拉浆技术来制备。电极拉浆的目的，就是定量地、均匀地将正极活性物质涂敷在泡沫镍集流体内部，或将负极活性物质涂敷在穿孔镀镍钢带的两侧。

拉浆制备电极过程包括：①增稠剂溶液的制备。②活性物质浆料制备。③拉浆制备电极。④电极干燥。⑤电极辊压。⑥电极分切。一般，氢氧化镍正极浆料使用浓度为 1.5% 的 CMC 做增稠剂，活性物质质量 2%~2.5% 的 PTFE 乳液为黏结剂。储氢合金粉负极浆料使用浓度为 1%~1.5% 的 HPMC 做增稠剂，活性物质质量 0.1%~0.5% 的 SBR 乳液为黏结剂。

浆料混合对电极拉浆涂布过程以及后期电池性能的影响至关重要。一般是先配置好 CMC 或 HPMC 增稠剂溶液，然后分别向增稠剂溶液中依次添加氢氧化镍或储氢合金粉活性物质，然后进行充分的搅拌使活性物质各组分充分分散均匀。因为使用的 PTFE 和 SBR 黏结剂都是一种乳液，如果搅拌时间过长或过于剧烈，就会引起 PTFE 或 SBR 乳液的破乳，从而导致其黏结性遭到不可恢复的破坏。因此，一般都是先将活性物质用 CMC 或 HPMC 增稠剂分散均匀以后，再按照要求加入适量的 PTFE 或 SBR 乳液，稍加搅拌混合均匀即可将浆料转移到浆料周转桶中进行排气和恒温处理，待浆料稳定后再进行拉浆制备电极使用。为保持浆料的稳定，在制备浆料过程中，增稠剂和活性物质的添加，浆料的搅拌、转移和储存过程都应在恒温和真空条件下进行。

制备好的活性物质浆料要控制其黏度。浆料太稀，拉制出的电极表面有流痕，极片干燥后表面容易出现裂纹。正极浆料太稠，正极活性物质不易渗透到泡沫镍内部，大部分滞留在泡沫镍表面，干燥后电极的表面浮粉较多。负极浆料太稠，浆料在穿孔镀镍钢带表面附着不牢固，拉制出的负极表面既不光滑也不平整，辊压后电极表面比较粗糙。

配制好的电极浆料要尽快使用，因为：

① CMC 和 HPMC 增稠剂都有对时间的依赖性，也就是随着搁置时间的延长，它们的黏结性会逐渐降低。

② 氢氧化镍特别是储氢合金粉的密度较大，而导电剂石墨及炭黑类材料密度又非常小。因此浆料搁置时间长了，就容易出现层降和分层，尽管一般情况下通过重新搅拌还能恢复。

③ 浆料搁置时间过长，一旦浆料的 pH 发生变化，就容易引起 PTFE 和 SBR 黏结剂乳液的破乳，从而引起浆料的黏度不可恢复的变化。

④ 浆料搁置时间过长，石墨及炭黑类导电剂就会吸收较多的水分，这样就会增加极片干燥的难度。而极片含水量过高，在下一步极片辊压时就容易出现黏辊现象，因此最好当天配置的浆料当天使用完。

最新制备浆料的方法和设备可以参见 5.9.1 节的内容。

为了确保拉制出的极片厚度和活性物质均匀一致，电极拉浆线应具备以下功能：

① 定量、均匀地将活性物质涂敷到集流体上。

② 干燥过程的炉温和循环风量能自动进行调节。

③ 极片拉制过程中厚度和含水量可实现在线监测，监测结果能进行反馈和自动调整。

④ 整条生产线各工段具有自动调偏、恒张力控制功能，整条生产线工作协调一致。

将活性物质定量、均匀地涂敷到集流体上的关键是拉浆头的设计。

国内目前泡沫镍正极常用的拉浆涂布的方法有：（导向）辊轮挤压浆料挤入 + 刮浆板

刮平方法，如图 5-23 所示；泥浆泵加压浆料挤入 + 刮浆板刮平的方法，如图 5-24 所示。前一种方法简单易行，后一种方法需要对浆料挤压装置的进料通道进行专门设计，才能确保整个电极幅宽各处供应的浆料量均匀一致。

穿孔镀镍钢带负极拉浆则主要使用自然浸润（附着）+ 刮浆板刮平的方法。负极的关键是确保穿孔镀镍钢带两侧附着的活性物质均匀一致。

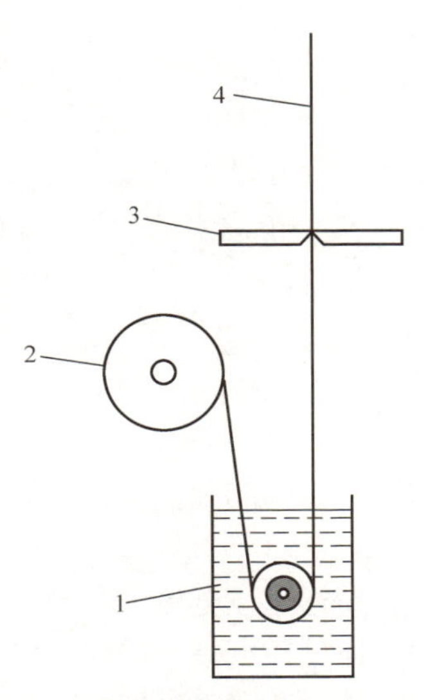

图 5-23 辊轮挤压浆料挤入法涂敷装置

1—带导向辊轮的浆料容器 2—泡沫镍
3—刮浆板 4—涂覆后泡沫镍电极带

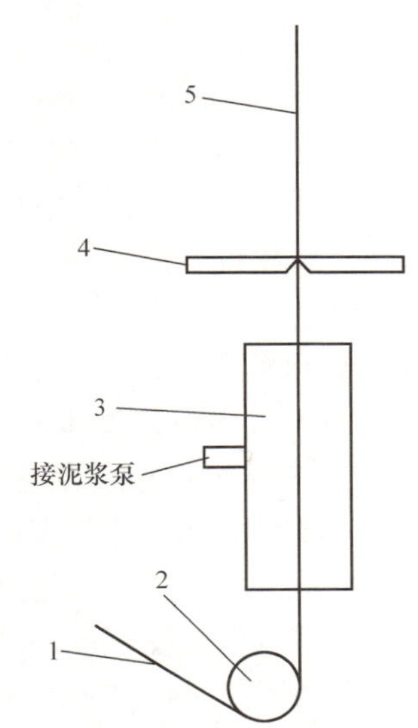

图 5-24 泥浆泵加压浆料挤入法涂敷装置

1—泡沫镍 2—导向轮 3—浆料挤入涂敷装置
4—刮浆板 5—涂覆后泡沫镍电极带

国内动力型金属氢化物镍蓄电池用泡沫镍正极质量偏差可以控制在 3% 以内，合格率达到 98% 以上；负极质量偏差可以控制在 4% 以内，合格率达到 95% 以上。

为了提高电极的导电性及比容量密度，提高电极密度是一个有效的方法，因此需要对电极实施连续的辊压。如果把辊压后极片的厚度与辊压前极片的厚度的比值定义为电极片的压缩比，则有：

电极片压缩比 =1−（辊压后极片的厚度 / 辊压前极片的厚度）

一般动力型氢氧化镍正极的压缩比可以控制在 0.5 左右，储氢合金负极的压缩比可以控制在 0.65 左右。电极片压缩比越小，极片密度增加得越小，极片辊压时的延展率越小，极片的柔软性越好；反之，电极片压缩比越大，极片密度增加得越大，极片辊压时的延展率越大，极片的柔软性越差。为了兼顾极片的密度、延展性、柔韧性，就需要对辊压机提出一些特殊的要求。为了增加极片的密度，就必须增大辊压机的轧制压力（辊压机对辊直径越大，轧制压力也越大）；为了减少极片的延展性，也需要使用大直径的辊压机。直径为 500~800mm 的辊压机已经商品化。

混合电动汽车用金属氢化物镍蓄电池的电极密度都要比纯电动汽车的高些，典型值见表 5-24。

表 5-24　电极及其密度

电极种类	密度 / (g/cm^3)
混合电动汽车用氢氧化镍正极	4.0
纯电动汽车用氢氧化镍正极	2.85
混合电动汽车用储氢合金负极	6.2
纯电动汽车用储氢合金负极	5.6

混合电动汽车用金属氢化物镍蓄电池的工作特点，是在部分荷电态下高倍率甚至超高倍率下脉冲充、放电。因此最重要的就是如何降低电池的内阻，提高电池的输入 / 输出功率能力，减少电池充、放电过程产生的焦耳热。电极的内阻包括：

① 活性材料和电极集流体自身的电阻。

② 活性材料与电极集流体之间的接触电阻。

③ 电极集流体与外电路的连接电阻。

第一个问题对电池制造商来说就是如何选择电池材料供应商的问题，第二个问题在上面已经做了讨论，现在重点讨论第三个问题。

便携式金属氢化物镍蓄电池的电极集流体与外部连接，是通过在电极上点焊的一个极耳来实现的。为了满足电动工具等大功率输出的需要，除了通过在电极上增加更多的极耳外，又出现了"端面焊"的结构。因为储氢合金负极采用的是穿孔镀镍钢带，所以端面焊集流片直接焊接到穿孔镀镍钢带集流体上就可以了。但是正极采用的是泡沫镍，如何将端面焊集流片焊接到泡沫镍集流体上就存在以下几种不同的路线：

① 泡沫镍涂布拉浆之前，预先在泡沫镍上滚焊镍带集流体。电极卷绕后，直接将端面焊集流片焊接到泡沫镍预先焊接上的镍带集流体上。这种方法的特点是焊接牢固，缺点是电极辊压时焊接镍带处与其他部位延展率不一致，使得辊压后的电极出现弯曲。

② 在准备焊接镍带集流体的泡沫镍部位，预先贴上胶带（纸），正极片涂布拉浆干燥后去掉胶带（纸）。电极分切后，在预留的焊道上再滚焊上镍带集流体。这种方法的优点是可以缓解极片辊压时出现的弯曲，缺点是活性物质浆料在拉浆过程中容易渗透到胶带下面影响镍带焊接的效果。

③ 在电极涂布拉浆的过程中，用高压水枪将准备焊接镍带集流体的泡沫镍部位上的活性物质冲洗掉，形成预留的焊道。电极分切后，然后在预留的焊道上再滚焊上镍带集流体。这种方法的优点是有利于电极的连续涂布拉浆；缺点是如果焊道清洗不干净，滚焊镍带集流体时容易出现"炸火"，另外此方法的分段焊接镍带集流体的生产效率较低。

④ 用方法②或方法③，在电极涂布拉浆时将预留的焊道宽度加倍，制成电极后再将这部分预留的泡沫镍对折起来压实，直接将端面焊集流片焊接到压实后的泡沫镍集流体上。

以上各种方法在实际生产上都有应用，但从混合电动汽车用动力型金属氢化物镍蓄电池高可靠性要求角度出发，还是第一种方法稳妥一些。通过在辊压过程采取一些预防措

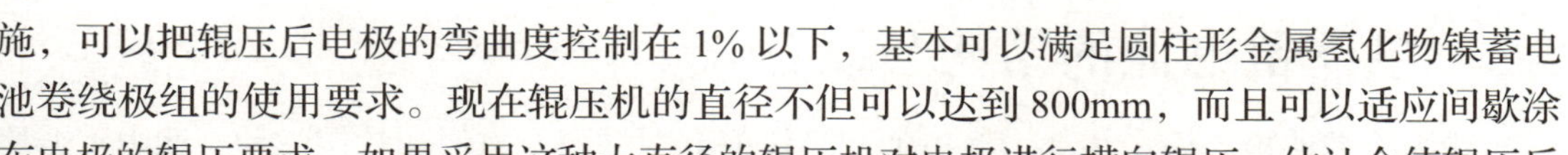

施，可以把辊压后电极的弯曲度控制在 1% 以下，基本可以满足圆柱形金属氢化物镍蓄电池卷绕极组的使用要求。现在辊压机的直径不但可以达到 800mm，而且可以适应间歇涂布电极的辊压要求。如果采用这种大直径的辊压机对电极进行横向辊压，估计会使辊压后电极的弯曲变形得到彻底的解决。

端面焊集流片一般采用 0.3mm 厚的纯镍制成。端面焊集流片与电极集流体可以使用电阻焊来进行焊接，使用激光焊接效果更好。

5.4.1 正极制造

金属氢化物镍蓄电池正极拉浆法如图 5-25 所示。涂浆过程用纯净水在泡沫镍上冲洗预留出一条焊道，以便在正极片分切后在这条焊道上再焊接上一条镍带，卷绕成电池极组后，将正极集流片焊接在镍带上形成正极导电输出端。

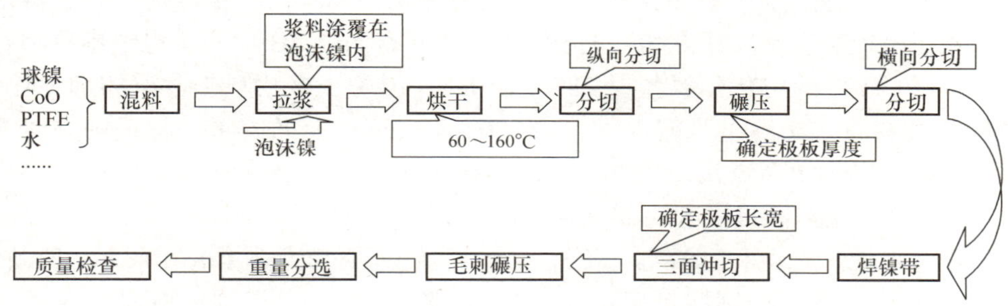

图 5-25　正极拉浆工艺流程图

（图片来源：内蒙古稀奥科镍氢动力蓄电池有限公司）

5.4.2 负极制造

金属氢化物镍蓄电池负极制拉浆法如图 5-26 所示。在涂浆过程中，需要在穿孔镀镍钢带上用刮刀预留出一条焊道，卷绕成电池极组后，将负极集流片焊接在穿孔镀镍钢带上形成负极导电输出端。为保证碾压极片时不会因受力不均匀而变形，在负极片未涂浆部分预先压出与极片厚度一致的褶皱，再调整碾压参数，把极板碾压到规定的厚度范围内。

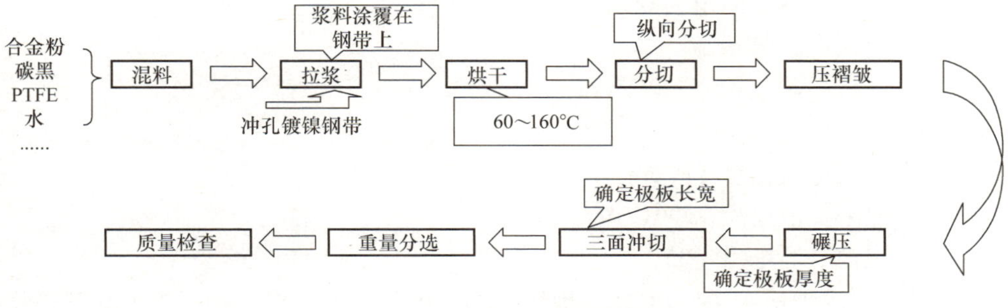

图 5-26　负极拉浆工艺流程图

（图片来源：内蒙古稀奥科镍氢动力蓄电池有限公司）

第 5 章

5.5 单体蓄电池的结构与设计

我国推荐的电动汽车用动力蓄电池产品规格有圆柱形、方形和软包三种。动力型金属氢化物镍蓄电池只有圆柱形、方形两种规格。一旦选用了金属氢化物镍蓄电池体系，就意味着选用了1.2V标称电压的蓄电池体系。

混合动力电动汽车和纯电动汽车用金属氢化物镍蓄电池额定容量一般分别为6A·h和100A·h左右，允许使用的SOC范围分别为40%~70%和10%~90%。

混合动力电动汽车用蓄电池的功率密度一般需要达到500~1500W/kg。因为混合动力电动汽车对纯电动工况续驶里程要求不高，所以现在金属氢化物镍蓄电池的45W·h/kg的能量密度可以满足混合动力电动汽车的使用要求。蓄电池的设计过程如下。

1. 蓄电池容量的设计

相关标准规定蓄电池0.2*C*的放电容量不应超过其额定容量的10%。例如对额定容量为6A·h的电池来说，其0.2*C*的放电容量应该控制在6~6.6A·h范围内。金属氢化物镍蓄电池采用正极控制容量设计方案。正极活性物质只有$Ni(OH)_2$对蓄电池容量起有效作用。尽管$Ni(OH)_2$的电化学当量是289mA·h/g，但是正极粉料（含添加剂、导电剂、黏结剂和活性物质）实际上只能提供大约200mA·h/g的有效容量。与正极类似，尽管AB_5储氢合金的电化学当量是372mA·h/g，但负极粉料（含添加剂、导电剂、黏结剂和活性物质）实际上也只能提供大约210mA·h/g的有效容量。

为防止蓄电池过充电和过放电，负极容量的设计还要考虑适量的冗余。一般条件下，负极过充电冗余容量应控制在正极设计容量的30%~40%。负极过放电冗余容量一般由氢氧化镍中含有钴的数量和形态来决定，一般负极过放电冗余的电量为正极设计容量的1.8%~8.4%。

2. 蓄电池功率密度的设计

蓄电池的输出/输入功率与蓄电池的内阻密切相关。蓄电池的内阻包括电化学极化阻抗、浓差极化阻抗、欧姆电阻三大部分。电池充、放电时由蓄电池内阻引起的极化可以用式(5-20)表示[46]：

$$\eta = RT/\alpha nF\ \ln(I/I_0)+RT/\alpha nF\ln\{I_d/(I_d-I)\}+IR_{欧姆} \tag{5-20}$$

式中 R——气体常数，8.314J/K·mol；

T——热力学温度，298K；

α——交换系数，假设为0.5；

n——交换电子数；

F——法拉第常数，96500C/mol；

I——工作电流（A）；

I_0——交换电流密度（A/cm^2）；

I_d——极限扩散电流密度（A/cm^2）；

$R_{欧姆}$——电池欧姆电阻（Ω）。

式（5-20）右侧的第一项为电化学极化，第二项为浓差极化，第三项为欧姆极化。蓄电池的工作电流I是电极工作电流密度$I_{电极}$与电极面积A（cm^2）的乘积。

$$I = I_{电极} \times A$$

从式（5-20）可以看出，增大电极的工作面积，在相同电流 I 下，就意味着减小电极的工作电流密度 $I_{电极}$ 和蓄电池的电化学极化，也相应减小了蓄电池的浓差极化，也意味着要增加了电极集流体、隔膜和电解液的用量，也就相当于减小了 $R_{欧姆}$。增加电极的面积虽可以增加蓄电池的功率密度，但却减少了能量密度。由于受到蓄电池体积的限制，所以允许增大的电极面积是十分有限的。

蓄电池在不同工作电流下三种极化所发挥的作用也是不同的，如图 5-27 所示[47]。混合动力电动汽车用蓄电池一般是在 40%~70%SOC 下，分别以 3*C*~10*C* 和 10*C*~30*C* 脉冲充、放电，即工作在蓄电池电压与电流呈线性关系的区域内。

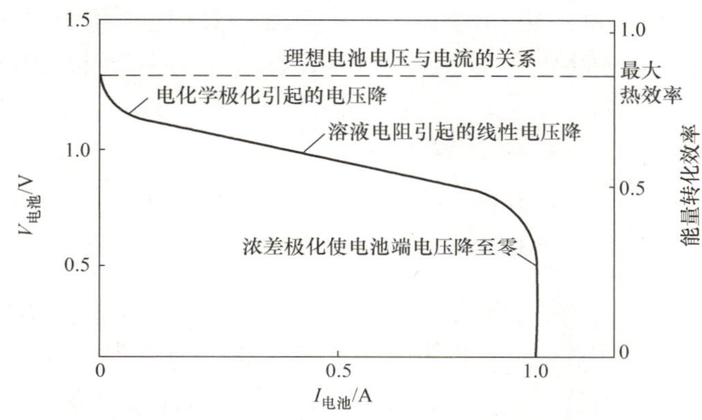

图 5-27　蓄电池端电压与电流关系受极化类型的影响

蓄电池中氢氧化镍和 AB_5 储氢合金粉的导电性、泡沫镍的面密度、穿孔镀镍钢带的厚度、隔膜的孔径分布和吸收电解液的能力都会对蓄电池的内阻产生影响。对蓄电池制造商来说，这些只是在现有的原材料供应商中择优选择的问题，能进一步开展的工作十分有限。蓄电池制造商所能进一步开展的工作有：

① 根据工艺需求向氢氧化镍或 AB_5 储氢合金活性物质中另外再添加足够的导电剂。

② 在蓄电池容积允许的前提下，尽量扩大电极的面积，也就是正、负极集流体最大化。

③ 为使电解液在电极和隔膜中均匀渗透，可将电池封口后在 45℃下搁置 24~48h。

④ 选择适当的化成制度，确保在氢氧化镍表面形成稳定的 CoOOH 导电网络，比如初始充电电流可以选用 0.05*C*，然后再逐步升高到 0.1*C*。

现在就剩下最后一个关键的环节，电极与外电路的连接问题，在蓄电池内部就是电极与端子连接的问题。尽管人们已经优选了用纯镍集流片端面焊的方式将正、负电极分别与正、负极端子连接起来的设计方案，但这对于降低圆柱 D 型蓄电池内阻的效果还是不理想。后来丰田公司采用了 7.2V 蓄电池模块取代了圆柱 D 型电池的设计方案，这种结构对降低蓄电池内阻十分有效。

根据美国 USABC 的定义，蓄电池峰值输出功率被定义为

$$P = 2V_{OC}^2/9R \tag{5-21}$$

式中 P——峰值输出功率（W）；

V_{OC}——蓄电池开路电压（V）；

R——蓄电池内阻（Ω）。

该峰值功率实际上是被定义在蓄电池电压为 2/3 开路电压 V_{OC} 的前提之下。

换句话说：

$$P = 2/3V_{OC} \times I_{peak} \tag{5-22}$$

$$I_{peak} = (1/3V_{OC})/R \tag{5-23}$$

比如，长安杰勋混合动力电动汽车，采用了 120 只圆柱 D 型金属氢化物镍蓄电池和 15kW 的电机。假定 V_{OC}=1.36V，用式（5-21）可以计算出单体蓄电池的内阻 R 应小于：

$$\begin{aligned} R &= 2V_{OC}^2/9P \\ &= (2\times1.36^2\times1000\times120/9\times15000)\ \mathrm{m}\Omega \\ &= 3.288\mathrm{m}\Omega \end{aligned}$$

丰田第一代普锐斯混合动力电动汽车，采用 240 只圆柱 D 型金属氢化物镍蓄电池和 30kW 的电机，计算出单体蓄电池的内阻 R 应小于 3.288mΩ。丰田新一代普锐斯混合动力电动汽车，只采用 28 个 7.2V/6A · h 模块蓄电池，却将电机的功率提高至 60kW，计算出单体蓄电池的内阻 R 应小于 1.151mΩ。可以看到，丰田新一代蓄电池模块通过改进集流体的连接方式，对降低蓄电池内阻、提高输出功率起到了非常显著的效果。

5.5.1 圆柱形单体蓄电池的结构与设计

5.5.1.1 金属氢化物镍单体蓄电池

圆柱 D 型金属氢化物镍蓄电池的结构和规格分别见图 5-28 和表 5-25。

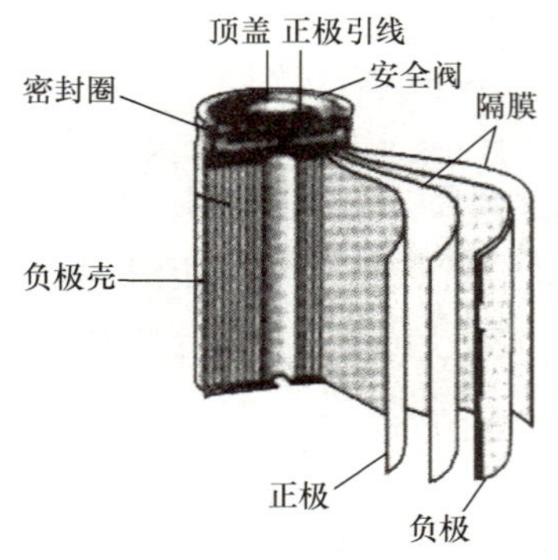

图 5-28 圆柱 D 型金属氢化物镍蓄电池

表 5-25　圆柱 D 型金属氢化物镍蓄电池的规格

规格	数值
标称电压 /V	1.2
额定容量 /(A · h)	6.0
直径 /mm	32
高 /mm	60
质量 /g	165

数据来源：内蒙古稀奥科镍氢动力蓄电池有限公司

5.5.1.2　金属氢化物镍蓄电池模块

不同电压等级的金属氢化物镍蓄电池模块的结构和规格见图 5-29 和表 5-26。

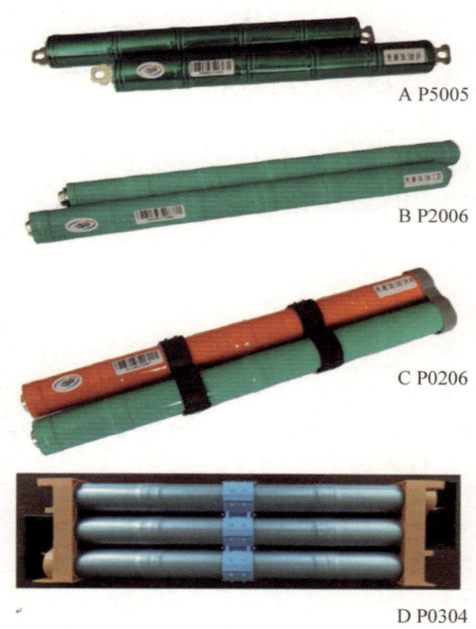

A P5005

B P2006

C P0206

D P0304

图 5-29　金属氢化物镍蓄电池模块

表 5-26　金属氢化物镍蓄电池模块的规格

型号	P5005	P2006	P0206	P0304
标称电压 /V	6	7.2	14.4	14.4

（续）

额定容量 /（A · h）	6.0	6.0	6.0	6.0
长 /mm	338	382	382	290
宽 /mm	33	33	70	105
高 /mm	33	33	35	40
质量 /g	850	1020	2045	2050

数据来源：内蒙古稀奥科镍氢动力蓄电池有限公司

5.5.2 矩形 7.2V 蓄电池模块的结构与设计

5.5.2.1 日本矩形 7.2V 蓄电池模块的进展

蓄电池的能量特性一般是由电池中的活性物质数量所决定。电池的功率特性一般则是由电池的结构，特别是电极集流体的结构所决定。

1997 年，丰田开发出圆柱 D 型 7.2V 金属氢化物镍蓄电池模块，因为受到结构的限制，功率密度只能到 600~800W/kg，单体蓄电池内阻 2.3mΩ[48]，如图 5-30 所示[49]。

1997 年 12 月，丰田开发出 NP1.0 版塑料壳方形金属氢化物镍蓄电池模块，缩短了电流的传输路径且电流分布更加均匀，功率密度增大到 1000W/kg。

2003 年 7 月，丰田开发出 NP2.0 版塑料壳方形金属氢化物镍蓄电池模块。这种新结构的蓄电池模块主要的改进包括两点：

① 在电池下部新增了 5 个串联焊接连接点（图 5-31），使电池的功率密度进一步增大到 1300W/kg，单体蓄电池内阻下降到 1.63mΩ。

② 在电池表面敷上一层金属膜，这样不但可以提高电池的冷却效率，还可以有效防止蓄电池内部的氢原子通过塑料材质的空隙扩散出来，保证了电池的使用寿命。

2005 年 2 月，丰田开发出 NP2.5 版金属壳方形金属氢化物镍蓄电池模块（图 5-32），尽管电池的功率下降到 1192W/kg，但是冷却效率却提高了 40%。因为采用的是单体蓄电池经焊接串联方式组成蓄电池模块，所以蓄电池模块串联的单体蓄电池数量就比较灵活，可以是 8 只也可以是 12 只，性能见表 5-27。NP2.5 版金属壳方形金属氢化物镍蓄电池模块用在丰田的高端车型雷克萨斯上。

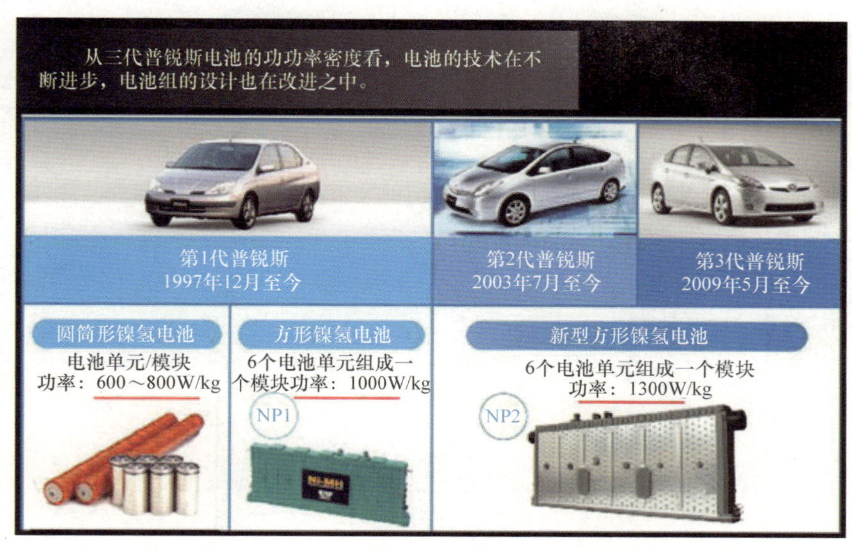

图 5-30 丰田普锐斯用金属氢化物镍蓄电池的改进历程

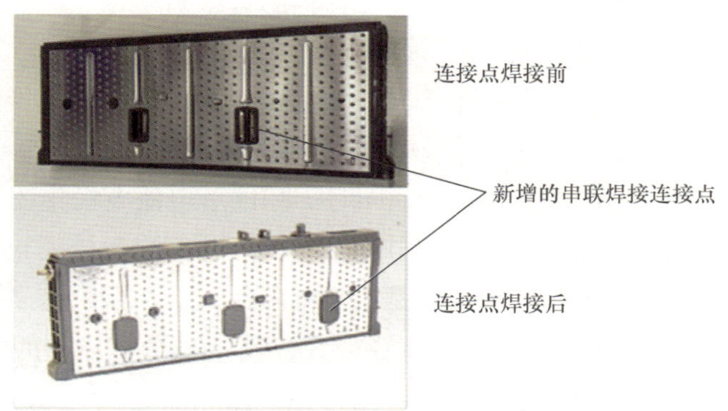

图 5-31 NP2.0 塑料壳方形金属氢化物镍蓄电池模块

图 5-32 NP2.5 金属壳方形金属氢化物镍蓄电池模块

表 5-27　丰田蓄电池模块性能

产品名称	蓄电池模块 NP2.0	蓄电池模块 NP2.5
标称电压 /V	7.2	9.6
额定容量 /（A·h）	6.5	6.5
输出功率 /W	1350	1800
能量密度 /（W·h/kg）	46	41
重量 /g	1040	1510
外形尺寸 /（mm×mm×mm）	19.6×106×285	18.4×96×382

5.5.2.2　各种结构蓄电池模块的性能分析与设计

电池的结构设计几乎对电池的电性能、热性能、力学性能、成本等因素都会产生显著影响。且电池容量越大、所需放电倍率越高，这种影响越明显。

1. 圆柱形电池结构与性能分析

首先是圆柱形金属氢化物镍蓄电池为防止短路，正极集流片的直径比极组要小，其后果就是极组中最外 1~2 圈的正极片不能与正极集流片焊接上，如图 5-33 所示。而这一部分大约占了整个正极片 10%~30% 的面积。同时，圆柱形电池电极集流片与正负极的接触在不同直径上的间隔是不一样的，从内向外不断加大，从而引起外圈正极片电流传导路线过长和电流分布得不均匀。集中的表现就是电池内阻偏大，从而限制了圆柱形蓄电池输出功率的特性。其次，圆柱 D 型蓄电池的直径较大，持续高功率应用的情况下，电池直径方向中心部位与贴近壳体部位的温差较大。而且，圆柱形电池模块的散热几乎无法实现各单体都是并联风道结构（否则单体间连接距离累加会非常长，电阻值增加很多），从而导致单体内部各部分和单体间散热不均匀、劣化衰减不一致。再次，圆柱形电池是一片正极和一片负极，一致性的保证完全靠材料和电极加工过程控制，很难达到所期望的效果；而方形电池是多片正极和多片负极，依据统计学原理，采用合理的配组方法，可以大幅度降低各种随机误差的影响，使得电极在偏差不变的情况下矩形电池的总体容量偏差降低到圆柱形电池的$1/\sqrt{n}$（n 为矩形电池电极片数）。这些也就是丰田汽车公司下决心开发矩形电池的原因之一。

2. 矩形电池结构与性能分析

矩形电池高度和宽度较大、厚度较小，面积最大的是厚度方向的两个面，所以一般将这两个面设计为通风或液体冷却面，可以具有较好的总体冷却效果和较小的内部温差。

以下是几种典型的矩形电池集流结构设计方案，如图 5-34 所示。

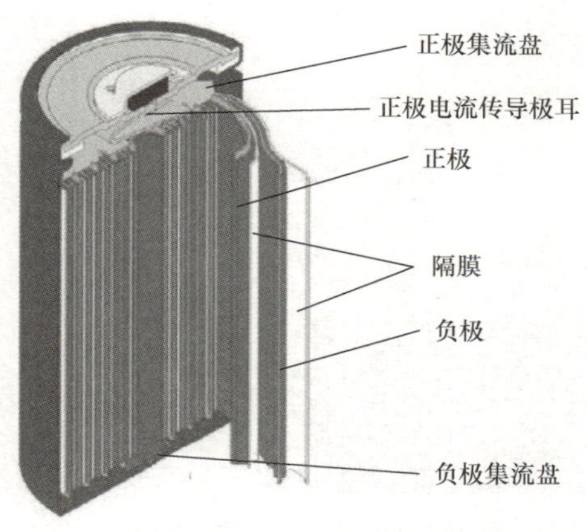

图 5-33 集流片结构高功率金属氢化物镍蓄电池结构图

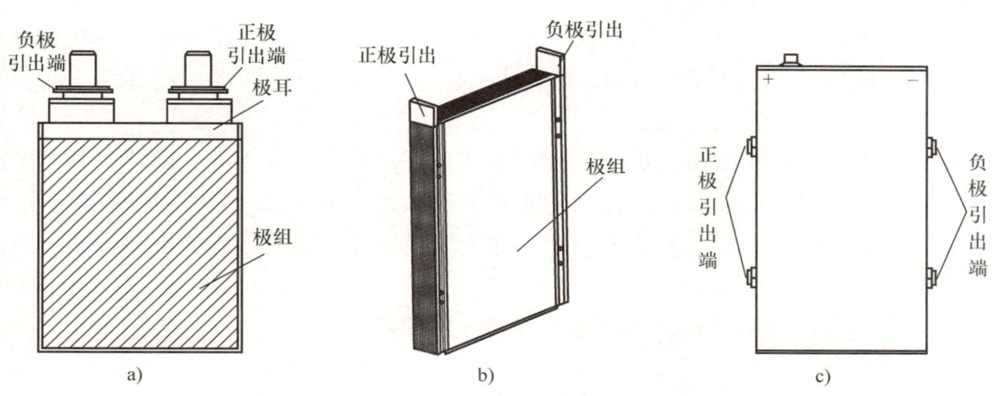

图 5-34 矩形电池的集流结构

a) 顶部集流顶部引出 b) 两侧集流但顶部引出 c) 两侧集流且两侧引出

不同集流结构电池的电流分布如图 5-35 所示。传统顶部集流顶部引出结构中电极上的电流分布最不均匀，两侧集流但顶部引出结构则有显著改善，两侧集流且两侧引出结构的电流分布非常均匀。

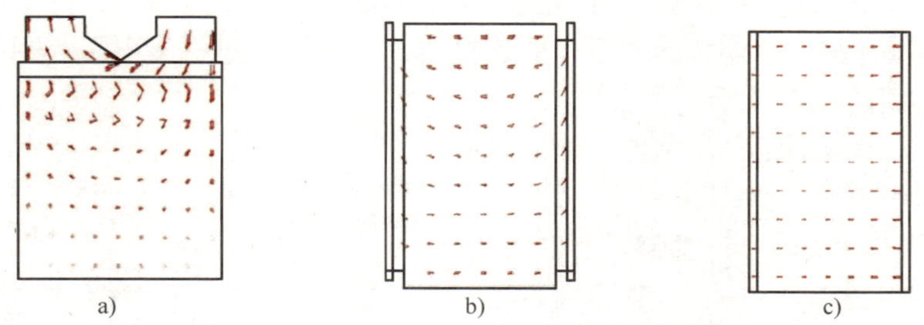

图 5-35 不同集流结构对电极电流分布的影响

a) 顶部集流顶部引出 b) 两侧集流但顶部引出 c) 两侧集流且两侧引出

双侧集流结构的典型案例是日本 PEVE 公司开发的 NP1.0、NP2.0、NP2.5 产品，如图 5-36 所示[50]。这种集流结构简单、部件数量少，但是其焊接生产控制难度大。

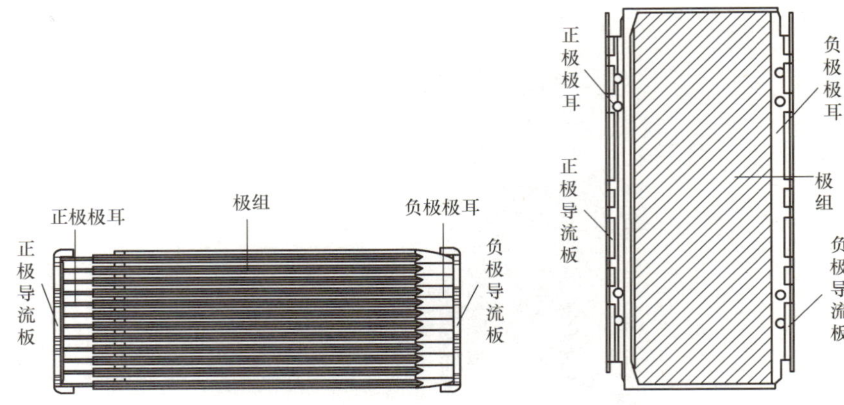

图 5-36　PEVE 产品双侧集流结构示意图

3. 塑料壳材料对电池结构及性能的影响

塑料壳蓄电池模块的外壳可以一次成型包括散热风道在内的复杂形状，但塑料导热系数较低、强度较低（尤其是高温下）、耐老化性较差、具有一定的透水透气性，会影响蓄电池的散热和使用寿命。

金属壳蓄电池模块尺寸可以更小、传热散热更好、不会透水透气，因此有利于电池的散热和延长使用寿命，但需要专门设计绝缘和散热风道。由于金属外壳自身导电，故可以将金属外壳作为电池的一极。金属外壳蓄电池模块必须要先做出单体蓄电池，然后通过串联连接才能形成蓄电池模块。

4. 单体蓄电池的连接方式对模块蓄电池结构及性能的影响

蓄电池模块可以在电池宽度方向实现串联，典型案例是日本 PEVE 公司开发的 NP2.0 和 NP2.5 产品，如图 5-31 和图 5-32 所示。由于宽度方向串联时电流通过的路径较短，并可增大电池的散热面积，因此功率型蓄电池宜采用宽度方向串联这种方式。

顶部集流方式是将极片与极耳面接触、极耳与引出端面接触再相互焊接，比较容易操作。侧部集流的难点在于极片端面与集流体线接触焊接，焊接点距离隔膜较近，以及集流体至引出端之间的焊接面积大、距离隔膜也不远，所以焊接难度较大。

顶部集流顶部引出的单体蓄电池可以使用螺栓或焊接方式完成单体的串联。两侧集流且顶部引出的塑壳蓄电池模块的内部串联连接方式，可以通过直接电阻焊和间接电阻焊两种方式完成，如图 5-37 所示。

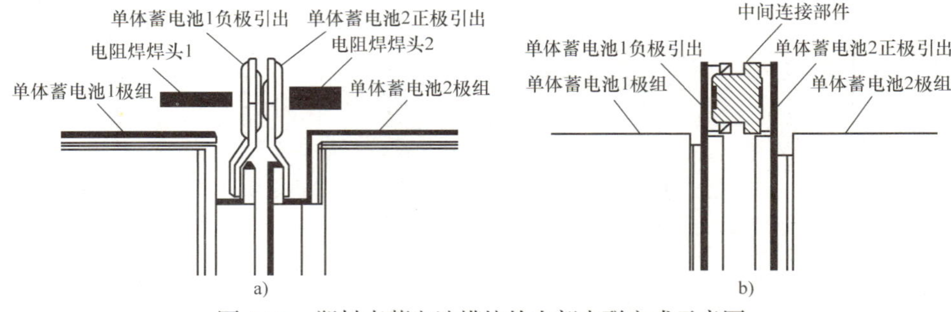

图 5-37　塑料壳蓄电池模块的内部串联方式示意图

a) 直接电阻焊　b) 间接电阻焊

直接电阻焊连接方式，结构简单、部件数量少、导电距离短；但焊接部位与塑料壳壳体和密封部件直接接触，焊接时温度不能过高，对焊接时的尺寸控制要求高，且焊接面积通常较小，焊接难度较大。

间接电阻焊连接方式，增加了中间连接部件，可以适当增大连接部位的导电面积。但中间连接部件仍然与塑料壳壳体和密封部件直接接触，且需要增加中间连接部件的成本。

两侧集流且顶部引出的金属壳蓄电池模块的串联可以通过激光焊实现。由于焊接部位与正极引出端的密封件和隔膜较近，需要控制被焊部件温升，焊接接触面积不宜过大，因此，这种连接方式难以适用于数十乃至数百安时的大容量、高倍率电池。金属壳蓄电池模块在电池宽度方向的串联连接方式如图 5-38 所示。

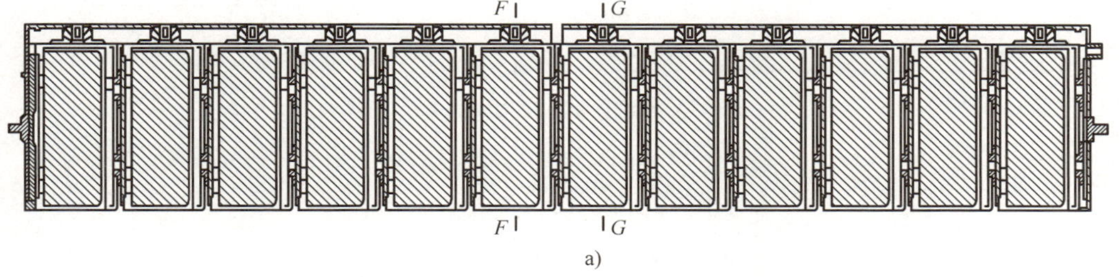

a)

F—F和G—G之间部分的放大图

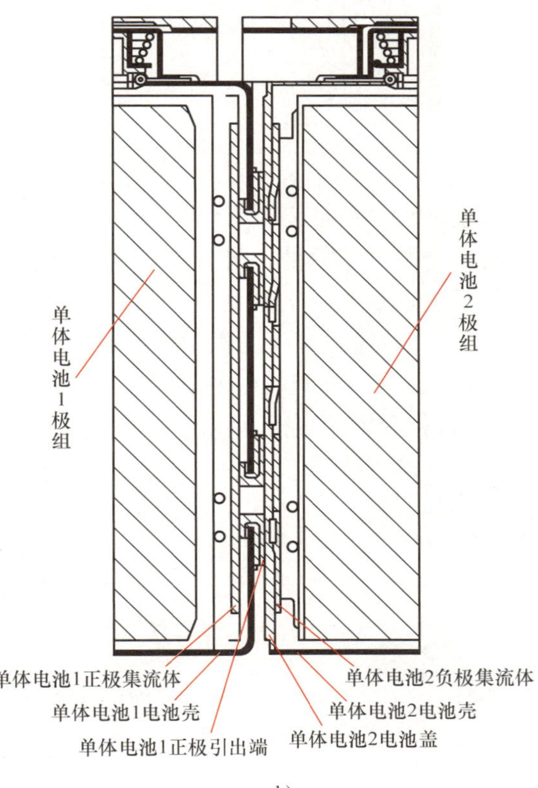

b)

图 5-38 宽度方向串联的金属壳蓄电池模块

a）正视示意图 b）单体间连接部位放大示意图

顶部集流最不利的影响因素就是电流集中在顶部的正负极极柱之间，导致这个区域温度过高，极片高度和宽度方向的电流分布都是不均匀的，如图 5-39 所示。两侧集流且两端引出方式，极片高度和宽度方向的电流分布更加均匀，这对电池的电性能和散热性能均较为有利，如图 5-40 所示。

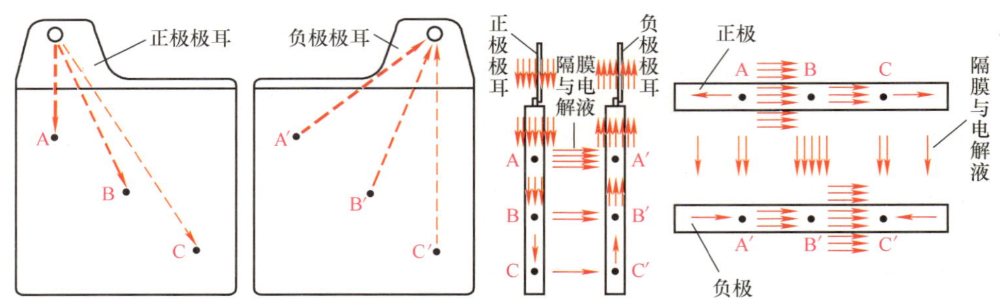

图 5-39 顶部集流电流集中区域示意图

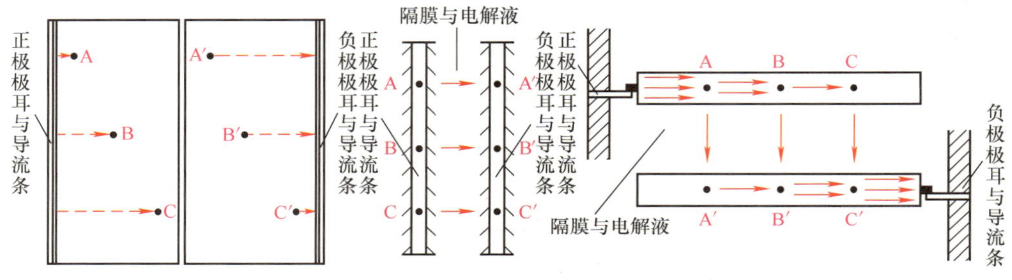

图 5-40 两侧集流且两侧引出电流分布示意图

5. 安全阀对模块蓄电池结构及性能的影响

安全阀是确保蓄电池安全的重要部件，可分为螺栓可调节型和不可调节型两种，如图 5-41 所示。采用螺栓调节时，旋转应力会影响安全阀开启压强的一致性，调节后还需要固定调节螺栓，否则在应用过程中可能因为振动而使开启压强发生变化。调节也是一种低效的生产方式。采用金属弹簧的不可调节型安全阀是一种较好的方式。为了保证金属弹簧弹力一致性的稳定，弹簧直径和钢丝直径不宜过小。

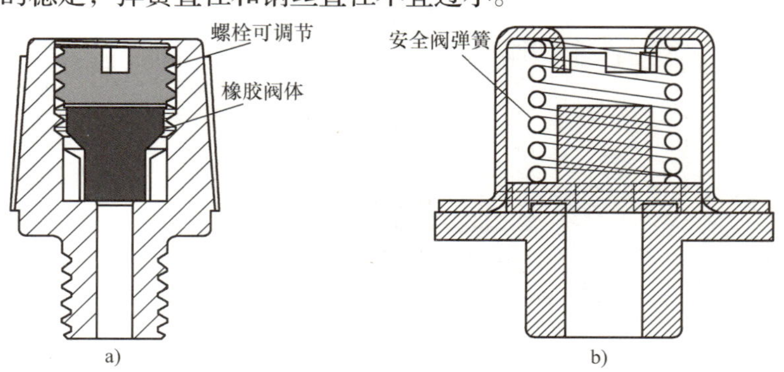

图 5-41 安全阀结构示意图

a）螺栓可调节型 b）金属弹簧不可调节型

塑料壳蓄电池和金属壳蓄电池的耐压可分别设计为 0.6~1.0MPa 和 1.0~1.5MPa。但无论如何，矩形电池一般还是需要在夹持状态下工作，以防止变形影响电池的性能和寿命。

5.6 混合动力电动汽车用蓄电池包的结构与应用

5.6.1 圆柱形单体蓄电池组成的蓄电池包

将蓄电池模块通过螺栓串联连接，配以正、负极输出线、检测线以及相关部件，就可以组成不同电压等级的混合动力电动汽车用金属氢化物镍蓄电池包，如图 5-42 所示。各种混合动力电动汽车用金属氢化物镍蓄电池包的规格见表 5-28 所示。

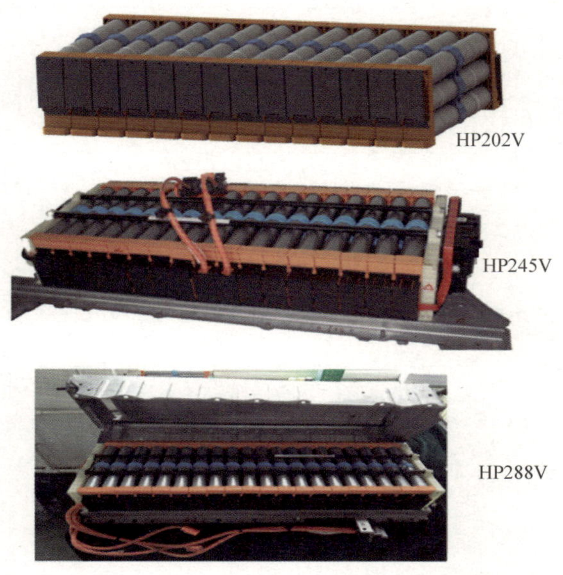

图 5-42 混合动力电动汽车用金属氢化物镍蓄电池包
（图片来源：内蒙古稀奥科镍氢动力蓄电池有限公司）

表 5-28 金属氢化物镍蓄电池包的规格

型号	HP202V	HP245V	HP288V
适用混合动力车型	Prius	凯美瑞	雷克萨斯
标称电压 /V	202	245	288
额定容量 /（A·h）	6.0	6.0	6.0
长 /mm	560	680	800
宽 /mm	290	290	290
高 /mm	105	105	105
质量 /kg	28.7	34.8	41.0

数据来源：内蒙古稀奥科镍氢动力蓄电池有限公司。

为提高蓄电池包中单体蓄电池温度的一致性，蓄电池包要考虑通风通道的设计。蓄电池包中的每一个蓄电池模块都需要进行电压监测，且在蓄电池包中不同位置的蓄电池模块上安装有3~7个温度传感器，以便在蓄电池电压、温度出现故障时随时报警。

5.6.2 圆柱形单体蓄电池组成的蓄电池包的应用

两辆搭载国内两家金属氢化物镍蓄电池包（114V/6A·h）的长安混合动力电动出租车分别运行到3万km、6万km、9万km、12万km、15万km时，对蓄电池包进行了放电容量、能量效率、充放电直流电阻、充放电峰值功率等各项性能检测。测试结果如图5-43~图5-48所示[51]。两种蓄电池包运行15万km后的性能变化见表5-29。

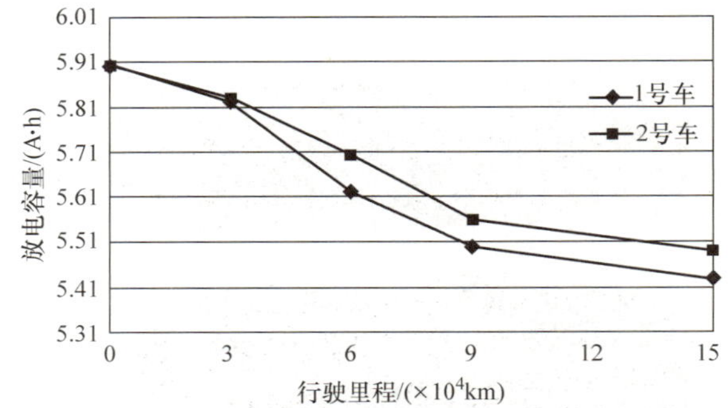

图5-43　1号车和2号车蓄电池放电容量变化曲线

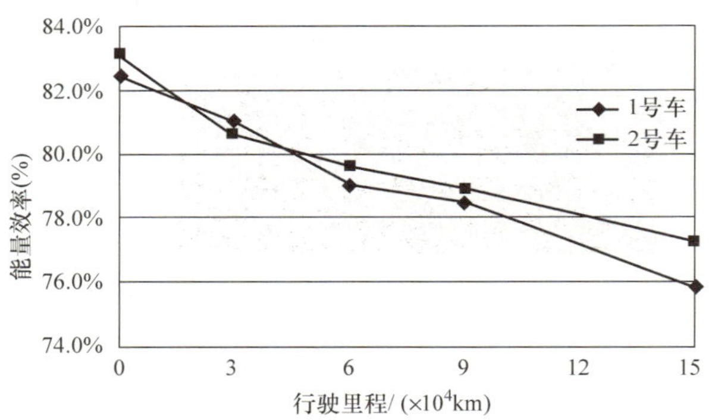

图5-44　1号车和2号车蓄电池能量效率变化曲线

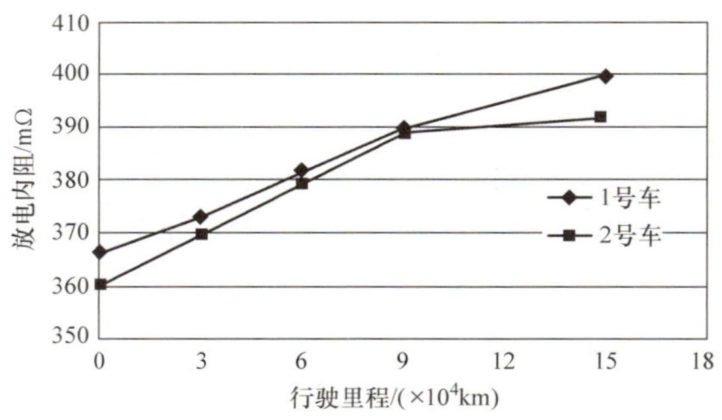

图5-45　1号车和2号车蓄电池放电内阻变化曲线

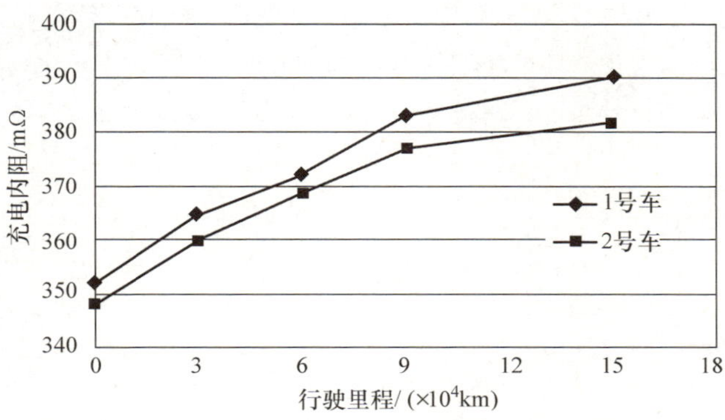

图 5-46　1 号车和 2 号车蓄电池充电内阻变化曲线

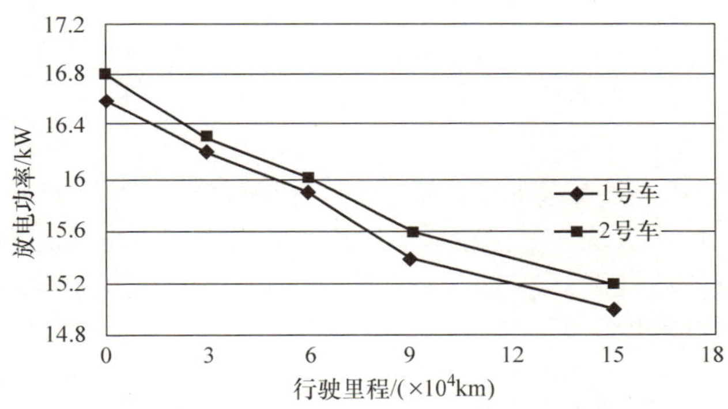

图 5-47　1 号车和 2 号车蓄电池放电功率变化曲线

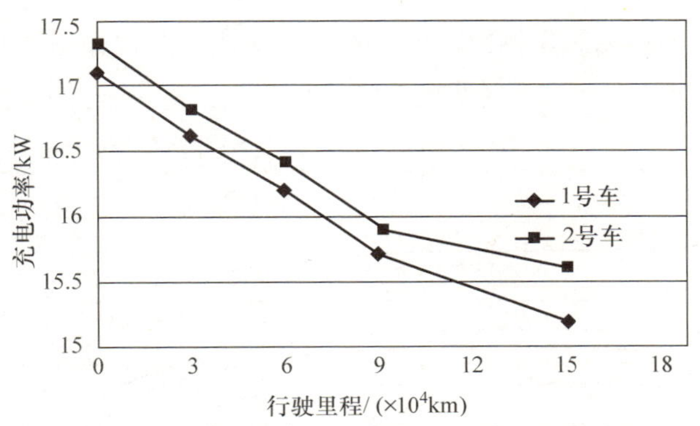

图 5-48　1 号车和 2 号车蓄电池充电功率变化曲线

表 5-29　长安混合电动出租车 1 和 2 用蓄电池包（114V/6A · h）性能变化　　（%）

序号	测试项目	测试对象	
		出租车 1	出租车 2
1	放电容量	−8	−7
2	能量效率	−8	−7
3	放电直流内阻	9	9
4	充电直流内阻	11	10
5	放电峰值功率	−10	−10
6	充电峰值功率	−11	−10

注：1. 性能对比值为同一出租车用的蓄电池包（114V/6A · h）行驶 15 万 km 复试值与初始值对比。
2. 表中的负值代表相应性能衰减，正值代表电池直流内阻增加。

从表 5-29 可以看出，长安混合动力电动出租车搭载的金属氢化物镍蓄电池包运行 15 万 km 后，电池容量和能量效率平均衰减 7.5%，充、放电直流内阻平均增加 10%，充、放电峰值功率平均衰减 10%，显示出国产混合动力电动汽车用金属氢化物镍蓄电池良好的功率特性及可靠性。

5.7　电性能

在电池使用过程中，能直接观察、监测到的电池电性能参数只有电流和电压。随着充放电过程的不同，电流表现为充电或放电电流，相应的电池电压就表现为充电或放电电压。研究和改善电池的电性能，就是关注在不同的充、放电流和不同环境温度下，电池的充、放电电压以及温度特性。

5.7.1　充放电性能

5.7.1.1　放电性能

25℃环境下，D 型金属氢化物镍蓄电池不同倍率放电曲线如图 5-49 所示。

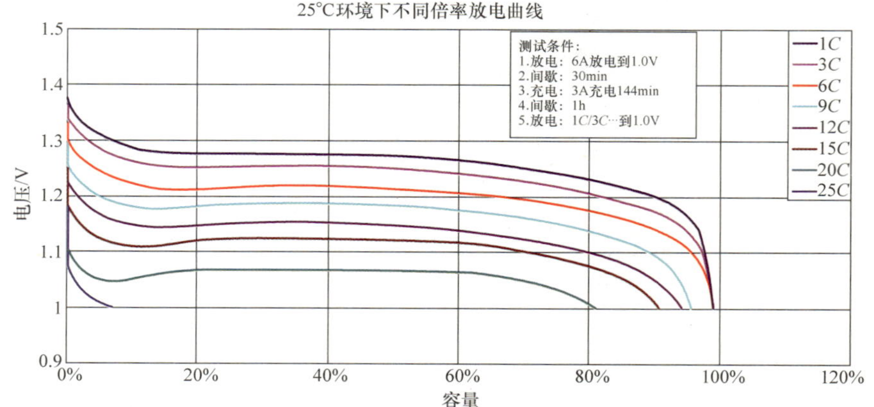

图 5-49　D 型金属氢化物镍蓄电池不同倍率放电曲线
（数据来源：内蒙古稀奥科镍氢动力蓄电池有限公司）

5.7.1.2 充电性能

常温环境下，D型金属氢化物镍蓄电池不同倍率充电曲线如图5-50所示。

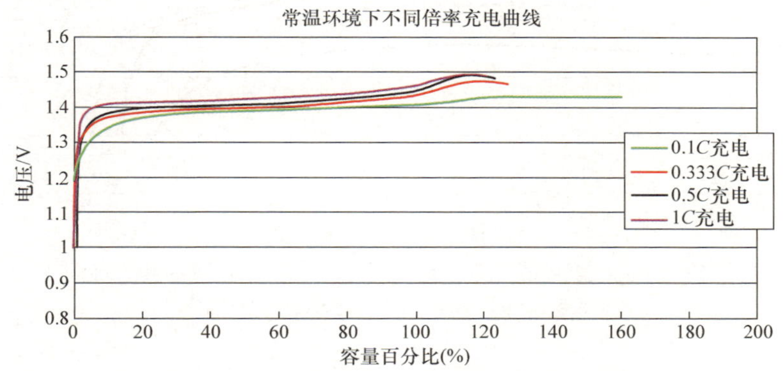

图5-50 D型金属氢化物镍蓄电池不同倍率充电曲线

（数据来源：内蒙古稀奥科镍氢动力蓄电池有限公司）

5.7.1.3 环境温度对蓄电池性能的影响

−20℃环境下，D型金属氢化物镍蓄电池不同倍率充电曲线如图5-51所示。

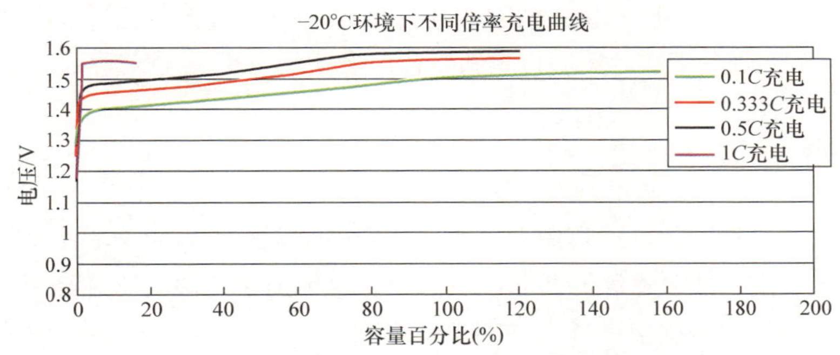

图5-51 −20℃下D型金属氢化物镍蓄电池不同倍率充电曲线

（数据来源：内蒙古稀奥科镍氢动力蓄电池有限公司）

在不同环境温度下，D型金属氢化物镍蓄电池1C放电性能曲线如图5-52所示。可以看到，温度对金属氢化物镍蓄电池放电性能的影响较大。

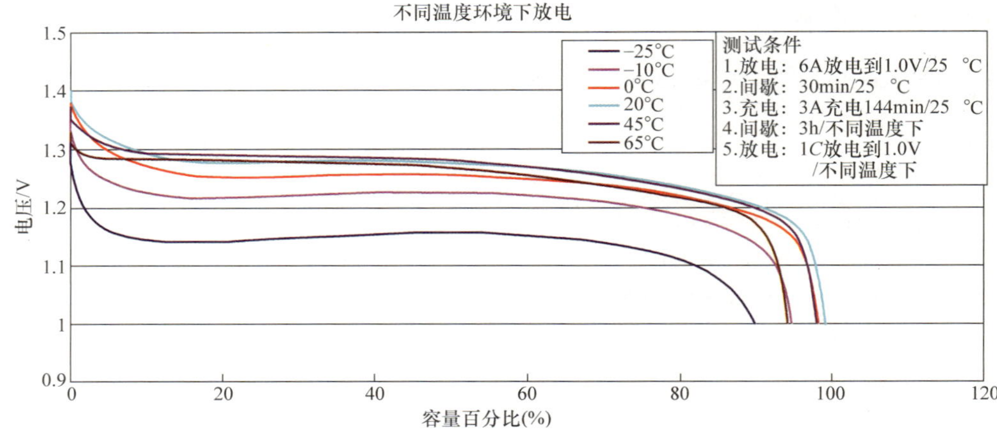

图 5-52 不同温度环境下 D 型金属氢化物镍蓄电池 1*C* 放电性能曲线

（数据来源：内蒙古稀奥科镍氢动力蓄电池有限公司）

5.7.2 储存性能

混合动力电动汽车装车后至少需要几个月的时间才能到达消费者手中，用户也存在连续长时间不用车的情况。特别是运输储存条件超过 30℃时，即使电池出厂时荷电态为 50%，经过 3 个月的储存还是有可能出现个别电池开路电压低于 1V 现象发生。在 5.2 中已经做了讨论，电池一旦在开路电压低于 0.9V 条件下长时间搁置，氢氧化镍表面包覆的 β-CoOOH 就会被还原，从而使正极的导电网络遭到破坏。目前还没有找到如何防止由于电池电压下降而导致的 β-CoOOH 被还原的好办法。

刘波对国产混合电动汽车用金属氢化物镍蓄电池包储存性能进行了综合研究[52]，认为较好的办法就是电池以荷电态 30%SOC 进行储存。如果搁置期超过 3 个月，就要对电池进行一次 1*C* 充、放电循环，然后再重新以荷电态 30%SOC 进行储存。

5.7.3 寿命

便携式金属氢化物镍蓄电池寿命衰减的主要原因是隔膜中电解液的干涸。如何抑制负极储氢合金氧化、正极氢氧化镍的膨胀以及防止蓄电池由于电池内压过高引起电池中电解液的泄漏，就成为改善该电池循环寿命的主要措施。由于这类电池大部分都是在 100% 放电深度条件下使用，所以蓄电池容量的衰减是循环寿命终止的条件，一般来说这类蓄电池可以使用数百个循环。

混合动力电动汽车用高功率蓄电池是在部分 SOC 下高倍率乃至超高倍率脉冲条件下使用，所以这类蓄电池循环寿命终止的条件不是容量的衰减而是功率性能的衰减。功率性能的衰减主要原因是蓄电池中正、负极阻抗的增加。负极阻抗增加的主要原因是储氢合金中铝、锰的溶解以及溶解后形成的氧化物在储氢合金表面的沉积。正极阻抗的增加主要是过充电时低活性 γ 型 NiOOH 的生成。但是只有在过充电条件下正极才容易生成 γ 型

NiOOH，而一般混合动力电动汽车用高功率电池都是在部分 SOC 下工作，特别是严格控制 SOC 不能超过 75%。因此，如何提高储氢合金的耐腐蚀性更为重要。

金属氢化物镍蓄电池的循环寿命与放电深度 DOD 密切相关，如图 5-53 所示。可以看到，如控制 DOD 不超过 40%，循环寿命可达到 4 万次。如 DOD 不超过 10%，循环寿命可达到 30 万次。正是通过严格控制蓄电池的 DOD，才保证了混合动力电动汽车用金属氢化物镍蓄电池与混合动力电动汽车整车的寿命保持同步。本章 5.6.2 中已表明国产金属氢化物镍蓄电池包运行 15 万 km 后充、放电峰值功率仅下降了 10%。

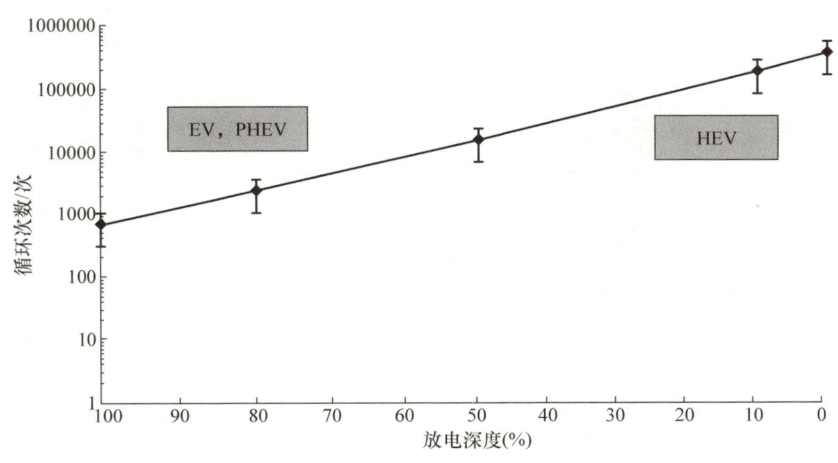

图 5-53　金属氢化物镍蓄电池 DOD 与循环次数的关系

5.8　安全性

金属氢化物镍蓄电池最大的安全问题就是工作期间温度上升过高引起热失控。引起电池温度上升过高的热源主要有电池内部氧复合反应释放出的热量，和大电流充、放电时产生的焦耳热。

电池管理系统的作用就是保证被管理蓄电池系统内部各单体蓄电池均工作在自身安全区域之内，这是由工作电流、温度、电压所决定的[53]，不允许过充电、过放电和过热现象发生。

5.8.1　概述

1. 电池管理系统的结构与功能

电池管理系统的核心数据处理和计算功能是由单片机来完成的，其构成原理如图 5-54 所示[54]。比较典型的电池管理系统结构如图 5-55 所示。

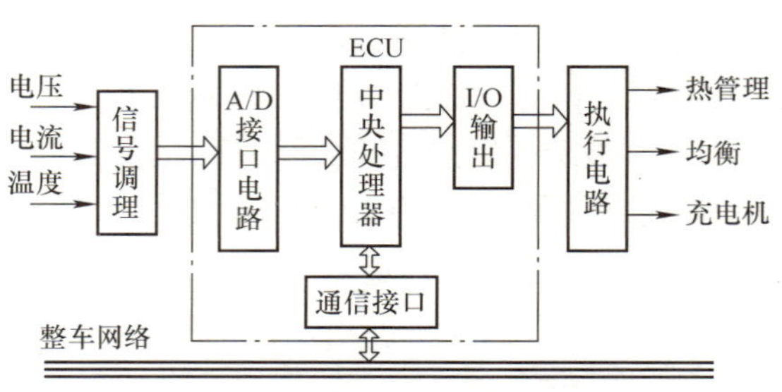

图 5-54 电池管理系统的构成原理

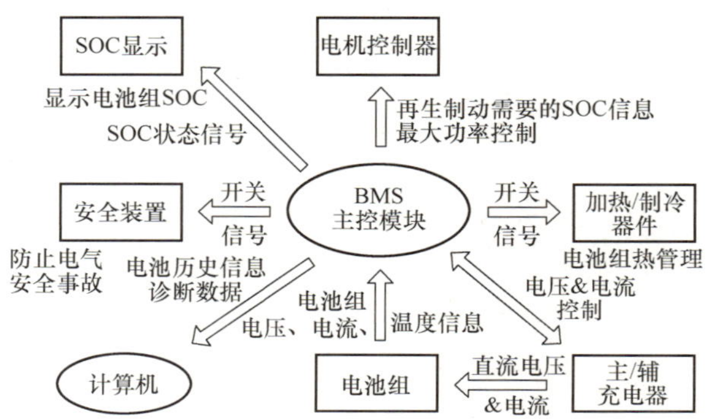

图 5-55 大宇公司 DEV5-5 电动汽车电池管理系统结构

电池管理系统通过对电池进行监测、数据采集、保护、电池状态评估计算、热管理、能量管理、安全管理等来实现电池性能的最大化。主要功能包括：

① 检测蓄电池系统总电压、蓄电池包中蓄电池模块电压或单体蓄电池电压。

② 检测蓄电池系统工作电流。

③ 检测蓄电池包内蓄电池模块或单体蓄电池温度。

④ 检测蓄电池系统绝缘电阻。

⑤ 对蓄电池包进行热管理。

⑥ 对蓄电池系统进行 SOC 和健康状态 SOH 估算。

⑦ 对蓄电池系统进行故障分析与在线报警。

电池管理系统可以根据电池状态评估计算的结果，通过 CAN 总线直接对车辆进行上述控制操作或做出预警，比如：

① 主动减小充、放电电流，防止单体蓄电池电压超过所限定的阈值。

② 主动减小充、放电电流，防止蓄电池系统的电流超过所限定的阈值。

③ 主动启动冷却装置，防止蓄电池温度超过所限定的阈值。

2. 对电池电压、温度、电流的采集

① 电压采集方法：隔离运算放大器采集法，采集精度高、可靠性强，但成本较高。

② 电压采集速率：要想计算蓄电池工作状态下的直流内阻，各蓄电池模块电压的采集就需要尽量同步，电压采集的速率要达到 10 点 /s 或 100 点 /s。

③ 电压采集精度：为了在（40%~70%）SOC 范围内利用电池的电压来对电池的 SOC 进行精确估算，电压采集的精度就要达到 1mV 级。模拟 - 数字转换器的分辨率见表 5-30。

表 5-30 模拟 – 数字转换器分辨率（基于 5V 的规格）及测量偏差

精度 /mV	分辨率 / 位	偏差（%）
100	6	1
30	8	0.25
10	9	0.1
1	12	0.01

④ 温度采集方法：有热敏电阻和热电偶采集法。利用负温度系数（NTC）热敏电阻温度传感器，低电阻表示温度升高，反之则温度升高。温度传感器的布置点最好预先利用有限元分析或红外成像仪来确定，布置在蓄电池包中特定的几个有代表性的最容易升温或降温的位置上就可以了，比如丰田普锐斯蓄电池包内就仅布置了 5 个温度传感器。值得注意的是布置的温度传感器一定要确保不能被冷却风吹到，比如在适当的位置设计合适的空穴，将温度传感器藏匿起来。

⑤ 电流采集方法：目前常用的有分流器和霍尔电流传感器方法。

3. 管理系统的保护功能

保护功能主要从以下三个方面体现：

① 确保电池在电流安全区域内工作，假定允许最大连续工作电流为 100A，峰值电流为 200A，处理时间为 10s。通过对电流的监测，电池管理系统可以做出是否需要减小峰值电流的控制，如图 5-56 所示[53]。

② 确保单体蓄电池电压维持在一个安全范围内。当接近电压上限时，电池管理系统会减小充电电流；当接近电压下限时，电池管理系统减小放电电流。在加速工况下突然减小放电电流会造成危险，因此电池管理系统应该具有一定的延时处理功能，如图 5-57 所示[53]。

③ 单体蓄电池温度维持在一个安全范围内。当接近温度上限或下限时，电池管理系统会减小电流。电池温度过高时，可以启动风扇对电池强制冷却，但这种措施只能在蓄电池包温度高于环境温度时才能起作用，风扇只能均衡蓄电池包与外部环境的温度。

④ 通过以上的组合控制，实现电池在安全区域内工作效能的最大化。

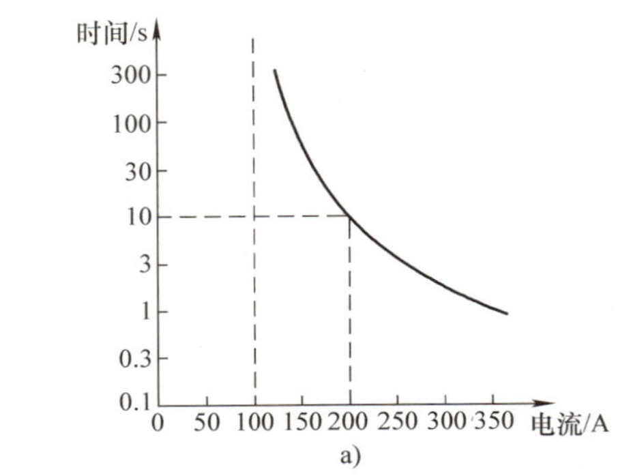

a)

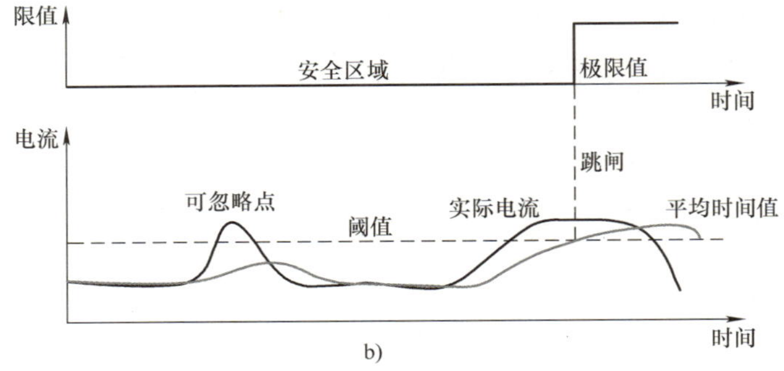

b)

图 5-56 处理连续峰值电流

a) 设定连续电流为 100A，峰值电流为 200A、10s 的处理时间

b) 对峰值电流的延迟处理

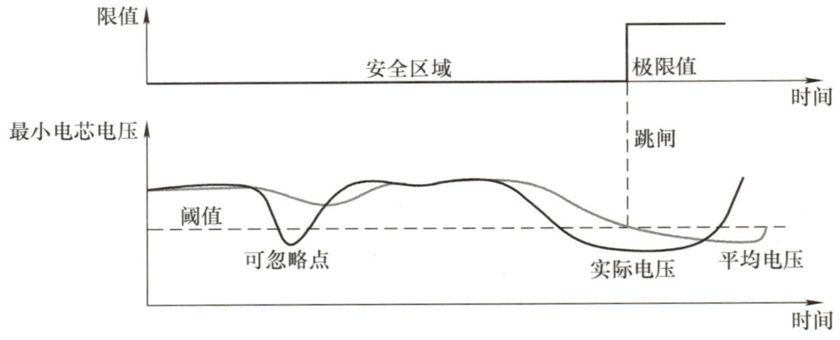

图 5-57 对单体蓄电池低电压的延迟处理：短暂的不会导致错误，长时则会导致错误

4. 电池管理的计算评估功能

电池管理的计算评估功能主要是根据监测得到的蓄电池电压、电流、温度数据，对蓄电池的 SOC、SOH 做出估算。

① 电池的 SOC 的估算方法：有开路电压法、负载电压法、电量积分法、卡尔曼滤波法等。电量积分法原理简单，是目前最常用的方法之一，但是也容易产生由电池容量的衰减及电流传感器精度不够所导致的测量偏差，尤其是电池的自放电是不通过外电路的，这样就会导致电量积分产生误差。一般需要用开路电压法和负载电压法来对电量积分法的结果进行校准。因为开路电压需要较长的静置时间才能稳定下来，所以开路电压法仅适用驻车状态，可以用来对初始 SOC 值的校准。负载电压法可用于对 SOC 值的实时校准。利用

整车在等红灯怠速工况下持续小电流（I < ±5A，持续时间 30~60s）下的工作电压，到电压数据库查表得到相应的 SOC 估计值 SOC_V，再用 SOC_V 与电量积分法得出的 SOC 进行比较。卡尔曼滤波法可以实时对 SOC 估算过程的初始值偏差以及积累误差进行修订。目前，电动汽车在线 SOC 估算，多采用电路电压法、负载电压法、电量积分法、卡尔曼滤波法相组合的方法。

电池管理系统通过对蓄电池包中每个模块蓄电池或单体蓄电池所处的 SOC 进行估算，并根据估算结果来决定从当前某一时刻开始对蓄电池系统是进行充电还是放电操作，以及进行多大功率和多大能量的输入或输出，以防止单体蓄电池出现过充电或过放电。不论采用开路电压法、负载电压法、电量积分法还是卡尔曼滤波法来估算电池的 SOC，都需要做大量的试验，采集和储存大量的数据。

电池的 SOC 是一种非线性的实时参数。加上此类电池的充、放电电压在很宽的 SOC 范围内十分平稳，目前尚未发现能准确反映其影响规律的统一的数学模型。尽管新的 SOC 估算方法不断出现，但到目前为止对电动汽车动力蓄电池 SOC 的精确估算问题一直都没有得到彻底解决，已经成为长期困扰学术界和研究者的难题，特别是对一个一致性不好的蓄电池包如何定义其 SOC 更是困难。现在实际上是将蓄电池包等效为一个单体蓄电池，然后将能力最差的那只单体蓄电池的 SOC 定义为这个蓄电池包的 SOC。在这方面也有许多专著和文献可供参阅。

② 电池的 SOH 的估算方法：SOH 描述的是电池的退化程度，是估计电池剩余寿命的一个重要参数。它可以用蓄电池系统的任意实际状态与初始状态之比表示。蓄电池 SOH 的定义比较随意，经常由不同的生产商赋予不同的含义。另外，蓄电池的 SOH 低于哪个阈值会影响蓄电池使用的界定也较为随意，通常由使用者根据自身需要来确定。目前使用较多的是利用蓄电池直流内阻随时间的增加来对 SOH 进行估算。具体过程是首先测定出蓄电池的初始直流内阻 R_1（本案例中为 20mΩ），并认定当直流内阻增大到 R_2（本案例中为 40mΩ）之前，蓄电池均处于健康状态，SOH 均为 100%。当直流内阻增大到 R_3（本案例中为 60mΩ）时蓄电池的 SOH 为 0%。结果如图 5-58 所示。

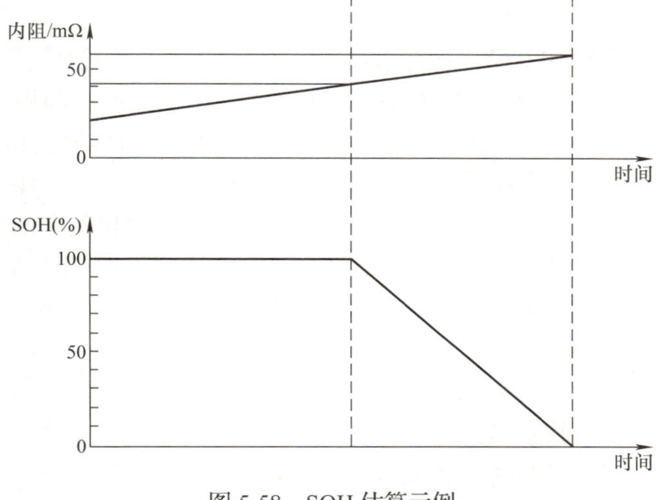

图 5-58　SOH 估算示例

蓄电池直流内阻可以参照美国《电动汽车动力蓄电池检测手册》（Freedom CAR Battery Test Manual）中推荐的复合脉冲功率特性测试方法（Hybrid Pulse Power Characterization，HPPC）来测量。通过测量某两个电流相对应的电压值，利用下式来计算单体蓄电池的直流内阻

$$R=(V_1-V_2)/(I_2-I_1)$$

然后将计算出的直流内阻值 R 与设定的蓄电池 SOH 为 100% 时的直流内阻最大值 R_2 进行比较，当 $R \leqslant R_2$ 时，SOH 为 100%；当 $R > R_2$ 时，利用下式对电池的 SOH 做出估算

$$\text{SOH}(\%)=[1-(R-R_2)/(R_3-R_2)]\times 100\%$$

SOC 和 SOH 的估算是电池管理系统设计过程中最大的难点，无论算法多么高端，实际估算总不够精确，因为影响 SOC 和 SOH 精确估算的因素太多。电池管理系统估算 SOC 和 SOH 的公式、算法以及模型，通常都属于商业机密。

5.8.2 热管理

电池管理系统主要工作之一就是电池的热管理，也就是根据热控制策略让蓄电池包工作在最优温度范围内。

1. 热管理的主要工作内容

① 准确测量蓄电池模块或单体蓄电池温度。

② 蓄电池包温度过高时对蓄电池包进行有效通风和散热，过低时进行快速加热。

③ 有害气体产生时对蓄电池包进行有效的通风。

④ 保证蓄电池包内温度场均匀一致。

混合动力电动汽车用动力蓄电池的工作特点，就是在部分 SOC 下超高倍率脉冲充、放电。充电一般在 $3C$~$10C$，放电在 $10C$~$30C$ 甚至更高。由于混合动力电动汽车用蓄电池包装配空间有限，散热比较困难，加上超高功率充、放电条件下焦耳热明显，所以电池温度极易升高。由于各个单体蓄电池在蓄电池包内位置的差异，也很容易引起各个单体蓄电池间产生 10℃以上的温差。金属氢化物镍蓄电池充、放电性能受温度影响显著。电池温度一旦超过 35℃，电池充电库伦效率就会下降，析氧严重。此类电池最佳工作温度范围应在 20~35℃，电池包中各个单体蓄电池的最大温差控制在小于 3℃比较理想。电池热管理的任务就是采取措施使电池工作在 20~35℃，使各个单体蓄电池间的最大温差控制在小于 3℃这个最佳范围内。因蓄电池的温度有滞后性，所以对电池温度的控制还要适当的提前。比如当蓄电池温度达到 32℃，就应该开启风机对电池进行冷却。

2. 实现热管理的途径

电池热管理可以从两个方向入手。一是选择导热好的电池材料来制备电池，提高电池自身的热传导性能，但是目前这方面能开展的工作十分有限；二是通过电池外部系统来强化电池的热传导性，这是目前的主要工作。

3. 热管理系统的的设计方法

关于蓄电池包热管理系统的设计，普遍采用的是美国国家再生能源实验室（NREL）A.Pesaran 提出的七步法[55]，简要概述如下。

① 根据蓄电池供应商要求或通过实验确定热管理系统的设计目标。比如金属氢化物镍蓄电池最佳工作温度是 20~35℃，各单体蓄电池间可接受的最大温差小于 3℃。

② 估计和测量电池生热速率和热容量。电池生热速率的计算普遍采用的是 Noboru Sato 根据电池电化学反应原理提出的热分析模型[56]。电池的热容量可以用量热计测量出来，也可以根据电池各个部件的热容通过质量加权平均方法计算出来。A.Pesaran 认为 20A·h 金属氢化物镍蓄电池热容的典型值是 677.4J/（K·kg），李相则认为 6.5A·h 金属氢化物镍蓄电池热容的典型值是 810J/（K·kg）[57]。

③ 选定传热介质和散热结构。金属氢化物镍蓄电池普遍采用的是并联式风冷散热结构，这种方法的特点是结构简单；但空气与电池表面之间热交换系数较低，冷却速度较慢。

④ 预测电池热行为。使用较多的是美国加州大学 Chen Yufei 提出的锂离子蓄电池内部温度场模型[58]。其中涉及的电池热传导系数可以用量热法测量出来，或根据理论计算出来[59]。

⑤ 进行热管理系统初步设计。

⑥ 试验验证热管理系统的设计方案。

⑦ 对热管理系统进行优化。

一般要经过多次优化才能达到比较满意的设计方案。

4. 金属氢化物镍蓄电池各种生成热的定量分析方法

Noboru Sato 对金属氢化物镍蓄电池各种生成热做了定量的分析：

电池总的发热量为 $Q_t=Q_r+Q_p+Q_s+Q_j=nFT(dE_e/dT)+nF(E_e-E_f)+Q_s+Q_j$　（5-24）

式中　Q_r——电池反应热，也就是电池反应过程的熵变热 $T\Delta S$，数值上等于 $nFT(dE_e/dT)$；

Q_p——极化热，也就是电池在充、放电过程中由于电池实际端电压 E_f 偏离电池电动势 E_e 所损失的能量而产生的热量，其值为 $nF(E_e-E_f)$；

Q_s——电池副反应热，即充放电过程中由于电解液的分解以及自放电等原因产生的热量；

Q_j——欧姆热，即由电池电阻的原因所产生的热量。

杨汉西[60]将 Noboru Sato 做的金属氢化物镍蓄电池各种生成热的定量分析做了进一步的诠释，使之更易于理解：

（1）电池反应热 Q_r

已知 AB_5 储氢合金摩尔生成热为 −29.3kJ/mol H_2，且充电时储氢合金吸收氢离子形成金属氢化物过程是放热反应，放电时为吸热反应。若假定镍电极反应热可忽略不计，在充电电流为 I_c 时，金属氢化物镍蓄电池反应热 Q_r 为

$$Q_r=29.3\ (\text{kJ/mol})\ /\ [96500\ (\text{A}\cdot\text{s/mol})/3600\ (\text{s/h})]\ 0.5I_c$$
$$=0.547I_c\ (\text{kJ/h})\qquad(5\text{-}25)$$

第5章

说明金属氢化物镍蓄电池反应热 Q_r 与充电电流 I_c 成正比。

（2）电池极化热 Q_p

如果将金属氢化物镍蓄电池的电化学极化和浓度极化等效为一个极化阻抗 R_p，则放电时由 R_p 产生的极化热

$$Q_p=I_d^2R_p\text{（W）}=3.6I_d^2R_p\text{（kJ/h）} \tag{5-26}$$

说明金属氢化物镍蓄电池放电时极化热 Q_p 与放电电流的平方 I_d^2 成正比。计算充电时的极化热，只要用充电电流的平方 I_c^2 取代放电电流的平方 I_d^2 就可以了。

（3）电池副反应热 Q_s

充电后期和过充电时正极发生析氧反应，析出的氧在电池负极与氢复合生成水，生成热为 −285.9（kJ/mol）。金属氢化物镍蓄电池充电后期和过充电时的副反应热为

$$Q_s=285.9\text{kJ/mol/(96500A·s/mol/3600s/h)}\times0.5I_c=5.334I_c\text{kJ/h} \tag{5-27}$$

说明金属氢化物镍蓄电池深度充电或过充电时的副反应热 Q_s 与充电电流 I_c 成正比。

（4）欧姆热 Q_j

金属氢化物镍蓄电池欧姆电阻包括电解质溶液、隔膜、正负极材料、电极集流体及与端子之间的连接电阻。氢氧化镍电阻随 SOC（也就是其氧化态）变化显著，氢氧化钾电解质溶液电阻随温度变化明显。因此，电池的欧姆内阻 R_e 也是 SOC 和环境温度的函数。在充电过程中，电池的欧姆热为

$$Q_j=I_c^2\cdot R_e\text{（W）}=3.6I_c^2\cdot R_e\text{（kJ/h）} \tag{5-28}$$

式（5-28）说明金属氢化物镍蓄电池的欧姆热 Q_j 与充电电流平方 I_c^2 成正比，放电时用 I_d^2 取代 I_c^2 就可以了。

根据式（5-25）~式（5-28）对电池各工作阶段产生热的原因进行了如下进一步分析。

① 正常充电阶段电池副反应热可以忽略不计，$Q_s=0$，此时电池产生的总热量为

$$Q_t=Q_r+Q_p+Q_j=0.547I_c+3.6I_c^2(R_p+R_e)\text{（kJ/h）} \tag{5-29}$$

② 充电后期及过充电阶段电池反应热可以忽略不计，$Q_r=0$，此时电池产生的总热量为

$$Q_t=Q_s+Q_p+Q_j=5.334I_c+3.6I_c^2(R_p+R_e)\text{（kJ/h）} \tag{5-30}$$

放电阶段电池反应热为负值 $-Q_r$，副反应热为零 $Q_s=0$，总热量为

$$Q_t=Q_r+Q_p+Q_j=-0.547I_d+3.6I_d^2(R_p+R_e)\text{（kJ/h）} \tag{5-31}$$

金属氢化物镍蓄电池充、放电期间释放、吸收的热量关系如图 5-59 所示。金属氢化物镍蓄电池 20℃下典型的充电曲线如图 5-60 所示。

结合图 5-60 可以对图 5-59 有更为直观的理解：

① 图 5-60 中充电到 75%SOC 区域与图 5-59 中没有副反应发生的充电阶段相对应。

② 图 5-60 中（75%~100%）SOC 这段充电区域是伴随有析氧副反应发生的充电阶段，这一段电池温升加快。在这个区域内，副反应是逐渐增大的，增大的速率与充电电流成正比。

③ 图 5-60 中（100%~150%）SOC 这段充电区域与图 5-59 中只有副反应发生的充电阶段相对应。这一阶段电池温度急剧上升。从图 5-60 可以看到，当充电到 115%SOC 时电池电压开始下降，这是由于电池明显发热所致。下降速度约为温度每升高 1℃电池充电电压

约下降 0.44mV，这就是所谓的 $-\Delta V$ 现象。如果此时不及时停止充电，就容易进入到热失控状态。

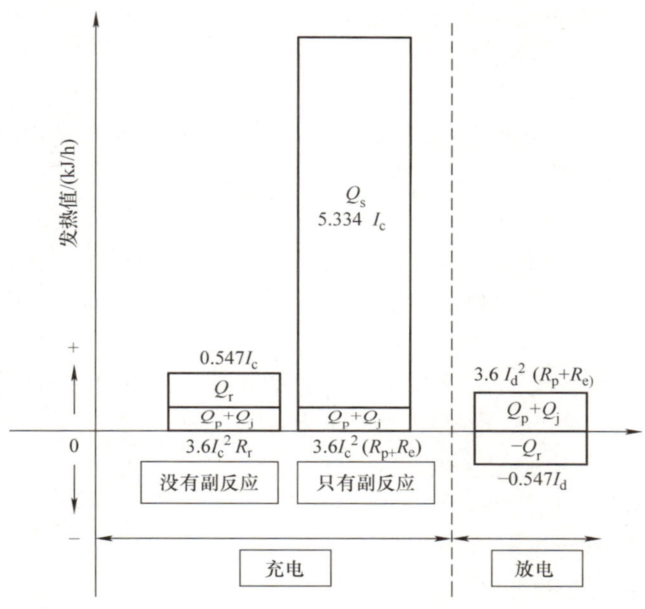

图 5-59 金属氢化物镍蓄电池充放电过程放热 / 吸热模型

因为混合动力电动汽车动力蓄电池是选择在（40%~70%）SOC 下超高倍率脉冲循环使用，刚好避开了析氧副反应发生的区域，所以在这个区域内充、放电时主要的热源是电池内阻（R_p+R_e）所产生的热，产生的热量可分别用式（5-29）和式（5-31）计算出来：

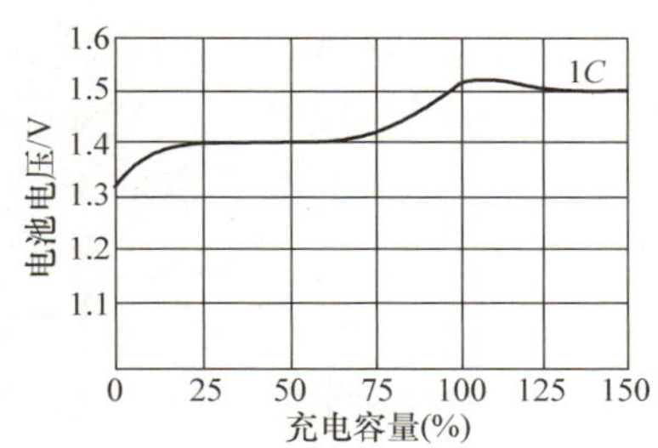

图 5-60 金属氢化物镍蓄电池充电曲线

假定 D 型 6A · h 电池充电电流为 60A，电池内阻（R_p+R_e）为 1.5mΩ，充电持续时间 10s，根据式（5-29）则可以计算出充电过程的发热量为

$$
\begin{aligned}
Q_t=Q_r+Q_p+Q_j &= (0.547\times60+3.6\times60^2\times1.5\times10^{-3})\times10/3600\text{kJ}\\
&=(32.82+3.6\times5.4)\times10/3600\ \text{kJ}\\
&=(32.82+19.44)\times10/3600\ \text{kJ}\\
&=52.26\times10/3600\ \text{kJ}\\
&=0.1452\text{kJ}
\end{aligned}
$$

假定 D 型 6A · h 金属氢化物镍蓄电池热容 810J/K · kg，单体蓄电池重 170g，则一个 60A 持续 10s 的脉冲充电，可能会导致电池升温

$$145.2/(810\times0.17)\text{℃}=1.055\text{℃}$$

假定 D 型 6A · h 电池放电电流为 180A，电池内阻（R_p+R_e）为 1.5mΩ，放电持续时间 18s，则根据式（5-31）可以计算则放电过程的发热量为

$$
\begin{aligned}
Q_t=Q_r+Q_p+Q_j&=(-0.547\times180+3.6\times180^2\times1.5\times10^{-3})\times18/3600\\
&=(-98.46+3.6\times48.6)\times18/3600\\
&=(-98.46+174.96)\times18/3600\\
&=76.5\times18/3600\\
&=0.3825(\mathrm{kJ})
\end{aligned}
$$

同样假定D型6A·h金属氢化物镍蓄电池热容810J/K·kg，单体蓄电池重170g，则一个180A持续18s的脉冲充电，可能会导致电池升温

$$382.5/(810\times0.17)℃\approx2.778℃$$

从方程式（5-31）可以看出，如果$I_d(R_p+R_e)=0.152$，理论上此时电池放电过程总的热量值为零$Q_t=0$。换句话说，此时由电池内阻产生的热量（Q_p+Q_j）完全被电池的吸热反应$-Q_r$所消耗掉了。

从图5-61可以看出，电池在80%SOC以上区域进行充电时，由于析氧反应发生，氧复合释放出大量的热，会导致电池温度急剧上升。即使我们设法控制电池在40%~70% SOC范围内进行充电，但因为混合电动汽车能量回馈的电流较大，还是容易将电池极化到析氧过电位。因此，最好将电池的SOC使用范围尽量缩小在45%~55%范围内。

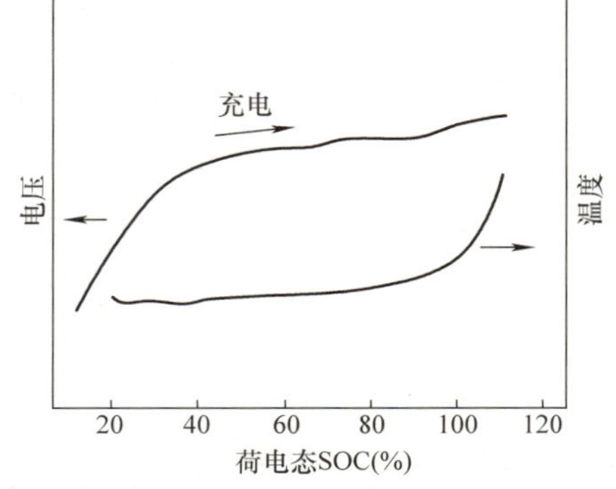

图5-61 典型的金属氢化物镍蓄电池SOC与电压、温度的关系

5. 减小电池热效应的途径

电池的反应热Q_r是由电池的成流反应所决定的。电池副反应热Q_s（氧复合产生的热）可以通过严格控制电池的SOC和充电电流来避免或减少氧的析出。剩下的工作就是如何减少电池的焦耳热Q_j。即使在正常的充电区域内，随着充、放电电流和电池内阻的增大，电池焦耳热的比例也会增大，电池的温升也会变得越剧烈。减小电池的充、放电电流就等于减弱了整车的性能，可见工作的重点是如何进一步减少电池的阻抗。

已知电池欧姆内阻为

$$R_e=\rho L/S$$

式中 R_e——欧姆内阻（Ω）；

ρ——电阻率（Ωm），取决于电极材料、电解液、电极集流体的性质，以及电极集流体与端子间的连接方式等；

L——长度（m），代表着电池的极间距，这主要受隔膜厚度的影响，即电极极间距L越小，电池欧姆内阻R_e就越小；

S——面积（m^2），代表电极的工作面积，即电极厚度越薄，电极面积S就越大，电池欧姆内阻R_e就越小。

从图5-62可以看出，氢氧化镍的SOC（也就是氧化态）对其导电性影响非常明显。金属氢化物镍蓄电池适宜工作在（40%~70%）SOC（镍的化合价在2.3~2.53）范围内。从图5-63可以看出，氢氧化钾电解液的电导率是温度的函数，金属氢化物镍蓄电池

工作环境温度最好在20℃以上。从图5-14可以看出，氢氧化钾电解液的浓度最好控制在30%~35%。除此之外，为减少焦耳热，最重要的是将电极集流体与端子连接最佳化。从以上分析来看，电池工作过程中生成热是不可避免的。为了控制电池工作在最佳的温度范围内，就必须要对电池进行热管理。关于电池热管理系统的设计已经有许多文献和专著可供参阅，此处不再赘述。

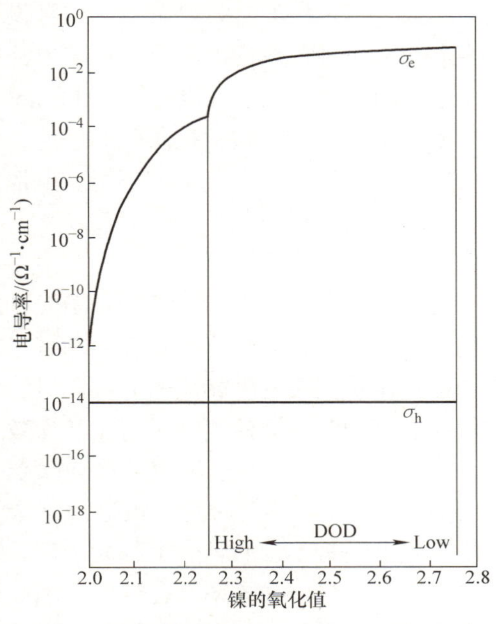

图5-62 氢氧化镍的氧化态与电子导电率(σ_e)和空穴导电率(σ_h)间的关系

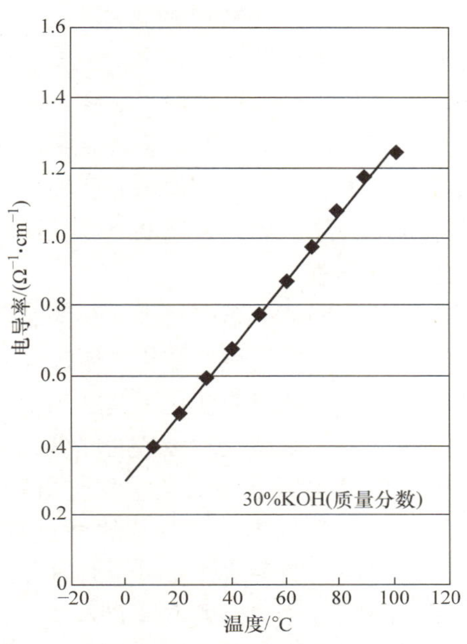

图5-63 氢氧化钾电解液温度与电导率的关系

5.8.3 一致性

各单体蓄电池间电压、容量、内阻出现的差异越小，表示蓄电池的一致性越好，对蓄电池的使用和寿命越有利。要想直接观察到单体蓄电池不一致产生的过程并不容易。即使初期一致性较好的蓄电池包最终也可能因为各个单体蓄电池所处的平均温度不一致及自放电不同而变得不一致。文献[61]对动力蓄电池一致性控制技术做了专门的讨论。成组前蓄电池的一致性可以从容量、开路电压、交流内阻、充放电曲线一致性几个方面用数理统计的方法来描述，具体评价方法可以参阅QC/T 744—2006《电动汽车用金属氢化物镍蓄电池》。

容量的一致性通过对蓄电池容量的分选来保证使容量偏差在3%范围内。

开路电压一致性可以通过对100%SOC的蓄电池在常温下搁置28天后的开路电压来筛选，但也有实验表明利用20%SOC的蓄电池在45℃下搁置10~15天后的开路电压筛选的效果更好。通过对搁置后的开路电压进行正态分布函数分析及确信度检验，一般控制在3σ范围就比较合适。

交流内阻一致性直接利用交流阻仪测试。

充、放电曲线一致性可利用蓄电池 1C 充、放电曲线来表征。这种方法最为科学，因为它几乎包含了蓄电池的电压、内阻、表面温度以及 $-\Delta V$ 随时间的变化等全部特性。

电池成组前的一致性应该从电池的设计、生产、质量控制几个方面来体现。

1. 在电池单体设计方面

尽可能采用共用蓄电池壳体设计，例如松下公司的 7.2V 蓄电池模块设计，这种设计是让 6 只单体蓄电池共用一个电池安全阀，这样有利于蓄电池模块内的各个单体蓄电池的内压、电解液的贫液程度趋于一致，从而也有利于电池的内阻和充、放电性能趋于一致。

电池成组前性能的差异主要在蓄电池生产过程中产生。比如原材料批次间的性能、安全阀开启压力、电极各部位填充密度、电极装配松紧度、注液量、电池生产环境、电池储存状态的不一致，都会引起电池成组前的不一致。

2. 生产方面

稳定的生产环境温度对于一般的企业来说是非常难以实现的。因为 CMC 和 HPMC 的黏度会随着温度发生线性变化，所以在开放的环境下，电极浆料的黏度一定也会随着车间的环境温度发生相应的变化，其结果就是生产出的极片增重量会发生相应的变化。尽管生产过程中可以采取措施对极片的厚度和增重量进行在线监测并根据检测结果对工艺参数进行调整，但是事实上每次调整都是事后的，而且也未必就能一次调整到位。这样累积下来，每天就会有相当数量极片的增重量出现波动。补救的方法就是对正、负极片逐个称重、配对使用。似乎这样就可缓解这种影响，但是本质上还是不同的。一个相同长度、宽度、厚度的电极片，如果重量有差异，那就意味着电极的密度、孔隙率、孔径等微观因素存在差异，而这些微观因素对电极的电化学反应确实是至关重要的。化成车间各个区域若温度出现差异也会影响到电池的一致性。

现在一般稍具规模的电池生产企业，大部分工序已经实现自动化或半自动化，但是还没有实现全自动化。尽管从混合电极浆料、浆料储存、浆料专运、极片拉浆涂敷若干个环节都使用了带恒温措施的装置，来保证浆料温度和黏度的稳定，在化成车间也使用了空调房间，但是仅仅这些还不够，生产厂区空气的洁净度也需要严格控制，特别是铜杂质更需要采取特别的防范措施，尤其是在电极制造和电芯装配这些区域。

3. 质量控制方面

目前国产氢氧化镍正极片和储氢合金负极片拉浆设备可保证正极片增重量偏差在 3% 以内、负极片在 4% 以内。国产轧膜机可以保证正极片厚度偏差在 2% 以内、负极片在 3% 以内。人们通常对成组前的单体蓄电池用以下四种方法对生产过程产生的不一致进行分选：

① 分类容量的一致性。

② 在一定 SOC 下搁置 28 天后，开路电压的一致性。

③ 交流内阻的一致性。

④ 充、放电电压曲线的一致性。

虽然蓄电池分组技术对于组合电池的制作至关重要，但实际上对蓄电池一致性的影响只是一个方面。因为它无法消除蓄电池使用过程中产生的不一致性，比如蓄电池包中间和边缘位置上的单体蓄电池所处的环境温度、所承受的压力就会有所不同。

对混合动力电动汽车用金属氢化物镍蓄电池来说，高功率输出 / 输入性能的一致性比蓄电池容量的一致性更为重要。因为混合动力电动汽车用蓄电池的工作特点是在部分 SOC 下超高倍率脉冲循环使用，一般在 3*C*~10*C* 下脉冲充电，10*C*~30*C* 下脉冲放电。这样大的工作电流引起的焦耳热很容易引起电池温度升高。位于蓄电池包边缘和中心的单体蓄电池的温度可相差 10℃左右，这就意味着电池的充放电库仑效率、储氢合金的腐蚀速度会出现差异，累积下来就是电池的容量、寿命出现差异。为了减小这种差异的产生，常用的是采用风冷来维持蓄电池包中的所有单体蓄电池在整个工作过程都处在最佳的工作温度范围内。

混合动力电动汽车用蓄电池运行期间一致性的评价就更加困难。在实际应用时，因为蓄电池是处于部分 SOC 下工作，所以蓄电池容量的一致性无法进行直接测量，一般只能通过蓄电池电压的一致性来描述。各单体蓄电池间电压的标准差小于 2% 可认为其容量是处在一致的范围内，在 2%~8% 时就会影响到大功率的使用，大于 8% 时基本就不能正常工作了。

蓄电池包中各单体蓄电池的功率输出 / 输入的一致性也无法进行直接测量，一般只能通过电池直流内阻的一致性来描述。电池的直流内阻可以根据采集到的电压和电流的数据计算。如测量在 10ms 之内完成，可以计算出电池的欧姆内阻。测量时间稍长，计算出的直流内阻其内容就比较复杂，不但包含电池的欧姆内阻，还包含电池的极化阻抗，但也更能反映出电池的电化学特征。单体蓄电池直流内阻还包括了电池之间的连接电阻，因此根据电池直流电阻还能尽早发现某些蓄电池连接点的松动。

蓄电池的一致性对其性能发挥和寿命都是至关重要的。混合动力电动汽车运行时，蓄电池包中只要有一只单体蓄电池的充电电压、放电电压及温度达到了所设定的阈值，电池管理系统就会对整个蓄电池系统进行保护。所有这些都限制了电池性能的正常发挥，否则就会导致个别单体蓄电池进入过充电、过放电及过温状态，进而带来安全隐患。

有文献介绍可以根据上面的在线监测，对蓄电池采取均衡策略来实现电池一致性的调整。就混合动力电动汽车用动力蓄电池而言，均衡策略具体应用的实例并不多。因为这样的设计会使蓄电池包的结构变得非常复杂，且在均衡过程中还可能要消耗车载蓄电池包有限的能量。

要保证蓄电池包中各单体蓄电池性能的一致，只能从蓄电池的生产和使用管理两个环节入手。使用管理方面就是设定一些阈值参数，严格控制电池运行时不能超越所限定的阈值。比如 SOC 上限定为 70%，一旦达到这个值就不能再进行任何充电，宁可舍弃能量回收。比如 SOC 下限定为 40%，一旦达到这个值，就要及时进行充电，使其进入到最佳的 50% 状态。比如对电池在不同脉冲充、放电电流下的最高充电电压、最低放电电压，在不同 SOC 下的最大输入、输出功率，最高温度、最大温差等都要有明确的阈值。所有这些都需要整车厂和电池供应商合作进行大量的性能测试，才能为电池管理系统提供更多可靠的控制参数。

5.8.4 过充电和过放电的保护

金属氢化物镍蓄电池过充电或过放电会带来两方面的危害；其一是在电池内部氢气、

氧气的产生与积累导致电池内压升高；其二是释放出氧气在电池内部发生复合反应时会释放出大量的热导致电池温升过高。

由于氢氧化镍电极平衡电位为 +0.49V，氧平衡电位为 +0.40V，尽管使氧析出需要一定的过电位，但实际上充电到 75%SOC 以上或大电流充电时，氧的析出还是不可避免的。此时，负极已经有充电态的可放电容量，因此可以实现良好的氧复合反应，电池的内压一般不会升高到安全阀开启。一旦停止充电，氧气也会很快在负极复合掉，电池内压也会迅速降下来，但是氧复合过程会释放出大量的热。要想避免发生氧的析出，就要对电池的充电进行适当的控制。

金属氢化物镍蓄电池的循环寿命主要受到储氢合金电极的限制。就是说在循环过程中负极容量衰退速度要快于正极。尽管影响负极寿命的因素很多，但过充电是主要因素。

电池一旦进入负极容量小于正极容量的情况时，特别是在电池寿命的后期，过充电时蓄电池内部产生的气体会以氢气为主。因为氢在氢氧化镍电极上氧化的速率非常慢，所以就足以使电池内压上升到十分危险的程度。在电池内部形成高压氧、氢混合气体，不论是保持在电池内部，还是通过安全阀释放到电池外部都是十分危险的。因此寿命后期的金属氢化物镍蓄电池比前期的更具危险性。文献［62］对这方面做了详细的分析。

从式（5-29）和式（5-30）可以看到，深度充电或过充电时蓄电池产生的热量大约是正常充电时的 10 倍，因此防止电池深度充电和过充电也是防止该电池热失控的关键。

关于金属氢化物镍蓄电池防止过充电和过放电措施已经有许多文献作了详细的介绍。常用的防止过充电的方法有最高电压 V、最高温度 T、电压下降 $-\Delta V$、温升速率 $\mathrm{d}T/\mathrm{d}t$ 法。常用的防止过放电方法有最低电压 V 法等。当然，这些方法对便携式深充深放类蓄电池的控制非常有效。但是混合动力电动汽车用蓄电池的特点是在（40%~70%）SOC 下 3C~10C 充电、10C~30C 放电脉冲循环使用。换句话说，蓄电池一直是在充放电效率最高区间内工作，而且都是脉冲充放电，一般每一次充放电持续的时间为 10~30s，因此对在这种工作模式下蓄电池的各种阈值就必须进行重新确定。

电池温度的最高温度阈值是 50℃。因为电池温度反应比较滞后，所以在接近这个温度阈值时，比如到达 45℃时，就需要考虑限制电池的输出或输入功率，达到这个温度阈值时则一定就要对电池采取保护措施。

充电最高电压阈值的设定，一般 2C 以下充电时设为 1.48V，2C~5C 充电时为 1.52V，5C~10C 充电时为 1.55V，再高倍率的充电就要采取限流措施了。

放电最低电压阈值的设定，一般 5C 以下放电时为 1.05V，5C~15C 放电时为 0.95V，15C~30C 放电时为 0.85V，再高倍率的放电就要采取限流措施了。

温升速率 $\mathrm{d}T/\mathrm{d}t$ 的阈值一般可以设定为 1℃ /min。

混合动力电动汽车用蓄电池一般不会充电到 80%SOC 以上，电压下降 $-\Delta V$ 这个信号不会经常出现。

蓄电池的最大可接受充电和放电电流阈值，需要由电池供应商经过实验来确定。充电电流超过某一极限值，电池就会极化到析氧副反应发生，电池的焦耳热也会导致热失控状态。

蓄电池一般控制在（40%~70%）SOC，此时电池的内阻最小，输出、输入功率最大。

蓄电池 SOC 一旦偏离这个值，就要及时进行补充电或限制进行回馈充电。

上述充电最高电压、放电最低电压、电池最高温度、允许的最大充电或放电电流阈值，都要结合电池实际使用的工况条件通过试验来确定。建议可先初步选定 0℃、20℃、45℃三个温度点，30%SOC、50%SOC、70%SOC 三种荷电状态，分别以 10*C*、20*C*、30*C* 三种放电电流持续放电 18s，以及分别以 2*C*、5*C*、10*C* 三种充电电流持续充电 10s 条件进行测试。根据实验数据的综合分析，初步确定出所需要设定的各种阈值。如果需要的话再插入其他的温度点、SOC、充电电流、放电电流进行进一步测试，直到满意为止。

5.8.5 氢气的控制

金属氢化物镍蓄电池正常充电时负极表面产生氢，生成的氢扩散至储氢合金内部形成金属氢化物。由于氢在合金中的扩散速度一般为 10^{-8}~10^{-7}cm/s，当负极表面产生氢气的速度大于氢向储氢合金内部扩散的速度时，在负极表面就会有氢气形成。形成的氢气在电池内部累积起来，一方面造成电池内压上升，另一方面在电池内部形成氢氧混合气体。在充电电流过大时，负极表面就容易出现析氢现象。为了抑制充电时氢气析出，就必须充分考虑负极充电的接受能力。氢气是一种爆炸性气体，氢的燃烧特性参数见表 5-31[63]。

表 5-31 氢的燃烧特性参数

特性	单位	氧气中	空气中
爆炸范围（298K，101.3kPa，体积分数）	%	4.5~94	4~75
爆轰范围（298K，101.3kPa，体积分数）	%	15~90	13~59
最低着火温度（101.3kPa，体积分数）	K（℃）	720（450）	800（530）
最大燃烧速度（298K，101.3kPa）（体积分数）	cm/s	1175（74%H_2）	320（42%H_2）
火焰温度	K（℃）		2318（2045）
最小着火能量	mJ	0.007	0.02

可以看到氢的爆炸极限浓度为 4%~75%，范围很广；氢的着火能量仅为 0.02mJ，非常小；氢的火焰传播速度 2.65m/s，非常快。但是氢的质量很轻，只有空气的 1/14；氢分子运动速度为 1690m/s，非常快。因此氢虽然易燃易爆，但是易于扩散，只要保持通风良好，氢的浓度达到爆炸极限的可能性非常小。不过在一些通风不良的情况下，氢气还是一种非常危险的气体。已经发生过电动剃须刀或电动牙刷在充电中氢气爆炸的案例，也有潜水艇在充电过程发生氢气爆炸的报道。文献［65］给出在封闭环境下对日本 RAV4 电动汽车用金属氢化物镍蓄电池系统进行 1/3*C* 充电时，氢气浓度随充电时间的变化曲线，如图 5-64 所示。文献［64］给出了 AA 型 1800mA · h 金属氢化物镍蓄电池在封闭环境下进行 1*C* 充电时，氢气浓度随充电时间的变化曲线，如图 5-65 所示。

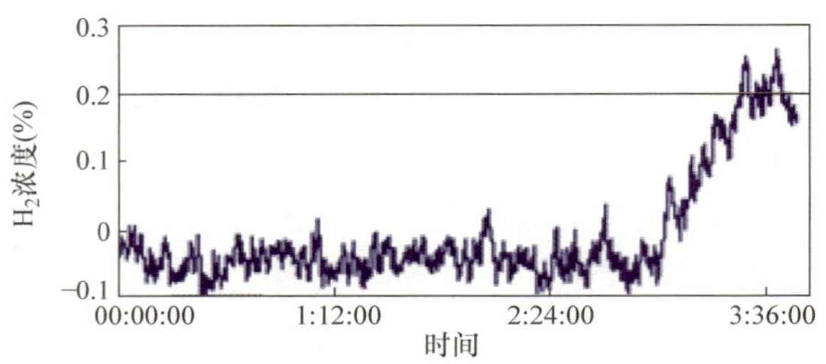

图 5-64　RAV EV4 金属氢化物镍蓄电池系统 1/3C 充电时氢气浓度变化

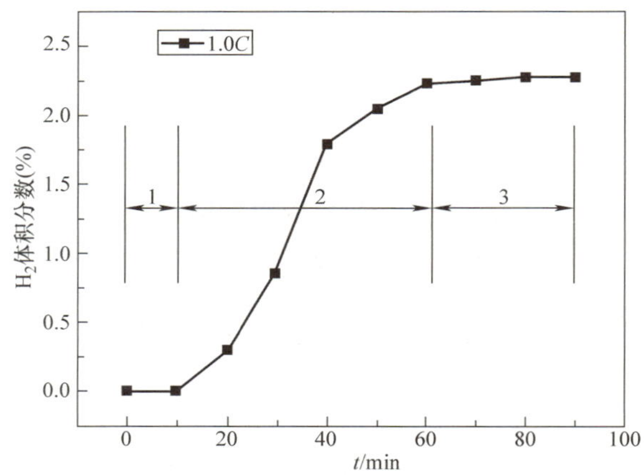

图 5-65　AA 型金属氢化物镍蓄电池 1C 过充电时氢气体积分数的变化

尽管两个实验都证明，在上述封闭空间内氢气的浓度都没有达到 4% 的爆炸下限，但是也都证明了，不论是圆柱形还是方形金属氢化物镍蓄电池，在过充电条件下都会有氢气释放出来。两个实验中氢气浓度的差别，很可能是由两个实验的密封空间大小或富液状况不同所引起的。

GB/T 18384.1—2001《电动汽车 安全要求 第 1 部分 车载储能装置》规定：车辆行驶时，车内（动力蓄电池箱内）氢气浓度应低于气体体积的 1%。为了降低氢气浓度，确保无危险，动力蓄电池包通风用空气流量至少应达到：

$$Q=0.05nI$$

式中　Q——空气流量（m^3/h）；

n——动力蓄电池包中单体蓄电池的数量；

I——过充电电流（A）。

电动汽车蓄电池包内必须要安装有氢气浓度传感器，并保证蓄电池包内通风良好，不可有存留氢气的死角空间，确保蓄电池包内不能发生氢气的积累。

5.8.6　电气安全

混合动力电动汽车用蓄电池系统的电压等级有 144V、288V 等，都超过了人体可承受的安全电压，因此蓄电池系统的绝缘至关重要。蓄电池包的外壳多为金属制成，蓄电池包正极、负极与金属外壳间的绝缘电阻应大于 10MΩ。文献［66］对蓄电池包绝缘性检测做了详细的介绍。

1. 车辆现场绝缘检测技术

常用的车辆现场绝缘检测技术有利用万用表的漏电流、霍尔元件的电流传感、绝缘电阻表的绝缘电阻检测技术。

2. 车载电池管理系统绝缘检测技术

常用的电路测量技术的工作原理如图 5-66 所示。当开关 S 断开时，可以在 R_+ 和 R_- 得到电压 V_1 和 V_2；当开关 S 闭合时，可以在 R_+ 和 R_- 得到电压 V_1' 和 V_2'；通过解方程组，可以计算出 R_+ 和 R_- 的值。

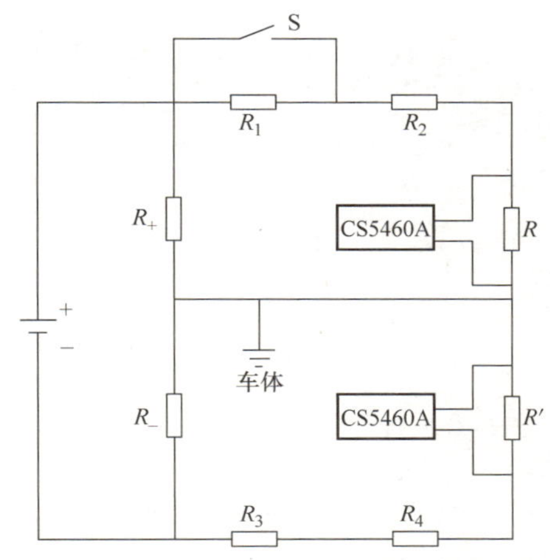

图 5-66 直流电压绝缘测量

R_1、R_2、R_3、R_4—阻值大于 500kΩ　R 和 R' —分压电阻，阻值在 200Ω 左右　A/D—转换芯片，可以在分压电阻上得到 mV 级的模拟信号　R_+ 和 R_-—蓄电池包正、负极对车体的绝缘电阻

5.9 生产关键设备

近 20 年来，金属氢化物镍和锂离子蓄电池的飞速进步，得益于各种电池新材料、新理念的生产设备、制造工艺的应用。准确把握住生产过程出现的各种现象，设计出更好的电池生产设备和制作工艺，与新材料的开发与应用具有同样重要的意义。近几年，国内外已经开发出来的自动化生产设备及设计理念，只要稍做改进就可用于金属氢化物镍蓄电池。本节介绍一些可以借鉴的国内外新型锂离子蓄电池制造生产设备方面的最新动向[67]。

5.9.1 电池自动化生产线设备

电池的正、负电极生产，包括浆料合浆和拉浆涂敷工序。为防止浆料水分蒸发，合浆和拉浆涂敷过程要在密闭状态下进行，也就是保证浆料在涂敷之前要密闭保持在容器和流路中。

5.9.1.1 活性物质粒度的分选

粒度分布较小的活性物质粉体材料对浆料的均匀性、填充密度的均匀性都至关重要。国内一般采用工业筛来进行粒度分选，这对于像 6~15μm 的氢氧化镍和 12~85μm 的储氢合金粉来说就显得有些勉强。现在国际上采用离心式粒度分级技术[67]，就是利用作用于粒子上的离心力和空气阻力的综合作用实现颗粒的粒度分级。该方法可实现对数微米到数百微米的粉体分级。比如文献 [67] 介绍的强制旋涡型离心分级机，如图 5-67 所示，实现了对正极材料锰酸锂粉体粒度分布较窄的分级，如图 5-68 所示。

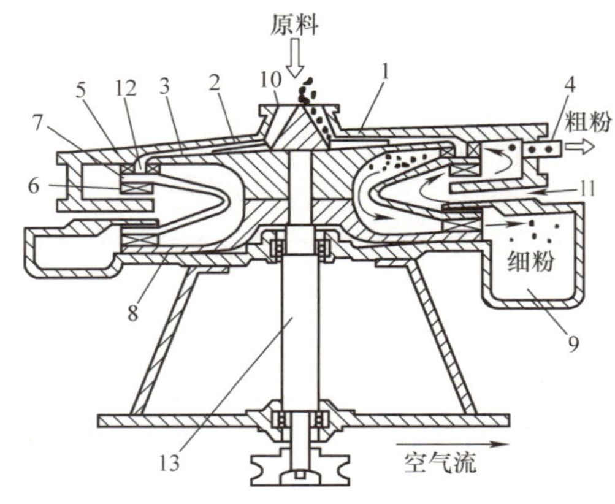

图 5-67 强制旋涡型离心分级机的结构

1—套管 2—离散桨叶 3—离散圆板 4—粗粉取出口 5—分级桨叶 6—辅助桨叶 7—分级旋转器 8—平衡旋转器 9—螺旋套管 10—粉体投入口 11—空气入口 12—分级室 13—旋转轴

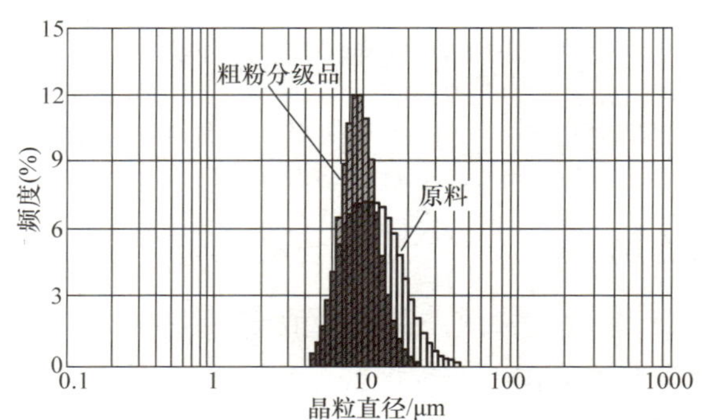

图 5-68 正极材料锰酸锂粉体粒度的分级

5.9.1.2 电池浆料制造

正、负极制造，首先把活性物质、导电剂、黏结剂等用增稠剂水溶液调制成浆料，然后把浆料涂敷到泡沫镍或穿孔镀镍钢带集流体上，干燥后得到了所需要的电极。影响电池性能的因素很多，比如前面介绍过的电池原材料方面的因素。其实，蓄电池制造过程中的浆料配置、极片拉浆、极片干燥等过程也都会对电池的性能产生明显的影响。

1）我国较多使用的浆料配制方法

① 先配制好 CMC、HPMC 等水溶液。

② 按要求将 CMC、HPMC 等水溶液倒入行星式搅拌器中，在搅拌条件下不断加入预先混合好的电极活性物质，在一定转速下进行搅拌分散。

③ 浆料混合均匀之后，再将 SBR 或 PTFE 乳液添加进去，搅拌均匀形成黏度和流动性适宜的浆料。

④ 搅拌均匀的浆料转移到周转桶中静置或抽真空排气、备用。

2）新的浆料配制方法 [67]

① 按配方向行星式搅拌器中投入活性物质和部分 CMC 或 HPMC 等水溶液，以高固液比进行浆料的稠化加工。通过对其黏土状态的稠化浆料进行充分的搓揉，可以得到分散性强且稳定性高的浆料。

② 按配方要求用 CMC 或 HPMC 等水溶液和水对稠化的浆料进行稀释，确保达到适当的流动性。

③ 按配方要求加入 SBR 或 PTFE 乳液并搅拌均匀。

④ 对浆料进行真空脱气、备用。

用这种方法配制锂离子蓄电池石墨负极浆料的过程如图 5-69 所示。现在这种设备国内也可采购到，值得金属氢化物镍蓄电池制造商进行借鉴。

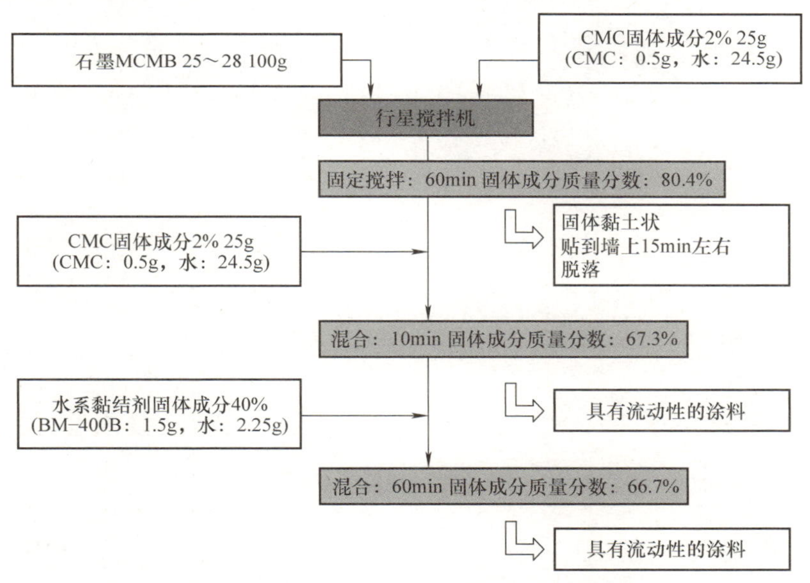

图 5-69 用于负极的水系黏合剂的浆料制作示例

3）电极材料浆料的连续生产方法（CDM 法）[67]

CDM 法的原理如图 5-70 所示。其充分混合器的原理如图 5-71 所示。CDM 方法可以简单描述如下：

① 按配方将 CMC 或 HPMC 等水溶液与活性物质在回转式搅拌器中搅拌 1h 左右。

② 用隔膜泵或螺杆泵将浆料按一定的流量输送到充分混合器中进行充分的分散混合。充分混合器是一个圆柱形容器，内部配置一个筒状旋转轮。旋转轮与圆筒内壁的间隙为

2mm 左右，筒状旋转轮的圆周速度最大可以达到 50m/s，一般设置在 20~40m/s 范围内。浆料在筒状旋转轮内滞留的时间约为 30s。浆料在旋转轮的作用下会产生很大的加速度。这样高速运动的浆料与滞留在圆筒内壁上运动速度较慢的浆料之间就会产生巨大的速度差，从而形成巨大的剪切力，一次就可实现浆料的充分混合。分散好的浆料转移到浆料调整（储存）器中，在这里边搅拌边利用恒温系统对浆料进行温度调节，在 −0.096MPa 下对浆料进行排气。用这种方法调制的浆料黏度具有很高的重现性。对钴酸锂正极浆料调制的结果如图 5-72 所示。这种设备单台可日产浆料 2 万 L。这种高速分散方法既可提高生产效率又可使浆料得到均匀的分散，也实现了浆料物理性质以及后续生产过程的稳定。

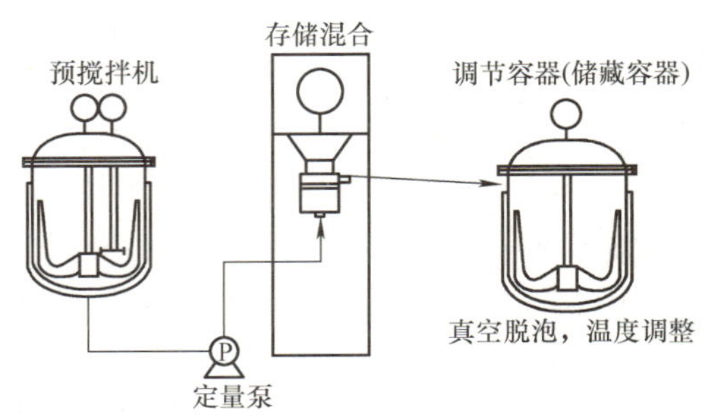

图 5-70 CDM 工序（基本流通量）

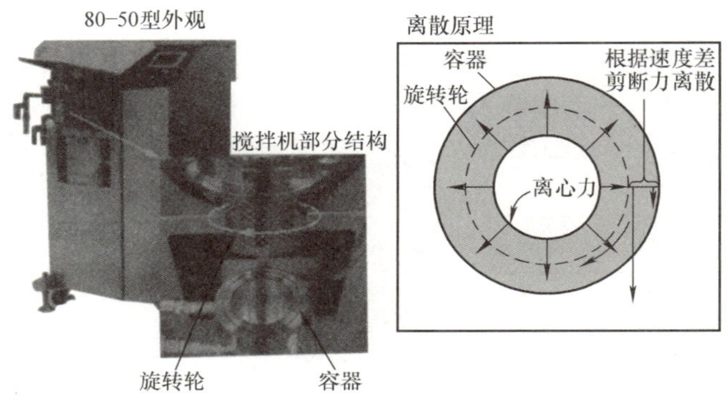

图 5-71 充分混合器

1) 重复制造时的黏度重复性例子

运行序号	黏度/(mPa·s)	温度/°C
1	5800	25
2	5900	25
3	6100	26
4	6100	26
5	6000	25
6	6100	25
7	6000	26
8	6200	25
9	5900	25
10	6000	26

平均值: 6010mPa·s
SD: 113.6mPa·s(1.89%)

材料	组成
$LiCoO_2$	100
接触物(AB)	2.08
PVDF(#7208)	2.08

固体存量：66.5wt%

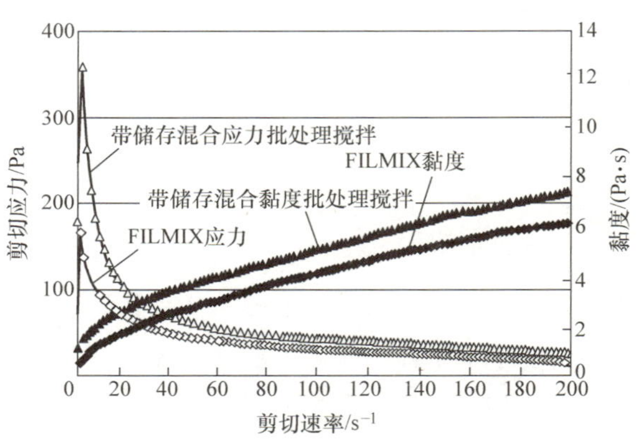

图 5-72 充分混合的离散效果（浆料黏度重复性和流动性的改善）

5.9.1.3 拉浆

防止浆料水分的蒸发，浆料从储藏桶到拉浆头整个过程都是密闭式工作。文献［67］介绍了一种为锂离子蓄电池专门设计的拉浆头。这种拉浆头的设计理念对金属氢化物镍蓄电池电极制作来说也有许多可借鉴之处。比如：

① 采用定量泵供应浆料。

② 调整拉浆头的间隙来调整浆料层的厚度。浆料层厚度在线监测、自动调整对极片厚度一致性非常重要。

③ 调整拉浆头与集流体的角度来调整浆料层的幅宽。

④ 使用真空箱来防止拉浆过程中空气的带入。

5.9.1.4 极片的干燥

蓄电池用电极有许多特殊的要求：

① 活性物质与集流体结合要牢固。

② 极片柔韧性要好，特别是用于圆柱形卷绕的电极。

③ 活性物质的填充密度要均匀、适当。

④ 辊压后的极片出现的厚度反弹尽量小，以免引起密度明显的变化。

拉浆极片的干燥是非常关键的因素。干燥初期涂敷层内部温度上升产生热对流，浆料自表层开始不断干燥，电极表面容易引起黏结剂的分布不均匀，如图 5-73 所示。

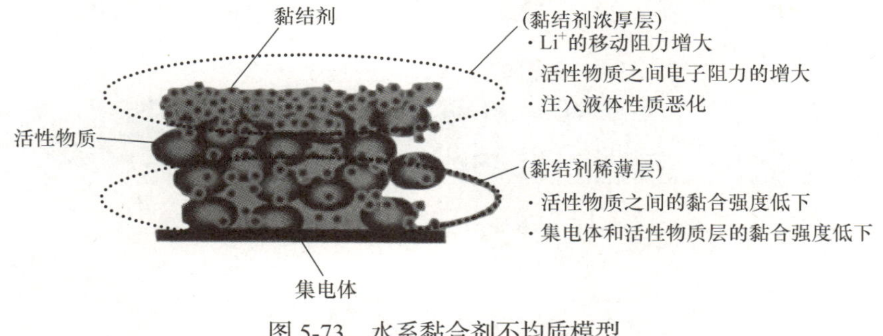

图 5-73 水系黏合剂不均质模型

黏结剂一旦出现分布不均匀，就会引起黏结力降低并导致电池性能恶化。在高温条件下这种不均匀更是十分显著。为避免这种情况发生，需要适当降低干燥温度、延长干燥时间并控制好风量。

5.9.1.5 拉浆头的设计

拉浆头的浆料流路设计最为重要。随着计算流体动力学（CFD）的应用，浆料流路的设计已经变得比较容易了。常用的浆料流路有直歧管和衣架型歧管，如图 5-74 所示。

决定电极拉浆速度的是干燥炉的长度，但过长干燥炉的费用会超出人们可接受的范围。提高拉浆的幅宽是提高生产率的有效方法。现在已经有支持 2m 左右幅宽的锂离子蓄电池用电极片的制造技术。在市场用量更大的时候，如何提高电极生产效率是一个重要的课题。

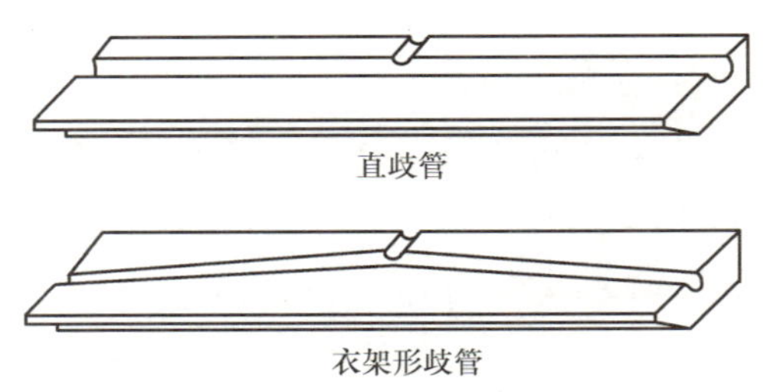

图 5-74　直歧管和衣架型歧管

5.9.1.6　电解液的加注

现在计量泵可控制注液量在 ±0.5%（质量分数）以内，且重现性十分稳定。为抑制注液过程电解液在配管内的残留，应尽量选择短的、直线的配管和没有死角的阀门。为抑制真空注液时电解液飞溅到电池壳外和滚槽区内，最好将注液管插入到接近电池壳底的部位（圆柱形电池的圆心部有这样的空间），然后随着电解液注入量增加再逐渐升高注液管。为加快电解液在电极和隔膜的浸渍，可对真空注液后的电池集中起来再次进行抽真空加压。最终还是要通过称量注液前后电池的重量，来判定注入的电解液量是否符合工艺要求。

5.9.1.7　激光焊技术的应用

激光焊是降低成本的有效方法。激光加工中具有代表性的激光种类见表 5-32。

表 5-32　激光加工中具有代表性的激光种类

激光器名称	激光介质	激励源	激光波长 /μm
半导体激光器 LD 激光器	半导体	通过 pn 结部分的流入电流	0.8~1.0
气体激光器 CO_2 激光器 激元激光器	气体	根据放电的等离子体内的电子碰撞	10.6 或 9.4、0.248(KrF) 等
固体激光器 YAG 激光器 盘形激光器 光纤激光器	固体	所选择的波长的光	1.064 1.03 1.07

圆柱形金属氢化物镍蓄电池的盖帽使用的是镀镍低碳钢，从正、负极组向电池盖帽和电池壳底部连接的是金属镍片。现在用电阻焊来完成这种连接，不过激光焊效果会更好。圆柱形电池的蓄电池模块是利用镀镍低碳钢的焊杯经过电阻焊将单体蓄电池串联焊接而成，这一过程用激光焊的效果会更好。问题是纯电动汽车用方形金属氢化物镍蓄电池的正、负极端子使用的镀镍紫铜，有很高的激光反射率和热导率，加热瞬间的热流失很大，很难进行激光焊接。

现在 2kW 的激光焊接机已经商品化，其光纤直径只有 14μm。这种激光焊接机可以对 SUS304 不锈钢、A5083 铝合金、C1100 铜合金分别完成 7.1mm、4.2mm、2.4mm 熔焊深度的焊接。这些激光焊接设备对大容量方形金属氢化物镍蓄电池的串联连接有帮助。

5.9.2 化成、分选与检测设备

目前，国内在全力开发锂离子蓄电池化成、分选与检测设备，并已经取得明显的进步。这些设备稍作改进就可用于金属氢化物镍蓄电池。

5.10 混合动力电动汽车用金属氢化物镍蓄电池的未来展望

混合动力电动汽车指的是将燃油发动机和动力蓄电池及电动机组合在一起的汽车。通过优化控制使它们之间形成良好的匹配，充分发挥各自的优点，达到降低油耗和排放的目的。

各类混合电动汽车根据其功能可简单分为下面几类。微混：发动机自动启停；轻混：发动机自动启停 + 制动能量回收；中混：发动机自动启停 + 制动能量回收 + 电动辅助；强混：发动机自动启停 + 制动能量回收 + 电动辅助 + 纯电驱动。

如果按照混合度（也就是按照电动机峰值功率与发动机额定功率的比值）来划分[68]，可以将混合电动车分为下面几类。零混：传统燃油汽车的混合度为 0；微混：混合度 ≤ 5%；轻混：混合度 5%~15%；中混：混合度 15%~40%；强混：混合度 ≥ 40%；纯电动汽车：混合度为 1。

发动机自动起动功能：汽车行驶过程中遇到红灯等临时停车时，系统自动停止发动机工作，取消了发动机的怠速，降低了油耗和排放；当需要前进时，系统再利用电动机起动车辆。

制动能量回收功能：汽车减速、下坡或制动时，将汽车的惯性动能部分回收，也就是利用这些能量通过发电机（电动机逆向工作）对动力蓄电池系统进行充电。另外，轻混级别以上的混合电动车还可以在车辆正常行驶时，利用发动机产生的多余能量通过发电机来对动力蓄电池系统进行充电。

电动辅助功能：汽车加速、爬坡时，电动机可以对汽车提供辅组动力。

纯电驱动功能：汽车可以单独依靠电动机利用动力蓄电池系统提供的能量在一定里程范围内驱动汽车。比如，丰田的普锐斯就具有纯电动续驶 20km 的能力。

（轻混）怠速启停汽车使用的动力蓄电池系统一般是有效能量 250~300W · h（3000W 以下）的 48V 蓄电池组，这些蓄电池应具备高倍率部分 SOC（HRPSoC）下的工作能力：

1）可以接受 13kW 持续 2s 的脉冲放电和 8kW 持续 2s 的脉冲充电。

2）可以长时间处于（40%~70%）SOC 下工作。当 SOC 低于 40% 时，电池不能提供所需要的功率；当 SOC 高于 70% 时，电池不能进行高效率充电。

现在我国已经开发出 48V BSG 电机总成样机，可满足发动机起动、助力和能量回

收等轻度混合动力功能，预计可降低燃油汽车整车油耗 12%~15%，其功能如图 5-75 所示。该总成搭载的可适应 20*C*~30*C* 倍率脉冲放电的高功率动力蓄电池，能量为 0.3~0.5kW · h[69]。

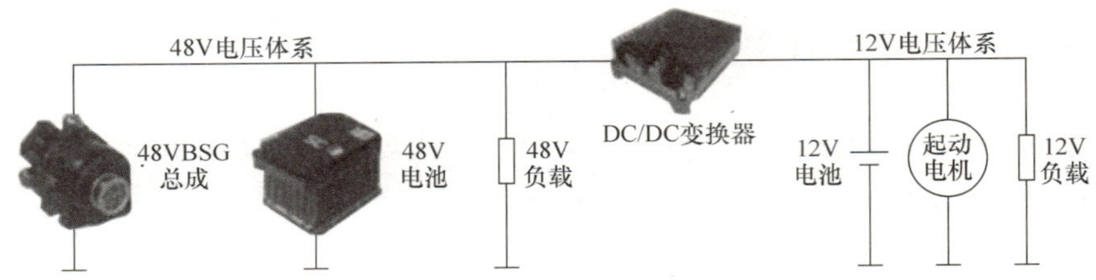

图 5-75　48V 系统总成电器示意图

文献［70］介绍了美国 East Penn 公司 12V/7.5A · h 超级铅酸蓄电池的充 / 放电功率曲线（图 5-76），以及和 7.2V 金属氢化物镍蓄电池模块进行的 HRPSoC 循环性能对比试验（图 5-77）。结果表明两种电池都可以满足微混电动车启停循环 20 万次使用要求。有数据表明，启停循环 1 万次，相当于微混电动车运行使用 1 年。

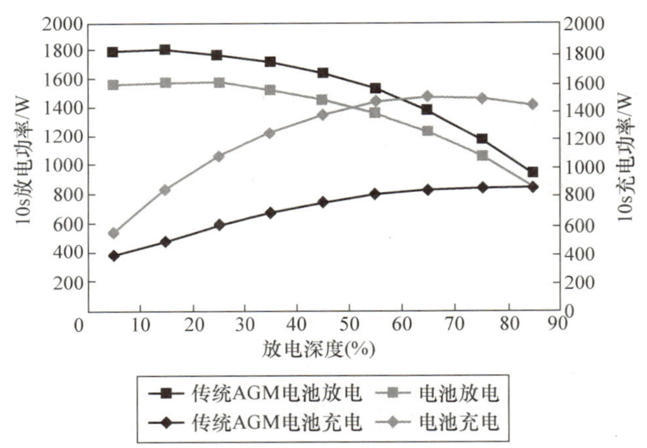

图 5-76　超级铅酸蓄电池与传统 AGM 电池功率性能对比

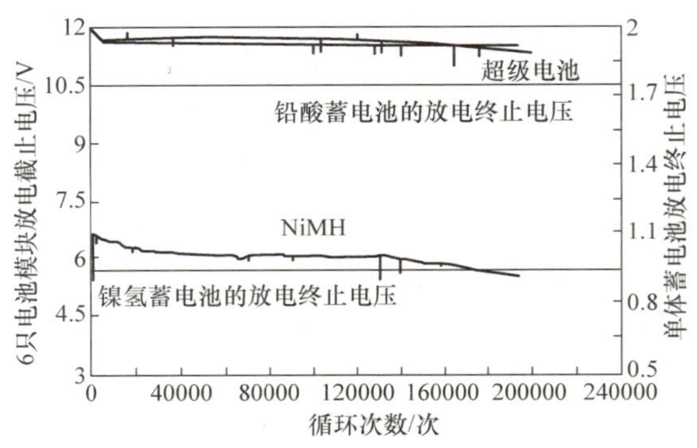

图 5-77　超级铅酸蓄电池与金属氢化物镍蓄电池 HRPSoC 循环性能对比

根据文献［70］，根据美国 East Penn 公司 12V/7.5A · h 超级铅酸蓄电池的性能参数，可以对 7.2V/6A · h（10.8V/6A · h）金属氢化物镍蓄电池模块的最低性能进行评估，见表 5-33。

表 5-33 对 7.2V/6A · h（10.8V/6A · h）金属氢化物镍蓄电池模块的最低性能评估

性能参数	12V/7.5A · h 超级铅酸蓄电池	7.2V/6A · h 金属氢化物镍蓄电池模块	10.8V/6A · h 金属氢化物镍蓄电池模块
蓄电池模块 /（W · h）	90	43.2	64.8
蓄电池模块重量 /kg	4.25	1.03	1.545
蓄电池模块能量密度 /（W · h/kg）	21.17	41.9	41.9
48V 电池包使用的模块数量 / 块	4	7	5
48V 电池包工作电压窗口 /V	（24×2.83=）67.92~ （24×2.83=）43.92	（42×1.5=）63~ （42×1.0=）42	（45×1.5=）67.5~ （45×1.0=）45
48V 电池包最大输出 / 输入功率 /W	5600（50%DOD）		
5600W 功率下，48V 电池包的最大放电电流 /A	127.5 （单体最低按 1.83V 计算）	133.3 （单体最低按 1.0V 计算）	124.4 （单体最低按 1.0V 计算）
5600W 功率下，48V 电池包的最大充电电流 /A	82.5 （单体最高按 2.83V 计算）	88.89 （单体最高按 1.5V 计算）	83 （单体最高按 1.5V 计算）

通过对比，可以看到金属氢化物镍蓄电池完全可以满足微混电动车的使用要求。各级别的混合动力电动汽车为金属氢化物镍蓄电池提供了广阔的发展空间，只是需要该电池供应商提前做好进入市场的准备。

应该清醒地看到，目前我国在动力蓄电池方面取得的技术进步还仅仅是在对各种新材料及新技术的引进、消化、吸收的层面上。所谓进步快，应当理解为对新材料及新技术的引进、消化、吸收的速度快了；所谓有了进步，应当理解为我国在新材料及新技术的应用方面与国外的差距缩小了。推动动力蓄电池发展还有许多工作要做：

① 混合动力电动汽车用高功率金属氢化物镍蓄电池用包覆型氢氧化镍还有待于进一步开发。

② 混合动力电动汽车用高功率金属氢化物镍蓄电池用 AB_5 储氢合金粉表面的处理工艺在我国还没有得到普及应用，这对进一步提高电池输出功率却非常重要。

③ 混合动力电动汽车用高功率金属氢化物镍蓄电池用皮芯结构 PE/PP 隔膜主要还是从国外采购，国产隔膜性能还需要进一步提高。

④ 电池制造设备整体方面还落后于国外先进国家。

从目前流行的观点来看，在纯电动、插电式混合动力电动汽车甚至油电混合动力电动汽车领域，行业似乎已经确定了锂离子蓄电池的主导地位。但是文献［42］通过对日本两家著名的厂家生产的金属氢化物镍蓄电池和锂离子蓄电池性能进行比较之后，给出的结论也确实需要人们认真研究思考。

① 从单体蓄电池层面来看，（高功率型）锂离子蓄电池能量密度（文献中的比较案例

56W·h/kg）比金属氢化物镍蓄电池（文献中的比较案例 46W·h/kg）高出 20% 左右。从蓄电池系统的层面看，金属氢化物镍蓄电池可以采用风冷，而锂离子蓄电池需要采用水冷；金属氢化物镍蓄电池一般只对蓄电池模块水平进行监控，而锂离子蓄电池需要对单体蓄电池进行监控；金属氢化物镍蓄氢电池一般不需要采取均衡措施，而锂离子蓄电池一般至少需要采取被动式均衡措施。从蓄电池系统层面上看，金属氢化物镍蓄电池可能会比高功率型锂离子蓄电池具有更高的能量密度。

② 为保证锂离子蓄电池的寿命，需要采用冗余设计，比如美国通用 Volt 采用的锂离子蓄电池，实际上“可以使用”的能量只有蓄电池能量的 50%~70%。而金属氢化物镍蓄电池则不需要进行这样的冗余设计。

③ 从理论上来讲，锂离子蓄电池在制动过程中应能够接受 3000W/kg 的功率密度，但实际上在现代锂离子蓄电池管理系统中，通常需要设置 3 倍的安全系数以减少锂枝晶的形成并防止电池过热。因此，在现实情况下，锂离子单体蓄电池最大输出功率被限制在 1000W/kg 以内。

④ 从以上分析来看，高功率型金属氢化物镍蓄电池和高功率型锂离子蓄电池的功率和能量性能似乎差别不大。但要想对锂离子蓄电池的使用寿命以及寿命中后期耐滥用的能力给出科学评价，则至少需要等到锂离子蓄电池技术使用十年之后（2022 年）才能确定；而装配金属氢化物镍蓄电池的车辆现在已经在运行的有 1000 多万辆，20 多年没有重大安全事故的运行记录。

⑤ 更为重要的是，20 年前金属氢化物镍蓄电池就已经定型；而至今动力型锂离子蓄电池还在争论使用哪种正极材料和哪种负极材料更完美，因此目前只能在性能和安全性之间进行平衡。

我国混合动力电动汽车用高功率金属氢化物镍蓄电池的性能还有进一步提升的空间，当然这有待于我国混合动力电动汽车市场提出这样的需求。

参考文献

［1］雷永泉 . 新能源材料 [M]. 天津：天津大学出版社，2000.

［2］张允什 . 中国储氢材料和镍氢蓄电池新进展 [J]. 电池，1993，23（3）：135-137.

［3］付超 . 吕明 . 朱彦文 . 连续制造卷式发泡金属带材的技术：CN1201842A [P]. 1998.

［4］钟发平 . 连续化带状泡沫镍整体电镀槽：CN2337160 [P]. 1999.

［5］范祥清，修荣，范自力，等 . 高活性 $Ni(OH)_2$ 的制备及电极性能 [J]. 电池，1995，25（2）：55-58.

［6］姜长印，万荣春，张泉荣，等 . 高密度高活性球形氢氧化镍的制备与性能控制 [J]. 电源技术，1997，21（6）：243-247.

［7］陆天虹，等能源电化学 [M]. 北京：化学工业出版社，2014.

［8］托马斯 . 电池手册 [M]. 4 版 . 汪继强，刘兴江，等译 . 北京：化学工业出版社，2013.

［9］查全性 . 电极过程动力学导论 [M]. 3 版 . 北京：科学出版社，2001.

［10］BURKE I D，LYONS M E，MURPHY O J. Formation of Hydrous Oxide Films on Cobalt under

Potential Cycling Conditions[J]. Journal of Electroanalytical. Chemistry. 1982，132：247-261.

[11] 黄长庚，钱文连，陈焕然，等 . 贮氢合金粉制造方法：CN10467168C [P], 2009.

[12] PERCHERON-GUéGAN A，LARTIGUE C，ACHARD J C，et al.Neutron and X-ray diffraction profile analyses and structure of $LaNi_5$，$LaNi_{5-x}Al_x$ and $LaNi_{5-x}Mn_x$ intermetallics and their hydrides (deuterides)[J]. Journal of the Less Common Metals，1980，74：1-12.

[13] PERCHERON-GUéGAN A，LARTIGUE C，ACHARD J C. Correlations between the structural properties，the stability and the hydrogen content of substituted $LaNi_5$ compounds [J]. Journal of the Less Common Metals，1985，109：287-309.

[14] LATROCHE M，RODRíGUEZ-CARVAJAL J，PERCHERON-GUéGAN A，et al. Structural studies of $LaNi_4CoD_{6.11}$ and $LaNi_{3.55}Mn_{0.4}Al_{0.3}Co_{0.75}D_{5.57}$ by means of neutron powder diffraction [J]. Journal of Alloys and Compounds，1995，218：64-72.

[15] JOUBERT J M，CERNY R，LATROCHE M，et al. Site occupancies in the battery electrode material $LaNi_{3.55}Mn_{0.4}Al_{0.3}Co_{0.75}$ as determined by multiwavelength synchrotron powder diffraction [J]. Journal of Applied Crystallography，1998，31：327-332.

[16] JOUBERT J M，LATROCHE M,CERNY R，et al.Crystallographic study of $LaNi_{5-x}Sn_x$ ($0.2 \leqslant x \leqslant 0.5$)compounds and their hydrides [J]. Journal of Alloys and Compounds，1999，293-295：124-129.

[17] LATROCHEA M，JOUBERT J M，PERCHERON-GUéGAN A，et al. Crystal structure of nonstoichiometric copper-substituted $La(Ni_{1-z}Cu_z)_x$ compounds studied by neutron and synchrotron anomalous powder diffraction [J]. Journal of Solid State Chemistry，1999，146：313-321.

[18] NOTTEN P H L，LATROCHE M，PERCHERON-GUéGAN A.The Influence of Mn on the crystallography and electrochemistry of nonstoichiometric AB_5-Type hydride-forming compounds [J]. Journal of the Electrochemical Society，1999，146：3181-3189.

[19] MA ZH，QIU JF，CHEN LX，et al. Effects of annealing on microstructure and electrochemical properties of the low Co-containing alloy Ml $(NiCoMnAlFe)_5$ for Ni/MH battery electrode [J]. Journal of Power Sources，2004，125：267-272.

[20] ZHOU Z，SONG Y，CUI S，et al. Effect of annealing treatment on structure and electrochemical performance of quenched $MmNi_{4.2}Co_{0.3}Mn_{0.4}Al_{0.3}Mg_{0.03}$ hydrogen storage alloy [J]. Journal of Alloys and Compounds，2010，501：47-53.

[21] NOTTEN P H L，EINERHAND R E F，DAAMS J L C. On the nature of the electrochemical cycling stability of non-stoichiometric $LaNi_5$-based hydride-forming compounds Part I.crystallography and electrochemistry [J]. Journal of Alloys and Compounds，1994，210：221-232.

[22] FUKUMOTO Y，MIYAMOTO M，MATSUOKA M，et al. Effect of the stoichiometric ratio on electrochemical properties of hydrogen storage alloys for nickel-metal hydride batteries [J]. Electrochimica Acta，1995，40：845-848.

[23] IWAKURA C，MIYAMOTO M，INOUE H，et al. Kinetics of the hydrogen evolution reaction

in stoichiometric and non-stoichiometric hydrogen storage alloys for nickel-hydrogen batteries [J]. Journal of Electroanalytical Chemistry，1996，411：109-113.

[24] IWAKURA C，MIYAMOTO M，INOUE H，et al. Electrochemical evaluation of thermodynamic parameters for dissolved hydrogen in stoichiometric and nonstoichiometric hydrogen storage alloys [J]. Journal of Alloys and Compounds，1997，259：129-131.

[25] HU WK.Effect of microstructure，composition and non-stoichiometry on electrochemical properties of low-Co rare-earth nickel hydrogen storage alloys [J]. Journal of Alloys and Compounds，1998，279：295-300.

[26] ZALUSKI L，ZALUSKA A，STRÖM-OLSEN J O. Nanocrystalline metal hydrides [J]. Journal of Alloys and Compounds，1997，253-254：70-79.

[27] LIANG G，HUOT J，SCHULZ R. Hydrogen storage properties of the mechanically alloyed $LaNi_5$-based materials [J]. Journal of Alloys and Compounds，2001，320：133-139.

[28] ZHANG YH，CHEN MY，WANG X L，et al. Microstructure and electrochemical characteristics of $Mm(Ni，Co，Mn，Al)_5B_x$ (x=0-0.4) hydrogen storage alloys prepared by cast and rapid quenching [J]. Electrochimica Acta，2004，49：1161-1168.

[29] ISE T，MURATA T，HIROTA Y，et al. The surface structure and the electrochemical properties of hydrogen-absorbing alloys treated with an HCl aqueous solution [J]. Journal of Alloys and Compounds，2000，307：324-332.

[30] WU MS，WU HR，WANG YY，et al. Surface treatment for hydrogen storage alloy of nickel/metal hydride battery [J]. Journal of Alloys and Compounds，2000，302：248-257.

[31] NAN J，YANG Y，LIN Z.The effects of surface treatment on metal hydride electrodes using a weak acid solution containing Ni (II) [J]. Journal of Alloys and Compounds，2001，316：131-136.

[32] ZHAO X，DING Y，MA L，et al. Electrochemical properties of $MmNi_{3.8}Co_{0.75}Mn_{0.4}Al_{0.2}$ hydrogen storage alloy modified with nanocrystalline nickel [J]. International Journal of Hydrogen Energy，2008，33：6727-6733.

[33] ZHAO X，MA L，DING Y，et al. Novel surface treatment for hydrogen storage alloy in Ni/MH battery [J]. International Journal of Hydrogen Energy，2009，34：3506-3510.

[34] ZHAO X，MA L，GAO Y，et al. Effect of surface treatments on microstructure and electrochemical properties of La-Ni-Al hydrogen storage alloy [J]. International Journal of Hydrogen Energy，2009，34：1904-1909.

[35] ZHANG P，WANG X，TU J，et al. Effect of surface treatment on the structure and high-rate dischargeability properties of AB_5-type hydrogen storage alloy [J]. Journal of Rare Earths，2009，27：510-513.

[36] WEI X，TANG R，LIU Y，et al. Effect of small amounts of Li on microstructures and electrochemical properties of non-stoichiometric low-Co AB_5-type alloys [J]. International Journal of Hydrogen Energy，2006，31：1365-1371.

[37] WEI F，LEI Y，CHEN L，et al. Influence of rapid quenching on the microstructure and electrochemical properties of Co-free $LaNi_{4.92}Sn_{0.33}LaNi_{4.92}Sn_{0.33}$ hydrogen storage electrode alloy [J]. International Journal of Hydrogen Energy，2007，32：2935-2942.

[38] BALOGUN M S，WANG Z M，CHEN H X，et al. Effect of Al content on structure and electrochemical properties of $LaNi_{4.4-x}Co_{0.3}Mn_{0.3}Al_x$ hydrogen storage alloys [J]. International Journal of Hydrogen Energy，2013，38：10926-10931.

[39] YOUNG K，CHAO B，HUANG B，et al. Studies on the hydrogen storage characteristic of $La_{1-x}Ce_x(NiCoMnAlCuSiZr)_{5.7}$ with a B2 secondary phase [J]. Journal of Alloys and Compounds，2014，585：760-770.

[40] YOUNG K，CHAO B，HUANG B，et al. Effects of Cu-substitution on $La_{0.62}Ce_{0.38}(NiCoMnAlSiZr)_{5.3}$ metal hydride alloy [J]. Journal of Alloys and Compounds，2014，588：235-241.

[41] 倪冰选，焦晓宁．电池隔膜用聚丙烯非制造布改性研究 [J] 非织造布，2008，16（6）：20-22.

[42] 罗德里格，等．电动汽车融入现代电网 [M]. 郭春林，译．北京：机械工业出版社，2014.

[43] 徐季亮．新国标羧甲基纤维素钠（CMC）的黏度叙述 [EB/OL].（2007-11-05）.http://www.wanfangdata.com.cn/details/detail.do?_type=conference&id=6347026.

[44] 刘海山 .CMC 基础知识介绍 [EB/OL]. [2013-08-19].https://www.docin.com/p-691449120.html.

[45] 楼益明 .CMC 溶液的粘度及其测定 [J]. 纺织学报，1982，3（4）：229-231.

[46] 查全性．电极过程动力学导论 [M]. 3 版．北京：科学出版社，2001.

[47] 李狄．电化学原理 [M]. 3 版．北京：北京航空航天大学出版社，2008.

[48] 彼得・霍夫曼．混合动力汽车技术 [M]. 耿毅，耿彤，译．北京：机械工业出版社，2017.

[49] Primearth EV Energy 株式会社．Battery system developed by Primearth EV Energy [Z/OL].（2013-10-15）. www.peve.jp/en/product/np2.5/index.html.

[50] 加治屋弘海，唐泽昭司，大西正人，等．矩形密闭电池：CN1254871C [P]. 2006-05-03.

[51] 杨晨戈，刘波，李连兴，等．混合动力汽车用镍氢蓄电池性能衰减特征研究：“2014 中国汽车工程学会年会”论文集 [C]. 北京：机械工业出版社，2014.

[52] 刘波．混合动力汽车镍氢蓄电池存储及性能衰减研究 [D/OL]. 重庆：重庆大学，2017.

[53] 达维德・安德里亚．大规模锂离子蓄电池管理系统 [M]. 李建林，李蓓，房凯，等译．北京：机械工业出版社，2016.

[54] 陈全世．先进电动汽车技术 [M]. 2 版．北京：化学工业出版社，2013.

[55] PESARAN A A，KEYSER M，BURCR S D. An approach for designing thermal management systems for elecrtric and hybrid vehicle battery packs [C]//The Fourth Vehiclc themal mangemengt systems Conference and Exhibition，1999.

[56] NOBORU S，KAZUHIKO Y. Thermal behavior analysis of nickel metal hydride batteries for electric vehicles [J]. JSAE Review，2000，21：205-211.

[57] 李相则．电动汽车动力蓄电池系统 [M]. 北京：化学工业出版社，2011.

[58] CHEN Y F，James W Evans.Three-dimensional thermal modeing of lithium polymer batteries under galvanostatic discharge and dynamic power profile [J]. Journal of Electrochemical

第5章

Society，1994，141：2947-2955.

[59] WU M S，HUNG Y H，WANG Y Y，et al. Heat Dissipation Behavior of the Nickel/Metal Hydride Battery [J]. Journal of Electrochemical Society，2000，147(3)：930-935.

[60] 吴锋 . 绿色二次电池新体系与研究方法 [M]. 北京：科学出版社，2009.

[61] 何春林，戚家金，郑正仙 . 电动汽车快换动力蓄电池成组技术 [M]. 北京：中国电力出版社，2017.

[62] Cha C S，Yu J X，Zhng J X.Comparative experimental study of gas evolution and gas consumption reactions in sealed Ni-Cd and Ni-MH cells. [J]. Journal of Power Sources，2004，129(2)：347-357.

[63] 日本氢能协会 . 氢能技术 [M]. 宋永臣，宁亚东，金东旭，译 . 北京：科学出版社，2009.

[64] 魏国华，黄鲲，周建伟，等 . 家用小型镍氢蓄电池过充电过程中氢气的含量测试研究 [J]. 日用电器，2014，10：74-77.

[65] 国家电动汽车示范区管理中心 . 电池充电过程中氢气排出量的测量 [R/OL]. [2007-01-30]. http://www.wanfangdata.com.cn/details/detail.do?_type=conference&id=6186287.

[66] 刘海潮 . 技术革命之电动汽车关键技术解析 [M]. 北京：中国水利水电出版社，2017.

[67] 小久见善八，酉尾晃治 . 图解新型蓄电池技术基础 [M]. 曙光，李龙，金飞虎，等译 . 北京：机械工业出版社，2014.

[68] 余卫平，李明高 . 现代车辆新能源节能减排技术 [M]. 北京：机械工业出版社，2014.

[69] 中国汽车技术研究中心，日产(中国)投资有限公司，东风汽车有限公司 . 中国新能源汽车产业发展报告(2017)[M]. 北京：社会科学文献出版社，2017.

[70] 胡信国，王殿龙，戴长松 . 铅碳电池 [M]. 北京：化学工业出版社，2015.

第6章 新体系电池

6.1 概述

金属氢化物 - 镍（MH-Ni）蓄电池和锂离子蓄电池等传统二次电池性能优良并得到广泛的商业化应用，但受限于电解质体系（如水系）与电极材料较低的比容量，这些传统二次电池的能量密度在理论上难以进一步大幅提升。

新体系电池泛指正在研发的、先进的、高能量密度的二次电池体系，其未来的开发与应用对电动汽车产业的发展至关重要。新体系电池的概念最初来自 2002 年立项的国家“973 计划”中的“绿色二次电池新体系相关基础研究（2002CB211800）”项目。新体系电池能量密度的提升关键在于探索和研制具有高比容量的电极材料，特别是基于多电子反应、轻元素活性物质的研发思路有望实现电极材料比容量的显著提高，进而大幅提升电池的能量密度。其中，以轻金属锂为负极的锂二次电池体系在能量密度上展现出潜在的竞争力，包括锂 - 硫电池和锂 - 空气电池。这些具有高能量密度的锂二次电池体系有望在电池能量密度上实现较大的突破，给动力蓄电池在各种重大应用领域带来新的希望和曙光。另一方面，金属锂负极在液态电解质体系暴露出较大的安全隐患，为从原理上消除电池的安全性隐患，全固态锂电池的发展应运而生。同时需要指出，锂离子蓄电池和锂二次电池在电动汽车和储能领域的规模化应用，势必带来锂资源的紧张。因此，从原材料的资源化考虑，基于轻金属钠负极的二次电池体系展现出独特的竞争优势。

本章将介绍技术原理上相对成熟的锂 - 硫电池、锂 - 空气电池、全固态锂电池和钠离子电池，重点介绍其反应原理、重要物理化学特征参数、关键材料体系和解决现存问题的可行技术途径。但需要指出，此类新体系电池尚未进入商业化，未形成可供推广的、成熟的电池制备工艺和核心材料体系。在未来，通过新概念、新材料和新技术的引入、发展和推广，新体系电池的内涵和应用范围将逐步丰富。

6.2 锂 - 硫电池

6.2.1 硫和锂的基本性质

6.2.1.1 单质硫

硫是一种分布广泛且储量丰富的元素，在地壳中的质量含量约为 0.05%。自然环境中，单质硫在火山口或温泉中较为常见。化合态的硫主要存在于硫化物或硫酸盐的矿物中，如黄铁矿（FeS）、方铅矿（PbS）、黄铜矿（$CuFeS_2$）、闪锌矿（ZnS）、朱砂（HgS）、辉锑矿（Sb_2S_3）、石膏（$CaSO_4$）、天青石（$SrSO_4$）和硫酸钡（$BaSO_4$）等。单质硫对人体无毒无害，而硫的化合物通常有一定毒性。

单质硫呈黄色，通常以环状硫八分子（S_8）形成晶体。如图 6-1a 所示，S_8 为皇冠状（环状），具有 D4d 的对称结构。在常温常压下，S_8 形成最为稳定的正交结构，其晶胞参数见表 6-1。每个晶胞中含有 16 个环状 S_8（图 6-1b）。正交硫的熔融行为较为复杂，其熔点和沸点见表 6-2。

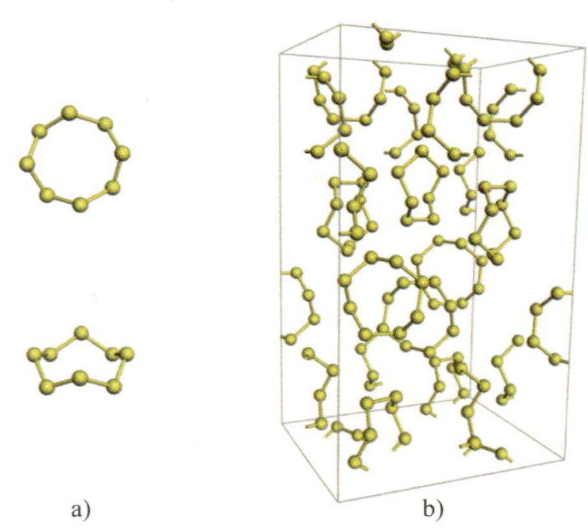

图 6-1　S_8 的晶胞

a）环状硫八分子结构　b）正交硫的晶胞示意图

表 6-1　正交硫的晶体参数 [1]

晶系	空间群	晶胞参数					
		a/Å	*b*/Å	*c*/Å	*α* /(°)	*β* /(°)	*γ* /(°)
正交	*Fddd*	10.4646	12.8660	24.4860	90.0	90.0	90.0

表 6-2　正交硫的基本性质 [1]

元素	密度 / (g/cm^3)	熔点①/℃	熔点②/℃	沸点 /℃	电子电导率 / (S/cm)	标准电极电势③/ V	理论比容量 / (mA · h/g)
S	2.07	95.2	115.21	444.61	5×10^{-30}	−0.47627	1671.7

① 正交硫向单斜硫转变的温度。
② 单斜硫熔融的温度。
③ 反应式 $S+2e^- \rightleftharpoons S^{2-}$。

① 当温度为 95.2℃时，正交硫吸收热量发生相变，转变为单斜结构的硫。

② 当温度低于 95.2℃时，单斜硫可逆地转变为正交硫。

③ 当温度升至 115.21℃时，单斜硫熔化为透明的、浅黄色液体，熔融态的硫主要以环状 S_8 的形式存在。S_8 的特殊构型对彼此间运动的阻力较小，因此熔体黏度较低，在 155℃左右时，黏度降为最低。

④ 继续升温至 158.9℃时，S_8 发生断裂形成线性的硫分子链，熔体的黏度逐渐增大。

⑤ 温度为 158.9~444.6℃时，硫分子链会发生聚合和解聚反应，并伴随着熔体黏度的改变，在 186~188℃，熔体黏度达到最大值。

⑥ 硫的沸点为 444.6℃，当温度继续升高时，S_8 断裂为短链的硫，形成硫蒸气。在硫蒸气中，同时存在着 S_8、S_7、S_6、S_5、S_4、S_3、S_2 和 S 等分子。需要指出的是，硫分子的非极性特点导致硫易于挥发，在沸点之前即可形成硫蒸气。温度越高，硫蒸气中短链分子硫的分压越大。

硫为非金属元素，电子构型为 $[Ne]3s^23p^4$。硫的化学性质比较活泼，加热时可以与氯、碳、磷等非金属元素和大部分金属元素（金、铂和钯除外）直接反应。硫有形成长链硫（$—S_x—$）化合物的特性，例如多硫化氢 H_2S_x、多硫化物 MS_x、连多硫酸 $H_2S_xO_6$ 及其盐。单质硫不溶于水，微溶于乙醇和醚类溶剂，如 1, 2- 二甲氧基乙烷、四乙二醇二甲醚（表 6-3），溶于二硫化碳、四氯化碳、苯、甲苯等有机溶剂。硫的长链化合物易溶于有机溶剂，如高阶多硫化锂（Li_2S_8、Li_2S_6 和 Li_2S_4）在 1, 3- 二氧戊环和 1, 2- 二甲氧基乙烷的混合溶剂中有较高的溶解度，而低阶硫化锂（Li_2S_2 和 Li_2S）则不溶（表 6-4）。多硫阴离子（S_x^{2-}）和酯类有机溶剂（如碳酸乙烯酯和碳酸丙烯酯）发生亲核反应，对于具体的反应机理，即 S_x^{2-} 离子是进攻碳酸酯分子中的烷基碳还是羰基碳，目前仍存在争议 [2, 3]。多硫化物在有机溶剂中的溶解行为对构建合适的锂硫电池体系至关重要。

表 6-3　硫在有机溶剂中的溶解度 [5]

有机溶剂	溶解度 / (mol/L)
DOL①/DME②体积比为 1:1	1×10^{-2}
DME	9.957×10^{-3}
TEGDME③	7.5×10^{-3}

（续）

有机溶剂	溶解度 /（mol/L）
DME，1 mol/L LiTFSI④	3.994×10^{-3}
DME，1 mol/L LiTFSI，2 wt% $LiNO_3$	5×10^{-3}

① 1, 3- 二氧戊环（1, 3-dioxolane）。
② 1, 2- 二甲氧基乙烷（1, 2-Dimethoxyethane）。
③ 四乙二醇二甲醚（Tetraethylene glycol dimethyl ether）。
④ 双三氟甲烷磺酰亚胺锂 [lithium bis(trifluoromethanesulfonyl)imide]。

表 6-4　多硫化锂及硫化锂在有机溶剂（DOL 和 DME 的体积比为 1:1）中的溶度积常数 [6]

物质	溶度积 K_{sp}	物质	溶度积 K_{sp}	物质	溶度积 K_{sp}
Li_2S_8	1.531	Li_2S_4	0.5	Li_2S	3×10^{-6}
Li_2S_6	2	Li_2S_2	3×10^{-6}		

20 世纪 60 年代，赫伯特（Herbet）和乌拉姆（Ulam）首次提出将硫单质作为正极材料的概念。随后在 1968 年和 1970 年，拉奥（Rao）和诺莱（Nole）分别组装设计了最早的锂 - 硫电池装置，其正极材料由硫单质、导电物质（碳或者金属粉末）和黏结剂组成，负极为锂金属，采用有机电解液 [4]。硫作为电极材料具有许多优势，如高比容量与多电子反应、低成本、无毒无害和储量丰富等。但同时，硫电极也存在绝缘、多硫化物的溶解穿梭等关键问题。

6.2.1.2　锂金属

锂为碱金属元素，电子构型为 [He]2s，具有较好的导电性和导热性。常温常压下锂金属呈银白色，质地较软，可用刀切割。在空气中，锂与氧、氮、二氧化碳和水发生反应，会很快失去光泽。锂的密度只有 0.534g/cm^3，是非气态单质中最小的。25℃时，锂金属最稳定的晶体结构为体心立方结构（*bcc*），每个晶胞中，单个锂原子被最邻近的八个锂原子所包围（图 6-2）。锂金属的晶体结构参数见表 6-5。

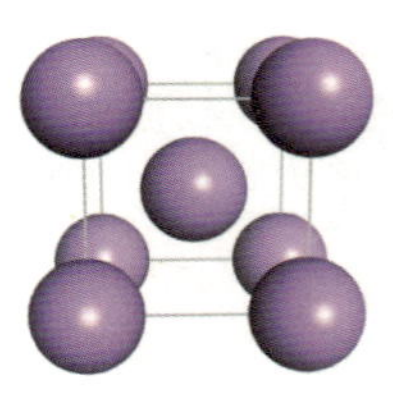
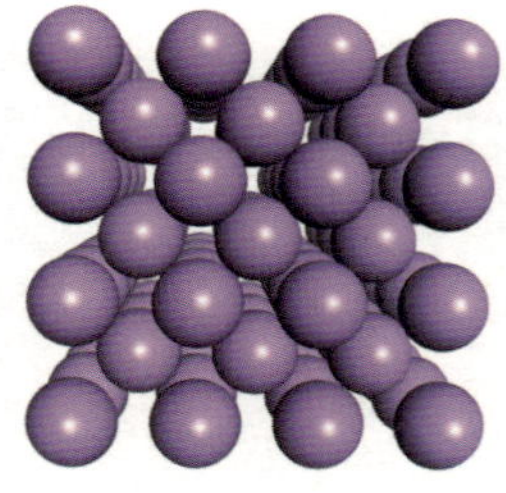

图 6-2　锂金属的体心立方结构示意图

表 6-5 锂的晶体结构 [7]

晶系	空间群	晶胞参数					
		a/Å	b/Å	c/Å	α/(°)	β/(°)	γ/(°)
立方	$Im\bar{3}m$	3.51	3.51	3.51	90.0	90.0	90.0

锂的化学性质有别于其他碱金属元素（钠、钾、铷和铯），与其他物质（氮气除外）的反应活性最低。例如，当碱金属在空气中燃烧时，锂的产物为 Li_2O，而其他元素则生成相应的过氧化物 M_2O_2 或超氧化物 MO_2。锂可以与氮气直接化合生成红宝石色的 Li_3N。25℃时，锂与水的反应较为缓慢。锂的氢氧化物是中强碱，溶解度不大，加热时发生分解。锂的若干盐，如 LiF、Li_2CO_3 和 $LiPO_4$ 难溶于水。锂的氯化物溶于有机溶剂，表现出共价特性。此外，锂和胺、醚、羧酸及醇类可以反应生成一系列化合物。

锂金属的基本性质见表 6-6。锂的标准电极电势为 −3.04V(vs.NHE㊀)，理论比容量高达 3861.9mA·h/g，是非常理想的电池负极材料。20 世纪初，科学家开始在一次电池中引入锂负极，并由三洋（Sanyo）公司于 1962 年实现商业化。然而，锂负极在二次电池中的应用却未能成功，其主要原因在于充电过程中，锂金属在锂负极上会发生不均匀沉积，产生锂枝晶，进而刺穿隔膜导致电池短路，发生爆炸。安全性问题始终困扰着锂金属二次电池。近年来，锂离子二次电池的能量密度已经趋于极限，而社会的发展和生活水平的提高，使得人们对二次电池的能量密度需求越来越高，因此研究者再一次将目光投到锂金属二次电池上。

表 6-6 锂的基本性质

元素	密度 /（g/cm^3）	熔点 /℃	沸点 /℃	标准电极电势① / V	理论比容量 /（mA·h/g）
Li	0.534	180.5	1326	−3.04	3861.9

① 反应式 $Li^{+}+e^{-} \rightleftharpoons Li$。

6.2.2 工作原理

锂 - 硫电池是以硫单质为正极、金属锂为负极构建的二次电池。锂与硫的反应有两个电子发生转移，硫和锂的理论比容量分别为 1672mA·h/g 和 3862mA·h/g。锂 - 硫二次电池体系的理论能量密度达 2600W·h/kg 或者 2800W·h/L，远高于传统的二次电池 [8]。如果电池体系的实际能量密度能实现其理论能量密度的 20%，则锂 / 硫电池的能量密度可达 500W·h/kg。多电子反应和轻质是硫单质具有超高比容量的理论基础，也是多电子反应的最佳范例。此外，由于硫单质具有价格低廉、储量丰富以及环境友好的特点，锂 - 硫电池具有极佳的商业应用前景。因此，锂 - 硫电池是未来最具发展潜力的高能量密度电池的研究热点和重点之一。然而，受电池反应机制的影响，锂 - 硫电池的实际应用还面临着巨

㊀ vs.NHE 表示相对标准氢电极，NHE 是 Normol Hydrogen Electrode 的缩写。

大的挑战。

不同于锂离子蓄电池的嵌入 / 脱出反应机制，传统锂 - 硫电池的正负极反应均属溶解沉积机制。特别是，硫电极的放电过程涉及不同价态 S_x^{2-} 离子多步转化反应，在放电曲线上呈现出多个平台特征。

锂 - 硫电池的充放电反应特征与电解液体系密切相关。锂 - 硫电池的电解液可简单分为醚类易溶性溶剂的电解液和碳酸酯类难溶性溶剂的电解液。硫基复合材料在不同的电解液中的电化学行为的表现完全不同，而在不同的电解液应用，硫基复合材料中的硫的存在形式有明确不同的要求。在醚类电解液中，硫电极的反应经历了固相 - 液相 - 固相转化反应过程。锂 - 硫电池的放电曲线和电极反应过程示意图如图 6-3 所示。放电时，八元环 S_8 得到电子形成 Li_2S_8，后者进一步被还原成 Li_2S_6、Li_2S_4 等可溶性高阶多硫化锂，对应放电曲线 2.3 → 2.1V（相对 Li/Li^+）的放电平台，贡献约 418 mA · h/g 的比容量。随着放电过程的继续进行，高阶多硫化锂 Li_2S_x（x=4~8）继续被还原成不溶性的 Li_2S_2、Li_2S，对应 2.1V 附近的放电平台和容量，约 1254mA · h/g。除了上述电化学反应过程外，S_x^{2-} 离子间还存在化学歧化反应，导致锂 - 硫电池的电极过程呈现出非常复杂的状态。相关的电极反应如下：

正极反应：

$$S_8(s)+2e^- \longleftrightarrow S_8^{2-}(l) \quad (6-1)$$

$$3S_8^{2-}(l)+2e^- \longleftrightarrow 4S_6^{2-}(l) \quad (6-2)$$

$$2S_6^{2-}(l)+2e^- \longleftrightarrow 3S_4^{2-}(l) \quad (6-3)$$

$$S_4^{2-}(l)+2e^- \longleftrightarrow 2S_2^{2-}(s) \quad (6-4)$$

$$S_2^{2-}(s)+2e^- \longleftrightarrow 2S^{2-}(s) \quad (6-5)$$

负极反应：

$$Li \longleftrightarrow Li^++e^- \quad (6-6)$$

总反应：

$$16Li+S_8 \longleftrightarrow 8Li_2S \quad (6-7)$$

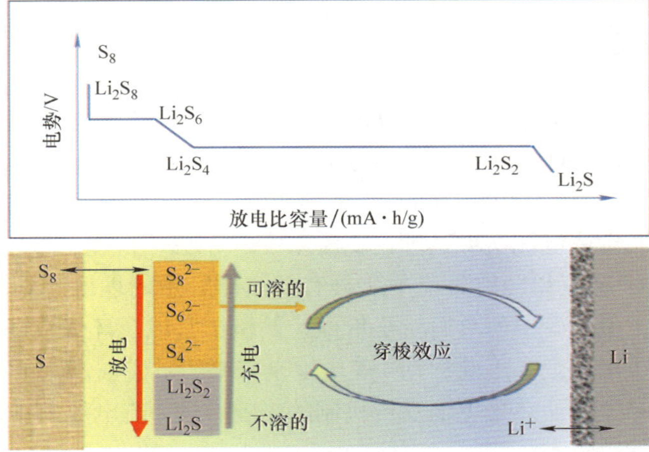

图 6-3 锂 - 硫电池的放电曲线和电极反应过程示意图

从硫电极的反应过程可以看出，硫单质（S_8）的放电过程为多步转化反应，即由 S_8 到可溶性 Li_2S_x（x=4~8），再到不可溶 Li_2S_2/Li_2S 的转化过程，其放电曲线表现为典型的两个电压平台，如图 6-3 所示。其中，生成的 S_x^{2-} 离子具有较强的亲核反应活性，易与碳酸酯类分子反应，导致活性物质失去活性。因此，锂离子蓄电池中常用的碳酸酯类电解液不适于硫单质正极材料体系。研究发现，当硫以短链硫分子或共价键硫形式存在时，硫在碳酸酯类电解液中可稳定地充放电，且表现出优异的循环性能。短链硫分子通常指的是小分子硫 $S_{2\text{-}4}$，其结构呈线状，且至少有一个方向的结构尺寸小于 0.5nm；相反地，环状分子 $S_{5\text{-}8}$ 则至少在两个方向的结构尺寸大于 0.5nm，如图 6-4 所示[9]。因此，小分子 $S_{2\text{-}4}$ 可存在于极小的微孔中，利用微孔的强物理吸附作用，将电化学反应限制于微孔中。共价键硫则指的是硫 - 硫键以共价形式接枝于共轭碳结构中形成硫化的碳材料，如硫化聚丙烯腈。有别于 S_8 分子进行的固相 - 液相 - 固相的转化反应，短链硫和共价键硫的充放电过程则是硫与 Li_2S 的固相直接转化反应，不产生 Li_2S_x 中间相。因此，短链硫分子的放电曲线仅表现为 1.8V 处的一个平台，且与碳酸酯类电解液相匹配。这类硫的正极体系包括硫 / 微孔碳体系和硫化聚丙烯腈体系。

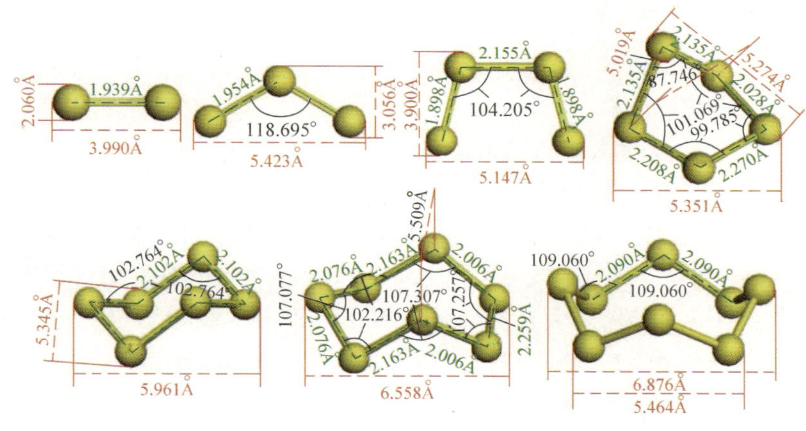

图 6-4　不同硫同素异性体 S_2~S_8 的模拟结构图[2, 9]

6.2.3　硫正极材料

在硫正极方面，单质硫及其放电终产物的导电性差，使其难以达到理论容量，且影响到电极反应的可逆性。常温下，硫单质的电导率极低，约为 5.0×10^{-30} S/cm；反应终产物 Li_2S_2/Li_2S 也是电子绝缘体，且不溶于电解液，沉积于电极表面，阻塞电极反应。这使得在构建硫正极材料时，通常将硫单质与其他导电载体材料进行复合，如导电炭黑、碳纳米管等。其次，单质硫与 Li_2S 的密度分别为 2.07g/cm^3 和 1.66g/cm^3，电极材料在充放电过程中有高达 80% 的体积变化，导致活性物质与导电材料脱离，从而造成电池容量的衰减。另外，单质硫还原生成 Li_2S 的过程是一个多步转化过程，其中间产物高阶 Li_2S_x 易溶于有机电解液中，导致活性物质的溶解流失与容量快速衰减，并倾向于在电极间往复穿梭，即所谓的“穿梭效应”，因而导致硫电极的循环稳定性变差。对于硫正极而言，最关键的就是解决穿梭效应。大量研究工作显示，通过设计并优化具有特定结构特征的不同载体材料，与硫结合制备硫复合正极材料，利用载体材料对硫和 Li_2S_x 强的物理相互作用或化学吸附作用，是有效解决穿梭效应的途径之一。

在基础研究的常规电化学测试中，硫电极的比容量一般采用硫作为活性物质来表示，即以 $mA \cdot h/g_{(sulfur)}$ 为容量单位。其中，必须注明硫复合材料中的硫含量。在硫复合材料中，硫与基质材料的作用较弱，硫含量一般可采用热重方法进行测量。在有些硫复合材料中，硫与基质有强相互作用，用常规的热重方法无法准确测量其中的硫含量，因此可采用硫复合材料作为活性物质进行容量的表征，即以 $mA \cdot h/g_{(composite)}$ 为容量单位。当然，即便是可以容易检测硫在复合材料中的含量，也可以采用这种复合材料为活性物质的容量表征方式，以有利于更好地体现出复合材料的总体性能。在锂 - 硫电池向应用化的发展中，也可以以整体硫电极为活性物质进行表征，即以 $mA \cdot h/g_{(cathode)}$ 为容量单位。这种表征方式将涵盖硫在复合材料中的硫含量、黏结剂、导电剂等相关信息，更好地体现出硫电极的实用价值。

6.2.3.1 硫 / 碳复合材料

碳材料具有优良的导电性，稳定多样的结构，较大的比表面积和可调控的孔结构，成为硫活性物质理想的载体材料。

多孔碳材料具有较高的比表面积和丰富多样的孔隙结构，对 Li_2S_x 有较强的物理吸附能力。多孔碳的孔结构可以提供硫负载所需的空间，对抗充放电过程中的体积膨胀，限制 Li_2S_x 的溶解，提高硫电极电子导电性。根据孔的尺寸大小可以将孔划分为微孔（$D <$ 2nm）、介孔（2nm $\leqslant D <$ 50nm）和大孔（$D \geqslant$ 50nm）。不同的孔径对于硫基复合材料有着不同的作用，不同硫 / 碳复合材料的结构示意图如图 6-5 所示。其中，当孔径为微孔尺寸，尤其是小于 0.5 nm 时，硫的存在形态发生改变，由稳定环状 S_8 分子转变为亚稳态线状小分子硫 $S_{2\text{-}4}$。相应的电化学反应避免了中间相 Li_2S_x 的生成，从而消除了穿梭效应。因此，硫 / 微孔碳复合材料不仅可与碳酸酯电解液匹配使用，且得益于微孔对硫活性物质强的吸附能力，表现出优异的循环稳定性。早在 2002 年，中科院上海微系统与信息技术研究所的王久林率先提出了硫 / 活性炭复合正极材料 [10]；2009 年，加拿大滑铁卢大学 L.Nazar 课题组将硫填充到介孔碳 CMK-3 中 [11]；2010 年，南开大学高学平课题组在微孔碳方面进行了有益尝试 [12]。然而，微孔碳孔容较小，不利于硫活性物质的大量负载。介孔碳材料具有更大的孔容，可负载更多的硫，且可保证硫的均匀分布，提高活性物质利用率。为多孔碳的孔容和相应硫 / 碳复合材料中最大硫负载量的关系（全部硫填充于碳材料的孔内）见表 6-7。研究表明，多级孔碳材料可以综合利用微孔及介孔，甚至是大孔的优势以提高锂 - 硫电池的性能。这是因为微孔具有更强的物理吸附作用，可限制 Li_2S_x 的溶解；介孔和大孔则可作为导电骨架，加快离子传输，提高硫的负载量。因此，合理设计孔结构，实现具有高硫负载量、高硫利用率和高循环稳定性等优异性能的锂 - 硫电池，是多孔碳材料在锂 - 硫电池中应用的核心问题。

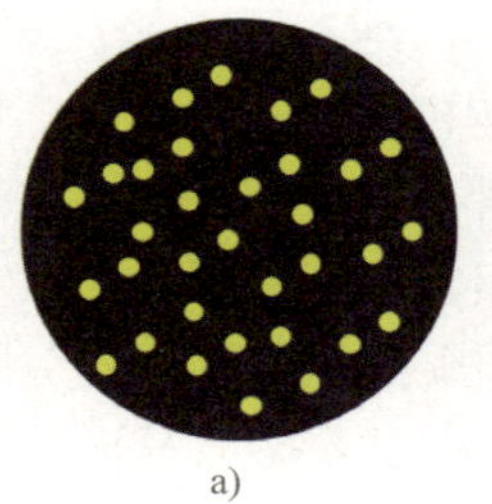

a)

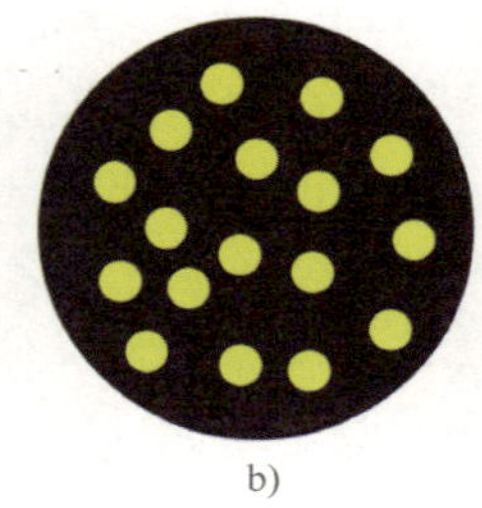

b)

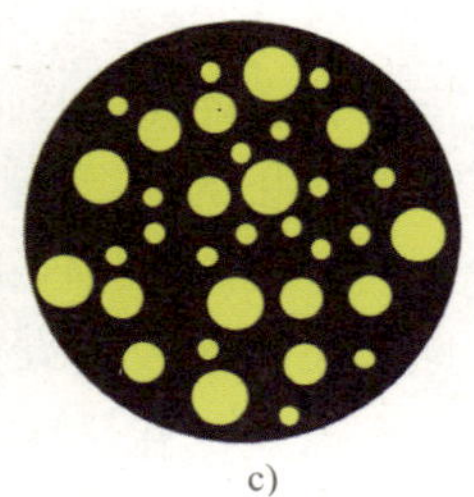

c)

图 6-5 不同硫 / 碳复合材料的结构示意图

a）硫 / 微孔碳复合材料 b）硫 / 介孔碳复合材料 c）硫 / 多级孔碳复合材料

表 6-7 多孔碳孔容与相应硫 / 碳复合材料中最大硫负载量的关系

硫负载量（质量分数）(%)	50	60	70	80	90
孔容 /（cm^3/g）	0.48	0.72	1.13	1.93	4.35

此外，空心碳球由于具有大的内部空腔，适合作为高硫负载量的碳载体材料。同时外部的多孔壳结构可以有效抑制 S_x^{2-} 离子的扩散。其本身结构的稳定性和良好的导电性，也是提升锂 - 硫电池电化学性能的另一个关键因素。

一维碳材料具有良好的导电性，离子传输路径较短，且可形成导电网络结构，作为硫的载体材料展现出优异的性能，如碳纳米管（CNTs）和碳纳米纤维（CNFs）。在硫 / 一维碳复合材料中，硫一般存储于管腔内或管壁的孔隙中。硫存储于管腔内，可减少与电解液的直接接触，从而缓解 Li_2S_x 在电解液中的溶解和扩散，使电化学性能显著提高。相比于多孔碳，一维碳材料比表面积和孔容较小，采用化学活化法可大大增加其比表面积，促进离子传输和 Li_2S_x 的吸附。相比于多孔碳材料，一维碳材料作为硫电极基体材料，尽管比表面积和孔隙率较小，但是，也有其独到的优势：

① 一维结构更利于电子和离子传输。

② 结构上，大的长径比使其倾向于自缠绕成导电网络，有助于构建自支撑硫正极。

③ CNTs 和中空 CNFs 可提供足够的空间，用于容纳硫电极反应的体积膨胀。

④ 一维碳材料容易获得，部分已商业化。

石墨烯作为典型的二维碳材料，具有高导电性、大比表面积和良好的柔韧性，使用硫 / 石墨烯复合材料可显著提高锂 - 硫电池的电化学性能。石墨烯与硫可形成两种典型的结构：开放式结构，硫分布于石墨烯层间；封闭式结构，石墨烯包裹硫颗粒。开放式结构有利于电解液的浸润，而封闭式结构则可有效地限制 Li_2S_x，但需要合理设计的空间以适应放电过程中的体积膨胀。此外，石墨烯表面特别是边缘以及缺陷部分活性较高，极易引入含氧基团，或者进行杂原子掺杂改性，改善石墨烯表面化学环境，从而增强对 Li_2S_x 的限制作用，大幅度改善硫 / 石墨烯复合材料的电化学性能。

不同碳材料因具有不同的结构特征，在锂 - 硫电池体系中体现出了不同的优势。为了更好地利用不同碳材料的优点，可将多种碳材料复合后与硫复合，构筑硫 / 三维碳复合材料。三维碳复合材料具有更完善的导电网络，与硫接触更充分，同时也可使电解液充分浸润，有效防止 Li_2S_x 向负极扩散，抑制穿梭效应。例如，将二维石墨烯和一维 CNTs 材料复合，构成三维石墨烯 /CNTs 复合材料，在锂 - 硫电池中表现出优异的性能。但是，碳材料依靠物理吸附作用的固硫能力较弱，同时其非极性表面特质难以与极性 Li_2S_x 形成强的相互作用，不利于硫 / 碳复合正极材料性能的高效发挥。研究表明，通过 N、O 和 B 等杂原子掺杂改性，可有效改变碳材料表面的化学环境，使得相应碳材料对 Li_2S_x 除物理吸附能力外，还具有一定的化学吸附能力，能更有效地缓解 Li_2S_x 的穿梭，从而使硫正极获得更稳定的循环性能。

需要注意的是，碳材料同样具有明显的劣势：碳材料的轻质和多孔特性会极大地增加硫正极的体积，不利于锂 - 硫电池的体积比容量和体积能量密度的提升。相比于锂离子蓄电池过渡金属氧化物正极材料的高密度（如 $LiCoO_2$ 为 5.1g/cm^3），单质硫的密度仅为 2.07g/cm^3，而碳材料的引入更是大大降低了硫 / 碳复合材料的振实密度。因此，碳载体材料的致密化设计以及高硫含量硫 / 碳复合材料的制备，是碳材料在锂 - 硫电池中应用的关键问题。

6.2.3.2 硫 / 金属化合物复合材料

纳米金属氧化物具有较大的比表面积和强吸附能力，可以作为锂 - 硫电池正极添加剂，限制 Li_2S_x 的穿梭，这些金属氧化物包括 $Mg_{0.6}Ni_{0.4}O$、$Mg_{0.8}Cu_{0.2}O$、La_2O_3、TiO_2 和 Al_2O_3。30~50nm 的纳米颗粒有助于改善硫与导电载体间的接触，抑制硫颗粒团聚，提高硫利用率。同时，这些纳米金属氧化物对 Li_2S_x 具有较强的吸附作用，有助于提升硫正极的循环稳定性。然而，纳米金属氧化物的加入在一定程度上降低了正极中硫的比重，从而削弱锂 - 硫电池的能量密度优势。

考虑到金属化合物对 Li_2S_x 的强化学吸附能力，将纳米金属化合物作为硫的载体材料成为新的研究热点。金属化合物与 Li_2S_x 具有较强的极性相互作用或路易斯酸碱作用，这种化学固硫机制使得金属化合物可将 Li_2S_x 限制在硫正极，极大地缓解了 S_x^{2-} 向负极的扩散。近年来，诸如纳米金属氧化物、金属硫化物、金属氮化物和金属碳化物等逐渐被引入硫正极材料中，某些过渡金属化合物（如 Ti_4O_7 和 Co_9S_8）还具有良好的电子导电性，既能够化学固定 Li_2S_x，还能改善硫电极导电性。

随着相关研究的不断深入，人们对金属化合物的固硫机制有了较为深入的认识。其中，L. Nazar 课题组 [13] 做出了代表性的工作，他们对金属氧化物的固硫作用提出了独特的见解，即金属氧化物的调节机制。如图 6-6a 所示，当金属氧化物的氧化还原电势 E（vs. Li/Li$^+$）在 2.4~3.05V 范围内时，长链多硫阴离子（S_x^{2-}，$4 \leqslant x \leqslant 8$）会被金属氧化物表面的高价金属元素氧化，形成硫代硫酸根离子（$S_2O_3^{2-}$）；$S_2O_3^{2-}$ 与长链 S_x^{2-} 发生歧化反应，生成连多硫酸根和短链的硫化锂（Li_2S_2 或者 Li_2S）。可以看出，$S_2O_3^{2-}$ 改变了多硫化物的还原反应历程，而且连多硫酸根的溶解性较差，成功抑制了多硫化物的穿梭效应。当 E < 1.5V 时，金属氧化物与 S_x^{2-} 不发生反应，但仍具有较强的 Li_2S_x 吸附能力，如 Co_3O_4 和 Ti_4O_7；当 E > 3.05V 时，如 V_2O_5（3.4V），S_x^{2-} 可被氧化成 $S_2O_3^{2-}$ 和 SO_4^{2-}，其中 SO_4^{2-} 不具电化学活性，不利于电化学反应的进行。斯坦福大学崔屹课题组 [14] 用不导电金属氧化物（MgO、Al_2O_3、CeO_2、La_2O_3 和 CaO）颗粒修饰的碳材料作为硫载体，提出正极性

能取决于 Li_2S_x 在不导电金属氧化物表面的吸附和扩散平衡，如图 6-6b 所示。金属氧化物通过极性化学作用吸附 Li_2S_x，后者经氧化物颗粒扩散至碳材料表面进行电化学反应，因此金属氧化物与多硫化锂的结合力应适中，以实现 Li_2S_x 的吸附（图 6-6b）。这些开创性的工作可为硫正极载体材料的设计提供理论基础。

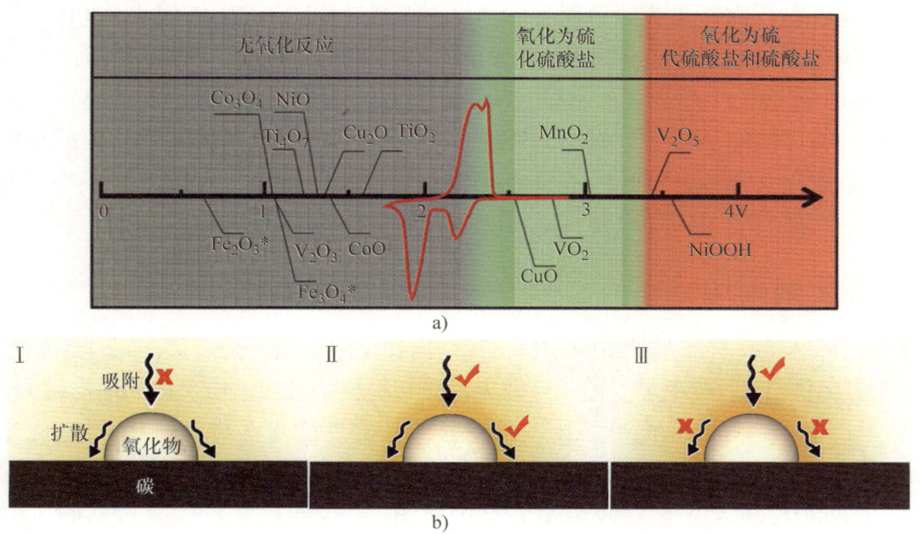

图 6-6　金属氧化物对多硫化物的不同作用机制

a）不同金属氧化物的氧化还原电位图（红色曲线为锂 - 硫电池循环伏安曲线）[13]

b）多硫化锂在不导电金属氧化物表面的吸附和扩散示意图[14]

（Ⅰ：弱吸附；Ⅱ：强吸附、易扩散；Ⅲ：强吸附、难扩散）

与金属氧化物材料有所不同，金属硫化物具有更好的亲硫特性，且锂化电位更低。研究表明，金属硫化物对多硫化锂具有较强的化学固定作用，可以有效缓解穿梭效应，而某些硫化物（如 WS_2、MoS_2 和 CoS_2）可以催化多硫化物的氧化还原反应，从而提高硫正极活性物质利用率和循环稳定性。除了金属氧化物和硫化物外，金属氮化物、金属碳化物等也作为硫的极性载体材料。

如何在众多金属化合物中优选出最佳的极性载体材料，是锂 - 硫电池性能全面改善的巨大挑战。从化学吸附的角度来看，载体材料与 Li_2S_x 之间的结合作用很关键，可采用密度泛函理论计算载体材料与 Li_2S_x 的结合能值。此外，针对锂 - 硫电池的实际应用问题，还应积极考虑电极与电池结构参数，如单位面积硫负载量、电解液体积与硫载量比、硫复合正极振实密度等。

6.2.3.3　硫 / 导电聚合物复合材料

导电聚合物具有一定的导电性、良好的成膜性与柔韧性，以及丰富的官能团，能够在一定程度上提高硫正极的电化学活性，可容纳硫正极放电过程中的体积膨胀，并通过官能团与 S_x^{2-} 离子的强相互作用缓解穿梭效应，在锂 - 硫电池中得到了较为广泛的应用。导电聚合物通常由具有共轭 π 键的高分子经化学或电化学掺杂形成，其电导率范围较宽（10^{-9}~10^5S/cm），可以涵盖绝缘体、半导体和导体。常见的导电高分子包括聚

乙炔 (Polyacetylene)、聚苯胺 (Polyaniline, PANI)、聚吡咯（Polypyrrole PPy）和聚噻吩 (Polythiophene) 及其衍生物聚乙烯二氧噻吩 [Poly(3,4-ethylenedioxythiophene, PEDOT)] 等。相比于金属或碳粉末导体，导电聚合物的优势在于分子结构的柔性和可设计性，可以通过不同的改性方法提高其电导率。

不同的导电聚合物作为载体材料，相应的硫复合正极也展现出不同的电化学性能。聚合物中的杂原子与多硫化锂的化学键合强度影响着电池的性能。研究表明，相比 PPy 和 PANI，PEDOT 链结构中含 N、O 官能团与 Li_2S_2/Li_2S 的相互作用更强。因此，PEDOT 包覆的硫正极的循环性能最佳。和碳材料相比，聚合物的电子电导率较小，因此聚合物常配合碳材料或金属化合物一起使用，充分利用聚合物自身的特质，在硫复合正极材料表面形成导电包覆层以提高硫正极导电性，限制多硫化锂的溶解扩散。

6.2.3.4 硫化聚丙烯腈

硫化聚丙烯腈是一种非常独特的材料，其结构和反应机理较为复杂，同时具有比容量高、循环稳定性好和价格低廉等特点，在锂 - 硫电池正极材料中独树一帜，应用前途较为光明。

2002 年，中国科学院上海微系统与信息技术研究所的王久林课题组 [15] 首先制备并报道了硫化聚丙烯腈材料，将硫与聚丙烯腈在 280~300℃热处理下得到硫化聚丙烯腈，其首周放电容量高达 850mA · h/g（以复合材料计算）。与前述几种硫复合材料（微孔碳除外）不同，硫化聚丙烯腈一般采用碳酸乙烯酯和碳酸丙烯酯作为电解液，反应过程中没有中间产物——多硫化物的生成，成功避免了穿梭效应，循环性能优异。硫化聚丙烯腈的放电曲线为 1.5~2.1V 的倾斜平台，其典型的充放电曲线如图 6-7a 所示，循环伏安曲线如图 6-7b 所示 [16]。

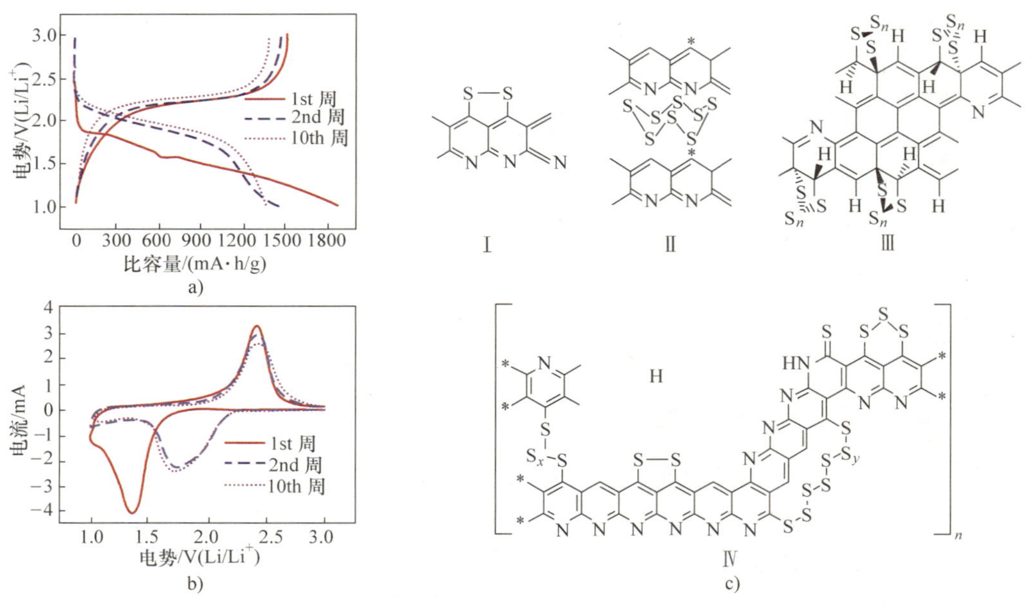

图 6-7 硫化聚丙烯腈正极材料 [16-20]

a）充放电曲线 b）循环伏安曲线 c）硫化聚丙烯腈可能的结构

对于硫化聚丙烯腈的分子结构，目前并没有统一的认知。简单来说，硫和聚丙烯腈在加热过程中，存在着脱氢、环化和碳硫化学键的形成，而且硫化聚丙烯腈的结构与加热温度息息相关。根据实验室结果，学者们推测了众多的硫化聚丙烯腈结构，具体如图 6-7c[17-20] 所示。虽然具体结构尚不明确，但可以肯定的是，硫化聚丙烯腈中的硫元素以分子级别分散在导电骨架当中，并且能可逆地发生氧化还原反应，因此单质硫的利用率和放电比容量非常高。与此同时，研究发现硫化聚丙烯腈的骨架结构（聚并吡啶）在硫的充放电区间（1~3V，vs.Li/Li^+）同样可以储锂，贡献一部分容量。

与硫化聚丙烯腈类似，许多高分子（或有机分子）可以与单质硫发生脱氢硫化反应，生成导电的硫化高分子（或有机分子）材料，如聚二乙基硅氧烷、聚苯乙烯、聚氯乙烯、聚（2- 甲基 -5- 乙烯基吡啶）、碳炔、醇类和柠檬烯等。

6.2.3.5 硫化锂

Li_2S 是单质硫放电的终产物，可以直接作为正极材料，其理论比容量为 1166.5 mA · h/g。与单质硫类似，硫化锂正极同样面临电子 / 离子导电率低、体积膨胀和多硫化物穿梭等问题。硫化锂的基本性质和晶体结构分别见表 6-8 和表 6-9。

表 6-8 硫化锂的基本性质 [23, 24]

物质	密度 /（g/cm^3）	熔点 /℃	沸点 /℃	电子电导率 /（S/cm）	离子电导率 /（S/cm）	理论比容量 /（mA · h/g）
Li_2S	1.66	938	1372	$< 10^{-14}$	$< 10^{-13}$	1166.5

表 6-9 硫化锂的晶体结构

晶系	空间群	晶胞参数					
		a/Å	b/Å	c/Å	α/(°)	β/(°)	γ/(°)
立方	$Fm\bar{3}m$	5.721	5.721	5.721	90.0	90.0	90.0

硫化锂正极材料最大的特点是首周需要较高的充电电压活化。2012 年，崔屹课题组 [21] 较早地研究了微米尺寸的硫化锂正极材料，发现在首次充电过程中存在约 1 V 的电势势垒。该势垒与多硫化物的成核密切关联，其大小主要受硫化锂 / 电解液界面的电荷转移与硫化锂体相的锂离子扩散控制。通过提高充电电压窗口可以克服此势垒，使惰性的硫化锂转变为电化学活性物质。活化之后，硫化锂被氧化形成多硫化物，反应动力学加快，电池在此后的循环中不再出现此势垒，电化学行为与锂 - 硫电池相同。

此外，和单质硫相比，硫化锂的最大优势在于其本身处于“有锂”状态，能提供锂源，因此可以选择石墨和硅等负极材料构筑二次电池，从而避免锂金属负极的安全性难题。此方面较为突出的工作来自美国阿贡国家实验室，学者们将锂金属在二硫化碳蒸气中燃烧，非常巧妙地得到了石墨烯包覆的硫化锂复合材料。该材料在硫化锂 / 石墨二次电池中表现出优异的电化学性能 [22]。需要指出的是，石墨负极的嵌锂 / 脱锂电势为 0.1V（vs. Li/Li^+），导致硫化

锂 // 石墨体系的电压平台略低于硫化锂 // 锂体系，电池的整体能量密度有所下降。

硫化锂的熔点为 938℃，远远高于硫单质，因此可以在较高的温度对硫化锂材料进行改性；但同时硫化锂对水和空气极为敏感，合成和使用条件苛刻，因此需要更多的研究和关注。

6.2.4　金属锂负极

在锂负极方面，金属锂在反复的充放电过程中需要经历溶解 - 沉积 - 溶解的往复过程，导致金属锂表面形貌起伏较大。金属锂本身在有机电解液中不稳定，易与电解液发生副反应，导致部分锂与电解液的损耗。另外，在锂 - 硫电池体系中，金属锂易与扩散至负极附近的多硫化锂发生反应，加剧金属锂表面形貌的变化，如图 6-8 所示[25]。此外，锂的不均匀沉积会导致负极产生枝晶、粉化，给电池带来安全隐患，同时容易造成部分锂的失活，形成“死锂”，导致库仑效率下降甚至电池失活。而锂 - 硫电池中可溶性多硫化锂的存在使得金属锂负极的化学环境更加复杂，多硫化锂对金属锂的化学腐蚀也严重影响锂的稳定性和电池的电化学性能。因此，锂负极的保护刻不容缓，这也是锂 - 硫电池走上实用化道路必须要解决的问题。

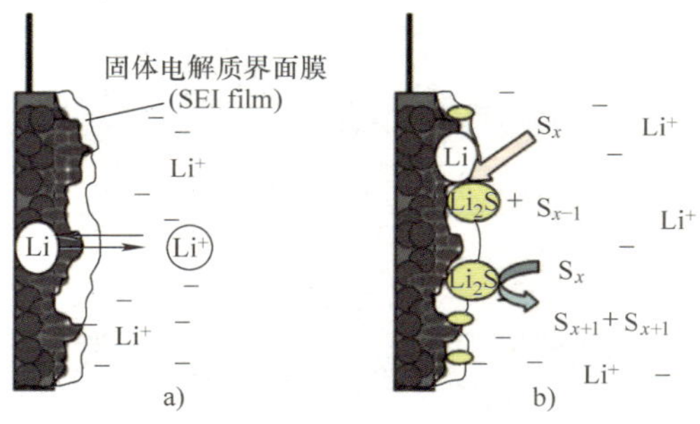

图 6-8　锂在常规电解液和含有聚硫离子的电解液中反应示意图[25]

a) 常规电解液　b）含有聚硫离子的电解液

6.2.4.1　金属锂的表面修饰技术

金属锂有较高的反应活性，易与有机电解液发生不可逆副反应，从而造成部分金属锂的损耗。在锂 - 硫电池体系里，金属锂所处的化学环境更为复杂。可溶性 Li_2S_x 穿梭至金属锂侧并与之反应，严重影响金属锂表面形貌和固体电解质（Solid Electrolyte Interfaces，SEI）膜的稳定性。也有报道利用多硫离子对金属锂负极界面进行调控。

表面修饰是一种常用且有效的金属锂保护手段，通过在金属锂表面原位或非原位地构建各种人造功能性修饰层，可在一定程度上缓解金属锂表面的腐蚀、裂化等问题。

此外，采用高分子、氧化物、陶瓷 / 聚合物多功能复合膜等对金属锂进行表面修饰，也可抑制多硫化锂对锂负极表面状态和结构的破坏。但是，由于金属锂固有的强还原性，修饰材料的选择及其表征具有一定困难。此外，修饰层在锂表面较低的黏附程度及其自身较弱的机械强度，使得修饰层在长期循环过程中逐渐破损或脱落，造成锂负极在后期反应过程中结构变化显著和性能快速衰减。因此，为了构建高效的锂 - 硫电池体系，还应积极考虑金属锂负极的电化学性能和结构稳定性。

6.2.4.2 其他负极

锂 - 硫电池体系其他负极主要包括锂合金和新型含锂负极等。

合金化方法主要是采用含锂合金来替代金属锂用作负极，以降低金属锂的反应活性，减缓或抑制锂枝晶生成，并改善锂负极库仑效率。目前已经报道的锂合金负极包括锂 - 铝合金、锂 - 硼合金、锂 - 硅合金、锂 - 锡合金、锂 - 镁合金和锂 - 锌合金等。通常，合金负极的使用可以在一定程度上钝化金属锂的反应活性，促进锂的均匀沉积，稳定电解液 / 负极界面性能，进而改善金属锂负极和锂 - 硫电池电化学性能。

新型含锂负极主要是将锂预先储存在其他负极材料中，如各种碳材料、硅基材料等，然后将得到的含锂负极与硫正极匹配，构建锂 - 硫电池。举例来说，Huang 等 [26] 创造性地提出了采用石墨中间插层的方法保护锂，如图 6-9 所示。在充放电过程中，该石墨层可以预先进行储锂，变成锂化石墨，从而使电极反应发生的区域转移到石墨层附近；同时石墨层可当作一层人造固体电解质膜，阻止 Li_2S_x 对锂的破坏，减少锂在电池体系中副反应的发生；另外，借助石墨良好的电化学稳定性，可以实现锂 - 硫电池的高性能。

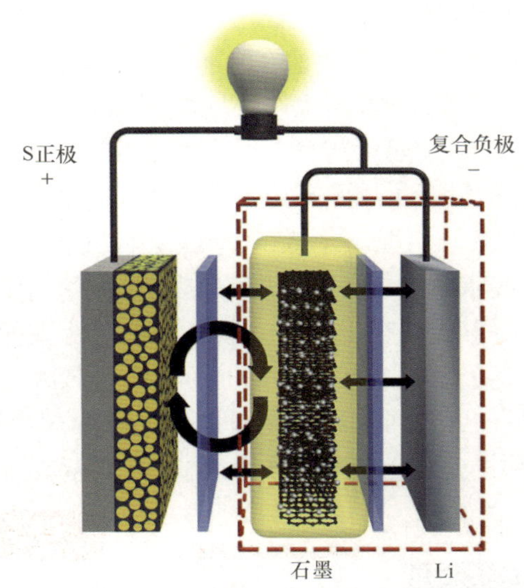

图 6-9　含石墨中间插层的复合负极结构的锂 - 硫电池示意图 [26]

锂 - 硫电池金属锂负极所处化学环境非常复杂，金属锂保护的难度也在增大。在锂 - 硫电池体系中，单独优化硫正极并不能实现锂 - 硫电池的性能稳定和结构安全。在锂 - 硫电池走向实用化、商业化的道路上，锂负极的保护将显得更为重要和艰巨。

6.2.5 电解液

锂 - 硫电池常用的电解液可分为醚类和碳酸酯类，其中醚类电解液较为普遍，碳酸酯类电解液仅适用于短链硫正极体系，如硫 - 微孔碳和硫 - 聚丙烯腈复合正极。电解液主要用于电池正负极之间离子的传输，其离子传导能力的强弱直接影响电极材料性能。锂盐作为电解液的核心组成部分，在溶剂中解离而提供锂离子。目前，锂 - 硫电池常用的锂盐有双三氟甲基磺酰亚胺锂（LiTFSI）、双氟磺酰亚胺锂（LiFSI）、六氟磷酸锂（$LiPF_6$）和高氯酸锂（$LiClO_4$）等。其中 LiTFSI 和 LiFSI 用于醚类电解液体系，溶剂包括链状醚如 1, 2- 二甲氧基乙烷（DME）、四甘醇二甲醚（TEGDME）和环状醚 1, 3- 二氧戊环（DOL）；而 $LiPF_6$ 和 $LiClO_4$ 用于碳酸酯电解液类体系，溶剂包括碳酸乙烯酯（EC）、碳酸丙稀酯（PC）、碳酸二甲酯（DMC）和碳酸二乙酯（DEC）。

醚类电解液可为 Li_2S_x 的溶解和沉积反应提供必要的环境，从而提高硫活性物质利用率，但是由此引起的穿梭效应也严重影响着锂 - 硫电池的库仑效率和循环稳定性。因此，越来越多的工作将研究重点转为电解液的优化改性。通过优选电解液锂盐浓度、使用混合锂盐、电解液添加剂等方法减缓 Li_2S_x 溶解和向负极的扩散，促进金属锂的均匀沉积，从而改善锂 - 硫电池电化学性能。例如，将 LiTFSI 和 LiFSI 混合盐体系电解液应用在锂 - 硫电池中[27]。结果显示，当电解液组成为 1mol/L LiFSI 搭配 0.5mol/L LiTFSI 时，锂 - 硫电池初始放电容量高达 1330.8mA·h/g，循环 100 周之后容量依然能有 900mA·h/g；另外，有学者通过理论模拟计算指出，两种尺寸和电荷分布不同的阴离子 FSI^- 和 $TFSI^-$，其电子云重叠以及空间位阻在电解液中可以形成比较稳定的静电屏蔽场，有利于锂保持表面结构的完整性。

此外，电解液添加剂的使用可以有效地在金属锂表面原位形成稳定的保护膜，从而稳定金属锂负极。醚类电解液中最经典的添加剂为硝酸锂（$LiNO_3$）。$LiNO_3$ 可与金属锂、溶剂 DOL 及 S_x^{2-} 离子反应，在锂表面形成含有烷基锂、LiN_xO_y、Li_2S、Li_2S_2 和 Li_xSO_y 的钝化层，从而使金属锂免受继续腐蚀，但是该过程会伴随硝酸锂的消耗。同时，需要注意的是，$LiNO_3$ 在放电电压过低的情况下（低于 1.6 V）会发生不可逆的消耗。因此，合理控制放电终止电势是保证 $LiNO_3$ 长久发挥作用的关键。当将 $LiNO_3$ 配合 Li_2S_6 添加剂共同使用时，能够在金属锂表面形成更稳定的 SEI 膜，其底层主要组分为 Li_2S/Li_2S_2，中间层为 LiN_xO_y，最上层为 $Li_2S_2O_3/Li_2SO_4$，如图 6-10 所示[28]。另外，引入易爆的 $LiNO_3$ 会加剧锂 - 硫电池的安全隐患。目前，各种无机和有机电解液添加剂均被应用到锂 - 硫电池电解液体系中，在稳定锂负极和提升硫正极电化学性能方面均表现出较好的效果。

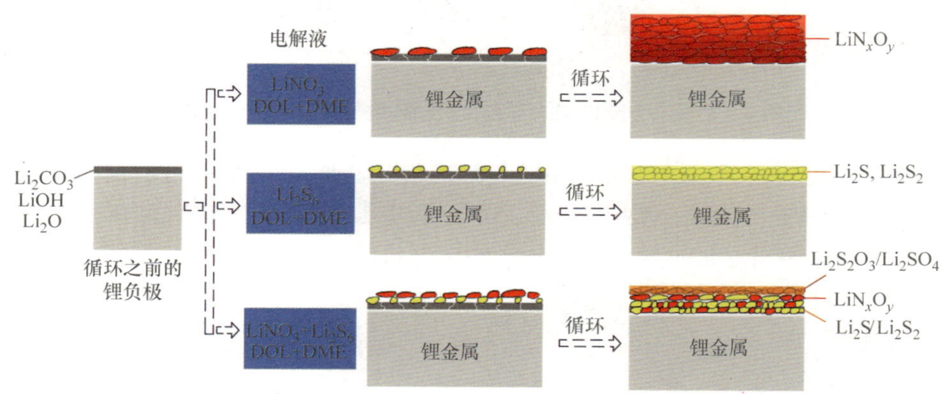

图 6-10 不同电解液添加剂对锂负极表面 SEI 膜组分的影响[28]

虽然液体电解质的优化改性在一定程度上改善了锂 - 硫电池的电化学性能，但是 Li_2S_x 的溶解以及金属锂负极的安全隐患，依旧是锂 - 硫电池实用化进程的巨大挑战。就这点来说，使用固体电解质代替液体电解质是完全抑制 Li_2S_x 溶解并稳定锂负极的可行方法。此外，固体电解质还具有高热稳定性、高机械强度和不可燃等优点。目前，锂 - 硫电池用固态电解质主要为具有特定摩尔比的 Li_2S 和 P_2S_5 的复合物。同时，凝胶聚合物电解质也表现出良好的抑制 Li_2S_x 溶解与穿梭的能力。尽管固体和凝胶聚合物电解质在解决 Li_2S_x 和金属锂负极的问题方面有很大的希望，但是这些电解质的室温锂离子电导率远远低于液体电解质，导致硫正极活性物质利用率较低。另外，电极和电解质之间的界面电阻较高，使得锂 - 硫电池极化严重和输出电压较低，积极探索开发具有高离子电导率的固体或凝胶电解质，同时解决电解质与电极界面的相容性问题，是固体或凝胶电解质在锂 - 硫电池中应用的重点，也是推进锂 - 硫电池实用化进程的有效途径。

6.2.6 锂 – 硫电池的设计 / 工作特性

锂 - 硫电池的研究不仅涉及电极材料的优化，还涉及电池结构的设计，而锂 - 硫电池的基础研究和实际应用之间的差距，就在于材料研究和电池结构设计之间的差异。对于材料研究，旨在提高硫活性物质利用率（基于硫质量的比容量）和改善硫正极循环稳定性。对于电极和电池结构，设计参数包括硫含量、单位面积硫负载量和活性组分与非活性组分的比例等，但这些方面在材料研究过程中往往容易被忽略，导致无法有效构建可靠实用的锂 - 硫电池体系。因此，为获得具有更高实际能量密度的锂 - 硫电池，除了高硫利用率和高输出电压外，正极材料中硫含量和单位面积硫负载量应可能高，同时电池体系中非活性组分（如集流体、电解质、黏结剂等）的重量应尽可能低。

以锂 - 硫电池正极为例，如图 6-11a 所示，其正极主要包括硫、载体材料、导电剂和黏结剂四部分（暂不考虑集流体）。硫的绝缘属性使得正极片中非活性物质的占比较大，而活性物质硫的比例一般仅为 50%~70%（质量分数），明显低于锂离子正极材料的比例（约为 80%~85 %）。图 6-11b 所示为锂硫电池比容量的不同表达形式，包括单质硫的比容量、硫 / 载体复合材料的比容量和正极的比容量。显而易见的是，单独提高单质硫的比容量而忽视硫的质量分数不利于硫正极整体能量密度的提升。因此，以硫 / 载体复合材料或者整个正极的质量计算比容量，可以更好地评估锂 - 硫电池的能量密度。

纵观目前的研究工作，学者们普遍认为要获得高能量密度的锂 - 硫电池，电极及电池结构参数应具备以下特征：

① 硫含量（质量分数）应高于 70%，且基于整个正极质量的比容量应高于 800 mA · h/g。

② 单位面积的硫负载量应高于 5 mg/cm^2，面积比容量大于 6 mA · h/cm^2。

③ 尽量减少电解液的使用，电解液 / 硫的比例以小于 4 μL/mg 为宜。

从锂 - 硫电池组成结构的角度出发，优化电池结构是一种改善电池电化学性能简单有效的途径，同时还有利于构筑高硫含量或高硫负载量的硫正极。具体实施手段包括自支撑结构硫正极的设计、中间插层以及隔膜涂覆层的使用等。

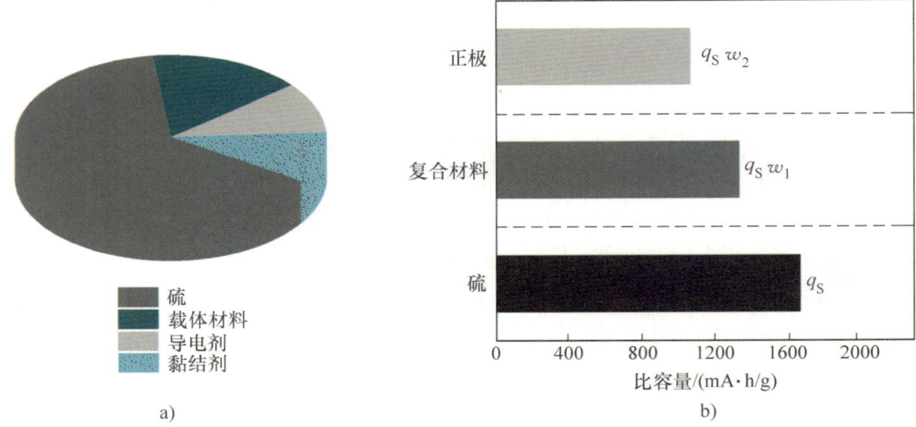

图 6-11 锂 - 硫电池正极材料的设计

a）正极的组成及比例，包括硫、载体材料、导电剂和黏结剂 b) 比容量的表达方式，包括单质硫的比容量、硫 / 载体复合材料的比容量和正极的比容量，其中 q_S 为单质硫的比容量，w_1 和 w_2 分别为硫单质占硫 / 载体复合材料和硫正极的质量分数

自支撑结构硫正极，指的是无需黏结剂和普通金属集流体，由硫复合正极材料直接制作而成的硫电极。这样可减少硫电极中非活性物质的占比，利于获得更高硫含量的硫正极。要获得自支撑结构硫正极，其关键技术在于开发具有自支撑结构或自编织行为的轻质富孔导电载体材料，且所得载体材料在负载硫前后和电化学过程中还需保持结构稳定。高维度结构的碳材料，如 CNTs、CNFs 和石墨烯等，较适于构建自支撑结构硫正极。当然，这种自支撑结构提高硫正极单位面积的比容量，却不利于电池体积能量密度的提升，需要综合考虑质量与体积能量密度来进行电池结构设计。

需要指出的是，锂 - 硫电池放电时，在浓度梯度和化学势的双重驱动下，Li_2S_x 仍不可避免地向负极扩散。为此，在硫正极和隔膜之间预置阻挡层，如图 6-12a 所示，以限制 S_x^{2-} 的迁移。这种方法简单直接，且颇具效果。同时，这也要求中间插层与正极片有良好的接触，有优良的电子和离子传导能力，具有足够的孔隙结构吸附 S_x^{2-} 离子。正因如此，中间插层的使用可大幅度改善硫正极的性能。值得注意的是，中间插层的引入应不会显著增加整个电池体系的体积和质量，否则会严重影响体系的体积 / 质量能量密度。因此，中间插层的质量应尽可能降低。针对这一问题，学者们巧妙地将中间插层与隔膜相结合，即直接将原材料制成的浆料涂覆于隔膜表面，得到涂覆改性的隔膜（图 6-12b）。将其用于电池体系中，可大大改善硫电极电化学性能。如各种碳材料、功能性聚合物、陶瓷材料以及复合涂层材料，均被报道用于锂 - 硫电池隔膜涂覆，且效果显著。如此一来，鉴于锂 - 硫电池的种种问题，有针对性地选择隔膜涂覆材料，如利于电子或离子传导、电解液流通以及 Li_2S_x 的吸附材料等，可助于构建高性能锂 - 硫电池。

6.2.7 小结

通过不断地探索与研究，锂 - 硫电池的电化学性能得到了显著改善，同时人们对这一复杂电化学体系的认识也逐渐深入。硫正极是决定锂-硫电池性能的关键组成，需继续深入探索高性能硫正极的构建，并重点提高其质量与体积能量密度。金属锂负极是制约锂-硫电池循环稳定性与安全性的关键，进行锂负极的修饰或合金化是改善锂负极可行的技术途径。另外，还应当重视整个电池体系的研究，综合考虑硫正极、锂负极和电解液的相互匹配，将电极材料的优化制备与电池结构优化设计相结合，从而推动锂-硫电池的实用化进程。

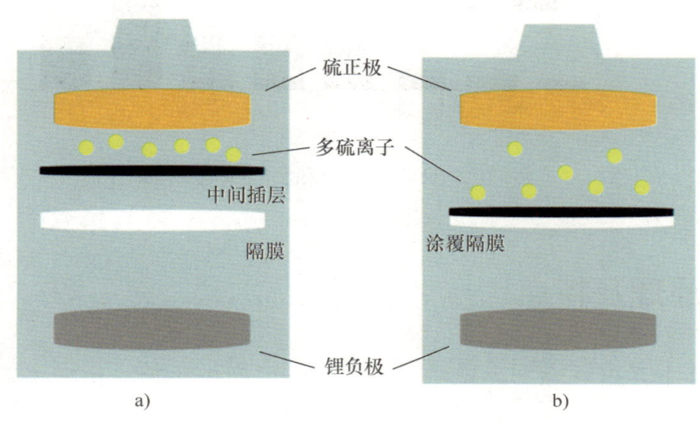

图 6-12　含有中间插层或隔膜涂覆层的锂-硫电池结构示意图
a) 含有中间插层　b) 含有隔膜涂覆层

6.3　锂-空气电池

6.3.1　概述

锂-空气电池是以金属锂为负极、空气为正极构建的二次电池，空气正极的有效活性物质是氧气，因而本质上也称为锂-氧电池。从图 6-13 可以看出，以轻质金属锂为负极的锂-硫电池和锂-氧电池因具有远高于传统铅酸蓄电池、锂离子蓄电池等的理论能量密度，而成为人们最寄予希望的下一代高比能电池体系，更成为当今电池领域研发的重点。其中，在封闭体系中，考虑氧气的质量，锂-氧电池的理论质量能量密度高达 5217 W·h/kg（产物按 Li_2O 计算）或者 3500 W·h/kg（产物按 Li_2O_2 计算），是理论能量密度最高的电池体系。相比于其他电池体系，锂-空气电池的研究起步相对较晚。锂-空气电池概念的提出始于 1976 年。1996 年，亚伯拉罕（K.M.Abraham）等[29]首次报道了有机电解液体系的锂-空气电池；直到 2006 年，布鲁斯（P.G.Bruce）等[30]首次报道了具有良好循环性能的锂-空气电池，它在 50 次循环后，仍能保持 600 mA·h/g 的容量。自此，引发了对锂-空气电池研究的热潮。但是，目前锂-空气电池的研究仍面临诸多困难与挑战。

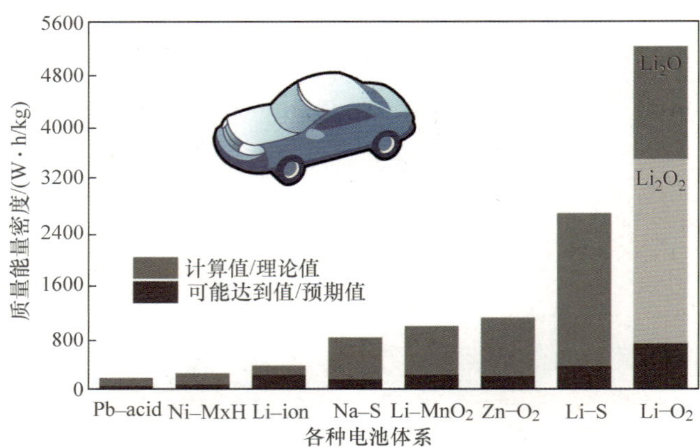

图 6-13　各种电池体系的理论和实际能量密度对比图

6.3.2　工作原理及特点

锂 - 空气电池主要由金属锂负极、空气电极和电解液组成。根据电解液种类的不同，可以分为惰性电解液体系（有机、离子液体）、水性电解质体系、混合体系和固态电解质体系。对于惰性电解质体系，电池中所发生的反应为

$$2Li+O_2 \longleftrightarrow Li_2O_2 \quad (6\text{-}8)$$

或

$$2Li+\frac{1}{2}O_2 \longleftrightarrow Li_2O \quad (6\text{-}9)$$

如图 6-14a 所示[30]，放电时，Li^+ 从负极通过电解质传输到多孔碳构造的正极上与 O_2 结合，生成的 Li_2O_2 沉积在正极上；同时，电子流通过外电路从电池的负极传输到正极上。产物 Li_2O_2 和 Li_2O 的不溶性，会堵塞空气电极的孔道而引起放电终止。

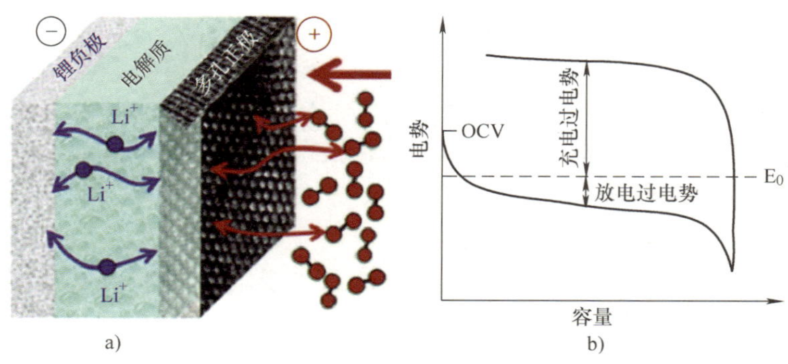

图 6-14　锂 - 空气电池结构和充放电曲线 [30]

对于水性（酸性和碱性）电解质体系，电极反应为

$$2Li+\frac{1}{2}O_2+2H^+ \longleftrightarrow 2Li+H_2O \tag{6-10}$$

$$2Li+\frac{1}{2}O_2+H_2O \longleftrightarrow 2LiOH \tag{6-11}$$

在碱性溶液中，金属锂被消耗，正极侧产生溶于水的 LiOH；相比有机系电解液，不会堵塞空气电极。在反应过程中，金属锂的表面可以形成钝化膜，能够阻止反应过于剧烈，但是金属锂在开路状态下的自放电现象严重，即金属锂会与水反应释放氢气，带来很大的安全问题。

针对有机系电解液正极孔道堵塞和水系电解液金属锂的腐蚀问题，人们提出采用混合电解质体系，即空气电极处采用水性电解液，金属锂侧采用有机系电解液。所发生的反应为

正极：

$$O_2+2H_2O+4e^- \rightarrow 4OH^- \tag{6-12}$$

负极：

$$Li \rightarrow Li^++e^- \tag{6-13}$$

总反应：

$$4Li+O_2+2H_2O \rightarrow 4LiOH \tag{6-14}$$

锂 - 空气电池最大的优点就是具有超高的理论比能量，此外还有以下优点：

① 平均输出电压和能量密度高。正极活性物质为空气，无须储存在电池中。

② 其活性物质氧气可以从周围环境中获得，取之不尽。

③ 对环境无污染，安全性好。

与此同时，锂 - 空气电池仍然存在许多科学难题亟待解决，如充电电压过高、倍率性能低和副反应严重等。如图 6-14b 所示，在充电过程中锂 - 空气电池极化严重，过电势高达 1~1.5 V，严重降低了电池的能量利用效率。过电势产生的原因与电极活性材料的本征特性和充电机理密切相关。首先，放电产物 Li_2O_2 是电子绝缘体，带隙为 5~6eV，因此电子在 Li_2O_2 中的传导是非常困难的。结晶度、表面缺陷和电压也会明显影响 Li_2O_2 的导电性。在较低的充电电压下（2.85V），Li_2O_2 表面会产生 Li 的缺陷，并伴随着绝缘体到导体的转变，这也是 Li_2O_2 能够可逆循环的重要原因。理论研究表明，锂离子和电子在较低的过电势（$< 0.2V$）下即可从 Li_2O_2 中脱出，形成 $Li_{2-x}O_2$，并且在实验室中也观察到了氧气的析出电势约为 3 V（vs.Li/Li^+）。这说明在电池体系中，Li_2O_2 可以在较低的电势下被氧化。然而，随着充电电势的提高，副产物 Li_2CO_3 随之产生。Li_2CO_3 的主要来源有三个：电解液的分解、碳电极和外界的二氧化碳干扰。Li_2CO_3 的分解电势高达 4~4.5V，这也是造成锂 - 空气电池充电过程中过电势较高的主要原因[31]。

锂 - 空气电池的正极采用多孔集流体，如碳布、碳纸、泡沫镍或不锈钢网等，以保证活性物质氧气的正常扩散与传质。在测试电池比容量时，一般采用深度充放电，截止电势约为 2.0~4.5V（vs. Li/Li^+）。氧气来自外界环境，因此正极的比容量一般不考虑氧气的质量，而是采用多孔电极中非活性物质（如催化剂或者碳材料）的质量进行测算，例如以

mA·h/$g_{(MnO_2)}$ 为容量单位，其中，MnO_2 为电催化剂。需要指出，不同的研究人员计算正极比容量时所采用的方法往往不同，因此需要尽可能统一检测和计算标准。在锂 - 空气电池的未来发展中，也可以采用整体多孔电极的质量作为计算标准，即以 mA·h/$g_{(cathode)}$ 为容量单位。这种表示方式包含了催化剂、导电剂和黏结剂等非活性物质，可以更好地体现锂 - 空气电池正极的整体能量密度，但仍然没有包含氧气活性物质。

在进行深度放电时，不溶性的 Li_2O_2 或 Li_2O 会阻塞电极孔洞，导致反应难以顺利进行和引起充电困难。因此，在表征锂 - 空气电池的循环性能时，通常通过限制电池容量来表征循环寿命。但是，这种测试方法用于评估锂 - 空气电池仍然存在一些问题。首先，采用限制容量的方式意味着正极和负极的活性物质（锂和氧）是远远过量的，即采用浅充放循环。所以，这种浅充放循环测试提供的信息主要是多孔电极中催化剂的可重复利用性，而非锂和氧的循环性能。另外，锂 - 空气电池充放电过程会产生诸如氢氧化锂、碳酸锂等副产物，浅充放减缓了这些副产物的干扰，在一定程度上掩盖了对电池性能的影响[32]。

6.3.3 锂 – 空气电池电极材料

6.3.3.1 空气电极

锂 - 空气电池的电极主要是锂负极和空气正极组成，在空气多孔电极上，O_2 在固 - 液 - 气三相界面还原成 O_2^{2-} 或 O^{2-}，接着与电解液中的 Li^+ 结合产生 Li_2O_2 或 Li_2O。在有机电解液中，对于空气正极，不仅要保证 O_2 和 Li^+ 的正常传输，而且要保证不阻塞电极表面孔隙，进而容纳更多的锂氧化物，因此就要保证较高的比表面积、合适的孔容孔径、较好的导电和导离子性能，同时电极组成稳定。目前研究较为广泛的是各种碳材料，主要包括商业导电碳、碳纳米管和石墨烯等。碳基材料的比表面积、孔容、孔径、表面基团、电导率等都会给电池性能带来影响。在各种商业导电碳中，炭黑作为空气正极时的性能较佳。

除了材料本身外，空气电极载体材料的孔容、比表面积对电池性能也有较大影响。比表面积大也有利于负载更多的催化剂，从而获得较好的催化效果。然而，除了应具有较大的比表面积外，孔径和孔容也至关重要。相比微孔材料，介孔或大孔材料更适合作为空气电极的载体材料，且电池比容量与载体材料的孔径成正相关，孔径越大，比容量越大。锂氧化合物在微孔、介孔和大孔中的沉积情况如图 6-15 所示[33]。当放电产物锂氧化物的浓度较低时，不会阻碍 O_2 和电解液的传输扩散；但当锂氧化物浓度过高时，会堵塞微孔而阻碍反应的继续进行。此外，除了商业导电碳材料外，可以人工合成大孔径或层次结构孔的新型碳材料，通过调控其孔容和孔径的大小，从而获得具有较高比容量的电极材料。

碳材料结构的丰富多样性和优异的性能使其作为锂 - 空气电池电极材料具有巨大的潜力，可为高活性催化剂的引入提供分散载体，或作为电极材料可控设计与制备的生长基元材料，尤其是石墨烯和碳纳米管等纳米碳材料。

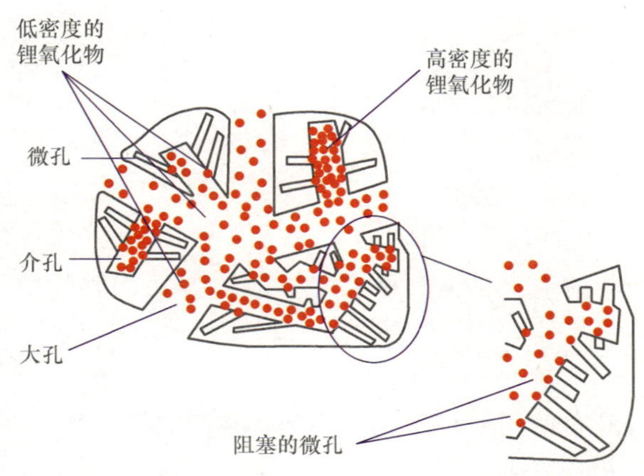

图 6-15 锂氧化物在微孔、介孔和大孔中的沉积情况 [33]

6.3.3.2 金属基催化剂

在锂 - 空气电池中，当不添加催化剂时，空气电极处的氧化 / 还原反应速度很慢，导致过电压的产生，充电过电压远大于放电电压，造成充放电曲线的不对称。因此，应当寻找高效的催化剂，能够同时高效地促进 O_2 的还原和 Li_2O_2 的氧化。当然，催化剂的使用仍需要借助碳基材料作为载体，或构筑导电网络结构，改善催化剂的分散性，减少催化剂的用量，降低成本。在正极材料中加入催化剂能够提高电池的比容量和循环性能。催化剂的作用主要体现在以下几个方面：

① 提高电池的充电容量。

② 改变产物类型，改善循环性能。由电极反应方程式可以看出，在空气电极上，放电产物 Li_2O_2 和 Li_2O 是共存的。其中，Li_2O_2 具有电化学活性，而 Li_2O 不具有电化学活性。Li_2O 的积累会导致容量的衰减，因此人们希望反应按照生成 Li_2O_2 的方向进行，催化剂的使用可以改变产物中 Li_2O_2/Li_2O 的比例，从而提高电池比容量和循环性能。

③ 降低充电过程的过电位，防止充电电压过高而导致电解质分解。

目前常用的催化剂包括贵金属、过渡金属及氧化物、氮化物和碳化物催化剂等。锂 - 空气电池中，贵金属催化剂的研究方向主要有 Au、Pt、Pd 和 Ru 等，它们能够很好地降低锂 - 空气电池的充放电过电位，但资源较为稀缺，价格昂贵。过渡金属氧化物具有价格低廉、资源丰富的特点，并且用作空气电极催化剂的效果较好，因此被广泛研究。锰氧化物具有多种价态和结构，用于锂 - 空气电池中具有优异的氧化还原催化性能。其中，MnO_2 是常用的廉价高效催化剂，其催化性能与其晶体结构、形态密切相关。其中，α-MnO_2 纳米线作为催化剂时，相应的锂 - 空气电池放电容量达 3000mA·h/g，且充电电压低于其他晶型的 MnO_2（如 β-MnO_2 和 γ-MnO_2）和其他锰系氧化物（如 Mn_2O_3 和 Mn_3O_4）[34]。此外，其他过渡金属氧化物如 Fe_2O_3、Fe_3O_4、CuO 和 Co_3O_4 等作为催化剂时，在改善锂 - 空气电池电化学性能方面也显示出较好的效果。过渡金属的氮化物和碳化物往往具有较好的导电导热性并呈化学惰性，因此在锂 - 空气电池中也有所应用。

6.3.3.3 电解质

好的锂 - 空气电池电解质体系应该具有如下特征：

① 高的氧气传输能力和低挥发性。

② 高的 Li^+ 传导性和很低的黏度。

③ 较宽的电化学稳定窗口。

④ 能为锂负极提供氧（及 CO_2）和水气扩散的屏障，并能保证锂金属负极的可循环性。

1. 有机电解质

目前，锂 - 空气电池中使用最广泛的是有机电解质体系。它由有机溶剂和锂盐组成，常用的溶剂有碳酸酯类和醚类。

碳酸酯类电解液在放电时会发生分解，分解产物有 CH_3CO_2Li、CO_2 和 H_2O 等，充电时则会发生氧化，但所对应的氧化还原过程是不可逆的。可通过加入电解液添加剂的方法来稳定碳酸酯类溶剂，有利于大电流密度下放电比容量的提升。

由于酯类电解液的分解，人们越来越趋向于采用更为稳定的醚类电解液。醚类电解液在放电过程中会发生轻微的分解反应，产生 Li_2CO_3 和 HCO_2Li 等的混合物，但分解程度远小于酯类电解液。目前，锂 - 空气电池中常用的有机电解质溶剂为四甘醇二甲醚（TEGDME）。

2. 水性电解质

在水性电解质中，空气正极侧的放电产物为溶于水的 LiOH，不会堵塞正极微孔，但是所使用的电池隔膜磷酸钛锂铝（Lithium Aluminum Titanium Phosphate, LATP）在碱性环境下不稳定，因此随着放电深度的增加，电解液的碱性增加，会造成对隔膜的破坏。另外，深度放电时会有 LiOH 析出。在水性电解液中加入 $LiClO_4$ 可以减缓碱性的增大并减小电池内阻。He 等人[35] 设计了一种新型电池结构——带有反应产物循环系统的锂 - 空气电池，如图 6-16 所示。这种系统带有产物循环系统，将空气电极侧的电解液中的 LiOH 循环过滤掉，这种结构有利于降低正极侧电解液的 pH，从而保护隔膜不被破坏。

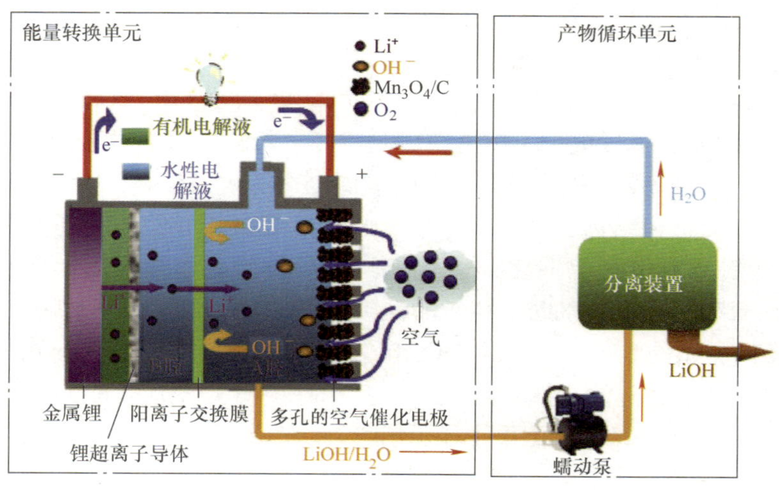

图 6-16　带有反应产物循环系统的锂 - 空气电池示意图[35]

6.3.3.4 锂负极的保护

与其他锂金属电池相同，锂负极是制约锂 - 空气电池实用化的一个重要因素。首先，锂在反复的沉积 / 溶解过程中容易形成锂枝晶，穿透隔膜，从而引起电池内短路，发生安全事故；其次，锂在电化学反应过程中表面的 SEI 膜容易破损，使活性锂与电解液进一步反应，锂与电解液不断被消耗，锂表面形貌会出现比较大的起伏，容易造成部分锂的失活、粉化、脱落，形成“死锂”，导致库伦效率下降甚至电池失效。因此，金属锂负极的保护问题仍然是金属锂 - 空气电池发展所应该重视的问题。

目前，人们在锂 - 空气电池金属锂负极保护方面也做了很多努力，所采用的方法主要有合金化、固态电解质、金属锂表面修饰和采用其他负极材料代替金属锂等。合金化方法主要是采用含锂合金来替代金属锂用作负极，并期望利用锂合金结构等方面的特质来减缓或抑制枝晶，并改善锂负极库仑效率低等问题。合金化能够降低锂的表面活性，促进锂的均匀沉积；而固态电解质是解决锂枝晶问题的很好的方法，但目前研究仍较少。

金属锂表面修饰是指通过在锂表面原位或者非原位构建有机的、无机的或者导电的、惰性的“人造”修饰层来维持金属锂表面的稳定、平整。例如，在金属锂负极表面涂覆一层 Al_2O_3 和 PVDF-HFP 的复合薄膜[36]。涂覆该薄膜后，金属锂负极在循环后能够保持表面平整，无枝晶产生，在循环 80 次后，电池的容量为未保护金属锂时的 3 倍。

6.3.4 小结

锂 - 空气电池研究近年来取得了较大的进展，但目前仍然处于探索阶段，有许多问题需要逐步解决。比如目前的电池主要是采用限定容量的方式进行充放电，全充放的方式在稳定性上面临巨大挑战。首先，应该进一步明确锂 - 空气电池的电化学过程和机理，构建合理有效的三相界面，防止在深度放电过程中的空气电极堵塞。其次，寻找制备具有合适孔结构体系的空气正极材料，保证充足的 O_2 和 Li^+ 能正常传输到三相界面，为锂氧化物提供足够的容纳空间，并探索双效正极催化剂，提高循环性能。与此同时，与锂 - 硫电池类似，还应努力探索固体电解质的技术途径，以及对金属锂负极采取相应的保护措施，以实现锂 - 空气电池体系循环稳定性上的突破。

6.4 全固态锂电池

6.4.1 概述

目前，商用锂离子蓄电池多采用有机液态电解质和凝胶态电解质，不可避免地在电池体系中引入了易挥发、易燃、易爆的有机液体，给电池体系带来严重的安全隐患。与液态电解质、凝胶态电解质相比，固态电解质在安全性、热稳定性、电化学稳定性等方面优势突出。因此，将电解液替换成固体电解质、开发全固态锂电池，是从根本上解决蓄电池安全问题的有效途径。如图 6-17 所示[37]，全固态锂电池的结构（正极、电解质和负极）全部由固态材料组成，其中固体电解质在传导锂离子的同时起到了隔膜阻止电子传输的作用，使得电池构建过程得到了大幅简化。

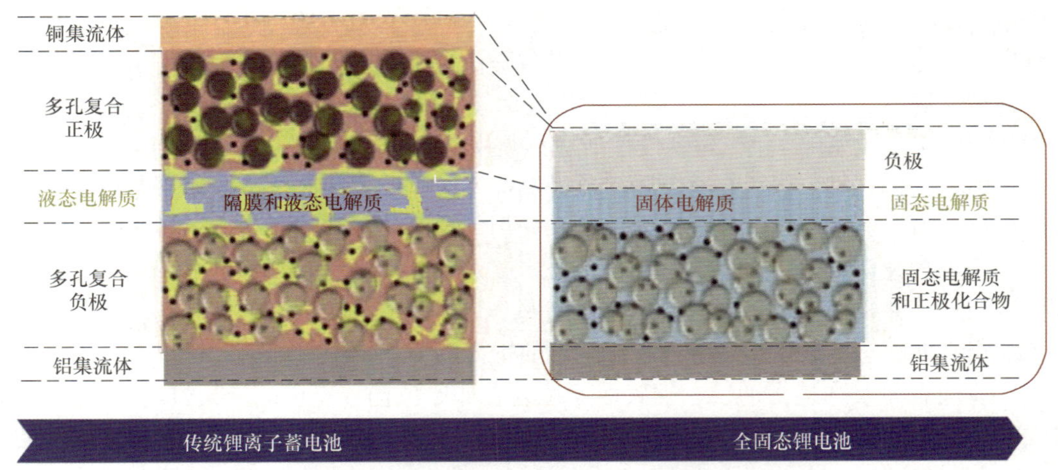

图 6-17　全固态锂电池结构示意图[37]

全固态锂电池的工作机理和基于液态电解液的锂离子蓄电池类似：充电时，锂离子从正极材料晶格中脱出，经固体电解质传输至负极，电子则由外电路传至负极；放电时，锂离子从负极材料中脱出，经固体电解质传输至正极，电子经过外电路到达正极，从而驱动器件工作。从电化学反应过程的角度来说，固体电解质的离子传导特性是固态电池的基础。因此，寻找一种具有优良离子电导性的固体电解质材料，是实现固态锂电池商业化的关键。

6.4.2　固体电解质

离子电导率是固体电解质的首要性能指标。在电化学储能系统实际应用当中，固体电解质还应该满足如宽的电化学窗口、好的化学兼容性、优异的热稳定性和机械性能、简单的制备过程、低成本和环境友好等条件。目前，常用的固体电解质包括无机型固体电解质、聚合物固体电解质和复合固体电解质。

6.4.2.1　无机型固体电解质

已经报道的无机型固体电解质类型主要有氧化物和硫化物两大类。

1. 氧化物固体电解质

氧化物固态电解质化学稳定性高，可以在空气环境下稳定存在，有利于全固态锂电池的规模化生产。氧化物固态电解质主要包括钙钛矿型、钠超离子导体（Sodium Super Ionic Conductors, NASICON）型和石榴石型等。

（1）钙钛矿型

典型的钙钛矿型固体电解质为 $Li_{3x}La_{2/3-x}TiO_3$（LLTO），其晶体结构如图 6-18 所示[38]。

LLTO 可看成由高温立方相（空间群为 $Pm\bar{3}m$）和低温四方相（空间群为 $P4/mmm$）构成的一种固溶体。该材料具有优异的锂离子导电性，室温下可达 10^{-3}S/cm，且制备工艺简单，成分可调控范围大。但是由于较高的晶界阻抗，LLTO 电解质在实际电池中的离子电导率低于 10^{-5}S/cm。此外，LLTO 与金属锂负极间相容性较差，Ti^{4+} 容易被金属锂还原成 Ti^{3+}，从而限制了 LLTO 在锂金属电池中的直接应用。

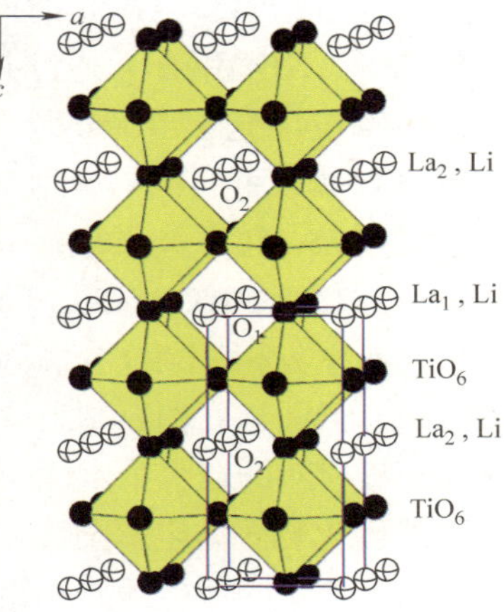

图 6-18 钙钛矿型 $Li_{3x}La_{2/3-x}TiO_3$ 固体电解质晶体结构 [38]

（2）NASICON 型

NASICON 即钠超离子导体，顾名思义，具有高的离子电导率。1976 年，古迪纳夫（J.B.Goodenough）等 [39] 首次报道了 NASICON 结构的固体电解质 $Na_{1+x}Zr_2Si_xP_{3-x}O_{12}$。这类材料具有 $AM_2(PO_4)_3$ 的通式，其中，A 表示 Li、Na 或 K 等碱金属元素，M 为 Ge、Zr 和 Ti 等。当 A 是 Li 时，所得材料即为锂快离子导体。$LiTi_2(PO_4)_3$ 电解质体系具有较高的离子电导率，且通过 Al、Cr、Ga 取代部分 Ti 改性，得到 $Li_{1+x}M_xTi_{2-x}(PO_4)_3$，又可进一步提高材料的电导率。其中，利用小半径的 Al^{3+} 部分取代大半径 Ti^{4+}，可减小材料晶胞结构尺寸，进而增强材料锂离子传导性能。如 $Li_{1+x}Al_xTi_{2-x}(PO_4)_3$（LATP）电导率可达 1.3×10^{-3}S/cm。LATP 晶体结构属 $R3c$ 空间群，由 TiO_6 八面体和 PO_4 四面体共同构成，如图 6-19 所示 [40]。每个 TiO_6 八面体与六个 PO_4 四面体相连，每个 PO_4 四面体与四个 TiO_6 八面体相连，而多面体通过顶角氧原子相连，形成三维骨架结构。在使用锂金属电极时，LATP 也同样面临着 Ti^{4+} 被还原的问题。在实际应用过程中，一般在 LATP 或 LLTO 与金属锂之间添加缓冲层，避免电解质与金属锂的直接接触。此外，利用与金属锂间高稳定性的 Ge 替换 Ti，得到的 $Li_{1+x}Al_xGe_{2-x}(PO_4)_3$（LAGP）电解质，具有高的化学稳定性、离子电导率和电化学窗口，作为 NASICON 型电解质受到广泛关注。

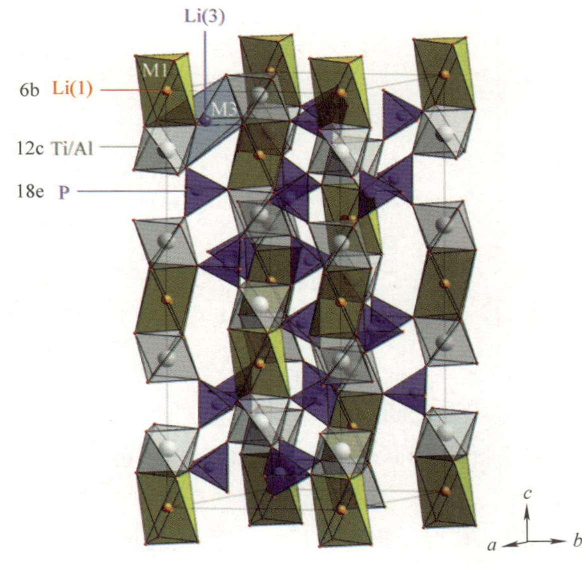

图 6-19 NASICON 型 $Li_{1+x}Al_xTi_{2-x}(PO_4)_3$ 固体电解质的晶体结构 [40]

（3）石榴石型

石榴石型固体电解质的通式可写作 $Li_{3+x}A_3B_2O_{12}$，其中，A 和 B 分别为八配位和六配位阳离子，AO_8 和 BO_6 通过共面的方式构成三维骨架，骨架间隙则由氧八面体空位和氧四面体空位填充。当 x=0 时，锂离子被束缚在四面体空位，难以自由移动，相应电解质材料电导率较低；随着 x 增加，锂离子逐渐占据束缚能力较弱的八面体空位，四面体空位出现空缺，体系离子电导率逐渐上升[41]。当下，研究较多的石榴石型固体电解质包括 $Li_5La_3Ta_2O_{12}$（LLTO）和 $Li_7La_3Zr_2O_{12}$（LLZO）。LLZO 一般具有立方相和四方相两种晶体结构，而立方相 LLZO 为高温稳定相，其离子电导率可达 10^{-4}S/cm，高出四方相结构两个数量级。目前，石榴石型固体电解质还需解决电解质和金属锂之间的界面阻抗偏大，以及高压正极材料的兼容稳定性问题。

2. 硫化物固体电解质

与氧化物固体电解质相比，硫化物固体电解质具有更高的离子电导率、低的晶界电阻和高的氧化电位。这是因为硫离子半径比氧离子大，极化能力强，具有更大的锂离子传输通道；同时硫的电负性比氧低，弱化了与锂离子的键合作用，增大了自由的锂离子浓度。目前，硫化物固体电解质的室温电导率数据见表 6-10[42]。硫化物固体电解质按结晶形态可分为晶态固体电解质、玻璃态固体电解质和玻璃 - 陶瓷固体电解质。

表 6-10 不同硫化物固体电解质的室温电导率[42]

固体电解质	室温电导率 /（S/cm）
Li_3PS_4	1.64×10^{-4}
$90Li_3PS_4$-10ZnO	3.00×10^{-4}
$80Li_2S$-$20P_2S_5$	7.20×10^{-4}
$78Li_2S$-$22P_2S_5$	1.78×10^{-3}
$9Li_2S$-$3P_2S_5$-$1Ni_2S_3$	2.00×10^{-3}
$Li_7P_3S_{11}$	1.58×10^{-3}
70-Li_2S-$29P_2S_5$-$1Li_3PO_4$	1.87×10^{-3}
70-Li_2S-$29P_2S_5$-$1P_2S_3$	3.90×10^{-3}
$Li_{10}GeP_2S_{12}$	1.20×10^{-2}
$Li_{10}SnP_2S_{12}$	4.00×10^{-3}
$Li_{10}SiP_2S_{12}$	2.30×10^{-3}
$Li_{11}AlP_2S_{12}$	8.00×10^{-4}

2011 年，日本东京工业大学 Kanno 组[43]采用硫替代 LISICON 中的氧制备得到 thio-LISICON 结构的晶态固体电解质 $Li_{10}GeP_2S_{12}$（LGPS）。该晶态固体电解质室温下的锂离子电导率高达 1.2×10^{-2} S/cm。LGPS 的晶体结构由（Ge/P）S_4 四面体和 LiS_6 八面体组成。LiS_4 四面体的 8f 和 16h 位构成锂离子沿 c 轴的一维传输通道。

硫化物玻璃态固体电解质主要包括 Li_2S-GeS_2、Li_2S-P_2S_5、Li_2S-B_2S_3 和 Li_2S-SiS_2，室温电导率可达 10^{-4}S/cm。其中，Li_2S-SiS_2 固体电解质具有高的电导率和热稳定性能，与少量 Li_3PO_4、Li_4SiO_4 或 Li_4GeO_4 等物质复合，可将其电导率提高至 10^{-3}S/cm，同时提高电解质的电化学稳定窗口。

硫化物玻璃态固体电解质经高温析晶处理后，部分玻璃相晶化形成玻璃 - 陶瓷相，这种两相结构的存在可显著提升电解质电导率。例如，玻璃态 Li_2S-P_2S_5 电解质经高温处理转变成玻璃 - 陶瓷态 $80Li_2S$-$20P_2S_5$，离子电导率由 1.7×10^{-4} S/cm 提高到 7.2×10^{-4}S/cm；而锂含量更低的 $70Li_2S$-$30P_2S_5$ 电导率则达到 3.2×10^{-3}S/cm。在（100-x）Li_2S-xP_2S_5 电解质体系中，Li_3PS_4 最为稳定。Li_3PS_4 有 α、β 和 γ 三种晶型，其晶体结构如图 6-20 所示。其中，γ-Li_3PS_4 室温电导率最低，仅为 3×10^{-7}S/cm；β-Li_3PS_4 电导率最高，可达 10^{-4}S/cm。这是因为不同晶体结构中 PS_4 四面体排布不一致，γ-Li_3PS_4 中 PS_4 四面体相互隔离，而 β-Li_3PS_4 中 PS_4 四面体之间则通过与 LiS_6 八面体共边形式相连，利于锂离子传输。

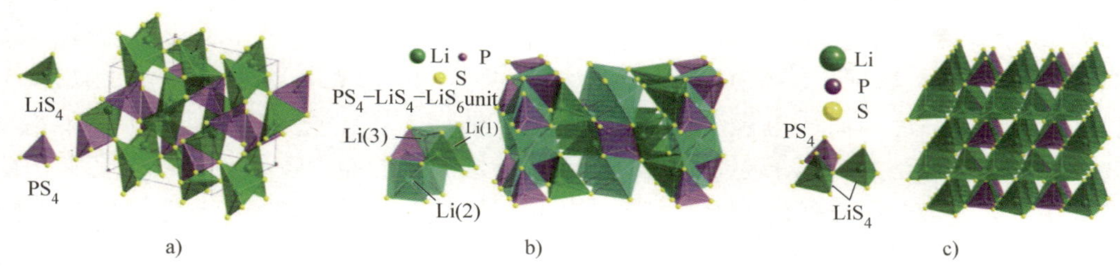

图 6-20 Li_3PS_4 不同晶型的晶体结构 [44, 45]

a）α-Li_3PS_4 b）β-Li_3PS_4 c）γ-Li_3PS_4

尽管硫化物固体电解质有良好的锂离子传导特性，但是电解质的稳定性也是其商业化应用的重要考量因素。硫化物容易与空气中的 H_2O 反应，并释放有毒气体 H_2S，因此硫化物的制备和使用均需要在惰性气体氛围下进行。将金属氧化物（如 P_2O_5、Fe_2O_3、Al_2O_3 和 ZnO 等）作为添加剂在硫化物固体电解质中使用，可以有效降低 H_2S 的释放；但是同时又会降低电解质的电导率。除此之外，硫化物固体电解质对有机溶剂、氧化物正极材料和金属锂电极的兼容性与稳定性，也是非常值得深入研究的课题。

6.4.2.2 聚合物固态电解质

聚合物固态电解质通常由高分子聚合物和金属盐络合而成，具有比无机固体电解质更好的力学柔性，且高分子聚合物易成膜。因此，聚合物固态电解质被认为是下一代高能器件中最具潜力的电解质之一。

聚合物固态电解质的研究始于聚氧乙烯（PEO）基电解质。在 PEO 基电解质中，锂离子不断地与 PEO 分子链上的醚氧基发生络合 - 解络合反应，从而通过 PEO 的链段运动实现锂离子的迁移，如图 6-21 所示。因此，PEO 基电解质的离子电导率取决于自由锂离子的数量和 PEO 链段的运动能力。然而，室温下 PEO 易结晶，PEO 链段运动程度低；另一方面，锂盐在无定形 PEO 中的溶解度低，即自由锂离子数少，导致 PEO 基电解质室温离子电导率仅约 10^{-7}S/cm。一般可采取与其他聚合物共混、共聚、交联、无机粒子修饰等方法对 PEO 进行改性，以降低 PEO 的结晶度，加速其链段运动，从而提高 PEO 基电解质离子电导率。

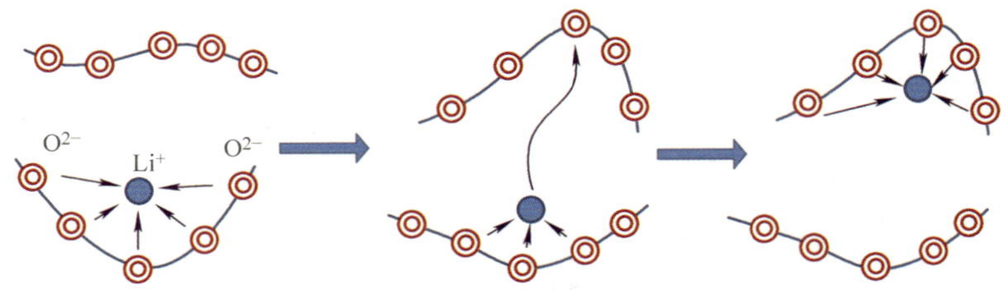

图 6-21　聚氧乙烯基电解质中锂离子传导机理示意图 [46]

除 PEO 基电解质之外，研究较多体系的还有聚碳酸酯基电解质和聚硅氧烷基电解质。聚碳酸酯中具有强极性 -O-C（O）-O- 基团，可降低锂盐中阴阳离子间的相互作用，促进锂盐的溶解，从而提高电解质离子电导率。常见的聚碳酸酯基电解质主要包括聚碳酸乙烯酯（PEC）、聚碳酸亚乙烯酯（PVC）、聚碳酸丙烯酯（PPC）和聚三亚甲基碳酸酯（PTMC）等。聚硅氧烷中的 Si-O-Si 键旋转势能较小（0.8kJ/mol），分子链段运动能力较强；同时聚硅氧烷基电解质电化学窗口宽和热稳定性高，且环境友好。但是其本身解离锂盐的能力较差，无法与锂离子形成配位，故而传导锂离子的能力较差。聚硅氧烷基电解质的优势在于硅氧烷分子链优良的柔性和结构的可设计性，可通过分子内改性提高聚硅氧烷基电解质的离子电导率。

相对于可燃的有机溶剂，聚合物电解质的安全性大大提高，但是聚合物仍然属于可以燃烧的物质，而且化学性质不是很稳定，会与周围的化学物质、热、光发生相互作用而逐渐分解。从安全性和使用寿命看，聚合物电解质不是最理想的选择。

6.4.2.3　复合固体电解质

复合固体电解质一般在聚合物基电解质中引入其他填料，以提高复合电解质的离子电导率、力学性能以及与电极间的兼容性，包括无机惰性填料、无机活性填料和多孔有机填料。

1. 无机惰性填料

无机惰性填料一般为无机纳米颗粒，它的引入可以有效抑制聚合物的结晶，从而提高聚合物链段运动能力。同时纳米颗粒还可作为聚合物和锂盐阴离子的交联位点，形成锂离子传输通道。研究显示，纳米颗粒填料的质量分数控制在 5%~15% 为宜，可显著提高电解质离子电导率。当填料过量时，锂离子传输路径受阻，电解质离子电导率反而降低。常用的无机惰性填料包括 Al_2O_3 和 SiO_2 等。

2. 无机活性填料

无机活性填料指的是含有锂的氧化物或硫化物电解质。与惰性填料相比，活性填料不仅可以直接提供锂离子，增加自由锂离子的浓度，还可以增强锂离子的表面传输能力。

3. 多孔有机填料

多孔有机填料则与聚合物基电解质具有较好的相容性，而大分子的孔道则为锂离子传输提供天然的通道。例如，纳米金属 - 有机框架材料具有天然的多孔结构，制备的复合固体电解质在电池中具有良好的电化学性，这为固体电解质的设计制备提供了全新的思路。

6.4.3 全固态锂电池界面 / 特性

固态电解质的引入固然可提高锂电池安全性，但电极 / 电解质界面的稳定问题也亟待改善。全固态锂电池中，体系由电极 / 电解液的固 - 液界面向电极 / 固体电解质的固 - 固界面转化，具有更高的接触电阻。电极材料和固体电解质间由点接触维持，导致电极 / 电解质界面容易产生裂缝等缺陷，从而限制锂离子在界面处的传输。此外，界面副反应以及锂离子传输过程中界面处的体积膨胀也对固 - 固界面的稳定性提出了更高的要求。因此，全固态锂电池的界面问题是决定其电化学性能的关键。目前，全固态锂电池固 - 固界面研究主要集中在石榴石型固体电解质体系和硫化物固体电解质体系。

6.4.3.1 正极 / 固体电解质界面

氧化物正极材料通常是电子和离子的混合导体，而硫化物固体电解质为单一离子导体。两者相互接触时，二者之间较大的化学势差导致锂离子由硫化物固体电解质一侧向氧化物正极材料一侧移动，从而使得电极和电解质同时形成空间电荷层，如图 6-22 所示 [37]。然而，氧化物正极材料的电子电导性质导致电子能够消除正极材料侧的锂离子浓度梯度，从而使得正极材料侧的空间电荷层消失。而硫化物电解质侧的锂离子继续向正极材料侧移动，以达到化学势平衡，空间电荷层继续生成，最终导致电解质出现贫锂层，形成巨大的界面电阻，大大降低界面处锂离子迁移动力学。与硫化物固体电解质相比，氧化物固体电解质与氧化物正极之间的空间电荷层效应不明显。

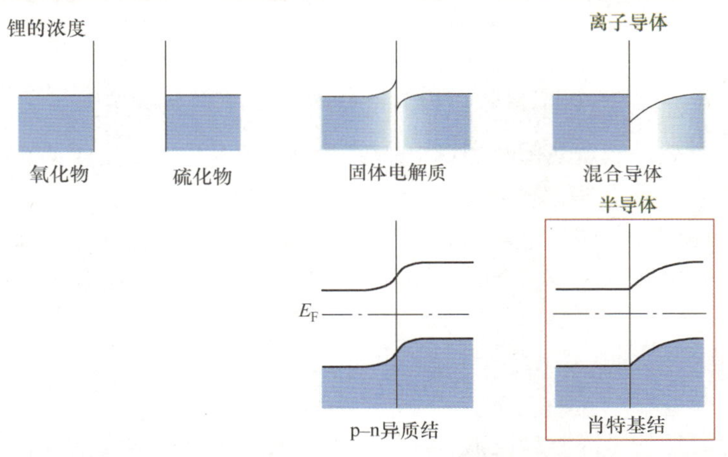

图 6-22 氧化物正极 / 硫化物固体电解质界面空间电荷层的形成和电势变化 [37]

通过在氧化物正极材料与固体电解质之间引入离子导电而电子绝缘的氧化物缓冲层，可在界面处形成氧化物正极 / 离子导体氧化物和固体电解质 / 电子绝缘体氧化物两个新的界面。氧化物正极 / 离子导体氧化物层界面上的锂离子具有相似的化学势，而固体电解质 /

电子绝缘体氧化物层均为电子绝缘体，从而新生的两个界面上不会生成空间电荷层。这类氧化物缓冲层材料包括 $LiNbO_3$ 和 Li_2SiO_3 等。类似地，正极材料的表面修饰也能在不同程度上改善电极 / 固体电解质界面稳定性，提高氧化物正极材料在全固态锂电池中的电化学性能。目前已报道的修饰材料包括氧化物（Al_2O_3、SiO_2 和 TiO_2）、硫化物（CoS 和 NiS），以及锂的含氧酸盐（Li_2SiO_3、Li_2ZrO_3 和 Li_4SiO_4-Li_3PO_4）等。

6.4.3.2 负极 / 固体电解质界面

金属锂具有低的电极电势和高的比容量，是全固态电池理想的负极材料。在全固态锂电池中，固体电解质具有高的力学性能，能够有效抑制锂枝晶的生长，提高电池安全性。但是由于金属锂的强还原性，固体电解质中某些高价态金属离子易被还原，生成高界面电阻相，导致电解质化学稳定性差。研究指出，金属锂 / 固体电解质之间的界面分为 3 种不同的类型[47]：

① 热力学稳定界面，即固体电解质与金属锂不发生反应，形成明显的二维界面。

② 混合导体界面，即固体电解质与金属锂反应生成的界面同时具有电子和离子导电性，界面可能会继续向电解质一侧生长，改变材料整体的性质，也会导致严重的自放电。

③ 固体电解质界面，即电子绝缘而离子导电的界面层（图 6-23）。

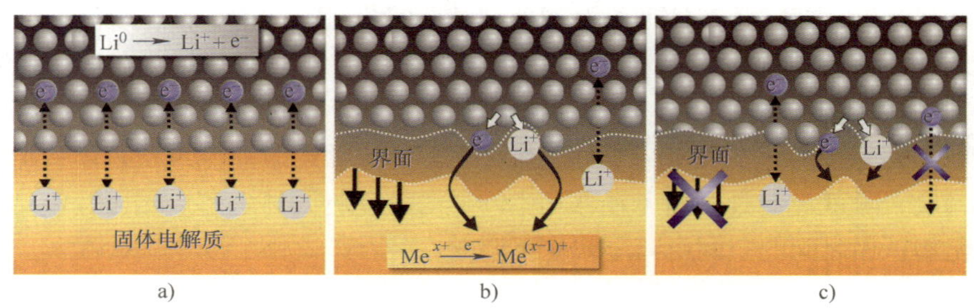

图 6-23 金属锂负极 / 固体电解质界面类型[47]

a）热力学稳定界面 b）混合导体界面 c）固体电解质界面

目前，如何有效抑制金属锂与固体电解质直接接触发生化学反应，是解决全固态锂电池锂负极 / 固体电解质界面稳定性差的关键环节。相应的解决策略主要有固体电解质表面修饰、金属锂表面修饰和增加聚合物隔膜三种途径。但金属锂的活性太大，难以操作，且受限于原位表征装置和方法，在全固态锂电池中的锂负极稳定性研究相对较少。

6.4.4 小结

基于固体电解质的全固态锂电池，在理论上可大幅提高电池安全性。固体电解质种类繁多，性能差异较大。无机固体电解质具有高的室温离子电导率，宽的电化学窗口，高的热稳定性和力学性能。聚合物固态电解质具有优良的柔性和成膜性能，设计制备兼顾优良力学性能、高离子电导率和宽电化学窗口的无机 / 聚合物复合固体电解质材料，是发展性能优异全固态锂电池的关键。同时，针对全固态锂电池固 - 固界面阻抗大、稳定性差等问题，如何设计构建兼容稳定的电极/固体电解质界面、消除或减弱空间电荷效应、调控过渡层的生成、降低界面电阻，是全固态锂电池面临的巨大挑战。

6.5 钠离子电池

6.5.1 概述

目前，储能系统中的化学电源逐步由铅酸蓄电池向锂离子蓄电池过渡，但由于锂资源储量有限，且锂离子蓄电池成本相对偏高，未来锂离子蓄电池在储能领域中的发展很可能会受到锂资源的限制。另外，目前的锂离子蓄电池仍存在很大的安全隐患。随着锂离子蓄电池在便携式电子设备、电动汽车、智能电网和大规模储能系统中的应用越来越广泛，人们开始考虑到价格和资源等社会经济效益指标，寻求综合性能优异的下一代储能电池体系。作为与锂同族的金属元素，钠与锂的各项物理化学性质较为接近。金属钠与金属锂的几项基本性质参数对比见表6-11。因此，钠离子电池的反应机理及材料晶体结构与锂离子蓄电池相似，同时钠离子电池的发展可以借鉴锂离子蓄电池的现有经验。钠离子电池因钠资源丰富（钠为地壳储量第四的元素）、成本低廉，被视为非常有发展潜力的电池体系，近年来得到了国内外研究人员的广泛关注。

表6-11　金属钠和金属锂的几项基本性质参数对比

金属	摩尔质量/（g/mol）	标准电势/V（vs.NHE）	比容量/（mA·h/g）	离子半径/Å	每吨价格/美元	地壳丰度
Li	6.94	−3.04	3862	0.69	5000	0.006%
Na	22.99	−2.71	1166	1.02	150	2.64%

此外，与锂离子蓄电池不同，钠离子电池的电极材料可与水相电解液匹配使用，具有先天的安全性优势，如能在电池寿命上有所突破，则有望满足大规模储能应用需求。因此，钠离子电池作为新型储能电池体系，成为电池技术发展领域的研究热点。但是，钠离子较大的离子半径使其在许多电极材料中无法嵌入和脱出，因此许多锂离子蓄电池电极材料无法适用于钠离子电池。积极探索开发合适的电极材料是钠离子电池领域的关键技术。

钠离子电池在20世纪70年代末80年代初得到关注，其工作方式和原理与锂离子蓄电池类似。充电时，在外加电压下，钠离子从正极材料中脱出进入电解质，然后与负极反应而嵌入负极材料中；放电时，钠离子迁移路径与充电时相反，同时在外电路中电子由正极转移到负极，进而保证整个钠离子电池体系的电荷平衡。钠离子能够在正/负电极之间可逆地脱嵌，同时保持电极结构的稳定性，是保证电池循环寿命的基础。

就目前研究进展，相比于锂离子蓄电池，钠离子电池的主要优势在于：

① 原料储量丰富，分布广泛，成本较低，不会受到资源的限制。

② Na/Na^+ 电对的标准电极电势为 −2.71V（vs.NHE），比 Li/Li^+（−3.04V）高约0.3V，

这使得钠离子电池能利用分解电势更低的电解质溶剂及电解质盐，选择范围更宽。

③ 钠离子电池的安全性较高。

与此同时，钠离子电池也存在着缺陷：

① 钠的相对原子质量比锂的高很多，其理论比容量还不足锂的一半。

② 钠离子半径（0.102nm）大于锂离子半径（0.069nm），使得钠离子在电极材料中嵌入和脱出更加困难。因此，钠离子电池的正负极材料需要具有更大的空间，以便钠离子的脱嵌得以顺利进行。

③ Na/Na^+ 更高的电势降低了钠离子电池的输出电压和能量密度。由此可以看出，电极材料是钠离子电池技术发展的关键，其核心工作在于寻找能够高效快速脱嵌钠离子且保持结构稳定的正负极材料。目前，钠离子电池主要正负极材料的理论容量和电势关系如图 6-24 所示[48]，其中，正极材料主要包括层状过渡金属氧化物材料和聚阴离子化合物材料，负极材料中研究较多的有硬碳材料、金属 / 合金材料、金属氧化物 / 硫化物等。

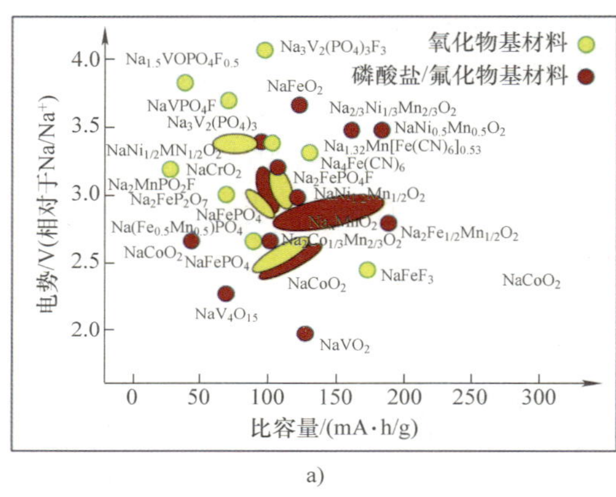

a)

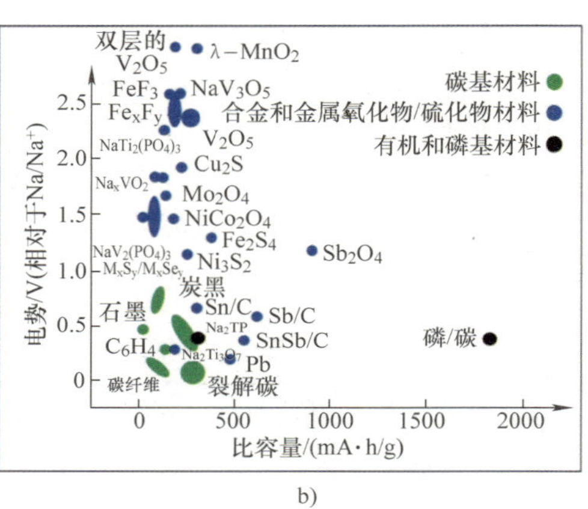

b)

图 6-24 钠离子电池正极材料和负极材料理论容量和电势关系图[48]

a）正极材料 b）负极材料

在优化正负电极材料的基础上，还应进一步通过优化电解质组成，匹配正负电极材料的性能，以便构筑高性能、高安全性、低成本的钠离子电池，方能推进钠离子电池未来的实用化进程。

6.5.2 钠离子电池正极材料

钠离子电池正极材料主要包括层状过渡金属氧化物和聚阴离子化合物等。

1. 层状过渡金属氧化物

在锂离子蓄电池中，层状过渡金属氧合物 $LiMO_2$（M=Ni、Mn、Co 和 Fe）常用来作为正极材料，并实现了商业化应用。同样，在钠离子电池中，钠基层状过渡金属氧化物也作为首选正极材料得到了研究。但是钠离子的半径较大，只能嵌入八面体及棱柱空隙中，因此常用于钠离子电池的层状过渡金属氧化物与锂离子蓄电池的有所不同。例如，在锂离子蓄电池研究中，$LiCrO_2$ 电化学性能不佳，而在钠离子电池中与其相应的 $NaCrO_2$ 却有着 120 mA·h/g 的可逆比容量（可逆脱嵌钠离子数量为 0.5 个）。这是因为 $NaCrO_2$ 有更大的层间距，可以阻止 Cr^{4+} 的移动，从而避免形成四面体配位而保持层状结构。根据金属离子占位的不同，可以将钠离子正极层状插层化合物分为 O_n 型和 P_n 型（n 为过渡金属离子占据不同位置的数目）。其中，O_n 型是指钠离子和 O^{2-} 是八面体配位，由 O^{2-} 的堆积方式决定，P_n 型是指 Na^+ 和 O^{2-} 形成三棱柱配位。几种典型的钠离子层状过渡金属氧化物（Na_xMO_y）的晶格示意图如图 6-25 所示[49]。

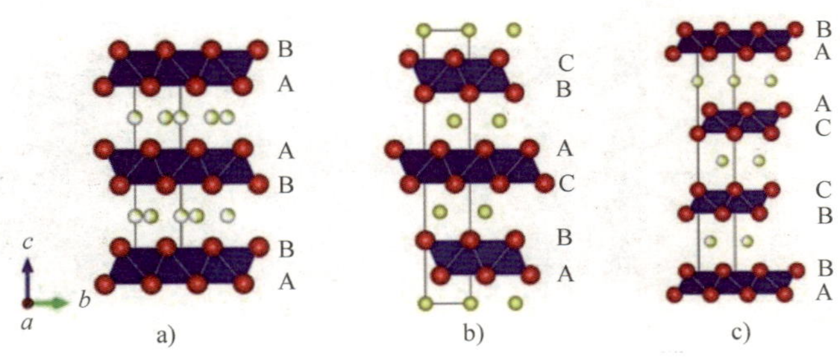

图 6-25　几种典型的钠离子层状过渡金属氧化物（Na_xMO_y）的晶格示意图[49]

a）P_2-Na_xCoO_2　b）O_3-Na_xCoO_2　c）P_3-Na_xCoO_2

氧化物晶体结构的差异对于钠离子嵌入和脱出的性能影响很大。一般来说，同种氧化物的 P_2 相性能优于 O_3 相，体现在比容量和循环稳定性较高。这是由于钠离子在 P_2 相中占据的三棱柱配位空间大于其在 O_3 相中的八面体配位空间，有利于钠离子的嵌入和脱出。同时，P_2 相不易发生相变，结构更为稳定。而 O_3 相和 P_3 相的过渡金属氧化物在充放电过程中会发生 O_3 和 P_3 相之间的转化，使得电池循环性能变差。如 P_2 相的 $Na_{0.7}VO_2$ 的导电率较高，极化较小，其首周充放电容量和循环稳定性均优于 O_3 相的 $Na_{0.7}VO_2$。P_2 型层状氧化物 $NaMn_{0.5}Ni_{0.5}O_2$ 的可逆比容量可以达到 120mA·h/g，同时由于 Ni^{2+} 和 Na^+ 的半径相差较大（$r_{Ni^{2+}}$=0.069 nm，r_{Na^+}=0.102 nm），避免了含镍锂离子蓄电池正极材料中常出现的锂镍混排带来的结构改变和容量降低的情况。

总之，层状过渡金属氧化物的研究主要集中在 P_2 相和 O_3 相。但是，在电化学反应过程中，层状氧化物的结构稳定普遍较差，这也限制了其实际应用。因此探索能够稳定层状氧化物的结构手段对于提高层状过渡金属氧化物电化学性能有重要意义。另外，采用碳包覆等手段，对层状过渡金属氧化物进行改性，能够提高材料的导电率，减小电极的极化，从而提高电池的性能。

2. 聚阴离子化合物

聚阴离子化合物材料具有钠离子和锂离子开放通道的各种晶体结构，且聚阴离子多面体中 O^{2-} 的强共价结合使得大多数聚阴离子化合物具有较高的热稳定性。在过去十年中，聚阴离子化合物作为锂离子蓄电池正极材料已得到广泛的研究，这也为具有聚阴离子框架的一些钠基化合物用作钠离子电池正极材料的研究提供理论和实验依据。许多聚阴离子化合物具有适于钠离子传输的孔道结构，如 NASICON、磷酸盐类、氟磷酸盐类化合物等。几种典型的聚阴离子化合物的晶体结构如图 6-26 所示[49]。

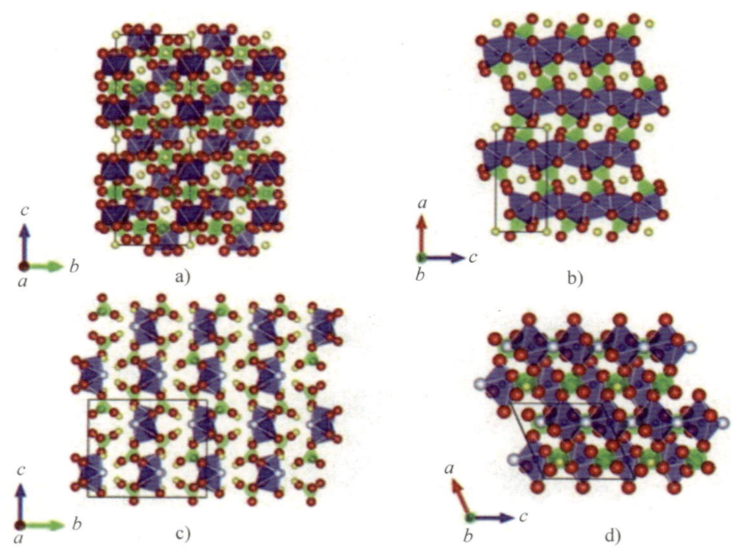

图 6-26 几种典型的聚阴离子化合物的晶体结构 [49]

a）Na_3V_2（PO_4）$_3$ b）$NaFePO_4$ c）Na_2FePO_4F d）$NaFeSO_4F$

NASICON 类化合物材料是一类快离子导体材料，具有三维开放离子传输通道和较高的离子扩散速率。在 NASICON 结构中，每个 MO_6 八面体与 6 个 PO_4 四面体相连构成 NASICON 骨架，其中钠离子分别占据六面体位和八面体位（图 6-26a）。Na_3V_2（PO_4）$_3$ 作为钠离子电池正极材料，充放电电压平台达到 3.4V 左右时，可进行两个钠离子可逆脱嵌，理论容量达 117mA · h/g。常用表面碳包覆、结构纳米化、多孔化等方法改善 $Na_3V_2(PO_4)_3$ 材料的循环稳定性。然而，制备 $Na_3V_2(PO_4)_3$ 的原料钒源中的 V^{5+} 毒性较大，在一定程度上限制了其大规模使用。因此，研究开发无毒害、资源更为丰富的金属元素（如 Fe、Mn、Ni 等）替代钒元素的新型 NASICON 结构化合物，更具应用价值。

具有橄榄石结构的 $LiFePO_4$ 因其安全性好等优点而在锂离子蓄电池中被广泛研究，与此类似，$NaFePO_4$ 也被用作钠离子电池的正极材料。但是，自然界存在的 $NaFePO_4$ 为磷铁钠矿型结构，不具有钠离子迁移通道，因此不能直接作为钠离子电池正极材料。橄榄石型结构的 $NaFePO_4$（图 6-26b）作为正极材料，理论容量为 154 mA · h/g，电势平台为 2.9 V（vs. Na/Na^+）。然而，其自身导电性差导致实际容量要低于理论容量。

3. 其他正极材料

氟化磷酸盐在钠离子电池中也得到了广泛的研究，Na_2FePO_4F 的晶体结构如图 6-26c 所示，钠离子分布于由 PO_4 四面体连接 $Fe_2O_7F_2$ 双八面体组成的层状二维骨架结构中。Na_2FePO_4F 作为钠离子电池正极时，平均电压可以达到 3.5V，同时循环性能较好。Na_3V_2（PO_4）$_2F_3$、$NaVPO_4F$ 和 $Na_{1.5}VOPO_4F_{0.5}$ 等氟磷酸钠盐也可以提供钠离子通道。虽然氟化磷酸盐的电化学性能较好，但是制备过程中产生的含氟气体会对环境和人的身体健康造成危害。此外，含氟硫酸钠盐（$NaFeSO_4F$）在钠离子电池中也有所应用，其晶体结构如图 6-26d 所示。和锂离子蓄电池中的 $LiFeSO_4F$ 相比，$NaFeSO_4F$ 具有比较高的离子电导率（7.14×10^{-7} S/m^2）。然而，由于 $NaFeSO_4F$ 与 $FeSO_4F$ 发生相变时的体积变化高达 16% 和较低的电子电导率，在 2.5~4.2 V 的电势窗口下，钠离子在 $NaFeSO_4F$ 的脱嵌较为困难，电化学活性较差。而基于普鲁士蓝（$KFe[Fe(CN)_6]$）衍生而来的六氰金属化合物 $A_xMM'(CN)_6$（A=Na、K；M 和 M′=Fe、Co、Mn、Ni 和 Zn）作为新型正极材料，合成条件温和，且钠离子扩散快，引起了人们的关注。有机正极材料具有原料丰富、价格低廉、绿色环保、设计性强等优点，近年来也备受关注；但是有机材料导电性差且易溶于有机溶剂中，导致电化学性能不佳。

6.5.3 钠离子电池负极材料

钠离子电池对负极材料的要求与锂离子蓄电池的要求相似：

① 负极材料需要允许钠离子重复地嵌入 / 脱出，结构不受到损害。

② 钠离子在材料中扩散系数大，以提高倍率性能。

③ 与电解液相容性好，化学稳定性高，对环境无毒无害，价格便宜等。

目前所用的负极材料主要包括碳质材料、金属 / 合金材料、金属化合物等。

1. 碳质材料

鉴于在锂离子蓄电池上应用的经验，碳质材料也被广泛用作钠离子电池负极材料。石墨是目前商业化应用于锂离子蓄电池的负极材料，充电时，锂离子嵌入石墨中形成 LiC_6，理论上比容量可以达到 372mA · h/g。然而，由于钠离子的半径相对较大，在石墨层间迁移需要克服较高的迁移能，导致脱嵌困难。相比石墨，非石墨类碳材料有较好的钠离子脱嵌性能，其中，硬碳材料是最有希望商用化的钠离子电池负极材料，具有较大的晶格间距和许多无序结构，能够实现钠离子可逆地嵌入脱出。2000 年，Dahn 课题组 [50] 首次报道葡萄糖热解得到的硬碳室温下的嵌钠行为，其可逆比容量达 300mA · h/g。随后，硬碳作为钠离子电池负极材料得到了广泛研究，但是硬碳材料普遍存在不可逆容量较大、倍率性能差和循环性差等问题。对硬碳材料进行表面修饰有望改善其界面特性，从而改善电化学性能。

与硬碳材料相比，具有特殊纳米结构的碳材料能提供良好的导电性，能有效减小离子扩散路径，因此能更有效地改善电化学性能，如空心碳纳米线、空心碳纳米球、碳纳米纤维、碳纳米管和石墨烯等。

2. 合金材料

一些金属能通过与钠形成合金来储存钠离子。合金作为钠离子电池的负极材料，可以提供很高的比容量，但也会伴随严重的体积膨胀，导致活性物质粉化，从集流体上脱落。这与锂离子蓄电池研究和应用中的情况十分类似。实际上，由于钠离子的半径更大，它进入合金材料后引起的体积变化程度比锂离子蓄电池更为显著。

虽然钠可以与元素周期表第 IV 和 V 主族元素（如 Si、Ge、Sn、Pb、P 和 Sb 等）形成合金，且分别具有较高的理论储钠容量，但是目前研究主要集中在 Sn 和 Sb 的合金材料，更多优良电化学性能的合金材料还有待深入研究。合金材料作为极具发展潜力的钠离子电池负极材料，仍面临着电化学反应过程中巨大的体积膨胀（常用碳包覆法来缓冲体积膨胀）的挑战。

3. 金属化合物材料

金属化合物材料作为电极材料，遵循多电子转化机制，因而具有较高的理论比容量。目前可用作钠离子电池负极材料的金属化合物主要有氧化物、硫化物和磷化物。

过渡金属氧化物因为具有较高的容量早已被广泛研究作为锂离子蓄电池负极材料。该类型材料也可以作为有潜力的钠离子电池嵌钠材料。一般来说，过渡金属氧化物作为负极材料，其电极反应过程可用下列两个反应式表示，分别对应嵌入和转化机制，其中 M 为过渡金属，A 为碱金属。

嵌入机制：

$$M_aO_b+cA^++ce^-=A_cM_aO_b \tag{6-15}$$

转化机制：

$$M_aO_b+2bA^++2be^-=aM+bA_2O \tag{6-16}$$

2002 年，Tirado 等[51] 首次报道过渡金属氧化物作为钠离子电池负极材料，通过煅烧草酸盐前驱体制得尖晶石（$NiCo_2O_4$）。该材料在电化学反应过程中被完全还原，且生成 Na_2O，可逆比容量仅为 200mA·h/g，远低于其理论比容量（890mA·h/g）。此后，诸多过渡金属氧化物作为负极材料陆续被报道。转化类金属氧化物一般具有较高的理论比容量，如 Fe_2O_3（1007mA·h/g）、CuO（674mA·h/g）、CoO（715mA·h/g）、MoO_3（1117mA·h/g）。但是由于自身导电性差以及循环过程中较大的体积膨胀，会破坏电极材料的完整性，导致循环性能和倍率性能较差。一般通过设计制备具有新型微纳结构的金属氧化物或与导电材料进行复合，以缓冲体积膨胀，促进离子和电子的传输，从而改善其电化学性能。

钛基和钒基氧化物作为钠离子电池负极材料遵循的是嵌入机制。如层状 Na_xVO_2 在 1.5 V（vs.Na/Na^+）左右可逆嵌入 0.5 个钠离子，$NaTiO_2$ 的嵌钠电势则在 1 V 左右。而 $Na_2Ti_3O_7$ 则具有最低的嵌钠电势（0.3V），且每个单元结构可嵌入两个钠离子，因此，$Na_2Ti_3O_7$ 被认为是一种高能效、低电势平台的钠离子负极材料。钛基氧化物负极材料在离子脱嵌过程中，可避免 SEI 膜的生成，从而首周不可逆容量小，且资源丰富，无毒害；但是它们的储钠比容量较低，普遍低于 200mA·h/g。

与金属氧化物类似，金属硫化物和金属磷化物作为钠离子电池负极材料也受到人们的关注，如 FeS_2、Ni_3S_2、CoP、FeP 和 Ni_2P 等。此外，有机化合物结构灵活，可设计性强，利于快速钠离子的嵌入，目前用作钠离子电池负极材料的有机类材料主要为含有羰基的小分子化合物，如苯二甲酸钠及其衍生物。其结构中的两个羰基与两个钠离子发生反应，比容量可达 295mA·h/g，且通过缺电子官能团修饰可以有效提高材料的氧化还原电位和比容量。

从上述钠离子电池电极材料的研究现状来看，可用作钠离子电池电极材料的种类较多，在选择上与锂离子蓄电池正负极材料有很多相似性，但差别也不容忽视。

6.5.4 小结

钠离子电池在资源方面的优势决定了其巨大的发展潜力和应用前景。钠离子电池的飞速发展得益于它借鉴了锂离子蓄电池的反应机制与研究经验。然而，在研究过程中，钠离子电池与锂离子蓄电池的差异性也应引起足够的重视。尽管钠离子电池电极材料和电解质的研究已取得了不错的效果，电池性能也得到了大幅度改善，但有关其性能失效机制、电极与电解质界面特质的研究还需进一步深入。积极寻找更适于钠离子稳定嵌入和脱出的电极材料，同时匹配相应优异性能的电解液，改善电极与电解液界面的相容性，是钠离子电池研究的重点。

6.6 结语

我国电动汽车产业正处在高速发展时期，高比能动力蓄电池是电动汽车高续驶能力的保障。动力蓄电池的发展应以构建高能量密度、高安全性、低成本的新型电池体系为目标。目前，锂离子动力蓄电池的能量密度受限于电极材料较低的比容量，难以满足未来新能源汽车的续驶需求。就电池能量密度而言，以锂 - 硫电池和锂 - 空气电池为代表的高能量密度新型二次电池体系的研发有望实现动力蓄电池能量密度的重大突破，但它们的循环稳定性能还面临巨大挑战，其实际应用仍然需要克服很多技术难题。特别是，金属锂负极在电化学循环过程中表现出的不稳定性，是制约它在金属锂二次电池应用的关键。同时，金属锂二次电池的安全性也面临新的考验。因此，在考虑电池的实际应用时，除了发展高能量密度新型电池体系外，电池的安全性能也不可忽视。全固态锂电池具有安全性高、能量密度高等特点，有望解决困扰动力蓄电池的两大关键问题。另一方面，全固态锂电池仍需要解决固体电解质离子电导率低、固 / 固界面接触性和稳定性差、制作成本高等技术难点。此外，以钠离子电池为代表的电池体系，具有钠资源丰富、价格低廉等优点，是极具发展潜力的新型储能体系。开发适合电池体系的电极材料，同时匹配与电极相容性优良的电解液体系，是钠离子电池今后的研究方向。

总之，积极研发具有优良性能的新型电池体系是电功汽车产业发展的基础。动力蓄电池的研究应结合关键电极材料的性能改善与器件结构的优化设计，向高能量密度、高功率、长寿命、高安全性和低成本等方面综合发展，以满足日益增长的能源需求。

参考文献

[1] HAYNES W M. Handbook of chemistry and physics [M]. 95th ed. Boca Raton: CRC Press, 2014.

[2] GAO J, LOWE M A, KIYA Y, et al. Effects of liquid electrolytes on the charge–discharge performance of rechargeable lithium/sulfur batteries: Electrochemical and in-situ X-ray absorption spectroscopic studies [J]. The Journal of Physical Chemistry C, 2011, 115 (50): 25132-25137.

[3] YIM T, PARK M-S, YU J-S, et al. Effect of chemical reactivity of polysulfide toward carbonate-based electrolyte on the electrochemical performance of Li–S batteries [J]. Electrochimica. Acta, 2013, 107: 454-460.

[4] JI X L, NAZAR L F. Advances in Li-S batteries [J]. Journal of Materials Chemistry, 2010, 20 (44): 9821-9826.

[5] HARKS P P R M L, ROBLEDO C B, VERHALLEN T W, et al. The significance of elemental sulfur

第6章

dissolution in liquid electrolyte lithium sulfur batteries [J]. Advanced Energy Materials, 2017, 7 (3): 1601635.

[6] ANDREI P, SHEN C, ZHENG J P. Theoretical and experimental analysis of precipitation and solubility effects in lithium-sulfur batteries [J]. Electrochimica. Acta, 2018, 284: 469-484.

[7] 黄可龙，王兆翔，刘素琴 . 锂离子蓄电池原理与关键技术 [M]. 北京：化学工业出版社，2007.

[8] GAO X P, YANG H X. Multi-electron reaction materials for high energy density batteries [J]. Energy & Environmental Science, 2010, 3 (2): 174-189.

[9] XIN S, GU L, ZHAO N H, et al. Smaller sulfur molecules promise better lithium–sulfur batteries [J]. Journal of the American Chemical Society, 2012, 134 (45): 18510-18513.

[10] WANG J L, YANG J, XIE J Y, et al. Sulfur-carbon nano-composite as cathode for rechargeable lithium battery based on gel electrolyte [J]. Electrochemistry Communications, 2002, 4 (6): 499-502.

[11] JI X L, LEE K T, NAZAR L F. A highly ordered nanostructured carbon-sulphur cathode for lithium-sulphur batteries [J]. Nature Materials, 2009, 8: 500-506.

[12] ZHANG B, QIN X, LI G R, et al. Enhancement of long stability of sulfur cathode by encapsulating sulfur into micropores of carbon spheres [J]. Energy & Environmental Science, 2010, 3 (10): 1531-1537.

[13] LIANG X, KWOK C Y, LODI M F, et al. Tuning transition metal oxide-sulfur interactions for long life lithium sulfur batteries: The "goldilocks" principle [J]. Advanced Energy Materials, 2016, 6 (6): 1501636.

[14] TAO X Y, WANG J G, LIU C, et al. Balancing surface adsorption and diffusion of lithium-polysulfides on nonconductive oxides for lithium-sulfur battery design [J]. Natrer Communications, 2016, 7: 11203.

[15] WANG J, YANG J, XIE J, et al. A novel conductive polymer–sulfur composite cathode material for rechargeable lithium batteries [J]. Advanced Materials, 2002, 14 (13-14): 963-965.

[16] YIN L C, WANG J L, LIN F J, et al. Polyacrylonitrile/graphene composite as a precursor to a sulfur-based cathode material for high-rate rechargeable Li–S batteries [J]. Energy & Environmental Science, 2012, 5 (5): 6966-6972.

[17] ZHANG S S. Understanding of sulfurized polyacrylonitrile for superior performance lithium/sulfur battery [J]. Energies, 2014, 7 (7): 4588-4600.

[18] YU X G, XIE J Y, YANG J, et al. Lithium storage in conductive sulfur-containing polymers [J]. Journal of Electrianalytical Chemistry, 2004, 573 (1): 121-128.

[19] FANOUS J, WEGNER M, GRIMMINGER J, et al. Structure-related electrochemistry of sulfur-poly(acrylonitrile) composite cathode materials for rechargeable lithium batteries [J]. Chemistry of Materials, 2011, 23 (22): 5024-5028.

[20] DOAN T N L, GHAZNAVI M, ZHAO Y, et al. Binding mechanism of sulfur and dehydrogenated polyacrylonitrile in sulfur/polymer composite cathode [J]. Journal of Power Sources, 2013, 241: 61-69.

[21] YANG Y, ZHENG G Y, MISRA S, et al. High-capacity micrometer-sized Li_2S particles as cathode materials for advanced rechargeable lithium-ion batteries [J]. Journal of the American Chemical Society, 2012, 134 (37): 15387-15394.

[22] TAN G, XU R, XING Z, et al. Burning lithium in CS_2 for high-performing compact Li_2S-graphene nanocapsules for Li-S batteries [J]. Nature. Energy, 2017, 2: 17090.

[23] YANG Y, ZHENG G Y, CUI Y. Nanostructured sulfur cathodes [J]. Chemical Society Reviews, 2013, 42 (7): 3018-3032.

[24] LIN Z, LIU Z C, DUDNEY N J, et al. Lithium superionic sulfide cathode for all-solid lithium–sulfur batteries [J]. ACS Nano, 2013, 7 (3): 2829-2833.

[25] 艾新平，曹余良，杨汉西．锂 - 硫二次电池界面反应的特殊性与对策分析 [J]. 电化学，2012, 18 (03): 224-228.

[26] HUANG C, XIAO J, SHAO Y Y, et al. Manipulating surface reactions in lithium–sulphur batteries using hybrid anode structures [J]. Nature Communications, 2014, 5: 3015.

[27] HU J J, LONG G K, LIU S, et al. A LiFSI–LiTFSI binary-salt electrolyte to achieve high capacity and cycle stability for a Li–S battery [J]. Chemical Communications, 2014, 50 (93): 14647-14650.

[28] XIONG S Z, XIE K, DIAO Y, et al. Characterization of the solid electrolyte interphase on lithium anode for preventing the shuttle mechanism in lithium–sulfur batteries [J]. Journal of Power Sources, 2014, 246: 840-845.

[29] ABRAHAM K M, JIANG Z. A polymer electrolyte-based rechargeable lithium/oxygen battery [J]. Journal of The Electrochemical Society, 1996, 143 (1): 1-5.

[30] OGASAWARA T, DéBART A, HOLZAPFEL M, et al. Rechargeable Li_2O_2 electrode for lithium batteries [J]. Journal of the American Chemical Society, 2006, 128 (4): 1390-1393.

[31] 黄俊，彭章泉．锂 - 氧电池在几个关键科学问题上的最新进展 [J]. 储能科学与技术，2018, 7 (2): 167-174.

[32] 沈越，张旺，黄云辉．正确评估锂氧气电池的电化学性能 [R].（2016-7-4）.

[33] TRAN C, YANG X Q, QU D Y. Investigation of the gas-diffusion-electrode used as lithium/air cathode in non-aqueous electrolyte and the importance of carbon material porosity [J]. Journal of Power Sources, 2010, 195 (7): 2057-2063.

[34] DéBART A, PATERSON A J, BAO J L, et al. α-MnO_2 nanowires: A catalyst for the O_2 electrode in rechargeable lithium batteries [J]. Angewandte Chemie International Edition, 2008, 47 (24): 4521-4524.

[35] HE P, WANG Y G, ZHOU H S. A Li-air fuel cell with recycle aqueous electrolyte for improved stability [J]. Electrochemistry Communications, 2010, 12 (12): 1686-1689.

[36] LEE D J, LEE H, SONG J, et al. Composite protective layer for Li metal anode in high-performance lithium–oxygen batteries [J]. Electrochemistry Communications, 2014, 40: 45-48.

[37] 许晓雄，邱志军，官亦标，等．全固态锂电池技术的研究现状与展望 [J]. 储能科学与技术，2013, 2 (4): 331-341.

[38] STRAMARE S, THANGADURAI V, WEPPNER W. Lithium lanthanum titanates:A review [J]. Chemistry of Materials, 2003, 15 (21): 3974-3990.

[39] GOODENOUGH J B, HONG H Y P, KAFALAS J A. Fast Na^+-ion transport in skeleton structures [J]. Materials Research Bulletin, 1976, 11 (2): 203-220.

[40] EPP V, MA Q, HAMMER E-M, et al. Very fast bulk Li ion diffusivity in crystalline $Li_{1.5}Al_{0.5}Ti_{1.5}(PO_4)_3$ as seen using NMR relaxometry [J]. Physical Chemistry Chemical Physics, 2015, 17 (48): 32115-32121.

[41] CUSSEN E J. The structure of lithium garnets: Cation disorder and clustering in a new family of fast Li^+ conductors [J]. Chemical Communications, 2006, (4): 412-413.

[42] CHEN S J, XIE D J, LIU G Z, et al. Sulfide solid electrolytes for all-solid-state lithium batteries: Structure, conductivity, stability and application [J]. Energy Storage Materials., 2018, 14: 58-74.

[43] KAMAYA N, HOMMA K, YAMAKAWA Y, et al. A lithium superionic conductor [J]. Nature Naterials, 2011, 10: 682-686.

[44] HOMMA K, YONEMURA M, NAGAO M, et al. Crystal structure of high-temperature phase of lithium ionic conductor, Li_3PS_4 [J]. Journal of the Physical Society of Japan, 2010, 79: 90-93.

[45] HOMMA K, YONEMURA M, KOBAYASHI T, et al. Crystal structure and phase transitions of the lithium ionic conductor Li_3PS_4 [J]. Solid State Ionics, 2011, 182 (1): 53-58.

[46] 陈龙，池上森，董源，等 . 全固态锂电池关键材料—固态电解质研究进展 [J]. 硅酸盐学报，2018, 46(1): 21-34.

[47] WENZEL S, LEICHTWEISS T, KRüGER D, et al. Interphase formation on lithium solid electrolytes—An in situ approach to study interfacial reactions by photoelectron spectroscopy [J]. Solid State Ionics, 2015, 278: 98-105.

[48] HONG S Y, KIM Y, PARK Y, et al. Charge carriers in rechargeable batteries: Na ions vs. Li ions [J]. Energy & Environmental Scence, 2013, 6 (7): 2067-2081.

[49] KIM S W, SEO D H, MA X, et al. Electrode materials for rechargeable sodium-ion batteries: Potential alternatives to current lithium-ion batteries [J]. Advanced Energy Materials, 2012, 2 (7): 710-721.

[50] STEVENS D A, DAHN J R. High capacity anode materials for rechargeable sodium-ion batteries [J]. Journal of The Electrochemical Society, 2000, 147 (4): 1271-1273.

[51] ALCáNTARA R, JARABA M, LAVELA P, et al. $NiCo_2O_4$ spinel:first report on a transition metal oxide for the negative electrode of sodium-ion batteries [J]. Chemistry of Materials, 2002, 14 (7): 2847-2848.